**LANGENSCHEIDTS
EUROWÖRTERBÜCHER**

Langenscheidt Avrupa Sözlüğü Almanca

Türkçe-Almanca
Almanca-Türkçe

Yazan
Dr. Özgür Savaşçı

Langenscheidt Yayın Kurulu
tarafından yayınlanmıştır

LANGENSCHEIDT
BERLİN · MÜNİH · VİYANA
ZÜRİH · NEV YORK

Langenscheidts Eurowörterbuch Türkisch

Türkisch-Deutsch
Deutsch-Türkisch

von
Dr. Özgür Savaşçı

Herausgegeben von der
Langenscheidt-Redaktion

LANGENSCHEIDT

BERLIN · MÜNCHEN · WIEN

ZÜRICH · NEW YORK

Die Nennung von Waren erfolgt in diesem Werk, wie in Nachschlagewerken üblich, ohne Erwähnung etwa bestehender Patente, Gebrauchsmuster oder Marken. Das Fehlen eines solchen Hinweises begründet also nicht die Annahme, eine Ware sei frei.

Bu eserdeki ürün adları, başvuru yapıtlarında alışılageldiği üzere, mevcut patent hakları, kullanım örnekleri veya markalar belirtilmeksizin gösterilmiştir. Sözlükte böyle bir duruma işaret edilmemiş olması, o ürünün veya ürün adının genel kullanıma açık olduğu anlamına gelmez.

In der neuen deutschen Rechtschreibung.

Ergänzende Hinweise, für die wir jederzeit dankbar sind, bitten wir zu richten an:
Langenscheidt Verlag, Postfach 40 11 20, 80711 München

Auflage:	7.	6.	5.	4.	Letzte Zahlen
Jahr:	05	04	03	02	maßgeblich

© 1999 Langenscheidt KG, Berlin und München
Druck: Graph. Betriebe Langenscheidt, Berchtesgaden/Obb.
Printed in Germany · ISBN 3-468-12370-1

Her hakkı saklıdır. Kopya edilemez.

Inhaltsverzeichnis – İçindekiler

Önsöz	6
Vorwort	7
Hinweise für die Benutzung des Wörterbuchs – Sözlüğün Kullanımı Hakkında Bilgiler	8
Im Wörterbuch verwendete Abkürzungen – Sözlükte Kullanılan Kısaltmalar	11
Zur Aussprache des Türkischen	13
Almancanın Söylenişi	16
Wörterverzeichnis Türkisch-Deutsch – Türkçe-Almanca Sözlük	19
Wörterverzeichnis Deutsch-Türkisch – Almanca-Türkçe Sözlük	311
Kurzer Überblick über die türkische Grammatik	589
Almanca Çekim Kuralları	606
Zahlwörter – Sayı Sıfatları	618
Die Provinzen der Türkei	620
Das türkische Buchstabieralphabet	621
Muster für einen türkischen Geschäftsbrief	622

Önsöz

Avrupa'daki siyasal ve ekonomik gelişmeler sonucu dil bilmek büyük önem kazanmıştır. Bu sadece tatilciler ve işadamları için değil, aynı oranda sosyal ve kültürel alanlarda çalışan kişiler için de geçerlidir.

Langenscheidt Yayınevi'nin yabancı dil redaksiyonlarında bu nedenle, Avrupalı insanın yeni oluşan dil gereksinimlerini karşılayacak iki-dilli sözlükler geliştirilmiştir. Elinizde bulunan bu sözlük de Avrupa Sözlükleri dizisini sürdüren sözlüklerden birisidir.

Sözlük hazırlanırken, madde-başı sözcüklerle bunların çevirilerinin hem Alman hem de Türk kullanıcılar için aynı oranda yararlanılır olmasına özellikle dikkat edildi; bol kullanım örnekleri, tipik sözcük birleşimleri ve kalıplaşmış deyişler ve aynı zamanda da her iki dilin grameriyle ilgili çok sayıda bilgi verildi.

Sözcüklerin seçiminde günlük yaşamdan ve meslek yaşamından alınan temel söz varlığının yanı sıra, ticaret, teknik, seyahat, siyaset ve kültür alanlarından da çağdaş ve günlük kullanımdan seçilen sözcüklerin alınmasına dikkat edildi: *cep telefonu, dönüşümlü kâğıt, e-posta, erken emeklilik, sırt çantalı turist, tekno (müzik)* gibi kavramlar Avrupa Sözlüklerinin amacının, olabildiğince çok sayıda insana dilsel iletişimde pratik ve yararlı bir yardımcı olmayı amaçladığını göstermektedir.

YAZAR VE YAYINEVİ

Vorwort

Im Zuge der politischen und wirtschaftlichen Entwicklung Europas haben Sprachkenntnisse an Bedeutung gewonnen. Das gilt nicht nur für Urlaubsreisende und Geschäftsleute, sondern im gleichen Maße auch für alle, die soziales und kulturelles Engagement pflegen.

In den Fremdsprachenredaktionen von Langenscheidt wurden deshalb Konzepte für zweisprachige Wörterbücher entwickelt, die den neuen sprachlichen Bedürfnissen der Europäer Rechnung tragen. Das vorliegende Wörterbuch setzt die Reihe der Eurowörterbücher fort.

Dabei wurde besonders darauf geachtet, die Stichwörter und Übersetzungen für deutsche und türkische Muttersprachler gleichermaßen erschließbar zu machen — mit vielen Anwendungsbeispielen, typischen Zusammensetzungen und idiomatischen Redensarten, ebenso mit Hilfe zahlreicher Angaben zur Grammatik beider Sprachen.

Neben dem Basiswortschatz aus Alltags- und Berufsleben wurde in das Wörterbuch vor allem moderner, praxisbezogener Wortschatz aus den Bereichen Handel, Technik, Reise, Politik und Kultur aufgenommen. Begriffe wie *ABM, entsorgen, Handy, Mogelpackung, Rucksacktourist, Techno(musik)* oder *Vorruhestand* veranschaulichen beispielhaft die besondere Zielsetzung der Eurowörterbücher, möglichst vielen Menschen eine praktische und nützliche Hilfe bei der sprachlichen Kommunikation zu sein.

VERFASSER UND VERLAG

Hinweise zur Benutzung des Wörterbuchs
Sözlüğün Kullanımı Hakkında Bilgiler

1. Die Stichwörter sind streng alphabetisch geordnet. An alphabetischer Stelle sind ebenfalls gegeben: a) die wichtigsten geographischen Namen, b) die gebräuchlichsten Abkürzungen.

1. Madde-başı sözcükler tamamen alfabe sırasına göre dizildi. Aynı şekilde a) coğrafik adlar ve b) yararlı kısaltmalar da alfabetik sıralamada verildi.

2. Die Tilde (~) ersetzt das Stichwort oder den vor dem senkrechten Strich stehenden Wortteil, z.B.:

2. Kaş işareti (~) madde-başı sözcüğün ya da dik çizginin solunda bulunan sözcük parçasının yerini tutar, örn.:

çözül|mek ... ~mez = çözülmez
Laden ... ~dieb = Ladendieb

Wenn sich die Schreibung des ersten Buchstabens eines Stichworts ändert, also von groß auf klein und umgekehrt, erscheint die Kreistilde, z.B.:

Madde-başı sözcüğün baş harfinde küçükken büyük, büyükken küçük olma gibi, bir değişiklik durumunda halkalı kaş işareti kullanıldı, örn.:

drei ... ⌒bettzimmer = Dreibettzimmer

3. Im türkisch-deutschen Teil wurde die Aussprache von Stichwörtern, die von den allgemeinen Regeln abweichen, gekennzeichnet. Näheres hierzu im Abschnitt „Zur Aussprache des Türkischen" (siehe Seite 13).

3. Sözlüğün Türkçe-Almanca bölümünde, genel kurallardan ayrılan madde-başı sözcüklerin söylenişiyle ilgili ayrıntılı bilgi için „Zur Aussprache des Türkischen" adlı bölüme bakınız, sayfa 13.

4. Das Geschlecht der deutschen Substantive ist immer angegeben, und zwar durch *m* (= männlich, Artikel „der"), *f* (= weiblich, Artikel „die"), *n* (= sächlich, Artikel „das").

4. Almanca isimlerin cinsiyeti her zaman gösterildi, şöyle ki *m* (eril, cinsiyet göstergesi/Artikel „der"), *f* (dişil, Artikel „die"), *n* (tarafsız, Artikel „das").

5. Im türkisch-deutschen Teil wurden bei den einsilbigen Verbstämmen die Aoristvokale angegeben (also *-ar/-er, -ır/-ir/-ür/-ur*). Bei den Nomen wird auf Lautveränderungen hingewiesen, die durch das Hinzufügen von Endungen erfolgen, z.B.:

5. Sözlüğün Türkçe-Almanca bölümünde tek heceli eylem köklerine getirilen geniş zaman takısı da (*-ar/-er, -ir/-ır/-ür/-ir*) belirtildi. İsimlerde takı getirilmesi durumunda ortaya çıkan ses değişikliklerine de işaret edildi, örn.:

bucak (-ğı), **beyin** (beyni), **af** (affı)

6. Im deutsch-türkischen Teil stehen die Flexionsformen (= Genitiv Singular; Nominativ Plural) unmittelbar hinter der Genusangabe:

6. Almanca-Türkçe bölümde isimlerin çekimleniş biçimleri (= tekil tamlama durumu; çoğul yalın durum) cinsiyet bilgisinden hemen sonra gösterildi:

Affäre *f* (-; -n) = Genitiv: *der Affäre*; Plural: *die Affären*

Das Zeichen ¨ weist auf einen Umlaut in der flektierten Form hin:

¨ işareti, çekimlenme durumunda incelme (Umlaut) olduğuna işaret eder:

Blatt *n* (-[e]s, ¨er) = Genitiv: *des Blattes* oder *des Blatts*; Plural *die Blätter*

Keine Angaben erfolgen bei zusammengesetzten Substantiven, wenn die Teile als eigene Stichwörter verzeichnet sind.

Her bir parçası sözlüğe madde-başı olmuş bileşik sözcüklerde herhangi bir bilgi verilmedi.

7. Bei den deutschen Verben ist angegeben, ob das Perfekt mit „haben" (h) oder „sein" (sn) gebildet wird (außer bei zusammengesetzten Verben). Außerdem stehen bei unregelmäßigen und trennbaren Verben die wichtigsten Merkmale:

7. Almanca eylemlerde (bileşik eylemler dışında) geçmiş zamanın „haben" yardımcı eylemiyle kurulduğu (h) ile, „sein" yardımcı eylemiyle kurulduğu da (sn) ile gösterildi. Ayrıca kuraldışı eylemler ile önekısı ayrılan eylemlerin bu özellikleri de belirtildi, örn.:

schreiben *v/t* ve *v/i* (schrieb, geschrieben, h) ...
einspringen *v/i* (krldş., ayr., -ge-, sn, → springen) ...

Siehe hierzu die Grammatikübersichten im Anhang!

Bu konuyla ilgili ayrıca ekteki dilbilgisi çizelgelerine de bakınız.

8. Wird das Stichwort (Verb, Adjektiv oder Substantiv) von bestimmten Präpositionen regiert, so werden diese mit der entsprechenden Übersetzung angeführt:

8. Madde-başı sözcük (eylem, sıfat veya isim) eğer belli bir ilgeç ile kullanılıyorsa, bu duruma çeviride işaret edildi:

güven Vertrauen *n* (-*e karşı* zu *D*)
reklamieren ... şikâyet etmek (**wegen** -*i*)

Bei deutschen Präpositionen, die den Dativ und den Akkusativ regieren können, wird der Fall jeweils angegeben:

Belirtme (Akkusativ) ve Yönelme Durumu (Dativ) ile kullanılan ilgeçler de ayrıca gösterildi:

knallen ... **an** (*A*) *od.* **gegen** ...

9. Die Rektion der Verben und Substantive ist weitgehend berücksichtigt worden. Verben, die im Deutschen und Türkischen mit jeweils unterschiedlichen Kasus gebraucht werden, stehen durchweg die entsprechenden Angaben:

9. Eylemlerin ve isimlerin yönettiği sözcükler de (Rektion) geniş ölçüde gösterildi. Almanca ve Türkçede değişik isim durumları gerektiren eylemlerde bunu gösteren ek bilgiler verildi:

değinmek berühren (-*e A*)
entlaufen ... kaçmak (*D* -*den*)

10. Die türkischen Suffixe, die der Vokalharmonie unterliegen (siehe Grammatikübersicht im Anhang), werden durch ihre „hellen" Varianten repräsentiert, z.B. -diğini = (ver)diğini, (yap)tığını, (ol)duğunu, (öp)tüğünü. Zu -de, -e, -i usw. siehe auch das Abkürzungsverzeichnis auf Seite 11.

11. Die Bedeutungsunterschiede der Übersetzungen werden durch Abkürzungen (wie *mec.* = mecazi, übertragen; *Cmp.* = Computer, bilgisayar; F = familiär, teklifsiz/konuşma dili) sowie durch erklärende Zusätze, typische Zusammensetzungen oder Synonyme bezeichnet. Dabei stehen Subjektergänzungen mit Doppelpunkt, Objektergänzungen dagegen ohne Doppelpunkt, z.B.:

10. Ünlü uyumuna giren takılar (ekteki dilbilgisi çizelgesine bakınız) ince ünlülü biçimleriyle gösterildi, örn. -diğini = (ver)diğini, (yap)tığını, (ol)duğunu, (öp)tüğünü. -de, -e, -i vs. takıları için sayfa 11'deki Kısaltmalar Listesine bakınız.

11. Çevirilerdeki anlam farkları (*mec.* = mecazi, übertragen; *Cmp.* = Computer, bilgisayar; F = familiär, teklifsiz/konuşma dili) gibi kısaltmalarla, açıklayıcı ilavelerle, tipik sözcük birleşmeleri veya anlamdaş sözcüklerle belirtildi.
Özneyle tamlanan durumlarda iki nokta (üstüste) kullanılırken, nesneyle tamlanan durumlarda ise iki nokta kullanılmadı:

beziehen ... *v/refl Himmel*: = der Himmel bezieht sich (Nominativ)
entlassen ... *Häftling* = einen Häftling entlassen (Akkusativ)

Erläuterungen der Zeichen und Abkürzungen
Sözlükte Kullanılan Simge ve Kısaltmalar

A	Akkusativ; *belirtme durumu*	b-yle, *b-yle*	biri(si)yle; *mit jemandem*
alay	alay yollu; *ironisch*	*Cmp.*	Computer; *Bilgisayar*
allg.	allgemein; *genel olarak*	*Coğr.*	Coğrafya; *Geographie*
Anat.	Anatomi; *Anatomie*	*D*	Dativ; *yönelme durumu*
anl.	anlamıyla; *im (engeren/weiteren) Sinne, mit der Bedeutung*	-de, *-de*	-de hali, kalma durumu; *Lokativ*
		Demiryol.	Demiryolculuk; *Eisenbahn(wesen)*
Ark.	Arkeoloji; *Archäologie*		
Art.	Artikel; *cinsiyet göstergesi*	-den, *-den*	-den hali, çıkma durumu; *Ablativ*
Ask.	Askerlik; *militärischer Ausdruck*		
		Dil.	Dilbilim; *Sprachwissenschaft*
asl.	aslında; *ursprünglich*		
Astr.	Gökbilim, Astronomi; *Astronomie*	*Din.*	Dinbilim terimi; *Religion*
		dönüş.	dönüşlülük ...; *Reflexiv...*
ayr.	öntakısı ayrılır; *trennbares Verb*	.-e, *-e*	-e hali, yönelme durumu; *Dativ, Direktiv*
ayrılmaz	öntakısı ayrılmaz; *untrennbares Verb*	*Ed.*	Edebiyat; *Literatur*
		edil.	edilgen; *Passiv*
az.	aynı zamanda; *auch, gleichzeitig*	e-e, *e-e*	eine; *bir*
		Ekon.	Ekonomi; *Wirtschaft*
bağl.	bağlaç; *Konjunktion*	*El.*	Elektrik; *Elektrizität, Elektrotechnik*
bel.	belirteç; *Adverb*		
Biyo.	Biyoloji; *Biologie*	e-m, *e-m*	einem; *bir şeye*
blrsz	belirsiz; *unbestimmt*	e-n, *e-n*	einen; *bir şeyi*
b-nde, *b-nde*	biri(si)nde; *bei jemandem*	e-r, *e-r*	einer; *bir şeyin*
		e-s, *e-s*	eines; *bir şeyin*
b-nden, *b-nden*	biri(si)nden; *von jemandem*	et., *et.*	etwas; *bir şey(i)*
		F	familiärer Ausdruck, Umgangssprache; *teklifsiz/konuşma dili*
b-ne, *b-ne*	biri(si)ne; *jemandem (D)*		
b-ni, *b-ni*	biri(si)ni; *jemanden (A)*		
b-nin, *b-nin*	biri(si)nin; *jemandes (G)*	*f*	Femininum, weiblich; *dişil*
Bot.	Bitkibilim, Botanik; *Botanik*	*Fel.*	Felsefe; *Philosophie*
		Fiz.	Fizik; *Physik*
bsd.	besonders; *özellikle*	*Fizy.*	Fizyoloji; *Physiologie*
bş, *bş*	bir şey; *etwas (N)*	*Fot.*	Fotoğrafçılık; *Fotografie*
bşde, *bşde*	bir şeyde; *bei etwas*	*G*	Genitiv; *tamlayan durumu*
bşden, *bşden*	bir şeyden; *von etwas*	*Gemi.*	Gemicilik; *Schifffahrt*
bşe, *bşe*	bir şeye; *etwas (D)*	*Geom.*	Geometri; *Geometrie*
bşi, *bşi*	bir şeyi; *etwas (A)*	*gnl.*	genel(likle); *allgemein, (meist)*
bşin, *bşin*	bir şeyin; *von etwas, (G) einer Sache*		
		Gr.	Dilbilgisi, Gramer; *Grammatik*
bşle, *bşle*	bir şeyle; *mit etwas*		
by, *by*	bir yer; *ein Ort (N)*	*Gzt.*	Gazetecilik; *Journalismus*
byde, *byde*	bir yerde; *an einem Ort*	*Hava.*	Havacılık; *Luftfahrt*
byden, *byden*	bir yerden; *von einem Ort*	*hkr.*	hakaret yollu; *verächtlich*
		Huk.	Hukuk; *juristischer Ausdruck*
bye, *bye*	bir yere; *an einen Ort*		
byi, *byi*	bir yeri; *einen Ort (A)*	-i, *-i*	-i hali, belirtme durumu; *Akkusativ*
byin, *byin*	bir yerin; *eines Ortes*		

ilg.	ilgeç; *Präposition*	P	populärer Ausdruck, salopp; *teklifsiz, argo*
ilgi	ilgi (zamiri); *Relativ...*		
-in, *-in*	-in hali, tamlayan durumu; *Genitiv*	*Ped.*	Pedagoji; *Schulwesen*
		pl	Plural; *çoğul*
is.	isim; *Substantiv*	*Pol.*	Politika; *Politik*
j-d, *j-d*	jemand; *birisi*	*Psi.*	Ruhbilim, Psikoloji; *Psychologie*
Jeo.	Yerbilim, Jeoloji; *Geologie*		
j-m, *j-m*	jemandem; *birisine*	S, *S*	Sache; *şey*
j-n, *j-n*	jemanden; *birisini*	*s-e*	seine; *onunki*
j-s, *j-s*	jemandes; *birisinin*	*Sesb.*	Sesbilim; *Phonologie*
karş. drc.	karşılaştırma derecesi; *Komparativ*	*Sin.*	Sinema; *Kino*
		s-m	seinem; *onunkine*
k-den, *k-den*	kendi(si)nden; *von sich*	*s-n*	seinen; *onunkini*
kıs.	kısaltma; *Abkürzung*	*sıf.*	sıfat; *Adjektiv*
Kim.	Kimya; *Chemie*	*Spo.*	Spor terimi; *Sport*
k-nde, *k-nde*	kendi(si)nde; *bei sich*	*s-s*	seines; *onunkinin*
k-ne, *k-ne*	kendi(si)ne; *sich (D)*	*şaka*	şaka yollu; *scherzhaft*
k-ni, *k-ni*	kendi(si)ni ; *sich (A)*	*şz*	şimdiki zaman; *Präsens*
k-nin, *k-nin*	kendi(si)nin; *G od. von sich*	*şzh*	şimdiki zamanın hikâyesi; *Präteritum*
krldş	kuraldışı; *unregelmäßig*	*şzo*	şimdiki zaman ortacı; *Partizip Präsens*
k-yle, *k-yle*	kendi(si)yle; *mit sich*		
m	Maskulinum, männlich; *eril*	*Tek.*	Teknik; *Technik*
		Tel.	Telefon; *Fernsprechwesen*
Mal.	Maliye; *Finanzwesen*	*Tıp*	Tıp terimi; *medizinischer Ausdruck*
Mat.	Matematik; *Mathematik*		
Matb.	Matbaacılık; *Buchdruck*	*Tic.*	Ticaret; *Handel*
mec.	mecazi olarak; *bildlich*	*Tiy.*	Tiyatro; *Theater*
Meteor.	Meteoroloji; *Meteorologie*	*TM*	ticari marka; *Handelsmarke*
Mimar.	Mimarlık; *Architektur*	*topl.*	topluluk adı olarak; *als Sammelwort*
Min.	Mineraloji; *Mineralogie*		
Müz.	Müzik; *Musik*	*Trh.*	Tarih; *Geschichte*
n	Neutrum, sächlich; *cinssiz sözcük, tarafsız*	*Trm.*	Tarım; *Landwirtschaft*
		TV	Televizyon; *Fernsehen*
N	Nominativ; *yalın durum*	*ünl.*	ünlem; *Interjektion*
neg!	wird als beleidigend empfunden; incitici olarak algılanıyor	V	vulgärer Ausdruck; *kaba olarak*
		v/i	intransitives Verb; *geçişsiz eylem*
-nin	tamlayan durumu; *Genitiv*		
(nsz)	nesnesiz; *ohne Objekt*	*v/refl*	reflexives Verb; *dönüşlü eylem*
od.	oder; *veya*		
örn.	örneğin; *zum Beispiel*	*v/t*	transitives Verb; *geçişli eylem*
Osm.	Osmanlıca; *osmanischer Ausdruck*		
		vb.	ve benzerleri; *und Ähnliche*
österr.	in Österreich; *Avusturya'da*	*Vet.*	Veterinerlik; *Tierheilkunde*
(ösz)	öznesiz; *ohne Subjekt*	*vs.*	vesaire; *und so weiter*
Oto.	Otomobil terimi; *Kraftfahrzeugwesen*	*yükl.*	yüklem olarak; *prädikativ*
		zam.	zamir; *Pronomen*
özl.	özellikle; *besonders*	*Zoo.*	Zooloji; *Zoologie*

Zur Aussprache des Türkischen

A. Vokale und Diphthonge

Die türkischen Vokale **a**, **e**, **i**, **o**, **ö**, **u**, **ü** klingen ähnlich wie die entsprechenden Laute im Deutschen; sie werden im Allgemeinen offen und kurz ausgesprochen:

a [ɒ] wie B**a**ch
e [ɛ] wie **E**cke
i [ɪ] wie b**i**n
o [ɔ] wie d**o**ch
ö [œ] wie k**ö**nnen
u [u] wie **u**nten
ü [y] wie d**ü**nn

In Lehnwörtern arabischer oder persischer Herkunft können lange Vokale vorkommen. Diese sind in den Stichwörtern durch Unterstreichung gekennzeichnet: **sade** ([sɑːˈdɛ] – langes a).

Das Türkische kennt außer dem **i** (mit Punkt) noch ein **ı** (ohne Punkt). Dieses **ı** klingt dumpf, etwa wie das e in „Bulle", z. B. kırmızı *rot*.

Zur Aussprache von **â**, **î**, **û** siehe unter **C**.

B. Konsonanten

Von den Konsonanten klingen **b**, **d**, **f**, **m**, **n**, **p**, **t** ähnlich wie im Deutschen. Zu beachten ist die Aussprache folgender Konsonanten:

c [dʒ] = **dsch** wie englisch **g**entleman.

ç [tʃ] = **tsch** wie in deu**tsch**.

g meist wie das deutsche **g**, vor â (s. unten) jedoch erweicht und etwa wie **gj** [ɟ] gesprochen, z. B. ikametgâh *Wohnsitz*.

ğ (yumuşak g) 1. nach dumpfen Vokalen nicht hörbar; längt lediglich den davor stehenden dumpfen Vokal; 2. nach hellen Vokalen etwa wie das deutsche **j**; 3. zwischen Vokalen in der Aussprache kaum hörbar.

h wie das deutsche **h** mit Neigung nach **ch**; in der Umgebung von dumpfen Vokalen klingt es etwa wie das **ch** in au**ch**: a**h**bap *Freund*, in der Umgebung von hellen Vokalen wie **ch** in „i**ch**": tari**h** *Datum*. Es steht aber niemals als Dehnungs-h; ahbap, ihsan werden also etwa wie a**ch**bap, i**ch**san gesprochen.

j [ʒ] wie das französische **j** in **j**ournal.

k 1. in Wörtern mit dumpfen Vokalen etwa wie das deutsche **k**: **k**um *Sand*, **k**urt *Wolf*; 2. in Wörtern mit hellen Vokalen wird es erweicht und klingt etwa wie **kj** [c], wobei das nachklingende **j** nur schwach zu hören ist, z. B. **k**öy *Dorf*, ma**k**ine *Maschine*, e**k** *Anhang, Endung*.

l 1. in Wörtern mit hellen Vokalen wie das deutsche **l**; 2. in Wörtern mit dumpfen Vokalen immer dunkel wie das englische **l** [ɫ] in a**ll**, fu**ll**.
Abweichend von dieser Regel wird das **l** in Fremdwörtern auch in der Umgebung dumpfer Vokale erweicht, d. h. wie das deutsche **l** gesprochen. Bei den entsprechenden türkischen Stichwörtern steht dann ein Hinweis, z. B. [lâ], [lô] – siehe auch unter **C**.

r ist meist Zungenspitzen-**r**, das im Auslaut (am Wortende) seinen Stimmton verliert, d. h. es entwickelt sich ein deutliches Reibungsgeräusch.

s ist immer stimmlos wie **ß** in Ma**ß**, wei**ß**.

ş [ʃ] = **sch**.

v wie das deutsche **w**; nach einem Vokal wird es, besonders in Fremdwörtern, meist bilabial (d. h. mit beiden Lippen) ähnlich wie das englische **w** gesprochen, z. B. le**v**ha *Tafel*.

y [j] wie das deutsche **j** in **J**agd, **j**etzt.

z ist immer stimmhaft, also wie **s** in Ha**s**e, Ro**s**e.

C. Zirkumflex und Apostroph

Der Zirkumflex ^ (düzeltme işareti)

– bezeichnet die Palatalisierung (Erweichung) der vorangegangenen Konsonanten g, k und l, z. B. ikametg**â**h *Wohnsitz*, k**â**ğıt *Papier*.

– dient der Unterscheidung gleich geschriebener Wörter, z. B. **a**lem *Fahne* – **â**lem *Welt*. Seit mehreren Jahren wird seine Verwendung sehr eingeschränkt.

– Als Dehnungszeichen (uzatma işareti) für lange Vokale bei arabischen und persischen Wörtern wird der Apostroph seit Anfang der 80er Jahre nicht mehr verwendet. Die langen Vokale sind im Wörterbuch durch Unterstreichung gekennzeichnet.

Der Apostroph ' (kesme işareti)

– bezeichnet die Grundform eines Eigennamens vor den Flexionsendungen, z. B. Almanya'**da** *in Deutschland*, Ankara'**ya** *nach Ankara*.

– wird bei Buchstaben, Zahlen und Abkürzungen gebraucht, wenn diese Endungen bekommen, z. B. a'**dan** z'**ye** *von A bis Z*, saat 9'**da** *um neun Uhr*, KDV'**siz** *ohne MwSt*.

D. Betonung

Der Ton liegt grundsätzlich auf der letzten Silbe und verlagert sich bei Wortstammerweiterung auf die letzte Silbe:

o'kul die Schule
okul'**lar** die Schulen
okullar'**da** in den Schulen
okullarda'**ki** der/die/das in den Schulen befindliche

Es gibt allerdings einige Suffixe, die nicht betont sind und die Verlagerung der Betonung auf die letzte Silbe verhindern. Die Betonung bleibt auf der unmittelbar davor stehenden Silbe. Die wichtigsten unbetonten Suffixe sind:

1. Kopulativsuffixe:
   okul'da**yım** *ich bin in der Schule*
   ge'lir**sin** *du kommst*

2. Imperativsuffix der 2. Person Plural:
   'gel**in** *kommt!*
   'gel**in**iz *kommen Sie!*

3. Frage- und Verneinungssuffix:
   gel'ir **mi**? *kommt er?*
   'gel**me**yeceksin *du wirst nicht kommen*

   (Ausnahme: Verneinter Aorist, z. B.: gel'**me**zsin *du pflegst nicht zu kommen*)

4. Das Tempussuffix des Präsens:
   o'k**uyor** *er liest gerade*
   ge'l**iyor** *er kommt gerade*

5. Das Sprachbezeichnungssuffix (-ce) und die Adverbialsuffixe (-leyin und -in) sind stets unbetont:

   İngi'liz**ce** *Englisch*, Al'man**ca** *Deutsch*; sa'bah**leyin** *morgens*, ak'şam**leyin** *abends*; 'kış**ın** *im Winter*

6. Die suffigierten Formen von idi, imiş, ise, iken und ile — also -(y)di, -(y)miş, -(y)se, -(y)ken und -(y)le — sind ebenfalls stets unbetont:

   gel'miş**ti** *er war gekommen*, gele'cek**miş** *er wird angeblich kommen*, ge'lir**se** *wenn er kommt*, okur**ken** *während er liest*, ara'ba**yla** *mit dem Wagen*

7. Das stets getrennt geschriebene konjunktionale Suffix de/da und die Konjunktion ki sind ebenfalls nicht betont:

   Ha'san **da** gitti. *Und Hasan ging auch.*
   Öyle hoşuma git'ti **ki**! *Es gefiel mir so sehr!*

8. Bei den Intensivformen der Adjektive liegt die Betonung auf der verdoppelten Silbe:

   te'miz *sauber* 'tertemiz *ganz sauber*
   çıp'lak *nackt* çı'rılçıplak *splitternackt*

9. Eigennamen (Personen wie Ortsnamen) werden grundsätzlich nicht auf der letzten Silbe betont — mit Ausnahme von Ortsnamen auf -stan, die endbetont sind:

   Al'manya *Deutschland*, 'Türkiye *Türkei*; aber Yunanis'tan *Griechenland*

Almancanın Söylenişi

A. Ünlüler ve Bileşik Ünlüler

Ünlüler, Almancada kısa veya uzun söylenir. Ünlünün kısa söylenişi bazen ondan sonra gelen ünsüzün ikilenmesi ile işaretlenir, ünlünün uzun söylenişi ise kendisinin ikilenmesi veya okunmayan uzatma harfi (h) ile gösterilir. Çoğuzaman ünlülerin kısa veya uzun söylenişi belirlenmez. (´) işareti, vurguyu gösterir.

a	g**a**nz	(gánts)	bütün
	H**a**lle	(hálı)	salon, hal
	s**a**gen	(záagın)	söylemek, demek
	W**aa**ge	(váagı)	terazi, kantar
	F**a**hrt	(fáart)	gidiş, yolculuk

Uzun söylenen **e** (**ee**), Fransızcadaki **é** harfinin karşılığıdır. Vurgusuz **e** Türkçedeki ı gibi söylenir.

e	**E**nde	(éndı)	son, bitiş
	Ebbe	(ébı)	cezir, inme
	eben	(éebın)	düz
	T**ee**	(tee)	çay
	Ehre	(éerı)	şeref

Uzun okunan **i** ikilenmeyip bazen ondan sonra gelen **e** veya **h** ile gösterilir.

i	b**i**lden	(bíldın)	teşkil etmek
	b**i**llig	(bílih, bílik)	ucuz
	Ol**i**ve	(olívı)	zeytin
	B**ie**r	(bír)	bira
	ihn	(ín)	onu (eril)

Uzun söylenen **o** (**oo**), Fransızca *beau* sözcüğündeki **eau**'nun karşılığıdır.

o	**O**rden	(órdın)	nişan, madalya
	k**o**mmen	(kómın)	gelmek
	h**o**len	(hóolın)	alıp getirmek
	M**oo**r	(moor)	bataklık, turba
	h**o**hl	(hool)	oyuk

Uzun okunan **u** ikilenmez.

u	H**u**nd	(hunt)	köpek
	kn**u**rren	(knúrın)	hırlamak
	g**u**t	(guut)	iyi
	St**u**hl	(ştuul)	sandalye

Y harfi yalnız yabancı kelimelerde bulunur ve **ü** gibi okunur.

y	Ph**y**sik	(füzík)	fizik
	Ps**y**chologie	(psüholojí)	psikoloji

Kısa söylenen **ä/ae** Türkçedeki **e** gibidir, uzun söylenen **ä/ae** ise çoğuzaman uzun (**ee**) gibi söylenir.

ä/ae	g**ä**nzlich	(géntslih)	tamamen
	f**ä**llen	(félın)	(ağaç) kesmek
	M**ä**rchen	(mêrhen, méerhen)	masal
	Z**ä**hler	(tsêlır, tséelır)	sayaç

Uzun söylenen **ö (öö)**, Fransızca *feu, queue* sözcüklerindeki **eu**'ye benzer.

ö/oe	B**ö**rse	(börzı)	borsa
	H**ö**lle	(hölı)	cehennem
	sch**ö**n	(şöön)	güzel
	H**ö**hle	(hööli)	in, mağara
ü/ue	B**ü**rger	(bürgır)	şehirli, vatandaş
	H**ü**lle	(hülı)	kılıf
	m**ü**de	(müüdı)	yorgun
	B**ü**hne	(büünı)	sahne

İki noktalı ünlüler ile kendisinden sonraki **e** sesiyle birlikte kullanılan ünlüler (yani Umlaut'lar) ikilenmez.

İkili ünlülerden özellikle şunlara dikkat edilmelidir:

ei/ey	m**ei**n	(mayn)	benim
eu	d**eu**tsch	(doyç)	Alman(ca)

B. Ünsüzler

Ünsüzlerden **b, d, f, m, n, p, r** ve **t** hemen hemen Türkçede olduğu gibi söylenir.

c tek başına yalnız yabancı sözcüklerde bulunur ve çoğuzaman **ts** gibi söylenir. Kendisinden sonra gelen **h** ile birlikte hemen hemen Türkçedeki **h** gibi okunur: i**ch** (ih) *ben*, Kra**ch** (krah) *gürültü*. **Chs** ünsüzler grubu **ks** gibi okunur: Bü**chs**e (bük**s**ı) *kutu*. **Ck** iki **k** yerine yazılır.

g sözcük sonunda **k** veya **h** gibi söylenir: Ta**g** (taa**k**) *gün*, farbi**g** (fárbi**k**, fábi**h**) *renkli*. G'den önce gelen **n** genizden söylenir, yalnız sözcüğün sonundaki **g**, **k** gibi söylenir: gi**ng**en (gi**ñ**en) gittiler, fakat gi**ng** (gi**ñk**) gitti.

h sözcük veya hece başında Türkçedeki **h** gibi söylenir: **H**aar (**h**aar) *saç*, Ge**h**alt (gı**h**ált) *aylık, maaş*. Dikkat: H harfi, çoğuzaman kendisinden önceki ünlünün uzun okunacağını gösterdiğinden herhangi bir ses değeri taşımaz: ge**h**t (geet) gidiyor, ste**h**en (ştéeın) *ayakta durmak*.

j Almanca sözcüklerde y gibi, yabancı kökenli sözcüklerde **j** gibi söylenir: **J**ahr (**y**aar) *yıl*, **J**ournalist (**j**urnalist) *gazeteci*.

k daima Türkçedeki kalın ünlülerin yanındaki **k** gibi söylenir: **K**ampf (**k**ampf) *kavga*.

l daima Türkçedeki ince ünlülerin yanındaki **l** gibi söylenir: **L**ampe (**l**ámpı) *lamba*, **L**ager (**l**agır) *depo*.

ph = **f**: Mega**ph**on (megafóon) *megafon*.

s sözcük veya hece başında bir ünlüden önce **z** gibi söylenir: **S**ahne (**z**áanı) *kaymak*, be**s**itzen (bı**z**itsın) *sahip olmak*.

sch = **ş**: **Sch**ule (**ş**úulı) *okul*.

sp ve **st** sözcük veya hece başında **şp** ve **şt** gibi söylenir: **Sp**atz (**şp**ats) *serçe*, ge**sp**rochen (gı**şp**róhın) *konuş(ul)muş*, **St**ein (**şt**ayn) *taş*, ge**st**ehen (gı**şt**éeın) *itiraf etmek*.

sz/ß s gibi söylenir, ara sıra **ss** şeklinde de yazılır.

v Almanca sözcüklerde **f** gibi, yabancı kökenli sözcüklerde **v** gibi söylenir: **v**oll (**f**ol) *dolu*, **V**ase (**v**áazı) *vazo*.

w = **v**: **W**agen (**v**áagın) *araba*.

x = **ks**: A**x**t (ak**s**t) *balta*.

z = **ts**: **Z**eitung (**ts**áytuñk) *gazete*.

C. Vurgulama

Vurgu genellikle kök hecededir: gében *vermek*, geschríeben *yaz(ıl)mış*.

Öntakısı ayrılan eylemlerde vurgu, ayrılan hecededir: úbersetzen (er setzt über) *gemiyle geçmek*, fakat übersétzen (er übersetzt) *tercüme etmek*; verwándeln (er verwandelte) *değiştirmek*.

Bileşik kelimelerde vurgu özel anlamı taşıyan sözcüktedir: Sícherheitsgurt *emniyet kemeri*.

Wörterverzeichnis Türkisch-Deutsch

A

a, A a, A; *a vitamini* Vitamin A; *A'dan Z'ye kadar* von A bis Z
AA *kıs.* = *Anadolu Ajansı* Anatolische Nachrichtenagentur
abajur Lampenschirm *m*
abart|ı Übertreibung *f*; **~ıcı** Aufschneider *m*; **~mak** übertreiben
AB *kıs.* = *Avrupa Birliği* Europäische Union
ABD *kıs.* = *Amerika Birleşik Devletleri* *pl* Vereinigte Staaten von Amerika
abes albern, absurd; Unsinn *m*; ~ *kaçmak* fehl am Platz sein; **~le uğraşmak** sich in Kleinkram verlieren
abi (→ *ağabey*) älterer Bruder
'abla ältere Schwester; *Anrede von jüngeren Menschen an ältere Frauen*
ab'luka Blockade *f*; **~ etmek** blockieren (*-i A*); **~ya almak** die Blockade verhängen (*-i* über *A*); **~yı kaldırmak** die Blockade aufheben
a'bone Abonnement *n*; Abonnent *m*; **~ bedeli/fiyatı** Abonnementspreis *m*; **~yi kesmek** das Abonnement abbestellen; **~ olmak** abonnieren (*-e A,* auf *A*)
abonman Abonnement *n*; **~ bileti** Zeitkarte *f*
'acaba *az.* wohl; denn; vielleicht; ~ *kim geldi?* wer ist denn wohl gekommen?; **~ Hasan geldi mi?** ist denn Hasan gekommen?
acayip (-bi) sonderbar, merkwürdig; komisch
acele Eile *f*, Hast *f*; Hetze *f*; eilig, dringend; **~m var** ich habe es eilig; **~den** aus Eile; **~ etmek** sich beeilen; **~ci** geschäftig, eilig; aufgeregt
A'cemce Persisch *n*
acemi unerfahren, ungeübt
a'centa, a'cente Agentur *f*, Filiale *f*, Vertretung *f*; **~lik** (-ği) Vertretung *f*, Vertretertätigkeit *f*

acı¹ *sıf. gnl.* bitter (*mec.*); *mec.* schmerzlich; *haykırış:* laut; *ses:* scharf, durchdringend; *baharat:* scharf
acı² *is.* Bitterkeit *f*; Schmerz *m*; Leid *n*; **~ çekmek** leiden, Schmerzen haben; **-in ~sını çekmek** et. ausbaden müssen; *-in ~sını çıkarmak* sich revanchieren (für *A*; *-den* an *D*)
acık|lı betrüblich; herzzerreißend; **~mak** Hunger bekommen; *karnım ~tı* ich habe Hunger (bekommen)
acıma Mitleid *n*; **~k** wehtun, schmerzen; **~sız** mitleidlos; uneinsichtig
acınacak bedauernswert; **~ bir durum** eine bedauernswerte Lage
acısız schmerzlos; unscharf
acil eilig, dringend; baldig; **~ servis** *Tıp* erste Hilfe; **~ hallerde** in dringenden Fällen; **~ şifalar dilemek** baldige Genesung wünschen
aciz elend, kraftlos; hilfsbedürftig; unfähig; **-den ~ olmak** nicht in der Lage sein, zu
aç (açı) *sıf.* hungrig; mittellos; unersättlich; **~ karnına** auf nüchternen Magen
açı Winkel *m*; Aspekt *m*
açık¹ offen; *dükkân:* geöffnet; *renk:* hell; **~ çek** Blankoscheck; **~ fikirli** vorurteilsfrei, liberal; **~ havada** im Freien; **~ kadro** Stellenangebot *n*; **~ mektup** unverschlossener (*mec.* offener) Brief
açı|k² (-ğı) *is.* (das) Freie; freie Stelle *f*; *Tic.* Defizit *n*, Fehlbetrag *m*, Ausfall *m*; **~k** in aller Offenheit, freimütig; **~k vermek** *Tic.* in den roten Zahlen stehen; *-i ~ğa çıkarmak* j-n entlassen/freistellen; **~ğa vurmak** offenkundig werden; **bütçe ~ğı** Haushaltsdefizit *n*
a'çıkça *bel.* offen, klar und deutlich
açıkgöz schlau, pfiffig; Schlauberger *m*

açıklama

açıkla|ma Erklärung *f*; Erläuterung *f*; Angabe *f*; Hinweis *m*; **~mada bulunmak** Erklärung abgeben, deutlich machen; **~mak** *v/t* (*edil.* **~nmak**) erläutern; präzisieren; kundtun; **~malı** erklärend

açıklık (-ğı) Öffnung *f*; Zwischenraum *m*; Klarheit *f*; Deutlichkeit *f*; Offenheit *f*

a'çıksözlü offenherzig

açıl|ır kapanır zusammenklappbar; Klapp...; **~ış** Eröffnung *f*; **~mak** geöffnet werden; *b-ne* **~mak** sich eröffnen

açış konuşması Eröffnungsrede *f*

açlık (-ğı) Hunger *m*; (Hungers-)Not *f*; **~ grevi** Hungerstreik *m*

açmak (-ar) (er)öffnen, aufmachen

açmaz *is. mec.* Ausweglosigkeit *f*

açtırmak öffnen lassen (*b-ne bşi* j-n et.)

ad Name *m*; Vorname *m*; **~ı geçen** oben erwähnt; **~ı soyadı** Vor- und Nachname *m*

ada Insel *f*

a'daçayı (-nı) Salbei *m*

adak (-ğı) Gelübde *n*; Opfer *n*

adale Muskel *m*

adalet Gerechtigkeit *f*; Justiz(wesen *n*) *f*; **~li** gerecht; **~siz** ungerecht; **~sizlik** (-ği) Ungerechtigkeit *f*

adam Mensch *m*; Mann *m*; **~ sen de!** ach was!

adamak (-*i* -*e* j-m et.) geloben; j-m widmen

adaş Namensvetter *m*

aday Kandidat *m*, Bewerber *m*

adet (-di) Zahl *f*, Stück *n*, Exemplar *n*

âdet Gewohnheit *f*; Brauch *m*, Regel *f* (*az. Tip*); Menstruation *f*

'âdeta fast, einfach; richtiggehend

adım Schritt *m*; **~ atmak** e-n Schritt tun

adi gewöhnlich, ordinär

adil gerecht; recht

adlandırmak (-*i*) benennen; *bşi* bezeichnen (*A*)

adlı mit Namen

adli Gerichts..., Justiz...; **~ hata** Justizirrtum *m*; **~ tıp** Gerichtsmedizin *f*

adliye Justiz *f*

Adr. *kıs.* = *adres*

adres Anschrift *f*, Adresse *f*; **~ rehberi** Adressbuch *n*; **~ sahibi** Adressat *m*

Adriya, ~tik Denizi Adria *f*

af (affı) Verzeihung *f*, Entschuldigung *f*; Amnestie *f*; (**Uluslararası**) ♀ **Örgütü** Amnesty International

afacan Schlingel *m*, Bengel *m*

aferin bravo!, ausgezeichnet!

afet Unglück *n*, Katastrophe *f*

Afgan afghanisch; Afghane *m*; **~istan** Afghanistan

afili F angeberisch; Angeber *m*

afiş Plakat *n*, Anschlag *m*

afiyet Gesundheit *f*; **~ olsun** guten Appetit!; **~sizlik** (-ği) Unwohlsein *n*

Af'rika Afrika *f*; **~lı** Afrikaner(in *f*) *m*

afyon Opium *n*

AGİT *kıs.* = **Avrupa Güvenlik ve İşbirliği Teşkilatı** Organisation für Sicherheit und Zusammenarbeit in Europa (OSZE)

ağ *gnl.* Netz *n*

ağa *volkstümliche Anrede, etwa* Meister (*m*), Chef (*m*)

ağabey [a:bi] (*gnl.* -beysi) älterer Bruder; älterer Kollege

ağaç (-cı) Baum *m*; **~ kaplama** Furnier(holz) *n*; **~landırmak** aufforsten

ağarmak ergrauen (*az.* altern); verbleichen; *şafak*: grauen

ağır *gnl.* schwer; schwierig; **~ işitmek** schwerhörig sein; **~ına gitmek** *mec.* j-n schwer treffen; **~başlı** besonnen, vernünftig; seriös; **~lamak** willkommen heißen (und bewirten) (-*i* j-n)

ağırlaş|mak schwerer werden; **hasta ~tı** der Zustand des Kranken hat sich verschlimmert

ağırlık (-ğı) Gewicht *n* (*az. mec.*); Last *f* (*az. mec.*); Verantwortung *f*, **~ merkezi** *Fiz.* Schwerpunkt *m* (*az. mec.*); **safi~** Nettogewicht *n*; **tam ~** Bruttogewicht *n*

a'ğıryağ Schweröl *n*

ağıt (-dı) Totenklage *f*; Wehklagen *n*

ağız (ağzı) Mund *m*; *hayvan*: Maul *n*; **~ kavgası** Schimpferei *f*; **~ kokusu** übler Mundgeruch *m*; Launenhaftigkeit *f*; **ilk ~da** auf Anhieb; **~dan** mündlich; vom Hörensagen

ağlamak *v/i* weinen (-e über *A*); *v/t* beweinen (*A*)

ağrı Schmerz *m*; Kummer *m*; **~sı tutmak** die Wehen setzen ein; **~lı** schmerzend; **~mak** weh tun; **~sız** schmerzlos; sorglos;

Wörterverzeichnis Türkisch-Deutsch

A

a, A a, A; *a vitamini* Vitamin A; *A'dan Z'ye kadar* von A bis Z
AA *kıs.* = *Anadolu Ajansı* Anatolische Nachrichtenagentur
abajur Lampenschirm *m*
abartı Übertreibung *f*; **~cı** Aufschneider *m*; **~mak** übertreiben
AB *kıs.* = *Avrupa Birliği* Europäische Union
ABD *kıs.* = *Amerika Birleşik Devletleri pl* Vereinigte Staaten von Amerika
abes albern, absurd; Unsinn *m*; ~ *kaçmak* fehl am Platz sein; **~le uğraşmak** sich in Kleinkram verlieren
abi (→ *ağabey*) älterer Bruder
'abla ältere Schwester; *Anrede von jüngeren Menschen an ältere Frauen*
ab'luka Blockade *f*; **~ etmek** blockieren (*-i A*); **~ya almak** die Blockade verhängen (*-i* über *A*); **~yı kaldırmak** die Blockade aufheben
a'bone Abonnement *n*; Abonnent *m*; ~ *bedeli/fiyatı* Abonnementspreis *m*; **~yi kesmek** das Abonnement abbestellen; **~ olmak** abonnieren (*-e A*, auf *A*)
abonman Abonnement *n*; ~ *bileti* Zeitkarte *f*
'acaba *az.* wohl; denn; vielleicht; ~ *kim geldi?* wer ist denn wohl gekommen?; ~ *Hasan geldi mi?* ist denn Hasan gekommen?
acayip (-bi) sonderbar, merkwürdig; komisch
acele Eile *f*, Hast *f*; Hetze *f*; eilig, dringend; **~m var** ich habe es eilig; **~den** aus Eile; ~ *etmek* sich beeilen; **~ci** geschäftig, eilig; aufgeregt
A'cemce Persisch *n*
acemi unerfahren, ungeübt
a'centa, a'cente Agentur *f*, Filiale *f*, Vertretung *f*; **~lik** (-ği) Vertretung *f*, Vertretertätigkeit *f*

acı[1] *sıf. gnl.* bitter (*mec.*); *mec.* schmerzlich; *haykırış:* laut; *ses:* scharf, durchdringend; *baharat:* scharf
acı[2] *is.* Bitterkeit *f*; Schmerz *m*; Leid *n*; ~ *çekmek* leiden, Schmerzen haben; *-in* **~sını çekmek** et. ausbaden müssen; *-in* **~sını çıkarmak** sich revanchieren (für *A*; *-den* an *D*)
acık|lı betrüblich; herzzerreißend; **~mak** Hunger bekommen; *karnım* **~tı** ich habe Hunger (bekommen)
acıma Mitleid *n*; **~k** wehtun, schmerzen; **~sız** mitleidlos; uneinsichtig
acınacak bedauernswert; ~ *bir durum* eine bedauernswerte Lage
acısız schmerzlos; unscharf
acil eilig, dringend; baldig; ~ *servis* *Tıp* erste Hilfe; ~ *hallerde* in dringenden Fällen; ~ *şifalar dilemek* baldige Genesung wünschen
aciz elend, kraftlos; hilfsbedürftig; unfähig; *-den* ~ *olmak* nicht in der Lage sein, zu
aç (açı) hungrig; mittellos; unersättlich; **~ karnına** auf nüchternen Magen
açı Winkel *m*; Aspekt *m*
açık[1] offen; *dükkân:* geöffnet; *renk:* hell; ~ *çek* Blankoscheck; ~ *fikirli* vorurteilsfrei, liberal; ~ *havada* im Freien; ~ *kadro* Stellenangebot *n*; ~ *mektup* unverschlossener (*mec.* offener) Brief
açı|k[2] (-ğı) *is.* (das) Freie; freie Stelle *f*; *Tic.* Defizit *n*, Fehlbetrag *m*, Ausfall *m*; **~k ~k** in aller Offenheit, freimütig; **~k vermek** *Tic.* in den roten Zahlen stehen; *-i* **~ğa çıkarmak** j-n entlassen/freistellen; **~ğa vurmak** offenkundig werden; *bütçe* **~ğı** Haushaltsdefizit *n*
a'çıkça *bel.* offen, klar und deutlich
açıkgöz schlau, pfiffig; Schlauberger *m*

açıklama

açıkla|ma Erklärung *f*; Erläuterung *f*; Angabe *f*; Hinweis *m*; **~mada bulunmak** Erklärung abgeben, deutlich machen; **~mak** *v/t (edil.* **~nmak)** erläutern, präzisieren; kundtun; **~malı** erklärend

açıklık (-ğı) Öffnung *f*; Zwischenraum *m*; Klarheit *f*; Deutlichkeit *f*; Offenheit *f*

a'çıksözlü offenherzig

açıl|ır kapanır zusammenklappbar; Klapp...; **~ış** Eröffnung *f*; **~mak** geöffnet werden; *b-ne* **~mak** sich eröffnen

açış konuşması Eröffnungsrede *f*

açlık (-ğı) Hunger *m*; (Hungers-)Not *f*; **~ grevi** Hungerstreik *m*

açmak (-ar) (er)öffnen, aufmachen

açmaz *is. mec.* Ausweglosigkeit *f*

açtırmak öffnen lassen (*b-ne bşi* j-n et.)

ad Name *m*; Vorname *m*; **~ı geçen** oben erwähnt; **~ı soyadı** Vor- und Nachname *m*

ada Insel *f*

a'daçayı (-nı) Salbei *m*

adak (-ğı) Gelübde *n*; Opfer *n*

adale Muskel *m*

adalet Gerechtigkeit *f*; Justiz(wesen *n*) *f*; **~li** gerecht; **~siz** ungerecht; **~sizlik** (-ği) Ungerechtigkeit *f*

adam Mensch *m*; Mann *m*; **~ sen de!** ach was!

adamak (-*i -e* j-m et.) geloben; j-m widmen

adaş Namensvetter *m*

aday Kandidat *m*, Bewerber *m*

adet (-di) Zahl *f*, Stück *n*, Exemplar *n*

âdet Gewohnheit *f*; Brauch *m*, Regel *f* (*az. Tıp*); Menstruation *f*

'âdeta fast, einfach; richtiggehend

adım Schritt *m*; **~ atmak** e-n Schritt tun

adi gewöhnlich, ordinär

adil gerecht; recht

adlandırmak (-*i*) benennen; *bşi* bezeichnen (*A*)

adlı mit Namen

adli Gerichts..., Justiz...; **~ hata** Justizirrtum *m*; **~ tıp** Gerichtsmedizin *f*

adliye Justiz *f*

Adr. *kıs.* = **adres**

adres Anschrift *f*, Adresse *f*; **~ rehberi** Adressbuch *n*; **~ sahibi** Adressat *m*

Adriya, ~tik Denizi Adria *f*

af (affı) Verzeihung *f*, Entschuldigung *f*; Amnestie *f*; **(Uluslararası) ♀ Örgütü** Amnesty International

afacan Schlingel *m*, Bengel *m*

aferin bravo!, ausgezeichnet!

afet Unglück *n*, Katastrophe *f*

Afgan afghanisch; Afghane *m*; **~is-'tan** Afghanistan

afili F angeberisch; Angeber *m*

afiş Plakat *n*, Anschlag *m*

afiyet Gesundheit *f*; **~ olsun** guten Appetit!; **~sizlik** (-ği) Unwohlsein *n*

Af'rika Afrika; **~lı** Afrikaner(in *f*) *m*

afyon Opium *n*

AGİT *kıs.* = **Avrupa Güvenlik ve İşbirliği Teşkilatı** Organisation für Sicherheit und Zusammenarbeit in Europa (OSZE)

ağ *gnl.* Netz *n*

ağa *volkstümliche Anrede, etwa* Meister (*m*), Chef (*m*)

ağabey [a:bi] (*gnl.* -beysi) älterer Bruder; älterer Kollege

ağaç (-cı) Baum *m*; **~ kaplama** Furnier(holz) *n*; **~landırmak** aufforsten

ağarmak ergrauen (*az.* altern); verbleichen; *şafak*: grauen

ağır *gnl.* schwer; schwierig; **~ işitmek** schwerhörig sein; **~ına gitmek** *mec.* j-n schwer treffen; **~başlı** besonnen, vernünftig; seriös; **~lamak** willkommen heißen (und bewirten) (-*i* j-n)

ağırlaş|mak schwerer werden; *hasta* **~tı** der Zustand des Kranken hat sich verschlimmert

ağırlık (-ğı) Gewicht *n* (*az. mec.*); Last *f* (*az. mec.*); Verantwortung *f*, **~ merkezi** *Fiz.* Schwerpunkt *m* (*az. mec.*); **safi~** Nettogewicht *n*; **tam ~** Bruttogewicht *n*

a'ğıryağ Schweröl *n*

ağıt (-dı) Totenklage *f*; Wehklagen *n*

ağız (ağzı) Mund *m*; *hayvan*: Maul *n*; **~ kavgası** Schimpferei *f*; **~ kokusu** übler Mundgeruch *m*; Launenhaftigkeit *f*; **ilk ~da** auf Anhieb; **~dan** mündlich; vom Hörensagen

ağlamak *v/i* weinen (-e über *A*); *v/t* beweinen (*A*)

ağrı Schmerz *m*; Kummer *m*; **~sı tutmak** die Wehen setzen ein; **~lı** schmerzend; **~mak** weh tun; sich grämen; **~sız** schmerzlos; sorglos;

~tmak: ... *başımı ~ttı* ... hat mir Kopfschmerzen verursacht
ağustos (*az.* ~ *ayı*) August *m*; ~ *ayında* im (Monat) August; **~böceği** (-ini) Zikade *f*; *mec.* Schwätzer *m*
ah ach!; oh!; ~ *çekmek* tief seufzen
ahbap (ahbabı) Freund *m*, Bekannter *m*; *göz ~lığı* Grußbekanntschaft *f*
'**ahdetmek** -*e* geloben (*A*)
ahenk (-gi) Einvernehmen *n*; Einklang *m*; *gnl. Müz.* Harmonie *f*
ahır Stall *m*
ahiret Jenseits *n*
ahit (ahdi) Gelöbnis *n*; Abmachung *f*; *Eski ve Yeni* ♀ Altes und Neues Testament; *ahdim olsun ki* ich gelobe es auf meine Ehre!
ahize (Telefon-)Hörer *m*; *~yi kaldırmak* den Hörer abnehmen
ahlak (-akı) Moral *f*, Sitten *f/pl*; ~ *bilimi* Ethik *f*; **~çı** Moralist *m*; **~dışı** amoralisch; *mİ* moralisch; ethisch; *fena ~lı* charakterlos; böse; **~sız** sittenlos; unmoralisch; **~sızlık** (-ğı) Unmoral *f*, Sittenlosigkeit *f*; ~ *zabıtası* Sittenpolizei *f*
ahmak (-ğı) Dummkopf *m*; ~ *ıslatan mec.* Nieselregen *m*
ahşap (-bı) Holz..., hölzern
ahtapot *Zoo.* Krake *f*
a'hududu Himbeere *f*
aidat (-atı) Mitgliedsbeitrag *m*
aile Familie *f*; **~doktoru** Hausarzt *m*; ~ *reisi* Familienoberhaupt *n*
ait (-*e A*) ... betreffend; ~ *olmak* gehören (*e D*)
ajan (Geheim-)Agent *m*
a'janda Notizbuch *n*
a'jans Nachrichtenagentur *f*, *Tic.* Vertretung *f*
ak weiß; *mec.* rein
akademi Akademie *f*; **~k** akademisch, Hochschul...
akar *su:* fließend; *yakıt:* flüssig; *is.* Flüsschen
a'karlbant (-dı) Fließband *n*; **~su** Bach *m*; **~yakıt** flüssiger Brennstoff *m*
'**akbaba** Aasgeier *m*
'**akciğer** Lunge *f*; ~ *veremi* Lungentuberkulose *f*
akçe Geld *n*; *Osm.* Asper *m*; *ak ~ kara gün içindir* spare in der Zeit, so hast du in der Not; *geçer* ~ gültiges Geld; ~ *farkı* Agio *n*; Aufgeld *n*
'**Akdeniz** Mittelmeer *n*; ~ *Bölgesi* Mittelmeer-Region *f*
'**akdetmek** (-*i*) *anlaşma vs.* schließen
akıbet Ende *n*
akıcı fließend; flüssig; **~lık** (-ğı) flüssiger Zustand; *üslup:* Flüssigkeit *f*
akıl (aklı) Verstand *m* (*zekâ*); Vernunft *f* (*anlayış*); Gedächtnis *n*; ~ *almaz* unbegreiflich, unvorstellbar; ~ *danışmak* um Rat fragen; ~ *hastalığı* Geisteskrankheit *f*; *akla gelmez* unvorstellbar; *akla uygun* *zenginlik:* unvorstellbar; *akla yakın* einleuchtend; plausibel
akıl||landırmak *b-ni* zur Vernunft bringen; **~lanmak** klug werden; **~lanmaz** unverbesserlich; **~lı** klug; *mec.* vernünftig; **~sız** unklug; unvernünftig
akım *El.* Strom *m*; *mec.* Bewegung *f*; *dalgalı* ~ Wechselstrom *m*; *doğru* ~ Gleichstrom *m*
akın Überfall *m*, Sturm *m*; *turist* ~ Touristenstrom *m*; -*e* ~ *etmek* stürmen (*A*); strömen (in *A*); **~tı** Fließen *n*, Strömung *f*
akış Strömung *f*; *ırmak* Lauf *m*; *program ~ı* Programmablauf *m*
akis (aksi) Widerspiegelung *f*, Reflex *m*; -*in aksine* im Gegensatz (zu *D*), entgegen (*D*) *aksi gibi* wie zum Trotz; *aksini söylemek* das Gegenteil sagen
aklamak *b-ni* rehabilitieren; freisprechen; entlasten (*az. Tic.*)
akli geistig; psychisch
akmak (-ar) fließen; *kova, çatı* undicht sein; *insanlar* strömen; *sular akmıyor* das Wasser fließt nicht
akor||t (-du) *Müz.* Akkord *m*; Stimmen *n*; **~du bozuk** verstimmt
akraba Verwandte(r *m*) *f*, Verwandte *pl*; *uzak(tan)* ~ entfernter Verwandter; ~ *diller* verwandte Sprachen *f/pl*; **~lık** (-ğı) Verwandtschaft *f*
akran Altersgenosse *m*
akrep (-bi) *Zoo.* Skorpion *m*; kleiner Zeiger; ♀ *Astr.* Skorpion *m*
aksak lahm; **~lık** (-ğı) Defekt *m*; Lahmen *n*
aksamak hinken, lahmen; *iş:* sich hinschleppen

aksatmadan

aksatma|dan reibungslos; **~k** *mec.* iş verzögern, verschleppen

aksesuar Accessoire *n*; *Tiy.* Kulissen *f/pl*; Werkzeugkoffer *m*

'aks|etmek *ses, ışık*: gelangen (*-e zu D*); reflektiert werden; *iş, durum*: bekannt (*veya* ruchbar) werden; **~ettirmek** widerspiegeln; reflektieren

aksi entgegengesetzt; *kişi*: störrisch; **~ cevap** Absage *f*; **~ gibi** wie verhext; **~ gitmek** schief- *veya* danebengehen; **~ halde** *veya* **~ takdirde** anderenfalls, sonst; **~ne**: **~ (olarak)** umgekehrt

akşam Abend *m*; **bir ~** eines Abends; **iyi ~lar!** guten Abend!; **~ları** abends; jeden Abend; **~ olmak** Abend werden; **~ sularında** *veya* **~ üstü** gegen Abend; **~ yemeği** Abendessen *n*; **~a doğru** gegen Abend; **~cı** Nachtarbeiter(in *f*) *m*; Nachtschwärmer *m*; **~ki** Abend...

ak'şam|leyin abends; **~üstü** gegen Abend; **~üzeri** am späten Nachmittag

aktar|ılabilir *Tic.* übertragbar; **~ım** *Müz.* Transponierung *f*; **~mak** (*-i*) umfüllen; umladen; *Tic. görev, miras* übertragen; *metin, hikâye* übersetzen; bearbeiten; umarbeiten; **~malı** mit Umsteigen; Anschluss...(*tren*) *m*; **~malı bilet** Umsteigefahrschein *m*; **~masız** ohne Umsteigen, direkt; ohne Zwischenlandung

aktör Schauspieler *m*
aktris Schauspielerin *f*
aktü|alite Aktualität *f*
akü Akku(mulator) *m*; Batterie *f*; **~ ara kablosu** *Oto.* Starthilfekabel *n*
akvaryum Aquarium *n*
al (scharlach)rot; rosa; **~ olmak** ganz rot werden
ala bunt; **~ (balık)** Forelle *f*
alabildiğine nach Kräften; **göz ~ kadar so** weit das Auge reicht
alaca bunt; **~ karanlık** Halbdunkel *n*
alaca|k (-ğı) *Tic.* Forderung *f*; **ondan yüz DM ~ğım var** er schuldet mir noch hundert DM; **~ğın olsun!** dafür wirst du mir noch büßen!
alacak|lanmak gutschreiben (*b-ni* j-m et.); **~lanmak** e-e Gutschrift (ein Darlehen) erhalten; **~lı**

Gläubiger *m*

ala'franga (west)europäisch

alaka [lâ] Interesse *n*; **~dar etmek** interessieren (*-i ile* j-n an *D*); **~dar olmak** sich interessieren (für *A*), **~landırmak** (*-i*) j-n interessieren, anziehen

alan Platz *m*, Feld *n*; **~ korkusu** Platzangst *f*; **çocuk oyun ~ı** Kinderspielplatz *m*; **savaş ~ı** Kriegsschauplatz *m*; **spor ~ı** Sportplatz *m*; **uçak ~ı** Flugplatz *m*; **her ~da** auf allen Gebieten

alarm Alarm *m*

ala'turka auf türkische Weise; türkisch (*Müzik*); **~ yemek** türkische Küche; **~laştırmak** *bşi alay* türkisieren

alay¹ (Menschen-)Menge *f*, Haufen *m*; Festzug *m*; *Ask.* Regiment *n*; **cenaze ~ı** Trauerzug *m*; **geçit ~ı** Parade *f*

alay² Spott *m*; *-le* **~ etmek** sich lustig machen (über *A*); **~cı** spöttisch, ironisch

albay *Ask.* Oberst *m*

albeni Charme *m*, Anmut *f*; **~li** anmutig; attraktiv

albüm Album *n*; Bildband *m*

albümin Eiweißstoff *m*

alçak (-ğı) niedrig; *mec.* niederträchtig; *is.* Mulde; **~ boylu** kleinwüchsig; **~ herif!** niederträchtiger Kerl; Schurke; **~ voltaj** Niederspannung *f*; **~tan almak** sich friedliebend *veya* bescheiden zeigen

al'çakbasınç (-cı) Tiefdruck *m*; **~ bölgesi** Tiefdruckgebiet *n*

al'çakgönüllü bescheiden, anspruchslos

alçal|mak sich senken; *uçak vs.* zur Landung ansetzen; *az. mec.* sich erniedrigen, verfallen; **~tıcı** erniedrigend

alçı Gips *m*; *-i* **~ya almak/koymak** in Gips legen

alda|nmak sich täuschen; **eğer ~nmıyorsam** wenn ich mich nicht irre; **~tıcı** irreführend; **~tmaca** Täuschung *f*, List *f*; **~tmak** (*-i*) j-n betrügen (*az. evlilikte*)

aldırış: **-e ~ etmemek** keine Beachtung schenken

aldır|ma *Tıp* Entfernung *f*; **çocuk ~**

Abtreibung *f*; **~mak** *-i -den* sich et. von j-m holen lassen; sich operativ entfernen lassen; (es) wichtig nehmen; *bş-e* **~maz** unbekümmert; **~mazlık** (-ğı) Unbekümmertheit *f*

âlem Welt *f*; (*özl. mec.*) Lage *f*, Zustand; *bitkiler* **~i** Pflanzenwelt *f*; *hayvanlar* **~ı** Tierwelt *f*

aleni *sıf.* öffentlich (*mahkeme duruşması vs.*)

alerji Allergie *f*; **~k** allergisch

alet Werkzeug *n* (*az. mec.*), Instrument *n*; *-e* **~ olmak** Handlanger (*m*) sein (zu *D*); sich ausnutzen lassen

alev Flamme *f*; **~ almak** Feuer fangen; *mec.* aufbrausen

aleyh|~inde *vs.* gegen j-n; *-in* **~inde olmak** gegen j-n, et. sein; *b-nin* **~ine** zum Nachteil von j-m; zu Lasten von j-m

'**alfa** Alpha *n*; **~ ışınları** Alphastrahlen *m/pl*

alfabe Alphabet *n*; **~ sırasıyla** in alphabetischer Reihenfolge; **~tik** alphabetisch

algı *Psi.* Wahrnehmung *f*; *Fel.* Erkenntnis *f*; **~lamak** wahrnehmen; erkennen

alıcı Käufer *m*; Empfänger *m* (*az. radyo vs.*); **~ kuş** Jagdvogel *m*; **~yı kaldırmak** Tel. den Hörer abnehmen

alık blöd, töricht, dumm; **~ ~ bakmak** dumm dreinschauen, P blöd glotzen

alıkoymak kıtabı *vs.* zurücklegen; *b-ni* dabehalten (*yemeğe* zum Essen); (*b-ni -den*) abhalten von (*D*)

alım (An-)Kauf *m*; Charme *m*; **~ gücü** Kaufkraft *f*; **~ satım** Handel *m*

alın (alnı) Stirn *f*; Fassade *f*; *alnı açık* untadelig, F mit weißem Weste; **~ yazısı** Schicksal *n*, Los *n*

alındı Quittung *f*

alıngan empfindlich, sensibel; **~lık** (-ğı) Empfindlichkeit *f*; misstrauisches Wesen

alın|ma *Gr.* Lehn...; **~mak** (mit)genommen werden; übel nehmen (*-den* et.); **~abilir** erhältlich (*-den* bei, in *D*); *bşi* **üstüne ~mak** et. auf sich beziehen; **~tı** Zitat *n*

alış Kaufen *n*; Ankauf *m*; Kauf...

alış|ık gewöhnt (*-e* an *A*); **~ılmadık** ungewöhnlich; **~kanlık** (-ğı) Gewohnheit *f*; **~kın** → *alışık*; **~mak** sich gewöhnen (*-e* an *A*); **~tırma** Training *n*; Übung *f* (*az. Gr.*); **~tırmak** (*-i -e*) j-n gewöhnen (an *A*); **~tırarak haber vermek** j-m et. schonend beibringen; **~veriş** Handel *m*; Einkauf *m*; *ucuz* **~veriş yolculuğu** Butterfahrt *f*

alkış Beifall *m*, Applaus *m*; **~çı** Liebediener *m*; **~lamak** (*-i*) j-m applaudieren; **~lanmak** bejubelt werden

alkol (-lü) Alkohol *m*; **~lü** alkoholhaltig; **~lü araba kullanma** Trunkenheit am Steuer; **~süz** alkoholfrei

Allah (-ahı) Gott *m*; Herrgott *m*; **~ aşkına** um Gottes willen; **~ bağışlasın** behüte dich (*veya* ihn *vs.*) Gott!; **~ bereket versin** vergelt's Gott; **~ için** so Gott, wirklich; **~ korusun** Gott behüte!; **~ rahatlık versin** schlaf *veya* schlafen Sie gut!; **~a ısmarladık** auf Wiedersehen!; **~a şükür** Gott sei Dank!; (*her*) **~ın günü** fast jeden Tag; **~ın izniyle** mit Gottes Hilfe, so Gott will; **~tan** *bel.* glücklicherweise

Alm. *kıs.* = *Almanca, Almanya*

almak (-ır) (-i) *gnl.* nehmen (*A*); *Tıp* einnehmen; et. kaufen; j-n mitnehmen; *iş, öğüt, nezle, hayır duası, izin* bekommen; *rüşvet* annehmen; *sonuç* erzielen; *ürün* einbringen; *koku* wahrnehmen; *ölçü* nehmen; *radyo yayını vs.* empfangen; *düşünce*: j-n beunruhigen; *oda, salon*: Personen fassen; *su* **~** leck sein; *Tıp* entwässern; *şaka* **~** als Scherz auffassen; *alıp götürmek* wegtragen

Alman deutsch; Deutsche(r); **~ usulü** getrennte Bezahlung der Ausgaben

Al'man|ca (das) Deutsche; deutsch; **~ca öğretmeni** Deutschlehrer(in *f*) *m*; **~ca sözlü** deutschsprachig; **~cı** F Deutschlandtürke *m*, -in *f*; **~ya** Deutschland; *Federal* **~ya Cumhuriyeti** Bundesrepublik Deutschland *f*

alo *Tel.* Hallo!

Alp Dağları (-nı), **Alpler** *pl* (die) Alpen

alt 1. *gnl.* Unteres, unterer Teil; *sıf.* unter...; **~ kat** unteres Stockwerk; *-i* **~ etmek** s-n Gegner besiegen; **~ taraf** Unterseite *f*, **~ tarafı** (*on lira*) weiter nichts als, nur (zehn Lira); *sıkı kon-*

alt...

trol ~na almak e-r scharfen Kontrolle unterziehen; *~na etmek* F sich in die Hosen machen; *-in ~nda kalmamak* nicht unbeantwortet bleiben; *zorlukların vs. ~ndan kalkmak* mit (Schwierigkeiten vs.) fertig werden; *~ta kalmak* unterliegen; **2.** *takıyla ilgeç olarak* unter (*D, A*); *-in ~na* unter (*A*); *masanın ~na* unter den Tisch; *-in ~nda* unter (*D*); *masanın ~nda* unter dem Tisch; *~ndan* unter (*D*)... hervor; *masanın ~ndan* unter dem Tisch hervor

alt... *gnl.* unter..., Unter...

'**altçene** Unterkiefer *m*

alternatif alternativ; *~ (akım)* Wechselstrom *m*

'**altgeçit** (-di) Unterführung *f*

altı sechs; *f; ~mız* wir sechs; *~da bir* ein Sechstel; *~ köşeli* sechseckig; *~gen* Sechseck *n*

altın Gold *n*; Goldstück *n*; *sıf.* golden; *~ bilezik mec.* lukrativ, e-e Goldgrube; *~ külçesi* Goldbarren *m*; *~ yaldızlı* vergoldet; *külçe ~* Barrengold *n*

altıncı sechst...

altlık (-ğı) (Schreib-)Unterlage *f*; Untersatz *m*; Ständer *m*

altmış sechzig; *~ıncı* sechzigst...; *~lık* (-ğı) Sechzigjährige(r), Sechziger...

'**alt|üst** in heilloser Unordnung, chaotisch; *-i ~üst etmek* durcheinander bringen; *~yapı* Infrastruktur *f*; Erschließung *f (arsa); Fel. mec.* Unterbau *m*; *~yazı Sin.* Untertitel *m*

alüminyum Aluminium *n*

alyuvar rotes Blutkörperchen

'**ama** aber, doch; jedoch

amaç (-cı) Zweck *m*; Ziel *n*; *bu ~la* zu diesem Zweck; *-mek amacıyla* zwecks, mit dem Zweck zu ...; *~lamak, ~landırmak (-i)* bezwecken (*A*); *~lı:* birkaç *~lı* Mehrzweck...; *çok ~lı* Vielzweck...; *~sız* zwecklos; ziellos

aman Hilfe!; Gnade!, *hiddet, usanç:* zum Kuckuck!; *ikaz:* lieber nicht!, o weh!; *~ (da)* ach nein!; Donnerwetter!; *~ (da) ne güzel şey!* wie ist das schön!; *~ Allahım!* hilf mir Gott!; *~ dilemek* um Gnade bitten; *~ efendim...* stellen Sie sich mal vor!, also so was!; *~ ne yaptım* o weh, was habe ich getan!

amansız gnadenlos; *Tıp* bösartig; *~ düşman* Todfeind *m*; *~ hastalık* unheilbare Krankheit

amatör Amateur *m*

ambalaj Verpackung *f*; *~ kâğıdı* Packpapier *n*; *~lamak v/t* verpacken

ambar Lager(haus) *n*, Speicher *m*; *buğday ~ı mec.* Kornkammer *f*; *~cı* Lagerist *m*

am'bargo Embargo *n*; *~yu kaldırmak* das Embargo aufheben; *~ koymak* ein Embargo verhängen

ambulans [lâ] Ambulanzwagen *m*, Krankenwagen *m*

'**amca** Onkel *m* (väterlicherseits); Anrede an Ältere; *~ kızı* Kusine *f*; *~ oğlu* Vetter *m*, Cousin *m*; *~lık* (-ğı) Stellung *f* e-s Onkels; *-e ~lık etmek* wie ein Onkel zu j-m sein; *~zade Osm.* Vetter *m*; Kusine *f*

amel *Tıp* Durchfall *m*; *~ olmak* Durchfall haben

ameliyat (-yatı) *Tıp* Operation *f*; (praktische) Tätigkeit; *~ masası* Operationstisch *m*; *~ odası* Operationssaal *m*; *-i ~ etmek* j-n operieren; *~ olmak* operiert werden

Ame'rika Amerika; *~lı* Amerikaner(in *f*) *m*; *~n* amerikanisch

âmin Amen *n*; *~ çekmek/demek* Amen sagen

amir Chef *m*; Vorgesetzter *m*

amiral (-li) Admiral *m*

amiyane gewöhnlich; Volks... (*deyişi*)

amme → *kamu*

amonyak (-ğı) Ammoniak *n*; Salmiakgeist *m*

amorti Tilgung *f*; Kleinstgewinn *m*; *~ etmek Tic. borç, tahvil* einlösen

amortisman Amortisierung *f*; *~ akçesi* Tilgungsrate *f*

amper *El.* Ampere *n*

ampul (-lü) Ampulle *f*; *El.* Birne *f*

an (anı) Augenblick *m*; *bir ~da* auf einmal; *bir ~ evvel/önce* sobald wie möglich

ana Mutter *f*; Mutter...; Haupt...; *~ bellek Cmp.* Hauptspeicher *m*; *~ cadde* Hauptstraße *f*; *~ fikir* Leitgedanke *m*; *~ hatlar* Hauptverkehrswege *m/pl*; Grundlagen *f/pl*; *Meryem Ana* (die) Jungfrau Maria

anaç (-cı) *Biyo.* zeugungsfähig

a'nadili Muttersprache *f*
Anadolu Anatolien; *Doğu ~* Ostanatolien; *Güneydoğu ~* Südostanatolien; *İç ~* Zentralanatolien
anahtar Schlüssel *m*; (Flaschen-)Öffner *m*; *~ deliği* Schlüsselloch *n*; *elektrik ~ı* (Hebel-)Schalter *m*
analık (-ğı) Mutterschaft *f*; Mutterliebe *f*; Stiefmutter *f*; *~ izni* Mutterschaftsurlaub *m*; *~ sigortası* Mutterschaftsversicherung *f*; *-e ~ etmek* wie e-e Mutter zu j-m sein
a'namal Kapital *n*
'anane Tradition *f*; → *gelenek*; *~vi* traditionell, herkömmlich
a'naokulu Kindergarten *m*
a'napara Stammkapital *n*
anarşi Anarchie *f*; *~k* anarchisch; *~st* Anarchist *m*
a'na|vatan Vaterland *n*; Urheimat *f*; *~yasa* Pol. Verfassung *f*; Grundgesetz *n*; *~yol* Hauptstraße *f*; *~yön* Himmelsrichtung *f*; *~yurt* (-du) → *anavatan*
'anca(k) *bel.* lediglich, nur; höchstens; *zaman*: erst (heute, morgen *vs.*)
'andetmek (-*e*) geloben
angaje: *-i ~ etmek* j-n engagieren
anı Andenken *n*; *~lmaya değer* erwähnenswert; *~msamak* (-*i*) sich erinnern (an *A*)
anıt Denkmal *n*; Ehrenmal *n*
A'nıtkabir (-bri) Mausoleum *n*
ani plötzlich, unerwartet
Ank. *kıs.* = *Ankara*
anket Umfrage *f*; Befragung *f*; *~ yapmak* e-e Befragung durchführen; *~çi* Interviewer
anlam Bedeutung *f*; Sinn *m*; *~ına gelmek*, *~ında olmak* bedeuten, heißen; darauf hinauslaufen (dass); *~ak v/t* verstehen, begreifen; *~bilim* Semantik *f*; *~daş* synonym; *~lı* bedeutungsvoll; *~sız* bedeutungslos; sinnlos; absurd
anlaşılan offensichtlich; *~lır* begreiflich, klar; *~ılmaz* unbegreiflich; *~ma* Verständigung *f*; Vereinbarung *f*; Abkommen *n*; *~ma yapmak* ein Abkommen treffen; *~mak* sich verstehen; *~malı*: *~malı hekim* Vertrauensarzt *m* (*hastalık sigortasının*); *~mazlık* (-ğı) Meinungsverschiedenheit *f*; Konflikt *m*; Missverständnis *n*
anlat|an Erzähler *m*; *~ı* Erzählen *n*; *~ılmak* erzählt werden; *~ım* Ausdruck(sweise *f*) *m*; *~mak -i -e* erklären, erläutern; *masal* erzählen; *olay* schildern
anlayış Verständnis *n*; Mentalität *f*; *~ göstermek* Verständnis zeigen *veya* haben; *~lı* verständnisvoll; *~sız* verständnislos
anma Gedenken *n*; *~ töreni* Gedenkfeier *f*; *~k* (-ar) gedenken (-*i G*); *adını* erwähnen, nennen
'anne Mutter *f*; Mutti *f*; Mama *f*; *~ler günü* Muttertag *m*; *~ciğim* [-dʒi:m] Mutti *f*, Mama *f*; *~lik* (-ği) Mutterschaft *f*; *-e ~lik etmek* zu j-m wie e-e Mutter sein
anonim anonym; *~ ortaklık* (*AO*), *~ şirket* (*AŞ*) Aktiengesellschaft *f* (*AG*)
anons Ansage *f*; Durchsage *f*
'ansızın urplötzlich
ansiklopedi Enzyklopädie *f*
ant (andı) Eid *m*, Schwur *m*; *~ etmek/içmek* e-n Eid ablegen
anten Antenne *f*; *Zoo.* Fühler *m*; *çanak ~* Satellitenschüssel *f*
'antepfıstığı Pistazie *f*
antetli kâğıt (-dı) Vordruck *m*; Papier (*n*) mit Briefkopf
'anti|demokratik antidemokratisch; *~emperyalist* antiimperialistisch; *~faşist* antifaschistisch; Antifaschist *m*; *~friz* Frostschutzmittel *n*
an'tika Antiquität *f*; F komisch; *~ adam* komischer Kauz; *~ mağazası* Antiquitätenladen *m*
antipati Antipathie *f*; *~k*: *-i ~k bulmak* j-n unsympathisch finden
anti-virüs programı *Cmp.* Antivirusprogramm *n*
antlaşma Vertrag *m*, Pakt *m*; *barış ~sı* Friedensvertrag *m*
antren|man Training *n*; *~man yapmak* trainieren; *~ör* Trainer *m*
AO *kıs.* = *Anonim Ortaklık* Aktiengesellschaft *f* (AG)
ap|açık sperrangelweit offen; *mec.* völlig klar; *~ak* schneeweiß
apandis Blinddarm *m*; *~it* Blinddarmentzündung *f*
'apansız jäh, ganz plötzlich
apartman Wohnung *f*; Mietshaus *n*;

kiralık ~ Mietwohnung *f*; ~ **kapıcısı** Hausmeister *m*
'**apayrı** ganz verschieden
Apt. *kıs.* = *apartman*
aptal dumm; *is.* Dummkopf *m*, Idiot *m*; *-i* ~ **yerine koymak** j-n für e-n Dummkopf halten; ~**laşmak** verblöden; ganz verlegen werden; ~**lık** (-ğı) Dummheit *f*
aptes *Din.* Waschung *f*; *Tıp* Stuhldrang *m*, **büyük** ~ F großes Geschäft; **küçük** ~ F kleines Geschäft; ~ **bozmak** austreten; ~ **etmek** Wasser lassen; *-in* ~**i gelmek** austreten müssen
ar[1] Ar *n* (= 100 m[2])
ar[2] Scham(gefühl *n*) *f*
ara 1. *gnl.* Abstand *m*; Zwischenraum *m*; Pause *f*; ~**birim** Schnittstelle *f*, Interface *n*; ~ **mal** Zwischenprodukt *n*; ~ **seçim** *Pol.* Nachwahl *f*; ~ **vermek** *iş* (zeitweilig) unterbrechen (*-e A*); ~**da bir** zuweilen, hin und wieder; ~**dan** seit der Zeit; ~**dan çıkmak** sich zurückziehen (*az. mec.*); ~**ları** ihre Beziehungen; ~**mız** unsere Beziehungen *vs.*; **2.** *ilg.*: (*-in* ...**ile** ...) ~**sına** zwischen (*A*); (*-in* ...**ile** ...) ~**sında** zwischen (*D*); unter (*D*); während (*G*); (*-in* ...**ile** ...) ~**sından** zwischen (*D*); durch (*A*); aus (*D*) ...hervor; *son ele ile, örn.* ~**mızda** zwischen (*veya* unter) uns
araba *gnl.* Wagen *m* (*az. oto*); ~ **parkı** Fuhrpark *m*; ~ **vapuru** Fähre *f*; ~ **kullanmak** e-n Wagen fahren; **çocuk** ~**sı** Kinderwagen *m*; ~**cı** Kutscher *m*
a'ra|bozan Streithammel *m*; Spielverderber *m*; ~**bulma** Vermittlung *f*, ~**bulucu** Vermittler(in *f*) *m*
aracı Vermittler(in *f*) *m*; ~**lık** (-ğı) Vermittlung *f*; *-in* ~**lığıyla** durch Vermittlung (*G*)
araç (-cı) *gnl.* Mittel *n*; Gerät *n*; Instrument *n* (*az. Müz.*); Fahrzeug *n*; **ulaştırma** ~**ları** Transportmittel *n/pl*; **üretim** ~**ları** Produktionsmittel *n/pl*
aralamak *v/t* kapı e-n Spalt öffnen; *sandalye vs.* auseinander rücken
aralık[1] (-ğı) Abstand *m*; Zwischenraum *m*; **bir** ~ eine Zeitlang; bei Gelegenheit; **bu** ~ in diesem Augenblick; **o** ~ damals

aralık[2] (-ğı) (*az.* ~ **ayı**) Dezember *m*; ~ **ayında** im (Monat) Dezember
aralık|lı mit Unterbrechungen; ~**sız** ununterbrochen, pausenlos
ara|ma Nachforschung *f*; Durchsuchung *f*; ~ **emri** Durchsuchungsbefehl *m*; ~**mak** *v/t* suchen, nachforschen; fragen nach j-m; sehnen nach (*geçmiş şeyleri*); **telefonla** ~ j-n anrufen; ~**nan** *Tic.* gesucht, gefragt
Arap (-bı) Araber(in *f*) *m*; arabisch; ~'**ça** Arabisch *n*
a'rasıra dann und wann
araştır|ıcı Forscher(in *f*) *m*; *sıf.* forschend; ~**ma** Forschung *f*; Untersuchung *f*; **kamu** ~**ması** Meinungsumfrage *f*; ~**macı** Forscher(in *f*) *m*; ~**mak** *sorun* untersuchen; prüfen
aratmak suchen lassen
a'rayüz *Cmp.* Schnittstelle *f*
arazi Gelände *n*; ~ **arabası** Geländewagen *m*; ~ **sahibi** Grundbesitzer *m*
ardıç (-cı) Wacholder *m*; ~ **kuşu** Drossel *f*; ~ **rakısı** Gin *m*
ar'dınca hinterher; **birbiri** ~ im Gänsemarsch
a'rena Arena *f*; *mec.* Schauplatz *m*
'**argo** Jargon *m*; Slang *m*
arı[1] Biene *f*; ~ **kovanı** Bienenstock *m*
arı[2] rein; unverfälscht
arıcı Imker *m*; ~**lık** (-ğı) Imkerei *f*; Bienenzucht *f*
arılık (-ğı) Reinheit *f* (*az. mec.*)
arın|dırmak *v/t* säubern (*az. mec. Ask.*); befreien (*-den* von *D*); ~**ma** Reinigung *f*; Säuberung *f*; ~**mış** befreit (*-den* von *D*); **nükleer silahlardan** ~**mış bölge** atomwaffenfreie Zone
arıt|ma Klären *n*; ~ **tesisi** Kläranlage *f*; ~**mak** *v/t* reinigen (*-den* von *D*); *su* klären; *Tek.* raffinieren
arıza Störung *f*; Panne *f*; *Tıp* Komplikation *f*; ~ **yapmak** e-e Panne haben; zu e-r Komplikation führen; ~**lanmak** Schaden erleiden; ~**lı** defekt; *motor.* ~**lı işlemek** F stottern
aristokrasi Aristokratie *f*
aritmetik (-ği) Arithmetik *f*; arithmetisch
Ar'jantin Argentinien; argentinisch; ~**li** Argentinier(in *f*) *m*
arka 1. *gnl.* Rücken *m*; Rückseite *f*; *mec.* Beschützer *m*; *sandalye vs.*

Rückenlehne f; ~ **koltuk** (-ğu) Oto. Rücksitz m; ~**ya** dicht hintereinander; ~ **araba** Anhänger m; -e ~ **çıkmak** (schützend) dazwischentreten; ~**planda** im Hintergrund; ~**da** hinten; ~**sı gelmek** mec. weitergehen; ~**sı yok** Ende n (hikâye sonlarında); ~**sındayım** ich stehe hinter ihm; **2.** ilgeç olarak: (-in) ~**sına** hinter (A); (-in) ~**sında** hinter (D); (-in) ~**sından** hinter (D) ... (hervor)

arkadaş Freund(in f) m; Kollege m, -in f; **sınıf** ~**ı** Klassenkamerad(in f) m; ~**ça** freundschaftlich; ~**lık** (-ğı) Freundschaft f; Kameradschaft f; ~**lık etmek** befreundet sein

arkeolo|g Archäologe m, -in f; ~**ji** Archäologie f; ~**jik** archäologisch

'**arma** Wappen n

armağan Geschenk n; **Nobel** ~**ı** Nobelpreis m; -e -i ~ **etmek** j-m et. schenken

arma|tör Reeder m; ~**tür** Armatur f

armoni Harmonie f; ~ **orkestrası** Blasorchester n

armo'nika Mundharmonika f

armut (-du) Birne f; F Trottel m; ~ **gibi** blöd

Arnavut Albaner(in f) m; albanisch; '~**ça** Albanisch n; ~**luk** Albanien

arozöz Sprengwagen m

arpa Gerste f, ~**cık** (-ğı) Tıp Gerstenkorn n; silah: Korn n

'**arsa** Baugrundstück n

arsız schamlos; frech; ungezogen

arslan → **aslan**

arşın Elle f (Tic. 0,68 m; Tek. 0,75 m)

arşiv Archiv n; ~**lemek** archivieren

ar|t (ardı) **1.** gnl. Rücken m; hintere Seite f; hinterer Teil; Rückseite f, Kehrseite f; ~**t arda gelmek** hintereinander kommen; ~**t düşünce** Hintergedanke m; ~**dı** ~**dına** hintereinander; F unaufhörlich; ~**dına** nach hinten; ~**dından koşmak** hinter j-m herlaufen; **2.** ilgeç olarak: -in ~**dına** hinter (A); (-in) ~**dında** hinter (D); (-in) ~**dından** hinter (D)... hervor; az. → **arka**

artı Mat. plus; positiv (sayı); ~ **değer** Mehrwert m; ~ **işareti** Pluszeichen n; ~ **kutup** El. positiver Pol; ~ **yüklü** positiv geladen

artık[1] (-ğı) Rest m; Kim. Rückstand m; sıf. übrig geblieben; ~**lar** Tek. Abfälle m/pl

'**artık**[2] (şimdi) nicht mehr; endlich; nunmehr; inzwischen; ~ **gelmez** jetzt kommt er nicht mehr; ~ **yaz geldi** endlich ist der Sommer da

ar'tık|değer → **artı değer**; ~**gün** Schalttag m (29 şubat); ~**yıl** Schaltjahr n

artırma Erhöhung f; Versteigerung f; ~**k** v/t gnl. erhöhen, anheben

artış nüfus: Zuwachs m; üretim: Steigerung f

artist Schauspielerin f; az. Schauspieler m

art|ma Zuwachs m; Steigerung f; ~**mak** (-ar) v/i zunehmen (az. soğuk vs.); gider, fiyat: steigen; **yeter de artar** mehr als genug; ~**tırma** Anhebung f, Erhöhung f

arz Vorlage f, Unterbreitung f; Tic. Angebot n; ~ **ve talep** Angebot und Nachfrage; -i -e ~ **etmek** j-m et. vorlegen

arzu Wunsch m; ~ **üzerine** auf Wunsch; ~ **etmek**/~**sunda olmak** mögen, den Wunsch haben; alışverişte başka ~**nuz** sonst noch etwas?; ~**lamak** v/t herbeisehnen

asa Krückstock m; Marschallstab m; Din. Hirtenstab m

asal Haupt..., Grund...; ~ **sayı** Primzahl f

asalak (-ğı) Bot., Zoo., mec. Schmarotzer m, Parasit m

asalet (Geburts-)Adel m

a'sâleten in eigener Person; eigenverantwortlich

asamble Versammlung f

asansör Fahrstuhl m

asayiş Sicherheit f, Ordnung f; → ~ **düzen**; **güvenlik**

asbaşkan Vizepräsident m

asbest Asbest m; ~ **tehlikesi** Asbestgefahr f

aseton Azeton n; Nagellackentferner m

asfalt Asphalt m; Asphalt...; ~**lamak** v/t asphaltieren; ~**lı** asphaltiert; ~**lı yol** Asphaltstraße f

asgari mindest...; Mindest... (ücret); minimal

asık surat, yüz: mürrisch, düster; (herab)hängend

asıl (aslı) Grundlage *f*, Basis *f*; Wesen *n*, Kern *m*; Herkunft *f*; Wurzel *f*; *belge:* Original *n*; Echtheit *f*; **~ önemlisi** (das) Wichtigste; **~ sayı** ganze Zahl; Kardinalzahl *f*; **aslı gibi** originalgetreu; **aslı gibidir** stimmt mit dem Original überein; **aslı yok** (es ist) unbegründet; *haber:* unglaubwürdig; **aslında** im Grunde genommen; → **aslen**

asıl|ı hängend; aufgehängt; **~mak** *edil.* → **asmak**; auf die Nerven gehen (*-e* j-m)

asılsız unbegründet, frei erfunden; **~lık** (-ğı) Haltlosigkeit *f*

asi aufrührerisch; Rebell *m*

asil adlig; edel; **~zade** Adliger *m*, Aristokrat(in *f*) *m*

asistan Assistent *m*; **~lık** (-ğı) Assistentenstelle *f*; Assistententätigkeit *f*

asit (-di) Säure *f*; **~li** säurehaltig; **~ yağmuru** saurer Regen

asker Soldat *m*; Wehrdienst *m*; *-i* **~e çağırmak** j-n zum Wehrdienst einberufen; **~e gitmek** zum Militär gehen; **~ kaçağı** Deserteur *m*; **~ olmak** Soldat werden

askeri militärisch; Militär...; Wehr...; **~ hizmet** Wehrdienst *m*; **~ mahkeme** Militärgericht *n*; **~leşme** Militarisierung *f*; **~leştirmek** *v/t* militarisieren

askerli|k (-ği) Wehrdienst *m*; **~ği bitirmek** den Militärdienst ableisten; **~k çağı** dienstpflichtiges Alter *n*; **~k hizmeti** Wehrdienst *m*

askı (Kleider-)Haken *m*; (Kleider-)Bügel *m*; *giysi:* Träger *m*; Hosenträger *m/pl*; **~da** aufgehängt; *mec.* in der Schwebe; **~da bırakmak** in der Schwebe lassen; **~da kalmak** unentschieden sein

'asla keineswegs, durchaus nicht

aslan Löwe *m*; *mec.* Held *m*; ♀ *Astr.* Löwe *m*; **dişi ~** Löwin *f*; **~ gibi** stattlich, imposant; **~ payı** Löwenanteil *m*; **~ sütü** *mec.* Raki *m*; **~ yürekli** heldenmütig; **~ım!** mein Löwe!; Junge!

'aslen, aslında ursprünglich; eigentlich, im Grunde genommen

aslî Grund..., Haupt...; Original...; **~ görev** Hauptaufgabe *f*; **~ nüsha** Originalexemplar *n*

asliye: ~ mahkemesi Amtsgericht *n*

asma¹ Hängen *n*, Aufhängen *n*; **Hänge...**; **~ kat** Hängeboden *m*; **~ kilit** (-di) Vorhängeschloss *n*; **~ köprü** Hängebrücke *f*; **~ yatak** *özl. Gemi.* Hängematte *f*

asma² Lianen *f/pl*; (Wein-)Reben *f/pl*; **~ kütüğü** Weinrebe *f*; **~ yaprağı** Weinblatt *n*

asmak (-ar) hängen (*-i -e* et. an *A*); *F okul* schwänzen

aspiratör Dunstabzugshaube *f*

'assubay Unteroffizier *m*

astar *giysi vs.:* Futter *n*; *duvar:* Putz *m*; **~ boyası** Grundierfarbe *f*; **~ı yüzünden pahalı** höchst unrentabel; die Sache lohnt nicht den Aufwand; **~lamak** füttern; grundieren; **~lı** gefüttert

'asteğmen Leutnant *m*

'astım Asthma *n*; **~lı** asthmatisch

astırmak *ettir.* → **asmak**

astrolo|g Astrologe *m*; **~ji** Astrologie *f*

astronom Astronom *m*; **~i** Astronomie *f*; → **gökbilim**; **~ik** astronomisch (*az. mec. fiyat*)

astronot Astronaut *m*

'Asya Asien; **~lı** Asiate *m*, Asiatin *f*

AŞ *ks.* = **Anonim Şirket** Aktiengesellschaft *f* (AG)

aşağı *gnl.* [ɑˈʃɑː] unterer Teil; unter...; **~(ya)** nach unten, hinunter; **~da** unten; **~da adları belirtilen yazılı ...** unten genannte *veya* aufgeführte ...; **~daki** unten stehend; **~(sın)dan** von unten; ♀ *Saksonya* Niedersachsen; **~ yukarı** mehr oder weniger, ungefähr

aşağı|lamak *mec.* sich erniedrigen; **~latmak** *b-ni* herabsetzen; **~layıcı** herabsetzend; **~lık** (-ğı) Minderwertigkeit *f*; **~lık duygusu** Minderwertigkeitskomplex *m*

aşama Stufe *f*, Rang *m*, Etappe *f*; **~lı** (ab)gestuft

aşçı Koch *m*; **~ dükkânı** Imbissstube *f*; **~ yamağı** Küchenhilfe *f*; **~ kadın** Köchin *f*; **~başı** Chefkoch *m*; Küchenchef *m*; **~lık** (-ğı) Kochkunst *f*

aşı Impfstoff *m*, Impfung *f*; *Bot.* Propfreis *n*; Okulieren *n*; **~ kâğıdı** Impfschein *m*; **~ olmak** geimpft werden; **çiçek ~sı** Pockenimpfung *f*

aşık (-ğı), **~ kemiği** *Anat.* (Fuß-)Knöchel *m*

âşık (-ğı) -e verliebt (in *A*); *is.* Verehrer *m*; fahrender Sänger; **-e ~ olmak** sich verlieben (in *A*); **~lık** (-ğı) Verliebtheit *f*

aşı|lama Impfen *n*; **~lamak** *v/t* impfen; *Bot.* okulieren, veredeln; **~lanmak** *edil.* → **aşılamak, aşı olmak**; **~lı** geimpft; okuliert; **tifoya karşı ~lı** gegen Typhus geimpft

aşıl|mak *edil.* → **aşmak**; **~maz engel** unüberwindliches Hindernis

aşındır|an, ~ıcı erosions...; zersetzend; ätzend; **~ma** *Coğr.* Erosion *f*; **~mak** *v/t* abnutzen; *Kim.* zerfressen; auswaschen, erodieren

aşınma Erosion *f*; *Tek.* Abnutzung *f*, Verschleiß *m*; *Tic.* Amortisierung *f*; **~ payı ayırmak** *Tic.* abschreiben; **~k** sich abnutzen, F ausleiern

aşırı 1. *sıf.* übermäßig; äußerst..., extrem; übertrieben; **2.** *is.* Extremist *m*; **3.** *ilgeç olarak*: jenseits (*G*); **4.** *ön-takı olarak*: über..., hyper..., **~ derecede** über die Maßen; **~ gitmek** *mec.* zu weit gehen; **~ hız** Geschwindigkeitsüberschreitung *f*; **~ ısıtma** Überhitzung *f*; **~ kısa** ultrakurz; **~ sağ(cı)** Rechtsradikale(r); **~ sol(cu)** Linksradikale(r); **~ uç** *Pol.* extrem; radikal; **Atlantik aşırı** Transatlantik...; **dağ ~** jenseits des Berges; **deniz ~** Übersee...; **~lık** (-ğı) Übermaß *n*; Übertreibung *f*; Exzess *m*

aşırma Plagiat *n*; F geklaut; **~k** *-den* hinüberbringen (über *A*); F mausen

aşikâr offenkundig

aşina bekannt; Bekannte(r); **~lık** (-ğı) Bekanntschaft *f*; **göz ~lığı** flüchtiges Kennen

aşiret Nomadenstamm *m*

aşk Liebe *f*; Begeisterung *f*; **~ şarkısı** Liebeslied *n*; **~ yapmak** miteinander intim sein; **bilim ~** Liebe zur Wissenschaft; **yurt ~ı** Vaterlandsliebe *f*; **Allah ~ına** um Gottes willen; → **sevgi**

aşkın überragend; *zaman* übersteigend; über; *Fel.* transzendental; **elliyi ~ bir adam** ein Mann über fünfzig; **otuzu ~ ağaç** über (*veya* mehr als) dreißig Bäume

'aşkolsun bravo!; nicht nett von Ihnen/dir!; *alay* ich bedanke mich!

aşmak (-ar) *v/t dağ* übersteigen; *deniz, yar* durchqueren; *sınır, süre* überschreiten; *engel* überwinden

aşure *Art* Süßspeise; *mec.* Sammelsurium *n*

at Pferd *n*; **~ başı beraber gitmek** Kopf an Kopf rennen; *mec.* auf gleichem Niveau stehen; **~ gibi** *alay* Walküre *f*; **~ yarış(lar)ı** Pferderennen *n*

AT *kıs.* = **Avrupa Topluluğu** Europäische Gemeinschaft

ata Vater *m*; Großvater *m*; Vorfahr *m*; **~cılık** (-ğı) Atavismus *m*

ataerki Patriarchat *n*; **~l** patriarchalisch

atak[1] kühn; frech; rücksichtslos

atak[2] (-ğı) Attacke *f*

ata|ma *Cmp.* (Datei-)Zuordnung *f*; **~mak** berufen (*-i -e* j-n zu *D*); **~nmak** *-e* berufen *veya* ernannt werden (zu *D*)

a'tardamar Schlagader *f*, Verkehrsader *f*; **büyük ~** Hauptschlagader *f*

a'tasözü Sprichwort *n*; *çoğ.* **atasözleri**

ataşe Attaché *m*; **basın ~si** Presseattaché *m*; **askeri ~** Militärattaché *m*

A'tatürkçü Kemalist *m*; kemalistisch; **~ düşünce** kemalistisches Denken; **~lük** (-ğü) Kemalismus *m*

ateş *gnl.* Feuer *n*; *Tıp* Fieber *n*, Temperatur *f*; Jähzorn *m*; **~ almak** Feuer fangen; **-i ~ etmek** feuern (*A*); **~ pahası(na)** sündhaft teuer; **~e dayanıklı** feuerfest; **~i kesmek** *Ask.* das Feuer einstellen; **~çi** Heizer *m*; **~kes(me)** Feuereinstellung *f*, **~leme** Zündung *f*; Zünd...; **~lemek** *v/t soba* vi. heizen; in Brand stecken; *Tek.* zünden; **~lenmek** in Brand geraten; Fieber bekommen; **~li** Feuer...; fiebrig; *mec.* feurig; impulsiv; **~li silah** Feuerwaffe *f*

atık (-ğı) Abfall *m*; **~ madde** (Industrie-)Müll *m*; **~ sular** Abwässer *n/pl*; **~ su arıtma tesisi** Abwasserkläranlage *f*

atıl|ım Schwung *m*; Elan *m*; Initiative *f*; Unternehmungslust *f*; **~ımcı** Initiator *m*; unternehmungsfreudig; **~mak** *edil.* → **atmak** *mec.* sich stürzen (*-e* auf, in *A*); **işten ~mak** hinausgeworfen werden

atış Schlag *m*; Wurf *m*; *roket*: Abschuss *m*
atış|ma Wortgefecht *n*; *Ed.* Dichterwettstreit *m*; **~mak** sich (gegenseitig) beschießen (*ile* mit *D*); ein Wortgefecht führen; **~tırmak** *v/i* hinunterschlingen; *yağış*: nieseln; leicht schneien
atik (-ği) rasch, flink
A'tina Athen
atkı Schal *m*, Halstuch *n*
atlama Springen *n*; Sprung *m*; *sırıkla* **~** Stabhochsprung *n*; *uzun* **~** Weitsprung *m*; *yüksek* **~** Hochsprung *m*; **~ beygiri** Pferd *n* (*cimnastik âleti*); **~ sehpası** *Spo.* Bock *m*; **~ tahtası** Sprungbrett *n* (*az. mec.*)
atlamak 1. *v/i* springen (*çukura* in die Grube; *duvardan* über die Mauer; *konudan konuya* von einem Thema auf das andere; *pencereden* aus dem Fenster); **2.** *v/t haberi* nicht bringen; *bir bölümü/konuyu* überspringen
atlas Atlas *m* (*az. kumaş*); Satin *m*; ♀ *Okyanusu* Atlantik *m*
atlat|ılmak *ettir.* → **atlatmak** *mec.* davonkommen (*ile* mit *D*); **~mak** *tehlike* abwenden; *engel* überwinden; *hastalık* gut überstehen; *b-ni* **~mak** j-n abwimmeln; reinlegen; *bşi ucuz* **~mak** glimpflich davonkommen
atlet Athlet *m*; **~ (fanilası)** Sporttrikot *n*; **~ik** athletisch; **~izm** Athletik *f*
atlı Reiter *m*; berittten; Pferde... (*araba*); **~karınca** Karussel *n*
atma Werfen *n*; *gülle* **~** Kugelstoßen *n*
atmaca Habicht *m*
atmak (-ar) *v/t gnl.* werfen; wegwerfen; j-n hinauswerfen; schießen; *eski şeyleri* weggeben; *mektubu* einwerfen; *tarih* einsetzen; *imza* daruntersetzen; *suçu* zuschieben (-*e* j-m); *kurşun*, *silâh* abgeben; -*i hapse* **~** j-n ins Gefängnis werfen; -*i sokağa* **~** j-n auf die Straße setzen; *tekme* **~** (mit dem Fuß) ausschlagen; *atma Recep*, *din kardeşiyiz alay* wer's glaubt, wird selig!
atmosfer Atmosphäre *f* (*az. mec.*); Milieu *n*
atom Atom *n*; **~ ağırlığı** Atomgewicht *n*; **~ bombası** Atombombe *f*; **~ çağı** Atomzeitalter *n*; **~ çekirdeği** Atomkern *m*; **~ denizaltısı** Atom-U-Boot *n*; **~ enerjisi** Atomenergie *f*, Kernkraft *f*; **~ santrali** Kernkraftwerk *n*
a'tölye Werkstatt *f*, Atelier *n*
attırmak *ettir.* → **atmak**
aut *Spo.* Aus *n*; **~a atmak** ins Aus schlagen; **~a gitmek** ins Aus gehen
Av. *kıs.* = **avukat** Rechtsanwalt *m* (RA)
av Jagd *f*; Jagdbeute *f*; **~ hayvanı** Wild *n*; **~ köpeği** Jagdhund *m*; **~ tezkeresi** Jagdschein *m*; **~ uçağı** Jagdflugzeug *n*; **~a gitmek/çıkmak** auf die Jagd gehen
avam einfaches Volk; ♀ *Kamarası Büyük Britanya'da* Unterhaus *n*
avanak (-ğı) F Trottel *m*
avans Vorschuss *m*; -*e* -*i* **~ vermek** j-m et. vorschießen
a'vanta F Reibach *m*; *Ask.* Schütze *m*; *Zoo.* Raub..., Wild...; **~cı** F profitgieriger Mensch; **~dan** F umsonst
avantaj Vorteil *m*; **~lı** vorteilhaft; **~sız** unvorteilhaft
avare *is.* Faulenzer *m*; *sıf.* faulenzend; **~lik** (-ği) Müßiggang *m*; **~lik etmek** faulenzen; herumlungern
avaz Geschrei *n*; **~ ~ bağırmak** aus voller Kehle schreien
avcı Jäger *m* (*az.* Ask.); *Ask.* Schütze *m*; *Zoo.* Raub..., Wild...; **~ hayvan** Raubtier *n*; **~lık** (-ğı) Jägerei *f*; Fischfang *m*; Jagdfliegerei *f*
averaj Mittelwert *m*; *Spo.* Torverhältnis *n*
avize Kronleuchter *m*
avla|mak *v/t* jagen; *balık* fangen; *müşteri* anlocken; j-n übers Ohr hauen; **~nmak** gejagt *veya* gefangen werden; in die Falle gehen (*az. mec.*)
avlu *ev.* Hof *m*
avrat (-dı) Weib *n*; Ehefrau *f*
Av'rupa Europa *n*; **~ Birliği** Europäische Union; **~ (Ekonomi ve) Para Birliği** Europäische (Wirtschafts- und) Währungsunion; **~ Konseyi** Europarat *m*; **~ Kupası** Europacup *m*; **~ normu** Euronorm *f*; **~ Para Birimi** Europäische Währungseinheit, Euro *m*; **~ Parlamentosu** Europaparlament *n*; **~ Şampiyonası** *Spo.* Europameisterschaft *f*; **~ Şampiyonu** Europameister *m*
Av'rupalı Europäer(in *f*) *m*; ♀**laşmak** sich europäisieren
avuç (avcu) Handfläche *f*; Handteller

aydınlatmak

m; **bir ~** eine Hand voll (*az. mec.*); **~ açmak** um Almosen bitten; **~ içi kadar** klitzeklein; **~ içi bilgisayar** Palmtop-PC m; **avucunu yalamak** das Nachsehen haben; **~lamak** v/t Händevoll nehmen; Besitz ergreifen (von D)

avukat Rechtsanwalt m; *mec.* Fürsprecher m; **~lık** (-ğı) Anwaltschaft f; Beruf m e-es Rechtsanwalts; **~lık etmek** als Rechtsanwalt tätig sein; *-e* **~ tutmak** j-m e-n Rechtsanwalt nehmen

avun|mak sich trösten; **~tu** Tröstung f

avurt (-du) (*innere Seite der*) Wange f, Backe f

Avus'tralya Australien; **~lı** Australier(in) f) m

Avus'turya Österreich; österreichisch; **~lı** Österreicher(in f) m

avutmak trösten

ay¹ ach, *alay* ach nee!; **~ ne güzel!** oh, wie schön!

ay² Mond m; Monat m; **~ ışığı** Mondlicht n; **~ tutulması** Mondfinsternis f; **~ yıldız** (*Türk bayrağında*) Halbmond und Stern; **~ yılı** Mondjahr

aya Handteller m; Fußsohle f

aya|k (-ğı) Fuß m; *hayvan*: Pfote f, Huf m; Gestell n, Ständer m; *ölçü birimi*: Fuß (30,5 cm); Ed. Rem m; **~ altında kalmak** zerstrampelt werden; betreten (-e A); **~k ~k üstüne atmak** die Beine übereinanderschlagen; **~k bağı** *mec.* Klotz m am Bein; **~k diremek** *-de* hartnäckig sein; **~k tedavisi** ambulante Behandlung; **~ uydurmak** Tritt fassen; sich anpassen (-e D); **~ğa düşmek** heruntergekommen; **-i ~ğa kaldırmak** j-n auf die Beine bringen; *mec.* aufrütteln; **~ğa kalkmak** aufstehen; *hasta*: wieder auf die Beine kommen; meutern; (-e) vor j-m aufstehen; **kendi ~ğı ile gelmek** aus eigenem Antrieb kommen; *-in* **~ğına gelmek** *-e*: j-m in den Schoß fallen; *-in* **~ğına kadar gelmek** sich zu j-m bequemen; **~ğını çabuk tutmak** sich beeilen; **~kta im** Stehen; ambulant; **~kta kalmak** (*az. mec.*) stehen bleiben; keinen Sitzplatz bekommen

ayakçı Laufbursche m

a'yakkabı (-yı) Schuh m; **~ bağı** Schnürsenkel m; **~ boyası** Schuhkrem f; **~ fırçası** Schuhbürste f; **~ mağazası** Schuhgeschäft n; **~cı** Schuhmacher m, Schuster m; **~cılık** (-ğı) Schuhmacherei f

ayaklanma Aufstand m; Meuterei f; Revolte f; **~k** meutern; aufstehen; *çocuk*: anfangen zu laufen; *hasta*: wieder aufstehen

ayaklı ... mit Fuß, ... mit Beinen; → **ayak**; langbeinig; wandelnd; **~ bardak/kadeh** Pokal m, Römer m; **~ kütüphane** wandelndes Lexikon; **~k** (-ğı) Pedal n; Schemel m; Sockel m; Stelzen f/pl

a'yak|topu Fußball m; **~ucu** Fußende n; Fußpunkt m; **~üstü** stehend; rasch; **~yolu** F Klo n

ayar (ayarı) Feingehalt m; *altın*: Karat n; Einstellung f; Regulierung f; Regulator m; *ölçü ve ağırlık*: Eichung f; *saat*: Genauigkeit f; **~ dairesi** Eichamt n; *-i* **~ etmek** *Tek.* regulieren; **~ bozuk** *saat*: nicht *veya* falsch gestellt; *kişi*: charakterlos; **saat ~** Stellen n, Regulierung f (der Uhr); **İstanbul ~yla** nach Istanbuler Zeit; **~cı** Eichmeister m

ayar|lamak v/t *gnl.* einstellen, regulieren, regeln; *ölçü vs.*: eichen; standardisieren, normieren; **~layıcı** Regulator m; **~lı** (genau) eingestellt; **~lı bomba** Zeitbombe f; **~sız** ungeeicht; *saat*: falsch gehend, ungenau; *kişi*: unkultiviert

ayartmak v/t in die Irre führen

ayaz eisige (trockene) Kälte; klares Winterwetter; **~ kesmek** *kişi*: durchfrieren; **~da kalmak** in der Kälte stehen; *mec.* leer ausgehen; **~lamak** *hava*: kalt werden

'aybaşı (-nı) Monatsblutung f, Menstruation f

'ayçiçe|ği (-ni) Sonnenblume f; **~k yağı** Sonnenblumenöl n

aydın hell, licht; *kişi*: gebildet, intellektuell; **~lar** (*sınıfı*) (die) Intellektuellen; (die) Intelligenz; **gözün ~! aşağı yukarı** viel Glück!

aydın|lanma Beleuchtung f; Aufklärung f; **~lanmak** beleuchtet werden; dämmern; **~latıcı** Beleuchtungs...; **~latma** Beleuchtung f; Aufklärung f; Leucht...; **~latmak** v/t

aydınlık

beleuchten; aufklären; **~lık** (-ğı) (Tages-)Licht *n*; Helligkeit *f*; Klarheit *f*
ayet Koranvers *m*
aygır (Zucht-)Hengst *m*; Rüpel *m*; *Nil* **~ı** Nilpferd *n*
aygıt Gerät *n*
ayı Bär *m* (*az. mec.*); **~ herif** ungehobelter Kerl; **~ şakası** schlechter Scherz
ayık (wieder) nüchtern; *mec. kafa*: kühl
ayıl|mak *gnl.* wieder zu sich kommen; **~tmak** *v/t* j-n wieder zu sich bringen
ayıp (aybı) Schande *f*; *sıf.* schändlich, schimpflich; beschämend; **~ değil** das ist keine Schande; **~ etmek/yapmak** F sich danebenbenehmen; **~tır söylemesi** mit Verlaub zu sagen; *size* **~(tır)** schämen Sie sich!; *sormasi* **~** wenn ich fragen darf?
ayır|ıcı Sortier...; **~ıcılık** (-ğı), Isolierung *f*; **~ım** Unterschied *m*; Diskriminierung *f*; **~mak** (*-i -den*) j-n trennen (von *D*); et. unterscheiden (von *D*); *masa vs.* reservieren
ayırt: ~ etmek trennen, unterscheiden (*-i -den* et. von *D*)
ayırtmak *v/t* reservieren lassen
ayin religiöse Feier; Ritus *m*
aykırı *davranış*: gesellschaftsfeindlich; widersprechend (*-e D*); zuwiderlaufend (*-e D*); -widrig; *-e* **~ gelmek/ olmak** widersprechen (*D*); *-e* **~ görülmek** et. für unvereinbar halten (mit *D*); *yasaya* **~** gesetzeswidrig
aylak (-ğı) müßig; herumlungernd; **~çı** Gelegenheitsarbeiter *m*
aylık (-ğı) (Monats-)Gehalt *n*; monatliche Miete *f*; **~ dergi** Monatszeitschrift *f*; **~lı** Gehalts...; gegen Monatsgehalt
ayna Spiegel *m* (*az. mec.*); Reflektor *m*; **~sız** ... ohne Spiegel; *mec.* P Bulle *m* (*Polizist*)
'aynen genauso, wörtlich
'aynı derselbe; gleich, identisch; **~ şeydir** das ist dasselbe; **~ zamanda** zur gleichen Zeit
ayni materiell (*örn. yardım*); stofflich; **~ hak** (-kkı) Sachenrecht *n*
'ayol *ünl.* he, du da!; (*gnl. kadınlarda*) hu hu!
ayraç (-cı) *Gr.* Klammer *f*
ayran Ayran *m* (*Joghurt mit Wasser*); Buttermilch *f*

ayrı getrennt, isoliert; Einzel... (*ev*); *bu,* **~ mesele** das ist eine andere Frage; *-den* **~ olarak** über (*A*) hinaus; **'ayrıca** außerdem; insbesondere; **~calık** (-ğı) Privileg *n*, Vorrecht *n*
ayrık (-ğı) Abtrennung *f*, Aussonderung *f*; *sıf.* ausgesondert; getrennt
ayrı|lamak *v/t* absondern, isolieren; klassifizieren; **~lamaz** unteilbar; **~lık** (-ğı) (*az. Huk.*) Trennung *f*; längere Abwesenheit *f*; *görüş* **~lıkları** Meinungsverschiedenheiten *f/pl*; **~lıkçı** Separatist *m*; **~lış** Trennung *f*; Abreise *f*
ayrıl|ma Abtrennen *n*; *Huk.* Trennung *f*; *Pol.* Separatismus *m*; **~mak** *edil.* → **ayırmak** (*-den*) verlassen (*D*), abfahren (aus *D*); ausscheiden (*bir görevden*); sich verabschieden (von *D*); *bu fikirde sizden ayrılıyorum* in dieser Frage gehen unsere Ansichten auseinander; **~mazlık** (-ğı) Untrennbarkeit *f*
ayrım Unterscheiden *n*; Unterschied *m*; Diskriminierung *f*; *yol* **~** Weggabelung *f*; → *fark*; **~lama** Aussortieren *n*; **~laşma** Teilung *f*, Modifikation *f*; **~samak** *v/t* wahrnehmen
ayrıntı Einzelheit *f*, Detail *n*; **~larına inmek** ins Detail gehen; **~lı** ausführlich; *daha* **~lı bilgi için** für weitere Informationen
ayrış|ım *Kim.* Zersetzung *f*; **~mak** sich zersetzen; zerfallen; **~abilir** spaltbar; **~tırmak** *Kim.* zersetzen, zerlegen
ayva Quitte *f*; **~ tüyü** Flaum *m*
ayyaş Trunkenbold *m*; Säufer *m*; **~lık** (-ğı) Trunksucht *f*
az *sıf.* wenig; gering; **~ ~** nach und nach; **~ buçuk** einigermaßen; **~ bulunur** spärlich, selten; *-i* **~ bulmak/ görmek** unterschätzen; für zu wenig halten; **~ buz (şey) değil** das ist keine Kleinigkeit; **~ daha** beinahe; **~ emisyonlu** abgasarm; **~ kalsın** fast; beinahe; **~ önce** kurz vorher; **~ sonra** kurz danach; **~ zamanda** in kurzer Zeit; *daha* **~** weniger; geringer; *en* **~(ından)** mindestens; nicht weniger als
azal|ma Verminderung *f*, Abnahme *f*, Schwund *m*; **~mak** abnehmen, nachlassen; **~tılma** *gnl.* Verringerung

f, fiyatlar: Senkung *f, personel*: Abbau *m*; *silâhlanma*: Begrenzung *f*
azalt|ılmak *edil.* → **azaltmak**; **~mak** *v/t* verringern, beschränken
azami höchst...; Höchst...; **~ hız/sürat** Höchstgeschwindigkeit *f*
aza|p (-abı) Qual *f*, *gnl.* Qualen *f/pl*; **vicdan ~bı** Gewissensbisse *pl*
azar[1] Verweis *m*, Rüffel *m*; **~ işitmek** e-n Rüffel bekommen
azar[2]: **~ ~** in kleinen Mengen; nach und nach
azar[3] → **azmak**
azarlama Verweis *m*; **~k** *v/t* tadeln (*-den ötürü* wegen *G*)
Azerbaycan Aserbaidschan
Âzerî Aserbaidschaner(in *f*) *m*; **Aze-'rice** Aserbaidschanisch *n*
'**azgelişmiş** unterentwickelt (*özl. ülke*)
azgın wild, rasend; *köpek*: tollwütig; *çocuk*: unbändig; lüstern, F geil; **~lık** (-ğı) Gereiztheit *f*; Wut *f*; Ausschweifung *f*
'**azıcık** (-ğı) ein bisschen
a'zıdişi (-ni) Backenzahn *m*; Stoßzahn *m*; Hauer *m*
azık (-ğı) Proviant *m*

azılı aufsässig; unbarmherzig
azımsa|mak *v/t* für unzureichend halten; *tehlike* unterschätzen; **~n-mayacak** nicht zu unterschätzen
azınlık (-ğı) Minderheit *f*, Minorität *f*
azıştırmak *kavga vs.* schüren, F anheizen
azıtmak → **azmak**; **gittikçe işi ~** sich immer mehr herausnehmen; immer mehr übertreiben
az|im (azmi) fester Entschluss, Entschlossenheit *f*, **~im sahibi** resolut, entschlossen; *-mek* **~mindedir** (er) ist fest entschlossen zu
aziz (-izi) teuer; geschätzt; *Din.* Heiliger; **~lik** (-ği) schlechter Scherz; *-e* **~lik etmek** j-m e-n bösen Streich spielen
'**azl|edilmek** *edil.* → **azletmek**; **~et-mek** *v/t* j-n absetzen, entlassen, abberufen; **~olunmak** → **azledilmek**
azmak (-ar) toben (*az. deniz*), rasen; *yara*: sich entzünden; *rüzgâr*: heftiger werden; F geil werden
'**azmetmek** sich vornehmen (*-e A*; zu)
azot Stickstoff *m*
Azrail Todesengel *m*

B

B *kıs.* = **Batı** Westen *m* (W)
baba Vater *m* (*az. mec.*); **~ adam** ehrbarer Mensch; gutmütiger Mensch; **~ evi** Elternhaus *n*; **~ evi gibi** wie zu Hause, F wie bei Muttern; **~ nasihati** väterlicher Rat; **~dan oğula** von Geschlecht zu Geschlecht; seit je; **~sının oğlu** ganz der Vater; *içiyor ~m içiyor* er trinkt und trinkt
ba'baanne [ba'baːnːe] Großmutter *f* väterlicherseits
babacan *adam*: nett, sympathisch
babacığım! [-dʒiːm] Papa!, Vati!
babalık (-ğı) Vaterschaft *f*; väterliche Sorge *f*; Pflegevater *m*; Stiefvater *m*; Schwiegervater *m*; (*hitap*, *Almancada kullanılmaz*) etwa: Väterchen!; *alay*

mein Guter!; *-e* **~ etmek** zu j-m wie ein Vater sein
baca Schornstein *m*; Dachluke *f*; *Tek.* Abzug *m* duman *vs.*
bacak (-ğı) Bein *n* (*az. sandalye*); *iskambil*: Bube *m*; **~ kadar** winzig (klein); **~ ~ üstüne atmak** die Beine übereinander schlagen; **~ları kopmak** sich kaum auf den Beinen halten können; **~lı** ... mit Beinen, langbeinig; **~sız** ... ohne Beine; Dreikäsehoch *m*, Schlingel *m*
bacanak (-ğı) Schwager *m*
bacı (ältere) Schwester; (*hitap*:) Tante *f*
ba'dana Tünche *f*, Mörtel *m*; *-i* **~ etmek** tünchen, anstreichen (*A*); **~cı**

badanalamak

Maler *m*, Anstreicher *m*; **~lamak** *v/t* weißen, anstreichen; **~lı** geweißt; angestrichen

badem Mandel *f*; *stf.* mandelförmig; **~ ağacı** Mandelbaum *m*; **~ ezmesi** Marzipan *n*; **~cik** (-ği) *Anat.* Mandel *f*

bagaj Gepäck *n*; *oto:* Gepäckraum *m*; **~ deposu** Gepäckaufbewahrung *f*; **~ vagonu** Gepäckwagen *m*

bağ[1] Weinberg *m*; Garten *m*; **~ bozmak** Weinlese halten; **~ çubuğu** Weinstock *m*

bağ[2] Band *n* (*az. Anat.*), Schnur *f*; Bündel *n*, Bund *n*; Garbe *f*; **ayakkabının ~ı** Schnürsenkel *m*, Schuhband *n*; **eklem ~ı** Gelenkband *n*; **kol ~ı** Armbinde *f*; **dostluk ~ları** freundschaftliche Bande *n/pl*; **siyasi ~lar** politische Beziehungen *f/pl*

bağcı Winzer(in *f*) *m*

bağcık (-ğı) Schnur *f*

bağdaş Schneidersitz *m*; **~ kurmak** den Schneidersitz einnehmen

bağdaş|mak im Einklang sein (*ile* mit *j*-m); sich verstehen (**kendisiyle**); **~maz** antagonistisch; **~tırmak** in Einklang bringen (*-i* mit *D*)

bağımlı abhängig (*-e* von *D*); *Gr.* Neben... (**cümle**); **~lık** (-ğı) Abhängigkeit *f*

bağımsız unabhängig, selbstständig; *Pol.* parteilos; *Gr.* Haupt... (**cümle**); **~laşmak** unabhängig werden; **~laştırmak** in die Unabhängigkeit entlassen; **~lık** (-ğı) Unabhängigkeit *f*, **~lığa kavuşmak** die Unabhängigkeit erlangen

bağıntı Relativität *f*; Beziehungen *f/pl* (*-e zu D*); *Mat.* Proportion *f*, **~lı** relativ; gebunden; abhängig (*az. Gr.*)

bağır|gan schreiend (*az. Farbe*); **~ış** Schrei *m*; Gebrüll *n*; **~mak** schreien, brüllen; aufschreien; anschreien (*-e* *j*-n); sich melden, rufen

bağırsak (-ğı) Darm *m*; **~ düğümlenmesi** Darmverschlingung *f*; **onikiparmak bağırsağı** Zwölffingerdarm *m*

bağış Geschenk *n*; Spende *f*

bağışık *Tıp* immun; **~lık** (-ğı) Immunität *f*, *az.* Immunisierung *f*; Vorrecht *n*; **~lık yetersizliği** Immunschwäche *f*; **vergi ~lığı** Steuerfreiheit *f*

bağışla|mak schenken (*az. hayatını*); spenden; *ceza* erlassen; *günah* vergeben; *Allah*: gnädig sein; **~yıcı** versöhnlich; gnädig

bağlaç (-cı) *Gr.* Konjunktion *f*

bağlam Zusammenhang *m*, Kontext *m*; **~a** *gnl.* Verbinden *n*; türkische Langhalslaute *f* mit drei Saiten; *El.* **paralel ~a** Nebenschaltung *f*

bağlamak *v/t* (-e) anbinden (an *A*); festmachen (an *D*); ankuppeln (an *A*); *maaş* gewähren (-e *j*-m); *umut vs.* knüpfen (-e an *A*); *j*-m et. zuschreiben, zuschieben; *j*-n binden, fesseln; *kravat* umbinden; *eşyalar* verpacken; *yara* verbinden; *kabuk* bilden; *yol* sperren; *buz* **~** vereisen; *az.* **→ gece**; **karara ~** e-n Entschluss fassen; ein Urteil fällen

bağlan|ma *Tel.* (Herstellung der) Verbindung *f*; **~mak** *edil.* → **bağlamak**; abhängen (*-e* von *D*); sich verpflichten

bağlantı Verbindung *f*, Anschluss *m*; *Tek.* Verbindungs... (*boru*); *Cmp. az.* Link *m*; **telefon ~sı** Telefonverbindung *f*, **~lı** verbunden (*ile* mit *D*); **~sız** blockfrei (*ülke*); unabhängig

bağlaşmak sich verbünden

bağlayıcı verbindlich; *Gr.* Binde... (**sözcük**)

bağlı verbunden (*-e* mit *D*); angebunden (*-e* an *A*); *enstitü vs.* angegliedert (*-e D*); abhängig (*-e* von *D*); *Tek.* angeschlossen (*-e* an *A*); *kişi*: verbunden, ergeben (*-e j*-m); *kapı*: verschlossen; *-e* **~ olmak** hängen (an *j*-m); abhängen (von *D*); *j*-m unterstehen

bağlılık (-ğı) (*-e*) Bindung *f* (an *A*); Abhängigkeit *f* (von *D*); Treue *f* (zu *D*); Korrelation *f*

bağnaz Fanatiker *m*; fanatisch

bağrışmak herumschreien; F sich herumstreiten (*ile* mit *D*)

bahane Vorwand *m*, Ausrede *f*, **~si altında** unter dem Vorwand; *-i ~ etmek* vorschützen (*A*)

bahar Frühling *m*

bahar|at (-tı) Gewürze *n/pl*; **~lı** gewürzt, aromatisch

bahçe Garten *m*; **~ evi** Landhaus *n*

bahçıvan Gärtner *m*

bahis (bahsi) Besprechung *f*, Erörte-

rung *f*; Frage *f*, Thema *n*; Polemik *f*, Debatte *f*; Wette *f*; **~ konusu/mevzuu** Diskussionsthema *n*; *-mekten* **~le** angesichts der Tatsache, dass ...; *bahsi geçen* oben erwähnt
bahriye Marine *f*; Seeflotte *f*; **~li** Matrose *m*, Seemann *m*; Student *m* an der Navigationsschule
'**bahs|etmek** (*-den*) sprechen (über *A*, von *D*), erörtern (*A*); handeln (von *D*); behandeln (*A*); **~olunmak** erwähnt *veya* erörtert werden *vs.*
bahşiş Trinkgeld *n*, Bakschisch *n*
baht (*-tı*) Schicksal *n*; Los *n*; **~ı kara** Pechvogel *m*
bahtiyar glücklich; **~lık** (*-ğı*) Glück *n*
bakakalmak anstarren (*-i A*); sprachlos sein (*şaşkınlıktan vs.*)
bakan Minister *m*; **~lar Kurulu** Ministerrat *m*; **~lık** (*-ğı*) Ministerium *n*; *Çalışma* **~lığı** Arbeitsministerium *n*; *Dışişleri* **~lığı** Außenministerium *n*; *İçişleri* **~lığı** Innenministerium *n*; *Milli Eğitim* **~lığı** (Nationales) Erziehungsministerium; *Milli Savunma* **~lığı** (Nationales) Verteidigungsministerium *n*; *Sağlık ve Sosyal Yardım* **~lığı** Ministerium *n* für Gesundheits- und Sozialwesen; *Ulaştırma* **~lığı** Verkehrsministerium *n*
bakar → **bakmak**
bakıcı Pfleger *m*; Selbstversorger *m*; **~lık** (*-ğı*) Pflege *f*
bakıl|mak gepflegt (*veya* betreut) werden; geprüft (*veya* untersucht) werden
bakım Pflege *f* (*-e G*); *Tek.* Überholung *f*, Gesichtspunkt *m*; Standpunkt *m*, Hinsicht *f*; *~ yurdu* Pflegeheim *n*; *~ yükümlülüğü* Sorgepflicht *f*; *~a muhtaç* pflegebedürftig; *depo ~* Generalüberholung *f*; *bir ~dan* in gewisser Hinsicht; *bu ~dan* in dieser Hinsicht; *her ~dan* in jeder Beziehung *veya* Hinsicht; *... ~ından* in ... Hinsicht, vom Standpunkt ... (*G*) aus; *sağlık ~ından* in gesundheitlicher Hinsicht
bakım|evi *gnl.* Pflegeheim *n*; **~lı** gut betreut; **~sız** verwahrlost; ungepflegt
bakınmak: (*etrafa*) **~** sich umsehen
bakır Kupfer *n*; Kupfergeschirr *n*; Kupfer...; **~ çağı** Bronzezeitalter *n*; **~** *kaplamak* verkupfern; **~cı** Kupferschmied *m*
bakış Blick *m* (*-e auf A*); **~ açısı** Blickwinkel *m*; *ilk ~ta* auf den ersten Blick; *kuş ~* Vogelperspektive *f*
bakir unbefleckt, jungfräulich; keusch; *~ orman* Urwald *m*; *~ toprak* Neuland *n*; **~e** Jungfrau *f*; *ebedi ~e Hazreti Meryem* (die) Jungfrau Maria
bakiye Überbleibsel *n*; *Tic.* Saldo *m*; → *kalıntı*
bakkal Lebensmittelhändler *m*, -laden *m*; Krämer *m*; **~iye** Lebensmittel(geschäft *n*) *pl*
bakla Saubohne *f*; *~ kadar* erbsengroß; *~yı ağzından çıkarmak* F nach längerem Zögern loslegen (*veya* den Mund auftun); alles ausplaudern
baklava *Art* Honig-Mandel-Kuchen *m*; *~ biçimi(nde)* rautenförmig
bakliyat (*-atı*) Hülsenfrüchte *f/pl*
bak|mak (*-ar*) (*nesnesiz*) hinsehen; (*-e*) (*aramak*) sehen, schauen (nach *D*; in, auf *A*, *örn. geleceğe*); j-n pflegen, sich kümmern (um *A*); achten (auf *A*), aufpassen (auf *A*); abhängen (von *D*), liegen (an *D*, *örn. paraya* am Geld); *doktor.* j-n behandeln; *pencere:* gehen (auf *A*); bearbeiten; *hesap* (nach)prüfen; *pasaport vs.* überprüfen, kontrollieren; sich beschäftigen (mit *D*); *sola ~!* Augen links!; *~ ~!* sieh mal, schau mal; *bana ~!* hallo, hör mal!; *~armısın(ız)!* hallo!, hör mal!, hören Sie (doch)!; *~alım, ~ayım seslenmelerde:* doch, (doch) mal, nun; *anlat ~alım ...* erklär doch mal; *sorularda:* denn; *ne yaptın ~alım?* was hast du denn (da) gemacht?; *-e ~arak* im Vergleich (zu *D*); *-e ~madan* ungeachtet (*G*); *~sana, ~sanıza!* hallo!, hör mal!; hören Sie bitte!; (*bir de*) *~arsın* ehe man sich's versieht, ehe du dich's versiehst
bakteri Bakterie *f*; **~yoloji** Bakteriologie *f*; **~yolojik** bakteriologisch
baktırmak (*-i -e*) j-n veranlassen, j-n zu pflegen; j-n behandeln lassen (durch *A*) *vs.* → **bakmak**
bal Honig *m*; *~ arısı* Biene *f*; *~ gibi* honigsüß; *ses:* angenehm, einschmeichelnd; *eşya:* F (geht) wie geschmiert; *kişi:* anständig

'**balayı** Flitterwochen *f/pl*; **~ gezisi** Hochzeitsreise *f*
balcı Imker *m*; Honighändler *m*
balçık (-ğı) Ton *m*, Lehm *m*; Matsch *m*; matschig
baldır Unterschenkel *m*; Wade *f*; **~ kemiği** Schienbein *n*
baldız Schwägerin *f*, Schwester *f der Frau*
bale|(t) Ballett *n*; **~ eğitmeni** Ballettmeister *m*; **~rin** Balletttänzerin *f*
balgam Schleim *m*; Auswurf *m*; **~ söktürmek** abhusten
balık (-ğı) Fisch *m/pl*; ♀ *Astr.* Fische *m/pl*; **~ ağı** Fischernetz *n*; **~ avı** Fischfang *m*; **~ istifi gibi** wie die Heringe; **~ tutmak** fischen; **~ yumurtası** Rogen *m*; **balığa çıkmak** auf Fischfang gehen
balık|adam *Ask.* Froschmann *m*; **~çı** Fischer *m*; Fischhändler *m*; **~çılık** (-ğı) Fischfang *m*; Fischereibetrieb *m*; **~eti** (-ni) Fischfilet *n*; **~hane** Fischhalle *f*; **~yağı** Tran *m*; Lebertran *m*
ba'lina Wal(fisch) *m*; **~ avı** Walfischfang *m*
'balkabağı (-nı) *Bot.* Moschuskürbis *m*; *mec.* Kamel *m*
balkon Balkon *m*
ballandırmak *v/t* mit Honig (ver-)süßen; *mec.* ausmalen, farbig darstellen
ballı Honig-, mit Honig; honigsüß
'balmumu (-nu) Wachs *n*; -*e* **~ yapıştırmak** sich *et.* hinter die Ohren schreiben
'balo (Fest-)Ball *m*; **maskeli ~** Maskenball *m*
balon Ballon *m*; *çocuklar için* Luftballon *m*; **~ uçurmak** e-n Versuchsballon loslassen
balta Axt *f*, Beil *n*; **~ girmemiş orman** undurchdringlicher Wald; **~lama** Sabotage *f*, **~lama hareketi** Sabotageakte *m/pl*; **~lamak** *v/t* abhauen; sabotieren; *inanç, güven* untergraben
Baltık Denizi (-ni) Ostsee *f*
'balya Ballen *m*; Paket *n*; -*i* **~ yapmak** (ballenweise) verpacken
balyoz (Schmiede-)Hammer *m*
'bambaşka grundverschieden
'bambu Bambus *m*

'**bamteli** Basssaite *f*; *mec.* wunder Punkt
'bamya *Bot.* Bamia *f*; Okraschote *f*
bana *D* → **ben**; mir, zu mir; → **bakmak**; **~ kalırsa** nach meiner Ansicht; was mich betrifft; **~ ne!** meinetwegen; F ist mir schnuppe
bandaj Bandage *f*, Verband *m*
'bandıra Fahne *f*, Flagge *f*; **~lı** unter ... Flagge (fahrend)
bandırol (-lu) Streifband *n*; (Steuer-)Banderole *f*
'bando *Müz.* Kapelle *f*
bank (-kı) → **banka**; (Park-)Bank *f*
'banka *Tic.* Bank *f*, Bankhaus *n*; F Bordell *n*; **~ müdürü** Bankdirektor *m*; **~cı** Bankbeamter, Bankangestellter; Banksachverständiger; **~cılık** (-ğı) Bankwesen *n*; Bankfach *n*; **~matik** (-ği) Geldautomat *m*
banker Bankier *m*
banket (-ti) *otoyollarda*: Seitenweg *m*, Bankette *f*; (Sitz-)Bank *f*
banknot Banknote *f*, (Geld-)Schein *m*
'banliyö Vorort *m*; **~ treni** Vorortzug *m*; S-Bahn *f*
banmak (-ar) eintauchen (-*i* -*e* et. in *A*)
ban|t (-dı) Band *n*; Tonband *n*; Streifen *m*; **~da alınmış** auf (Ton-)Band aufgenommen; *El.* **izole ~dı** Isolierband *n*
'banyo Badewanne *f*; Bad *n* (*az. Tıp*), Badezimmer *n*; **~ çamur ~su** Schlammbad *n*; **güneş ~su** Sonnenbad *n*; **kükürt ~su** Schwefelbad *m*; **~ yapmak/almak** baden, ein Bad nehmen
bar[1] Bar *f*
bar[2] *Fiz.* Bar *n*
baraj Staudamm *m*; (Tal-)Sperre *f*; Sperr...; **~ gölü** Stausee *m*; **~ yapmak** e-n Staudamm errichten; **~ aşmak** *mec.* die Hürde nehmen
ba'raka Baracke *f*
barbar Barbar(in *f*) *m*; barbarisch; **~laşmak** (barbarisch) wüten, hausen
bar'bunya Meerbarbe *f*; *e-e* Bohnenart
barda|k (-ğı) Becher *m*; (Wasser-)Glas *n*; **bira ~ğı** Seidel *n*
barem Besoldungssystem *n*; **~ cetveli** Tarifordnung *f*

barınak (-ğı) Zufluchtsort m; F Dach n über dem Kopf
barın|dırma Beherbergung f; **~dırmak** (-i -de) j-n unterbringen (bei D); j-n schonen; **~mak** Unterschlupf finden (-de in, bei D); hausen, leben
barış Friede m; **~ gücü** (UNO-)Friedenstruppe f; **~ içinde bir arada yaşama** friedliche Koexistenz; **~ etmek/yapmak** Frieden schließen; **~ yoluyla** auf friedlichem Wege
barış|çı(l) friedliebend; *amaç:* friedlich; **~ık** versöhnt; **~ıklık** (-ğı) Versöhnung f, Friede m; **~ma** Schlichtung f, Ausgleich m; **~mak** sich aussöhnen (*ile* mit D); sich abfinden (*bşle* mit D); **~maz** unversöhnlich; **~tırıcı** Friedensstifter m; **~tırmak** v/t versöhnen
'bari wenigstens (*gnl. -sem, istek veya emir kipi*); nun denn, so; **~ haberini alsam!** wenn ich wenigstens e-e Nachricht von ihm/ihr hätte; *kimse gelmedi*, **~ biz de gidelim!** niemand ist gekommen, nun dann gehen wir auch
barikat (-tı) Barrikade f; **~la kapatmak, ~lamak** v/t verbarrikadieren
bariz offensichtlich; auffallend
bark (-kı) → **ev**
'baro Rechtsanwaltskammer f
baro'metre Barometer n
baron Baron m
barsak → **bağırsak**
barut (-tu) Pulver n; **~ gibi kişi:** aufbrausend; *hardal, biber:* sehr scharf; **~ kesilmek/olmak** in Wut geraten; **~la oynamak** *mec.* mit dem Feuer spielen
bas *Müz. gnl.* Bass m
basamak (-ğı) Stufe f, Trittbrett n; *Mat.* (Zehner-)Reihe f; **~ yapmak** j-n *veya et.* als Sprungbrett benutzen; **~lı** Stufen... (*piramit*); *vergi:* progressiv
basar → **basmak**
'basbayağı sehr mittelmäßig
bası *Matb.* Druck m; Auflage f; Klischee n; **~cı** Drucker m; Verleger m; **~k** platt(gedrückt); *ayakkabı topuğu:* flach; *tavan:* niedrig; **~k söylemek** nuscheln; **~lı** gedrückt; gedruckt; gepresst; **~lış** Auflage f; **~lmış: ~lmış kâğıt** Vordruck m, Formular n
basım Buchdruck m; Typographie f; Druck m; *ayrı* **~** Sonderdruck m; **~cı** Drucker m; Verleger m; **~evi** Druckhaus n, Druckerei f
basın Presse f; **~ konferansı** Pressekonferenz f
basınç (-cı) *Fiz.* Druck m; **~ düşüklüğü** Tief(druckgebiet) n; *alçak* **~** Tiefdruck m; *yüksek* **~** Hochdruck m; **~lı** gepresst; **~lı hava** Pressluft f; **~lı hava tokmağı** Presslufthammer m; **~ölçer** Barometer n
basiret (-ti) Weitblick m, Scharfsinn m; **~li** weit blickend; **~siz** *mec.* kurzsichtig
basit (-ti) *gnl. insan, cümle:* einfach; **~ kelime** Stammwort n; *Mat.* **~ kesir** gemeiner Bruch
basit|leşmek einfach werden; verflachen; **~leştirme** Vereinfachung f; **~leştirmek** v/t vereinfachen; **~lik** (-ği) Einfachheit f, Unkompliziertheit f
bas'ketbol (-lü) Basketball m
baskı Druck m, Zwang m; *Tek.* Presse f; *kitap:* Auflage f; *gazete:* Auflagenhöhe f; **~ altında** unter Druck; **~ altında tutmak** j-n unterjochen, unterdrücken; **~ grubu** Interessengruppe f; **~ yapmak** Druck ausüben; **~lamak** Druck ausüben
baskın Überfall m; Handstreich m; Überrumpelung f; (Polizei-)Razzia f; *-den* **~ çıkmak** j-m überlegen sein; **~ etmek** auf frischer Tat ertappen; **~ yapmak** e-n Überfall durchführen; j-n überrumpeln; **~a uğramak** plötzlich überfallen werden; überrumpelt werden; auf frischer Tat ertappt werden; **~lık** (-ğı) Überlegenheit f
baskül Hebelwaage f
basma 1. *is.* Druck(erzeugnis n) m; bedruckter Kattun; **2.** *sıf.* gedruckt
basmak (-ar) treten (-e auf A); eindringen (-e in A); drücken (-i -e et. auf A); (-i j-n) überfallen (*az. mec.*); *Huk.* j-n auf frischer Tat ertappen; *kitap* drucken; *karanlık:* hereinbrechen; *soğukar vs.:* einsetzen; *uyku:* j-n überkommen; *zile* **~** klingeln; *çocuk yedisine bastı* das Kind trat

basmakalıp

in sein siebtes Lebensjahr *veya* wurde sechs Jahre alt

basmakalıp stereotyp

bastırmak *ettir.* → **basmak**; *isyan* unterdrücken; *yangın* löschen

baston (Geh-)Stock *m*

basur Hämorrhoiden *pl*; **kanlı ~** Ruhr *f*

baş 1. *gnl.* Kopf *m*; *mec.* Chef *m*, Leiter *m*; Anfang *m* (*hafta, ay vs.*); Haupt... (*kent*); Chef... (*hekim*); Anfangs... (*harf*); **beş ~ soğan** fünf Zwiebeln; **~ ağrısı** Kopfschmerzen *m/pl*; **-e ~ ağrısı vermek** *mec.* j-m Kopfschmerzen bereiten; **~ aşağı** auf dem Kopf, Kopf nach unten; **~ ~a** allein, unter vier Augen; **~ ~a vermek** sich zusammensetzen; sich zusammentun; **~ belası** Ungemach *n*; *kişi*: Qualgeist *m*; **~ döndürücü** *mec.* Schwindel erregend; **-le ~ edememek** nicht fertig werden (mit *D*); **~ göstermek** erscheinen, auftreten; *isyan*: ausbrechen; **~(ını) göz(ünü) yarmak** *gnl.* verunstalten; **-e karşı ~ kaldırmak** sein Haupt gegen j-n erheben; **-den ~ kaldırmamak** pausenlos sitzen (*veya* arbeiten); **-e ~ ko(y)mak** sich e-r Sache hingeben; eingehen (auf *A*); **~ köşe** Ehrenplatz *m*; **~ üstüne** jawohl!; zu Befehl!; mit Vergnügen!; **~ vermek** den Kopf riskieren; erscheinen; **~ vurmak** → **başvurmak**; **-e ~a çıkmak** fertig werden (mit *D*); **~a geçmek** an die Spitze treten; **~a gelmek** *kaza, bela*: hereinbrechen; passieren (*D*); **-i ~a kakmak** j-n vor den Kopf stoßen; **~ belaya girmek** in Not geraten, **~na** pro Kopf; allein, für sich; **tek ~na** ganz allein; **~na bir hal gelmek** *mec.* in e-e böse Lage geraten; **~na buyruk** selbstherrlich; **-i ~na geçirmek** *şapka* aufsetzen; j-m et. auf den Kopf hauen; **~na gelenler** (alles,) was ihm passiert ist; **-in ~na vurmak** *şarap*: j-m zu Kopf steigen; *gaz vs.*: j-n ganz benommen machen; **~nda olmak** F in derselben Lage sein; (*-i*) zu j-s Pflicht gehören; **~ndan atmak/ savmak** et. *veya* j-n abwimmeln; **~ndan geçmek** *mec.* durchkommen, et. überstehen; j-m widerfahren (*kaza*); **~nı alıp gitmek** sich auf und

davon machen; **-in ~nı ezmek** j-n unschädlich machen; **~nı ortaya koymak** seinen Kopf riskieren; **~ta** an der Spitze; **~ta taşımak** große Ehre erweisen; **2.** *ön-ilg.*: **~na** an (*A*), zu (*D*); **iş ~na** an die Arbeit; **~nda** an (*D*), bei (*D*); (am) Anfang *ayın*; → **baştan**

başabaş gerade, eben; für beide ... gleich, Kopf-an-Kopf (*çekişme*)

başak (-ğı) Ähre *f*; ♀ *Astr.* Jungfrau *f*

başarı Erfolg *m*; **~ göstermek** Erfolg haben; *v/t* erfolgreich durchführen; **~lı** erfolgreich; *sonuç*: positiv; **~lmak** durchgeführt werden; **~sız** erfolglos; gescheitert; **~sızlığa uğramak** scheitern

başarmak (*-i*) zustande bringen (*A*); verhelfen zu (*D*), erfolgreich durchführen; *-meyi ~ kişisiz* j-m gelingt es, zu ..

başat (-dı) (vor)herrschend, dominierend

¹**başbakan** Ministerpräsident *m*, Premierminister *m*; *Almanya'da, Avusturya'da* Bundeskanzler *m*; **~lık** (-ği) Amt *n* des Ministerpräsidenten; Ministerpräsidium *n*; *etwa* Bundeskanzlei *f*

baş|çavuş Feldwebel *m*, Wachtmeister *m*; **~döndürücü** → **baş**; **~garson** Oberkellner *m*; **~hekim** Oberarzt *m*; **~hemşire** Oberschwester *f*

ba'şıboş: *-i ~ bırakmak* j-n allein lassen; freien Lauf lassen (*D*)

ba'şıbozuk verwahrlost; **~luk** (-ğu) Anarchie *f*; Verwahrlosung *f*; Disziplinlosigkeit *f*

başka ander...; verschieden (*-den* von *D*); **~?** noch jemand?; noch etwas?; **~ ~** ganz verschieden; *ön-ilg.* *-den ~* außer (*D*); **bundan ~** außerdem; **biri(si)** ein anderer; etwas anderes; **~ları** andere (Leute); **~sı** ein anderer, etwas anderes; **bize ~ ne lazım** was brauchen wir noch?

baş'kaca gesondert; *-den ~* außer (*D*); über (*A*) ... hinaus

başkalaşım Metamorphose *f*; **~mak** sich verändern

başkaldır|ı Aufstand *m*; Meuterei *f*; **~ıcı** Aufständischer, Rebell *m*; Meuterer *m*; **~mak** sich empören, rebellieren (*-e* gegen *A*)

başkalık (-ğı) Eigenart f
başkan Vorsitzende(r); Chef(in f) m; Präsident(in f) m; **~lık** (-ğı) Präsidentschaft f; Vorsitz m; **~lık etmek** den Vorsitz führen; *-in ~lığında* unter Vorsitz (G)
'**baş|kâtip** → *başyazman*; **~kent** (-ti) Hauptstadt f; **~kişi** Hauptperson f; (*Roman-*)Held m; **~komutan** Oberbefehlshaber m; **~konsolos** Generalkonsul m; **~konsolosluk** (-ğu) Generalkonsulat n; **~köşe** Ehrenplatz m; **~kumandan** → *başkomutan*
başlama Beginn-; ~ **vuruşu** Anstoß m
başlamak (-e) anfangen, beginnen (A veya mit D); *-den* ~ anfangen (mit, bei D); *gene baş'lama!* fang nicht wieder damit an!
başlangıç (-cı) Anfang m, Beginn m; Anfangs-...; ~ **noktası** Ausgangspunkt m
başlanmak edil. → *başlamak*
başlatmak beginnen lassen; *örn. düşmanlık* schaffen, bewirken; *kampanya* einleiten; *savaş* auslösen; *mec.* einführen (-e in A); *çocuğu okula* ~ ein Kind einschulen
başlayış → *başlama*
başlı ... mit Kopf (*örn. vida*); *en* ~ hauptsächlich(st)...; **~başına** selbständig *karar vermek*; ... für sich (allein); **~ca** wesentlich; im Wesentlichen; Haupt...
başlık (-ğı) Kopfbedeckung f; Haube f, Helm m; Leitung f, Führung f (-e G); Kapitell n; (Rad-)Nabe f; *Math.* Klischee n; Titel m, Überschrift f; Kolumnentitel m; *Tek. roket, vida*: Kopf m; Brautgeld n; **~ğı altında** unter der Führung (G); unter dem Titel (G)
başlılık (-ğı): *ağır* ~ Gesetztheit f, Seriosität f
baş|müfettiş Oberinspektor `m; **~oyuncu** Hauptdarsteller m; **~öğretmen** Oberlehrer m; Klassenlehrer m; **~örtü(sü)** Kopftuch n; **~papaz** Bischof m; **~parmak** (-ğı) Daumen m; große Zehe; **~piskopos** Erzbischof m; **~rol** (-lü) *Tiy.* Hauptrolle f; **~sağlığı** Beileid n; **~savcı** Generalstaatsanwalt m

başşehir → *başkent*
baştan von Anfang an; erneut; von vorn *başlamak*; *-i* ~ *başa* von e-m Ende zum anderen; durch und durch; ganz; ~ *aşağı* von Kopf bis Fuß; gänzlich; ~ *aşmak iş*: zu viel sein; ~ *çıkmak* auf die schiefe Bahn geraten; aus der Fassung geraten; ~ *savmak* sich um nichts kümmern
'**baş|ucu** (-nu) Kopfende n; *Astr.* Zenit m; **~vekil** → *başbakan*; **~vurma** Anfrage f, Nachschlagen n; **~vurmak** (-e) sich wenden (an A); nachschlagen (A in D, bei D); greifen (zu D); **~yapıt** (-dı) Hauptwerk n; Meisterwerk n; **~yazar** Chefredakteur m; **~yazı** Leitartikel m
batak (-ğı) Sumpf m; sumpfig; **~çı** Schwindler m; Zechpreller m; Verschwender m; **~çılık** (-ğı) Gaunerei f, Zechprellerei f; **~hane** Spelunke f; *mec.* Sumpf m; **~lı** sumpfig; **~lı ev** Räuberhöhle f; **~lık** (-ğı) Sumpfgebiet n, Moor n; **~lık gazı** Sumpfgas n
bateri *Müz.* Schlagzeug n; **~st** Schlagzeuger m
batı Westen m; Westwind m; West-..., westlich; ≈ *Avrupa* Westeuropa; **~cı** Westler m; westlich eingestellt
batık untergegangen, versenkt; *mec.* verzagt, niedergeschlagen; pleite
batıl unwahr, falsch; nichtig; ~ *itikat* Aberglaube m
batılı (West-)Europäer(in f) m; Westler m; westlich; **~laşmak** sich europäisieren, verwestlichen; **~lık** (-ğı) Verwestlichung f
batım *güneş*: Untergang m; *mec.* Niedergang m
batırıl|ma Versenkung f; **~mak** edil. → *batırmak*
batırmak v/t versenken; (ein)tauchen (-e in A); stechen (-e in A); zugrunde richten; (-i j-n) schlecht machen; *Geld* vergeuden
batma Bankrott m; Untergang m
batmak (-ar) *gnl.* versinken; *gemi, güneş*: untergehen; *mec.* zugrunde gehen; *iğne*: eindringen, sich hineinbohren (in A); *para*: verloren gehen, F flöten gehen; *söz*: treffen, berühren (-e in A); *borca* ~ tief in Schulden stecken; *tere* ~ in Schweiß gebadet sein

battaniye Wolldecke *f*
bavul (-lu) Koffer *m*
Bav'yera Bayern; **~ca** bayerische Mundart, Bairisch *n*; **~lı** Bayer(in *f*) *m*
bay Herr (*m*)
bayağı 1. *sıf.* üblich, gewöhnlich; ordinär, gewöhnlich; *kalite*: niedrig, schlecht; **2.** ['baja:] *bel.* einfach; fast; tüchtig, ordentlich; **~laşmak** verflachen; gewöhnlich werden; **~lık** (-ğı) Mittelmäßigkeit *f*; Geschmacklosigkeit *f*; Banalität *f*; *eşya*: Schund *vs*.
bayan Dame *f*; *vor- und Nachnamen* Frau (*f*); *hitap*: meine Dame; gnädige Frau; **~lar, baylar!** meine Damen und Herren!
bayat (-tı) nicht frisch; *ekmek*: altbacken; *bira*: abgestanden; *fikir, haber*. überholt; veraltet; **~lamak** trocken werden; veralten, unmodern werden; **~latmak** verderben lassen *vs*.
baygın besinnungslos, ohnmächtig; matt; *bakış*: schmachtend; *ses*: einschmeichelnd; *koku*: betäubend; (*-e*) F verschossen in j-n; **~lık geçirmek** in Ohnmacht fallen
bayıl|ış, ~ma Ohnmacht *f*; Anästhesie *f*, **~mak** ohnmächtig werden; entzückt sein (*-e* von *D*); F *para* blechen; **~a ~a** F wahnsinnig gern; **~tıcı** betäubend; *sıcak hava*: erstickend; **~tmak** (*-e*) *Tıp* anästhesieren, narkotisieren; **içini ~tmak** Übelkeit verursachen
bayındırlık (-ğı) Stadtentwicklung *f*; Stadtplanung *f*; ♀ **Bakanlığı** Ministerium *n* für öffentliche Arbeiten; ♀ **ve İskân Bakanı** Minister *m* für Urbanisierung und Besiedlung
bayır Abhang *m*; Hügel *m*
bayi Verkäufer *m*; **~lik** (-ği) Verkauf(sstelle *f*) *m*
baykuş Eule *f*; **~ gibi** Unglücksbringer *m*; F unkend
bayrak (-ğı) Fahne *f*, Flagge *f*; **~ açmak** Freiwillige anwerben; meutern; **~ları açmak** ein Geschrei erheben; sich kichernd aufführen; **~ koşusu, ~ yarışı** Stafettenlauf *m*; **~tar** Fahnenträger *m*; *mec.* Verfechter *m*
bayram *dinî ve millî*: Fest *n*; Feiertag *m*; Bayramfest *m*; **büyük ~, Kurban** ♀ Opferfest *n* (*vier Tage*); **küçük ~,**
Ramazan ♀**, Şeker** ♀ Zuckerfest *n* veya Ramadan-Fest *n* (*drei Tage*); **Cumhuriyet** ♀ Tag *m* der Republik (*29. Okt.*); **~dan ~a** an Festtagen; ziemlich selten; **~ etmek/yapmak** jubeln; **~ınızı kutlarım, ~ınız kutlu olsun!** frohe Festtage!
bayramlaşmak einander frohe Festtage wünschen
baz Basis *f*, Grundlage *f*; *Kim*. Base *f*; Grund...
¹**bazen** manchmal; **~ ... ~** mal *gut*, mal *schlecht*
bazı einige; **~lar(ı)** einige, manche; **~mız** mancher von uns; **~sı** mancher; **~ ~, ~ kere** zuweilen; *az*. → **bazen**
BDT *kıs.* = **Bağımsız Devletler Topluluğu** Gemeinschaft *f* Unabhängiger Staaten (GUS)
be du (da), Sie (da), Mensch!; doch; denn; **dur ~ çocuk** bleib doch stehen, Kind; **yapma ~!** nun lass das doch!; nicht doch!; **neredesiniz ~?** F wo sind Sie denn?
bebe, bebek (-ği) Baby *n*, Kleinkind *n*; kleines Kind *n*; Puppe *f*; **~ oynamak** mit Puppen spielen; **bebek beklemek** ein Baby erwarten
beceri Geschicklichkeit *f*; Erfolg *m*
becerik|li geschickt; begabt; unternehmungslustig; **~siz** ungeschickt; hilflos
becermek (-*i*) *iş vs*. erledigen; (es) schaffen, fertig bringen (zu); *oyuncak, alet vs*. kaputtmachen; F j-n erledigen wollen; **işler ~** *mec.* was Schönes anrichten
bedava umsonst; **~dan ucuz** spottbillig; **~cı** Nassauer *m*
beddua Fluch *m*; **~ etmek** verfluchen, verwünschen
bedel Gegenwert *m*, Preis *m*; Gegenleistung *f*; Ersatz *m*; Wehrersatzleistung *f*, **~ olarak** anstatt dessen; im Austausch (für *A*)
beden Körper *m*, Rumpf *m*; Organismus *m*; **~ eğitimi** Leibeserziehung *f*; **~î, ~sel** physisch, Leibes..., körperlich
bedesten großer Basar; *Istanbul*: Antiquitätenbasar *m*
beğ → bey
beğendi Auberginenpüree *n* mit *Fleisch*

beğen|dirmek Zuneigung (*veya* Interesse) wecken (*-e i* bei j-m für *A*); **~i** Gefallen *n*; **~ilmek** Anklang finden; **~mek** (*-i*) mögen, gern haben; sich aussuchen; *gnl.* **~iyorum** (es) gefällt mir; **kendini ~mek** von sich e-e hohe Meinung haben; ***kimi görsem ~irsiniz?*** was meinen Sie wohl, wen ich gesehen habe?; **~memek** *v/t* missbilligen, ablehnen; verachten; **~miyorum** (es) gefällt mir nicht

beher je, pro

bej beige

bek (-ki) *Spo.* Verteidiger *m*

bekâr Junggeselle *m*, -in *f*; ledig; getrennt von der Familie Lebende(r); **~et** (-ti) Jungfräulichkeit *f*, **~lık** (-ğı) Junggesellenleben *n*; Ehelosigkeit *f*

bekçi (Nacht-)Wächter *m*; **~ köpeği** Wachhund *m*; **~li** bewacht; **~lik etmek** Wache halten

bekleme Warte...; **~ dönemi** Wartezeit *f*; **~ odası** Wartezimmer *n*

beklemek warten (auf *A*), hoffen (auf *A*); erwarten (*-i -den* et. von *D*); aufpassen (auf *A*); ***yine bekleriz*** etwa: kommen Sie mal wieder!

beklen|medik unerwartet; **~mek** erwartet werden; **~en haklar** Anrecht *n* auf e-e Vakanz; **~ti** Erwartung *f*

bekle|şmek aufeinander warten; **~tilmek** aufgehalten werden (*-e* durch *A*), **~tmek** (*-i* j-n) warten lassen, aufhalten

bel¹ Taille *f*; Kreuz *n*; Lende *f*; Gürtel *m*; Engpass *m*; **~ bağlamak** vertrauen (j-m *veya* auf j-n); **~ vermek** stützen (*A*)

bel² Spaten *m*

bela [lâ] Unglück *n*; Unheil *n*, Not *f*; **~ açmak** Unannehmlichkeiten bereiten; **~ çıkarmak** Streit anfangen; Unheil stiften; *-e* **~ okumak** verfluchen (*A*); **~ya çatmak**, **~yı bulmak** in Not geraten; **bin/güç (ile)** mit Müh und Not; **~lı** unheilvoll; **~ herif** (ein) grässlicher Kerl

Bel'çika Belgien; belgisch; **~lı** Belgier(in *f*) *m*

belde Stadt *f*; Gemeinde *f*

belediye Magistrat *m*, Stadtverwaltung *f*; **~ başkanı** (Ober-)Bürgermeister *m*; **~ci** Magistratsmitglied *n*

beleş F gratis, für nichts; **~e konmak** nassauern; **~çi** Schmarotzer *m*

belge Bescheinigung *f*, Schein *m*; Schriftstück *n*; Urkunde *f*; Dokumentar...; **~ almak** von der Schule gewiesen werden; e-n blauen Brief bekommen; **~lemek** *v/t* bescheinigen; nachweisen; **~lenmek** *edil.* → *belgelemek*; Belege anführen (*veya* beibringen); den Nachweis führen; **~li** nachgewiesen, belegt; **~lik** (-ği) Archiv *n*; **~n** zuverlässig; **~sel: ~sel film** Dokumentarfilm *m*

belir|gi Offenkundigkeit *f*; **~gin** offenkundig, auffallend; **~ginleşmek** zutage treten; **~ginleştirmek** an den Tag bringen; **~iş** Erscheinung *n*, Auftauchen *n*; **~lemek** *v/t* bestimmen; festsetzen; **~li** *gnl.* bestimmt; festgesetzt; offenbar; **~mek** erscheinen, auftauchen; sich klären; **~siz** unbestimmt, vage; unbekannt; **~teç** *gnl.* Bestimmung *f*; *Gr.* Adverb *n*

belirt|en *Gr.* Bestimmung *f*; **~i** Kennzeichen *n*, Merkmal *n*; Symptom *n*; *Mat.* Kennziffer *f*; **hayat ~ileri** Lebenszeichen *n/pl.*; **~ici** kennzeichnend; *Gr.* bestimmend; Kennzeichen *n*; **~ilen** *Gr.* Grundwort *n*; **~ili** bestimmt; *Gr.* Bestimmungs...; **~me** → *belirten*; *Gr.* Bestimmungs...; **~ durumu** *Gr.* bestimmter Akkusativ (*auf -i*)

belirtmek *v/t* erklären, deutlich machen; klarstellen; nachweisen; hinweisen (auf *A*); ***yukarda ~ilen*** oben angegeben

¹**belkemiği** (-ni) Wirbelsäule *f*, Rückgrat *n* (*az. mec.*)

¹**belki** vielleicht; **~ de** möglicherweise

bellek (-ği) Gedächtnis *n*; *Cmp., Tek.* Speicher *m*, Memory *n*; **~ yitimi** Gedächtnisschwund *m*; **~sel** Gedächtnis...; mnemotechnisch

bellemek *v/t* auswendig lernen; behalten; denken, glauben

belleten Bulletin *n*

belli bekannt; klar, offenbar; bestimmt; **~ başlı kişi**: führend; wichtigst...; *-i* **~ etmek** bekunden; zu erkennen geben; **~ etmeden** unbemerkt, verstohlen; **~ olmak** sich zeigen; zu erkennen sein (*-den* an *D*)

¹**bembeyaz** schneeweiß

ben

ben¹ ich; Ich *n*; ~*im diyen* selbstsicher, überheblich
ben² Muttermal *n*
'**bence** meines Erachtens
bencil Egoist *m*; egoistisch; ~**lik** (-ği) Egoismus *m*
bende bei mir
benek (-ği) Fleck *m*, Tüpfelchen *n*; Muttermal *n*; Lichtpunkt *m*
beni mich
benim¹ mein(e); (*G von* **ben**) meiner; ~ *için* für mich
'**benim²** ich bin es
benimki mein; der, die, das meinige
benimse|mek *v/t* sich et. aneignen; sich et. zu eigen machen; *Tek. yeni yöntem* einführen; ~**mek** sich durchsetzen
ben|iz (-nzi) Teint *m*, Gesichtsfarbe *f*; ~*zi bozulmak/atmak* blass werden; ~*zine kan gelmek* wieder Farbe bekommen
benli: *biz onunla senli* ~ *konuşuyoruz* wir duzen uns mit ihm
benli|k (-ği) Wesen *n*; Persönlichkeit *f*; (Menschen-)Würde *f*; (National-) Stolz *m*; ~*ğinden çıkmak* sein Gesicht verlieren; ~*k davası* Egoismus *m*; Dünkel *m*
bent (-di) Deich *m*, Damm *m*; *Math.* Absatz *m*
benze|mek (-*e*) ähneln (*D*); aussehen (nach *D*); es sieht so aus, als ob ...; es scheint, dass ...; ~**mezlik** (-ği) Unähnlichkeit *f*
benzer (-*e*) ähnlich (*D*); *is.* Double *n*; ~*i yok* einmalig, einzig; *buna* ~ und Ähnliches (u. Ä.); ~**lik** (-ği) Ähnlichkeit *f*; ~**siz** unähnlich *f*
benzeş|im Assimilation *f*, Angleichung *f*; ~**me** *Gr.* Assimilation *f*
benz|etmek vergleichen (-*e* mit *D*); verwechseln (-*e* mit *D*); ~**eyiş** Ähnlichkeit *f*
benzin Benzin *n*; ~ *deposu* Benzintank *m*; Tanklager *n*; ~ *istasyonu* Tankstelle *f*; ~ *koymak* tanken; ~ *kuponu* Benzingutschein *m*; ~**ci** Tankwart *m*
beraat (-tı) Freisprechung *f*; Schuldlosigkeit *f*; ~ *kararı* Freispruch *m*; ~ *kazanmak/etmek* freigesprochen werden; ~ *ettirmek* freisprechen

beraber *bel.* zusammen; gemeinsam; gleichbedeutend (*ile* mit *D*); gleicher Meinung (-*de* in *D*); gleich enden; unentschieden enden; *1:1* ~*e kalmak* 1 zu 1 enden; *bununla* ~ trotzdem, ungeachtet dessen; *bağl. -mekle* ~ obwohl ...; *-mesiyle* ~ kaum ... (als); sobald; *ön-ilg.* ~*inde* bei sich; in (seiner) Begleitung
beraberlik (-ği) Zusammensein *n*; Solidarität *f*; Ähnlichkeit *f*; *Spo.* unentschieden
berat (-atı) Patent *n*; Bescheinigung *f*; ~ *gecesi* Nacht *f* der Berufung Mohammeds zum Propheten
berbat verdorben, zerstört; dreckig; *durum*: miserabel; ~ *etmek* verderben, herunterwirtschaften; beschmutzen; ~ *olmak* verdorben werden *vs.*
berber Friseur *m*
bere¹ *Anat.* blauer Fleck; Striemen *m*
bere² Baskenmütze *f*
bereket (-ti) Segen *m* (*az. bolluk*); ~ *versin* wohl bekomm's!; *satıcı*: Gott segne Sie!; ~ (*versin*) *ki*, ... Gott sei Dank ...; ~*li* gesegnet (*az. toprak*); segensreich; ~*siz* ... der keinen Segen bringt; unfruchtbar
berelemek *v/t* stoßen, schlagen, zerkratzen
bereli mit blauen Flecken; zerkratzt
beri¹ diesseitig; hier(her); ~*de* auf dieser Seite, hier; ~*den* von hier (aus); *biraz* ~*ye* etwas näher, hierher (*gelmek*)
beri² *ön-ilg.* (-*den*) seit; von ... (*D*) an; *bağl.* seitdem
beriki dieser, dieses hier
berk fest, hart; ~*imek* *v/t* festigen; härten; ~*inmek* sich festigen; *mec.* härter werden; ~*itmek* festigen; bestärken
berrak (-kı, -ğı) kristallklar; glänzend; ~*laşmak* kristallklar werden; glänzend werden
bertaraf beseitigt; ~ *etmek* beiseite legen; beseitigen
'**besbelli** völlig klar; *bel.* anscheinend
besin Nährstoff *m*; Nahrungsmittel *n*
besle|me Verpflegung *f*; Pflegekind *n*; ~*mek* ernähren; verpflegen; füttern; mästen; *sevgi*, *umut* hegen; *hayvan*

züchten, halten; **~nme** Ernährung *f*; **~nme rejimi** Ernährungsweise *f*; **~yici** nahrhaft; **~yici değer** Nährwert *m*

besmele *die Formel* „im Namen Gottes des Allbarmherzigen" (bi-smi--lláh-irrahman-irrahim); ~ **çekmek/okumak** die „Besmele" sagen *veya* aussprechen

beste Melodie *f*; **~ci**, **~kâr** Komponist *m*; **~lemek** *v/t* komponieren; vertonen; **~li** vertont

beş fünf; **~imiz** wir fünf; ~ **aşağı**, ~ **yukarı gezmek** umherspazieren; ~ **kardeş** F Watschen *f*, Maulschelle *f*; ~ **para etmez** keinen Heller wert; *-i* ~ **paralık etmek** j-n gehörig blamieren; ~ **vakit namaz** die fünf täglichen Gebete; ⚹ **Yıllık Plan** Fünfjahresplan *m*; ~ **yüz** fünfhundert

beşer[1] je fünf

beşer[2] (*der*) Mensch; ~ **hayatı** menschliches Leben; **~i** menschlich; human; **~iyet** (-ti) Menschheit *f*

beşgen Fünfeck *n*, Pentagon *n*

beşik (-ği) Wiege *f* (*az. mec.*)

beş|inci fünft...; **~inci kol** die fünfte Kolonne; **~iz** Fünfling *m*

beş|lemek verfünffachen; fünfmal machen; **~li** Fünf *f*; **~lik** (-ği) Fünfer *m*; **~yüz** → **beş yüz**; **~yüzlük** (-ğü) Fünfhunderter *m*; ... mit je 500; fünfhundertteilig

beter schlechter

beton Beton *m*; ~ **karıştırma makinesi** Betonmischmaschine *f*; **~arme** Eisenbeton *m*

bevliye Krankheiten *f/pl* der Harnorgane; **~ci** Urologe *m*

bey Herr *m*; *iskambil:* Ass *n*; Herrscher *m*; Fürst *m*; Reicher *m*

beyan Erklärung *f*, Deklaration *f*; *stf.* bekannt; gefragt; ~ **etmek** erklären; verkünden; **~da bulunmak** e-e Erklärung abgeben; **~at** (-tı) → **demeç**; **~name** Verlautbarung *f*, Kommuniqué *n*; *az.* → **bildirge**

beyaz weiß; Reinschrift *f*; F Heroin *n*; ~ **adam** Weißer *m*; **~lar** (die) Weißen; ~ **etmek**, **~a çekmek** ins Reine schreiben; ~ **eşya** Küchenmaschinen *f/pl*; ~ **kitap** Weißbuch *n*; ~ **perde** Leinwand *f*; ~ **peynir** Schafskäse *m*; ⚹ **Rusya** Weißrussland; ⚹ **Saray** Weißes Haus; ~ **şarap** Weißwein *m*; ~ **zehir** Rauschgift *n*; **yumurta ~ı** Eiweiß *n*

beyaz|ımsı, **~ımtırak** weißlich; **~latmak** weißen; **~lık** (-ğı) Weiße *f*, (das) Weiß(e)

'**beyefendi** (*der*) Herr (*nach dem Namen*); *az.* Mann *m*

beygir Pferd *n*; **~gücü** (-nü) Fiz. Pferdestärke *f*

beyin (beyni) Gehirn *n*; Auffassungsgabe *f*, F Grips *m*; **elektronik** ~ Elektronengehirn *n*; **~patlamak** sich den Kopf zerbrechen; ~ **sarsıntısı** Gehirnerschütterung *f*; ~ **sektesi** Gehirnschlag *m*; ~ **yıkama** Gehirnwäsche *f*; **beyni atmak** in Wut geraten; **beyni bulanmak** Böses ahnen; *mec.* sprachlos sein

beyincik (-ği) Kleinhirn *n*; **~sel** Zerebral...; **~siz** beschränkt; unbekümmert; unsinnig

bez[1] Gewebe *n*; (Baumwoll-)Stoff *m*; Lappen *m*; Stoff...; **gaz ~i** Gaze *f*, Mull *m*; **tahta ~i** Scheuertuch *n*; **toz ~i** Staubtuch *n*

bez[2] Drüse *f*; **pankreas ~i** Bauchspeicheldrüse *f*; **tükürük ~i** Speicheldrüse *f*

bezdir|ici zudringlich, lästig; **~mek** lästig fallen (*-i -den* j-m mit *D*)

be'zelye Erbse *f*

beze|mek dekorieren; ausstatten; **~nmek** sich schönmachen; **özenip ~nmek** sich aufdonnern

bezer → **bezmek**

bezgin apathisch; niedergeschlagen; **~leşmek** niedergeschlagen sein (*veya* werden)

bezmek (-er) (-*den G*) überdrüssig sein; (vom Leben) enttäuscht sein

BG *kıs.* = **beygirgücü** Pferdestärke (PS)

bıçak (-ğı) Messer *n*; ~ **kemiğe dayanmak** unerträglich werden; *-e* ~ **çekmek** j-n mit dem Messer bedrohen; ~ **yeri** Stichwunde *f*; **~lamak** *v/t* erstechen; mit dem Messer verletzen (*-den an D*)

bıçkı Motorsäge *f*; Doppelgriffsäge *f*; ~ **tezgâhı** Sägewerk *n*

bık|kın überdrüssig (-*den G*); *ses:* gelangweilt; **~kınlık** (-ğı) Überdruss *m*; Langeweile *f*; **~mak** (-ar) (-*den*)

bıktırıcı

überdrüssig sein (*G*), genug haben (von *D*); **~tım** ich hab' genug davon, ich bin es satt; **~tırıcı** langweilig, lästig; **~tırmak** lästig fallen, F *mec.* j-m auf die Nerven gehen; F löchern (*-i -den* j-n mit *D*)

bırakmak (*-i*) *gnl.* lassen (*-i*), loslassen (*A*); j-n gehen lassen; *iş, fırsat* dabei belassen; *sakal* wachsen lassen; *kazanç* abwerfen; *örn. çocukları* verlassen; *öğrenci* sitzen bleiben lassen; *iz, servet* hinterlassen; (*giderken*) sich von j-m trennen; *-i -e* j-m et. überlassen; *b-ni, bşi* j-m anvertrauen; *bşi bir hafta sonraya* verschieben; *-i aç* ~ j-n hungern lassen; *bankaya* ~ auf die Bank bringen; *elden* ~ aus der Hand legen; *içeri* ~ hineinlassen; **postaya** ~ *mektup* bei der Post aufgeben; *tütünü* ~ das Rauchen aufgeben; **bir yana** ~ *huy, alışkanlık vs.* aufgeben; *bırak!* gib nichts drauf!; lass (*sie nur machen*)!; *bırak ki* lass nur

bıraktırmak (*-i -e*) *ettir.* → *bırakmak*

bıyık (*-ğı*) Schnurrbart *m*; ~ **altından gülmek** verschmitzt lachen; **~lanmak** e-n Bart bekommen; **~lı** bärtig; **~sız** bartlos

biber Paprika *m*; ~ **dolması** gefüllte Paprikaschote; *kırmızı* ~ roter Pfeffer, Paprika *m*

biberon Saugflasche *f*

bibliyo'grafya Bibliographie *f*

'**biblo** Nippes *pl*; ~ **gibi** sehr zart

biçare arm, bedauernswert

biçem Stil *m*

biçer → *biçmek*

biçim Schnitt *m*, Fasson *f*; Art *f*; Form *f*; Gestalt *f*; Mähen *n*, Ernte *f*; ~ **verme** *Tek.* Formung *f*; *ne* ~ *adam* für ein Mensch; *bu ne* ~ *şey?* was ist das?; sehr merkwürdig; *bağl.* ~**de** so (*veya* in der Weise) ..., dass

biçim|bilgisi, ~bilimi Morphologie *f*; **~ci** Formalist *m*; **~cilik** (*-ği*) Formalismus *m*; **~lendirmek** *v/t* gestalten; **~lenmek** sich gestalten, e-e gewisse Form annehmen; **~li** in der Art (*G*); gut geformt; *giysi:* gut sitzend; **~sel** formal; formalistisch

biçimsiz formlos, unförmig; schlecht sitzend; schlecht geschnitten; *Fiz.* amorph; **~leştirmek** verunstalten, verstümmeln; **~lik** (*-ği*) Verunstaltung *f*, Entstellung *f*

bıçkı Zuschneiden *n*, Zuschnitt *m*; **~ci** Zuschneider(in *f*) *m*

biçmek (*-er*) *v/t* schneiden; *giysi* zuschneiden; mähen; *fiyat* ansetzen (*-e* für *A*)

bidon Kanister *m*

biftek (*-ği*) Beefsteak *n*

'**bilahare** [lâ] danach

'**bilakis** [lâ] im Gegenteil; keineswegs; sondern

bi'lanço [lâ] Bilanz *f*; ~ **yapmak** Bilanz ziehen (*az. mec.*)

bi'lardo [lâ] Billard *n*; ~ **sopası** Billardstock *m*

'**bilcümle** alles; zur Gänze

bildir|ge Benachrichtigung *f*, Bekanntmachung *f*; **~i** Mitteilung *f*; Erklärung *f*; *radyo:* Ansage *f*; **~ici** Ansager(in *f*) *m*; **~ilmek** → *bildirmek*; verlauten; **~im** Mitteilung *f*; **~iş** Benachrichtigung *f*, Meldung *f*; **~me** Mitteilen *n*; **~me kipi** *Gr.* Indikativ *m*; **~mek** mitteilen, *özl. Ask.* melden (*-e -i* j-m et.)

bile sogar, selbst; dazu noch; *bağl. -se* ~ selbst wenn ...

bile|k (*-ği*) Handgelenk *n*; Handwurzel *f*; *at:* Fessel *f*; **~k kuvveti** Brachialgewalt *f*; **~ğine güvenmek** sich auf seine Kraft (*veya* Geschicklichkeit) verlassen

bilemek *v/t* schleifen

bilerek bewusst, vorsätzlich

bileşen *Fiz.* Komponente *f*

bileşik zusammengesetzt (*az. fiil*); verwickelt, kompliziert; *Kim.* Verbindung *f*; ~ **faiz** Zinseszins *m*

bileş|im *Kim.* Zusammensetzung *f*, Verbindung *f*; **~ke** *Fiz.* Resultante *f*; **~mek** sich verbinden (*ile* mit *D*); zusammengesetzt sein

bilet (*-ti*) Fahrkarte *f*; Fahrschein *m*; Eintrittskarte *f*; ~ **gişesi** (Fahrkarten-)Schalter *m*; Kasse *f*; **piyango ~i** (Lotterie-)Los *n*; **~çi** Schaffner *m*; Fahrkartenverkäufer *m*

bilezik (*-ği*) Armreif *m*

'**bilfiil** in der Tat; faktisch

bilge Gelehrter *m*; Weiser *m*; **~lik** (*-ği*) *Fel.* Weisheit *f*

bilgi Nachricht *f*, Information *f* (*hakkında* über *A*); Kenntnisse *f/pl*, Kunde *f*; ~ **bankası** Datenbank *f*; ~

işlem Datenverarbeitung *f*; **daha geniş ~ için** für weitere Informationen ...; **yurt ~si** Landeskunde *f*
bilgibasar Printer *m*
bilgiç (-ci) Besserwisser *m*, Pseudowissenschaftler *m*
bilgi|lenmek Informationen erhalten; **~li kişi**: informiert; gebildet; **~n** Gelehrter *m*; Wissenschaftler(in *f*) *m*
bilgisayar Computer *m*; **~ ağı** Cmp. Netzwerk *n*; **~ destekli** computergestützt; **~ metni** Computerausdruck *m*; **~ suçları** *pl* Computerkriminalität *f*; **~cı** Computerspezialist(in *f*) *m*
bilgisiz unwissend; **~lik** (-ği) Unwissenheit *f*
'**bilhassa** insbesondere; speziell
bilim Wissenschaft *f*; Wissen *n*; **...kunde** *f*, **~ adamı** Wissenschaftler *m*; **toplumsal ~ler** Sozialwissenschaften *f/pl*; **~ci** Wissenschaftler(in *f*) *m*; **~kurgu** Sciencefiction *f*; **~sel** wissenschaftlich
bilinç (-ci) Bewusstsein *n*; Verstand *m*; **~altı** (-nı) Unterbewusstsein *n*, unterbewusst; **~dışı** unbewusst; **~lenmek** (-*den*) sich bewusst werden (*G*); **~li** bewusst; vernünftig; **~siz** unbewusst; unvernünftig
bilin|mek *edil.* → ***bilmek***; bewusst werden; **~meyen** unbekannt; **~mez** *mec.* dunkel
bilirkişi Experte *m*; *Huk.* Sachverständiger
'**billah(i)** [lâ] bei Gott!
billur Kristallglas *n*; kristallklar
bilmece Rätsel *n*
'**bilmeden** unabsichtlich
bil|mek (-*ir*) *gnl.* wissen; *kişi ve içerik* kennen; *dil* können; sich verstehen (-*i* auf *A*), verstehen (-*mesini* zu ...); sich besinnen (-*i* auf *A*); (-*i* j-n) betrachten (als Freund); **~diğime göre** soviel ich weiß; **~diğini okumak** s-n Kopf durchsetzen; **~diğinden şaşmamak** stur s-n Weg gehen; **~e** mit Vorbedacht; **~emedin(iz)** sagen wir; ja sogar; **~mem hangi** (*gnl.* *...miz*) irgendein; **~mem kim** irgendjemand; **~mem nasıl** irgendwie; **dinmek ~miyor** will nicht nachlassen (*örn. rüzgâr*)
bilmemezlik (-ği) → ***bilmezlik***
bilmez unwissend; **~lenmek** *v/t* so tun, als ob man et. nicht wüsste; **~lik** (-ği): **~likten gelmek** sich dumm stellen
bilmiş: çok ~ Bildungsprotz *m*
'**bilmukabele** *yanıt olarak*: ganz meinerseits, gleichfalls
'**bilye** Murmel *f*; (Billard-)Kugel *f*
bilyeli: ~ oynak *Anat.* Kugelgelenk *n*; **~ yatak** Kugellager *n*
bilyon Milliarde *f*
bin tausend; Tausend *f*, **~ (bir)** ungeheuer(e) (*zorluk*); alle mögliche(n) (*tehlikeler*); **~ dikkatle** mit größter Vorsicht; **~de bir** ein Tausendstel, ein Promille; sehr selten; **~ bir gece** Tausendundeine Nacht; **~i bir paraya** im Überfluss; spottbillig; **~lerce** zu Tausenden
bina Gebäude *n*; **~ etmek** erbauen; *-i* **... üzerine ~ etmek** et. auf (*A*) gründen
bi'naen aufgrund (*G*), **~aleyh** aufgrund dessen
'**binbaşı** Major *m*; **~lık** (-ğı) Majorsrang *m*
bindir|me Verladen *n*; *bina*: Fachwerk *n*; *Tek.* Überlappung *f*, *oto*: Zusammenprall *m*; **~mek** einsteigen lassen (-*i* -*e* j-n in *A*); aufsteigen *veya* aufsitzen lassen; (-*i*) verladen (*A*); stoßen (-*e* auf *A*; an *A*), fahren (-*e* gegen *A*); *mec.* häufen (***üstüne*** auf *A*)
binek (-ği) Reittier *n*; **~ atı** Reitpferd *n*; **~ otomobili** Personenauto *n*
biner[1] je tausend
biner[2] → ***binmek***
binici Reiter(in *f*) *m*; **~lik** (-ği) Reitkunst *f*; **~lik sporu** Reitsport *m*
bininci tausendst...
binlik (-ği) (*banknot*) Tausender *m*
bin|mek (-*er*) *trene*, *uçağa* besteigen (*A*), steigen (auf *A*); **ata ~mek** reiten; **iş fenaya ~di** die Sache nahm eine schlechte Wendung
bir ein; Eins *f*, *Artikel*: ein, eine; einzig (*örn. Allah*); (*benzer, ayrı değil*) gleich; gemeinsam (*örn. harcamalar*); nur allein *ben*, *sen*; einmal (*bel.* *mal*); **~ ağızdan** im Chor *söylemek*; **~ araya** zusammen; **~ araya gelmek** zusammenkommen; **~ aşağı ~ yukarı dolaşmak** hin- und herspazieren; **~ bakıma** bei näherem Hinse-

bira 46

hen; ~ ~ einer nach dem anderen; eins nach dem anderen; ~ **çift** ein paar *söz*; ~ **daha** noch (ein)mal; ~ **de** und auch; noch dazu; und da ...; nun; mal *bakmak vs.*; ~ **defa/kere** nun (ein)mal; schließlich; erstens, vor allem; ~ **derece(ye kadar)** geringfügig; *-i* ~ **etmek** vereinen; ~ **gün** eines Tages; ~ **hal olmak** nicht mehr die Kraft haben (*-den* zu ...); ~ **hoş** komisch, merkwürdig; ~ **içim su** *kız:* bildhübsch; ~ **iki** einige; ein- bis zweimal; ~ **iki derken** im Handumdrehen; ~ **nice** eine ganze Menge; ~ **numaralı** Nummer eins, hervorragend; ~ **o kadar** noch einmal so viel; ~ **olmak/ kalmak** identisch sein; F ganz hin (*birkin*) sein; ~ **örnek** genauso; ~ **türlü** ein und derselbe; einfach *nicht*; (+ *olumsuz*) ganz und gar nicht; keineswegs; **gelsem ~ türlü, gelmesem ~ türlü** ob ich nun komme oder nicht, es ist völlig egal; ~ **vakit** damals; (der-)einst; ~ **varmış ~ yokmuş** *masallarda*: es war einmal; ~ **yere getirmek** ansammeln, konzentrieren; ~ **yığın** eine Masse; viel (*zaman*); ~**e bin katmak** maßlos übertreiben; **günün ~inde** eines schönen Tages; *cümle içinde*: ~ **düştüm ki ...** ich fiel so, dass ...; ~ **tuhaf bakıyor** er sieht so komisch aus
¹**bira** Bier *n*; ~ **fabrikası** Brauerei *f*; ~**cı** Bierbrauer *m*
birader *Ed.* Bruder *m*; mein Lieber!
birahane Bierlokal *n*, Bierhalle *f*
¹**biraz** etwas, ein bisschen; ~ **da** (nur) zum Teil; ~ **sonra** kurz darauf; ~**dan** gleich (danach)
birbir|i (-ni): ~**ine**, ~**lerine** einander; ~**i ardınca** (*veya* **arkasına, arkasından**) hintereinander; ~**ine girmek** aneinander geraten; sich verwickeln (*az. mec.*)
birçok viele, zahlreiche; (recht) viel; ~**ları, birçoğu** sehr viele
birden, ~**bire** auf einmal, plötzlich
birer je einer; ~ ~ jeder einzeln, einer nach dem anderen
birey Individuum *n*; ~**ci** Individualist (-in *f*) *m*; ~**cilik** (-ği) Individualismus *m*; ~**lik** (-ği) Individualität *f*; ~**sel** individuell, persönlich
biri der eine; jemand; ~**cik** einzig, alleinig

birik|im Ansammlung *f*, Anhäufung *f*; Akkumulation *f*; ~**inti** Anhäufung *f*; Konzentration *f*; ~**me** Konzentration *f*; ~**me havzası** *Coğr.* Wasserbecken *n*; ~**mek** sich ansammeln; ~**tirmek** *gnl.* ansammeln; *v/t para* sparen; *pul* sammeln; *Tek.* speichern
birim Einheit *f* (*az. Gr.*), *Gr.* Glied *n*; ~**sel** *Cmp.* modular
birinci erst...; erstklassig; ~ **elden** aus erster Hand *satın almak*; ~ **gelmek** (*az.* **çıkmak**) Erster werden; die erste Stelle einnehmen (*-de* in *D*); ~**l** primär; ~**lik** (-ği) Vorrang *f*, *Spo.* Meisterschaft *f*; ~**si** erstens
birkaç (-çı) einige; ein paar; ~**mız** einige von uns
birleşik vereinigt; *Gr.*, *fiil vs.* zusammengesetzt; **Amerika ♀ Devletleri** Vereinigte Staaten von Amerika (*USA*)
birleş|im Sitzung *f*; Einberufung *f*; *Tic.* Fusion *f*; *Biyo.* Paarung *f*; ~**me** Vereinigung *f* (*az. cinsel*); ~**mek** sich vereinigen (*ile* mit *D*); zusammenkommen; sich treffen; sich einigen; *hatlar:* sich schneiden; **Birleşmiş Milletler Teşkilatı** Organisation *f* der Vereinten Nationen (*UNO*)
birleştir|ici verbindend; Kontakt...; ~**ilme** Konzentration *f*; Vereinen *n*; **aile(lerin) ~ilmesi** Familienzusammenführung *f*; ~**mek** *v/t* (ver)einigen; schlichten; in Einklang bringen
birli Ass *n*; *Domino:* Eins *f*
birlik (-ği) Einheit *f* (*az. Ask.*); *fikir:* Gemeinschaft *f*; Verband *m* (*az. Ask.*); Liga *f*; Union *f*; Bund *m*; *bel.* zusammen; ~ **olmak** sich verständigen; sich verabreden; sich vereinigen
birlikte gemeinsam; **... ile** ~ zusammen (mit *D*); ~ **çalışmak** zusammenarbeiten; ~ **getirmek** mitbringen; *-mekle* ~ abgesehen davon, dass ...; obwohl, obgleich; *-mesiyle* ~ kaum ..., als; gerade ..., als
¹**birtakım** einige; eine ganze Anzahl
bisiklet (-ti) Fahrrad *n*; ~ **yolu** Rad(fahr)weg *m*; ~**e binmek** Fahrrad fahren, radeln; ~**li** Radfahrer(in *f*) *m*
bisküvi (-yi), *az.* **bisküvit** Keks *m*, Biskuit *n*
bismillah im Namen Gottes

bit (-ti) Laus *f*; ~ **sirkesi** Nisse *f*; **yaprak** ~**i** Blattlaus *f*
biter → *bitmek*
bitik erschöpft, schlapp; verliebt, F verschossen
bitim Beendung *f*
bitirim F ein Traum *von*, prächtig
bitir|iş, ~**me** Beendigung *f*; Vollendung *f*; ~**me sınavı** Abschlussprüfung *f*; ~**mek** *v/t* beenden; vernichten; *yaş* vollenden; *kitap* auslesen; *oksijen vs.* (ver)brauchen; ... *beni* ~**di** *nezaketi vs.*: hat mich tief beschämt
bitiş Aufhören *n*; Ende *n*; ~**ik** (-ği) aneinander stoßend; ~**ik ikizler** siamesische Zwillinge *m/pl*; ~**ken** *dil*: agglutinierend; ~**mek** sich berühren; ~**tirmek** ansetzen, anstückeln (*-e an A*); zusammenfügen
bitki Pflanze *f*, Gewächs *n*; ~ **bilimi** Botanik *f*, Pflanzenkunde *f*
bitkin völlig erschöpft, abgespannt; *ses*: kaum vernehmbar
bitkisel pflanzlich; ~ **hayat** Koma *n*; ~ **örtü** Flora *f*; Vegetation *f*
bit|lenmek *v/i* Läuse bekommen; F zu Geld kommen; ~**li** verlaust
bitmek¹ (-er) enden, zu Ende gehen; aufhören
bitmek² (-er) wachsen
bitpazarı (-nı) Flohmarkt *m*, Trödelmarkt *m*
'**bittabi** selbstverständlich
'**bityeniği** (-ni): *bu işte* ~ *var* diese Sache hat einen Haken
biyografi Biographie *f*; ~**k** (auto)biographisch
biyolo|g Biologe *m*, -in *f*; ~**ji** Biologie *f*; ~**jik** biologisch
biz wir; ~ **e** wir allein; unter uns; ~**ler** wir; ~**siz** ohne uns
bizi uns (*A*)
bizim unser(e); ~ **için** für uns; ~**ki** der, die, das Unsrige; ~**kiler** die Unsrigen
'**bizzat** persönlich, selbst
bkz. *kıs.* = *bakınız* siehe
blok (-ku) *gnl.*, *az. Pol.* Block *m*; ~**aj** Blockieren *n*; Sperre *f*
bloke *Tic.* gesperrt; ~ **hesap** Sperrkonto *n*; ~**i** ~ **etmek** sperren, einfrieren; blockieren; *Spo. top* auffangen, stoppen
bloknot (-tu) Notizblock *m*

blöf Bluff *m*; ~ **yapmak** bluffen
bluz Bluse *f*
BM *kıs.* = *Birleşmiş Milletler pl* Vereinte Nationen
Bn. *kıs.* = *Bayan* Frau (Fr.)
bobin Spule *f* (*az. El.*)
bocalamak *mec.* schwanken; den Faden verlieren
bodrum Keller *m*; ~ **katı** Kellergeschoss *n*
bodur untersetzt; kurzbeinig
boğa Stier *m*, Bulle *m*; ♌ *Astr.* Stier *m*; ~ **güreşi** Stierkampf *m*
boğar → *boğmak*
boğaz Kehle *f*; Schlund *m*; Hals *m* (*az. şişe*); *Coğr.* Sund *m*; Engpass *m*; Meerenge *f*, Straße *f*; ~ **a gelmek** handgemein werden; ~ **kavgası** Kampf *m* ums tägliche Brot; ~ **tokluğuna çalışmak** gegen freie Verpflegung arbeiten; *-in* ~**na sarılmak** j-m an die Kehle gehen; ~**ından artırmak** am Essen sparen; ~**ını doyurmak** nähren; sättigen; ~**ını yırtmak** F *mec.* wie am Spieß brüllen
boğazla|mak (-*i* j-m) die Kehle durchschneiden; ~**nmak** *edil.* → *boğazlamak*
boğmaca Keuchhusten *m*
boğmak (-ar) *v/t* erwürgen, erdrosseln; *kana* ertränken; *gürültüye* übertönen; (*öpücükle* mit Küssen) bedecken; überhäufen (*-e* mit *D*)
boğucu erstickend; *sessizlik, sıcak*: drückend; *Gift...* (*gaz*)
boğuk *ses*: heiser, gepresst, rau; ~**laşmak** heiser werden
boğulmak *edil.* → *boğmak*; ertrinken; *az. mec.* ersticken (*-den vor D*; *-e* in *D*); *mec.* sterben (*cansıkıntısından* vor Langeweile)
boğuşmak handgemein werden, sich raufen
bohça Einschlagetuch *n*; Bündel *n*; ~**lamak** *v/t* in ein Bündel verschnüren
bok (-ku) Kot *m*; Mist *m* (*az. mec.*); Dreck *m*; ~ **herif** F Scheißkerl *m*; ~ **e atmak** *mec.* j-n mit Schmutz bewerfen; ~ **yemek** F Mist machen; -*in* ~**u çıkmak** von der miesesten Seite zeigen; ~**lu** dreckig; ~**luk** (-ğu) Misthaufen *m*; Dreckenst *n*; *mec.* Mist *m*, dummes Zeug

boks Boxen *n*; (Faust-)Schlag *m*; ~ **maçı** Boxkampf *m*; ~ **etmek/yapmak** boxen

boksör Boxer *m*

bol weit; reichlich; *ayakkabı, giysi:* (zu) weit; ~ ~ in Hülle und Fülle; ~ **gelirli** einträglich; ~ **keseden atmak** goldene Berge versprechen; ~ **şans** viel Glück!

bol|lanmak, ~laşmak sich (zu sehr) weiten; stark zunehmen; **~laştırmak, ~latmak** *v/t* weiten, größer machen; reichlich vorhanden sen (*veya* beschaffen); **~luk** (-ğu) Weite *f*, Größe *f*

¹**bomba** Bombe *f*; Granate *f*; **el ~sı** Handgranate *f*; **oksijen ~sı** Sauerstoffflasche *f*; **yangın ~sı** Brandbombe *f*; ~ **gibi** blendend aussehend; *öğrenci:* gut vorbereitet; ~ **patlamak** F klauen

bomba|cı Bomber *m*; **~lamak** *v/t* bombardieren; **~latmak** bombardieren lassen (*-i A*)

bombardıman Bombardierung *f*; ~ **uçağı** Bombenflugzeug *n*; ~ **etmek** bombardieren; beschießen

bombe gewölbt, bauchig; Wölbung *f*; Ausbauchung *f*; *Oto.* Beule *f*; **~li** gewölbt

¹**bom|bok** (-ku) P beschissen; **~boş** völlig leer

boncuk (-ğu) (blaue) Glasperle; ~ **mavisi** türkisblau

¹**bonfile** Filet(stück) *n*

¹**bon|o** Bon *m*, Gutschein *m*; (Kassen-)Schein *m*; **~servis** (Dienst-)Zeugnis *n* e-r Firma

¹**bora** Bora *f*, Nordostwind *m*; Orkan *m*

borazan Trompeter *m*, Hornist *m*; Trompete *f*; ~ **çalmak** *mec.* ausposaunen

borç (-cu) (Geld-)Schuld *f*; Pflicht *f*; Anleihe *f*; ~ **almak** sich Geld leihen *veya* borgen; ein Darlehen aufnehmen; *-meyi* ~ **bilmek** sich verpflichtet fühlen (zu ...); ~ **etmek/yapmak** sich et. (aus)leihen; ~ **vermek** Geld verleihen; ein Darlehen geben; *borca girmek* in Schulden geraten

borçlan|dırmak belasten, debitieren; **~ma** Schuldenmachen *n*; Verschuldung *f*; **~mak** Schulden machen; schuldig sein (*-e* j-m); Versicherungsbeiträge nachentrichten

borçlu schuldig (*-e -i* j-m et.); zu Dank verpflichtet (*-e -den dolayı* j-m für et.); Schuldner(in *f*) *m*; *-i -e* ~ **olmak** j-m et. verdanken

¹**bordo** weinrot

¹**bordro** Verzeichnis *n*, Liste *f*

bornoz Bademantel *m*

¹**borsa** Börse *f*; **~cı** Börsenmakler(in *f*) *m*; Börsenspekulant *m*

boru Rohr *n*, Röhre *f*; Trompete *f*; ~ **anahtarı** Rohrschlüssel *m*; ~ **çalmak** Trompete blasen; Signal geben, hupen; **~su ötmek** *mec.* et. zu sagen haben; **~yolu** Ölleitung *f*, Pipeline *f*

¹**Bosna** Bosnien *f*; **~-Hersek** Bosnien-Herzegowina; **~lı** Bosnier(in *f*) *m*

bostan Gemüsegarten *m*; Melonenfeld *n*; ~ **korkuluğu** Vogelscheuche *f* (*az. mec.*)

boş leer (*az. söz*); *ev:* leer stehend; *kişi, taksi, zaman:* frei; unbeschäftigt; *korku, söz:* sinnlos; ~ **bulunmak** *mec.* kurz abwesend sein; ~ **dönmek** unverrichteter Dinge zurückkehren; ~ **gezmek** faulenzen; ~ **inanç** Aberglaube *m*; ~ **söz** dummes Zeug; ~ **vermek** nicht tragisch nehmen; ~ **yere** unnütig; **~a çıkmak** sich nicht erfüllen; **~a gitmek** verpuffen, unnütz sein

boşal|ma *El.* Entladung *f*; **~mak** leer *veya* frei werden; sich leeren; F losgehen; *kişi:* sich aussprechen

boşalt|ma Entlade...; **~mak** leeren; *yük* ausladen, löschen; *ev* räumen

boşamak *v/t evliliği* scheiden

boşan|mak sich scheiden lassen (*-den* von *D*); sich losreißen (*-den* von *D*); *yağmur:* strömen; *gök ~dı* es gießt in Strömen

boşboğaz Schwätzer *m*

boşlamak vernachlässigen (*-i* j-n)

boşluk (-ğu) Leere *f*; Hohlraum *m*, Vakuum *n* (*az. Pol.*)

boşuna umsonst, vergebens; ~ **geçirmek** *zaman* vertrödeln

bot¹ (-tu) Boot *n*; Kutter *m*; **hücum ~u** Schnellboot *n*

bot² (-tu) Stiefel *m*; Stiefelette *f*

botanik (-ği) Botanik *f*; botanisch; ~ **bahçesi** botanischer Garten

boy¹ Stamm *m*; Sippe *f*; Geschlecht *n*

boy² Wuchs *m*; Größe *f*; Ausmaß *n*, ~ ~ in verschiedener Größe *veya* Preislage; verschiedenartig; ~ **göstermek** sich zeigen; prunken; *-le* ~ **ölçüşmek** sich mit j-m messen; **büyük** ~ großformatig; ~**dan** ~**a** in ganzer Länge; **völlig**; **bir** ~**da** in gleicher Größe; *dalga* ~**u** *radyo*: Wellenlänge *f*; *diz* ~**u** bis zum Knie; *ömür* ~**u** zeitlebens; Zeit ihres (seines *vs.*) Lebens; lebenslänglich (*hapis*)

boya Farbe *f*; Anstrich *m*; Farbstoff *m*; *mec.* Tünche *f*, ~ **kalemi** Farbstift *m*; ~**sı atmak** verschießen, verblassen; *atmaz* ~ lichtbeständige Farbe; *yağlı* ~ Ölfarbe *f*; *dudak* ~**sı** Lippenrot *n*

boya|cı Maler *m*, Anstreicher *m*; Schuhputzer *m*; ~**lı** gestrichen, angemalt; bunt, farbig; ~**mak** *v/t* färben (*siyaha* schwarz); (an)streichen; *ayakkabı* putzen; ~**nmak** *edil.* → **boyamak**; *yeni* ~**nmıştır** frisch gestrichen

boyarmadde Farbstoff *m*; Pigment *n*
boykot (-tu): ~ **etmek** boykottieren
boyla|m *Coğr.* Länge *f*; *batı* ~**mı** westliche Länge; ~**nmak** länger werden, in die Höhe schießen

boylu von ... Wuchs (*veya* Größe); hoch gewachsen; ~ **boslu** hoch gewachsen; *kısa* ~ von kleinem Wuchs; *uzun* ~ lang und weit

boynuz Horn *n*; ~**lu** gehörnt (*az. mec.*)
boy|un (boynu) Hals *m* (*az.* şişe); Nacken *m*; ~**un borcu** (heilige) Pflicht; ~**nu bükük** hilflos, allein
boyu'na¹ (-*i*) der Länge nach; durch (*A*); ... (*A*) entlang; *enine* ~ kreuz und quer
'**boyuna²** ständig, dauernd
bo'yunca ... ~ längs (*G*), ... (*A*) entlang; *yıllar* ~ im Laufe der Jahre; *yol* ~ auf der gesamten Strecke
boyut (-tu) Dimension *f*; Format *n*; ... ~**lara ulaşmak** ... Ausmaße annehmen
boz (asch)grau; ungerodet
boza *Art Hirsegetränk*
bozar → **bozmak**; ~**mak** aschgrau werden
bozdur|ma Geldumtausch *m*; ~**mak** *v/t* verderben lassen; *para* wechseln lassen

bozgun Niederlage *f*; Zerrüttung *f* (*az. düşünsel*); Auflösung *f*; zerrüttet; ~**cu** Panikmacher(in *f*) *m*; Defätist(in *f*) *m*; defätistisch
bozkır Steppe *f*
bozmak (-ar) *v/t* verderben, kaputtmachen; F j-n verlegen machen; den Verstand verlieren; *yemin vs.* brechen; *para* wechseln; *düzen* zerrütten; *nişan* lösen; *sözleşme* verletzen; *midesini* verderben; *hava*: sich verschlechtern; *... ile* ~ versessen sein (auf *A*); *kızlığını* ~ e-m Mädchen die Unschuld rauben
bozuk (-ğu) kaputt; verdorben; defekt, nicht intakt; ~ *para* Kleingeld *n*; *gayet* ~ *bir Fransızca ile* in e-m sehr gebrochenen Französisch; ~**düzen** unordentlich, systemlos; ~**luk** (-ğu) Defekt *m*, Störung *f* (*az. Tıp*); (Nerven-)Zerrüttung *f*, *organizasyonda* Missstände *m/pl*; Kleingeld *n*
bozul|mak beschädigt werden; *et.* schlecht werden; *nişan vs.*: in die Brüche gehen; *bana* ~**du** er ist böse auf mich
bozum Blamage *f*, *-i* **etmek** j-n blamieren
bozuş|mak sich überwerfen; ~**uk** verfeindet, entzweit
böbrek (-ği) Niere *f*
böbürlenmek sich brüsten
böcek (-ği) Insekt *n*; Käfer *m*
böğürmek brüllen
böler → **bölmek**
bölge Gebiet *n*; Zone *f*, Region *f*; Bereich *m*; Bezirk *m*; *Anat.* Gegend *f*; ~**sel** regional; Bezirks-...
bölme Spaltung *f* (*az. mec.*); Trennwand *f*; Zelle *f*
böl|mek (-er) *v/t az. Mat.* teilen (-*e in A*); dividieren; zerlegen (-*e in A*); *ülke vs.* spalten; ~ **ve hükmet** teile und herrsche!
bölü (geteilt) durch (*A*); Rate *f*; ~**cü** *Pol.* Separatist(in *f*) *m*; separatistisch; ~**cülük** (-ğü) Separatismus *m*; Spaltertum *n*
bölük (-ğü) Teil *m*; Gruppe *f*; *Ask.* Kompanie *f*; Batterie *f*
bölüm Teilung *f*; Abteilung *f*; *kitap*: Abschnitt *m*

bölünme 50

bölün|me Spaltung *f*; Zellteilung *f*; **~mek** geteilt, gegliedert werden (*-e* in *A*); **~mez** unteilbar; **~müş** geteilt (*örn. şehir*)
bölüş|mek *v/t* sich et. teilen (*ile* mit *D*); **~türmek** *v/t* aufteilen
bön blöd; naiv; Dummkopf *m*; **~lük** (-ğü) Blödheit *f*; Naivität *f*
börek (-ği) Pastete *f*; Teigrolle *f*
böyle so; solche (+ *pl*); **~ şeyler** so etwas; **~ bir** ein solcher, solches; **~ler** solche Leute *pl*; **~ olunca** wenn dem so ist; *bundan* **~** von nun an; *nereye* **~?** wohin möchten Sie (wollen Sie) denn?
'**böylece** derart, auf diese Weise; somit
böyle|likle auf diese Weise; **~sine** *bel.* 'so, in solcher Weise
branş Branche *f*
'**bravo** bravo
Bre'zilya Brasilien; brasilianisch; **~lı** Brasilianer(in *f*) *m*
briç (-çi) *oyun*: Bridge *n*
brifing Anweisung *f*; Mitteilung *f*
briket (-ti) Brikett *n*; Ziegelstein *m*
Bri'tanya Britannien; *Büyük* **~** Großbritannien; **~lı** Brite *m*, Britin *f*
bronş *gnl. pl* **~lar** Bronchien *m/pl*; **~it** (-ti) Bronchitis *f*
bronz Bronze *f*; Bronze...
broşür Broschüre *f*
brüt brutto
Bşk. *kıs.* = **başkan(lık)** Vorsitz(ender) *m*
bu dieser, diese, dies(es); **~ arada** inzwischen; in dieser Zeit; dabei, gleichzeitig; **~ defa** (*veya kez, sefer*) diesmal; **~ gibi** solch...; **~ günlerde/yakınlarda** dieser Tage, demnächst; **~ kadar** so viel, so sehr; das ist alles; *radyo*: soweit für heute; → *bundan, bunun vs.*
bucak (-ğı) Ecke *f*; (*yönetim birimi*) Amt *n* (*Teil e-s Kreises*)
buçuk (-ğu) halb; Hälfte *f*; *bir* **~** eineinhalb; *saat iki* **~** es ist halb drei; **~lu** Bruch...; Klein...
budala dumm; Fan *m*; (Mode-)Narr *m*
budamak *v/t* beschneiden (*az. haklar*), kappen; *ücret* kürzen
'**bugün** heute; (die) heutige Zeit; **~ yarın**, **~den yarına** baldigst; in den nächsten Tagen; **~e ~** und denken Sie daran ...; letztes Endes; **~lerde** in diesen Tagen; **~kü** heutig; zeitgenössisch; **~lük** für heute; **~lük yarınlık** jeden Augenblick; demnächst
buğday Weizen *m*; **~ birası** Weizenbier *n*; **~ rengi** bräunlich
buğu (Wasser-)Dampf *m*; **~ bağlamak** *cam vs.*: anlaufen; **~lanmak** *cam*: beschlagen; **~laşma** Verdunstung *f*; **~lu** angelaufen, beschlagen; diesig, feucht; *göz*: getrübt; → *buhar*
buhar Dampf *m*; **~ makinesi** Dampfmaschine *f*; **~laşmak** *v/i* verdunsten; **~lı** Dampf...; *hava*: feucht; **~lı ısıtma** Dampfheizung *f*; → *buğu*
buhur Weihrauch *m*; **~dan(lık)** (-ğı) Weihrauchgefäß *n*
buji *oto*: Zündkerze *f*
bukalemun Chamäleon *n* (*az. mec.*)
bukle Locke *f*; **~li** lockig
bulamak wälzen (*-i -e* et. in *D*); beschmieren, besudeln (*-e* mit *D*)
bulandır|ıcı Übelkeit verursachend; Ekel erregend; **~mak** *v/t* et. trüben; j-n aufhetzen; *mec.* durcheinander bringen; *mide(yi)* **~mak** Übelkeit erregen
bulanık *hava, su*: trübe; *Pol.* verworren
bulan|mak sich besudeln (*-e* mit *D*); trübe werden, sich trüben (*az. mec.*); *hava*: sich eintrüben; *midem* **~dı** ich habe mir den Magen verdorben; *tere* **~mak** in Schweiß gebadet sein; **~tı** Übelkeit *f*; Wirrwarr *m*
bulaşıcı ansteckend, Infektions...
bulaşık (-ğı) beschmiert; beschmutzt; infiziert (*ile* mit *D*); *kişi*: F zudringlich; Abwasch *m*, Aufwasch *m*; **~ deterjanı** Spülmittel *n*; **~ makinası** Geschirrspülmaschine *f*
bulaş|ma Ansteckung *f*; *radyoaktif* **~ma** radioaktive Verseuchung *f*; **~mak** schmutzig werden; sich aufdrängen (*-e* j-m); übergreifen (*-e* auf *A*), ergreifen (*-e A*); **~tırmak** beschmieren, beschmutzen; verseuchen
buldurmak *ettir.* → *bulmak*; finden, entdecken lassen
Bul'gar Bulgare *m*, -in *f*; **~ca** Bulgarisch *n*; **~is'tan** Bulgarien
bulgu *Tıp* Symptom *n*; Befund *m*;

~lamak *Tıp* diagnostizieren
bulgur grob gemahlener Weizen; **~ pilavı** Weizengrütze *f*
bulmaca (Kreuzwort-)Rätsel *n*; **~yı çözmek** Kreuzworträtsel raten
bul‖mak (-ur) *v/t* finden; *önceden var olanı* entdecken; *yeni bş* et. erfinden; *meblağ*: sich belaufen (*-i* auf *A*); *iş* vermitteln; *byi*, *belli bir yaşı* erreichen; j-n, et. für ... halten, ... nennen (*örn. iyi*); **işlev fiili**, *örn.* **son ~mak** zu Ende gehen; ***vuku ~mak*** stattfinden; ***~up çıkarmak*** ausfindig machen
buluğ: **~a ermek** geschlechtsreif (*veya* mannbar) werden
bulundurmak *v/t* bereithalten; beschaffen; **yanında ~ belge** bei sich führen; *örn.* açık gehalten werden
bulun‖mak gefunden werden; sich befinden; sich aufhalten; vorhanden sein; beistehen (*-e* j-m); **yardımcı fiil**: sein; **işlev fiili**: **açıklamada ~mak** erklären, e-e Erklärung abgeben; **~muş eşya deposu** Fundbüro *n*; **~maz** selten, rar; unauffindbar
buluş Erfindung *f*; Entdeckung *f*; *Tek.* Errungenschaft *f*; **~ma** Treffen *n*; **~ma yeri** Treffpunkt *m*, **~mak** sich treffen; sich verabreden (**ile** mit *D*)
bulut (-tu) Wolke *f*; **~ kesilmek** F sich besaufen; **~tan nem kapmak** leicht eingeschnappt sein; sehr argwöhnisch sein; **~lanmak** sich bewölken; *mec.* getrübt werden; **~lu** bewölkt, wolkig; **~su** *Astr.* Nebel *m*
B(u)lv. *kıs.* = **bulvarı** Allee *f*
bulvar Boulevard *m*
buna *D von* **bu;** **~ gelince** was das anbetrifft; **~ göre** dementsprechend; **~ mukabil** stattdessen; andererseits
bunak senil, kindisch; **~lık** (-ğı) Senilität *f*
bunal‖ım Krise *f*; **~mak** beinahe umkommen (*-den* vor *D*); **~mış** ganz benommen; **~tı** Not *f*; Niedergeschlagenheit *f*; **~tıcı** bedrückend; *sıcak*: drückend, schwül; **~tmak** in Atem halten
'**bunca** so viel; ziemlich viel; *zaman*: (ziemlich) lange; so groß
bun‖da: **~da bir iş var** es steckt etwas dahinter; **~dan → bu;** **~dan böyle** künftig, in Zukunft; **~dan dolayı** deswegen; **~lar** sie, die *pl*

bunsuz ohne das, ohne dies
bunun → bu; **~la beraber/birlikte** zusammen damit; trotzdem, trotz allem; **~ için** deshalb; **~ üzerine** daraufhin
'**bura** diese Stelle, dieser Ort; hiesig; **~larda** in dieser Gegend; **~da** hier; **~daki** hiesig; **~dan** von hier (aus); **~dan geçilmez** Durchgang verboten
'**buralı** örtlich, hiesig; **~yım** ich bin von hier
'**burası** dieser Ort, hier; **~ neresi?** wo sind wir hier?; *radyo*: **~ Ankara** hier spricht Ankara
'**buraya** hierher
burç (-cu) Turm *m*; Festung *f*; Tierkreiszeichen *n*; **~lar kuşağı** Tierkreis *m*
burdurmak (-*i* -*e*) *ettir.* → **burmak**
burgu Bohrer *m*; Korkenzieher *m*
burk‖mak (-ar) *v/t* umdrehen; **~ulmak** *vida*: sich drehen lassen; **ayağını ~ulmak** sich den Fuß verstauchen
bur‖ma → burmak; Windung *f*; Schraube *f*, *Tıp* Kolik *f*, gewunden, spiralförmig; *sakal*: gezwirbelt; **~mak** (-ar) *v/t* drehen; winden; *sakal* zwirbeln
burs Stipendium *n*; *-e* **~lu** Stipendiat (-in *f*) *m*
buruk (-ğu) sehr sauer; *şarap*: herb; *kişi*: leicht gekränkt; Verrenkung *f*, Verstauchung *f*
bur‖un (burnu) Nase *f*; Bug *m*; *ayakkabı*: Spitze *f*; *Coğr.* Kap *n*, Landzunge *f*; **~un boşluğu** Nasenhöhle *f*, *-e* **~un burmak** die Nase rümpfen (über *A*); *-le* **~un ~una gelmek** ganz nahe kommen (*D*); **~nu büyümek/kabarmak** überheblich werden; **~nu havada aufgeblasen**; **~nu bile kanamamak** mit heiler Haut davonkommen; *-i* **~nunda tütmek** sich sehnen (nach *D*); **~nunu çekmek** das Nachsehen haben; schnüffeln; *-e* **~nunu sokmak** F *mec.* s-e Nase stecken (in *A*); **~nunun dibinde** in nächster Nähe, F *mec.* vor der Nase
buruş‖mak runzelig (*veya* faltig) werden; die Stirn runzeln; *kumaş*: knittern; *dil*: pelzig werden; **~turmak** *v/t ettir.* → **buruşmak**; **~uk** runzelig, faltig; *kumaş*: zerknittert

but (-du) Oberschenkel *m*; Keule *f*
butik (-ki) Boutique *f*
buyruk (-ğu) Erlass *m*, Verordnung *f*; Befehl *m*
buyur|mak befehlen (-*i* -*e* j-m et.); **~un, ~unuz** (*az. buyur!*) bitte!, herein!; bitte, treten Sie näher; bitte, nehmen Sie Platz!; ***bir şey mi ~dunuz?*** wollen Sie etwas sagen?; ***yine ~unuz!*** beehren Sie uns wieder!
buz Eis *n*; **~ gibi** wie Eis; *mec.* kalt(herzig); *-den* **~ gibi soğumak** mein (*veya* dein *vs.*) Interesse (an *D*) erkaltet; ablehnen; **~ kesilmek** eli ayağı: (*soğuktan*) steif werden; erstarren (*az. mec.*); **~ tutmak** einfrieren, vereisen; **~lar çözüldü** *mec.* das Eis ist gebrochen
'buz|dağı Eisberg *m*; **~dolabı** Kühlschrank *m*; **~lu** (ein)gefroren; Eis...; eisgekühlt; *cam*: mattiert, Milch...
buzul Gletscher *m*; **~ çağı/devri** Eiszeit *f*; **~taş** Moräne *f*
büfe *gnl.* Büfett *n*; Kiosk *m*; **soğuk ~** kaltes Büfett
bükmek (-er) *mec.* winden; *iplik* (zusammen)drehen; spinnen; krümmen, (um)biegen; falten; knicken
bükük: beli ~ vom Alter gebeugt
bükül|mek → **bükmek**; sich verbiegen; **~mez** unbiegsam, steif; *mec.* unbeugsam
bülbül Nachtigall *f*; **~ gibi** fließend, tadellos **konuşmak**
bülten (amtliche) Mitteilung
bünye Bau *m*; Struktur *f*; Körperbau *m*
'büro Büro *n*; *Huk.* Anwaltspraxis *f*; Abteilung *f*
büro|krasi Bürokratie *f*; **~krat** Bürokrat *m*; **~kratik** bürokratisch
'büsbütün ganz und gar, völlig, durchaus
büst (-tü) Büste *f*
bütçe Budget *n*, Haushaltsplan *m*; **~ açığı** Haushaltsdefizit *n*
bütün ganz, völlig; *pl* alle; (das) Ganze; **~ gün** den ganzen Tag; **~ çocuklar** alle Kinder; **~ ~ veya ~üyle** völlig, restlos
bütün|lemek vervollständigen, ergänzen; **~lük** (-ğü) Ganzheit *f*; *toprak* Integrität *f*
büyü Zauber *m*; Hexerei *f*; *-i* **etmek/yapmak** j-n bezaubern (*az. mec.*); j-n behexen
büyücek ziemlich groß; ansehnlich, F ganz anständig
büyücü Zauberer *m*; Hexe *f*
büyük (-ğü) groß; mächtig; älter... (*oğlan*); **~ aptesi gelmek** F groß machen; ♁ **Bri'tanya** Großbritannien; **~ devletler** (die) Großmächte; *-e* **~ gelmek** *giysi*: j-m zu groß sein
'büyük|anne Großmutter *f*; **~baba** Großvater *m*; **~elçi** Botschafter *m*; **~hanım** ältere Dame
büyüklük (-ğü) Größe *f*; Bedeutung *f*; Großmut *f*; **~ bakımından ikincisi** (der) Zweitgrößte
büyüle|mek bezaubern, verhexen; **~yici** bezaubernd
büyültmek größer machen; *foto* vergrößern; *masa* ausziehen
büyü|me Wachstum *n*; **~me hızı** Wachstumsrate *f*; **~mek** groß (*veya* größer) werden (*az. çocuk*); aufwachsen, heranwachsen; *kavga*: sich verschärfen; **~teç** (-ci) Vergrößerungsglas *n*
büyütmek *v/t* vergrößern (*az. resim*); *çocuk* großziehen
büz|mek (-er) *v/t* zusammenziehen; **~ük** (-ğü) gekräuselt; eingeschrumpft; F After *m*; **~ülmek** sich zusammenziehen; schrumpfen; Falten werfen; sich verkriechen (*bir köşeye* in e-e Ecke); *kumaş*: einlaufen; **~üşmek** sich kräuseln

C

c. *kıs.* = *cilt* Band (Bd.)
-ca → **-ce**
'caba umsonst; obendrein; **~ etmek** schenken; dazugeben; **~cı** Schmarotzer *m*; **~dan** unentgeltlich
cacık (-ğı) Gurkenjoghurt *m*, Zaziki *n*
Cad. *kıs.* = *cadde(si)* Straße *f* (Str.)
cadde Straße *f*; **ana ~** Chaussee *f*; Fernverkehrsstraße *f*
cadı Hexe *f*; Furie *f*; Vampir *m*
cahil unwissend; unerfahren; laienhaft; **-in ~i olmak** ein Laie sein (in *D*); **~leşmek** *v/i* verdummen; **~lik** (-ği) Unwissenheit *f*; **~lik etmek** e-e Dummheit *veya* e-n Fehler begehen
caiz erlaubt, zulässig
'caka F Angeberei *f*; Effekthascherei *f*
cam Glas *n*; (Glas-)Scheibe *f*
cambaz Akrobat(in *f*) *m*, Seiltänzer (-in *f*) *m*; Meister *m kelime vs.*
camcı Glaser *m*, **~lık** (-ğı) Glaserei *f*
camekân Schaufenster *n*; Vitrine *f*
cami (-i *veya* -si) Moschee *f*
camia Gemeinschaft *f*; Organisation *f*
can 1. *is.* Leben *n*; Seele *f* (*az. sayı sözcüğü*); Gesundheit *f*; Lebenskraft *f*, **2.** *sıf.* feinfühlig; lieb; *özl.* **~ çocuk:** lieb; **~ acısı** heftiger Schmerz; **~ alacak nokta/yer** Kernpunkt *m*, des Pudels Kern *m*; **~ alıcı** ohrenbetäubend; *mec.* heikel; wunder Punkt; **~ almak** (Todes-)Opfer fordern; **~ çekişmek** mit dem Tode kämpfen; sich herumquälen; **~damarı** Lebensnerv *m*; **~ dostu** Busenfreund *m*; **~ düşmanı** Todfeind *m*; **~ havliyle** aus Leibeskräften; **~ kaybı** Verluste *m/pl* an Menschenleben; **~ kurtaran yok mu** Hilfe!; rette sich, wer kann!; **~ sıkıntısı** Ausweglosigkeit *f*; Ärgernis *n*, Verdruss *m*; **~ vermek** umkommen; (*-e* j-m) wieder Mut geben; lechzen (**için** nach *D*); **~ yakmak** peinigen; j-m schaden; **~a yakın** sympathisch; *şarkı*: rührend; **~ ağzına gelmek** wie gerädert sein; abgehärmt sein; e-n Schreck bekommen; **-i ~ı çekiyor** er hat Appetit (auf *A*); **~ı çıkmak** den Geist aufgeben; *giysi*: sich abtragen, zerschleißen; **~ı**

sıkılmak sich langweilen; bedrückt sein; sich ärgern (**-den** über *A*); **~ı yanmak** heftige Schmerzen haben; satt haben (**-den** j-n); **~ına yandığım(ın)** F verflixt; herrlich; Teufels... (*örn. kadın*); **~a başla** mit Herz und Seele; **'canım** meine Liebe!, mein Lieber!; mein Kind; **yok 'canım** aber nicht doch!?; wirklich!?; sieh mal an!
canavar wildes Tier; *mec.* Unmensch *m*; *sıf.* wild, brutal; **~ düdüğü** Sirene *f*; **~ gibi** wie ein Pferd (*çalışmak*); **~ca** tierisch (*örn. içgüdüler*); bestialisch; *bakış*: wild; **~laşmak** zur Bestie werden
canciğer intim; nahe; guter Freund; **biz onunla ~iz** wir sind unzertrennlich
candan von Herzen, herzlich; lebhaft (*ilgili* interessiert), aufrichtig (*bağlı* verbunden); **en ~ dilek** Herzenswunsch *m*; **-i ~ kutlarım** ich gratuliere herzlich (zu *D*)
cani Verbrecher *m*; Mörder *m*
cankurtaran Rettungswagen *m*; Rettungsgerät *n*; (Lebens-)Retter *m*; **~ ceketi** Schwimmweste *f*, **~ gemisi** Rettungsschiff *n*; **~ kemeri** Rettungsgürtel *m*; **~ sandalı** Rettungsboot *n*; **~ simidi** Rettungsring *m*
canlandır|ıcı belebend; Trickfilmzeichner *m*; **~ma** Belebung *f*; Wiederbelebung *f*; **~mak** wieder beleben; nachvollziehen; *ilişkiler* wieder aufnehmen; *aktör*: verkörpern
canlanmak wieder aufleben; *hastalar için*: wieder zu Kräften kommen; *mec.* wieder lebendig werden
canlı lebendig; lebend; *Gr.* belebt; -süchtig; *çocuk, piyasa*: lebhaft; *konuşma*: anschaulich; *TV* Live, Live..., Direkt... (*yayın*); *is.* Lebewesen *n*; Liebhaber *m*, Freund *m* (von *D*); F Fan *m*; **~ varlık** Lebewesen *n*; **çocuk ~sı** Kinderfreund *m*; kinderliebend; **para ~sı** scharf aufs Geld
canlı|laştırma Personifizierung *f*; **~lık** (-ğı) Lebhaftigkeit *f*; *ekonomi*: Belebung *f*; (Farben-)Pracht *f*
cansız leblos; *Gr.* unbelebt; *anlatım*:

farblos, F lahm; *Tic.* tot; *kişi:* schlapp, lahm; *is.* anorganische Materie; **~ düşmek** sehr schwach (F schlapp) werden *veya* sein

cari *para:* gültig; *ay, yıl vb.:* laufend; **~ hesap** laufendes Konto, Kontokorrent *n*

casus Spion *m*; **~luk** (-ğu) Spionage *f*; **~luğa karşı koruma** Spionageabwehr *f*; **~luk etmek** spionieren

caydırıcı beschwörend, überredend

caydırmak (-i -den) j-m et. ausreden, j-n abbringen (von *D*)

caymak (-ar) Abstand nehmen (-den von *D*); sein Wort zurücknehmen; F sich verdrücken

cazibe Charme *m*, Anmut *f*; **~li** attraktiv

cazip (-bi) interessant (*teklif*)

-ce von (*D*), durch (*A*); *az. edil.*

cebir (-bri) Gewalt *f*

cehalet Unwissenheit *f*

cehennem Hölle *f* (*az. mec.*); **~ azabı çekmek** Höllenqualen erleiden

ceket Jackett *n*, Sakko *n*

celp (-bi), **~name** *Huk.* Vorladung *f*

celse Sitzung *f*; *Huk.* Gerichtsverhandlung *f* (unter Ausschluss der Öffentlichkeit); **~ raporu** Sitzungsprotokoll *n*

cemaat (-ti) (Menschen-)Menge *f*; *Din.* Gemeinde *f*

cemiyet (-ti) Gesellschaft *f*; Verein *m*; Feierlichkeit *f*

cenap (-abı): **Cenabı Allah, Cenabı Hak** (der) Herrgott; **... ~ ları** Seine Exzellenz; Ihre Exzellenzen

cenaze Verstorbene(r *m*) *f*, sterbliche Überreste *pl*; Bestattung *f*; **~ alayı** Leichenzug *m*; **~ töreni** Trauerfeier *f*; **~ marşı** Trauermarsch *m*

cenin Embryo *m*

cenk (-gi) Kampf *m*

cennet (-ti) Paradies *n* (*az. mec.*)

cep (-bi) Tasche *f*; **~ feneri** Taschenlampe *f*; **~ harçlığı** Taschengeld *n*; **~ saati** Taschenuhr *f*; **~ sözlüğü** Taschenwörterbuch *n*; **~ telefonu** Handy *n*, Mobiltelefon *n*

cephane Munition *f*; **~lik** (-ği) Munitionslager *n*

cephe (Haus-)Fassade *f*; Front *f* (*az. Ask., hava*); *mec.* Seite *f*; *-e* (*karşı*) **~ almak** Front machen (gegen *A*); **~li:**

iki **~li savaş** Zweifrontenkrieg *m*

cereyan (-anı) Fließen *n*; Strom *m* (*az. El.*); Ablauf *m* (*olayların* der Ereignisse); *sanatta vs.:* Strömung *f*; (Luft-)Zug *m*; → **akım; ~ etmek** fließen, strömen; stattfinden; im Gange sein; *konuşmalar, savaş:* geführt werden; **~lı: yüksek ~lı** Hochspannungs...

Cermen Germane *m*, -in *f*; **~ce** (das) Germanisch(e)

cerrah (-ahı) Chirurg *m*; **~i** [i:] chirurgisch; **~i müdahale** chirurgischer Eingriff, Operation *f*; **~lık** (-ğı) Chirurgie *f*

cesaret (-ti) Mut *m*; Kühnheit *f*; Verwegenheit *f*; **~ almak** Mut schöpfen (*-den* aus *D*); *-e* **~ etmek** (es) wagen zu ...; sich entschließen zu ...; *-e* **~ vermek** j-n ermutigen (zu *D*); **~lenmek** Mut fassen; **~li** mutig; kühn; dreist; **~siz** mutlos; schüchtern

ceset (-di) Leiche *f*; Körper *m*

cesur mutig; furchtlos; entschlossen

cetvel Tabelle *f*; Aufstellung *f*; Lineal *n*; **puan ~i** *Spo.* Punktetabelle *f*; **T ~i** Reißschiene *f*

cevap (-abı) Antwort *f*, **~ karşılık, yanıt**; *-e* **~ vermek** j-m antworten; *mektup* beantworten; **~landırmak** v/t beantworten; **~lı** *posta:* mit bezahlter Antwort; **~sız:** *-i* **~sız bırakmak** unbeantwortet lassen

cevher *Anat.* (weiße) Substanz; *Fel.* Wesen *n*, Substanz *f*; Edelstein *m*; *mec.* Talent *n*, Anlagen *f/pl*

ceviz Walnuss *f*; Nussbaum(holz *n*) *m*; **... aus Nussbaum**; **çetin ~** harte Nuss; *kişi:* sturer Mensch

ceza Strafe *f*; **~ almak** bestraft werden; mit e-r Geldstrafe belegen; **~ çekmek** e-e Strafe verbüßen (*-den* wegen *G*); **~ dayamak** j-m e-e Strafe aufbrummen; **~ görmemezlik** Straflosigkeit *f*; **~ hukuku** Strafrecht *n*; **~ kanunu** Strafgesetzbuch *n*; *-e* **~ kesmek** j-m e-e Geldstrafe auferlegen; **~ muhakemeleri usulü kanunu** Strafprozessordnung *f*; **~ ödemek** Strafe zahlen; **~ sahası** *Spo.* Strafraum *m*; **~ vermek** (-*e*) *j-n* bestrafen; (e-e) Strafe zahlen; **~ vuruşu** *Spo.* Strafstoß *m*; **~ yazmak** F j-n aufschreiben, → **~ kesmek**; **~yı ağır-**

latıcı sebepler strafverschärfende Umstände *m/pl*; *-in ~sı* ... die Strafe (für *A*, dafür, dass); **~sını bitirmek/doldurmak** s-e Strafe absitzen; **~sını bulmak** s-e verdiente Strafe finden; *-in ~sını çekmek/görmek* büßen müssen (für *A*); **~ya kalmak** nachsitzen müssen; **ağır ~** Zuchthaus(strafe *f*) *n*; **hapis ~sı** Gefängnisstrafe *f*; **idam/ölüm ~sı** Todesstrafe *f*
ce'zaevi Gefängnis *n*, Strafanstalt *f*
cezai strafrechtlich
cezalandırılma Bestrafung *f*; Zahlung *f* e-r Strafe; **~ılmak** bestraft werden; e-e Geldstrafe zahlen müssen; **~mak** bestrafen; e-e Geldstrafe auferlegen
cezalı verurteilt; *özl. öğrenci*: bestraft; zu e-r Geldstrafe verurteilt; **~ bilet** Strafzettel *m*; **~ posta ücreti** Strafporto *n*
Ce'lzayir Algerien; algerisch; **~li** Algerier(in *f*) *m*
'**cezbetmek** *v/t* anziehen; *mec.* betören
cezir (-zri) Ebbe *f*
cezve kleine Stielkanne *zur Bereitung von türkischem Kaffee*
cılız hinfällig; *ışık*: trübe; **~laşmak** schwach werden, schwächer werden
cımbız Pinzette *f*
cırcır Knarre *f*, Klapper *f*; *mec.* Quasseltante *f*; **~böceği** Grille *f*
cırt ritsch, ratsch; **~lı** mit Klettverschluss
'**cıva** Quecksilber *n*; **~ gibi olmak** *mec.* kein Sitzfleisch haben
cı'vata Bolzen *m*; Schraube *f*; **~lamak** verbolzen; verschrauben
cıvık klebrig; schlammig; F matschig; **~laşmak** klebrig werden; frech werden; **~lık** (-ğı) Auffälligkeit *f*, Frechheit *f*
civil: ~ ~ ötmek zwitschern; piepen; **~damak** zwitschern; **~tı** Zwitschern *n*; Piepen *n*
cıyak: ~ ~ bağırmak, **~lamak** *mec.* wie am Spieß schreien; piepsen; plappern
cıyırtı Rascheln *n*, Knistern *n*
cızbız (am Spieß, auf dem Rost) gegrillt
cızırdamak brutzeln; *kar.* knirschen; *kapı*: knarren

cibinlik (-ği) Moskitonetz *n*
cici hübsch; niedlich; "etwas Schönes"
'**cidden** ernstlich, im Ernst, wirklich
ciddi *gnl.* ernst; *Tic.* seriös; *temel*: solide, gesichert; *sevgi*: echt, wirklich; *bel.* ernstlich (*konuşmak vs.*); *-i ~ye almak* et. ernst nehmen; *-i ~ye almamak* et. (zu) leicht nehmen
ciddi|leşmek e-e ernste Wendung nehmen; sich zuspitzen; **~lik** (-ği) Ernst *m*; Ernsthaftigkeit *f*
ciğer Leber *f*; Lunge *f*; **~i beş para etmez** Taugenichts *m*; **~imin köşesi** mein Leben!, mein Herz!; mein geliebtes Kind!; *-in ~ini okumak* j-s Gedanken lesen; *-in ~i yanmak* j-m blutet das Herz (*-den* vor *D*); Mitleid haben (*-e* mit *D*)
cihat (-dı) heiliger Krieg
cihaz Gerät *n*; Apparatur *f*; *Anat.* System *n*; Apparat *m*; → *çeyiz*
cila Politur *f*, Lack *m*, Firnis *m*; *mec.* Glanz *m*; Polieren *n*; *mec.* Tünche *f*
cildiye Dermatologie *f*; Hautklinik *f*; **~ci** Hautarzt *m*
cilt (-di) Haut *f*; Einband *m*; *kitap*: Band *m*; **~ atölyesi** Buchbinderei *f*; **~ hastalığı** Hautkrankheit *f*; **~ rengi** Hautfarbe *f*; **~çi** Buchbinder *m*; **~çilik** (-ği) Buchbinderei *f*; **~lemek** *kitap* binden; **~li** gebunden; **iki ~li** zweibändig; **~lik** ...bändig; Einband...
cilve Reiz *m*, Anmut *f*, Kokette rie *f*; *mec.* Laune *f*; Ironie *f* (*kaderin des* Schicksals); Erscheinung(sbild *n*) *f*, Aspekt *m*; **~ etmek** kokettieren; **~lenmek** kokettieren, anbändeln; **~leşmek** kokettieren (*ile* mit *D*); sich necken; **~li** kokett
cimnastik (-ği) → *jimnastik*
cimri geizig, knauserig; **~leşmek** neidisch sein; **~lik** (-ği) Geiz *m*; Knauserei *f*
cin[1] (-nni) Dämon *m*, böser Geist; Schelm *m*, Spitzbube *m*
cin[2] Gin *m*, Wacholderbranntwein *m*
cinayet Verbrechen *n*; **~ davası** Strafprozess *m*; **~ mahkemesi** Kriminalgericht *n*; **~ romanı** Kriminalroman *m*; **~ işlemek** ein Verbrechen begehen
cinnet (-ti) Wahnsinn *m*; **~ getirmek** wahnsinnig werden

cins Art *f*, Sorte *f*; *Biyo.* Gattung *f*; (Tier-)Rasse *f*, Abstammung *f*, Schlag *m*; *Biyo.*, *Gr.* Geschlecht *n*; ~ ~ verschiedenartig; ~ ~ **ayırmak** sortieren; sichten; ~ **bir köpek** ein Rassehund; ~ **boğa** Zuchtstier *m*; ~ **çelik** Qualitätsstahl *m*; **ayrı** ~**ten** heterogen; **bir** ~**ten** homogen; **bu** ~**ten** derartig

cinsel geschlechtlich, sexuell; Geschlechts...; ~ **yaşam** Geschlechtsleben *n*; ~**lik** (-ği) Geschlechtlichkeit *f*; Sexualität *f*; Gleichartigkeit *f*

cinsi Gattungs...; → **cinsel**

cinsiyet (-ti) Geschlecht *n*, Sexus *m*; Geschlechts..., sexuell; ~**li: çifte** ~**li** Hermaphrodit *m*

cip (-pi) Jeep *m*

'**ciro** *Tic.* Indossament *n*; ~ **etmek** *Tic.* indossieren; *gnl.* j-m abtreten; ~**lu** übertragbar

cisim (cismi) *gnl.* Körper *m*; Stoff *m*, Materie *f*; **basit** ~ Element *n*; **yabancı** ~ Fremdkörper *m*; **yanıcı** ~**ler** entzündbare Stoffe *m/pl*; ~**cik** (-ği) Korpuskel *f*; Partikel *f*

civa → **cıva**

civar (-arı) Umgebung *f*, Nähe *f*; *sıf.* benachbart; Nachbar...; (-in) ~**ında** *Ort.* in der Umgebung von; in der Nähe (*G*); **yüzde altmış** ~**ında** ungefähr 60%

civciv Küken *n*; ~**li** *gnl.* turbulent, stürmisch

coğrafi geographisch

coğ'rafya Geographie *f*; Erdkunde *f*; ~**cı** Geograph(in *f*) *m*; F Geographielehrer(in *f*) *m*

'**conta** Dichtung *f*; Zwischenfutter *n*

cop (-bu) (Gummi-)Knüppel *m*

coşku Begeisterung *f*; Pathos *n*; Ekstase *f*; ~**lu** höchst erregt

coşkun überflutend; *karşılama*: begeistert; *sevinç*: überschäumend; *ırmak*: ausufernd; *deniz*: stürmisch; *iş*: rastlos; ~**luk** (-ğu) Begeisterung *f*

coş|mak (-ar) *kişi*: in Begeisterung geraten; feuriger werden; stürmischer *veya* heftiger werden; *ırmak*: ausufern; ~**turmak** in Begeisterung versetzen (-*i* *j*-n); ~**turucu** aufwühlend; begeisternd

cömert (-di) großzügig, freigebig; *toprak*: fruchtbar; ~**lik** (-ği) Freigebigkeit *f*; Fruchtbarkeit *f*

Ct(esi). *kıs.* = **cumartesi** Samstag (Sa.)

Cu. *kıs.* = **cuma** Freitag (Fr.)

cuma, ~ **günü** Freitag *m*; ~ **günleri** freitags

cu'martesi, ~ **günü** Sonnabend *m*, Samstag *m*; ~ **günleri** samstags, sonnabends

cum'hurbaşkanı Staatspräsident *m*

cumhuriyet (-ti) Republik *f*; ♀ **Bayramı** Tag der Republik (*29. Oktober*); ~**çi** Republikaner *m*; ~**çilik** (-ği) republikanisches System

cunta Junta *f*; **askeri** ~ Militärjunta *f*

cura Dschura *f* (*Art Saiteninstrument*)

cur'cuna *Müz.* sehr lebhaftes Tempo; Krach *m*, Höllenlärm *m*; ~**ya çevirmek** e-n Höllenlärm machen

cüce Zwerg(in *f*) *m*; Liliputaner(in *f*) *m*

cümbüş (Tanz-)Vergnügen *n*; Schwof *m*; *Art* Gitarre *f*; ~ **yapmak** sich vergnügen; F schwofen

cümle[1] *Gr.* Satz *m*; System *n*; Gruppe *f*; **bağımlı** ~ Nebensatz *m*, Gliedsatz *m*; **bağımsız** ~ Hauptsatz *m*; **bir** ~ **ile** kurz gesagt; **bu** ~**den** *mec.* darunter, so zum Beispiel; **bu** ~ **ile** ungeachtet dessen, dass

cümle[2] alles, alle, sämtliche; ~**miz** wir alle; ~ **kapısı** Haupteingang *m*, (Fabrik-)Tor *n*

'**cümleten** insgesamt; gänzlich; ~ **Allaha ısmarladık** auf Wiedersehen allerseits!

cünüp (-bü) (rituell) unrein

cüppe (Richter-)Robe *f*, Talar *m*

cüret (-ti) Kühnheit *f*, Frechheit *f*; Leichtsinnigkeit *f*; ~ **etmek** sich et. herausnehmen; ~**kâr**, ~**li** kühn; mutwillig

cürüm (cürmü) Vergehen *n*, Verstoß *m*

cüsse Leib *m*; Figur *f*; Dickwanst *m*; ~**li** riesig, massig; wohlbeleibt

cüzam Aussatz *m*, Lepra *f*; ~**lı** Aussätzige(r *m*) *f*

cüzdan Brieftasche *f*; Aktentasche *f*; *gnl.* Ausweis *m*; **askerlik** ~ Soldbuch *n*; **evlenme** ~ Heiratsurkunde *f*; **kimlik** ~ Personalausweis *m*; **sağlık** ~ Gesundheitspass *m*

cüzi geringfügig

Ç

Ça. *kıs.* = **çarşamba** Mittwoch (Mi.)
-ça → **-ce**
çaba Anstrengung *f*, Bemühungen *f/pl* (*-me* ~*sı* zu ...); ~ **daran setmek** sich daran setzen (*için* um zu); ~ **harcamak** Anstrengungen unternehmen
çabalamak sich anstrengen; sich bemühen (*-e um A*)
çabuk schnell, rasch; fließend (*okumak*); ~ ~ beschleunigt; ~ **olmak** schnell machen
çabuklaştırmak beschleunigen
çabukluk (-ğu) Schnelligkeit *f*
çadır Zelt *n*; Jurte *f*; ~ **kurmak** das Zelt aufschlagen
çağ Zeit *f*; Lebensabschnitt *m*; Zeitabschnitt *m*, Epoche *f*
çağdaş Zeitgenosse *m*; zeitgenössisch
çağdaşlaş|ma Modernisierung *f*; ~**mak** sich der Zeit anpassen; ~**tırmak** *v/t* modernisieren; dem Zeitgeist anpassen
çağdışı unzeitgemäß
ˈçağır|ma Ruf *m*; Vorladung *f*; *Huk.* Vorladung *f*; *Ask.* Einberufung *f*; ~**mak** *v/t* rufen; (*-i -e*) j-n einladen (zu *D*); *doktor* rufen zu j-m; einberufen (zu *D*); *Pol.* aufrufen (zu *D*, *örn. bir eyleme*); appellieren (an *A*)
çağlamak *akarsu*: rauschen; brodeln
çağlayan Wasserfall *m*
çağrı Einladung *f*; Aufforderung *f*; Aufruf *m*, Appell *m*; ~ **hali** Vokativ *m*
çağrış|ım (Ideen-)Assoziation *f*; ~**tırmak** *v/t* assoziieren; denken lassen (an *A*), wachrufen (*A*)
çakal Schakal *m*
çakı Taschenmesser *n*; ~ **gibi** scharf; flink, sehr fix
çakıl Kieselstein *m*, Kies *m*
çakılı (-*e*) befestigt (an *D*); verbunden (mit *D*); (orts)fest
çakır blaugrau
çakırkeyif (-yfi) F beschwipst
çakışık *Mat.* kongruent
çakışmak zusammenfallen, kongruent sein; sich verhalten; aneinander geraten
çakmak¹ (-ğı) Feuerzeug *n*; Feuerstein *m*; Zünder *m*

çakmak² (-ar) (*-i -e*) *çivi* einschlagen (in *A*); *duvara bş* befestigen, annageln (an *A*); anbinden (an *A*); *kibrit* anzünden; (*bşi* et.) verstehen, e-e Ahnung haben (-*den* von *D*); durchfallen (*sınavda, dersten*); *şimşek*: aufleuchten; **işi** ~ F den Braten riechen; **selam** ~ *Ask.* grüßen, salutieren; **sınıfta** ~ F sitzen bleiben; **suratına tokadı** ~ F j-m eine kleben
çaktırmak *ettir.* → **çakmak**; (*-i -e*) et. einschlagen (in *A*); j-m et. zu verstehen geben, j-n et. merken lassen
çalar Schlagwerk *n*; → **çalmak**; ~ **saat** Wecker *m*, Weckuhr *f*
çaldır|mak *Müz.* spielen lassen (*-i -e* j-n *A*); **saatimi** ~**dım** man hat mir die Uhr gestohlen
çalgı Musik *f*, (Musik-)Spiel *n*; Musikinstrument *n*; Kapelle *f*; ~ **çalmak** Musik machen; aufspielen; **nefesli** ~ Blasinstrument *n*; **yaylı** ~ Streichinstrument *n*
çalı Strauch *m*, Busch *m*; ~ **çırpı** Gebüsch *n*, Gestrüpp *n*
çalılık (-ğı) Gebüsch *n*, Dickicht *n*
çalım Dünkel *m*, Selbstgefälligkeit *f*; *Spo.* Täuschungsmanöver *n*; ~ **etmek**, ~ **satmak** sich wichtig machen
çalınmak *edil.* → **çalmak**; **çalına çalına aşınmış** *mec.* abgedroschen
çalıntı Diebesgut *n*; *sıf.* gestohlen
çalışan Beschäftigte(r *m*) *f*; Mitarbeiter *m* (*örn. bir firmada*)
çalışkan fleißig, arbeitsam
çalışma Arbeit *f*, Werk *n*; Training *n*; ⚥ **Bakanı** Arbeitsminister *m*; ~ **belleği** *Cmp.* Arbeitsspeicher *m*; ~ **dairesi** Arbeitsamt *n*; ~ **gücü** *kişi*: Arbeitskraft *f*, ~ **hakkı** Recht *n* auf Arbeit; ~ **izni** Arbeitsgenehmigung *f*; ~ **odası** Arbeitszimmer *n*; ~ **saatleri** Arbeitsstunden *f/pl*; ~ **şartları** Arbeitsbedingungen *f/pl*; ~ **kurtarma ˏları** Rettungsarbeiten *f/pl*; **kısa** ~ Kurzarbeit *f*; **kurtarma ˏları** Rettungsarbeiten *f/pl*; **siyasi ˏlar** politische Betätigung *f veya* Tätigkeit *f*
çalışmak *v/i* arbeiten; *Tek. az.* funktionieren; *otobüs vs.*: verkehren; -*e* ~

çalıştırıcı 58

sich bemühen (um *A*); **...için ~** arbeiten an (e-m Werk)
çalıştır|ıcı Trainer *m*; **~mak** işçi beschäftigen; (-*i* j-n) beschäftigen (-*e* mit *D*); *otobüs vs.* in Betrieb haben, betreiben; *öğrenci* üben *veya* machen lassen; *sporcu* trainieren; *motor* starten
çalka|lamak → **çalkamak**; **~lanmak** *kayık*: schaukeln; **~mak** schütteln; (durch)rütteln; *ağız, çamaşır* spülen
çalkan|lamak plätschern; *mec.* in Aufruhr versetzt werden; **~tı** Tosen *n deniz*; *mec.* Erschütterung *f*, Schock *m*; **~tısız** regungslos, unbewegt
çalma Schlag *m saat*; *Müz.* Spiel *n*; Diebstahl *m*; *sıf.* gestohlen
çalmak (-ar) **1.** *v/t zil, çan* läuten; *müzik aleti* spielen; *kapıyı* klopfen; (*bşi* et.) stehlen; *renk*: spielen (*örn. maviye*); **2.** *v/i Tel.* läuten; *saat*: schlagen
¹**çalpara** Kastagnette *f*; *Tek.* Scheibe *f*
çam Tanne *f*; Kiefer *f*, Föhre *f*; **~ devirmek** e-e Dummheit sagen, sich blamieren; **~ yarması** *sıf.* robust; **fıstık ~** Pinie *f*
çamaşır Wäsche *f*; **~ makinesi** Waschmaschine *f*; **~ tozu** Waschpulver *n*; **iç ~** Unterwäsche *f*
çamaşır|cı, **~cı kadın** Wäscherin *f*, Waschfrau *f*; **~hane** Wäscherei *f*; **~lık** (-ği) Wäscherei *f*; Wäschetrog *m*
¹**çamfıstığı** (-nı) Pinienkern *m*
¹**çamsakızı** (-nı) Fichtenharz *n*
çamur Schmutz *m* (*az. mec.*); Schlamm *m*; *-e* **~ atmak** mit Schmutz bewerfen (*özl. mec.*); **~a bulaşmak** sich beschmutzen (*az. mec.*); **~ olmak** sich schmutzig machen; F im Eimer sein
çamur|lamak *v/t* beschmutzen (*az. mec.*); beschmieren; **~laşmak** zu Schmutz werden; *mec.* zudringlich werden; **~luk** *oto*: Kotflügel *m*, Schutzblech *n*; Fußabtreter *m*
çan Glocke *f*; **~ kulesi** Glockenturm *m*; **kilise ~** Kirchenglocke *f*; **tehlike ~** Sturmglocke *f*; *-in* **~ına ot tık(a)mak** j-n mundtot machen
çanak (-ğı) (irdener) Topf *m*; Schüssel *f*; **~ anten(i)** Parabolantenne *f*, F Schüssel *f*

¹**çanta** Tasche *f*, Mappe *f*; Aktentasche *f*; **el ~sı** Handtasche *f*; **para ~sı** Brieftasche *f*; Portemonnaie *n*; **sırt ~sı** Rucksack *m*; **~da keklik** die Sache ist *veya* scheint perfekt
çap (-pı) Durchmesser *m*; Kaliber *n*; *mec.* Größe *f*, Umfang *m*; *mec.* Rahmen *m*; Maßstab *m*; Katasterplan *m*; **büyük ~ta** umfangreich (*az. mec.*), erheblich; **dünya ~ında** im Weltmaßstab; **ülke ~ında** landesweit; **geniş ~ta** weitgehend
çapa Hacke *f*; *Gemi.* Anker *m*
çapalamak hacken; umgraben
çapkın Schürzenjäger *m*; Nichtsnutz *m*; gutes Pferd; *bakış*: lüstern; *anlatış*: frivol; **~lık** (-ğı) Lüsternheit *f*; Übermut *m*
çaplı umfangreich; **büyük ~** großkalibrig; **küçük ~** mec. kleinkariert
çapraş|lık verworren, vertrackt; **~ıklık** (-ğı) Vertracktheit *f*; **~mak** (*immer*) verzwickter werden
çapraz Quer...; Kreuz...; diagonal; kreuzförmig; *Mat.* Diagonale *f*, **~lama** → **çapraz**; über Kreuz, kreuzweise; Kreuzung *f* (*az. Biyo.*); **~lamak** kreuzen; **~lamasına** kreuzförmig; **~lanmak** sich schneiden; sich kreuzen; **~laşmak** verzwickt werden; sich kreuzen
çar Zar *m*
¹**çarçabuk** blitzschnell
çarçur Vergeudung *f*; *-i* **~ etmek** mec. et. zum Fenster hinauswerfen
çardak (-ğı) Spalier *n*; Pergola *f*
çare *gnl.* Mittel *n*; Ausweg *m*; *-in* **~sine bakmak** e-n Ausweg suchen (aus *D*); **ne ~!** leider!; o weh!; was hilft's?; **~siz** ausweglos; unheilbar; *sevgi*: hoffnungslos; hilflos; *bel.* wohl oder übel; **~sizlik** (-ği) Auswegslosigkeit *f*; Unheilbarkeit *f*; Hilflosigkeit *f*
çarık (-ğı) Ledersandale *f*, F Portemonnaie *n*
çark (-kı) Rad *n*; Schleifscheibe *f*; Räderwerk *n* (*az. mec.*); **dişli ~** Zahnrad *n*; **devlet ~ı** Staatsapparat *m*
çarkçı *Gemi.* Maschinist *m*; Scherenschleifer *m*; **~lı** Rad... (*vapur*)
çarlık (-ğı) Zarentum *n*; Herrschaft *f*; (Zaren-)Reich *n*; **~ Rusyası** (das) zaristische Russland
çarpan *Mat.* Multiplikator *m*

çarpı Malzeichen n; mal
çarpık schief, krumm; verkehrt; ~ ~ **yürümek** watscheln
çarpılan *Mat.* Multiplikand m
çarpılmak sich verbiegen; krumm werden; *tahta*: sich verziehen; *mec.* einschnappen
çarpım *Mat.* Produkt n; ~ **tablosu** Einmaleins n
çarpın|ma Aufgeregtheit f; *Tıp* Zuckungen f/pl; ~**mak** sich aufregen; um sich schlagen; ~**tı** Herzklopfen n; (Wellen-)Schlag m
çarpış|ma Zusammenstoß m; *Ask.* Geplänkel n; Auseinandersetzung f; ~**mak** zusammenstoßen; sich schlagen (*ile* mit D); *az. fikirler.* aufeinander prallen; ~**tırmak** rammen (A)
çarpma Stoß m, Schlag m (*az. El.*); Anprall m; *(e)anfahren (-e j-n); oto*: prallen (*-e* gegen A); *kalp*: schlagen, klopfen; *yıldırım*: treffen (*-e* j-n); *kapı* zuschlagen, zuknallen; multiplizieren (*ile* mit D); *mec. sitem* ins Gesicht schleudern; F faksen
çarpma Stoß m, Schlag m; *güneş* ~**sı** Sonnenstich m
çarpmak (-ar) stoßen; schlagen (*-e* gegen A); anfahren (*-e* j-n); *oto*: prallen (*-e* gegen A); *kalp*: schlagen, klopfen; *yıldırım*: treffen (*-e* j-n); *kapı* zuschlagen, zuknallen; multiplizieren (*ile* mit D); *mec. sitem* ins Gesicht schleudern; F faksen
çarptır|ılmak verurteilt werden (*cezaya* zu e-r Strafe); ~**mak** schlagen, stoßen (*ile* mit D); j-m Herzklopfen verursachen; sich et. entreißen lassen (*yankesiciye* von e-m Taschendieb)
çarşaf Bettlaken n; Überwurf m (der muslimischen Frauen)
Çarş. *kıs.* = *çarşamba* Mittwoch (Mi.)
çarşamba, ~ **günü** Mittwoch m; ~ **günleri** mittwochs
çarşı Markt m, Basar m; Geschäftsstraße f; *kapalı* ~ Markthalle f, gedeckter Basar
çatal *gnl.* Gabel f; Gabelung f; gegabelt; Doppel...; ~ **takımı** Besteck n
çatal|lanmak sich verzweigen; *yol*: abzweigen; ~**laşmak** → *çatallanmak*; kompliziert werden; ~**laştırmak** v/t spalten, halbieren; doppeldeutig sein; komplizieren; ~**lı** gegabelt; gabelförmig
çatı (Holz-)Gerüst n; Gerippe n, Skelett n; Dach n; Dachboden m; *Anat.* Gelenk n; *Ed.* Aufbau m; ~ **altı** Mansarde f

çatık (*-ğı*) *yüz*: finster; *alın*: gerunzelt; *kaşlar*: zusammengewachsen
çatır: ~ ~ krachend; *ateş*: prasselnd; mit Gewalt, unter mildem Druck; fließend (*konuşmak, okumak*); ~**damak** krachen; prasseln; aus den Fugen gehen (*az. mec.*); ~**tı** Krachen n; Prasseln n; Knirschen n
çatışık sich kreuzend; widersprüchlich
çatış|ma *gnl.* Konflikt m (*az. silahlı*); Streit m, Zank m; ~**mak** zusammenstoßen; in Konflikt geraten (*ile* mit D); widersprechen (*ile* D); sich zanken
çatlak (*-ğı*) *cam*: gesprungen; *ses*: brüchig; *mec.* borniert; Sprung m, Riss m (*az. mec.*), Spalte f
çatla|ma Aufbrechen n, Platzen n; ~**mak** platzen (*az. mec. baş*); zerspringen; *-den* ~**mak** *mec.* fast umkommen (vor D, *örn. sıcak*); ~**dın mı?** F nicht so hitzig!
çatlatmak (*-i*) zertrümmern (A); *mec.* j-n rasend machen; v/i überschnappen
çatmak (*-ar*) (*-i*) *tüfek, sırık* zusammenstellen; (lose) anheften; stoßen (*-e* auf j-n); (*gelen geçene* Passanten) belästigen; *alın vs.*: sich verfinstern
çavdar *Bot.* Roggen m; ~ **ekmeği** Schwarzbrot n, Roggenbrot n
çavuş Unteroffizier m; Vorarbeiter m; *yapı* ~**u** Bauleiter m, Polier m
çay¹ Flüsschen n
çay² Tee m; ~ **kaşığı** Teelöffel m; ~ **süzgeci** Teesieb n; *koyu* ~ starker Tee; ~**cı** Teehändler m; Teetrinker m; ~**danlık** (*-ğı*) Teekessel m; ~**evi**, ~**hane** Teestube f
çayır Wiese f, Weide f; Grasfutter m; ~**lık** (*-ğı*) Weideland n
çaylak (*-ğı*) *Zoo.* Schwarzer Milan f; Gabelweihe f; *mec.* Tollpatsch m
-çe → *-ce*
çeçe Tsetsefliege f
çehre Gesicht n; Aussehen n; Äußeres; Miene f; *mec.* Gestalt f, Aspekt m; *bu* ~ *kime?* auf wen sind Sie böse?; *asık* ~**li** mit saurer Miene
çehresiz entstellt
çek¹ zieh los, fahr los!; → *çekmek*
çek² (*-ki*) *Tic.* Scheck m; ~ **defteri**, ~ **karnesi** Scheckheft n; *çizgili* ~ Ver-

rechnungsscheck *m*; ***nama muharrer*** ~ Inhaberscheck *m*
Çek Tscheche *m*, Tschechin *f*; tschechisch; **~ *Cumhuriyeti*** Tschechische Republik
'Çekçe Tschechisch *n*
çekecek (-ği) Schuhanzieher *m*
çe'keme|mek *v/t* nicht ertragen können; j-n nicht ausstehen können; nicht billigen; **~(me)zlik** (-ği) Antipathie *f*; Neidgefühl *n*
çeker → **çekmek**
çeki Gewicht *n*; Schwere *f*; *etwa* 250 Kilo
çekici *mec.* anziehend, attraktiv; *Gemi.* Schlepper *m*; ***TIR* ~** Sattelschlepper *m*; **~lik** (-ği) Charme *m*, Anziehungskraft *f*; *Ed.* Spannung *f*
çekiç (-ci) Hammer *m*; **~ *atma*** Hammerwerfen *n*; ***hava (basınçlı)* ~** Presslufthammer *m*; **~*sesi*** Hammerschlag *m*; **~lemek** *v/t* (be)hämmern; schmieden
çekidüzen Ordnung *f*; Reinlichkeit *f*; Schmuck *m*, Verzierung *f*, Ausstattung *f*; **-*e* *vermek*** in Ordnung bringen
çekik lang gezogen; *göbek:* eingezogen; **~ *gözler*** Schlitzaugen *n/pl*
çekil|ir erträglich; **~*iş*** (Los-)Ziehung *f*; **~*me* *Ask.*** Rückzug *m*; Abschied *m*, Rücktritt *m* (-*den* von *D*)
çekilmek *edil.* → **çekmek**; *gnl.* sich zurückziehen (-*e* in *A*, nach *D*, zur Beratung *vs.*; -*den* von *D*); weggehen (-*den* von, aus *D*); *oyun* aufgeben (-*den A*); zurücktreten; ***sahneden* ~** *gnl. ve mec.* abtreten; ***çekil oradan!*** geh weg hier!
çekil|mez unerträglich; **~*miş*** gemahlen
çekim Verhältnis *n*, Proportionalität *f*; Anziehungskraft *f*, *film:* Aufnahme *f*; *Gr.* Flexion *f*; **~ *eki*** Flexionssuffix *n*
çekim|lemek *v/t* flektieren; *Fiz.* anziehen; **~*li*** anziehend, attraktiv; flektierbar
çekimse|me Enthaltung *f*; Ablehnung *f*; **~*mek*** sich enthalten (-*den G*)
çekimser sich enthaltend; ablehnend; **~ *oy*** Stimmenthaltung *f*; **~*lik*** (-ği) Enthaltsamkeit *f*; Meiden *n*
çekimsiz unansehnlich; unflektierbar
çekince Vorbehalt *m*, Reserve *f*; **~ *koymak*** Vorbehalte machen
çekingen schüchtern; verlegen; verschlossen; **~*leşmek*** sich verschließen, sich in sich zurückziehen; **~*lik*** (-ği) Schüchternheit *f*; Verlegenheit *f*; Zurückhaltung *f*
çekinme Schüchternheit *f*; Unschlüssigkeit *f*; Zurückweisung *f*; Verzicht *m* (auf *A*); **~*den*** ungezwungen, frei; ohne weiteres
çekin|mek sich genieren (-*den* vor *D*); bange sein (-*den* vor *D*); *mec.* (-*den*) sich scheuen (vor *D*); **~*memek*** (-*den*) nicht bange sein (-*den* vor *D*); sich nicht scheuen (zu); nicht zurückschrecken (vor *D*); **~*mezlik*** (-ği) Verwegenheit *f*
çekirdek (-ği) *Bot.*, *Fiz.*, *mec.* Kern *m*; *Ask.* Kader *m*; **~ *enerjisi*** Kernenergie *f*; **~*ten yetişmek*** *mec.* von der Pike auf dienen; ***atom çekirdeği*** Atomkern *m*; **~*lenmek*** Frucht ansetzen; **~*siz*** kernlos
çe'kirge Heuschrecke *f*
çekiş Zugkraft *f*, Ziehen *n*; Streiterei *f*
çekiş|me Ziehen *n*; *özl. mec.* Tauziehen *n*; **~*mek*** sich (gegenseitig) ziehen; sich streiten; ***kura* ~*mek*** das Los entscheiden lassen; **~*tirmek*** herumzerren; herumzupfen (-*i an D*); *mec.* herziehen (-*i* über j-n); F madig machen (-*i* j-n)
çekme Ziehung *f* kura, piyango; Ziehen *n*; Anziehungs... *f*; *Tek.* Walz...; *Müz.* Zupf...; schön geformt; *Tek.* gewalzt; **~ *halatı*** *oto:* Abschleppseil *n*; **~ *kat*** Penthouse *n*; **~ *taşıtı*** Abschleppwagen *m*
çekmece Schublade *f*; Kästchen *n*; Schatulle *f*; *Trh.* Zugbrücke *f*; kleiner Hafen
çekmek (-er) **1.** *v/t gnl.* ziehen (*az. çizgi, çit, bıçak*); schleppen; einsaugen, in sich aufnehmen; *dikkati* auf sich ziehen; *fotoğraf* machen, knipsen; *para* abheben (-*den* von *D*); *ilgi, merak* (er)wecken; *kahve* mahlen; *giysi, ayakkabı* anziehen; *müşteri* anlocken; *yük* tragen von, schaffen; *dert, kahır vs.* aushalten, erdulden; *söz* auslegen, deuten; *zaman, saat* brauchen; dauern; *boya* auftragen (-*e* auf *A*); **2.** *v/i* (schwer) wiegen; *kumaş:* einlaufen; j-m nachkommen,

ähneln; ausziehen, sich aufmachen, zu ...; *burnunu* ~ schnüffeln; *mec.* leer ausgehen; *ceremesini* ~ dafür büßen müssen; *ettiğini* ~ es nicht besser verdienen; *-i hesaba* ~ j-n zur Verantwortung ziehen; *temize* ~ ins Reine schreiben; *çek (arabanı)!* fahr los!; zieh los!
çekmez nicht einlaufend
çektirmek *ettir.* → **çekmek**; (*resmini* sich) fotografieren lassen; *-e görevden el* ~ j-n s-s Postens entheben
çekül Lot *n*, Senkblei *n*; Senkrechte *f*
çelebi vornehm; höflich
çelenk (-gi) Kranz *m*; Girlande *f*; *defne çelengi* Lorbeerkranz *m*
çeler → **çelmek**
çelik (-ği) Stahl *m*; ~ *başlık* Stahlhelm *m*; ~ *dolap* Stahlschrank *m*; ~ *üretimi* Stahlproduktion *f*, ~ *gibi* sehnig
çeliklemek *Tek.* härten; anschweißen
çelikleş|mek gehärtet werden; *mec.* sich stählen; **~tirmek** härten; *mec.* stählen, abhärten
çelimsiz schmächtig
çeliş|ik (-ği) widersprüchlich; **~ki** Widerspruch *m*; Kontrast *m*; **~me** Widerspruch *m*; **~mek** im Widerspruch stehen (*ile* zu *D*)
çelme: *-e* ~ *atmak* j-m ein Bein stellen (*az. mec.*)
çelmek (-er) *v/t* schräg schneiden; sich ein Tuch umbinden; abbringen (von *D*); *aklını* ~ (es) j-m ausreden, j-m davon abraten
çeltik (-ği) ungeschälter Reis; Reis... (*tarla*), ~*çilik* (-ği) Reisanbau *m*; **~lik** (-ği) Reisfeld *n*
çember *Mat.* Kreis(linie *f*) *m*; *gnl.* Reifen *m*; Radreifen *m*; Kopftuch *n*; *Ask.* Einkesselung *f*; rund, kreisförmig; Kreis...; *-i* ~ *e almak* einkesseln; **~imsi** rundlich; kreisförmig; **~lemek** *v/t* mit Reifen beschlagen; einfassen; einkreisen
çene Kinn *n*; Kinnlade *f*, Kiefer *m*; *mec.* Geschwätzigkeit *f*; *alt* ~ Unterkiefer *m*; *üst* ~ Oberkiefer *m*; **~si düşük** *mec.* geschwätzig; **~sini kapatmak** den Mund halten, schweigen; *kapa* **~ni!** halt deinen Schnabel! halt's Maul!
çengel Haken *m*; Paragraphenzeichen *n*
çengelli mit Haken; **~iğne** Sicherheitsnadel *f*
çenter → **çentmek**
çentik (-ği) Kerbe *f*; Scharte *f*; Kehle *f*, Rinne *f*; *Jeol.* Spalt *m*; *sıf.* schartig; gezackt; **~lenmek** schartig werden
çentmek (-er) *v/t* einkerben; *soğan vb.* klein schneiden, zerhacken
'**çep(e)çevre** rings um (*A*)
çerçeve *gnl.* Rahmen *m* (*az. mec.*); Fassung *f*; *az.* Brille *f*; *-in* **~sini aşmak** *mec.* den Rahmen (*G*) überschreiten *veya* sprengen; **~lemek** (ein)rahmen
çerçöp (-pü) Späne *m/pl*, Holzabfälle *m/pl*
çerez Imbiss *m*; Nachtisch *m*; **~lenmek** e-e Kleinigkeit zu sich nehmen
Çerkez Tscherkesse *m*, -in *f*; tscherkessisch; ~ *tavuğu* Tscherkessisches Huhn (*Vorspeise aus kaltem Hühnerfleisch und Walnüssen*)
çeşit (-di) Art *f*; Sorte *f*; *Tic.* Artikel *m*; *gnl. pl* Sortiment *n*; ~ ~ verschiedene, alle möglichen; verschiedener Art; sortiert; *her* ~ jede(r, -s) x-beliebige; **~lendirmek** (-*i*) Abwechslung bringen (in *A*); **~li** verschieden(artig)
çeşme Quelle *f*; Springbrunnen *m*
çeşni Geschmack *m*; Kostprobe *f*; Zutat *f* (*az. mec.*)
çete Partisanenabteilung *f*; Partisan *m*; Bande *f*, ~ *savaşı* Partisanenkrieg *m*; **~ci** Partisan *m*; Räuber *m*; **~cilik** (-ği) Partisanenbewegung *f*
çetin *soru, durum, yol*: schwierig; *savaş*: hart; → *ceviz*
çetinleş|mek schwieriger werden; **~tirmek** erschweren
çetrefil verworren; vertrackt
çev. *kıs.* = **çeviren, çeviri**
çevik flink; *Tech., Ask.* beweglich; *-i* ~ *yapmak* F j-n auf Trab bringen; **~lik** (-ği) Gewandtheit *f*; Beweglichkeit *f*
çeviren: *Almancadan* ~ aus dem Deutschen übersetzt von ...
çevir|i Übersetzung *f*; **~ici** *Cmp.* Assembler *m*; **~im** Wendung *f*; Verwaltung *f*; Filmaufnahme *f*; **~me** Drehung *f*; Spießbraten *m*; Übersetzung *f*; *sıf.* übersetzt
çevirmek *v/t gnl.* wenden; drehen; umgeben, einfassen (*ile* mit *D*); verwandeln (*-i -e* et. in *A*); *Gr., Huk.* um-

wandeln (*-e* in *A*); *kişi, taksi* anhalten; *kale* umzingeln, einkreisen; *entrika, oyun* spinnen; *baş* (um)wenden; *istikamet* ändern; *sırt* wenden, kehren; (*bir dilden bir dile* aus *D* in *A*) übersetzen; *sözü* verdrehen, falsch deuten; **dört yanını** ~ von allen Seiten einkreisen; **geri** ~ zurückweisen; **harabeye** ~ in Trümmer legen; **işleri** ~ schalten und walten; *-den yüz* ~ sich abwenden (von *D*)
çevirmen Übersetzer(in *f*) *m*; **~lik** (*-ği*) Übersetzertätigkeit *f*
çevre Kreis *m*; Umkreis *m*; Umgebung *f*; Umriss *m*; Umwelt *f*; Umlaufbahn *f* (*uydu*); ~ **birimi** *Cmp.* Peripheriegerät *n*; ~ **dostu** umweltfreundlich, **~dostu kâğıt** Umweltpapier *n*; ~ **kirlenmesi** Umweltverschmutzung *f*; ~ **koruyucu** Umweltschützer(in *f*) *m*; ~ **sağlığı** Umweltschutz *m*; ~ **yolu** Zufahrtsstraße *f*; **~ler** *mec.* Kreise *m/pl*; *-in* **~sinde** um (*A*), um ... (*A*) herum
çevre|bilimci Ökologe *m*, *-in f*; Umweltschützer(in *f*) *m*; **~bilimi** Ökologie *f*; Umweltschutz *m*; **~bilimsel** ökologisch
çevrelemek *v/t* umgeben; umschließen; *kişi* umringen; begrenzen
çevresel Umwelt...
çevrili umgeben; eingezäunt (*ile* mit *D*)
çevrilmek *edil.* → *çevirmek*
çevrim Zyklus *m*, Periode *f*
çevrinti Kreisbewegung *f*; Strudel *m*; Wirbelwind *m*
çeyiz Aussteuer *f*, Mitgift *f*
çeyrek (*-ği*) Viertel *n*; Viertelstunde *f*; *Spo.* **~ final** Viertelfinale *n*
çıban Eiterbeule *f*
çığ Lawine *f*; (*dikkat*) ~ **tehlikesi!** (Vorsicht) Lawinengefahr!
çığlık (*-ğı*) Schrei *m*; Geschrei *n*; Gejammer *n*; Lärm *m*; ~ **atmak**, ~ **koparmak** F wie am Spieß schreien; laut jammern
çı'kagelmek plötzlich auftauchen (*önüne* vor j-m)
çıkar Nutzen *m*, Vorteil *m*; Ausweg *m*; einzig möglich; → *çıkmak*; ~ **grubu** Interessengruppe *f*; ~ **yol** Ausweg, einzig mögliche Lösung; **bu işin ~ı yok** diese Frage ist unlösbar

çıkarcı Konjunkturritter *m*; gewinnsüchtig, profitgierig
çıkarılmak *edil.* → *çıkarmak*
çıkar|ım Schlussfolgerung *f*, Entlassung *f*, **~ma** *Ask.* Landung *f*; *Matb.* Herausgabe *f*; Subtraktion *f*; Ausschluss *m* (*-den* aus *D*); **işten ~ma** Entlassung *f*, Kündigung *f*
çıkarmak *gnl.* entfernen (*-den* von *D*), weisen (*-den* aus *D*), hinauswerfen (*-den* aus *D*); herausholen; herausziehen (*-den* aus *D*); ableiten (*-den* von *D*); hinstellen, bezeichnen (*-i j-n* als *A*); auskommen (*ile* mit *D*); *Mat.* subtrahieren, abziehen; *El.* ampul ausdrehen; *asker birlikler* landen (*-e* in *D*); *ayakkabı, giysi* ausziehen; *diş* ziehen; *elyazısı* entziffern; *gazete* herausgeben; *geçimini* verdienen; *gözlük* abnehmen; *kazada ölenler* bergen; *leke* entfernen (*-den* aus *D*); *masraflar* decken; *öfkesini* auslassen (*-den* an *D*); (*yeni*) *model* herausbringen; *savaş* beginnen; *süre* verlängern (*-den -e* von *D* auf *A*); *üye* ausschließen (*-den* aus *D*); *yediklerini* erbrechen, von sich geben; **büyük para** ~ viel Geld verdienen; **haç** sich bekreuzigen; *-i işten* ~ j-n entlassen, j-m kündigen; **piyasaya** ~ auf den Markt bringen; **suretini** ~ e-e Kopie machen
çıkart|ma Abziehbild *n*; Räumung *f*; **~mak** *ettir.* → *çıkarmak*; *belge* ausstellen; *fiyat* anheben; *işçi* entlassen; *leke* entfernen; *yasa* verabschieden
çıkık (*-ğı*) verrenkt; *alın*: hervorstehend
çıkıl|mak *edil.* → *çıkmak*; **~ır** Ausgang *m* (*Aufschrift*); **içinden ~maz** ausweglos; unlösbar
çıkıntı Vorsprung *m*
çıkış Ausgang *m*; Abfahrt *f*; *mec.* Ausweg *m* (*-e* aus *D*); *Cmp.* Output *m*; Aufstieg *m*; Besteigung *f* (*-e G*); Entlassung *f*; ~ **belgesi** Abgangszeugnis *n*; Ausfuhrgenehmigung *f*; ~ **vermek** (*işçiye* e-m Arbeiter) kündigen
çıkışmak ausschimpfen (*-e* j-n); tadeln; *para*: (aus)reichen
çıkma Erscheinen *n* (*mahkemeye* vor Gericht); Austritt *m* (*-den* aus *D*); Ausbruch *m* (*yangın*); ~ **durumu** *Gr.* Ablativ *m* (*-den, -dan*)

çıkmak (-ar) **1.** (*-den*) (hervor)kommen (aus *D*); stammen (aus *D*); *böcek vs.*: kriechen (aus *D*); *iş, meslek* aufgeben, ausscheiden (aus *D*); *büro, ev* verlassen, kommen (aus *D*); sich lossagen (*dinden* von e-r Religion); *okul* absolvieren, abschließen; *merdiven* hinaufgehen (*-e und -i*); **2.** (*-e*) j-m gleichkommen; sich auf den Weg machen; landen (in *D*; an *D*); *dağa* steigen auf, besteigen (*A*); fahren; erscheinen (vor *D*); *para* kosten; *bir yere* gelangen zu; *piyango*: j-m zufallen; *kapı, pencere*: gehen (auf *A*), *Tiy. bir rol* spielen; *yol*: führen (nach *D*); auftauchen (*önüne* vor j-m); (*-den -e*) ziehen (aus *D* in *A*); *parayı* rausrücken; **3.** *v/i* ausgehen; *sivilce vs.*: sich bilden; *sakal*: sprießen; *emir.* ergehen; *yangın, savaş*: ausbrechen; *kitap, gazete*: erscheinen, herauskommen; *leke*: herausgehen; *uçak*: aufsteigen; *yasa*: herauskommen; *fiyat*: (an)steigen; *tohum*: sprießen; *mal*: auf den Markt kommen; sich erweisen als; *geziye* ~ auf Reisen gehen; *karaya* ~ an Land gehen; *-e karşı* ~ *mec.* auftreten (gegen *A*); *müdüre* ~ sich beim Direktor melden; *turneye* ~ auf Tournee gehen; *çocuğun kolu çıktı* das Kind hat sich den Arm ausgerenkt; *bundan ne çıkar* was wäre schon dabei?; *bu iş çıkmadı* die Sache hat nicht geklappt

çıkmaz ausweglos; aussichtslos; **~sokak** Sackgasse *f*; *mec.* **~a girmek** in e-e Sackgasse geraten

çıldır|mak den Verstand verlieren (*-den* vor *D*); brennen (*için* auf *A*); **~ıcı** bestrickend; **~tan** nervenzerreißend; **~tmak** *v/t* ganz närrisch (*-den* vor *D*) machen

çılgın verrückt, tollkühn; schrecklich; *hız*: rasend; **~lık** (-ğı) Taumel *m*; Raserei *f*; (Mode-)Torheit *f*

çınar, ~ *ağacı* Platane *f*

çıngıra|k (-ğı) Glocke *f*; (Tür-)Klingel *f*; Rassel *f*; **~ğı çekmek** F abkratzen

çıngıraklı tönend; schallend (*Lachen*); ~ *saat* Wecker *m*; **~yılan** Klapperschlange *f*

çıngırdamak läuten; dröhnen; schallen; klirren, rasseln

çınlamak klingeln, klingen (*az. kulak*); tönen; widerhallen

çıplak (-ğı) *gnl.* nackt; *ağaç, kafa*: kahl; *göz, ayak*: bloß; Akt(bildnis *n*) *m*; Nudist *m*; **~laşmak** kahl werden; (*az. mec.*); **~lığıyla** unverblümt

çıra Kienspan *m*; Kienholz *n*

çırak (-ğı) Lehrling *m*; Geselle *m*; Gehilfe *m*; **marangoz çırağı** Tischlerlehrling *m*; **~lık** (-ğı) Lehre *f*; Lehrzeit *f*; Lehrlingsgehalt *n*

çı'rılçıplak splitternackt

çırpı → **çırpmak**

çırpı: **~ya getirmek** (aus)richten; *bir* **~da** auf Anhieb

çırpıcı Mixer *m*, Mixgerät *n*

çırpın|mak zappeln; *mec.* zittern (*-den* vor *D*); flattern; sich aufregen; *kaslar.* sich verkrampfen; mit den Flügeln schlagen; *mec.* sich abrackern; **~tı** Zappeln *n*; *yürek*: Klopfen *n*; Aufregung *f*; Krampf *m*; Plätschern *n*

çırpıştırmak *v/t mec.* obenhin machen, F hinhauen; hinkritzeln

çırpmak (-ar) *v/t* schlagen; abschütteln; *halı* ausklopfen; *el* ~ in die Hände klatschen

çıt knacks!; zack!; Laut *m*, F Piep *m*; (*bir*) ~ *yok* kein Piep war zu hören

'**çıta** Latte *f*, Leiste *f*

çıtçıt (-tı) Druckknopf *m*

çıtır: ~ ~ prasselnd, knisternd (*yanmak*); ~ *ekmek* Knäckebrot *n*; **~damak** knarren

çıtkırıldım zart besaitet; *mec.* Mimose *f*; Stutzer *m*

çıt|lamak *v/t* knacken; knirschen; *ateş*: knistern; **~latmak** *v/t* knacken (mit *D*); *mec.* zustecken (*-i -e* j-m et.)

çiçek[1] (-ği) Blume *f*; *mec. kişi*: schönes Tierchen; ~ *gibi* hübsch; **çiçeği burnunda** neuest..., letzt...; ganz neu, F taufrisch

çiçek[2] (-ği) *Tıp* Pocken *pl*; ~ *aşısı* Pockenimpfung *f*

çiçekçi Blumenzüchter *m*; Blumenhändler *m*

çif... → **çift...**

çift (-ti) Paar *n ayakkabı vs.*; Pärchen *n* (*örn. kumru*); gerade (*sayı*); ~ **sürmek** pflügen; *sana bir* ~ *sözüm var* ich möchte dir ein paar Worte sagen

çiftçi

çiftçi Bauer *m*, Landwirt *m*; **~lik** (-ği) Ackerbau *m*, Landwirtschaft *f*
çifte Doppel...; **~ atmak** *at.* (nach hinten) ausschlagen; *mec.* j-n kränken, verletzen; **~ vatandaşlık** doppelte Staatsbürgerschaft *f*
çifter: ~ ~ (immer) paarweise
çif'tetelli *Art* Bauchtanz(musik *f*) *m*
çift|lemek *v/t* paaren; **~leşme** Paarung *f*; **~leşmek** sich paaren
çiftlik (-ği) Bauernhof *m*, Landgut *n*, Farm *f*; Landwirtschafts...
'çiftsayı gerade Zahl
çiğ *et vs.*: roh; *renk:* grell, auffallend; *insan:* unreif; *söz:* unpassend
çiğne|me Verletzung *f*, Verstoß *m* (gegen *A*); **~mek** *v/t* kauen; niedertreten; *oto:* j-n überfahren; *antlaşma* verletzen; verstoßen (gegen *A*)
çiklet (-ti) Kaugummi *m*
çiko'lata Schokolade *f*
çil Sommersprosse *f*
çile[1] Strähne *f*; (Garn-)Docke *f*; Bogensehne *f*
çile[2] Drangsal *f*; Sorge *f*; **~ çekmek** Schweres durchmachen; **~den çıkmak** außer sich geraten
çilek (-ği) Erdbeere *f*
çile|keş schwer geprüft; **~li** leidgeprüft; gequält
çilingir Schlosser *m*; **~ sofrası** bescheidener Imbiss *m* mit Schnaps
çilli sommersprossig
çim Unkraut *n*; Gras *n*; Rasen *m*; → **çimen**
çimdik (-ği) Prise *f* Salz; Kneifen *n*; *mec.* Stichelei *f*; **~lemek** *v/t* kneifen; knabbern (an *D*); *mec.* sticheln
çimen Rasen *m*; Wiese *f*; Gras *n*; **~lik** (-ği) Rasenplatz *m*; Wiese *f*
çi'mento Zement *m*; Zement...
Çin China; **~ce** Chinesisch *n*; **~li** Chinese *m*, Chinesin *f*
çingene Zigeuner(in *f*) *m*; habgierig; knauserig; **~leşmek** sich knauserig *veya* habgierig zeigen; **~lik** (-ği) Zigeunerwesen *n*; Geiz *m*, Habgier *f*
çini Kachel *f*; Fliese *f*; Fayence *f*; Keramik *f*; **~ mavisi** Kobalt *n*; kobaltblau; **~ mürekkebi** Tusche *f*
'çinko Zink *n*
çirkef Aufwaschwasser *n*, (dreckige) Brühe; *şey:* F dreckig; mulmig; **~ adam** gemeiner Kerl, F Mistvieh *n*

çirkin *gnl.* hässlich; *davranış, söz:* übel, gemein; *is.* Scheusal *n*
çiroz gedörrte Makrele; *mec.* Hering *m*; **~laşmak** *v/t* laichen; sehr dünn (*veya* spitz) werden
çise|lemek nieseln; **~nti** Sprühregen *m*
çiş *çocuk dili:* Pipi *n*; **~i geldi, ~i var** er/sie muss mal Pipi machen; **~ etmek** Pipi machen
çit (-ti) Hecke *f*; Zaun *m*
çiti Reiben *n*, Waschen *n*; **~lemek** *v/t çamaşır* reiben, waschen
çivi Nagel *m*; Stift *m*; Keil *m*; **~ çakmak** Nägel einschlagen; **~ gibi** robust; fix; stramm; vor Kälte erstarrt
çi'viyazısı (-nı) Keilschrift *f*
çiy Tau *m*
çizelge Tabelle *f*, Plan *m*
çizer Zeichner(in *f*) *m*; → **çizmek**
çizgi Linie *f* (*az. Mat.*); Strich *m*; (charakteristischer) Zug; **~ film** Zeichentrickfilm *m*; **~li** liniert; **~siz** unliniert
çizi → **çizgi, çizili; ~ci** *Cmp.* Plotter *m*
çiziktirmek *v/t* (schnell) hinschreiben; hinkritzeln
çizilmek *edil.* → **çizmek**
çizim *Tek.* Zeichnen *n*; *Mat.* Konstruktion *f*
çizme (Schaft-)Stiefel *m*
çizmek (-er) *v/t çizgi* ziehen; (aus-)streichen; *taslak* zeichnen, entwerfen; *altını* **~** unterstreichen
çoban Schäfer *m*, Hirt *m*; *mec.* Bauer *m*; **Ωyıldızı** (-nı) *Astr.* Venus *f*, Morgenstern *m*
çocuk (-ğu) *gnl.* Kind *m*; (guter) Mensch, Kerl *m*, Bursche *m*; **~ aklı** Kindermund *m*; **~ aldırma** *Tıp* Abtreibung *f*; **~ arabası** Kinderwagen *m*; **~ bahçesi** Kinderspielplatz *m*; Kindergarten *m*; **~ bakımevi** Kinderheim *n*; **~ bezi** Windel *f*; **~ dünyaya getirmek** ein Kind zur Welt bringen; **~ düşürme** *Tıp* Fehlgeburt *f*; **~ düşürücü ilaç** Abtreibungsmittel *n*; **~ hekimi** Kinderarzt *m*; **~ işi** Kinderarbeit *f*; Kinderei *f*; **~ odası** Kinderzimmer *n*; **~ parası** Kindergeld *n*; **~ yuvası** Kindergarten *m*; **çocuğu olmak** ein Kind bekommen; **okul çocuğu** Schulkind *n*; **okul çağındaki ~** Kind im schulpflichtigen Alter; **toy ~** grüner Junge

çocuk|ça kindlich; kindisch; **~çağız** armes Kind; **~laşmak** wie ein Kind sein; wieder kindisch werden; **~lu** mit ... Kindern; **çok ~lu** kinderreich; **~luk** (-ğu) Kindheit *f*; Kinderei *f*; **~luk arkadaşı** Jugendfreund *m*; **~su** kindisch (*yaş*); kindlich; **~suz** kinderlos

çoğal|ma Vermehrung *f*; *Biyo.* Fortpflanzung *f*; **~mak** sich vermehren (*az. Biyo.*); *kalabalık* vs.: zunehmen, noch größer werden; **~tmak** *v/t* vermehren

'**çoğu** meist...; meistens (*az.* **~ defa**); **~ insanlar** die meisten Menschen; → **çok**; **~ zaman** meistens, fast immer

çoğul (*az.* **~ hali**) Mehrzahl *f*, Plural *m*; Plural...; **~cu** pluralistisch; **~culuk** (-ğu) Pluralismus *m*

çoğunlu|k (-ğu) Mehrheit *f*, Majorität *f*; **oy ~ğu ile** mit Stimmenmehrheit; **~kla** meistens; größtenteils

çok (-ğu) *sıf.* viel, viele; *bel.* viel; viel..., multi...; sehr *güzel* vs.; durchaus; lange *beklemek, çalışmak*; *-den* (*daha*) **~** mehr als; **daha ~ var mı?** ist es noch weit?; **~ ~** höchstens; **~ defa(lar)** (*az.* **~ kere**, **~ sefer**) (sehr) oft; meistens; **~ geçmeden** kurz darauf, bald danach; **~ gelmek** zu viel sein *veya* werden (*az. mec.*); zu viel scheinen; **~ görme** Missgunst *f*; **~ görmek** (*-i -e* j-m et.) missgönnen; viel durchmachen; **~ olmak** *mec.* zu weit gehen, keine Grenzen kennen; **az ~** mehr oder weniger; **en ~** höchstens; meistens; **pek ~** sehr viel; **çoğumuz** viele von uns

çok|amaçlı Allzweck-, Vielzweck-; **~anlamlı** vieldeutig; **~ayaklı** *Zoo.* Vielfüßer *m*; **~bilir** Gelehrte(r *m*) *f*; **~bilmiş** *az.* verschmitzt; frühreif; *alay* allwissend

'**çok|ça** ziemlich viel *veya* oft; ordentlich; mehr; **~eşlilik** (-ği) Polygamie *f*; **~katlı** vielstöckig; **~kullanımlı** Mehrweg-; **~kültürlü** multikulturell

çokluk (-ğu) Menge *f*, Masse *f*, Unmenge *f*; *oy*: Mehrheit *f*; oft, häufig; **işin çokluğu** Arbeitsüberlastung *f*

'**çokpartili** Vielparteien... (*sistem*)

'**çoksesli** vielstimmig; polyphon

çoktan, **~ beri** seit langem; schon lange *beklemek*; **~ geçmiş** längst vergangen

'**çok|taraflı** multilateral; **~terimli** *Mat.* vielgliedrig; Polynom *n*; **~uluslu** multinational; **~yıllık** *Bot.* mehrjährig, überwinternd; **~yönlü** vielseitig; **~yüzlü** *Mat.* vielflächig

çolak Einarmiger; Einhändiger; verkrüppelt

çoluk: ~ çocuk Kind und Kegel (*artikelsiz*); unbedarfte Leute *pl*

çomak (-ğı) Knüppel *m*

çorak (-ğı) *toprak*: unfruchtbar; *su*: ungenießbar, bitter; Salzboden *m*; **~laşmak** *v/i* unfruchtbar werden; **~lık** (-ğı) Unfruchtbarkeit *f*

çorap (-bı) Strumpf *m*; Socke *f*; **~ kaçtı** der Strumpf hat e-e Laufmasche; **~ söküğü** Laufmasche *f*; **~ söküğü gibi gidiyor/geliyor** es geht wie geschmiert

çorba Suppe *f*; **~ içmek** Suppe essen; **~ kaşığı** Suppenlöffel *m*; **~ tabağı** Suppenteller *m*; **~da tuzu bulunmak** *mec.* sein Scherflein dazu beitragen; **~lık** Suppen... (*et*)

çöker → **çökmek**

çökertmek *v/t* niederknien lassen

çökmek (-er) *v/i bina, ev* vs.: sich senken; einstürzen, zusammenbrechen (*az. mec.*); *kişi*: altern, zusammenfallen; sich (hin)hocken (... **önüne** vor *D*); **diz ~** (nieder)knien (... **karşısında** vor *D*)

çökük *yer*: eingesunken; *göğüs*: eingefallen; *omuz*: hängend; *Oto.* Delle *f*

çöküntü Verfall *m*; Trümmer *pl*; Bodensatz *m*; *Jeol.* Senkung *f*; *Psi.* Depression *f*

çöküş Zerstörung *f*; *mec.* Niedergang *m*, Zerfall *m*

çöl Wüste *f*; **~e dönmek**, **~leşmek** zur Wüste werden; → **çorak**

çömelmek sich (hin)hocken (*-e* auf *A*)

çömlek (-ği) Tontopf *m*

çöp (çöpü) Müll *m*, Abfall *m*; Hälmchen *n*, Hölzchen *n*; Span *m*; Splitter *m*; **~ arabası** Müllwagen *m*; **~ bidonu** Mülltonne *f*; *algı* spindeldürr; **~ kebabı** *Art* Schaschlik *m*; **~ tenekesi** Mülleimer *m*; **~ torbası** Mülleimerbeutel *m*; **~ yığını** Müllhaufen *m*;

çöpçü

~**lerin toplanması** Müllabfuhr *f*; ~**lerin yokedilmesi** Müllbeseitigung *f*; **atom** ~**leri** Atommüll *m*; **otomatik** ~ **boşaltıcısı** Müllschlucker *m*; **kibrit** ~**ü** Streichholz *n*

çöp|çü Müllmann *m*; Straßenkehrer *m*; ~**lük** (-ğü) Müllplatz *m*; Schutthaufen *m*

çörek (-ği) runde Scheibe; Rolle *f*; *Art* Gebäck *n*; ~**lenmek** sich zusammenrollen; *özl. yılan*: sich zusammenringeln

çözelti *Kim.* Lösung *f*

çözmek (-er) *gnl.* lösen (*az. düğüm, sorun*); *fikir ayrılığı* beilegen, aus dem Weg räumen; *paket* aufmachen, aufbinden; *bilmece* raten, lösen; *yazı* entziffern; *hayvan* losbinden

çözül|mek *edil.* → **çözmek**; **buzlar** ~**dü** das Eis ist geschmolzen (*az. mec.*); ~**mez** unlösbar (*problem*)

çözüm *mec.* Lösung *f*; friedliche Regelung; ~**e bağlamak** e-r Lösung zuführen; **buz** ~**ü** Tauen *n* (des Eises); Eisgang *m*; ~**leme** Analyse *f*; ~**lemek** *v/t* analysieren

çubuk (-ğu) Stange *f*, Stab *m*; *Gemi.* Stenge *f*; (Tabaks-)Pfeife *f*; Zigarettenspitze *f*; **yemek çubuğu** Essstäbchen *n*; ~ **böreği** Käsestange(n) *f* (*pl*); ~**lu** gestreift; gerippt

çukur Grube *f*, Loch *n*, Vertiefung *f*; Mulde *f*; *Coğr.* Schlucht *f*, Kluft *f*; *sıf.* konkav; ~ **açmak** e-e Grube graben *veya* ausheben; **pislik** ~**u** Kloake *f*

çukur|lanmak, ~**laşmak** einsinken, einfallen; ~**luk** (-ğu) Vertiefung *f*; *Coğr.* Niederung *f*; ... mit vielen Gruben *veya* Löchern

çul grober Wollstoff; F Klamotte *f*

çuval Sack *m*; F Dickwanst *m*; **uyku** ~**ı** Schlafmütze *f*, Langschläfer(in *f*) *m*; ~**lamak** *v/t* einsacken; F et. verpfuschen; *v/i* F im Eimer sein

'**çünkü** weil, da (*yancümle*); denn (*anacümle*)

çürük (-ğü) Fäulnis *f*; blauer Fleck; *sıf.* faul, verfault; zweifelhaft; *Ask.* dienstuntauglich; ausgemustert; ~ **mal** alter Kram, Gerümpel *n*

çürü|me Fäulnis *f*; Zersetzung *f*; Verwesung *f*; ~**mek** (ver)faulen; verderben; *iddia, fikir vs.*: gegenstandslos werden; *umutlar.* zunichte werden; *kişi*: hinfällig werden; altern; *şey*: sich abnutzen, verschleißen; ~**müş** verdorben

çürüt|me Widerlegung *f*; ~**mek** *v/t* verderben, verfaulen lassen; *yalan* widerlegen

çürüyüş Faulen *n*, Verfaulen *n*; Zunichtewerden *n*

D

D *kıs.* = **Doğu** Osten (O)

da, **de** auch; und; aber; dass; *pekiştirme, örn.*: **onu ben de gördüm** auch 'ich habe ihn gesehen; **bu iş 'hiç de doğru değil** diese Sache ist keineswegs richtig; **bu yol 'o kadar da uzun ki ...** dieser Weg ist derartig weit, dass ...; *iki fiil veya sıf. ile fiil arasında*: ... **söyler de söyler** er redet und redet

dadı Kinderfrau *f*

dağ Berg *m*; Berg...; Gebirgs... ~ **gibi** mächtig; ~**cı** Bergsteiger(in *f*) *m*; ~**cılık** (-ğı) Alpinismus *m*

dağıl|ım Verteilung *f* (*az. Tiy. rol*); ~**mak** *gnl.* sich auflösen (*az. ordu, bulut*); sich verbreiten; *yemek*: verteilt werden; *örn. mobilya*: auseinander brechen

dağınık zerstreut (*örn. köyler*); sporadisch; *saç*: zerzaust; *düşünce*: wirr

dağıt|ıcı zerstörend; *kişi*: Verteiler *m*; ~**ılmak** *edil.* → **dağılmak**; *örn. yığın*: zerstreut werden; ~**ım** Zustellung *f*, Austragen *n*; *gazete*: Vertrieb *m*; ~**mak** *v/t* verteilen (*-e an A*); zuteilen (*-e j-m*); *kitap* vertreiben; *kazanç* ausschütten; zerschlagen; *düşman*

vertreiben; *posta* austragen, zustellen; *bulut, kuşku* zerstreuen
daha noch; immer noch; *Mat.* plus, und; *karşılaştırma:* ~ **az** weniger; ~ **çok** mehr; ~ **fazla** noch mehr; ~ **iyi** besser; ~ **iyi ya** umso besser; ~ **olmazsa** schlimmstenfalls; ~ **sonra** später; ~ **zor** (noch) schwerer; ~ **neler** na, so was!; ~**sı var** das ist noch nicht alles
dahi auch; selbst; → *da*
dâhi Genie *n*
dahil Inneres; einschließlich (*G veya artikelsiz*); -*i* ~ **etmek** et. einschließen (in *A*); -*e* ~ **olmak** teilnehmen (an *D*); eingeschlossen sein (*hesaba* in der Rechnung); gehören (zu *D*); ~**ine** in (*A*) hinein; ~**inde** innerhalb (*G*)
dahili inner... (*güvenlik, hastalık*); Innen... (*politika*); Binnen... (*piyasa*); innenpolitisch (*durum*); inländisch; ~**iye** innere Krankheiten *f*/*pl*; *az.* → *içişleri*; ~**iye doktoru**, ~**iyeci** Internist *m*
'**daim**|**a** immer, ständig; *Tıp* chronisch; ~**i** dauernd; ständig; alltäglich (*iş*)
dair (-*e*) über (*A*); betreffend (*A*), bezüglich (*G*); *bahis neye* ~**?** worum handelt es sich?; → *az. ilgili*
daire *Mat.* Kreis *m*; Wohnung *f*; Büro *n*; Amt *n*; (Verwaltungs-)Abteilung *f*; *Ask.* Wehrbezirk *m*; Raum *m*
dakik genau; Präzisions...; gewissenhaft
dakika Minute *f*; ~**sında** auf der Stelle, sofort; ~**sı sına** pünktlich
'**daktilo** Schreibmaschine *f*; Maschinenschreiben *m*; (*az.* ~ *bayan/kız*) Stenotypistin *f*; *az.* Sekretärin *f*; (-*i*) ~ *etmek* mit der Maschine schreiben (*A*); F tippen; ~ *ile yazılmış* F getippt
dal Zweig *m*, Ast *m*; *mec.* Gebiet *n*; ~ *budak salmak* wachsen und wuchern; *mec.* sich komplizieren; ~**dan** ~**a konmak** es nicht lange aushalten (*meslekte*); vom Hundertsten ins Tausendste kommen; ~ *gibi* schlank
dalak (-ğı) Milz *f*
dalama e-n Juckreiz verursachen (an *D*)
dalar → *dalmak*

dala've're Schwindel *m*; Machenschaften *pl*; ~**ci** Hochstapler(in *f*) *m*; Intrigant(in *f*) *m*
daldır|**ma** *Bot.* Vermehrung *f* durch Stecklinge; Steckling *m*; ~**mak** *v/t el* stecken (-*e* in *A*); *kaşık* tauchen (-*e* in *A*); *bitki* durch Stecklinge vermehren; *dalgıç* hinablassen (-*e* in *A*); → **dalmak**
dalga Welle *f* (*az. mec.*); Woge *f*; F Schwindel *m*; *Fiz.* ~ **boyu** Wellenlänge *f*; ~ ~ wellig; streifenförmig; ~ *geçmek* F verträumen (*A*), träumen (von *D*); (*ile* j-n) veräppeln; Spaß machen; *en kısa, kısa, orta, uzun* ~ Ultrakurz..., Kurz..., Mittel..., Langwelle *f*; *ses* ~**sı** Schallwelle *f*
dalgacı F Schwindler *m*; Hans Guckindieluft *m*; verträumend; ~**lan**-**mak** *v/i gnl., az. mec.* wogen; *bayrak*: flattern; *saç*: wehen; ~**lı** wogend, wellenförmig
dalgıç (-cı) Taucher(in *f*) *m*
dalgın zerstreut; abwesend; apathisch; ~**lık** (-ğı) Zerstreutheit *f*; Apathie *f*
dalkavuk (-ğu) Speichellecker *m*
dalmak (-*ar*) (-*e*) tauchen (in *A*); stürzen (in *A*), hineinplatzen (in *A*); F sich schleichen (in *A*); verschwinden (in *A*); geraten (in *A*); *düşüncelere* versinken; *mec.* sich vertiefen (in *A*); *hasta:* das Bewusstsein verlieren
dam Dach *n*; Hütte *f*, Bruchbude *f*; Stall *m*; F Kittchen *n*
'**dama** Damespiel *n*
damak (-ğı) Gaumen *m*; Widerhaken *m*; F Türklinke *f*
'**damalı** *kumaş:* kariert
damar Ader *f*, *Anat. az.* Gefäß *n*; Erzgang *m*; *mec.* Veranlagung *f* (zu *D*); ~ *hastalığı* Gefäßkrankheit *f*, -*i* ~**ı** *tutmak* bockig sein, aus der Haut fahren
damat (-dı) Schwiegersohn *m*
damga Stempel *m*; ~**lamak** *v/t* (ab)stempeln; plombieren; *mec.* j-n anprangern; abstempeln
damıtık: ~ *su* Destillierwasser *n*
damıtmak *v/t* destillieren
damızlık (-ğı) Zucht... (*boğa vs.*)
damla Tropfen *m* (*az. Tıp*); ~ ~ tropfenweise (*az. mec.*); ~ *hastalığı* Gicht *f*; *bir* ~ *çocuk* Knirps *m*; ~**cık** (-ğı) Tröpfchen *n*; (Bluts-)Tropfen

damlamak

m; winzig; **~mak** (-e) *v/i* tropfen (auf, in *A*); *musluk*: tropfen, undicht sein; geradezu gehen (-e in *A*); *konuk*: F hereinschneien (zu D); **~tmak** *v/t ilaç* eintröpfeln (-e in *A*)

dana Kalb *n*; **~ eti** Kalbfleisch *n*

'Danca Dänisch *n*

Dani'marka Dänemark; dänisch; **~lı** Däne *m*, Dänin *f*

danış|ma Beratung *f*; Besprechung *f*; **~lı** vorher vereinbart; **~lı döğüş** abgekartete Sache

'danış|ma beratend; Information *f*, Auskunft *f*; **~ma bürosu** Informationsbüro *n*; **~mak** um Rat fragen, befragen (-e j-n, -i in *D*); sich besprechen, erörtern (-i *A*); **~man** Berater *m*

Danıştay Staatsrat *m* (*Türkei*)

da'niska F (die) Spitze; **~sını!** bestens

dans Tanz *m*; **~ etmek** tanzen; **~ör** Tänzer *m*; **~öz** Tänzerin *f*

dar eng; schmal; *para, zaman*: knapp; *bel.* kaum, (nur) mit Mühe; **~ açı** *Mat.* spitzer Winkel; **~ boğaz** Engpass *m*; **~ düşünceli** engstirnig; **~ gelirli** Kleinverdiener *m*; **~da kalmak** in (Geld-)Schwierigkeiten sein

'dara *Tic.* Tara *f*

'daracık F mächtig eng

'darağacı (-nı) Galgen *m*

daral|mak eng(er) werden; *giysi*: zu eng werden; *para, zaman*: knapp werden; *Tıp* sich verkrampfen; **nefesi ~dı** er holte schwer Atem; **~tmak** enger machen; *orman* beschränken, reduzieren

darb|e Schlag *m* (*az. mec.*); Staatsstreich *m*, Putsch *m*; **~etmek** *para* prägen

dar'buka Trommel *f*

dargın ärgerlich (-e auf *A*); verstimmt; abweisend; **~lık** (-ğı) Verstimmung *f*; Ärgernis *n*

darı Hirse *f*; **~sı başın(ız)a!** *etwa*: das (Gute) wünsche ich dir (Ihnen) auch!

darıl|mak (-e) sich ärgern (über *A*); böse sein (auf j-n); übel nehmen (*A*)

darlı|k (-ğı) Enge *f*; Knappheit *f*; Beschränktheit *f*, Borniertheit *f*; Not *f*

'darmadağın(ık) in wüstem Durcheinander

darphane Münzanstalt *f*

dava *Huk.* Prozess *m*, Rechtssache *f*; Klage *f*; Forderung *f*; Anliegen *n*; Problem *n*; Angelegenheit *f*; **~in aleyhine** *veya* **-e ~ açmak** e-n Prozess anstrengen, ein Verfahren einleiten (gegen j-n); **-i ~ etmek** j-n verklagen; e-n Prozess führen (mit *D*); **~ eden** Kläger(in *f*) *m*; **~ edilen** Beklagte(r *m*) *f*

dava|cı Kläger(in *f*) *m*; **~cıyım** ich gehe vor Gericht!; **~lı** Beklagte(r *m*) *f*; Prozessgegenstand *m*; *şey*: strittig; *kişi*: anspruchsvoll; **~lı olmak** prozessieren

davar (das) kleine Hornvieh; Schafherde *f*, Ziegenherde *f*

da'vavekil|i (-ni) Rechtsanwalt *m*, -anwältin *f*; Verteidiger(in *f*) *m*; **~liği** (-ni) Anwaltschaft *f*

davet (-ti) Einladung *f*; (Fest-)Essen *n*, Empfang *m*; *Huk.* → **çağrı**; **-i ~ etmek** *v/t* einladen, auffordern (-e zu *D*); provozieren; *tehlike, hastalık* auslösen; *kuşku* aufkommen lassen; **~iye** Einladung(skarte) *f*; **~li** Eingeladener *m*, Gast *m*; **~siz** *misafir*: ungebeten

davranı|ış Verhalten *n*, Haltung *f*, Benehmen *n* (-e *karşı* gegenüber *D*); Vorgehen *n*; **~mak** handeln, etwas tun; sich verhalten, sich benehmen; verfahren, vorgehen, auftreten (-e *karşı* gegen *A*)

davul (große) Trommel, Pauke *f*

dayak (-ğı) Prügel *pl*, Schläge *m/pl*

daya|lı *az. mec.* gestützt (-e auf *A*); beruhend (auf *D*); *Ed.* unter Berufung auf (*A*); gelehnt (-e an *A*); ... mit e-r Stütze; **~lı döşeli** voll(ständig) möbliert; **~mak** (-i -e) lehnen (an *A*), stellen (an *A*); *kulak* legen (an *A*); et. stützen (auf *A*); **~nak** Stütze *f* (*az. mec.*); Grundlage *f*; Substrat *n*; Widerstand *m*

daya'namamak nicht ertragen, nicht aushalten können (-e *A*); sich nicht behaupten können (-e, ... *karşısında* gegen *A*); sich nicht hinnehmen können (-e *A*)

dayanık|lı solide, widerstandsfähig; *kumaş*: strapazierfähig; gewachsen (-e *D*); *kişi az.* ungerührt; *ateşe* **~** feuerfest; **~lılık** (-ğı) Festigkeit *f*, Widerstandskraft *f*; Strapazierfähigkeit *f*; **~sız** nicht widerstandsfähig; labil; *Kim.* unbeständig, flüchtig

dayanılmaz unerträglich
dayanışma Solidarität *f*; **~k** sich solidarisieren (*ile* mit *D*)
dayanma Widerstand *m*; **~ hareketi** Widerstandsbewegung *f*; **~ müddeti** Lebensdauer *f* e-*r Maschine*
dayanmak (-*e*) sich stützen (auf *A*); sich (an)lehnen (an *A*); vertrauen (auf *A*); bestehen (*karşısında* gegen *A*); *iş* abwälzen (-*e* auf j-n); *oto*: anstoßen (-*e* an *A*); *kumaş*: strapazierfähig sein; *fırtınaya* standhalten; *gaza* **~** Gas geben
dayatmak sich stützen lassen *vs.* → **dayanmak**; ... *diye* **~** fest darauf bestehen, zu ...; unbedingt ... wollen
dayı Onkel *m* (*mütterlicherseits*); ehrende Anrede
dazlak (-ğı) Kahlkopf *m*; Skinhead *m*
de → **da**
debelenmek strampeln, zappeln; um sich schlagen; *mec.* sich damit herumschlagen
debriyaj Kupplung *f*; **~ pedalı** Kupplungspedal *n*
dede Großvater *m*, F Opa *m*; Vorfahr *m*; ehrende Anrede
dedektif Detektiv *m*
dedikodu Klatsch *m*; **~cu** Klatschmaul *n*
defa Mal *n*; -*mal*; **~larca** häufig; *bazı* **~** zuweilen; *bir* **~** einmal; *birkaç* **~** einigemal; *bu* **~** diesmal; *her* **~sında** mit jedem Mal; *iki* **~** zweimal
¹**defetmek** *v/t düşman* vertreiben; *zor durumu* abwenden
defile Modenschau *f*
defin (defni) Bestattung *f*
define Schatz *m*; *mec.* wahre Perle; → *az.* **gömü**; **~ci** Schatzgräber *m*
¹**defne** Lorbeer(baum) *m*
²**defnetmek** *v/t* begraben, beerdigen
defo Fehler *m*; Gebrechen *n*
¹**defolmak** sich davonmachen; *hastalık*: vorübergehen; **defol!** verschwinde (hier)!
defter Heft *n*; *Tic.* Buch *n*; Register *n*; -*i* **~ etmek** eintragen (*A*); *mec.* sich et. merken; **~ tutmak** *Tic.* Buch führen; **cep ~i** Notizbuch *n*; **hatıra ~i** Tagebuch *n*
değdirmek (-*i* -*e*) berühren (mit *D*, *A*), kommen (mit *D*, an *A*)

değer Wert *m*, Preis *m*; Verdienst *n*; *Mat.* Größe *f*; (-*e*) wert, würdig (*G*); → *az.* **değmek**; -*e* **~dir** es lohnt (*A*); **~ biçilmez** unschätzbar; **~ düşürümü** (Geld-)Entwertung *f*; -*e* **~ vermek** Bedeutung beimessen (*D*); **~ kaybı** Wertverlust *m*; **~ yargısı** Werturteil *n*; **~ görülmeye ~** sehenswert; -*ecek* **~de olmak** verdienen, zu ...
değerbil|ir Kenner *m*; **~mez** Verächter *m*; undankbar
değerleme *Cmp.* Auswertung *f*
değerlendir|me Beurteilung *f*, Würdigung *f*, Wertung *f*; Aufwertung *f*; Hochrechnung *f*; -*in* **~mesini yapmak** e-e Bilanz (*G*) ziehen; **~mek** *v/t* beurteilen; würdigen; Gebrauch machen (von *D*); *Tek.* verarbeiten; *Tic.* zu Geld machen; -*i* **~meyi bilmek** et. zu schätzen wissen
değerlenmek an Wert gewinnen; Bedeutung *veya* Ansehen gewinnen
değer|li wertvoll, kostbar, Wert-; geachtet; verdient; verdienstvoll; ; **~siz** wertlos; bedeutungslos
değil nicht; **~im**, **~sin** *vs.* ich bin nicht, du bist nicht; -*inde* **~im** mir liegt nichts (an *D*); *parasında* **~im**, *yeter ki ...* mir liegt nichts an dem Geld, wenn nur ...; -*ecek* **~im** ich beabsichtige nicht ...; **~ bile ...** nicht nur nicht ..., selbst nicht einmal ...; **~ mi ki** *bağl.* da; angesichts der Tatsache, dass ...; **~ yalnız** *veya* **sade ... bile** (*veya hatta, dahi*) nicht nur ..., sondern auch ...; **~ a, ... bile: ağaç ~ a, ot bile yok** es gibt nicht einmal einen Baum, geschweige denn Gras; (*doğru*) **~ mi?** nicht wahr?
değin (-*e*) bis (*A*), bis zu (*D*); **gelinceye ~** bis zu (seinem) Eintreffen; *o* **~** *çok ... ki* so viele ..., dass; → **kadar**
değinmek berühren (-*e A*)
değirmen Mühle *f*; Mühl-...; F Uhr *f*; **kahve ~i** Kaffeemühle *f*; **yel ~i** Windmühle *f*; **~ci** Müller *m*
değiş Austausch *m*; Tausch *m*; **karşılıklı tecrübe ~i** gegenseitiger Erfahrungsaustausch; *ile* **~ etmek** austauschen (gegen *A*), ersetzen (durch *A*); **~ tokuş** (Waren-)Austausch *m*; **~ tokuş etmek** *v/t* austauschen

değişik verändert; veränderlich; unterschiedlich; verschieden(artig); ersetzt; ander...; neu; **~lik** (-ği) Änderung *f*; Veränderung *f*; Veränderlichkeit *f*

değişim Veränderung *f*; Alternative *f*; Wechsel *m* (*az. rüzgâr yönü*); *Tic.* Warenaustausch *m*; **~li** Wechsel...

değişir wechselnd; veränderlich; **~ke** Modifikation *f*; **~ken** variabel; *Mat.* Variable *f*; **~me** Veränderung *f*; Wechsel *m*; Austausch *m*; **şekil ~mesi** Deformation *f*

değiş|mek sich (ver)ändern; wechseln; ersetzen (*-i ile* j-n durch *A*); austauschen (*-i ile* et. mit j-m); *çamaşır* wechseln; **~mez** unveränderlich, beständig; *Mat.* Konstante *f*

değiştir|ilme *nöbet*: Ablösung *f*; *toplum*: Reform *f*; **~me** Umbildung *f*; *mal*: Umtausch *m*; **~me cihazı** *Tek.* Umformer *m*

değiştirmek *v/t* (ver)ändern; ersetzen (*-i ile* j-n durch *A*), austauschen (*ile* gegen *A*), *nöbet* ablösen; *çamaşır* wechseln; **el ~** s-n Besitzer wechseln; **üstünü ~** sich umziehen

değme Kontakt *m*; Berührung *f*; **~ adam** jeder x-beliebige Mensch; **~de** wenig wahrscheinlich, kaum

değmek¹ (-er) berühren (*-e A*)

değmek² (-er) kosten; lohnen; Anklang finden, jedem gefallen; **zahmete değmez** es lohnt die Mühe nicht

değnek (-ği) Stock *m*; Stockschläge *m/pl*

deha Genie *n* (*az. kişi*); Genialität *f*

dehşet (-ti) Schrecken *m*; Terror *m*; *sıf.* außergewöhnlich; *ünl.* wunderbar!; *-i* **~e düşürmek** j-n in Schrecken versetzen; **~li** schrecklich, fürchterlich

dek (*-e*) bis zu (*D*) → *kadar*

dekagram Dekagramm *n*

dekan Dekan *m*

dekolte ausgeschnitten; Dekolleté *n*

dekont (-tu) *banka hesabından*: Abzug *m*

dekor *Tiy.* Dekoration *f*, Bühnenbild *n*; Verzierung *f*, Stuck *m*; **~asyon** Dekorierung *f*; **~atör** Dekorateur *m*

delalet [lâ] (-ti) Hinweis *m* (*-e auf A*); Zeichen *n*, Merkmal *n*; Beweis *m*; *-e* **~ etmek** hinweisen (auf *A*); beweisen (*A*)

delege Abgesandte(r *m*) *f*, Delegierte(r *m*) *f*

deler → *delmek*

delgi Bohrer *m*; Bohr...; **~ç** (-ci) Locher *m*

deli verrückt; wahnsinnig (*az. mec.*); *mec.* stürmisch; *ağaç*: schnell emporschießend; *ırmak*: reißend; *orman*: wild wuchernd; **~ pazarı** Tohuwabohu *n*; **kitap ~sı** Büchernarr *m*; **~ dana(lar) gibi dönmek** *mec.* den Kopf verlieren; **~ etmek** verrückt machen; **~ olmak** wahnsinnig werden (*az. mec.*); (*-e*) *mec.* verrückt sein (nach *D*); **~ye dönmek** *mec.* verrückt werden (vor *D*)

de'libozuk querköpfig, unausgeglichen

de'lice¹ (wie) verrückt

delice² sinnlos, unvernünftig; *Zoo.*, *Bot.* wild

de'li|dolu unbesonnen; *sözler*: sinnlos; **~fişek** leichtsinnig; *is.* Windbeutel *m*

delik (-ği) Loch *n*; Öffnung *f*; *sıf.* durchbohrt, perforiert; *cep*: durchlöchert, mit einem Loch; **anahtar deliği** Schlüsselloch *n*; **fare deliği** Mauseloch *n*; **~ deşik** völlig durchlöchert; *giysi*: zerrissen, schäbig; **~ deşik etmek** niederschießen; durchlöchern; **~ deşik aramak** alle Winkel durchstöbern

de'likanlı junger Mann

delil Beweis *m*; Beweismittel *n*; Anzeichen *n*; **~ yetersizliğinden** aus Mangel an Beweisen

delin|mek *edil.* → *delmek*; ein Loch (*veya* Löcher) bekommen; **~miş** ... hat ein Loch

delirmek verrückt werden (*az. mec.*)

delme: ~ makinesi Bohrmaschine *f*

delmek (-er) *v/t* durchbohren; lochen; durchstechen; *mec.* j-n kränken

demaske: ~ etmek entlarven

deme Sinn *m*; Bedeutung *f*; **~m o ~(k) değil** 'das meinte ich nicht; **~m şu ki ...** ich will damit sagen, dass ...; → *demek¹*

demeç (-ci) *Pol.* Erklärung *f*; Interview *n*; **~ vermek** eine Rede halten

demek¹ (der, diyor) sagen; (*-e*)

denkleştirim

heißen (*A*); (*-e*) sagen (zu *D*); halten (von *D*); '*deme* tatsächlich?; (*bir hafta*) *demeden* es war noch keine Woche vergangen ...; *desene!* sieh mal an!; *dedi mi* kaum (geschieht et.) ...; *der demez* kaum ..., da ...; *desen ..., desen* sowohl ... als auch; *demeğe getirmek* Andeutungen machen; '*deme gitsin* ganz unbeschreiblich; *ne dedim de! * schade nur, ...; *ne dedin de* aus welchem Grund?; *diyecek yok* dagegen lässt sich nichts sagen

demek² das heißt, also; ~ (*oluyor*) *ki* das heißt also; demnach; ~*tir* bedeutet, bedeuten; *ne* ~ was heißt *veya* bedeutet ...?

demet (-ti) Bukett *n*, Strauß *m*; (Haar-)Büschel *n*; *Fiz.* Bündel *n*; ~*lemek* v/t bündeln; e-n Strauß machen

'**demin** (gerade) eben; vorhin; ~*cek* gerade eben; ~*ki Ed.* jüngst...; *gnl.* F ... von vorhin, neulich

demir Eisen *n*; *Gemi.* Anker *m*; Eisen..., eisern; ~ *almak* den Anker lichten; ~ *atmak* Anker werfen; ~ *eritme fırını* Hochofen *m*; ~ *gibi mec.* eisern; ~ *kasa* Stahlschrank *m*; ~ *üzerinde gemi*: (segel)klar; ~*de yatmak* vor Anker liegen

demirbaş Inventar *n*; Zubehör *n*; *sıf.* zum Inventar gehörig; ständig; ~ *erzak* eiserne Ration

demir|ci Schmied *m*; Eisenhändler *m*; ~*cilik* (-ği) Schmiedehandwerk *n*; ~*hane* Schmiede *f*; Eisenhütte *f*

demir|lemek *kapı vs.* verriegeln; *gemi*: ankern; ~*li* eisenhaltig; vor Anker (liegend)

de'miryolu (-nu) Eisenbahn *f*; Eisenbahnlinie *f*; ~ *makası* Weiche *f*; ~ *şebekesi* Eisenbahnnetz *n*

dem|lemek *kapı vs.* çay aufgießen, ziehen lassen; ~*lendirmek* v/t çay aufgießen, ziehen lassen; ~*lenmek* v/i çay: ziehen; ~*li* çay: gezogen, stark; ~*lik* (-ği) Samowarkännchen *n*

demokra|si Demokratie *f*; ~*t* (-tı) Demokrat *m*; ~*tik* demokratisch

demokrat|ikleştirmek v/t demokratisieren; ~*laşma* Demokratisierung *f*; ~*laşmak* demokratisch werden

denek (-ği) Versuchs-, ~*taşı* (-nı) Prüfstein *m*

deneme Versuch *m*, Experiment *n*; Probe *f*; *Ed.* Essay *m*; Ansatz *m*; ~ *süresi* Probezeit *f*; ~ *tahtası* Versuchsobjekt *n*

dene|mek v/t versuchen, probieren; testen; experimentieren (mit *D*); *şansını* ~ sein Glück versuchen; ~*nmek* *edil.* → *denemek*; ~*nmiş* erprobt; bewährt

denet|im Kontrolle *f*, -in ~*imi altına almak* unter Kontrolle bringen; ~*imci* Kontrolleur *m*; ~*leme* Kontrolle *f*; Kontroll...; ~*lemek* kontrollieren; reduzieren

deney Versuch *m*, Experiment *n*; Erfahrung *f*; ~*im* Experimentieren *n*; Erfahrung *f*; ~*li* erfahren, geschult; ~*sel* experimentell; Experimental...

denge Gleichgewicht *n* (*az. mec.*); ~*lemek* v/t ins Gleichgewicht bringen, ausgleichen, ausbalancieren; ~*leyici Tek.* Stabilisator *m*; ~*li* ausgeglichen, ausgewogen, ausbalanciert; ~*siz* unausgeglichen; *Psi.* labil; ~*sizlik* (-ği) Unausgeglichenheit *f*

denilmek bezeichnet werden (als ...)

deniz Meer *n* (*az. mec.*), See *f*; Wellengang *m*; ~ *baskını* Sturmflut *f*; ~ *nakliyatı* Seetransport *m*; ~ *tutmak* seekrank werden; ~ *üssü* Flottenstützpunkt *m*; ~ *yoluyla* auf dem Seewege; ~*e girmek* (im Meer) baden; -*i* ~*e indirmek* vom Stapel lassen (*A*)

de'niz|altı (-nı) Unterseeboot *n*, U-Boot *n*; ~*aşırı* Übersee..., überseeisch

denizci Matrose *m*, Seemann *m*; Seefahrer *m*; ~*lik* (-ği) Seefahrt *f*; Schifffahrtswesen *n*; Wassersport *m*

den|k (-gi) Ballen *m*; Gleichgewicht *n*; Gegengewicht *n*; Traglast *f*; (gewichtsmäßig) gleich; *mec.* zueinander passend; ~*k gelmek* ins Gleichgewicht kommen; passen; ~*gine getirmek* ins Gleichgewicht bringen; nivellieren; ausgleichen; *mec.* den richtigen Moment erwischen (-*i* für *A*)

denkle|m *Mat.* Gleichung *f*; ~*mek* v/t ausgleichen, ausbalancieren

denkleş|mek ausbalanciert sein; verglichen werden (*ile* mit *D*); entsprechen (*ile D*); ~*tirim* Ausgleich *m*; *gelir vergisi* ~*tirimi* Einkommen-

denkleştirmek 72

steuerausgleich *m*; **~tirmek** *v/t* ins Gleichgewicht bringen; *mec.* ausgleichen
denklik (-ği) Gleichgewicht *n*; Angemessenheit *f*
denli derart ... (*ki* dass); **ne ~ ..., o ~** je mehr ..., desto ..
den|mek → **denilmek**; **buna ne ~ir?** was heißt das?
densiz taktlos; unanständig; **~lik** (-ği) Taktlosigkeit *f*; Unanständigkeit *f*
deplasman [lâ] *Spo.* Auswärtsspiel *n*; **~a çıkmak** auswärts spielen
'**depo** Lager *n*, Depot *n*; (Benzin-) Tank *m*; **-i etmek** speichern (*az. Cmp.*); auf Lager haben; **~lamak** lagern; speichern; **nihai ~lamak** endlagern
depo'zit(o) *Tic.* Kaution *f*, Sicherheit *f*; Pfand *n*; **~lu şişe** Pfandflasche *f*
deprem Erdbeben *n*; **~e (karşı) dayanıklı** erdbebensicher
depresyon *Psi.* Depression *f*
depreş|mek *hastalık vs.*: erneut auftreten; **~tirmek** *v/t mec.* (wieder) aufwühlen, aufrühren
der → **demek**
derbeder Strolch *m*; schlampig
dere (*im Sommer trockener*) Bach; Tal *n*; Schlucht *f*
derece *gnl.* Grad *m*, Stufe *f*; Thermometer *n*; *Spo.* Klasse *f*; **~ almak** e-n Orden bekommen; **~ ~** nach und nach; **o ~(de)** derartig (*ki* dass); **son ~(de)** äußerst, höchst; **bir ~ye kadar** bis zu e-m gewissen Grade; **~lemek** unterteilen
de'reotu (-nu) Dill *m*, Fenchel *m*
dergi Zeitschrift *f*; **haftalık ~** Wochenzeitschrift *f*
'**derhal** sofort
deri Haut *f*; *hayvan*: Fell *n*; ledern, Leder... (*çanta*); **~cilik** (-ği) Lederproduktion *f*; Lederhandel *m*
derin tief; *is.* Tiefe *f*; **~den ~e** ganz von weitem; **~leşmek** tiefer werden; **~leştirmek** vertiefen (*az. mec.*); **~lik** (-ği) Tiefe *f*; *Foto:* Tiefenschärfe *f*
'**derken** → **demek**; mittlerweile, inzwischen; da, in diesem Augenblick; *bağl.* indem; (gerade) als; obwohl
derle|me Sammlung *f*; ausgewählt (*masallar*); **~mek** *v/t* sammeln; çiçek pflücken; **~yip toparlamak** aufräumen; ordnen; **~nmek** sich konzentrieren, sich zusammenreißen; **~yici** *Cmp.* Compiler *m*
derli: ~ toplu aufgeräumt; geordnet
derman (-anı) Kraft *f* (*-e zu D*); Heilmittel *n* (*-e für A*); Ausweg *m*; Trost *m*; **~sız** kraftlos, erschöpft; unheilbar; *dert*: unstillbar
derme Haufen *m*; Sammlung *f*, **~ çatma şey**: zusammengesucht; *iş*: hingepfuscht
dernek (-ği) Verein *m*, Verband *m*
ders Lektion *f* (*az. mec.*); Unterricht *m*; **din ~i** Religionsunterricht *m*; **~ almak** Stunden nehmen (*-den bei D*); e-n Kursus besuchen; **~ gereçleri** Unterrichtsmaterial *n*; **~ kitabı** Schulbuch *n*; **-e ~ vermek** j-m Unterricht erteilen; j-m e-e Lektion erteilen; **~ odası** Klassenzimmer *n*, Klasse *f*; **~ane** Hörsaal *m*; Privatschule *f*
dert (-di) Leid *n*; Sorge *f*, Kummer *m*; Schmerz *m*; chronische Krankheit; Laster *n*, Übel *n*; *F* Geschwulst *f*, Beule *f*; **-in derdine yanmak** betrübt sein (über *A*); **~ ortağı** Leidensgenosse *m* (-genossin *f*)
dert|lenmek sich grämen, **~leşmek** klagen, trauern (*ile mit D*); **~li** betrübt; verdrossen; kummervoll; **~siz** unbekümmert; schmerzlos
desen Muster *n*, Skizze *f*; (Mode-)Zeichnen *n*
desi... Dezi...
destan (-anı) Epos *n*, Heldenlied *n*
deste Bündel *n*; Paket *n*; Bukett *n*; Satz *m*; **~ başı** Muster *n*
destek (-ği) Balken *m*; *Tek.* Träger *m*; Stütze *f*; *mec.* Unterstützung *f*; **~ görmek** Unterstützung erhalten; **~leme** Unterstützung *f*; Sicherung *f*; Stütz...; **~lemek** *v/t* (ab)stützen; *mec.* unterstützen, befürworten; **~siz** schutzlos
deşarj *El.* Entladung *f*; **~ olmak** sich entladen
deşifre: ~ etmek entschlüsseln
deş|ik (-ği) durchstochen, durchlöchert; Loch *n*; Bresche *f*; **~mek** (-er) *v/t* durchstechen; *az. mec. yarayı* (wieder) aufreißen
detay Detail *n*, Einzelheit *f*

detek|tif → *dedektif*; **~tör** *Radyo*: Detektor *m*
deterjan Waschmittel *n*
dev böser Geist, Dämon *m*; Riese *m*; Ungeheuer *n*; **~ adımlar(ıy)la** mit Riesenschritten (*az. mec.*)
deva Arznei *f*; Heilmittel *n*
devalüasyon Abwertung *f*; **~ yapmak** abwerten
devam (-amı) Fortsetzung *f*; Dauer *f*; Besuch *m* (*-e G*); Beharrlichkeit *f*; **~ etmek** andauern, weitergehen; fortfahren; (*okula* die Schule) besuchen; *-de* **~ etmek** weiter et. sagen (*veya* tun); nicht davon ablassen, zu ...; **~ı var** Fortsetzung folgt; **~lı** ununterbrochen, pausenlos; regelmäßig; **~sız** unterbrochen; unregelmäßig; *öğrenci*: häufig abwesend; **~sızlık** (-ğı) Unbeständigkeit *f*
deve Kamel *n*; **~ gibi** plump; *-i* **~ yapmak** einheimsen, beiseite schaffen; **~de kulak/kıl** herzlich wenig (*veya* unbedeutend); **~nın başı/nalı!** dummes Zeug!; **~kuşu** (-nu) *Zoo.* Strauß *m*
devir[1] (devri) Epoche *f*; Zeit(abschnitt *m*) *f*; Periode *f*; **Osmanlı Devri** (die) osmanische Epoche
devir[2] (devri) *çark*: Umdrehung *f*; Umladung *f* (*-den -e* von *D* auf *A*); Übertragung *f*, *mal*, *görev*: Übergabe *f*, *para*: Übertragung *f*; Spaziergang *m*, Tour *f*; Streife *f*, Patrouille *f*; *Fiz.* **~** (**süresi**) Periode *f*; **~li** periodisch
devirmek *ağaç* fällen; umlegen; *kitabı* verschlingen; *eşya* umstürzen; *hükümet* stürzen; *kadeh* F runterkippen
devlet (-ti) Staat *m*; Glück *n*; **~ adamı** Staatsmann *m*; **~ baba** „Vater Staat" (*m*); **~ başkanı** Staatspräsident *m*; **~ kuşu** (*-nu*) Glücksfall *m*; **ne ~** was für ein Glück!; **~çilik** (-ği) Etatismus *m*; **~leştirmek** *v/t* verstaatlichen; **~siz** staatenlos
'devralmak *v/t* *nöbeti vs.* ablösen
devre Periode *f*; Zeit(abschnitt *m*) *f*; Phase *f*, Zyklus *m*; *El.* Stromkreis *m*; **~ anahtarı** Relais *n*; **~ bilançosu** Handelsbilanz *f*; **kısa ~** *El.* Kurzschluss *m*
'devren *Huk.* mit Übertragung der Rechte; *Tic.* mit Übertrag; **~ kiralık apartman** untervermietete Wohnung
'devretmek sich drehen, kreisen; (-*i -e* j-m et.) übergeben, aushändigen; *görev*, *para az.* übertragen
devri → *devir*
devrik umgestürzt, umgekippt; *Gr.* **~ cümle/tümce** Inversion *f*; **~li** *mec.* verbogen, vertrackt
devrilmek umfallen, umkippen; stürzen
devrim Revolution *f*; Umsturz *m*; *dil* **~i** Sprachreform *f*; **~ci** Revolutionär *m*
devriye Patrouille *f*, Streife *f*
deyim Ausdruck *m*, Redewendung *f*; **başka bir ~le** mit anderen Worten
deyiş Äußerung *f*, Erklärung *f*; Volkslied *n*
dezenfekte desinfiziert; *-i* **~ etmek** desinfizieren (*A*)
dış Außenseite *f*; außen..., Außen...; Auslands...; (das) Äußere; **~ görünüşte** dem Aussehen nach; **~ kapı** Haustür *f*; **~ lastik** *oto*: Reifen *m*; **~ siyaset** Außenpolitik *f*; **~ taraf** Außenseite *f*; **~ ticaret** Außenhandel *m*; *evlilik* **~ı** außerehelich; **yasa** **~ı** illegal; *ilg. -in* **~ına** über ... (*A*) hinweg; *-in* **~ında** *yer*: außerhalb (*G*); draußen (vor *D*); *mec.* außer (*D*); **rekabetin ~ında** außer Konkurrenz; **bunun ~ında** darüber hinaus
'dışalım Einfuhr *f*, Import *m*
dışarı außen; draußen; hinaus...; nach draußen; **~ çıkmak** weggehen; **~ çık** F zieh ab!; *-den* **~ çıkmamak** *mec.* im Rahmen (*G*) bleiben; **~da** draußen; **~dan** von außen; von draußen; **~nda** → **~sında**; **~ya** nach draußen, hinaus
dı'şavurumcu Expressionist *m*; **~luk** (-ği) Expressionismus *m*
'dış|bellek (-ği) *Cmp.* externer Speicher; **~bükey** konvex, Konvex...
dışında → *dış*
'dışişleri (-ni) auswärtige Angelegenheiten *f/pl*; **~ bakanı** Außenminister *m*; **♀ Bakanlığı** Außenministerium *n*, Auswärtiges Amt (*AA*)
dışkı Exkremente *n/pl*, *Tıp* Stuhl *m*
dışlama Diskriminierung *f*, **~k** (*-den*) ausschließen, diskriminieren
'dış|satım Ausfuhr *f*, Export *m*; **~tan**

didik

Fel. außer...; zufällig; objektiv; außen...; **~tan takma motor** Außenbordmotor *m*
didik: **~~** zerfasert; zerhackt; zerzaust; **~ etmek**, **~lemek** zerfasern, zerzausen; *kuşlar.* zerhacken; durchsuchen, durchwühlen; *konu* zerpflücken
didinmek sich abrackern
difteri *Tıp* Diphtherie *f*
diğer ander...; **~ biri** eine andere, ein anderer; **~ taraftan** andererseits
dijital (-li) digital
dik (-ki) vertikal, senkrecht; steil; aufrecht; *Mat.* rechtwinklig; *mec.* scharf; giftig; **~ açı** rechter Winkel; **~ yokuş** steiler Anstieg; **~dörtgen** Rechteck *n*
dikelmek unbeweglich dastehen; stehen und warten
diken Dorn *m* (*gül*); Stachel *m*; Dornkraut *n*; **~ üstünde oturmak/olmak** wie auf glühenden Kohlen sitzen; **~li** dornig; stachelig; **~li tel** Stacheldraht *m*
dik|er → **dikmek**; **~ey** senkrecht
dikili¹ aufrecht stehend; *ağaç*: gepflanzt; *anıt*: errichtet
dikili² genäht
dikilitaş Obelisk *m*
dikilmek *edil.* → **dikmek**; *-in karşısında* **~** sich erheben (gegen *A*)
dikim Schnitt *m*, Fasson *f*; **~evi** Nähstube *f*; Schneiderei *f*
dikine senkrecht; *-in* **~ gitmek** F j-m zuwiderhandeln; selbstherrlich vorgehen
dikiş Nähen *n*; Naht *f*; *giysi*: Machart *f*; *Tıp* Narbe *f*; **~ iğnesi** Nähnadel *f*; **~ ipliği** Nähgarn *n*; **~ makinesi** Nähmaschine *f*; **~çi** Näherin *f*; **~li** Naht...; **~siz** nahtlos
dikiz F Gucken *n*; *-i* **~ etmek** F (hin)gucken; P Schmiere stehen; **~ aynası** *oto*: Rückspiegel *m*; **~ci** P Spanner *m*; **~lemek** bespitzeln (*-i* j-n)
dikkat (-ti) Aufmerksamkeit *f*; Sorgfalt *f*; *-e* **~ etmek** aufpassen (auf *A*), achten (auf *A*); beachten (*A*), bemerken (*A*); *-i* **~e almak** berücksichtigen (*A*); **~e değer** beachtenswert; *-e -in* **~ini çekmek** j-n auf et. aufmerksam machen; **~ !** Achtung!; **~ et!** sei vorsichtig!, pass auf!; **~ ediniz!** Achtung!, seien Sie vorsichtig!; **~le** aufmerksam; sorgfältig; **~li** vorsichtig; aufmerksam; *iş*: sorgfältig; **~siz** unaufmerksam; unvorsichtig; nachlässig
dikme → **dikmek**
dikmek¹ (-er) errichten, aufstellen (*örn. kazık*; *heykel*); anpflanzen (*A*); pflanzen (*-e in A, D*); *nöbetçi* aufstellen; *bardak su* F runterkippen
dik|mek² (-er) *giysi vs.* nähen; *delik, yırtık* (zu)nähen; *v/i* **dikiş** **~mek** nähen
'dik|ta Diktat *n*, Befehl *m*; **~'tatör** Dik'tator *m*; **~tatörlük** (-ğü) Diktatur *f*; **~'te** Diktat *n*; *-i -e* **~te etmek** j-m et. diktieren
dil *Anat.* Zunge *f*; Sprache *f* (*az. anlatım tarzı*); *Coğr.* Landzunge *f*; *Tek.* Zünglein *n*; **~ çıkarmak** die Zunge herausstrecken; **~ kavgası** Schimpferei *f*; **~ (öğrenme) gezisi** Sprachreise *f*; *-e* **~ uzatmak** lästern über j-n; j-n verleumden; **~e**, **~lere düşmek/gelmek** stadtbekannt werden; **~e gelmek** *masallarda*: zu sprechen beginnen; *-i* **~e getirmek** zur Sprache bringen; schildern; auf j-n zu sprechen kommen; *-e* **~e kolay** leicht gesagt; **~i tutuk** Stotterer *m*; **~i tutuldu** es verschlug ihm/ihr die Sprache; **~ini yutmak** *mec.* sprachlos sein; **~lerde dolaşmak/gezmek** in aller Munde sein
'dilbilgisi (-ni) Grammatik *f*
dilek (-ği) Wunsch *m*; Bitte *f*; Anliegen *n*; **senden bir dileğim var** ich habe eine Bitte an dich; **~çe** Antrag *m*; **~çe vermek** e-n Antrag stellen
dilemek wünschen; bitten; sich et. wünschen (*-den* von *D*)
dilen|ci Bettler *m*; *mec.* Quälgeist *m*; unbescheiden; **~mek** erbetteln (*-i -den* et. von *D*); flehen (*-i* um *A*)
diler → **dilemek**
dilim Scheibe *f*, Schnitte *f* (*ekmek*); Stück *n*; Sektor *m*, Zone *f*; (Zeit-)Abschnitt *m*; **~lemek** in Scheiben schneiden (*A*); **~li** in Scheiben geschnitten
dilli schwatzhaft; -sprachig; *örn.* **Alman ~** deutschsprachig; **~düdük** *Art* Rohrpfeife *f*; Plappermaul *f*; **iki ~** zweisprachig

dilmaç (-cı) Dolmetscher(in f) m
dilmek (-er) in Scheiben (veya in Stücke) schneiden
'**dilpeyniri** (-ni) (ungesalzener) Schafskäse
dil|sel Anat. Zungen..., lingual; Sprachen...; **~siz** stumm; Taubstummer m
'**dimdik** kerzengerade; ungebeugt; *-e* **~ bakmak** j-n anstarren, fixieren
din Religion f, Glaube m; **~ hürriyeti** Religionsfreiheit f; **Müslüman ~i** moslemische Religion f; **~i bütün** sehr fromm
dinamik Fiz. Dynamik f, sıf. dynamisch
dinamit (-ti) Dynamit n; **~lemek** (-i) (in die Luft) sprengen; mec. untergraben
di'namo, **~ makinesi** Dynamo(maschine f) m; Gleichstromgenerator m
dinar Dinar m (Währungseinheit)
'**dinbilimi** (-ni) Theologie f, Religionswissenschaft f
dinç (-ci) kräftig, stark, robust; rüstig; **~leşmek** kräftig werden, stark werden vs.; **~lik** (-ği) Stärke f, Robustheit f
dindar religiös, gläubig
dindirmek ağrı lindern; besänftigen
diner → **dinmek**
dingil Achse f; **~ yatağı** Achsenlager n
dingin ruhig, unbeweglich; **~lik** (-ği) Ruhe f
dini → **dinsel**
dinlemek[1] (-i A) hören; sich anhören; (bir öğüdü auf e-n Rat) hören; Tel. (unerlaubt) abhören; Tıp abhorchen
dinlemek[2]: **başını ~** sich ausruhen; **kendini ~** ausspannen
dinlen|dirici beruhigend; **~dirmek** (-i) tarla brachliegen lassen; şarap ablagern lassen; **kafasını ~dirmek** sich ausruhen; **~me** Entspannung f; **~me kampı** Ferienlager n; **~me yeri** Raststätte f; **~me yurdu** Erholungsheim n
dinlenmek[1] gehört werden; b-nin sözü gelten
dinlenmek[2] entspannen, sich ausruhen; yemek vs. noch etwas stehen lassen
dinlet|i Konzert n; **~mek** zu Gehör bringen (-i A)

dinleyici Hörer(in f) m; Zuhörer(in f) m
dinmek (-er) aufhören (az. yağmur); özl. ağrı, rüzgâr vs.: nachlassen; **dinmeyecek** unstillbar
din|sel religiös, Religions...; **~siz** Atheist m; gottlos, ungläubig; **~sizlik** (-ği) Atheismus m, Gottlosigkeit f
dip (-bi) Grund m (örn. deniz); kap: Boden m; ağaç: Wurzel f; mekan: Tiefe f; dağ: Fuß m; ilg. olarak: **dibine** unten (an A); **dibinde** unten (an D), am Fuße (G); ganz hinten (in D); **dibinden** aus der Tiefe (G) hervor; ganz unten (an D)
'**dipdiri** kerngesund; quicklebendig
dip'loma Diplom n; Zeugnis n; **~lı** mit Diplom, diplomiert; **~lı mühendis** Diplomingenieur m
diploma|si Diplomatie f; **~t** (-tı) Diplomat m; **~tik** diplomatisch
'**dipnot** (-tu) Fußnote f
dipsiz grundlos; bodenlos
dire|k[1] (-ği) Pfahl m, Pfosten m; çadır: Stange f; **kale ~ği** Spo. Torpfosten m; **taban ~ği** Brückenpfeiler m
direk[2] → **direkt**
direksiyon oto: Lenkrad n, Steuer n; **~ (düzeni)** Steuerung f; **~ başına geçmek** sich ans Steuer setzen; **~ başında** am Steuer; **~ sallamak** F (lange Auto) fahren
direkt direkt; **~ havayolu** direkte Flugverbindung
direkt|if Direktive f, Weisung f, Richtlinie f; **~ör** Direktor m; **~örlük** (-ğü) Direktion f, Verwaltung f
diren|ç (-ci) Widerstand m (az. El.); **~gen** eigensinnig, trotzig; **~genlik** (-ği) Trotz m; **~im** Eigensinn m; Huk. Verzug m; **~iş** Widerstand m; Eigensinn m; **~me** → **direniş**; **~mek** (-de) bestehen (auf D), Widerstand leisten
diretmek darauf bestehen (için zu ...)
dirhem: ~ ~ mec. e-e Winzigkeit
diri lebendig; sebze: frisch; et: nicht ganz durchgebraten; sebze: nicht durchgekocht; kişi: vital; **~lik** (-ği) Lebendigkeit f
diril|mek v/i auferstehen; mec. sich wieder beleben; **~tmek** v/t wieder beleben
dirlik (-ği) Ruhe f; Wohlstand m; **~ düzenlik** ungestörte Harmonie

dirsek (-ği) Ellenbogen *m*; *boru:* Knie *n*; ~ **mili** Kurbelwelle *f*; *-e* ~ **çevirmek** mit j-m brechen; sich von j-m abwenden; ~ **çürütmek** F büffeln
disiplin Disziplin *f*; Fachgebiet *n*; ~**li** diszipliniert
disk (-ki) *Spo.* Diskus *m*; Scheibe *f*; *Anat.* Bandscheibe *f*; ~ **atma** Diskuswerfen *n*; **sabit** ~ *Cmp.* Festplatte *f*
diskalifiye: ~ **etmek** disqualifizieren; ~ **olmak** disqualifiziert werden
disket (-ti) *Cmp.* Diskette *f*; ~ **sürücü** Diskettenlaufwerk *n*
disko, ~**tek** *gnl.* Diskothek *f*
dispanser Gesundheitsfürsorgestelle *f*, Poliklinik *f*
distribü|syon Verteilung *f*; ~**tör** *gnl.* Verteiler *m*; *oto:* Zündverteiler *m*
diş Zahn *m*; *Tek.* Zacke *f*, Zinke *f*; Gewinde *n*; *sarmısak:* Zehe *f*; *-e* ~ **bilemek** *mec.* auf Rache sinnen gegen j-n; ~ **çukuru** Zahntasche *f*; ~ **çürüğü** Karies *f*, Zahnfäule *f*; ~ **dolgusu** Füllung *f*, Plombe *f*; ~ **fırçası** Zahnbürste *f*; **ona** ~ **geçiremedi** er konnte sich nicht mit ihm fertig werden; ~ **hekimi** Zahnarzt *m*; ~ **macunu** Zahnpasta *f*; ~ **taşı** Zahnstein *m*; ~**e dokunur** genießbar; lohnend; ~**inden tırnağından artırmak** sich et. vom Munde absparen; ~ **kesici** ~ Schneidezahn *m*; **yirmilik** ~ Weisheitszahn *m*; **akıl** ~**ı**, **yirmi yaş** ~**ı** Weisheitszahn *m*; **azı** ~**ı** Backenzahn *m*; **süt** ~**ü** Milchzahn *m*
diş|çi Zahnarzt *m*; ~**çilik** (-ği) Zahnheilkunde *f*; ~**eti** (-ni) Zahnfleisch *n*; ~**eti kanaması** Zahfleischbluten *n*
dişi Weibchen *n*; weiblich; *Gr.* feminin, weiblich; ~ **fiş** Steckdose *f*; ~ **kopça** Öse *f*; ~**l** weiblich (*özl. Gr.*)
diş|lemek (-*i*) beißen (in *A*); *Tek.* zahnen, rändeln; ~**lenmek** *edil.* ~ **dişlemek**; ~**li** Zahn...; gezahnt, gezackt; *mec.* energisch; Zahnrad *n*
divan Couch *f*, Sofa *n*; (hohes) Gericht; öffentliche Ratssitzung *f*; *Ed.* (Gedicht-)Sammlung *f*
divane verrückt; Idiot *m*; *-in* ~**si olmak** ganz vernarrt sein (in *A*)
'diya Dia *n*, Diapositiv *n*; ~ **çerçevesi** Diarähmchen *n*
diyafram *Anat.* Zwerchfell *n*; *Foto:* Blende *f*
diyalekt Dialekt *m*
diyalektik Dialektik *f*
diyalog Dialog *m*; ~ **yapmak** e-n Dialog führen
diyanet (-ti) Religion *f*, Kult *m*; Frömmigkeit *f*; ♀ **İşleri Başkanlığı** Präsidium *n* für Religiöse Angelegenheiten; ~ **işleri** Kultusangelegenheiten *f/pl*; ~**li** fromm
diyapazon Stimmgabel *f*; Kammerton *m*
diyar Land *n*
diye *bağl.* indem (ers sagte, dachte); in der Annahme, dass ...; **-eyim**, **-esin**, **-sin** (*vs.*) ~ damit, um zu (+ *Infinitiv*); mit dem Namen; wegen (*G*); zu (*D*); **bugün ders yoktur** ~ **okula gitmedi** in der Annahme, dass heute kein Unterricht sei, ging er/sie nicht in die Schule; **bu işi bitireyim** ~ **geldim** ich bin gekommen, um diese Angelegenheit zu erledigen; **İsa kaptan** ~ **bir balıkçı ...** ein Fischer mit dem Namen Kapitän Isa
diyecek → **demek**
diyet[1] (-ti) Sühnegeld *n*
diyet[2] (-ti) Diät *f*
diyoptri Dioptrie *f*; *Fiz.* Diopter *m*
diz Knie *n*; ~ **boyu** knietief; kniehoch; *mec.* maßlos; ~ **çökmek** niederknien; ~ **üstü** auf den Knien; ~**e** dicht an dicht; ~**e gelmek** nachgeben, kapitulieren, F weich werden; ~**ini dövmek** sich die Haare raufen; ~**lerinin bağı çözüldü** ihm begannen die Knie zu schlottern (*korkudan* vor Angst)
dizanteri *Tıp* Ruhr *f*
dize Verszeile *f*
'dizel, ~ **motoru** Dieselmotor *m*
dizer → **dizmek**
dizgi Ordnung *f*; System *n*; *Matb.* Satz *m*
dizgin Zügel *m* (*az. mec.*); -*in* ~**ini kısmak** *mec.* j-n im Zaume halten; ~ **vurmak** die Zügel anlegen; *mec.* j-n zügeln; ~**lemek** (-*i*) zügeln (*az. mec.*); *mec.* bändigen, beherrschen; ~**li** gezügelt; gebändigt; ~**siz** ohne Zügel; *mec.* zügellos
dizi Reihe *f* (*az. Mat.*); (Perlen-)Schnur *f*; *Müz.* Tonleiter *f*; Ordnung *f*, Formation *f*; ~ **film** Fernsehserie *f*; ~**yle** der Reihe nach; ~**lemek** (-*i*)

doğumlu

aufreihen; auffädeln; **~li** aufgereiht; aufgefädelt; geordnet; *Matb.* gesetzt; **~lmek** (in e-r Reihe) antreten; aufgefädelt sein (*-e auf D*); **~m** Aufstellung *f*, Gruppierung *f*; *Matb.* Satz *m*
dizin Index *m*; Verzeichnis *n*; Sachregister *n*; **~leme** *Cmp.* Indizierung *f*
'**dizkapağı** (-nı), **~ kemiği** Kniescheibe *f*
dizmek (-er) *v/t* (der Reihe nach) aufstellen (*-e, üstüne* auf *A*); *boncuk* (auf)ziehen (*-e auf A*), auffädeln; *Matb.* setzen
'**dizüstü bilgisayar** Laptop-Computer *m*
do *Müz.* C *n*
'**dobra**: **~~** geradeheraus, ganz offen
Doç. *kıs.* = **doçent** Dozent *m* (Doz.)
doçent (-ti) Dozent(in *f*) *m*; **~lik** (-ği) Dozentur *f*; **~lik etmek** e-e Dozentur haben
'**dogma** Dogma *n*; **~cı** Dogmatiker *m*; dogmatisch; **~tik** Dogmatik *f*; dogmatisch; **~tizm** Dogmatismus *m*
doğ. *kıs.* = *doğumu* geboren (geb.)
doğa Natur *f* (*az. tarz, özellik*); **~ bilgini** Naturwissenschaftler(in *f*) *m*; **~ bilgisi** Naturkunde *f*, **~ bilimleri** Naturwissenschaften *f/pl*; **~nın korunması** Naturschutz *m*; **~cı** Naturschützer *m*; **~ç** (-ci) Improvisation *f*; Inspiration *f*; **~çtan, ~çlama** aus dem Stegreif, improvisiert; **~dışı** unnatürlich
doğal natürlich, Natur...; angeboren (*yetenek*); **~ bilim(i)** Naturwissenschaft *f*; **~ gaz** Erdgas *n*; **~ suları koruma** Gewässerschutz *m*; **~a özdeş** naturidentisch (*madde*); **~cılık** (-ğı) Naturalismus *m*; Natürlichkeit *f*
doğan Falke *m*; **~cı** Falkner *m*
do'ğa|ötesi (-ni) Metaphysik *f*; metaphysisch; **~üstü** (-nü) übernatürlich
doğma Geburt *f*, *ay, güneş*: Aufgang *m*; *-den* ~ aus ... gebürtig; **~ büyüme İstanbullu** ein waschechter Istanbuler
doğ|mak (-ar) geboren werden; *düşünce*: kommen; *güneş vs*.: aufgehen; *örn. sanayi*: entstehen; *örn. borç*: sich ergeben (*-den* aus *D*); *bugün geleceğiniz içime* **~du** ich hatte das Gefühl (*veya* mir war so), als ob Sie heute kämen

doğrama Zimmern *n*, Tischlern *n*; Tischlerarbeit(en) *f* (*pl*); **~cı** Zimmermann *m*; Bautischler *m*; **~cılık** (-ğı) Bautischlerei *f*
doğramak (-*i*) in Stücke schneiden
doğranmak *edil.* → *doğramak*; *mec.* wie zerschlagen sein
doğru¹ richtig; recht...; gerade; direkt; geradeaus; gerecht (*davranmak*); *iş*: Richtigkeit *f*; Wahrheit *f*; *insan*: ehrlich; *haber*: wahr; *ilg. -e* ~ gegen (*örn. akşama* Abend); auf ... (*A*) zu; in Richtung auf (*A*); **~ açı** *Mat.* gestreckter Winkel; **~ akım** *El.* Gleichstrom *m*; **~ çıkmak** sich als richtig (*veya* wahr) erweisen; **~ durmak** gerade stehen; *çocuk*: sich ruhig verhalten; **~ dürüst** freimütig, offen; fehlerlos, korrekt *konuşmak*; *-i* **~ bulmak** richtig finden (*A*); **~ mu?** tatsächlich, wirklich?; **~ söylüyorsunuz** Sie haben ganz recht; **~dan ~ya** direkt, unmittelbar; **~dan erişim** *Cmp.* direkter Zugriff
'**doğru²** direkt; **~!** richtig!; **~ca** geradewegs; aufrichtig; *bel.* geradezu
doğrulamak *v/t* bestätigen; bescheinigen; berichten, korrigieren
doğrul|mak sich aufrichten; wieder gerade werden; sich begeben (-*e* nach, zu *D*); **~tmak** gerade machen; *hata* berichtigen; **~tu** Richtung *f*; *Tek.* Richtfähigkeit *f*; Kurs *m*; Bewegungsrichtung *f*; Gestaltung *f*; **~tusunda** gemäß (*D*)
doğru|luk (-ğu) Geradlinigkeit *f* (*az. mec.*); Richtigkeit *f*; Wahrheit *f*; *kişi* Ehrlichkeit *f*; **daha ~su** genauer
doğu Osten *m*; Ost..., östlich; Orient *m*; ♀ **Anadolu** Ostanatolien; **~ bilimi** Orientalistik *f*; **~bilimci** Orientalist(in *f*) *m*; **~lu** Orientale *m*
doğum Geburt *f*; *mec.* Durchbruch *m*; Aufgang *m* der Sonne; **~ belgesi** Geburtsurkunde *f*; **~ günü** Geburtstag *m*; **~ kâğıdı** Geburtsurkunde *f*; **~ kontrolü** Geburtenkontrolle *f*; **~ kontrol hapı** Antibabypille *f*; **~ kütüğü** Geburtsregister *n*; **~ sancıları** Geburtswehen *f/pl*; **~ tarihi** Geburtsdatum *n*; **~ yeri** Geburtsort *m*; **~ (yılı)** Geburtsjahr *n*; **~ evi** (-ni) Entbindungsheim *n*; **~lu** geboren;

doğurgan

1990 ~lu bir çocuk ein 1990 geborenes Kind
doğur|gan fruchtbar; **~ganlık** (-ğı) Fruchtbarkeit *f*; **~mak** *v/t* gebären; *mec. sonucunu* nach sich ziehen; bewirken; **~tmak** *v/t* entbinden
doğuş Geburt *f*; *güneş:* Aufgang *m*; **~tan** ... von Geburt; *sıf.* angeboren, ererbt
doksan neunzig; (die) Neunzig; **~ar** je neunzig; **~ıncı** neunzigst...; **~lık**: **~lık portakal sandığı** e-e Kiste mit 90 Äpfelsinen; **~lık bir ihtiyar** ein neunzigjähriger Greis
doktor Arzt *m*, Ärztin *f* F Doktor *m*; *ünvan:* Doktor *m* (*Dr.*); *aile ~u* Hausarzt *m*, -ärztin *f*; *göz ~u* Augenarzt *m*, -ärztin *f*; *kadın ~u* Frauenarzt *m*, -ärztin *f*; *hukuk ~u* Doctor juris (*Dr. jur.*)
dok'tora Doktortitel *m*; Doktorarbeit *f*, Dissertation *f* (*az.* **~ tezi**); Promotion *f*; **~sını yapmak** promovieren
doktorluk (-ğu) Arztberuf *m*; Doktorgrad *m*; Arztpraxis *f*; **~ etmek** Arzt sein, als Arzt arbeiten
doktrin Doktrin *f*; **~er** Doktrinär *m*
doku *Biyo.* Gewebe *n*; **~bilim** Histologie *f*
dokuma Weben *n*; Weberei *f*; Gewebe *n*; **~ fabrikası** Textilfabrik *f*; **~ makinesi** Webstuhl *m*; **~ sanayii** Textilindustrie *f*; **~ bir örtü** e-e gewebte Decke; **~cı** Weber(in *f*) *m*
dokumak *v/t* weben; *paspas* flechten
dokunaklı rührend; eindringlich; eindrucksvoll; *şarkı:* rührselig; *şarap:* stark, schwer
dokunma *Biyo.* Tasten *n*; Tastsinn *m* (*az.* **~ duyusu**); Berührung *f*
dokun|mak (-*e*) berühren (*A*); anfassen; betreffen; stoßen an, kommen an (*bir eşyaya*); j-m nicht bekommen, j-m schaden (*örn. sigara içmek*); *şarkı:* j-m nahe gehen, j-n rühren; *yardımcı fiil olarak: örn.* **bize faydası ~du** er ist für uns von Nutzen; *-in zararı* **~mak** j-m Schaden zufügen; **~ulmaz** unantastbar; **~ulmazlık** (-ğı) Unantastbarkeit *f*; *Pol.* Immunität *f*
dokuz neun; (die) Neun; **~ doğurmak** vor Ungeduld zittern; viel durchmachen; **~ ayın çarşambası bir araya geldi** verschiedene unglückliche Umstände trafen zusammen; **~ar** je neun; **~lu** *iskambil:* Neun *f*; (in, zu) Neunergruppe(n) *f*; **~luk** (-ğu) neunjährig; (in, zu) Neunergruppe(n) *f*; **~uncu** neunt...
doküman Dokument *n*; **~tasyon** Dokumentation *f*, Nachweis *m*; **~ter** Dokumentar-, Kultur- (*film*)
dolamak wickeln (-*e* um *A*); *-i başına ~* *mec.* j-m et. aufhalsen
dolambaç (-cı) Labyrinth *n*; Umweg *m*; **~lı** gewunden; *yol:* kurvenreich, Serpentinen...; **~sız** unumwunden, klipp und klar
dolandır|ıcı Schwindler *m*, Gauner *m*; **~ıcılık** (-ğı) Schwindelei *f*, Betrug *m*, Hochstapelei *f*; **~mak** (-*i*) j-n herumführen; j-n betrügen (um *A*), ergaunern
dolanmak (-*e*) sich wickeln (um *A*); *örn. sarmaşık:* sich ranken (um *A*); gehen, streifen (*evin etrafında* um das Haus); *haber.* sich (wie eine Lauffeuer) verbreiten; *etrafını ~* um'fahren, ausweichen
dolap (-bı) Schrank *m*; *mec.* List *f*, Intrige *f*; **~ çevirmek/döndürmek** Ränke schmieden, intrigieren; **~ beygiri gibi dönüp durmak** auf der Stelle treten
dolar Dollar *m*; *az.* → **dolmak**
dolaş|ık kurvenreich; zickzackförmig; *soru:* verzwickt; vage; **~ılmak** → **dolaşmak**; **burada ~ılmaz** unberechtigter Aufenthalt (Herumstehen) verboten; **~ım** Umlauf *m*, Zirkulation *f*; *Biyo.* Kreislauf *m*; **kan ~ımı** Blutkreislauf *m*; **serbest ~ım** Freizügigkeit *f*
dolaş|mak spazieren gehen; e-n Umweg machen; patrouillieren; *memleketi* umherreisen; *denizleri* durchqueren; *kan:* kreisen, zirkulieren; *dedikodu:* im Umlauf sein; *gnl., ayaklar:* sich verheddern; *saçları ~mış* s-e Haare sind zerzaust; **~tırmak** (-*i*, -*e*) j-m (die Stadt) zeigen; j-n herumführen, herumspazieren; *köpeği* ausführen; *mec.* durcheinander bringen
dolayı *-den ~* wegen (*G*); infolge (*G*); *bundan ~* deswegen; *bağl. -diğinden ~* weil, da; **~sıyla** indirekt; auf indirektem Wege; dadurch; *ilg.* durch (*A*),

dank (*D*), bei (*D*), anlässlich (*G*); **iş ~sıyla** durch die Arbeit; dank (*veya* bei) der Arbeit

dolay|larında etwa, ungefähr, um; **~lı** indirekt; **~sız** unmittelbar, direkt

doldurmak *v/t* füllen; *mec.* aufputschen; F j-n auf die Palme bringen; *akü* (auf)laden; *meblağ* auffüllen (*-e* auf *A*); *yaş* vollenden; *belge, boşluk* ausfüllen; *pipo* stopfen; *mec.* j-s *Platz* einnehmen; *silah* laden; *diş* füllen, plombieren

dolgu Füllung *f* (*az. Tıp*); Plombe *f*; **~ yapmak** füllen, zuschütten; plombieren

dolgun voll, gefüllt; prall; *beden:* mollig, vollschlank; *maaş:* ansehnlich, anständig; *yastık:* prall gefüllt; *ses:* voll, sonor; **~ kafa** heller Kopf; **~laşmak** *v/i* voller werden, zunehmen; **~luk** (-ğu) (Körper-)Fülle *f*; Überfülle *f*, Korpulenz *f*

dolma gefüllt; *is.* Füttern *n*; Füllung *f*; Roulade *f*, **~ yutmak** *mec.* hereinfallen; **biber ~sı** gefüllte Paprikaschoten *f/pl*; **etli lahana ~sı** Kohlroulade *f*, **patlıcan ~sı** gefüllte Auberginen *f/pl*

dol|mak (-ar) sich füllen; angefüllt sein, voll werden (*veya* sein) (**ile** von *D*); *zaman:* ablaufen; sich sammeln (*-e* in *D*); **~du** *otobüs:* überfüllt; *zaman:* abgelaufen, erfüllt; **müddeti ~madan** vorzeitig, vorfristig; **~'makalem** Füllfederhalter *m*; **~malık** (Gemüse) zum Füllen; **~malık biber** Paprikaschote *f*

dolmuş → *dolmak*; gefüllt, voll; besetzt; Sammeltaxi *n*, Dolmusch *n*; *Gemi.* Sammelbarkasse *f*

dolu¹ Hagel *m*; **~ yağıyor** es hagelt

dolu² voll (**ile** von *D*), voller ...; gefüllt (mit *D*); ... in Mengen, ... im Überfluss; *kişi:* beschäftigt, ausgelastet *sein*; *silah:* geladen; **~ ~ güldü** er lachte laut auf; **~su** (ganz) voll; **avuç ~su** e-e Hand voll

dolum Füllen *n*, Tanken *n*

do'lunay Vollmond *m*

do'mates Tomate *f*; **~ salatası** Tomatensalat *m*; **~ salçası** Tomatenmark *m*; **~ soslu** in Tomatensoße

do'mino 'Domino *n*

domuz Schwein *n* (*az. küfür*); F Schmutzfink *m*; Flegel *m*; **dişi ~** Sau *f*; **~ eti** Schweinefleisch *n*; **~una** zum Trotz, mit Absicht (*yapmak*); tüchtig, ordentlich; **~ gibi** trotzig; boshaft; flegelhaft; tückisch; robust; gehörig, ordentlich

don¹ Unterhose *f*; *at:* Farbe *f*; **~una etmek** sich in die Hosen machen (*-den* vor); unter sich machen

don² Frost *m*; **~ havası** Frostwetter *n*; **~lar çözüldü** es hat getaut

donanım Ausrüstung *f*; *Cmp.* Hardware *f*; (*soğutma vs.*) Anlage *f*; *Gemi.* Takelage *f*

donanma Flotte *f*

donanmak sich schmücken, geschmückt sein (**ile** mit *D*); *Gemi.* aufgetakelt sein; *mec.* e-n Rüffel bekommen

donar → *donmak*

donat|ılmak geschmückt (*veya* Tek. versehen) sein (**ile** mit *D*); **~ım** Ausrüstung *f*, Ausstattung *f*; **~mak** *v/t* schmücken; dekorieren; *Gemi., Tek.* ausrüsten

dondur|ma (Speise-)Eis *n*; Gefrieren *n*; gefroren; **~macı** Eisverkäufer *m*; **~mak** zum Gefrieren bringen; j-n frieren lassen; einfrieren (*az. mec. maaşları*)

dondurulmuş (ein)gefroren; **taze ~** tiefgekühlt; **~ et** Gefrierfleisch *n*

don|ma erstarrt; gefroren; **~ma noktası** Gefrierpunkt *m*; **~mak** (-ar) gefrieren; *tereyağı:* fest werden, erstarren; *kişi:* erfrieren; **sular ~du** die Gewässer sind zugefroren; **~up kalmak** *mec.* erstarren

donsuz F Habenichts *m*; mittellos

donuk trübe, glanzlos, matt; steif gefroren; erfroren; *kişi:* langweilig, steif; **~lanmak**, **~laşmak** sich trüben, matt werden; **~luk** (-ğu) Trübung *f*, Mattheit *f*; Schlaffheit *f*

doping Doping *n*

doruk (-ğu) Gipfel *m*; *ağaç:* Wipfel *m*; **~ çizgisi** Höhenlinie *f*; **~ noktası** Höhepunkt *m*; **~ toplantısı** Gipfelkonferenz *f*; **~lama** Erhöhung *f*

'**dosdoğru** kerzengerade, schnurstracks; völlig richtig, F goldrichtig

dost (-tu) Freund(in *f*) *m*; *mec.* Freund *m*, Anhänger *m*; F Geliebter *m*, Liebhaber *m*; befreundet; **~ ~**

freundlich; **kitap ~u** Bücherfreund *m*; **iki ~ devlet** zwei befreundete Staaten; **~ane, ~ça** freundschaftlich (*az. bel.*); **~luk** (-ğu) Freundschaft *f*; **~luk etmek/yapmak** Freunde sein; (*-e* j-m) e-n Gefallen tun; nett, freundlich sein; **~luğu kesmek** die Freundschaft kündigen; **~luk kurmak** Freundschaft schließen

'**dosya** Akten *pl*; (Akten-)Ordner *m*; Ablage *f*; *Cmp*. Datei *f*; **özlük ~** Personalakten *pl*; **~lamak** *v/i* e-e Ablage führen; *v/t* ablegen, abheften

doygun bedürfnislos; zufrieden(gestellt); anspruchslos; versorgt; **~luk** (-ğu) Bedürfnislosigkeit *f*; Anspruchslosigkeit *f*; Wohlstand *m*

doy|ma Sättigung *f* (*az. Kim.*); **aşırı ~ma** Übersättigung *f*; **~mak** (-ar) satt werden; *mec*. es satt haben, genug haben (*-den* von *D*); (*suya* mit Wasser) durchtränkt sein; **~dum, karnım ~du** ich bin satt; **bakmaya ~amıyorum** ich kann mich nicht satt sehen; **~maz** gierig; unersättlich; **~ulmak** *edil*. → **doymak**; *-e* **~ulmaz** *mec*. man hat nie genug (von *D*)

doyum Sättigung *f*; Genüge *f*, Zufriedenheit *f*; *-e* **~a olmamak** nie genug haben (von *D*); sich nicht satt sehen können (*-e* an *D*); **~suz** unbefriedigt

doyur|mak (-*i* yu) (ordentlich) zu essen geben; j-n ernähren, unterhalten; *Kim*. sättigen; *mec*. überzeugen; **karnını ~mak** sich satt essen; **~ucu** sättigend; *mec*. überzeugend

doz Dosis *f*; **~unu kaçırmak** e-e zu große Dosis geben; *mec*. übertreiben, überziehen; **~aj** Dosierung *f*

dozer Bulldozer *m*, Planierraupe *f*

döğmek → **dövmek**

dök|me Gießen *n*; Guss *m*; **~mek** (-er) *v/t* gießen (*-e* in, auf *A*); streuen; schütten (*-e* in, auf *A*); *saç* fallen lassen (*-e* bis auf *A*); *çöp kovası* leeren, ausschütten (*az. mec. içini*); *metal* gießen; *sınavda* durchfallen lassen; **~türmek** (ver)gießen lassen *vs.*; *mec*. sich produzieren; **~ük** hängend (*-e* bis auf *A*); **~ük saçık** zerzaust

dökül|mek (aus)gegossen werden; (aus)geschüttet werden; *yaprak, meyve*: abfallen; *boya*: abgehen, sich lösen, abbröckeln; *ırmak*: sich ergießen (*-e* in *A*); *saç*: ausfallen; *ev*: verfallen; *insanlar*: strömen (*-e* in *A*); sich stürzen (*bir mala* auf e-e Ware); *metal*: gegossen werden; *kişi, beden*: ermatten; *kavgaya ~* in e-n Streit ausarten; **bugün ~üyorum** F *mec*. heute bin ich geschafft

döküm Fallen *n*, Abfallen *n*; *Tek*. Gießen *n*; *Tic*. Spezifizierung *f*; Kostenvoranschlag *m*; Bestandsaufnahme *f*; *sıf*. unansehnlich; F schlampig (gekleidet)

dökümân *az. Cmp*. Dokument *n*

döküm|evi (-ni), **~hane** Gießerei *f*

dökün|mek sich begießen, sich übergießen (*su* mit Wasser); **~tü** Abfall *m*, Abfälle *m/pl*; Ausschuss *m*; Geröll *n*; *Tıp* Ausschlag *m*; **radyoaktif ~tüler** radioaktiver Abfall

döl Embryo *m veya n*; Keim *m*; Samen *m*; *Bot*. Fruchtknoten *m*; Generation *f*; Nachkomme *m*; *hayvan*: Junges *n*; **~ döş** Nachkommenschaft *f*; **~ vermek** Junge werfen; *Bot*. Frucht tragen

dölle|mek *v/t Biyo*. befruchten; *Bot*. bestäuben; **~nme** Befruchtung *f*, Bestäubung *f*

'**döl|yatağı** (-nı) Gebärmutter *f*, Uterus *m*; **~yolu** Muttermund *m*

döndürmek *v/t* drehen; j-n zur Umkehr bewegen, zurückholen; umwenden; umkippen; j-n verwandeln (*-e* in *A*); (*bölüm* e-e Abteilung) leiten

dönek (-ği) F Aussteiger *m*; **~lik** (-ği) Wankelmut *m*; Renegatentum *n*

dönem Periode *f*; Stadium *n*; Epoche *f*; *Pol*. Sitzung(speriode) *f*; Parlamentsperiode *f*; *Spo*. Runde *f*

dönemeç (-ci) Kurve *f*; *mec*. Stadium *n*, Wende *f*; **~li** kurvenreich

döner Dreh... (*sandalye, kapı*); umlaufend (*sermaye*); → **dönmek**; **~** (*kebap*) Döner *m*

döngü Dilemma *n*; **kısır ~** Teufelskreis *m*

dönme Abtrünnige(r); Konvertit *m*; *Tek*. Rotation *f*; Drehung *f*; **~ dolap** Karussel *n*; Drehschrank *m*; **~ geriye ~** Umkehr *f*

dönmek (-er) sich drehen; *örn. ay*: kreisen; zurückkehren (*-den* aus *D*; *-e* nach, zu *D*); sich wenden (*-e* an *A*); sich zuwenden (*-e* j-m); sich verwan-

deln (*-e* in *A*); werden (*-e* zu *D*); *söylenti*: umlaufen; *hava*: umschlagen; (*-den* von *D*, *örn. sözünden*) abrücken; Abstand nehmen; **arkasını ~** j-m den Rücken zukehren; **deliye ~** verrückt werden; **geriye ~** umkehren; **köşeyi ~** um die Ecke biegen; (**mutlak bir) ölümden ~** dem (sicheren) Tode entgehen

dönük (*-ğü*) (*-e*) ausgerichtet (auf *A*); gelehnt (an *A*); gerichtet (gegen *A*); **sırtı duvara ~** mit dem Rücken zur Wand gedreht

dönüm Wendung *f;* Drehung *f; mec.* Wende *f; yüzey ölçüsü*: Hektar *m veya n* (1000 m²); (Arbeits-)Gang *m;* **~ noktası** *mec.* Wendepunkt *m*

dönüş Rückkehr *f;* Kehrtwendung *f;* **~ yapmak** e-e Kehrtwendung machen; **sağa ~** *Pol.* Rechtsruck *m;* **~te** auf dem Rückweg, auf der Rückreise; **~lü** *Gr.* reflexiv

dönüş|me Umwandlung *f;* **~mek** sich wandeln (*-e* zu *D,* in *A*); **~türmek** *v/t* (um)wandeln (*-e* in *A*); *El.* transformieren; umbauen, umgestalten; reorganisieren; umformen; recyceln; **~türücü** *El.* Transformator *m*

dönüşüm Umgestaltung *f;* Transformation *f;* Recycling *n;* **~lü** abwechselnd; Recycling-; **~lü kâğıt** Recyclingpapier *n*

dördün Mondviertel *n;* Quartal *n;* **~cü** viert...

dördüz Vierling *m*

dört (*-dü*) vier; (die) Vier; **~ almak** *öğrenci*: e-e Vier bekommen; **~ başı mamur** in bester Verfassung; erstklassig; **~ gözle beklemek** sehnsüchtig erwarten; **~ işlem** *Mat.* (die) vier Rechnungsarten; **~ taraftan** auf allen Seiten; **dünyanın ~ bucağından** aus allen Himmelsrichtungen

dört|ayak vierbeinig; auf allen vieren; **~gen** Viereck *n;* viereckig, quadratisch; **~köşe** Quadrat..., quadratisch; **~lü** *Müz.* Quarte *f;* **~lük** (*-ğü*) *Müz.* Viertelnote *f;* Viereinheit *f*

dörtnal Galopp *m;* **~a** im Galopp; **~a gitmek** galoppieren

dörtyol: ~ağzı (Straßen-)Kreuzung *f; mec.* Drehkreuz *n*

döşe|k (*-ği*) Matratze *f;* Bett *n;* **~ğe düşmek, ~k esiri olmak** bettlägerig sein; **~kli** *zemin*: ausgelegt (mit *D*); möbliert; **~me** Boden *m;* Möbel *n/pl,* Mobiliar *n;* **~meci** (Polster-) Möbelhändler *m;* Tapezierer *m;* Parkettleger *m;* Dekorateur *m;* **~mek** (*-i*) *halı vs.* auslegen; *yol* pflastern; *sandalye* polstern; *oda* möblieren, einrichten; **~nmek** *edil.* → **döşemek**

dövdürmek *ettir.* → **dövmek**

döver → **dövmek**

döviz *Tic.* Devisen *pl;* **~ tahditleri** Devisenbeschränkungen *f/pl*

döv|me → **dövmek**; Tätowierung *f; hayvan*: Brandmal *n; metal*: gehämmert; Schmiede... (*demir*); **~ dondurma** Eisgetränk *n;* **~mek** (*-er*) (*-i* j-n) schlagen, prügeln; zerstoßen; *demir* schmieden; *metal* behämmern; **~ülmek** beschossen werden, → **dövmek**; **~ünmek** sich (selbst) schlagen; *mec.* sich zerreißen (*-e* wegen *G*)

dövüş Schlägerei *f,* Handgemenge *n;* Kampf *m;* **~ken** kämpferisch; raublustig, streitsüchtig; **~kenlik** (*-ği*) Kampflust *f;* Rauflust *f;* **~mek** (*ile*) sich schlagen (mit j-m); miteinander kämpfen (*veya* boxen)

Dr. *kıs.* = **doktor**

drahmi (griechische) Drachme

draje Dragée *n*

dram Drama *n;* **~atik** dramatisch

dramatize: ~ etmek *mec.* dramatisieren

dua Gebet *n;* Fürbitte *f;* **~ etmek/ okumak** beten (*-e* für *A*)

dubara *tavla*: Zweierpasch *m*

dubl|aj [lâ] *film*: Synchronisierung *f;* **~aj yapmak** synchronisieren; **~e** doppelt, zweifach; (ein) Doppelter *rakı vs.;* **~eks: ~eks daire** Maisonnette-Wohnung *f;* **~ör** Double *n;* (Synchron-)Sprecher(in *f*) *m*

dudak Lippe *f;* **alt ~** Unterlippe *f;* **üst ~** Oberlippe *f*

dul verwitwet; Witwe *f;* Witwer *m;* **~ kalmak** Witwe(r) werden

duman Rauch *m, ateş*: Qualm *m; hava*: Dunst *m;* Nebel *m;* P Stoff *m;* P mies; muhig; **~ bulutu** Rauchwolke *f;* **~ attırmak** j-n dauernd schikanieren; **~a boğmak** qualmen; **~ etmek**

dumancı 82

F versauen; Glück haben; ~ *olmak kişi*: F verduften
duman|cı F Rauschgiftsüchtige(r m) f; **~lamak** (-i) balık räuchern; *mec.* trüben; **~lanmak** geräuchert werden; *mec.* e-n Schwips bekommen; **~lı** Rauch...; Nebel...; verrußt; vernebelt; neblig (*hava*)
dumur Verkümmerung f; *Tıp* Atrophie f; **~a uğramak** verkümmern
duo Duett n
dur → *durmak*; halt!, (e-n) Moment mal; **~ bakalım** warten wir mal ...
durağan stabil; stationär; ortsfest; *mec.* unbeweglich, tatenlos
durak (-ğı) Haltestelle f, *çalışma*: Pause f; **~lama** Stoppen n, Stopp m; (Marsch-)Pause f; Schwanken n, Unschlüssigkeit f; **~lamak** halten, stoppen; stehen bleiben; stocken (*az. konuşurken*); **~lamadan** unentwegt, ständig; **~samak** zögern; innehalten; **~sız** pausenlos
durdurmak (-i) anhalten; *gnl.*, *az. deneyleri* einstellen
durgun *deniz*: ruhig; *sular*: stehend; *Tic.* flau, ruhig; *kişi*: matt, teilnahmslos; **~laşmak** zum Stehen kommen; *kişi*: nachdenklich (*veya* still) werden; *mevsim*: sich beruhigen; *rüzgâr*: sich legen; **~luk** (-ğu) Stockung f, Stillstand m; *Tic.* Flaute f, Apathie f
dur|mak (-ur) (hier-, da)bleiben; stehen bleiben, (an)halten; *yağmur*: aufhören; *saat*: stehen bleiben; *dünya*: bestehen; *~!* halt!, stopp!; *içim ~amıyor* ich habe keine Geduld mehr, ich halte es nicht mehr aus; -e *karşı soğuk ~mak* j-n kühl behandeln; *...ip ~mak*, -e *~mak*, -a *~mak* ununterbrochen et. tun, *örn.* **okuyup ~mak** pausenlos lesen; -in *üstünde/üzerinde ~mak* erörtern, diskutieren (*A*); betonen (*A*), hinweisen (auf *A*); **~madan**, **~maksızın**, **'~mamaca(sına)** ununterbrochen, ständig, pausenlos; Dauer...; *-dan* **~amamak** nicht anders können als ...; **~up ~up** von Zeit zu Zeit, häufig; **~up ~urken** ohne ersichtlichen Grund; auf einmal; **şöyle ~sun** nicht zu sprechen (von *D*); geschweige denn
duru: **~ beyaz** blütenweiß; **~lamak** çamaşır spülen
durulmak[1] *v/i sular*: sich klären; sich beruhigen; *gürültü*: sich legen
durul|mak[2] → *durmak*; *burada ~maz* Halten verboten
duruluk (-ğu) Klarheit f, Reinheit f
durum Lage f, Situation f; Zustand m; Fall m (*az. Gr.*); **geçim ~u** Lebensbedingungen f/pl; **hava ~u** Wetterlage f; **sağlık ~u** Gesundheitszustand m; **kaybolması ~unda** im Falle des Verlustes; **~ almak** Stellung nehmen; e-e bestimmte Haltung einnehmen; *... ~a gelmek* ... werden; **güç bir ~a düşmek** in e-e schwierige Lage geraten
durur → *durmak*
duruş *is.* → *durmak*; *az. Psi.* Haltung f; **~ mesafesi** *oto*: Bremsstrecke f; **~ma** (Gerichts-)Verhandlung f, Prozess m
duş Dusche f; **~ almak/yapmak** (sich) duschen
dut (-tu) Maulbeere f; **~ gibi olmak** F völlig blau sein
duvak (-ğı) Brautschleier m
duvar Wand f (*az. mec.*); Mauer f; **~ kâğıdı** Tapete f, **~ları kâğıtla kaplamak** tapezieren; **ses ~ı** Schallmauer f; **~ gibi** stocktaub; sehr haltbar; **~cı** Maurer m
duy *ampul*: Fassung f; *Tek.* Buchse f
duyar → *duymak*
duyarlı sensibel; empfindlich; sentimental; **ışığa ~** lichtempfindlich
duygu Gefühl n, Empfindung f; **~ organı** Sinnesorgan n; **güzellik ~su** Schönheitssinn m; **sorumluluk ~su** Verantwortungsgefühl n; **vatan ~su** Vaterlandsliebe f; **~larıyla** gefühlsmäßig; **~cu** rührselig, sentimental
duygulan|dırmak (-i) j-n bewegen, beeindrucken; **~ım** Empfindung f; **~mak** beeindruckt (*veya* gefesselt) werden; gerührt werden (*-den* von *D*); *-den* **çok ~dım** ich bin tief bewegt von (*D*)
duygu|lu, **~sal** gemütvoll; feinfühlig; **~suz** unempfindlich; herzlos
duyma Wahrnehmung f
duymak (-ar) (-i) hören, erfahren; fühlen; wahrnehmen, beobachten; *gurur vs.* empfinden; *özlem* verspüren (*-e* nach *D*); **ihtiyaç ~** für nötig erachten

duymaz taub; empfindungslos; **~lıktan gelmek** sich taub stellen
duyu (*işitme, görme vs.*) Sinn *m*; **~ organı** Sinnesorgan *n*
duyul|mak wahrgenommen, beobachtet werden; **~ur ~maz** kaum hörbar; kaum erfahren; **~madık** unerhört; ungewöhnlich; **~mamış** unerhört, beispiellos; **~ur** wahrnehmbar
duyum Empfindung *f*, Wahrnehmung *f*; Tastsinn *m*; **~sal** wahrnehmbar; sensorisch; **~samazlık** (-ğı) Apathie *f*
duyur|mak hören lassen; mitteilen, bekannt geben (*-i -e* j-m et.); *sesini* seine Stimme erheben; **~u** Bekanntgabe *f*
düdü|k (-ğü) Pfeife *f*; *oto*: Hupe *f*; Horn *n*; *mec*. Döskopf *m*; **~k çalmak** pfeifen; **alarm ~ğü** Alarmsirene *f*; **başlama ~ğü** *Spo*. Anpfiff *m*; **~k gibi** schrill; hauteng; **~klü** Pfeif...; **~klü tencere** Schnellkochtopf *m*
dü'ello Duell *n*; **~ etmek** sich duellieren
düğme Knopf *m*; *El. a*. Schalter *m*; **~ deliği** Knopfloch *n*; **~lemek** *v/t* zuknöpfen; **~li** Knopf...; (zu)geknöpft
düğüm Knoten *m*; *Tek*. Bündel *n*; *Anat*. Nervenknoten *m*; **~lemek** *v/t* zuknoten, verknoten; e-n Knoten machen; **~lenme** Verknotung *f*; **bağırsak ~lenmesi** *Tıp* Darmverschluss *m*; **~lenmek** (in der Kehle) stecken bleiben (*az. mec.*); *mec*. verstrickt sein (in *D*); *trafik*: (völlig) stocken; **~lü** verknotet; geknotet
düğün Hochzeit *f*; (Familien-)Fest *n*; F Fete *f*; **~ kurmak/yapmak** Hochzeit feiern; **~ bayram etmek** laut feiern; **sünnet ~ü** Beschneidungsfest *n*
dük (-kü) Herzog *m*
dükkân Laden *m*, Geschäft *n*; **bakkal ~ı** Lebensmittelgeschäft *n*; **berber ~ı** Frisiersalon *m*
dülger Zimmermann *m*
'dümdüz völlig eben, flach; direkt; *kişi*: borniert
dümen Steuer *n*, Steuerruder *n*; Ruder *m*; P Schwindel *m*; Kniff *m*; **~ kırmak** *Gemi*. den Kurs ändern; **~i kırmak** F sich davonstehlen; (**~i**) **kullanmak** steuern, lenken; **~ci** Steuermann *m*; F Gauner *m*

dün gestern; Vergangenheit *f*; **~ bir bugün iki** in so kurzer Zeit; **~ akşam** gestern Abend; **~den** von gestern, gestrig; (schon) am Vortage; **~den bugüne** von heute auf morgen; **~den hazır/razı** er brennt nur darauf; **~kü** gestrig
dünür Eltern *pl* des Schwiegersohns *veya* der Schwiegertochter; Brautwerberin *f*
dünya Welt *f*; Erde *f*; Diesseits *n*; alle, die ganze Welt, alle Welt; **~ adamı** Weltmann *m*; welterfahrener Mensch; **~ evine girmek** in den Ehestand treten; **~ görmüş** weit herumgekommen; **~ görüşü** Weltanschauung *f*; **~ piyasası** Weltmarkt *m*; **~ şampiyonu** Weltmeister *m*; **~da** (*yapmam vs*.) *mec*. nicht um die Welt, keineswegs, niemals (tu ichs *vs*.); **~ya gelmek** *çocuk*: auf die Welt kommen; *-i* **~ya getirmek** zur Welt bringen; **~lık** (-ğı) weltlich; irdisch; Vermögen *n*; P Zaster *m*
'düpedüz ganz glatt; *bel*. glattweg
dürbün Opernglas *n*; Fernrohr *n*
dürmek (-er) *v/t* zusammenrollen; einrollen; *çamaşır* zusammenlegen
dürt|mek (-er) *v/t* leicht stechen; *dirsekle* stoßen; rütteln (*örn. omuzlarından* an den Schultern); *mec*. j-n anspornen, stimulieren; **~ü** Ansporn *m*; Stimulans *n*; **~üklemek** *v/t* rütteln; *mec*. warnen; **~üşmek** sich gegenseitig stoßen
dürüm Rolle *f*; *giysi*: Falte *f*; **~ ~** zusammengerollt
dürüst (-tü) richtig; ehrenhaft; gerecht
dürzü *küfür*: gemeiner Kerl!, Schuft!
düstur Gesetzessammlung *f*; *Tic*. Hauptbuch *n*; Arzneibuch *n*
düş Traum *m*; *az*. → *rüya*; Fantasie *f*; **~er** → *düşmek*
düşes Herzogin *f*
düşeş *tavla*: Sechserpasch *m*; Glücksfall *m*
düşey vertikal, senkrecht
düşkün heruntergekommen; verarmt; (*örn. kumara* dem Glücksspiel) verfallen; -süchtig; **~ler evi** Obdachlosenheim *n*; **~leşmek** verarmen; verkommen
düşman Feind *m*, Gegner *m*; feind-

düşmanca

lich; **amansız ~** Todfeind *m*; **~ca** feindselig

düşme → *düşmek*; **elden ~** gebraucht; *giysi:* abgetragen

düşmek (-er) fallen; hinfallen; herunterkommen, verarmen; (*örn. hastalıktan* durch Krankheit) abnehmen; (-*e* in e-e Lage, Angst) geraten; passen, wirken, sich machen (-*e* zu); *insanlar.* strömen (-*e* auf, in *A*); verlieren (-*den* an); *Tıp* e-e Fehlgeburt haben; *uçak:* abstürzen; *ısı:* zurückgehen; sich (*oyuna* dem Spiel) hingeben; (*hastaneye* ins Krankenhaus) kommen; (*bye* irgendwo) auftauchen, herkommen; (*hesaptan* von der Rechnung) abziehen; *yoksul, yorgun vs.* werden; **şüpheye ~** Zweifel hegen; **dokuzdan iki düş(tü)** neun minus zwei; **fırsat düşerse** wenn sich die Gelegenheit bietet; **düşüp kalkmak** (intime) Beziehungen haben (*ile zu D*)

düşük (-ğü) niedrig; abfallend (*omuzlar*); *Tıp* Fehlgeburt *f*; gestürzt; ehemalig (*hükümet vs.*); *etek:* heruntergerutscht; **~ basınç** Tiefdruck *m*; **~ etek** schlampig; **~ ücretli** ... mit niedrigem Einkommen; **~ yapmak** e-e Fehlgeburt haben

düşülmek → *düşmek*

düşün Idee *f*; Auffassung *f*

düşünce Gedanke *m*; Auffassung *f*, Meinung *f*, Urteil *n*, Gesichtspunkt *m*; Sorge *f*; **~ içinde** nachdenklich; **art ~** Hintergedanke *m*; **beni bir ~ aldı** ich machte mir Sorgen; **~li** nachdenklich; **~siz** gedankenlos, unüberlegt; sorglos

düşündür|mek (-*i*) j-n nachdenklich stimmen; j-n beunruhigen; **~ücü** beunruhigend; bedenklich

düşün|ebilecek denkbar (*az* niedrig), **~me** Denken *n*; Überlegung *f*; **~mek** (-*i*) denken (an *A*); sich et. ausdenken; beabsichtigen (zu + *Infinitiv*); sich kümmern (um *A*), denken (an *A*); sich Sorgen machen (um *A*); **~sel** Denk...; gedanklich

düşün|ülmek gedacht (*veya* geplant) werden; **~ülemez** undenkbar; **~ür** Denker *m*; **~üş** Gedankengang *m*; Denk...; Weltanschauung *f*

düşürmek (-*i*) fallen lassen (*A*); j-n zu Fall bringen; *Hava.* zum Absturz bringen; fällen; e-e Fehlgeburt haben; *hükümet* stürzen; **çocuk ~** eine Fehlgeburt haben; -*i* **çarpıp ~** j-n umrennen; **ucuza ~** et. billig erwerben, F ergattern; (*zayıf*) **~** schwächen

düşür|ücü senkend, herabsetzend (*özl. Tıp*); **~ülmek** *edil.* → *düşürmek*

düz *yer:* eben, flach; *çizgi:* gerade; *hareket:* geradlinig; *saç:* glatt; *kumaş:* einfarbig, uni; Ebene *f*; **~ bağırsak** Mastdarm *m*; **'~ce** ziemlich eben; ehrlich; kurz und gut

düzelmek *hasta:* sich erholen; *hava:* sich bessern

düzelt|ici Korrektor *m*; ordnend; **~me** Berichtigung *f*; → *düzeltmek*; **~mek** *gnl.* glätten; *gözlük* zurechtrücken; *hata* beheben, verbessern; *giysi* ausbessern; *örn.* oda aufräumen

düzen Ordnung *f* (*az. Pol.*); Organisation *f*; *Pol.* System *n*; Regime *n*; *gnl.* Harmonie *f*; *Tek.* Einrichtung *f*; *mec.* Trick *m*, List *f*; **~e koymak/sokmak** in Ordnung bringen; regeln, ordnen; **~ kurmak** ordnen; *mec.* Ränke schmieden; **~baz** Gauner *m*

düzen|ek (-ği) Mechanismus *m*; **~leme** Ordnung *f*, Regelung *f*; Regulierung *f*; *Müz.* Arrangement *n*; **~lemek** ordnen; aufräumen; *toplantı vs.* veranstalten, organisieren; **~lenmek** *edil.* → *düzenlemek*; **~leyici** Regulator *m*; **~li** in Ordnung gebracht, geregelt; regelmäßig; **~siz** ungeordnet; unordentlich; unsystematisch; unharmonisch; *rüzgâr:* wechselnd

düzer → *düzmek*

düzey Niveau *n*; Standard *m*

düzgün glatt; eben; systematisch; organisiert; tadellos; fehlerfrei *konuşmak*; *giysi:* adrett; **~lük** (-ğü) Glätte *f*; Ebenheit *f*; Regelmäßigkeit *f*

dü'zine Dutzend *n*; *mec.* e-e (ganze) Menge

düz|lem Ebene *f*; Fläche *f*; **~lemek** (-*i*) glätten; ebnen (*A*); **~lük** (-ğü) ebene Fläche; **~mek** (-er) (-*i*) ordnen; zustande bringen; P in n vögeln; **~ülmek** *edil.* → *düzmek*; **yola ~** sich auf den Weg machen

'düzyazı Prosa *f*

Dz. *kıs.* = *deniz* See *f*; Marine *f*

E

eba|t (-dı) Maße *n/pl*, Format *n*; **~dında** in der Größe von
ebe Hebamme *f*; *çocuk oyununda*: Anführer *m*
ebedi ewig; endlos
ebe'diyen *bel*. ewig, auf immer
ecdat (-*adı*) Ahnen *pl*, Vorfahren *pl*
ecel Todesstunde *f*; **~ teri dökmek** Todesängste ausstehen
Ecz. *kıs.* = **eczane** Apotheke *f*
ecza (-aı) Pharmazeutika *n/pl*; **~cı** Apotheker(in *f*) *m*; Pharmazeut(in *f*) *m*; **~cılık** (-ğı) Pharmazologie *f*; Apothekerberuf *m*; **~(h)ane** Apotheke *f*
eda Manieren *pl*, Ton *m*; Miene *f*; **sevimli bir ~** gute Manieren *pl*; **~lı** charmant, reizend; prüde, geziert
edebi literarisch, Literatur...; **~yat** (-atı) Literatur *f*, **~yatçı** Literat *m*; → **yazar**
e'deme|mek nicht sein können ohne ...; **ben onsuz ~m** ich kann nicht ohne ihn (*veya* sie) sein; **ben onunla ~m** ich kann mit ihm (ihr) nicht auskommen; **okumadan ~m** ich muss unbedingt lesen
edep (-bi) Anstand *m*, gutes Benehmen; **~ etmek** sich genieren, verlegen sein; **~li** höflich; anständig; verlegen; **~li ~li** ganz bescheiden; **~siz** unhöflich; frech; **~sizleşmek** sich frech benehmen; **~sizlik** (-ği) Unhöflichkeit *f*; Unverschämtheit *f*
eder Preis *m*; → **etmek**
edilgen *Gr.* Passiv *n*; passiv (*Verb*); **~lik** (-ği) Passivform *f*
edilgin passiv
edilmek *edil*. → **etmek**
edinmek erwerben; *alışkanlık* annehmen; *para* sich verschaffen; *oğlu ~* e-n Jungen adoptieren
edip (-bi) Schriftsteller *m*; gut erzogen
efe *bölgesel*: älterer Bruder; junger Bursche; *Trh.* Partisan *m*
efekt (-ti) Effekt *m*, Wirkung *f*
efektif *Tic.* verfügbar; bar
e'fendi *Trh.* Herr *m*; **Hasan ~** Herr Hasan; Besitzer *m*; **~den adam** anständiger Mensch; **~ce** aristokratisch, vornehm; anständig; **~lik** (-ği) Vornehmheit *f*; Anständigkeit *f*; **~lik sürenler** (die) Machthaber
e'fendim **~ !** jawohl; hier (bin ich); **~ ?** bitte?, wie bitte?
efkârlı sorgenvoll, betrübt
eflatun ~ (*renkli*) hellviolett
efor Anstrengung *f*
efsane Märchen *n* (*az. mec.*); Sage *f*
'Ege: **~ Bölgesi** Ägäisregion *f*; **~ Denizi** Ägäisches Meer, Ägäis *f*
egemen Herrscher *m*, Souverän *m*; *sıf.* souverän; herrschend; überlegen; **~lik** (-ği) Souveränität *f*; Hegemonie *f*; **hava ~liği** Lufthoherrschaft *f*
ego|ist (-ti) Egoist *m*; **~istlik** (-ği), **~izm** Egoismus *m*
eg'zama *Tıp* Ekzem *n*, Ausschlag *m*
egzersiz Übung *f*; Training *n*; **~ yapmak** trainieren
egzost (-tu), **egzoz** *Tek.* Auspuff *m*; **~** (**gazları**) Abgase *n/pl*; **~ katalizatörü** Abgaskatalysator *m*; **~ supabı** Auspuffventil *n*
eğe Feile *f*; **~lemek** (-i) feilen
'eğer¹: **~ ... -se** wenn, falls; **~ hava güzel olursa ...** wenn das Wetter schön ist
eğer² → **eğmek**
eğik geneigt, schief; **~lik** (-ği) Neigung *f*
eğili geneigt; *Fahne*: auf halbmast (gesetzt); **~m** Neigung *f* (*az. mec.*); Tendenz *f*; Hang *m*; Trend *m*; *Pol*. Einstellung *f*, **~mli** mit e-r Neigung, mit e-m Gefälle
eğilme geneigte Ebene; Ausschlag *m*; **~k** sich beugen, sich bücken; *mec.* sich unterwerfen; *örn. Glas*: (um)kippen; schief stehen; (-*e*) *mec.* sich *mesele* annehmen; **~mezlik** (-ği) Unbiegsamkeit *f*, *mec.* Unbeugsamkeit *f*; **~z** unbiegsam; *mec*. unbeugsam
eğim Neigung *f*, Gefälle *n*; Krümmung *f*, **~li** geneigt (*az. mec.*)
eğirme Spinnen *n*; **~k** spinnen
eğit|ici Erzieher(in *f*) *m*, Lehr...; **~ilmek** *edil*. → **eğitmek**
eğitim Erziehung *f*; Ausbildung *f*, Schulung *f*; *Zoo.* Dressur *f*; **~ bilimi** Pädagogik *f*; **~ görmek** ausgebildet

eğitimci

werden; *milli* ~ *bakanı* Erziehungsminister *m*; *halk* ~*ı* Volksbildung *f*; *mesleki* ~ Berufsausbildung *f*; ~**ci** Erzieher(in *f*) *m*; Pädagoge *m*, -in *f*; Dompteur *m*; ~**li** erzieherisch, Erziehungs...; erzogen; dressiert; ~**sel** erzieherisch, pädagogisch; ~**siz** ohne Erziehung, ohne Ausbildung; nicht dressiert

eğit|mek *v/t* erziehen; ausbilden; *Tier* dressieren; ~**men** Erzieher *m*; *köy* ~**meni** Dorflehrer *m*; ~**sel** erzieherisch

eğlemek (-*i*) j-n aufhalten; zerstreuen

eğlence Vergnügen *n*, Unterhaltung *f*, Spaß *m*; lustige Gesellschaft; ~**li** unterhaltsam; lustig

eğlendir|ici amüsant, lustig, komisch; ~**mek** (-*i*) j-n aufhalten, F festhalten; j-n amüsieren, erheitern

eğlenmek sich amüsieren, *Ed.* sich vergnügen; (noch) bleiben, *Ed.* verweilen; sich lustig machen (*ile* über *A*)

eğlenti Zerstreuung *f*, Unterhaltung *f*, kleine Gesellschaft, Vergnügen *n*

eğ|mek (eğer) *v/t* schief halten, neigen; kippen; biegen; *öne doğru* ~**mek** nach vorn beugen; ~**mel** gebogen

eğreti provisorisch, Not..., behelfsmäßig; künstlich; Ersatz...; wacklig; ~ *almak* leihweise nehmen; ~*ye almak* abstützen

eğretileme Metapher *f*

eğri krumm (*çizgi*); geneigt, schief (*duvar*); *mec.* falsch, unredlich; Krümmung *f*; Zickzack *m*; Kurve *f*; *örn. sıcaklık* ~*si* Temperaturkurve *f*; ~ *gitmek* vom Kurs abweichen; ~ *söz* böses Wort; ~**k** krumm, verbogen; ~**lik** (-ği) Krümmung *f*, Windung *f*; Neigung *f*; Wölbung *f*; *mec.* Winkelzüge *m/pl*

eğri|lmek sich verbiegen; sich verziehen; ~**iltmek** (ver)biegen, krümmen; verziehen

eğritmek (ver)biegen; *yüz* verziehen

eh *ünl.* nun ja; na ja

-e hali Dativ *m*

ehemmiyet (-ti) → *önem*; ~**le** *rica etmek*: inständig; ~**li** → *önemli*; ~**siz** → *önemsiz*

ehil (ehli) Gesellschaft *f*; Fachmann *m*

ehlileş|mek → *evcilleşmek*; ~**tirmek** → *evcilleştirmek*

ehliyet (-ti) Fähigkeit *f*; Begabung *f*, Qualifikation *f*; *şoför* ~*i* Führerschein *m*; ~**le** qualifiziert, kompetent; ~**li** qualifiziert; ... mit Führerschein; ~**name** Zeugnis *n*, Befähigungsnachweis *m*; *şoför* ~*namesi* Führerschein *m*; ~**siz** unbegabt, unfähig; ohne Führerschein

ehven billig, preiswert; vergünstigt; günstiger, vorteilhafter (-*den* als)

ejder(ha) Drache *m*; große Schlange *f*

ek (eki) *mektup*: Anlage *f*; *gazete*: Beilage *f*; Anhang *m*; *Tek.* Ansatzstück *n*; Endung *f*; zusätzlich; Zusatz...; *ev.* Neben...; -*e* ~ *olarak* zusätzlich (zu *D*); ~ *iş* Nebenarbeit *f*

ekarte: ~ *etmek* ausrangieren

eker → *ekmek*¹

ekici Anbauer *m*; Züchter *m*

ekil|i besät, bestellt; ~*i arazi* Anbaufläche *f*; ~**mek** bebaut werden

ekim (*az.* ~ *ayı*) Oktober *m*; Aussaat *f*; ~ *ayında* im (Monat) Oktober; ~ *makinesi* Sämaschine *f*

ekin Saat *f*; Anbau *m*; ~ *biçmek* Getreide *n* ernten; ~ *ekmek* Getreide *n* säen; ~**ci** Landmann *m*; ~**cilik** (-ği) Landwirtschaft *f*; ~**lik** (-ği) bestelltes Feld

eki|p (-bi) *gnl.* Mannschaft *f*; Gruppe *f*; Trupp *m*; Belegschaft *f*; Schicht *f*; *kurtarma* ~ Rettungsmannschaft *f*; *üç* ~*ple çalışmak* in drei Schichten arbeiten; ~**pman** Ausrüstung *f*, Ausstattung *f*

eklem *Anat.* Gelenk *n*

ekle|me Ansatz *m*; Zusatz *m*; Verlängerung *f*; ~**mek** *v/t* verlängern; annähen (-*e an A*); ansetzen (-*e an A*); hinzufügen (-*e D*); *para* zusammenlegen

ekle|mlemek *v/t* vereinigen (-*e an A*); angliedern (-*e an A*); ~**nik** angeschlossen; ~**nti** Anbau *m*; Zusatz *m*; Ansatz(stück *n*) *m*

ekli verlängert; angesetzt, angefügt; zusammengelegt; ~ *püklü* zusammengeflickt

ekmek¹ (-er) säen (-*i* -*e* et. auf *D*); (-*i*) *tarla* bestellen; (*bşi yemeğe* et. ins Essen) streuen, tun; (-*i*) F verschleudern; vergeuden; F *bşi* verlieren; *Oto.* überholen (-*i* j-n)

ekme|k² (-ği) Brot *n*; Lebensunterhalt *m*; **beyaz ~k** Weißbrot *n*; **çavdar ~ği** Schwarzbrot *n*; Roggenbrot *n*; **~ğini çıkarmak/kazanmak** sein Brot verdienen

ekmek|çi Bäcker *m*; **~çilik** (-ği) Bäckerhandwerk *n*

ekol → **okul**

ekoloji Ökologie *f*; **~k** ökologisch

ekonomi Wirtschaft *f*; Ökonomie *f*, Wirtschaftskunde *f*; Wirtschaftlichkeit *f*; **~k** wirtschaftlich, ökonomisch; Wirtschafts...; **~k yükseliş** wirtschaftlicher Aufschwung

ekran *sinema*: Leinwand *f*; Fernseh-, Bildschirm *m*; **~ sürücüsü** Bildschirmtreiber *m*

ekselans [lâ] Exzellenz *f*

eksen *gnl.* Achse *f*; **~el** Achsen..., Axial...

ekser (die) meisten; **~i günler** die meisten Tage; **~i insanlar** die meisten Menschen; **~i** (die) meisten, (die) Mehrheit

'ekseriya sehr oft; meist(ens)

ekseriyet (-ti) Mehrheit *f*; **~le** meistens; mit Stimmenmehrheit

eksi minus; **beş ~ üç** fünf minus drei; *Mat., Fiz.* negativ; Minus...

eksik (-ği) Mangel *m*; Lücke *f*; unvollständig, mangelhaft; ungenügend; fehlerhaft, defekt; *Lohn*: kümmerlich; *El.* negativ (geladen); **~etek** altes Weib; **-i ~ etmemek** immer da haben; weiter et. tun; **~ gelmek** nicht genügen, nicht reichen; **~ olmamak** immer da sein; es fehlt nicht (an *D*); **~ olma!** vielen Dank!; **~ 'olmasın!** möge er glücklich werden!, ihm sei gedankt!; **~ olsun alay** darauf kann man verzichten; **bir bu ~tı!** das hätte noch gefehlt!

eksik|li bedürftig; nötig *sein*; defekt; unvollkommen; **~lik** (-ği) Mangel *m* (an *D*); Unzulänglichkeit *f*; Defekt *m*; **~siz** vollkommen; fehlerfrei; einwandfrei

eksil|me Verminderung *f*, Kürzung *f*, Senkung *f*; **~mek** weniger werden; abnehmen; **~tme** Verminderung *f*, Begrenzung *f*; *Tic.* Ausschreibung *f*; **~tmek** *v/t* vermindern, herabsetzen; begrenzen

ekspres Express *m*, Schnellzug *m*; Schnelldampfer *m*; Express... (*mektup*); Schnell... (*yol*)

'ekstra hochwertig; extra

ekşi sauer; scharf; **~ce** säuerlich; **~lemek** *v/t* säuern; **~li** säuerlich; **~lik** (-ği) Säure *f*, **~mek** sauer werden; *mec.* e-e saure Miene machen; *midesini* sich verderben; F verlegen werden; F stur sein

ekşimsi säuerlich

ekşitmek säuern; F j-n blamieren

ekti Schmarotzer *m*; **~ püktüler kişi** Schmarotzer *m/pl*

ekvator Äquator *m*; **~al** Äquatorial...

el¹ Hand *f*; Vorderfuß *m*; *e-e* Partie *f*, ein Spiel *n*; *oyunda*: Zug *m*; Reihe *f*; *mec.* Vermittlung *f*; Gewalt *f*; **~ altında bulundurmak** über et., j-n verfügen; **~ altında olmak** et. griffbereit haben; **~ altından** heimlich; *-e* **~ atmak** die Hand ausstrecken (nach *D*); greifen; sich interessiert zeigen (an *D*); **~ ayak** alle (Menschen); **~ ayası** Handteller *m*; **şimdi ~ bende!** jetzt komme ich (an der Reihe); **~ çabukluğu** Handfertigkeit *f*; *mec.* Gerissenheit *f*, **~ çantası** Handtasche *f*; **~ çırpmak** in die Hände klatschen; **~ değmemiş** ungebraucht; **~e** Hand in Hand *çalışmak*; **~e vermek** sich die Hände reichen; **~ emeği** manuelle Arbeit; handgearbeitet; *Lohn m*; **~ erimi** in Reichweite *f*; **~ etmek** j-m winken, j-n herbeiwinken; **~ freni** Handbremse *f*, **~ ile tutulur** *mec.* handgreiflich; **~ işi** Handarbeit *f*; **~ katmak** sich einmischen; eingreifen; *-e* **~ koymak** sich (*G*) annehmen; *mec.* in die Hand nehmen (*A*); beschlagnahmen; sich et. aneignen; **~ sanatları** Kunstgewerbe *n*; **~ sıkmak** j-m die Hand drücken; **~ sokmak** sich einmischen; **~ sürmek** *kişi* anrühren (*A*); *şey* berühren (*A*); **~ topu** Handball *m*; *-e* **~ vermek** j-m behilflich sein; **~ yazılı** handgeschrieben; **~ yazısı** *gnl.* Handschrift *f*, Manuskript *n*; **~ yazması** → **el yazısı**; handgeschrieben; **~ yordamıyla** durch Tasten; **~de mi?** (ganz) unmöglich!; **~deki** vorliegend, vorhanden; **~de bir** feststehend; **~de bulunmak** vorliegen; **~de edilmez** uneinnehmbar; **~de etmek** beschaffen;

ziehen; j-n abwerben; erobern; einnehmen; **~den** persönlich, selbst, von mir aus; **~den ağza yaşamak** von der Hand in den Mund leben; *-i* **~den bırakmak** verzichten (auf *A*); **~den çıkarmak** veräußern, abstoßen (*A*); **~den geçirmek** durchleben, überprüfen; **~den gelmek** machbar sein; möglich sein; F *para* rausrücken; *-memek* **~den gelmemek** nicht umhin können, zu ...; **~den gitmek** verloren gehen; **~e alınır** recht nützlich; **~e alınmaz** miserabel; *-i* **~e almak** *konu vs.* behandeln; *düşünce* aufgreifen; *-i* **~e geçirmek** fassen, F erwischen; einnehmen, übernehmen; **~e geçmek** in die Hände fallen; **~e vermek** j-n ausliefern, verraten; **~i açık** freigebig; **~i çabuk** flink; geschickt; **~i ağır** schwerfällig; unpünktlich; Aufrührer *m*; **~i boş** mit leeren Händen; mittellos; beschäftigungslos; **~i kolu bağlı** ihm sind die Hände gebunden; tatenlos (dastehen); *-de* **~i olmak** seine Hand (bei *D*) im Spiele haben; *-e* **~i varmıyor** ihm liegt et. nicht, ist et. nicht sympathisch; **~i yordamlı** bewandert, erfahren; **~inde bulunmak/olmak** haben; besitzen; beherrschen; **~inde ekşimek** liegen bleiben; **~inde kaldı** (er) ist die Ware nicht losgeworden; **~inden gelen (yapmak)** sein Möglichstes (tun); **~inden gelmek → elden gelmek**; **~inden gelirse ...** wenn es in seiner Macht steht, ...; **~inden tutmak** für j-n sorgen; *-in* **~ine almak** *mec.* et. in die Hand nehmen; j-s Kontrolle unterstellen; *-in* **~ine bakmak** auf j-n (materiell) angewiesen sein; *-in* **~ine geçmek** *para* verdienen, bekommen; **~ini sürmemek** nicht be-rühren; sich nicht herablassen; *-e* **~ini uzatmak** j-n unterstützen; *-den* **~ini yıkamak** die Finger von et. (*D*) lassen; **~ın altındadır** et. steht zu seiner (*veya* ihrer) Verfügung

el² Volk *n*; Land *n*; Heimat *f*; Fremde(r *m*) *f*; Außenseiter(in *f*) *m*; **~ gün** alle, (das) Publikum, die anderen; **~ oğlu** (der) Fremde

elâlem (die) Leute *pl*; (die) Welt

'elarabası (-nı) Handwagen *m*, Schubkarre *f*

elastik|(i) [lâ] elastisch, federnd, biegsam; **~iyet** (-ti) Elastizität *f*; Geschmeidigkeit *f*

'elbet, el'bette sicher; unbedingt

'elbirliği (-ni) Zusammenarbeit *f*; **~yle** mit vereinten Kräften

elbise Kleidung *f*; Kleid *n*; Anzug *m*; **~ci** Konfektionsgeschäft *n*

elçi Botschafter(in *f*) *m*, Delegierte(r *m*) *f*, Abgesandte(r *m*) *f*; **orta ~** Gesandte(r *m*) *f*; **~lik** (-ği) Botschaft *f*; Stellung *f* e-s Botschafters; **~lik uzmanı** (Botschafts-)Attaché *m*; **orta ~lik** Gesandtschaft *f*

eldiven Handschuh *m*

e'lebaşı (-yı) Anführer *m*, Chef *m*

elek (-ği) Sieb *n*; **~lemek** *v/t* durchsieben

elektrik (-ği) Elektrizität *f*; elektrisches Licht; elektrisch; **~ akımı** elektrischer Strom; **~ devresi** Stromkreis *m*; **~ anahtarı/düğmesi** (elektrischer) Schalter; **~ fabrikası, ~ santrali** Elektrizitätswerk *n*; **~ sigortası** elektrische Sicherung; **~ süpürgesi** Staubsauger *m*; **elektriği kesmek** Licht (*veya* Strom) ausschalten; **elektriği yakmak** Licht (*veya* Strom) einschalten; **~çi** Elektromonteur *m*, Elektriker *m*, Elektrotechniker *m*; **~çilik** (-ği) Elektrohandwerk *n*; **~çilik etmek/yapmak** Elektrotechniker *vs.* sein

elektrik|**lemek** elektrisieren; **~lendirmek** *v/t* elektrifizieren; elektrische Kraft erzeugen; *özl. mec.* elektrisieren, F anheizen; **~lenmek** elektrisiert werden; *mec.* nervös, gereizt werden; *hava*: geladen, schwül sein; **~leşmek** elektrifiziert werden; **~leştirilme** Elektrifizierung *f*; **~leştirmek** *v/t* elektrifizieren; **~li** elektrisch; gespannt (*az. mec.*), schwül; **~li arabası** Elektrokarren *m*; **~li tıraş** Trockenrasierer *m*; **~sel** elektrisch

elektrokardiyogram → kardiyogram

elektro|**manyetik** elektromagnetisch; **~motor** Elektromotor *m*

elektron Elektron *n*

elektronik Elektronik *f*; elektronisch; **~ beyin → bilgisayar**

elem Kummer *m*, Schmerz *m*

eleman Element *n* (*az. mec.*); *kişi* Spezialist *m*, Fachmann *m*, (Fach-)Kraft *f*

ele|me gesiebt; Ausscheidung *f*; Ausscheidungskampf *m*; Auslese *f*; (Vor-)Prüfung *f*; **~mek** *v/t* sieben; *mec.* sichten; auswählen; *Spo.* besiegen; *mec.* e-e Säuberung durchführen

element *Kim.* Element *n*

elem|li kummervoll; **~siz** sorglos

elenme *Spo.* Ausscheiden *n*; **~k** *edil.* → *elemek*; *Spo.* ausscheiden; *sınav:* ausgewählt werden

eleştir|el kritisch; **~i** Kritik *f*; Rezension *f*; **~iler** kritische Äußerungen *f/pl*; **~ici** Kritiker *m*; kritisch, prüfend; **~im** Kritik *f*; **~imsel** kritisch; **~me** Kritik *f*; Besprechung *f*; **~meci** Kritiker *m*; **~mek** *v/t* kritisieren; rezensieren, besprechen; **~meli** kritisch; **~men** Kritiker *m*

elhamdülillah Gott sei Dank!

elim schmerzlich, betrüblich

elips Ellipse *f*

eli̇şi (-ni) Handarbeit *f*

elle|mek *v/t* befühlen, betasten

elli fünfzig; (die) Fünfzig; **~lik** (-ği) fünfzigjährig; **~nci** fünfzigster

elma Apfel *m*; **~ ağacı** Apfelbaum *m*; **~cık** (-ğı) Backenknochen *m*

elmas Diamant *m*; Brillant *m*; Diamant...; Brillant... (*iğne*)

'elsanatları Kunstgewerbe *n*

elti (-ni) Schwägerin *f*

elveda (-ı) leb wohl!, lebt wohl!, adieu!

elveriş|li geeignet (*-e* für *A*); rentabel; **~lilik** (-ği) Eignung *f*, Rentabilität *f*; **~siz** (*-e*) ungeeignet (für *A*); untauglich; **~sizlik** (-ği) Untauglichkeit *f*

elver|mek (*-e*) reichen (*D*); (*özl. nicht*) günstig sein (für *A*); **~ir ki** es reicht

elyaf Garn *n*, Fasern *f/pl*

emanet (-ti) das (*-e* j-m) anvertraute Gut; *-i -e* **~ etmek** j-m et. anvertrauen; **~çi** Treuhänder *m*; Kommissionär *m*; Betreuer *m*

emaye emailliert

embriyon Embryo *m veya n*

emek (-ği) Mühe *f* (und Arbeit *f*); Arbeit *f*; **~ çekmek** sich anstrengen; **~çi** Werktätige(r *m*) *f*; werktätig

emeklemek *çocuk:* auf allen vieren kriechen; *mec.* herumprobieren

emekli[1] Rentner(in *f*) *m*; Pensionär(in *f*) *m*; *sıf. olarak:* ... im Ruhestand; pensioniert; **~ aylığı** Rente *f*; Pension *f*; **~ye ayırmak/çıkarmak** j-n in den Ruhestand versetzen; **~ye ayrılmak/çıkmak** *Huk.* in den Ruhestand versetzt werden; Rente *f* beziehen

emekli[2] mühsam, zeitraubend

emeklilik (-ği) (Versetzung *f* in den) Ruhestand; **~ dilekçesi** Antrag *m* auf Gewährung von Ruhegeld; **~ yaşı** Rentenalter *n*

emektar (-arı) (alt)bewährt, verdient; *şey:* ausgedient

emer → *emmek*

emici (an)saugend; **gürültü ~** schallschluckend, schalldicht

emilmek *edil.* → *emmek*

emin (-ini) *gnl.* sicher; *kişi:* zuverlässig; überzeugt (*-e* von *D*); *-den* **~ olmak** vertrauen (auf *A*), Vertrauen haben (zu *D*)

em|ir[1] (emri) Befehl *m*; Anordnung *f*; *-e* **~ir vermek** j-m e-n Befehl erteilen; (*-in*) **~r(iy)le** auf Befehl (*G veya von D*); **~ri altında** unter dem Befehl (*G*); *-i -in* **~rine vermek** j-m unterstellen (*A*); **ödeme ~ri** Zahlungsbefehl *m*

emir[2] Fürst *m*, Emir *m*; **~lik** (-ği) Emirat *n*

emisyon *Tic.* Emission *f*; **az ~u** abgasarm

emlâk (-âki) Immobilien *pl*, Grundbesitz *m*; **~çi** Immobilienhändler *m*

emme Saug... (*pompa*); Einlass... (*ventil*); **~k** (-er) (-i) saugen (an *D*); aufsaugen

emniyet (-ti) Sicherheit *f*; Vertrauen *n*; Polizei *f*; *Tek.* Sicherung *f*; **~ ve asayiş** öffentliche Ordnung; **devlet ~ organları** (die) Staatssicherheitsorgane *n/pl*; **iş ~i** Arbeitsschutz *m*; **~ supabı** Sicherheitsventil *n*; **~ kasası** Panzerschrank *m*; **~ kemeri** Sicherheitsgurt *m*; *-e* **~ etmek** sich verlassen (auf *A*); j-m vertrauen; j-m (*-i* et.) anvertrauen; **~li** zuverlässig; **~siz** unzuverlässig; **~sizlik** (-ği) Unzuverlässigkeit *f*

emperyal|ist (-ti) Imperialist *m*; imperialistisch; **~izm** Imperialismus *m*

empoze: ~ etmek *v/t* durchsetzen

'emr|etmek (-eder) befehlen (*-i -e* j-m et.); anordnen (*-i A*)
emsal (-ali) *kişi*: (die) Kameraden, (die) Altersgenossen; meinesgleichen, deinesgleichen *vs.*; *şey*: et. Vergleichbares; Präzedenzfall *m*; Beispiel *n*; *Mat.* Koeffizient *m*; **~ olmak** als Beispiel (*veya* Vorbild) dienen; **~i bulunmaz** unvergleichlich; **~i bulunmayan** noch nie da gewesen; **~siz** unvergleichlich; ungewöhnlich, großartig
emzik (-ği) Saugflasche *f*; Schnuller *m*; **~li** mit Schnuller, stillend (*anne*)
emzirmek (-i) stillen (*A*), die Brust geben (*D*)
en¹ Breite *f*; **~inde sonunda** schließlich, F letzten Endes; **~ine** in der Breite, ... breit; **~ine boyuna** imposant, stattlich; kreuz und quer; *mec.* lang und breit; **~ sonu** schließlich
en² bildet den Superlativ und Elativ; *örn.* **~ büyük** größt...; **~ çabuk** schnellst...; **~ iyi** best...; **~ yüksek** höchst..., am höchsten; **~ az** zumindest, wenigstens; **~ azından** wenigstens; **~ çok** am meisten; *zamansal* meistens; das meiste, die meisten; **~ çok beğenilen** Beliebteste(r *m*) *f*, die beliebtesten . . . ; **~ kısa dalgalar** Ultrakurzwellen *f/pl*; **~ sonra** ganz zum Schluss
encümen Ausschuss *m*, Komitee *n*
endeks Index *m*; **fiyat ~i** Preisindex *m*
endişe Unruhe *f*, Sorge *f*; **~ye kapılmak** sich beunruhigen; **~ etmek** befürchten; **~ verici** Besorgnis erregend; *-e* **~ vermek** j-m Sorge machen; **~lendirmek** (*-i* j-n) beunruhigen; **~lenmek** sich Sorgen machen; **~li** beunruhigend; **~sizlik** (-ği) Sorglosigkeit *f*
endüstri Industrie *f*; **~ci** Industrielle(r *m*) *f*; **~leştirilme** Industrialisierung *f*; **~leştirmek** *v/t* industrialisieren; **~yel** industriell
enerji Energie *f*; **~ kaynağı** Energiequelle *f*; **~ santrali** Elektrizitätswerk *n*; **nükleer ~** Kernenergie *f*
enerjisiz energielos; **~lik** (-ği) Energielosigkeit *f*
enfarktüs *Tıp* Infarkt *m*
enfes entzückend; F fesch
enfiye Schnupftabak *m*

enfeksiyon Infektion *f*
enflasyon [lâ] Inflation *f*
enformasyon Information *f*
enfra|kırmızı, ~ruj infrarot; **~strüktür** Infrastruktur *f*; → **altyapı**
engebe *Coğr.* Unebenheit *f*; **~li** uneben; **~lik** (-ği) Unebenheit *f*, Unebenheiten *f/pl*
engel Hindernis *n*; Barriere *f*; *-e* **~ olmak** behindern (*A*); **~lemek** *v/t* j-n hindern (*-i* an *D*); behindern, erschweren; **~li** Hindernis...; **~li koşu** Hindernislauf *m*
e'nginar Artischocke *f*
enikonu gehörig, ordentlich
enine Quer...; *Anat.* quer gestreift; Horizontal...
e'nişte Schwager *m*; Onkel *m*
enjek|siyon Injektion *f*, F Spritze *f*; **~te: ~te yapmak** e-e Spritze geben; **~tör** Spritze *f*
enkaz Trümmer *pl*; Wrack *n*
enlem *Coğr.* Breite(ngrad *m*) *f*
enli breit (liegend, *örn. kumaş*)
ense Nacken *m*; F Hinterteil *n*, Steiß *m*; **~ kökü** Nacken *m*; **~si geniş** dick, fett; reich; **~si kalın** mächtig; **~lemek** (*-e*) F j-n erwischen
ensiz eng; schmal (*az. dudak*)
enstantane *Fot.* Schnappschuss *m*
enstitü Institut *n*
enstrüman *Müz.* Instrument *n*; **~tal** instrumental
ensülin Insulin *n*
entegrasyon Integration *f*
entellektüel intellektuell; Intellektuelle(r *m*) *f*; geistig (*çalışma*)
enteresan interessant
enternasyonal international
en'trika Intrige *f*; **~cı** Intrigant *m*
envanter Inventar *n*; Bestand *m*; Inventur *f*; **~ yapmak** Inventur machen
'epey(ce) ziemlich, recht; ziemlich viel; eingehend (*uğraşmak*)
'e-posta (= **elektronik posta**) E-Mail *f*, elektronische Post
er¹ Mann *m*; *Ask.* Soldat *m*; Held *m*; (*işinin*) Kenner *m*; Meister *m*
er² → **erken**; **~ geç** früher oder später
erbaş Unteroffizier *m*
'erbezi (-ni) *Anat.* Hoden *m*
erdem Tugend *f*, **~li** tugendhaft
erdir|mek *ettir.* → **ermek**: reifen lassen *vs.*; *-e* **~mek** ein Ende machen

esir

(*D*); **bu işe akıl ~emedim** ich konnte es nicht fassen
erek (-ği) Ziel *n*
erer → **ermek**
ergen heiratsfähig; unverheiratet; **~lik** (-ği) heiratsfähiges Alter; Junggesellenleben *n*; *Tıp* Akne *f*
ergi|me Schmelzen *n*; **~me noktası** Schmelzpunkt *m*; **~mek** *v/i* schmelzen
ergin reif; *Huk.* volljährig, mündig; **~lemek** beibringen (-*i* -*e* j-m et.); **~leşmek** reif werden; mündig werden; **~lik** (-ği) Reife *f*; Volljährigkeit *f*
erik (-ği) Pflaume *f*
eril *Gr.* männlich, maskulin
erim Reichweite *f*, Aktionsradius *m*; **göz ~i** Sehweite *f*; **ses ~i** Hörweite *f*
erimek *v/i* schmelzen, sich auflösen; abnehmen, mager werden; *kumaş:* zerschleißen, dünn werden; *mec.* sich genieren
erinç (-ci) Ruhe *f*, Entspannung *f*; **~li** ruhig, entspannt
erişilmez unerreichbar
erişim Verbindung *f*; *Cmp.* (Datei-)Zugriff *m*
erişkin reif; volljährig; **~lik** (-ği) Reife *f*; Volljährigkeit *f*
erişmek (-*e*) erreichen, erlangen (*A*); *örn. bahar* erleben; *zaman:* kommen, eintreten
erişte Teigwaren *f/pl*; Seetang *m*
eriştirmek (-*i* -*e*) *ettir.* → **erişmek**; j-m et. verschaffen
erit|ici Löse...; **~me** Schmelzen *n*; **~mek** *v/t* schmelzen, auflösen; *para* vergeuden
eriyik (-ği) *Kim.* Lösung *f*
erk (-ki) Kraft *f*; Macht *f*; Einfluss *m*
erkân höhere Beamte *m/pl*; *Ask.* Generalität *f*, Stab *m*
erke *Fiz.* Energie *f*
erkek (-ği) Mann *m*; *Zoo.* Männchen *n*; männlich, maskulin (*az. mec.*); **~ çocuk** Junge *m*, *Ed.* Knabe *m*; **~ kardeş** Bruder *m*; **~ kedi** Kater *m*
er'kekçe männlich, kühn
erkek|leşmek mannbar werden; **~lik** (-ği) (das) männliche Geschlecht; *Tıp* Potenz *f*; Mannhaftigkeit *f*
erken früh; vorgezogen (*seçim*); **~ emeklilik** Vorruhestand *m*; **sabahın ~ saatlerinde** in den frühen Morgenstunden; **'~ce** ziemlich früh; **~ci** Frühaufsteher(in *f*) *m*; **~den** in aller Frühe
ermek (-*er*) (-*e*) gelangen (zu *D*); *amaç* erreichen; *ekin:* reifen
Ermeni Armenier(in *f*) *m*; armenisch; **Erme'nice** Armenisch *n*; **Ermenis'tan** Armenien
ermiş erwachsen; *Din.* Heiliger
eroin Heroin *n*
erozyon Erosion *f*
erte am Tage (*veya* in der Zeit) nach ...; *örn.:* **bayram ~si** der (*veya* am) Tag nach dem Fest; **savaş ~si** (in der) Nachkriegszeit; **yarın ~si** übermorgen; **~ki** morgig; **~lemek** *v/t* verschieben (-*e* auf); **borçları** stunden; *v/i* (stehen) lassen (-*e* bis); **~lenmiş** aufgeschoben, vertagt
ertesi folgend..., nächst..., *örn.* **~ günü** am nächsten Tag; **~ yıl** nächstes Jahr; im nächsten Jahr; *az.* → **erte**
erzak (-*akı*) Lebensmittelvorräte *m/pl*, Proviant *m*
esaret (-*ti*) Gefangenschaft *f*; Sklaverei *f*
esas (-*ası*) Grundlage *f*, Basis *f*; Wesen *n*, Inbegriff *m*; Grund..., Haupt..., wesentlich; *-in* **~larını koymak** den Grund(stein) legen (für *A*, zu *D*); **kullanma ~ları** Gebrauchsanweisung *f*; **~ itibariyle** im Wesentlichen, grundsätzlich; **~en** von vornherein, ein für alle Mal; sowieso; **~lı** grundlegend; gründlich; eindrucksvoll *konuşmak*; **~sız** unbegründet; **~sızlık** (-ğı) Grundlosigkeit *f*
esef Bedauern *n*; *-e* **~ etmek** et., j-n bedauern; **~le** leider; **~li** bedauerlich
esen gesund; klug; **~lik** (-ği) Gesundheit *f*
eser Werk *n*; Spur *f*, Anzeichen *n*; **hayat ~i** Lebenszeichen *n*; *az.* → **esmek**
esin Morgenwind *m*; Inspiration *f*, Einfall *m*; *-den* **~ almak** sich begeistern (für *A*); inspiriert werden (von *D*); **~lenmek** sich begeistern (für *A*), begeistert sein (von *D*); **~ti** Brise *f*, Lüftchen *n*; Bö *f*
esir Gefangene(r *m*) *m*; *mec.* Sklave *m*, -in *f*, Diener(in *f*) *m*; **~ düşmek** in Gefangenschaft geraten; **~ etmek** gefangen nehmen; **~ olmak** in Ge-

fangenschaft geraten; *mec.* abhängig werden (*-e* von *D*)

esirge|me Schutz *m*; **~mek** *v/t* schützen (*-i* *-den* j-n vor *D*); j-m (*-i* et.) versagen; zurückscheuen (vor *D*); **canını ~memek** sein Leben nicht schonen (**için** für *A*); **~mez** aufopfernd; **~mezlik** (*-ği*) Opferbereitschaft *f*; **~yici** schützend, Schutz...; scheuend; schonend

esirlik (*-ği*) Gefangenschaft *f*, *mec.* Abhängigkeit *f*

eski alt; ehemalig, früher... (*örn. müdür*), Ex... (*başkan*); veraltet (*moda*); **~ler** Ahnen *m/pl*; Vorläufer *m/pl*; Gerümpel *n*; **~ kafalı** rückständig, altmodisch; **~ püskü** Trödel *m*, alter Kram; **~si gibi** wie früher

eski|ci Altwarenhändler *m*; Flickschuster *m*; **~çağ** (*-ğı*) Altertum *n*, Antike *f*; **~den** früher, damals; **~den beri** seit langem; aus alten Zeiten; **~lik** (*-ği*) Baufälligkeit *f*; Antiquiertheit *f*; Antiquität *f*; **~mek** alt werden; veralten; *şey*: sich abnutzen; **~tmek** (*-i*) altern lassen, alt machen; *giysi vs.* abtragen

eskiz Skizze *f*

eskrim Fechten *n*, Fechtkunst *f*; **~ meçi** Florett *n*; **~ yapmak** fechten; **~ci** Fechter *m*

esmek (*-er*) wehen; *mec.* toben, wüten; j-m einfallen, kommen (auf *A*)

esmer braun, brünett; **~ bira** dunkles Bier

esna Moment *m*; Zeit *f*; **o ~da** in diesem Moment, gerade in dieser Zeit; *-diği ~da bağl.* während; im Laufe (*G*); **~sında** während, *örn.* **iş ~sında** während der Arbeit

esnaf Handwerk *n*; Handwerker *m*; Kleinhändler *m*

esnek elastisch; flexibel; **~leştirmek** elastisch, geschmeidig machen; **~lik** (*-ği*) Elastizität *f*, Flexibilität *f*

esne|mek gähnen; nachgeben, federn; sich weiten; **~tmek** *v/t* langweilen; ausweiten

espri Witz *m*, Bonmot *n*; Geist *m*; **... ~ içinde** im Geiste ...; **~li** geistreich, witzig

esrar[1] Haschisch *n*

esrar[2] (*-arı*) Geheimnis *n* (*az. pl*);

~engiz geheimnisvoll

esrarkeş Haschischsüchtige(r *m*) *f*

esrarlı geheimnisvoll; in Rätseln

es'tağfurullah keine Ursache!; (aber) ich bitte Sie!; nichts zu danken!

estetik (*-ği*) Ästhetik *f*; ästhetisch

estirmek *v/t* entfachen, anblasen; *mec.* anheizen; *hava*, *ortam* schaffen

Es'tonya Estland

eş Gegenstück *n*; Partner *m*; Ehemann *m*, Gatte *m*; Ehefrau *f*, Gattin *f*; **~ dost** gute Bekannte *pl*; **~i benzeri görülmemiş** unvergleichlich; **~i görülmemiş bir derecede** ohnegleichen

eşantiyon *Tic.* Muster *n*

eşarp (*-bı*) Schal *m*; Schärpe *f*

'**eş|biçim(li)** einheitlich, gleichartig; **~biçim(li)lik** (*-ği*) Gleichartigkeit *f*; **~cinsel** homosexuell; **~değer** äquivalent, gleichwertig; **~değerlik** (*-ği*) Gleichwertigkeit *f*

eşek (*-ği*) Esel *m* (*az. aptal*); **~ kafalı** F begriffsstutzig; **~ şakası** grober Scherz; **~ten düşmüşe dönmek** sich blamieren; **~lik** (*-ği*) Dummheit *f*; Grobheit *f*

eşelemek *v/t* aufwühlen; *sorun* zu ergründen versuchen, analysieren

eşer ~ eşmek

eşey Geschlecht *n*; **~li** geschlechtlich; **~siz** ungeschlechtlich

'**eşgüdüm** Koordination *f*; **~cü** Koordinator *m*

eşi|k (*-ği*) Schwelle *f* (*az. mec.*); *-in* **~ğine gelmek** (*veya* **yüz sürmek**) j-n beschwören, anflehen

eşinmek scharren; herumstöbern (in *D*)

eşit gleich (*az. Mat.*) (**ile** *D*); gleichartig; **~ haklı** gleichberechtigt; **~ haklılık** (*-ğı*) Gleichberechtigung *f*, **~lemek** *v/t* gleichmachen, ausgleichen; **~leyici** ausgleichend; **~lik** (*-ği*) Gleichheit *f*; **~siz** ungleich(artig); **~sizlik** (*-ği*) Ungleichheit *f*

eşkıya Bandit *m*, Rowdy *m*

eş|lemek paarweise einteilen, zusammenstellen; synchronisieren; **~leşmek** (**ile**) ähnlich werden (*D*); **~lik** (*-ği*) Ähnlichkeit *f*; *Müz.* Begleitung *f*; **~lik etmek** begleiten

eşmek (*-er*) *v/t* aufscharren, aufkratzen, aufwühlen; *mec.* durchforschen

eşofman Trainingsanzug *m*
eşraf Honoratioren *pl*
eşsiz allein; unvergleichlich
eşya *gnl.* Sachen *f/pl*, Gegenstände *m/pl*; **~ vagonu** Gepäckwagen *m*
et (eti) Fleisch *n*; Fruchtfleisch *n*; **~ kızartması** Braten *m*; **~ suyu** Fleischbrühe *f*; **~ tutmak** dick werden; F ansetzen; **diş ~i** Zahnfleisch *n*; **~le tırnak gibi** unzertrennlich (*dostlar*)
etajer Regal *n*, Büchergestell *n*
etap (-bı) Etappe *f*
etçil *Zoo.* Fleisch fressend, *az.* → *etobur*
ete|k (-ği) unterer Teil; Saum *m*; (Frauen-)Rock *m*; Fuß *m bir dağın*; **~k dolusu**, **~k ~k** reichlich, im Überfluss; **~kleri tutuşmak** sich aufregen, sich große Sorgen machen; **~kleri zil çalmak** vor Freude außer sich sein
etiket (-ti) Aufkleber *m*, Etikett *n*; Etikette *f*; **~lemek** mit e-m Etikett versehen; *mal* auspreisen; **~li** ausgepreist, ausgezeichnet; formell, förmlich
etilen Äthylen *n*
etimoloji Etymologie *f*, **~k** etymologisch
Eti'yopya Äthiopien
'**etkafalı** F borniert
etken *Gr., Kim.* aktiv; *Gr.* Aktiv *n*; Faktor *m*; **~e ~ olmak** bewirken; **~lik** (-ği) Wirksamkeit *f*; Lichteffekt *m*
etki Wirkung *f*; Einfluss *m* (*üzerine* auf *A*); **~ yapmak** Einfluss ausüben; einwirken (*üzerine* auf *A*); **~in ~si altına girmek/düşmek** unter den Einfluss ... (*G*) geraten
etki|lemek (-*i*) wirken (auf *A*); j-n betreffen; beeinflussen; **~enmek** betroffen werden *vs.*; **~eşim** Auswirkung *f*; **~eşimli** *Cmp.* interaktiv; **~eşmek** sich auswirken; **~eyici** wirkend; anregend; **~eyici madde** Aufputschmittel *n*, Anregungsmittel *n*; **~i** wirksam, wirkungsvoll; **~ilik** (-ği) Wirkung *f*, Wirksamkeit *f*; Einfluss *m*
etki|mek wirken (-*e* auf *A*); **~n** wirksam; aktiv; **~nlik** (-ği) Aktivität *f*; Wirksamkeit *f*, *az.* → *faaliyet*; **~nleştirmek** *v/t* aktivieren; **~siz** untätig; unwirksam; **~siz hale getirmek** *Ask.* j-n außer Gefecht setzen; **~sizleştirmek** unwirksam machen; vereiteln; **~sizlik** (-ği) Untätigkeit *f*; Unwirksamkeit *f*
etlenmek korpulent werden
etli Fleisch...; fleischig; ... mit Fleisch gefüllt; **~ butlu** korpulent, rundlich
et|mek (eder) machen, tun; kosten; j-m wegnehmen (-*den* et.); **~tiğini bulmak/çekmek** büßen für seine Tat; (die) Strafe verdienen; **~tiğini yanına bırakmamak** j-m et. heimzahlen; **~mesine ~mek**, **ama ...** zwar et. *tun*, aber ...; **iyilik ~mek** Gutes tun; **~me!** lass das sein!
etmen Faktor *m*
etnik ethnisch; **~ sorun** ethnische Frage; **~ temizlik** ethnische Säuberung
etno|'grafya Ethnographie *f*, Völkerkunde *f*; **~loji** vergleichende Völkerkunde *f*
'**etobur** Raubtier *n*
etraf Umgebung *f*; Umkreis *m*; Milieu *n*; **-*in* ~*ın*ı almak** sich (an)sammeln, sich scharen (um *A*); **-*in* ~*ın*da** um (*A*), um ... (*A*) herum; *mec.* über (*A*); **~lı(ca)** ausführlich
ettir|gen *Gr.* kausativ; **~mek** machen lassen, dazu bringen, et. zu machen (-*e* j-n, -*i* et.)
etüt (-dü) Studie *f*; Studien...; Untersuchung *f* (*üzerinde* über *A*); **~ etmek** studieren, forschen
etyemez Vegetarier(in *f*) *m*
ev Haus *n*; Heim *n*; Familie *f*; **~ açmak** e-e Familie gründen; **~ bark** F Familie *f*; Haushalt *m*; **~ halkı** gesamter Haushalt; **~ hayvanı** Haustier *n*; **~ idaresi** Haushalt *m*; **~ işi** Hausarbeit *f*; **~ kadını** Hausfrau *f*; Heimarbeiterin *f*; **~ sahibi** Hauswirt *m*; **~de kalmak** *bekâr kız*: F sitzen bleiben; **~e teslim** Lieferung *f* frei Haus
'**ev|cek** mit Kind und Kegel; **~cil** zahm; häuslicher Mensch; **~cil hayvan** Haustier *n*
evcilleş|mek zahm werden; **~tirmek** *v/t* zähmen
evcimen guter Familienvater; häuslicher Mensch
evet ja; *konuşma başında*: also ...; **~ efendim** jawohl, ganz recht!
evir|mek umwandeln; umarbeiten,

umbauen; **~e çevire** *bel.* tüchtig, gehörig; **~mek çevirmek** von allen Seiten prüfen (*az. mec.*); **~tmek** umwandeln; reduzieren; invertieren; reflektieren

evla|t [lâ] (-adı) Kind *n*; Kinder *n/pl*; Nachkommen *m/pl*

evlatlı|k [lâ] (-ğı) Adoptivkind *n*; Pflegekind *n*; **-i ~ğa almak** adoptieren

evlatsız [lâ] kinderlos

evlen|dirmek *v/t* verheiraten; **~me** Heirat *f*, Eheschließung *f*; **~me cüzdanı**, **~me kâğıdı** Heiratsurkunde *f*; **~me töreni** Hochzeitsfeier *f*; **~mek** (*ile*) heiraten (*A*), sich verheiraten (mit *D*); **~memiş** unverheiratet; **~miş** verheiratet

evli verheiratet; mit ... Häusern; **~** **barklı** mit Familie, verheiratet

evlilik (-ği) Ehe(stand *m*) *f*; **~ birliği** Ehegemeinschaft *f*; **~ dışı** unehelich; **~ hayatı** Familienleben *n*

evliya (die) Heiligen *pl*; Heiliger *m*, Gerechter *m*

evrak (-kı) Papiere *n/pl*, Schriftstücke *n/pl*; Akten *f/pl*; **~ çantası** Aktentasche *f*

evre Etappe *f*, Phase *f*, Stadium *n*

evren Erde *f*, Welt *f*; **~sel** Welt..., international; universal

evsiz obdachlos; **~ barksız olmak** kein Dach über dem Kopf haben

evvel früher, vorher, zuvor; zuerst; **~ Allah** Gott mit uns; mit Gottes Hilfe; **~ emirde** vor allem, in erster Linie; → *önce*; '**~a** vor allem; anfangs, zuerst

ev'vel|ce vorher, etwas früher; **~den** seit jeher, schon früher; **~en** erstens

evvel|(si), **~ki** vorherig, alt, ehemalig; erst...; vor(letzt)-; **~ki gün** vorgestern

ey *ünl.* hallo!, du!, Sie!, he!; **~ arkadaş!** hallo, (*veya* du, Sie) Kollege!; **~, artık çok oluyorsun!** nun reichts aber!

eyalet (-ti) Provinz *f*; Departement *n*; Bundesland *n*, Bundesstaat *m*; ℠**ler Parlamentosu** Bundesrat *m*

eyer Sattel *m*; **~lemek** *v/t* satteln

eylem Aktion *f* (-e gegen *A*); Tätigkeit *f*, Aktivität *f*; Wirken *n*; Operation *f*; Verb *n*, Zeitwort *n*; **~ çekimi** Konjugation *f*; **~ci** Aktivist *m*

eylemek *Ed.* → *etmek*

eylemsizlik (-ği) Untätigkeit *f*, Passivität *f*

eylül (*az.* **~** ayı) September *m*; **~ ayında** im (Monat) September

eyvah o weh!; **~ çekmek** stöhnen

'**eyvallah** vielen Dank!; adieu, alles Gute!; nun sei es!, F gewiss doch!; **~ demek** dankbar sein; danke sagen

eza Qual *f*, Tortur *f*

ezan Gebetsruf *m*

ezber auswendig, aus dem Gedächtnis; **-i ~e bilmek** auswendig können; **~ etmek**, **-i ~e almak** auswendig lernen; sich et. einprägen; F büffeln; **~ci** F Büffler *m*; **~cilik** (-ği) F Paukerei *f*, Büffelei *f*; **~den** auswendig; unbewusst; **~e** so obenhin *söylemek*; unüberlegt; **~lemek** *v/t* auswendig lernen; F pauken; **~letmek** einpauken (*-i -e* j-m et.)

ezdirmek: kendini ~ sich nicht schonen; sich unter Druck setzen lassen

ezel Ewigkeit *f*; graue Vorzeit *f*; **~i** ewig, uralt

ezer → *ezmek*

ezgi[1] Melodie *f*; *gnl.* Art und Weise *f*

ezgi[2] Unterdrückung *f*

ezici erdrückend (*çoğunluk*); drückend

ezik zerdrückt; zerschlagen, erschöpft; *meyve*: angestoßen, verdorben; brauner, blauer Fleck; **~lik** (-ği) Niedergeschlagenheit *f*; Depression *f*

ezil|li bedrückt, niedergeschlagen; **~mek** *edil.* → *ezmek*; verlegen werden; **~miş** unterdrückt (*halk*); **~mişlik** (-ği) Zwangsherrschaft *f*

ezinti Unbehagen *n*; Niedergeschlagenheit *f*

eziyet (-ti) Qual *f*, Leiden *n*; Strapaze *f*; **~ çekmek** (Qualen) leiden; sich (ab)plagen; sich quälen; **-e ~ etmek** j-n quälen, plagen; **~li** qualvoll, mühevoll; **~siz** mühelos, ohne Strapazen

ezme Püree *n*, Brei *m*; (**acılı**) **~** scharfe Tomaten- und Zwiebelpaste

ezmek (-er) *v/t meyve* auspressen, zerstampfen; *düşman* schlagen, zerschlagen; *halk* unterdrücken; aussaugen; überanstrengen; *oto*: j-n überfahren

F

faal (-li) aktiv; werktätig; → *etkin*
faaliyet (-ti) → *etkinlik*; Tätigkeit *f*, Aktivität *f*; Energie *f*, Tatkraft *f*; **~e geçirilme** Inbetriebnahme *f*; **-i ~e geçirmek/getirmek** in Betrieb nehmen; **-de ~ göstermek** tätig sein (auf *D*); **~ sahası** Tätigkeitsbereich *m*
fabˈrika Fabrik *f*, Werk *n*, Betrieb *m*; **~ damgası** Fabrikmarke *f*; **~syon** Fabrikation *f*; **~tör** Fabrikant *m*
FAC *kıs.* = **Federal Almanya Cumhuriyeti** Bundesrepublik Deutschland
facia Katastrophe *f*; Attentat *n*; *Tiy.* Tragödie *f*, Drama *n* (*az. mec.*); **~lı** katastrophal; dramatisch; tragisch
fahiş *kira, fiyat*: überhöht; *hata*: grob; unanständig
fahişe Hure *f*; **~lik** (-ği) Hurerei *f*
ˈfahrenhayt (-tı) *Fiz.* Fahrenheit *n*
fahri: **~ olarak** ehrenhalber
fail *Huk.* Täter *m*; → *etkin*
faiz Zinsen *m/pl*; **~ fiyatı** Zinssatz *m*; **-i ~e vermek** *para* gegen Zinsen (aus)leihen; **~in ~i veya bileşik ~** Zinseszinsen *m/pl*; **-i ~le işletmek** verzinsen; **-i ~le işlemek** sich verzinsen; **yüksek ~ politikası** Hochzinspolitik *f*; **~ci** Wucherer *m*; **~cilik** (-ği) Wucher *m*; **~li** Zins..., Zinses...; **~li senetler** Wertpapiere *n/pl*; **~siz** zinslos; unverzinslich
Fak. *kıs.* = **Fakülte(si)** Fakultät *f*
ˈfakat aber, jedoch
fakir arm; bedauernswert; (der *veya* die) Ärmste; Derwisch *m*; Fakir *m*; **~leşmek** *v/i* verarmen; **~lik** (-ği) Armut *f*, Knappheit *f*
faktör Faktor *m*
faˈkülte Fakultät *f*
fal Orakel *n*; Wahrsagung *f*, **~ açmak** wahrsagen; *iskambil* **~ açmak** Karten legen; *az.* → *yıldız falı*
falan der und der, die und die, das und das; ein(e) gewisser; *Bay, Bayan* so und so; und so weiter **15 lira ~** etwa 15 Lire; **~ca** → *falan*; irgendein(e)
falcı Wahrsager(in *f*) *m*
ˈfalso *Müz.* falscher Ton, Dissonanz *f*; Fehlgriff *m*, Fehler *m*; **~ yapmak/ vermek** e-n Fehler machen; **~lu** misstönend; fehlerhaft; *Spo.* abgefällscht
faˈmilya Familie *f* (*az. Bot. ve Zoo.*)
fanatˈik (-ği) Fanatiker *m*; **~izm** Fanatismus *m*
fanfar Blasorchester *n*; Fanfare *f*
fanfin Kauderwelsch *n*
fani sterblich; vergänglich
faˈnila [lâ] Flanell *m*; Unterhemd *n*
fanilik (-ği) Vergänglichkeit *f*
fanˈtasˈma Halluzination *f*; **~tik** fantastisch (*az. mec.*)
fantezi Fantasie *f* (*az. Müz.*); fantastisch; *kumaş*: bunt gemustert; Stil... (*mobilya*); **~li** fantastisch
far *gnl.* Scheinwerfer *m*; Augenschminke *f*
faraş Müllschaufel *f*
ˈfaraza angenommen, dass ...
farazi hypothetisch, angenommen; symbolisch; vermutlich
fare Maus *f* (*az. Cmp.*); **~ kapanı** Mausefalle *f*; **~lik** *Cmp.* Mauspad *m*
farika Merkmal *n*, Kennzeichen *n*
fariza *Din.* Gebot *n*; **haç ~sı** (das) Wallfahrtsgebot
fark (-kı) Unterschied *m* (**arasında** zwischen *D*); Differenz *f* (*az. Mat.*); **~ bileti** Zuschlag(karte *f*) *m*; **~ etmek** (*-i*) unterscheiden (*A*); bemerken, anders werden; **~ etmez!** macht nichts!; das ist egal; **~ görmek** (*az.* **gözetmek, tutmak**) e-n Unterschied machen (*veya* bemerken); diskriminieren; **~ olunmak** (*ile* durch *A*) sich auszeichnen; offenbar werden; **~ı olmak** sich unterscheiden, et. ausmachen; *-in* **~ına varmak** merken, bemerken; **~ına varılmamış** unbemerkt; **-in ~ında olmak** (be)merken, wahrnehmen; begreifen; **~ında mısın?** hast du es bemerkt?; hast du es verstanden?; *-in* **~ında olmamak** keine Ahnung haben; **benim için ~ı yok** mir ist es gleichgültig; **yalnız şu ~la ki** nur mit dem Unterschied, dass ...; **~edilir** spürbar, merklich
farklı verschieden; unterschiedlich;

farklılaşmak 96

differenziert; ~ *olmak* sich unterscheiden (*-den* von *D*); ~ *tutmak* Unterschiede machen; diskriminieren; **~laşmak** sich differenzieren; in mehrere Gruppen zerfallen; **~lık** (-ğı) Unterschied *m*; Verschiedenheit *f*
farksız unterschiedslos; unklar; bedeutungslos
farmakolo|g Pharmakologe *m*; **~ji** Pharmakologie *f*
farz *Din.* Vorschrift *f*; Pflicht *f*, Notwendigkeit *f*; ~ *etmek* annehmen, voraussetzen, davon ausgehen (*ki* dass); ~ *olmak* unbedingt notwendig sein
Fas Marokko
'fasa: ~ *'fiso* F dummes Zeug
'Farsça Persisch *n*
fason *elbise*: Schnitt *m*
fas'sulye Bohne *f*; *taze* ~ grüne Bohne; *kuru* ~ weiße Bohne
faşist Faschist *m*
faşizm Faschismus *m*
fatih Eroberer *m*
'fatiha (die) Fatiha, (die) erste Koransure; *-e* ~ *okumak* die Fatiha für j-s Seelenheil lesen; die Hoffnung (auf *A*) begraben
fa'tura *Tic.* Rechnung *f*; Muster *n*; **~lamak** (-*i*) e-e Rechnung über et. ausstellen; fakturieren
faul (-lü) Foul *n*; *futbol*: Strafstoß *m*; *-e* ~ *yapmak* j-n anrempeln
fa'vori *Spo.* Favorit *m*; Backenbart *m*; Lieblings...
fay *Jeol.* Verschiebung *f*
fayans Fliese *f*, Kachel *f*
fayda Nutzen *m*; Vorteil *m*; Profit *m*; ~ *etmek* Nutzen bringen; nützlich sein; *-e* ~ *vermek* gut tun; nützlich sein; *-e* ~*sı dokunmak* j-m nützlich sein; **~sını görmek** (die gute) Wirkung spüren; (*-de*) für nützlich halten (*A*); *ne* ~ wozu?, zu welchem Zweck?; **~sı yok** ganz unnütz; **~lanış, ~lanma** Verwertung *f*, Ausnutzung *f* (*-den G*); **~lanmak** (*-den*) ausnutzen (*A*), nutzen (*A*), verwerten (*A*); Nutzen ziehen (aus *D*), profitieren (von *D*); **~lı** nützlich; vorteilhaft; **~lılık** (-ğı) Nützlichkeit *f*, **~sız** nutzlos; unproduktiv
fayton Kutsche *f*; **~cu** Kutscher *m*
faz Phase *f*; ~ *kalemi* Spannungsprüfer *m*

fazla Überschuss *m*; Rest *m*; überflüssig, Über...; (viel) mehr (*-den* als), größer (*-den* als); noch mehr; zu viel; zu weit; übrig haben; ~ *ağırlık* (-ğı) Übergewicht *n*; Ballast *m*; ~ *bagaj* Übergepäck *n*; ~ *çalışma* (*süresi*) Überstunden *f/pl*; ~ *gitmek* zu weit gehen; ~ *olarak* darüber hinaus; *daha* ~ noch mehr; meistens; *en* ~ am meisten, meistens; am liebsten; *pek/çok* ~ sehr viel; zu viel; *bundan* ~ mehr ...; ~ *kaçırmak* zu viel trinken (*veya* F saufen); sich übressen; zu viel reden; ~ *olmak* sich erübrigen; (*az. mec.*) zu viel sein; *fiyatı ~sı gerekli* zuschlagpflichtig; ziemlich viel, F ganz schön; **~dan** sehr viel, reichlich
fazla|laşmak sich vermehren; sich vergrößern; **~laştırmak** *v*/*t* vermehren; vergrößern; erhöhen; **~lık** (-ğı) Überfluss *m*; Überzahl *f*; *nüfus ~lığı* Überbevölkerung *f*; **~lık etmek** überflüssig sein
feci (-*i*; -*si*) tragisch, furchtbar
feda Opfer *n*; *-i* ~ *etmek* *para, hayat* opfern; ~ *olsun!* mag's hingehen; nun, wenn schon!; **~i** Beschützer *m*; **~kâr** selbstlos, aufopfernd; **~kârlık** (-ğı) Selbstlosigkeit *f*, Opferbereitschaft *f*; Hingabe *f*; **~kârlık etmek** Opfer bringen
feder|al Bundes...; **♀al Almanya Cumhuriyeti** Bundesrepublik Deutschland; **♀al Meclis** Bundestag *m*; **~asyon** Föderation *f*; Verband *m*; **~e** Verbandsmitglied *n*
felaket [lâ] (-ti) Unglück *n*, Katastrophe *f*; Grauen erregend; **~ haberi** Hiobsbotschaft *f*; **~li** unheilvoll; Not...; **~zede** Opfer *n e-s Unfalls*
felç (-ci) Lähmung *f*; Schlaganfall *m*; *az.* → *inme*; *çocuk* **~ci** Kinderlähmung *f*
felek (-ği) Himmelsgewölbe *n*; Weltall *n*; Firmament *n*; Schicksal *n*
felsefe Philosophie *f*; *alay.* ~ *yapmak* philosophieren, dozieren; ~ *doktoru* Doktor der Philosophie (*Dr. phil.*); **~ci** Philosoph *m*
felsefi philosophisch
femin|ist (-ti) Frauenrechtler(in *f*) *m*; **~izm** Frauenbewegung *f*
fen (-nni) Technik *f*, Naturwissen-

schaften *f/pl*; → **bilim, ilim; teknik**
fena schlecht; böse; übel; **~ değil!** nicht übel!; *-e* **~ gelmek** j-m schlecht erscheinen; *yemek:* j-m nicht bekommen; **~ gitmek** *işler.* schlecht gehen; **~sına gitmek** ärgern; es tut j-m Leid; **~ halde** sehr, furchtbar; **~ kalpli** böse, bösartig; **~ kokulu** übel riechend; **~ olmak** sich schlecht fühlen; aufgeregt werden; *-i* **~ya çekmek** übel auslegen
fena|laşmak schlechter werden; sich verschlechtern; sich schlecht fühlen; **~lık** (-ğı) Schlechtigkeit *f*; (das) Böse; *-e* **~lık etmek** j-m Böses (an)tun; **~lık geçirmek** j-m wird schlecht; (fast) ohnmächtig werden
fener Lampe *f*; Laterne *f*; Leuchtturm *m*; Kaffeetablett *n*; **~ alayı** Fackelzug *m*; **~ direği** Laternenpfahl *m*; **kâğıt ~** Lampion *m*
fenik (-ği) Pfennig *m*
fent (-di) List *f*, Finte *f*
feragat (-ti) Verzicht *m* (*-den* auf *A*); *Huk.* **~i caiz olmayan** unveräußerlich; *-den* **~ etmek** *özl. Huk.* verzichten (auf *A*); bei der Arbeit aufgeben; **~ göstermek** resignieren
ferah geräumig, weitläufig; (über-)reichlich; fröhlich, erleichtert; *oda:* hell; *is.* Glück *n*; **~ ~** gut und gern; **kalbini ~ tut!** Kopf hoch!; **~lamak** geräumiger werden; *kişi:* sich erleichtert fühlen, aufatmen; **~landırmak: gönlünü ~landırmak** sich zerstreuen; **~latıcı** aufmunternd, erfrischend; **~latmak** j-n aufmuntern; **~lı** fröhlich, glücklich; **~lık** (-ğı) Geräumigkeit *f*; Weite *f*; Heiterkeit *f*; Erleichterung *f*
feraset (-ti) Scharfsinn *m*; **~li** scharfsinnig
feribot (-tu) Fähre *f*; **~ tren ~u** Eisenbahnfähre *f*
fermuar Reißverschluss *m*
fersiz schwach, leblos, glanzlos (*gözler*); **~leşmek** schwach werden
fert (-di) **~ birey;** Einheit *f*; ungerade Zahl; (*aile* Familien-)Angehörige(r)
feryat (-adı) Jammergeschrei *n*; Stöhnen *n*; *-den* **~ etmek** jammern, stöhnen (über *A*)
fes Fes *m*
fesat (-adı) Zerrüttung *f*; Aufruhr *m*; Intrige *f*; (Magen-)Verstimmung *f*; misstrauisch, argwöhnisch; **~ çıkarmak** Unruhe stiften; **~ kumkuması** Unruhestifter *m*; Intrigant *m*; **~çı** Aufwiegler *m*; **~çılık** (-ğı) Aufhetzerei *f*
'**fesh|etmek** aufheben, rückgängig machen, annullieren; *az.* **sözleşme** verletzen; *meclis* auflösen; **~olunmak** *edil.* → **feshetmek**
fesih (feshi) Aufhebung *f*, Annullierung *f*; Verletzung *f*; Auflösung *f*
fesleğen *Bot.* Basilikum *n*
festival (-li) Festspiele *n/pl*, Festival *n*, Festwochen *f/pl*
fesuphanallah mein Gott!; unmöglich!; Donnerwetter!
'**feth|edilme** Eroberung *f*; **~edilmiş** erobert; **~etmek** *v/t* erobern
fetih (-thi) Eroberung *f*
'**fevkalade** [lâ] außergewöhnlich, überaus
fevri eilig; vorschnell; impulsiv
fıçı Fass *n*; **~ birası** Bier *n* vom Fass
fıkıh (fıkhı) islamische Rechtswissenschaft
fıkırda|k (-ğı) Kokette *f*; kokett; zappelig; **~mak** brodeln; *kız:* kichern; kokettieren
fıkra Anekdote *f*; Paragraph *m*; Abschnitt *m*, (Text-)Absatz *m*; Feuilleton *n*
fındık (-ğı) Haselnuss *f*; klein, winzig
fındıkkıran Nussknacker *m*
fırça Bürste *f*; Pinsel *m*; **diş ~sı** Zahnbürste *f*; **elbise ~sı** Kleiderbürste *f*; *-i* **~ çekmek** F j-n runterputzen; **~lamak** *v/t* bürsten; F j-n runterputzen
fırdöndü Drehzapfen *m*; Scharnier *n*; *mec.* wetterwendisch
fırın (Back-)Ofen *m*; Herd *m*; Bäckerei *f*; **atom ~** Kernreaktor *m*; **elektrikli ~** Elektroherd *m*; **~cı** Bäcker *m*; **~cılık** (-ğı) Bäckerhandwerk *n*; **~lamak** *v/t* in den Ofen schieben
fırlak hervorstehend; *göz:* hervorquellend
fırlamak auffliegen, emporschnellen, (*-e*) stürzen (in, auf *A*), sich stürzen (in, auf *A*); (*-den*) abspringen (von *D*)
fırlatma Werfen *n*, Schleudern *n*; Abschuss *m*, **~k** *v/t* schleudern; beiseite werfen; katapultieren; *roket* abschießen

fırsat (-tı) Gelegenheit *f*; Chance *f*; ~ **bu** ~ das kommt wie gerufen; ~ **buldukça** bei jeder passenden Gelegenheit; ~ **bulmak/düşürmek** die Gelegenheit ergreifen; ~ **kollamak/gözetmek** e-e günstige Gelegenheit abwarten; **ilk** ~**ta** bei erstbester Gelegenheit

fır'tına Sturm *m*; *mec.* Konfusion *f*; Not(lage) *f*; ~ **kopmak**: ~ **koptu** ein Sturm brach los (*az. mec.*); *mec.* es gab e-n Skandal; ~**lı** stürmisch (*hava, mec. hayat*)

fıs: ~ ~ Klatsch *m*; ~ ~ **konuşmak** (miteinander) tuscheln

fısıl|damak (-*i*) et. flüstern; ~**daşmak** (miteinander) tuscheln

fısıltı Geflüster *n*

fıskıye Springbrunnen *m*

fıslamak (-*i* -*e*) j-m et. zuflüstern

fıstık (-ğı) Nuss *f*, Kern *m* der Pistazie, der Erdnuss; *mec.* wunder-schön; ~**i** pistaziengrün, hellgrün

fışıltı Plätschern *n*; Rauschen *n*, Rieseln *n*; Knistern *n*

fışır: ~ ~ **akmak** plätschern; rieseln; ~ ~ **etmek** *kumaş*: rauschen; rascheln; *ipek*: knistern

fışkı (Esels-, Pferde-)Mist *m*

fışkır|ma Ejakulation *f*; *Astr.* Protuberanz *f*; ~**mak** hervorsprudeln, emporschießen; *ışık*: durchdringen; *bitki*: üppig (hervor)sprießen; ~**tmak** *v/t* ausspritzen; ausstoßen

fıtık (-ğı) *Tıp* Bruch *m*

fidan *Bot.* Setzling *m*, Steckling *m*; Spross *m*; ~ **boylu** rank und schlank

fide Setzling *m*, junge Pflanze

fidye (-tı) → *kurtulmalık*

figür Figur *f*, Gestalt *f*; ~**an** Statist *m*, Komparse *m*; ~**atif** bildlich

fihrist (-ti) Inhaltsverzeichnis *n*; Notizbuch *m* mit Alphabet

fiil Handlung *f*, Tat *f*; *Gr.* Verb *n*; → **eylem**; -*i* ~**e çıkarmak** in die Tat umsetzen; ~**i bozuk** amoralischer Mensch; '~**en** praktisch; tatsächlich, wirklich; ~**i** real, tatsächlich; → **eylemli**; ~**imsi** Verbform *f*

fik|ir (-kri) Meinung *f*; Gedanke *m*; Verstand *m*; ~**rimce**, ~**rime göre** nach meiner Meinung; ~**ir adamı** Denker *m*; ~**ir arkadaşı** Gesinnungsgenosse *m*; -*den* ~**ir almak**, -*in* ~**rini almak/sormak** j-n um Rat *m* fragen; ... **hakkında** ~**ir edinmek** sich ein Bild machen (von *D*); -*e* ~**ir vermek** j-m raten; j-n auf e-n Gedanken bringen; ~**ir yürütmek** e-e Idee haben; -*mek* ~**rinde olmak** beabsichtigen zu ...; -*diği* ~**rindeyim** ich bin der Meinung, dass ...; -*mek* ~**rindeyim** ich beabsichtige, ... zu ...; -*mek* ~**riyle** mit der Absicht, zu

fikri'**ce** geistig; ~'**li** mit ... Gedanken; **dar** ~**li** geistig beschränkt; **geri** ~**li** rückständig; **ileri** ~**li** fortschrittlich; ~**siz** gedankenlos; leichtsinnig

fikri geistig

fil Elefant *m*; *Schach:* Läufer *m*

filan → *falan vs.*

filarmoni [lâ] Philharmonie *f*; ~**k** philharmonisch

'**fildişi** Stoßzahn *m*; *Anat.* Zahnbein *n*; Elfenbein *n*; Elfenbein...; elfenbeinfarben

file Einkaufsnetz *n*; Haarnetz *n*; *futbol:* Netz *n*; *az.* → *fileto*

fi'leto Filet *n*

'**filhakika** tatsächlich; zwar

filigran *kâğıt:* Wasserzeichen *n*

fi'lika Beiboot *n*; **cankurtaran** ~**sı** Rettungsboot *n*

fi'linta Flinte *f*; Jagdgewehr *n*

Filipinler *pl* Philippinen

filiz¹ Spross *m*, Trieb *m*

filiz² Erz *n*; **demir** ~**i** Eisenerz *n*

filizi hellgrün

film *gnl.* Film *m*; -*in* ~**ini almak** filmen (*A*); ~ **çekmek** e-n Film drehen; e-e Röntgenaufnahme machen; -*i* ~**e çekmek** verfilmen (*A*); ~ **çevirmek** e-n Film drehen; *mec.* sich amüsieren; ~**in dublajını yapmak** synchronisieren (*A*); ~ **festivali** Filmfestspiele *pl*; Gag *m*; ~ **kamerası** Filmkamera *f*; ~ **oynatmak** e-n Film aufführen; ~**yıldızı** Filmstar *m*; ~ **yönetmeni** Filmregisseur(in *f*) *m*; **çizgi** ~ Trickfilm *m*; **dökümanter/belgesel** ~ Dokumentarfilm *m*; **kısa** (**metrajlı**) ~ Kurzfilm *m*; **renkli** ~ Farbfilm *m*; **sesli** ~ Tonfilm *m*; **sessiz** ~ Stummfilm *m*; **siyah-beyaz** ~ Schwarzweißfilm *m*

'**filo** Flotte *f*, Geschwader *n*; Wagenpark *m*; P Laus *f*; ~ **etmek** die Segel streichen

filoloji Philologie *f*; **Alman** ~**si** Germanistik *f*; **İngiliz** ~**si** Anglistik *f*
filozof Philosoph *m* (*az. alay*); ~**ça** weise; ~**i** Philosophie *f*; ~**ik** philosophisch
'**filtre** Filter *m*; ~ **kâğıdı** Filterpapier *n*; ~ **etmek** filtern, filtrieren; ~**den geçmiş** gefiltert; ~**li** Filter... (*sigara*)
final (-li) *Spo.* Endrunde *f*; Finale *n* (*az. Müz.*); ~**e kalmak** ins Finale kommen; ~**ist** Teilnehmer *m* an der Endrunde
finans Finanz...; ~**al** finanziell; ~**e:** -**i** ~**e etmek** finanzieren (*A*); ~**man** Finanzierung *f*
fincan Tasse *f*; *El.* (Glocken-)Isolator *m*; ~**lık** ... Tassen voll; für ... Tassen
Fin finnisch; ~**ce** Finnisch *n*; ~'**landiya** Finnland; ~**li** Finne *m*, Finnin *f*; finnisch
fingirde|k kokett; leichtsinnig; ~**klik** (-ği) Koketterie *f*; Leichtsinn *m*; ~**mek** Kokettieren; leichtsinnig handeln; ~**şmek** flirten (*ile* mit *D*)
finiş Endspurt *m*; ~**e geçmek** am Ziel ankommen; ~**e kalkmak** zum Endspurt ansetzen
fink: ~ **almak** flirten; sich amüsieren
'**fino** Schoßhund *m*; P Stoff *m*
firar Flucht *f*; ~ **etmek** flüchten, desertieren; ~ **olan** flüchtig
'**fire** *Tic.* Schwund *m*; Ausschuss *m*, Abgänge *m/pl*
fir'kete Haarnadel *f*
'**firma** Firma *f*
fiskos Getuschel *n*; ~ **etmek** tuscheln
fiş *El.* Stecker *m*; Karteikarte *f*; Spielmarke *f*; Automatenmünze *f*; Kassenscheck *m*, Quittung *f*; ~ **kutusu** Kartei(kasten *m*) *f*; **dişi** ~ Steckdose *f*
fişek (-ği) Patrone *f*; Rakete *f*; Feuerwerkskörper *m*; ~ **atmak** Raketen abschießen; ~ **gibi** aufbrausend, hitzig
fitil Docht *m*; Zündschnur *f*; *Tıp* Zäpfchen *n*; ~ **gibi** (**sarhoş**) total betrunken
fitne Aufwiegelung *f*; Intrige *f*; *az.* → **fitneci**; ~**koymak** Unfrieden stiften; ~**ci** Unruhestifter *m*; Denunziant *m*; ~**lemek** (-*i*) denunzieren; j-n aufhetzen
fitre *Din.* Almosen *n*
fi'yaka F Angeberei *f*; ~ **yapmak**/**satmak** angeben, sich wichtig machen; ~**cı** Angeber *m*; ~**lı** wichtigtuerisch
fi'yasko Fiasko *n*, F Reinfall *m*; ~**ya uğramak**, ~ **vermek** ein Fiasko erleiden
fiyat (-tı) Preis *m*; *borsada* Kurs *m*; **asgari** ~ Mindestpreis *m*; **azami** ~ Höchstpreis *m*; **değişmez** ~**lar** feste Preise *m/pl*; **döviz** ~**ı** Wechselkurs *m*; ~ **listesi** Preisliste *f*
fizi|k (-ği) Physik *f*; physisch; **atom** ~**ği**, **nükleer** ~**k** Atomphysik *f*, Kernphysik *f*; ~**k bilimler** Naturwissenschaften *f/pl*; ~**k yapısı** Körperbau *m*
fizik|çi Physiker(in *f*) *m*; Physiotherapeut(in *f*) *m*; Physiklehrer(in *f*) *m*; ~**ötesi** (-ni) Metaphysik *f*; metaphysisch; ~**sel** physisch, äußer...; physikalisch
fizyo|loji Physiologie *f*; ~**lojik** physiologisch; ~**nomi** Physiognomie *f*
flama [lâ] Wimpel *m*, Flagge *f*
Flaman [lâ] Flame *m*, Flämin *f*; flämisch; '~**ca** Flämisch *n*
flaş [lâ] (*az.* ~ **lambası**) Blitzlicht *n*; *mec.* Sondermeldung *f*; Sensation *f*; *sıf.* sensationell
floresan fluoreszierend; ~ **lamba** Leuchtröhre *f*; ~**s** Fluoreszenz *f*
florin Gulden *m*
flört (-tü) Flirt *m*; **ile** ~ **etmek** mit j-m flirten
flüor Fluor *n*
flüt (-tü) Querflöte *f*
'**fobi** Angstneurose *f*
fok (-ku) Robbe *f*, Seehund *m*
fokur: ~ ~ brodelnd; ~**damak** brodeln
folk: ~ **müziği** (*özl. Amerikan*) Volksmusik *f*; ~**lor** Folklore *f*; Volkskunde *f*; ~**lorik** folkloristisch
'**folye** Folie *f*
fon Fonds *m*, Gelder *n/pl*; *tablo*: Untergrund *m*; *mec.* Hintergrund *m*
fonetik (-ği) Pho'netik *f*; phonetisch
fonksiyon Funktion *f* (*az. görev*); ~**el** Funktions-
'**fora:** ~ **etmek** *yelken* setzen, aufziehen; *bayrak* hissen
form *özl. Spo.* Form *f*, Formular *n*; ~(**un**)**da olmak** in Form sein; ~**dan düşmek** nicht in Form sein
'**forma** Form *f*, Gestalt *f*; *Math.* Bogen *m*; Uniform *f*; Schulkleidung *f*; *Spo.* Dress *m*; **milli** ~ Nationaltracht *f*
forma|list (-ti) Formalist *m*; förmlich;

~'lite Formalität *f*; Bürokratismus *m*;
~lite düşkünü Pedant *m*, Spießer *m*;
~lizm Formalismus *m*; **~syon** Ausbildung *f*; **~tlama** *Cmp.* Formatierung *f*
formel formal
formikasit (-ti) Ameisensäure *f*
formsuz *Spo.* nicht in Form
formül *gnl.* Formel *f*; *mec.* Richtung *f*, Kurs *m*; Formular *n*; **~e: ~e etmek** formulieren; **~er** Formular *n*
fors F Ansehen *n*, Prestige *n*; Hochmut *m*; **~u olmak** das Sagen haben
'forum Forum *n*
fosfat Phosphat *n*
fosfor Phosphor *m*; **~ik: ~ik asit** Phosphorsäure *f*, **~lu** Phosphor..., phosphorhaltig
fosil versteinert; Fossil *n*; → **taşıl**; **~leşmek** *v/t* versteinern; *mec.* verkalken
'foto Foto *n*, Lichtbild *n*; Fotoatelier *n*; **~ muhabiri** Bildberichterstatter *m*
fotoğraf *gnl.* Fotografie *f* (*az. çekim*); Lichtbild *n*; **~ çekmek** fotografieren, F knipsen; **~ makinesi** Fotoapparat *m*; **hava ~** Luftaufnahme *f*; **~çı** Fotograf *m*; Fotogeschäft *n*; **~ı** Foto *n*, Bild *n*
foto|jenik fotogen; **~kopi** Fotokopie *f*; **~model** Fotomodell *n*; **~montaj** Fotomontage *f*; **~sentez** Photosynthese *f*
'foya Metallfolie *f*; *mec.* Augenwischerei *f*; **~sını ortaya çıkarmak** j-n entlarven; **~sı ortaya çıkmak** entlarvt werden
fötr Filz *m*; **~ şapka** Filzhut *m*
frak (-kı) Frack *m*
fraksiyon Fraktion *f*
fran'cala Weißbrot *n*, Baguette *f*; Brötchen *n*
frank (-gı) Franken *m*; Franc *m*
'Fransa Frankreich; französisch
Fransız Franzose *m*, Französin *f*
Fran'sızca Französisch *n*
frapan auffallend
frekans Frequenz *f*
fren Bremse *f*; **~e basmak** auf die Bremse treten; **~i çekmek** die Bremse anziehen; **~ kolu** Bremshebel *m*; **~ mesafesi/yolu** Bremsstrecke *f*; **~ pedalı** Bremspedal *n*; **~ sıvısı** Bremsflüssigkeit *f*; **~ tutmadı** die Bremse versagte; **~ yapmak** bremsen
frengi Syphilis *f*
'frenkbiberi (-ni) Peperoni *f*
frenle|mek *v/t* bremsen (*az. mec.*); **kendini ~mek** *mec.* sich bezwingen; **~yici** hemmend, obstruktiv
'freze Fräser *m*; **~ etmek** fräsen; **~ makinesi** Fräse *f*; **~ci kişi**: Fräser *m*; **~lemek** *v/t* fräsen
'frigorifik (-ği) Kühl... (*dolap, araba*)
fuar *Tic.* Messe *f*; **kitap ~ı** Buchmesse *f*
fuhuş (fuhşu) Unzucht *f*, Prostitution *f*
'futbol Fußball *m*; **~ sahası** Fußballplatz *m*; **~ tutkunu** Fußballfan *m*
füme geräuchert; **-i ~ etmek** räuchern
füze Rakete *f*, **~savar** Abwehrrakete *f*

G

G *kıs.* = **Güney** Süden (S)
gaddar erbarmungslos; Tyrann *m*; **~lık** (-ğı) Erbarmungslosigkeit *f*
gaf Schnitzer *m*; Taktlosigkeit *f*
gafil uneinsichtig, gedankenlos, zerstreut; **-i ~ avlamak** j-n überrumpeln
gaflet: **~ uykusu** Lethargie *f*, Verträumtheit *f*
gaga Schnabel *m*; **-i ~sından yakalamak** j-n in die Enge treiben
gak (-kı): **~ guk istemem** keine Ausrede!; **~lamak** krächzen
'gala Galaempfang *m*; Galavorstellung *f*; Gala *f*; Gala...
galeri Galerie *f*, *madencilik*: Stollen *m*; **resim ~si** Gemäldegalerie *f*
galeyan (-anı) Sieden *n*; *mec.* Erre-

gung f, Wut f; **~a gelmek** schäumen (vor Wut)
'**galiba** wahrscheinlich
galibiyet (-ti) Sieg m; **~ kazanmak** den Sieg davontragen
galip (-bi) Sieger(in f) m; Preisträger(in f) m; überlegen; -e **~ gelmek/olmak** j-n besiegen; j-m überlegen sein
galon Kanister m (yağ, benzin vs.); ölçü: Gallone f (4½ Liter)
galvan|ik galvanisch; **~ize** galvanisiert; **~izlemek** v/t galvanisieren
gam[1] Müz. Tonleiter f; Oktave f
gam[2] (gammı) Kummer m, Sorge f; **~ yemek** sich grämen
gamalı: **~ haç** Hakenkreuz n
gam|lanmak sich grämen (-e über A); **~lı** bekümmert
gammaz Intrigant m; Verleumder m; Denunziant m; **~lamak** denunzieren; anschwärzen (-i -e j-n bei j-m)
gangster Gangster m; **~lik** (-ği) Gangstertum n, Gangsterunwesen n
ganimet (-ti) (Kriegs-)Beute f; mec. Geschenk n des Himmels
gar Hauptbahnhof m; oto. **~** Busbahnhof m
garaj Garage f
garanti Garantie f; Gewähr f; -i **~ altına almak** garantieren (A); **~ veren** Garant m, Bürge m; Gewährsmann m; **bu saatin bir yıl ~si var** auf diese Uhr besteht ein Jahr Garantie; -i **~ etmek: başarınızı ~ ediyorum** ich garantiere Ihnen (e-n) Erfolg; **~lemek** (-i) j-m et. garantieren; (zu)sichern; **~lı** garantiert; mit Garantie(schein); **bir yıl (için) ~lı** mit einjähriger Garantie; **~siz** ohne Garantie
garaz Groll m, Feindseligkeit f, böse Absicht; -e **~ bağlamak** j-m feindlich gesinnt sein
gardırop (-bu) Garderobe f (az. giysi); Garderobenschrank m
gardiyan Gefängniswärter m
gargara Gurgeln n; Gurgelmittel n; **~ etmek/yapmak** gurgeln
garibe Kuriosität f; **hilkat ~si** Naturwunder n; Monstrum n
gari|p (-bi) Alleinstehende(r m) f; Fremde(r m) f; (der veya die) Ärmste; sonderbar, eigentümlich, komisch;

erstaunlich; -in **~bine gitmek** j-m komisch vorkommen
garipsemek sich einsam (und verlassen) fühlen; (-i) et. komisch finden
garnitür Beilage f; Besatz m; **~lü** mit Beilage
garnizon Garnison f
garson Kellner m; F Herr Ober!; **~ kız** Kellnerin f; **~iye** Bedienungsgeld n; **~luk** (-ğu) Kellnerberuf m; **~luk yapmak** servieren; als Kellner arbeiten
'**gasbetmek** usurpieren, sich et. gewaltsam aneignen
gasıp (-sbı), **gasp** (-bı) Usurpation f; Huk. Anmaßung f
gastrit (-ti) Gastritis f
gâvur Ungläubiger m; Gottloser m; unbarmherzig; trotzig, stur; **~ca** F dil: „ausländisch", europäisch; roh, barbarisch
'**gayda** Dudelsack m
gaye Ziel n; Zweck m; Anliegen n; -i **~ edinmek** sich ein Ziel setzen; **bir ~(yi) gütmek** ein Ziel verfolgen; -mek **~sindeyim** ich beabsichtige, zu ...; **ne ~ ile** zu welchem Zweck?
gayet äußerst, überaus
gayr (-yrı, -yri) andere; → **gayrı**[2]
gayret (-ti) Anstrengung f; Fleiß m; Eifer m; Geduld f, Ausdauer f; **~ etmek** sich anstrengen; **~e gelmek** ans Werk gehen; **~ göstermek** sich eifrig bemühen; -e **~ vermek** j-n anfeuern; trösten; **~li** energisch; mit Initiative; kühn; resolut
'**gayrı**[1] schon; (nicht) mehr; (auch noch) weiter; → **artık**
gayrı[2], **gayri** (der, die, das) andere, außer; → **başka**
'**gayri** Trh. un..., nicht..., ohne ...; de...; bugün: **-mez, -me-, -siz, -dışı**; örn. **~ ahlaki** unsittlich; **~ insani** unmenschlich; **~ kabil** unmöglich; **~ menkul** Grundstück n, Immobilien f/pl; **~ meşru** ungesetzlich; unehelich; **~ tabii** unnatürlich; übernatürlich; sonderbar
'**gayri** Gaze f, Mull m
gaz[2] Gas n; Petroleum n; Tıp Blähung f; **~ borusu** Gasleitung f; **~ maskesi** Gasmaske f; **~ sayacı** Gasuhr f; **doğal/tabii ~** Erdgas n; **tam ~la** mit Vollgas; **~a basmak** oto: Gas geben;

gaza

~ kesmek *oto*: Gas wegnehmen; *gnl. Tek.* drosseln
gaza heiliger Krieg
gazap (-abı) Wut *f*, Zorn *m*
ga'zete Zeitung *f*; **~ dağıtmak** Zeitungen austragen; **~ kâğıdı** Zeitungspapier *n*; **~ kulübesi** Zeitungskiosk *m*; **~ ilavesi** Beilage *f*; **haftalık ~** Wochenzeitung *f*; **~ci** Zeitungsherausgeber *m*; Journalist *m*, Reporter *m*; Redakteur *m*; Zeitungsverkäufer *m*
gazi Gazi *m*, Glaubenskämpfer *m*; (alter) Frontkämpfer, Veteran *m*
ga'zino Kasino *n*, Klub *m*
gazlamak *v/t* vergasen; *oto*: Gas geben; e-n Gasangriff durchführen
gazlı¹ Gas...; mit Gas betrieben; gasvergiftet
gazlı²: **~ bez** Mull *m*, Gaze *f*
gazoz Brauselimonade *f*
'gazyağı (-nı) Petroleum *n*
GB *kıs*. = **Gümrük Birliği** Zollunion *f*
gebe schwanger; *hayvan*: trächtig; *mec*. explosive Lage; **-i ~ bırakmak** schwängern; **~ kalmak** schwanger werden; **~ olmak** nahe bevorstehen; **~lik** (-ği) Schwangerschaft *f*, Trächtigkeit *f*; **~lik izni** Schwangerschaftsurlaub *m*
geber|mek F krepieren, verrecken (*-den* vor *D*); **~tmek** *mec.* j-n umbringen, erschlagen
gebre *Bot.* Kapern *f/pl*; **~otu** (-nu) Kapernstrauch *m*
gece Nacht *f*; nachts; **~ ayazı** Nachtfrost *m*; **~ bekçisi** Nachtwächter *m*; **~ gündüz** Tag und Nacht; **~ hizmeti** Nachtdienst *m*; **~ işi** Nachtarbeit *f*; **~ kuşu** Fledermaus *f*; *mec.* Nachtschwärmer *m*; **~ yarısı** Mitternacht *f*; um Mitternacht; **~ yatısı** Übernachtung *f*; **~ yatısına alıkoymak** Gäste übernachten lassen; **çarşambayı perşembeye bağlayan ~** (in der) Nacht von Mittwoch auf Donnerstag; **iyi ~ler!** gute Nacht!; **~ci** Nachtschichtarbeiter *m*
gecekondu "(bei) Nacht gebautes" Haus; *mec*. Bruchbude *f*
gecelemek *v/i* übernachten; wach liegen
ge'celeyin nachts
gecelik (-ği) Abend...; Nacht... (*gömlek*); *örn. fiyat*: pro Nacht

gecikme Verspätung *f*; Verzögerung *f*; **~k** sich verspäten; *Zug*: Verspätung haben; sich verzögern; **~meksizin** ohne Verspätung; ohne Verzug, unverzüglich; **~li** verzögert; mit Verspätung
geciktirme Verzögerung *f*, Aufschub *m*; **~k** *v/t* verzögern; verschieben (*-e* auf *A*); zögern (mit *D*); **~memek** möglichst bald et. *tun* (*örn. yanıtlamak*); **~meden** umgehend
geç spät; zu spät; **~ saatte/~ vakit** zu später Stunde; **en ~** spätestens; **vakit çok ~** es ist schon spät; **~ kalmak** zu spät kommen; **trene ~ kalmak** den Zug versäumen (*veya* verpassen)
geçe *saat*: nach; *üçü beş* **~** fünf Minuten nach drei; **yediyi on dakika beş saniye ~** zehn Minuten und fünf Sekunden nach sieben; **(saat) yediyi çeyrek ~** (ein) Viertel nach sieben
geçen *yer*... (... önünden **~**) vorbeiführend; *ırmak*: vorbeifließend; *zaman*: vergangen, vorig...; letzt...; **~ gün** vor einigen Tagen, kürzlich; **~ek** (-ği) Korridor *m*; **~ki** vorig...; **~(ler)de** neulich, vor kurzem
geçer *mal*: gängig, absatzfähig; *para*: gültig, im Umlauf befindlich; → *az*. **geçmek**; **~li** gültig; gebräuchlich; **~li olmak** Geltung (*veya* Gültigkeit) haben; **~siz** ohne Nachfrage; ungültig; außer Kraft; **~sizlik** (-ği) Ungültigkeit *f*
geçici (*bel.* **~ olarak**) vorübergehend, flüchtig (*örn. eğilim*); zeitweilig, vorläufig; *hastalık*: ansteckend
geçil|en zurückgelegt (*yol*); **~ir** befahrbar; begehbar; **~me** *gnl. mec.* Übergang *m* (*-e* zu *D*); **~mek yol**: zurückgelegt werden; (*-den*) auskommen können (ohne *A*), verzichten (*-den* auf *A*); **~ebilen** passierbar; **~memek** (*-den*) in Überfülle da sein (*örn. meyve*); ~unwiderbietbar sein
geçim Lebensunterhalt *m*, Unterhalt *m*; (gegenseitiges) Einvernehmen; **~ derdi** (die) Sorge um das tägliche Brot; **~ düzeyi** Lebensstandard *m*; **~ endeksi/masrafı** Existenzminimum *n*; **~ kapısı** gute Stellung; **~ seviyesi** Lebensstandard *m*; **~ yolu** gute Einnahmequelle; **~ini çıkartmak/kazanmak, sağlamak** s-n Lebens-

unterhalt verdienen; ~li *kişi*: umgänglich, gesellig; verträglich; ~lik (-ği) Alimente *pl*; ~siz ungesellig; stur; ~sizlik (-ği) Ungeselligkeit *f*; Sturheit *f*; (Familien-)Streitigkeiten *f/pl*
geçindir|mek (-*i*) j-n unterhalten; F durchbringen; *onu kızı ~iyor* seine Tochter bestreitet s-n Lebensunterhalt, F ... sorgt für ihn
geçinmek sich ernähren, leben (*ile* von *D*); in Eintracht leben (*ile* mit *D*); sich aufspielen (als ...); -*in arkasından ~* auf Kosten ... leben; *kendisini ~* sich durchschlagen
geçirgen durchlässig; durchdringbar; *El.* leitfähig; *yarı ~* halbleitend; ~lik (-ği) Durchlässigkeit *f*, Leitfähigkeit *f*
geçirim Durchkommen *n vs.*, → *geçirmek*; ~li → *geçirgen*
geçirme Eintragung *f*, Registrierung *f*; Abziehbild *n*; *vakit ~* Zeitvertreib *m*
geçirmek (-*i*) *gaz* durchlassen; *hastalık, kriz* durchmachen, überstehen; erleiden; *tatil, zaman* verbringen; *öğrenci* versetzen; *aşama, etap* durchlaufen; *ağrı* stillen; (-*i, -e*) *cam, plaka* einsetzen (in *A*); überziehen (-*i* mit *D*); *Tic. kalem mal* eintragen (in *A*); *et.* bringen, schaffen (in *A*; nach *D*); *Tıp* anstecken (-*e* j-n/-*i* mit *D*); j-n (*evine kadar* nach Hause) bringen, begleiten; (-*i köprüden* über die Brücke) bringen, fahren, führen; -*i başa ~* j-n an die Spitze stellen; -*i harekete ~* in Bewegung setzen (*A*); *makine* in Gang setzen; *mec.* in Aufregung versetzen; j-n einsetzen (*yolunda* für *A*); *iğneye ~ iplik* einfädeln; *dayaktan ~* j-n durchprügeln; *huyundan ~* j-n umerziehen; *sırtına ~ manto* überziehen; *sınavdan ~* j-n (gründlich) prüfen
geçirmez undurchlässig; *su ~* wasserdicht
geçirtmek durchmachen lassen, *öğrenci* versetzen lassen *vs.* → *geçirmek*
geçiş Übergang *m* (-*den -e* von *D* zu *D*); Übergangs...; 'Übersetzen *n* (*ırmaktan* über e-n Fluss); Vorbeimarsch *m*, *sınırdan ~* Grenzübergang *m*; ~li Übergangs...; *Gr.* transitiv; ~mek durchdringen; sich vermischen (*ile* mit *D*)

geçiştirmek (-*i*) entgehen (*D*); (*soru* e-r Frage) ausweichen, (mit Schweigen) übergehen
geçi|t (-*di*) Durchgang *m*; Durchfahrt *f*; *ırmak*: Furt *f*; Gebirgspass *m*; Vorbeimarsch *m*, Parade *f*; *yaya ~di* Fußgängerübergang *m*; *yeraltı ~di* Unterführung *f*
geçkin: *altmışını ~di* er hat die 60 überschritten, ... ist älter als sechzig
geçme Durchgehen *n*, Durchfahren *n*; *mec.* Übergang *m* (-*e* in *A*; zu *D*); *Tek.* Zapfenverbindung *f*, Auszieh...
geçmek 1. *v/i* (-*er*) *zaman*: vergehen; *para vs.*: gelten, gültig sein; *meyve*: überreif sein; *giysi*: in Mode sein; *hastalık*: übertragen werden, vorkommen; *söz*: etwas gelten; *öğrenci*: versetzt werden; (-*den*) gehen, fahren; vorbeigehen (an *D*); *sınır*. verlaufen; gehen, fahren, kommen (-*den* über *A*); *mec.* verzichten (auf *A*), aufgeben (*A*); nicht rechnen (auf *A*); *sınav* bestehen; *eve vs.* umziehen; *mec.* j-n beeindrucken; *yönetime* übernehmen (*A*); *hastalık*: j-n anstecken; ansteckend sein; *düşman tarafına* überlaufen; (-*den -e*) *mec.* übergehen (von *D* zu *D*); *muayeneden ~* untersucht werden; *saat dokuzu geçiyor* es ist nach neun (Uhr); **2.** *v/t gnl. otoyu* überholen; *kişiyi* übertreffen; *sınırı* überschreiten; *konu* übergehen, nicht berühren, (beiseite) lassen; -*i -den* j-m et. beibringen
geçmez *mal*: nicht gefragt, nicht absatzfähig; (*ışık, su*) undurchlässig; *kurşun ~* kugelsicher
geçmiş vergangen; *Obst.*: überreif; Vergangenheit *f*; *di'li ~ zaman Gr.* objektive Vergangenheit *f*; *miş'li ~ zaman Gr.* subjektive Vergangenheit *f*; *~ ola* die Gelegenheit kommt nicht wieder; *~ olsun* gute Besserung!; ~leri (*veya* ihre) Verstorbenen *pl*; ~li Rückfällige(r *m*) *f*; ~te früher, in der Vergangenheit
geğirmek aufstoßen, F rülpsen
gelecek (-*ği*) kommend, nächst..., folgend...; Zukunft *f*; *~ zaman Gr.* Futur *n*
gelen kommend, eintreffend; künftig; *ışın*: einfallend; *~ geçen* Passant *m*; *~ giden* Gäste *m/pl*

gelenek (-ği) Gewohnheit *f*; Tradition *f*; **~ olmak** Tradition sein; zur Gewohnheit werden; **~çi** Traditionalist *m*; **~li**, **~sel** traditionell, Traditions...; **~sel ~ olarak** traditionsgemäß, üblicherweise

'**gelgelelim** und sieh da, ...; aber leider ..., aber dabei ..

gelgit (-ti) Ebbe und Flut (*f*); (die) Gezeiten *pl*

gelin Braut *f*; Schwiegertochter *f*; **-i ~ etmek** verheiraten (*A*)

ge'lince (-*e*) was ... (*A*) betrifft; **bana ~** was mich betrifft

gelinlik (-ği) Brautkleid *n*; Hochzeits...; heiratsfähig

gelip → gelmek; **bunlar ~ geçici şeyler** das geht alles vorüber

gelir[1] Einkommen *n*; Ertrag *m*; **ek ~ler** Nebeneinkünfte *f/pl*; **~ getirmeyen** unrentabel; **~ vergisi** Einkommensteuer *f*; **yıllık ~** Jahreseinkommen *n*; **~li**: **az ~li** Kleinverdiener *m*; **bol ~li** einträglich; **yüksek ~li** Großverdiener *m*

gelir[2] → **gelmek**

geliş Ankunft *f*, Eintreffen *n*; Gang *m*, Fahrt *f*, Bewegung *f*; **gidiş ~ bileti** Hin- und Rückfahrkarte *f*

geli'şigüzel aufs Geratewohl, zufällig, durch Zufall; (so) obenhin; x-beliebig; **~ işler** Gelegenheitsarbeiten *f/pl*

gelişim Wachstum *n*; Entwicklung *f*; Fortschritt *m*; **~kin** (hoch) entwickelt; **~me** Wachstum *n*; Entwicklung *f*; **~mek** *gnl.* sich entwickeln; ergänzt werden; **~memiş** unentwickelt, zurückgeblieben; **~miş** entwickelt; **~tirmek** *v/t* entwickeln; fördern

ge'livermek überraschend kommen

gelme (-*e*) Kommen *n*; stammend (**-den** aus *D*); eingetroffen, angekommen

gel|mek (-ir) (**-den -e**) kommen *az. mec.* (von *D*, aus *D* - zu *D*, nach *D*, in *A*); *Tic. yazı*: einlaufen; *mal*: eingehen; *50 kg vs.* wiegen; **çok ~mek** überflüssig sein; (-*de*): **birinci ~mek** Erste(r) werden (in *D*); **-in işine ~mek** j-m passen, *s-m* Wunsch entsprechen, j-m recht kommen; **-in omuzuna ~mek** j-m bis an die Schulter reichen; **iyi ~mek** j-m gut tun, bekommen, gut sein (für *A*); **şakaya ~memek** keinen Spaß verstehen; **... kaça ~iyor** was kommt (= kostet) ...?; **...yaşına ~mek** das Alter von ... Jahren erreichen; **~mez** man darf nicht ..., *örn.*: **bu çamaşır çok kaynatılmaya ~mez** diese Wäsche darf nicht lange gekocht werden; **bana öyle ~di** mir schien es so; **öyle ~iyor ki ...** es scheint, dass ...; **-(me)mezlikten ~mek** so tun, als ob ...; **~ip almak** j-n abholen; **~ip çatmak** *gnl. az. zaman*: hereinbrechen; **-eceği** (*veya* **-esi**) **~mek**, *örn.* **ağlayacağım geldi** ich hätte am liebsten losgeweint; **~(in)**, **~sin** also, nun; los ...

gem Zaum *m*; **-*e* ~ vurmak** zügeln, bändigen (*az. mec.*)

gemi Schiff *n*; **-i ~ye almak** an Bord nehmen (*A*); **~ye binmek** an Bord gehen; **~den inmek** von Bord gehen; **~de teslim** fob, frei an Bord; **petrol ~si**, **tank ~si** Tanker *m*, Tankschiff *n*; **ticaret ~si** Handelsschiff *n*; **~ci** Matrose *m*, Seemann *m*; **~cilik** (-ği) Schifffahrt *f*; Schifffahrzeit *f*; Schiffbau *m*; Schifffahrtswesen *n*; **~cilik şirketi** Schifffahrtsgesellschaft *f*

gen *Biyo.* Gen *n*

-gen -eck, -eckig, *örn.* **dörtgen** Viereck *n*

'**gencecik** blutjung

genç (-ci) jung; junger Mann; Jüngling *m*; **~ adam** junger Mann; **~ girişimci** Jungunternehmer *m*; **~ ihtiyar** jung und alt; **~ kız** junges Mädchen; **~** (**yaşta**) **iken** in jungen Jahren; **~ler** junge Leute *pl*; **~leşmek** jünger werden; sich erneuern; **~leştirici** Verjüngungs... (*araç*); **~leştirmek** *v/t* verjüngen (*az. örgüt*); erneuern; **~lik** (-ği) Jugend *f* (*zaman ve insanlar*)

'**gene** wieder; und dennoch, trotzdem (*az.* **~ de**); **~ iyi** (nun) auch gut; **~ görüşürüz!** auf baldiges Wiedersehen!

genel allgemein, Allgemein...; Öffentlichkeit *f*; Gemeinde...; **~ olarak** im Allgemeinen; **~ direktör** Generaldirektor *m*; **~ grev** Generalstreik *m*; **~ kitaplık** öffentliche Bibliothek;

Leihbücherei *f*; **~ oya başvurma** allgemeine Volksbefragung *f*, Referendum *n*, Volksentscheid *m*; **~ prova** Generalprobe *f*; **~ seçimler** allgemeine Wahlen *f/pl*; **~ yazman** Generalsekretär *m*

genel|ev Bordell *n*; **~ge** Rundschreiben *n*; **~kurmay** Generalstab *m*; **~leme** Verallgemeinerung *f*; **~lemek** *v/t* verallgemeinern; **~leştirmek** *v/t* verallgemeinern; **~lik** (-ği) Allgemeinheit *f*; **~likle** im Allgemeinen, in der Regel; ausnahmslos

general (-li) General *m*; **~ler** Generalität *f*

genetik (-ği) Ge'netik *f*; genetisch

geniş *gnl.* breit; weit; *bahçe*: groß; *ev*: geräumig; *insan*: sorglos; *program*: umfangreich; *kapı, yol, kitleler.* breit; **~ açı** *Mat.* stumpfer Winkel; Weitwinkel *m*; **~ gönüllü** gutmütig; **~ ölçüde** weitgehend; **~ perde** Breitwand *f*; **~le(n)me** Erweiterung *f*, *Pol.* Expansion *f*; *Fiz.* Ausdehnung *f*; **~le(n)mek**, **~leşmek** breiter werden, weiter werden; sich erweitern; *örn. yangın*: sich ausdehnen; **~letmek** *v/t* erweitern; ausdehnen; *sanayi* weiterentwickeln; **~lik** (-ği) Breite *f*; Weite *f*; Amplitude *f*; Umfang *m*; *boru*: Innendurchmesser *m*; **iki metre ~liğinde** zwei Meter breit

geniz (-nzi) Nasenhöhle *f*; Nasenrachenraum *m*; **~den konuşmak** näseln

'**gensoru** *Pol.* Anfrage *f*

geometri Geometrie *f*; **~k** geometrisch

ge'pegenç blutjung

gerçek (-ği) wirklich, tatsächlich; real; eigentlich (*anlam*); wahr, echt; Wahrheit *f*, Wirklichkeit *f*, Tatsache *f*; **~ler** (die) Fakten, Tatsachen *pl*; **~çi** Realist *m*; realistisch; **~çilik** (-ği) Realismus *m*; Realität *f*

gerçek|lemek *v/t* bestätigen; bescheinigen; *Mat.* beweisen; **~lenmek** *edil.* → **gerçeklemek**; **~lenmiş** verwirklicht werden; **~leşmek** *haber.* sich bestätigen; *umut, düş.* sich erfüllen; **~leştirilme** Verwirklichung *f*, *plan*: Erfüllung *f*; **~leştirilmek** *edil.* → **gerçekleştirmek**; **~leştirmek** *v/t* verwirklichen, realisieren; durchführen

gerçek|te in Wirklichkeit; **~ten** in der Tat, wirklich, tatsächlich

ger'çeküstü ungewöhnlich, **~cü** Surrealist *m*; surrealistisch

'**gerçi** wenn auch ...; zwar

gerdan Hals *m*; Kinnpartie *f*; Dekolleté *n*; Doppelkinn *n*; Nacken *m*; **~ kırmak** kokettieren; sich aufspielen; **~lık** (-ğı) Halskette *f*; Halsband *n*

gerdirmek *ettir.* → **germek**

gereç (-ci) Material *n*, Zubehör *n*, **yapı ~leri** Baumaterial *n*

gereği laut (*G*), gemäß (*D*), ... (*D*) entsprechend, ordnungsgemäß; **~ gibi** dementsprechend, ordnungsgemäß

gereğince laut (*G*), gemäß (*D*); entsprechend, ordnungsgemäß *örn.* yapmak

gerek[1] (-ği) (-e) nötig, erforderlich; Notwendigkeit *f*; Bedarf *m* (-e an *D*); **~ğinde** nötigenfalls; *fiil olarak*: nötig haben, brauchen: **bana sen ~ksin** ich brauche dich; **neme ~k?** was geht mich das an?; **nene ~k?** was geht dich das an?; **bunun bize ~ği yok** das brauchen wir nicht; **~ği kadar** so viel wie nötig; ausreichend; **telaşa ~k yok** kein Grund zur Aufregung

gerek[2] oder ... oder: **~ ben gideyim, ~ o gitsin ...** ob ich nun gehe oder (ob) er *veya* sie (geht); sowohl ... als auch, ebenso wie; *olumsuz*: weder ... noch; **~ büyük, ~ küçük** sowohl die Großen als auch die Kleinen

gerekçe Motiv *n*; Begründung *f*; Beweisführung *f*; Schluss *m*, Schlussfolgerung *f*; **~ göstermek** e-n Nachweis liefern, Beweise beibringen; **~li** begründet; **~siz** unbegründet

gerek|li nötig, notwendig; Zwangs...; **-i ~li bulmak** für erforderlich halten (*A*); **~(li)lik** (-ği) Notwendigkeit *f*; **~mek** (-e) erforderlich (*veya* notwendig) sein; et. (tun) sollen *veya* müssen: **bunu bilmeniz ~irdi** Sie sollten es wissen; **~seme** Erfordernis *n*, Bedürfnis *n*; **~semek** (-*i*) nötig haben (*A*), brauchen (*A*); **~sinim** Bedürfnis *n*; **-e ~sinimi olmak** brauchen; **~sinme** → **gerekseme**; **~sinmek** *v/t* brauchen

gerek|siz unnötig, unnütz; **~tiğinde**

gerektirmek

im Bedarfsfall; **~tirmek** (*-i*) nötig machen (*A*); nach sich ziehen
gerer → **germek**
gergedan Nashorn *n*, Rhinozeros *n*
gergin gespannt (*az. mec.*); straff; **~leşmek** sich straffen; *özl. mec.* gespannt werden; *durum:* sich zuspitzen; **~leştirmek** (*-i*) *durum* verschärfen, verschlechtern; **~lik** (*-ği*) Spannung *f*; Gespanntheit *f*; *Pol.* gespannte Lage
geri 1. *gnl.* wieder; zurück, zurück..., Rück...; rückwärts; *mec.* rückständig; veraltet; hinterer Teil; Hinter...; (das) Übrige; *mec.* Folge *f*, olay, iş: Ausgang *m*; **~ almak** zurücknehmen (*az. söz*); *emir, oto* zurückfahren, zurücknehmen; *elçi* zurückberufen; *şehir* zurückerobern; *saat* zurückstellen; **~ çağırma** Rückberufung *f*; **~ çekilme** Rückzug *m*; **~ çekilmek** sich zurückziehen; sich heraushalten (*-den* aus *D*); **~ çevirme** Absage *f*; *rica* Ablehnung *f*, *-i* **~ çevirmek** zurückschicken; *mec.* zurückweisen, ablehnen; **~ dönmek** sich umwenden; zurückkehren; **~ durmak** sich heraushalten (*-den* aus *D*); sich scheuen (*-mekten* zu ...); **~ gitmek** *Tic. mec.* zurückgehen, schlechter gehen; **~ göndermek** zurückschicken; **~ kafalı** rückständig; reaktionär; **~ kalmak** zurückbleiben (*mec. -den* hinter *D*); *saat:* nachgehen; vertagt sein; **~ kalmamak** nicht zurückbleiben (*-den* hinter *D*); nicht versäumen, zu ...; **~ kalmış** zurückgeblieben, rückständig; **~ kalmışlık** Rückständigkeit *f*; **~ ödemek** zurückzahlen; **~ planda** hinten, im Hintergrund (*az. mec.*); *-i* **~ vermek** zurückgeben (*A*); **~ vites** *oto:* Rückwärtsgang *m*; **~ zekâlı** geistig zurückgeblieben; **~sin ~ye** → **gerisingeri(ye)**; **~ye bırakmak** → **geriye; şimdiden ~** von nun an; **2.** *ilg.* *-in* **~sinde** hinter (*D*); *-in* **~sinden** hinter ... (*D*) hervor; *-in* **~sine** hinter (*A*)
gerici Reaktionär *m*; reaktionär; **~lik** (*-ği*) *Pol.* Reaktion *f*; Rückständigkeit *f*
geri|de hinten; *gnl.:* zurück...; **~de bırakmak** zurücklassen; j-n, et. hinter sich lassen, überholen; **~den** von hinten
gerile|me Rückgang *m*; **~mek** zurückgehen; zurückfahren; zurückweichen; *mec.* zurückfallen; verfallen; **~tmek** (*-i*) zurückdrängen; den Verfall (*G*) bewirken; **~yici** regressiv; **~yiş** Rückfall *m*; Rückschritt *m*; Verfall *m*
gerilik (*-ği*) Rückständigkeit *f*; Rückschritt *m*; (geistige) Zurückgebliebenheit
gerilim Spannung *f*, Frustration *f*; **~ filmi** Thrillerfilm *m*; **yüksek ~ hattı** Hochspannungsleitung *f*; **~li** gespannt; *zaman:* spannungsgeladen; *El.* **yüksek ~li** Hochspannungs...
geriliş: çarmıha ~ die Kreuzigung (Jesu Christi)
ge'rilla Freischärler *m*, Guerillakämpfer *m*
gerilme Spannung *f* (*az. El.*); *Tek.* Beanspruchung *f*; *buhar.* Druck *m*
gerilmek gespannt werden; *kaslar.* sich spannen; *sinir.* (an)gespannt sein; *mec.* aufbrausen
geriye: ~ bırakmak *v/t* hinterlassen; aufschieben; zurückstellen
geriz Abfluss *m*, Abflussrohr *n*
ger|mek (*-er*) *v/t örn. yay* spannen; **sinirlerimi ~di ...** machte mich ganz nervös
getiri Zinsen *pl*; **yıllık ~** Jahreszinsen *pl*
getirilmek → *edil.* **getirmek** geliefert *veya* eingeführt werden (*-den* aus *D*); *-in yerine* **~** an j-s Stelle treten, ernannt werden
getirmek *gnl.* bringen (*-i, -den, -e et. A* aus, von *D*, *D veya* nach *D*, in *A*); *örnek* anführen; *kazanç* bringen, abwerfen; *selam* ausrichten; *ziyan* verursachen; *-i bakanlığa* **~** zum Minister ernennen; **... haline ~** machen (zu *D*, *örn. çöl*); *-i sıvı haline* **~** verflüssigen; *-i sonuna* **~** zu Ende führen (*A*); *-i yerine* **~** koşul, görev erfüllen
getirtmek bringen *veya* kommen lassen (*-e* durch *A*); importieren
gevelemek *v/t* kauen; wiederkauen; *v/i* nuscheln
gever → **gevmek**
geveze schwatzhaft; Schwätzer(in *f*)

gidi

m; **~lenmek** schwatzen; plaudern; **~lik** (-ği) Schwatzhaftigkeit *f*; **~lik etmek** dummes Zeug reden; *sır* ausplaudern

geviş Wiederkäuen *n*; **~ getirmek** *v/t ve v/i* wiederkäuen (*az. mec.*)

gevrek (-ği) bröckelig; spröde; *ekmek*: knusperig; Zwieback *m*; mürbe

gevşek lose, schlaff; **~ ağız(lı)** schwatzhaft; **'~çe** *bel.* kraftlos; **~'çe** schwach, willenlos; **~lik** (-ği) Lockerung *f*; Nachlassen *n*; Erschlaffung *f*; Apathie *f*

gevşe|me Lockerung *f*; Schwächung *f*; *Psi.* Entspannung(szustand *m*) *f*; **~mek** *v/i* locker (*veya* schlaff) werden; apathisch werden; *diz*: schlottern; *hava*: milder werden; **~miş** *şey*: lose, locker, wackelig; **~tmek** *v/t* lockern

geyik (-ği) Hirsch *m*

gezdirmek *v/t* spazieren führen (-*de* in *D*); *araba ile* herumfahren; herumführen (*b-ne bşi* j-n in *A*), j-m (*şehri* die Stadt) zeigen; *el* gleiten lassen; **salataya yağ ~** den Salat mit Öl anmachen

gezegen Planet *m*; **~lerarası** interplanetar

gezer → **gezmek**

gezgin viel herumkommen, viel gereist; umherziehend; Straßen...; Reisende(r *m*) *f*; Tourist(in *f*) *m*; Nomade *m*, -in *f*; **internet ~i** Internet-Surfer *m*

gezi Reise *f*; **~ye çıkmak** auf Reisen gehen; **~ci** umherziehend; wechselnd; ambulant; Wander...

gezi|lmek besichtigt werden; → **gezmek**; **~nmek** spazieren gehen

gezinti Spaziergang *m*; Spazierfahrt *f*; Ausflug *m*; Lauf *m*

gez|mek (-er) *v/i* spazieren gehen; umhergehen; *hasta kişi*: (wieder) gehen; (-*i*) *ev* besichtigen; *ülke* bereisen; **nerelerde ~iyordun?** wo hast du dich herumgetrieben?; **~meye gitmek** e-n Spaziergang machen; *-i* **~ip görmek** besichtigen (*A*), sich ansehen (*A*)

gıcık (-ğı) Hustenreiz *m*; Niesreiz *m*; *-e* **~ etmek** *v/t* kribbelig machen; **~ olmak** *v/i* kribbelig werden

gıcır: ~ ~ etmek quietschen; knarren;

knurren; **~ ~ yıkamak** sauber abwaschen; auf Hochglanz putzen

gıcırdamak *v/i diş*: knirschen; *kapı*: knarren; *tekerlek*: quietschen

gıcırtı Knirschen *n*; Knarren *n*; Quietschen *n*; **~lı** knirschend; knarrend

gıda Nahrung *f*; Nahrungsmittel *n*; **~ pazarı** Lebensmittelmarkt *m*

gıdaklamak gackern; *mec.* plappern

gıdalı nahrhaft

gıdık Kitzeln *n*; **~lamak** *v/t* kitzeln (*az. mec.*); *mec.* reizen; **~layıcı** *mec.* kitzelig, heikel

gık Piep *m*, Mucks *m*

gına: (-*den*) **~ gelmek** genug haben (von *D*)

gıpta Neid *m*; Sehnsucht *f*; *-e* **~ etmek** j-n beneiden **~ edilecek** beneidenswert

'gırla in Mengen, F und wie!

gırtla|k (-ğı) Kehlkopf *m*; Luftröhre *f*; *mec.* Essen *n*; **~ğına düşkün** Feinschmecker *m*; **~ğından kesmek** sich et. vom Munde absparen

gırtlaklamak *v/t* würgen

gı'yaben *bel. Huk.* in Abwesenheit

gıya'bi Abwesenheits... (*karar*); **~p** (-bı) *Huk.* Abwesenheits...; Versäumnis...; **~bında** in s-r (*veya* ihrer) Abwesenheit

gibi wie; *bal* **~** wie Honig, honigsüß; *mec.* ganz sicher, sonnenklar; **benim ~** wie ich; **senin ~** wie du; **bu ~** solch ein, solche; **buz ~** eiskalt (*mec. bakış vs.*); **bülbül ~** vorzüglich, tadellos *konuşmak*; **bu ~ler** solche Leute; **ne ~** was für (ein), welcher, welches?; **ne ~ şartlarla** zu welchen Bedingungen?; *bağl. -diği* **~** sobald; kaum ... als; wie ...; **~sine gelmek** j-m scheinen, vorkommen: **olmaz ~me geliyor** das scheint mir unmöglich

gider¹, **~ler** Ausgabe(n *pl*) *f*, Unkosten *pl*; *az.* →**gitmek**

gider² → **gitmek**

gi'derayak beim Weggehen; in der letzten Minute

gi'derek nach und nach; immer mehr

gider|ici beseitigend, entfernend; **~ici ilaç** schmerzlinderndes Mittel; **leke ~ici** Fleckenentferner *m*; **~mek** *v/t* beseitigen; liquidieren; *ihtiyaç* befriedigen; *leke* entfernen (-*den* aus *D*)

gidi: hay, ~! ach, der freche Kerl!;

gidici

(*hey*) **~ günler** ja, die gute alte Zeit!; **seni ~ seni** du bist mir einer!
gidici gehend; todkrank
gidil|mek: ~ir man fährt, kommt, geht vs.
gidiş Gehen *n*; Fortgehen *n*; Weggang *m*; Abfahrt *f*; Reise *f*, Fahrt *f*; *olaylar.* Gang *m*; *Pol.* Kurs *m*
gidişat (-atı) Zustand *m*; Lage *f* (der Dinge), Situation *f*; Verhalten *n*
gidişgeliş Verkehr *m*; Hin- und Rückfahrt... (*bilet*)
gidon Lenkstange *f*
-gil Familie *f*; **Aligile gittik** wir besuchten die Familie von Ali; **-giller** Zoo., Bot. Art *f*; Gattung *f*, Familie *f*
'**gine** → **gene**
girdap (-bı) Strudel *m*; *mec.* Abgrund *m*
girdi Ertrag *m*, Gewinn *m*; Einnahmen und Ausgaben *pl*, Betriebskosten *pl*; *Cmp.* Input *n*
girdirmek *ettir.* → **girmek**; hineinfahren
giril|mek → **girmek**; (*içeri*) **~mez** Zutritt verboten!
girinti Vertiefung *f*; Einbuchtung *f*; **~li** buchtenreich; uneben
giriş Eingang *m*; *Cmp.* Eingabe *f*; Eintritt *m*; Einfahrt *f*; Zugang *m*; Zufahrt *f*; *döviz:* Zustrom *m*; *mec.* Einführung *f* (-*e* in *A*); **~ sınavı** Aufnahmeprüfung *f*; **~ ücreti** Eintrittsgeld *n*
girişim Schritte *m/pl*, Bemühungen *f/pl*; Eingriff *m*; Initiative *f*; *Fiz.* Interferenz *f*; **~de bulunmak** die Initiative ergreifen; **~ci** Unternehmer *m*; Initiator *m*; **~cilik** (-ği) Unternehmertum *n*
giriş|ken tatkräftig, resolut; Initiator *m*; **~kenlik** (-ği) Unternehmungslust *f*; **~mek** sich machen (*çalışmaya* an die Arbeit); *işler* unternehmen, einleiten; sich vornehmen (*A*); sich einlassen (auf *A*)
'**Girit** Kreta
girme Einreise *f*, **~ yasağı** Einreiseverbot *n*
girmek (-er) *gnl.* gehen (-*e* in *A*), eintreten; einreisen (in *A*); **içeri(ye) ~** eintreten (in *A*); *hırsız, mec. söz:* eindringen (in *A*); *ayrıntıya, konuya* eingehen (*A*); *göreve* antreten (*A*); (*borca* in Schulden) geraten (-*e A*); *ağrı:* befallen (-*e A*)

gişe Schalter *m*; *sinema vs.:* Kasse *f*
gitar Gitarre *f*; **~ci** Gitarrist(in *f*) *m*
'**gitgide** allmählich, nach und nach
gitmek (-*der*) gehen; fahren (-*den* von, aus *D*; -*e* nach *D*, in *A*); P abkratzen; stehen (*D*), *örn. bir renge:* passen (zu *D*); *işler.* (gut) gehen; *para vs.:* F draufgehen (-*e* für *A*); (*uzun zaman* lange) halten; *mal:* gehen, sich verkaufen; **otomobille ~** mit dem Auto fahren; **uçakla ~** fliegen; **çalışmaya ~** arbeiten gehen; **bu yol nereye gider?** wohin führt diese Straße?
gittikçe allmählich; nach und nach; mehr und mehr
giydirmek *v/t* j-n ankleiden; einkleiden (lassen)
giy|ecek Kleidung *f*; **kışlık ~** Winterkleidung *f*; **~er** → **giymek**
giyilmek → **giymek**; *giysi:* getragen werden
giyim Kleidung *f*; **~evi** Konfektion(sgeschäft *n*) *f*; **~li** gekleidet
giyin|ik angezogen, gekleidet; **~mek** sich anziehen
giymek (-*er*) *manto* anziehen; *giysi* anhaben, tragen; (*başına*) **~ şapka** aufsetzen
giyotin Guillotine *f*
giysi Kleidung *f*; Kleid *n*; Anzug *m*
giz Geheimnis *n*; **~em** Geheimnis *n*; Mystik *f*; **~emli** geheimnisvoll; **~il** verborgen, latent; potentiell
gizle|me Tarnung *f*, **~mek** *v/t* verbergen (-*den* vor *D*); tarnen; verheimlichen; geheim halten (-*den* vor *D*); **~nmek** sich verbergen, sich verstecken (-*e* vor *D*)
gizli geheim, Geheim...; vertraulich; *Ask.* getarnt; *Fiz., Tıp* latent; versteckt (*işsizlik*); **~ oylama** geheime Abstimmung; **~ polis** Geheimpolizist *m*; *-i* **~ tutmak** geheim halten; *Tic.* vertraulich behandeln; **~ce** heimlich; vertraulich; illegal; **~lik** (-ği) Geheimhaltung *f*; Vertraulichkeit *f*; Illegalität *f*
glasiye Gletscher *m*, → **buzul**
glikoz Glykose *f*
gliserin Glyzerin *n*
gocuk (-ğu) Schafspelz *m*, Hirtenmantel *m*
gocunmak (-*den*) übel nehmen (*A*), gekränkt sein (durch *A*)

gönderici

gofret (-ti) Waffel *f*
gol (-lü) *Spo.* Tor *n*; **(bir) ~ atmak** ein Tor schießen; **~ yemek** ein Tor durchlassen; **~cü** Torjäger *m*
golf Golf(spiel) *n*
golfstrim Golfstrom *m*
gonca → **konca**
gonk (-gu) Gong *m*
goril Gorilla *f*
gotik (-ği, -ki) Gotik *f*; gotisch; **~ harfler** Fraktur *f*, gotische Schrift
göbek (-ği) Nabel *m*; Bauch *m*; Mittelstück *n*; Herz *n*, Mark *n*, Generation *f*; Nabe *f*; **~li** beleibt; **~li salata** Kopfsalat *m*
göç (-çü) Wanderung *f*, Auswanderung *f*, Abwanderung *f* (*-e in A, örn. kente*); Übersiedlung *f*; Umzug *m*; *mec.* (die) letzte Reise; **kavimler ~ü** Völkerwanderung *f*; **~ etmek** (*-e*) umziehen (in *A*, nach *D*); *kuşlar.* abfliegen; *mec. ebediyete* eingehen; **~ebe** Nomade *m*; Nomadenstamm *m*; Zug... (*kuş*); **~ebelik** (-ği) Nomadentum *n*; *mec.* Nomadenleben *n*; *az.* → **göçmek**
göçkün baufällig; gebrechlich; altersschwach
göç|mek (-er) übersiedeln; einwandern, auswandern; *kuşlar.* wandern, ziehen (nach); *duvar vs.*: einstürzen; *kişi*: verscheiden; **~men** Auswanderer *m*, -in *f*; Einwanderer *m*, -in *f*; Aussiedler(in *f*) *m*; *Biyo.* Wander...; **~men kuş** Zugvogel *m*; **~menlik** (-ği) Auswanderung *f*; Einwanderung *f*; Migration *f*
göçük (-ğü) Einbruch(stelle *f*) *m*; eingestürzt; **~ olmak** zusammenbrechen
göçüş Übersiedlung *f*; → **göçmek**
göden (*az.* **~bağırsağı**) Mastdarm *m*
göğermek grün werden, grünen; *yara*: blau anlaufen
göğüs (göğsü) Brust *f*; **~ anjini** Angina pectoris *f*; **~ darlığı** Asthma *n*; **~ geçirmek** seufzen; **-e ~ germek** die Stirn bieten (*D*); ertragen (*A*); **~ kafesi** Brustkorb *m*; **~ kemiği** Brustbein *n*; **göğsü kabarmak** sich brüsten
göğüs|lemek (-*i*) sich widersetzen; **~lü** *kadın*: vollbusig
gök (göğü) Himmel *m*; himmelblau, hellblau; blaugrün; **~ gözlü** blauäugig; grauäugig, helläugig; tückisch; **~ gürlemesi/gürültüsü** Donner *m*; **~ gürlemek** donnern; **~ kandil** P sternhagelvoll
'gök|ada *Astr.* Milchstraße *f*; **~bilimci** Astronom *m*; **~bilimi** Astronomie *f*; **~bilimsel** astronomisch; **~cismi** Himmelskörper *m*; **~çe** himmlisch, Himmels...; **~de'len** Wolkenkratzer *m*; **~kuşağı** (-nı) Regenbogen *m*; **~taşı** Meteorit *m*
'gökyüzü (-nü) Firmament *n*; Himmel(szelt *n*) *m*, Himmelsgewölbe *n*
göl See *m*; Teich *m*; **~ balığı** Seefisch *m*; **~cük** (-ğü) Teich *m*, Tümpel *m*; Pfütze *f*; **~et** Pfütze *f*
gölge *gnl.* Schatten *m*; *mec.* Schutz *m*; **-e ~ düşürmek** *mec.* e-n Schatten werfen (auf *A*); **~ oyunu** Schattenspiel *n*; **-i de bırakmak** *mec.* in den Schatten stellen; **-e ~ etmek** j-m Schatten spenden; e-n Schatten werfen (auf *A*); stören (*A*); **~lemek** (-*i*) beschatten (*A*), Schatten spenden (*D*); *mec.* e-n Schatten werfen (auf *A*); **~lendirmek** (-*i*) Schatten werfen (auf *A*); *mec.* verdunkeln; **~li** schattig; *Matb.* undeutlich, verschwommen; **~lik** (-ği) schattiger Platz; Laube *f*
gömer → **gömmek**
'gömgök durch und durch blau
gömlek (-ği) Hemd *n*; Überzug *m*; Futteral *n*; *Tek.* Mantel *m*; **bir ~** etwas, eine Stufe, ein Grad; **gecelik ~** Nachthemd *n*; **~lik** (-ği) Hemdenstoff *m*
gömme eingegraben; *küver*: eingelassen; eingebaut; Bestattungs...; **~ dolap** Wandschrank *m*
gömmek (-er) *v/t* bestatten, beerdigen; vergraben; einlassen, einbauen (*-e in A*)
gömü Bodenschätze *m/pl*; *mec.* Schatz *m*; **sözcük ~sü** Wortschatz *m*
gömül|mek *edil.* → **gömmek**; versinken (*az. mec. borca*); sinken (*yatağa* ins Bett, *koltuğa* in e-n Sessel); **~ü** begraben
Gön. *kıs.* = **gönderen** Absender (Abs.)
gönder *Gemi.* Steuerruder *n*; **bayrak ~i** Fahnenstange *f*
gönder|en Absender *m*; **~i** (Post-)Sendung *f*; **~ici** (Radio-)Sender *m*;

gönderilmek

~ilmek *edil.* → **göndermek**; **~ilen yer** Bestimmungsort *m*; **~me** Versand *m*; Verweis *m* (*-e* auf *A*); **~me belgesi** Versandschein *m*
göndermek *v/t* senden, schicken (*-e* an *A*, zu *D*)
gönül (gönlü) *mec.* Herz *n*, Seele *f*; Mut *m*; Zuneigung *f*; Lust *f* (zu *D*); **~ acısı** Liebeskummer *m*; **~ almak**, **gönlünü almak** j-n erfreuen; j-m Mut machen; j-s Sympathie erwerben; **~ borcu** herzlicher Dank; **~ eğlendirmek** sich vergnügen; *-in* **gönlünü etmek** j-n zufrieden stellen; j-s Zustimmung erhalten; **~ işi** Liebesaffäre *f*; **~ kırmak**, *-in* **gönlünü kırmak** (j-m) die Stimmung verderben; j-n kränken; **gön'lümce** nach meinem Geschmack; meinem Wunsch entsprechend; **gönlünce** nach deinem (*veya* seinem *vs.*) Geschmack; **gönülden** von Herzen; **~lü** freiwillig; Freiwillige(r *m*) *f*; **alçak ~lü** bescheiden
gönülsüz ungern, lustlos; bescheiden; schlicht; anspruchslos; sanft; **~lük** (-ğü) Bescheidenheit *f*; Sanftmut *f*; **işte ~lük** Arbeitsunlust *f*
'**gönye** Winkelmaß *n*
göre *ilg.* (*-e*) nach (*D*); gemäß (*D*), im Einklang mit (*D*); ... (*D*) zufolge; was ... (*A*) anbetrifft; je nach (*D*); *bağl.* *-diğine* **~** weil; zumal; wie; soviel ...; *-e* **~ olmak** j-m passen; j-n betreffen; **bana ~** nach meiner Meinung; **buna ~** dementsprechend; **emeğe ~** nach Leistung; **kimisine ~** nach Ansicht einiger Leute; **ölçünüze ~** nach Ihren Maßen; **plana ~** planmäßig; **geç kaldığıma ~** da (*veya* weil) ich mich verspätet habe; **bildiğime ~** soviel ich weiß
görecelik (-ği) Relativismus *m*; **~ kuramı** Relativitätstheorie *f*
görenek (-ği) Tradition *f*; Brauch *m*; Schablone *f*, F alte Leier; Erfahrung *f*
görev *Pol.* Auftrag *m*, Mission *f*; *gnl.* Funktion *f*, Aufgabe *f*; (*bir*) **~ almak** e-e Aufgabe übernehmen; **~ başında** bei Ausübung s-r Dienstpflichten; **~den çıkarılma** Dienstenthebung *f*; *-i* **~den çıkarmak/almak** j-n s-s Dienstes entheben; *-i* **~e almak** j-n einstellen; *-e* **~ vermek** einsetzen (*A*); **~ yapmak** Dienst tun; tätig sein; *mec.* die Aufgabe (*G*) haben; **açık ~** freie Stelle, Vakanz *f*; **~lendirmek** j-n beauftragen (*-i* **ile** mit *D*); verpflichten (*için* zu *D*); j-n in Dienst stellen; **~li** beauftragt; bevollmächtigt; akkreditiert (*-de* bei *D*); Beamter; **gizli ~li** Geheimagent *m*; **gümrük ~lisi** Zollbeamter *m*, -in *f*; **~liler** Personal *n*
görgü Anstand *m*, gutes Benehmen; Etikette *f*; **~ tanığı** Augenzeuge *m*; **~lü** gut erzogen; erfahren; routiniert; **~süz** schlecht erzogen; grob; **~süzlük** (-ğü) Unhöflichkeit *f*
görkem Äußeres; Pomp *m*, Prunk *m*; **~li** pompös, prunkvoll
görmek (-ür) *v/t* sehen; j-n besuchen; sich mit j-m treffen, j-n sprechen; et. halten (für *A*); betrachten (als); erfahren; *film* sich ansehen; erdulden; **az ~** für gering, ungenügend halten; **hizmet ~** tätig sein; *Ask.* dienen; **iş ~** e-e Arbeit verrichten; **iyilik ~** Gutes erfahren (*-den* von *D*); **tedavi ~** in Behandlung sein, behandelt werden; **yardım ~** Hilfe bekommen; *-den* **ders ~** bei j-m Stunden nehmen; *-i* **göreceği gelmek** sich sehnen (*-i* nach j-m)
görmemiş ungehobelt; **~lik** (-ği) Unerfahrenheit *f*; Habgier *f*
görmez blind; **uzak ~** kurzsichtig; **yakın ~** weitsichtig; **~lik** (-ği) Blindheit *f*; **~liğe vurmak**, **~likten gelmek** j-n, et. ignorieren
görsel Seh...; visuell; **~ araçlar** Anschauungsmaterial *n*; darstellend (*sanatlar*)
gö'rülmedik einmalig, unbeschreiblich; unerhört
görül|mek gesehen werden *vs.*; *salgın* *hastalık*: auftreten; **~ecek** sehenswert; **~ecek yer** Sehenswürdigkeit *f*; **~üyor ki** wie man sieht; es scheint, dass ...
gö'rümce Schwägerin *f*
görümlük (-ğü) Attrappe *f*; Ausstellungsstück *n*
görün|en sichtbar; *Fiz.* virtuell; **~gü** *Fel.* Phänomen *n*
gö'rünmeden unbemerkt
görün|mek *v/i* erscheinen, sich zeigen; *geç, iyi vs.*: aussehen; **~mez** un-

vorhergesehen, unerwartet; unsichtbar; **~mez olmak** (von der Bildfläche) verschwunden sein
görüntü Erscheinung f, Gespenst n; Ansehen n; Spiegelbild n; mec. Aussicht f; Bild n, Filmszene n; **~lemek** v/t verfilmen; Cmp. am Bildschirm darstellen; **~lü: güzel ~lü** ... mit schöner Aussicht
görünüm Äußeres, Erscheinung f; (das) Formale, die formale Seite (e-r Sache); **sistem ~ü** Cmp. (System-)Konfiguration f
görünür sichtbar; offenkundig, klar; **~de** anscheinend, scheinbar (örn. haklı); **~de kimse yoktu** niemand war zu sehen; **~deki** äußerlich; **~lük** (-ğü) Sichtbarkeit f
görünüş Aussehen n, Äußeres, (äußere) Erscheinung f; Panorama n, Aussicht f; Meinung f; **~te** dem Anschein nach
görüş Sehen n, Beobachtung f; Sicht f; Sehkraft f; Meinung f, Ansicht f, Gesichtspunkt m; Anschauung f; hastane: Besuch m; **~ açısı** Gesichtspunkt m; Standpunkt m; **~ ayrılığı** Meinungsverschiedenheit f; **~ birliği** Übereinstimmung f; gleiche Meinung; **~ farkı** Meinungsverschiedenheit f; **~ dünya ~ü** Weltanschauung f; **ilk ~te** auf den ersten Blick
görüşlü: dar ~ kurzsichtig; **demokratik ~** demokratisch eingestellt; **uzak ~** weitsichtig
görüşme Treffen n; Wiedersehen n; Diskussion f, Gespräch n; Verhandlung f, Besprechung f; **~ yapmak** Besprechungen führen; **~ci** Besucher m
görüş|mek (ile) sich treffen (mit D); özl. Pol. zusammentreffen (mit D); sprechen, sich unterhalten (mit D); (**komşu ile** mit e-m Nachbarn) verkehren; verhandeln mit D); (**-i**) besprechen (A mit D); erörtern; **~türmek** bekannt machen (**-i ile** j-n mit j-m); ein Wiedersehen veranstalten (**veya** ermöglichen); **~ülme** Behandlung f (e-r Sache); **~ülmek** behandelt werden; az. → **görüşmek**
göster|ge Zeichen n, Merkmal n; Indikator m; Cmp. Display n; **~i** (örn. Spo.) Veranstaltung f; Darbietung f; Tiy. Vorstellung f; Pol. Kundgebung f,

Demonstration f; **~i disketi** Demo-Diskette f; **~i yürüyüşü** Vorbeimarsch m, Aufmarsch m; **~ici** Demonstrant(in f) m; (Film-)Projektor m; Cmp. Display n; **~ilmek** edil. → **göstermek**; **~im** (Film-)Vorführung f; Vorstellung f
gösteriş Zeigen n, Vorzeigen n; Äußeres, Aussehen n; Schaustellung f; Glanz m, Prunk m; Schein..., unecht, übertüncht; demonstrativ; **~ yapmak** e-e Demonstration veranstalten; blenden, sich zur Schau stellen; **~ci** Blender m, mec. Komödiant m; demonstrativ; geziert; **~li** auffällig; prächtig; **~siz** unauffällig, schlicht; **~sizlik** (-ği) Unauffälligkeit f
gösterme Zeigen n; Vorführung f; Hinweis m; **aday ~** (Kandidaten-)Aufstellung f; **~ salonu** Vorführungsraum m
göstermek 1. v/t (-i, -e) j-m et. zeigen; kennzeichnen (A); hinweisen (auf A); pasaport (vor)zeigen; cesaret az. beweisen; **b-ne iş** j-m e-e Arbeit anweisen; **b-ni aday ~** j-n als Kandidaten aufstellen, vorschlagen; **b-ni suçlu ~** j-n als schuldig hinstellen; **b-ni tanık ~** j-n als Zeugen benennen; **kendini ~** sich zeigen; **2.** v/i aussehen, wirken
göstermelik (-ği) Muster n; Probestück n; Getue n, Ziererei f; **göstertmek** (-i, -e) j-n veranlassen, et. zu zeigen
göt (-tü) Hintern m, P Arsch m; mec. Mumm m
götürmek v/t bringen (**-den -e** von D nach D); (**-i** j-n) mitnehmen (**evine** nach Hause) bringen; **-e selam ~** j-m Grüße bestellen, ausrichten
götürü en gros; Pauschal...; alles zusammen; Engros... (alış); **~ iş** Akkordarbeit f; **~ pazarlık** Akkordvertrag m
gövde Rumpf m; insan: Körper m; (Baum-)Stamm m; Tek. Gehäuse n; Mantel m; **~ gösterisi** Massendemonstration f; Sympathiekundgebung f
göz Auge n (az. mec. bakış); böser Blick; iğne: Öhr n; Öse f; Augenlicht n; Gesichtssinn m; Seh...; Fach n; Schubfach n; Öffnung f; **~ açıp ka-**

gözalıcı *payıncaya kadar* im Nu; **~ alabildiğine** so weit das Auge reicht; *-e* **~ atmak** e-n Blick werfen (auf *A*); **~ boyama** Augenwischerei *f*; **~ boyamak** Augenwischerei betreiben; *-e* **~ dikmek** begehren (*A*), ein Auge haben (auf *A*); **~ doktoru** Augenarzt *m*; *-e* **~ etmek** j-m zuzwinkern; *-e* **~ gezdirmek** überfliegen (*örn. metne* einen Text); **~ göre** (*göre*) vor aller Augen; **~ hapsi** *Huk.* Hausarrest *m*; *-e* **~ kulak olmak** aufpassen auf j-n; j-n betreuen; auskundschaften; *-i* **~ önünde tutmak** berücksichtigen (*A*); in Betracht ziehen; *-i* **~den çıkarmak** et. opfern; **~den çıkmak/düşmek** an Ansehen verlieren; in Ungnade fallen; *-i* **~den düşürmek** j-n diskreditieren; verhasst machen; *-i* **~den geçirmek** durchblättern, überfliegen *A*; prüfen, untersuchen; *-i* **~e almak** *tehlike* (*D*) ins Auge sehen; riskieren, wagen (*A*); **~e batmak** *mec.* (unangenehm) auffallen; **~e çarpan** auffallend; **~e çarpmak** auffallen; **~leri dört açmak** die Augen aufmachen; **~ü açık** F wachsam; **~ü dönmek** zornig werden; *-den* **~ü dönmüş** rasend (vor *D*); verblendet; (*-i*) **~ü ısırmak: ~üm ısırıyor (onu)** er (*veya* sie) kommt mir bekannt vor; *-de* **~ü kalmak** neidisch sein (auf *A*); *-de* **~ü olmak** *mec.* ein Auge haben (auf *A*); *-e* **~ü takılmak** starren (auf *A*); **~ü tok** genügsam; *-in* **~üne girmek** j-s Zuneigung erwerben; **~ünü** (*az.* **~lerini**) **açmak** aufpassen; aufwachen; *mec.* (*-in* j-m) die Augen öffnen; (*-e*) **~ünü kapamak** die Augen für immer schließen, sterben; *mec.* die Augen (*-e* vor *D*) verschließen; **~ünü yummak** → **~ünü kapamak**; **dört ~le** sehnsüchtig *beklemek*; **~üm!** mein Liebling!

'**göz|alıcı** *renk*: auffällig; auffallend schön; **~altı** (-nı) Gewahrsam *m*; Überwachung *f*; Untersuchungshaft *f*; *-i* **~altına almak** in Gewahrsam nehmen, festnehmen; **~bebeği** *Anat.* Pupille *f*; *mec.* Liebling *m*, Augapfel *m*

gözcü Beobachter *m*; Spion *m*; F Augenarzt *m*; **~lük** (-ğü) Beobachtung *f*; Überwachung *f*; Spionagetätigkeit *f*

'**gözdağı** (-nı) Drohung *f* (*-e* für *A*); *-e* **~ vermek** j-m drohen (*ile* mit *D*)

göz|de beliebt; populär; Mode... (*renk*); **~e** *Biyo.* Zelle *f*; *mec.* Quelle *f*; **sinir ~esi** Nervenzelle *f*

gözenek (-ği) Pore *f*

gözet|ici Aufseher *m*; **~ilmek** → **gözetmek**; **~im** Aufsicht *f*; Überwachung *f*; *az.* → **gözaltı**; **~leme** Beobachtung *f*, Beobachtungs...; **~lemek** *v/t* (heimlich) beobachten; bespitzeln; **~leyici** Kundschafter *m*; Spion *m*; **~me: ayrılık ~meden** ohne e-n Unterschied zu machen

gözetmek *v/t* beaufsichtigen, aufpassen (auf *A*); beschützen; *fırsat* abwarten; *çıkar* wahrnehmen; *hak* achten, verteidigen; *fark* machen; *amaç* verfolgen

'**gözkapağı** (-nı) Augenlid *n*

gözlem Beobachtung *f*; (wissenschaftliche) Untersuchung, Forschung *f*; **~ci** *gnl.*, *az. Pol.* Beobachter *m*

gözlemek (-*i*) warten (auf *A*); genau beobachten; untersuchen, erforschen

göz'lemevi (-ni) Sternwarte *f*

gözle|mlemek *v/t* beobachten; feststellen, ermitteln; **~yici** Beobachter *m*

gözlü sehend; -äugig, *örn.* **kara ~** schwarzäugig; mit Fächern, Räumen *vs.*, → **göz**; *örn.* **beş ~ bir ev** ein Haus mit fünf Räumen

gözlü|k (-ğü) Brille *f*; **güneş ~ğü** Sonnenbrille *f*; **okuma ~ğü** Lesebrille *f*; **~k kullanmak/takmak** e-e Brille tragen

gözlük|çü Optiker *m*; **~lü** bebrillt, mit Brille; Brillenträger(in *f*) *m*

gözükmek sich zeigen; **... gibi ~** aussehen wie

'**göz|yaşı** (-nı) Träne *f*, **~yuvası** (-nı) Augenhöhle *f*

grafik (-ği) Schaubild *n*, Diagramm *n*; grafisch; Grafik *f*

gram Gramm *n*

granit (-ti) Granit *m*; Granit...

granül *Tek.* Korn *n*; **~e** gekörnt

gravür Stich *m*, Gravüre *f*; Gravierkunst *f*; **~cü** Graveur *m*

grayder Planierraupe *f*; Schneepflug *m*

Grek altgriechisch; **~çe** Altgriechisch *n*

gres *Tek.* Schmiere *f,* Maschinenöl *n*; ~**yağı** → *gres*

grev Streik *m*; ~ **bozucu** Streikbrecher *m*; ~**e girmek** in den Streik treten; ~**hakkı** Streikrecht *n*; ~ **ilan etmek** e-n Streik ausrufen; ~ **yapmak** streiken; **açlık** ~**i** Hungerstreik *m*; **genel** ~ Generalstreik *m*; **oturma** ~**i** Sitzstreik *m*; ~**ci** Streikende(r *m*) *f*

'**greyfrut** (-tu) Pampelmuse *f,* Grapefruit *f*

gri grau

grip (-bi) Grippe *f,* ~ **olmak** die Grippe haben

'**grizu** Grubengas *n,* schlagende Wetter *pl*

grup (-bu) Gruppe *f;* Gruppierung *f; Pol. az.* Zelle *f*

grupla|ndırmak *v/t* gruppieren; ~**nmak** sich gruppieren; ~**şmak**: *-in* **etrafında** ~**şmak** sich gruppieren, sich scharen (um *A*)

guatr *Tıp* Kropf *m*

guguk (-ğu) (*az.* ~ **kuşu**) Kuckuck *m*; ~ **gurbet** (-ti) Fremde *f;* Ausland *n*; ~ **çekmek** Heimweh *n* haben; ~**çi** Auslandstürke *m* (-türkin *f*)

gurur (-uru) Stolz *m*; Hochmut *m*; -*le* ~ **duymak** stolz sein (auf *A*); ~**la** stolz; ~**lanmak** hochmütig sein; ~**lu** stolz; hochmütig

gusül (guslü) *Din.* rituelle Ganzwaschung *f*

gut *Tıp* Gicht *f*

gübre Dung *m,* (*yapay*) Dünger *m*; ~ **vermek** düngen; ~**lemek** *v/t* düngen; ~**li** gedüngt

gücen|dirmek *v/t* j-n kränken; verstimmen; betrüben; ~**gen** argwöhnisch; ~**ik** gekränkt; verdrießlich; ~**mek** (-*e*) böse sein auf j-n; verstimmt sein (über *A*)

güç¹ (-cü) schwer, schwierig; Schwierigkeit *f; bel.* mit Mühe, schwer; -*in* ~**cüne gitmek** kränken (*A*); übel nehmen (*A*); *şey*: ärgern; -*i* ~**ç etmek** et. kaum erwarten können

güç² (-cü) Kraft *f;* Stärke *f;* Leistung *f;* **BM Barış** ~**cü** Friedenstruppe *f der UNO*; **çalışma** ~**cü** Arbeitsfähigkeit *f;* **iş** ~**cü** Arbeitskraft *f;* **ödeme** ~**cü** Zahlungsfähigkeit *f,* ~**ç denemesi** Kraftprobe *f,* ~**cü yetmek** imstande sein, fähig sein

güç|beğenir *kişi*: schwierig; anspruchsvoll, wählerisch; ~**bela** mit Mühe und Not

güçlendir|ici festigend; Stärkungs...; ~**me** Festigung *f,* Stärkung *f;* ~**mek** *v/t* stärken, festigen

güçleşme Verschlimmerung *f; durum*: Zuspitzung *f,* ~**mek** sich verschlimmern, schwieriger werden; sich zuspitzen; ~**tirmek** *v/t* erschweren; verschlimmern; *ilişkiler* belasten

güç|lü stark, kräftig; ~**lük** (-ğü) Schwierigkeit *f,* Mühe *f;* ~**lük(ler) çıkarmak** j-m Schwierigkeiten machen; ~**lüklerle karşılaşmak** auf Schwierigkeiten stoßen; ~**lük çekmek** Schwierigkeiten haben; in Not sein; ~**süz** kraftlos, schlapp; ~**süz düşmek** zu schwach sein

güder → *gütmek*

güderi Wildleder *n*; Wildleder...

güdü Beweggrund *m,* Motiv *n*; Ziel *n*; Zielscheibe *f*

güdük (-ğü) unvollendet, gestutzt

güdü|lenme Motivation *f;* ~**lme** Manipulation *f;* ~**lmek** *v/t edil.* → *gütmek*; manipuliert werden

güdüm Verwaltung *f;* Leitung *f,* Führung *f; mec.* Steuerung *f;* ~**cülük** (-ğü) Dirigismus *m*; ~**lü** lenkbar, Lenk...(*balon*): gesteuert; *Pol.* gelenkt (*az. sanat*)

güfte (Lieder-)Text *m*, ~**ci** Texter *m*

güğüm Kanne *f,* Krug *m*

gül Rose *f;* ~ **gibi** bezaubernd (*çocuk*); ideal (*meslek*); -*e* ~ **gibi bakmak** liebevoll sorgen (für *A*); sorglos leben; ~ **gibi geçinmek/yaşamak** herrlich und in Freuden leben; in bester Eintracht leben

güldür|mek (-*i* -*e*) j-n zum Lachen bringen; ~**ü** Komödie *f,* ~**ücü** erheiternd, komisch

güle: ~ ~ auf Wiedersehen!, alles Gute!; mit viel Freude; ~ ~ **gidiniz!** kommen Sie gut hin!; ~ ~ **kullanınız!** gebrauchen Sie es mit viel Freude!

güleç lächelnd, heiter; ~**li:** freundlich

güler → *gülmek*; ~ **yüzlü** freundlich

gülle Kanonenkugel *f;* Geschoss *n*; *Spo.* Kugel *f,* ~ **atma** Kugelstoßen *n*

gülme Lachen *n*; ~**ce** Scherz *m*; Humor *m*; humoristische Literatur

gülmek (-er) lachen (-*e* über *A*); ~**ten**

bayılmak sich halb totlachen; **~ten kırılmak/katılmak** sich kranklachen; laut auflachen; **kıskıs ~** kichern

gülümse|me Lächeln *n*; **~mek** lächeln (*-e* über *A*); **~yiş** Lächeln *n*

gülünç lächerlich; komisch; **~leşmek** lächerlich wirken; **~leştirmek** lächerlich machen; **~lük** (-ğü) Komik *f*

gülüşmek miteinander lachen, scherzen

gümbür|demek poltern, donnern; P abkratzen; **~tü** Gepolter *n*, Getöse *n*

gümrük (-ğü) Zoll *m*; Zollamt *n*; Zollbehörde *f*; **-den ~ almak** von j-m Zoll erheben; ♀ **Birliği** (**GB**) (-ni) Zollunion *f*; **~ muayenesi** Zollabfertigung *f*; **~ vergisinden muaf** zollfrei; **gümrüğe tabi** zollpflichtig; **~çü** Zollbeamter *m*, -in *f*; **~leme** Verzollung *f*; **~lemek** v/t verzollen; **~lü** zu verzollend; verzollt; **~lük** zollpflichtig; **~süz** zollfrei; unverzollt

gümüş Silber *n*; Silber..., silbern; **~ kaplamak** versilbern

gün Tag *m*; Sonne *f*; *-den* **~ almak** sich anmelden (bei *D*); **~ ışığına çıkmak** ans Licht kommen; *-e* **~ koymak** ein Datum bestimmen, e-n Tag (*veya* Tage) ansetzen (für *A*); **~den ~e** von Tag zu Tag; **~lerden bir ~** eines (schönen) Tages; einst, (es war) einmal; **~ü ~üne** fristgerecht; Tag für Tag; **~ün birinde** eines Tages; **adi ~** Werktag *m*; **bir ~** eines Tages; einst; irgendwann; **birkaç ~ önce** vor einigen Tagen; **geçen ~** vorgestern; neulich, dieser Tage; **her ~** jeden Tag; **bu ~lerde** dieser Tage, demnächst

günah (-ahı) *gnl.* Sünde *f*; **~ çıkarmak** (s-e Sünden) beichten; **~ işlemek** sündigen, e-e Sünde (e-n Fehler) begehen; *-i* **~a sokmak** j-n verführen, verleiten; *-in* **~ına girmek** j-n zu Unrecht beschuldigen, verdächtigen; *kız* entehren

günah|kâr, **~lı** Sünder(in *f*) *m*; **~sız** unschuldig

'**günaşırı** jeden zweiten Tag

günaydın! guten Morgen!, guten Tag!

'**günbatısı** (-nı) Westwind *m*; *Gemi.* Westen *m* → *batı*

günce Tages...; täglich; Tagebuch *n*

güncel aktuell, brennend; **~leşmek** aktuell werden; **~leştirmek** aktualisieren; **~lik** (-ği) Aktualität *f*

gündelik (-ği) täglich; Tageslohn *m*; *Tic.* Tagebuch *n*; **~çi** Tagelöhner *m*; Tagelöhnerin *f*; **~çi kadın** Putzfrau *f*

gündem Tagesordnung *f*, *-i* **~e almak** auf die Tagesordnung setzen (*A*); *-i* **~e getirmek** zur Diskussion stellen (*A*)

'**gündoğusu** (-nu) Ostwind *m*; *Gemi.* Osten *m* → *doğu*

gündüz Tag *m*, Tageszeit *f*; am Tage; **gece ~** Tag und Nacht

güneş Sonne *f*; Sonnenschein *m*; **~ banyosu yapmak** ein Sonnenbad nehmen; **~in batması** Sonnenuntergang *m*; **~ çarpması** Sonnenstich *m*; **~ gözlüğü** Sonnenbrille *f*; **~ tutulması** Sonnenfinsternis *f*; **~ var** die Sonne scheint; **~ten yanmış** sonnenverbrannt; **~lenmek** sich sonnen; **~li** sonnig

güney Süden *m*; südlich; '**~batı** Südwesten *m*; südwestlich; '**~doğu** Südosten *m*; südöstlich; **~li** südlich; Südländer(in *f*) *m*

günlü mit Datum von (*D*), vom ...; datiert

günlük¹ (-ğü) täglich (*örn. giderler*); Tages... (*olaylar, gazete*); Tagebuch *n*; Tagesration *f*; für ... Tage; alltäglich, -tägig, *örn.*: **sekiz ~** achttägig (*az.* acht Tage alt)

günlük² (-ğü) Weihrauch *m*

günübirlik (-ği) nur tagsüber, als Tagesgast

gü 'pegündüz am hellichten Tage

'**güpgüzel** bildschön

gür *saç*: üppig, voll; *su*: reichlich; *ses*: gewaltig, mächtig

gürbüz kerngesund; **~leşmek** sich kräftig entwickeln

Gürcistan Georgien; georgisch

Gürcü Georgier(in *f*) *m*; georgisch; '**~ce** Georgisch *n*

güreş Ringkampf *m*, Ringen *n*; Runde *f*; **~ etmek**, **~ tutmak** (miteinander) ringen; **boğa ~ı** Stierkampf *m*; **serbest ~** Freistilringen *n*; **~çi** Ringkämpfer *m*; **boğa ~çisi** Stierkämpfer *m*; **~mek** ringen, e-n Ringkampf durchführen

gürle|me Donnern *n*; **gök ~mesi**

Donner *m*; ~**mek** donnern; brüllen; ~**şmek** *saç*: voller werden, → *gür*; ~**tmek** *ses*: erzittern lassen, erschüttern; ~**yiş** Donnern *n*, Krach *m*
güruh Bande *f*, F Pack *n*
gürül: ~ ~ **akmak** dahinrauschen; ~ ~ **çalışmak** verbissen arbeiten; ~ ~ **yanmak** *alev*: knistern
gürültü Lärm *m*, Krach *m*, *az. mec.*: Geschrei *n*, Streit *m*; ~ **etmek** (F *az. çıkarmak*, *yapmak*) Lärm machen, laut sein; ~ **patırtı** Tamtam *n*; Aufregung *f*; Krach *m*; ~**den** vor (lauter) Lärm; ~**süz** ruhig, lärmgeschützt; unauffällig
gütmek (güder) *v/t hayvan* weiden, hüten; *Pol., amaç* verfolgen; führen, leiten
güve Motte *f*; *kitap* ~**si** Bücherwurm *m*
güveç (-ci) Schmortopf *m*; Güvetsch *n* (*Speise aus Fleisch und Gemüse im Schmortopf*)
güven Vertrauen *n* (*-e karşı* zu *D*); Zuversicht *f*; Sicherheit *f*, Obhut *f*, Schutz *m*; ~ **mektubu** (-nu) Beglaubigungsschreiben *n*; *-e* ~**i olmak** sich verlassen (auf *A*); ~**ce** Garantie *f* (*... hakkında* dafür, dass ...); Kaution *f*, Sicherheit *f*; ~**celi** garantiert, gesichert; ~**cesiz** ungesichert, ... ohne Garantie
güvenç (-ci) Stütze *f*, Rückhalt *m*; Stützpunkt *m*
güvenil|**ir** zuverlässig (*örn. kaynak*); ~**me** Vertrauenswürdigkeit *f*; ~**mez** unzuverlässig; nicht vertrauenswürdig
güven|**li** sicher, zuverlässig; selbstbewusst; ~**lik** (-ği) Sicherheit *f*; *iş* ~**liği** Arbeitsschutz *m*; ~**lik kemeri** Sicherheitsgurt *m*; ℚ**lik Konseyi** Sicherheitsrat *m*
güven|**mek** (*-e*) sich verlassen (auf *A*); sich rühmen (*G*); *kendine* ~**en** selbstbewusst; ~**mişlik** (-ği) Zuversicht *f*; *kendine* ~**mişlik** Selbstbewusstsein *n*; ~**oylaması** (-nı) Abstimmung *f* über die Vertrauensfrage; ~**oyu** (-nu) Vertrauensvotum *n*
güvensiz unsicher; misstrauisch; ~**lik** (-ği) Misstrauen *n*; Unsicherheit *f*; ~**lik önergesi** Misstrauensantrag *m*
güvercin Taube *f*
gü'verte *Gemi*. Deck *n*; *ara* ~ Mitteldeck *n*; *üst* ~ Oberdeck *n*; ~**den atmak** über Bord werfen
güvey (*az.* ~**i**, ~**si**) Bräutigam *m*; Schwiegersohn *m*
'güya *bel.* angeblich; *bağl.* als ob
güz Herbst *m*
güzel schön; hübsch; nett; *fırsat*: günstig, gut; *fikir*: ausgezeichnet; *bel. gut konuşmak*
güzelce[1] recht hübsch
gü'zelce[2] tüchtig, ordentlich
güzel|**leşme** Verschönerung *f*; ~**leşmek** schöner werden, sich verschönern; besser werden; ~**leştirmek**, ~**letmek** *v/t* schöner machen, verschönern; ~**lik** (-ği) Schönheit *f*; Güte *f*; Zärtlichkeit *f*; ~**lik kıraliçesi** Schönheitskönigin *f*; ~**lik içinde** gut gepflegt (sein); ~**likle** gütlich, im Guten; friedlich

H

H *kıs.* = ***Hicri*** (Jahr) der Hedschra
ha[1] nur; nun, na: ~ **gayret!** nur Mut!, nur nun!, na los!
ha[2] wie, doch, nicht; nur, ja; also; aha, ach so!; ja richtig!; ~ **bilmiş ol** also merke dir (*veya* lass es dir gesagt sein); ~, **şimdi anladım** aha, jetzt habe ich verstanden; *gitti* ~, *yazık!* er ist also gegangen, schade!
ha[3]: ~ **babam** in einem fort ~ **bire** ununterbrochen, ständig
HA *kıs.* = ***Haber Ajansı*** Nachrichtenagentur *f*
haber Nachricht *f*, Meldung *f*; Mitteilung *f*; ~ **ajansı** Nachrichtenagentur *f*; *-diğini* ~ **almak** erfahren, dass ...; *-e*

~ etmek j-n informieren, unterrichten; *-e ~ göndermek/salmak/yollamak* j-m Nachricht (*veya* Bescheid) geben; *-e ~ uçurmak* j-m umgehend Bescheid geben; *-i -e ~ vermek* j-m et. mitteilen; j-n benachrichtigen; melden (*A*); informieren (*-e ... hakkında* j-n über *A*); ein Anzeichen sein (*-i* dafür, dass ...); *-den ~i olmak* wissen (von *D*), unterrichtet sein (von *D*); **~e göre** dem Vernehmen nach; *kara ~* Trauernachricht *f*; *(-den)* **ne ~?** wie stehts (mit *D*)?

haber|ci Bote *m*, Botin *f*; Kurier *m*; *mec.* Vorbote *m*, Anzeichen *n*; **~dar** informiert; *-i -den ~dar etmek* in Kenntnis setzen (von *D*), j-n informieren (über *A*); *-den ~dar olmak* Bescheid wissen (über *A*); gewarnt sein

haberleş|me Nachrichtenaustausch *m*; **~mek** sich gegenseitig benachrichtigen

haber|li informiert; gewarnt; *konuk*: angemeldet; **~siz** ... ohne Nachricht; nicht informiert (*-den* von *D*); **~siz geliş** unangemeldeter Besuch; **~'sizce** ohne Benachrichtigung *f*

habis bösartig (*özl. Tıp*)

hac (haccı) Wallfahrt *f* (nach Mekka); **~'ca gitmek** *gnl.* e-e Wallfahrt machen

hacı Mekkapilger *m*; Pilger *m*, Wallfahrer *m*

hacim (hacmi) Umfang *m*; Volumen *n*; Rauminhalt *m*; (Flüssigkeits-) Menge *f*; Wasserverdrängung *f*; *az.* → **oylum**; **~li** Umfangs..., Raum...

haciz (haczi) Pfändung *f*; *-e* **~ koymak** pfänden (*A*); **~ kararı** Pfändungsbefehl *m*; **~li** gepfändet

'haczetmek *v/t* pfänden

haç (-çı) Kreuz *n*; **~ çıkarmak** sich bekreuzigen; **~lamak** *v/t* kreuzigen; **~lı** *Trh.* Kreuzfahrer *m*; **~lı seferleri** *Trh.* Kreuzzüge *m/pl*

had (haddi) Grenze *f*, Grad *m*; **~di hesabı olmamak** unzählig sein, sehr zahlreich sein; **~dinden fazla** über die Maßen, über Gebühr; **~dini aşmak** *mec.* zu weit gehen; **~dini bilmek** wissen, was sich gehört; **~dini bilmemek** sich zu viel herausnehmen; **~dini bilmez** taktlos; rücksichtslos; *yaş* **~dı** Altersgrenze *f*

hademe Amtsdiener *m*; Putzfrau *f*

'hadi → **haydi**

hadise Ereignis *n*; → **olay**

hadsiz: **~ hesapsız** unendlich, in unübersehbarer Menge

hafıza Gedächtnis *n*; → **bellek**

hafız|lamak *v/t* F büffeln; **~lık** (-ğı) F Büffelei *f*

hafif leicht; leichtsinnig; *içki, ışık*: schwach; **~ ~** leise *konuşmak*; **~ sanayi** Leichtindustrie *f*; **~ sıklet** *Spo.* Leichtgewicht *n*; *-i* **~e almak** bagatellisieren (*A*); **'~çe** *bel.* leicht; ein wenig, etwas; schwach

hafif|lemek leichter werden; *kişi*: erleichtert sein; *hastalık*: im Abklingen sein; nachlassen; **~leşmek** → **hafiflemek**; **~leştirmek** leichtsinnig werden; **~leştirmek** *v/t* erleichtern; mildern; j-n (durch schlechten Umgang) verderben; **~letici** mildernd; **~letmek** *v/t* erleichtern; mildern; *iltihap* hemmen; *Pol. gerilim* abbauen, verringern; **~lik** (-ği) Leichtigkeit *f*; Erleichterung *f*; Leichtsinnigkeit *f*; **~lik etmek** leichtsinnig handeln; frivol sein; **~meşrep** (-bi) leichtsinnig; frivol; leichtes Mädchen

hafifsemek *v/t* gering schätzen

hafiften leicht; leise *şarkı söylemek*

hafta Woche *f*; **~ arasında/içinde** im Laufe der Woche; **~ başı** Wochenanfang *m*; **~larca** wochenlang; **~lık** (-ğı) -wöchig; wöchentlich (*haber*); Wochen... (*gazete*); Wochenlohn *m*; **~lık çalışma süresi** Wochenarbeitszeit *f*; *iki* **~lık** zweiwöchig

hah na endlich!; na eben!; na also!; **~ şöyle** ganz recht so!

haham Rabbiner *m*

hain Verräter *m*; boshaft; hinterhältig; **~ce** verräterisch; hinterhältig; **~leşmek** tückisch sein (*veya* werden); als Verräter handeln; **~lik** (-ği) Verrat *m*; Hinterlist *f*

haiz: *-i* **~ olmak** besitzen (*A*), verfügen (über *A*); **ehemmiyeti ~ ...** von Wichtigkeit, bedeutend

Hak (Hakkı) Herrgott *m*; **Cenabı ~** Herrgott *m*

hak (hakkı) Recht *n*; Gerechtigkeit *f*; Teil *m*, Anteil *m*; *mec.* Lohn *m*, Belohnung f; ~ **eşitliği** Gleichberechtigung f; ~ **etmek** verdienen (A), ein Recht haben (auf A); -e ~ **kazanmak** das Recht erwerben (auf A); Recht bekommen; sich als richtig erweisen; -e ~ **vermek** j-m Recht geben; ~ **yemek** das Recht für sich in Anspruch nehmen; ungerecht sein; ~ **yemez** gerecht, anständig; -e ~**kı geçmek** j-m Mühe machen; ... ~**kı için** im Namen (G); **Tanrı** ~**kı için** im Namen Gottes; ~**kı olmak** Recht haben; das Recht haben (-e auf A); etwas zu bekommen haben; ~**kı ödenmez** unbezahlbar; ~**kı var** er (veya sie) hat Recht; er (veya sie) hat ein Recht dazu; -in ~**kından gelmek** meistern (A); mit j-m abrechnen, sich j-n vornehmen; ~**kını aramak** sein Recht verlangen; -e ~**kını helal etmek** j-m et. vergeben; j-m et. gönnen; -in ~**kını vermek** ordentlich machen (A); j-n gerecht behandeln; -in ~**kını yemek** j-n benachteiligen; **emek** ~**kı** Vergütung f; **oturma** ~**kı** Aufenthaltsberechtigung f; Wohnrecht n; **insan** ~**ları** Menschenrechte n/pl; **yurttaşlık** ~**ları** (die) bürgerliche(n) Rechte n/pl; **ne** ~**la?** mit welchem Recht?

hakaret (-ti) Beleidigung f; Verachtung f, Herabsetzung f; -e ~ **etmek** j-n beleidigen; herabsetzen; -den ~ **görmek** beleidigt (veya erniedrigt) werden (von D, durch A)

¹**hakça** gerechterweise; mit Recht

hakem → **yargıç**; ~**lik** (-ği) Spo. Spielleitung f; -e ~**lik etmek/yapmak** den Schiedsrichter spielen (für A)

hakikat (-ti) Wahrheit f; Tatsache f; → **gerçek**; ~**li** wahr, aufrichtig, echt; ~**siz** treulos; unbeständig

hakiki wahr, wirklich; echt, richtig

hâkim (-e) Herrscher m; duruma, duygularına: Herr m; Richter m, → **yargıç**; beherrschend (A); -e ~ **olmak** beherrschen (A); **kendine** ~ **olmak** sich beherrschen

hâkimlik (-ği) Herrschaft f; Richteramt n

hakkaniyet (-ti) Gerechtigkeit f

hakkında über (A), bezüglich (G), betreffend, mit Bezug (auf A); **hakkımda** über mich, mich betreffend

hakkıyla ordentlich, wie es sich gehört

haklamak düşman schlagen, besiegen; şey kaputtmachen; F aufessen, verputzen

haklaşmak abrechnen (**ile** mit j-m, miteinander); quitt sein

haklı berechtigt (örn. alacak); gerecht (örn. ceza); wahr (örn. söz); -i ~ **çıkarmak** rechtfertigen (A); richtig finden (A); ~ **çıkmak** kişi: Recht haben; → sich als richtig erweisen; ~ **olarak** von Rechts wegen; ~ **olmak** Recht haben; ~**sınız** Sie haben Recht; ~**lık** (-ğı) Gerechtigkeit f; Berechtigung f

haksever wahrheitsliebend; gerechtigkeitsliebend

haksız ungerecht; unwahr (örn. iddia); ~ **çıkmak** Unrecht haben; dava vs. verlieren; Unrecht bekommen; ~ **yere** bel. unverdient, ungerechterweise; ~**sınız** Sie haben Unrecht; ~**lık** (-ğı) Ungerechtigkeit f; Unwahrheit f; Gesetzwidrigkeit f, Willkür f

hal¹ (-li) → **durum**; **1.** is. Zustand m, Lage f; Auftreten n, Benehmen n, kişi: Verhalten n; Gegenwart f; Kraft f (et. zu tun); ... **ine** ~ **almak** in ein ... Stadium treten; ... **ini almak** werden (zu D); ausarten (in A); ~ **olmak** in Verzückung sein, im Trancezustand sein; -e (**bir**) ~ **oluyor** ihm stößt etwas zu (= er stirbt); ~ **hatır sormak** nach dem Befinden fragen; ~(**in)den anlamak/bilmek** Anteilnahme zeigen; -in ~**i duman olmak**, -in ~**i harap olmak** übel dran sein; ~**i olmamak** nicht mehr die Kraft haben; sich nicht wohl fühlen; ~**i vakti yerinde olmak** begütert sein; ... ~**inde** in Form (G); im Falle (G), bei (D); **gruplar** ~**inde** gruppenweise; ... ~**ine gelmek** werden (N; zu D); (olumsuz) ausarten (in A); ... ~**ine getirmek** auf den Stand (G) bringen, reif machen (für A); ... ~**ini almak** den Zustand (G) annehmen, erzeugen, sich entwickeln (zu D); **o** ~**de**, **şu** ~**de** in diesem Fall, demnach, das heißt; **her** ~**de** auf jeden Fall; unter allen Umständen; (höchst) wahr-

hal 118

scheinlich; **2.** *bağl. -diği* ~*de* obwohl, obgleich, wenn ... auch, (*karşıtlık*) während; *hasta olduğu* ~*de ...* obwohl er (*veya* sie) krank ist, ...; ~*e bak!* Donnerwetter!

hal² (-li) Markthalle *f*

hala Tante *f* (*väterlicherseits*)

'**hâlâ** noch (nicht), immer noch (nicht)

halat (-tı) Seil *n*, Tau *n*, Trosse *f*; ~ **çekme** Tauziehen *n*

hal'buki *bağl., bel.* dabei; obwohl; *az.* → *oysa*

halef Nachfolger *m*; ~ **selef olmak** die Nachfolge antreten

halen (im Augenblick) noch; schon jetzt

halı Teppich *m*; ~**cı** Teppichweber(in *f*) *m*; Teppichhändler *m*; ~**cılık** (-ğı) Teppichweberei *f*; Teppichhandel *m*

haliç (-ci) Meerbusen *m*; Bucht *f*

halihazır gegenwärtige Lage

halis echt, rein (*örn. çay*); aufrichtig; ~ **kahve** Bohnenkaffee *m*

haliyle an sich, an und für sich

halk (-kı) Volk *n*; Bevölkerung *f*; Leute *pl*; ~ **ağzı** Gerücht *n*; Volksmund *m*; derbe Volkssprache; ~ **cumhuriyeti** Volksrepublik *f*; ~ **müziği** Volksmusik *f*; ~ **hane** ~*J* Haushalt(smitglieder *n/pl*) *m*

halka Ring *m*; Kreis *m*; Kettenglied *n*; ~**lamak** *v/t* umringen, umschließen; mit Ringen versehen; ~**lanmak** sich ringeln; kreisen, sich drehen; ~**lı** mit Ring(en) versehen; ringförmig

'**halk'bilgisi** (-ni) Volkskunde *f*; ~**bilimi** Folklore *f*; Volkskunde *f*; ~ **oylaması** (-nı) Referendum *n*, Volksentscheid *m*

'**halletmek** *v/t* lösen; *zorluk* beseitigen; *kavga* schlichten, beilegen

'**hallolmak** *edil.* → *halletmek*; sich lösen

halojen Halogen *n*

halsiz kraftlos; müde, matt (*az. yanıt*); ~ **düşmek** *kişi*: hinfällig werden; ~**lik** (-ği) Kraftlosigkeit *f*; Erschöpfungszustand *m*

halt (-tı) Gemisch *n*; dummes Zeug; *mec.* Zeug *n*, Mist *m*; ~ **etmek**, ~ **karıştırmak** F dummes Zeug reden; Mist machen; sich daneben benehmen; ~ **yemek** e-n bösen Schnitzer machen

halter Gewichtheben *n*; Schwerathletik *f*; ~**ci** Gewichtheber *m*

ham Roh... (*demir, ipek vs.*), roh; unreif (*meyve*); grob (*söz*); *umut*: leer; *beden*: ungeübt, untrainiert; *kişi*: ungehobelt; unbedarft; *öneri*: unrealistisch, abwegig

hamak (-ğı) Hängematte *f*

ham|al (Last-)Träger *m*; *az.* → **yükçü**; ~**aliye** Trägerlohn *m*; ~**allık** (-ğı) Trägerberuf *m*; Trägerlohn *m*; *mec.* Schufterei *f*; unnütze Last, F (eine) Qual

hamam (türkisches) Bad; ~**gibi** überhitzt; ~ **takımı** Badeutensilien *n/pl*; ~ **tellağı** Badediener *m*; **çarşı** ~**ı** öffentliches Bad; ~**böceği** (-ni) Küchenschabe *f*

hamarat (-tı) tüchtig, emsig; ~**laşmak** an die Arbeit gehen

'**hamdetmek** (-eder) (-e) *Tanrı* loben, Gott preisen

'**hamdolsun** gelobt sei Gott; *gnl.* Gott sei Dank

hamil Inhaber(in *f*) *m*; Träger(in *f*) *m*; Überbringer(in *f*) *m*; ~**olmak** bei sich tragen, haben; ~**e** schwanger; ~**elik** (-ği) Schwangerschaft *f*

hamle Angriff *m*; Ansturm *m*; Sprung *m*, Satz *m*; Schwung *m*; Anstrengung *f*; Ruck *m*; *satranç*: Zug *m*; *Psi.* Ausbruch *m*; *Spo.* Stoß *m*; Schlag *m*; **bir** ~**de** in e-m Zug; mit e-m Ruck; (-*e*) ~ **etmek** angreifen (*A*); e-n Vorstoß unternehmen; e-n Schlag versetzen (*D*); ~**ci** unternehmungslustig

'**hammadde** Rohstoff *m*

hamur Teig *m*; Sorte *f* (*örn. kâğıt*); teigig, nicht durchgebacken; ~ **gibi** *mec.* hundemüde; ~ **işi** Teigwaren *f/pl*; Backwaren *f/pl*; ~**açmak** Teig ausrollen; ~**suz** ungesäuert; ~**umsu** teigartig; klebrig

han Herberge *f*, Gasthaus *n*; Karawanserei *f*; Geschäftshaus *n*; ~ **gibi** riesengroß

hancı Herbergsvater *m*

hançer Dolch *m*

hane Haus *n*, Haushalt *m*; *köy*: Anwesen *n*; Raum *m*; *Mat.* Stelle *f*, *tavla, satranç*: Feld *n*; Rubrik *f*

hanedan Dynastie *f*, Herrscherhaus

haneli ... mit ... Häusern; ... mit ... Zellen, Karos, Spalten, Feldern; kariert; ...stellig; *beş ~ rakam* fünfstellige Zahl

hangar Hangar *m*, Flugzeughalle *f*; Schuppen *m*

'**hangi** welcher; *~ ... -se* welcher ... auch (immer); **~si** wer (von ihnen)?, welcher (*-den* von *D*)?

hanım Frau *f*, Dame *f*; Fräulein *n*; *Ülker Hanım* Frau Ülker; Frau *f*, Ehefrau *f*, Frau *f* des Hauses

hanım|efendi ('hamfendi) (gnädige) Frau; *mağazada:* meine Dame!

'**hani** wo ist denn ...?; doch; nur, (doch) wenigstens; schließlich, übrigens; *~ bana?* wo bleibe ich?, wo ist mein Anteil?

hantal plump; unförmig; *eşya:* sperrig; **~laşmak** plump werden, F auseinander gehen, die Form verlieren; **~lık** (-ğı) Plumpheit *f*, Unförmigkeit *f*, Sperrigkeit *f*

hap (-pı) Pille *f*, Tablette *f*; **~ı yutmak** *mec.* in den sauren Apfel beißen

hapis (-psi) Gefängnis *n*, Haft *f*; *az.* = *hapishane*; Gefangener, Häftling *m*; *~ yatmak* im Gefängnis sitzen; *-i hapse koymak* j-n ins Gefängnis stecken; **~hane** Gefängnis *n*; **~lik** (-ği) Gefängnisstrafe *f*, Inhaftierung *f*

'**haps|edilme** Gefangennahme *f*, Inhaftierung *f*; **~etmek** *v/t* verhaften; einsperren; j-n warten lassen; **~ettirmek** (*-i -e*) j-n verhaften lassen (von *D*); **~olmak** *edil.* → *hapsetmek*

hapşır|ık Niesen *n*; **~mak** niesen

'**hara** Gestüt *n*

harabe Ruine *f*; (halb) verfallen; **~lik** (-ği) Ruinenfeld *n*

haraç (-cı) Tribut *m*; erpresstes Geld; *~ mezat satmak* versteigern; **~çı** Erpresser *m*

haram (-amı) *Din.* verboten; Verbotenes; unrechtmäßig erworben; *-i ~a etmek* j-m ein Verbot auferlegen; j-m et. verderben; *-e ~ olmak* et. nicht mehr haben; *~ yemek* sich ungesetzlich bereichern

harap (-abı) zerstört; verwüstet; verfallen; *yol:* öde, verlassen; *~ etmek* zerstören; verwüsten; *kendini ~ etmek* sich grämen, sich quälen (*az.* *~ olmak*); **~lamak** zerstören; ruinieren; **~laşmak** verfallen, verkommen; ruiniert werden; **~lık** (-ğı) Zerstörung *f*, Verwüstung *f*

hararet Wärme *f*, Hitze *f*, Fieber *n*; Durst *m*; *mec.* Feuer *n*, Begeisterung *f*; *-e ~ basmak* Durst haben (auf *A*); *Tıp* steigende Temperatur haben; *~ kesmek/söndürmek* den Durst löschen; zu trinken geben; **~lendirmek** *mec.* anheizen; **~lenmek** *mec.* lebhafter werden, hitzig werden; **~li** heiß; flammend; *güneş:* brennend (heiß); *mec.* feurig, begeistert; *günler:* aufregend; *Tıp* fiebrig

harcama Ausgabe *f* (-*in* für *A*)

harcamak *v/t para* ausgeben; (-*e*) *malzeme* aufwenden (für *A*); *zaman* brauchen (für *A*); ruinieren; *Pol.* beseitigen

har|ç (-cı) Angaben *f/pl*; Mörtel *m*; Zutat *f*, Gewürze *n/pl*; *-in ~cı olmak* (e-r Sache) gewachsen sein; in j-s Macht stehen

harç|lı aufwändig; kostspielig; **~lık** (-ğı) Taschengeld *n*; bescheidene Einnahmen *f/pl*

hardal Senf *m*, Mostrich *m*

hareka̱t (-atı) *Pl* → *hareket*; *Ask.* Operationen *f/pl*

hareket (-ti) *gnl.* Bewegung *f*, Handlung *f*, Aktion *f*; *Müz.* Tempo *n*; *Demiryol.* Fahrt *f*, Abfahrt *f*; Abreise *f*; *Spo.* Griff *m*; (Erd-)Beben *n*; Verhalten *n*; Benehmen *n*, *insan:* Handlungsweise *f*; Strömung *f*; *Tek. az.* Start...; *~ dairesi* Fahrdienstleitung *f*; *~ etmek* abreisen, abfahren; sich bewegen; sich rühren; handeln, vorgehen, sich verhalten; (*-den*) *mec.* (*görüşten*) ausgehen, zu ...; *~ noktası* Abfahrtsplatz *m*; Zentralhaltestelle *f*; *mec.* Ausgangspunkt *m*; *~ saati/zamanı* Abfahrtszeit *f*; *~e geçirmek/getirmek* *v/t* j-n in Bewegung bringen; *mec.* aktivieren, aktiv werden lassen; *polis vs.* zum Einschreiten veranlassen; in Aktion versetzen; *~e geçmek* *v/i* in Aktion treten

hareket|lendirmek verursachen; **~lenmek** → *harekete geçmek*; **~li** rege, rührig, aktiv; lebhaft; *Tek.*

hareketsiz

(orts)beweglich; rollend; ~siz unbeweglich; träge, passiv
harf (-fi) Buchstabe *m*; **büyük ~** Großbuchstabe *m*; **küçük ~** kleiner Buchstabe; **~i ~ine** wörtlich, Wort für Wort (*çeviri*); buchstäblich; peinlich genau
harıl: ~ ~ unermüdlich, lebhaft; mit voller Kraft *çalışmak*
haricen äußer..., von außen; **~ kullanılır** (nur) äußerlich anwenden!
harici äußer...; Außen... (*görev*)
haricin|de *ilg.*: -in **~de** außerhalb (*G*); **~den** vs. → **dışında** vs.
hariciye äußere Erkrankungen *f/pl*; äußere Angelegenheiten *f/pl*
hariç (-ci) Ausland *n*; Außenseite *f*; draußen; *mec.* unberücksichtigt; *ilg.* abgesehen (von *D*); außer (*D*); **perşembe ~** außer donnerstags; **-den ~ olmak** nichts zu tun haben (mit *D*); **-i ~ etmek** j-n ausschließen
hari|ka Wunder *n*; wunderbar; **~ulade** wunderbar
ha'rita (Land-)Karte *f*; Plan *m*; **Ankara şehrinin ~sı** Stadtplan *m* von Ankara; **~cı** Kartograph *m*
harlamak *ateş*: auflodern; knistern; *mec. kişi*: aufbrausen
harman Dreschen *n*; Tenne *f*, Dreschplatz *m*; Dreschzeit *f*; *çay*: Mischung *f*; Überreste *m/pl*, Spreu *f*; **-i ~ etmek** mischen (*A*)
harmanlamak *tütün* vs. mischen; *gemi*: Schlagseite haben
harp¹ (-bi) Krieg *m*; → **savaş**
harp² (-pı) Harfe *f*
has (hassı) besonder..., eigen(tümlich) (-*e D*); echt, rein (*örn. altın*); *şey*: bester Qualität; *kişi*: einzigartig, vornehm; *renk*: waschecht; *Tek.* Edel... (*metal*)
hasar (-arı) Schaden *m*; (-*e*) **~ yapmak/getirmek** Schaden zufügen (*D*); Schaden anrichten; **~a uğramak** Schaden erleiden
hasat Mahd *f*; Ernte *f*; **~çı** Mäher(in *f*) *m*
hasebiyle auf Grund (*G*)
hâsılat (-âtı) Einnahmen *f/pl*, Ertrag *m*; **~atlı** Gewinn bringend
'hâsılı kurz und gut
hasır (Stroh-)Matte *f*; Stroh... (*şapka*); Korb... (*sandalye*); -*i ~ altı*

etmek *mec.* vertuschen, verschleiern; *mec.* verschleppen, hinausziehen; **~cı** Mattenflechter *m*; Mattenverkäufer *m*; **~lamak** *v/t* mit Matten auslegen; **~lı** mit Matten ausgelegt; Korbflasche *f*
hasret (-ti) Sehnsucht *f*; *az.* → **özlem**; (die) Sehnsucht (nach *D*); -*e* **~ çekmek** sich sehnen (nach *D*); -*e* **~ kalmak** j-n vermissen; *-in* **~ini çekmek** sich sehnen (nach *D*); **~li** sehnsuchtsvoll; **~lik** (-ği) Sehnsucht *f*; Trennung *f* (-in von *D*)
hassas empfindlich; sensibel; *az.* → **duyar**; **~iyet** (-ti) Empfindlichkeit *f*; Feingefühl *n*; Empfindsamkeit *f*; **~lık** (-ğı) → **hassasiyet**
hasta krank; Kranke(r *m*) *f*; Fan *m*, Liebhaber *m*; **~ arabası** Krankenwagen *m*; **~ etmek** krank machen; **~ olmak/düşmek** krank werden; **futbol ~sı** Fußballfan *m*; **~bakıcı** Krankenpfleger *m*, Krankenschwester *f*, **~bakıcılık** (-ğı) Krankenpflegeberuf *m*
hastahane → **hastane**
hastalanmak erkranken, krank werden
hastalık (-ğı) Krankheit *f*; **~ almak** sich infizieren; **kulak-boğaz-burun ~ları uzmanı** Hals-Nasen-Ohrenarzt *m*; **~lı** kränkelnd, leidend; *az.* → **uzman**
hastane Krankenhaus *n*; -*i* **~ye kaldırmak/yatırmak** j-n ins Krankenhaus einliefern; **~ye yatmak** ins Krankenhaus kommen
haşarat (-âtı) Insekten *n/pl*; *mec.* Gesindel *n*, Pack *n*
haşarı *gnl.* störrisch, bockig; **~laşmak** störrisch sein, bockig sein, bocken; **~lık** (-ğı) Bockbeinigkeit *f*
haşhaş *Bot.* Mohn *m*; **~ ekimi** (-ni) Mohnanbau *m*
haşır|damak *kâğıt*: rascheln, knistern; **~tı** Rascheln *n*
haşin barsch; brutal; *şey*: extrem
haşla|ma gekocht; gedünstet; **~mak** *yumurta* kochen; *sebze* dünsten; *örn. el* verbrühen; *mec. soğuk*: zwicken, beißen; *mec.* j-n ausschimpfen
hat (-ttı) Linie *f*; Strich *m*; *El.* Leitung *f*; *Demiryol.* Strecke *f*, Linie *f*; Verkehrsverbindung *f*; **~ bekçisi**

Bahnwärter m, Streckenwärter m; **~ çekmek** Leitungen legen; **~ genişliği** Demiryol. Spurweite f; **~ uçağı** Linienflugzeug n; **tek ~** Demiryol. eingleisige Strecke

hata Fehler m; Versehen n; Irrtum m; **~ etmek/işlemek**, **~ya düşmek** (e-n) Fehler machen, sich irren; *-i* **~ya düşürmek** j-n irreführen

hata|lı fehlerhaft; falsch, irrig (*görüş*); **~sız** fehlerlos

hatır Gedächtnis n; Achtung f, Respekt m; Gefühl n, Ehrgefühl n, Inneres; Befinden n; **~(ı) için** um (sei-ne)twillen, aus Rücksichtnahme (auf ihn); **~ sayılır kişi**: bedeutend; *-in* **~ına gelmek** sich wieder erinnern an (*A*)

hatıra → andaç; Gedenk... (*pul*); mec. Einfall m, Idee f; **~ defteri** Tagebuch n

hatır|lamak v/t → **anımsamak**; sich erinnern (an *A*); **~lanmak**: **~lanıyor** man erinnert sich; **~latmak** (-*i* -*e*) j-n erinnern (an *A*); hinweisen (auf *A*); **~lı** geachtet; ehrbar; einflussreich; autoritär

hatip (-bi) Redner m; Prediger m

hatlı: **çift ~** zweigleisig; **tek ~** eingleisig

'**hatta** und sogar

hava Luft f; Wetter n; Klima n; Lüftchen n; Melodie f; mec. Atmosphäre f; Stimmung f, Leere f, Nichts n; **~ açmak** sich aufklären; **~ almak** Luft schöpfen; mec. leer ausgehen; **~ balonu** Luftballon m; **~ basıncı** Luftdruck m; **~ boşluğu** Luftloch n; **~ bozmak** sich verschlechtern; **~ çekici** Presslufthammer m; **~ değişimi** Tıp Luftveränderung f; **~ köprüsü** Luftbrücke f; **~ kirliliği** Luftverschmutzung f; **~ geç(ir)mez** luftdicht, hermetisch; **~ gemisi** Luftschiff n; **~ korunması** Luftabwehr f; ⚔ **Kuvvetleri** Luftstreitkräfte pl; **~ parası** Abstandssumme f; **~ raporu** Wetterbericht m; **~ sahası** Pol. Luftraum m; **~ tahmini** Wettervorhersage f; **~dan** mühelos; leer (*sözler*); **~ya uçmak** in die Luft fliegen

hava|alanı (-nı) Flugplatz m; Flughafen m; **~altı** (-nı) Stratosphäre f; **~bilgisi** Wetterkunde f, Meteorologie f; **~cı** Flieger m (*az. Ask.*); **~cılık** (-ğı) Luftfahrt f; Flugwesen n

havadar luftig

ha'vagazı (-nı) Gas n, Leuchtgas n; Unsinn m; **~ ocağı** Gasherd m

havalan|dırıcı Ventilator m; Belüfter m; **~dırma** Lüftungs...; **~dırmak** v/t oda lüften; uçurtma steigen lassen; **~mak** gelüftet werden vs.; bayrak: flattern; uçak: aufsteigen; starten; kuş: in die Luft steigen; emporwerben; mec. leichtsinnig werden; **~maya hazır** startbereit

havale gnl. Übertragung f (-*e* an *A*); Beauftragung f; Tic. Überweisung f; Zahlungsanweisung f; Indossament n; Einblicksmöglichkeit f (*yukarıdan* von oben); Zwischenwand f; Zaun m; Spo. Ausfall m; **~ -i -e etmek** j-n mit et. (*D*) beauftragen; j-m et. übergeben; j-m et. zuleiten; weiterleiten; überweisen (*A*); Spo. e-n Ausfall machen; **~ gelmek para**: überwiesen werden; **~ -e göndermek/yollamak** j-m (Geld) überweisen (*az*. anweisen); **~ kâğıdı** Zahlungsanweisung f

havalı luftig; leichtsinnig; *giysi*: auffällig; *kız*: attraktiv; **~ fren** Druckluftbremse f

ha'valimanı (-nı) Flughafen m

havasız luftleer; stickig; mec. unansehnlich

ha'va|yolları Luftfahrt f; **~yolu** Luftverkehrslinie f

hav|i: -*i* **etmek** enthalten (*A*), umfassen (*A*)

havlamak bellen

havlu Handtuch n; **hamam ~su** Badetuch n; **~luk** (-ğu) Handtuchhalter m; Badezimmerschränkchen n

'**havra** Synagoge f; mec. Mordsspektakel n, Heidenlärm m

havuç (-cu) Mohrrübe f, Karotte f

havuz Wasserbecken n, Bassin n; gemi: Dock n; Reservoir n; -*i* **~a çekmek** auf Dock legen, eindocken (*A*); **~a girmek** ins Dock gehen; **yüzme ~u** Schwimmbecken n; **~cuk** (-ğu) Nierenbecken n; **~lamak** v/t eindocken

havyar Kaviar m; **~ kesmek** (herum)faulenzen

havza Coğr. Becken n; Gebiet n; **Ruhr ⚔sı** Ruhrgebiet n

hay

hay *ünl. istek:* nun ja, nun auf!; na!; *sevinç:* oh!; ~ **gidi!** na, du Schlingel!; ~ ~ → **hayhay**

haya → **erbezi**

hayâ Schamgefühl *n*; ~ **etmek** sich schämen

hayal (-li) Fantasie *f*, Traum *m*; Illusion *f*; Einbildung *f*; Gespenst *n*, Erscheinung *f*; Spiegelbild *n*; -*i* ~ **etmek** sich in der Fantasie vorstellen (*A*); ~ **gücü** Einbildungskraft *f*; ~ **kırıklığı** Enttäuschung *f*; ~ **meyal** nur vage, verschwommen; ~ **olmak** ein Traum bleiben; ~ **oyunu** Schattenspiel *n*; ~**e kapılmak** sich Illusionen hingeben; -*i* ~**inden geçirmek** mit dem Gedanken spielen, zu ...

hayalci Träumer *m*, Fantast *m*; träumerisch; Schattenspieler *m*; ~**lik** (-ği) Utopie *f*

hayalet (-ti) Erscheinung *f*, Phantom *n*; *mec.* Schatten *m*

hayali fiktiv; fantastisch; utopisch

hayâsız schamlos; frech

hayat (-atı) Leben *n* (*az.* = Lebewesen); ~ **arkadaşı** Lebensgefährte *m* (-tin *f*); ~ **düzeyi** Lebensstandard *m*; ~ **mücadelesi/kavgası** Kampf *m* ums Dasein; ~ **pahalılığı** Teuerung *f*, ~ **sigortası** Lebensversicherung *f*; ~ **sürmek** (weiter)leben; ein ... Leben führen; ~ **şartları** Lebensbedingungen *f/pl*; -*e* ~ **vermek** beleben (*A*); ~**a atılmak** ins Leben treten; ~**a gözlerini yummak/kapamak** *mec.* s-e Augen für immer schließen; ~**a küsmek** mit dem Leben nicht zurechtkommen; ~**ı kaymak** F ruiniert werden; -*e* ~**ını borçlu olmak** j-m sein Leben (*veya* s-n Lebensunterhalt) verdanken; ~**ını kazanmak** s-n Lebensunterhalt verdienen; ~**ta olmak** am Leben sein, (noch) leben; **özel** ~ Privatleben *n*

hayatî lebenswichtig; ~**iyet** (-ti) Lebenskraft *f*; neuer Schwung, Auftrieb *m*; ~**sal** → **yaşamsal**

'**haydi** los!, auf!; nun, also; *itiraf:* nun ja, nun gut; *olasılık:* ja vielleicht, unter Umständen; *hadi hadi* kurz und gut; machen wir es kurz!; ~ ~ ganz einfach, ohne weiteres; (aller)höchstens (*örn. 100 Mark*); ~ **canım sen de** gibts denn so was?!

haydut (-du) Bandit *m*; ~ **yatağı** Räuberhöhle *f*; ~**luk** (-ğu) Banditentum *n*

'**hayhay** gut!, in Ordnung!; natürlich!

hayhuy Wirrwarr *m*; Hektik *f*; ~**la** in der Hektik, überstürzt

hayır¹ nein

hayır² (hayrı) Wohltat *f*, das Gute; Güte *f*; Nutzen *m*; *sıf.* gut, erfreulich (*örn. haber*); -*e* ~ **işlemek** j-m Gutes tun; ~**ra alamet** ein gutes Zeichen; ~**ra yormak** positiv auslegen

hayır|lı *çocuk:* gut geraten; glücklich (*yolculuk*); ~**lı** (*veya* ~**lısı**) **olsun** hoffen wir das Beste!; ~**sever** hilfreich, wohltätig; ~**severlik** (-ği) Hilfsbereitschaft *f*, Wohltätigkeit *f*; ~**sız** *çocuk:* ungeraten; untauglich; treulos; Pech...; Pechvogel *m*; unheilvoll

haykırış Schrei *m*, Ruf *m*; Geschrei *n*; -*le* ~**ışmak** sich anschreien; ~**mak** schreien; *v/t* deutlich (*veya* krass) zeigen; ~**tı** Geschrei *n*

haylaz faul; ~**laşmak** herumlungern; ~**lık** (-ğı) Faulheit *f*

'**hayli** ziemlich; ziemlich weit, äußerst; **bir** ~ ziemlich lange; ~**dir** seit langem (nicht); ~**ce** erheblich

hayran (-anı) erstaunt, verwundert; entzückt; Bewunderer *m*; Verehrer *m*; -*i* ~ **bırakmak** j-n in Erstaunen versetzen, überraschen; ~ **kalmak** erstaunt sein; entzückt sein (-*e* von *D*); -*e* ~ **olmak** sich wundern (über *A*); entzückt sein (von *D*); ~**lık** (-ğı) Bewunderung *f*; Entzücken *n*

hayrat (-atı) gutes Werk; wohltätige Stiftung

hayret (-ti) Erstaunen *n*, Verwunderung *f*; Bestürzung *f*; *ünl.* F Donnerwetter!; -*e* ~ **etmek** sich wundern (über *A*); -*e* ~ **düşmek** überrascht sein (von *D*); ~ **etmek** ich erstaunt; -*i* ~**te bırakmak** überraschen; ~**te kalmak** staunen, sich wundern

'**hayrola** nanu!

haysiyet (-ti) Würde *f*; Ehre *f*; Ansehen *n*; ~ **divanı** Ehrengericht *n*; ~**ine dokunmak** j-s Ehre verletzen; ~**li** verehrt, geachtet; ~**siz** unwürdig; missachtet

hayvan Tier *n*; Vieh *n*; Pferd *n*; ~ **gibi** stumpfsinnig; ~**at:** ~**at bahçesi** Zoo *m*, zoologischer Garten, Tierpark *m*;

~ca tierisch; *mec.* brutal; **~cık** (-ğı) Mikrobe *f*; **~i** Tier..., tierisch (*örn. yağ*); *mec.* animalisch (*örn.* duygular); brutal; roh (*cebir*)

hayvan|laşmak verrohen; **~laştırmak** *v/i* brutalisieren; **~lık** (-ğı) *mec.* Brutalität *f*; Bestialität *f*; **~sal** zoologisch; tierisch (*besin*)

haz (hazzı) Genugtuung *f*, Freude *f*; Lust(gefühl *n*) *f*; *-den* **~ duymak** Freude empfinden, sich freuen (an *D*)

'**Hazar Denizi** (-ni) Kaspische(s) Meer

hazım (hazmı) Verdauung *f*; Verträglichkeit *f*; → **sindirim**; **~lı** großzügig, dickfellig; verträglich; **~sız** unverdaulich; *kişi*: reizbar; ungesellig; unverträglich; **~sızlık** (-ğı) Verdauungsstörung *f*; *mec.* Reizbarkeit *f*

hazır fertig, bereit (*-e* zu *D*); anwesend; Konfektions... (*giyim*); **~i** bağl. wenn ... schon; da ... doch; **~ bulunmak** anwesend sein; bereit sein; *-i* **~ etmek** bereitstellen (*A*); **~ ol!** Ask. stillgestanden!; **~a konmak** schmarotzen; **~dan yemek** leben von dem, was da ist

hazırcevap schlagfertig; **~lık** (-ğı) Schlagfertigkeit *f*

hazır|lama Bereitstellung *f*; Bearbeitung *f*; **~lamak** *v/t* vorbereiten; zurechtmachen; zubereiten; bereitstellen, bereitlegen; *komplo* anzetteln; *sofra* decken; bereiten; (*felaket zu* e-m Unglück) führen; bearbeiten; *b-ni drs. sınava, habere:* j-n vorbereiten (auf *A*); **~lanan** Bearbeiter *m*; **~lanış** Bereitstellung *f*, Vorbereitung *f vs.;* **~lanmak** *edil.* → **hazırlamak**; sich vorbereiten (*-e* auf *A*); sich bereithalten (*-e* für *A*); **~latmak** vorbereiten lassen (*-i -e* j-n *A*)

hazırlık (-ğı) Vorbereitung *f*; Vorkehrung *f*; Bereitschaft *f*; Vorbereitungs...; Vor... (*çalışma; araştırma*); **~ görmek/yapmak** Vorbereitungen treffen; **~lı** vorbereitet; **~sız** unvorbereitet

hazırlop (-pu) *yumurta:* hart gekocht; *mec.* ohne e-n Finger zu rühren, ohne Gegenleistung

hazin betrübt; *ses:* kläglich; bitter

hazine Schatz *m*; Schatzkammer *f*; Staatskasse *f*; Lager *n*, Depot *n*; **~ bonoları** Schatzanweisungen *f/pl*; **~dar** Schatzmeister *m*

haziran (*az.* **~ ayı**) Juni *m*; **~ ayında** im (Monat) Juni

'**hazmetmek** → **sindirmek**; *mec.* dulden, ertragen; *hakaret* hinnehmen, schlucken

hazne → **hazine**; Depot *n*; *Anat.* Scheide *f*, Vagina *f*

hazret (-ti): **Hazret-i Ali** (der) heilige Ali, der Prophet Ali; **Hazret-i Muhammed** (der) Prophet Mohammed; **Hazretleri** (-ni) Seine Exzellenz; Seine Majestät

hece Silbe *f*; **~leme** Silbentrennung *f*, **~lemek** buchstabieren; **~li: iki ~li** zweisilbig (*sözcük*); **tek ~li** einsilbig

hedef Ziel *n*; Zielscheibe *f*; *-i* **~ almak** sich zum Ziel setzen (*A*); zielen (auf *A*); *-i* **~ tutmak** zum Ziel haben (*A*), bezwecken (*A*)

hediye Geschenk *n*; *-e* **~ etmek** j-m ein Geschenk machen; **~lik** (-ği) als Geschenk; **~lik eşya** Geschenkartikel *m/pl*

hekim Arzt *m*; **baş~** Oberarzt *m*; **diş ~i** Zahnarzt *m*; **göz ~i** Augenarzt *m*; **ruh ~i** Psychiater *m*; **veteriner ~i** Veterinär *m*, Tierarzt *m*; **kulak-boğaz-burun ~i** Hals-Nasen--Ohrenarzt *m*

hekimlik (-ği) Arztberuf *m*; *gnl.* Medizin *f*; ärztlich; medizinisch; **~ hasta** ernstlich krank

hekt|ar Hektar *n*; **~olitre** Hektoliter *n* (*m*)

hela Abort *m*, F Klo *n*

helal (-ali) *Din.* erlaubt; gesetzmäßig, legitim; *-i -e* **~ etmek** j-m et. erlassen; **~ olsun** es sei (ihm, ihr *vs.*) gegönnt

helal|leşmek einander vergeben; **~li** angetrauter Mann; angetraute Frau, Gattin *f*

'**hele** gerade ...; insbesondere; vor allem; sicher schon; mal; nur erst; schließlich ... doch noch; (soll er) ... nur; doch; **~ bak!** sieh nur, man sehe nur ...; **~ geldi, şükür!** Gott sei Dank, schließlich ist er (*veya* sie) doch noch gekommen

helezon Spirale *f*; Schnecke *f*, *Anat.* Ohrenmuschel *f*; *Tek.* Schraube *f*; **~**

yay Spiralfeder *f*; **~i** spiralförmig; Schnecken...; Schrauben...; Wendel... (*merdiven*); **~laşmak** sich schlängeln, sich winden

helikopter Hubschrauber *m*

helva türkischer Honig, Helva *n*; **~cı** Verkäufer *m* (*veya* Hersteller *m*) von türkischem Honig

'**helyum** Helium *n*

hem sowohl; auch; und (zwar); **~ de** und zwar; und wie ...; ja ...; **~ ... ~ (de)** sowohl ... als auch, ebenso wie ...; **~ de nasıl!** und wie, und ob!

'**hemen** sofort, unverzüglich, direkt, unmittelbar; *zamansal*: fast, beinahe; *kısıtlayıcı + olumsuzluk*: kaum; wenn nur ...; **~** im Nu; fast, nahezu; **~ önünüzde ...** direkt vor Ihnen ..

hemencecik sofort, auf der Stelle; (*olumsuz*: nicht) allzu rasch

hem|fikir (-kri) Gesinnungsgenosse *m*, -in *f*; **~hal** (-li) Leidensgenosse *m*, -in *f*

hem|şeri Landsmann *m*, Mitbürger(in *f*) *m*; **~şire** Krankenschwester *f*; *ameliyat* **~şiresi** Operationsschwester *f*; **~zemin** ebenerdig

hendek (-ği) Graben *m*

'**hentbol** (-lü) Handball *m*

'**henüz** gerade (eben); schon; *olumsuz*: noch (nicht)

hep alles, alle; immer, dauernd; ganz; **~imiz** wir alle; **~ birden** alle zusammen; **ya ~ ya hiç** alles oder nichts

'**hepsi** (-ni) alles; alle; **~ bir** alles gleich (*veya* egal); **~ yalan** alles Lügen; **~ni biliyorum** ich weiß alles; ich kenne alle

'**hepten** völlig

'**hepyek** (-ki) Einser-Pasch *m*

her jeder, jede, jedes; **~ biri** jeder von ihnen; **~ gün** jeden Tag; **~ günkü** alltäglich; **~ nasılsa** wie auch immer, irgendwie; **~ ne ise** kurz und gut; irgendwie; **~ nedense** aus irgendeinem Grunde; **~ ne kadar** wenn ... auch, obwohl; *bel*. sowieso; **~ şeyden önce** vor allen Dingen; **~ zaman** immer, beständig

her|hangi irgendeiner; **~ bir** irgendein; **~ biri** irgendjemand

herif Kerl *m*; Bursche *m*

'**herkes** jeder

hesap (-abı) Rechnung *f*; Rechnen *n*; Konto *n*; Berechnung *f*; Schätzung *f*; **~ çıkarmak** Bilanz ziehen; **~ etmek** berechnen; kalkulieren; in Rechnung setzen; **~ görmek** abrechnen; die Rechnung zahlen; *-den* **~ sormak** Rechenschaft verlangen; *-in* **-bını sormak** Aufklärung verlangen (über *A*); **~ tutmak** *Tic*. Buch führen; **~ uzmanı** Betriebsprüfer *m*; *-in* **-bını vermek** (sich) Rechenschaft ablegen (über *A*); **~ yanlışlığı** Rechenfehler *m*; *-i* **~tan düşmek** *Tic*. abziehen, *az*. nicht berücksichtigen; *-i* **hesaba almak** rechnen (mit *D*); berücksichtigen (*A*); **hesaba almamak** keine Beachtung schenken; **hesabı temizlemek** die Rechnung begleichen; **hesabına** für (*A*); zu Gunsten (*G*); (*-in*) **hesabını görmek** die Bilanz ziehen; (mit j-m) abrechnen

hesap|lamak *v/t* berechnen; berücksichtigen; annehmen, voraussetzen; vorhaben; **~lamak kitaplamak** hin und her überlegen; **~laşmak** abrechnen (*ile* mit j-m, *az. mec.*); **~layıcı** *Cmp*. Kalkulator *m*; **~lı** eingetragen, gebucht, verbucht; (ein)kalkuliert; *kişi*: umsichtig; sparsam; *şey*: berechnet, geplant; vorsichtig; **~sız** ohne Rechnung; *zenginlik*: unermesslich; *vaat*: unzählig; riskant, unüberlegt

heves Neigung *f*, Hang *m* (*-e* zu *D*); F Hobby *n*; Laune *f*; *-e* **~ etmek** Gefallen finden (an *D*); **~lenmek** (*-e*) e-e Neigung verspüren (zu *D*); **~li** (*-e*) neigend (zu *D*); *mec*. Liebhaber *m*, Freund *m*; **~siz** gleichgültig, lustlos, desinteressiert (*-e an D*)

hey *ünl*. hallo!; ihr da, du da!; ach!; *şaşma*: **~ Allahım ...** mein Gott, ...

heybe Satteltasche *f*; Schultertasche *f*

heybet (-ti) Erhabenheit *f*, Würde *f*, Überlegenheit *f*; **~li** imposant

heyecan (-anı) Aufregung *f*; Erregung *f*; Begeisterung *f*; **~ duymak** sich aufregen; sich begeistern; **~a vermek** j-n in Aufregung (*veya* Begeisterung) versetzen; **~a gelmek** in Erregung (*veya* in Begeisterung) geraten

heyecan|landırmak *v/t* erregen, aufregen; begeistern; **~lanmak** in Erregung geraten; sich begeistern; **~lı** aufgeregt; erregt; (leicht) erregbar; *şey*: erregend, begeisternd; angstvoll

(*beklenti*); **~sız** gelassen; ohne Aufregung; lustlos, ohne Begeisterung; nicht erregend
heyelan (-*anı*) Erdrutsch *m*
heyet (-*ti*) Ausschuss *m vs.* → *kurul*
heykel Statue *f*, Standbild *n*; Skulptur *f*; **~ gibi** wohlgestaltet; **~ci** Bildhauer *m*; **~cilik** (-*ği*) Bildhauerei *f*; **~t(ı)raş** → *heykelci*
heyula [*lâ*] *mec.* Alpdruck *m*, Schrecken *m* (*ile* unter *D*); **~ gibi** monströs
hezimet (-*ti*) (empfindliche) Niederlage *f*
hıçkırık (-*ğı*) Schluckauf *m*; Schluchzen *n*; **~larla ağlamak** schluchzen
hıçkırmak Schluckauf haben; schluchzen
hıdrellez erster Sommertag (6. Mai); Frühlingsfest *n*; → *hızır*
hıfzıssıhha Hygiene *f*
hımbıl träge, faul, schlapp
'hıncahınç: **~ dolu** proppenvoll
hınç (-*cı*) Rachsucht *f*; Hass *m*; Wut *f*; -*den* **~** (*veya* **hıncını**) **almak** sich rächen (an *D*); **~lı** hasserfüllt (*Blick*)
hınzır *Osm.* Schwein *n*; *küfür.* Tyrann *m*; *alay:* Racker *m*; **~lık** (-*ğı*) Gemeinheit *f*; schlechter Scherz, Streich *m*
hır Balgerei *f*; Zank *m*; **~ çıkarmak** sich balgen, raufen
hırçın jähzornig, hitzig; reizbar; **~lanmak**, **~laşmak** *mec.* aufbrausen, leicht erregbar sein; **~lık** (-*ğı*) Reizbarkeit *f*
hırdavat (-*tı*) Eisenwaren *f/pl*; *mec.* Kram *m*; **~çı** Eisenwarenhändler *m*
hırgür F Streiterei *f*; **~ çıkarmak** Streit anfangen
hırıl|damak röcheln; heiser klingen; **göğsü ~dıyor** (es) keucht; **~tı** Röcheln *n*; heiserer Ton, Heiserkeit *f*; Zank *m*; **~tıcı** Streithammel *m*; Krakeeler *m*; **~tılı ses:** heiser
hı'rızma Ring *m*; Ohrring *m*
Hıristiyan Christ(in *f*) *m*; **~laştırmak** christianisieren; **~lık** (-*ğı*) Christentum *n*; Christenheit *f*, christliche Welt
hırla|mak *köpek:* knurren; *kişi:* brummen; *Tıp* keuchen; *kar.* knirschen; **~laşmak** (*ile*) aufeinander losgehen, sich anbrüllen
hırpalamak (-*i*) verschleißen, abtragen; F *mec.* j-n piesacken
hırpani zerlumpt; abgerissen
hırs Gier *f* (nach *D*); Wut *f*; Leidenschaft *f*
hırsız Dieb *m*; Einbrecher *m*; **~ anahtarı** Dietrich *m*; **~ kadın** Diebin *f*; **~lık** (-*ğı*) Diebstahl *m*; Einbruch *m*; **~lık etmek/yapmak** stehlen
hırslan|dırmak (-*i*) j-n in Wut bringen; *mec.* j-n locken; **~mak** in Wut geraten; F scharf sein (auf *A*)
hırslı begierig, gierig; wütend
Hırvat Kroate *m*, -in *f*; kroatisch; '**~ca** Kroatisch *n*; **~is'tan** Kroatien
hısım Verwandte(r *m*) *f*; **~lık** (-*ğı*) Verwandtschaft *f*
hışıl|damak *yaprak:* rauschen; *ipek:* knistern; *Tıp* keuchen; **~tı** Rauschen *n*; Knistern *n*; *Tıp* Keuchen *n*, Röcheln *n*
hışım (-*şmı*) Zorn *m*, Unwille *m*
hışır: **~** raschelnd, knisternd; zischend; **~damak** *yaprak:* rascheln; *kâğıt:* knistern, keuchen, zischen; **~datmak** (-*i*) rascheln, knistern; **~tı** Rascheln *n*; Knistern *n*; Zischen *n*
hıyar Gurke *f*; P *mec.* Esel *m*
hız Schnelligkeit *f*; *Fiz.* Geschwindigkeit *f*; Tempo *n*; Hast *f*; Hektik *f*; **~ almak** e-n Anlauf nehmen; -*e* **~ vermek** beschleunigen (*A*); *mec.* anregen; *ortam* anheizen; **~ını alamamak** nicht Einhalt gebieten können; *mec.* sich nicht beherrschen können; **~ını almak** Sturm: sich legen; sich beruhigen; **~ını yitirmek** an Kraft (*veya* Einfluss) verlieren
hızar Säge *f*; Sägewerk *n*
Hızır *etwa:* Heiliger; **~ günleri** warme Zeit (*v. 6. Mai bis 8. Nov.*); **hızır gibi yetişmek** als rettender Engel auftreten
hızlan|dırmak *v/t* beschleunigen; **~mak** sich beschleunigen, schneller werden (*veya* gehen); heftiger werden
hız|laştırmak rascheln beschleunigen; (zur Eile) antreiben; **~lı** rasch, hektisch; heftig, kräftig (*örn. vurmak*); laut (*konuşmak*); überstürzt; mit Schwung; in Saus und Braus
hibe Spende *f*; -*i* **~ etmek** spenden; opfern (*A*)
hicri: **~ takvim** (der) islamische Kalender

'hicv|etmek v/t verspotten; → **yermek**

hiç (hiçi) *olumsuzlukta*: überhaupt (nicht), gar (nicht); keineswegs; (ohne) im Geringsten; *sorularda*: jemals, überhaupt; dann (wirklich); Nichts *n*, Kleinigkeit *f*; (e-e) Null; *yanıtlarda*: nichts; gar nicht, überhaupt nicht; **~ de** keineswegs; **~ değilse**, **~ olmazsa** wenigstens; immerhin; **~ kimse** niemand, keiner; **~ mi ~** absolut nichts; gar nicht; **~ yoktan/yüzünden** ohne jeden Grund, F einfach so; **~e saymak** missachten, ignorieren

hiçbir kein, nicht ein(e); nicht ein(e) einzige(r); **~ kişi** niemand; **~ surette** in keinerlei Weise, auf keinen Fall; **~ şey** gar nichts; **~ yerde** nirgendwo; **~ yere** nirgendwohin; **~ zaman** niemals, zu keiner Zeit; **~imiz** keiner von uns

hiçlik (-ği) Nichtigkeit *f*; Nichts *n*

hiddet (-ti) Wut *f*, *Ed*. Zorn *m*; Heftigkeit *f*; **~etmek**, **~e kapılmak** in Wut geraten; **~lendirmek** v/t erzürnen, j-n rasend machen; **~lenmek** wütend (*veya* zornig) werden, F böse werden; **~li** wütend, zornig, aufgebracht; hitzig, aufbrausend; Hitzkopf *m*; **~siz** gelassen, besonnen

hidro|jen Wasserstoff *m*; **~jen bombası** Wasserstoffbombe *f*; **~jen sülfür** Schwefelwasserstoff *m*; **~jenleme** Hydrierung *f*; **~karbon**, **~karbür** Kohlenwasserstoff *m*; **~lorik**: **~klorik asit** Salzsäure *f*, (-ği) hydraulisch; Hydraulik *f*; **~terapi** Wasserheilverfahren *n*, Hydrotherapie *f*

hijyen Hygiene *f*; **~ik** hygienisch

hikâye *gnl*. Geschichte *f*, Erzählung *f*; *mec*. Märchen *n*; **küçük ~** Kurzgeschichte *f*; **~ci** Erzähler(in *f*) *m*; Autor(in *f*) *m*, Verfasser(in *f*) *m*

hilafet [lâ] (-ti) Kalifat *n*

hilal [lâ] (-ali) Neumond *m*; Halbmond *m*

hile List *f*, Betrug *m*; Trick *m*; **~ etmek/yapmak** mogeln, Tricks anwenden; **~ karıştırmak/katmak** fälschen, verfälschen

hile|baz → **hileci**; **~ci** Betrüger(in *f*) *m*; **~cilik** (-ği) Betrügerei *f*; Fälschen *n*; **~li** listig; verfälscht; gepanscht; **~li**

iflas betrügerischer Bankrott; **~siz** arglos, harmlos; unverfälscht, rein; **~sizlik** (-ği) Arglosigkeit *f*, Harmlosigkeit *f*

himaye Schutz *m*; Protektion *f*; *-i* **~ etmek** begünstigen, protegieren; beschützen; **~ görmek** begünstigt werden; beschützt werden; *-in* **~sinde** unter dem Schutz (*G*); *-i* **~sine almak** unter seinen Schutz nehmen; **~cilik** (-ği) Protektionismus *m*; **~siz** schutzlos

hindi Truthahn *m*, Puter *m*

hindiba Endivie *f*

Hindis'tan Indien

hindistancevizi (-ni) Kokospalme *f*; Kokosnuss *f*

Hint-Avrupa: **~ dilleri** indogermanische Sprachen *f/pl*

'Hint Okyanusu (-nu) Indischer Ozean

'Hint|çe Indisch *n*; **~li** Inder(in *f*) *m*

'hintyağı (-nı) Rizinusöl *n*

hipopotam Nilpferd *n*, Flusspferd *n*

hipo|tansiyon (zu) niedriger Blutdruck; **~'tenüs** Hypotenuse *f*; **~tez** Hypothese *f*

his (hissi) Gefühl *n*, Empfindung *f*; Vorgefühl *n*, Ahnung *f*

hisar Festung *f*, Fort *n*; Burg *f*; **~ içi** Zitadelle *f*

his|lenmek → **duygulanmak**; **~li** → **duygulu**; Gefühls... (*kişi*)

hisse Anteil *m*; Aktie *f*; Lehre *f*, Moral *f*; (**kendine**) *-den* **~ çıkarmak** (für sich) Nutzen ziehen (aus *D*); *-den* **~ kapmak** für sich e-e Lehre ziehen (aus *D*); **~ senedi** Namensaktie *f*; **~dar** Aktionär(in *f*) *m*

hisseli Anteilsinhaber *m*, Aktieninhaber *m*; Aktien...; (in Anteile) aufgeteilt; **~ şirket** Aktiengesellschaft *f*

'hisset|mek v/t fühlen; *rahatsızlık*: leiden (an *D*); et. merken; **~tirmek** merken lassen, fühlen lassen (*-i -e* j-n et.)

hissi Gefühls..., gefühlsmäßig; sentimental, rührend; *az*. → **duygusal**

hissiz gefühllos, apathisch; **~lik** (-ği) Gefühllosigkeit *f*

histeri Hysterie *f*; **~k** hysterisch; Hysteriker(in *f*) *m*

hitap (-abı) Anrede *f* (*-e* an *A*); *-e* **etmek** j-n anreden, ansprechen; e-e Rede halten

hiyerarşi Hierarchie *f*
hiza Niveau *n*, Ebene *f*, Höhe *f*; *-in* ~**sını almak** nivellieren; ausgleichen; ~**ya gelmek** sich ausrichten; *mec.* sich zusammennehmen; *-i* ~**ya getirmek** ausrichten; *mec.* j-n zur Vernunft bringen; *-in* ~**sına kadar** bis zur gleichen Höhe (mit *D*)
hizb... → **hizip**
hizip (hizbi) Gruppe *f*, Gruppierung *f*; Clique *f*; ~**çi** Gruppenmitglied *n*; ~**çilik** (-ği) Gruppenbildung *f*; ~**leşmek** Gruppen (*veya* Cliquen) bilden
hizmet (-ti) Dienst *m*, Amt *n*, Tätigkeit *f*, Verdienst *n* (*-e um A*); Betrieb *m*; Pflege *f*, Wartung *f*; Verwendung(szweck *m*) *f*; ~ **akdi** Dienstvertrag *m*; *-e* ~ **etmek** j-m dienen; j-n bedienen; *-e* ~ **vermek** j-n bedienen; ~**e açmak** in Betrieb nehmen; *-in* ~**e girmesi** Inbetriebnahme *f*; ~**e girmek** s-n Dienst antreten; *fabrika*: den Betrieb aufnehmen; in Betrieb genommen werden; *gemi*: in Dienst gestellt werden; ~**inde olmak** in j-s Dienst stehen; *-le* ~**inizdeyiz** wir stehen Ihnen zu Diensten (mit *D*); **elektrik** ~**leri** Elektrizitätswerke *n/pl*; **su** ~**leri** Wasserwerke *n/pl*
hizmetçi Dienstmädchen *n*; Diener(in *f*) *m*
hizmet|kâr (-ârı) Dienstbote *m*; Dienstmädchen *n*; ~**li** angestellt; Angestellte(r *m*) *f*; Portier *m*, Pförtner *m*
¹**hobi** Hobby *n*, Steckenpferd *n*
¹**hoca** Lehrer *m*; geistlicher Lehrer, Hodscha *m*; **akıl** ~**sı** Schlaukopf *m*, Schlaumeier *m*; ~**m!** Herr Lehrer!, Frau Lehrerin
hohlamak *v/t* anhauchen; pusten (auf *A*)
hokey Hockey *n*; **buz** ~**i** Eishockey *n*
hokka Dose *f*; Tintenfass *n*
hokkabaz Zauberkünstler *m*; durchtrieben; ~ **herif** Gauner *m*; ~**lık** (-ğı) Taschenspielerei *f*, Zauberkünste *f/pl*; *mec.* Trick *m*, Gaunerei *f*
hol (holü) Diele *f*, Vorraum *m*; Halle *f*; Foyer *n*
holding *Tic.* Dachgesellschaft *f*
Hol'landa Holland; holländisch; ~**lı** Holländer(in *f*) *m*
homo|jen homogen, gleichartig; ~**seksüel** homosexuell; ~**seksüellik** (-ği) Homosexualität *f*
homur: ~ ~ brummend, griesgrämig; ~**danma** Brummen *n*, Murren *n*; ~**danmak** *v/i* brummen (*az. motor*); murren; maulen (*-e wegen G*); *köpek*: knurren; *kedi*: fauchen; rasseln, ächzen; ~**tu** Brummen *n*; Murren *n*
hoparlör Lautsprecher *m*; *mec.* Sprachrohr *n*
hopla|ma Sprung *m*; ~**mak** herumhüpfen; (*-den vor D*); zittern, pochen; ~**tmak** *v/t* springen lassen; *çocuk* hochwerfen
hoppa leichtsinnig, unbesonnen; ~**dak** fast; ~ **hemen**; ~**lık** (-ğı) Unbesonnenheit *f*; Geckenhaftigkeit *f*
hopurdatmak *v/t* laut schlürfen
hor minderwertig, verächtlich; ~ **bakmak**, *-i* ~ **görmek** j-n verachten, gering schätzen; *-i* ~ **kullanmak** j-n von oben herab behandeln; *-i* ~ **tutmak** j-n missachten; schlecht behandeln; ~**a geçmek** anerkannt werden, *F* ankommen
horlamak *v/i* schnarchen
hormon Hormon *n*
horoz *Zoo.* Hahn *m*, *F* Gockel *m*; ~ **akıllı** hirnlos, *F* bescheuert; ~ **dövüşü** Hahnenkampf *m*
horozlanmak einherstolzieren
hort|lak (-ğı) (Friedhofs-)Gespenst *n*; Alpdruck *m*; ~**lamak** *ölü*: herumgeistern; *sorun*: immer wieder auftauchen; ~**latmak** *mec. ruh* wachrufen; erinnern (an *A*)
hortum Rüssel *m*; *Tek.* Schlauch *m*; Windhose *f*, Tornado *m*; *-e* ~ **sıkmak** Wasser geben, spritzen (auf *A*)
horul: ~ ~ laut schnarchend; ~**damak** schnarchen; ~**tu** Schnarchen *n*; Brummen *n*
hostel Jugendherberge *f*
hostes Stewardess *f*; ~**lik** (-ği) Stewardessentätigkeit *f*
hoş angenehm, erfreulich; *bel. bağl.* und wenn schon; nun ja; ~ **buldukl** *etwa*: danke sehr, *veya* freut mich auch (Sie zu sehen); ~ **geldiniz!** willkommen!; ich freue mich, Sie zu sehen!; *-i* ~ **görmek/karşılamak** tolerant sein (gegen *A*), hinwegsehen (über *A*); *-i* ~ **tutmak** j-m zugetan sein; ~**a giden** angenehm, gefällig;

hoşaf

~a gitmek, **-in ~una gitmek** j-m gefallen, j-m zusagen
hoşaf Kompott n; **~ gibi** mec. sehr abgespannt
hoşça recht angenehm, recht erfreulich; **~ kal**, **~ kalın** auf Wiedersehen!, F tschüss!; *radyo*: auf Wiederhören!
'**hoşgörü** Toleranz f (*az. mec. sapınç*); Nachsicht f; **~cü** toleranter Mensch; **~lü** duldsam, tolerant; nachsichtig; **~r** wohlwollend; **~rlük** (-ğü) → *hoşgörü*; Wohlwollen n; **~süz** intolerant; unnachsichtig
hoşlan|dırmak (*-i -den*) j-n einnehmen (für *A*); *-den* **~mak** (gern) mögen (*D*); et. halten (von *D*); *bundan* **~ıyorum** es gefällt mir, ich mag es
hoşluk (-ğu) Annehmlichkeit f
hoşnut (-tu) zufrieden (*-den* mit *D*); *-i* **etmek** j-n zufrieden stellen; *ile* **~ olmak** sich gut stehen (mit *D*), sich nicht beklagen können (über *A*); **~luk** (-ğu) Zufriedenheit f; Vergnügen n; **~suz** unzufrieden; **~suzluk** (-ğu) Unzufriedenheit f; Missvergnügen n
hovarda Verschwender(in f) m; Schürzenjäger m; **~laşmak** zum Verschwender werden; **~lık** (-ğı) Zecherei f; Verschwendung f
hoyrat (-tı) vulgär; plump; **~lık** (-ğı) etwas Vulgäres; Plumpheit f, Ungewandtheit f
höpürdetmek v/t schlürfen
hörgüç (-cü) (Kamel-)Höcker m; **~lü** mit ... Höckern, -höckrig
höyük (-ğü) Hügel m; Ruinenhügel m
Hristiyan vs. → *Hıristiyan*
Hst. kıs. = **Hastane(si)** Krankenhaus n
hububat (-tı) Getreide n, Korn n; Nährmittel n/pl
Huda Herrgott m
hudut (-udu) Grenze f; → *sınır*; **~landırmak** v/t abgrenzen, eingrenzen; begrenzen, limitieren
hukuk (-uku) Recht n; Jura pl; Rechte n/pl; Rechtswesen n; Rechtswissenschaft f; Zivil...; **~ davası** Zivilklage f; **~ doktoru** Doktor juris (*Dr. Huk.*), Doktor m der Rechte; **~ devleti** Rechtsstaat m; **~ mahkemesi** Zivilgericht n; **şahsın ~u** Persönlichkeitsrecht n; **ticaret ~u** Handelsrecht n; **~çu** Jurist m; **~çuluk** (-ğu) Juristentätigkeit f; **~i** → *hukuksal* **~sal** juristisch; Rechts...
huni Trichter m
hurda Abfall m; Kram m, Trödel m; Schrott m; klein, kleinst...; winzig; *şey*: ausgedient, ... (ist) Bruch, Schrott; **~ kâğıt** Altpapier n; **~cı** Altwarenhändler m; Schrotthändler m; **~cılık** (-ğı) Altwarenhandel m, Schrotthandel m; Verunreinigung f durch Abfälle
hurma Dattel f; **~ ağacı** Dattelpalme f
'**hurra** hurra!
husus (-usu) Sache f, Frage f, Punkt m; Besonderheit f, Eigenheit f; Umstand m; *bu* **~ta** in dieser Hinsicht (*veya* Beziehung), in dieser Angelegenheit; darüber (*örn. düşünmek*); **~unda** bezüglich (*G*), mit Bezug (auf *A*), über (*A*); **~i** → *özel*
husus|iyet (-ti) Besonderheit f, Merkmal n; freundschaftliche Beziehungen f/pl; **~iyle** insbesondere
huy Natur f, Charakter m; Wesen n; Veranlagung f; (schlechte) Angewohnheit; *-i* **~ edinmek** sich et. angewöhnen
huylan|dırmak v/t j-n beunruhigen; aufschrecken; beängstigen; **~mak** unruhig werden; *Tier*: scheuen; scheu werden
huylu mit ... Charakter; -artig; störrisch, bockig; ängstlich, misstrauisch; *iyi* **~** gutartig (*az. Tıp*); *kötü* **~** bösartig (*az. Tıp*)
huysuz bösartig; launisch; störrisch; **~lanmak** eigensinnig werden; böse sein; **~laşmak** unruhig werden, nervös werden; eigensinnig werden; **~luk** (-ğu) schlechter Charakter; Launenhaftigkeit f; **~luk etmek** launisch sein
huzme Fiz. Bündel n; **~li** ...bündelig; *kısa* **~li far** Abblendlicht n
huzur (-uru) Ruhe f; Gelassenheit f; Bequemlichkeit f; **~ hakkı** Anwesenheitsvergütung f; **~ içinde** bequem; *-e* **~ vermek** j-n beruhigen; in Ruhe lassen; *-i* **~una çağırmak** j-n zu sich rufen; *-in* **~una çıkmak** vor j-n (hin)treten; **~unu kaçırmak** j-m die Ruhe rauben, j-n stören; **~unuzda** in Ihrer Gegenwart

hu'zurevi (-ni) Seniorenheim *n*
huzur|lu ungestört, ruhig, behaglich; **~suz** unruhig; unbehaglich, ungemütlich, aufregend; **~suzluk** (-ğu) Unruhe *f*, Aufregung *f*
hücre *gnl.* Zelle *f*; Kammer *f*; Wandnische *f*; *Tiy. az.* Loge *f*; **~ hapsi** Einzelhaft *f*; **~li** Zell-..., ...zellig; porös; **tek ~li** einzellig
hücum (-umu) Angriff *m*; Attacke *f*; *az.* → **saldırı**; **-e ~ etmek** j-n angreifen; *-i* **~la almak** im Sturm nehmen; **uçak ~u** Luftangriff *m*
'**hükmen** auf richterlichen Beschluss; *Spo.* nach Punkten
'**hükmetmek** (-*e*) herrschen (über *A*); urteilen (über *A*); richten (*A*; über *A*); vermuten (*A*), zu dem Urteil (*veya* Schluss) gelangen, dass ..
hüküm (hükmü) Urteil *n*, (Gerichts-) Beschluss *m*; Schlussfolgerung *f*; Bestimmung *f*, Gültigkeit *f*; Macht *f*; **~ giymek** verurteilt werden; **~ sürmek** herrschen, an der Macht sein; **~ vermek** e-n Entschluss fassen; *Huk.* ein Urteil fällen
hükümdar (-arı) Herrscher *m*, Monarch *m*; **~lık** (-ğı) Herrschaft *f*; Monarchie *f*; Souveränität *f*
hükümet (-ti) Regierung *f*; Herrschaft *f*; **~ darbesi** Staatsstreich *m*; **~ etmek** regieren; **~ konağı** Regierungsgebäude *n*; **~i kurmak** die Regierung bilden

hüküm|lü Verurteilte(r *m*) *f*; in Kraft (befindlich), gültig; **~ran** (-anı) souverän, herrschend; **~süz** ungültig; **~süz kılmak** ungültig machen; **~süzlük** (-ğü) Ungültigkeit *f*
hüman|ist (-ti) Humanist *m*; **~izm** Menschlichkeit *f*; Humanität *f*; **~izma** Humanismus *m*
hüner Meisterschaft *f*; Talent *n*, Kunstfertigkeit *f*; **~li kişi**: begabt, talentiert; *şey*: meisterhaft
hüngürdemek (laut) schluchzen
hür (hürrü) frei; → **özgür**
hürmet (-ti) Achtung *f*, Hochachtung *f*; Respekt *m*; → **saygı**; **~ etmek** *v/t* achten; respektieren; ehren; **~li** Achtung gebietend; verehrt; geehrt; *mec. alay* mächtig; *az.* → **saygılı**; **~siz** respektlos; unhöflich; **~sizlik** (-ği) Respektlosigkeit *f*; Unhöflichkeit *f*
hürriyet (-ti) Freiheit *f*; → **özgürlük**
hüsran (-anı) Enttäuschung *f*; **~ olmak** enttäuscht werden
hüviyet (-ti) Identität *f*; Charakter *m*, Wesen *n*; **~ cüzdanı** Personalausweis *m*
hüzün (hüznü) Traurigkeit *f*, Kummer *m*, Schwermut *f*; **~ çökmek**, *içine bir ~ çökmek* schwermütig werden; **~lendirmek** traurig machen; **~lenmek** traurig werden; **~lü** traurig, schwermütig, melancholisch; **~süz** unbekümmert, heiter
Hv. *kıs.* = **Hava** Wetter *n*; Luftfahrt *f*

I

ıhlamur Linde *f*; Lindenblütentee *m*; **~ çiçeği** Lindenblüte *f*
ıkınmak schwer atmen, stöhnen; sich die größte Mühe geben
ı'lıca heiße Quelle; Thermalbad *n*
ılık lau, warm; *hava*: lau; warm; **~laşmak** lauwarm werden; **~lık** (-ğı) Wärme *f* (*az. mec.*)
ılım Ausgeglichenheit *f*, Gleichmaß *n*; **~an** gemäßigt (*iklim*); **~lı** maßvoll, ausgewogen; *özl. Pol.* gemäßigt; **~lılık** (-ğı) Ausgewogenheit *f*
'ıpıs|lak feucht, nass; **~sız** menschenleer
ırak weit weg (*veya* entfernt)
ıraklaşmak sich entfernen (*-den* von *D*)
ırk (-kı) Rasse *f*; **~ ayrımı** Rassendiskriminierung *f*; **~çı** Rassist *m*; **~çılık** (-ğı) Rassismus *m*; **~i** rassisch, Rassen...; **~sal** rassisch, Rassen...
ırmak Fluss *m*

ırz Ehre *f*

ısı Wärme *f*; Temperatur *f*; heiß; **su ~sı** Wassertemperatur *f*; **vücut ~sı** Körpertemperatur *f*

ısın|dırmak (*-i -e*) erwärmen (*A* durch *A*); *mec.* j-n für sich einnehmen; **~ma** Erwärmung *f*; *mec.* Zuneigung *f* (zu *D*), Anhänglichkeit *f*; **~mak** (*-e*) sich erwärmen (*az. mec.* für j-n); warm, wärmer werden; *mec.* sich gewöhnen (an *A*); sich befreunden (mit *D*)

ı'sıölçer Kalorimeter *n*

ısır|gan Brennnessel *f*, **~gın** *Tıp* Ausschlag *m*, Pickel *m/pl*; Röte *f*

ısır|ıcı beißend (*az. mec. soğuk*); *yün*: kratzend; **~ık** (-ğı) Biss *m*; Bisswunde *f*; Schaden *m*; **~mak** (*-i, -den*) j-n beißen (*-den* in *A*); *yün*: kratzen; *rüzgâr*: scharf wehen

ısıt|ıcı Erhitzer *m*; Glüh...; **~ım** Erwärmung *f*; **~ma** Erwärmung *f*; Brenn...; **~mak** *v/t* erwärmen, anwärmen

ıskalamak F verfehlen

ıs'karta abgelegte Karten *f/pl* (*oyunda*); *Tic.* Ausschuss *m*, Schund *m*; **~ mal** Ausschussware *f*; **-i ~ya çıkarmak** aussondern, F wegschmeißen; **~cı** Warenprüfer *m*

ıs'konto Diskont *m*; Rabatt *m*; *mec. alay.* Abstrich *m*, Vorbehalt *m*; **~ bankası** Diskontbank *f*; **-i ~ etmek** diskontieren; Rabatt einräumen; **~lu** mit Rabatt, ermäßigt; *mec.* mit Abstrichen

ıslah (-ahı) Verbesserung *f*; Neugestaltung *f*; Reform *f*; *Biyo.* Veredelung *f*, **~ etmek** verbessern; neu gestalten; reformieren; **~ olmaz** unverbesserlich; **~evi** (-ni) Erziehungsheim *n*

ıslak nass, feucht; **~ karga/sıçan** völlig durchnässt; *mec.* Waschlappen *m*; ... wie ein begossener Pudel; **~lık** (-ğı) Nässe *f*, Feuchtigkeit *f*

ıslanmak feucht (*veya* nass) werden

ıslat|ıcı Befeuchter *m*; **~ılmak** *edil.* → **ıslatmak**; **~mak** *v/t* nass machen, befeuchten; F j-n verhauen; j-n abkanzeln; F *alay* begießen, feiern

ıslık (-ğı) Pfiff *m*; Pfeifen *n*; **~ çalmak** pfeifen; *yılan*: zischen; **~ lamak** *v/t* j-n auspfeifen (*-e* j-n); **~lı** pfeifend

ısmarla|ma Bestellung *f*, Auftrag *m*; auf Bestellung; Maß... (*ayakkabı*); *mec.* formell; **~mak** bestellen, in Auftrag geben (*-i -e et.* bei j-m); (*-i* j-n) j-s Obhut (*-e*) anvertrauen; raten (*-e* j-m); *özl.* **bir şey ~yacak mısınız?** soll ich Ihnen etwas mitbringen? **~nmak** sich *et.* mitbringen lassen (*-e* von *D*)

ıspanak (-ğı) Spinat *m*; F Depp *m*

ısrar (-arı) *-de* Festhalten *n* (an *D*), Bestehen *n* (auf *D*); Verharren *n* (bei *D*); *-de ~ etmek* festhalten (an *D*); bestehen (auf *D*); **~la** nachdrücklich; **~la istemek** F unbedingt wollen (, dass ...); beharren (auf *D*); **~lı** hartnäckig

ıssız herrenlos; verlassen, öde, menschenleer; **~laşmak** menschenleer werden, sich entvölkern; **~lık** (-ğı) Leere *f*, Verlassenheit *f*, Einsamkeit *f*

ıstakoz Hummer *m*

ıs'tampa Stempelkissen *n*, Stempel *m*; **~ resim** Stich *m*, Gravüre *f*

ıstırap (-abı) Schmerzanfall *m*, Stich *m*; Qual *f*, Trauer *f*; Unerquicklichkeit *f*; **~ çekmek** Qualen erleiden, Schmerzen erleiden; sich quälen; trauern; *-e ~ vermek* j-m Schmerzen verursachen, wehtun; **~ verici** schmerzlich; **~lı** traurig schwer

ıstok (-ku) Warenlager *n*, Vorrat *m*; **~ mal** liegen gebliebene Ware, Ladenhüter *m*

ışık (-ğı) Licht *n*; **~k etmek** belichten; beleuchten; **~k ışını** Lichtstrahl *m*; *-e ~k tutmak* j-m leuchten; j-m den Weg weisen; *mec.* ein Licht werfen (auf *A*); **~k yılı** Lichtjahr *n*; **~ğa duyarlı** lichtempfindlich; *-in elektrik ~ğı* elektrisches Licht; **gün ~ğı** Tageslicht *n*

ışık|landırmak *v/t* beleuchten; *anıt* anstrahlen; **~lanmak** beleuchtet werden; **~lı** beleuchtet; Licht...; Leucht... (*reklam panosu*); **~sız** unbeleuchtet *m*

ışıl|dak (-ğı) Scheinwerfer *m*; **~damak** → **ışıldatmak**; **~datmak** polieren; **~tı** Glanz *m*; Glänzen *f*; Blinken *n*; **~tılı** blinkend, flimmernd

ışı|ma *Fiz.* Strahlung *f*, **~mak** strahlen; *Tag*: anbrechen

ışın Strahl *m*; Strahlen *n*; **~ kırılması**

Lichtbrechung *f*; **alfa, beta, gama, Röntgen** (*veya* **X**) **~ları** Alpha-, Beta-, Gamma-, Röntgenstrahlen *m/pl*; **~ tedavisi** Strahlentherapie *f*
'ışın|bilim|ci Röntgenologe *m*; **~i** Röntgenologie *f*, Strahlenkunde *f*
'ışınetkin radioaktiv; **~lik** (-ği) Radioaktivität *f*
ışın|ım Strahlung *f*; **~ımlı: az ~ımlı ekran**: strahlungsarm, **~lama** *Fiz.*,

Tıp vs. Bestrahlung *f*; **~lamak** *v/t* bestrahlen; **~layıcı** Bestrahlungs...; Bestrahlungsapparat *m*
ışıtmak *v/t* erhellen
ıtır (ıtrı) Duft *m*, Aroma *n*; **~lı** wohlriechend; aromatisch
ızdırap → **ıstırap**
ız'gara Grill *m*, Rost *m*; Gitter *n*; gegrillt; Gully *m*; **-i etmek/yapmak** grillen; **~lık** (-ği) Grillfleisch *n*

İ

iade Rückgabe *f*; *ön ödeme*: Rückerstattung *f*; Wiederherstellung *f*; *göreve*: Wiedereinsetzung *f*; Absage *f*; Ablehnung *f*; *suçlu*: Auslieferung *f*; **~ edilmek** ausgeliefert werden; **~ etmek** zurückgeben, zurückerstatten; zurückschicken; wieder einsetzen; ausliefern; ablehnen; absagen; **~li posta**: mit Rückschein; **~li taahhütlü** Einschreibebrief *m* mit Rückschein
ibadet (-ti) Gottesverehrung *f*; Gottesdienst *m*; *-e* **~ etmek** beten (zu *D*); anbeten (*A*); **~hane** Gotteshaus *n*
ibare Formulierung *f*; Ausdruck *m*; *metinde* Absatz *m*; Zitat *n*
ibaret (-ti) bestehend (*-den* aus *D*); **~ kalmak** begrenzt sein (durch *A*); **~ olmak** bestehen (aus *D*); bestehen (in *D*)
ibik (-ği) (Hahnen-)Kamm *m*
iblis *gnl.* Teufel *m*, Satan *m* (*az. mec.*)
ibne Päderast *m*; P Tunte *f*; Schwuler *m*
İbra'nice Hebräisch *n*
ibraz Vorlage *f*; *-i* **~ etmek** vorlegen, vorzeigen (*A*); **... ~ında** bei Vorlage (*G*)
ibre *Fiz.* Nadel *f*, Zeiger *m*
ibret (-ti) Lehre *f*, Beispiel *n*; *sıf.* F wunderbar, putzig; **-den ~ almak** eine Lehre ziehen (aus *D*); sich ein Beispiel nehmen (an *D*); *-e* **~ olmak** ein Beispiel sein (für *A*); **~ verici** belehrend; mahnend
ibrik (-ği) (Wasser-)Kanne *f*

ica|p (-bı) Notwendigkeit *f*; Konsequenz *f*; **~p etmek** notwendig sein; **~p ettirmek** erfordern, notwendig machen; *-in* **~bına bakmak** erledigen (*A*), nachgehen (*D*); F j-n erledigen, aus dem Wege räumen; **~bında** nötigenfalls; *ilg.* **~bı** entsprechend (*D*), aufgrund (*G*)
icar Vermietung *f*; *-i* **~ etmek**, **~a vermek** vermieten (*A*)
icat (-adı) Erfindung *f* (*az. düşünce*); *-i* **~ etmek** erfinden (*A*)
icra Durchführung *f*, Ausführung *f*; Exekutiv...; *Müz.* Darbietung *f*, Aufführung *f*; *Huk.* Zwangsvollstreckung *f*; **~ memuru** Gerichtsvollzieher(in *f*) *m*
icraat (-tı) Maßnahmen *f/pl*, Verfügungen *f/pl*; Durchführung *f*; Tätigkeit *f*; **~ yapmak** Maßnahmen treffen; **~a geçmek** die nötigen Schritte unternehmen
icracı *gnl.* (*az. Müz.*) Ausführender; *Huk.* Vollstreckungsbeamter *m*
iç (içi) (das) Innere *n*; (als) Unterzeug *n*; *şehir*: Zentrum *n*; Füllung *f*; Innen... (*avlu vs.*); Inner...; Binnen...; Inlands...; **~ açıcı** erquickend; verheißungsvoll; **~ açmak** froh stimmen; ♀ **Anadolu** Inneranatolien; **~ bellek** (-ği) *Cmp.* interner Speicher; **~ cep** Innentasche *f*; **~ çamaşırı** Unterwäsche *f*; Unterhosen *f/pl*; **~ çekmek** (auf)seufzen; *-i* **~ etmek** F sich et. einstecken; **~ hastalıkları** in-

içbölge

nere Krankheiten *f/pl, az.* → **dahiliye**; **~ hat** Inlandsverkehr *m*; Inlandsfluglinie *f*; **~ içe** ineinander geschoben; *oda:* ineinander gehend; *kişi:* eng zusammen(stehend); **~ pazar** Binnenmarkt *m*; **~ politika** Innenpolitik *f*; **~ savaş** Bürgerkrieg *m*; **~ taban** Brandsohle *f*; **~i almamak** j-m zuwider sein; j-m nicht bekommen; **~i bayılmak** e-n Widerwillen haben; **bundan ~im bulanıyor** mir ist schlecht davon; **~i çekmek** gern haben wollen (*A*); **~i dar** kribbelig, ungeduldig; **~i geniş** unbekümmert; **~i ~ini yemek** sich (ab)quälen; **~i sıkılmak** sich langweilen; **~i sızlamak** betrübt sein; **~i yanmak** sehr durstig sein; *mec.* durstern (nach *D*); betrübt sein; (*-in*) **~inden çıkmak** fertig werden (mit *D*); hervorgehen (aus *D*); **~inden geçmek** j-m in den Sinn kommen; **~ine almak** in sich schließen; *alan* einnehmen; **~ine çekmek** einatmen; einsaugen; *mec.* kapieren; **~ine çekilmek** → **~ine kapanmak**; *N* **~ine doğmak** ahnen (*A*), F es dämmert j-m; **~ine etmek** verpfuschen, verpatzen; **~ine işlemek** j-n schmerzlich berühren; *-i* **~ine sindirmek** sich et. einprägen; **~ine sinmek** *yemek:* bekömmlich sein; *gnl.* innere Ruhe finden; **~ini açmak** sein Herz erleichtern; **~ini boşaltmak** freimütig gestehen; sein Herz erleichtern; **~ini çekmek/geçirmek** tief aufseufzen; **~ini dökmek** sein Herz öffnen; sich aussprechen; **~ini kemirmek** in ständiger Sorge sein; *-in* **~ini sıkmak** j-m peinlich sein, j-n genieren; **~lerinden biri** einer von (*veya* unter) ihnen; **kendi ~lerinden** aus ihren eigenen Reihen

'**iç|bölge** Hinterland *n*; **~buzul** *Jeol.* Inlandeis *n*; **~bükey** konkav; **~deniz** Binnenmeer *n*; **~ebakış** *Psi.* Selbstbeobachtung *f*

içecek (-ği) Getränk *n*; trinkbar (*su*)

i'çedönük verschlossen; *Psi.* introvertiert; **~lük** (-ğü) Verschlossenheit *f*; Introvertiertheit *f*

i'çekapanım *Psi.* Autismus *m*

içer → **içmek**

içeri (-yi, -si) herein; hinein; Innenraum *m*; *az.* → **iç**; *-i* **~ almak/at**-**mak/tıkmak** j-n einsperren; **~ düşmek** ins Gefängnis kommen; **~ girmek** *para* einbüßen; ins Gefängnis kommen; **~de** drinnen; F im Kittchen; in Schulden; **~de olmak** geschädigt worden sein (um *A*); **~(ye) almak** hineinlassen, hineingeleiten; **~(ye) buyurun!** bitte, treten Sie ein!; **~ gelmek**, **~(ye) girmek** eintreten; **~(ye) işlemek** eindringen (*-den* durch *A*); **evin ~si sıcak** es ist warm im Haus; **~sinde** in (*D, yer ve zaman*); im Laufe (*G*); **~sinden** aus (*D*) ... heraus; über (*A*) ... hinweg; **~sine** in (*A*); in (*A*) ... hinein

içerik (-ği) Inhalt *m*; (darin) einbegriffen; (nur) gedacht; **~li** inhaltlich; **sosyal ~li** sozialpolitisch; **~sel** wesentlich

içerlemek sich erzürnen, böse werden, wütend werden (*-e* auf *A*)

içer|mek in sich schließen, enthalten; sich gegenseitig bedingen; **~en** enthaltend

'**içgüdü** (erterbte) Anlage *f*; Instinkt *m*; Intuition *f*, Eingebung *f*; **~lü**, **~sel** angeboren, ererbt; instinktiv, unterbewusst; intuitiv

'**içgüvey**, **~i**, **~isi** (-ni) Schwiegersohn, *der im Haus der Schwiegereltern wohnt*

içil|ir trinkbar; Trink... (*Wasser*); **~mek** getrunken werden, geraucht werden; **burada sigara ~mez** Rauchen verboten!

içim Trinken *n*; Rauchen *n*; Schluck *m*; Prise *f*; *çay vs.:* Geschmack *m*; **~li** geschmacklich; **güzel ~li** gut schmeckend; **~lik** (-ği) (ein) Schluck

için *ilg.* für (*A*); zu (*D*); wegen (*G*); um (*G*) ... willen; *bağl.* weil, da; um ... zu; dafür, dass ...; *örnekler:* **annem ~** für meine Mutter; **benim ~** für mich; meinetwegen; meines Erachtens; **barışçı amaçlar ~** zu friedlichen Zwecken; **bunun ~** deswegen; dafür; infolgedessen; **birkaç saat ~** auf einige Stunden (*az.* für ...); **kim(in) ~** für wen?; **şaka ~** zum Scherz, aus Spaß; **yaşamak ~** um zu leben; **ona yardım ettiği ~** weil (*veya* dafür, dass) ich ihr (ihm) geholfen habe

içinde → **iç**; innerhalb (*G*, F von *D*); in (*D*); im Laufe (*G*); **büyük sevinç ~**

içinden → **iç**; spontan; Ur...; aus eigenem Antrieb

içirmek (-*i*) j-m zu trinken geben; *hayvan* tränken; j-m etwas zu rauchen geben

içiş Trinken *n*; Getränk *n*; Rauchen *n*

'içişleri (-ni) innere Angelegenheiten *f/pl*; ~ **bakan(lığ)ı** Innenminister(ium *n*) *m*

içki (alkoholisches) Getränk; Trinken *n*; ~ **âlemi** Zecherei *f*; ~ **arkadaşı** Zechbruder *m*; ~ **yasağı** Alkoholverbot *n*; ~**ci** Trinker *m*, F Säufer *m*; Spirituosenverkäufer *m*; ~**cilik** (-ği) Trunkenheit *f*; ~**li** betrunken, alkoholhaltig; ... mit Alkoholausschank; ~**li durumda** in betrunkenem Zustand

içkin immanent; existent; im Versuchsstadium, im Ansatz (vorhanden)

içkisiz nüchtern, nicht betrunken; alkoholfrei; ... ohne Alkoholausschank

'içlastik [lâ](-ği) *oto*: Schlauch *m*

içli *meyve*: gut angesetzt, ausgebildet; feinfühlend, gefühlvoll; rührend, ergreifend; ~ ~ **ağlamak** bitterlich weinen

iç'lidışlı vertraut; ungezwungen; gut bekannt (*ile* mit *D*); ~**lık** (-ğı) Vertrautheit *f*

içme Trinken *n*; ~ **suyu** (-nu) Trinkwasser *n*

iç|mek (-er) *v/t* trinken; rauchen; *toprak*: aufsaugen, absorbieren; **çorba** ~**mek** Suppe essen; **pipo** ~**mek** Pfeife rauchen; **şerefe** ~**mek** auf die Gesundheit j-s trinken; ~**ip bitirmek** austrinken; ~**tikleri su ayrı gitmemek** *mec.* ein Herz und eine Seele sein; ~**meler** Heilquelle *f*, Mineralquelle *f*

'iç|mimar Dekorateur *m*; Innenarchitekt *m*; ~**organ** *Anat.* inneres Organ

içrek verborgen; mystisch

içten herzlich; zärtlich; aufrichtig; innerer...; ~ **gelmek** aus dem Herzen kommen; ~**lik** (-ği) Herzlichkeit *f*; Aufrichtigkeit; ~**liksiz** herzlos; steif; hart

'içtepi Impuls *m*, Antrieb *m*; ~**li** impulsiv

'iç|tüzük (-ğü) Dienstordnung *f*; Geschäftsordnung *f*, Satzung *f*; ~**yağı** (-nı) Talg *m*; ~**yüz** Wesen *n*, *bşin* Kern *m*; *mec.* Hintergrund *m*

idam Todesstrafe *f*; Hinrichtung *f*, *-i* ~ **etmek** hinrichten; ~ **sehpası** Galgen *m*; ~**lık** (-ğı) Todeskandidat(in *f*) *m*, zum Tode Verurteilte(r *m*) *f*

idare Verwaltung *f*, Leitung *f*, Führung *f*, Direktion *f*; Sparsamkeit *f*, Verwaltungs...; *az.* → **yönetim**; ~ **kandili/lambası** Leuchte *f*, Nachtbeleuchtung *f*; ~ **edenler** die leitenden Persönlichkeiten *f/pl*; Führungskräfte *f/pl*; -*i* ~ **etmek** verwalten; leiten, führen; hinwegsehen (über *A*); auskommen können (mit *D*); *az.* → **yönetmek**; **kendini** ~ **etmek** sich beherrschen; ~ **etmez** es lohnt nicht, es bringt nichts ein; **bu ekmek** ~ **etmez** dies Brot reicht nicht; ~**sini bilmek** haushälterisch sein

ida're|ce von der Verwaltung *vs.*; ~**'ci** Verwaltungsbeamter *m*, -in *f*; Führungskraft *f*; leitend, Führungs... (*kadro*); guter Organisator; sparsam; *az.* → **yönetici**; ~**hane** Verwaltung(sgebäude *n*) *f*; ~**li** organisatorisch begabt; bürokratisch; schwungvoll; *kişi, şey*: sparsam; *az.* wirtschaftlich arbeitend, rentabel; ~**siz** organisatorisch unbegabt; ohne Initiative; bürokratisch, unwirtschaftlich, unökonomisch; ~**sizlik** (-ği) Schwunglosigkeit *f*, Bürokratismus *m*, Pedanterie *f*; Unwirtschaftlichkeit *f*

idari Verwaltungs..., administrativ; ~ **mahkeme** Verwaltungsgericht *n*

iddia Behauptung *f*; Anspruch *m*; Anmaßung *f*; Sturheit *f*; Wette *f*; *-i* ~ **etmek** behaupten (*A*); *-e hak* ~ **etmek** ein Recht beanspruchen (auf *A*); *mec.* stur festhalten (an *D*); *-ya girişmek*, ~ **tutuşmak** e-e Wette eingehen; ~**lı** anspruchsvoll, anmaßend; strittig; ~**name** Anklageschrift *f*; Normalschrift *f*; ~**sız** anspruchslos, schlicht, einfach; ~**sızlık** (-ğı) Anspruchslosigkeit *f*, Schlichtheit *f*

ideal (-li) Ideal *n*; *gnl.* ideal; ~**ist** Idealist *m*; idealistisch; ~**ize**: *-i* ~**ize etmek** idealisieren; ~**izm** Idealismus *m*; ~**leştirmek** *v/t* idealisieren

ideolo|g (-ğu) Ideologe *m*; ~**ji** Ideolo-

ideolojik 134

gie *f*, Weltanschauung *f*; ~**jik** ideologisch
idman Turnen *n*; Training *n*; Übung *f*; Gewöhnung *f* (-e an *A*); *az.* → **alıştırma**; ~ **etmek** turnen; v/*i* trainieren; -*i* ~ **ettirmek** j-n trainieren; ~**cı** Turner(in *f*) *m*; Sportler(in *f*) *m*; ~**landırmak** (-*i*) j-n trainieren; ~**lı** trainiert; gewöhnt (-*e* an *A*); ~**sız** untrainiert, ungeübt; laienhaft, fachfremd; ~**sızlık** (-ğı) Unsportlichkeit *f*; Laienhaftigkeit *f*
idrar (-arı) Harn *m*; → **sidik**; ~ **tahlili** (-ni) Urinanalyse *f*
ifa Ausführung *f*; Begleichung *f* (*borç*); -*i* ~ **etmek** ausführen (*az. emir*); *görev, söz* erfüllen; *borç* begleichen
ifade Ausdruck *m* (*söz; gözlerin vs.*); Ausdruckskraft *f*; *Huk.* Aussage *f*; -*i* ~ **etmek** erklären; *düşünce vs.* darstellen; *teşekkür vs.* ausdrücken; *Huk.* aussagen; (**çok şey**) ~ **etmek** (sehr viel) bedeuten (**benim için** für mich); ~ **vermek** *Huk.* aussagen, e-e Aussage machen; -*in* ~**sini almak** *Huk.* j-n vernehmen, verhören; die Aussagen j-s zu Protokoll nehmen; **diğer bir** ~ **ile** mit anderen Worten; ~**lendirmek** v/*t* verdeutlichen; interpretieren; ~**siz** ausdruckslos; *mec.* farblos, blass
iffet (-ti) Keuschheit *f*; Tugend *f*; Ehrenhaftigkeit *f*; ~**li** keusch, unschuldig; tugendhaft; ehrenhaft; ~**siz** lasterhaft; unehrenhaft
iflah [lâ] Wohl *n*; Erlösung *f*; ~ **etmek** erlösen, retten (-*den* von *D*); ~ **olmak** geheilt werden, gerettet werden, erlöst werden; ~ **olmaz** *mec.* unverbesserlich; ... ist nicht zu retten; ~**nı kesmek** j-n völlig zermürben
iflas [lâ] Bankrott *m*; Konkurs *m*; ~ **etmek** Konkurs anmelden, *az. mec.* Bankrott machen; *mec.* scheitern, zusammenbrechen; zerrütten
ifşa (-aı) Enthüllung *f*, Preisgabe *f* (*sır*); -*i* ~ **etmek** verraten, preisgeben (*A*); ~**at** (-atı) Enthüllungen *f/pl*
iftira Verleumdung *f*; -*e* ~ **atmak**/**etmek** j-n verleumden, schlecht machen; ~**ya uğramak** schlecht gemacht werden; ~**cı** Verleumder *m*
iğdiş kastriert; *Zoo.* Wallach *m*; -*i* ~ **etmek** kastrieren

iğfal (-ali) Verführung *f*; -*i* ~ **etmek** *kadın* verführen; *gnl.* täuschen
iğne *gnl.* Nadel *f*; Nähnadel *f*; *Tıp* Injektionsnadel *f*; Injektion *f*, Spritze *f*; Angelhaken *m*; *mec.* Nadelstich *m*, Stichelei *f*; *arı*: Stachel *m*; ~ **deliği** Nadelöhr *n*; -*e* ~ **vurmak**/**yapmak**/**vermek** j-m e-e Spritze geben; ~ **yemek** e-e Spritze bekommen
iğne|dan, ~**denlik** (-ği) Nadelbüchse *f*; ~**lemek** durch'stechen (-*i A*); anheften (-*i* -*e* et. an *A*); *mec.* stichelin (-*i* gegen *j*-n); ~**lenmek** *edil.* → **iğnelemek**; *Tıp* e-n Stich *veya* Stiche fühlen; ~**leyici** *söz*: bissig, giftig, sarkastisch; ~**li** Nadel...; stichelnd, giftig, bös (*bakış*); ~**yaprak** (Tannen-)Nadel *f*, ~**yapraklı** Nadelbaum *m*, Konifere *f*
iğrenç (-ci) ekelhaft; abscheulich (*hava*); widerlich (*herif*); ~**lik** (-ği) Ekel *m*, Abscheu *m*, Widerwille *m*
iğren|dirmek v/*t* anekeln, j-m widerwärtig sein; ~**direcek kadar** abstoßend *cimri vs.*; ~**me** Ekel *m*, Abscheu *m*; ~**mek** (-*den*) sich ekeln (vor *D*), Abscheu empfinden (vor *D*)
ihale *yarışmada* Zuschlag *m*; *sipariş* Erteilung *f*, Vergabe *f*; -*ye* **çıkarmak** *Tic.* ausschreiben; -*i* ~ **etmek** *sipariş* erteilen, vergeben (an *A*)
ihanet (-ti) Verrat *m*; Unzuverlässigkeit *f*; Treulosigkeit *f*; -*e* ~ **etmek** j-n verraten; *evlilikte* betrügen
ihbar (-arı) Benachrichtigung *f*; Denunziation *f*; -*e* -*i* ~ **etmek** j-m et. mitteilen; j-n anzeigen (bei *D*); ~**cı** Denunziant *m*; ~**name** schriftliche Mitteilung
ihlal (-ali) *sessizlik*: Störung *f*; *Huk.* Verstoß *m*; *sözleşme*: Verletzung *f*; *çıkarlar*: Beeinträchtigung *f*; -*i* ~ **etmek** v/*t* stören; beeinträchtigen; *özgürlük* einschränken; verstoßen (gegen *A*); -*i* ~ **suçu işlemek** verstoßen (gegen *A*)
ihmal (-ali) Vernachlässigung *f*; Nachlässigkeit *f*; Unterlassung *f*; Unzulänglichkeit *f*; *Huk.* Fahrlässigkeit *f*; -*i* ~ **etmek** vernachlässigen (*A*); ~**kâr** nachlässig; fahrlässig; Müßiggänger *m*; ~**kârlık** (-ğı) Nachlässigkeit *f*
ihracat (-atı) Export *m*, Ausfuhr *f*; ~

yapmak exportieren; **~cı** Exporteur *m*; **~çı memleket** Exportland *n*; **~çılık** (-ğı) Export *m*; Exportgeschäfte *n/pl*
ihraç (-cı) Export *m*, Ausfuhr *f*; *okuldan* Entfernung *f*; *partiden* Ausschluss *m*; *Tic.* Emission *f*; *-i ~ etmek* exportieren, ausführen (*A*); entfernen (*-den* von *D*); ausschließen (*-den* aus *D*); *Tic.* emittieren, ausgeben
ihtar Warnung *f*; Mahnung *f*; Verweis *m*; *Huk.* Verwarnung *f*; *-i -e ~ etmek* j-n erinnern (an *A*); j-n hinweisen (auf *A*); *özl. Tic.* j-n mahnen; j-n warnen (vor *D*); **~name** *Tic.* Mahnung *f*, Mahnschreiben *n*; Protest *m*
ihtimal (-ali) Wahrscheinlichkeit *f*, wahrscheinlich; *-e ~* **vermemek** nicht für wahrscheinlich halten (*A*); *her ~e karşı* auf jeden Fall; *az. →* **olasılık**
ihtiras Begierde *f*; Ehrgeiz *m*; Drang *m*; Leidenschaft *f*
ihtisas (-ası) Spezialisierung *f*; Fachausbildung *f*
ihtiya|ç (-cı) Bedürfnis *n* (*için* nach *D*); Bedarf *m* (*için* für *A*); Erfordernis *n*; *-e ~ç duymak* bedürfen (*G*), nötig haben (*A*); **~ç sahibi** Bedürftige(r *m*) *f*; **~ca göre** je nach Bedarf; *-i ~cı olmak* brauchen (*A*); angewiesen sein (auf *A*)
ihtiyar alt, bejahrt; alter Mann; Greis *m*; F der, die Alte (*anne, baba*); *az. →* **yaşlı**; *~ heyeti* Ältestenrat *m*
ihtiyarla|mak, **~şmak** altern, alt werden; **~tmak** alt machen
ihtiyarlık (-ğı) Alter *n*
ihtiyat (-atı) Vorsicht *f*; Umsicht *f*; Ersatz *m*; Reserve *f*; Ersatz...; **~ akçesi** Rücklage *f*; Notgroschen *m*
ikamet (-ti) Aufenthalt *m*, Wohnort *m*; **~ etmek** wohnen, ansässig sein; **~ belgesi** Aufenthaltsbescheinigung *f*; **~gâh** Wohnsitz *m*
ikaz Warnung *f*; Warn...; *-i ~ etmek* j-n warnen; **~ grevi** → **uyarı grevi**
iken seiend; als; während ... (ist); damals, als ... war; obwohl; *ben öğrenci ~* als ich Student war
iki zwei; Zwei *f*; **~ kat** doppelt; verdoppelt; **~ misli** doppelt (so viel); **~ misli artmak** verdoppeln; **~ misli fazla** mehr als das Doppelte; **~ nokta** Doppelpunkt *m* (= :); **~de bir** jeder zweite; häufig (*az.* **~de birde**); **~miz** wir beide
ikilem Dilemma *n*
ikile|me Verdoppelung *f*; **~mek** *v/t* verdoppeln; wiederholen; *Spo.* gol: ein zweites schießen; *gnl.* sich ein zweites (*örn. oto*) anschaffen; **~şmek** sich verdoppeln; in zweifacher Zahl erscheinen
iki|li Doppel... (*örn. fiş*); zweiteilig; *anlaşma*: zweiseitig, bilateral; *Müz.* Duett *n*; *gnl.* Duo *n*; **~li ünlü** Diphthong *m*; **~lik** (-ği) Dualismus *m*; Zwietracht *f*; Meinungsverschiedenheit *f*; Unterschied *m*
ikinci zweiter; Vize..., stellvertretend; *Tiy.* **~ deredeki rol** Nebenrolle *f*; **~ gelmek** *Spo.* Zweiter werden; **~ yarı** *Spo.* zweite Halbzeit; **~ si(nde)** zweitens; **~l** sekundär; zweitrangig; **~lik** (-ği) zweiter Platz
ikindi Nachmittag *m*; Nachmittagsgebet *n*; **~üstü** gegen Abend, nachmittags
ikir|cik (-ği) Unentschlossenheit *f*, **~cikli** unentschlossen; **~cil** doppeldeutig
iki|şer je zwei; '**~taraflı** bilateral; '**~yanlı** zweiseitig; '**~yüzlü** scheinheilig, hinterhältig, falsch, doppelzüngig; '**~yüzlülük** (-ğü) Falschheit *f*, Scheinheiligkeit *f*, Doppelzüngigkeit *f*
ikiz Zwilling *m*; Zwillinge *pl*; Zwillings..., Doppel...; **~ erkek kardeşler** Zwillingsbrüder *m/pl*; **~ kız kardeşler** Zwillingsschwestern *f/pl*; '**~anlam** Doppeldeutigkeit *f*; Trugschluss *m*
İkizler *Astr.* Zwillinge *pl*
iklim (-imi) Klima *n*; **~ bilimi** Klimatologie *f*; **~ cihazı** Klimaanlage *f*
ikna Zureden *n*; *-i -e ~ etmek* j-n überreden (zu *D*), j-n überzeugen (von *D*); **~ kabiliyeti** Überzeugungskraft *f*
ikon(a) Ikone *f*
ikram (-amı) *konuk*: freundliche Aufnahme *f*; *Ed.* Präsent *n*; Bewirtung *f*; Nachlass *m* im Preis; **~ etmek** (*-e* j-n) bewirten (*-i* mit *D*); j-m et. anbieten; j-m e-n Nachlass gewähren

ikramiye Prämie *f*; Sonderzulage *f*; Lottogewinn *m*
iktidar (-arı) Kraft *f*, Macht *f* (*az. Pol.*); *Pol.* F Ruder *n*; *Fiz.* Potenz *f*; Fähigkeit *f*; *Pol.* Regierung *f*, Regierungsgewalt *f*; **~a geçmek** an die Macht kommen; **~a gelmek** an die Macht (F ans Ruder) kommen *veya* gelangen; **~da olmak** an der Macht (F am Ruder) sein; **~dan düşmek** die Macht abgeben, verlieren, abtreten müssen; **~lı** mächtig, tätig; **~sız** machtlos; unfähig; *Tıp* impotent; **~sızlık** (-ğı) Machtlosigkeit *f*, Unfähigkeit *f*; *Tıp* Impotenz *f*
iktisadi wirtschaftlich, ökonomisch; Wirtschafts...; rentabel
iktisat (-adı) Ökonomie *f*, **~ etmek/yapmak** die Wirtschaft führen; (*-i*) sparen; sparsam sein; **~çı** Ökonom *m*, Wirtschaftswissenschaftler *m*; **~lı** sparsam; **~sız** verschwenderisch
il Provinz *f*; Regierungsbezirk *m*
ila bis (*A*), bis zu (*D*); → **kadar**
ilaç (-cı) Arznei *f*, Medizin *f* (*az. mec.*); Mittel *n* (*az. mec.*); *örn.* **öksürük ~ilacı** Hustenmittel *n*; **uyku ilâcı** Schlafmittel *n*; **~ yazmak** *hekim*: ett. verschreiben; **~la** medikamentös; **~lamak** einreiben; einbalsamieren; *meyve vs.* spritzen, (chemisch) behandeln; **~lı** gesprüht, behandelt; **~lık** (-ğı) Heil... (*baharat*); **~sız** *meyve*: unbehandelt
ilah (-ahı) Gott *m*; Gottheit *f*; *mec.* (*örn.* Mode-) Papst *m*; **~ gibi** *mec.* wie ein junger Gott; **~e** Göttin *f*, **~i** göttlich (*az. mec.*); wunderschön; *Din.* Lobgesang *m*, Hymne *f*; **~i** *ünl.* mein Gott!, ach, du liebe Zeit!; **~iyat** (-tı) Theologie *f*; **~iyatçı** Theologe *m*
ilam (-amı) Richterspruch *m*; Urteilsausfertigung *f*
ilan (-anı) Bekanntmachung *f*; Verkündigung *f*, Erklärung *f*, Anzeige *f*, Annonce *f*, **~ etmek** bekannt machen (*A*); ausrufen (*A*), erklären (*A*); **gazeteye ~ vermek** eine Anzeige aufgeben; **~ı aşk** Liebeserklärung *f*; **~ aşk etmek** s-e Liebe gestehen; **~cılık** (-ğı) Werbung *f*
ilave Zusatz *m*, Hinzufügung *f*; Ergänzung *f*, *Tek.* Ansatzstück *n*; Anbau *m*; zusätzlich; zusätzliche Anlage; *az.* → **ek**; *gazete*: Beilage *f*, **~ tren** Sonderzug *m*; **~ yatak** *otel*: zusätzliches Bett; **~ etmek** → **eklemek**; hinzufügen, anfügen (*-i -e A-D*); **~li** zusätzlich; ergänzt
ilçe Landkreis *m*, Distrikt *m*
ile (*az. -le*, *-la*) *bağl.* und; *ilg.* mit (*D*); durch (*A*), infolge (*G*); **kurtla tilki** der Wolf und der Fuchs; **kiminle**, **kimle** mit wem?; **onlar ~**, **onlarla** mit ihnen; **ne ~** womit; wodurch; **ne ~ geçiniyor** wovon lebt er?; **telefonla** telefonisch; **uçakla** mit dem Flugzeug; per Luftpost; **litre ~** literweise **satmak**; **bununla beraber/birlikte** trotzdem; *bağl.* *-mekle* **birlikte/beraber** obgleich; wenn ... auch
ilenç (-ci) Fluch *m*; **~li** verflucht
ilenmek (*-e*) j-n verfluchen
iler → **ilmek**; **~de** → **ileride**
ileri Vorderraum *m*; Vorderteil *m*, *n*; Vorderseite *f*; Zukunft *f*; weiter vor, weiter vorne; Vor...; vorderst...; früher; fortschrittlich; *ünl.* vorwärts!; *bel.* nach vorn, weiter vor; **~i ~ almak** vorrücken (lassen), nach vorn nehmen; *Uhr* vorstellen; j-n befördern; **~ atılmak/çıkmak** vorstürmen (*az. Ask.*); nach vorn stürmen; **~ geçmek** vorwärts kommen (*meslekte*); (*-i* j-n) überholen; **~ gelenler** Prominente *pl*; *parti*: Größen *f/pl*; *-den* **~ gelmek** herrühren (von *D*), entstehen (aus *D*), F kommen (von *D*); vorangehen; vorankommen (*meslekte*); **~ gitmek/varmak** vorangehen; *mec.* zu weit gehen; *saat.* vorgehen; **~ görüşlü** weit vorausschauend; *-i ~* **götürmek** zu weit treiben (*A*); *-i ~* **sürmek** meinen; sagen, betonen; **gerekçe** vorbringen, anführen; **düşünce** ausdrücken; **görüş** vertreten; **öneri** machen; **~ yaş** vorgerücktes Alter
ilerici fortschrittlich (gesinnt); **~lik** (-ği) Fortschrittlichkeit *f*
ileri|de, **~de** in Zukunft, künftig; weiter (hinten); *kişi*: hochgestellt; **~den** von vorn; **~gelen** → **ileri**
ilerle|me Entwicklung *f*; Fortschritt *m*, **~mek** weitergehen; weiterfahren; vorrücken; *Uhr:* vorgehen; *mec.* Fortschritte machen (*örn. öğrenci*); **~miş** fortgeschritten; **~tmek** *v/t* fördern (*örn. meslekte*); verstärken; vorwärts

ilköğretim

bringen; Fortschritte machen (*-i* in *D*); **~yici** fortschrittlich; *Tıp* fortschreitend; **~yiş** Vormarsch *m*, Vorrücken *n*

ilet|i Botschaft *f*, Nachricht *f*; **~ici** Leit..., leitend; **~ilme** Überbringung *f*, Vermittlung *f*; **~ilmek** überbracht werden, übermittelt werden; → **iletmek**; **~im** Überbringung *f*, Übermittlung *f*; Transport *m*; *Fiz.* Leitfähigkeit *f*; Konvektion *f*; **~işim** Kommunikation *f*; **kitle ~işim aracı** Massenmedien *n/pl*

iletken leitend, Leit...; **yarı ~** Halbleiter *m*; **~lik** (-ği) Leitfähigkeit *f*

iletki Winkelmesser *m*

iletme Leiten *n*; **elektrik ~ sistemi** Stromnetz *n*; **~k** (-*i*) *Fiz., Tek.* leiten; übermitteln; weiterleiten (*-e* an *A*); überbringen; transportieren; j-n bringen (*-e* zu *D*); *selam* ausrichten; *mesaj* richten (*-e* an *A*)

ilgeç (-ci) *Gr.* Partikel *f*, Postposition *f*

ilgi (-*e*) Beziehung *f* (zu *D*); Interesse *n* (an *D*); *Kim.* Verwandtschaft *f*, Affinität *f*; **~ alanı** Interessengebiet *n*; **~ çekici** interessant, fesselnd; **~ çekmek** Aufmerksamkeit erregen, Interesse finden; **~ duyan** Interessent *m*; *-e karşı ~* **duymak** Interesse haben (an *D*); **~ görmek** (*az.* **toplamak**) → **~ çekmek**; *-le* **~sini kesmek** die Beziehungen abbrechen (zu *D*)

ilgilen|dirmek (-*i*) j-n interessieren (*ile* für *A*); j-n betreffen; j-m zupass kommen (*ile* für *A*); **~iş** Interesse *n*; **~mek** sich interessieren (*ile* für *A*)

ilgili (*ile*) betreffend (*A*); beteiligt (an *D*); diesbezüglich; interessiert, zuständig, kompetent; **~ olmak** (*ile*) Beziehungen haben (zu *D*); sich beziehen (auf *A*); interessiert sein (an *D*); F zu tun haben (mit *D*); **~lik** (-ği) Zugehörigkeit *f*

ilginç interessant, beachtenswert; **~ olmayan** uninteressant; **~lik** (-ği) Anziehungskraft *f*; (das) Interessante (daran)

ilgisiz uninteressant, gleichgültig; interessenlos; ohne Zusammenhang (mit *D*); **~lik** (-ği) Interessenlosigkeit *f*; Indifferenz *f*; Zusammenhanglosigkeit *f*

ilhak (-akı) Annexion *f*; *-i ~* **etmek** annektieren (*A*); eingliedern (*A*)

ilik[1] (-ği) Knopfloch *n*

ilik[2] (-ği) Knochenmark *n*, Mark *n*

ilik|lemek *v/t* zuknöpfen; **~li** zugeknöpft; mit Knopfloch

iliksiz *ceket:* offen, aufgeknöpft

ilim (ilmi) Wissenschaft *f*; → **bilim**

ilinti Beziehung *f*, Verhältnis *n* (*ile* zu *D*); Zusammenhang *m*; *-i* **kendine ~ etmek** sich et. zu Herzen nehmen; **~li** (*ile*) betreffend (*A*), angehend (*A*); **~li olmak** betreffen (*A*), zusammenhängen (mit *D*)

ilişik (-*e*) beigefügt (*D*); betreffend (*A*); (*ile*) Verbindung *f* (mit *D*), Beziehung *f* (zu *D*); **~te** in der Anlage, beiliegend; **~li** zusammenhängend (mit *D*)

ilişki Verhältnis *n*; Beziehung *f*; (*ile*) Verbindung *f*; **~li** verbündet (*ile* mit *D*); **yakından ~li** eng verbunden (*ile* mit *D*); **~li olmak** zu tun haben, sich beschäftigen (*ile* mit *D*)

ilişki|n (-*e*) sich beziehend (auf *A*), verknüpft (mit *D*); berührend (*A*); **~siz** beziehungslos; **~sizlik** (-ği) Beziehungslosigkeit *f*

ilişmek (-*e*) berühren (*A*), streifen (*A*, *az. mec. konu*); sich nur halb hinsetzen, sich auf die Kante setzen

iliştirmek (-*i -e*) et. anheften (an *A*); annähen (an *A*); anhängen (an *A*); beifügen (*A-D*)

ilk (ilki) erst..., nächst...; Anfangs...; *bel.* zum ersten Mal; **~ ağızda** zunächst; von Anfang an; **~ bakışta** auf den ersten Blick; **~ defa** zum ersten Mal; **~ elden** von Anfang an; *Tic.* aus erster Hand; **~ hamlede** vor allem; beim ersten Anlauf; **~ yardım** erste Hilfe; **~ geldi** er/sie kam als Erste(r); er/sie kam zum ersten Mal

'**ilk|bahar** Frühling *m*; **~çağ** (-ğı) Altertum *n*, Antike *f*

ilke Grundstoff *m*; Grundlage *f*; Prinzip *n*, Grundsatz *m*

ilkel primitiv, ursprünglich; Ur...; elementar

ilke|leşmek zum Prinzip werden (*vs.* → *ilke*); **~li** prinzipiell, konsequent

'**ilkin** zunächst; zuerst; **~'de** anfangs; **~'den** von Anfang an

'**ilk|okul** Grundschule *f*; Volksschule *f*; **~öğretim** Elementarunterricht *m*

ilkönce

'ilk|önce zu allererst, gleich zu Anfang; **~'sel** → *ilkel*; **~sezi** Intuition *f*, unmittelbare Anschauung; **~yardım** erste Hilfe; **~yaz** Frühling *m*

'ille *bel.* auf jeden Fall; *olumsuz:* auf keinen Fall, keineswegs; unbedingt; vor allem; *bağl.* sonst (auch nicht); außer ..., es sei denn ...

ilmi wissenschaftlich; → *bilimsel*

iltica Zuflucht *f*; Asyl *n*; **~ hakkı** Asylrecht *n*; **-e ~ etmek** Zuflucht suchen (bei *D*); j-n um Asyl bitten; **~cı** Asylbewerber(in *f*) *m*

iltifat (-atı) Liebenswürdigkeit *f*; Wohlwollen *n*; Kompliment *n*; **~lı** freundlich, wohlwollend

iltihap (-abı) *Tıp* Entzündung *f*; → *yangı*; **~lanmak** sich entzünden; **~lı** entzündet

iltimas (-ası) Begünstigung *f*; Fürsprache *f*; **-i ~ etmek** j-n begünstigen; j-n empfehlen; in Schutz nehmen; **-e ~ etmek** j-m gewogen sein; **~çı** Fürsprecher(in *f*) *m*; **~çılık** (-ğı) Protektionismus *m*; Vetternwirtschaft *f*; **~lı** protegiert

im Zeichen *n*; Signal *n*; Symbol *n*; Hinweis *m*; **düzeltme ~i** Zirkumflex *m*; **kesme ~i** Apostroph *m*; **noktalama ~i** Satzzeichen *n*; **soru ~i** Fragezeichen *n*; **tırnak ~i** Anführungszeichen *n*; **ünlem ~i** Ausrufungszeichen *n*; → *işaret*

ima Andeutung *f*; Wink *m*; **-e ~ etmek** j-m zunicken; andeuten (*A*)

imaj → *imge*

imal (-li) Herstellung *f*, Fabrikation *f*; **-i ~ etmek** herstellen; *ayakkabı* machen; **~ tarihi** Herstellungsdatum *n*; **~at** (-tı) Produktion *f*; Produkte *n/pl*; **~atçı** Hersteller *m*, Produzent *m*, Fabrikant *m*; **~atçı firma** Herstellerfirma *f*; **~athane** Werkstatt *f*, Werkhalle *f*

imalı verschlüsselt, versteckt; **~ sözler** Anspielungen *f/pl*, Andeutungen *f/pl*

imam Imam *m*; *cami*: Vorbeter *m*

imambayıldı *kalte Speise aus gefüllten Auberginen*

iman (-e) Glaube *m* (an *A*); fester Glaube; **-e ~ etmek** glauben (an *A*); **~ sahibi** Gläubiger; **~a gelmek** *mec.* Vernunft annehmen; **-i ~a getirmek** j-n zur Vernunft bringen

iman|lı gläubig; gerecht, menschlich; **~sız** ungläubig; unmenschlich

imar (-arı) Bebauung *f*; Aufbau *m*; **~ planı** Bebauungsplan *m*; **İmar ve İskân Bakanı** Minister *m* für Bau- und Siedlungswesen; **-i ~ etmek** bebauen (*A*); ausbauen, erschließen

imbik (-ği) Destilliergerät *n*; **-i ~ etmek** destillieren

imdat (-adı) Hilfe *f*; Beistand *m*; **~!** Hilfe!; **~ arabası** Rettungswagen *m*; **~ freni** Notbremse *f*; **~ kapısı** Notausgang *m*; **-e ~ etmek** j-m zu Hilfe kommen; *imdada* (*veya imdadına*) **koşmak/yetişmek** j-m zu Hilfe eilen

imge Anzeichen *n*, Symptom *n*; Illusion *f*; **~ci** Fantast *m*; **~lem** Fantasie *f*; **~leme** Illusion *f*; Vorstellung *f*; **~lemek** *v/t* sich et. vorstellen; **~sel** eingebildet

imha Vernichtung *f*, Ausrottung *f*; **-i ~ etmek** vernichten, ausrotten (*A*)

imkân (-ânı) Möglichkeit *f*; → *olanak*; **~ı elde edememek** keine Möglichkeit sehen zu ...; **-e ~ vermek** j-m die Möglichkeit geben; **~ı yok** unmöglich; **bunun ~ı yok, buna ~ yok** das ist unmöglich; **~laştırmak** *v/t* ermöglichen; **~sız** unmöglich; unwahrscheinlich; **~sızlaşmak** unmöglich werden; **~sızlık** (-ğı) Unmöglichkeit *f*; Unbemitteltheit *f*

İMKB *kıs.* = **İstanbul Menkul Kıymetler Borsası**: Istanbuler Aktienbörse *f*

imla Rechtschreibung *f*; → *yazım*

imleç (-ci) *Cmp.* Cursor *m*

imparator Kaiser *m*; **~'içe** Kaiserin *f*; **~luk** (-ğu) Kaiserreich *n*, Imperium *n*; Kaisertum *n*; Reich *n*

imrendirmek (-i, -e) in j-m den Wunsch (auf *A*) wecken, j-n neidisch machen; **~mek** (-e) das Verlangen haben (nach *D*); Appetit bekommen (auf *A*); j-n beneiden

imtihan (-anı) → *sınav*; *gnl., az. mec.* Prüfung *f*

imtiyaz (-azı) Privileg *n*, Vorrecht *n*; Konzession *f* (*örn. inşa için*); **~ sahibi** Konzessionär *m*; **~lı** privilegiert; konzessioniert; **~sız** nicht privilegiert

imza Unterschrift *f*; Autogramm *n*; **-e**

~ atmak, **-i ~ etmek** unterzeichnen (A); **~ sahibi** Unterzeichner m

imzala|mak v/t unterzeichnen; **~nma** Unterzeichnung f; **~nmak** unterzeichnet werden; **~tmak** unterschreiben lassen (-e -i j-n et.); j-m zur Unterschrift vorlegen

imzalı unterschrieben, unterzeichnet

in Höhle f

inan Glaube m (-e an A); Vertrauen n (-e zu D); Garantie f; **~ olsun** glaub' mir, glauben Sie mir!; bei Gott!; (-e) **~ olmaz** unglaubwürdig; **~ca** Garantie f

inanç (-cı) Glaube m; Glaubensbekenntnis n; Vertrauen n; **tam bir ~la** aus voller Überzeugung; **~lamak** v/t garantieren; zusichern; **~lı** gläubig; **~sız** ungläubig; **~sızlık** Unglaube m; Misstrauen n

inandırıcı überzeugend, einleuchtend; **~lık** (-ğı) Überzeugungskraft f

inandırılmış: **~ bulunmak** in dem Wahn leben (-e dass ...)

inandırmak (-i -e) überzeugen (j-n von D), überreden (j-n zu D); zu verstehen geben (-i -e j-m et.)

inanıl|abilir glaubhaft, wahrscheinlich; **~acak** wahrscheinlich; **~ır** glaubhaft; wahrscheinlich, glaubwürdig; **~mak** (-e) kişisiz: es ist zu glauben; **böyle şeye ~maz** das ist unglaublich

inan|ış Glaube m; Vertrauen n; **~lı** gläubig; überzeugt; **~mak** (-e) glauben (D); **~sız** ungläubig; nicht überzeugt

ina|t (-dı) Eigensinn m, Trotz m; F sıf. trotzig, eigensinnig; **~t etmek** trotzig sein; **~da binmek** sich sträuben

inat|çı trotzig, halsstarrig; **~çılık** (-ğı) → **inat**; **-le ~laşmak** beharren (auf D), sich widersetzen (D); **~lı** trotzig; savaş: erbittert

ince dünn; fein; zart; hell; weich; giysi, rüzgâr: leicht; tutkal: verdünnt; schlau; minare: schlank; **~ eleyip sık dokumak** überaus gewissenhaft sein (veya prüfen); **~ iş** Stickerei f, mec. Finesse f, **~ nokta** mec. schwacher Punkt; **~den ~ye** genauestens; ganz leise

in'cebağırsak (-ğı) Dünndarm m

'incecik sehr dünn, dünnst...; → **ince**

incele|me Untersuchung f; Inspektion f; Prüfung f; **~meci** Forscher m; Rezensent m; **~mek** v/t untersuchen; prüfen; **~tmek** (-i -e) untersuchen lassen (j-n et.); **~yici** Forscher m; prüfend (bakış)

incelik (-ği) Feinheit f; Zartheit f; Behutsamkeit f; Vertracktheit f, (das) Heikle (an D); Einzelheit f, Detail n

incelmek dünn(er) werden, feiner werden, sich verfeinern; vornehm tun; mager (veya schmaler) werden, abnehmen; Tek. sich verjüngen

incelt|ici Verdünnungsmittel n, Verdünner m; **~mek** v/t sıvıı verdünnen; verfeinern

inci Perle f; Perlen...; mec. Floskel f; Ausrede f

incik (-ği) Unterschenkel m; **~ kemiği** Schienbein n

İncil Evangelium n; Neues Testament

incinmek umknicken, sich et. verstauchen; (-den) sich ärgern (über A)

incir Feige f; **~ yaprağı** Feigenblatt n; **~ ağacı** (-nı) Feigenbaum m

incitici mec. kränkend, verletzend; **~lik** (-ği) Kränkung f

incitmek v/t sich et. verletzen, verstauchen; mec. j-n kränken, verletzen

inç Inch m, Zoll m

indirge Kim., Mat. Reduktion f; **~mek** v/t vereinfachen; reduzieren

indiril|me bayrak: Einziehen n; örn. yaş sınırı: Herabsetzung f; Verminderung f, Verkürzung f; **~mek** edil. → **indirmek**; **~miş** fiyat: ermäßigt

indirim Rabatt m, Ermäßigung f; **% 6 ~ yapmak** e-n Rabatt von 6% gewähren; **~li** herabgesetzt; tarife: ermäßigt; mit Rabatt; **~li satışlar** Ausverkauf m

indirim|e Rabatt m, Ermäßigung f; gemi: Stapellauf m; Hava. Landung f; **~mek** v/t hinunterntragen; hinablassen; senken; fiyat: herabsetzen; bayrak einziehen; Hava. abschießen; koltuk kapağı zurückklappen; gemi vom Stapel lassen; yumruk versetzen (-e j-m); mal abladen, ausladen; (-den) tragen, holen (aus D)

İndo'nezya Indonesien

inek (-ği) Kuh f; mec. Rindvieh n; öğrenci: Streber m, Büffler m; **~lemek** v/i F büffeln; **~lik** (-ği) Kuhstall

m; mec. F Blödheit *f*; F Büffelei *f*
infaz (-azı) *Huk.* Vollstreckung *f*; *-i* ~ **etmek** *ceza, hüküm* vollstrecken
İng. *kıs.* = **İngilizce** Englisch (Engl.)
İngi̇liz Engländer(in *f*) *m*; ~**'lizce** Englisch *n*; ~**l'tere** England
inildemek stöhnen; tönen
inil|mek → **inmek**; ~**ir** Ausgang *m*, Ausstieg *m*; **burada** ~**'mez!** kein Ausstieg/Abstieg!
inilti Wimmern *n*; Widerhall *m*
inim: ~ ~ **inlemek** jämmerlich stöhnen
iniş Gang *m*, Fahrt *f* (*-e* in *A*); Abstieg *m*; Abhang *m*; Böschung *f*; *mec.* Rückgang *m*; *Hava.* Landung *f*; *Spo.* Abschwung *m*; *otobüs:* Ausgang *m*, Aussteigen *n*; ~ **çıkışlar** Fallen und Steigen *n*; Niedergang und Aufschwung *m*; *(yumuşak)* ~ **yapmak** (weich) landen; ~**e geçmek** zur Landung ansetzen; ~**li** abschüssig; ~**li yokuşlu** holprig, uneben; *mec.* dornig; ~**siz:** ~**siz uçuş** Nonstopflug *m*
inkâr (-arı) Leugnung *f*; *-i* ~ **etmek**/ ~**dan gelmek** leugnen, abstreiten; nicht anerkennen; → **yadsımak**; ~**cılık** (-ğı) Eifersüchtelei *f*
inleme Stöhnen *n* (*az. mec.*); ~**k** stöhnen; widerhallen; dröhnen
inme *Tıp* Schlaganfall *m*; *Hava.* Landung *f* (*-e* auf *D*); Ebbe *f*; ~**k** (*-den*) aussteigen (aus *D*); hinuntersteigen *(merdiven)*; hinuntergehen (in *A*; auf *A*); herunterkommen *(dağdan)*; (*-e*) gehen, fahren (nach *D*; zu *D*); *otele* absteigen; eingehen (auf *A, örn. ayrıntılara*); *fiyatta* heruntergehen; sich erstrecken, gehen *bis* ~ **kadar** *bis zu D*); *masraflar.* sinken (*-e* auf *A*); *saçlar.* ausfallen; *duvar.* einsinken; *sis:* herabsinken; *fiyat, sayı:* fallen, sinken (*-e* auf *A*); *rüzgâr.* wehen (*-den* aus *D*)
inmeli gelähmt
insaf (-afı) Gerechtigkeit *f*; Einsicht *f*; *ünl.* ich bitte Sie!; aber wie denn!?; ~ **etmek** gerecht sein; ~**a gelmek** gerecht sein; sich erbarmen; ~**na kalmış** rechtschaffen; ~**lı** gerecht, human; mitleidig; ~**sız** ungerecht; gewissenlos; mitleidlos; gnadenlos; ~**sızlık** (-ğı) Ungerechtigkeit *f*; Gewissenlosigkeit *f*; Mitleidlosigkeit *f*

insan Mensch *m*; (die) Leute *pl*; man; *sıf.* human; ~ **evladı** (ein) guter Mensch; ~ **gibi** menschlich, human; ~ **kaynakları** *pl Ekon.* Personal *n*
in'sanca menschlich; anständig
insan|cı menschlich, human; ~**cıl** → *insancı*; Humanist *m*; ~**cıl yardım** humane Hilfe; ~**cılık** (-ğı) Humanismus *m*
insanı menschlich, *az.* → *insancıl*
insaniyet (-ti) Menschheit *f*; Menschlichkeit *f*, Humanität *f*; ~**li** menschlich, human; ~**siz** unmenschlich, inhuman; ~**sizlik** (-ği) Unmenschlichkeit *f*
insanlık (-ğı) Menschlichkeit *f*; Menschheit *f*; Menschen...; ~ **etmek** sich menschlich verhalten; ~**tan çıkmak** geschwächt sein, heruntergekommen; verwildern
in'san|oğlu Mensch *m*, (das) menschliche Wesen; ~**üstü** übermenschlich
insülin Insulin *n*
inşa Bau *m*; Bauen *n*; Konstruktion *f*; → **yapı**; **köprü** ~**sı** Brückenbau *m*; *-i* ~ **etmek** bauen, erbauen; errichten (*A*)
inşaat (-atı) Bau *m*; Bauvorhaben *n*; Bauarbeiten *f/pl*; → **yapı**; ~ **işçisi** Bauarbeiter *m*; ~ **yeri** Baustelle *f*; **gemi** ~**ı** Schiffsbau *m*; **makina** ~**ı** Maschinenbau *m*; **mesken** ~**ı** Wohnungsbau *m*; ~**çı** Bauingenieur *m*; Baumeister *m*; ~**çılık** (-ğı) Bauwesen *n*
'inşallah hoffentlich
integral (-li) *Mat.* Integral *n*; ~ **hesabı** Integralrechnung *f*
intihal (-li) Plagiat *n*; *-i* ~ **etmek** plagiieren; ~**ci** Plagiator *m*
intihar Selbstmord *m*; ~ **teşebbüsü** Selbstmordversuch *m*; ~ **etmek** Selbstmord begehen
intikal (-ali) Übergang *m*; Übertragung *f*, Vererbung *f*; Begreifen *n*, Auffassung *f*; ~ **etmek** 'umziehen, die Wohnung wechseln; (*-den -e*) 'übergehen (von *D* in *A*); übertragen werden; (*-den -e*) sich vererben (von *D* auf *A*); *-e* ~ **ettirmek** *giderler* vs. abwälzen (auf *A*); weiterleiten (an *A*)
intikam (-amı) → **öç**; Revanche *f*; *-den* ~ **almak** Rache *f* nehmen (an

D); **~cı** Rächer *m*; Revanchist *m*; revanchistisch
inzibat (-atı) Militärpolizei *f*
İÖ *kıs.* = **İsa'dan Önce** vor Christi Geburt
ip (ipi) Schnur *f*; Seil *n*; **~ atlamak** Seilspringen; **~ cambazı** Seiltänzer(in *f*) *m*; **~ kaçkını** Landstreicher(in *f*) *m*; *-i* **~e çekmek** j-n henken, hängen; **~e sapa gelmeyen/gelmez** *mec.* völlig zusammenhanglos; *-i* **~e sermek** (*çamaşır*) aufhängen; **~e un sermek** Ausflüchte machen; **~i kırmak** F sich verdrücken; **~in ucunu kaçırmak** nicht Maß halten können; *-i* **~le çekmek** *saatleri* zählen, nicht abwarten können
ipek (-ği) Seide *f*; Seiden..., seiden; **ham ~** Rohseide *f*; **suni ~** Kunstseide *f*; **~böceği** (-ni) Seidenraupe *f*; **~çi** Seidenraupenzüchter *m*; Seidenhändler *m*; **~çilik** (-ği) Seidenraupenzucht *f*; Seidenhandel *m*; **~li** Seiden..., aus Seide
i'pince sehr zart, → **ince**
iple|mek *v/t* zusammenbinden; F j-n respektieren; **~memek** *v/t* j-n ignorieren, F nicht für voll nehmen
iplik (-ği) Faden *m*; Garn *n*; Zwirn *m*; **~ ~ inmek** Tränen: rinnen; *-in* **ipliği pazara çıkmak** in Verruf geraten; entlarvt werden, zum Vorschein kommen; **~çi** Spinner(in *f*) *m*; **~lenmek** *Nahr.* platzen; *Stoff:* verschleißen, F auseinander gehen
ipnotiz|e hypnotisiert; *-i* **~e etmek** j-n hypnotisieren; **~ma** Hypnose *f*; **~macı** Hypnotiseur *m*; **~malı** hypnotisiert; schlafwandlerisch
ipofiz: **~ bezi** *Anat.* Hypophyse *f*
ipotek (-ği) Hypothek *f*; *-e* **~ etmek** (mit e-r Hypothek) belasten; **~ edilmiş** belastet; **~li** Hypotheken...
ipotez Hypothese *f*
ipsiz ohne Seil; *mec.* Penner *m*
iptal (-li) Annullierung *f*, Aufhebung *f*, *banka:* Stornierung *f*, Abschaffung *f*, *duyuru:* ungültig; *-i* **~ etmek** *v/t* annullieren, ungültig machen; stornieren; streichen; entwerten; abschaffen; *ziyaret vs.* absagen; *Spo.* nicht anrechnen; **~ ettirmek** streichen lassen, stornieren lassen
ipucu (-nu) Beweis *m*, Beweisstück *n*; *mec.* Spur *f*; Wesen *n* (e-r Sache)
irade Wille *m*; **bu benim ~min dışındadır** das liegt nicht in meiner Macht; **~dışı** unbewusst; willkürlich; **~li** bewusst; willensstark; tatkräftig; **~siz** willensschwach, unentschlossen; charakterlos; **~sizlik** (-ği) Willensschwäche *f*, Charakterlosigkeit *f*
'İran Iran *m*; **~lı** Iraner(in *f*) *m*
'İrce Irisch *n*; **İr'landa** Irland; irisch; **İr'landalı** Ire *m*, Irin *f*
irdelemek *v/t* untersuchen, prüfen; erörtern, diskutieren
irdemek *v/t* ablehnen; verabscheuen
iri riesig, gewaltig, Riesen...; grob, kränkend (*sözler*); **~ ~** gigantisch; **gözünü ~ ~ açmak** riesengroße Augen machen
i'rice ziemlich groß, dick, recht plump
irileş|me *Tıp* Hypertrophie *f*, gewaltige Zunahme; **~mek** riesengroß werden; umfangreicher werden; **~miş** *gözler:* weit aufgerissen
iriletmek *v/t* stark erweitern
irili|k (-ği) Größe *f*, Dicke *f*, Stärke *f*; ... **~ğinde** in der Größe (eines) ...
irin Eiter *m*; **~ bağlamak/toplamak** eitern; **~li** eitrig
i'riyarı mächtig, kraftstrotzend
irkil|iş Ansammlung *f*; Zusammenzucken *n*; *Tıp* Entzündung *f*, Reizung *f*; **~mek** *korkudan* zusammenfahren; **~tici** *konu:* Reiz...; **~tmek** *v/t* e-e Ansammlung bewirken; j-n erschrecken; *Tıp* e-e Entzündung (*veya* Reizung) bewirken
irkinti *mec.* Abscheu *m*, Abneigung *f*
irmik (-ği) Grieß *m*
irrasyonel irrational
irs Erbschaft *f*; **→ kalıtım**
irsal (-li) Versand *m*; *Tel.* Übertragung *f*; *-i* **~ etmek** versenden (*A*), schicken (*A*); **~iye** *Tic.* Lieferschein *m*
irsi erblich, Erb...; **~yet** (-ti) angeborene Eigenschaft; Erblichkeit *f*
irtibat (-atı) → **bağlantı**; *gnl.* Verbindung *f*; *-le* **~ kurmak** Verbindung aufnehmen (mit *D*)
irtical (-li) Improvisation *f*, *az.* → **doğaç(lama)**
irti'calen → **söylemek** improvisieren
is Ruß *m*; **~ kokusu** Geruch *m* von Angebranntem

İS *kıs.* = **İsa'dan Sonra** nach Christi Geburt

İsa Jesus (Christus)

isabet (-ti) Treffer *m* (*az. loto*); *mec. et.* ganz Richtiges, Treffendes; ... ganz richtig, sehr treffend; glücklicher Zufall; *ünl.* wunderbar!; schön (*ki* dass ...); **~ almak** getroffen werden; *-e* **~ etmek** treffen (*A*; in *A, örn. hedefe*); *meblağ*: entfallen (auf *A*); *loto*da gewinnen; *-i -e* **~ ettirmek** treffen (*A*; mit *D*; durch *A*); **~ ettirememek** (das Ziel) verfehlen, *F* danebengehen; **~ olmak** gerade zur rechten Zeit geschehen (*veya* erfolgen, sein); **~li** angebracht, passend; treffend; *önlem*: gezielt; glücklich; **~lilik** (-ği) Angebrachtheit *f*, Angemessenheit *f*; **~siz** unangebracht, unangemessen; **~sizlik** (-ği) Unangemessenheit *f*

ise (*az. -se, -sa*) jedoch, hingegen; *bağl.* wenn; falls; (*size*) **zahmet olmazsa** ... wenn es (Ihnen) keine Mühe macht; **~ de** wenn ... auch, obgleich

ishal (-li) Durchfall *m*, Diarrhöe *f*; **~ olmak** Durchfall haben

isilik (-ği) Hitzeausschlag *m*

isim (ismi) Name *m, özl.* Vorname *m; Gr.* Substantiv *n*, Nomen *n;* → **ad**; *-e* **~ koymak** e-n Namen geben *i;* **~ listesi** Namensliste *f;* **~ yapmak** sich e-n Namen machen; bekannt werden (*ile* durch *A*); **~smi geçmek** erwähnt werden

isim|li namens, mit Namen; **~siz** namenlos; *çek*: Inhaber...; *mec.* unbeschreiblich

iskambil Kartenspiel *n*; Spielkarte *f*; **~ kâğıdı gibi devrilmek** wie ein Kartenhaus zusammenfallen

iskân (-ânı) Ansiedeln *n*; Sesshaftwerdung *f*; Besiedelung *f*; *-e -i* **~ etmek** j-n ansiedeln (in *D*); j-n sesshaft machen

iskandil Lot *n*, Senkblei *n*; Tiefenmessung *f*; *mec.* Sondierung *f* des Terrains; (-*i*) **~ etmek** ausloten; *mec.* das Terrain sondieren; ausspionieren (*A*)

is'kele *Gemi.* Anlegestelle *f*; Landungsbrücke *f*; Landesteg *m*; Hafenstadt *f*; Bahnsteig *m*; Baugerüst *n*; *Tiy., film*: Beleuchtungsbrücke *f*; *Gemi.* Backbord *n*; **~ almak** *gemi*: ablegen

iskelet (-ti) Skelett *n*; Gerippe *n*, Knochengerüst *n*; *Gemi.* Rumpf *m*; **bina ~i** Baugerüst *n*

is'kemle Hocker *m*; Schemel *m*; *Tek.* Hängesitz *m*, Fördersitz *m*; **~ kavgası** Postenjägerei *f*; **iki ~ arasında oturmak** zwischen zwei Stühlen sitzen

is'koç schottisch; **~ça** Schottisch *n*; **~ya** Schottland; **~yalı** Schotte *m*, Schottin *f*

is'konto → **iskonto**

isl... *az.* → **sl...**

İslam (-amı) Islam *m*; Muslim(in *f*) *m*; **~ hukuku** islamisches Recht; **~i** islamisch; **~iyet** (-ti) (die) islamische Religion; (die) islamische Welt; Zugehörigkeit *f* zum Islam

is|lemek *v/t örn.* duvar schwärzen, verräuchern; *balık* räuchern; *süt* anbrennen lassen; **~lenmek** *edil.* → **islemek**; *süt*: anbrennen; **~li** verrußt, verräuchert; geräuchert, Räucher... (*balık*)

islim → **istim**

'ismen nominell; dem Namen nach

isnat (-adı) Rückführung *f* (auf *A*); *suç*: Zurlastlegung *f*; Verleumdung *f*; *-i -e* **~ etmek** j-m et. zuschreiben, et. zur Last legen; j-n verleumden; schlecht machen

İs'panya Spanien; **~lı** Spanier(in *f*) *m*

İspanyol spanisch; **'~ca** Spanisch *n*

ispat (-atı) Beweis *m*; Argumentation *f*; Bekräftigung *f*; → **tanıt**; *-i* **~ etmek** beweisen (*A*); bekräftigen; *Huk.* **~ kudreti** Beweiskraft *f*; **bu ~ edilemez** das ist unbeweisbar

ispat|lamak *v/t* beweisen; bezeugen; bekräftigen; **~lı** bewiesen; bescheinigt

is'pirto Spiritus *m*, Alkohol *m*; **~lu** Spiritus...; alkoholhaltig; **~luk** (-ğu) Spirituskocher *m*; **~suz** alkoholfrei

ispiyon Spion *m*; Spitzel *m*; **~lamak** *v/t* j-n bespitzeln; j-m nachspionieren; **~luk** (-ğu) Spionage *f*; Bespitzelung *f*

israf (-afı) Verschwendung(ssucht) *f*; **~ etmek** verschwenden, verplempern

İs'rail Israel; **~li** Israeli *m, f*

İst. *kıs.* = **İstanbul**

istasyon Bahnhof *m*; Station *f*; Stelle *f*; *aşı ~u* Impfstelle *f*
istatistik (-ği) Statistik *f*; **~ bilgiler** statistische Angaben *f/pl*; **~çi** Statistiker *m*
istavroz *Din.* Kreuz *n*
iste|k (-ği) Wunsch *m*; Forderung *f*; Anspruch *m*; Erfordernis *n*; *-e* **~k duymak**, *-e* **~ği olmak** Lust haben, zu ...; *büyük bir* **~kle** sehr gern; **~ğe bağlı** beliebig; *-in* **~ğine üzerine** auf Wunsch (*G*); *kendi* **~ği üzerine** auf eigenen Wunsch; *ekonomik* **~kler** wirtschaftliche Erfordernisse *n/pl*
istek|lendirmek den Wunsch erwecken (zu *D*), anregen (zu *D*; zu + *Infinitiv*); **~li** strebend (nach *D*); Bewerber(in *f*) *m*; **~li olarak** freiwillig; **~siz** ungern, lustlos, apathisch, ohne Schwung; **~sizlik** (-ği) Lustlosigkeit *f*, Apathie *f*
istem Wille *m*; Wollen *n*; *özl. Huk.* Antrag *m* (auf *A*); *Tic.* **sunu ve ~** Angebot (*n*) und Nachfrage (*f*)
iste|mek *v/t* wollen; haben wollen; wünschen; verlangen (*-den -i A* von *D*), bitten (*-den -i* j-n um *A*); fragen, verlangen (*-i* nach j-m); ersuchen (*-i* um *A, örn. yardım*); *broşür* anfordern; *zaman, iş, emek* erfordern; **~meye ~meye** widerwillig; **~yerek** gern; *nasıl* **~rseniz** wie Sie wünschen; **~mli** fakultativ; freiwillig; *bel.* nach eigenem Gutdünken
istem|seme *Psi.* Versuch *m*, Ansatz *m*, Anlauf *m*; Schwankung *f*; **~siz** ungewollt; unwillkürlich
istenç (-ci) Wille *m*; **~dışı** willenlos; **~li** vorsätzlich; absichtlich; selbstbewusst, resolut; **~sel** → **istençli**; **~siz** willensschwach, willenlos
isten|ilmek, **~mek** wünschenswert sein; gewünscht werden; **~ildi**, **~ilmiş** man wollte; **~ildiği kadar** auf Abruf; **~ilmeyen adam** *Pol.* persona non grata; **~meyen** unerwünscht (*sonuç*)
istep (-pi) Steppe *f*
ister Bedürfnis *n*; **~ istemez** wohl oder übel; **~ gitsin ~ kalsın** es ist (mir) egal, ob er (*veya* sie) geht oder bleibt
isteri Hysterie *f* (*az. mec.*); **~ tutulmak** e-n hysterischen Anfall haben; **~k** Hysteriker(in *f*) *m*

istetmek bitten lassen
istif Stapelung *f*; Stapel *m*; Packen *n*; *Gemi.* Ladung *f*, *-i* **~ etmek** stapeln (*A*); *gemi* beladen; **~ini bozmamak** *mec.* keine Miene verziehen, nicht stutzen; **~ini bozmak** stören; verwirren
istifa Rücktritt(sgesuch *n*) *m*; *-den* **~ etmek** zurücktreten (von *D*); **~ya çekilmek** in den Ruhestand treten; **~sını vermek** seinen Rücktritt einreichen; von der Bildfläche verschwinden
istifade Ausnutzung *f*, Gebrauch *m*; Nutzen *m*; *-den* **~ etmek** ausnutzen (*A*), Gebrauch machen (von *D*); *herkesin* **~ edebileceği** allen zugänglich
istifçi Packer *m*, Lagerist *m*; **~lik** (-ği) Stapelung *f*; Packerei *f*; *mec.* Hamsterung *f*; **~ etmek** als Packer arbeiten; *mec.* hamstern
istiflemek *v/t* stapeln; packen; *gemi* beladen; verstauen (*-e* auf, in *A*); *mec. ihtiyaç maddesi* hamstern
istifrağ Erbrechen *n*; **~ etmek** sich übergeben
istihbar Information *f*; Erkundigung *f*; **~ etmek** sich erkundigen; informiert werden, Auskunft erhalten; **~at** (-tı) Informationen *f/pl*; Nachrichten *f/pl*; Spionage...; Aufklärung *f*; Aufklärungs...; **~at dairesi** Auskunftsbüro *n*; **~at servisi** Geheimdienst *m*
istihdam (-amı) Anstellung *f*, Beschäftigung *f*; Beschäftigungslage *f*; *-i -e* **~ etmek** j-n anstellen, beschäftigen; **~ politikası** Beschäftigungspolitik *f*
isti|kamet (-ti) → **yön**; Richtung *f*; Ehrlichkeit *f*; *-i -e* **~kametli: tek ~kametli sokak** Einbahnstraße *f*; **~klal** (-li) Unabhängigkeit *f*; **~krar** (-arı) Stabilität *f*; Konsolidierung *f*; **~krarlı** stabil; solide; **~krarsız** instabil; veränderlich; unsicher; **~krarsızlık** (-ği) Instabilität *f*; Veränderlichkeit *f*
istila Invasion *f*; Epidemie *f*; *Ask.* Okkupation *f*; *mec. mallarla* Überschwemmung *f*; **su ~sı** Überschwemmung *f*; *-i* **~ etmek** einfallen (in *A*); okkupieren, besetzen (*A*); sich ver-

istilacı 144

breiten; (*az. mec.*) überschwemmen; **~cı** Eindringling *m*, Angreifer *m*, In'vasor *m*; Okkupant *m*; Invasions...

istim *Tek.* Dampf *m*; **~ üstünde olmak** *Gemi.* unter Dampf stehen, klar zur Abfahrt sein; **~ini tutmak** unter Dampf stehen; *mec.* geladen sein

istimbot (-tu) Dampfboot *n*

istimlak (-ki) Enteignung *f*; **-i ~ etmek** enteignen; → **kamulaştırmak**

isti'naden (-e) auf Grund (*G*); **~naf** *Huk.* Berufung *f*; **~naf mahkemesi** Berufungsgericht *n*; *-i -e* **~naf etmek** Berufung einlegen (gegen *A* bei *D*); **~rahat** (-ti) Erholung *f*, Ruhe *f*; **~rahat etmek** sich ausruhen

isti'ridye Auster *f*

istismar Ausbeutung *f*, Ausnutzung *f*; **-i ~ etmek** j-n ausbeuten; j-n, et. ausnutzen; **~cı** Ausbeuter *m*

istisna Ausnahme *f*; **~ etmek** e-e Ausnahme machen; **~en** ausnahmsweise; **~sız** ausnahmslos

'**İsveç** Schweden; schwedisch; '**~çe** Schwedisch *n*; **~li** Schwede *m*, Schwedin *f*

İs'viçre Schweiz *f*; schweizerisch; **~li** Schweizer(in *f*) *m*

isyan (-anı) Empörung *f*; *özl. Pol.* Aufstand *m*; *Ask.* Meuterei *f* → **başkaldırı**; **~ etmek** sich empören; meutern; **~cı** Aufständische(r); Meuterer *m*; **~cılık** (-ğı) Meuterei *f*; **~kâr** aufständisch; aufsässig; *az. saç:* widerspenstig

iş Arbeit *f*; Tätigkeit *f*; Angelegenheit *f*, Sache *f*, *özl. pl* Dinge *n/pl*; F Geschichte *f*; Geschäft *n*; Erzeugnis *n*, Ware *f*; **~ alanı** Arbeitsgebiet *n*; **~ alanları açmak** Arbeitsplätze schaffen; **~ başa gelmek** et. selbst tun müssen; **~ başına!** an die Arbeit!; **~ başına geçmek** e-e Arbeit übernehmen; an die Arbeit gehen; e-e (gute) Position bekommen; **~ başında** bei der Arbeit; **~(ini) bilmek** s-e Sache verstehen; **~ bulma bürosu** Stellenvermittlung *f*; **~ çıkarmak** viel Arbeit machen; Scherereien machen; **~ değil** (es ist) ein Kinderspiel; **~ giysisi** Arbeitsbekleidung *f*; **~ göremezlik** Arbeitsunfähigkeit *f*; **~ görmek** arbeiten; (zur Arbeit) taugen; → **işi(ni)**; *-e* **~ göstermek** j-m Arbeit zuweisen; **~ güç** F Erwerb *m*, Beschäftigung *f*; **~ güç sahibi** F Erwerbstätige(r); gewerbetreibend; **~ hakkı** Arbeitsrecht *n*; **~ ilanı** Stellenanzeige *f*; **~ kazası** Arbeitsunfall *m*; **~ koşulları** Arbeitsbedingungen *f/pl*; **~ saatleri** Arbeitsstunden *f/pl*; **~ sözleşmesi** Arbeitsvertrag *m*; **~ teşviki kanunu** Arbeitsförderungsgesetz *n*; ♀ **ve İşçi Bulma Kurumu** Arbeitsamt *n* (*Türkiye'de*); *-de* **~ yok** von ... (*D*) hat man nichts; (da) ist nichts dran; **~ zamanı** anwerben (*A*); einstellen; **~e almak** anwerben (*A*); einstellen; **~e girmek** s-n Dienst antreten; **~i aksi gitmek** *mec.* F danebengehen; **~i azıtmak** es zu weit treiben; **~i bitmek** erledigen (*A*); *mec. gnl.* erledigt sein; **~i çıkmak** *kişisiz:* (er) hat et. zu tun, et. kommt dazwischen; *-e* **~i düşmek**: **size bir ~im düştü** ich habe ein Anliegen an Sie; **~i nedir?** was ist er (*veya* sie) von Beruf?; **~i olmak**: **~im var** ich habe zu tun; **~i başından aşkın** überlastet, mit Arbeit überhäuft; **~in içinden çıkmak** F (damit) klarkommen, es spitzkriegen; *-e* **~in ucu dokunmak** den Schaden (*G*) haben; **~in ucu bana dokunuyor** ich leide am meisten darunter; **~in üstesinden gelmek** darüber hinwegkommen; *-i* **~inden çıkarmak** j-n entlassen; **~inden olmak** s-e Stellung verlieren; **~ine bak!** kümmere dich um deine Angelegenheit!; arbeite weiter!; mach weiter!; **~ine gelmek** j-m gelegen kommen; **~ine göre** je nachdem; **~i(ni) görmek** e-e Rolle spielen, e-e Funktion haben; **~ten anlamak** et. von der Sache verstehen; **~ten almak** hinauswerfen, F rausschmeißen; **~ten (bile) değil** kinderleicht

'**işadamı** Geschäftsmann *m*; Mensch *m* der Tat

işalan Arbeitnehmer(in *f*) *m*

işaret (-ti) → **im**; Zeichen *n*; Geste *f*; Signal *n*; **~ etmek** ein Zeichen geben; signalisieren (*-i A*); hinweisen (*-e* auf *A*); **~ vermek** ein Signal geben; **~çi** Signalgeber *m*; **~lemek** v/t signalisieren, Zeichen geben (für *A*); kennzeichnen; ankreuzen; **~lenme** Kennzeichnung *f*, *yollar.* Ausschilderung f; ~**lenmiş** markiert; ~**leşmek** einander Zeichen geben; ~**li** mit Zeichen versehen; ausgeschildert; ~**parmağı** (-nı) Zeigefinger m

'**işbaşı** (-nı) Arbeitsbeginn m; ~ **yapmak** an die Arbeit gehen, mit der Arbeit beginnen; ~**nda eğitim** etwa: Anlernen n e-s Arbeiters, Ausbildung f am Arbeitsplatz

'**iş|birliği** (-ni) Zusammenarbeit f; ~**birliği yapmak** zusammenarbeiten; ~**bırakımcı** Streikende(r); ~**bırakımı** Arbeitsniederlegung f

'**işbu** vorliegend; diese, dieser, dieses

işçi (Arbeiter(in f) m; Arbeits...; ~ **ücreti** Arbeitslohn m; ~ **gücü** Arbeitskraft f; ~ **hareketi** Arbeiterbewegung f; ~ **sınıfı** Arbeiterklasse f; **maden ~si** Bergarbeiter m; ~**lik** (-ği) Beschäftigung f als Arbeiter; Arbeitslohn m; Arbeit f, Ausführung f

işe|me Wasserlassen n, F Pissen n; ~**mek** Wasser lassen, urinieren; F pissen; ~**tmek** çocuk abhalten

işgal (-ali) Besetzung f; Besatzung f; Abhaltung f (von D); Beschäftigung f; ~ **ordusu** Besatzungsarmee f; -**i** ~ **etmek** besetzen (A); j-n abhalten, beschäftigen; yer einnehmen; ~**ci** Besatzer m, Okkupant m

'**işgücü** (-nü) Fiz. Arbeitskraft f

'**işgünü** (-nü) Werktag m

işgüzar tüchtig, rührig, unternehmungslustig; dienstfertig, wichtigtuerisch; ~**lık** (-ğı) Tüchtigkeit f

işitil|mek gehört werden, bekannt werden; **ancak** ~**en** kaum vernehmbar; ~**memiş** unverbreitet, nicht bekannt geworden; mec. noch nicht da gewesen, unerhört

işit|im Gehör n, Gehörsinn m; ~ **iş** Hören n; ~**me** Gehör n, Hör...; Akustik f; ~**mek** (-i) hören (A); erfahren (A); **azar** ~**mek** Vorwürfe bekommen (-den von D); sich Vorwürfe anhören (müssen)

işitmezli|k (-ği): ~**ğe getirmek**, ~**kten gelmek** sich taub stellen, geflissentlich überhören

işittirmek j-m zu Gehör bringen, hörbar machen

iş'kembe Pansen m; Wanst m; Innereien pl; ~ **çorbası** Kuttelsuppe f; ~**den atmak/söylemek** F nur Quatsch reden; ~**li**: ~**li adam** Dickwanst m

işkence Folter f, Tortur f; mec. Qual f; ~ **aleti** Folterwerkzeug n; -**e** ~ **etmek** j-n foltern, martern; ~ **odası** Folterkammer f; ~**ye sokmak** der Folter unterwerfen; ~**ci** Folterknecht m

işkil Argwohn m, Misstrauen n; ~**lendirmek** v/t j-n argwöhnisch machen, misstrauisch machen, beunruhigen; erschweren; ~**lenmek** argwöhnisch sein, beunruhigt sein; şey: unklar werden, sich komplizieren; ~**li** argwöhnisch, misstrauisch; ~**siz** treuherzig; ... ohne Falsch; ~**sizlik** (-ği) Treuherzigkeit f

'**işkolu** Industriezweig m

işlek yol: belebt, befahren; ticaret: lebhaft; aktiv

işlem Formalität f/pl, Prozedur f; Mat. Rechnungsart f; (Produktions-) Prozess m; Tek. Verfahren n; ~**ci** Cmp. Prozessor m

işleme Funktionieren n, Arbeit f; Betrieb m; suç: Begehung f; toprak: Bearbeitung f, Behandlung f, Arbeits...; Handarbeit f; Stickerei f; fein gearbeitet; ~ **günleri** hat otobüsü: Betriebszeiten f/pl; ~**ci** Kunsthandwerker m; ~**cilik** (-ği) Kunsthandwerk n; **altın** ~**ciliği** Goldschmiedekunst f

işlemek v/i dükkân: (gut) gehen; maaş: laufen (-**den itibaren** von, ab D); beginnen (mit D); makina: funktionieren, arbeiten, gehen; saat: gehen; yara: eitern; zaman: vergehen, ablaufen; tren, gemi vs.: verkehren; dringen, gehen (-**e** auf A; in A); v/t toprak, hammadde bearbeiten; mit der Hand arbeiten; hata, suç begehen; iyilik tun (-**e** j-m); giysi besticken; sticken (A)

işle|meli bestickt; ~**nmek** edil. → **işlemek**; in Bearbeitung sein; ~**nmemiş** unbearbeitet; ~**nmiş** bearbeitet; Fertig...; **yarı** ~**nmiş** Halbfabrikat n

işlenmişlik (-ği) Stand m der Bearbeitung

işlerlik (-ği) Lebensfähigkeit f, Funktionsfähigkeit f

işlet|en Inhaber(in f) m; Wirt(in f) m; ~**ici** Antriebs... (teker); Trieb... (düzenek); ~**im**: ~**im sistemi** Cmp. Betriebssystem n

işletme Unternehmen *n*, Betrieb *m*; Verwaltung *f*; **sanayi ~si** Industriebetrieb *m*; **~ci** Betriebsleiter *m*; Manager *m*; Inhaber *m*; Betriebswirt *m*; **~cilik** (-ği) Wirtschaft(sführung) *f*; *Türkiye'de*: staatliches Unternehmen mit eigenem Budget

işletmek betreiben, führen; in Gang setzen; j-n arbeiten lassen, j-n beschäftigen; F j-n ausnutzen; foppen, auf den Arm nehmen; *Tek. örn. yün* verarbeiten

işlev Funktion *f*, Aufgabe *f*, Bestimmung *f*; Funktionsfähigkeit *f*; **~sel** Funktions...; **~siz** funktionslos

işle|yebilir betriebsbereit, betriebsfähig; **~yici** arbeitend, in Betrieb; durchdringend; **~yim** Industrie *f*; **~yiş** Arbeitsweise *f*; *banka hesabı vs.*: Führung *f*

iş'porta Bauchladen *m*; Straßenhandel *m*; **~ malı** Ausschussware *f*, Schund *m*; **~cı** fliegender Händler

işsiz arbeitslos; **~ güçsüz** ... ohne jede Beschäftigung; **~lik** (-ği) Arbeitslosigkeit *f*; **~lik sigortası** Arbeitslosenversicherung *f*

iştah Appetit *m*; Verlangen *n* (*-e* nach *D*); Lust *f* (*-e* zu *D*); **~ açıcı** appetitanregend; **~ açmak** den Appetit anregen; **~ kapamak/kesmek** (j-m) den Appetit verderben; **~landırmak** (*-i*) Appetit machen (auf *A*); **~lanmak** *v/t* Appetit bekommen (*az. mec.*); Lust bekommen; **~lı** hungrig; (*az. ~lı ~lı*) mit Lust und Liebe *çalışmak*; **~sız** appetitlos, lustlos, sehr ungern (*gnl. ~sız ~sız*); **~sızlık** (-ğı) Appetitlosigkeit *f*; Lustlosigkeit *f*

işte da ist ...; da!; da ...; nun, also; und sieh ...; **~ bu kadar** und mehr nicht; damit wären wir am Schluss ...; **~ sizin çantanız, hani benimki?** da ist Ihre Tasche, wo ist denn meine?; **~ bak!** nun, guck mal!; **~ bu suretle** denn auf diese Weise

iştirak (-aki) Teilnahme *f* (*-e* an *D*); *Tic.* Beteiligung *f*; **-e ~ etmek** teilnehmen (an *D*); mitwirken (an *D*); **~çi** Teilnehmer(in *f*) *m*; Teilhaber(in *f*) *m*

işve Koketterie *f*; Getue *n*; **~li** kokett; verführerisch

işveren Arbeitgeber *m*

'işyeri *gnl.* Arbeitsplatz *m*

it (-ti) Hund *m* (*az. küfür*); Schuft *m*

It. *kıs.* = *İtalyanca* Italienisch

itaat (-ati) Gehorsam *m*; **-e ~ etmek** gehorchen (*D*); **~li** gehorsam; **~siz** ungehorsam; **~sizlik** (-ği) Ungehorsam *m*; **emre ~sizlik** Befehlsverweigerung *f*; (*-e*) **~sizlik etmek** ungehorsam sein; *emir vs.* verweigern

italik (-ği) kursiv; **~ harfler** Kursivschrift *f*

İ'talya Italien; italienisch

İtalyan Italiener(in *f*) *m*; **'~ca** Italienisch *n*

iteklemek *v/t* stoßen, (weiter)schieben

itelemek (*-e -i*) j-n treiben (zu *D*, in *A*); drängen, (zurück)stoßen; *Fiz.* abstoßen

itenek (-ği) Kolben *m*

iter → **itmek**

itfaiye Feuerwehr *f*; **~ci** Feuerwehrmann *m*; **~cilik** (-ği) Brandbekämpfung *f*

ithaf (-afı) Widmung *f*, *-i -e ~ etmek* j-m widmen (*A*)

ithal (-âli) Einfuhr *f*, Import *m*; Einführen *n*; *-i* **~ etmek** *Tic.* einführen, importieren; *Tek. gnl.* einführen; hineinstecken; **~at** (-tı) Einfuhr *f*, Import *m*; Importe *m/pl*; → **dışalım**; **~atçı** Importeur *m*; **~atçılık** (-ği) Importwirtschaft *f*

itham Beschuldigung *f*, *-e -le* **~ etmek** j-n beschuldigen (*G*); j-m vorwerfen (*A*)

itibar (-arı) Ansehen *n*; Autorität *f*; Kredit *m*; Kreditwürdigkeit *f*; Gesichtspunkt *m*; *-e* **~ etmek** j-m Beachtung schenken; **~ görmek** Ansehen genießen; gefragt sein; **~ mektubu** Kreditbrief *m*; **~a almak** in Betracht ziehen (*A*), Beachtung schenken; **~dan düşmek** an Ansehen einbüßen

itibaren : *-den* **~** von ... (*D*) an; **şimdiden ~** von jetzt an

itibari nominell; konventionell; nominal, Nenn... (*Tic. değer*)

itibarıyla mit Bezug (auf *A*), was ... (*A*) anbetrifft; bezogen (auf *A*, *örn. tarih*); zum Zeitpunkt (*G*); **esas ~** im Prinzip, grundsätzlich

itibar|lı angesehen; kreditwürdig; **~sız**

unbedeutend; nicht kreditwürdig; ~sızlık (-ğı) Mangel *m* an Ansehen (*veya* Autorität); mangelnde Kreditwürdigkeit

itici *Tek.* Stößel *m*; Schub...; Antriebs..., Trieb...; Raketen...; *mec.* unfreundlich

itil|me Stoßen *n*, Schubsen *n*; *Psi.* Verdrängung *f*; **~mek** *edil.* → **itmek**

itimat (-adı) Vertrauen *n*; Zuversicht *f*; *-e* ~ **etmek** sich verlassen (auf *A*); **~edilmeyen** unzuverlässig; ~ **mektubu** Beglaubigungsschreiben *n*; **~name** → ~ **mektubu**; **~sız** argwöhnisch; **~sızlık** (-ğı) Argwohn *m*, Misstrauen *n*

itina Bemühung *f*, Sorge *f*; Sorgfalt *f*; *-e* **göstermek** sich um j-n bemühen; **~lı** sorgfältig; liebevoll; **~sız** nachlässig

itiraf (-afı) Geständnis *n*, Eingeständnis *n*; *-i* ~ **etmek** gestehen (*A*); zugeben; *-e -i* ~ **ettirmek** von j-m ein Geständnis erpressen

itiraz (-azı) Einwand *m*; *Huk.* Einspruch *m* (*-e* gegen *A*); Zurückweisung *f*; *-e* (**karşı**) ~ **etmek** et. einwenden (gegen *A*); zurückweisen (*A*); ~ **hakkı** Einspruchsrecht *n* (*-e* gegen *A*); **~cı** *kişi*: Widerspruchsgeist *m*; **~sız** widerspruchslos; unbestritten

itiş Stoß *m*, Schubs *m*, Puff *m*; **~tirmek** j-n drängeln; anstoßen

itki Impuls *m*, Antrieb *m*

itlik (-ği) Schweinerei *f*; Grobheit *f*

itme Stoß *m*, Schubs *m*; **~k** (-er) *v/t* schieben; rücken; stoßen; *mec.* treiben (in *A*); *masa* rücken; *kapı* aufstoßen

ittifak (-akı) Bündnis *n*; Allianz *f*; Übereinstimmung *f*; Einstimmigkeit *f*; ~ **etmek** sich verbünden; übereinstimmen

ivdirmek *v/t* beschleunigen; überstürzen

ivecen übereilt, überstürzt

ivedi eilig, dringend; überstürzt; hitzig; **~lenmek** sich beeilen; eilig handeln; **~leştirmek** *v/t* beschleunigen; überstürzen; **~li** dringend, dringlich; beschleunigt; **~lik** (-ği) Dringlichkeit *f*

ivme Beschleunigung *f*, **~k** (-er) sich beeilen; **~li** beschleunigt

iye Eigentümer *m*; **~lik** (-ği) Eigentum *n*

iyi gut; *is.* gute Note, Pluspunkt *m*; (-*i*) ~ **etmek** (j-n) heilen, gesund machen; gut daran tun (*de*.../zu); P mitgehen lassen (*A*); *-e* ~ **gelmek** j-m gut tun; *ağrı* lindern; *giysi*: sitzen; ~ **gitmek** *mec.* gut gehen; *giysi*: gut stehen (*-e* j-m); ~ **hal belgesi** Führungszeugnis *n*; ~ **hoş (ama)** schön und gut (aber ...); ~ **kalpli** gutherzig; treuherzig; ~ **ki** schön, dass ...; nur gut, dass ...; ~ **kötü** *sıf.* recht und schlecht; ~ **olmak** in Ordnung sein; sich erholen; *kişisiz*: es geht (mir) besser; ... **için** ~ **söylemek** Gutes über j-n sagen; **~den ~ye** *bel.* gehörig, entsetzlich; immer mehr *kötüleşmek sıf.* endgültig; **~si**, **~si mi** am besten ...; das Beste ist, ...; **~ye gelmek** sich bessern; **~yim** es geht mir gut; ich fühle mich gut; **~ değilim** es geht mir nicht gut

i'yice recht gut; einigermaßen; sehr, F mächtig; viel

i'yicene *bel.* gehörig

iyileş|me Besserung *f*; Genesung *f*, **~mek** *hasta kişi*: sich besser fühlen, genesen; sich bessern; **~tirmek** *v/t* heilen, kurieren; verbessern, berichtigen; beheben

iyilik (-ği) (etwas) Gutes; guter Zustand; Wohlbefinden *n*, Gesundheit *f*; Güte *f*, Freundlichkeit *f*; Vorteil *m*, Nutzen *m*; ~ **bilmek** dankbar sein; ~ **etmek/yapmak** *-e* gut tun; nützlich sein; ~ **güzellik/sağlık** danke gut, glänzend!; **~çi** wohltätig; **~le** gütlich, friedlich; **~sever** → **iyilikçi**

iyimser Optimist *m*; optimistisch; **~lik** (-ği) Optimismus *m*

i'yiniyetli treuherzig; guten Willens

iyon *Fiz.* Ion *n*; **~laşma** Ionisierung *f*, **~osfer** Ionosphäre *f*

iyot (-du) Jod *n*; **Ju tuz** Jodsalz *n*

iz Spur *f* (*az. mec.*); *Mat.* Schnittpunkt *m*; *bir* ~ **bırakmak** e-e Spur hinterlassen; ~ **sürmek** einander folgen; Spur verfolgen

izci Pfadfinder *m*; Pionier *m*; **~lik** (-ği) Pfadfinderwesen *n*; *Mil.* Aufklärung *f*

izdiham Gedränge *n*, Andrang *m*; ~ **saatleri** Stoßzeit(en *pl*) *f*

¹**izdüşümü** (-nü) Projektion *f*

izin (izni) Genehmigung *f*; Urlaub *m*; Entlassung *f*; ~ **almadan** ohne Genehmigung; ~ **almak** die Genehmigung (*veya* Urlaub) bekommen; *-e* ~ **çıkmak** j-m freigestellt bleiben; ~ **gideri** Urlaubsgeld *n*; ~ **koparmak** → ~ **almak**; *-e* ~ **vermek** j-m erlauben (*A*); j-n entlassen; beurlauben; *izne gitmek* in Urlaub gehen; ~**li** beurlaubt, Urlauber(in *f*) *m*; ~**li olmak** freihaben, Urlaub haben; ~**siz** ohne Genehmigung; Urlaubsentzug *m*, Ausgehverbot *n*; mit e-m Ausgehverbot Belegte(r *m*) *f*
İz'landa Island; isländisch; '~**ca** Isländisch *n*; ~**lı** Isländer(in *f*) *m*
izleme Verfolgung *f*, Beobachtung *f*
izlemek *v/t* verfolgen; folgen (*D*), kommen (nach *D*); aufspüren; (genau) beobachten; hören; *moda* mitmachen; *televizyonu* ~ fernsehen
izlen|ce Programm *n*; (Lehr-)Plan *m*; ~**im** Eindruck *m*; ~**imci** Impressionist *m*; impressionistisch; ~**imcilik** (-ği) Impressionismus *m*
izlenme Verfolgung *f*, Durchführung *f*; ~ **oranı** Einschaltquote *f*; ~**k** *edil.* → *izlemek*; aufgenommen werden
izletilmek dargeboten werden
izleyici Beobachter *m*
izm. *kıs.* = **İzmir**
izmarit (-ti) Zigarettenstummel *m*, F Kippe *f*
izol|asyon Isolation *f*, Isolierung *f*; Isolier...; ~**atör** Isolator *m*; ~**e** isoliert; Isolier...; ~**e bant** Isolierband *n*; *-i* ~**e etmek** isolieren (*A*)
izotop (-pu) *Kim.* Isotop *n*

J

J *kıs.* = *jandarma*
jambon Schinken *m*
jan'darma Gendarm *m*; Gendarmerie *f*; *mec.* schlau, pfiffig; ~**lık** (-ğı) Stellung *f* als Gendarm; *mec.* Schlauheit *f*
jant (-tı) Felge *f*
Japon Japaner(in *f*) *m*; japanisch; '~**ca** Japanisch *n*; '~**ya** Japan
jarse Jersey *m* (*kumaş*)
jelatin [lâ] Gelatine *f*
jeneratör *El.* Gene'rator *m*
jeo|fizik (-ği) Geophysik *f*; ~**log** (-ğu) Geologe *m*; ~**loji** Geologie *f*; ~**lojik** geologisch; ~**politik** (-ği) Geopolitik *f*
jest (-ti) Geste *f*
jet (-ti) Düsenflugzeug *n*
jeton (Telefon-)Münze *f*; Spielmarke *f*
jiklet (-ti) Kaugummi *m*
jilet (-ti) Rasierklinge *f*
jimnastik (-ği) Gymnastik *f*; Turnen *n*; Leibesübungen *f/pl*; ~ **alanı** Sportplatz *m*; ~ **aracı** Turngerät *n*; ~ **salonu** Turnhalle *f*; **aletli** ~ Geräteturnen *n*; ~**çi** Turner(in *f*) *m*
jokey Jockei *m*
jöle Gelee *n* (*az. m*)
jul (-lü) Joule *n*
jurnal (-li) Führungsbericht *m*; Anzeige *f*; *-i* ~ *etmek* j-n anzeigen, denunzieren; über j-n Bericht erstatten; ~**ci** Denunziant *m*
jü'bile Jubiläum *n*; ~ **maçı** Abschiedsspiel *n*
Jü'piter *Astr.* Jupiter *m*
jüpon Unterrock *m*
jüri Jury *f*; Preisgericht *n*; Geschworenenversammlung *f*

K

K *kıs.* = **Kuzey** Norden (N)
kaba grob; vulgär; ungebildet; *un:* grob gemahlen; primitiv; roh; **~ kâğıt** Packpapier *n*; **~ kuvvet** rohe Gewalt; **~ca** grob, roh; (so) obenhin, flüchtig; F ganz schön dick, mächtig
ka'badayı Kraftmeier *m*, Draufgänger *m*; Angeber *m*; Flegel *m*; draufgängerisch
kabahat (-ti) Schuld *f*; Vergehen *n*; Fehler *m*; **~ bulmak** herumkritteln; **~ etmek/işlemek** e-n Fehler begehen; **-e ~ yüklemek** j-m die Schuld geben; **~ kimde?** wer hat Schuld?; **bende ~ yok** ich habe keine Schuld; **~li** schuldbewusst; **~siz** unschuldig
kabak (-ğı) Kürbis *m*; *araba lastiği:* abgefahren; **~ çekirdeği** (-ni) Kürbiskern *m*; **~ gibi** kahl; unbehaart; fade; **~ kafalı** F Glatzkopf *m*; kahl geschoren
kabakulak (-ğı) *Tıp* Ziegenpeter *m*, Mumps *m*
kabalaşmak grob werden *veya* sein
kabare Kabarett *n*
kabarık geschwollen; aufgebläht; erhaben, Relief...; hervortretend; **~ deniz** Hochwasser *n*; **~lık** (-ğı) Schwellung *f*; Erhebung *f*
kabar|ma Anschwellung *f*; Flut *f*; **~mak** anschwellen (*az. mec. giderler*); *boya:* abplatzen, abgehen; *tüy, kıl:* sich sträuben; *süt vs., deniz, öfke:* aufwallen; *hamur, ekmek:* aufgehen; *tavuskuşu, az. kişi: mec.* sich aufplustern; **~tı** Wölbung *f*, Schwellung *f*
kabart|ma Relief *n*; Basrelief *n*; Prägedruck *m*; Relief... (*harita*); **~ma tozu** Backpulver *n*; **~mak** *v/t* zum Schwellen bringen; aufschütteln; auflockern
Kâbe *Din.* Kaaba *f*
kabız (kabzı) Verstopfung *f*; **~ olmak** an Verstopfung leiden
kabiliyet *vs.* → **yetenek**; Fähigkeit *f*; **~li** befähigt, tüchtig
kabin Kabine *f*; Kajüte *f*; **telefon ~i** Telefonzelle *f*
ka'bine *Pol.* Kabinett *n*; → **kabin**
¹**kablo** *El.* Kabel *n*; **~cu** Kabelleger *m*; **~lu** Kabel...; **~lu televizyon** Kabelfernsehen *n*
kabristan Friedhof *m*
kabuk (-ğu) *ağaç, ekmek vs.:* Rinde *f*; *yumurta, meyve:* Schale *f*; (Schildkröten-)Panzer *m*; (Schnecken-)Haus *n*; (Mies-)Muschel *f*
kabul (-ülü) Empfang *m*; Annahme *f*; Aufnahme *f* (*okula*); Empfangs... (*oda*); **-i ~ etmek** anerkennen; *armağan* entgegennehmen; j-n empfangen; *öneri* annehmen; **-i -e ~ ettirmek** sich Zugang verschaffen (bei *D*); j-m et. aufzwingen, aufhalsen
kabullenmek *v/t* → **kabul etmek**; sich aneignen; sich abfinden (mit *D*)
ka'burga Rippe *f* (*az.* **~ kemiği**); Brustkorb *m*; Gerippe *n*; (Schiffs-)Rumpf *m*
kâbus Albdruck *m*
kaç (-çı) wie viel; **~ defa ...** wie oft schon ...!; **~ para eder!** *mec.* was soll das?, wozu dient das?; **~ paralık** keinen Heller wert, *kişi:* (eine) Niete; **~ parça olayım!** ich kann mich doch nicht zerreißen; **~ zamandır** seit langem; **... ~a** wie teuer ...?; **her ~a** um jeden Preis; **~ta** um wie viel Uhr?; **saat ~?** wie spät ist es?; **bugün ayın ~ıdır?** den Wievielten haben wir heute?; **yarım kilo peynir ~ lira?** wie viel kostet ein halbes Kilo Käse?
kaça|k (-ğı) Entlaufene(r), Flüchtige(r); ungesetzlich, gesetzwidrig; Schmuggel...; Schwarz...; Ausfließen *n*; *gaz:* Ausströmen *n*; undichte Stelle, Leck *n*; Flüchtlings... (*aile*); insgeheim *örn. içmek*; **~k yaşamak** im Untergrund leben, untergetaucht sein; **asker ~ğı** Deserteur *m*; **~k av** Wilderei *f*; **~k avcı** Wilderer *m*; **~k avlamak** wildern; **~k işçi** Schwarzarbeiter *m*; **~k yolcu** blinder Passagier
kaçakçı Schmuggler(in *f*) *m*; **~lık** (-ğı) Schmuggel *m*; **vergi ~lığı** Steuerhinterziehung *f*
kaçamak (-ğı) *is. ve sıf.* Ausweichen *n*; *mec.* Ausflucht *f*, Finte *f*, verstohlen (*bakış*); Zufluchtsort *m*; Unter-

schlupf *m*; *-den* ~ **yapmak** schwänzen (*A*), sich drücken (vor *D*); ~ **yol**(**u**) Ausrede *f*, Ausflucht *f*; **~lı** ausweichend; verstohlen, heimlich

kaçar¹ je(weils) wie viel?

kaçar² → **kaçmak**

kaçık (-ğı) verrutscht, verschoben; *mec.* übergeschnappt

kaçılmak zur Seite gehen

kaçıncı (der *veya* die, das) Wievielte?

kaçınılmaz unvermeidlich; *gerçek:* unumstößlich; **~lık** (-ğı) Unvermeidlichkeit *f*

kaçınmak (*-den*) scheuen (*A*), vermeiden (*A*); sich fürchten (vor *D*)

kaçırma *Huk.* Entführung *f*

kaçırmak *v/t* j-m zur Flucht verhelfen; *kişi, kız* entführen; j-n verjagen, abschrecken, vergraben; *fırsat, treni vs.* versäumen, verpassen; *uykusunu* rauben; durchlassen; *mal* (durch-) schmuggeln; (*-den*) *Huk.* vorenthalten (*D*), *icradan* entziehen (*D*); *kişi: mec.* durchdrehen, verrückt werden

kaçış Weglaufen *n*, Entlaufen *n*; **~mak** auseinander laufen

kaçkın Entlaufene(r); Flüchtling *m*

kaçlı aus wie viel Teilen ...?; welcher Jahrgang?

kaçlık (-ğı) in welcher Größe?; in (*veya* von) welchem Format?; in welchem Alter?; in welcher Preislage?

kaçmak (-ar) (*-den*) flüchten (aus *D*); vor *D*); meiden (*A*); entgehen (*D*); laufen (aus *D*), entlaufen (*D*); F sich (heimlich) davonmachen; dahin sein; *buhar vs.*: entweichen; *ayrıntıya* eingehen; *nem vs.*: eindringen (-*e* in *A*); *emek* scheuen (*A*); *çorap:* Laufmaschen haben; wirken, aussehen, *örn. garip* ~ komisch wirken; *sözcük:* (unfreundlich) klingen; *dışarı* ~ hinauslaufen; ... *kaçtı* neşe, keyif vs.: ... ist dahin *veya* ist weg

kadar wie; so ... wie; so viel wie; so groß wie; so umfangreich wie; etwa, ungefähr; *ön-ilg. -e* ~ bis, bis zu (*D*); bis nach (*D*); -*diği* ~ so viel; so lange, so weit; wie; -*ecek* ~ so ..., dass; so ... als dass; *bağl. -inceye* ~ bis; **bu** ~ so weit (*haberler*), -*ince* ~, derart; so viel, derart viel; **ne ~?** wie lange?; **ne ~ ... -se** wie auch immer, so (sehr), wie viele (auch immer); **ne ~ ... o kadar ...** je ... desto; **o ~** derart; **o ~ ... ki** derart, dass ...; *az.* → *ki*; **şu ~** so und so viel

kadarcık: bu ~, o ~ derart wenig *veya* winzig

ka'dastro Kataster *n veya m*, Grundbuch *n*; **~ya geçmek** ins Grundbuch eingetragen werden

ka'davra Leiche *f*, Kadaver *m*

kadayıf *Art* Sirup- *veya* Honigteig *m*

kadeh Becher *m*; Pokal *m*; ~ **tokuşturmak** anstoßen

kademe Stufe *f* (*az. mec.*); *Pol.* Ebene *f*; ~ ~ stufenweise; **~lendirmek** staffeln; **~li** gestaffelt

kader Schicksal *n*; Vorbestimmung *f*; *kendi ~ine terkedilmiş* s-m Schicksal überlassen; ~ **birliği** Schicksalsgemeinschaft *f*; **~ci** Fatalist *m*; **~cilik** (-ği) Fatalismus *m*

kadın Frau *f*; Damen...; weiblich; *aşçı* ~ Köchin *f*; ~ **doktoru** Frauenarzt *m*, -ärztin *f*; ~ **hastalığı** Frauenkrankheit *f*; ~ **kahraman** Heldin *f*; ~ **memur** Beamtin *f*; *ev ~ı* Hausfrau *f*; Zugehfrau *f*

kadın|cağız arme Frau *f*; *alay* (die) gute Frau; **~sı** feminin; weibisch

kadife Samt *m*; samten, Samt...

kadir (kadri) Wert *m*; Würde *f*, *Astr.* Sterngröße *f*; 2 **gecesi** die 27. Nacht des Ramazan, in der der Koran herabgesandt wurde

kadran Zifferblatt *n*; Skala *f*

'**kadro** Kader *m*; Belegschaft *f*; Personalbestand *m*, Lehrkörper *m*; *Tek. bisiklet:* Rahmen *m*

kafa *az. mec.* Kopf *m*; Schädel *m*; *mec.* Köpfchen *n*; ~ **dengi** Gesinnungsgenosse *m*; ~ **patlatmak** sich den Kopf zerbrechen; ~ **sallamak** zu allem ja sagen; -*e* ~ **tutmak** sich auflehnen (gegen *A*); ~ **tutucu** Trotzkopf *m*; -*e* ~ **yormak** sich den Kopf zerbrechen (über *A*); **~sı bozulmak** *mec.* aus der Haut fahren; **~sı işlemek** nicht auf den Kopf gefallen sein; **~sı şişmek** *mec.* e-n schweren Kopf haben; -*i* **~sına koymak** sich et. *veya* es in den Kopf setzen (zu ...); **~sına vurmak** *Wein:* j-m in den Kopf steigen; -*i* **~sında tutmak** behalten (*A*), nicht vergessen (*A*); **~sını kaldırmak** sein

Haupt erheben; ~**yı çekmek** P sich besaufen
kafa|dar Gesinnungsgenosse *m*; Gefährte *m*, ~**lı** ...köpfig; gescheit; ~**sız** ohne Kopf; *mec.* schwachköpfig, borniert
ka'fatas|çı Rassist *m*; rassistisch; ~**ı** (-nı) Schädel *m*
kafes Käfig *m*; Gitter *n*; Gerüst *n*; *mec.* P Kittchen *n*; ~**gibi** abgemagert; durchlöchert; ~**lemek** j-n bemogeln; ~**li** vergittert, mit Fenstergittern
kafe'terya Cafeteria *f*; Café *n* mit Selbstbedienung
kâfi genügend, hinreichend; ~ **genügt, es reicht!**; *bşe* ~ **gelmek** e-r Sache (*D*) gewachsen sein; *gnl.* reichen
kafile Karawane *f*; Kolonne *f*; Konvoi *m*, Geleitzug *m*; (Reise-)Gruppe *f*
kâfir Ungläubige(r), Nichtmuslim *m*; unmenschlich, grausam
kâgir Stein..., Backstein... (*bina*)
kâğıt (-dı) Papier *n*; Schreiben *n*; Bericht *m*; Formular *n*; (Spiel-)Karte *f*; Tüte *f*; ~ **havlu** Papierhandtuch *n*; ~**mendil** Papiertaschentuch *n*; ~ **oynamak** Karten spielen; ~ **oyunu** Kartenspiel *n*; ~ **para** Papiergeld *n*; **ambalaj** ~**kâğıdı** Einwickelpapier *n*; **hurda** ~ Altpapier *n*; **hurda** ~**tan** aus Altpapier (*yapılmış*); **Mısır** ~**kâğıdı** Papyrus *m*; **sigara** ~**kâğıdı** Zigarettenpapier *n*; **yazı** ~**kâğıdı** Schreibpapier *n*
kâh *sanı kipi*: ~... ~... bald ... bald ..
kahır (kahrı) Kummer *m*, Bedrängnis *f*; ~**lanmak** sich (zu Tode) grämen
kâhin Wahrsager(-in *f*) *m*, Hellseher(-in *f*) *m*; ~**lik** (-ği) Voraussage *f*
'**Kahire** Kairo
kahkaha (lautes) Gelächter; ~**atmak** laut (auf)lachen; ~**dan kırılmak** sich totlachen
kahpe Dirne *f*, Hure *f*; Schuft *m*; treulos, verräterisch; ~**ce** treulos, verräterisch; ~**lik** (-ği) Laster *n*; Treulosigkeit *f*; Gemeinheit *f*
kahraman Held *m*; **kadın** ~ Heldin *f*, ~**ca** heldenhaft; ~**laşmak** ein Held werden; ~**laştırmak** *v/t* zu e-m Helden machen; ~**lık** (-ği) Heldentum *n*; Heldentat *f*
'**kahr|edici** erschreckend, quälend; ~**etmek** *v/t* vernichten; martern; *v/i*

sich quälen, sich härmen; fluchen (-*e* j-m); ~**olmak** zugrunde gehen; sich grämen, sich quälen; ~**olsun ...!** nieder mit ... (*D*)
kahvaltı (-yı) Frühstück *n*; Imbiss *m*; ~ **etmek/yapmak** frühstücken; *akşam*: e-n Imbiss nehmen; ~**lık** ... zum Frühstück, Frühstücks-; ~ **televizyonu** Frühstücksfernsehen *n*
kahve Kaffee *m*; Café *n*; ~ **ağacı** Kaffeebaum *m*; ~ **değirmeni** Kaffeemühle *f*; ~ **fincanı** Kaffeetasse *f*; ~ **makinesi** Kaffeemaschine *f*; ~ **pişirmek** Kaffee kochen; ~ **takımı** Kaffeeservice *n*; ~ **tanesi** Kaffeebohne *f*; **halis** ~ **sade** ~ Kaffee pur *veya* ungesüßt; **çekilmiş** ~ gemahlener Kaffee; **çekirdek** ~ ungemahlener Kaffee; **halis** ~ Bohnenkaffee *m*; **orta şekerli** ~ schwach gesüßter Kaffee; **şekerli** ~ Kaffee mit Zucker; **sütlü** ~ Kaffee mit Milch
kahveci Kaffeehausbesitzer *m*; Kaffeekellner *m*; Kaffeehändler *m*; ~**lik** (-ği) Kaffeehandel *m*; Kaffeerösterei *f*
kahve|hane Café *n*, Kaffeehaus *m*; ~**rengi** (-yi, -ni) (kaffee)braun
kâinat (-atı) Weltall *n*; jeder, alle Welt
ka'kao Kakao *m*; Kakaobaum *m*
kakar → **kakmak**
kak|ılmak (-*i*) j-n anschnauzen, ausschimpfen; ~**ınç** (-cı) Anschnauzer *m*
kakış|ma Missklang *m*; ~ **kakışmak/~mak** sich puffen; *mec.* sich zanken; ~**tırmak** leicht klopfen, schlagen
kakma Intarsien *f/pl*; eingelegt, Intarsien...; ziseliert; getrieben; ~**cı** Graveur *m*, Stecher *m*; Intarsiator *m*; ~**cılık** (-ğı) Gravierkunst *f*
kakma|k (-ar) stoßen, drängen; gravieren, einlegen (-*e* in *A*); ~**lı** Intarsien...; graviert
kâkül Stirnlocke *f*
kala *yer, zaman*: ~ um viertel vor sieben **köye iki kilometre** ~ zwei Kilometer vor dem Dorf; ~ ~ höchstens; alles in allem
kalabalık (-ğı) Menschenmenge *f*; Gedränge *n*; Wirrwarr *m*, Panik *f*; Durcheinander *n* (*eşyalar hakkında*); *toplantı*: stark besucht; zahlreich (*aile*); *otobüs*: überfüllt; **günün en** ~

kalabalıklaşmak saatinde zur Hauptverkehrszeit; ~ **etmek** sich drängen; *şey*: Platz raubend sein; **~laşmak** *v/i* F voll werden, sich füllen

kalamar *Art* Tintenfisch *m*

kalan restlich; *Mat.* Rest *m*

kalay Zinn *n*; Zinn...; verzinnt; *mec.* Fluchen *n*, Schimpfen *n*; Augenwischerei *f*

kalay|lamak *v/t* verzinnen; **~cı** Verzinner *m*; **~lı** verzinnt; zinnhaltig

'**kalben** von Herzen

kalbur Sieb *n*; -*i* **~a çevirmek** durchlöchern (*A*); **~dan geçirmek** sieben (*az. mec.*); durchsieben; **~lamak** *v/t* durchsieben; **~üstü** (-nü) prominent; Prominente *pl.*, *mec.* Elite *f*

kalça Hüfte *f*; Becken *n*; ~ **kemiği** Hüftbein *n*

kaldıraç (-cı) Hebel *m*; Kurbel *f*

kaldırılma Beseitigung *f*; Einstellung *f*; **~k** *edil.* → **kaldırmak**

kaldırım Bürgersteig *m*; gepflasterter Weg; ~ **taşı** Pflasterstein *m*; **~lı** gepflastert; **~sız** ungepflastert

kaldırma Hebe...; *Tic.* Aufschwung *m*; **yürürlükten ~** Außerkraftsetzung *f*

kaldırmak *v/t* heben; j-n wecken; *ambargo, uygulama vs.* aufheben; *ürün* einbringen; *eşya* wegstellen; *sofra* abräumen; *baş* heben; *hastayı* F wieder auf die Beine bringen; *hastaneye* einliefern, überführen, schaffen; *yemek, şaka vs.* (nicht) vertragen (können); *toz* aufwirbeln; *araba*: (Last) tragen, aushalten, schaffen; **ortadan ~** beseitigen, liquidieren; **şerefe kadeh ~** sein Glas auf j-s Gesundheit heben

kaldırtmak heben lassen, wecken lassen, abräumen lassen, aufkaufen lassen *vs.* (-*e*) j-n; -*i A*

kale Burg *f*, Festung *f*; Festungs...; *mec.* Bollwerk *n*; *satranç*: Turm *m*; *Spo.* Tor *n*

kaleci Torwart *m*

kalem (Schreib-)Feder *f* (*az. mec.*); Stift *m*; Meißel *m*; *fatura*: Posten *m*; Büro *n*; Kanzlei *f*; ~ **açmak** Bleistift anspitzen; -*e* (*veya* **üstüne** ~) **çekmek** durchstreichen (*A*); -*i* **~e almak** verfassen; aufzeichnen (*A*); **keçeli ~** Filzschreiber *m*; **kırmızı ~** Rotstift *m*; **tükenmez ~** Kugelschreiber *m*

kalemtıraş Bleistiftspitzer *m*

'**kalfa** Geselle *m*; Schulbegleiter *m*; **~lık** (-ğı) Gesellenstand *m*; *ses*: **sınavı** Gesellenprüfung *f*

kalıcı beständig; unsterblich; **~lık** (-ğı) Beständigkeit *f*

kalın dick; stark (*örn. bilek*); *sis, duman*: dicht; dickflüssig; *ses*: tief, rau; ~ **kafalı** schwer von Begriff

ka'lınbağırsak (-ğı) Dickdarm *m*

kalın|laşmak dicker werden; *ses*: rau werden; **~lık** (-ğı) Dicke *f*, Stärke *f*; Dichte *f*; Rauheit *f*

kalın|tı Rest *m*; Überbleibsel *n*; *Biyo.* Rudiment *n*; rudimentär; **~yağ** Schweröl *n*

kalıp (-bı) Form *f*, Matrize *f*, Schablone *f*; Muster *n*, Modell *n*; (Schuster-)Leisten *m*; Stück *n* (*peynir, sabun*)

kalıp|çı Modellierer *m*; **~lamak** (aus|)formen; gerade biegen; **~söz** Phrase *f*

kalır → **kalmak**

kalıt (-tı) Erbschaft *f*, Erbe *n* (*özl. mec.*); ~ **bırakan** Erblasser *m*; **~ım** Erblichkeit *f*; Vererbung *f*; **~ımbilimi** Vererbungslehre *f*, Genetik *f*; **~ımsal, ~sal** erblich, Erb...

ka'libre Kaliber *n*; **küçük ~** Kleinkaliber *n*

kalifiye qualifiziert; **~ eleman** Fachkraft *f*; ~ **işçi** Facharbeiter *m az.* → **vasıflı işçi**

ka'lite Qualität *f*; Qualitäts... (*şarap*); **~li** *şey*: hochwertig, Qualitäts...; hoch qualifiziert (*örn. teknisyen*); **~siz** *mal*: minderwertig; *mec.* niveaulos

kalkan Schild *m* (*az. mec.*); *mec.* Schutz *m*

kal'kanbezi *Anat.* Schilddrüse *f*

kalkar → **kalkmak**

kalker Kalkstein *m*

kalkık emporstehend, nach oben gerichtet; höher (*örn. tarafı*); abgeblättert; hochgeschlagen

kalkındırmak *v/t* aufrichten; aufbauen (*az. Pol.*)

kalkınma *Tic.* Belebung *f*, Ankurbelung *f*; Erholung *f*; Aufschwung *m*, Aufstieg *m*; ~ **yardımı** (-nı) Entwicklungshilfe *f*; **~k** *Tic.* sich (wirtschaftlich) erholen

kalkış Abflug *m*, Start *m*; Abfahrt *f*; Aufbruch *m*; **~a geçmek** abfliegen, starten; **~mak** (*-e*) sich wagen an *A* (*veya* daran, zu ...); sich einlassen in *A*; sich anschicken, zu ..

kalkmak (-ar) aufstehen, sich erheben; rebellieren; weggehen, aufbrechen; *boya, yaldız vs.*: sich ablösen, abblättern; *gelenek, töre*: verloren gehen; *kapak*: abgehoben werden; *ürün*: eingebracht werden; *uçak*: starten, abfliegen; sich abheben; *hilafelik*: abgeschafft werden; *hasta kişi*: wieder aufstehen können; *piyasadan* verschwinden; *tren*: abfahren; *-e* sich anschicken (zu *D*); **şaha ~ at**: sich aufbäumen

kalleş treulos; verräterisch; Betrüger *m*

kalma (*-den*) stammend *von* j-m, *aus* e-r Zeit

kal|mak (-ır) *v/i* bleiben; übrig bleiben; (*aç*) sein; *çalışma, işlem*: liegen bleiben; (-*e*) j-m zufallen, (*bei*) j-m liegen; *oto*: stecken bleiben; *kalkış, ziyaret vs.*: verschoben werden (-*e* auf *A*); *ilişkiler*: bestehen; *miras, ev*: übergehen (*-den -e* von *D* auf *A*); *otelde* wohnen (*az. -de* bei j-m); über Nacht bleiben; *rüzgâr.* leise sein; *saat, zaman*: verbleiben (-*e* bis *A*); (-*den*) Abstand nehmen (von *D*); ohne ... (*örn. işsiz*) sein; (-*e*) auskommen müssen (mit *D*); fertig werden (mit *D*), meistern (können) (*A*); *duman vs.* **içinde ~mak** gehüllt sein (in *D*); **sınıfta ~mak** sitzen bleiben; *-mekle* **~mamak** (... *de*) sich nicht darauf beschränken (*A* ...; sondern auch ...); **~dı ki** dazu kommt noch, dass ...; außerdem; **az ~dı, az ~sın** fast, beinahe; **bir saate ~madan** in weniger als e-r Stunde; **bana ~ırsa** (*veya* **~sa**) meines Erachtens; wenn es mir möglich wäre, wenn ich könnte; **nerede ~dınız?** wo haben Sie gesteckt?

kalori Kalorie *f*

kalorifer Zentralheizung *f*; Heizkörper *m*; **~ci** Heizer *m*; Heizungstechniker *m*

kalp¹ (-bi) Herz *n*, → **yürek**; **~ ağrısı** Liebeskummer *m*; **~ çarpıntısı** Herzklopfen *n*; **~ hastası** herzkrank; **~ kapağı** Herzklappe *f*; **~ kırmak** j-n kränken, beleidigen; **~ krizi**, **~ sektesi** Herzanfall *m*; **~ yetmezliği** Herzinsuffizienz *f*, **~ten** herzlich; von Herzen; **~ten ölmek** an Herzversagen sterben; *kalbi bütün* gutherzig; *kalbi olmamak* kein Herz haben; *kalbine girmek* j-n lieb gewinnen

kalp² falsch, gefälscht; *kişi*: verlogen; unzuverlässig

kalpak (-ğı) (Pelz-)Mütze *f*

kalpazan Betrüger *m*; Hochstapler *m*; **~lık** (-ğı) Hochstapelei *f*

kalp|li ... mit Herz; *iyi* **~li** gutherzig; **~siz** herzlos; **~sizlik** (-ği) Herzlosigkeit *f*

'**kalsiyum** Kalzium *n*; **~lu** kalziumhaltig

'**kama** Keil *m*; (zweischneidiger) Dolch

ka'mara Kajüte *f*; Kabine *f*; *Pol.* Kammer *f*; *B. Britanya'da*: **Avam** Ω**sı** Unterhaus *n*; **Lortlar** Ω**sı** Oberhaus *n*

kamaşmak *göz*: geblendet sein (*veya* werden); *diş*: stumpf werden

kamaştır|ıcı blendend; grell; glitzernd; *göz* **~ıcı** *özl. mec.* blendend; **~mak** *v/t* blenden; *mücevher.* glitzern; *mec.* (unangenehm) auffallen

'**kambiyo** Devisenhandel *m*; Geldumtausch *m*; Devisen *pl*; Wechselstube *f*, **~ kuru** Wechselkurs *m*

Kam'boçya Kambodscha

kambur Buckel *m*; Ausbuchtung *f*, Wölbung *f*; bucklig; gekrümmt; *mec.* Kummer *m*; Hindernis *n*; **~laşmak** *v/i* bucklig werden; sich wölben

kamçı Peitsche *f*; *Gemi.* freihängendes Tau; **~lamak** *v/t* peitschen (*az. fırtına vs.*)

'**kamera** Kamera *f*; *ünl.* Achtung, Aufnahme!; **~ karşısında** vor der Kamera; **~man** Kameramann *m*

kamış Schilf(rohr) *n*; Rohr-...; Korb-...; *Tıp* Penis *m*; P Schwanz *m*

kamp (-pı) Lager *n*; Lager... (*yaşam*); **~ alanı/yeri** Campingplatz *m*

kam'panya Kampagne *f*, Aktion *f*; **seçim ~sı** Wahlkampf *m*; **bağış ~sı** Spendenaktion *f*

kamping Campingplatz *m*

kamu (der, die, das) ganz(e) ..., alle; Öffentlichkeit *f*; bürgerlich; **~ hakları** Grundrechte *n/pl*; **~ kesimi/sek-**

kamuflaj

törü öffentlicher Dienst; **~personeli/hizmetlileri** (die) öffentlich Bediensteten
kamuflaj [lâ] Tarnung *f*; **-i ~ etmek** tarnen *(A)*
kamufle getarnt; verschleiert; **-i ~ etmek** tarnen *(A)*; verschleiern
kamulaştırma Kollektivierung *f*; Verstaatlichung *f*; **~k** kollektivieren; verstaatlichen
kamuoyu öffentliche Meinung
kamusal öffentlich; publik; **~laşma** Sozialisierung *f*, Enteignung *f*; **~laşmak** sozialisieren, enteignen
kamyon Last(kraft)wagen *m*, LKW *m*; **~cu** Lastwagenfahrer *m*, Fernfahrer *m*; Lastwagenbesitzer *m*
kamyonet (-ti) Lieferwagen *m*
kan Blut *n* *(az. mec.)*; **~ alma** Blutabnahme *f*, **~ almak** Blut abnehmen (*-den* bei *D*); **~ basıncı** Blutdruck *m*; **~ çekmek** F et. vom Vater (*veya* der Mutter) haben; sich verwandt fühlen; **~ çıbanı** Furunkel *m* (*az. mec.*); **~ davası** Blutrache *f*, **~ dindirici** blutstillend; **~ dolaşımı** Blutkreislauf *m*; **~ dökme** Blutvergießen *n*; **~ dökmek** Blut vergießen; **~ gelmek** bluten; **~ grubu** Blutgruppe *f*; **~ gütmek** Blutrache üben; **~ kanseri** Blutkrebs *m*; **~ kaybı** Blutverlust *m*; **~ kırmızı** blutrot, knallrot; (der, die, das) Schlimmste; **-e ~ kusturmak** j-m viel Leid zufügen; **~ nakli** Blutübertragung *f*; **~ portakalı** Blutorange *f*; **~ sayımı** Blutbild *n*; **~ tahlili** Blutprobe *f*; **~ ter içinde** schweißgebadet; *-ı ~ tutmak mec.* kein Blut sehen können; **~ verecek kişi, ~ verici** Blutspender *m*; **-e ~ vermek** j-m Blut spenden; j-m Blut übertragen; **~ zehirlenmesi** Blutvergiftung *f*
kanaat (-ti) Genügsamkeit *f*; Ansicht *f*, Meinung *f*, Auffassung *f*; **-e ~ etmek** sich zufrieden geben (mit *D*); **-e ~ getirmek** zu dem Schluss kommen, dass ...; **-e *im yok*** ich bin nicht der Auffassung, dass ...; **~kâr** anspruchslos, genügsam; **~kârlık** (-ğı) Anspruchslosigkeit *f*; **~li → kanaatkâr**
Ka'nada Kanada; kanadisch; **~lı** Kanadier(in *f*) *m*
kanal (-lı) Kanal *m*; **Süveyş ~** Suezkanal *m*; **televizyon ~** Fernsehkanal *m*

kanalıyla *mec.* über *(A)*, mittels *(G)*
kanalizasyon Kanalisation *f*
kanama Blutung *f*; **burun ~sı** Nasenbluten *n*; **~k** bluten; *Tıp* erneut auftreten; **~lı** blutend
kanar → kanmak
ka'narya Kanarienvogel *m*
kanat (-dı) Flügel *m*; *balık:* Flosse *f*; *Ask. ve Spo.* Flanke *f*; *(-in)* **kanadı altında** unter den Schutz *(G)*
kanatçık (-ğı) *Hava.* Querruder *n*; Flügelchen *n*
kanatlan|dırmak *v/t* erfreuen; **~mak** *v/i* flügge werden; anfliegen; *mec.* außer Rand und Band geraten
kanatlı mit Flügeln; *Tek.* Flügel-
kanatmak *v/t* blutig machen, verletzen; *parmağını* sich (in den Finger) schneiden
'**kanca** Haken *m*; Bootshaken *m*; *(-e)* **~yı takmak/atmak** nachtragend sein; j-n belästigen, j-m zusetzen; **~lamak** *v/t* e-n Haken anbringen (an *A*); mit dem Haken heranziehen; *mec.* sich an j-n anklammern *veya* an et. klammern; **~lı** mit e-m Haken; Haken...
kançılar Botschaftssekretär *m*; Konsulatsbeamter; **'~ya** Kanzlei *f*
kandaş blutsverwandt; **~lık** (-ğı) Blutsverwandtschaft *f*
kandır|ıcı überzeugend; verführerisch; durststillend; sättigend; **~maca** Überredungskunst *f*, Kniffe *m/pl*; **~mak** *v/t* überzeugen; überreden; täuschen; j-m den Durst *veya* Hunger stillen
kandil Öllampe *f*; *mec.* betrunken; **~ gecesi** e-e der Nächte von vier muslimischen Festen, an denen die Minarette illuminiert werden
kangal *sucuk:* Ring *m*
kangren *Tıp* Brand *m*, Gangräne *f*; **~ olmak, ~leşmek** brandig werden; *mec.* sich hinziehen; F schmoren; verpfuscht werden
'**kanguru** Känguru *n*
kanı Auffassung *f*; Überzeugung *f*, Meinung *f* (*... üstüne* über *A*); **~ma göre, ~mca** nach meiner Meinung
kanıt (-tı) Beweis *m*; Argument *n*; **~kan** überzeugend; **~lamak** *v/t* beweisen; begründen; **~lı** bewiesen; begründet; **~samak** *v/t* als Beweis anerkennen

kanlı blutbefleckt; blutig (*az. mec.*); *biftek*: englisch, nicht durchgebraten

kanmak (-ar) (-e) glauben (an *A*); vertrauen (*D*); sich verleiten lassen (zu *D*); sich begnügen (mit *D*); sich satt essen (*veya* trinken) (an *D*)

kanser *Tıp* Krebs *m*, Karzinom *n*; **~ olmak** Krebs haben; **~leşmek** krebsartig werden; **~li** Krebs..., krebsartig; **~ojen** Krebs erregend; **~oloji** Karzinologie *f*

kansız *dudak*: blutleer; *devrim*: unblutig; *Tıp* blutarm, anämisch; *mec*. apathisch; ängstlich; niederträchtig, feig; **~lık** (-ğı) Blutleere *f*; Blutarmut *f*; Apathie *f*; Ängstlichkeit *f*

kant (-dı) heißes Zitronenwasser

kantar (Schnell-)Waage *f*; **~lamak** *v/t* auswiegen

kantin Kantine *f*; **~ci** Kantinenwirt(in *f*) *m*

¹**kanto** Chanson *n*, Couplet *n*; **~cu** Kabarettsängerin *f*

kanton *İsviçre'de* Kan'ton *m*

kanun¹ Gesetz *n*; Gesetzbuch *n*, Kodex *m*; → *yasa*

kanun² *Müz*. Art Zimbel *f*

kanundışı *vs*. → *yasadışı*

ka'nunen gesetzlich, nach dem Gesetz

kanuni gesetzlich, legal; juristisch; → *yasal*

kanunlaşmak *vs*. → *yasalaşmak*

kanunsuz ungesetzlich, illegal; gesetzlos; → *yasasız vs*.

kanyak (-ğı) Kognak *m*

¹**kaos** Chaos *n* (*az. mec.*); **~ yaşandı** es herrschte Chaos

kap (kabı) Gefäß *n*; Behälter *m*; Schüssel *f*; Überzug *m*, Hülle *f*; *kitap*: Einband *m*; **~ kacak** Küchengeschirr *n*; *kabına sığmamak mec*. außer sich sein

kapak (-ğı) Deckel *m* (*az. kitap*); Motorhaube *f*; (Flaschen-)Verschluss *m*; *Mat*. Segment *n*; *-e kapağı atmak* Zuflucht finden (in, bei *D*)

kapakçık (-ğı) *gnl., Anat*. Klappe *f*; *kalp* **~ğı** Herzklappe *f*

kapaklanmak stürzen; *kayık*: kentern; *oto*: sich überschlagen

kapaklı verschlossen; ... mit Deckel

kapalı verschlossen; geschlossen; *mec*. vage; *hava*: trübe, bedeckt; **~ devre** *televizyon* Kabelfernsehen *n*; **~ kalmak** eingeschlossen sein; **~ kutu** *kişi*: verschlossen, zugeknöpft; (ein) Rätsel *n*; Heimlichtuer *m*; **~ yüzme havuzu** Hallenschwimmbad *n*; **~çarşı** Markthalle *f*; überdachter Basar; *İstanbul'da* Großer Basar; **~lık** (-ğı) Verschlossenheit *f*

kapama → *kapamak*; Fleischgericht mit Lattich und frischer Zwiebel; Verschluss...; Absperr... (*musluk*)

kapamak *v/t* schließen, zumachen; *görüşü* versperren, verdecken; *kitap* zuklappen; *delik* zustopfen; *borç* ausgleichen, decken; *elektrik* ausschalten; *konu* abschließen; *su* abstellen; *yol* sperren; versperren; *Tic*. *kârlı* abschließen

kapan Falle *f* (*az. mec.*); *-e* **kurmak** j-m e-e Falle stellen (*az. mec.*); **~a düşmek/girmek/kısılmak** in die Falle gehen (*az. mec.*); **-i ~a sıkıştırmak** *mec*. j-n in e-e Falle locken; j-n in große Bedrängnis bringen

kapanıklık (-ğı) Verschlossenheit *f*; *Psi*. Introvertiertheit *f*

kapanış Ende *n*; Schluss *m*

kapanma Verschluss *m*; **~ saati** Ladenschluss(zeit *f*) *m*

kapanmak *edil*. → *kapamak*; sich werfen (*göğsüne* an die Brust, *yere* auf den Boden); *hava*: sich bedecken, *okul*: schließen; *yara*: zuheilen, verheilen; *gazete*: ihr Erscheinen einstellen; *telefon kapandı* ... hat (den Hörer) aufgelegt

kapar → *kapmak*

¹**kapari** Kaper *f*, Kapern *f/pl*

ka'paro Anzahlung *f*; **~ vermek** e-e Anzahlung leisten

kapasite Kapazität *f*; *mec*. Auffassungsvermögen *n*; *Tek*. **noksan ~ ile** ... ohne Belastung

kapatılmak *edil*. → *kapatmak*

kapatma Geliebte *f*; *Ware*: ergaunert; *basketbol*: Blockieren *n*; **~k** → *kapatmak*; *Tel*. einhängen; *v/t* e-e Geliebte unterhalten; F billig ergattern; ergaunern

kapı Tür *f*; (*büyük*) Tor *n*; *Ed*. Pforte *f*; *Gemi*. Luke *f*; **-i ~ dışarı etmek** j-n hinauswerfen; **~ karşı** Tür an Tür; **~ komşu** Nachbar *m* nebenan; **~ mandalı** Türklinke *f*; *mec*. Nichtsnutz *m*;

~sı açık gastfreundlich; **-in ~sını çalmak** *mec.* bei j-m anklopfen
kapıcı Pförtner *m*, Portier *m*; Hausmeister *m*
kapılı ...türig, *örn.* **dört ~** viertürig
kapılmak (*-e*) erfasst werden, ergriffen werden (von *D*; *az. mec.*); geraten (in *A*); *mec.* F reinfallen (auf *A*); sich täuschen lassen (von *D*)
kapış: ~ ~ gitmek reißenden Absatz finden
kapış|mak (*-i*) sich reißen (um *A*); sich in die Haare kriegen; sich stürzen (in *A*); **~tırmak** (*-i -le*) gegeneinander aufhetzen (*A*)
kapital (-li) Kapital *n*; **~ist** (-ti) Kapitalist *m*; **~izm** Kapitalismus *m*
kapkaç (-cı) Raub *m*; **~çı** Räuber *m*; Pfuscher *m*; Stümper *m*; Pfusch... (*örn. iş*), schlampig; stümperhaft; **~çılık** (-ğı) Raub *m*, Diebstahl *m*; Pfscherei *f*
'**kapkara** pechschwarz
kaplama *mobilya:* Furnier *n*; *gnl.* Belag *m*; Bezug *m*; Sperrholz *n*; *gümüş:* Auflage *f*; *duvar:* Behang *m*; Verkleidung *f*; *diş:* Krone *f*; *sıf.* dubliert; Dublee...; *diş:* überkront
kaplamak (*-i -e veya -le*) *v/t kitap* einbinden; *tavan, gümüş vs.* überziehen (mit *D*); belegen; *metal* plattieren; *duvar* behängen, verkleiden; *mobilya* furnieren (mit *D*); *diş* überkronen; *sevinç, gürültü:* erfüllen; *sessizlik:* herrschen (*-i* in *D*); *bulut:* bedecken
kaplamalı dubliert; furniert
kaplan Tiger *m*
kaplı überzogen; *kitap, defter:* eingebunden, bedeckt; **çinko ~** verzinkt
'**kaplıca** (Thermal-)Bad *n*; Heilquelle *f*
kap'lumbağa Schildkröte *f*
kapma ergaunert; **~ca** → **kapma**; *az.* **köşe ~ca** Art Haschen *n*, Fangspiel *n*
kapmak (-ar) *v/t* greifen, packen; *elinden* reißen; *mec.* begreifen; *hastalık* sich zuziehen
ka'porta Luke *f*, Motorhaube *f*
kapris Laune *f*; **~ yapmak** launenhaft sein; **~li** launisch; **~siz** beständig, solide
kapsam Bereich *m*, Sphäre *f*; Umfang *m*; *-in* **~na alma/alınma** Einbeziehung *f* (in *A*)

kapsa|ma Einbeziehung *f*; **~mak** *v/t* einschließen, beinhalten; **~mlı** umfassend, umfangreich; **~yan** in sich schließend (*A*), einbeziehend (*A*)
kapsül *Bot., Tıp* Kapsel *f*; *Bot.* Samengehäuse *n*
kaptan Kapitän *m*; *Spo.* Mannschaftskapitän *m*; **~ pilot** Flugkapitän *m*; Fahrer *m* e-s Überlandbusses
kaptırmak sich et. entreißen lassen, wegnehmen lassen (*-e* von *D*); *mec.* j-m et. einsehen lassen
kaput (-tu) Militärmantel *m*; Motorhaube *f*; Kondom *n*
kar Schnee *m*; **-i ~ basmak** einschneien; **~ gibi (beyaz)** schneeweiß; **~ fırtınası** Schneesturm *m*; **~ (küreme) makinesi, ~ temizleme pulluğu** Schneepflug *m*; **~ yağmak** schneien; **~dan adam** Schneemann *m*
kâr Gewinn *m*; Nutzen *m*; **~ bırakmak** Gewinn abwerfen; **~ etmek** gewinnen, verdienen; wirken, nützen; **~ haddi** Gewinnspanne *f*; **~ payı** Gewinnanteil *m*, Dividende *f*; **~ ve zarar hesabı** Gewinn- und Verlustrechnung *f*; **~a geçmek** Gewinne erzielen; **bu, benim ~ım değil** das steht nicht in meinen Kräften
kara[1] Land *n*; Festland *n*, Kontinent *m*; Erd...; **~ iklimi** Landklima *n*; **~suları** Territorialgewässer *pl*; **~dan** auf dem Landweg; zu Lande; **~ya çıkmak** an Land gehen, landen; **~ya oturmak** auflaufen, stranden; **~ya vurmak** an Land gespült werden
kara[2] schwarz; dunkel(häutig); *kız az.* brünett; *mec.* unheilvoll, bös, finster, schwarz; **~ gün dostu** Freund *m* in der Not; **~ haber** Hiobsbotschaft *f*; *-i* **~ listeye almak** *mec.* auf die Schwarze Liste setzen; *-e* **~ sürmek/çalmak** j-n anschwärzen, verleumden; **~ yağız** schwarzbraun; *mec.* kräftig, stämmig
'**kara|ağaç** (-cı) Ulme *f*; **~basan** Albdruck *m*, Albtraum *m* (*az. mec.*)
kara'baş überzeugter Junggeselle; Mönch *m*; *Art* Hirtenhund *m*; *Art* Hühnerkrankheit *f*
ka'ra|borsa schwarzer Markt; **~borsacı** Schwarzhändler *m*; **~borsacılık** (-ğı) Schwarzhandel *m*;

~biber schwarzer Pfeffer; **~bulut** (-tu) Regenwolke f; **~ciğer** Leber f
Ka'radeniz Schwarzes Meer; **~ Bölgesi** (-ni) Schwarzmeerregion f; **~li** Bewohner(in f) m der Schwarzmeerküste
kara|göz schwarzäugig; *türkisches* Schattenspiel n; **~humma** Typhus m; **~kış** strenger Winter; Höhepunkt m des Winters
karakol Wache f; Streife f; Wach...; Wachposten m; Wachlokal n; **~ gezmek/yapmak** Streifendienst haben, patrouillieren; **~hizmeti** Wachdienst m; *polis* **~u** Polizeiwache f, Polizeirevier n; **~luk olmak** aufs Polizeirevier gebracht werden
karakter Charakter m; *Math.* Schrift(art) f; Charakterdarsteller(in f) m; **~ sağlamlığı** Charakterstärke f
karakteristik (-ği) Charakteristik f; charakteristisch; Charakter...
karakterize: ~ etmek v/t charakterisieren
karakter|li charakterfest; **~siz** charakterlos
ka'ralahana [lâ] Rotkohl m
karalama Schönschreibübung f; Entwurf m, Konzept n
karalamak ausstreichen, durchstreichen; j-n anschwärzen, schlecht machen
karalararası interkontinental
karambol (-lü) Karambolage f; Zusammenstoß m, Kollision f; Streit m; *-i* **~e getirmek** j-n bewusst irreführen; et. überstürzen
kara'mela [lâ] Bonbon n *veya* m
karamsar pessimistisch; Pessimist m; **~laşmak** schwarzsehen; Pessimist werden; **~lık** (-ğı) Pessimismus m
karanfil *Bot.* Nelke f
karanlık (-ğı) *az. mec.* dunkel; Dunkelheit f; **~ basmak** *hava*: dunkel werden; *-i* **~ etmek** verdunkeln (*az. mec.*); **~ işler** *mec.* dunkle Geschäfte n/pl; **~ oda** *foto*: Dunkelkammer f; **~ta** im Dunkeln
karan'tina Quarantäne f; *hastane*: Aufnahmestation f
karar[1] Bot. Nelke f
karar[1] Entschluss m, Entscheidung f; Beschluss m, Urteil n; richtiges Maß, Ausgewogenheit f; **~ almak** e-n Entschluss fassen; *-de* **~ kılmak** sich entscheiden (für *A*); *-e* **~ vermek** den Entschluss fassen (zu *D*; zu *+Infinitiv*); sich entscheiden (für *A*); *-i* **~a bağlamak** entscheiden (*A*); **~nca**, **~nda** maßvoll, in Grenzen (*kalmak*); **~nda bırakmak** Maß halten; *-mek* **~nda gedenken** (zu ...); beschließen (zu ...); *göz* **~yla** nach Augenmaß
karar[2] → **karmak**
karargâh (-ahı) *Ask.* Quartier n
kararlaş|mak beschlossen (*veya* beschlossene Sache) sein; (**-mesini** zu ...) beschließen; *örn. yer* vereinbaren, festsetzen
kararlı (-e) entschlossen (zu *D*; *az. kişi, direnç vs.*); *denge*: stabil; **~lık** (-ğı) Entschlossenheit f, Festigkeit f
kararmak dunkel werden, trübe werden (*az. mec.*); *gözleri* **~ kişisiz:** j-m wird schwarz vor Augen
kararname Resolution f, Beschluss m; *tayin*: Urkunde f
kararsız unentschlossen; unklar; *Fiz.* labil; *hava*: unbeständig; **~lık** (-ğı) Unentschlossenheit f; Unbeständigkeit f; Labilität f
karartı Schwärze f; schwarzer Fleck
karartmak *oda* verdunkeln, dunkel machen
karasal kontinental, Festland...
ka'rasevda Melancholie f; **~lı** melancholisch
ka'ra|sığır Büffel m; **~sinek** (-ği) Stechfliege f; **~su** *Tıp* grüner Star; Glaukom n; träge fließendes Wasser; **~suları** (-nı) Territorialgewässer n/pl; **~tahta** *okul*: Wandtafel f; **~tavuk** (-ğu) Amsel f; **~turp** (-pu) Meerrettich m
karavan Wohnwagenanhänger m
ka'rayel Nordwestwind m; *Gemi.* Nordwesten m → **kuzeybatı**
ka'rayolu (-nu) Landweg m; Fernstraße f; **~ ile** auf dem Landweg, per Achse
karbon Kohlenstoff m; **~ kâğıdı** Kohlepapier n
karbonat (-tı) kohlensaures Salz, Karbonat n; doppeltkohlensaures Natrium, Natron n (NaHCO$_3$)
karbondioksit Kohlendioxid n (CO$_2$)
karbonhidrat Kohle(n)hydrat n

karbonik Kohlenstoff-..., kohlenstoffhaltig; ~ **asit** Kohlensäure f (H_2CO_3)
karbonmonoksit Kohlenmonoxid n (CO)
karbüratör Vergaser m
kardeş gnl. Quadrat n; Bruder m; Schwester f; Bruder...; brüderlich; **erkek ~** Bruder m; **kız ~** Schwester f; **din ~i** Religionsgenosse m; **~ devlet** befreundeter Staat; **~ kavgası** Bruderkrieg m; **~ üniversite** Partneruniversität f; **~im!** mein Lieber!; **~ ~** freundschaftlich; **~çe** brüderlich; schwesterlich; **~lik** (-ği) Bruderschaft f; brüderlich; Brüderlichkeit f; Freundschaft f
kardinal (-li) Kardinal m
kardiyo|... Herz-...; **~gram** (az. **elektrokardiyogram**) Elektrokardiogramm n (*EKG*); **~log** Herzspezialist m, Kardiologe m; **~pati** Herzleiden n
'**kare** gnl. Quadrat n; quadratisch; Karo n; **~kök** Quadratwurzel f; **~li** kariert
karga Rabe m; **~ gibi** lahm, schlapp
kargaşa Anarchie f; Wirrwarr m, Durcheinander n; **~cı** Anarchist m; Chaot m; Aufwiegler m; **~cılık** (-ğı) → **kargaşa**; **~lık** (-ği) Pol. Unruhe f
kargı Speer m; (Schilf-)Rohr n
'**kargo** Gemi. Frachter m, Ladung f
karı Huk. (Ehe-)Frau f; V Weib n; alte Frau; **~ koca** Mann und Frau, Ehepaar n; Eheleute pl
kar|ın (karnı) Bauch m; Leib m; Mutterleib m; Inneres, Seele f; **~ın ağrısı** Leibschmerzen m/pl; *kişi*: unausstehlich; *şey*: F Dingsbums n; **~nı aç boş** hungrig; **~nım aç** ich bin hungrig; **~nını doyurmak** satt werden; sich satt essen; sich ernähren; **~nım tok** ich bin satt; *mec.* ich habe genug (-*e* von D); ich bin es satt; **~nı tok sırtı pek** *mec.* wohlhabend; **~nım zil çalıyor** mir knurrt der Magen; **~nım acıktı** ich bin hungrig (geworden); **~ın ~ına** Seite an Seite
ka'rınca Ameise f; **~ asidi** Ameisensäure f; **~ kararınca** so weit (wie) möglich; **~ yuvası** Ameisenhaufen m
karıncalanmak von Ameisen wimmeln; *el, ayak*: eingeschlafen sein, es kribbelt (mir) im Fuß *vs*.
karıncık (-ğı) *Anat.* Kammer f, Höhle f

karış (Hand-)Spanne f, Fußbreit m
karışık (-ğı) unordentlich; *durum*: verworren, vertrackt, verwickelt; *süt vs*.: gepanscht; *salata*: gemischt; *anlam*: verwirrt, wirr; F Hexe f, Hexen...; **~lık** (-ği) Wirrwarr m; Unruhen f/pl; *Psi.* Aufregung f
karışım Gemisch n
karışmak v/i sich vermischen, sich vermengen; *mec.* sich einmischen (-*e* in A); beteiligt sein (-*e* an D); *aklı*: sich verirren; *kâğıtlar vs*.: durcheinander geraten; *konu*: unklar sein, dunkel sein; *hava*: sich eintrüben; **sen ka'rışma** misch du dich nicht ein!
karıştırıcı Mixer m; Unruhestifter m
karıştırmak v/t mischen, vermengen (*ile* mit D); durcheinander werfen; durcheinander bringen (*az. mec. kişi*); (-*e*) j-n zu et. (*D*) hinzuziehen; j-n einweihen (in A); *örn. su* hinzugießen (-*e* zu D); *örn. klor* zusetzen (-*e* D); *çorba* umrühren; *gazeteyi* durchblättern
ka'rides Garnele f
karikatür Karikatur f, Spottbild n; **~cü** Karikaturist m; **~ize: -*i* ~*ize et-mek** karikieren
kariyer Laufbahn f, Karriere f
karlı schneebedeckt; Schnee-...; **~ rüzgâr** Schneeschauer m
kârlı Gewinn bringend, rentabel; **~ çıkmak** sich als vorteilhaft erweisen
karma Gemeinschafts-...; *komisyon*: gemischt; **~ orman** Mischwald m
karmak (-ar) v/t mischen (*az. kâğıt*); *boya vs.* anrühren; (-*e*) hineintreiben
'**karmakarışık** verworren, wirr; **~ etmek** wild durcheinander bringen
karma|şa *Psi.* Komplex m; *gnl.* Verwirrung f; **~şık** verwickelt; *Kim., Mat.* komplex
karnabahar Blumenkohl m
karnaval Karneval m
'**karne** (Schul-)Zeugnis n; **çek ~si** Scheckheft n
karnıyarık (-ğı) *Gericht aus gefüllten Auberginen*
'**karo** *iskambilde* Karo n; Fliese f
karoser(i) Karosserie f, Wagenaufbau m
karpuz Wassermelone f
kârsız unrentabel

karşı 1. *gnl.* gegenüberliegend; (die) gegenüberliegende Seite; Gegen... (*taraf*); gegensätzlich (*fikir*); ~ **akın** Gegenangriff *m*; ~ **öneri** Gegenvorschlag *m*; ~ **taraf** Gegenseite *f*; gegenüberliegende Seite; -*e* ~ **çıkmak** j-m entgegengehen; -*e* ~ **durmak** widerstehen (*D*); gegen j-n auftreten; -*e* ~ **gelmek** sich j-m widersetzen; ~ **ya** einander (*veya* sich) gegenüber, Auge in Auge; ~ **ya gelmek** plötzlich einander gegenüberstehen; -*e* ~ **koymak** gegen j-n auftreten; -*e* ~ **olmak** gegen j-n (*veya* et.) sein; **buna ~yım** ich bin dagegen; ~**dan ~ya** von e-m Ende zum anderen, quer über ...; querdurch; still und leise; **2.** *ilg.* -*e* ~ gegen (*A*), gegenüber (*D*); zu (*D*); für (*A*); auf ... (*A*) hinaus; -*in* ~**sına** gegenüber (*D*); auf ... (*A*) zu; -*in* ~**sında** gegenüber (*D, örn.* dem Haus); *mec.* angesichts (*G*); -*in* ~**sından** von ... (*D*) gegenüber

kar'şıdevrim Konterrevolution *f*; ~**ci** Konterrevolutionär *m*

karşılama Empfang *m*; Deckung *f*

karşılamak *v/t* j-n empfangen, begrüßen; abholen; entgegengehen; *masrafları, ihtiyacı* decken; *kavram* wiedergeben; *haber, öneri* aufnehmen; *tenis topu* zurückschlagen; *şut* halten

karşılanma *bir ihtiyacı* Deckung *f*, Befriedigung *f*; ~**k** aufgenommen werden *vs.*

karşılaş|ma Treffen *n*; *Spo.* Spiel *n*, Wettkampf *m*; ~**mak** sich begegnen; *Spo.* miteinander kämpfen; *mec.* aneinander geraten; ~**tırmak** *v/t* vergleichen (*ile* mit *D*); j-n zusammenführen (mit *D*); *Kim.* behandeln; *Tic.* e-e Bilanz aufstellen; *düşünce* austauschen; ~**tırmalı** vergleichend

karşılayıcı Empfangsperson *f*; verhütend; befriedigend

karşılık (-ğı) Gegenwert *m*; *altın:* Deckung *f*; Entgelt *n*, Vergütung *f* (-*in* für *A*); Antwort *f*; *Pol.* Kontroverse *f*, *sözcük:* Entsprechung *f*; *ilg.* -*e* gegen *A*, für *A*; auf *A*; -*e* ~ **vermek** j-m antworten; sich sträuben (gegen *A*); j-m et. heimzahlen; *çocuk:* e-e freche Antwort geben; **mektubunuza ~ olarak ...** in Beantwortung Ihres Schreibens ...; *ilg. olarak:* **buna ~** als Gegengewicht; dagegen, dafür; **ücret karşılığı** gegen Lohn

karşılık|lı gegenseitig; gegenüber (*oturmak*); gegenüberliegend; ~**sız** ungedeckt (*çek*); unentgeltlich (*yardım*); unbeantwortet; ohne Entsprechung

karşın (-*e*) trotz (*G*; *az. D*)

karşıt (-tı) gegensätzlich; Gegensatz *m*, Kontrast *m*; entgegengesetzt; Gegengift *n*; Gegenmittel *n*; ~ **anlamlı** gegensätzlicher Begriff; Gegner *m*, Opponent *m*; ~**lık** (-ğı) Gegensatz *m*, Kontrast *m*; Opposition *f*

kart (-tı) Karte *f*; Ausweiskarte *f*; Visitenkarte *f*; Postkarte *f*; Spielkarte *f*; **açık ~larla oynamak** mit offenen Karten spielen

kartal Adler *m*

kartel *Tic.* Kartell *n*

kartlı: ~ **telefon** Kartentelefon *n*

kartograf Kartograph *m*

karton Karton *m*, Pappe *f*; *sigara:* Stange *f*

'**kartopu** (-nu) Schneeball *m*; ~ **oynamak** e-e Schneeballschlacht veranstalten

kartotek (-ği) Kartei *f*; Zettelkasten *m*

kartpostal Ansichtskarte *f*

kartuş Patrone *f*; (Schreib-)Mine *f*

kartvizit (-ti) Visitenkarte *f*

kar'yola Bettgestell *n*; **portatif ~** Klappbett *n*

kas Muskel *m*; *az.* **adale**; ~ **tutukluğu** Muskelkater *m*

'**kasa** Kasse *f*; Geldschrank *m*; (Bank-)Tresor *m*; Fahrgestell *n*, Chassis *n*; *şut* (Fenster-, Tür-)Rahmen *m*

ka'saba Städtchen *n*, Landstadt *f*

kasadar Kassierer(in *f*) *m*

kasap (-bı) Fleischer *m*, *az. mec.* Schlächter *m*, Metzger *m*; Fleischerladen *m*, Fleischerei *f*; ~**lık** (-ğı) Fleischergewerbe *n*; Schlachtvieh *n*; *mec.* Metzelei *f*

kasar → **kasmak**

kasavet (-ti) Betrübnis *f*; ~ **etmek** betrübt sein; ~**li** betrübt; trüb (*gün*); ~**siz** sorglos

kâse Napf *m*, Schale *f*

kaset (-ti) Kassette *f*; ~**çalar** Kassettenspieler *m*; ~**li teyp** Kassettenrekorder *m*

kasık (-ğı) *Anat.* Leistengegend *f*, Leiste *f*; **~ fıtığı** (-nı) Leistenbruch *m*; **~ kemiği** Schambein *n*

kasılma Kürzung *f*; Zusammenpressung *f*; **~k** kürzer werden; sich verkrampfen → **kasmak**

kasım (*az.* **~ ayı**) November *m*; **~ ayında** im (Monat) November

kasın|ç (-cı) Krampf *m*; **~tı** Überheblichkeit *f*; Wichtigtuer(in *f*) *m*

ka'sırga (Wirbel-)Sturm *m*

kas|ıt (kastı) Ziel *n*, Absicht *f*; *Huk.* Vorsatz *m*; **-e ~ıtlı olmak** et. im Schilde führen (gegen *A*); **~ıtlı** vorsätzlich

'**kaskatı** stockstief; starr; *mec.* hart, unerbittlich (*realite*); **-den ~ kesilmek** erstarrt (*veya* starr) sein (vor *D*) (*az. mec.*)

kasket (-ti) Schirmmütze *f*

'**kasko** Kaskoversicherung *f*

kaslı muskulös

kas|mak (-ar) *v/t* kürzen; *kemer* enger schnallen; straffen; *mec.* j-n einengen, unter Druck setzen; **~ıp kavurmak** *v/t* j-n tyrannisieren; → **verwüsten**

kasnak (-ğı) Holzrahmen *m*, Stickrahmen *m*; *Tek.* **~ kayış** Treibriemen *m*; **~ fren** Bremstrommel *f*

kast (-tı) Kaste *f*

'**kastetmek** *v/t* beabsichtigen; j-n meinen (*ile* mit *D*); *bununla* meinen, sagen wollen; rechnen (zu *D*); (*-e*) j-m schaden (wollen); et. untergraben (wollen)

kasti vorsätzlich

kaş Augenbraue *f*, Wölbung *f*, Biegung *f*; **~la göz arasında** im Handumdrehen; **~larını çatmak** die Stirn runzeln

kaşar (runder) Schafskäse

kaş|ık (-ğı) Löffel *m*; **~k ~k** löffelweise; **çay ~ğı** Teelöffel *m*; **çorba/yemek ~ğı** Eßlöffel *m*

kaşımak *v/t* kratzen; sich kratzen (an *D*)

kaşın|mak *v/i* jucken; sich jucken, sich kratzen; **~tı** Juckreiz *m*, Jucken *n*

kâşif Entdecker(in *f*) *m*

kaşkaval (harter) Schafskäse (*in Rundform*)

kaşkol Halstuch *n*, Cachenez *n*

'**kaşmir** Kaschmirwolle *f*, Kaschmir...

kat (-tı) Stockwerk *n*, Etage *f*; Schicht *f*; Reihe *f*; Mal *n*; **üç ~** dreifach; *Mat.* (das) Vielfache; Garnitur *f*; Satz *m*, Set *n*; Stück *n*, Laib *m*; **iki ~** zweimal, doppelt; **iki ~ etmek** *v/t* verdoppeln; **zemin ~ı** Erdgeschoss *n*

katafalk (-kı) Katafalk *m*

katalizör Kataly'sator *m*; **~lü araba** Katalysatorauto *n*

katalog (-ğu) Katalog *m*; Verzeichnis *n*; **~lamak** katalogisieren, verzeichnen

katar[1] Zug *m*; Karawane *f*; *Ask.* Kolonne *f*; **~ ~** e-e Schlange (von *D*), Kolonnen *f/pl* (von *D*); **otomobil ~ı** Autozug *m*; **yük ~ı** Güterzug *m*

katar[2] → **katmak**

katarakt (-tı) *Tıp* grauer Star *m*

katedral (-li) Kathedrale *f*

kategori Kategorie *f*; **~k** kategorisch, bedingungslos

'**katetmek** *v/t* Strecke zurücklegen; → **kesmek, bölmek**

katı hart; grausam; fest; *et.* zäh; *hamur.* steif; fester Stoff; **~ yürekli** hartherzig; unerschütterlich

katılaş|mak hart werden, steif werden; **~tırmak** *v/t* härten; festigen

katılık (-ğı) Härte *f* (*az. mec.*); Festigkeit *f*; *Tıp* Verhärtung *f*; Schwiele *f*

katılım → **katılma**; **~ kartı** Teilnahmekarte *f*

katılış → **katılma**

katılma (*-e*) Teilnahme *f* (an *D*); Anschluss *m* (an *A*); Beitritt *m* (zu *D*); Beteiligung *f* (an *D*); Zusatz *m* (zu *D*)

katıl|mak[1] (*-e*) hinzugesetzt werden (zu *D*); teilnehmen (an *D*); *gruba* sich anschließen (an *A*); beitreten (*D*)

katıl|mak[2] *meyveler.* gepackt werden; sich biegen (*gülmekten* vor Lachen); **~a ~a ağlamak** laut schluchzen

katır Maultier *n*, Maulesel *m*; *mec.* bockig

katışık durchsetzt, untermischt; verfälscht

ka'tıyağ Fett *n*

kati endgültig; absolut; → **kesin**; **~ olarak** endgültig

katil[1] Mörder(in *f*) *m*; *kurşun:* tödlich

katil[2] (katli) Mord *m*; **kaza ~** *Huk.* Totschlag *m*

kâtip (-bi) Schreiber *m*; → **yazman**

kat'iyen endgültig, bestimmt; unbedingt; *+ olumsuzluk*: keineswegs

katkı Beitrag *m* (*-de* zu *D*); Zusatz *m*; Beilage *f*; *-e* **~da bulunmak** beitragen (zu *D*), e-n Beitrag leisten (zu *D*); **~ maddesi** Zusatzstoff *m*; **~sız** ... ohne Zusatz, unverfälscht, echt; untadelig

katlamak *v/t* zusammenlegen (*örn. kumaş*); *çakı* zusammenklappen; *kâğıt* (zusammen)falten

katlanmak *edil.* → **katlamak**; (*-e*) ertragen, erdulden; durchmachen; sich abfinden (mit *D*)

'**katletmek** *v/t* ermorden

katlı (*iki vs.*) -geschossig (*bina*); -stufig (*roket*); **iki ~** doppelt

katliam Gemetzel *n*, Blutbad *n*

katma Zusatz *m*; zusätzlich; Nach-...; **~ değer** Mehrwert *m*; **~ değer vergisi** Mehrwertsteuer *f*

katmak (-ar) *v/t* hinzufügen (*-e* zu *D*); zusetzen, *su* zugießen (*-e* zu *D*); **birbirine ~** gegeneinander aufhetzen

katman Schicht *f*; **~bulut** (-tu) Schichtwolke *f*; **~laşmak** sich in Schichten ablagern, Schichten bilden

katmer Vielschichtigkeit *f*; *özl.* Blütenfülle *f*; Art Pastete *f*; **~lendirmek** *v/t* verstärken, konsolidieren; **~leşmek** sich (schichtweise) ablagern; *mec.* sich verstärken; **~li** geschichtet, in Schichten; blütenreich; *mec.* ... ohnegleichen; ausgemacht (*aptal*); faustdick (*yalan*)

Katolik (-ği) Katholik(in *f*) *m*; katholisch; **~ kilisesi** (die) katholische Kirche; **~lik** (-ği) Katholizismus *m*

katot (-du) Kathode *f*

katran Teer *m*; Pech *n*; **~ gibi** pechschwarz; **~lı** geteert; Teer...

'**katsayı** (-nı) Koeffizient *m*

'**katyuvarı** (-nı) Stratosphäre *f*

kauçuk (-ğu) Kautschuk *m*, Gummi *n*; **~ ağacı** (-nı) Gummibaum *m*

kavak (-ğı) Pappel *f*; **ak ~** Weißpappel *f*

kaval Hirtenflöte *f*; **~ kemiği** (-ni) Wadenbein *n*

ka'valye Kava'lier *m*

kavanoz Glasbehälter *m*; *reçel*: Glas *n*

kavas *konsolosluk*: Kurier *m*

kavga Streit *m*; Skandal *m*; Schlägerei *f*; Kampf *m* (um *A*); **~ çıkarmak** e-n Streit vom Zaun brechen; *-le* **~ etmek** sich streiten (*veya* prügeln) mit j-m; **~cı** streitsüchtig; Krakeeler *m*; Schläger *m*; **~lı** zerstritten; ... in Streit (mit *D*); Streit..., Prügel...; **~sız** ohne Streit, friedlich

kavim (kavmi) → **budun**; **~ler göçü** Völkerwanderung *f*

kavis (kavsi) Bogen *m*; Krümmung *f*; Kurve *f*

kavram Begriff *m*

kavrama Kupplung *f*; Verbindungs-...; *pedal*: Kupplungs-...; **~mak** *v/t* fassen, ergreifen; sich ausbreiten (über *A*); *mec.* begreifen; **~nılmaz** unbegreiflich; **~yış** Erfassung *f*; Verständnis *n*

kavrul|mak *edil.* → **kavurmak**; (*güneşten* durch die Sonne) verbrannt sein; **~muş** geröstet

kavşak (-ğı) Kreuzung *f*; *Demiryol.* Knotenpunkt *m*

kavun Honigmelone *f*, Zuckermelone *f*; '**~içi** (-ni) rötlich-gelb

kavur|ma geröstet; **~mak** *v/t* rösten; *rüzgâr*: austrocknen, ausdörren; *mec.* yürek zerreißen; **~malık** (-ğı) Röst-..., ... zum Rösten; **~ucu** glühend, brennend, sengend; schneidend (*soğuk*)

kavuşmak (-e) erlangen (*A*); erwerben (*A*), kommen (zu *D*); *çocuk* bekommen; *olanak* erhalten; *memleket*, *kişi* wieder sehen; j-n wiederhaben, wieder finden; *ırmak*, *yol*: münden (in *A*)

kavuşturmak (-*i* -*e*) et. führen (an *A*); bringen (*bir hale* in e-n Zustand); *kollar* verschränken, kreuzen; *insanlar* zusammenführen

kaya Felsen *m*

kayak (-ğı) Ski *m*, Skier *m/pl*; Skisport *m*; Skilaufen *n*; **~ yapmak/kaymak** Ski laufen; **~cı** Skiläufer(in *f*) *m*

kayalık (-ğı) felsig; felsiges Gebiet

kayan gleitend

kayar → **kaymak**

ka'yatuzu (-nu) Steinsalz *n*

'**kaybetmek** (-*i*) *v/t* verlieren; *-i* **gözden ~** j-n aus den Augen verlieren; **kendini ~** *mec.* den Kopf verlieren

'**kaybolmak** verloren gehen; verschwinden

kaydedil|mek *edil.* → **kaydetmek**; **~iş** *Tek.* Aufzeichnung *f*

'**kaydetmek** *v/t* eintragen (*-e* in *A*); feststellen, registrieren; *basın*: mel-

kaydı 162

den; *banda* aufnehmen; aufzeichnen; bemerken, hinweisen (auf *A*); *başarı* verzeichnen; **gol ~** *Spo.* ein Tor schießen; **nüfusa ~** als Einwohner anmelden; **okula ~** einschulen

kaydı → *kayıt*

kaydırmak *v/t* gleiten lassen *vs.*; (weg)schieben, (weg)streifen (*-den* von *D*); *ettir.* → *kaymak*

kay'dıyla → *kayıt*

¹**kaydolmak** (*-e*) *edil.* → *kaydetmek*; sich anmelden (in, bei *D*); sich eintragen (in *A*)

kaygan glatt, glitschig, schlüpfrig; **~ yol** nasse Fahrbahn, Straßenglätte *f*

kaygı Sorge *f* (*-e* um *A*); *-den* **~ çekmek** sich Sorgen (*veya* Gedanken) machen (über *A*); **~lanmak** sich Sorgen machen; **~lı** bedrückend; *kişi*: besorgt; **~sız** sorglos; friedlich

kayık (*-ğı*) Boot *n*; zur Seite geneigt; **~ tabak** ovale Servierplatte; **~çı** Bootsmann *m*

kayın¹ Buche *f*

kayın² Schwager *m*; **~baba** Schwiegervater *m*; **~birader** Schwager *m*; **~lık** (*-ğı*) Schwägerschaft *f*; **~peder** Schwiegervater *m*; **~valide** Schwiegermutter *f*

kayıp (kaybı) Verlust *m*; verloren gegangen, verschwunden; verschollen; **~ (eşya) bürosu** Fundbüro *n*; **~(lar) vermek** Verluste erleiden

kayırmak *v/t* beschützen, sich annehmen (*G*); begünstigen, protegieren

kayısı Aprikose *f*

kayış Riemen *m*, Gurt *m*; *saat*: Armband *n*; **bel ~** Leibriemen *m*, Koppel *f*; **~ gibi** zäh, hart (wie Leder); verdreckt

kayıt (kaydı) Eintragung *f*, Registrierung *f*; Anmeldung *f*; Notiz *f*, Vermerk *m*; Bedingung *f*; Einschränkung *f*; Vorbehalt *m*; Beachtung *f*; (amtliche) Bescheinigung *f*; *teyp*: Aufzeichnung *f*; **kayda değer** beachtenswert; *-i* **kayda geçirmek** eintragen, anmelden (*A*); bemerken, betonen; (*-me*) **kaydıyla** vorbehaltlich (*G*); unter dem Vorbehalt (, dass ...)

kayıt|lamak *v/t* einschränken; sich vorbehalten; **~layıcı** vorbeugend; **~lı** eingetragen; angemeldet; einschränkend, bedingt, ... mit Vorbehalt; **~sız** (*-e karşı*) gleichgültig (gegen *A*), uninteressiert (an *D*), unempfindlich (gegen *A*); nicht notiert; unangemeldet

kayma Rutsch *m* (*az. Pol.*; *-e* nach *D*); **~ tehlikesi** Rutschgefahr *f*

kaymak¹ (*-ğı*) Sahne *f*, Rahm *m*; Krem, Creme *f* (*az. mec.*); **~ altı** Magermilch *f*

kaymak² (*-ar*) (dahin)gleiten (*az.* → *kayak*); ausgleiten, ausrutschen; (*yana* zur Seite) weichen; *zemin*: verrutschen, sich verschieben; *parti*: (*-e örn. sola*) rutschen; übergehen

kaymakam Landrat *m*

kaymaklı Sahne... (*dondurma*); **~ süt** Vollmilch *f*

kayna|k (*-ğı*) Quelle *f* (*az. mec.*); *Tek.* Schweißung *f*, Lötung *f*, Schweißstelle *f*, Schweißnaht *f*; Schweiß...; **enerji ~ğı** Energiequelle *f*; **ısı ~ğı** Wärmequelle *f*; **~k yapmak** schweißen

kay'nakça Bibliographie *f*

kaynakçı Schweißer *m*; **~lık** (*-ğı*) Schweißen *n*

kaynaklanmak (*-den*) herrühren (von *D*), stammen (aus *D*)

kaynama gekocht; Aufkochen *n*; **~ noktası** *Fiz.* Siedepunkt *m*

kayna|mak *v/i* kochen, sieden; schäumen; *mide*: rumoren; *deniz*: brodeln, tosen; *Tıp* zusammenwachsen; *mec.* sich zusammenbrauen, sich anbahnen; *su*: hervorsprudeln; *yara*: zuheilen; **... ~dı** *F para*: ... war futsch; *saat*: ... war um; *insan* **kaynıyor** es wimmelt von Menschen

¹**kaynana** F Schwiegermutter *f az.* → *kayınvalide*

kaynaşma Unruhe *f*, Bewegung *f*

kaynaşmak sich verbinden; sich vereinigen; zueinander passen; *kemik*: zusammenwachsen; *Freundschaft* schließen

kaynaştırmak j-n integrieren; *Ed.* verbinden, vereinigen, verschmelzen

kaynatma Schweißen *n*; *mec.* Schwatz *m*

kaynatmak *v/t* (auf)kochen, (auf)brühen; *Tek.* schweißen; *mec.* schwatzen, tratschen; F (Geborgtes) behalten

kaypak glatt, schlüpfrig; vage

kaytan Schnur *f*, Bindfaden *m*; Litze *f*, Borte *f*

kaytarmak sich drücken (*-den* vor *D*); *v/t* zurückweisen; → *iade etm.*
kayyım (*az.* **kayyum**) Moscheediener *m*; *Huk.* Treuhänder *m*
kaz Gans *f*; *mec.* Dummkopf *m*, Tölpel *m*; **~ kafalı** borniert; **~ koz anlamak** *mec.* alles falsch verstehen
ka̱za Unglück *n*; Unfall *m*; → *yargı*; Zufall *m*; *Pol.* Kreis *m* (→ *ilçe*); **~ geçirmek** e-n Unfall haben; **~ sigortası** Unfallversicherung *f*; **~ yeri** Unfallort *m*
ka'zaen → *kazara*
kazak¹ (-ğı) Sweater *m*
kazak² (-ğı) Kosake *m*; Haustyrann *m*
Kazakis'tan Kasachstan
kazan Kessel *m*; **~cı** Kesselschmied *m*
kazanç (-cı) Gewinn *m*; Verdienst *m*, Einkommen *n*; **~ vergisi** Einkommensteuer *f*; **~lı** einträglich, rentabel, Gewinn bringend; Gewinner *m*; **~sız** unrentabel, unergiebig
kazandırmak (*-i -e*) j-m eit. einbringen; j-m erteilen, geben; j-m zu eit. (*D*) verhelfen; *iş* j-m verschaffen
kazanılmış erworben, errungen
kazanım Gewinnen *n*; erworbenes Recht, Errungenschaft *f*
kazanmak *v/t* gewinnen; *para* verdienen; *başarı, zafer* erringen; *bir dost* gewinnen; *ruhsat, ün* erwerben; *alışkanlık* annehmen; *dert* erfahren; *sınavı* bestehen; *burs* erhalten, bekommen; *vakitten* **~** Zeit sparen
kazar → *kazmak*
kazara *bel.* zufällig; versehentlich
ka'zaratar Bagger *m*
kazasız ... ohne Unfall, unfallfrei; (*az.* **~ belasız**) wohlbehalten, heil und gesund
kazazede Verunglückte(r *m*) *f*; Unfallopfer *n*
kazı Grabung *f*, Ausgrabung *f*; Schnitzen *n*; Gravieren *n*; **~bilimci** Archäologe *m*, -in *f*; **~bilimi** Archäologie *f*
kazık (-ğı) Pfahl *m*, Pfosten *m*; Stock *m*, Knüppel *m*; (*-e* für j-n); *-e* **~ atmak** j-n übers Ohr hauen; **~ marka** F Wucher(preis) *m*, reiner Nepp; **~çı** Nepper *m*, Wucherer *m*
kazıklamak F *v/t* neppen
kazık'lıhumma → *tetanos*

kazıma *Tıp* Kürettage *f*; Gravur *f*; Schnitzerei *f*
kazımak *v/t* abkratzen, auskratzen; *yazıt* eingravieren
kazma (Spitz-)Hacke *f*
kazmak (-ar) *v/t* *çukur* graben, ausheben
KDV *kıs.* = *Katma Değer Vergisi* Mehrwertsteuer *f* (MwSt)
kebap (-bı) Röstfleisch *n*; Schaschlik *m*; gebraten, geröstet (*mısır vs.*); **~ şişi** Bratspieß *m*; **döner ~** → *döner*; *mec.* brennend; **~çı** Schaschlikverkäufer *m*, F Schaschlikbude *f*
kebere Kaper(*n pl*) *f*
keçe Filz *m*; Filz...; Filzteppich *m*; **~leşmek** sich verfilzen, sich verheddern; *Haut*: rau werden; *uzuv*: pelzig (*veya* taub, empfindungslos) werden; **~li** Filz...; **~li kalem** Filzschreiber *m*
keçi Ziege *f*; Ziegenbock *m*; *mec.* bockig, stur; **'~yolu** (-nu) (Fuß-)Pfad *m*
keder Kummer *m*, Leid *n*; **~ çekmek** sich Sorgen machen; *-e* **~ vermek** j-m Sorgen machen; **~lenmek** betrübt sein; **~li** sorgenvoll, verhärmt; **~siz** sorgenfrei
kedi Katze *f*; **erkek ~** Kater *m*; **~gözü** (-nü) Rückstrahler *m*, F Katzenauge *n*
kefalet (-ti) Bürgschaft *f*; **~le** mit Kaution *f*; → *kefillik*
kefe Waagschale *f*
kefen Leichentuch *n*
kefil Bürge *m*; Garant *m*; **~ göstermek** e-n Bürgen stellen; *-e* **~ olmak** bürgen, haften (für *A*); **~lik** (-ği) Bürgschaft *f*, Garantie *f*
kehanet (-ti) Weissagung *f*; **~ etmek** prophezeien
kek (-ki) Sandkuchen *m*; Kekse *m/pl*
keke Stotterer *m*; stotternd; **~lemek** stottern; stammeln; **~me** Stottern *n*; **~melik** (-ği) Stottern *n*; Stammeln *n*
kekik (-ği) *Bot.* Thymian *m*
keklik (-ği) Rebhuhn *n*
kekre säuerlich, herb; **~msi** säuerlich, etwas herb; *kişi*: mürrisch
kel nackt, kahl; glatzköpfig
kelam (-amı) [lâ] Wort *n*; Rede *f*
kelebek (-ği) Schmetterling *m*; *Tek.* Flügelschraube *f*; **~camı** (-nı) *oto:* Ausstellfenster *n*
ke'lepçe Handschelle *f*; *Tek.* Schelle *f*
kelime Wort *n*; **~ hazinesi** Wort-

kelimesiz 164

schatz *m*; **~ oyunu** Wortspiel *n*; **bir ~ ile** mit einem Wort; **~nin tam anlamıyla** im wahrsten Sinne des Wortes; **~si ~sine** Wort für Wort; wörtlich; **~siz** wortlos

kelle F Kopf *m*, Schädel *m*

kelleşmek kahl werden

kellik (-ği) Kahlköpfigkeit *f*; Grindköpfigkeit *f*; kahle Gegend

keman Geige *f*; Bogen *m*; **~ çalmak** Geige spielen; **~cı** Geigenspieler *m*; Geigenbauer *m*

ke'mençe kleine Geige (mit drei Saiten)

kement (-di) Lasso *n*; Schlinge *f*

kemer Gürtel *m*; *Mim.* Bogen *m*; Arkade *f*; Gewölbe *n*; *pantolon*: Bund *m*; krumm, gebogen; Haken... (*burun*); **~ altı** Markthalle *f*; **~ köprü** Viadukt *m veya n*; **cankurtaran ~i** Rettungsgürtel *m*; **emniyet ~i** Sicherheitsgurt *m*; **su ~i** Aquädukt *m veya n*; **~lerinizi bağlayın(ız)!** *Hava.* schnallen Sie sich an!

kemerli bogenförmig, Bogen...; krumm, gebogen

kemik (-ği) Knochen *m*; Knochen..., Bein...; **~ iliği** (-ni) Knochenmark *n*; **~lerine kadar** *mec.* bis auf die Knochen

kemir|gen Nagetier *n*; **~ici** nagend (*az. mec.*); Nagetier *n*; **~mek** (-*i*) nagen (*an D*), benagen (*A*); *pas*: zerfressen, zerstören

kenar (-arı) Rand *m*; Ufer *n*; *giysi*: Saum *m*; Bördüre *f*; *şapka*: Krempe *f*; *Mat. üçgen*: Seite *f*; *sıf.* abgelegen; öde; **~ mahalle** Stadtrand *m*; **-i ~a atmak** *mec.* hinwegehen (über *A*); beiseite legen; **-i bir ~a bırakmak** vernachlässigen; **~da kalmak** beiseite stehen (*özl. mec.*); **~da köşede** ganz zurückgezogen, verborgen; **~lı** -randig; -krempig; schön gesäumt

kendi selbst, selber; er, sie, es, eigen; *dönüşlülük adılı* sich; **~m** ich (selbst), **~n** du (selbst), **~(si)** er, sie, es (selbst), **~miz** wir (selbst), **~niz** ihr (selbst), Sie (selbst); **~leri** sie (selbst); **~me** mir, **~mi** mich *vs.*; **~mi iyi bulmuyorum** ich fühle mich nicht wohl; **~minki** mein, meins; der, die, das Meinige; **~ evim** 'mein Haus, **~ evin** 'dein Haus; **~ kitabı** sein Buch, sein eigenes Buch; **~ başına** selbstständig, auf eigene Faust; **~ ~ne** vor sich; mit sich selbst; ganz allein; selbst...; **~nden geçmek** in Ohnmacht fallen; **~ni tanıtmak** sich vorstellen

kendiliğinden spontan; automatisch; *bel.* von selbst; Selbst...; **~ tutuşma** Selbstzündung *f*; **~lik** (-ği) Spontanität *f*

kendi|lik (-ği) Wesen *n*; Individualität *f*; **'~nce** nach seiner Ansicht; wie er glaubt; (rein) persönlich; **~nde** *Fel.* Wesen *n*; **~nden** → **kendiliğinden**

kendir Hanf *m*

kendi'since → **kendince**

kene *Zoo.* Zecke *f*; **~ gibi** *mec.* wie e-e Klette

kenet (-di) (eiserne) Klammer, Klemme *f*; **~ etmek** (zusammen-)klammern; **~lemek** *v/t* (zusammen)klammern; nieten; (*birbirine*) *ellerini* kreuzen, falten; *dudak* zusammenpressen; **~lenmek** *edil.* → **kenetlemek**

kenevir Hanf *m*

kent (-ti) Stadt *f*; → **şehir**

kental (-i) Zentner *m*

kent|leşme Urbanisierung *f*; Verstädterung *f*; **~leşmek** verstädtern; **~sel** städtisch; urban

kep (-pi) Mütze *f*, *Ask.* Käppi *n*; (Schwestern-)Haube *f*

kepaze *şey*: wertlos, F mies; F Schund; unverschämt, frech; gemein; verächtlich; **-i ~ etmek** j-n blamieren; **~ olmak** sich blamieren; **~lik** (-ği) Gemeinheit *f*; Schande *f*

kepçe Schöpflöffel *m*; Ke(t)scher *m*; **~kulak** abstehende Ohren *n/pl*

kepek (-ği) Kleie *f*; Kopfschuppen *pl*; **~li** mit Schuppen; **~li buğday ekmeği** (-ni) Vollkornbrot *n*

kepenk (-gi) Rolladen *m*, Fensterladen *m*

keramet (-ti) Wunder *n*; et. Wunderbares

kerata Schelm *m*; Schuhanzieher *m*

kere Mal *n*; **bir ~** einmal; **iki ~** zweimal *vs.*; **iki ~ iki** zwei mal zwei; **bazı ~** manchmal; *az.* → **defa, kez**

kerem Großmut *f*, Edelmut *m*

ke'reste Bauholz *n*; *mec.* blöd; **~ci** Holzhändler *m*; **~cilik** (-ği) Holzhandel *m*; Holzindustrie *f*

kerevit (-di) Flusskrebs *m*
kereviz Sellerie *m veya f*
kerhane Bordell *n*; F Puff *m*
kermes Jahrmarkt *m*; Volksfest *n*
kerpeten (Kneif-)Zange *f*
kerpiç (-ci) ungebrannter Ziegel, *az.* Luftziegel *m*; Ziegel...
kerte Kerbe *f*; Grad *m*, Stufe *f*
ker'tenkele Eidechse *f*
kertmek (-er) *v/t* kerben; stoßen (an *A*)
kervan Karawane *f*; **~cı** Karawanenführer *m*; **~saray** Karawanserei *f*
kesat (-dı) *Tic.* Flaute *f*; schlechte Ernte
kese (kleiner) Beutel; Futteral *n*; Tasche *f*; Geldbörse *f*; Frottierhandschuh *m*; **'~ kâğıdı** Tüte *f*
kesele|mek (-*i*) frottieren, **~nmek** sich frottieren, sich abreiben; frottiert werden
keser Beil *n*; *az.* → **kesmek**
kesici (ab)schneidend; Schneide...; *ağrı* **~** (*ilaç*) schmerzlinderndes Mittel
kesif dicht; massig; Massen...; matt, undurchsichtig; penetrant (*koku*)
kesik (-ği) abgeschnitten (*dal*); *çizgi*: unterbrochen; *süt*: sauer (geworden); *kişi*: abgekämpft, F geschafft; *gazete*: Ausschnitt *m*; Schnittwunde *f*
kesilmek *edil.* → **kesmek**; erschöpft sein; *süt vs.:* gerinnen, sauer werden; *yağmur vs.:* aufhören; *su*: nicht mehr fließen; *rüzgâr.* sich legen; **sapsarı ~** leichenblass werden
kesim Schneiden *n*, Abschneiden *n*; *hayvan*: Schlachtung *f*; Abschnitt *m*, Sektor *m*; *kumaş*: Zuschneiden *n*, Fasson *f*; Schnitt *m*; **'~evi** (-ni) Schlachthaus *n*
kesin endgültig, definitiv; entschlossen (*önlem*); *bel.:* **~ olarak**; **~leşmek** (endgültig) entschieden werden
kesinlik (-ği) Bestimmtes, Definitives; **~le** kategorisch; unfehlbar; absolut; endgültig; *olumsuz*: nie und nimmer; **~le hayır!** auf gar keinen Fall
kesinti Unterbrechung *f*, *maaş*: Abzug *m*; Einschränkung *f*; **personel ~leri** Personalabbau *m*; **~li** ... mit e-r Pause, ... mit Unterbrechungen; *maaş*: gekürzt, Netto...; **~siz** ununterbrochen, pausenlos; *maaş*: Brutto...

kesir (kesri) *Mat.* Bruch *m*; **~li** Bruch...
keski Meißel *m*, Stichel *m*
keskin scharf; *koku*: beißend; *soğuk*: schneidend; *nişancı*: sicher; **~ nişancı** Scharfschütze *m*
kesme Schneiden *n*; Schlachten *n*; Würfel..., würfelförmig; **~ işareti** Apostroph *m*
kesmek (-er) *v/t* schneiden; (-*meyi*) aufhören (zu + *Infinitiv*); (-*e*) werden: *ağaç* fällen; *bilet* entwerten; *ateş* senken; sich schneiden; *elektrik, gaz, su* abstellen, abdrehen; (*oto*:) *gaz* wegnehmen; *maaştan* abziehen; *konuşma* abbrechen; *saç* stutzen; *iskambil*: (e-e Karte) abheben; *gürültü* mit (dem Lärm) aufhören; ausschalten; *ağrı* vertreiben; *hayvan* schlachten; *ödeme, yardım* einstellen; **-i kesip atmak** kurzerhand urteilen (*veya* etwas sagen)
kes'meşeker Würfelzucker *m*
kestane Kastanie *f*; Kastanienbaum *m*; **'~rengi** kastanienbraun
kestirme Kürzen *n*; *yol*: Abkürzung *f*; Peilen *n*, Peilung *f*; Peil...; *sıf.* endgültig; entschlossen; *bel.* kurz und knapp; **~den** schnurstracks
kestirmek *v/t* schneiden lassen *vs.* → **kesmek**; feststellen, ergründen; voraussehen; ermessen; sich et. denken; ansäuern; *biraz* **~** ein Schläfchen halten; **kestirip atmak** es (dabei) bewenden lassen
'keşfetmek *v/i* entdecken; enthüllen, aufdecken
keşide *çek*: Ausstellung *f*
keşif (keşfi) Entdeckung *f*; Enthüllung *f*; *Ask.* Aufklärung *f*
keşiş christlicher Mönch; **~hane** Kloster *n*
keşişleme Südostwind *m*; *Gemi.* Südosten *m* → **güneydoğu**
'keşke: **ah, ~ bir iş bulsam** wenn ich doch e-e Arbeit fände!; **~ bir haber gönderseydik** (*veya* **göndermiş olsaydık**)*!* wenn wir doch eine Nachricht geschickt hätten!
ketçap (-bı) Ketschup *m veya n*
keten Leinen *n*; Lein(en)...
kevgir Schaumlöffel *m*; Sieb *n*
keyfi willkürlich; qualitativ; **~nce** nach Belieben

keyfiyet (-ti) Umstand *m*; Tatsache *f*

key|if (keyfi) Wohlbefinden *n*; gute Laune, gute Stimmung; Vergnügen *n*; Rausch *m*, Schwips *m*; Laune *f*, Einfall *m*; Verlangen *n*; **~if çatmak** sich amüsieren; **~if halinde** beschwipst; *-e* **~if vermek** j-n berauschen; **~fi bilmek** *mec.* s-n eigenen Kopf haben; **~fi bozulmak: ~fim bozuldu** mir ist die Laune verdorben, ich fühle mich nicht wohl; **~fi sıra** willkürlich; **~fi yerinde** gut aufgelegt (*veya* zuwege) sein; **~fine bakmak** es sich wohl sein lassen

keyif|lendirmek *v/t* aufheitern; **~lenmek** wieder guter Dinge sein; **~li** froh, ... guter Stimmung; angeheitert; **~siz** missmutig, ... schlechter Stimmung; unpässlich; **~sizlenmek** unpässlich sein; kränkeln; **~sizlik** (-ği) Missstimmung *f*; Unpässlichkeit *f*

kez mal; → **kere**, **defa**; **bir ~ daha** wieder einmal

'keza genauso

kezzap (-bı) Salpetersäure *f*

kıble Gebetsrichtung *f* (*nach* Mekka); Südwind *m*

'Kıbrıs Zypern *n*; **~lı** Zypriot(in *f*) *m*

kıç (-çı) F Hintern *m*; *at.* Kruppe *f*; *Gemi.* Heck *n*

kıdem Dienstalter *n*; Dienstzeit *f*; **~ tazminatı** Altersruhegeld *n*; **~li** lang gedient

kıkır: ~ ~ kichernd

kıkırda|k (-ğı) Knorpel *m*; **~k disk** *Anat.* Bandscheibe *f*; **kulak ~ğı** Ohrmuschel *f*

kıkırdamak kichern; vor Kälte erstarren

kıl (Körper-)Haar *n*; *hayvan:* Wolle *f*; *Bot.* Flaumhärchen *n*; *sıf.* häran, Haar...; Rosshaar...; **~ gibi** haarfein; **~ kadar** winzig

kılavuz Führer *m* (*kişi ve kitap*); *Gemi.* Lotse *m*; Nachschlagewerk *n*; **kullanım ~u** Gebrauchsanweisung *f*; **yazım** (*veya* imla) **~u** Rechtschreibebuch *n*; **~luk** (-ğu) Führung *f*; Lotsendienst *m*

kılcal Kapillar..., Haar...; **~ damar** Kapillargefäß *n*

kılçık (-ğı) Gräte *f*; **~lı** ... mit Gräten; *mec.* heikel, dornig; **~sız** ... ohne Gräten

kılıç (-cı) Säbel *m*; Schwert *n*

kılıf Futteral *n*; Hülle *f*; Überzug *m*; Kondom *n*; *mec.* fadenscheinige Begründung; **yastık ~ı** Kissenbezug *m*; **~lamak** *v/t* überziehen (*-e* mit); **~lı** bezogen; in e-m Futteral

kılık (-ğı) (das) Äußere, Aussehen *n*; Kleidung *f*; **~ı** vom Aussehen (eines ...), gekleidet wie ...; **~sız** unansehnlich; ungepflegt; schlecht gekleidet

kılınmak gemacht werden; → **kılmak**

kılmak (-ar) machen; **mümkün ~** ermöglichen; *-e* **mecbur ~** zwingen (zu *D*); **namaz ~** beten

kımılda|(n)mak sich bewegen; sich rühren (**yerden** von der Stelle); vibrieren; **~tmak** *v/t* von der Stelle rücken; bewegen, schwanken lassen

kınama Rüge *f*, Missbilligung *f*; **~ cezası** Disziplinarstrafe *f*, Verwarnung *f*

kınamak *v/t* kritisieren, verurteilen; verwarnen

kınnap (-bı) Schnur *f*, Strick *m*

kıpar → **kıpmak**

kıpır: ~ ~ fortgesetzt, ständig; zitternd, in Angst; zappelig

kıpır|damak sich rühren, sich bewegen; zittern; vibrieren; **~datmak** *v/t* bewegen; erzittern (*veya* vibrieren) lassen; **~tı** Zittern *n*, Vibrieren *n*

kıpıştırmak blinzeln (*-i* mit *D*)

'kıp|kırmızı feuerrot; **~kızıl** über und über rot, glutrot

kıpmak (-ar) zwinkern

Kıptı Kopte *m*; koptisch; (*yanlış olarak az.*) Zigeuner *m*, *az.* → **roman**; **~ce** (das) Koptisch(e)

kır¹ grau; hellgrau

kır² freies Feld; **~a gitmek** ins Freie (*Almanya'da:* ins Grüne) fahren

kıraç unfruchtbar (*toprak*); öde

kırağı Reif *m*

kıral *vs.* → **kral** *vs.*

kırar → **kırmak**

kırat (-tı) Karat *n*; **~lık** -karätig; -artig

kırbaç (-cı) Peitsche *f*, Gerte *f*; **~lamak** *v/t* j-n peitschen

kırçıl angegraut, graumeliert

kırdırmak *ettir.* → **kırmak**; *Tic.* diskontieren lassen

kırgın verzweifelt; enttäuscht; kränkend; gebrochen (*kalp*); gekränkt

Kırgızistan Kirgisien
kırıcı brechend; rüpelhaft (*davranış*); **grev** ~ Streikbrecher *m*
kırı|k (-ğı) zerbrochen; kaputt; *Tıp* Bruch *m*; Graupen *f/pl*; Grütze *f*; *el, çizgi*: gebrochen; *okul notu*: schlecht; **cam ~ğı** Scherbe *f*; **ekmek ~ğı** Brotkrume *f*
kırıklık (-ğı) Zerschlagenheit *f*; **düş kırıklığı** Zusammenbruch *m* der Illusionen; (herbe) Enttäuschung
kırılgan zerbrechlich; leicht eingeschnappt
kırıl|mak gebrochen werden, erschlagen werden *vs.*; → **kırmak**; zugrunde gehen; sich ärgern (*-e* über *A*); zerschlagen sein; *mec.* brechen (*-den* vor *D, örn.* kalabalık); **~mayan, ~maz** unzerbrechlich
kırım Massenmord *m*; Schlachtung *f*; Bruch *m*, Panne *f*
kırıntı Krume *f*, Krümchen *n*; Rest *m*
kırışık runzelig; Falte *f*, Runzel *f*; **~sız** faltenlos
kırışmak runzelig werden; zusammenschrumpfen; F zur Hälfte teilen (*-i A*)
kırıştırmak flirten (**ile** mit *D*); runzelig machen *vs.* → **kırışmak**
kırk (-kı) vierzig; (die) Vierzig; **~ yılda bir** alle Jubeljahre einmal; **~ta bir** ein Vierzigstel *n*
kırkar¹ je vierzig; **~²** → **kırkmak**
kırkıncı vierzigste(r, -s)
kırkmak (-ar) *v/t* stutzen; scheren, trimmen
kırlangıç (-cı) Schwalbe *f*; **~balığı** (-nı) roter Knurrhahn
kırlaşmak ergrauen
kırma Brechen *n*; Falten *n*; Plissee *n*; grob gemahlen (*buğday*); Graupen *pl*; *at*: Halbblut *n*; umklappbar
kırmak (-ar) *v/t* zerbrechen, zertrümmern, F kaputtmachen; brechen; *Tıp* sich (*kolunu*) brechen; *j-n* kränken, verletzen; P abhauen; *otorite* untergraben; *umut* zerstören; *tahta* hacken; *fındık* knacken; *fiyat* herabsetzen; *salgın hastalık*: dahinraffen, vernichten; *dümen* umwerfen; *senet* diskontieren; *-i kırıp geçirmek* zerstören, vernichten (*A*); j-n drangsalieren; j-n bezaubern, begeistern; j-n zum Lachen bringen

kırmızı rot; **~ oy** Neinstimme *f*; **~ şarap** Rotwein *m*; **~da trafikte**: bei Rot
kırmı'zıbiber Paprika *m*
kırmızı|lahana Rotkohl *m*; **~laşmak** erröten; **~lık** (-ğı) Röte *f*; **~msı, ~mtırak** rötlich; **~turp** (-bu) Radieschen *n*
kırpıntı Schnitzel *m veya n/pl*; Abfälle *m/pl*; Reste *m/pl*
kırpış|mak *v/i* blinzeln; **~tırmak** *v/t* blinzeln; zwinkern (mit *D*)
kırp|mak (-ar) *v/t* stutzen; (*göz* mit den Augen) zwinkern; sich et. abzwacken (*-den* von *D*); **gözünü ~madan** ohne mit der Wimper zu zucken
kırsal ländlich; Steppen...
kırtasiye Schreib- und Papierwaren *f/pl*, Büro...; **~ci** Schreibwarenhändler *m*; Bürokrat *m*; **~cilik** (-ği) Schreibwarenhandel *m*; Bürokratismus *m*
kısa kurz (*az. zamansal*); Kurz... (*dalga*); **~ boylu** untersetzt; **~ çorap** Socke *f*; **~ dalga** Kurzwelle *f*; **~ devre** *El.* Kurzschluss *m*; **~ geçmek/ kesmek** es kurz machen; **~ ömürlü** kurzlebig; **~ca** ziemlich kurz
kı'saca kurz *anlatmak*; **~sı** kurzum
'kısacık sehr kurz
kısal|mak zu kurz werden; *az. kumaş*: **~tılma** *mühler.* Kürzung *f*, **~tma** Kürzung *f*, Abkürzung *f*; **~tmak** *v/t* kürzen, kürzer machen; abkürzen
kısar → **kısmak**
kısık (-ğı) *göz*: geschwollen; *ses*: gedämpft; heiser
kısıl|ma Einschränkung *f*, **~mak** edil. → **kısmak**; *göz*: blinzeln; *kalp*: sich zusammenziehen; *ses*: heiser (*veya* schwach) klingen; *sular*: schwach laufen
kısım (kısmı) Teil *m*; Gruppe *f*, Kategorie *f*
kısıntı Einschränkung *f*; Sparmaßnahme *f*; *mec.* Abbau *m*
kısır unfruchtbar; unnütz; **'~döngü** Teufelskreis *m*; Trugschluss *m*; **~laşmak** unfruchtbar werden; **~laştırmak** *v/t* sterilisieren; kastrieren; **~lık** (-ğı) Unfruchtbarkeit *f*
kısıtla|mak *v/t mec.* einschränken;

kısıtlayıcı beeinträchtigen, behindern; **~yıcı** einschränkend

kıskaç (-cı) Kneifzange *f*; Schraubstock *m*, Zwinge *f*

kıskanç (-cı) eifersüchtig; neidisch; **~lık** (-ğı) Eifersucht *f*; Neid *m*

kıskandırmak (*-i*) j-n eifersüchtig machen; Neid hervorrufen

kıskanmak eifersüchtig sein (*-i* auf *A*; *-den* wegen *G*); neidisch sein (auf *A*); eifersüchtig wachen (über *A*); nicht gönnen (*-den -i* j-m *A*); beneiden (*-den -i* j-n um *A*)

¹**kıskıvrak** ganz fest (*örn.* bağlamak)

kısmak (-ar) vermindern; *gözlerini* (zusammen)kneifen; *masrafları* einschränken; *kemerleri* enger schnallen; *radyo* leiser stellen; *farları* abblenden; *sesini* dämpfen

¹**kısmen** teilweise; teils

kısmet (-ti) Schicksal *n*; Glück *n*; **~!** vielleicht; wer weiß?; **~ aramak** sein Glück versuchen

kısmi teilweise, partiell, Teil... (*ödeme*); **~ seçim** Nachwahl *f*

kısrak (-ğı) Stute *f*

kıstas Kriterium *n*

kıstırmak (*-i -e*) sich (ab)quetschen (*-e* in *D*); j-n in die Enge treiben

kış Winter *m*; **~ sporları** Wintersportarten *f*/*pl*; **~ tarifesi** Winterfahrplan *m*; **~ uykusu** Winterschlaf *m*; **~ı geçirmek** überwintern

¹**kışın** im Winter

kışkırtı Aufwiegelei *f*, Provokation *f*; **~cı** aufwieglerisch; provokatorisch; Provokateur *m*

kışkırt|ma Hetze *f*; Provokation *f*; provokatorisch; **~mak** *v*/*t* mec. aufhetzen, provozieren

¹**kışla** Kaserne *f*; Garnison *f*

kışla|k (-ğı) Winterlager *n*; **~mak** den Winter verbringen

kışlık Winter...; Winterquartier *n*

kıt (-ti) gering; kümmerlich; *hasat*: schlecht; *Tic.* knapp; *anlayışı* **~** schwer von Begriff; *sözü* **~** wortkarg

kıta Kontinent *m*, Festland *n*; *Ask.* Trupp *m*, Unterabteilung *f*, Einheit *f*; **~'lararası** interkontinental; **~ sahanlığı** Festlandssockel *m*

kıtlaşmak knapp werden

kıtlık (-ğı) Hungersnot *f*; Knappheit *f*, Mangel *m* (an *D*); **~ yılı** Hungerjahr *n*

kıvam Konsistenz *f*; (der) richtige Augenblick; Höhepunkt *m*; Reife *f*; **~lı** dickflüssig; reif

kıvanç (-cı) Stolz *m*; Freude *f*; **-le ~ duymak** stolz sein (auf *A veya* darauf, zu ...); sich freuen (, zu ...); **~lı** stolz; freudig

kıvılcım Funke(n) *m* (*az. mec.*); *umut* **~ı** Hoffnungsschimmer *m*

kıvır: **~ ~** kraus (*saç*)

kıvırcık lockig, gekräuselt; **~ lahana** Kohlrabi *m*; **~ salata** Endivie *f*

kıvırmak *v*/*t* kräuseln; *bez* einsäumen (*-den* an *D*); F verputzen, verdrücken; *şey* (es) schaffen, fertig werden (mit *D*); *yalan* auftischen; (*-e*) abbiegen (nach *D*); *mec.* sich drücken

kıvrak gewandt; pfiffig; flink

kıvranmak sich winden (*az. acıdan*); *mec.* in großer Not sein

kıvrık (-ğı) umgebogen, nach oben gebogen; gewunden; Umschlag *m*

kıvrılmak sich kräuseln *vs.* → *kıvırmak*; sich schlängeln; sich zusammenkauern; einbiegen (*-e* in *A*)

kıvrım Krümmung *f*; Windung *f* (*az. Anat.*); kraus; lockig; Knick *m*, *Jeol.* Falte *f*, **~ ~** gekräuselt; *yol*: gewunden; **~ ~ olmak** *mec.* sich krümmen (vor *D*); **~ ~ kıvranmak** → **~ ~ olmak**; *mec.* auf den Knien rutschen; **~lı** gekrümmt

kıyafet (-ti) Kleidung *f*; → **kılık**; offizielle Kleidung; **~ balosu** Maskenball *m*; *milli* **~** Nationaltracht *f*; **~li** gut gekleidet

kıyak (-ğı) F dufte, prima; *gnl.* großartig; Gefallen *m*

kıyamet (-ti) *Din.* Auferstehung *f*, *mec.* Tohuwabohu *n*; **~ gibi**/**kadar** in Mengen; sehr; **~ günü** (der) Jüngste Tag; **~e kadar** bis in alle Ewigkeit

kıyar → **kıymak**

kıyas Vergleich *m*; Analogie *f*; *mantık*: Syllogismus *m*; **-e ~ etmek** vergleichen (mit *D*); **-e ~la** im Vergleich (zu *D*)

kı'yasıya halbtot (*dövüşmek*); bis aufs Blut (*savaşmak*); erbarmungslos (*rekabet*)

kıyasla|ma Vergleich *m*; **~ma yapmak** e-n Vergleich ziehen (... *arasında* zwischen *D*); **~mak** *v*/*t* vergleichen (**ile** mit *D*)

kıyı Ufer *n*; Küste *f*; *yol*: Rand *m*
kıyılmak *edil.* → **kıymak**; *mec.* ganz zerschlagen sein
kıyma Hacken *n*; Hack...; Hackfleisch *n*
kıymak (-ar) *v/t* (zer)hacken; (-e) *para* nicht scheuen; (-e) j-n nicht schonen; j-n umbringen; *gençlik* vergeuden
kıymet (-ti) Wert *m*; Wertschätzung *f*; ... **~inde** im Werte (von *D*); **~i olmak** e-n Wert, (e-e) Bedeutung haben; *-in* **~ini bilmek** zu schätzen wissen (*A*); **~lendirmek** *v/t* (*yeniden*) *Tic.* aufwerten; **~lenmek** aufgewertet werden; **~li** *kişi*: lieb; verehrt; *şey*: wertvoll; Wert... (*kâğıt*); Edel... (*taş*); *Kim.* -wertig; **~siz** wertlos
kıymık (-ğı) Splitter *m*
kız Mädchen *n*; Junggesellin *f*; *Ed.* Jungfrau *f*; Tochter *f*; *iskambil*: Dame *f*; Königin *f*; **~ arkadaş** Freundin *f*, Kollegin *f*; **~ atlet** Leichtathletin *f*; **~ çocuk** kleines Mädchen; **~ kardeş** Schwester *f*; **~ gibi** mädchenhaft; schüchtern; tadellos
kıza|k (-ğı) Schlitten *m*; *Gemi.* Helling *f*; *-i* **~ğa çekmek** *Gemi.* auf die Helling legen; außer Betrieb setzen; *kişi* in den einstweiligen Ruhestand versetzen; *-i* **~k yapmak** rutschen, ins Schleudern kommen
kızamık (-ğı) *Tıp* Masern *pl*; **~ çıkarmak** die Masern haben
kızamıkçık (-ğı) *Tıp* Röteln *pl*
kızar → **kızarmak**
kızar|mak *v/i* sich röten, reifen; erröten, rot werden; *kömür.* glühend werden; noch länger braten, braun werden; **~mış** (braun) gebraten; **~tı** Rötung *f*
kızart|ma Braten *m*; Rostbraten *m*; **~mak** *v/t* erröten lassen; braun braten
kızdırmak *v/t* anwärmen, vorwärmen; erwärmen; *mec.* j-n ärgern, wütend machen
kızgın heiß, erhitzt; glühend (*güneş*); *mec.* wütend; **~** böse, zornig; **~laşmak** wütend werden, aufbrausen; **~lık** (-ğı) Erhitzung *f*; *mec.* Gereiztheit *f*; Zorn *m*
kızıl rot (*az. Pol.*); hitzig (*kavga*); **~** (*hastalığı*) *Tıp* Scharlach *m veya n*

Kı'zılay Roter Halbmond
kızılcık (-ğı) Kornelkirsche *f*
Kı'zıl|deniz Rotes Meer; **~derili** Rothaut *f*
Kı'zılhaç (-çı) Rotes Kreuz
kızıllaşmak rot werden, sich röten
kızıllık (-ğı) Röte *f*; Rötung *f*
kı'zılötesi infrarot
kızış|mak *mec.* entbrennen, entflammen; sich stürmisch entwickeln; *Zoo.* in die Brunst kommen; brünstig sein; **~tırmak** anzünden; *mec.* entfachen; aufhetzen
kızlık (-ğı) Jungfräulichkeit *f*; Mädchen...; **~ adı** Mädchenname *m*
kızmak (-ar) glühend werden; heiß werden; sich aufregen (-e über *A*)
ki 1. *ilgi adılı der vs.*; *siz ~ beni tanırsınız* Sie, der Sie mich kennen; 2. *bağl.* dass; so ... dass; um ... zu; damit; aber, doch: *herkes bilir ~ dünya yuvarlaktır* jeder weiß, dass die Erde rund ist; *bana dedi ~ hastayım* er sagte zu mir, dass er krank sei; *oturdum ~ biraz dinleneyim* ich setzte mich, um mich ein bisschen auszuruhen; *geldim ~ kimseler yok!* ich kam, doch niemand war da!; *öyle* (*veya o kadar*) *... ~* so ... dass: *o kadar para harcadı ~ donduk, kaldık* er gab so viel Geld aus, dass wir ganz verblüfft waren; 3. denn, eben, doch, ja *vs.*: *niçin gelmedi ~!* warum ist er denn nicht gekommen?; *öyle* (*veya o kadar*) *çalıştık ~!* wir haben derartig gearbeitet *veya* haben wir gearbeitet!; *ona güvenilmez ~!* auf ihn kann man sich eben nicht verlassen
kibar vornehm; *giysi*: elegant, fesch; **~laşmak** vornehm werden; **~lık** (-ğı) Vornehmheit *f*; Eleganz *f*
kibir (kibri) Stolz *m*; Hochmut *m*; **~lenmek** hochtrabend sein; **~li** stolz, hochmütig
kibrit (-ti) Zündholz *n*, Streichholz *n*; **~ çakmak** ein Streichholz anzünden; **~ kutusu** Streichholzschachtel *f*
kih: ~ ~ gülmek kichern
kil Ton *m*, Tonerde *f*
kiler Speisekammer *f*, Speiseschrank *m*
kilim Kelim(teppich) *m*
ki'lise Kirche *f*; *Anglikan* **~si** die ang-

kilit

likanische Kirche; *Sen Piyer ~si* (die) Peterskirche

kilit (-di) Schloss *n*; **~ altında** unter Verschluss; **~lemek** *v/t* abschließen, zuschließen; einsperren, einschließen (*-e* in *A*); ineinander fügen; *mec. durum:* blockieren; **~li** verschlossen, abgeschlossen

'**kilo** Kilo *n*; Kilo...; **~ almak** an Gewicht zunehmen; **~ vermek** abnehmen; **~gram** Kilogramm *n*

kiloluk (-ğu) Kilo... (*paket*), ... von ... Kilo

kilo'metre Kilometer *m*; **~ kare** Quadratkilometer *m*; **~ saati** Tachometer *m*; **~ taşı** Kilometerstein *m*; *mec.* Markstein *m*

kilovat (-tı) Kilowatt *n*; **~ saat** Kilowattstunde *f* (*kWh*)

kim wer?; **~se, ~ ise ...** wer auch immer ...; jeder, der ...; **~in için?** für wen?; **~in** wessen?; *bu* **~indir** wem gehört das?; **~imiz** einige von uns; **~iniz** einige von euch (*veya* Ihnen); **~(dir) o?** wer ist da?; **~ olursa olsun ...** wer es auch immer sei ...; *burada* **~ var?** wer ist denn da?; *her* **~** jeder, der ...; **~ler?** wer (alles)?; **~ bilir** wer weiß, ...; weiß der Himmel, ob ...

'**kime** wem?, an wen?

'**kimi** einige, manche; wen? (*A von kim*); **~ ..., ~ ...** die einen ..., die anderen ...; **~ zaman** manchmal

'**kimisi** mancher

kimlik (-ği) Identität *f*, Personalien *pl*; Personalausweis *m* (*az.* **~ belgesi**)

'**kimse** jemand; **~ler** einige, welche; niemand; *hiçbir* **~** überhaupt keiner

'**kimsesiz** allein stehend; menschenleer; **~lik** (-ği) Alleinsein *n*

kimya Chemie *f*; **~cı** Chemiker(in *f*) *m*; Chemielehrer(in *f*) *m*; **~ger** Chemiker(in *f*) *m*; **~sal** chemisch

kimyevi → **kimyasal**

kimyon Kümmel *m*

kin Hass *m*, Feindschaft *f*; *ırk* **~i** Rassenhass *m*; *-e* **~ bağlamak** (*veya* **beslemek, gütmek, tutmak**) Hass haben (auf *A*), Hass empfinden (gegen *A*); **~cı** gehässig, hasserfüllt

kinin *Tıp* Chinin *n*

kinizm Zynismus *m*

kir Schmutz *m*; *mec.* Schande *f*; **~ götürmek** nicht schmutzempfindlich sein; *az.* sehr schmutzig sein

kira Miete *f*; **~ artırımı** Mieterhöhung *f*; **~ bedeli** Leihgebühr *f*; **~ ile**, **~da** zur Miete (*ikamet*); **~ kontratı** Mietvertrag *m*; **~ süresi** Mietdauer *f*, *-i* **~ etmek** mieten; vermieten (*A*); *-i* **~ya vermek** vermieten (*A*); **~cı** Mieter(in *f*) *m*; **~lamak** (-*i -e*) j-m et. vermieten; (-*i -den*) et. von j-m mieten; **~lık** (-ğı) ... zu vermieten; Mietobjekt *n*; Miet...; gedungen (*katil*); **~sız** mietfrei

kiraz Kirsche *f*

kireç (-ci) Kalk *m*; **~ gibi** kreideweiß; **~lemek** *v/t* kalken; **~lenme** Verkalkung *f*, Kalzinieren *n*; **~leşmek** verkalken; Kalk brennen; **~li** kalkhaltig; hart (*su*); **~ taşı** (-nı) Kalkstein *m*

kirlenme Verschmutzung *f*; *çevre* **~si** Umweltverschmutzung *f*

kir|lenmek schmutzig werden; *mec.* besudelt werden; **~letilme** Verschmutzung *f*; **~letmek** *v/t* beschmutzen, verschmutzen; **~li** schmutzig, unrein; verschmutzt; **~lilik** (-ği) Unreinlichkeit *f*, Verschmutzung *f*; *çevre* **~liliği** Umweltverschmutzung *f*; *hava* **~liliği** Luftverschmutzung *f*

kirpi *Zoo.* Igel *m*

kirpik (-ği) Wimper *f*

kist (-ti) *Tıp* Zyste *f*

kisve Kleidung *f*; Tracht *f*; **~si altında** unter dem Deckmantel

kişi Person *f* (*az. Gr.*); jemand; **~lerarası** zwischenmenschlich; **~leştirme** Personifizierung *f*; **~lik** (-ği) Persönlichkeit *f*; Humanität *f*; *sıf.* menschenwürdig; anständig; *bir* **~lik yemek** Essen *n* für eine Person; *iki* **~lik bir yatak** ein Doppelbett (*n*); *iki* **~lik yer** Platz *m* für zwei Personen; **~lilik** ausgeprägt individualistisch; **~liksiz** verschwommen; Massenmensch *m*; inhuman; **~oğlu** Mensch *m*; **~sel** persönlich; menschlich; Personal...; subjektiv (*fikir*); **~sel bilgisayar** Personalcomputer *m*; **~sel durum** Familienstand *m*

kişnemek wiehern
kitabe Inschrift *f*, *az.* → *yazıt*
ki'tabevi (-ni) Buchhandlung *f*
kitap Buch *n*; (das) Heilige Buch; **~ kurdu** Bücherwurm *m* (*az. mec.*)
kitap|çı Buchhändler(in *f*) *m*; Verleger(in *f*) *m*; **~lık** (-ğı) Bücherschrank *m*; Bücherregal *n*; Bücherei *f* → *kütüphane*; **~lıkbilimci** Bibliothekar(in *f*) *m*; **~lıkbilimi** Bibliothekswissenschaft *f*
kitle Haufen *m*; Masse *f*; **~ iletişim aracı** Massenkommunikationsmittel *n*, Medium *n*
kitlemek → *kilitlemek*
'**klakson** [lâ] Hupe *f*, **~ çalmak** hupen
klarnet [lâ] (-ti) Klarinette *f*
klas [lâ] Klasse *f*; F prima, Klasse...
klasik [lâ] klassisch; Klassiker *m*; traditionell
klasisizm [lâ] Klassizismus *m*
klasör [lâ] (Akten-)Ordner *m*; *gnl.* Ablage *f*
klavye Tastatur *f*
klik (-ki) Clique *f*, Klüngel *m*; **~leşme** Cliquenbildung *f*
klinik (-ği) Klinik *f*; klinisch; **~ belirtiler** klinischer Befund
kliring *Tic.* Clearing *n*, Verrechnung(sverfahren *n*) *f*
klişe Klischee *n* (*az. mec.*); **~leşmek** zum Klischee (*veya* zur Schablone) werden
klor [lô] Chlor *n*; **~lamak** *v/t* chloren, **~lu** Chlor...
klor|ofil [lô] Chlorophyll *n*; **~oform** Chloroform *n*; **~ür** Chlorür *n*, Chlorid *n*
klorsüz chlorfrei
koalisyon Koalition *f*
kobalt (-ti) Kobalt *n*
kobay Meerschweinchen *n*
koca[1] Ehemann *m*, Mann *m*
koca[2] enorm, riesig; erwachsen; alt, bejahrt; groß, bedeutend; **~ bir gün** e-n ganzen Tag
ko'cakarı altes Weib; **~ ilacı** *Tıp* Hausmittel *n*
kocamak alt werden
kocaman riesig, enorm
kocasız *kadın*: allein stehend
koç (-çu) Widder *m*, Schafbock *m*; ♋

Astr. Widder *m*
koçan Strunk *m*, Kolben *m*; Kontrollabschnitt *m*
kod (-du) Kode *m*; **~ adlı** unter dem Decknamen ...; **~ çözücü** Decoder *m*; **~ numarası** *Tel.* Vorwählnummer *f*; **banka ~u** Bankleitzahl *f*; **posta ~u** Postleitzahl *f*
kodaman *alay* hohes Tier
kodeks Arzneibuch *n*
kodes P Knast *m*; **~e girmek** in den Knast kommen; **~e tıkmak** P einlochen
kod|lama Kodierung *f* (*az. Cmp.*); **~lu** verschlüsselt, chiffriert
kof hohl, leer (*az. mec.*); *fındık*: taub; *kişi*: hohlköpfig; **~laşmak** hohl (*vs.*) werden
koğ... *vs.* → *kov...* *vs.*
koğuş Krankenzimmer *n*, Krankensaal *m*; *hastane*: Station *f*; (Gefängnis-)Zelle *f*
kok (-ku) Koks *m*
kokain Kokain *n*
kokar → *kokmak*
ko'karca Skunk *m*, Stinktier *n*; Iltis *m*
kokl|amak (-*i*) riechen (an *D*); **~atmak** (-*i -e*) j-n riechen lassen (an *D*); j-n selten sehen; j-m nichts geben
kok|mak (-ar) (*güzel*) riechen; *örn. et*: verdorben riechen; *mec.* aussehen (nach *D*, *örn. savaş*), drohen; **kötü/ pis ~mak** stinken; **~muş** übel riechend; *yemek*: verdorben; *mec.* stinkfaul
'**kokteyl** Cocktail *m*; Cocktailparty *f*
koku Geruch *m*; Parfum *n*; *mec.* Hauch *m* (von *D*), Spur *f* (von *D*); **~lu** riechend (nach *D*); duftend; ... mit dem Geruch (*G*); parfümiert; **~suz** geruchlos
kokuşmak stinken, riechen
kokut|mak (-*i*) mit Geruch erfüllen (*A*); **sigara elini ~tu** seine Finger riechen nach Rauch
kol Arm *m*; Oberarm *m*; *hayvan*: Vorderfuß *m*; Ärmel *m*; *ağaç*: Ast *m*; *Tek.* Kurbel *f*, Hebel *m*; Abteilung *f*, Sektor *m*; *sanayi*: Zweig *m*; Streife *f*, Patrouille *f*, (Marsch-)Kolonne *f*; *Ask.* Flügel *m*; **~ düğmesi** Manschettenknopf *m*; **~ saati** Armbanduhr *f*
'**kola**[1] Stärke(mittel *n*) *f*; Klebstoff *m*
'**kola**[2] [lâ] Kolabaum *m*; Cola *f*

kolaçan Bummel *m*; *çevreyi ~ etmek alay* (die Gegend) inspizieren
kola|lamak *v/t çamaşır* stärken; **~lı** gestärkt
kolay leicht, nicht schwierig; **~ ~** ganz einfach, mühelos; **~ı var** es gibt einen Ausweg
ko'layca recht einfach; mühelos, leicht
kolay|laştırmak *v/t* erleichtern; fertig machen; **~lık** (-ğı) Leichtigkeit *f*; Erleichterung *f*; Mittel *n*, Möglichkeit *f*; *-e* **~lık göstermek** *mec.* j-m entgegenkommen, j-m behilflich sein; **~lıkla** mühelos; **~lıklar** Komfort *m*
kolej College *n*; Fachschule *f*, Akademie *f*; **deniz ~i** Marineakademie *f*
koleksiyon Kollektion *f*; **pul ~u** Briefmarkensammlung *f*
kolektif kollektiv, Kollektiv..., Gemeinschafts...; Kollektiv *n*; **~ ortaklık** offene Handelsgesellschaft (*OHG*); **~leştirmek** *v/t* kollektivieren, vergesellschaften
ko'lera Cholera *f*
kolesterin Cholesterin *n*
'koli Postpaket *n*; Päckchen *n*; **değerli ~** Wertpaket *n*
kolik (-ği) Kolik *f*
kollamak (-uyor) *v/t* warten (auf *A*, *örn. fırsat*), abpassen (*A*); j-n beschützen; *çevreyi* prüfend überblicken
kollu -armig; ... mit Ärmeln; *Tek.* Hebel... (*şalter*), **kısa ~** kurzärmelig; **~k** (-ğu) Manschette *f*; Armbinde *f*
kolon Trägerkolonne *f*; Säule *f*
koloni Kolonie *f*
ko'lonya Kölnischwasser *n*
'kolordu (-nu) Armeekorps *n*
koltuk (-ğu) Sessel *m*; *Anat.* Achsel *f*; *mec.* Stütze *f*; **~ altı** Achselhöhle *f*; **~ başlığı** (-nı) *Oto.* Kopfstütze *f*; **~ değneği** (-ni) Krücke *f*; **~ meyhanesi** (-ni) Imbissstube *f*; F Kneipe *f*
'kolye Halskette *f*
'kolza Raps *m*
'koma Koma *n*; **~ halinde bulunmak** sich im Koma befinden
komandit (-ti): **~ ortaklık** Kommanditgesellschaft *f* (*KG*)
kom'bina Kombinat *n*
kombinezon Kombination *f* (*giysi*); *mec.* Dreh *m*, Kniff *m*
komedi Ko'mödie *f* (*az. mec.*)
komedyen *mec.* Komödiant(in *f*) *m*; *Tiy.* Komiker(in *f*) *m*
komik (-ği) komisch; Komiker(in *f*) *m*; Jux *m*, Spaß *m*; **~leşmek** komisch (*veya* lächerlich) werden; **~lik** (-ği) (das) Komische, komische Wirkung
komiser Kommissar *m*; **~lik** (-ği) Kommissariat *n*
komisyon Kommission *f*, Ausschuss *m*; Maklergebühr *f*; **~cu** Makler *m*
ko'mite Komitee *n*, Ausschuss *m*; **icra ~si** Exekutivkomitee *n*
komodin Nachttisch *m*, Schränkchen *n*
kompartıman *Demiryol.* Abteil *n*
kompas Zirkel *m*; Schublehre *f*
'komple komplett, vollständig; *örn. mobilya:* Garnitur *f*; Besteck *n*; *kişi, sporcu:* perfekt, hervorragend
kompleks Komplex *m* (*az. Psi.*); *örn. çinko:* Werke *n/pl*
kompliman Kompliment *n*
'komplo [lô] Komplott *n*, Verschwörung *f*
kom'posto Kompott *n*; *gübre:* Kompost *m*
kompozi|syon *gnl.* Komposition *f*; *okul:* Aufsatz *m*; (mündliche) Nacherzählung; **~tör** *Müz.* Komponist *m*
kompres *Tıp* Umschlag *m*, Packung *f*; **~ör** *Tek.* Kompressor *m*
kompüt|er, **~ür** → **bilgisayar**
komşu Nachbar(in *f*) *m*; **~ ülke** Nachbarland *n*; **~luk** (-ğu) Nachbarschaft *f*; **~luk etmek** Nachbarn sein
komut (-tu) *Ask. ve Cmp.* Befehl *m*; **~ vermek** Befehl geben, kommandieren; **~a** Kommando *n*, Befehlsgewalt *f*; *-in* **~asında**, **~ası altında** unter dem Kommando (*G*); **~an** *Ask.* Befehlshaber *m*; Kommandeur *m*; (*kale, şehir*) Kommandant *m*; Führer *m*, Chef *m*; **ordu ~anı** Armeeoberbefehlshaber *m*; **~anlık** (-ğı) *Ask.* Kommando *n*, Leitung *f*; Stab *m*; Kommandantur *f*
komün|ist (-ti) Kommunist(in *f*) *m*; kommunistisch; **~izm** Kommunismus *m*
konak (-ğı) Unterkunft *f*, Quartier *n* (*az. Ask.*); Palast *m*, Palais *n*, Schlösschen *n*

konak|lamak v/i übernachten; Quartier beziehen; **~lanmak** einquartiert werden, untergebracht werden; **~latmak** v/t unterbringen, einquartieren

konar → **konmak**; **~göçer** Nomade m; sıf. unstet, rastlos

kon'çerto Konzert n; **piyano ~su** Klavierkonzert n

kondansatör Konden'sator m

kondanse kondensiert; Kondens... (süt)

kondisyon Kondition f (özl. Spo.)

kondüktör Schaffner m

konfederasyon Konföderation f, Verband m

konfeksiyon Konfektion f; **~ mağazası** Konfektionsgeschäft n

konferans Vortrag m; Konferenz f; **~ vermek** e-n Vortrag halten; **~çı** Vortragende(r m) f; Redner(in f) m

kon'feti Konfetti n

konfor Komfort m; **~lu** komfortabel; **tam ~lu**... mit allem Komfort

'kongre Kongress m

koni Konus m, Kegel m; **~k** (-ği) konisch, kegelförmig; Kegelschnitt m

konjonktür Konjunktur f

konmak¹ (-ar) (-e) sich niederlassen, sich setzen (auf A); uçak: landen; toz: sich absetzen

konmak² (-ur) edil. → **koymak**: gelegt werden; tuz: zugetan werden

konsantr|asyon gnl. Konzentration f; **~e** konzentriert; **~e etmek** konzentrieren

konser Konzert n; **~ vermek** ein Konzert geben; **~vatuar** Konservatorium n

kon'serve Konserve f, Konserven... (kutu); konserviert; **~ açacağı** Dosenöffner m; **balık ~si** Fischkonserve f

konsey Rat m; **Avrupa ≈i** Europarat m; **Birleşmiş Milletler Güvenlik ≈i** Sicherheitsrat m der Vereinten Nationen

konsol (-lu) Konsole f

konsolide: **~ etmek** Tic. konsolidieren

konsolos Konsul m; **~luk** (-ğu) Konsulat n; **baş ~luk** Generalkonsulat n

konsomatris Animierdame f

kon'sorsiyum Konsortium n

konsültasyon özl. Tıp Konsultation f, Beratschlagung f

konşi'mento Frachtbrief m, Konossement n

kont (-tu) Graf m

kontak (-ğı) El. Kontakt m; Kurzschluss m; oto: Zündung f, (e-r Sache) Herr werden; **~ anahtarı** Zündschlüssel m; **~lens** Kontaktlinse f

kontenjan Kontingent n

kontes Gräfin f

kontluk (-ğu) Grafschaft f

'kontra gegen, dagegen; Gegen...; Furnier(holz) n

kontrat (-tı) Vertrag m; **~lı** vertraglich abgeschlossen

kontrol (-lü) Kontrolle f; **~ altına almak** in den Griff bekommen (A), (e-r Sache) Herr werden; **-i ~ etmek** kontrollieren (A); **~ kulesi** Kontrollturm m; **~cü** Kontrolleur m

kontrplak (-kı) Sperrholz n, Furnier n

konu Thema n, Frage f; **bu ~da** in dieser Frage, darüber, hierüber; **~sunda** mec. über (A), betreffend (A), mit Bezug (auf A); **~ edilmek** zur Sprache kommen; **~lu** unter dem Titel..., mit dem Thema ...

konuk (-ğu) Gast m; **-e ~ gelmek** zu j-m zu Besuch kommen; **'~evi** Gästehaus n; **~sever** gastfreundlich; **~severlik** (-ği) Gastfreundschaft f

konulmak edil. → **koymak**; hinzugesetzt werden, hinzugetan werden

konulu → **konu**

konum Coğr. Lage f; Ort m; Stellung f, Position f

konuşkan redselig; gesprächig; **~lık** (-ği) Redseligkeit f

konuşlandırmak Ask. -e stationieren

konuşma Sprechen n; Rede f, Vortrag m; Tel. Gespräch n; Unterhaltung f; **~ dili** Umgangssprache f; **~cı** Redner m

konuş|mak v/i sprechen (**ile** mit D; **-den** von D), v/t besprechen (A); **Türkçeyi iyi ~mak** gut Türkisch sprechen; **-le ~mamak** mit j-m nicht mehr sprechen

konuşulmak besprochen werden

konut (-tu) Wohnung f; Wohnraum m; Wohn...; Wohnsitz m; **~ belgesi** Wohnsitzbescheinigung f; **sosyal ~** Sozialwohnung f

konvansiyon Konvention *f*; ~**el** konventionell
konveks konvex
konvoy Geleitzug *m*, Konvoi *m*
konyak (-ğı) Kognak *m*
kooperatif Genossenschaft *f*; ~**çi** Genossenschaftsmitglied *n*; ~**çilik** (-ği) Genossenschaftswesen *n*; ~**leşmek** genossenschaftlich organisiert werden
koordinasyon Koordination *f*; Gleichschaltung *f*, *az.* → **eşgüdüm**
koordine koordiniert; ~ **etmek** koordinieren
kopar → **kopmak**
koparmak *v/t* abreißen; zerreißen; (ab)pflücken; *çığlık* erheben; *toz* aufwirbeln; entreißen (*-den* j-m), (schwer) bekommen (*-den* von j-m).
kopça Schnalle *f*; **dişi** ~ Öse *f*; Schlaufe *f*; **erkek** ~ Haken *m*
'**kop|kolay** kinderleicht; ~**koyu** sehr dunkel; sehr dicht
kopmak (-ar) *v/t* (ab)brechen; (ab)reißen; sehr wehtun
kopuk (-ğu) abgerissen (*az. mec.*); abgebrochen; Gammler *m*
'**kopya** Kopie *f*; Durchschlag *m*; *tablo*: Reproduktion *f*, -*in* ~**sını çıkarmak** e-e Kopie (*foto*: e-n Abzug) machen von *D*; -*i* ~ **etmek** kopieren; ~ **kâğıdı** Kohlepapier *n*; ~**cı** Kopist(in *f*) *m*; ~**lamak** *Cmp.* kopieren
kopye → **kopya**
kor *kömür*: Glut *f*
'**koramiral** (-li) Admiral *m*
kor'dele (*az.* **-a**) Band *n*; Film *m*, *az.* → **kurdele**
kordiplomatik (-ği) diplomatisches Korps
kordon Kordel *f*, Schnur *f*; Kette *f*; *El.* Verbindungsschnur *f*; Bordüre *f*; Absperrung *f*; -*i* ~ **altına almak** absperren
'**Kore** Korea
'**korgeneral** (-li) kommandierender General
koridor Korridor *m*
korkak (-ğı) ängstlich; Hasenfuß *m*; ~**lık** (-ğı) Ängstlichkeit *f*, Feigheit *f*
kork|mak (-ar) sich fürchten (*-den* vor *D*); nicht wagen (*-e* zu + *Infinitiv*); ~**maz** furchtlos
korku Furcht *f*, Angst *f*; Befürchtung *f*;

Gefahr *f*; **hastalık** ~**su** die Furcht vor (e-r) Krankheit; ~**lmak:** ~**luyor** es besteht die Gefahr (*-eceğinden* dass ...); es steht zu befürchten ... (*-den* dass ...); ~**lu** beängstigend, schrecklich; riskant, bedrohlich; ~**luk** (-ğu) Vogelscheuche *f*; Gitter *n*, Geländer *n*
korkunç (-cu) schrecklich, fürchterlich; ~ **sıcak** e-e schreckliche Hitze
korkusuz furchtlos; gefahrlos
korkutmak *v/t* erschrecken; beunruhigen
'**korna** Hupe *f*; Hupen *n*; ~ **çalınmaz** Hupen verboten
'**korner** *Spo.* Eckball *m*
korniş Gardinenstange *f*; Leiste *f*; Gesims *n*; Anhöhe *f*
'**koro** Chor *m*
korsan Seeräuber *m*, Pirat *m*; Piraten... (*radyo*); ~ **kaset** Raubkopie *f* (*video*); ~ **miting** illegale Veranstaltung
kort (-tu) Tennisplatz *m*
kortej Festzug *m*; Trauerzug *m*; *Pol.* Ehrengeleit *n*
koruma Schutz *m*; Verteidigung *f*; ~ **aşısı** Schutzimpfung *f*; ~ **faktörü** *krem*: Schutzfaktor *m*; **kendi kendini** ~ Selbstverteidigung *f*
korumak *v/t* schützen (*-den* vor *D*); *ülke* verteidigen; *sükûnet* bewahren
korun|ma vorbeugend, prophylaktisch (*ilaç*); Verteidigungs...; ~**ma muayenesi** Vorsorgeuntersuchung *f*; ~**mak** sich schützen (*-den* vor *D*)
koruyucu Schutz... (*tabaka*); prophylaktisch (*ilaç*); Wächter *m*; Beschützer *m*, Verteidiger *m*
'**koskoca** riesig; *kişi*: *az.* voll ausgewachsen; ~**man** riesig, riesengroß
kostüm Anzug *m*; *bayan*: Kostüm *n*
koşar → **koşmak**; ~ **adım** Laufschritt *m*
koşmak (-ar) *v/i* laufen (*-meye* um zu ...); spannen (*arabaya* vor e-n Wagen); *koşul* stellen
koşturmak *v/t* antreiben, jagen
koşu Wettrennen *n*; ~ **yolu** Rennbahn *f*; *Spo.* Laufrichtung *f*; ~**cu** Rennpferd *n*; Läufer *m*; Lauf...
koşul Bedingung *f*, **barış** ~**ları** Friedensbedingungen *f/pl*
koşullandırmak beeinflussen, (negativ) manipulieren, bedingen

koşuşmak *insanlar*: zusammenlaufen; *çocuklar*: herumtollen, toben
koşuşturmak hin- und herlaufen; rotieren
koşut parallel; **~luk** (-ğu) Parallelität *f*
kot (kodu) Zahl *f*, Kode *m*; *az.* → **kod**
'**kota** *Tic.* Kurs *m*, Notierung *f*; Quote *f*
kotarmak *v/t mec.* fertig machen, beenden
kotlamak kodieren, mit Ziffern versehen
kotlet (-ti) Kotelett *n*; **~pane** paniertes Kotelett
kova Eimer *m*; ♋ *Astr.* Wassermann *m*
kovalamak *v/t* j-n haschen; *hırsızı* verfolgen, j-m nachjagen
kovan Bienenstock *m*; *Tek.* Hülse *f*
kovar → **kovmak**
'**kovboy** Cowboy *m*
kovmak (-ar) *v/t* j-n jagen, scheuchen (*-den* von *D*); ausweisen (*-den* aus *D*)
kovuk (-ğu) Hohlraum *m*; Höhlung *f*; *Anat. diş*.: Höhle *f*
kovulma: F **işten ~** Entlassung *f*
kovuşturmak *v/t* fahnden (nach j-m)
koy Bucht *f*
koyar → **koymak**
koymak (-ar) (*-i -e*) setzen; legen (auf *A*, in *A*); stecken (in *A*); gießen (in *A*); j-n kränken; *ödül, değer* aussetzen; *para* zuteilen, zur Verfügung stellen; *kontrol* einführen; *vergi* festsetzen; (*-i*) **işe ~** j-n für e-e Arbeit einsetzen; **arabaya benzin ~** Treibstoff nachfüllen, tanken
koyu dick(flüssig); steif; *boya*: dunkel (*örn.* **~ yeşil** dunkelgrün); F ausgemacht; fanatisch; *çay*: stark
koyulmak *edil.* → **koymak**; sich machen (*-e* an *A*); fester werden
koyun[1] Schaf *n*; Hammel *m*; *mec.* Schaf *n*, Tropf *m*; '**~ eti** Hammelfleisch *n*
koyun[2] (koynu) Brust *f*; *Ed.* Busen *m*; *mec. Ed.* Schoß *m*; **~a** eng umschlungen
koz (Wal-)Nuss *f*; *iskambil*: Trumpf *m*
kozmetik (-ği) Kos'metik *f*; kosmetisch; **~çi** Kosmetikerin *f*
kozmik kosmisch, Weltraum...; **~ ışınım** kosmische Strahlung
kozmo|not (-tu) Kosmonaut *m*, Weltraumfahrer *m*; **~polit** (-ti) Kosmopolit *m*; kosmopolitisch

köfte Fleischklößchen *n*, Boulette *f*
kök (kökü) Wurzel *f*; Herkunft *f*; *Kim.* Radikal *n*; **~ salmak** Wurzeln schlagen; **~ünü kazımak** (mit der Wurzel) ausrotten (*A*)
köken Wurzel *f*; Stück *n*, *mec.* Ursprung *m*; *Tic.* Ursprungsland *n*; **~ belgesi** *Tic.* Ursprungszeugnis *n*; **~li** Ursprungs...
köklemek *v/t* ausrotten; (mit der Wurzel) ausreißen
kökleşmek Wurzel fassen, Wurzeln schlagen (*az. mec.*); *mec.* sich einwurzeln
köklü ... mit Wurzel; grundlegend, radikal (*reform*); *mec.* alteingesessen (*aile*)
kökten grundlegend, radikal; *mec. kişi*: ... vom alten Stamm; *~ci* Radikalist *m*; **~cilik** (-ği) Radikalismus *m*
kök'tendinci Religionsfanatiker *m*, Fundamentalist *m*
köle Sklave *m*
kömür Kohle *f*, *El.* (Kohle-)Bürste *f*; pechschwarz
köpek (-ği) Hund *m* (*az. küfür*); '**~balığı** (-nı) Hai *m*; '**~dişi** (-ni) Eckzahn *m*
köprü Brücke *f* (*az. mec.*); **asma ~** Hängebrücke *f*; **~cük** (-ğü) *Anat.* (*az.* **~ kemiği**) Schlüsselbein *n*
köpük (-ğü) Schaum *m* (*az. mec.*); **~lü şarap** Schaumwein *m*, Sekt *m*
köpürmek *v/i* (auf)schäumen; *mec.* vor Wut schäumen, *Ed.* ergrimmen
kör blind; *bıçak*: stumpf; **~ karanlık** tiefste Finsternis; **~ kütük** F sternhagelvoll
'**körbağırsak** *Anat.* Blinddarm *m*
körfez Meerbusen *m*, Golf *m*
kör|lenmek, ~leşmek erblinden; stumpf werden; *hafıza*: nachlassen, verkümmern; **~letmek** *v/t* blenden; *Tıp* stumpf machen; *mec.* j-n abstumpfen
körlük (-ğü) Blindheit *f* (*az. mec.*); Stumpfheit *f*
körpe frisch, grün (*dal*); frisch, jung
körük (-ğü) Blasebalg *m*; Balg *m*; **~lemek** *ateş* schüren, anfachen
kö'rükörüne blindlings
köse bartlos
kösele (Sohlen-)Leder *n*; Leder... (*çanta*)

köstebek (-ği) Maulwurf *m*
kösteklemek *v/t* hemmen, lähmen (*A*)
köşe Ecke *f*; Eck...; **~ başı** Straßenecke *f*; **dört ~** Viereck *n*; **~li** eckig
köşk (-kü) Villa *f*, Schlösschen *n*; Pavillon *m*
kötü schlecht; vulgär, unanständig; übel, schlimm; **~ gözle** scheel (*bakmak*); **~ niyetli** böswillig; *-i* **~ye kullanmak** missbrauchen (*A*)
kötüleş|mek sich verschlechtern; **~tirmek** verschlechtern; verderben
kötülü|k (-ğü) (et.) Schlechtes, Böses; schlechte Lage; *örn.*: **havaların ~ğü** Schlechtwetterlage *f*
kötümser pessimistisch; **~lik** (-ği) Pessimismus *m*
köy Dorf *n*; Land...; Dorfgemeinschaft *f*; Dorfschulze *m*; **~lü** Dorfbewohner *m*; Bauer *m*; dörflich; Bauern...; **~lü kadın** Bäuerin *f*; Dorffrau *f*; **~lülük** (-ğü) Bauernschaft *f*; **'~odası** Versammlungshaus *n*, Gästehaus *n*
köz Glut *f*, schwelendes Feuer
kral (-lı) König *m* (*az. mec.*); *mec.* F Klasse *f*; **~ araba** F (ein) Klassewagen; **~cı** Royalist *m*; royalistisch
kra'liçe Königin *f*; **güzellik ~si** Schönheitskönigin *f*
kraliyet → **krallık**
krallık (-ğı) Königreich *n*, Monarchie *f*; Königtum *n*
kramp (-pı) Krampf *m*; *-e* **~ girmek** e-n Krampf bekommen (in *D*)
kravat (-tı) Schlips *m*, Krawatte *f*
kredi Kredit *m*; **~ kartı** Kreditkarte *f*; **~ mektubu** Kreditbrief *m*; *-e* **~ açmak** j-m e-n Kredit eröffnen; *-e* **~ vermek** j-m e-n Kredit gewähren; *-in* **~sini düşürmek** j-n diskreditieren; **~li** kreditwürdig; *Tic.* Kreditnehmer *m*, Schuldner *m*; **~siz** nicht kreditwürdig; **~tör** Kreditgeber *m*, Gläubiger *m*
krem (*cilt*) (Haut-)Creme *f*; cremefarben, hellbeige; **nemlendirici ~** Feuchtigkeitscreme *f*; **güneş ~i** Sonnencreme *f*; **tıraş ~i** Rasiercreme *f*
'krema Creme *f*; Sahne *f*; **İngiliz ~sı** Vanillecreme *f*; **~lı** Sahne...; **~lı pasta** Sahnetorte *f*
krema'toryum Krema'torium *n*
kremlemek *v/t* eincremen
kremşanti Schlagsahne *f*
kreş Krippe *f*; Kindertagesstätte *f*
'kriko *oto*: Wagenheber *m*
kristal (-li) Kristall *n* (*az. m*); Kristall...; **~leşmek** sich kristallisieren
kritik (-ği) Kri'tik *f*; 'Kritiker *m*; kritisch; kritische Lage; *-i* **~ etmek** kritisieren
kriz Krise *f*; *kalp, gülme*: Anfall *m*; **~ geçirmek** e-e Krise durchmachen; **sinir ~i** Nervenzusammenbruch *m*
'kroki Skizze *f*, Plan *m*; **~ çizmek** e-n Entwurf machen
krom Chrom *n*; **~aj** Verchromung *f*; **~ kaplama** Verchromung *f*; **~lu** verchromt
kromozom Chromosom *n*
kron *para birimi*: Krone *f*, *az.* → **kuron**
kronik (-ği) Chronik *f*; chronisch
kronoloji [lô] Chronologie *f*; **~k** chronologisch
krono'metre Chronometer *n*; Stoppuhr *f*
krş. *kıs.* = **karşılaştır** vergleiche (vgl.)
kuaför Frisör *m*
kuars Quarz *m*
kubbe Kuppel *f*; *mec.* Gewölbe *n*; **~li** kuppelförmig; überkuppelt
kucak (-ğı) Armvoll *m* (*örn. odun*); Umarmung *f*; *mec.* e-e Menge, viel(e); Schoß *m*; *-e* **~ açmak** j-n mit offenen Armen aufnehmen; *mec.* begrüßen; **~lamak** *v/t* umarmen; **~laşmak** sich umarmen
kudret (-ti) Kraft *f*; Macht *f*; → **güç**
kudurmak *v/i* aufbrausen (*az. mec. -den* vor *D*); tollwütig werden; *çocuklar*: außer Rand und Band geraten
kuduz tollwütig; Tollwut *f*; **~ tehlikesi** Tollwutgefahr *f*
'Kudüs Jerusalem
kuğu (*az. ~ kuşu*) Schwan *m*
'kukla Puppe *f*; *Tiy. ve mec.* Marionette *f*; Marionetten... (*hükümet*)
kuku'leta Kapuze *f*
kul Knecht *m*; Diener *m* Gottes
kulaç (-cı): **~ atmak** kraulen; **~lamak** kraulen
kulak (-ğı) Ohr *n*; Gehör *n*; *Müz. çalgı*: Wirbel *m*; Griff *m*; **~ asmamak** nicht hinhören; **~tan dolma** Gerücht *n*; vom Hörensagen bekannt; **~ kabart-**

mak s-e Ohren spitzen; **~ misafiri olmak** zufällig mithören; *-e* **~ vermek** zuhören (*D*); Beachtung schenken (*D*); hören (auf *A*)
kulaklık (-ğı) Ohrenschützer *m*; *Tel. vs.* Hörer *m*; *Tıp* Hörgerät *n*
'kulak|memesi (-ni) Ohrläppchen *n*; **~zarı** Trommelfell *n*
kule Turm *m*; **gözcü ~si** Aussichtsturm *m*; *Hava.* **kontrol** (*az.* **uçuş**) **~si** Kontrollturm *m*
kulis Kulisse *f*; *Tic.* Freiverkehr *m*; **~ arkasında** hinter den Kulissen
kullanıcı Benutzer *m az. Cmp.*, Anwender *m*
kullanıl|ış Anwendung *f*; **~ış(ı)** Gebrauchsanweisung *f*; **~mış** gebraucht
kullanım Anwendung *f*; Verwendung *f*; **~ alanı** Anwendungsgebiet *n*; **~dan düşmek** ungebräuchlich werden; **~ı kolay** benutzerfreundlich; **~lık: tek ~lık** Einweg... (*şişe*)
kullanış Anwendung *f*; Gebrauch *m*; **~lı** gebrauchsfähig, praktisch; *Tek.* leicht zu bedienen; *ev:* komfortabel; **~sız** ungeeignet; unpraktisch, unhandlich
kullanma Verwendung *f*; **son ~ tarihi** Haltbarkeitsdatum *n*; haltbar bis ...
kullanmak *v/t* verwenden, benutzen; sich bedienen (*G*); *alkol* trinken; *işçi* beschäftigen; *oto* fahren; *insan* (richtig) einsetzen; *konum, mevki* ausnutzen, auswerten; rauchen; *sigara* **kullanmıyorum** ich rauche nicht
kulp (-pu) Henkel *m*, Griff *m*
ku'luçka Glucke *f*, Bruthenne *f*; **~ devri** Brutzeit *f*; *Tıp* Inkubation *f*
ku'lübe Hütte *f*; **bekçi ~** Häuschen *n*; **telefon ~si** Telefonzelle *f*
kulü|p (-bü) Klub *m*; **spor ~bü** Sportklub *m*
kulvar [ûl] *Spo.* Bahn *f*; Strecke *f*
kum Sand *m*; *idrar vs.:* Grieß *m*
ku'manda Kommando *n*; **~ etmek** kommandieren; **uzaktan ~** Fernbedienung *f*
kumandan Kommandant *m*; **~lık** (-ğı) Kommando *n*, Oberbefehl *m*
ku'manya Proviant *m*
kumar Glücksspiel *n*; **~baz, ~cı** Spieler *m*; **'~evi**, **'~hane** Spielkasino *n*
kumaş Stoff *m*; **elbiselik ~** Anzugstoff *m*

'kumbara Sparbüchse *f*
kum'panya Firma *f*, Gesellschaft *f*; *Tiy.* Truppe *f*
kumpas Zirkel *m*; *-e* **~ kurmak** aushecken (*A*)
kumral hellbraun (*saç*)
kumsal Sandstrand *m*; sandig, Sand...
kumul Düne *f*
kundak (-ğı) Windel(n) *f* (*pl*); Brandfackel *f*; **~çı** *az. mec.* Brandstifter *m*; Saboteur *m*; **~lama** Brandstiftung *f*; **~lamak** *v/t* in Brand stecken; sabotieren
'kundura Schuh *m*; **~cı** Schuster *m*; Schuhhändler *m*
'kupa Pokal *m*; *iskambil:* Herz *n*; **~ kızı** Herzdame *f*
'kupkuru knochentrocken
kupon Kupon *m*
kupür (Zeitungs-)Ausschnitt *m*
kur[1] *Tic.* Kurs *m*; **döviz ~u** Wechselkurs *m*
kur[2] Flirt *m*, F Anbändelei *f*
kura (*az.* **kur'a**) Los *n*; **~ çekmek** das Los ziehen
kurabiye Makrone *f*; Plätzchen *n*
kurak (-gı) regenlos; ausgetrocknet; Dürre... (*yıl*); **~lık** (-ğı) Dürre *f*
kural (-lı) Regel *f*; **~dışı** unregelmäßig; **~lı** regelmäßig; **~sız** unregelmäßig
kuram Theorie *f*; **~cı** Theoretiker *m*; **~sal** theoretisch
Kuran, **Kur'an** (der) Koran *m*; **~ı Kerim** (der) Heilige Koran
kurar → **kurmak**
kurbağa Frosch *m*; **~ adam** Froschmann *m*
kurban Opfer *n* (*az. mec. felaket*), Opfertier *n*; ♀ **Bayramı** Muslimisches Opferfest; *-i -e* **~ etmek** j-m et. opfern; **~ olmak** geopfert werden
kurcalamak *v/t* bohren, stochern (in *D*); zerkratzen; aufkratzen; herumhantieren
kur'dele Seidenband *n*; Haarschleife *f*
kurgu *film:* Montage *f*, *mec.* Spekulation *f*; **~bilimi** utopische Romane (*m/pl*); Sciencefiction *f*
kürk (-ku) Glucke *f*
kurma Bau *m*; Montage *f*; Installation *f*
kurmak (-ar) gründen; bilden; aufstellen; *Tek.* installieren; *gegen* j-n

kurmay hetzen; *ilişki* anknüpfen; *köprü* schlagen; *turşu* einmachen; *sofra* decken; *saat* aufziehen; *çadır* aufschlagen

kurmay *Ask.* Generalstab *m*; Stabs...

kurnaz pfiffig, gerissen

kuron Krone *f (para birimi; diş)*

kurs Kurs *m*, Lehrgang *m*

kursak (-ğı) Kropf *m*; Magen *m*

kurşun Blei *n*; *tüfek*: Kugel *f*; Schuss *m*; Plombe *f*; *-i ~a dizmek* (standrechtlich) erschießen; **~i** bleiern, bleifarben; hellgrau; **~kalem** Bleistift *m*; **~lamak** *v/t* et. plombieren; j-n erschießen; **~rengi** (-ni) aschgrau; **~suz** unverbleit *(benzin)*

kurt[1] (-du) Wolf *m*; *mec.* Kenner *m*, Fachmann *m*; *mec.* schlau; Fuchs *m*

kurt[2] (-du) Made *f*, Wurm *m*

kurtar|ıcı Befreier *m*; Retter *m*; **~ma** Rettung *f*; **~mak** *v/t (-i -den)* j-n retten (vor *D*); j-n befreien (von *D*); j-n loskaufen (von *D*); *masraf* decken, rechtfertigen

kurtçuk (-ğu) Larve *f*, Raupe *f*

kurtul|ma Rettung *f*; Rettungsaktion *f*; **~mak** gerettet werden (*-den* von *D*) *vs.* → *kurtarmak*; befreit sein (*veya* werden); **~malık** (-ğı) Lösegeld *n*; Freikauf *m*; **~uş** Befreiung *f*; Rettung *f*; **~uş savaşı** Befreiungskrieg *m*

kuru trocken; getrocknet, Trocken...; *çiçek*: vertrocknet; *yer.* nackt; *çocuk*: schwächlich, mager; *kişi*: nüchtern; *mec.* trocken, müde, schwunglos *(anlatmak)*; **~ fasulye** weiße Bohnen *f/pl*; **~ kahve** Kaffeebohnen *f/pl*

kurucu Begründer *m*, Schöpfer *m*; konstituierend *(toplantı)*; **~ üye** Gründungsmitglied *n*

ku'rukafa Schädel *m*; *mec.* Döskopf *m*

kurul Ausschuss *m*, Komitee *n*; Rat *m*; *bakanlar* **~u** Ministerrat *m*

kurula|mak *v/t saç* trocknen; *el, tabak* abtrocknen (*-le* mit *D*); **~nmak** *edil.* → *kurulamak*

kurulmak *edil.* → *kurmak*; bestehen (*-den* aus *D*)

kurultay Kongress *m*

kurulu (*-den*) zusammengesetzt (aus *D*); *saat*: aufgezogen; *Cmp. program*: installiert; → *kurmak*

kuruluk (-ğu) Trockenheit *f*

kuruluş Gründung *f*; Organisation *f*, Unternehmen *n*; Institution *f*

kurum[1] Gesellschaft *f*; Institut *n*; Organisation *f*; *sigorta*: Anstalt *f*

kurum[2] Wichtigtuerei *f*, Hochnäsigkeit *f*; **~ satmak** wichtig tun

kurumak *v/i* trocknen; trocken werden; *ağaç*: vertrocknen; *kişi*: abmagern; vertrocknen

kurumlaş|ma Institutionalisierung *f*; **~mak** sich institutionalisieren; **~tırmak** *v/t* institutionalisieren

kuruntu Argwohn *m*, Verdacht *m*; Wahn(gebilde *n*) *m*, Einbildung *f*, Traum *m*

ku'rusıkı Schreckschuss *m*; *mec.* Bluff *m*; *mec.* leer; **~ atmak** e-n Schreckschuss abgeben; bluffen; leeres Zeug reden

kuruş: **~u ~una** auf Heller und Pfennig

kurut|ma Trocknen *n*; Entwässerung *f*; **~ma kâğıdı** Löschpapier *n*; **~mak** trockenlegen, entwässern; *meyve* trocknen; *mec. şey* aufbrauchen, F verbuttern

ku'rüzüm Rosine *f*

ku'ruyemiş et. zum Knabbern; Trockenfrüchte *f/pl*

kurye Kurier *m*

kusar → *kusmak*

kusma Erbrechen *n*

kus|mak (-ar) *v/t* erbrechen; sich übergeben; *kötü sözler* ausstoßen; **~muk** (-ğu) Erbrochenes *n*; **~turucu** *Tıp* Brechmittel *n*

kusur Mangel *m*, Fehler *m*; Unzulänglichkeit *f*; Schuld *f*; F (das) Übriggebliebene, Rest *m*; **~a bakmamak** nicht übel nehmen; *-de* **~ etmek** e-n Fehler machen; vernachlässigen (*A*); **~ duyurusu** Mängelrüge *f*; **~lu** fehlerhaft; mit Mängeln; **~suz** fehlerlos; ohne Mängel

kuş Vogel *m*; **~ (koruma) alanı** (-nı) Vogel(schutz)gebiet *n*

kuşak (-ğı) Gürtel *m*; *demir, ahşap*: Reifen *m*; *Coğr.* Zone *f*; *mec.* Generation *f*; *genç* **~** Nachwuchs *m*

kuşat|ma Einkreisung *f*; **~mak** *v/t* einkreisen; umbinden

'**kuşbakışı** (-nı) Vogelschau *f*

'**kuşbaşı** (-nı) Stückchen *n*; Fleisch *n* in Würfel geschnitten; **~ kar** dicke Schneeflocke

ku'şekâğıdı (-nı) Glanzpapier *n*
kuşet *Demiryol.* Liege *f*, Bett *n*; **~li vagon** Liegewagen *m*; **~li yer** Platzkarte *f* für Liegewagen
kuşku Zweifel *m*; Besorgnis *f* (*-e* wegen *G*); Argwohn *m*; **~ uyandırmak** Argwohn erregen; *-e* **~ vermek** beunruhigen (*A*); **~cu** Skeptiker *m*; argwöhnisch; **~culuk** (-ğu) Skeptizismus *m*; **~lanmak** Zweifel haben (*-den* an *D*); Verdacht schöpfen; **~lu** misstrauisch; beunruhigt; verdächtig; **~suz** selbstverständlich, zweifellos
'kuşpalazı (-nı) *Tıp* Diphtherie *f*
'kuştüyü (-nü) Daune *f*, Daunen *f/pl*; Daunen...
'kuşüzümü (-nü) Korinthe *f*
kutbu (-ğu) → *kutup*
kutla|mak (*-i*) j-m gratulieren (*-den dolayı* zu *D*), beglückwünschen (zu *D*); *bayram* feiern; **~nmak** gefeiert werden
kutlu glücklich, freudig; gefeiert; **~ olsun!** alles Gute!; **yeni yılınız ~ olsun** alles Gute im neuen Jahr!
kuts|al heilig; **~amak** *v/t* für heilig erklären; heiligen
kutu Schachtel *f*; Kasten *m* (*az. Tek.*); Dose *f*; *aptal* **~su** F Glotze *f*; *konserve* **~su** Konservendose *f*
kutup (kutbu) Pol *m*; Polar...; *mec.* Gegenteil *n* (*az. kişi*); **'~ayısı** (-nı) Eisbär *m*; **~lanma** *El.* Polarisation *f*, **~laşmak** sich polarisieren, sich in zwei Lager spalten; **~lu** -polig; **çift ~lu** zweipolig; **'~yıldızı** (-nı) Polarstern *m*
kuvöz *Tıp* Brutkasten *m*, Inkubator *m*
kuvvet (-ti) Kraft *f*; Macht *f*; Stärke *f*; Gewalt *f*, *pl* *Ask.* Streitkräfte *f/pl*; *Mat.* Potenz *f*; *-e kaba* **~** rohe Gewalt; **~ dank** (*D*)
kuvvetlen|dirici kräftigend; **~dirmek** *v/t* kräftigen, stärken; **~mek** erstarken; sich kräftigen
kuvvet|li kräftig; stark; wirksam; *göz:* scharf; **~siz** kraftlos, schlapp
kuyru|k (-ğu) *Zoo.* Schwanz *m*, *Ed.* Schweif *m*; Reihe *f*, (Warte-)Schlange *f*; Schleppe *f*; *mec. kişi:* ständiger Begleiter, F Klette *f*; **~ğa girmek** sich anstellen; **~kta beklemek** Schlange stehen
kuyruklu mit Schwanz; **~ piyano** (Konzert-)Flügel *m*; **~ yalan** faustdicke Lüge; **~yıldız** Komet *m*
kuy'ruksokumu (-nu) *Anat.* Steißbein *n*
kuyu Brunnen *m*; Schacht *m*; *kireç vs.:* Grube *f*; *sondaj:* Bohrloch *n*; *sıf.* finster
kuyumcu Juwelier *m*
kuzen Vetter *m*, Cousin *m*
kuzey Norden *m*; ♀ **Kutbu** (-nu) Nordpol *m*; ♀ **Ren Vest'falya** Nordrhein-Westfalen; **~batı** Nordwesten *m*; **~doğu** Nordosten *m*
kuzin Kusine *f*
kuzu Lamm *n*; Lammgericht *n*; **~ ~** sachte, sanft; **~m!** mein Lieber!, mein Kind!; **~ eti** Lammfleisch *n*; **~ gibi** sanft (und friedlich)
kübik kubisch; Kubik... (*kök*); kubistisch
kübizm Kubismus *m*
küçük (-ğü) *gnl.* klein; *çocuğa:* Kleine(r)!; **~ ad** Vorname *m*; **~ aptes** F kleines Geschäft, Wasserlassen *n*; *-i* **~ düşürmek** j-n erniedrigen, verwirren; *-i* **~ görmek** j-n missachten
Kü'çükayı (-nı) *Astr.* Kleiner Bär
kü'çükdil *Anat.* Zäpfchen *n*
kü'çükhanım junge Frau; Fräulein *n*
küçülmek kleiner werden; *yıkamada* kürzer werden, einlaufen; sich erniedrigen; *ay:* abnehmen
küçültmek *v/t* verkleinern; kürzen; *göz* zusammenkneifen; *mec.* erniedrigen
küçümsemek herabsetzen; unterschätzen
küf Schimmel *m*; **~ bağlamak** schimmelig werden
küflenmek *v/i* verschimmeln; *mec.* überholt sein, veralten; *mec.* (ver)rosten
küflü verschimmelt; *mec.* rückständig; *hava:* stickig
'küfretmek schimpfen; (*-e*) schimpfen (auf *A*), j-n beschimpfen
küfür (küfrü) Schimpfen *n*, Fluchen *n*, Schimpfwort *n*; Gottlosigkeit *f*
kükre|me Gebrüll *n*; **~mek** brüllen (*az. mec.*); *mec.* schnauben (*öfkeden*)
kükürt (-dü) Schwefel *m*; **~ 'dioksit** Schwefeldioxid *n*; **~lemek** *v/t* schwefeln; **~lü** schwefelhaltig
kül Asche *f*; **~ tablası** Aschenbecher

külah [lâ] Tüte *f*
külbastı gegrilltes Fleisch
külçe Klumpen *m*; *altın:* Barren *m*
külfet (-ti) Plackerei *f*; Belastung *f*; *mec.* Aufwand *m*, Unkosten *pl*; **~li** beschwerlich, anstrengend; aufwändig; **~siz** zwanglos; wirtschaftlich, ohne Unkosten
küllük (-ğü) Ascheimer *m*; Aschenbecher *m*
külot (-tu) Slip *m*, kurze Unterhose; **~lu: ~ çorap** Strumpfhose *f*
¹**külrengi** (-ni) aschgrau
kült Kult *m*
kültür *gnl.* Kultur *f* (*az. Biyo.*); **~el** kulturell; **~lü** Kultur..., gebildet; **~süz** kulturlos
külüstür *oto:* altersschwach; **~ oto** F Klapperkasten *m*; *ev, giyecek:* verlottert, ungepflegt
küme Gruppe *f*; Haufen *m*, Rudel *n*; Schwarm *m*; *Spo.* Liga *f*; **~ ~** scharenweise; **~lenmek** sich gruppieren; sich ansammeln
kümes Hühnerstall *m*; Häuschen *n*; **~ hayvanları** Geflügel *n*
künye Personenstandsregister *n*; *Ask.:* Personalien *pl*
küp¹ (-pü) großer Tonkrug
küp² (-bü) Kubus *m*; *metre* **~** Kubikmeter *m*
küpe Ohrring *m*, Ohrringe *m/pl*
kür Kur *f*; **~ yapmak** e-e Kur machen; **~ yeri** Kurort *m*

kürdan Zahnstocher *m*
küre Kugel *f*; Globus *m*
kürek (-ği) Ruder *n*; Schaufel *f*; Spaten *m*; **~ çekmek** rudern; **~çi** Ruderer *m*; **~çilik** (-ği) Rudersport *m*; **~li: ~li kayık** Ruderboot *n*
küremek *v/t* (weg)schaufeln
küresel global; kugelförmig
kürk (-kü) Pelz *m*; **~ manto** Pelzmantel *m*; **~çü** Kürschner *m*
kürsü Pult *m*; Kanzel *f*; *mec.* Lehrstuhl *m*
Kürt (-dü) Kurde *m*, Kurdin *f*
kürtaj *Tıp* Kürettage *f*, Abtreibung *f*
küser → **küsmek**
küskün verärgert, F sauer
küsmek (-er) böse sein (auf *A*); *mec.* streiken, nicht mitmachen
küstah frech, unverschämt; **~lık** (-ğı) Frechheit *f*
küt (-tü) stumpf; *parmak:* kurz und dick
kütle Masse *f*; Haufen *m*; Block *m*; Massen...
kütük (-ğü) Weinstock *m*; (Holz-)Klotz *m*; Baumstumpf *m*; Register *n*; Matrikel *f*
kütüphane Bibliothek *f*; **~ci** Bibliothekar(in *f*) *m*; Buchhändler(in *f*) *m*; **~cilik** (-ği) Bibliotheksdienst *m*; Bibliothekswissenschaft *f*
kütür: ~ ~ knirschend; knackend; **~demek** knirschen; knacken; **~tü** Knirschen *n*, Knacken *n*
küvet (-ti) Wanne *f*; Waschbecken *n*

L

la *Müz.* Ton (*veya* Note) a
labirent [lâ] (-ti) Labyrinth *n*
labor|ant [lâ] (-tı) Laborant *m*; **~atu(v)ar** Laboratorium *n*, F Labor *n*
lacivert [lâ] (-di) dunkelblau; **~ taşı** Lapislazuli *m*
¹**laçka** [lâ] Lockern *n*; **~ olmak** *Tek.* lose sitzen; *eksen:* schlagen
lades: ~ kemiği [lâ] *Anat.* Gabelbein *n*

ladin(ağacı) [lâ] Fichte *f*
laf Rede *f*, Worte *n/pl*; Wort *n*, Ausdruck *m*; F Geseiche *n*, Gequatsche *n*; *az.* → **lakırdı**; **~ anlamaz** stupide; bockig; **~ aramızda** unter uns gesagt; **~ atmak** (ein bisschen) plaudern; j-n hochnehmen, reizen; F (*-e* j-n) anmachen; *kıza* ansprechen, F anquatschen; **~ değil** nicht der Rede wert;

-den -le ~ **etmek** mit j-m reden (von D); tratschen (über A); ~ **işitmek** F Schimpfe bekommen; -i ~**a tutmak** j-n aufhalten; ~ **uzatmak** nicht wissen, was man sagen soll; vom Hauptthema ablenken

'**lağım** [lâ] Kloake f, Abwasserkanal m; Mine f; ~ **döşemi** Kanalisation f; ~ **suları** Abwässer pl

lağıv [lâ] (lağvı) Liquidierung f, Auflösung f

'**lağvetmek** [lâ] v/t liquidieren, auflösen

la'hana [lâ] Kohl m; ~ **dolması** (-nı) Krautwickel m mit Hackfleisch; ~ **turşusu** Sauerkohl m; **Brüksel** ~**sı** (-nı) Rosenkohl m; **kara/kırmızı** ~ Rotkohl m; **kıvırcık** ~ Wirsingkohl m

'**Lahey** [lâ] Den Haag

lahit [lâ] (lahdi) Grabmal n; Sarkophag m

lahmacun [lâ] türkische Pizza, Fladen m mit Hackfleisch, im Ofen gebacken

laik [lâ] laizistisch; weltlich; ~**leştirmek** v/i säkularisieren, verweltlichen; ~**lik** (-ği) Säkularisierung f; Laizismus m

lakap [lâ] (-abı) Spitzname m; -e ~ **takmak** j-m e-n Spitznamen geben; ... ~**lı** mit dem Spitznamen...

lakayt [lâ] (-dı) uninteressiert, stumpfsinnig; ~**lık** (-ğı) Uninteressiertheit f

lakırdı [lâ] Wort n, Worte n/pl; (leere) Worte n/pl; az. → **laf**; ~ **altında kalmamak** nicht auf den Mund gefallen sein; ~ **etmek** → **laf etmek**; ~**sı mı olur?** wa solls?, es lohnt nicht (, darüber zu reden); ~ **karıştırmak** vom Thema ablenken; ~**yı ezip büzmek** ausweichen, etwas vertuschen wollen; herumstottern; ~**cı** Schwätzer m, Klatschbase f

lakin [lâ] aber, jedoch

lale [lâ] Tulpe f

'**lamba** [lâ] Lampe f; az. → **trafik**; ~ **karpuzu** Glasglocke f; ~**lamak** durchleuchten; Licht anmachen (in D); ~**lık** ... für e-e Lampe

lame [lâ] golddurchwirkt, silberdurchwirkt

lan ünl. P Mensch!; **kes** ~**!** hör auf, Mensch!; az. → **ulan**

lanet [lâ] (-ti) Fluch m; verflucht; gottverlassen (yer); -e ~ **etmek/okumak** verfluchen (A); ~ **olsun** (sei) verflucht!; ~**lemek** v/t verfluchen; ~**li** verflucht

langır: ~ **lungur** [lâ] rumpelnd; -den ~ **lungur geçmek** rumpeln (über A); ~ **lungur söylemek** so (etwas) daherreden

lanse [lâ] lanciert; ~ **etmek** lancieren

lapa [lâ] Brei m; ~ ~ **kar yağmak** in dicken Flocken schneien; ~**cı** Breiesser m; mec. Schlappschwanz m; mec. Elefantenbaby n

-**lar** Pluralsuffix; → -**ler**

lastik [lâ] (-ği) Gummi m; oto: Reifen m; Radiergummi m; Gummi... (çizme); ~ **değiştirme** Reifenwechsel m; ~ **pompası** Luftpumpe f, **iç** ~ Schlauch m; ~ **servisi** Reifendienst m; ~**li** Gummi...; mec. gewunden; schwammig; ~**li şerit** Gummiband n; ~ **konuşmak** mec. sich winden

las'tikağacı [lâ] (-nı) Gummibaum m

la'terna Drehorgel f, Leierkasten m

Latin [lâ] romanisch; ~ **harfleri** lateinische Buchstaben m/pl; '~**ce** (das) Lateinisch(e); lateinisch

laubali [lâ] ungezwungen, ungeniert; respektlos; ~**leşmek** ungezwungen auftreten; sich viel herausnehmen

lav [lâ] Lava f

la'vabo [lâ] Waschbecken n; Waschraum m

la'vanta [lâ] Lavendel(öl n) m

lavman [lâ] Tıp Einlauf m; Klistier n

layık [lâ] (-ği) (-e) geeignet (für A, zu D); würdig (G); -e ~ **olmak** verdienen (A), Ed. würdig sein (G); -i -e ~ **görmek** j-n geeignet halten (für A)

'**lazer** [lâ] (veya ~ **ışınları**) Laserstrahlen m/pl; ~ **ışını** Laserstrahl m

lazım [lâ] nötig; → **gerek(li)**; ~ **gelmek/olmak** nötig sein; ~**lık** (-ğı) Nachttopf m; unaufschiebbar, unerlässlich

leblebi geröstete Kichererbsen f/pl

leğen (flache, große) Waschschüssel; Anat. Becken n; ~**kemiği** (-ni) Anat. Becken n

leh'çe Dialekt m

'**Lehçe** Polnisch n

lehim Tek. Lot n, Lötzinn m; ~**lemek** v/t löten; ~**li** gelötet

leke *gnl.* Fleck *m*; *mec.* Makel *m*; *-i ~ etmek* beflecken, schmutzig machen; *-e ~ sürmek mec.* j-n in den Schmutz ziehen; bloßstellen; **~ ilacı** Fleckentferner *m*

leke|lemek *v/t* beflecken, schmutzig machen; *mec.* verunglimpfen; **~li** fleckig, schmutzig; *mec.* entehrt; bloßgestellt; **~siz** fleckenlos; *mec.* makellos

lenf Lymphe *f*; **~ düğümü** Lymphknoten *m*

lens Linse *f*; **(kontak) ~** Kontaktlinse *f*; **~ takmak** Kontaktlinsen tragen

leopar Leopard *m*

-ler *Pluralsuffix*; **1950'lerden sonra** nach den Fünfzigerjahren

lesbiyen lesbisch, *az.* → **sevici**

leş Kadaver *m*, Aas *n*; **~ (gibi) kokmak** wie die Pest stinken; **~ gibi serilmek** sich der Länge nach hinlegen; *-in ~ini çıkarmak* j-n halb totschlagen; **~kargası** (-nı) Aasgeier *m*

Le'tonya Lettland

'leva (*bulgarische*) Lewa *m/pl*

Levanten Levantiner(in *f*) *m*; levantinisch

levha Schild *n*; Plakat *n*; Platte *f*; Tabelle *f*; *kitapta* Tafel *f*; **sokak ~sı** Straßenschild *n*

levrek (-ği) Seebarsch *m*

levye Hebel *m*; Griff *m*

ley (*rumänischer*) Leu (*pl* Lei)

leylak [lâ] (-akı) Flieder *m*, Syringe *f*

leylek (-ği) Storch *m*

lezzet (-ti) Geschmack *m*; Genuss *m*; Vergnügen *n*, Spaß *m*; **~ almak** Freude (*veya* Genuss) finden (an *D*); **~lendirmek** appetitlich machen; **~lenmek** appetitlich werden; es genießen; **~li** schmackhaft, appetitlich; **~siz** fade, ... ohne jeden Beigeschmack

lıkır: **~~** gluckernd; **~damak** gluckern

liberal (-li) liberal; Liberale(r *m*) *f*; **~ist** liberal; **~izm** Liberalismus *m*; **~leş-mek** liberalisiert werden

liberasyon *Tic.* Freigabe *f*; **~ listesi** *Tic.* Freiliste *f*

libre Pfund *n*

lib'retto Libretto *n*

'lider *Pol.* Führer *m*; Chef *m*; *Spo.* Tabellenführer *m*; **~lik** (-ği) Führerschaft *f*, Führung *f*; **~lik yapmak** die Führerschaft innehaben, an der Spitze stehen

lif Faden *m*; *Biyo.* Faser *f*; **~li** Faser-..., faserig

lig (-gi) Liga *f*; **~ maçı** Ligaspiel *n*; **~den düşmek** aus der Liga absteigen; **~e çıkmak** in die Liga aufsteigen

liki|dasyon *Tic.* Liquidation *f*; **~de: ~de etmek** liquidieren; **~dite** *Tic.* Liquidität *f*, Zahlungsfähigkeit *f*

likit flüssig; *Tic.* liquide, verfügbar; **~ kristal gösterge** LCD-Anzeige *f*

likör Likör *m*

liman Hafen *m*; **~ idaresi** Hafenamt *n*; **~ işçisi** Hafenarbeiter *m*; **~ masrafları** Hafengebühren *f/pl*; **~ reisi** Hafenmeister *m*; **açık/serbest ~** Freihafen *m*; **~a girmek** in den Hafen einlaufen; **~lamak** in e-n Hafen einlaufen

limit (-ti) Limit *n*, Höchstgrenze *f*

limitet (-ti): **~ ortaklık/şirket** (*Ltd. Ort.*) Gesellschaft *f* mit beschränkter Haftung (*GmbH*)

limon Zitrone *f*; **~ ağacı** Zitronenbaum *m*; **~ gibi** kreidebleich; (sauer) wie e-e Zitrone; **~ kabuğu** Zitronenschale *f*

limo'nata Limonade *f*

limoni zitronengelb; leicht aufbrausend; *mec.* gestört, *ilişki:* F kaputt

limon|lu ... mit Zitronensaft; **~lu dondurma** Zitroneneis *n*; **~luk** (-ğu) Zitronenpresse *f*; Gewächshaus *n*; **~tuzu** (-nu) Zitronensäure *f*

linç (-çi) Lynchjustiz *f*; **-i ~ etmek** j-n lynchen

linyit (-ti) Braunkohle *f*

lir *Müz.* Leier *f*

'lira *para birimi*: Lira *f*, Pfund *n*; **Türk ~sı** (die) türkische Lira; **~lık** ... zu ... Lira

liret (-ti) (*italienische*) Lira *f* (*İtalyan para birimi*)

lirik (-ği) Lyrik *f*; lyrisch

lisan (-anı) Sprache *f*; → **dil**

lisans *okul:* Reifezeugnis *n*; Staatsexamen *n*; Diplom *n*; Zeugnis *n*; *Tic.* Genehmigung *f*, Lizenz *f*; **~lı** ... mit Lizenz; **~üstü** ... mit Abschlusszeugnis, F ... mit e-m Abschluss; **~üstü eğitim** abgeschlossene Schulbildung

'lise Gymnasium *n*; Oberschule *f*; *özl.* Oberstufe *f*; **~ mezunu** Abiturient(in

f) m; **~li** Oberschüler(in *f*) *m*
'**liste** Liste *f*, Verzeichnis *n*; **fiyat ~si** Preisliste *f*; **~ yapmak** e-e Liste aufstellen; **-i ~ye geçirmek** in e-e Liste eintragen; **yemek ~si** Speisekarte *f*; **-i kara ~ye almak** auf die schwarze Liste setzen
'**litre** Liter *m* (*az. n*); **yarım ~** Halbliter *m*; **~lik: örn. iki ~lik şişe** e-e Zweiliterflasche
Lit'vanya Litauen
liyakat (-ti) Verdienst *n*; **~ göstermek** sich bewähren; **~ madalyası** (-nı) Verdienstkreuz *n*
'**lobi** [lô] Vorraum *m*; Wandelgang *m*; *Pol.* Lobby *f*
'**loca** [lô] *Tiy.* Loge *f*
lodos [lô] Süd(west)wind *m*; *Gemi.* Süden *m*; → **güney**
loga'ritma [lô] Logarithmus *m*; **~ tablosu** Logarithmentafel *f*
lo'ğusa [lô] Wöchnerin *f*; **~lık** (-ğı) Wochenbett *n*
lojistik [lô] (-ki) Logistik *f*
lojman [lô] Werkswohnung *f*; Wohnheim *n*; **~ binası** Wohngebäude *n*
lokal [lô] (-li) lokal (*az. Tip*); Klub *m* (*mekân olarak*)
lo'kanta [lô] Restaurant *n*; **~cı** (Gast-)Wirt *m*
lokavt [lô] (-tı) Aussperrung *f*
lokma [lô] Brocken *m*, Bissen *m*; Krapfen *m*
lokomotif [lô] Lokomotive *f*
lokum [lô] *türkische Süßigkeit*; **~ gibi** sehr hübsch, P Zucker!
'**lonca** [lô] Innung *f*; Gilde *f*
'**Londra** [lô] London
lop[1] [lô] weich und rundlich; **~ yumurta** hart gekochtes Ei
lop[2] [lô] (-pu) *Anat.* Lappen *m*
lopur [lô]: **-i ~ ~ yemek** schmatzen(d

essen) (*A*)
lort [lô] (-du) Lord *m*; **♀lar Kamarası** Oberhaus *n* (*B. Britanya*)
losyon [lô] Lotion *f*, Toilettenwasser *n*; Haarwasser *n*; Gummilösung *f*
loş [lô] schummrig; halbdunkel; **~luk** (-ğu) Halbdunkel *n*
'**loto** [lô] Lotto *n*
löp: *gnl.* **~ ~** voll und weich
lösemi *Tıp* Leukämie *f*
Ltd. Şti. *kıs.* = **Limited Şirketi** Gesellschaft *f* mit beschränkter Haftung (GmbH)
lum'bago [lû] Hexenschuss *m*
'**lunapark** [lû] (-kı) Lunapark *m*; F *Berlin:* Rummel *m*; *Hamburg:* Dom *m*; *Münih:* Oktoberfest *n*
'**Lübnan** Libanon *m*
lüfer Blaufisch *m*; *Art* Makrele *f*
lügat (-ti) → **söz, sözlük**; **~ paralamak** kauderwelschen
lüks[1] Luxus *m*; **~ otel** Luxushotel *n*
lüks[2] *Fiz.* Lux *n* (*lx*); **~ lambası** Petroleum-Glühlampe *f*
lüle Locke *f*; Flocke *f*; Strähne; **~taşı** Meerschaum *m*
'**lütfen** bitte; freundlicherweise; **alay** gnädigst; **~ dikkat!** Achtung, Achtung (e-e Durchsage)!
'**lütfetmek** (*-i -e*) verehren (j-m et.); nennen (j-m *örn. adını*); gestatten (j-m et.); geruhen (*-ip* zu ...)
lüzum (-umu) Notwendigkeit *f*, Bedürfnis *n*; **-e ~ göstermek** (es) für erforderlich halten (zu ...); **~u halinde** nötigenfalls; **~u yok** (das ist) nicht nötig; **~unda** nötigenfalls; **~undan fazla** mehr als nötig, über die Maßen; **görülen ~ üzerine** aus gegebenem Anlass; **~lu** nötig, erforderlich; **~suz** unnötig, überflüssig; **~suzluk** (-ğu) Entbehrlichkeit *f*

M

ma'alesef leider
maarif Unterrichtswesen *n*; Bildung *f*
maaş Gehalt *n*; **~ bağlamak** das Gehalt anweisen; **... ~lı** mit einem Gehalt von
ma'attessüf bedauerlicherweise

ma'azallah Gott behüte!
mabe|t (-di) Tempel *m*; *Yahudi ~di* Synagoge *f*
Macar Ungar(in *f*) *m*; *'~ca* Ungarisch *n*; *~is'tan* Ungarn
macera Abenteuer *n*; → *serüven*; *~ filmi* Abenteuerfilm *m*
macun Paste *f*, Kitt *m*; *Art* Süßigkeit *f*; *~ çekmek* verspachteln; auskitten; *diş ~u* Zahnpasta *f*, *~lamak* (-*i*) *v/t* verkitten; (ver)spachteln
maç (-çı) Spiel *n*; *~ yapmak* ein (Fußball-)Spiel austragen; *boks ~* Boxkampf *m*; *futbol ~* Fußballspiel *n*
'maça *iskambil*: Pik *n*; *~ bey(i)* Pikass *n*; *~ kızı* Pikdame *f*
Mad. *kıs.* = *madde* *jur.* Paragraph
ma'dalya Medaille *f*, Orden *m*; *~nın ters tarafı* *mec.* die Kehrseite der Medaille
madalyon Medaillon *n*
madam gnädige Frau, Frau ...
madde Materie *f*, Stoff *m*, Substanz *f*; Material *n*; *Tic.* Artikel *m*, Ware *f*; Produkt *n*; *Huk.* Artikel *m*, Paragraph *m*; *~nin hali* Aggregatzustand *m*; *plastik ~* Kunststoff *m*; *besin ~si* Nährstoff *m*; *yiyecek ~leri* Nahrungsmittel *n/pl*; *~ başı sözcük* Stichwort *n*; *~ci* Materialist *m*; *~cilik* (-ği) Materialismus *m*
'maddeten materiell; faktisch; technisch
maddi materiell; *Fel.* materialistisch
madem, ma'demki *bağl.* (nun) da; wenn ... nun einmal; *~ öyle* da dem so ist ...; unter diesen Umständen
maden Metall *n*; Metall...; Erz *n*, Mineral *n*; Mine *f*, Erzgrube *f*, *mec.* Goldgrube *f*, Eldorado *n*; Glücksritter *m*; *~ cevheri/filizi* Erz(vorkommen) *n*; *~ işçisi* Bergmann *m*; *~ kuyusu* Schacht *m*; *~ ocağı* Erzgrube *f*; *~ para* Geldstück *n*; *~ yatağı* Erzlagerstätte *f*; *hafif ~* Leichtmetall *n*; *~ci* Bergmann *m*; Mineraloge *m*; Metallurg(e) *m*; *~cilik* (-ği) Metallurgie *f*, *~i* → *madensel*; *~kömürü* (-nü) Steinkohle *f*, *~sel* Metall..., ... aus Metall; mineralisch, Mineral...; mineralogisch; *~si* metallartig, metallisch; *~suyu* (-nu) Mineralwasser *n*; *~yünü* (-nü) Isolierwolle *f*
madik (-ği) F Trick *m*, Schummelei *f*; *~ etmek* j-n beschummeln
madrabaz Aufkäufer *m*, Großhändler *m*; Gauner *m*, Ganove *m*
'mafiş F nicht (*veya* kein ...) mehr, F alle; *Art* Eiergebäck *n*; *bende para ~* mein Geld ist alle
mafsal Gelenk *n*; Kupplung *f*
'mafya Mafia *f*
magazin Illustrierte *f*
magnetizma → *mıknatıs*
mag'nezyum Magnesium *n*
ma'ğara Grotte *f*, Höhle *f*
ma'ğaza (großer) Laden; Lager *n*; *giyim ~sı* Konfektionsgeschäft *n*; *-i ~da bulundurmak* auf Lager haben (*A*); *~lamak* *v/t* einlagern
mağdur benachteiligt; Geschädigte(r *m*) *f*; *mec.* Opfer *n*, *~iyet* (-*ti*), *~luk* (-ğu) Benachteiligung *f*
mağlu|biyet (-ti) Niederlage *f*; *~p* (-bu) besiegt; Unterlegene(r *m*) *f*; *~p edilmez* unbesiegbar; *-i ~p etmek* besiegen (*A*)
Mağribi Nordafrikaner(in *f*) *m*; nordafrikanisch (*Mısır dışında*); Westen *m*
mağrur überheblich; stolz (-e auf *A*); *~lanmak* überheblich sein
Mah. *kıs.* = *mahalle(si)* Stadtviertel *n*
mahal (-li) Ort *m*, Stelle *f*; *-e ~ kalmamak* keinen Anlass haben (zu *D*, zu + *mastar*)
mahalle Stadtviertel *n*; Wohnviertel *n*; vulgär; *~ kahvesi gibi* wie auf e-m Jahrmarkt; *~ karısı* Marktweib *n*; *~ kenar ~* Vorstadt *f*, Außenbezirk *m*; *~ muhtarı* Stadtviertelvorsteher *m*
mahallebi → *muhallebi*
mahallı|li örtlich, lokal; Orts...; National... (*giysi*); *~siz* unangebracht
maharet (-ti) Kunst *f*, Geschicklichkeit *f*; *~li* geschickt, wendig; *~siz* ungeschickt, tapsig
mahcu|biyet (-ti) Schüchternheit *f*; Verlegenheit *f*; *~p* (-bu) schüchtern; verlegen; *-i ~p etmek* j-n verlegen machen, verwirren; *~p olmak* verlegen werden
mahdut begrenzt; beschränkt (*az. fikri*); gezählt, gering
mahfaza Futteral *n*, Etui *n*; Schatulle *f*; *~li* mit (*veya* im) Futteral
mahir gewandt; Meister *m* (-*de* in *D*); *~ane* gewandt, geschickt

mahiyet (-ti) Wesen *n*, Charakter *m*; Bedeutung *f*; **aynı ~teki** gleichartig, analog

mahkeme Gericht *n*; Prozess *m*; **~ duvarı** schamlos, gewissenlos; **~ kapılarında** vor Gericht, durch alle Gerichte; **~ye düşmek** vor Gericht gehen (*veya* kommen); **~lik** (-ği) Gerichtsangelegenheit *f*; **~lik olmak** → **~ye düşmek**

mahkûm (-umu) verurteilt (-*e* zu *D*) (*az. mec.*); *hastalıkta*: aufgegeben, (unrettbar) verloren; Gefangener; -*e -i ~ etmek* j-n verurteilen (zu *D*) (*az. mec.*); **~iyet** (-ti) Haft(strafe) *f*; Vorstrafe *f*

mahlas [lâ] Pseudonym *n*, Künstlername *m*

mahlûk (-ku), **~at** (-tı) *pl* → **yaratık**; Geschöpf *n*

mahmur (-uru) benommen, schlaftrunken; verkatert; schläfrig; *bakış*: träumerisch; **~laşmak** benommen werden, schläfrig werden; e-n Kater bekommen; **~laşmış** schläfrig; **~luk** (-ğu) Katzenjammer *m*; Schlaftrunkenheit *f*

mahmuz Sporn *m* (*çizme, horoz*); **~lamak** (-*i*) die Sporen geben (*D*)

mahpus verhaftet, gefangen; *Spielart im Backgammon*; **~ kampı** Gefangenenlager *n*; **~hane** Gefängnis *n*

mahrem geheim (*örn. belge*); *İslam*: verboten (*yakın akraba evliliği*); Vertrauter; *bel.* vertraulich (*konuşmak*); **~iyet** (-ti) Geheimhaltung *f*; Vertraulichkeit *f*; Intimität *f*

mahrum ohne (-*den A*); → **yoksun**; -*i ~ etmek/bırakmak* j-n berauben (*G*); **~ olmak/kalmak** nicht haben (*A*), entbehren (müssen); **~iyet** (-ti) Mangel *m*, Entbehrung *f*; *Huk.* Aberkennung *f* (*örn. haklar*); **~iyetlere katlanmak** Mangel leiden

mahsuben (-*e*) auf Rechnung (*G*), a conto (*G*)

mahsul (-ülü) Erzeugnis *n*, Produkt *n*; Ertrag *m*; Ergebnis *n*; Ernte *f*; **~ almak/kaldırmak** die Ernte einbringen

mahsup (-bu) verrechnet; -*i ~e etmek* et. anrechnen (auf *A*), berücksichtigen (*A*)

mahsur eingekreist, belagert; blockiert; beschränkt (-*e* auf *A*)

mahsus (-usu) *gnl.* (-*e*) bestimmt (für *A*), vorbehalten (*D*), F extra (für *A*); eigen (*D*), typisch (für *A*); extra, mit Absicht, absichtlich; zum Spaß, scherzhaft; (*auf e-m Brief*) **şahsa/zata ~tur** persönlich

mahşer *İslam*: (der) Jüngste Tag; (das) Jüngste Gericht; Ort *m* des Jüngsten Gerichts; *mec.* Menschenmenge *f*, Gewühl *n*; *mec.* Hölle *f*

¹**mahvetmek** *v/t* zerstören; *gayretleri* zunichte machen; *ürün* vernichten

¹**mahvolmak** *edil.* → **mahvetmek**; zugrunde gehen

mahzen Lagerkeller *m*; *az. özl.* Weinkeller *m*; Bunker *m*; (Pulver-)Magazin *n*

mahzun → **üzgün**, **~luk** (-ğu) Wehmut *f*; Traurigkeit *f*

mahzur Risiko *n*; Bedenken *n/pl*, *özl. Tıp* kontraindiziert; Hindernis *n* (-*mekte* zu ...); **~lu** riskant; bedenklich

mail schräg, schief; *az. mec.* (-*e*) geneigt (zu *D*); neigend (zu *D*)

maiyet (-ti) Gefolge *n*; Gefolgschaft *f*, Belegschaft *f*

ma'jeste Majestät *f*; s-e Exzellenz der Staatspräsident

majör Dur *n*; **~ gam** Durtonleiter *f*

majüskül (-lü) (der) große Buchstabe

makale (Zeitungs-)Artikel *m*; Aufsatz *m*

makam Dienststelle *f*, Behörde *f*; Dienstraum *m*; Amt *n*, Posten *m*; *Müz.* (türkische) Tonart; Ton *m*; **resmi ~** amtliche Stelle; **dostluk ~nda** als Zeichen der Freundschaft; **~ arabası** Dienstwagen *m*; **~lı** harmonisch; **~sız** unharmonisch

ma'kara Spule *f* (*az. El.*); Rolle *f*, Trommel *f* (*örn. kablo için*); Flaschenzug *m*; **~ çekmek** trillern; zwitschern; **~ları koyuvermek** sich halb totlachen; **~lı film** Rollfilm *m*

ma'karna Makkaroni *pl*; Nudeln *f/pl*, Teigwaren *f/pl*

makas Schere *f* (*az. Zoo.*); Dachsparren *m*; *demiryol.* Weiche *f*; (*oto*) Kupplung *f*, Locher *m* (*bilet*); Hebewerkzeug *n*; *oto*: Feder *f*; F Zwicken *n*, Kneifen *n* *örn. yanağa*; P es reicht!, Schluss damit!; **~çı** Weichensteller *m*;

makaslama

Scherenverkäufer *m*; P Gauner *m*; **~lama: ~lama ateşi** Kreuzfeuer *n*; **~lamak** *v/t* schneiden; kürzen; kneifen, zwicken (*A*)

makat (-dı) Gesäß *n*; **~tan** *Tıp* anal

makbul (-ülü) angenommen; annehmbar; angenehm; beliebt; *mal*: gängig

makbuz Quittung *f*; → **alındı**; **~ mukabilinde** gegen Quittung

maket (-ti) Modell *n*; Skizze *f*

ma'kine Maschine *f*; Apparat *m*; Triebwerk *n*; Motor *m*; F Auto *n*, Wagen *m*; Pistole *f*; **buhar ~si** Dampfmaschine *f*; **idare ~si** Verwaltungsapparat *m*; **tıraş ~si** (elektrischer) Rasierapparat; **yazı ~si** Schreibmaschine *f*; **~ gibi adam** Roboter *m*; **~ gücü** (Maschinen-)Leistung *f*; **~ mühendisi** Maschinenbauingenieur *m*; **~ yağı** Maschinenöl *n*; **~yi bozmak** *alay* Durchfall haben; **~ci** Maschinist *m*; Mechaniker *m*; **~leştirmek** *v/t* mechanisieren; **~li** mechanisch; mechanisiert; maschinell; Maschinen...; **~li tüfek** Maschinengewehr *n*

makinist (-ti) Maschinist *m*; Techniker *m*; Lokomotivführer *m*; **~lik** (-ği) Maschinenwesen *n*

maksa|t (-adı) Ziel *n*; Zweck *m*; → **amaç**; Absicht *f*; **~da girmek** s-e Absichten verwirklichen; **~t gütmek** (den) Hintergedanken haben (, zu ...); **...(demek)ten ~t** es besteht die Absicht, zu ...; **~mek ~dıyla** um ... zu, mit dem Zweck, zu ...

'**maksi** *moda*: lang; **~mal** maximal; höchstens; **~mum** Maximum *n*

maktu (-tuu) → **kesik**; *Tic.* en gros; **fiyat** fester Preis

maktül: **~ düşmek** ermordet werden; umkommen

makul (-lü) rational; vernünftig; *sebep*: triftig; *fiyat*: mäßig, angemessen

makyaj Schminken *n*, Make-up *n*; Schminke *f*; **-e ~ yapmak** schminken (*A*); sich schminken; **~cı** Maskenbildner(in *f*) *m*; **~lı** geschminkt

mal Eigentum *n* (*az. mec.*); Vermögen *n*; *Tic.* Ware *f*; F Moneten *pl*, Zaster *m*; F Kerl *m*, Subjekt *n*; P Stoff *m*, Rauschgift *n*; **~ bildirimi** Zollerklärung *f*; **~ birliği** *Huk.* Gütergemeinschaft *f*; **~ bulmuş gibi** in Hochstimmung; **~ canlısı** habgierig; **~ edinmek** zu Geld kommen; *-i kendine* **~ etmek** sich et. aneignen; (*az. mec.*) j-n et. kosten; **üzerine ~ etmemek** keine Beachtung schenken (*D*); **~ kaldırmak** erwirtschaften; *-e* **~ olmak** kosten (*A*), sich belaufen auf; **~ sahibi** Eigentümer(in *f*) *m*; **~ sandığı** Finanzkasse *f*; **~ yapmak** F Geld machen; **~ın gözü** übel, nichtsnutzig (*herif*)

'**mala** Maurerkelle *f*

malak (-ğı) Büffelkalb *n*

ma'larya Malaria *f*

mali materiell; finanziell, Finanz... (*Krise*); **~ sorumluluk sigortası** Haftpflichtversicherung *f*; **~ yıl** Finanzjahr *n*

malik (-ki) Inhaber(in *f*) *m*; *-e* **~ olmak** haben, besitzen, Herr sein (*G*)

maliye Finanzwesen *n*; Finanzministerium *n*; **~ memuru** Finanzbeamter *m*, -in *f*; **~ bakanı** (*u*) Finanzminister *m*; **~ci** Finanzmann *m*; Finanzbeamter *m*, -in *f*

maliyet (-ti): **~ faktörü** Kostenfaktor *m*; **~ fiyatına** zum Selbstkostenpreis; **~ler** Kosten *pl*

'**malmüdürü** (-nü) Finanzdirektor *m*

malt (-tı) Malz *n*

'**Malta** Malta

maltız kleiner tragbarer Herd

malul (-ülü) Invalide *m*; Invaliden...; gebrechlich; **~ gazi** Kriegsversehrter

malum (-umu) bekannt; klar, offensichtlich; *Gr.* aktiv, → **etken**; **~ değil** (das ist) nicht ganz sicher; *-e* **olmak** j-m bekannt sein (*veya* werden); **~ ya!** das ist klar; natürlich!

malumat (-atı) → **bilgi**; Kenntnisse *f/pl*; Auskunft *f*; sich erkundigen (*... hakkında* über *A*, nach *D*); *-den* **~ olmak** Kenntnis haben (von *D*), informiert sein (von *D*); *-e* **~ vermek** j-n benachrichtigen, informieren; **~um yok** ich habe keine Ahnung; **~lı** benachrichtigt, informiert; → **bilgili**; **~sız** ... ohne Nachricht, ... ohne Kenntnis, unwissend

malzeme Material *n*; *Fot.* Zubehör *n*; *yemek*: Zutaten *f/pl*

mama Brei *m*, Kindernahrung *f*

mamul (-ülü) gemacht, hergestellt

(*-den* aus *D*); Industrie...; Produkt *n*; **~at** (*-atı*) Produkte *n/pl*, Produktion *f*

mamur *mec.* blühend; bearbeitet; erschlossen, kultiviert; **~e** erschlossenes Gebiet, Kulturland *n*; Stadt *f*

mana → **anlam**; Sinn *m*, Bedeutung *f*; *-den* **~ çıkarmak** Schlüsse ziehen (aus *D*); falsch deuten; *-de* **ne ~ var?** welchen Sinn hat es, zu ...; *tam* **~sıyla** *bel.* buchstäblich; im wahrsten Sinn (des Wortes); **~lı** viel sagend; → **anlamlı**; **çok ~lı** viel sagend; vieldeutig; **iki ~lı söylemek** sich zweideutig äußern; **~lı ~lı** *mec.* durch die Blume; **~sız** bedeutungslos; sinnlos; **~sızca** *bel.* sinnlos

manastır Kloster *n*

manav Obst- und Gemüsehändler *m*; Obst- und Gemüsegeschäft *n*

mancınık (*-ğı*) *Trh.* Wurfmaschine *f*

manda¹ Büffel *m*

manda² *Pol.* Mandat *n*

mandal Riegel *m*; *keman*: Wirbel *m*; *çamaşır*: **~ı** Wäscheklammer *f*

mandalin(a) Mandarine *f*

mandallamak *v/t* verriegeln; *çamaşır*: **~ı** anklammern, aufhängen; **~lı** verriegelt; *çamaşır*: aufgehängt; **~sız** unverriegelt; nicht angeklammert

man'depsi F Schwindel *m*

'mandıra Molkerei *f*; (Vieh-)Hürde *f*

mandolin Mandoline *f*

'manen *bel.* sinngemäß; geistig; moralisch

manevi geistig; ideell; moralisch; **~ evlat** Adoptivkind *n*; **~ şahıs** juristische Person; **~yat** (*-tı*) (das) Übernatürliche; (das) Geistige; Moral *f*; *-in* **~yatını bozmak/kırmak** die Moral zerstören

ma'nevra Manöver *n*; Rangieren *n*; **~ çevirmek** lavieren; sich durchschwindeln; **~ yapmak** manövrieren; ein Manöver unternehmen; **~lı** geschickt; listig; **~sız** steuerlos

mangal Kohlenbecken *n*; **~ kömürü** Holzkohle *f*

mangan(ez) Mangan *n*

mangır F Zaster *m*, Moneten *pl*

mangiz P Pinkepinke *f*

mani Manie *f*

mâni¹ *Volksliedart*

mâni² (*-ii veya -iyi*) Hindernis *n*; *-e* **~ olmak** verhindern (*A*); j-n (daran)

hindern; *bir* **~ olmazsa** wenn nichts dazwischenkommt

manifa'tura Textilien *pl*, Stoffe *m/pl*; Stoff...

mani'festo *Pol. ve Gemi.* Manifest *n*; *Gemi.* Ladepapiere *n/pl*

manikür Maniküre *f*

maniple (Hand-)Taste *f*

ma'nita P Gaunerei *f*; **~cı** Gauner *m*

mani'vela Hebel *m*; Kurbel *f*; *marş*: **~sı** Anlasserhebel *m*

'mankafa schwachsinnig; **~ hastalığı** *Zoo.* Rotzkrankheit *f*

manken Gliederpuppe *f*; Kleiderpuppe *f*; *kişi*: Mannequin *n*; Dressman *m*

ma'nolya Magnolie *f*

mano'metre Manometer *n*

manşet (*-di*) Manschette *f*; Schlagzeile *f*

mantar Pilz *m*; Kork *m*; Korken *m*; Pilzkrankheit *f*; P Lüge *f*, Märchen *n*; *yer* **~ı** Trüffel *f*; **~ atmak** flunkern, Märchen erzählen; **~a bastırmak** F j-n reinlegen; **~lamak** *v/t* verkorken; **~lı çorba** Pilzsuppe *f*

mantı *Art* Fleischklößchen *n*; türkische Ravioli *pl*

mantık (*-ğı*) Logik *f*, Sinn *m*; **mantığa aykırı** unlogisch; sinnlos; **~dışı** unlogisch; alogisch; **~î** logisch; **~lı** logisch; sinnvoll; **~sal** → **mantıklı**; **~sız** unlogisch

'manto (Damen-)Mantel *m*

manyak (*-ğı*) Besessene(r *m*) *f*, Verrückte(r *m*) *f*; **~lık** (*-ğı*) Besessenheit *f*

manyetik magnetisch; **~ alan** Magnetfeld *n*; **~ze** magnetisiert (*az. mec.*)

manzara Ausblick *m*, Blick *m*, Panorama *n*; Anblick *m*; *mec.* Bild *n*, Lage *f*; **~lı** mit schöner Aussicht; *deniz* **~lı** mit Blick aufs Meer; **~sız** ohne Aussicht; unansehnlich

manzum Vers..., in Versen; gereimt; **~e** Gedicht *n*, poetisches Werk

marangoz Tischler *m*; **~ işi** Tischlerarbeit *f*; **~balığı** (*-nı*) Sägefisch *m*; **~hane** Tischlerei *f*; **~luk** (*-ğu*) Tischlerhandwerk *n*

maraton Marathonlauf *m*

maraz Krankheit *f*, Hinfälligkeit *f*; *mec.* Not *f*; *sıf. kişi*: launisch; nörgelig

maraza Streit *m*; **~ çıkarmak** Streit anfangen

marazi krankhaft; pathologisch
margarin Margarine *f*; Magnetzünder *m*
marifet (-ti) Geschicklichkeit *f*; Vorzug *m*, Besonderheit *f*, F Pfiff *m* (*bşin*); F Streich *m*, Unfug *m*; ∼**li** meisterhaft
marizlemek *v/t* P j-n vertrimmen
marj *Matb.* Rand *m*; *mec.* Spanne *f*; *Tic.* Risikoanteil *m*
mark (-kı) (*Deutsche*) Mark
'**marka** Marke *f*; Zeichen *n*; (Automaten-)Münze *f*
markaj *Spo.* Deckung *f*; **adam** ∼ Manndeckung *f*; **saha** ∼ Raumdeckung *f*
markalamak *v/t* markieren; kennzeichnen
'**markalı** markiert, angezeichnet
marke: ∼ **etmek** *Spo. rakibi* decken
market (-ti) Supermarkt *m*
markiz Markise *f*
Marks|çı, ∼ist (-ti) Marxist *m*; marxistisch
'**Marmara| Bölgesi** (-ni) Marmara-Region *f*; ∼ **Denizi** (-ni) Marmarameer *n*
marmelat [lâ] (-dı) Marmelade *f*
maroken Saffianleder *n*; Saffian...
mars *tavla*: Doppelgewinn *m*; ∼ **etmek** *tavla oyununda* gewinnen; *mec.* j-m den Mund stopfen
Mars *Astr.* Mars *m*
marş[1] *Müz.* Marsch *m*; (National-)Hymne *f*
marş[2] marsch!; ∼ ∼! im Laufschritt marsch!
marş[3]: ∼ **anahtarı** *oto*: Anlasser *m*
marşandiz Güterzug *m*; ∼ **vagonu** Güterwagen *m*
mart (-tı) (*az.* ∼ **ayı**) März *m*; ∼ **ayında** im (Monat) März; ∼ **havası** Aprilwetter *n*; ∼ **havası gibi** *mec.* launenhaft
martaval P Unsinn *m*, Quatsch *m*; ∼ **atmak**/**okumak** F spinnen
martı, ∼ **kuşu** Möwe *f*
maruf bekannt (... **demekle** als ...)
marul Lattich *m*; grüner Salat
maruz (*-e*) ausgesetzt (*D*); *-e* **bırakmak** unterwerfen (*D*); *-e* **olmak** ausgesetzt sein (*D*); ∼**at** (-tı) *Ed.* Anliegen *n*, Bitte *f* (*-e* an *A*)
'**masa** Tisch *m*; *makam*: Ressort *n*, Abteilung *f*; *Spo.* Kasten *m*; ∼ **örtüsü** Tischdecke *f*; **iflas** ∼**sı** *Tic.* Konkursmasse *f*; **yazı** ∼**sı** Schreibtisch *m*; **yemek** ∼**sı** Esstisch *m*; ∼**ya yerleşmek** sich an den Tisch setzen
masaj Massage *f*; ∼ **yapmak** massieren; ∼**cı** Masseur *m*; ∼**cı kadın** Masseuse *f*
masal Märchen *n*; Fabel *f*; *mec.* ∼ **okumak** Märchen erzählen; ∼**cı** Märchenerzähler(in *f*) *m*; ∼**ımsı** märchenhaft
masat (-tı) Schleifstein *m*, Schleifmaschine *f*
'**masa|tenisi** (-ni), ∼**topu** (-nu) Tischtennis *n*, Pingpong *n*; ∼**üstü** *Cmp.* Desktop...; ∼**üstü bilgisayar** Desktop-Computer *m*
maskara lustig, drollig; Albernheit *f*; Karnevalsmaske *f*; Clown *m*; *-i* ∼**ya çevirmek** verulken (*A*), ins Lächerliche ziehen (*A*); *-i* ∼ **etmek** j-n zum Gespött machen; verpfuschen (*A*); *-in* ∼**sı olmak** zum Gespött (*G*) werden; ∼**lanmak** sich zum Gespött machen; ∼**laşmak** sich lächerlich machen; ∼**lık**: ∼**lık etmek** herumalbern
'**maske** Maske *f*, ∼**si düşmek** entlarvt werden; *-in* ∼**sini düşürmek**/**kaldırmak** j-n entlarven; **gaz** ∼**si** Gasmaske *f*; ∼**lemek** *v/t* tarnen; verschleiern; ∼**lenmiş** getarnt; ∼**li** maskiert; getarnt; *kişi*: undurchsichtig; ∼**li balo** Maskenball *m*; ∼**siz** ohne Maske; entlarvt
maskot (-tu) Maskottchen *n*
maslahat (-tı) → **iş**, P Schwanz *m*; ∼**güzar** Geschäftsträger *m*
'**masmavi** rein blau; himmelblau
masör Masseur *m*; Masseuse *f*
masraf Ausgabe *f*; Unkosten *pl*; Aufwand *m*; *Tic.* Spesen *pl*; ∼ **etmek** (viele) Ausgaben haben; ∼ **kapısı** Ausgabenposten *m*, Passivposten *m*; ∼**a girmek** sich in Unkosten stürzen; ∼**lar çıktıktan sonra** abzüglich der Kosten; ∼**tan çıkmak** sich (finanziell) übernehmen; ∼**lı** kostspielig; **az** ∼**lı** preisgünstig
mastar *Gr.* substantivierter Infinitiv
mas'tika Mastix *m*; Mastix-Schnaps *m*
masum unschuldig, naiv; rein, lauter; kleines Kind; ∼**iyet** (-ti) Unschuld *f*

masun sicher, geschützt (*-den* vor *D*); *Huk.* unantastbar; **~iyet** (-ti) Sicherheit *f*; Unantastbarkeit *f*; **mesken ~iyeti** *Huk.* Hausfrieden *m*

ma'sura Spule *f*; Wasserspeier *m* (*çeşme*)

maşa Zange *f*, Feuerzange *f*; Pinzette *f*; Klammer *f*; (Fahrrad-)Gabel *f*; *mec.* Werkzeug *n*; **~ gibi kişi**: vertrocknet; **saç ~sı** Brennschere *f*; **şeker ~sı** Zuckerzange *f*; **~lamak** *v/t* saç kräuseln; ondulieren

'**maşallah** großartig, wunderbar!; sehr erfreut; **~, hoş geldiniz** sehr erfreut, (Sie zu sehen), willkommen!

maşatlık (-ğı) (jüdischer) Friedhof

maşrapa Krug *m*

mat[1] (-tı): Matt *n*; **~ etmek** (schach) matt setzen

mat[2] matt, glanzlos

matah Kram *m*, Krimskrams *m*; *kişi*: Früchtchen *n*, Stromer *m*

ma'tara Feldflasche *f*

matbaa → **basımevi**; **~cı** Buchdrucker *m*

matbu (-uu) gedruckt, Druck...; **~ belge** Vordruck *m*; **~at** (-tı) Presse *f*; → **basın**

matem Trauer *f*; → **yas**; **~ havası** Trauermarsch *m*; Trauerzustand *m*

matematik (-ği) Mathematik *f*; **~çi** Mathematiker *m*

matemli in Trauer; traurig

materyal (-li) Material *n*; Ausrüstung *f*; **~ist** (-ti) Materialist *m*; materialistisch; **~istçe** materialistisch; **~izm** Materialismus *m*

'**matetmek** → **mat**[1]

matine Vormittagsvorstellung *f*; Nachmittagsvorstellung *f*

matiz P sternhagelvoll

matkap (-bı) Drillbohrer *m*; Bohr...

matlaş|mak matt werden, trübe werden; **~tırmak** glanzlos machen

matrah Einheitswert *m*

matra|k (-ğı) *Trh.* Knüppel *m*; **~ğa almak** F s-n Spaß haben, fidel sein

matris Matrize *f*; *Mat.* Matrix *f*

maun Mahagoni *m*; Mahagoni...; **~ ağacı** Mahagonibaum *m*

maval F Schwindel *m*; **~ okuma!** schwindel uns nichts vor!

mavi blau; **açık ~** hellblau; **gök ~si** himmelblau; **~ kâğıt almak** e-n blauen Brief (= ein Entlassungsschreiben) bekommen; **~msi**, **~mtırak** bläulich

'**mavna** Lastkahn *m*, Leichter *m*

maya Hefe *f*; *Kim.* Ferment *n*; *mec.* Veranlagung *f*, Wesen *n*; -geartet; **~sı bozuk** charakterlos; **~lamak** *v/t* säuern; **~landırmak** Hefe zusetzen, zur Gärung bringen; **~lanma** Fermentation *f*, Gärung *f*; **~lanmak** *v/i* gären; **~lı** ... mit Hefe, Hefe...; gegoren; aufgegangen

mayasıl Ekzem *n*, Ausschlag *m*

mayasız ungesäuert

maydanoz Petersilie *f*

mayhoş süßsauer; *mec.* abgekühlt

mayın Mine *f*; *mec.* P Tölpel *m*; **~ arama/tarama gemisi** Minensuchboot *n*; **~ dökmek** Minen legen; **~ tarlası** Minenfeld *n*; **bir ~a çarpmak** auf e-e Mine stoßen; **~lama** Verminen *n*; **~lamak** *v/t* verminen

mayıs (*az.* **~ ayı**) Mai *m*; **~ ayında** im (Monat) Mai; **~böceği** (-ni) Maikäfer *m*

mayi (-ii) Flüssigkeit *f*; flüssig; → **sıvı**

maymun Affe *m* (*az. mec.*); *mec.* Nachäffer *m*; **~cuk** (-ğu) Äffchen *n*; *mec.* Dietrich *m*

'**mayo** Badeanzug *m*; Badehose *f*; Trikot *n*; **~lu** im Badeanzug, im Trikot

mayonez Majonäse *f*; **~li** ... mit Majonäse

mayta|p (-bı) Feuerwerkskörper *m*; P Jux *m*; **~ba almak** *mec.* j-n hochnehmen

mazbata Protokoll *n*; **~ muharriri** Protokollführer *m*

mazbut (-tu) *kişi*: häuslich, solide; *belge*: registriert, protokolliert

mazeret (-ti) Entschuldigung *f*; **~li** entschuldigt; entschuldbar; **~siz** unentschuldigt

mazhar (-*e*) erhascht, gefunden

mazı Lebensbaum *m*, Thuja *f*; **~ tuzu** Tannin *n*, Gerbsäure *f*

mazi Vergangenheit *f* (*az. Gr.*); **~ye karışmak** außer Gebrauch kommen, veralten

mazlum unterdrückt; *mec.* leise, sanft; *kişi*: bescheiden; **~luk** (-ğu) Unterdrückung *f*; Sanftheit *f*

maznun Angeklagte(r *m*) *f*, → **sanık**; verdächtig

mazot (-tu) Diesel *n*; Heizöl *n*; P Sprit *m*; **~lamak** (-*i*) mit e-r Ölschicht bedecken (*A*)

mazur entschuldigt; verzeihlich; *-in bir şeyini ~ görmek* j-m et. verzeihen

meal (-ali) Bedeutung *f*; Inhalt *m*

me'alen dem Sinne nach

meblağ Betrag *m*

mebus Abgeordnete(r *m*) *f*; → *milletvekili*

mecal (-ali) Kraft *f*; **~i kalmadı** er hatte keine Kraft mehr; **~siz** kraftlos, schwach; **~siz düşmek** e-n Schwächeanfall haben

mecaz Metapher *f*, Bild *n*

me'cazen in übertragener Bedeutung

mecazi bildlich, übertragen, figürlich.

mecbur (-uru) gezwungen (-*e zu D*); *-e ~ etmek/tutmak* zwingen (zu *D*); *itirafa ~uz ki ...* wir müssen gestehen, dass ...; *~ kalmak/olmak* gezwungen sein (*veya* werden)

mec'buren gezwungenermaßen

mecburi gezwungen; Zwangs...; obligatorisch; Pflicht...; **~ hizmet** Ask. Dienstpflicht *f*; **~ iniş** Hava. Notlandung *f*; **~ istikamet** vorgeschriebene Fahrtrichtung; **~yet** (-ti) Notwendigkeit *f*, Zwang *m*

meclis Versammlung *f*; Rat *m*; (Partei)Vorstand *m*; Parlament *n*; Gesellschaft *f*, Zusammensein *n*; *Büyük Millet* ♀*i* Große Nationalversammlung; *idare ~i* Verwaltungsrat *m*; **~ kurmak** e-e kleine Gesellschaft (*veya* Party) geben

mecmua → *dergi*

Mecusi Feueranbeter *m*; Zarathustra-Anhänger *m*

meç (-çi) Degen *m*; Florett *n*

meçhul (-ulü) unbekannt

Med *Trh.* Meder *m*

medeni zivilisiert; → *uygar*; **~ cesaret** Zivilcourage *f*; **~ hukuk** bürgerliches Recht; **~yet** (-ti) Zivilisation *f*; → *uygarlık*

medet (-di) Beistand *m*; **~ Allah!** Gott steh mir (*veya* uns) bei!; **~ ummak** auf Hilfe hoffen

medrese Schule *f* zur Ausbildung islamischer Geistlicher und Richter; **~li** Student *m* e-r Medrese

'**medya** Medien *pl*; **~ ortamı** Medienlandschaft *f*

medyum Medium *n*

mefhum → *kavram*

mefruşat Möbel *pl*, Einrichtung *f*; **~ mağazası** Möbelgeschäft *n*; **~çı** Möbelhändler *m*

meftun (-*e*) vernarrt (in *A*); → *tutkun*

mega... Mega...

megafon *gnl.* Lautsprecher *m*; Megaphon *n*

megavat Megawatt *n*

'**meğer** jedoch, aber; indessen; **~ ...miş** es zeigte sich ..., offenbar: **~ ben aldanmışım** ich hatte mich offenbar geirrt

'**meğerki** (+ *Optativ -eyim, -esin, -sin vs.*) selbst wenn

Mehmetçik (-ği) (einfacher) Soldat

mehtap (-abı) Mondlicht *n*, Mondschein *m*; **~lı: ~lı gece** Mondnacht *f*

mekân (-ânı) Ort *m*; Wohnort *m*; *sanal ~* virtueller Raum, Cyberspace *m*; *zaman ve ~* Raum und Zeit, → *uzay*; **~ tutmak** sich niederlassen

mekanik (-ği) Mechanik *f*; mechanisch (*az. mec.*); **~çi** *Fel.* mechanistisch

mekaniz|e mechanisiert; **~ma** Mechanismus *m*; *az.* → *düzenek*

mekik (-ği) Weberschiffchen *n*; *uzay ~ği* Raumfähre *f*, **~ dokumak** hin- und hergehen; hin- und zurückfahren

mekruh widerlich; *İslam*: verboten, aber geduldet (*davranış*)

mekte|p (-bi) → *okul*; **~ ekol**; **~bi asmak** die Schule schwänzen; *-i ~p etmek* F weiterverkaufen, verhökern (*A*)

mektup (-bu) Brief *m*; Schreiben *n*; **~ atmak** e-n Brief zur Post geben; **~laşma** Briefwechsel *m*; **~laşmak** korrespondieren (*ile* mit *D*)

melankoli [lâ] Melancholie *f*; **~k** (-ği) melancholisch

melek (-ği) Engel *m*

meleke Fähigkeit *f*; Praxis *f* (in *D*)

melemek *koyun*: blöken; *keçi*: meckern

melez *Biyo., Bot.* Kreuzung *f*, Mischling *m*

melez|lemek *Bot., Zoo. v/t* kreuzen; **~leşme** Kreuzung *f*; *mec.* Entfremdung *f*

melo|di Melodie *f*; **~dik** melodisch;

~dram Melodrama *n*; **~dramatik** melodramatisch

melül (-lü) niedergeschlagen; niedergebeugt

memba (-aı) Quelle *f* (*az. mec.*); → **kaynak**

meme (Mutter-)Brust *f*; Euter *n*; Brustwarze *f*; Zitze *f*; Papille *f*; (Ohr-)Läppchen *n*; *Tek.* Düse *f*; Brenner *m*; **~başı** Brustwarze *f*, Zitze *f*; *-e* **~ vermek** die Brust geben (*D*); **~li** Säugetier *n* (*az.* **~li hayvan**); Säuge...; ... mit Düse

memişhane F Abtritt *m*, Abort *m*

memleket (-ti) → **ülke**, Land *n*; Heimatland *n*; Heimat *f*; Geburtsstadt *f*; → **yurt**; **~li** Landsmann *m*

memnu (-uu) → **yasak**

memnun (-unu) (*-den*) zufrieden (mit *D*); erfreut (über *A*); *-i* **~ etmek** zufrieden stellen (*A*); *-den* **~ olmak** erfreut sein (über *A*); **~ oldum!** sehr erfreut (Sie kennenzulernen); *az.* → **kıvanmak**, **~iyet** (-ti) Zufriedenheit *f*; Freude *f*, *az.* → **kıvanç**, **~iyetle** (sehr) gern; **~iyetsiz** unzufrieden; **~iyetsizlik** (-ği) Unzufriedenheit *f*; **~luk** (-ğu) → **memnuniyet**

memo'randum Memorandum *n*

memur Beamter; (*-e*) beauftragt (mit *D*); bevollmächtigt (mit *D*); *-i -e* **~ etmek** j-n beauftragen (mit *D*); **~e** Beamtin *f*; **~iyet** (-ti) Amt *n*, Aufgabe *f*; Beamtentum *n*; Abkommandierung *f*; **~iyetle gitmek** e-e Dienstreise machen; **~luk** (-ğu) Beamtentum *n*; Dienststellung *f*

menajer Manager *m*; **~lik** (-ği) Managerstellung *f*; Managergruppe *f*

mendebur jämmerlich; F Dämlack *m*

mendil Taschentuch *n*; Tischtuch *n*; *kâğıt* **~** Papiertaschentuch *n*

'**mendirek** (-ği) künstlicher Hafen; → **dalgakıran**

me'nekşe Veilchen *n*; violett; **~rengi** (-ni) violett

menenjit (-ti) Hirnhautentzündung *f*

'**menetmek** (-*i* j-n) hindern (*-den* an *D*)

meneviş Schillern *n*; Maserung *f*, Moiré *m* (*veya n*); **~lenmek** schillern; gemasert sein; **~li** schillernd; gemasert; moiriert, geflammt

menfaat (-ti) Interesse *n*; Nutzen *m*; **~inizedir** (das) liegt in Ihrem Interesse; **... ~ine** im Interesse (*G*); **~çi** Raffer *m*, F Raffke *m*; berechnend; **~li** vorteilhaft; nützlich; **~siz** unvorteilhaft; nutzlos

menfi negativ; → **olumsuz**; verneinend

menfur abscheulich

men'gene (Wäsche-)Mangel *f*; Presse *f*, Kelter *f*; Schraubstock *m*, Zwinge *f*

meni (-ii) *Biyo.* Sperma *n*

menkıbe Epos *n*; Legende *f*

menkul (-ulü) *Huk.* beweglich (*servet*); *gayri* **~ler** Immobilien *f/pl*

menopoz Wechseljahre *pl der Frau*

mensubiyet (-ti) Zugehörigkeit *f*; Beziehung *f*

mensucat (-tı) Textilien *pl*; **~ sanayii** Textilindustrie *f*

mensup (-ubu) Mitglied *n*; (*-e*) (als Mitglied) angehörend (*D*), Angehörige(r); (*kalıcı olmayarak*) gehören (zu *D*); zugehörig (*D*)

menteşe Türangel *f*, Scharnier *n*

mentol (-lü) Menthol *n*

menzil Haltepoplatz *m*; Etappe *f*; Hinterland *n*; *Ask. özl.* Tragweite *f*; Tagesmarsch *m*

mera Weide *f*

merak (-akı) Neugier *f*; Lust (zu *D*), Interesse (an *D*); Unruhe *f*; **~ etmek** sich interessieren (*-e* für *A*); (*-i*) neugierig sein (auf *A*); sich Sorgen machen (um *A*); **~ etme!** keine Sorge!; **~ getirmek** melancholisch sein (*veya* werden); *-e* **~ olmak** j-n neugierig machen; j-n interessieren; *-e* **~ sarmak/salmak** großes Interesse zeigen (für *A*); *-den* **~a düşmek** sich Gedanken machen (über *A*), sich aufregen (über *A*); **~ına dokunmak** beunruhigen; j-s Interesse erwecken; **~landırmak** (*-i*) Sorge machen (*D*); **~lanmak** (*-e*) sich Sorgen machen (um *A*); betrübt sein (über *A*)

meraklı (*-e*) neugierig (auf *A*); interessiert (an *D*); begeistert (von *D*); beunruhigt, besorgt (um *A*); Freund *m*, Liebhaber *m*, Anhänger *m*, Fan *m*; Fanatiker *m*, Narr *m*; *futbol* **~sı** Fußballfan *m*; *pul* **~sı** Briefmarkensammler *m*; *yemeğe* **~** Feinschmecker *m*

meraksız uninteressiert; unbeschwert, sorglos; **~lık** (-ğı) Interesselosigkeit f; Unbeschwertheit f

meram Zweck m; Ziel n; Vorsatz m; Anliegen n; *-e ~(ını) anlatmak* j-m et. klarmachen; *-e ~ etmek* bezwecken (A)

merasim Zeremonie f; Zeremoniell n; Feierlichkeiten f/pl; (äußere) Form; **~li** förmlich; **~siz** unförmlich, ohne Förmlichkeiten

mercan Zoo. Koralle f; Korallen...; **~ renginde** korallenrot, leuchtend rot; **~ada** Koralleninsel f; Atoll n

mercek (-ği) Linse f

merci (-ii) Dienststelle f, Instanz f; zuständige(r) Bearbeiter(in)

mercimek (-ği) Bot. Linse f

merdane Walze f; Nudelholz n; **~lemek** v/t (aus)walzen; (aus)rotten

merdiven Treppe f; **~ başı** Treppenabsatz m, Podest n; **~ dairesi** Treppenhaus n; *dönme ~* Wendeltreppe f; *yürüyen ~* Rolltreppe f

meret (-ti) mec. F Mist m, Dreck m; P Scheiße f; Mistkerl m, P Scheißkerl m

merhaba [meraba] F guten Tag!, mit (seid, seien Sie) gegrüßt!; *b-yle ~laşmak* sich grüßen, einander begrüßen

merhale Etappe f (az. mec.)

merhamet (-ti) Mitleid n (-e mit D); Erbarmen n; *-e ~ etmek* Mitleid haben (mit D); *~e gelmek* Mitleid haben; *~en* aus Mitleid; **~li** mitleidig, Ed. barmherzig; **~siz** unbarmherzig

merhem Salbe f; mec. Heilmittel n

merhum selig, verstorben

meridyen Meridian m

'**Merih** Astr. Mars m

me'rinos Merinoschaf n; Merinowolle f

merkep (-bi) Esel m; Reittier n; az. → **eşek**

merkez Zentrum n, Mittelpunkt m; Hauptstadt f; Zentral...; El. Tek. Station f; Ask. Kommandantur f; Hauptsitz m, Zentrale f; Polizeipräsidium m; **~ bankası** Zentralbank f; **~ istasyonu** Hauptbahnhof m; *deprem ~i* Erdbebenzentrum m, Epizentrum n; *hava rasat ~i* meteorologische Station; *kontrol ~i* Kontrollzentrum n; *posta ~i* Hauptpostamt n; *telefon ~i* Telefonzentrale f; *bu ~de* mec. dieser Art, auf dieser Linie; *iş, bu ~de iken* ... da die Dinge so liegen ...

merkez|ci Zentralist(in f) m; zentralistisch; **~cilik** (-ği) Zentralisierung f; **~i** Haupt..., Zentral..., zentral; **~ileşmek** sich konzentrieren (-e auf A); **~ileştirmek** v/t konzentrieren

merkeziyet (-ti) Zentralismus m; Zentralisierung f; zentrale Lage f

merkezkaç Zentrifugal... (güç)

merkez|lendirmek v/t zentralisieren; konzentrieren; **~lenmek** sich konzentrieren; **~leşme** Zentralisierung f

'**Merkür** Astr. Merkur m

mermer Marmor m; **~ ocağı** Marmorbruch m; **~lik** (-ği) Marmorboden m, Marmor...

mermi Kugel f; Geschoss m; Rakete f; *atom başlıklı ~* Atomgeschoss n; Atomrakete f

mersi danke; *çok ~* danke sehr

mert (-di) Ehrenmann m; kühn, Ed. wacker

mertebe Grad m, Stufe f; Rang m, Würde f; *mümkün ~* nach Möglichkeit

mertlik (-ği) Kühnheit f; Ed. Edelmut m

Meryem (az. *~ Ana, Hazreti ~*) (die) Jungfrau Maria, Mutter f Gottes, Gottesmutter f

mesafe Entfernung f, Abstand m; → **uzaklık**; az. mec. Distanz f; *~ bırakmak/koymak* mec. Distanz (veya Abstand) wahren; **~li**: *uzak ~li* Langstrecken...

mesai Bemühungen f/pl; Arbeit f; **~ saatleri** Arbeitsstunden f/pl, Arbeitszeit f; **~ yapmak** (veya *~ye kalmak*) Überstunden machen

mesaj Botschaft f, (amtliche) Mitteilung; **~ bırakmak** e-e Nachricht hinterlassen; *tebrik ~ı* Grußadresse f

mesane Harnblase f; **~ iltihabı** Blasenentzündung f

mescit (-di) kleine Moschee

mesel Sprichwort n; Redensart f; Fabel f; → **masal**; **~ olmak** sprichwörtlich werden

'**mesela** [lâ] zum Beispiel; → **örneğin**

mesele Angelegenheit f; → **sorun**;

Problem *n*, Schwierigkeit *f*; ~ **yok!** kein Problem!
Mesih (*Jesus*) der Messias
mesire Anlagen *f/pl*; Spaziergang *m*
mesken Wohnsitz *m*; → **konut**, **-e** ~ **tutmak** sich niederlassen (in *D*); ~ **masuniyetine tecavüz** Hausfriedensbruch *m*
meskûn bewohnt; **-i** ~ **kılmak** bevölkern; bewohnbar machen
meslek (-ği) Beruf *m*; Fach *n*; Art und Weise *f*; Anschauung *f*, Prinzipien *n/pl*; Doktrin *f*; System *n*; ~ **alanı** Fachgebiet *n*; ~ **hastalığı** Berufskrankheit *f*; ~ **içi eğitim** Fortbildungskurs *m*; ~ **lisesi/okulu** Berufsschule *f*; ~ **sahibi** Berufstätige(r *m*) *f*; Fachmann *m*; ~ **serbest ~ sahibi** Freiberufler(in *f*) *m*; ~ **sırrı** Berufsgeheimnis *n*; **~ten yetişme** *mec.* von der Pike auf gelernt; *mesleğe yöneltme* Berufsberatung *f*; **mesleğiniz ne?** was sind Sie von Beruf? **~i** Berufs...; **~i eğitim/öğretim** Berufsausbildung *f*; **~siz** berufslos; prinzipienlos; **~taş** Kollege *m*, Kollegin *f*
mest (-i) betrunken; besinnungslos
mesul (-ulü) → **sorumlu**; **-den ~ etmek** verantwortlich machen (für *A*); ~ **müdür** Geschäftsführer *m*; **-i -den ~ tutmak** (j-n) verantwortlich machen (für *A*); **~iyet** (-ti) → **sorum**, **sorumluluk**; **üzerine ~iyet(i) almak** Verantwortung auf sich nehmen, Verantwortung übernehmen; **~iyetli** → **sorumlu**; verantwortungsvoll; **~iyetsiz** → **sorumsuz**; *iş:* untergeordnet
mesut → **mutlu**; glücklich; erfolgreich
meşakkat (-ti) Widrigkeiten *f/pl*; Anstrengungen *f/pl*, Strapazen *f/pl*; ~ **çekmek** Strapazen durchmachen; **~li** anstrengend
meşale Fackel *f*
meşe Eiche *f*, Eichen...; ~ **odunu** Eichenholz *n*; *mec.* Holzkopf *m*; **~lik** (-ği) Eichenwald *m*
meşgale Beschäftigung *f*
meşgul (-ulü) beschäftigt (*-le* mit *D*); *telefon, masa:* besetzt; **-i ~ etmek** j-n aufhalten; j-n beschäftigen (mit *D*); ~ **olmak** aufgehalten werden; beschäftigt sein (*-le* mit; in *D*); **~iyet** (-ti) Beschäftigung *f*
meşhur berühmt
meşhut (-udu) bezeugt; *az.* → **suçüstü**; *cürmü* ~ **halinde** *Huk.* auf frischer Tat
meşin (gegerbtes) Leder; ~ **çanta** Ledertasche *f*; ~ **gibi** wie gegerbt, Leder...
meşru (-uu) gesetzlich, legal; *çocuk:* ehelich; ~ **müdafaa** Notwehr *f*; ~ **yalan** Notlüge *f*
meşrubat (-tı) (alkoholfreie) Getränke *n/pl*
meşrulaş|mak legalisiert werden; **~tırmak** *v/t* legalisieren
meşrut (-du) vereinbart; zur Bedingung gemacht; → **koşullu**; **~a** *Huk.* unveräußerlicher Besitz; **~en** bedingt; **~iyet** (-ti) konstitutionelle Regierungsform
met (meddi): ~ **hali** Hochwasser *n*; ~ **ve cezir** *sg* Gezeiten *pl*
meta (-aı) (Handels-)Ware *f*; Kapital *n*
metabo'lizma Stoffwechsel *m*
metal (-li) Metall *n*; → **maden**; **~bilimi** Metallurgie *f*; **~ik** metallisch
metan Methan(gas) *n*
metanet (-ti) Widerstandskraft *f*; **~li** widerstandsfähig; **~siz** schlaff, lasch, weichlich
metastaz *Tıp* Metastase *f*
meta'zori mit Gewalt, rücksichtslos
metelik (-ği) *mec.* Heller *m*, Pfennig *m*
meteor Meteor *m*, Sternschnuppe *f*; **~oloji** Meteorologie *f*; **~taşı** Meteorit *m*
'meth|etmek *v/t* loben
methi'ye Lobgesang *m*
metin[1] (metni) Text *m*; ~ **işleme** Textverarbeitung *f*; ~ **işleme sistemi** Textverarbeitungssystem *n*
metin[2] robust, stabil; **~lik** (-ği) Robustheit *f*, Festigkeit *f*
metot → **yöntem**; Methode *f*
metraj Länge *f* (in Metern); **~lı** in e-r Länge von ... Metern; *kısa* **~lı film** Kurzfilm *m*; *uzun* **~lı film** Hauptfilm *m*; Spielfilm *m*
metrdotel Oberkellner *m*, maître d'hotel
'metre Meter *m*; (Zentimeter-)Maß *n*; **~yle almak** Maß nehmen; ~ **kare** Quadratmeter *m*; ~ **kare fiyatı**

metrelik 194

Quadratmeterpreis *m*; ~ **karelik** ... Quadratmeter groß (*daire*); ~ **küp** Kubikmeter *m*; ~**lik** (-ği) ... Meter: **beş ~lik kumaş** fünf Meter Stoff

'**metro** U-Bahn *f*, Untergrundbahn *f*; (*kısmen de*) Hochbahn *f*

metropol (-lü) Metropole *f*

metruk (-kü) verlassen; hinterlassen; zurückgelassen

mevcu|t (-du) bestehend (*örn. rejim*); vorhanden (*örn. para*); anwesend; da (*örn. kişi*); Bestand *m*; Anzahl *f* (*örn. öğrenci*); **kasa ~du** Kassenbestand *m*; **~t listesi** Anwesenheitsliste *f*; **~t olmak** vorhanden sein

mevduat (-atı) *banka*: Festgeld *n*; Zeitkonto *n*, Gelder *n/pl*

mevki (-ii) → **yer**, **mahal**; Stelle *f*; Lage *f*; *mec.* hohe Stellung; *tren, gemi*: Klasse *f*

Mevla *Din.* der Herr, Gott *m*

Mevlevi Mevlevi-Derwisch *m*; Mevlevi-Orden *m*

mevlut (-dü) Neugeborenes; Geburtstagsfeier *zu Ehren von Mohammed am 12. des 3. Mondmonats*

mevsim Jahreszeit *f*; Zeit *f*, Periode *f*; *Tic.* Saison *f*; ~ **elbisesi/paltosu** Übergangsmantel *m*; ~ **öncesi** Vorsaison *f*; **turizm** ~ Reisezeit *f*, Saison *f*; ~**lik** (-ği) Saison... (*meyve*): Übergangs... (*pardösü*); ~**siz** verfrüht; in der Vor- oder Nachsaison; unzeitig

mevzi (-ii) *özl. Ask.* Stellung *f*; → **yer**, **mahal**; ~**i tutmak** die Stellung halten; **çıkış** ~**i** Ausgangsstellung *f*; **radar** ~**i** Radarstation *f*; ~**i** lokal; ~ **yerel** *Ask.* Stellungs...; ~**lenmek** in Stellung gehen

mevzu (-uu) → **konu**; Thema *n*; ~**a girmek** zur Sache kommen; ~**at** (-atı) Gesetzgebung *f*; (die) geltenden Gesetze *n/pl*, Vorschriften *f/pl*

meydan Platz *m*; Möglichkeit *f*; **savaş** ~**ı** Kriegsschauplatz *m*; ~ **korkusu** Platzangst *f*; -*e* ~ **okumak** herausfordern (*A*); ~ **okuyucu** provozierend; -*e* ~ **vermek** Gelegenheit geben (zu *D*); ~**a atılmak** sich stellen (*D*); bereit sein (zu *D*); ~**a çıkarmak** *mec.* enthüllen; bilden, schaffen; *Erz* fördern; ~**a çıkmak** auftreten, erscheinen; heranwachsen; gefördert werden; ~**a düşmek** *mec.* sich vordrängen; ~**a gelmek** geschehen; (-*den*) bestehen (aus *D*); sich bilden; ~**a getirmek** *kurum* gründen, bilden; *mal* erzeugen; durchführen; -*i* ~**a koymak** zeigen, bekennen; hervorbringen; ~**da** offensichtlich; auf der Hand (liegend); -*i* ~**da bırakmak** j-n im Stich lassen; et. griffbereit halten (*veya* haben); -*e* ~**ı bırakmak** aufgeben (*A*); ~**ı boş bulmak** sich ungebunden fühlen

meyhane Kneipe *f*

meyil (meyli) Neigung *f* (*az. mec.*); → **eğim**; Abhang *m*; *mec.* Zuneigung *f*; Neigung *f* (-*e zu D*); *az.* → **özlem**; *gemi*: Schlagseite *f*, *Tic.* Tendenz *f*, Trend *m*; ~**li** abschüssig; geneigt

meymenet (-ti) Segen *m*; ~**li** segensreich; ~**siz** unheilvoll; *kişi*: abstoßend, widerwärtig

meyva → **meyve**

meyve (-yi) Frucht *f*; Obst *n*; ~ **suyu** Obstsaft *m*; ~ **şekeri** Fruchtzucker *m*; ~**ci** Obsthändler *m*; Obstzüchter *m*; ~**cilik** (-ği) Obsthandel *m*; Obstbau *m*; ~**hoş** Obstmarkt *m*; getrocknete Früchte *f/pl*; ~**li** tragend, fruchtbar; Frucht...; Obst...; ~**siz** fruchtlos, nicht tragend; ~**suyu** Obstsaft *m*

mezar Grab *n*; ~ **kaçkını** *mec.* nur Haut und Knochen; ~ **kitabesi** Grabinschrift *f*; ~ **taşı** Grabstein *m*; ~**cı** Totengräber *m*; ~**lık** (-ğı) Friedhof *m*

meza|t (-dı) Auktion *f*; -*i* ~**da çıkarmak**, ~**t etmek** versteigern (*A*); ~**ttan** auf e-r Auktion; ~**tçı** Auktionator *m*

mezbaha Schlachthaus *n*; *mec.* Blutbad *n*

mezbele Müll(haufen) *m*; *mec.* Misere *f*

'**meze** Imbiss *m*; Vorspeise *f*; ~**lik** Imbiss...; Imbisszutaten *f/pl*; ~**siz** ohne Imbiss

mezhep (-bi) *Din.* Konfession *f*; Doktrin *f*, Schule *f*; Auffassung *f*

meziyet (-ti) Vorzug *m*; Verdienst *n*; Talent *n*; ~**li** verdienstvoll; fähig

mezun Absolvent(in *f*) *m* (-*den G*); **lise** ~ Abiturient(in *f*) *m*; -*i* ~ **etmek** j-n beurlauben; ~**iyet** (-ti) (Studien-) Abschluss *m*; Befugnis *f*; ~ **sınavı** Abschlussprüfung *f*

mikrodalga

me'zura Bandmaß *n*, Zentimetermaß *n*
mezür → *mezura*
mı → *mi*
mıh (großer) Nagel
mıh|lamak (*-i -e*) çivi einschlagen (in *A*); annageln (an *A*); vernageln (*A*); *mec.* lähmen, *Ed.* bannen; F einstechen (auf j-n); **~lanmak** *edil.* → *mıhlamak*; *mec.* wie angewurzelt stehen bleiben (*veya* sein); **~lı** (an)genagelt
mıknatıs Magnet *m*; Zündmagnet *m*; **~ı** magnetisch, Magnet...; **~lamak** *v/t* magnetisieren; **~lı** magnetisch; **~lı iğne** Magnetnadel *f*; **~lık** (-ğı) Magnetismus *m*
mıncık: **~ ~** zerkrümelt, zerdrückt; zerknittert; **~lamak** *v/t* befingern; *ekmek vs.* zerkrümeln, zerdrücken; *kumaş:* zerknittern
mıntıka Zone *f*; → *bölge*
mırıl|damak *v/t* murmeln; **~danma** Gemurmel *n*; **~danmak 1.** *v/i* vor sich hin murmeln; *kedi:* schnurren **2.** *v/t* şarkı vor sich hin summen; flüstern
mırıl: **~ ~ konuşmak** (miteinander) flüstern, tuscheln; **~ ~ okumak** *v/t* (vor sich hin) murmeln; nuscheln
mırıltı Gemurmel *n*; **~ halinde** kaum hörbar, verhalten
mırın: **~ kırın etmek** F herumdrucksen
mırnav Miauen *n*
mısır Mais *m*; **~ ezmesi** Maisbrei *m*; **~ koçanı** Maiskolben *m*; **~ özüyağı** Maisöl *n*
'Mısır Ägypten; ägyptisch; **~lı** Ägypter(in *f*) *m*
mışıl: **~ ~** friedlich (*örn. uyumak*); still
mıymıntı trödelig; **~lık** (-ğı) Trödelei *f*
mı'zıka Musik *f*; (Militär-)Kapelle *f*, Harmonika *f*; **ağız ~sı** Mundharmonika *f*; **~cı** Musikant *m*
mızıkçı Spielverderber(in *f*) *m*; (leicht) eingeschnappt; F Stänker; **~lık** (-ğı) Stänkern *n*
mızıklanmak ein Spielverderber sein; maulen
mızmız mäkelig, quengelig; F Meckerfritze *m*; Schlafmütze *f*; **~lanmak** mäkeln, quengeln; F meckern
mızrak (-ğı) Lanze *f*

mızrap (-bı) *Müz.* Schlagring *m*, Plektron *n*
mi¹ (*mı, mu, mü*) *soru eki:* **Türkçe biliyor musunuz?** können Sie Türkisch?; *olumsuz:* **'gelmiyor mu?** kommt er nicht?; *güçlendirme takısı:* **küçük mü küçük** klein, und wie! (*veya* und ob!); ganz ganz klein; **-se** *yerine bağlaç olarak:* **yağmur yağdı mı her yer yeşerir** wenn es geregnet hat, wird es überall grün
mi² *Müz.* e
mia|t (-dı) Lebensdauer *f*, Haltbarkeit *f*; Frist *f*; Termin *m*; *Din.* Tag *m* des Gerichtes; **~dı dolmak** unbrauchbar werden; veralten; **~dı dolmuş** verfallen
mide Magen *m*; *mec.* Geschmack *m*; **~ ağrısı** Magenschmerzen *m/pl*; **~ bozukluğu** Magenverstimmung *f*; **~(sini) bulandırmak** *mec.* (j-m) zuwider sein; bedrücken (*A*); belästigen; **~ ekşimesi** Sodbrennen *n*; **~ fesadına uğramak** sich gehörig den Magen verderben; **~ kapısı** Magenausgang *m*; **~si almamak** nicht vertragen können (*az. mec.*); **~si bulanmak** e-n Brechreiz haben; *mec.* sich ekeln (vor *D*); *mec.* Zweifel hegen; **~si ekşimek** (*veya* **kaynamak, yanmak**) sich den Magen verdorben haben; Sodbrennen haben; **~ye oturmak** *yemek:* j-m schwer im Magen liegen; **~ci** Egoist *m*; egoistisch; **~siz** nicht wählerisch, anspruchslos; dickfellig; fade, ohne Geschmack; **~sizlik** (-ği) Anspruchslosigkeit *f*; Geschmacklosigkeit *f*; **~vi** Magen...; magenfreundlich
midilli Pony *n*
'midye Miesmuschel *f*; **~ tavası** gebratene Muscheln *f/pl*
miğfer (Schutz-)Helm *m*
mihenk (-gi) Prüfstein *m*; **~ taşı** → *mihenk*
mihnet (-ti): **~ çekmek** Not leiden, Kummer haben
mihrap (-abı) Gebetsnische *f*
mihver Achse *f*, **~ eksen**; *mec.* Hauptpunkt *m*, zentrales Thema
'mika Glimmer *m*
mikro... Mikro...
mikro|bik Mikroben...; Infektions...; **'~dalga** Mikrowelle *f*; **~dalgalı fırın**

mikrofilm 196

Mikrowellenherd m; **~film** Mikrofilm m; **~fon** Mikrofon n; Lautsprecher m; **~organizma** Mikroorganismus m
mikrop (-bu) Krankheitserreger m; mec. Bösewicht m; **~ öldürücü** antiseptisch; Desinfektions...; **~lu** ansteckend, Infektions...; **~suz** desinfiziert; **~suzlandırmak** desinfizieren
mikroskop (-bu) Mikroskop n; **~ik** mikroskopisch
mikser Mixer m
miktar (-arı) Menge f; Mengen... (*analizi*); (Geld-)Betrag m; Umfang m, Grad m; **önemli ~da** umfangreich, weitgehend
mikyas Maßstab m, Maß n; Ausmaß n, Dimension f; → **ölçek, ölçer**
mil¹ Meile f; **deniz ~i** Seemeile f
mil² Achse f; Welle f; Stange f; Spindel f; **~ yatağı** Achsenlager n; **kam ~i** Nockenwelle f; **krank ~i** Kurbelwelle f
mil³ Schlamm m, → **balçık**
miladi christlich; **~ tarih** christliche Zeitrechnung
milat (-adı) Christi Geburt f; **~tan önce** (*M. Ö.*) vor Christi Geburt (*v. Chr. G.*), vor Christus (*v. Chr.*); **~tan sonra** (*M. S.*) nach Christus (*n. Chr.*), nach Christi Geburt (*n. Chr. G.*)
mili|bar Millibar n; **~gram** Milligramm n; **~m** Millimeter m; Tausendstel n; **~mi ~mine** haargenau; **~'metre** Millimeter m veya n
milis Miliz f; Milizsoldat m
militan militant; politisch Aktive(r); aktives Mitglied; Aktivist(in f) m
militar|ist Militarist m; **~izm** Militarismus m
millet (-ti) Nation f; Leute pl, Publikum n; Gruppe f, Gilde f; mec. Welt f; **~ meclisi** Nationalversammlung f; **~'lerarası** (-nı) international; **~vekili** (-ni) Abgeordneter
milli → **ulusal**; national; Volks...; **~ bayram** Nationalfeiertag m; **~ gelir** Nationaleinkommen n; **~ eğitim bakanı** Erziehungsminister m; **~ park** Nationalpark m; **~ savunma bakanı** Verteidigungsminister m; **~ şuur** Nationalbewusstsein n; **~ takım** Nationalmannschaft f

millileştirmek verstaatlichen
milliyet (-ti) Nationalität f; Nationalismus m, Nationalbewusstsein n; **~çi** Nationalist m; nationalbewusst; **~çilik** (-ği) Nationalismus m; Nationalbewusstsein n
milyar Milliarde f; **~der** Milliardär m; **~lık** Milliarden... (*örn. bütçe*); milliardenschwer
milyon Million f; **~er** Millionär m; **~luk** Millionen...; *kişi*: millionenschwer
mimar Architekt m, Baumeister m; **~i** Architektur f, Baukunst f; architektonisch; **~lık** (-ğı) Architektur f; Architektenberuf m
mimber Kanzel f (*camide*)
mimik (-ği) Mimik f
mimlemek (-*i*) (es) j-m ankreiden
mimli ... auf der Liste, registriert; übel vermerkt
minare Minarett n; **~ boyu** zwischen 10-20 m hoch; **~ kırması** F mec. langer Lutatsch, Hopfenstange f
minber → **mimber**
minder Sitzkissen n; Spo. Matte f
'mine Glasur f, Email n; Zahnschmelz m; Zifferblatt n; emailliert; **~ci** Emailarbeiter m; **~lemek** v/t emaillieren; **~li** emailliert
mineral (-li) Mineral n; **~ yağı** Mineralöl n; **~bilimi** Mineralogie f; **~oji** Mineralogie f
mini Mini...; **~ etek** Minirock m
minibüs Kleinbus m; **~çü** Kleinbusbesitzer m; Kleinbusfahrer m
minicik winzig; Liliputaner m; Liliput...
minik Kleine(r) (*çocuk*)
mini|mal Minimum n; wenigstens; **~mini** winzig, verschwindend klein; **~mum** Minimum n; Minimal...
minnet (-ti) Dankbarkeit f; Erkenntlichkeit f; Gefallen m; Wohlwollen n, Verbundenheit f; **~ altında kalmamak** sich erkenntlich zeigen; **~tarlık** (-ğı) Dankbarkeit f
minnoş reizend, entzückend; **ne de şey!** ganz entzückend!
minör Moll n, Molltonart f
mintan (kragenloses) Oberhemd
minüskül kleiner Buchstabe
minyatür Miniatur f; **~ saha** Spo. kleines Spielfeld

minyon niedlich, drollig

mira|ç (-cı) Himmelfahrt f (*Mohammeds*); **~cı İsa** Himmelfahrt f Christi

miras Erbschaft f; Hinterlassenschaft f (*az. mec.*); Erbe n (*az. mec.*); **~a konmak** e-e Erbschaft machen; **~çı** Erbe m, Erbin f; **~yedi** reicher Erbe; Verschwender m

mis[1] Moschus m; **~ gibi** wohlriechend; wunderbar; spielend (*örn. yapmak*)

mis[2] *İngilizce*: Miss f, Fräulein n

misafir Gast m; → **konuk**; Besuch m; **~ ağırlamak** Gäste bewirten, Besuch haben; **~ odası** Gästezimmer n; **~ kalmak**, -e **~ olmak** zu Besuch sein (bei j-m); **~perver** gastfreundlich

misal (-ali) Beispiel n; → **örnek**; ähnlich

mis|il (misli) *Osm.* → **kat**; **eş**; Gleiches; -mal; **iki ~li fazla** mehr als doppelt (so viel); **üç ~li az** dreimal weniger

misilleme Vergeltung f

mi'sina Angelschnur f; Nylonfaden m

misk (-ki) Moschus m; → **mis**

misket[1] (-ti) (Stahl-)Kugel f

misket[2] (-ti) Muskat... (*örn. üzüm*); Muskatellerwein m

miskin dickfellig; *mec.* Schlafmütze f; jämmerlich; *Ed.* träge; feige; aussätzig; **'~ce** jammervoll; schlafmützig; **~leşmek** ein Faulpelz werden; **~lik** (-ği) Schlafmützigkeit f

mistik (-ki) Mystik f; mystisch

misyon Mission f (*az. Din.*); Sendung f; **~er** Missionar(in f) m

mit (-ti) Mythos m, Heldensage f

miting *Pol.* Versammlung f; Treffen n; **~ yapmak** e-e Versammlung abhalten; **~ci** Versammlungsteilnehmer m; Veranstalter m e-r Versammlung

mitoloji Mythologie f; **~k** mythologisch

miyar Feingehalt m

miyav! miau!; **~lamak** miauen

miyop (-bu) kurzsichtig; **~luk** (-ğu) Kurzsichtigkeit f

mizaç (-acı) Veranlagung f; Temperament n; **~lı** ... veranlagt, von ... Temperament

mizah (-ahı) Humor m; **~çı** Humorist m; **~i** humoristisch

mizan|paj *Matb.* Umbruch m; **~pli** **saç biçimi**: Wasserwelle f; **~sen** Inszenierung f

mo'bilya Möbel pl, Mobiliar n; **~ arabası** Möbelwagen m; **~ mağazası** Möbelgeschäft n; **~cı** Möbelhändler m; Möbelladen m; **~lı** möbliert; **~sız** unmöbliert

'**moda** Mode f; modisch; Mode...; **~ defilesi** Modenschau f; **~sı geçmiş** veraltet, unmodern; **son ~ya göre** nach der neuesten Mode; **eski ~** altmodisch; **~ olmak** modern sein; **~cı** Modeschöpfer m; **~cılık** (-ğı) Modebranche f; **~evi** (-ni) Modehaus n

model Modell n; (Zu-)Schnitt m, Form f; Modejournal n; Mannequin n; Muster... (*öğrenci*); **saç ~i** Frisur f, Haarschnitt m; **~ci** Modellierer m; **~cilik** (-ği) Modellbau m; **~lik** (-ği) Beschäftigung f als Modell; **~lik etmek** Modell stehen

modem Modem n

modern modern; zeitgemäß; **~leştirmek** v/t modernisieren; **~lik** (-ği) Modernismus m

modül Modul n; **~asyon** Modulation f

Moğolistan Mongolei f

'**mola** Pause f; *Gemi.* Nachlassen n; **ihtiyaç ~sı** Erfrischungspause f; **yemek ~sı** Essenspause f; **~ etmek** e-e Pause machen; *halat* nachlassen, lockern; **~ vermek** e-e Pause machen; **~sız** ohne Pause, pausenlos

Mol'davya Moldavien

molekül Molekül n; **~er** Molekular...

molla geistlicher Richter, Mullah n

moloz Schotter m; *mec.* Schund m; **~luk** Schotterboden m; *mec.* F Mist m; P *kişi*: Mistvieh n

monarşi Monarchie f; **~st** Monarchist m; monarchisch; **~zm** Monarchismus m

monitör *Tek. ve TV* Monitor m; Turnlehrer(in f) m; Ausbilder m

mono|faze *El.* einphasig, Einphasen...; **~gami** Monogamie f, Einehe f; **~grafi** Monographie f; **~log** [lô] Monolog m

monopol (-lü) Monopol n

monoton monoton; **~luk** (-ğu) Eintönigkeit f

montaj Montage f; Filmschnitt m; → **kurgu**; -i **~ yapmak** montieren (*A*);

~cı Installateur *m*; Montagearbeiter *m*, Monteur *m*
monte: *-i* **~ etmek** montieren (*A*)
montör Monteur *m*
mor violett
moral (-li) Moral *f*; Sittlichkeit *f*
mora'toryum Moratorium *n*
morfin Morphium *n*
morg Leichenschauhaus *n*; **~a kaldırma** Obduktion *f*
mo'rina Kabeljau *m*, Schellfisch *m*
morluk (-ğu) (das) Violett(e); blauer Fleck
'morötesi (-ni) ultraviolett
mortlamak P abkratzen
'morto: ~yu çekmek P ins Gras beißen
moruk (-ğu) F alter Knacker; **~laşmak** F klapprig werden
'Moskova Moskau
'mosmor dunkelviolett, dunkellila
'mostra Muster *n*; Schaukasten *m*, Vitrine *f*; **~lık** (-ğı) Muster *n*; *mec.* F bunter Hund, Gespött *n*
motel Motel *n*
motif Motiv *n*
motor Motor *m*; Motorboot *n*; P Dirne *f*; **~ kayışı** Keilriemen *m*; **elektrik ~u** Elektromotor *m*
motor|bot (-tu) Motorboot *n*; **~cu** Motorbootfahrer *m*; **~ize: ~ize etmek** *v/t* motorisieren; **~leştirilmiş** motorisiert; **~leştirmek** *v/t* motorisieren; **~lu** Motor...; motorisiert; **~lu taşıt** Kraftfahrzeug *n*; **~suz** ... ohne Motor
motosiklet (-ti) Motorrad *n*; **~li** Motorradfahrer *m*
'mototren Triebwagenzug *m*
mozaik (-ki) Mosaik *n*
mozole Mausoleum *n*
MÖ *kıs.* = **Milattan Önce** vor Christi Geburt → **İÖ**
möble Möbel *pl*; **~li** möbliert; **~siz** unmöbliert
mönü Menü *n*
MS *kıs.* = **Milattan Sonra** nach Christi Geburt → **İS**
mu → **mi**
muaf (-afı) befreit, *büro, Ask.* freigestellt (*-den* von *D*); *Tıp* immun; *-den -i* **~ tutmak** j-n befreien (von *D*); **~iyet** (-ti) Befreiung *f* (*-den* von *D*); *Tıp* Immunität *f*

muamelat (-atı) Formalitäten *f/pl*; Geschäftsführung *f*
muamele Verhalten *n* (*-e karşı* gegenüber *D*); *Tic.* Geschäft *n*; (Börsen-)Abschluss *m*, Transaktion *f*; *Tic.* Umsatz *m*; Bearbeitung *f* (*dosya*); Formalitäten *f/pl*; *-e* **~ etmek** behandeln (*A*), sich verhalten (j-m gegenüber); **~ görmek** *kişi:* behandelt werden; bearbeitet werden; in Ordnung gebracht werden
muamma Rätsel *n* (*az. mec.*)
muasır Zeitgenosse *m*; zeitgenössisch; *az.* → **çağdaş**
muaşeret (-ti) Umgang *m*; Etikette *f*; **~ adabı** (*az. adabı~*) (das) gute Benehmen
muavin *şoför.* Beifahrer *m*
muayene *Tıp* Untersuchung *f*; (Zoll-)Kontrolle *f*; *-i* **~ etmek** untersuchen; kontrollieren; **~ olmak** sich untersuchen lassen; untersucht werden; **~ odası** Sprechzimmer *n*; **~ci** Inspektor *m*; Kontrolleur *m*; Zollbeamter; **~hane** *Tıp* Praxis *f*; Sprechzimmer *n*
muayyen bestimmt; fest
muazzam riesig; mächtig
mubah *Din.* nicht verboten, zulässig
mucibince laut (*G, az. D*), gemäß (*D*); **mukavele ~** laut Vertrag
mucip (-bi) zwingend; Anlass *m*, Grund *m* (*-e zu D*); *-i* **~ olmak** erfordern; **~ sebep** *Huk.* Argument *n*; Beweis *m*
mucize Wunder *n*; **~ kabilinden** wie durch ein Wunder
mucur (Kohlen-)Grus *m*; Geröll *n*; *mec.* Abfall *m*
'muço Schiffsjunge *m*; junger Kellner
mudi (-ii) → **yatırımcı**
muhabbet (-ti) Liebe *f*, Zuneigung *f*; Freundschaft *f*; (gemütliche) Plauderei; **~ etmek** plaudern; **~ kuşu** Wellensittich *m*
muhabere Berichterstattung *f*; Korrespondenz *f*; Verbindung *f*; Nachrichten...; **~ etmek** Bericht erstatten; korrespondieren; **~ci** Nachrichtenmann *m*; Funker *m*
muhabir Korrespondent(in *f*) *m*, Berichterstatter(in *f*) *m*
muhacir Auswanderer *m*, Emigrant *m*; Umsiedler *m*; Zug-... (*kuş*); →

göçmen; ~ *arabası* Planwagen *m*
muhafaza Schutz *m*; Bewahrung *f*; Beibehaltung *f*; Schutz... (*gözlük*); ~ *altına almak* Huk. in Gewahrsam nehmen (*A*); *-i* ~ *etmek* v/t schützen; bewahren; konservieren, belassen; sich widersetzen; ~*kâr* konservativ; Konservator *m*
muhafız Wächter *m*; Beschützer *m*; Wach...; ~ *alayı/kıtası* Leibwache *f*; Wachmannschaft *f*; ~*lık* (-ğı) Wache *f*; Wachdienst *m*
muhakeme Prozess *m*, Gerichtsverhandlung *f*; Urteil *n*, Überlegung *f*; ~ *etmek* aburteilen; erwägen; urteilen (über *A*); ~ *masrafları* Gerichtskosten *pl*; ~ *salonu* Gerichtssaal *m*; ~ *sırasında* im Laufe der Verhandlung; ~ *usulü kanunu* Prozessordnung *f*
muhakkak (-kı) bestimmt, gewiss, unbedingt; *gerçek*: feststehend; *ölüm*: sicher
muhalefet (-ti) Opposition *f* (*az. Pol.*); Widerspruch *m*, Kontrast *m*; ~ *partisi* Oppositionspartei *f*; *-e* ~ *etmek* sich widersetzen (*D*), widersprechen (*D*); opponieren
muhalif oppositionell, Oppositions...; widersprechend (*-e D*); gegensätzlich (*fikir*); *az.* → *karşıt*
muhallebi Reismehlpudding *m*
Muhammet (-di) (*veya* **Hazreti** ~) (der Prophet) Mohammed
muharebe Kampf *m*, Schlacht *f*; → *savaş*; ~*ebe etmeden* kampflos; ~*ip* (-bi) kriegerisch; Kämpfer *m*; *ülke*: Krieg führend; ~*iplik* (-ği) Kriegführung *f*; Kriegszustand *m*
muharrem *1*. Monat des islamischen Mondjahres
muhasara Einkreisung *f*; Belagerung *f*
muhasebe Buchführung *f*; Buchhaltung *f*; ~ *görmek* Buch führen; abrechnen; *-in* ~*sini yapmak* mec. die Bilanz ziehen (aus *D*); ~*ci* Buchhalter(in *f*) *m*
muhatap (-bı) Gesprächspartner *m*; *mec.* Zielscheibe *f*; (*-e*) ausgesetzt (*D*); *Gr.* zweite Person; *Tic.* Akzeptant *m*
muhayyer frei, nicht verpflichtet; *Tic.* zur Probe, mit Garantie; *Müz.* Ton *m*

muhayyile Fantasie *f*
muhbir Denunziant *m*, Spitzel *m*
muhit (-ti) Milieu *n*, Umgebung *f*; *aile*: Kreis *m*; → *çevre, yöre*; Stimmung *f*
muhrip (-bi) Ask. Zerstörer *m*
muhtaç (-acı) bedürftig, Not leidend; *-e* ~ *etmek* j-n veranlassen, das Nötige zu besorgen; *-e* ~ *olmak* brauchen (*A*), nötig haben (*A*); ~*lık* (-ğı) Be-dürfnis *n*
muhtar (Gemeinde-)Vorsteher *m*; *köy* ~ Dorfvorsteher *m*; *mahalle* ~ Stadtteilvorsteher *m*
muhtelif verschiedene; verschieden(artig)
muhtemel wahrscheinlich; möglich
muhterem *Osm.* geehrt; → *sayın*
muhteşem prächtig, pompös
muhtıra Memorandum *n*, *Pol.* Note *f*
mukabele Entgegnung *f*; Entgelt *n*, Gegenleistung *f*; Empörung *f*; Rezitieren *n* des Korans; *-e* ~ *etmek* antworten (*D*); sich empören (gegen *A*)
mukabil Gegen... (*hücum*); Konter... (*devrim*); gegenüberliegend (*taraf*); entsprechend; Gegenleistung *f*; *az.* → *karşılık*; *ilg.* (*-e*) im Gegensatz (zu *D*); als Entgelt (für *A*); *buna* ~ dafür; dagegen; umgekehrt; ~*inde* für (*A*), gegen (*A, örn. ödeme*); unter Einsatz
mukaddes heilig; geheiligt
mukavele Vertrag *m*; → *sözleşme*; ~*li* vertraglich
mukavemet (-ti) Widerstand *m* (*az. Fiz.*); Ausdauer *f*; *-e* ~ *etmek* sich widersetzen (*D*), ~ *göstermek* Widerstand leisten; ~ *koşusu* Spo. Langstreckenlauf *m*; ~*ci* Langstreckenläufer *m*; Widerstandskämpfer *m*; ~*li* standhaft; ~*siz* widerstandslos; nachgiebig
mu'kavva Pappe *f*, Karton *m*; ~ *kutu* Pappschachtel *f*, Karton *m*
mukayese Vergleich *m*; Analogie *f*; *-i* ~ *etmek* vergleichen (*A*); ~*li* vergleichend (*örn. anatomi*); Vergleichs... (*çizelge*)
mukayyet (-ti) registriert; gebunden (*-e* an *A*); gewissenhaft; *-e* ~ *olmak* Acht geben (auf j-n)
muktedir (*-e*) fähig (zu *D*); imstande (zu *D*)
mum Kerze *f* (*eskiden az. Fiz.*); Wachs

mumboyası 200

n; -i ~ **etmek** (= ~*a çevirmek*) j-n gefügig machen; ~ *gibi* kerzengerade; gefügig; weich; *giysi:* steif; ~ *olmak* gefügig sein, weich sein

'**mumboyası** (-nı) Wachsfarbe *f*

mumcu Kerzengießer *m*

mum|lamak *v/t* wachsen; (ver)siegeln; ~*lu* Wachs...

'**mumya** Mumie *f;* ~**lamak** *v/t* mumifizieren

mundar → *murdar*

muntazam regelmäßig, gleichmäßig; regulär; *oda:* (gut) aufgeräumt; '~*an* regelmäßig

mura|t (-dı) Wunsch *m;* Ziel *n,* Absicht *f;* Zweck *m;* ~*dına ermek* sich den Wunsch erfüllen

murdar schmutzig; *mec.* gemein

muris Erbe *m;* → *kalıtçı*

Musaf *ein Name für den* Koran

musallat (-tı) lästig; Unglück bringend; *-e etmek* heimsuchen (*A*); *-e* ~ *olmak* j-n belästigen; herfallen über j-n

Musevi mosaisch; jüdisch; Jude *m;* Jüdin *f;* ~*lik* (-ği) Judentum *n*

Mushaf → *Musaf*

musibet (-ti) Unheil *n;* Elend *n*

musiki *Osm.* Musik *f*

muska Amulett *n*

musluk (-ğu) (Wasser-)Hahn *m;* Handwaschbecken *n;* ~*çu* Klempner *m;* P Gauner *m*

mustarip (-bi) leidend; drückend (*örn. sessizlik*); *-den* ~ *olmak* leiden (an *D*)

muşamba Wachstuch *n;* Linoleum *n;* Regenmantel *m*

muş'mula Mispel *f*

'**muşta** Faustschlag *m;* Schusterhammer *m;* Schlagring *m*

muştu gute Nachricht; ~*lamak* (-*i -e*) j-m et. Erfreuliches mitteilen

mutaassıp (-bı) fanatisch; Fanatiker *m;* ~*lık* (-ğı) Fanatismus *m*

mutabakat (-tı) *Osm.* Übereinstimmung *f* (*ile, -e* mit *D*)

mutabık (-kı) *Osm.* übereinstimmend; *... hususunda* ~ *kalmak* sich einig werden (über *A*); *ilg.* (*-e*) gemäß (*D*), entsprechend (*D*)

muteber geehrt; angesehen; vertrauenswürdig; geltend; *bel.* gültig

mutfak (-ğı) Küche *f* (*az. yemek*)

mutlak (-kı) absolut; → *salt; bel.* unbedingt

'**mutlaka** unbedingt, auf jeden Fall

mutlakiyet (-ti) *Osm.* Absolutismus *m;* → *saltçılık;* ~*çi* Monarchist *m;* Absolutist *m;* absolutistisch

mutlu glücklich; ~*lu olmak* glücklich werden; ~*landırmak* *v/t* glücklich machen; ~*luluk* (-ğu) Glück *n*

mutsuz unglücklich; ~*laşmak* unglücklich(er) werden; ~*luk* (-ğu) Unglück *n*

muvafakat (-tı) *Osm.* Zustimmung *f;* Übereinstimmung *f; -e* **etmek** zustimmen (*D*); ~*name* Einwilligungserklärung *f*

muvazaa → *danışık(lık)* Verstellung *f,* Heuchelei *f;* ~*lı* abgekartet

muvazzaf *Ask.* aktiv; Berufs... (*Offizier*); ~ **hizmet** Wehrdienst *m;* ~*lık* (-ğı) aktiver Wehrdienst

muz Banane *f;* Bananenstaude *f*

muzır (-rrı) schädlich (*-e* für *A*); verderblich; *çocuk:* Tunichtgut *m;* ~ *yayın* Pornographie *f;* ~*lık* (-ğı) Schädlichkeit *f;* böser Streich

muzip (-bi) Spaßvogel *m;* ~*lik* (-ği) Streich *m,* (grober) Scherz; *-e* ~*lik etmek* j-n aufziehen

mü... *az.* → *mi-, mu...*

mü·badele *Osm.* Tausch *m,* Umtausch *m;* Austausch *m;* ~ **etmek** *v/t* austauschen; umtauschen

mübarek (-ği) gesegnet; heilig; *ünl.* herrlich!; Menschenskind!; *bu adam* komischer Kauz; ~ *olsun!* alles Gute (zum Fest!); schönen Feiertag!; *Bayramınız* ~ *olsun!* etwa (ich wünsche) Ihnen ein gesegnetes Fest!

mübaşir Gerichtsdiener *m*

mücadele Kampf *m;* → *savaş;* Kampf... (*arkadaş*); Auseinandersetzung *f,* ~ **etmek** kämpfen; sich streiten

mücahit (-di) Glaubenskämpfer *m;* Verfechter *m*

mücavir *Osm.* benachbart; anstoßend; ~ *devletler* Anrainerstaaten *pl*

mücevher Juwel *n,* Kleinod *n*

mücver *Art* Frikadelle *f* (*aus Zucchini*)

Müd. *kıs.* = *müdür* Leiter(in *f*) *m;* Direktor(in *f*) *m*

müdafaa Verteidigung *f* (*az. Huk.*);

Abwehr *f*; → **meşru**, **savunma**; ~ **etmek** *v/t* verteidigen

müdahale Einmischung *f* (*-e* in *A*), Intervention *f*; Eingriff *m*; *-e* ~ **etmek** sich einmischen (in *A*); hineingezogen werden (in *e-n Kampf*); *-e* ~ **ettirmek** *mec.* hineinziehen (in *A*)

müdavim Stammgast *m*; **~ler masası** Stammtisch *m*; ~ **olmak** Stammgast sein

müddet (-ti) → **süre**; Frist *f*; Dauer *f*; Zeit *f*; Zeitraum *m*; **bir** ~ eine Zeit lang; **teslim** ~**i** Ablieferungsfrist *f*; **~çe** solange: **yaşadığım ~çe** solange ich lebe

müdür Direktor *m*; Leiter *m*; Bezirksvorsteher *m*; **istasyon ~ü** Bahnhofsvorsteher *m*; **~iyet** (-ti) Direktion *f*; Leitung *f*; Verwaltung *f*; **~lük** (-ğü) → **müdüriyet**; Amt *n des Direktors*

müebbet ewig; lebenslänglich (*hapis*)

müessese *Osm.* Institut(ion *f*) *n*, Unternehmen *n*; → **kurum**, **kuruluş**

müeyyide *Huk.* Sanktion(ierung) *f*; → **yaptırım**

müezzin Gebetsrufer *m*, Muezzin *m*

müfettiş Inspektor *m*

müflis zahlungsunfähig, bankrott

müfredat: ~ **programı** Lehrplan *m*

müfteri verleumderisch

müftü Mufti *m* (*hoher Geistlicher*)

Müh. *kıs.* = **mühendis**

mühendis Ingenieur *m*; **~lik** (-ği) Ingenieurwesen *n*; Ingenieurberuf *m*

mühim (-mmi) wichtig, → **önemli**

mühlet (-ti) Aufschub *m*; *-e* ~ **vermek** Aufschub gewähren (*D*)

mühür (mührü) Siegel *n*; Stempel *m*; **~lemek** *v/t* abstempeln; siegeln; versiegeln

müjde gute Nachricht, Freudenbotschaft *f*; Belohnung *f* (für e-e gute Nachricht); **~lemek** (*-i -e*) j-m et. Erfreuliches mitteilen

mükafat (-tı) Belohnung *f*, Auszeichnung *f*, → **ödül**; *-in* **~ını görmek** belohnt werden (für *A*)

mükellef verpflichtet (*-e* zu *D*); **vergi ~i** Steuerpflichtiger *m*; **~iyet** (-ti) Verpflichtung *f*

mükemmel hervorragend, erstklassig; (*teknik açıdan*) vollkommen; *ünl.* vorzüglich, tadellos!; ~ **iyetçi** Perfektionist *m*; **~lik** (-ği) Vollkommenheit *f*, Perfektion *f*

mülk (-kü) Grundbesitz *m*, unbeweglicher Besitz; *Osm.* Land *n*; Reich *n*; ~ **sahibi** Grundstücksbesitzer *m*; **~i** zivil; Landes...; Besitzer...; Eigentümer...; **~iye** Verwaltungs... (*memur*); **~iyet** (-ti) Eigentum *n*

mülteci Flüchtling, Asylant *m*; ~ **kampı** Asylantenlager *n*; ~ **yurdu** Asylantenheim *n*

mümessil *Osm.* Vertreter *m*; **sınıf ~i** Klassensprecher *m*

'**mümin** gläubig; Muslim(in *f*) *m*

mümkün möglich; **'~se** wenn möglich; ~ **kılmak**/**yapmak** *v/t* ermöglichen, möglich machen; ~ **mertebe** nach Möglichkeit, möglichst; ~ **olduğu kadar** möglichst; **ne ~!** wie ist das möglich?!

münafık (-kı) *Osm.* Hetzer *m*, Unruhestifter *m*

münakaşa Diskussion *f*; Streit *m*; *az.* → **tartışma**

münasebet (-ti) Beziehung *f* (*ile* zu *D*); Zusammenhang *m*; Gelegenheit *f*, passender Augenblick; Grund *m*; *-le* ~ **kurmak** Beziehungen anknüpfen (zu *D*); *-le* ~ **girmek** in Beziehungen treten (zu *D*); **~iyle** anlässlich (*G*); **bu ~iyle** bei dieser Gelegenheit; dabei, in diesem Zusammenhang; *-le* **~te bulunmak** Beziehungen unterhalten (zu *D*); **~li** passend, angebracht; **~siz** ganz egal wie; **~siz** unpassend, unangebracht; unzeitig; *konuk*: ungebeten; ungehörig; respektlos; albern

münasip (-bi) passend (*-e* zu *D*); geeignet (*-e* für *A*); gebührend; *öneri, itiraz vs.*: angebracht; *-i* ~ **bulmak**/ **görmek** für angebracht halten (*A*); *az.* → **uygun**

münferit (-di) *Osm.* isoliert, Einzel..., (*sonuç*); sporadisch

'**Münih** München

müptela (*-e*) verfallen (*D*); *Tıp* leidend (an *D*); **aşka ~** liebestoll; **vereme ~** schwindsüchtig, tuberkulös; **uyuşturucu ~sı** drogensüchtig, *az.* → **düşkün**

müracaat (-tı) Antrag *m*; Anfrage *f*; Auskunft *f*; Anmeldung *f*; *-e* ~ **etmek** e-n Antrag stellen (an *A*); sich wenden (an j-n); sich melden (bei *D*);

müracaatçı (*sözlüğe* in e-m Wörterbuch) nachschlagen; (*zor*) anwenden; **~ta bulunmak** → **~ etmek**; *az.* → **başvurmak**; **~çı** Antragsteller *m*

mürekkep (-bi) Tinte *f*; **~ yalamış** F gebildet, gelehrt

mürettebat (-tı) (*uçak, gemi vs.*) Besatzung *f*; Insassen *m/pl*; *Tek.* Bedienungspersonal *n*; *Ask.* Bedienungsmannschaft *f*

mürtet (-ddi) *Din.* Abtrünnige(r)

mürüvvet (-ti) Güte *f*; **~ini görmek** sich an seinen Kindern freuen

müsaade Genehmigung *f*, Erlaubnis *f*; *-e* **~ buyurmak/etmek** j-m gestatten, erlauben; **bana ~** gestatten Sie bitte, (ich muss gehen); **~nizle** wenn Sie gestatten; **~ eder misiniz?** gestatten Sie?

müsab|aka *Osm.* Wettbewerb *m*; Konkurrenz *f*; Wettkampf *m*; **~akaya girmek** an e-m Wettbewerb teilnehmen; **~ık** (-kı) Wettbewerber *m*

müsait (-ti) günstig (*-e für A*); passend (*-e für A*) → **uygun**

müsamaha Duldsamkeit *f*; Nachsicht *f*; Nachlässigkeit *f*; *-e* **~ etmek** *mec.* ein Auge zudrücken (vor *D*); **~lı** duldsam; nachgiebig; **~sız** unnachgiebig; streng, hart

müsekkin Beruhigungsmittel *n*, *az.* → **yatıştırıcı**

müshil *Osm.* Abführmittel *n*

Müslüman Muslim(in *f*) *m*, Mohammedaner(in *f*) *m*; **~laşmak** *v/i* Muslim werden, zum Islam bekehren; **~laştırmak** j-n islamisieren, zum Islam bekehren; **~lık** (-ğı) Islam *m*; (die) islamische Welt

müsrif verschwenderisch

müstahak (-kkı) (-e) würdig (*G*); (das) Verdiente (*ödül veya ceza*); **~ olmak** verdienen (*A*)

müstahdem beschäftigt; Angestellte(r *m*) *f*

müstakbel *Osm.* künftig; Zukunft *f*

müstakil (-lli) unabhängig, selbstständig; allein stehend (*bina*)

müstehcen pornographisch, unsittlich; **~ davranış** unsittliches Benehmen; **~ film** Pornofilm *m*; **~lik** (-ği) Unanständigkeit *f*

müstesna ausgenommen (*-den* von *D*); *eşya, kişi*: außergewöhnlich; Ausnahme *f*; Ausnahme... (*konum*); **~ tutmak** e-e Ausnahme machen; *ilg.* außer (*D*), mit Ausnahme (*G*)

müsteşar (-arı) (Botschafts-)Rat *m*; Staatssekretär *m*

müsvedde Kladde *f*; Konzept *n*; Manuskript *n*; → **karalama**; *mec.* Zerrbild *n*; **~** defter Konzeptbuch *n*; **~kâğıdı** Konzeptpapier *n*

müşerref geehrt; **~ olmak** die Ehre haben; **~ oldum** es hat mich sehr gefreut (Sie kennen gelernt zu haben)

müşkül schwierig; Schwierigkeit *f*; *koşullar*: schwer, hart; **~at** (-atı) Schwierigkeiten *f/pl*

müşterek (-ki) gemeinsam; gemeinschaftlich; kollektiv (*bin. güvenlik*); **~ bahis** Totalisator *m*; *-de* **~ olmak** in *bşde* einig sein, im Einvernehmen handeln

müşte'reken *bel.* gemeinschaftlich, zusammen

müşteri Kunde *m*, -in *f*

mütalaa [lâ] *Osm.* Lektüre *f*; Untersuchung *f*, Studie *f*; Äußerung *f*; Meinung *f*, *Huk.* Stellungnahme *f*; **~ etmek** lesen; studieren, prüfen, besprechen

müteahhit (-di) (Bau-)Unternehmer *m*; vertraglich verpflichtet

müteak|iben kurz (nach *D*), im Anschluss an (*A*); **~ip** (-*i*) folgend (*D*); nächst...; *ilg.* nach (*D*): **dersi ~ip** gleich nach der Stunde

müteessif *Osm.* betrübt; *-den*, *-e* **~ olmak** bedauern (*A*)

müteessir (-den) betrübt (über *A*); beeinflusst, beeindruckt (von); *-e* **~ olmak** bedauern (*A*); der Einwirkung (*G*) unterliegen

mütehassıs Spezialist *m*, Facharzt *m*; qualifiziert, ausgebildet; → **uzman** *vs.*

mütevazı *kişi*: bescheiden

müthiş schrecklich, fürchterlich (= sehr); *ünl.* erstaunlich, F doll

müttefik (-ki) verbündet, alliiert; Verbündeter, Alliierter

müvekkil Auftraggeber *m*; *Huk.* Mandant *m*, Klient *m*

müzakere Besprechung *f*, Erörterung *f*; *Huk.* Beratung *f*; Konferenz...; *-i* **~ etmek** erörtern, besprechen, beraten, diskutieren (*A*); *-i* **~ye koymak** zur Diskussion stellen (*A*)

müzayede Auktion *f*; **~ ile satmak** an den Meistbietenden verkaufen
¹**müze** Museum *n*; **resim ~si** Gemäldegalerie *f*
müzik (-ği) Musik *f*; Musik... (*oda*); **dans ~ği** Tanzmusik *f*; **oda ~ği** Kammermusik *f*; **ses ~ği** Vokalmusik *f*; **~syen** Musiker *m*
müzmin chronisch, langwierig; dauernd, ewig; *sorun*: ungelöst; **~leşmek** chronisch werden; *sorun*: ungelöst bleiben

N

nabız (nabzı) Pulsschlag *m* (*az. mec.*); Puls *m*; *-in* **~zını ölçmek/almak, saymak, tutmak** j-m den Puls fühlen; *-in* **~zını yoklamak** *mec.* j-m auf den Zahn fühlen
nafaka Lebensunterhalt *m*, *Huk.* Alimente *pl*; *-e* **~ bağlamak** j-n zur Zahlung von Alimenten verpflichten
naftalin Mottenpulver *n*; **~lemek** *v/t* einmotten, mit e-m Mottenschutzmittel einsprühen
nağme Melodie *f*; *Müz.* Note *f*, *mec.* *-e* **~ yapmak** j-m et. vormachen
nakarat (-tı) *Müz.* Refrain *m*
nakavt (-tı) Knock-out *m*, K. o. *m*; *-i* **~ etmek** knock-out schlagen; *mec.* j-n matt setzen, ausschalten
¹**nakden** *bel.* mit Geld; (in) bar
nakış (nakşı) Stickerei *f*; Wandmalerei *f*; Deckenmalerei *f*
nakil (nakli) Beförderung *f*, Transport *m*; Umzug *m*; Übertragung *f*; *Tic.* Übertrag *m*; *Tıp* Transplantation *f*; Versetzung *f* (*görev*)
nakit (nakdi) (*az.* **~para**) Bargeld *n*; **~ ödeme** Barzahlung *f*
¹**naklen** **~ yayın** F Livesendung *f*
nakletmek (-*i*) transportieren; *radyo*, *Tic.*: übertragen
nakliyat (-atı) Transport *m*, Beförderung *f*; Transportwesen *n*; Spedition *f*; **kara ~ı** Transport *m* auf dem Landwege; **~cı** Transportunternehmer *m*; **~cılık** (-ğı) Transportwesen *n*
nakliye Transport *m*; Transportkosten *pl*; Frachtgeld *n*; Transport..., Fracht...; **~ gemisi** Frachter *m*; **~ senedi** Frachtbrief *m*; **~ci** Spediteur *m*
nal Hufeisen *n*; **~ çakmak** (ein Pferd) beschlagen; **~ları dikmek** F krepieren
nam (namı) → **ad**; *-e* **~ salmak/vermek** sich e-n Namen machen (in *D*); **~ına** mit Namen, namentlich; im Namen (*G*), anstatt (*G*)
namaz (rituelles) Gebet; **~ kılmak** das Gebet verrichten, beten; **~lık** (-ğı) Gebetsteppich *m*
namert (-di) feige; gemein; Schuft *m*
namlı bekannt, bedeutend
namlu (Gewehr-)Lauf *m*
namus Ehre *f*; Ehrbarkeit *f*; Gewissen *n*; *kadın*: Unbescholtenheit *f*; **~ sözü** Ehrenwort *n*; **~unu temizlemek** s-e Ehre wieder herstellen; **~lu** ehrlich; anständig; *kadın*: unbescholten; **~suz** unehrenhaft, gewissenlos
nane Pfefferminze *f*; **~ çayı** Pfefferminztee *m*; **~ yemek** F Dummheiten machen; dummes Zeug reden
nankör undankbar; **~lük** (-ğü) Undankbarkeit *f*
napalm: **~ bombası** Napalmbombe *f*
nar Granatapfel *m*
nara Schrei *m*; Gebrüll *n*; **~ atmak** laut schreien
narenciye Zitrusfrüchte *f/pl*
nargile Wasserpfeife *f*
narh festgesetzter Höchstpreis
narin zierlich, schlank
narkotik (-ki) Narkotikum *n*; narkotisch; **~ şube** Rauschgiftdezernat *n*
narkoz Narkose *f*, Betäubung *f*; *-e* **~ vermek** j-n narkotisieren; **~cu** Anästhesist(in *f*) *m*
¹**nasıl** wie?; welche(r, -s), was für ein(e)?; wie (sehr); wie bitte?; **~ ise** wie ... auch immer; **~sınız?** wie geht es Ihnen?; **bu ~ bir adam?** was ist

nasılsa 204

das für ein Mensch?; ~ **olsa** wie dem auch sei; irgendwie; ~ **olur** wie kann das sein?; **... hem de ~!** und wie!; ~ **ki** (so) wie (auch)

'**nasılsa** irgendwie; sicherlich, sowieso

nasır Hühnerauge *n*; Schwiele *f*; ~ **bağlamak** Hühneraugen (*veya* harte Haut) bekommen; *mec.* sich verhärten

nasihat (-tı) → **öğüt**; -e ~ **etmek/ vermek** j-m raten, e-n Rat geben

nasip (-ibi) Anteil *m*; Schicksal *n*, Los *n*, das j-m Gebührende; ~ **etmek** zuteil werden lassen; -e ~ **olmak** *pay*: j-m zuteil werden; j-m bestimmt sein, vergönnt sein

nasyonal|ist (-ti) Nationalist *m*; ~**izm** Nationalismus *m*

natürmort (-tu) Stillleben *n*

navlun (See-)Fracht *f*, Ladung *f*; Fracht(kosten *pl*) *f*

'**naylon** Nylon *n*; Nylon...; unecht; ~ **evlilik** F Scheinehe *f*; ~ **fatura** Scheinrechnung *f*

naz Ziererei *f*, Affektiertheit *f*; Laune *f*; Grille *f*; ~**a çekmek** sich zieren; ~ **etmek** sich zieren; Umstände machen; *-e* ~**ı geçmek** *mec.* alles durchgehen lassen; *-in* ~**ını çekmek** alle Launen (*k* in Kauf nehmen

nazar Blick *m*; böser Blick; Ansicht *f*, Auffassung *f*; ~ **boncuğu** Talisman *m*, Amulett *n* gegen den bösen Blick; *-e* ~**(ı) değmek**, ~**a gelmek** (durch den bösen Blick) behext werden

nazaran (-*e*) gemäß (*D*), zufolge (*D*); aufgrund (*G*); F mit Blick auf (*A*); **buna** ~ demzufolge, demnach → **göre; oranla**

nazarlık (-ğı) Amulett *n*

nazik (-ki) höflich; fein, empfindlich; heikel (*durum*); **pek ~siniz** sehr nett von Ihnen; ~**leşmek** höflicher werden; sich verfeinern; *durum*: sich zuspitzen; ~**lik** (-ği) Höflichkeit *f*, Feinheit *f*; *durum*: Bedenklichkeit *f*

naz|lanmak sich hin- und herwinden, sich sträuben; sich zieren; ~**lı** affektiert; kokett; ~**lı davranmak** sich zieren

ne¹ was?; welcher, welches, welche; was für (ein), was für eine; wozu?; warum?; wie!; ~ **de olsa** wie dem auch sei; immerhin; ~**dir ki** aber; trotzdem; ~ **diye** wozu?; ~ **gibi** was für ...; ~ **ile** womit?; ~ **ise** nun gut; was schon!; schon gut! ~ **kadar** → **kadar**; ~ **olur**, ~ **olmaz** auf alle Fälle; ~ **olur**, ~ **olursun**, ~ **olursunuz** (= n'olur) ach bitte!; ~ **var ki** doch; jedoch; dennoch; wobei ...; ~ **var ne yok** was gibt es Neues?, wie geht's?; ~**n var?** was hast du?, was fehlt dir?; ~**yiniz var?** was fehlt Ihnen?; ~**ler** was (alles); ~ **...** (i)se (auch immer); alles, was ...

ne²: **ne ... ne** weder ... noch; nicht ... oder; ~ **sıcak** ~ **soğuk** weder warm noch kalt

'**nece** was?, welche Sprache?; in welcher Sprache (verfasst)?; F *az.* → **nice**

neci was (von Beruf)?; **Bayan Turgut** ~**dir?** was ist Frau Turgut (von Beruf)?

neden Grund *m*; Ursache *f*; '~ warum, weshalb?; *-e* ~ **olmak** verursachen (*A*), hervorrufen, herbeiführen (*A*); **bunun** ~**i** der Grund dafür; **bu** ~**le** aus diesem Grunde

nede'ni|yle aufgrund (*G*, von *D*), wegen (*G*); anlässlich (*G*); bezüglich (*G*); ~**li** begründet

nedensel kausal; ~**lik** (-ği) Kausalität *f*

nedensiz grundlos; ohne Grund

nefes Atem *m*; *sigara*: Zug *m*; Hauch *m*; *az.* → **soluk**; ~ **almak** Atem holen, atmen; einatmen; *mec.* verschnaufen; **geniş** ~ **almak** tief (ein)atmen; ~ **darlığı** Asthma *n*, Atemnot *f*; ~**e** ganz außer Atem; gerade eben; ~ **tüketmek** *mec.* F sich den Mund fusselig reden; ~ **vermek** ausatmen; ~**ini tutmak** den Atem anhalten

nefes|lemek *v/t* anhauchen; → ~ **etmek**; ~**li** ... mit e-r guten Lunge; Blas... (*enstrüman*); ~**lik** (-ği) (Zeit *f* für e-n) Atemzug *m*; Entlüftung *f*, Lüftungsklappe *f*, Abzug *m*

nef|is¹ (nefsi) selbst; Selbst *n*, Ich *n*; die natürlichen Bedürfnisse *n/pl* (*yemek vs.*); ~**is mücadelesi** Selbsterhaltungstrieb *m*; ~**sine düşkün** selbstsüchtig; rücksichtslos; ~**sine uymak** s-n Wünschen (*veya* Trieben) nachgeben

nefis² wunderbar, herrlich; köstlich
nefret (-ti) Abscheu *m*; Hass *m*; **-den ~ etmek** verabscheuen; hassen (*A*)
nefrit (-ti) Nierenentzündung *f*
'**negatif** *gnl.* negativ; *Film*: Negativ *n*; **~ film** Negativfilm *m*
nehir (nehri) Fluss *m*; *az.* → **ırmak**
nekahet Genesung *f*
nem Feuchtigkeit *f*; Tau *m*; **~ yağdı** es ist Tau gefallen
nem|cil hydrophil, Wasser...; '**~çeker** Hygroskop *n*; hygroskopisch
nemlen|dirici Feuchtigkeits... (*krem*); Befeuchter *m*; **~dirmek** *v/t* befeuchten; **~mek** feucht werden
nemletmek *v/t* befeuchten
nemli feucht (*az. göz*); **~ ~** nass; **~lik** (-ği) Feuchtigkeit *f*
'**nemölçer** Feuchtigkeitsmesser *m*
neolitik neolithisch, jungsteinzeitlich; **~ çağ** Neolithikum *n*, Jungsteinzeit *f*
'**Nepal** Nepal
'**Neptün** *Astr.* Neptun *m*
nerde, '**nerden** → **nerede**, **nereden**
'**nere** welcher Ort?; was für eine Gegend?; **~niz ağrıyor?** wo tut es Ihnen weh?; **~si** wo ist ...?; **~yi arıyorsunuz?** welchen Ort suchen Sie?; (*orası*) **~si?** *Tel.* woher rufen Sie an?
'**nerede** wo?; *az.* → **neredeyse**
'**nereden** woher?; F wo ... her?; wie?; **~ geliyorsunuz?** woher kommen Sie?; **~ bilecektin?** woher solltest du das wissen?
'**neredeyse** gleich, auf der Stelle; beinahe, fast; *negativ:* kaum
'**nereli** wo ... geboren?; woher?; **~siniz** woher sind (*veya* stammen) Sie?
'**neresi** → **nere**
'**nereye** wohin?; F wo ... hin?; **~ olursa olsun** egal, wohin; *Ed.* wohin auch immer
nergis *Bot.* Narzisse *f*
nesil (nesli) Nachwuchs *m*; *hayvan*: Junge(s), (die) Jungen; **nesli tehlikede/tükenmekte** vom Aussterben bedroht
nesne Objekt *n* (*Gr.*, *Fel.*); Substanz *f*
nesnel *gnl.* objektiv; **~lik** (-ği) Objektivität *f*
neşe Fröhlichkeit *f*; (fröhliche; angeheiterte) Stimmung; **~si kaçtı** die Stimmung ist ihm (*veya* ihr) vergangen (*veya* verdorben); **~si yerinde** in Stimmung; **~sini bulmak** in Stimmung geraten, in Schwung kommen; **~lendirmek** *v/t* j-n erheitern; **~lenmek** (*-e -den*) fröhlich werden (durch *A*); **~li** fröhlich, heiter; angeheitert; **~siz** schlecht gelaunt; **~sizlik** (-ği) schlechte Laune
neşter Lanzette *f*; **~ vurmak** *mec. sorun* energisch anpacken; **~lemek** *v/t* (auf)schneiden, aufritzen; *mec.* zur Sprache bringen
net¹ (-ti) deutlich, klar; netto; **~ gelir** Nettoeinkommen *n*
net² *Spo.* Netz *n*
netice Ergebnis *n*; → **sonuç**
nevi (nev'i): **bu ~** derartig; **nev'i şahsına münhasır** spezifisch; einzig in s-r Art
nevr|alji Neuralgie *f*; **~aljik** neuralgisch; Nerven...; **~asteni** Neurasthenie *f*, **~oloji** Neurologie *f*; **~opat** nervenleidend; **~oz** Neurose *f*
ney Rohrflöte *f*
neye → **niye**
'**neyse** schon gut! (*az.*= danke); **~ ki** immerhin; **~ ne** so weit schon, bis zu e-m gewissen Grade; ... nun ja
nezaket (-ti) Höflichkeit *f*; Takt *m*; *bir işin* delikater Charakter
ne'zaketen aus Höflichkeit, freundlich
nezaket|li höflich, taktvoll; chic; **~siz** unhöflich, taktlos; unchic; **~sizlik** (-ği) Taktlosigkeit *f*
nezaret (-ti): **-i ~e almak** j-n in polizeilichen Gewahrsam nehmen
nezle Schnupfen *m*; **bahar/saman ~si** Heuschnupfen *m*; **~ oldum** ich habe e-n Schnupfen bekommen
nışadır Salmiak *m* (NH_4Cl); **~ruhu** Salmiakgeist *m*
'**nice** wie viel(e)?, viele; seit langem; **~ ~ yıllar dileriz** wir wünschen Ihnen ein recht langes Leben!
nice|l quantitativ; Mengen...; **~lemek** quantitativ bestimmen; **~lik** (-ği) Menge *f*, Quantität *f*
'**niçin** warum?; **~ olmasın?** warum nicht?
nifak (-akı) Zwietracht *f*; **~ tohumu** Zankapfel *m*; *-e* **~ sokmak** Zwietracht säen (unter *D*)
nihai letzt...; endgültig; End...

nihayet (-ti) Ende *n*; Schluss *m*; → **son**, **sonunda**; *bel.* endlich; schließlich; höchstens; *-e* ~ **vermek** ein Ende machen (*D*); **işine** ~ **vermek** j-m kündigen; **en** ~ letzten Endes; ~ **üç ay** höchstens drei Monate; **~lenmek** enden, ein Ende finden; **~siz** endlos

nikâh (-ahı) Heirat *f*, Eheschließung *f*, Trauung *f*; *-i* ~ **kıymak** die Eheschließung vollziehen; ~ **memuru** Standesbeamter; ~ **şahitliği yapmak** als Trauzeuge auftreten; **dinî** ~ religiöse (= islamische) Trauung

nikâh|lamak *v/t* heiraten; die Eheschließung vollziehen, verheiraten (*ile* mit *D*); **~lı** angetraut, verheiratet

nikel Nickel *n*; ~ **kaplama**, **~aj** Vernickelung *f*; Nickelbelag *m*; **~lemek** *v/t* vernickeln; **~li** vernickelt; nickelhaltig

nikotin Nikotin *n*; **az ~li** nikotinarm; **~siz** nikotinfrei

nimet (-ti) Segen *m*, Glück *n*; Wohltat *f*; das tägliche Brot; ~ **hakkı** (**için**) *etwa*: mit Gottes Segen!

nine Großmutter *f*, F Oma *f*

ninni Wiegenlied *n*; *mec.* Tonkunst *f*; *ünl.* schlaf ein!

nisan (*az.* ~ **ayı**) April *m*; ~ **ayında** im (Monat) April; **bir ~!** April, April!

nispet (-ti) Verhältnis *n*, Proportion *f*; Beziehung *f*; Maß *n*, Norm *f*; Vergleich *m*; absichtlich, extra; (-*e* j-m) zum Trotz, zum Ärger; **bana** ~ mir zum Trotz; *-e* **~le** im Vergleich (zu *D*); im Verhältnis (zu *D*); *az.* → **oran**; **~inde** zu (*D*); im Rahmen (*G*); **%** (= **yüzde**) **25 ~inde** zu 25% (= Prozent); **imkân ~inde** im Rahmen des Möglichen; **~çi** boshafter Mensch

'**nispeten** (-*e*) im Vergleich (zu *D*); *bel.* verhältnismäßig

nişan Zeichen *n*, Merkmal *n*; Kennzeichen *n*; Zielscheibe *f*; Ziel *n*; Verlobung *f*; Orden *m*, Auszeichnung *f*; ~ **almak**, zielen, anlegen (auf *A*); schießen; e-n Orden bekommen; ~ **yüzüğü** Verlobungsring *m*; -*i* ~ **koymak** sich merken (*A*); kennzeichnen (*A*); ~ **takmak** den Verlobungsring anstecken; den Orden anlegen; *-e* ~ **vermek** j-m e-n Orden verleihen; ~ **yapmak** sich verloben

nişancı Schütze *m*; **keskin ~** Scharfschütze *m*

nişan|lamak *v/t* verloben (*ile* mit *D*); zielen (*-e* auf *A*); **~lanmak** sich verloben; **~lı** verlobt; Verlobte(r *m*) *f*

nişasta Stärke(mehl *n*) *f*

'**nitekim** ebenso wie ... ja; wie ... ja auch; so ... denn auch; so zum Beispiel; **ben görmedim**, ~ **siz de görmüş değilsiniz** ich habe (es) nicht gesehen, ebenso wie Sie es ja nicht gesehen haben

nitel qualitativ

nitele|me Qualifizierung *f*; charakterisierend; **~mek** *v/t* charakterisieren; bezeichnen; **~ndirmek** *v/t* kennzeichnen, charakterisieren (*olarak* als)

nitelik (-ği) Beschaffenheit *f*, Eigenschaft *f*; Qualität *f*; **... ~te** mit der Eigenschaft ...; **... (verebilecek) ~tedir** ... ist so beschaffen, dass (er geben kann); **~li** Qualitäts...; qualifiziert (*az. kişi*); **~li işçi** Facharbeiter(in *f*) *m*

nitrat (-tı) Nitrat *n*

nitrik: ~ **asit** Salpetersäure *f*

nitro|gliserin Nitroglyzerin *n*; **~jen** Stickstoff *m*; → **azot**

'**niye** weshalb?

niyet (-ti) Absicht *f* (-*e* zu *D*; zu ...); Wahrsagebriefchen *n*; -*e* ~ **etmek** beabsichtigen, gedenken (zu ...); **~i bozuk** (er führt) Böses im Schilde; **-mek ~inde olmak** die Absicht haben (zu ...); **~lenmek** (-*e*) beabsichtigen (zu ...); *Din.* sich vornehmen, das Fasten einzuhalten; **~li** gesonnen; **iyi ~li** wohlgesinnt; **~lidir** *Din.* er fastet

nizam (-amı) Ordnung *f*, Verordnung *f*; → **düzen**

no *kıs.* = **numara** Nummer *f* (Nr.); **2 nolu** (= *iki numaralı*) ... Nummer zwei

Noel Weihnachten *n*; Weihnacht *f*; **iyi ~ler** fröhliche Weihnachten!; ~ **ağacı** (-nı) Weihnachtsbaum *m*; ~ **baba** Weihnachtsmann *m*; (Sankt) Nikolaus *m*, der Heilige Nikolaus

nohut (-du) Kichererbse *f*

noksan Fehler *m*; Mangel *m*; Defekt *m*; unvollständig (*Werk*); mangelhaft; nicht zufrieden stellend; defekt; -*i* ~ **bulmak** mangelhaft finden (*A*); **~lık**

(-ğı) Mangelhaftigkeit *f*; Mangel *m* (*-de* an *D*); **~sız** fehlerfrei; tadellos
nokta *gnl.* Punkt *m* (*az. yer, konu*); Tüpfel *m*; **~sı ~sına** Punkt für Punkt; *iki* **~** (*üst üste*) Doppelpunkt *m*; *az.* → *ergime, satış; ölü* **~** *Tek.* toter Punkt; toter Winkel
nokta|lama Zeichensetzung *f*, Interpunktion *f*; **~mak** *v/t* punktieren; tüpfeln; (Satz-)Zeichen setzen (in *D*); *mec.* abschließen, zu Ende bringen; **~nmak** *v/i* ein Ende finden
nokta|lı punktiert (*çizgi*); **~lı basma** gepunkteter *veya* getüpfelter Druckstoff; **~lı damarlar** Kapillargefäße *n/pl*; **~lı virgül** Semikolon *n*; **~sız** ... ohne Punkt
n'olur ach bitte!, *az.* → *ne olur vs.*
nominal Nominal...; **~ değer** Nominalwert *m*
nonoş Mädelchen *n*; P Schwuler
norm Norm *f*; Standard *m*; **~a göre** normgerecht
normal (-li) normal; *Mat.* Normale *f*; **~leşmek** sich normalisieren; **~leştirmek** *v/t* normalisieren
'Norveç Norwegen; norwegisch; **~çe** Norwegisch *n*; **~li** Norweger(in *f*) *m*
nostalji Heimweh *n*; Nostalgie *f*
not (-tu) Notiz *f*; Note *f*, Zeugnis *n*, Zensur *f*; *az.* → *numara*; (*-den*) **almak** sich Notizen machen (von *D*); e-e Note bekommen (in *D*); *bilgi* **~u** Aktennotiz *f*; **~ defteri** Notizbuch *n*; (*-i*) **~ etmek** notieren (*A*); **~ tutmak** schriftlich festhalten; aufschreiben
'**nota** *Müz.* Note *f*; diplomatische Note; *sözlü* **~** Verbalnote *f*
noter Notar *m*; **~lik** (-ği) Notariat *f*
nöbet (-ti) Reihe *f*, Reihenfolge *f*, Ablösung *f*; Wache *f*, (Wach-)Dienst *m*; *Tıp* Anfall *m*; **~ beklemek/tutmak** Wache stehen, Wachdienst haben; **~ değiştirmek** die Wache ablösen; **~e çıkmak** die Wache antreten; *-e* **~ gelmek** *Tıp* e-n Anfall haben; *gece* **~i** Nachtdienst *m*
nöbetçi Wachposten *m*; Dienst habend; **~ doktor** Bereitschaftsarzt *m*, Notarzt *m*; **~ eczane** Apotheke *f* mit Nachtdienst

nöbet|leşe abwechselnd, turnusmäßig; **~leşmek** sich ablösen (*ile* mit *D*); **~şekeri** (-ni) Kandiszucker *m*
nörolo|g Neurologe *m*, Nervenarzt *m*; **~ji** Neurologie *f*, Nervenheilkunde *f*
nötr *Kim.* neutral; *Gr.* Neutrum *n*
nötron Neutron *n*
nu'mara Nummer *f* (*az. Tel.*); *giysi, ayakkabı:* Größe *f*; *okul:* Note *f*, Zeugnis *n*; P Schwindel *m*; Dreh *m*; **~ sırasıyla** nach Nummern; **~dan** absichtlich; gekünstelt; **~ yapmak** P sich ... stellen; **~cı** Simulant *m*; Schwindler *m*; **~lamak** *v/t* nummerieren; **~lı** nummeriert; (mit der) Nummer
num|une Muster *n*; Probe *f*; → *örnek*; *kıymetsiz* **~** Muster *n* ohne Wert; **~ koleksiyon** Musterkollektion *f*
nur Licht *n*; Glanz *m*; **~ gibi** glänzend
nutuk (nutku) Rede *f*; → *söylev*; *Nutuk* die große Rede Atatürks v. 15.-20. Okt. 1927
nü Akt *m*, Aktstudie *f*
nüans Nuance *f*; Kleinigkeit *f*, Spur *f*
nüfus *gnl.* Bevölkerung *f*, Person *f*, Mensch *m*; Volk *n*; **~ cüzdanı/kâğıdı** Personalausweis *m*; **~ memurluğu** Einwohnermeldeamt *n*; **~ patlaması** Bevölkerungsexplosion *f*; **~ planlaması** Geburtenkontrolle *f*; **~ sayımı** Volkszählung *f*
nüfuz (-uzu) Durchdringung *f*; Durchschlag *m*; Durchlässigkeit *f*, Einfluss *m* (*üzerinde* auf *A*); **~ bölgesi** Einflusssphäre *f*; **~ ticareti** Vetternwirtschaft *f*; *-e* **~ etmek** eindringen (in *A*); Einfluss ausüben (auf *A*); **~ yarışı** *Pol.* Machtkampf *m*; **~lu** einflussreich; **~lular** einflussreiche Leute *pl*
nükleer nuklear, Kern...; **~ deneme** Atomversuch; **~ enerji** Kernenergie *f*; **~ reaktör** Kernreaktor *m*; **~ santral** Kernkraftwerk *n*; **~ silah** Kernwaffe *f*; **~ silah karşıtı** Kernwaffengegner *m*
nükte Witz *m*; Pointe *f*; **~ci** Witzbold *m*; **~li** witzig; geistreich
nüsha Exemplar *n*; *gazete:* Nummer *f*
nüzul (-lü) *Tıp* Schlaganfall *m*

O

o¹ *ünl.* oh!; pah!, ach was!
o² (onu) er, sie, es; *sif.* der, die, das ... da; **~ denli** derart, (dass); **kim ~?** wer da?; wer ist das?
objektif *fot.* Objektiv *n*; *sif.* objektiv
o'bua Oboe *f*
obur Vielfraß *m*; unersättlich; **~luk** (-ğu) Gefräßigkeit *f*
ocak¹ (-ğı) Herd *m*; Kamin *m*; Kocher *m*; Familie *f*, Heim *n*; Steinbruch *m*; Bergwerk *n*; *mec.* Mittelpunkt *m*, Herd *m*
ocak² (-ğı) (*az.* **~ ayı**) Januar *m*; **~ ayında** im (Monat) Januar
oda Zimmer *n*; Kammer *f*; Stelle *f*; Amt *n*; **~ arkadaşı** Zimmergenosse *m*; **~ hapsi** Hausarrest *m*; **~ hizmetçisi** Hoteldiener *m*, Hotelboy *m*; **~ müziği** Kammermusik *f*; **banyolu ~ Zimmer** *n* mit Bad; **banyo ~sı** Badezimmer *n*; **çalışma ~sı** Arbeitszimmer *n*; **kontrol ~sı** Kontrollpunkt *m*; **misafir ~sı** Gästezimmer *n*; **okuma ~sı** Lesesaal *m*; **otel ~sı** Hotelzimmer *n*; **oturma ~sı** Wohnzimmer *n*; **yatak ~sı** Schlafzimmer *n*; **yemek ~sı** Esszimmer *n*; **hekimler ~sı** Ärztekammer *f*; **sanayi ~sı** Industriekammer *f*; **ticaret ~sı** Handelskammer *f*
odacı Hoteldiener *m*; Zimmermädchen *f*
odak (-ğı) Brennpunkt *m* (*az. mec.*); Zentrum *n*; **~laştırmak** ışın bündeln; richten (auf *A*)
odalı -zimmrig, Zimmer...; **dört ~** Vierzimmer... (*ev*)
odi'toryum Auditorium *n*; Hörsaal *m*
odun (Brenn-)Holz *n*; Balken *m*; *mec.* F Trottel *m*; **~ kırmak** Holz hacken; **~ kömürü** (-nü) Holzkohle *f*
ofis Büro *n*; Amt *n*
oflamak ächzen, stöhnen, seufzen; **~ puflamak** ächzen und stöhnen
'ofsayt (-tı) Abseits *n* (*futbol*); **~a düşmek** ins Abseits laufen; **~ pozisyonu** Abseitsstellung *f*
ofset (-ti) Offsetdruck *m*
oğalamak → **ovalamak**

oğdurmak → **ovdurmak**
oğlak (-ğı) ♀ Zicklein *n*; *Astr.* Steinbock *m*
oğlan Junge *m*, *Ed.* Knabe *m*
oğmak (-ar) → **ovmak**
oğ|ul (oğlu) Sohn *m*; *ünl.* mein Junge!, mein Kind!; **hin ~u hin!** durchtrieben, und wie!
oğulluk (-ğu) *görev.* Sohnes...; Adoptivsohn *m*
oğun..., oğuş... → **ovun..., ovuş...**
'Oğuz Oghuse *m*, Oghusin *f*
oh *o*, oh; *üzüntü*: ach!; **~, ne güzel** oh, wie schön!; **~ demek** aufatmen; **~ olsun** das geschieht dir (*veya* euch) recht!; ja, ja ..
oje Nagellack *m*
ok (-ku) Pfeil *m* (*az. işaret olarak*); **araba ~u** Wagendeichsel *f*; **~ gibi** pfeilschnell; **~ yaydan çıkmak** endgültig vorbei sein
oka'liptüs Eukalyptus(baum) *m*
oklu Pfeil...; Gift...; **~kirpi** (-ni) Stachelschwein *n*
oksijen Sauerstoff *m*; **~li** sauerstoffhaltig
oksit (-di) Oxid *n*; **~lemek** *v/t* oxidieren; **~lenmek** *v/i* oxidieren; **~leyici** Oxidiermittel *n*
okşa|mak *v/t* streicheln, liebkosen; j-m schmeicheln; **~nmak** *edil.* → **okşamak**; **~yıcı** schmeichelnd; Kose... (*söz*)
oktav *Müz.* Oktave *f*
okul Schule *f*; (geistige) Strömung; **~ arkadaşı** Schulfreund *m*; **yüksek ~** Hochschule *f*, **~daş** Schulkamerad *m*; **~lu** Schüler(in *f*) *m*; **~öncesi** Vorschul ..., im Vorschulalter; **~öncesi eğitim** Vorschulerziehung *f*; **~sonrası** ... im Nachschulalter; **~sonrası eğitim** Weiterbildung *f*
okuma Lesen *n*; Lektüre *f*; **~ yazma** Lesen und Schreiben *n*; **~ yitimi** Leseunfähigkeit *f*
okumak (okur) *v/t* lesen; lernen, studieren; (-*i* -*e*) j-m et. vorlesen; einladen, rufen (zu *D*); *şarkı* singen; (*adını* j-s Namen) aufrufen; **ezan ~** zum Gebet aufrufen

okumuş belesen; gebildet, gelehrt; **~luk** (-ğu) Belesenheit *f*; Bildung *f*

okur (regelmäßiger) Leser; **~yazar** lese- und schreibkundig

okutmak (-*i* -*e*) j-n (vor)lesen lassen (*A*); j-n et. lernen lassen; lehren (*A*), unterrichten (*A*, in *D*); P verscherbeln (*A*)

okutman (Universitäts-)Lektor(in *f*) *m*

okuyucu Leser(in *f*) *m*; Sänger(in *f*) *m*

oküler Okular *n*, Augenlinse *f*

okyanus Ozean *m*; **Atlas** ♀ (-nu) (der) Atlantische Ozean, Atlantik *m*; **Büyük** ♀ Stiller Ozean, Pazifik *m*; **Hint** ♀ (-nu) (der) Indische Ozean

olabilir möglich; **~ ki** es kann sein, dass ...; **~lik** (-ği) Möglichkeit *f*

olacak (-ğı) durchführbar, machbar, realistisch; *iş, durum*: unaufschiebbar; endgültig, äußerster Preis; angeblich, so genannt; ... müsste sein, ... ist wohl; das Mögliche; **~ gibi değil** es kommt wohl nichts dabei heraus

o'lagelmek andauern, bestehen bleiben

olağan üblich, gewöhnlich; natürlich; normal; **~ olarak** üblicherweise; normalerweise; nach wie vor; *örn. buluşmak*: regelmäßig; **~dışı** (-nı) übernatürlich, außergewöhnlich; **~üstü** ungewöhnlich, anormal; Ausnahme... (*hal*); *bel.* äußerst

o'lamaz unmöglich; (es) geht nicht, kann nicht sein

olan werdend; seiend; → *olmak*; *orada* **~lar** die Anwesenden *pl*; *beş çocuğu* **~ bir baba** ein Vater, der fünf Kinder hat (*veya* mit fünf Kindern); **~ oldu** vorbei ist vorbei

olanak (-ğı) Möglichkeit *f*; **~ dışıdır** ... ist unmöglich; **~ ölçüsünde** nach Möglichkeit; **~lı** möglich; **~sız** unmöglich

olanbiten (das) Geschehene; Geschehnis *n*

o'lanca gesamt, all...; **~ parası** das gesamte Geld, alles Geld

olarak als; *hediye* **~** als Geschenk; *turist* **~** als Tourist

olası wahrscheinlich; aussichtsreich; **oldum ~** seit je(her); **~lı** wahrscheinlich; *fatura*: überschlägig; **~lık** (-ğı) Möglichkeit *f*, Wahrscheinlichkeit *f*;

Aussicht *f*, Chance *f*; **~lıklar hesabı** Wahrscheinlichkeitsrechnung *f*

olasıya anscheinend; unbestimmt

olay Ereignis *n*; Fall *m*, Vorfall *m*; Umstand *m*; Phänomen *n*, Erscheinung *f*; Tatsache *f*; **~ çıkarmak** e-n Zwischenfall verursachen; **~ yeri** Tatort *m*; **~lı** ereignisreich; **~sız** ohne Zwischenfall; ereignislos

oldu (geht) in Ordnung; jawohl; gemacht!; *ne* **~ onlar**? was ist aus ihnen geworden?; *bir şey mi* **~**? ist etwas passiert?

oldubitti vollendete Tatsache; es ist erledigt; *-i* **~ye getirmek** j-n vor vollendete Tatsachen stellen

ol'dukça ziemlich, recht (viel)

oldum: ~ olası → *olası*; **~ bittim** schon immer

olgu Ereignis *n*; Tatsache *f*, Umstand *m*

olgun reif; *kişi az.*: voll(entwickelt); **~laşmak** *v/i* reifen, reif werden (*az. kişi*); **~laştırmak** *v/t* zur Reife bringen; *mec. plan* ausreifen lassen; **~luk** (-ğu) Reife *f* (*az. mec.*); **~luk sınavı** Reifeprüfung *f*

olimpiyat (-tı) Olympiade *f*; ♀ **Oyunları** die Olympischen Spiele *n/pl*

'olmadan bevor es wird: *sabah* **~** noch vor Morgengrauen

'olmadı es hat nicht geklappt, F nichts war

'olmadık noch nicht da gewesen, unerhört

ol|mak (-ur) sein; werden; entstehen; geschehen; es gibt (*A*); reif werden; fertig werden; angebracht sein; erwerben; bekommen; haben; *zaman*: dauern; vergehen; (*-den*) verlieren; kommen, stammen (aus *D*); (*-e*) j-m passen; F betrunken sein; **~mak üzere** davon; *o benim yeğenim* **~uyor** er ist mein Neffe; sie ist meine Nichte; *anne* **~du** sie wurde Mutter; *akşam* **~uyor** es wird Abend; *dışarıda telaş* **~du** draußen gab es einen Tumult; *çay* **~du** der Tee ist fertig; *iki yıl* **~du** es ist zwei Jahre her; *böyle iş* **~maz** so etwas geht nicht; *ev onun* **~du** das Haus wurde seins (*veya* ihres), er (*veya* sie) erwarb das Haus; *öksürük* **~mak** Husten haben; *işinden* **~du** er hat seine Arbeit

verloren; *az.* → **ola**; **olabilir**; **olacak**; **olamaz**; **olan**; **olanbiten**; **olarak**; **olası**; **oldu**; **oldubitti**; **oldum bittim**; **oldum olası**; **olmadı**; **olmadık**; **olmayacak**; **olmuş**; **olsun**; **olup olacağı**; **olur**; **olur olmaz**
'**olmamış** unreif, grün
'**olmayacak** nicht durchführbar; unpassend
olmaz unmöglich; es geht nicht; **~ mı** geht es nicht?; **~ ~** schon möglich; **~sa** nun dann ...
olmuş *meyve*: reif; *şey*: beschlossen
olsa: **... de ~** wenn auch; **~ ~** höchstens
olsun (er, sie) sei; sei es!, nun ja; meinetwegen; **~ olsa**; **~ ... ~** sowohl ... als auch; ebenso wie
olta Angel *f*; **~ iğnesi** Angelhaken *m*; **~ ipi** Angelschnur *f*; **~ yemi** Köder *m*; **~ya vurmak** anbeißen
oluk (-ğu) Rinne *f*; Dachrinne *f*; *Tek.* Rille *f*; **~lu** gerifffelt; gewellt
olum|lama *Gr.* bejahende Form; **~lu** bejahend, positiv; **~suz** verneint; negativ; **~suzluk** (-ğu) Verneinung *f*, Negation *f*
olunmak gesund werden; *edilginlik kurar.* **tenkit ~** kritisiert werden
olup: **~ olacağı** alles insgesamt
olupbitti → **oldubitti**
olur möglich; es geht; es klappt; es kommt vor; **ne ~?** was ist los?; was solls?; **~ olmaz** alles Mögliche, alle möglichen ..., irgendwelche, irgendeiner; **~ çocuk değil** ein unmögliches Kind; **~una bırakmak** den Dingen ihren Lauf lassen; **ne ~**, **n' ~** → **ne**
oluş Werden *n* (*az. Fel.*); Entstehung *f*; Gebilde *n*; *Jeol.* Formation *f*, (-den) Zugehörigkeit *f* (zu D); **~mak** *v/i* (-den) entstehen, sich bilden; bestehen (aus *D*); **~turmak** *v/t* bilden; schaffen; darstellen; **~um** Einrichtung *f*, Institution *f*, Formation *f*
om *El.* Ohm *n*
omlet (-ti) Omelett *n*
omur *Anat.* Wirbel *m*; **boyun ~u** Halswirbel *m*
o'**murga** Wirbelsäule *f*, Rückgrat *n*; *Gemi.* Kiel *m*; *mec.* Rückgrat *n*, Grundlage *f*; **~lı** Wirbeltier *n*; **~sız** wirbellos

o'**murilik** (-ği) Rückenmark *n*
omuz (omzu) Schulter *f*; **~ kaldırmak** *mec.* mit den Achseln zucken; **~ omza** Schulter an Schulter, dicht gedrängt; **~ silkmek** *mec.* mit den Achseln zucken; **-e ~ vermek** j-n unterstützen; mit der Schulter stützen (*A*); **~daş** Spießgeselle *m*, Helfershelfer *m*
omuzlamak (-*i*) schultern (*A*); stemmen
on zehn; Zehn *f*
ona *D* → **o**: ihm, ihr; dem ... da; der ... da
'**onaltılık** (-ğı) Sechzehntelnote *f*
onar je zehn
onarılma Instandsetzung *f*; **yeniden ~** Wiederaufbau *m*
onar|ım Reparatur *f*, Instandsetzung *f*; Restaurierung *f*; **~ımcı** Installateur *m*; Restaurator *m*; **~ımcılık** (-ğı) Reparaturarbeiten *f/pl*; **~ma** Reparatur *f*; Überholung *f*; Restaurierung *f*; **~mak** *v/t* reparieren; *bina* instandsetzen; restaurieren
onartmak (-*i* -*e A*) durch j-n) reparieren lassen, instand setzen lassen
onay Genehmigung *f*, Billigung *f*; Bescheinigung *f*; *sıf.* passend; **~lama** Bestätigung *f*; **~lamak** *v/t* genehmigen; dulden; *Pol.* ratifizieren; **~lı** genehmigt; ratifiziert; **~sız** nicht genehmigt *vs.*; nicht ratifiziert
'**onbaşı** *Ask.* Gefreiter
'**onca** nach seiner (*veya* ihrer) Ansicht; *sıf.* (der, die das) viel(e)
onda[1] in ihr, in ihm; darin; **~ o**; **~ para yok** er (*veya* sie) hat kein Geld
onda[2] Zehntel *n*; **~lık** (-ğı) der zehnte Teil; Dezimal... (*kesir*); **~lık sayı** Dezimalzahl *f*
ondan von ihm, ihr; davon; → **o**; deshalb; **~ sonra** danach
on'**düle** onduliert, gewellt
'**oniki** zwölf; Zwölf *f*; **~parmakbağırsağı** (-nı) *Anat.* Zwölffingerdarm *m*
onlar[1] (die) Zehner *pl*
onlar[2] sie *N pl*; **~a** ihnen; **~da** in (*veya* bei) ihnen; **~dan** von ihnen; **~ı** sie *A pl*
onlu Zehner...; *iskambil*: Zehn *f*; **~k** (-ğu) *gnl.* Zehner *m* (*birim*)
onsuz ohne ihn, ohne sie, ohne es;

ohne das; **~ edememek** ohne ihn *vs.* nicht sein (*veya* auskommen) können
onu ihn, sie, es; → **o**
onul|mak *edil.* → **onmak**; **~maz** unheilbar
onun *G* → **o**: seiner, ihrer; sein, ihr
onuncu zehnt...; **~luk** (-ğu) zehnter Platz
onunki: *bu* **~** das gehört ihm (*veya* ihr)
onur Selbstgefühl *n*; Ehre *f*; **~ belgesi** Ehrenurkunde *f*; **~ üyesi** Ehrenmitglied *n*; ... **~una** zu Ehren (*G*, von *D*); *-in* **~una dokunmak** j-s Ehrgefühl verletzen; gegen j-s Ehre gehen; **~una yediremmek** *mec.* j-n innerlich sehr treffen; sich nicht abfinden können (mit *D*); **~landırıcı** ehrenvoll; **~landırmak** (-*i*) j-m Ehre erweisen, j-n ehren; **~lanmak** geehrt werden; **~lu** ehrenvoll, würdig; **~sal** Ehren... (*üye, başkan*); **~suz** unwürdig, unehrenhaft
o'pera Oper *f* (*yapıt ve bina*)
operasyon Operation *f*
operatör Operateur *m*, Chirurg *m*; *tur.* Veranstalter *m*
operet (-ti) Operette *f*
oportün|ist (-ti) Opportunist(in *f*) *m*; **~izm** Opportunismus *m*
opsiyon *Tic.* Option *f*, Wahlfreiheit *f*, Frist *f* für e-e Entscheidung
optik (-ği) Optik *f*
optim|ist (-ti) Optimist(in *f*) *m*; **~izm** Optimismus *m*
'optimum Optimum *n*; optimal
'ora jener Ort, die Gegend (da); **~larda** dort, in der Gegend; **~da burada** in der ganzen Gegend; **~dan** von dort, daher; → **ora**
orak (-ğı) Sichel *f*
'oralı dortig, ... von dort; **~ olmamak** sich nicht darum kümmern; *siz de* **~ mısınız?** sind Sie auch daher (*veya* von dort?)
'oramiral (-li) Großadmiral *m*
oran Verhältnis *n*, Proportion *f*; Vergleich *m*; Maß *n*; Voraussetzung *f*, Hypothese *f*; *Mat.* Quotient *m*; *faiz* **~** *Tic.* Zinssatz *m*; *-e* **~la** im Vergleich, im Verhältnis (zu *D*)
oran|la → **oran**; **~lamak** *v/t* vergleichen; schätzen; voraussetzen; rechnen, zählen; **~lı** vergleichbar; proportional (*D*), entsprechend (*D*); ausgeglichen; **~sız** unvergleichbar; nicht proportional; unausgeglichen; **~sızlık** (-ğı) Unverhältnismäßigkeit *f*; Unausgeglichenheit *f*
orantı Proportionalität *f*, richtiges Verhältnis; → **oran**; **~lı** proportional; *doğru* **~lı** direkt proportional; *ters* **~lı** indirekt proportional
'orası → **ora**; der Ort da; *Ed.* jener Ort; (die) Gegend; die Seite; **~ neresi?** *Tel.* wer spricht dort, wer ist dort?
ora'toryo Ora'torium *n*
'oraya dorthin; dahin; → **ora**
'ordan → **ora, oradan**
Ord. *kıs.* = **ordinaryüs**
ordi'naryüs *üniversite*: Ordinarius *m*; **~ profesör** ordentlicher Professor
or'dino *Tic.* Indossament *n*
ordövr Vorspeise *f*
ordu Heer *n* (*az. mec.*), Armee *f*; Heeresgruppe *f*; Schwarm *m*
org (-gu) Orgel *f*
organ Organ *n* (*az. gazete*); **~ nakli** (-ni) *Tıp* Transplantation *f*; **~ik** or'ganisch
organiz|asyon Organisation *f*; → **örgüt**; **~atör** Organi'sator *m*; **~ma** Organismus *m*; Lebewesen *n*
'orgeneral (-li) Generalleutnant *m*
orijinal (-li) Original... (*edebiyat*); *ürün*: echt; originell; ausgefallen; *kişi*: Original *n*; **~lik** (-ği) Originalität *f*
or'kestra Orchester *n*; **~ şefi** Dirigent *m*; **~lama** Orchestrierung *f*
or'kide Orchidee *f*
orman Wald *m*; **~cı** Förster *m*; **~cılık** Forstwirtschaft *f*; **~laş(tır)ma** Aufforstung *f*; **~laşmak** aufgeforstet werden; **~laştırmak** *v/i* aufforsten; **~lık** waldreich; bewaldet; **~sız** unbewaldet
orospu Prostituierte *f*, Hure *f*, Huren...
orta Mitte *f*; Mittelpunkt *m*, Zentrum *n*; mittler..., Durchschnitts...; *Spo.* Mittelgewicht *n*; F Mittelschule *f*; ♋ **Anadolu** Zentralanatolien *n*; **~ boylu** mittelgroß; **~ dalga** Mittelwelle *f*; **~ dereceli** Mittelstufen...; **~ halli** ... aus dem Mittelstand; **~ kahve** mittelsüßer Kaffee; **~ malı** trivial; ... von allgemeinem Nutzen; **~ şekerli** mit-

telsüz; **~ şerit** Mittelstreifen *m*; **~ yaşlı** ... mittleren Alters; Mann *m*, Frau *f* im mittleren Alter; **~nın sağı** *Pol.* rechts von der Mitte; **~nın solu** *Pol.* links von der Mitte; **-i ~ya atmak** *v/t* zur Diskussion stellen; äußern; **~ya çıkarmak** *plan vs.* aufdecken; entlarven; **~ya çıkmak** offenkundig werden, herauskommen; sich bilden; entstehen; auftreten; hervortreten; *ücret:* anfallen; **-i ~ya dökmek** herauswerfen; umherwerfen; *mec.* offenbaren, offen äußern; → **ortada, ortadan**

Or'taçağ (-ğı) Mittelalter *n*

ortada in der Mitte; da; vor aller Augen; **~ bırakmak** *v/t* im Stich lassen; **~ kalmak** ohne Obdach sein; sich in e-m Dilemma befinden; **~ olmak** *sorun vs.* anstehen

ortadan: ~ kaldırılmak wegfallen; *-i* **~ kaldırmak** beseitigen; wegräumen; *az. tehlike* bannen; *hak* beeinträchtigen; **~ kalkmak** beseitigt werden; abtreten; verschwinden; **~ 'kaybolmak** verschwinden

Or'tadoğu (der) Mittlere Osten; **~lu** mittelöstlich

or'taelçi Gesandte(r)

ortak (-ğı) Teilhaber *m*, Kompagnon *m*; Partner *m*; gemeinsam (*-le* mit *D*); **~ olarak** anteilig; *-e* **olmak** Teilhaber (*G*) sein; *mec. derdine* teilnehmen (an), (mit j-m) teilen; ♀ **Pazar** europäischer Binnenmarkt

ortaklaşa gemeinsam; Kollektiv..., Gemeinschafts...

ortaklaş|ma Kollektiv *n*; Kollektivbesitz *m*; **~mak** sich zusammenschließen; e-e Gesellschaft bilden; Teilhaber sein

ortaklık (-ğı) Teilhaberschaft *f*, *Tic.* Gesellschaft *f*; Unternehmen *n*; *-e* **etmek** Teilhaber (*G*) werden

or'takulak (-ğı) Mittelohr *n*; **~ iltihabı** Mittelohrentzündung *f*

or'tak|yapım *film:* Gemeinschaftsproduktion *f*; **~yaşama** Symbiose *f*

ortala|ma Durchschnitt *m*; *bel.* in der Mitte; *sıf.* annähernd, durchschnittlich, Durchschnitts... (*gelir vs.*); **~ma olarak** im Durchschnitt; **~mak** (*-i*) bis zur Mitte (*veya* Hälfte) gelangen; *top* (zur Mitte) flanken

ortalık (-ğı) Umkreis *m*, Gegend *f*; Umgebung *f*; alles (rund)herum; jeder; die Leute; Raum *m evde vs.*; Horizont *m*; **~ ağarmak** hell werden; **~ aydınl(an)ıyor** es wird hell; **~ kararmak** dunkel werden, Abend werden; **~ karıştı** alles geriet durcheinander

ortam Umwelt *f*; Milieu *n*; Verhältnisse *n/pl*; **çalışma ~** Arbeitsklima *n*

ortanca mittlerer (*kardeş*)

or'ta|okul Mittelschule *f*; **~öğretim** mittlere Reife, mittlerer Bildungsweg; **~parmak** (-ğı) Mittelfinger *m*; **~siklet** *Spo.* Mittelgewicht *n*

Ortodoks orthodox; **~ kilisesi** orthodoxe Kirche; **~luk** (-ğu) orthodoxe Religion

ortopedik orthopädisch

oruç (-cu) *Din.* Fasten *n*, *mec.* Enthaltsamkeit *f*, Verzicht *m*; **~ açmak** mit dem Fasten aufhören; **~ bozmak** das Fasten brechen; **~ tutmak** das Fastengebot halten; **~ yemek** das Fastengebot brechen; **~lu** fastend: **~luyum** ich faste (zur Zeit); **~suz** das Fastengebot nicht beachtend

oryantal orientalisch; **~ist** (-ti) Orientalist *m*

Osmanlı Osmane *m*, Osmanin *f*; osmanisch; *mec.* resolut, forsch; **~ İmparatorluğu** (das) Osmanische Reich; **'~ca** (das) Osmanisch(e)

osur|mak F furzen; **~uk** (-ğu) Winde *m/pl*, F Furz *m*

ot (-tu) Gras *n*; (Heil-)Kraut *n*

otantik authentisch, echt

otel Hotel *n*; **~e inmek** in e-m Hotel absteigen; **~ci** Hotelier *m*, Hotelbesitzer *m*; **~cilik** (-ği) Gaststättengewerbe *n*, Hotelwesen *n*

otlak (-ğı) Weide *f*, Trift *f*

oto Auto *n*, (*resmi dil.*) Kraftwagen *m*; motorisiert; **~ tamircisi** Automechaniker *m*; **~ yedek parçası** Autoersatzteil *n*; **~ban** Autobahn *f*

otobiyografi Autobiographie *f*

otobüs Autobus *m*; Bus *m*; **~ durağı** Autobushaltestelle *f*; **~çü** Busfahrer *m*; Busunternehmer *m*

otodidakt Autodidakt *m*, Selbstlerner *m*

otogar Busbahnhof *m*

otokritik selbstkritisch; Selbstkritik *f*

oto|masyon Automation *f*; **~mat**

(-tı) Automat *m*; Gasboiler *m*; **~matik** automatisch; *oto*: Automatik *f*; **~matikleştirmek** *v/t* automatisieren

otomobil Automobil *n*; → **oto**; Kraftwagen *m*; **~ kazası** Autounfall *m*; **~ kullanmak** Auto fahren; **~ kulübü** Autoklub *m*; **~ plakası** Autokennzeichen *n*; **~ yarışı** Autorennen *n*; **~ci** Autohändler *m*; Autofahrer *m*; **~cilik** (-ği) Kraftfahrwesen *n*; Autohandel *m*

otonom autonom; **~i** Autonomie *f*

otopark (-kı) Parkplatz *m*; Parkhaus *n*

otopsi Leichenschau *f*, Obduktion *f*, Autopsie *f*

otori|te Autorität *f*; **~ter** autoritär

otostop (-pu) per Anhalter; **~ yapmak** per Anhalter fahren; **~çu** Anhalter(in *f*) *m*

otoyol Autobahn *f*; *bilgi* **~u** Datenautobahn *f*

otsu(l) grasartig, Gras...

oturacak (-ğı) Sitzplatz *m*, Sitzgelegenheit *f*; **~ yer** Sitzplatz *m*

oturak (-ğı) Nachttopf *m*; Nachtstuhl *m*; **~lı** solide; stabil; *kişi*: seriös

oturma Sitzen *n*; Aufenthalt *m*; **~ grevi** Sitzstreik *m*; **~ hakkı** Aufenthaltsberechtigung *f*; **~ izni** Aufenthaltsgenehmigung *f*; **~ odası** Wohnzimmer *n*; **~ yeri** Wohnort *m*

oturmak sich setzen (-*e* auf *A*, in *A*); sitzen (-*in üzerinde* auf *D*); *giysi*: (gut) sitzen; passen (-*e* zu *D*); wohnen (-*de* in *D*); untätig dasitzen

oturmuş etabliert, fest begründet; **~luk** (-ğu) etablierte Stellung

oturtmak (-*i* -*e*) j-n Platz nehmen lassen (in, auf *D*); setzen (*A* auf, in *A*); -*i yörüngeye/çevresine* **~** in die Umlaufbahn bringen

otur|um Sitzung *f*; **~uş** Sitzweise *f*

otuz dreißig; Dreißig *f*; **~ar** je dreißig; **~luk** (-ğu) ... aus dreißig Stück (bestehend); Dreißigjährige(r *m*) *f*; **~uncu** dreißigste

ova Ebene *f*; *alçak* **~** Tiefebene *f*

ovala|mak *v/t* reiben, massieren; frottieren; **~tmak** (-*i* -*e*) j-n durch j-n frottieren lassen, massieren lassen

ovar → **ovmak**

ovdurmak → **ovalatmak**

ovmak (-ar) (-*i*) massieren, reiben; streichen (über *A*); *örn. tencere* putzen, blank reiben

ovuşturmak (-*i*) reiben (*A*), streichen (über *A*); sich (*ellerini*) reiben

oy Ansicht *f*, Urteil *n*; *seçim*: Stimme *f*; **~ hakkı** Stimmrecht *n*; **~ sandığı** Wahlurne *f*; **~ verme** Stimmabgabe *f*; **~ verme yeri** Wahllokal *n*; **~ vermek** (*veya* **~unu kullanmak**) s-e Stimme abgeben (-*e* für *A*); **~a koymak/sunmak** zur Abstimmung vorlegen

oya Gewebe: (feine) Spitze

oyalamak *v/t* ablenken; j-n aufhalten; j-n hinhalten; F j-n abwimmeln

oyalanmak *edil*. → **oyalamak**; die Zeit vergeuden, F herumtrödeln

oyar → **oymak**

'oybirliği Einstimmigkeit *f*; **~yle** einstimmig

oydurmak *ettir*. → **oymak**[1]

oylama Wahl *f*; Abstimmung *f*; **~ yapmak** wählen; -*i* **~ya koymak** zur Abstimmung vorlegen, abstimmen lassen (über *A*)

oylamak (-*i*) stimmen (für j-n); abstimmen lassen (über *A*)

oylum Raum *m*; Raumgefühl *n*; Raumtiefe *f*; **~lu** umfangreich; voluminös

oyma → **oymak**[1]; Aushöhlung *f*; (*tahta vs.*) Stich *m*; Gravieren *n*; Gravüre *f*; **~cı** Graveur *m*

oymak[1] (-ar) *v/t* aushöhlen; ausschachten; auskehlen; ausstechen; eingravieren

oymak[2] (-ğı) Stamm *m*, Sippe *f*; Gruppe *f*; *Biyo*. Gattung *f*

oynak (-ğı) lose, wackelig; *kişi*: beweglich (*az. Ask.*); unruhig; lebhaft; lebenslustig; *Anat*. Gelenk *n*; **~lı** beweglich; gelenkig; **~lık** (-ğı) Beweglichkeit *f*; Lebhaftigkeit *f*; Unbeständigkeit *f*; Leichtsinn *m*

oynamak 1. *v/i gnl*. spielen (-*le* mit *D*); tanzen; beweglich sein; scherzen (-*le* mit j-m); *Anat*. zucken; *Film*, *Tiy*. gespielt werden, laufen; gegeben werden; *bina*: erschüttert werden, schwanken; *kalp*: (er)zittern; *fiyat*: schwanken (... *arasında* zwischen *D*); **2.** *v/t futbol vs.* spielen; *Tiy*.: *... rol(ünü)* **~** die Rolle (des, der ...) spielen

oynan|mak *edil*. → **oynamak**; *bu*

oynar

akşam Hamlet ~acak heute Abend wird Hamlet gespielt
oynar beweglich; *az.* → **oynamak**
oynaş Liebhaber(in *f*) *m*
oynaşmak (*-le*) miteinander spielen; flirten
oynat|ılma *film:* Aufführung *f*; **~ılmak** *et.* aufführen lassen; **~mak** *v/t* j-n spielen lassen; j-n unterhalten, zerstreuen; *Tiy.* e-e Vorstellung geben, aufführen; (herum)fuchteln (*-i* mit *D*); j-n vom Platz rücken; j-n hinhalten; F *kişi:* durchdrehen
'oysa(ki) doch; dagegen; dabei
oyuk (-ğu) hohl; ausgestochen; Hohlraum *m*; Höhle *f*, Grotte *f*
oyulmak *edil.* → **oymak**
oyun Spiel *n*; *Tiy.* Stück *n*, Vorstellung *f*; Tanz *m*; Ringkampf *m*; **~ almak** *Spo.* gewinnen; *-e* **~ etmek** j-n hereinlegen, F reinlegen; **~ kuralı** Spielregel *f*; **~ otomatı** Spielautomat *m*; **~ salonu** Spielhalle *f*
oyunbozan Spielverderber(in *f*) *m*, Störenfried *m*; **~lık: ~lık etmek** Spielverderber sein
oyuncak (-ğı) Spielzeug *n*; *mec.* Kinderspiel *n*; **~ at** Schaukelpferd *n*; **~ ev** Puppenhaus *n*; **~çı** Spielwarenladen *m*; Spielwarenfabrikant *m*
oyuncu Spieler(in *f*) *m*; Schauspieler(in *f*) *m*; Tänzer(in *f*) *m*; verspielt; **~luk** (-ğu) *Tiy.* Spiel *n*, Vorstellung *f*
ozan Dichter *m*; Sänger *m*
ozon Ozon *n* (*az.* m); **~ deliği** Ozonloch *n*; **~ tabakası** Ozonschicht *f*

Ö

öbek (-ği) Haufen *m*; Gruppe *f*; **~ ~** in Gruppen
öbür der (die, das) andere; der (die, das) da; übernächste(r); **~ dünya** Jenseits *n*; **~ gün** übermorgen; **~ tarafta** drüben; **~ yandan** andererseits; **~kü, ~sü, ~ü** → **öbür**
öç (-cü) Rache *f*; *-den* **~** (*veya* **öcünü**) **almak/çıkarmak** sich rächen (an j-m für *A*)
öd (ödü) Galle *f*; **~ kesesi** Gallenblase *f*; **~ü kopmak/patlamak** zu Tode erschrecken
ödem Ödem *n*
ödeme Zahlen *n*; Zahlung *f*; **~ emri** Zahlungsbefehl *m*; **~ gücü** Zahlungsfähigkeit *f*
ödemek *v/t para* zahlen; *fatura* bezahlen; *zarar* wieder gutmachen
ödemeli *Tic.* zahlbar; gegen (*veya* per) Nachnahme; **~ konuşma** R-Gespräch *n*
ödenek (-ği) *Pol.* bereitgestellte Mittel *pl*
öden|mek *edil.* → **ödemek**; sich bezahlt machen; **~meyen** unbeglichen, ausstehend; **~ti** Mitgliedsbeitrag *m*
ödeşmek (*-le*) abrechnen (mit *D*) (*az. mec.*), quitt werden (*veya* sein)
ödetmek (*-e -i*) j-n zur Zahlung (*G*) veranlassen
ödev Pflicht *f*; Verpflichtung *f* (**-e karşı** gegenüber *D*); Aufgabe *f*; *okul:* Hausaufgabe *f*
'ödkesesi (-ni) → **öd**
ödlek (-ği) ängstlich; Angsthase *m*
ödül Belohnung *f*, Prämie *f*; Auszeichnung *f*; **~ almak** ausgezeichnet werden; **~lendirmek** *v/t* belohnen; auszeichnen; würdigen
ödün Zugeständnis *n*, Entschädigung *f*; *-e* **~ vermek** Zugeständnisse machen (*D*)
ödünç (-cü) geliehen; Darlehen *n*; **~ almak** (sich *D*) borgen; *-e* **~ vermek** j-m leihen, verleihen
öfke Wut *f*, *Ed.* Zorn *m*; Gewalt *f*, Heftigkeit *f*; **~lendirmek** *v/t* wütend machen, erbosen; aufregen; **~lenmek** sich aufregen (*-den* über *A*); **~li** wütend, aufbrausend
öğe Element *n*
öğle Mittag *m*; **~ paydosu/tatili** Mittagspause *f*; **~ yemeği** Mittagessen *n*;

~ üstü → **öğleüstü**; **~den önce** vormittags; Vormittag *m*; **~den sonra** nachmittags; Nachmittag *m*; **~leri** mittags

öğlen F = **öğle**; **~de** mittags

öğleüstü gegen Mittag; mittags

'öğleyin mittags, zur Mittagszeit

öğrenci *az. rec.* Schüler(in *f*) *m*; Student(in *f*) *m*; **~ yurdu** Studenten(wohn)heim *n*

öğrencilik (-ği) Schulzeit *f*; Studentenzeit *f*

öğrenil|mek gelernt werden; *-diği ~miştir* wie verlautet, ..

öğrenim Studium *n*; Ausbildung *f*; Erlernung *f*; Lehr...; **~ belgesi** Zeugnis *n*, (Studien-)Bescheinigung *f*

öğrenmek *v/t* lernen; erfahren (*-i -den et.* von *D*); in Erfahrung bringen

öğreti Doktrin *f*, Lehre *f*; **~ci** Lehr...

öğretim Unterricht *m*; Lehre *f*; Schulung *f*; Lehr...; **~ bilimi** Didaktik *f*; *üniversite:* **~ görevlisi** Lehrbeauftragte(r *m*/*f*); **~ izlencesi** Lehrplan *m*; **~ yılı** Schuljahr *n*; Studienjahr *n*; **mecburi ~** Schulpflicht *f*

öğret|mek (*-i -e*) j-n lehren (*A*), F j-m beibringen (*A*); **~irim sana!** ich werde es dir zeigen!

öğretmen Lehrer *m*; **kadın ~** Lehrerin *f*; **Türkçe ~i** Türkischlehrer(in *f*) *m*; **~lik** (-ği) Lehrerberuf *m*

öğün Mal *n*; **üç ~** dreimal (*örn. yemek*)

öğür|mek *v/i* würgen; brüllen; **~tü** Erbrechen *n*; Brechreiz *m*; Brüllen *n*

öğüt (-*dü*) Rat(schlag) *m*; **~ tutmak** sich raten lassen; *-e* **~te bulunmak** (= **~ vermek**) j-m e-n Rat geben; **~çü** Ratgeber(in *f*) *m*; *Din.* Prediger *m*; **~lemek** raten (*-i -e* j-m *A*)

öğüt|mek *v/t* mahlen; verdauen; **~ücü** Mahlwerk *n*; mahlend; zerstoßend; Mahl...; **~ücüdiş** Backenzahn *m*; **~üş** Mahlen *n*

ökçe *ayakkabı:* Absatz *m*

öksürmek husten

öksürük (-ğü) Husten *m*; **~ ilacı** Hustenmittel *n*

öksüz Waise *f*; **~lük** (-ğü) Elternlosigkeit *f*; Alleinsein *n*, Einsamkeit *f*

öküz Ochse *m*, Rind *n*; *mec.* F Rindvieh *n*

Öl. *kıs.* = **ölüm(ü)** gestorben (gest.)

ölçek (-ği) Maßstab *m*; Messbecher *m*

ölçer¹: ~ısı~ Thermometer *n*

ölçer² → **ölçmek**

ölç|mek (-*er*) *v/t* messen; *Feld* vermessen; *değer* beurteilen, ermessen; **~üp biçmek** es sich reiflich überlegen

ölçü Maß *n*; Maßeinheit *f*; Ausmaße *n*/*pl*; *Müz.* Takt *m*; *mec.* Maßstab *m*; **~ aleti** Messinstrument *n*; (*-in*) (**~sünü**) **almak** Maß nehmen (bei j-m); *mec.* alles erwägen; **büyük ~de** in hohem Maße; **~lmek** *edil.* → **ölçmek**; **~lü** (aus)gemessen; *mec.* (wohl) überlegt; *mec.* maßvoll; **~lülük** (-ğü) Wohlbedachtheit *f*; Gemessenheit *f*

ölçüm Messen *n*; Ausmaß *n*, Ausmaße *n*/*pl*; Abschätzung *f*

ölçüsüz maßlos; beliebig; unbedacht; **~lük** (-ğü) Maßlosigkeit *f*

ölçüş|mek sich messen (*ile* mit *D*); **~türmek** (*-i*) vergleichen (*A*)

ölçüt (-*dü*) Maßstab *m*, Kriterium *n* (*-in* für *A*)

öldür|mek *v/t* töten; totschlagen (*az. zaman*); ermorden; beseitigen, vernichten; *sebze:* dünsten; *bitki:* eingehen lassen; **~ücü** tödlich; drückend; *güzellik:* bezaubernd

ölesiye äußerst, wahnsinnig (*sevmek*)

öl|mek (-*ür*) *v/i* sterben; *Bot.* (ver)welken; *mec.* sterben, umkommen (*-den* vor *D*); *yöntem:* veralten; **gülmekten ~mek** sich totlachen; **~mez** unsterblich; unverwüstlich; **~müş** tot; gestorben

ölü tot; schwach, matt; Tote(r *m*) *f*; Kadaver *m*; **~ nokta** toter Punkt

ölüm Tod *m*; Todesfall *m*; **~ döşeği** Sterbebett *n*; **~ ilmühaberi** Sterbeurkunde *f*, **~ oranı** Sterblichkeitsrate *f*; **~ sessizliği** Totenstille *f*; **~ tehlikesi** Lebensgefahr *f*; **~cül** tödlich; sterbend; **~cül hasta** unheilbar krank; **~cül kaza** tödlicher Unfall; **~süz** unsterblich; ewig; unvergesslich

ölür → **ölmek**

ömür (ömrü) Leben *n*, Lebensdauer *f*; großartig; **~ boyunca** das Leben lang; **~lü** ewig; langlebig; **kısa ~lü** kurzlebig; **uzun ~lü** langlebig; **~süz** kurzlebig

ön davor; Vorder...; Vorderseite *f*; *zaman:* kommend; *ilg.:* vor (*D*, *A*);

önalım

Vor..., vorläufig; **~de bel.** vor; voran; **~de gitmek** vorangehen; **~deki** vorangehend; **~den** von vorn; **~e almak** den Vorrang geben (*D*), voranstellen; *-i* **~e sürmek** *v/t* meinen; vorschlagen; *fikir* vorbringen, unterbreiten; **~ümüzdeki** nächst...; künftig, bevorstehend; **~ümüzdeki günlerde** in den nächsten Tagen; → **önünde, önünden, önüne**

'**önalım** Vorkauf *m*; **~ hakkı** Vorkaufsrecht *n*

'**ön|belirti** Vorbote *m*, Vorahnung *f*; **~bellek** (-ği) *Cmp.* Cachespeicher *m*

'**öncam** *oto*: Windschutzscheibe *f*

'**önce** vorher, einst, früher; zuerst, zunächst; *bir an* **~** möglichst bald; *ilk* **~** zuallererst; *bir yıl* **~** ein Jahr davor; *ilg.* + *-den* vor (*D*): *her şeyden* **~** vor allem; *senden* **~ geldi** er kam vor dir; *sanı.* + *-mekten* bevor: *bir işi yapmadan* **~** bevor (er, sie) diese Sache (*veya* das) machte ...; **~si: cumhuriyet ~si** vorrepublikanisch; *savaş ~si* Vorkriegs...; **~sinde** am Tag vor (*D*)

'**önce|den** vorher; anfangs; im Voraus, vorsorglich (*örn. hazır tutmak*); **~ki** (*-den*) früher; vorig, vorhergehend; *Pol.* Ex...

öncel Vorgänger(in *f*) *m*

öncelemek *v/t* voranstellen; (zu)rückdatieren

'**önceleri** früher; damals; zunächst

öncelik (-ği) Vorrang *m*, Priorität *f*; Privileg *n*; **~le** vorrangig, bevorzugt, in erster Linie

öncesiz ewig, immerwährend

öncü Vorkämpfer(in *f*) *m*; Pionier *m*; Führer *m*; avantgardistisch (*örn. tiyatro*)

öncülük (-ğü) Führungskraft *f*, leitende (*veya* führende) Rolle *f*

'**önçalışma** Vorarbeiten *f/pl*

öndelik (-ği) Vorauszahlung *f*; Anzahlung *f*

önder Führer *m*; Chef *m*; **~lik** (-ği) Führerschaft *f*; **~liğindeki parti** die Partei unter Führung von ...

'**öndeyiş** Prolog *m*

önem Wichtigkeit *f*, Bedeutung *f*; **~ taşımak** Bedeutung haben; *-e* **vermek** Bedeutung beimessen (*D*); '**~le** nachdrücklich, sehr, inständig (*rica etmek*); vorrangig; **~li** wichtig, bedeutend; **~li değil** nicht so wichtig; nicht so schlimm; **~semek** *v/t* wichtig nehmen, wichtig finden; **~siz** unwichtig

önerge *Pol.* Antrag *m*; *sözlü soru* **~si** mündliche Anfrage; **~ vermek** e-n Antrag einbringen

öner|i Vorschlag *m*; **~de bulunmak** e-n (*veya* den) Vorschlag machen; **~ilmek** *edil.* → **önermek**; **~me** Vorschlag *m*; Prämisse *f*; **~mek** *v/t* vorschlagen; unterbreiten

'**öngör|mek** *v/t* vorsehen, (ein)planen; **~ü** Voraussicht *f*, Umsicht *f*; Weitsichtigkeit *f*; **~ülü** umsichtig

'**ön|kol** Unterarm *m*; **~koltuk** (-ğu) Vordersitz *m*; **~koşul** Vorbedingung *f*

önle|m (Vorsichts-)Maßnahme *f*; **~m almak** Maßnahmen ergreifen; **~mek** *v/t* verhindern; vorbeugen (*D*); verhüten; eindämmen; **~nmek** *edil.* → **önlemek**; **~yici** verhütend, Vorbeugungs...; prophylaktisch

önlük (-ğü) Schürze *f*; *iş*: Kittel *m*

'**önseçim** erste Wahl, *parti delegesi*: Vorwahl *f*

'**önsezi** Vorgefühl *n*, Vorahnung *f*

'**önsöz** Vorwort *n*

'**önşart** → **önkoşul**

'**ön|tekerlek** (-ği) Vorderrad *n*; **~yargı** Vorurteil *n*; Voreingenommenheit *f*

önünde *ilg.* vor (*D*)

önünden (vorn) an ... vorbei

önüne *ilg.* vor (*A*); *-in* **~geçmek** verhindern (*A*); j-m den Weg versperren; **~ gelen** jede(r, -s) beliebige

öpmek (-*er*) *v/t* küssen

öpücük (-ğü) Kuss *m*, Küsschen *n*

öpüş Küssen *n*; **~mek** (*-le*) sich küssen; *mec. arabalar.*: aufeinander prallen

ördek (-ği) Ente *f* (*az. hastalar için*)

ören Ruine *f*; **~lik** (-ği) Ruinenfeld *n*

örer → **örmek**

örf Brauch *m*, Sitte *f*; **~ ve âdetler** Sitten und Gebräuche *pl*; **~i** gängig; gesetzlich

örgü Häkelei *f*; Strickerei *f*; Geflecht *n* (*az. Anat.*); Strick... (*giysi, yün*); Flecht...

örgüt (-tü) Organisation *f*, **~çü** Orga-

nisator *m*; **~lemek** *v/t* organisieren; institutionalisieren; **~lenmek** organisiert werden; sich organisieren; **~lü** organisiert
örme geflochten; gestrickt; Strick-; **~k** (-er) *v/t* flechten; stricken; *duvar* errichten
ör(n). *kıs.* = **örneğin**
'**örneğin** zum Beispiel (z. B.)
örnek (-ği) Beispiel *n*; Modell *n*; *Tic.* Muster *n*; *mec.* Vorbild *n*, Beispiel *n*; *mec.* Muster... (*köy*), beispielhaft; **~ almak** sich ein Beispiel nehmen (*-den* an *D*)
örs Amboss *m*
örtbas: **~ etmek** vertuschen, verschleiern
örter → **örtmek**
örtmek (-er) *v/t çatı* decken; *baş, yüz* bedecken (*ile* mit *D*); *çukur* zuschütten; *kapı* zumachen, schließen; verschleiern
örtü Decke *f*; Umschlagtuch *n*; Überzug *m*; *Tek.* Verkleidung *f*; *masa* **~sü** Tischdecke *f*
ört|ülmek *edil.* → **örtmek**; **~ülü** bedeckt; *mec.* geheim, Geheim...; *mec.* verschleiert; **~ünmek** sich zudecken (*veya* bedecken); sich verschleiern; **~üsüz** unbedeckt
örülü geflochten; gestrickt
örümcek (-ği) Spinne *f*; **~ kafalı** rückständig
öt → **öd**
öte (die) andere Seite; drüben; mehr (*-den* als); (das) Weitere, (das) Übrige; **~ dünya** Jenseits *n*; **~ yandan** andererseits; **~de beride** hier und da, überall; **~deki** gegenüberliegend; **~den beri** seit jeher, schon immer
öteberi alles Mögliche; ein paar Kleinigkeiten
ötede *vs.* → **öte**
öteki (-ni) der (die, das) andere, Übrige; der (die, das) da
öter → **ötmek**
ötmek (-er) *kuş*: singen, zwitschern; *horoz*: krähen; *nefesli çalgı, düdük*: ertönen; ansprechen; *olumsuzda gnl.* keinen Ton von sich geben
ötücü: **~ kuş** Singvogel *m*
ötürü wegen (*-den G*); *bundan* **~** deswegen
över → **övmek**

öv|gü Lob *n*; Lobrede *f*, Laudatio *f*; **~mek** (-er) *v/t* loben, *Ed.* preisen
övünç (-cü) Stolz *m*; *-den* **duymak** stolz sein (auf *A*)
övüngen prahlerisch, F großschnäuzig
övünmek stolz sein (*ile* auf *A*), sich selbst loben
övüt... *vs.* → **öğüt...** *vs.*
öykü Kurzgeschichte *f*; Erzählung *f*; Novelle *f*; *yaşam* **~sü** Biographie *f*; **~cü** Erzähler *m*; Novellist *m*; **~cülük** (-ğü) Novellistik *f*
öykün|me Nachahmung *f*; **~meci** Nachahmer(in *f*) *m*; **~mek** (-*e*) nachahmen (*A*)
öyle so ein(e), solch ein(e), solche, derartige(r); **~ bir** solch, so ein(e), so einer; *bel.* so; *ne veya nasıl 'dan sonra*: **o ne biçim iş ~ mi?** tatsächlich?; *-e* **~ gelmek** (*ki*) den Eindruck haben, (dass ...), j-m so vorkommen, (dass); am liebsten wäre er (*veya* sie) ... *vs.*
'**öylece** genauso, auf diese Weise
öyle'likle somit; schließlich; **~si** so ein(er), so eine; **~sine** derart, so ... (*ki* dass)
öz¹ Selbst *n*, Ich *n*; Wesen *n*; Grundelement *n*; *Bot.* Mark *n*; Saft *m*; Kern *m*; Selbst...; eigen...
öz² leiblich, eigen (*örn. anne*); Selbst... (*güven*); echt, rein; **~ Türkçe** (das) reine Türkisch
Özbek Usbeke *m*, Usbekin *f*; '**~ce** Usbekisch *n*; **~is'tan** Usbekistan
'**özdenetim** Selbstkontrolle *f*
özdeş gleich(artig); identisch; **~leştirmek** *v/t* (j-n) identifizieren (*ile* mit *D*)
'**özdeyiş** Spruch *m*, Aphorismus *m*
özel besonder...; persönlich; privat; Sonder...; Privat... (*araba*); **~ ad** Eigenname *m*; **~ dil** Fachsprache *f*; **~ egzoz testi** Abgassonderuntersuchung *f*; **~ fiyat** Sonderpreis *m*; **~ girişim** Privatinitiative *f*; **~ mülk** Privatbesitz *m*; **~ okul** Fachschule *f*; **~ sayı dergi**: Sondernummer *f*; **~ sektör** Privatsektor *m*; **~ ulak** Eilbote *m*; (durch) Eilboten
'**özeleştiri** Selbstkritik *f*
özeleştirmek *v/t* spezifizieren; qualifizieren; privatisieren

özellik

özellik (-ği) Besonderheit *f*, Merkmal *n*; Beschaffenheit *f*; **~le** insbesondere, vor allem

özen Sorgfalt *f*, Umsicht *f*; *-e ~ göstermek* sorgfältig beachten (*A*); sich Mühe geben

özendirmek (*-i -e*) j-n anregen (zu *D*)

özenli gewissenhaft, akkurat

özen|mek (*-e*) sich viel Mühe geben (mit *D*); *~iyorum* ich möchte gern machen (*veya* werden); *~e bezene* mit größter Sorgfalt; **~siz** unsorgfältig; schlampig; **~le** kurz, in Kürze; **~ti** Nacheiferung *f*, Nachahmung *f*; **~tili** nacheifernd; eifrig

özerk autonom; **~lik** (-ği) Autonomie *f*

özet (-ti) Inhalt *m*; Zusammenfassung *f*, Kurzfassung *f*; *~le* kurz, in Kürze; **~lemek** *v/t* zusammenfassen

özge ander...; fremd; **~ci** Altruist(in *f*) *m*

'**özgeçmiş** *Tic*. Lebenslauf *m*; Personalakte *f*

özgü (*-e*) eigen (*D*), typisch (für *A*); (speziell) vorbehalten (*D*), bestimmt (für *A*)

özgün original, ursprünglich, Original...; originell, einzigartig; *belge, yazı*: Original *n*; **~lük** (-ğü) Originalität *f*

özgür frei, unabhängig; '**~ce** *bel.* frei; **~lük** (-ğü) Freiheit *f*; **söz ~lüğü** Redefreiheit *f*; **vicdan ~lüğü** Gewissensfreiheit *f*; **~lükçü** freiheitlich; liberal

'**özgüven** Selbstsicherheit *f*

özle|m Sehnsucht *f*; Neigung *f*; **~mek** (*-i*) sich sehnen (nach *D*); ersehnen (*A*)

özlü markig; üppig; *ifade*: treffend

özlük (-ğü) Wesen *n*; Typisches; Persönlichkeit *f*

özne Subjekt *n*

öznel subjektiv; **~lik** (-ği) Subjektivität *f*

'**özöğrenim** Selbststudium *n*; **~li** Autodidakt(in *f*) *m*; autodidaktisch

özrü → **özür**

'**özsu** (-yu) *Bot.* Saft *m*

özümle|me *gnl.* Assimilation *f*, Anpassung *f*; **~mek** *v/t* assimilieren, anpassen; **~nmek** sich assimilieren, sich anpassen; sich aneignen

özümseme *vs.* → **özümleme** *vs.*

özür (özrü) Entschuldigung *f*, Verzeihung *f*; Entschuldigungsgrund *m*; Fehler *m*, Mangel *m*; *-den ~ dilemek* sich entschuldigen (wegen *G*, für *A*); **~ dilerim** ich bitte um Entschuldigung, Verzeihung!; **~lü** ... (ist) entschuldbar, ... (hat einen) Entschuldigungsgrund; Mangel-, beschädigt, fehlerhaft (*mal*); *kişi*: behindert; **~lülere uygun** behindertengerecht; **~süz** unentschuldigt (*geç kalmak*); unentschuldbar; einwandfrei, ... in Ordnung

'**öz|veri** Selbstlosigkeit *f*; **~verili** selbstlos; **~yaşam** (das) eigene Leben, (mein) Leben; **~yaşam öyküsü** Autobiographie *f*; **~yönetim** *işletme*: (Arbeiter-)Selbstverwaltung *f*

P

pabuç (-cu) Pantoffel *m*; Schuh *m*

paça Unterschenkel *m*, Fuß *m*; Hosenbein *n*

pa'çavra Lappen *m*; Lumpen *pl*; Fetzen *m*; alter Kram; F *kişi*: Penner *m*; Schlampe *f*

'**padılbot** Paddelboot *n*

padişah Herrscher *m*, Sultan *m*

paha Preis *m*; **~cı** Halsabschneider *m*; **~lanmak** im Preis steigen; **~lı** teuer, kostspielig; **~lılık** (-ğı) Teuerung *f*; hohe Preise *m/pl*

pak (-ki) rein (*az. mec.*); *kişi*: ehrenhaft

paket (-ti) Paket *n*; *mal*: Ballen *m*; Päckchen *n* (*sigara*); Tafel *f* (*çikola-*

ta); **~ program** Aufzeichnung f; -i ~ **etmek** einpacken; **~lemek** v/t einpacken; verpacken; **~letmek** v/t einpacken lassen
Pakistan Pakistan
pak|lamak v/t säubern; alles aufessen; **~lık** (-ğı) Sauberkeit f;
pakt (-tı) Pakt m; *Kuzey Atlantik Paktı* Nordatlantikpakt m (= NATO f)
pala Krummschwert n
palabıyık (-ğı) Schnauzbart m
palamar *Gemi.* Trosse f
palamut (-du) unechter Bonito
palas Palast m; Luxushotel n
pa'lavra Gerede n, Geschwätz n; **~ atmak** F spinnen, fantasieren; aufschneiden; **~cı** F Spinner m, Fantast m
paldır: **~ küldür** holterdiepolter
palet (-ti) Palette f; *Tek.* Raupenkette f; *Gemi.* Lecksegel n
palmiye Palme f
'palto Wintermantel m
pal'yaço Spaßmacher m, Kasper m; **~luk** (-ğu) Harlekinade f; Spaß m
pamuk (-ğu) Baumwolle f; Watte f; Baumwoll...; (schnee)weiß; **~ ağacı** Baumwollstaude f; **~ gibi** (flaum-)weich; -i **~lu** baumwollen; wattiert
panayır Messe f, Ausstellung f
pancar Rübe f; rote Bete; *şeker ~* Zuckerrübe f
pancur Fensterladen m
panel öffentliche Diskussion; Podiumsgespräch n
pani|k (-ği) Panik f; **~k yaratmak** Panik verbreiten; **~ğe kapılmak** in Panik geraten
pankart (-tı) Spruchband n, Transparent n
pankreas, **~ bezi** Bauchspeicheldrüse f; *Art* Faustkampf m
'pano *El.* Schalttafel f; Täfelung f; Wandbehang m; Anschlagtafel f
pano'rama Panorama n
pansiyon Pension f; Pensionat n; *tam ~* Vollpension f; *yarım ~* Halbpension f; **~cu** Pensionsinhaber(in f) m
pansuman Verband m; -i **~ yapmak** e-n Verband anlegen; verbinden (A)
pantolon lange Hose
panzehir (-hri) Gegengift n
'papa Papst m

papağan Papagei m; **~lık** (-ğı) Papageienkrankheit f
papalık (-ğı) Papsttum n
pa'patya *Bot.* (echte) Kamille; **~ çayı** Kamillentee m
papaz Geistlicher; Pope m; *iskambil:* König m
pa'pirüs Papyrus m; Papyrusstaude f
papyon Fliege f (*als Krawatte*)
para Geld n; **~ babası** steinreich; *mec.* Geldsack m; **~ bozmak** wechseln; **~ canlısı** geldgierig; **~ cezası** Geldstrafe f; **~ çantası** Portemonnaie n; **~ dökmek** (sein) Geld vergeuden; **~ etmemek** zu nichts taugen; nichts hermachen; **~ sıkıntısı** Geldsorgen pl; **~ yemek** Geld vergeuden
parafe abgezeichnet; -i **~ etmek** abzeichnen (*A*)
paragraf Paragraph m; Absatz m
paralamak v/t hayvan zerreißen, zerfleischen; *bş* abnutzen; *ayakkabı* ablaufen; *dil:* radebrechen
paralanmak[1] zu Geld kommen
paralanmak[2] kaputtgehen; zerreißen; *mec.* sich zerreißen; sich abrackern
paralel parallel (*-e* zu *D*; *az. mec.*); Parallele f; *Coğr.* Breitenkreis m; **~kenar** *Mat.* Parallelogramm m; **~lik** (-ği) Parallelität f; Ähnlichkeit f
paralı Geldmann m; vermögend; gegen Bezahlung, kostenpflichtig; gebührenpflichtig; **~ asker** Söldner m
pa'ramparça zerfetzt; zertrümmert
parantez (runde) Klammer, Klammern pl
parasal Geld..., geldlich
parasız mittellos; unentgeltlich; *hizmet:* kostenlos; **~lık** (-ğı) Mittellosigkeit f
paraşüt (-tü) Fallschirm m; **~çü** Fallschirmspringer(in f) m
parazit (-ti) Parasit m, Schmarotzer m (*az. mec.*); *az.* → **asalak**; *radyo:* Störung f; **~lik** (-ği) Schmarotzertum n
parça Stück n; Teil m; Ersatzteil m; *bir ~* ein Stück; etwas, ein bisschen (*beklemek*); **~ başına** pro Stück; **~ ~** in Stücken, zerschlagen; **~ ~ etmek** kaputtmachen, in Stücke schlagen; *kâğıt* zerreißen

parça|cık (-ğı) *Fiz.* Teilchen *n*, Partikel *n veya f*; **~lamak** *v/t* zerstückeln, zerschmettern; F kaputtschlagen; *az.* →**~~ etmek**; **~lanmak** *edil.* → ***parçalamak***; *mec.* F sich vor Eifer umbringen; **~layıcı** *Pol.* spalterisch, Spalter...; **~lı** geflickt; stellenweise; **~lılık** (-ğı) Zersplitterung *f*

'pardon *ünl.* Verzeihung!, Pardon!

pardösü Übergangsmantel *m*

parfüm Parfüm *n*; **~eri** Parfümerie *f*

parıl: ~ ~ strahlend; **~damak** *v/i* funkeln, glänzen, strahlen; *mec.* sich entfalten, voranschreiten; **~tı** Strahl *m*; Funken *m*; Glanz *m*

park (-kı) Park *m*; Parken *n* (*oto*); **~ etmek/yapmak** parken; **~ yapılmaz** Parken verboten, Parkverbot *n*; **~ yeri** Parkplatz *m*

parke Parkett *n*; **~ döşemek** mit Parkett auslegen, Parkett legen; **~li** Parkett...

parkur Rennstrecke *f*, Bahn *f*; Flugstrecke *f*; **yürüyüş/koşu ~u** Trimmstrecke *f*

parlak (-ğı) strahlend; glänzend; blank (*metal*); F schick, fesch; Glanz... (*kâğıt*); **~lık** (-ğı) Glanz *m*

parlamak *v/i* strahlen, glänzen, leuchten; *benzin*: Feuer fangen; berühmt werden; *mec.* aufbrausen; *mec.* aufleuchten

parlamen|tarizm Parlamentarismus *m*; **~ter** Parlamentarier *m*; Parlamentsmitglied *n*; parlamentarisch; **~to** Parlament *n*; **~to dışı** außerparlamentarisch

parlat|ıcı Polier...; **~mak** *v/t* polieren, blank reiben

parmak Finger *m*; *ayak*: Zeh *m*, Zehe *f*; *ölçü*: Zoll *m*; Fingerbreit (*m*); *-in bir noktasına ~ basmak* besondere Beachtung schenken (*D*); **~ ısırmak** verblüfft sein; **~ ısırtmak** j-n verblüffen; **~ izi** Fingerabdruck *m*; **~ kaldırmak** *mec.* den Finger heben, sich melden; **~ ucu** Fingerspitze *f*; **bir işte parmağı olmak** s-e Hand im Spiel haben; **~la gösterilmek** nicht seinesgleichen haben

parmaklı|k (-ğı) Zaun *m*; Gitter(werk) *n*; **bahçe ~ğı** Gartenzaun *m*; **balkon ~ğı** Balkongitter *n*

parodi Parodie *f*

pa'rola Parole *f*, Losungswort *n*; Schlagwort *n*; Motto *n*; Wahlspruch *m*

pars Leopard *m*, Panther *m*

parsel Parzelle *f*; **~lemek** *v/t* parzellieren

parşömen Pergament *n*; **~ kâğıdı** Pergamentpapier *n*

parti[1] Partei *f*; **~ başkanı** Parteiführer *m*, Parteichef *m*

parti[2] Partie *f*, Posten *m*; Empfang *m*, Party *f*; *mec.* F Fund *m*; **~ vermek** e-n Empfang *veya* e-e Party geben; **iyi bir ~ vurmak** e-e gute Partie machen

partici Parteigänger(in *f*) *m*; **~lik** (-ği) Parteilichkeit *f*, Parteinahme *f*

partili Parteimitglied *n*; **çok ~** Mehrparteien...; **iki ~** Zweiparteien...

partizan Partisan *m*, Freiheitskämpfer *m*; *az.* → **partici**; **~lık** (-ğı) Partisanentum *n*; → **particilik**

pas[1] Rost *m*; *Tıp* Belag *m*; **~ tutmak** rosten

pas[2] *top*: Abgeben *n*, Zuspielen *n*; *iskambil*: Passen *n*; *hiç passe!*; **~ çekmek** F passen müssen; **~ vermek** F abgeben, zuspielen; *mec.* j-m entgegenkommen

pasaj Passage *f*; Durchgang *m*

pasak (-ğı) Schmutz *m*; Lumpen *pl* (*giysi*); **~lı** schlampig, ungepflegt

pasaport (-tu) Pass *m*; **~ kontrolü** Passkontrolle *f*

pasavan Passierschein *m*, (Grenz-)Pass *m*

pasif *gnl.* passiv; *Gr.* Passiv *n*

pas'kalya Ostern *pl*, Osterfest *n*; **~ yortusu** Oster(feier)tag *m*; **~lık** Oster...

paslan|dırmak *v/t* rostig machen; **~mak** *v/i* rosten (*az. mec.*), rostig werden; **~mayan** nicht rostend; **~maz** rostfrei

paslı verrostet, rostig; *dil*: belegt

'paso (Ermäßigungs-)Fahrschein *m*, Monatskarte *f*, Zeitkarte *f*; **emekli ~su** Seniorenkarte *f*; **öğrenci ~su** Schülerkarte *f*

paspas Fußmatte *f*, Mop *m*; **~ yapmak** moppen; **~lamak** *v/t* moppen

'pasta Kuchen *m*; Paste *f*, Creme *f*; **elma ~sı** Apfelkuchen *m*; **meyveli ~sı** Obstkuchen *m*; **~cı** Konditor *m*; **~ dükkânı** Konditorei *f*

pastane Konditorei f
pastırma gewürztes Pökelfleisch; ~ **yazı** Altweibersommer m
pastil *Tıp* Pastille f
pastörize pasteurisiert, keimfrei; ~ **etmek** v/t pasteurisieren, entkeimen
paşa *Ask.* General m; *çocuk*: verständig, vernünftig; ~ **olmak** e-n Schwips haben; ~ ~ ohne weiteres; sehr artig, ruhig
pat¹ bums!; zack! (= *plötzlich*); patsch, patsch; *adımlar*: trippel, trappel; ~ **küt vurmak** drauflosschlagen
pat² *satranç*: Patt n
patak (-ğı) Schläge m/pl, Dresche f; **~lamak** (-i) auf j-n einschlagen
pa'tates Kartoffel f; ~ **ezmesi**, **~püresi** Kartoffelpüree n; ~ **kızartması** Bratkartoffeln f/pl; ~ **salatası** Kartoffelsalat m
patavatsız schnoddrig, respektlos; **~lık** (-ğı) Schnoddrigkeit f
paten Schlittschuh m; Rollschuh m; ~ **kaymak** Schlittschuh (Rollschuh) laufen
patent Patent n; Staatsangehörigkeitsausweis m; Gewerbeschein m; ~ **dairesi** (-i) Patentamt n
patentalı patentiert
patır: ~ **kütür** mit großem Krach, polternd; **~damak** Krach machen, poltern; **~datmak** (-i) (mit den Füßen) trampeln, aufstampfen; Krach machen (mit D); **~tı** Krach m, Lärm m; Getrampel n; **~tılı** laut, ohrenbetäubend
patik (-ği) Babyschuh m
pa'tika Pfad m, Steig m
patinaj Eislauf m; Schlittschuhlaufen n; *Tek.* Schlupf m, *tekerlek*: Durchdrehen g; ~ **yapmak** Schlittschuh laufen, Eis laufen; *tekerlekler*: durchdrehen; *oto*: ins Schleudern geraten
patlak (-ğı) geplatzt, geborsten; Spalt m; Riss m; ~ **gözler** hervorstehende Augen n/pl; ~ **vermek** platzen, knallen; *mec.* herauskommen; ausbrechen
patlama Knall m, Detonation f, Explosion f; Entladung f; *mec.* (*az. pl* **~lar**) Aufschwung m; **boru ~sı** Rohrbruch m
patlamak v/i platzen; krachen, knallen; explodieren, detonieren; *savaş*: ausbrechen; losbrechen; einbrechen; (*meraktan* vor Sorge) umkommen; (-*e*/j-n) teuer zu stehen kommen
patlatmak v/t zum Platzen bringen, zur Explosion bringen (*az. mec.*); F j-m e-e kleben
patlayıcı Explosiv..., Spreng... (*madde*)
patlıcan Aubergine f; ~ **dolması** gefüllte Auberginen f/pl
patolojik pathologisch
patriarkal patriarchalisch
patrik (-ği) Patriarch m; *Rum patriği* der griechisch-orthodoxe Patriarch; **~hane** Patriarchat n; **~lik** (-ği) Patriarchenwürde f
patron Chef m; Abteilungsleiter m; Schnittmuster n
patta|dak, **~dan** bauz!, ganz plötzlich; von ungefähr
pa'vurya Einsiedlerkrebs m
pavyon Pavillon m; Gartenlokal n
pay Anteil m, gleicher Teil, Quote f; *Mat.* Zähler m; *-den* **biçmek** urteilen (nach D); (sich) vergleichen (mit D); *-i* ~ **etmek** aufteilen (A); **beş** ~ **etmek** in fünf gleiche Teile teilen
payda *Mat.* Nenner m; **ortak** ~ der gemeinsame Nenner
paydaş Aktionär m, Anteilhaber m
paydos Feierabend m; Pause f; Schluss!, basta!; ~ **borusu çalmak** die Arbeit *veya* Sache hinwerfen; ~ **demek** Schluss machen; ~ **etmek** Feierabend machen
paylamak v/t j-n ausschimpfen
paylaşmak v/t unter sich aufteilen; teilen
payton Droschke f
pazar Markt m; Basar m; Marktplatz m; Sonntag m; **balık ~ı** Fischmarkt m; **Ortak** ~ (der) Gemeinsame Markt; ~ **günü** Sonntag m; ~ **günleri** sonntags
pazar|başı Marktaufseher m; **~cı** Markthändler m, Marktfrau f; **~lama** Vermarktung f; Marketing n; **~lamak** (-i) e-n Markt finden (für A); vermarkten; **~laşmak** feilschen, handeln (*ile* mit j-m); **~lık** (-ğı) Handeln n, Feilschen n; *-i* **~lık etmek** handeln, feilschen (um A); **~lıksız** ohne Feilschen
pa'zartesi, ~ **günü** Montag m; ~ **günleri** montags

pa'zaryeri (-ni) Absatzmarkt *m*; Markt *m*
pazı¹ Runkelrübe *f*
pazı² *Anat.* Bizeps *m*
peçe Gesichtsschleier *m*; *mec.* Schleier *m*; *mec.* Tarnkappe *f*; **~lemek** *v/t* tarnen; verschleiern; **~li** getarnt; verschleiert; **~siz** unverschleiert
pe'cete Serviette *f*
pedago|g Pädagoge *m*, -in *f*; **~ji** Pädagogik *f*; **~jik** pädagogisch
pedal (-lı) Pedal *n*; **fren ~ı** Bremspedal *n*; **gaz ~ı** Gaspedal *n*; **~a basmak** in die Pedale treten
pedikür Fußpflege *f*
pehlivan Ringkämpfer *m*
pehpeh bravo!, prima!; **~lemek** *v/t* in den Himmel heben
pejmürde zerlumpt, verwahrlost
pek (-ki) hart, streng; stur; robust, fest, stabil; *bel.* sehr; schnell; **~ çok** sehr viel(e)
pekâlâ [lâ] sehr gut, hervorragend (*az. bel.*); *bel.* gut, in Ordnung; nun ja
'peki jawohl!; gut!, in Ordnung!; nun ja
pekiş|mek sich verhärten; sich zusammendrängen; sich ansammeln; **~tirmek** *v/t* hart machen; verstärken; festigen; **~tirmeli** verstärkend
'pekiyi *ders notu*: ausgezeichnet
pekmez Trauben- *veya* Maulbeersirup *m*
peksimet (-ti) Zwieback *m*
pelte Gelee *n*, *Art* Götterspeise *f*; **~ gibi** wabbelig; F hinüber, geschafft
peltek (-ği) lispelnd; Lispel...; **~leşmek** beim Sprechen anstoßen, lispeln
pelür Durchschlagpapier *n*
pembe rosa; **~ şarap** Roséwein *m*
'penaltı Strafstoß *m*, Elfmeter *m*
'pencere Fenster *n*; **~ kanadı** Fensterflügel *m*
pençe Tatze *f*, Klaue *f*; *kuş*: Kralle *f*; *mec.* der Arm (*adaletin* des Gerichts)
penguen Pinguin *m*
penisilin Penicillin *n*
pens(e) Pinzette *f*; Abnäher *m*
pentatlon Fünfkampf *m*
pepe stotternd; Stotterer *m*; → **keke**
perakende Einzelhandels...; **~ci** Einzelhändler *m*
perçem Stirnlocke *f*; Haarbüschel *n*; Strähne *f*

perçin *Tek.* Niete *f*, Niet *m*; **~lemek** *v/t* (ver)nieten; *mec.* festigen; (*-e*) festnageln; anwenden, festschreiben (auf *A*); **~li** vernietet, genietet; *mec.* fest (gefügt), eng
perde Vorhang *m*; Gardine *f* (*gnl.* **ince ~**); *film:* Leinwand *f*; *Tıp* Star *m*; *Müz.* Tonlage *f*; *Tiy.* Akt *m*, Aufzug *m*; **~ arkasında(n)** hinter den Kulissen; **~ çekmek** e-n Vorhang ziehen (vor *D*); *mec.* verschleiern; **~~** allmählich; *mec. -in son ~si* der Höhepunkt ... (*G*)
performans Leistung *f*; *Spo.* Höchstleistung *f*
pergel Zirkel *m*
perhiz Diät *f*; **~ yapmak** Diät halten; fasten
peri Fee *f*; **~li** verzaubert, verhext
periskop (-pu) Periskop *n*
perişan unordentlich; verworren; wüst, *mec. kişi:* verwahrlost; traurig; verstört; *-i* **etmek** durcheinander bringen; verwüsten; **~ olmak** verwahrlosen; **~lık** (-ğı) wüster Zustand; Verwahrlosung *f*
periyodik (-ği) periodisch; Zeitschrift *f*
periyot (-du) *Fiz.* Periode *f*
'perma Dauerwelle *f*
permi *Tic.* Ein- und Ausfuhrbescheinigung *f*; *az.* → **paso**
peron Bahnsteig *m*; Grenzübergangsstelle *f*; **~ bileti** Bahnsteigkarte *f*
personel Personal *n*; Belegschaft *f*
perspektif Perspektive *f* (*az. mec.*); *mec.* Aussicht *f*; *mec.* Sicht *f*
perşembe, ~ günü Donnerstag *m*; **~ günleri** donnerstags
peruk (-ğu), **pe'ruka** Perücke *f*
pervane Propeller *m*; Schiffsschraube *f*; **~ gibi** immer dasselbe, F noch und noch
pervaz (Fenster-)Rahmen *m*; Gesims *n*
pes¹ *ünl.* ich passe!; **~ demek** *v/i* passen, aufgeben; **~ etmek** aufgeben, sich ergeben
pes² leise, flüsternd, gedämpft; tief
pesek (-ği) Zahnstein *m*
pesim|ist (-ti) Pessimist(in *f*) *m*; **~izm** Pessimismus *m*
pespaye gewöhnlich, ordinär
pestil *Art* Gelee *n*

peş → *arka*; *bel.*: ~ ~e hintereinander; ~ ~e **oluşmak** dicht aufeinander folgen; *ilg.*: ~**inde**, ~**inden**, ~**ine** hinter (*D*, *A*); nach (*D*); ~**inde** auf der Suche nach *D*; ~**inde dolaşmak** *mec.* F hinterher sein (hinter *D*); -in ~**ine düşmek** hinter j-m herlaufen

peşin im Voraus; bar (*ödemek*); voreilig (*yanıt*); *gnl.* vorher, zuvor; ~ **para** Vorauszahlung *f*; ~ **hüküm**, ~ **yargı** Vorurteil *n*; ~**at** (-atı) Vorauszahlung *f*

pe'şinen im Voraus
peşkir Serviette *f*; Handtuch *n*
petek (-ği) Bienenwabe *f*; ~ **balı** (echter) Bienenhonig *m*
petrol (-lü) Erdöl *n*; Petroleum *n*; ~ **gemisi** Tankschiff *n*; ~ **satan ülke** Erdöl exportierendes Land
pey Anzahlung *f*; ~ **sürmek** bieten; ~ **vermek** e-e Anzahlung leisten
'**peyderpey** nach und nach
peygamber Prophet *m* (*özl.* Mohammed)
peylemek (*v/t*) et. anzahlen (auf *A*), eine Anzahlung leisten (auf *A*)
peynir Käse *m*; **beyaz** ~ Schafskäse *m*; **kaşar** ~ Art Hartkäse *m*; ~**li** Käse..., ... mit Käse; ~**li börek** Käsepastete *f*
peyzaj Landschaft *f*, Landschaftsbild *n*
pezevenk (-gi) Zuhälter *m*
pıhtı Gerinnsel *n*; **kan** ~**sı** Blutgerinnsel *n*; ~**laşmak** *v/i* gerinnen; klumpen; ~**laşmak** gerinnen; erstarren
pınar Quelle *f*
pı'rasa Lauch *m*, Porree *m*
pırıl: ~ ~ strahlend (hell); blitzsauber; *mec.* glänzend; ~**damak** leuchten, glänzen; ~**tı** Glanz *m*, Leuchten *n*
pır'lanta Brillant *m*
pısırık (-ğı) zaghaft; schüchtern
pıt (-tı): ~ ~ **yok** kein Mucks zu hören
pıtır: ~ ~ (mit) trippelnd(en Schritten); ~**damak** trippeln; knarren; ~**tı** Trippeln *n*; Tappen *n*; Knarren *n*
piç (-çi) uneheliches Kind; *çocuk*: Flegel *m*; *Bot.* Schössling *m*, Trieb *m*; abartig; ~**i etmek** F verkorksen; ~**kurusu** Strolch *m*; ~**leşmek** *v/i* aus der Art schlagen
'**pide** Fladen(brot *n*) *m*
pigment (-ti) Pigment *n*
pi'jama Schlafanzug *m*, Pyjama *m*

pik (-ki) Gusseisen *n*; gusseisern
pikap (-bı, -pı) Plattenspieler *m*; Lieferwagen *m*
piknik (-ği) Picknick *n*
piko Hohlsaum *m*
pil *El.* Batterie *f*; ~**i bitmek** F geschafft sein
pilaki [lâ] Gericht *n* aus Öl, Lauch und Zitrone; **fasulye** ~**si**, **balık** ~**si** Pilaki mit Bohnen, mit Fisch *vs.*
pilav [lâ] Pilaw *m*, Reisgericht *n*; **bulgur** ~**ı** Art Weizengrütze *f*
piliç (-ci) Hühnchen *n*, Hähnchen *n*
pilli Batterie...; mit Batteriebetrieb
pilot (-tu) Pilot *m*, Flugzeugführer *m*; *Gemi.* Lotse *m*; Test..., Muster..., *az.* Pilot..., *örn.* ~ **şirket** Musterbetrieb *m*
pingpong Tischtennis *n*
pinti knauserig; kleinlich; ~**leşmek** knauserig werden, knausern
pipet (-ti) *Tıp* Pipette *f*; Trinkhalm *m*
'**pipo** Pfeife *f*; ~ **temizleyici** Pfeifenreiniger *m*
pir bejahrt; Begründer *m*; Kenner *m*, Experte *m*; F alter Hase; *bel.* deutlich
piramit (-di) Pyramide *f*
pire Floh *m*
pirinç (-ci) Reis *m*; ~ **pilavı** gekochter Reis; ~ **unu** Reismehl *n*
pir'zola Kotelett *n*
pis schmutzig, dreckig; *mec.* abscheulich (*örn. hava*); F mies (*şey*); ~ **koku** Gestank *m*; ~ ~ **düşünmek** grübeln; ~ ~ **gülmek** grinsen; ~**i** ~**ine** für die Katz
pisboğaz Vielfraß *m*
pisi Miezekatze *f*, Mieze *f*
piskopos Bischof *m*
pisle|mek beschmutzen (-*e A*); *örn. kedi*: F etwas (hin)machen (auf *A*); ~**nmek** sich beschmutzen; F dreckig werden; ~**tmek** beschmutzen, F dreckig machen; *mec. bş* vermasseln
pislik (-ği) Unrat *m*; Müll *m*; Schmutz *m*, F Dreck *m*; Verschmutzung *f*; *mec.* Pfuscherei *f*; Gemeinheit *f*
pist (-ti) *Hava.* Rollfeld *n*, Landebahn *f*; *Spo.* Rennbahn *f*; Eisbahn *f*; Tanzfläche *f*
piston Kolben *m*; *mec.* Protektion *f*
pisuar Bedürfnisanstalt *f*
pişer → **pişmek**
pişirim, **pişirimlik** (-ği) (Menge) für ein Gericht, für e-n Aufguss; **bir** ~ **pi-**

pişirmek

rinç (so viel) Reis für ein Gericht
pişirmek *v/t gnl.* kochen (*az. kahve*); braten; *ekmek* backen; *mec.* lernen, F pauken
pişkin gar; *ekmek:* durchgebacken; *et:* durchgebraten; *mec.* unverfroren; *mec.* abgebrüht; *mec.* bewandert
pişman (-anı) reuevoll, zerknirscht; *-i -e ~ etmek* j-n et. bereuen lassen; *-e ~ olmak* bereuen (*A*)
piş|mek (-er) *v/i* kochen; gebraten werden; gebacken werden; reifen, reif sein; *güneşte* braten; *mec.* Praxis haben *veya* gewinnen; *~miş toprak* Terrakotta *f*
pişti *Art* Kartenspiel
piyade Infanterist *m*; Infanterie *f*
pi'yango Lotterie *f*; *gnl. mec.* Treffer *m*; *~ bileti* Lotterielos *n*; *Milli ⚥* Staatliche Klassenlotterie; *~ çekmek* ein Los ziehen *veya* kaufen; *-e ~ vurmak* in der Lotterie ... gewinnen; *mec.* e-n Treffer erzielen
piyanist (-ti) Pianist(in *f*) *m*, Klavierspieler(in *f*)
pi'yano Piano *n*, Flügel *m*; *bel.* piano
pi'yasa Markt *m*; Marktpreis *m*, Kurs *m*; Marktplatz *m*; Korso *m*, Bummel *m*; *~ ekonomisi* Marktwirtschaft *f*; *~ etmek* spazieren gehen, F bummeln; *~ hakimi* Marktführer *m*; *~ya çıkmak* *Tic.* auf den Markt kommen
piyaz *Art* Bohnensalat *m*; Zwiebelbeilage *f*
piyes (Theater-)Stück *n*
piyon *satranç:* Bauer *m*; *mec. kişi:* Marionette *f*
PK *kıs.* = *Posta Kutusu* Postfach *n* (PF)
plaj [lâ] Strand *m*; *~ kabini* Badekabine *f*
plak [lâ] (-ğı) Schallplatte *f*; *Fot.* Platte *f*
'**plaka** [lâ] *oto:* Nummernschild *n*; Schild *n*; *~lı* ... mit dem Kennzeichen ...
plaket [lâ] Plakette *f*
plan [lâ] Plan *m*; *~ kurmak* e-n Plan aufstellen; *~a göre* planmäßig; *ikinci ~a düşmek* an die zweite Stelle treten; *... da olmak* an ... Stelle stehen; *arka ~da olmak* im Hintergrund stehen *veya* bleiben; *-i ön ~a almak* in den Vordergrund stellen;

şehir ~ı Stadtplan *m*
plankton [lâ] Plankton *n*
plan|lama [lâ] Planung *f*; Planungsamt *n*; *~lamak* *v/t* planen; *~ın* e-n Plan entwerfen; *~laştırmak* *v/t* planen; *~lı* planmäßig; *~lı ekonomi* Planwirtschaft *f*
planör [lâ] Segelflugzeug *n*; *~cü* Segelflieger *m*
plansız [lâ] planlos
'**planya** [lâ] Schlichthobel *m*
plase [lâ] *at yarışı:* Platzwette *f*; *atış:* platziert
plasenta [lâ] *Anat.* Plazenta *f*
plaster [lâ] *Tıp* Pflaster *n*
plastik [lâ] (-ği) plastisch; Plast *m*, Plastik...
platform [lâ] Plattform *f*; *Pol.* Ebene *f*
platin [lâ] Platin *n*
plato [lâ] Hochebene *f*, Plateau *n*
plazma [lâ] Plasma *n*
plüralizm [lâ] Pluralismus *m*
'**Plüton** *Astr.* Pluto *m*
po'ğaça (gefüllte) Salzpastete
pohpoh Schmeichelei *f*, Kompliment *n/pl*; *~lamak* (*-i* j-m) schmeicheln
poker: *bir ~ çevirmek* e-e Partie Poker spielen
polemik (-ği) Polemik *f*
po'liçe *Tic.* Wechsel *m*; *sigorta ~si* Versicherungspolice *f*
poliklinik (-ği) Poliklinik *f*
polip (-pi) *Zoo., Tıp* Polyp *m*
polis Polizei *f*; Polizist(in *f*) *m*; *~ arabası* Streifenwagen *m*; *~ memuru* Polizeibeamter, Polizeibeamtin *f*; *~ müdürü* Polizeichef *m*
polisiye: *~ film* Kriminalfilm *m*; *~ roman* Kriminalroman *m*
politik (-ği) Politik *f*; politisch
poli'tika Politik *f*; *~ etmek/yapmak* diplomatisch sein; *~ gütmek* e-e ... Politik betreiben *veya* verfolgen; *barış ~sı* Friedenspolitik *f*; *dış ~* Außenpolitik *f*; *iç ~* Innenpolitik *f*; *~cı* Politiker(in *f*) *m*; *mec.* Diplomat(in *f*) *m*
poliyester Polyester *m*
Po'lonya Polen *n*; *~lı* Pole *m*, -in *f*
polyester → *poliyester*
'**pompa** Pumpe *f*; Luftpumpe *f*; *benzin ~sı* Benzinpumpe *f*; *~lamak* (*-i -e*) pumpen (*A* in *A*); *mec.* j-n anstacheln (zu *D*); *~lı* ... mit Pumpe

ponpon (Puder-)Quaste *f*
pop: ~ *müzik*, ~ *müziği* Popmusik *f*
popo F Popo *m*
popüler populär; beliebt
pornografi Pornographie *f*
porselen Porzellan *n*
porsiyon Portion *f*; *çift* ~ doppelte Portion
portakal Apfelsine *f*, Orange *f*; ~ *suyu* Orangensaft *m*; *kan* ~ Blutorange *f*; ~*lı*: ~*lı gazoz* Orangenlimonade *f*
portatif tragbar; zusammenklappbar; ~ *radyo* Kofferradio *n*
'**Portekiz** Portugal *n*; portugiesisch; '~*ce* Portugiesisch *n*; ~*li* Portugiese *m*, Portugiesin *f*
portre Porträt *n*; *kendi* ~*si* Selbstporträt *n*
'**posa** Treber *m*; Satz *m*, Rest *m*
post (-tu) Fell *n*; Haut *f*; *mec.* Stellung *f*, Posten *m*; ~ *kavgası* Postenjägerei *f*
'**posta** Post *f*; Gang *m*, Fahrt *f*, Fuhre *f*; (Arbeits-)Schicht *f*; *kişi*: Posten *m*, Wache *f*, Trupp *m*, Kommando *n*; Kurier *m*; ~ *çeki* Postscheck *m*; ~ *damgası* Poststempel *m*; -*i* ~ *etmek* j-n abkommandieren; j-n der (Polizei-)Behörde übergeben; ~ *havalesi* Postanweisung *f*; ~ *kartı* Postkarte *f*, Ansichtskarte *f*; ~ *kutusu* (*P.K.*) F *az.* Briefkasten *m*; Postfach *n*; ~ *memuru* Postbeamter, Postbeamtin *f*; ~ *pulu* Briefmarke *f*; ~ *ücreti* Postgebühren *f/pl*, Porto *n*; ~*ya vermek/atmak* zur Post geben
'**postacı** Postbote *m*, Briefträger *m*
postalamak *v/t* (per Post) versenden; schicken (-*e* an *A*); *mektup* aufgeben
postane Postamt *n*
'**postrestant** postlagernd
poşet (-ti) Beutel(chen *n*) *m*; Plastiktüte *f*, *çay* ~ Teebeutel *m*
pot (-tu) Falte *f*; *mec.* Schnitzer *m*
'**pota** (Schmelz-)Tiegel *m*
potansiyel Potenzial *n*; Leistungsfähigkeit *f*
poyraz *Gemi.*: Nordosten *m*; → *kuzeydoğu*; kalter Nordostwind
poz Pose *f*, *Fot.* Belichtung(sdauer) *f*
pozisyon Position *f*, Stellung *f*
'**pozitif** positiv; *Fot.* Positiv *n*
pozo'metre Belichtungsmesser *m*
pörsü|k zerknittert; eingefallen; ~*mek* faltig werden, knautschen; welk werden; ~*müş* faltig, runzelig
'**pranga** Fesseln *f/pl*, Ketten *f/pl*
pratik (-ği) Praxis *f*; praktisch; ~*te* in der Praxis; ~ *yapmak* praktizieren
pratisyen Praktikant *m*; praktizierend
prefabrik(e) vorgefertigt, Fertig...
prefabrikasyon Vorfertigung *f*, fertige Bauelemente *n/pl*, Fertigteile *n/pl*
prens Prinz *m*; Fürst *m*; ~*es* Prinzessin *f*; Fürstin *f*
prensip (-bi) Prinzip *n*; → *ilke*
pres Presse *f*
prestij Prestige *n*
prezervatif Präservativ *n*
prim Prämie *f*; *Tic.* Agio *n*
primitif (-vi) primitiv
priz Steckdose *f*
'**prizma** Prisma *f*
problem Problem *n*; Problem... (*çocuk*); *Mat.* Aufgabe *f*
prodüktör Filmproduzent *m*; Erzeuger *m*
profesör Professor(in *f*) *m*
profesyonel berufsmäßig; Profi *m*; Berufs... (*fotoğrafçı*)
profil Profil *n*; Profil... (*demir*)
program Programm *n*; → *izlence*; ~*cı* Programmchef *m*; Programmverkäufer(in *f*) *m*; ~*lama* Programmierung *f*; ~*lamacı* (*az. Cmp.*) Programmierer *m*; ~*lamak*, ~*laştırmak* *v/t* programmieren; ein Programm (*G*) aufstellen
'**proje** Projekt *n*; Entwurf *m*
projek|siyon Projektion *f*; ~*tör* Scheinwerfer *m*; Strahler *m*; Bildwerfer *m*
propa'ganda Propaganda *f*; ~ *etmek/yapmak* Reklame machen; ~*cı* Propagandist *m*, Propagandamacher *m*
pros'pektüs Prospekt *m*; *az.* → *tanıtmalık*
prostat (-tı) 'Prostata *f*, Vorsteherdrüse *f*
protein Protein *n*
Protestan Protestant(in *f*) *m*; protestantisch; evangelisch (*kilise*); ~*lık* (-ğı) Protestantismus *m*
pro'testo Protest *m*; -*i* ~ *etmek* protestieren (gegen *A*); ~ *eylemi* Protestaktion *f*
protez Prothese *f*

protokol (-lü) Protokoll *n*; ~**e dahil** im Rahmen des Protokolls; protokollarisch zugelassen; ~**e geçirmek**, ~**tutmak** protokollieren

prototip (-pi) Prototyp *m*

'**prova** *giysi*: Anprobe *f*; *Tiy.* Probe *f*; *Matb.* Korrekturfahne *f*; ~ **etmek/yapmak** anprobieren; probieren; *Tiy.* proben

provoka|syon Provokation *f*; ~**tör** Provoka|teur *m*

prömiyer Premiere *f*, Uraufführung *f*

psikanal|itik psychoanalytisch; ~**iz** Psychoanalyse *f*; ~**izci** Psychoanalytiker *m*

psikiyatr Psychiater *m*; ~**i** Psychiatrie *f*; psychiatrisch

psikolo|g Psychologe *m*; ~**ji** Psychologie *f*; ~**jik** psychologisch

psikopat (-tı) Psychopath *m*

psikoz Psychose *f*

PTT *kıs.* = *Posta, Telgraf, Telefon (İdaresi)* Post- und Fernmeldewesen *n*

puan *Ekon., Spo.* Punkt *m*; ~ **almak/kazanmak** Punkte erzielen; ~ **cetveli** Rangliste *f*; ~ **hesabıyla yenmek** nach Punkten siegen; ~ **maçı** Punktspiel *n*; ~**lama** Punktwertung *f*; ~**lamak** nach Punkten werten

'**pudra** Puder *m*; ~**şeker** Puderzucker *m*; ~**lamak** *v/t* pudern; ~**lı** gepudert;

pul (Brief-)Marke *f*, (Metall-)Plättchen *n*; *balık*: Schuppe *f*; *tavla*: Stein *m*

pullamak *v/t* frankieren, freimachen; mit Plättchen verzieren

pullu frankiert; ... mit Schuppen *vs.* → *pul*

pulluk (-ğu) Pflug *m*

'**puro** Zigarre *f*

'**pusla** → *pu'sula*[1,2]

puslu trübe; beschlagen, angelaufen

pusu Hinterhalt *m*; ~ **kurmak** (-*e* j-m) auflauern; ~**ya düşmek** in die Falle gehen

pu'sula[1] Kompass *m*; ~**yı şaşırmak** die Fassung verlieren

pu'sula[2] Zettel *m*; Notiz *f*, Vorladung *f*; Rechnung *f*, Quittung *f*

put (-tu) Götze *m*, Götzenbild *n*

putlaştır|ma Kult *m*; Vergötterung *f*; ~**mak** *v/t* vergöttern

püf: ~ **noktası** *mec.* springender Punkt; schwache Stelle

püfür: ~ ~ **esmek** *rüzgâr.* säuseln

püre Püree *n*, Brei *m*

pürüz Unebenheit *f*, Höcker *m*; *mec.* Schwierigkeit *f*, Haken *m*; ~ **çıkmak** *sorun*: auftauchen; ~**lenmek** rau werden (*az. ses*); heiser werden; *mec.* knifflig werden; ~**lü** rau; heiser; *mec.* knifflig; ~**süz** glatt (*az. mec.*)

püskül Troddel *f*, Quaste *f*

püskür|me Besprühen *n*; Zerstäuben *n*; ~**mek** *v/t* zerstäuben; *boya* aufspritzen; F ausspucken; *yanardağ*: auswerfen, ausspeien; ~**teç** (-ci) Zerstäuber *m*; ~**tme** Spritzen *n*; ~**tmek** *gaz* ausstoßen; ausspritzen; *düşman* zurückwerfen; ~**tü** Lava *f*, ~**tülmek** *edil.* → *püskürtmek*

pütür: ~ ~ rau, schwielig (*cilt*)

R

Rab (Rabbi) Herr *m*, Gott *m*

radar Ra'dar *m* (*az. n*); Radarstation *f*; ~ **kontrolü** (-nü) Radarkontrolle *f*

radyasyon Strahlung *f*; Strahlungs...; ~**lu: düşük** ~**lu** strahlungsarm

radyatör Heizkörper *m*; *oto*: Kühler *m*; ~ **suyu** Kühlwasser *n*

'**radyo** Radio *n*; Rundfunk *m*; ~ **dinle-** **mek** Radio hören; ~ **istasyonu** Rundfunkstation *f*; ~**(-nı)** Rundfunksendung *f*; ~**aktif** radioaktiv; ~**aktivite** Radioaktivität *f*; ~**evi** (-ni) Funkhaus *n*; ~**foto** Funkbild *n*; ~**grafi** Röntgenaufnahme *f*; ~**lu saat** Radiowecker *m*; ~**terapi** Strahlentherapie *f*

'radyum Radium *n*

raf Wandbrett *n*; Regal *n*; **~a kaldırmak/koymak** zu den Akten legen, auf die lange Bank schieben

rafadan *yumurta*: weich gekocht

rafine raffiniert; **~ri** Raffinerie *f*

rağbet (-ti) Verlangen *n*; Interesse *n*; Nachfrage *f* (nach *D*); *-e* **~ etmek** Interesse haben (an *D*); **~ görmek** Anklang finden; **~ göstermek** (*-e D*) Interesse zeigen

rağmen (*-e*) trotz (*G*); → **karşın**; obwohl; **buna ~** trotzdem

rahat (-atı) Gemütlichkeit *f*; Ruhe *f*; ruhig; beruhigt; *sandalye*: bequem, gemütlich; *bel*. mühelos; *Ask*. **rahat!** rührt euch!; **~ bırakmamak** j-n nicht in Ruhe lassen; **~ etmek** sich ausruhen; sich behaglich fühlen; **~ olmak** ruhig (*veya* zufrieden) sein; bequem sein; **~ına bakmak** es sich bequem machen; **~ını bozmak** (j-s Ruhe) stören; **~ ~** in aller Ruhe

rahat|lamak sich beruhigen; sich erleichtert fühlen; **~latmak** *v/t* beruhigen (*az*. *trafik*)

rahatsız unruhig; unbequem; unpässlich; **~ edici** störend; **~ etmek** *v/t* stören, belästigen; **~ olmak** unpässlich sein; gestört werden; **~lanmak** erkranken, sich unwohl fühlen; **~lık** (-ğı) Störung *f*; Unruhe *f*; Unwohlsein *n*; *-e* **~lık vermek** stören, belästigen (*A*); *kalp vs*. angreifen

rahibe Nonne *f*

rahim (rahmi) Gebärmutter *f*

rahip (-bi) Mönch *m*

rahmet (-ti) Gnade *f*; **~li** selig; verstorben; **~li olmak** versterben

rakam Ziffer *f*; Zahl *f*; *Hint* **~** arabische Zahl; *Romen* **~** römische Zahl; **~lı** beziffert; **tek ~lı** einstellig

raket Tennisschläger *m*; *az*. → **roket**

rakı Raki *m*, Anisschnaps *m*

rakım Höhe *f* (über dem Meeresspiegel)

rakip (-ibi) Rivale *m*; *Tic*. Konkurrent *m*; konkurrierend; Konkurrenz *f*; **~siz** konkurrenzlos, einzigartig

Ramazan (Fastenmonat *m*) Ramadan; ♀ **Bayramı** Ramadanfest *n*

'rampa¹ Rampe *f*; *Tek*. Krampe *f*

'rampa² Zusammenprall *m*; Entern *n*; *-e* **~ etmek** prallen (auf *A*); entern

randevu Verabredung *f*; **~ almak** sich anmelden; *-e* **~ vermek** j-n bestellen; **~su olmak** e-e Verabredung (*veya* e-n Termin) haben

randıman Leistung *f*; **çalışma ~** Arbeitsleistung *f*; **~lı** produktiv, Gewinn bringend; leistungsfähig

rant (-tı) Rente *f*; **~abilite** Rentabilität *f*; **~abl** rentabel

'ranza Koje *f*; *vagon*: Bett *n*

rapor Bericht *m*; ärztliches Attest; **~ vermek** Bericht erstatten; e-n Bericht geben; **~cu** Berichterstatter(in *f*) *m*; **~lu** krankgeschrieben; für verrückt erklärt; **~tör** Referent(in *f*) *m*

raptiye Reißnagel *m*; **~lemek** (*-i -e*) anklammern (an *A*)

'rasgele Zufalls-; **~ erişimli bellek** (-ği) *Cmp*. Lese-Schreib-Speicher *m*; *az*. → **rast**

'raspa Raspel *f*; F Vielfraß *m*; **~lamak** (ab)schaben, raspeln

rast: *-e* **~ gelmek** j-m begegnen, j-n (zufällig) treffen, *amaç* treffen; (*arama sonrası*) finden; **~ gitmek** gut gehen, in Ordnung gehen (*veya* sein); **~lamak** → **rast gelmek**; **~lantı** Zufall *m*

rasyo|nalizm Rationalismus *m*; **~nel** rationell, wirtschaftlich; *Mat*. rational

raşitizm Rachitis *f*

raunt (-du) *boks*: Runde *f*

ray Gleis *n*; **~(ın)a girmek** *mec*. in Ordnung kommen, sich regeln; **~(ın)dan çıkmak** entgleisen; *mec*. schief gehen; **~ına oturtmak** *mec*. in Ordnung bringen

rayiç (-ci) Marktpreis *m*; Kurs(wert) *m*; *mal*: gefragt; gültig

razı einverstanden; befriedigt; *-i -e* **~ etmek** j-n veranlassen (zu *D*); j-n zufrieden stellen; *-e* **~ olmak/gelmek** einverstanden sein (mit *D*)

re *Müz*. d

reaksiyon Reaktion *f*; **~ kabiliyeti** Reaktionsvermögen *n*

reaktör Re'aktor *m*; **atom ~ü** Atomreaktor *m*

real|ist (-ti) Realist(in *f*) *m*; realistisch; **~ite** Realität *f*, Wirklichkeit *f*; **~izm** Realismus *m*

reasürans Rückversicherung *f*
Recep (-bi) 7. Monat des islamischen Mondkalenders
reçel Konfitüre *f*, Marmelade *f*
re'çete *Tip ve mec.* Rezept *n*; **~ yazmak** ein Rezept ausstellen
re'çine (Baum-)Harz *n*
redaksiyon Redaktion *f*
'reddetmek *v/t* zurückschicken; ablehnen; *iddia* zurückweisen; *kişi: az.* nicht anerkennen
reddi → **ret**
reel *satın alma gücü vs.:* real
refah (-ahı) Wohlstand *m*; Wohlfahrt *f*
refakat (-ti) Begleitung *f* (*az. Müz.*); Eskorte *f*; *-e* **~ etmek** j-n begleiten; *-in* **~inde bulunmak** begleiten (*A*); **~çi** Begleiter(in *f*) *m*
refe'randum Referendum *n*
referans Referenz *f*
reflektör → **yansıtaç**
reform Reform *f*
rehabilitasyon *Tip* Rehabilitation *f*; Umschulung *f*; Umstrukturierung *f*
rehber Führer *m*; Fremdenführer *m*; Nachschlagewerk *n*; Magazin *n*; **telefon ~i** Telefonbuch *n*; *-e* **~lik etmek** (an)leiten, führen (*A*)
rehin Pfand *n*; verpfändet; **~ etmek** als Pfand geben; *-i* **~e koymak/vermek** verpfänden (*A*)
rehine Geisel *f*; **~ alan** Geiselnehmer *m*
reis Oberhaupt *n*; Häuptling *m*; Führer *m*
reji Regie *f*
rejim Regime *n*; Diät *f*; **tam ~** F Höchstleistung *f*; **~ yapmak** Diät halten
rejisör Regisseur *m*; **~lük** (-ğü) Regie *f*, Leitung *f*; **~lük yapmak** Regie führen
rekabet (-ti) Wettstreit *m*; Wettbewerb *m*, Konkurrenz *f*; **~ etmek** wetteifern, konkurrieren (*ile* mit *D*); **~ yapmak** miteinander konkurrieren
reklam [lâ] Reklame *f*, Werbung *f*; **~ ajansı** Werbeagentur *f*; **~cı** Werbefachmann *m*, -frau *f*; Werber(in *f*) *m*; **~cılık** (-ğı) Werbung *f*
re'kolte Ernte(ertrag *m*) *f*
rekor Rekord *m*; Spitzenleistung *f*; **~ kırmak** e-n Rekord brechen; **~ yapmak** e-n Rekord aufstellen

rekortmen Rekordinhaber(in *f*) *m*
rektör Rektor *m*; **~lük** (-ğü) Rektorat *n*
Ren, **~ nehri** Rhein *m*
rençper Landarbeiter(in *f*) *m*
rende Hobel *m*; Reibe *f*; Reibeisen *n*; Geriebenes; **~ peynir** geriebener Käse; **~lemek** glatt hobeln; (zer)reiben
'rengârenk (-gi) bunt, vielfarbig
rengeyiği (-ni) Ren *n*
renk (-gi) Farbe *f*; Färbung *f*; *mec.* Kolorit *n*; **~ ~** kunterbunt; *-e* **~ katmak/vermek** färben (*A*); *mec.* Schwung verleihen (*D*); beleben (*A*); **~ vermemek, rengini belli etmemek** sich nichts anmerken lassen; **rengi atmak/kaçmak** ausbleichen; *mec.* erbleichen, blass werden; **renge dayanıklı** farbecht
renk|gideren Bleichmittel *n*, Entfärbungsmittel *n*; **'~körlüğü** (-nü) Farbenblindheit *f*; **'~körü** farbenblind; **~lendirmek** *v/t* färben *mec.* beleben; **~lenmek** gefärbt werden; *mec.* Schwung bekommen; **~li** farbig; *mec.* schwungvoll; profiliert (*politikacı*); Farb... (*film*); **~li foto(ğraf)** Farbfoto *n*; **~li kalem** Buntstift *m*, Farbstift *m*; **~siz** farblos; bleich
repertuar Repertoire *n*
resepsiyon Empfang *m*; Rezeption *f*
resim (resmi) Bild *n*; Foto *n*, Zeichnen *n*; Malen *n*; Zeichnung *f*, Plan *m*; Feierlichkeit *f*; Abgabe *f*, Steuer *f*; Zeichen *n*; **~ çekmek** fotografieren, ein Foto machen (von *D*); **~ gibi** bildschön; **~ yapmak** zeichnen; malen; **teknik ~** technische Zeichnung; **resmi geçit** Parade *f*, Vorbeimarsch *m*
resim|lemek *v/t* illustrieren, bebildern; **~li** illustriert; **~li kitap** (-bı) Bilderbuch *n*; **~lik** (-ği) Bilderrahmen *m*; Album *n*; **~siz** unbebildert; *mec.* ungezwungen
resital (-li) Solo *n*; (Klavier-)Konzert *n*
'resmen amtlich; förmlich; endgültig
resmi amtlich, offiziell; Amts... (*dil*); förmlich; **~ yapmak** Staatsanzeiger *m*; **~ elbise/giysi** Uniform *f*; Festtagskleidung *f*; **~ nikâh** Zivilttrauung *f*;

~lik (-ği), **~yet** (-ti) Förmlichkeit *f*
resmigeçit (-di) → *resim*
ressam Kunstmaler(in *f*) *m*, Zeichner(in *f*) *m*; **~lık** (-ğı) Malerei *f*
rest (-i) Rest *m*; (Spiel-)Einsatz *m*
restoran Restaurant *n*
restore restauriert; *-i* **~ etmek** restaurieren
ret (reddi) Ablehnung *f*; Veto *n*
re'tina Netzhaut *f*
revaç (-acı): **~ bulmak** sich gut verkaufen; *gnl.* Anklang finden
revani Grießgebäck *n*
reyon Abteilung *f*, *örn.* **ayakkabı ~u** Schuhabteilung *f*
rezalet (-ti) Schande *f*; Skandal *m*; **~ çıkarmak/etmek** e-n Skandal hervorrufen; **~li** schändlich; skandalös
re'zene Fenchel *m*
rezervasyon Reservierung *f*; Buchung *f*; **~u iptal et(tir)mek** die Buchung stornieren (lassen); **~lu** mit Reservierung
rezerve gebucht, reserviert; **~ etmek/ yapmak** buchen
rezil schändlich; *-i* **~ etmek** blamieren, bloßstellen; **~et** (-ti) Schande *f*; Niederträchtigkeit *f*
rezistans *El.* Widerstand *m*
rezonans Resonanz *f*, Widerhall *m*
rıhtım Kai *m*; Anlegestelle *f*
rıza Einverständnis *n*; Wille *m*; *-e* **~ göstermek** einverstanden sein (mit *D*); **~sı olmak** billigen (*A*); **kendi ~sıyla** mit s-m (*veya* ihrem) Einverständnis
rica Bitte *f*; *-e* **~da bulunmak** j-n bitten; *-den* **~ etmek** j-n bitten (*-i* um *A*); **~ ederim!** bitte (sehr)!, keine Ursache!
ring (Box-)Ring *m*
risk (riski) Risiko *n*; **~ sermayesi** Risikokapital *n*; **~li** riskant
rit|im (ritmi) Rhythmus *m*; **~imli** rhythmisch; **~mik** rhythmisch
rivayet (-ti) Gerücht *n*; Bericht *m*; Version *f*; *-i* **~ etmek** berichten (*A*)
ri'ziko Risiko *n*; **~lu** riskant
robot (-tu) Roboter *m*; *mec.* Werkzeug *n*; **mutfak ~u** Küchenmaschine *f*
rodaj *oto.* Einfahren *n*
roket (-ti) Rakete *f*; **~ atmak** Rakete abschießen; **~atar** Panzerfaust *f*

rol (-lü) Rolle *f*; *-de* **~ almak** e-e Rolle übernehmen; *-de* **~ oynamak** *az. mec.* e-e Rolle spielen (in, bei *D*); **~ yapmak** so tun als ob; (**bunda**) **~ü olmak** *mec.* (dabei) e-e Rolle spielen
rom Rum *m*
'Roma Rom *n*; **~ İmparatorluğu** das Römische Reich; **~lı** Römer(in *f*) *m*; römisch
roman Roman *m*; romanisch; **~cı** Romanschriftsteller(in *f*) *m*; **~esk** (-ki) romanhaft; fantasievoll; **~tik** (-ği) romantisch; Romantiker(in *f*) *m*; **~tizm** Romantik *f*
Ro'manya Rumänien
roma'tizma Rheumatismus *m*
Romen → *rakam*
rop (-bu) Robe *f*
'rosto Braten *m*
rot (-tu) Lenkstange *f*
'rota Route *f*, Kurs *m*
rozbif Roastbeef *n*
rozet (-ti) Plakette *f*; *Tek.* Rosette *f*
rö'lanti langsamer Gang; Zeitlupe(ntempo *n*) *f*; **~de durmak/ çalışmak** *motor.* leer laufen; *-i* **~ye almak** leer laufen lassen (*A*)
röle Relais *n*
römork (-ku) Anhänger *m*; Beiwagen *m* (*motosiklette*); **~ör** Schlepper *m*
Rönesans Renaissance *f*
'röntgen Röntgenaufnahme *f*; **~ ışınları** Röntgenstrahlen *m/pl*; **~ci** Röntgenologe *m*; P Spanner *m*
röportaj Reportage *f*; **~cı** Reporter(in *f*) *m*
röprodüksiyon Reproduktion *f*
rötar Verspätung *f*; **trende ~ var** der Zug hat Verspätung; **~lı** verspätet
rötuş Retusche *f*; **~lu** retuschiert
rövanş Revanche *f*; **~ maçı** Revanchespiel *n*, Rückspiel *n*
ruble Rubel *m*
rugan Lack(leder *n*) *m*; **~ ayakkabı** Lackschuh *m*
ruh (ruhu) Seele *f*; Geist *m*; *mec.* Kern *m*; **~ hastası** Geisteskrankheit *f*; **~ hekimliği** Psychiatrie *f*
ruhani seelisch; geistig; geistlich
ruhbilim|i (-ni) Psychologie *f*; **~ci** Psychologe *m*, -in *f*; **~sel** psychologisch
ruhsal seelisch, psychisch; psychologisch

ruhsat (-tı) Genehmigung *f*; *araba ~ı* Fahrzeugschein *m*
ruhsuz kraftlos, leblos
ruj Lippenstift *m*
rulet (-ti) Roulett *n*
'**rulo** Rolle *f*
Rum Grieche *m*, -in *f*; griechisch; '*~ca* (Neu-)Griechisch *n*
rumi griechisch; *~ takvim* Gregorianischer Kalender
Rumen Rumäne *m*, -in *f*; '*~ce* Rumänisch *n*
Rus Russe *m*, -in *f*; russisch; '*~ça* Russisch *n*; '*~ya* Russland
rutubet (-ti) Feuchtigkeit *f*; → *nem*

rüşvet (-ti) Bestechung *f*, Bestechungsgeld *n*, F Schmiergeld *n*; *~ almak* sich bestechen lassen; *-e ~ vermek* j-n bestechen; *~ yemek* → *almak*; F Schmiergelder annehmen; *~çi* korrupt; *~çilik* (-ği) Korruption *f*
rütbe Grad *m*, Rang *m*; → *aşama*; *en yüksek ~li* hochrangiger
rüya Traum *m*; *~ görmek* träumen; *~sında görmek* träumen (von *D*); *~sında görmemek* nicht einmal im Traum daran denken
rüzgâr Wind *m*; *~lı* windig; dem Wind ausgesetzt; *~lık* (-ğı) Windschutz *m*; Windjacke *f*

S

s. *kıs.* = *sayfa* Seite (S)
-sa → *ise*, *-se*
saat (-ti) Stunde *f*; Zeit *f*; Uhr *f*; *~ başı* stündlich; *~ tutmak* die Zeit abstoppen; *~lerce* stundenlang; *çalar ~* Wecker *m*; *kol ~i* Armbanduhr *f*; *kontrol ~i* Kontrolluhr *f*; *kaç?* wie viel Uhr ist es?; *~ kaçta geldi?* um wie viel Uhr ist er gekommen?; *~ bir* es ist ein Uhr; *~ bir buçuk* es ist halb zwei; *~ üç sularında* es ist ungefähr drei Uhr; *~ yarım* 0 Uhr 30, halb eins
saatli: *~ bomba* Zeitbombe *f*; *~ radyo* Radiowecker *m*
sabah Morgen *m*; morgens; Morgen...; *~ saat sekizde* früh um acht; *~a doğru/karşı* gegen Morgen; *bu ~* heute Morgen; *dün ~* gestern Morgen; *yarın ~* morgen früh
sabah|lamak die Nacht über aufbleiben; e-e schlaflose Nacht verbringen; *~ları* morgens; jeden Morgen; *~leyin* morgens
sabahlık (-ğı) Morgenrock *m*; ... für den Morgen, Morgen...
sabıkalı *Huk.* vorbestraft
sabır (sabrı) Geduld *f*; *~lı* geduldig; *~sız* ungeduldig; *~sızlanmak* ungeduldig werden; *~sızlık* (-ğı) Ungeduld *f*

sabit (-ti) fest, stabil; feststehend, erwiesen; *gerçek:* feststehend, erwiesen; *~ disk* Festplatte *f*; *~ fikir* fixe Idee; *~ fiyat* fester Preis; *~ gelir* festes Einkommen; *~ olmak* feststehen, erwiesen sein; *~leşmek* sich festigen, fest werden
sabotaj Sabotage *f*; *~cı* Saboteur *m*
sabote: *~ etmek* sabotieren
'**sabretmek** sich gedulden (*-e* mit *D*); ausdauernd sein
sabun Seife *f*
sac (-cı) Blech *n*
saç (-çı) (Kopf-)Haar *n*, Haare *pl*; *~ modeli* Frisur *f*; *az.* → *sac*
saçlı: *ak ~* weißhaarig
saçma Quatsch *m*; sinnlos
saçmak (-ar) *v/t* zerstreuen; (aus)säen; *kıvılcım* sprühen; *para* F rauswerfen; *koku vs.* verbreiten
saçmalamak Unsinn reden
sadaka Almosen *n*, (eine) kleine Gabe
sadakat (-ti) Treue *f*, Ergebenheit *f*, Loyalität *f*; *~li* treu, ergeben; *~siz* treulos, untreu; *~sizlik* (-ği) Treulosigkeit *f*, Untreue *f*
sade einfach, schlicht; rein (*Türkçe*); *kişi:* treuherzig, naiv, arglos; *bel.* nur, lediglich; von Natur aus (*örn. güzel*); *~ kahve* Kaffee schwarz, ungesüßt

'**sadece** lediglich
sadeleş|mek einfacher werden; **~tirmek** v/t vereinfachen
sadelik (-ği) Einfachheit f; Arglosigkeit f
sa'deyağ Kochbutter f
sadık (-ğı) treu; loyal; *-e* **~ kalmak** treu bleiben (D)
sadi|st (-ti) Sadist(in f) m; **~zm** Sadismus m
saf¹ (-ffi) Reihe f, Ordnung f; **~ ~**, in Reih und Glied; **~ tutmak** sich in Reih und Glied aufstellen
saf² echt, rein; *mec.* naiv
safi rein, unverfälscht; Netto..., Rein...; *bel.* nur, einfach
saflaştırmak reinigen; *Kim.* raffinieren
saflık (-ğı) Reinheit f; Naivität f
safra Galle f; **~ kesesi** Gallenblase f
safran Safran m; Krokus m
sağ¹ recht...; rechts; **~ yap!** rechts (abbiegen)!; **~a** (nach) rechts; **~a kaymak** *Pol.* rechts stehen; **~a sola** hierhin und dahin; **~a sola bakmadan** schnurstracks; **~da** rechts, auf der rechten Seite; **~dan gitmek/yürümek** rechts gehen
sağ² gesund; heil; lebendig; echt, rein; **~ ol!** danke (dir)!; **~ olun** danke (Ihnen)!; **~ salim** heil und gesund
sağanak (-ğı) (Regen-)Schauer m
sağar → **sağmak**
sağcı *Pol.* rechts stehend, Rechte(r m) f; **aşırı ~** rechtsradikal
'**sağduyu** (-nu) gesunder Menschenverstand
'**sağgörü** Scharfsinn m; **~lü** scharfsinnig
sağır taub; **~ dilsiz** taubstumm; **~ etmek** taub machen, betäuben; **~ olmak** taub sein, schwerhörig sein *veya* werden; **~lık** (-ğı) Taubheit f
sağlam (kern)gesund; rüstig; *şey*: stabil, robust, widerstandsfähig; *iş*: sicher; *bina*: solide; *haber, kişi*: zuverlässig; *döviz*: hart, sicher; *bel.* bestimmt, ohne weiteres
sağlamak¹ (*-e -i*) sichern; sicherstellen; verschaffen, liefern (j-m et.); verhelfen (j-m zu D); *örn. başarı* erlangen, sichern (*e d D*)
sağlamak² auf die rechte Seite *veya* nach rechts gehen (*veya* fahren)

sağlam|lamak v/t festigen, konsolidieren; *mec.* Nachdruck verleihen (D), bekräftigen (A); **~laşmak** sich festigen; gesund werden (*vs.* → **sağlam**); **~lık** (-ğı) Festigkeit f; Zuverlässigkeit f
sağla|nmak *edil.* → **sağlamak**; *yardım*: geleistet werden; **~yıcı** sichernd, sicherstellend
sağlı'cakla in aller Ruhe; **~ kalın!** bleiben Sie gesund!
sağlık (-ğı) Gesundheit f; Befinden n; **~ durumu** Gesundheitszustand m; **~ raporu** Gesundheitsattest n; **~ sigortası** Krankenversicherung f; **~ yurdu** Sanatorium n; **~ olsun!** es ist nicht so schlimm!; *-in* **sağlığında** zu Lebzeiten (*G*); **sağlığınıza!** auf Ihr Wohl!
sağlık|lı gesund; **~sız** nicht gesund, leidend; unzuverlässig; unsolide
saha → **alan¹**; Stelle f; Gebiet n (*az. mec.*); *Spo.* Feld n, Fußballplatz m
sahan Pfanne f; **~da yumurta** Spiegelei n
sahi wirklich, tatsächlich; **~ mi?** tatsächlich?
'**sahiden** wirklich
sahil Küste f, Ufer n; **~ koruma** Küstenwache f
sahip (-bi) Herr m; Besitzer m; Inhaber m; Eigentümer m; Beschützer m; Bauherr m; *-e* **~ çıkmak** e-n Anspruch (auf *A*) geltend machen; sich annehmen (*G*); eintreten (für *A*); einspringen (für *A*); **haklarına** geltend machen; *-e* **~ olmak** besitzen (*A*), bekommen (*A*); **arazi sahibi** Grundbesitzer m; **ev sahibi** Hausherr m; **zekâ sahibi** vernünftig, intelligent
sahiplenmek (-i) annehmen (*G*)
sahiplik (-ği) Protektion f; Eigentumsrecht n; **~ etmek** protegieren
sahipsiz verlassen; herrenlos (*köpek*); besitzlos
sahne Bühne f; Szene f, Auftritt m; Akt m; *-e* **~ olmak** Schauplatz (*G*) werden; *-i* **~ye koymak, ~lemek** aufführen, inszenieren; **~lenmek** aufgeführt werden; *mec.* über die Bühne gehen
sahra Wüste f; Feld n; **~ çölü** die Sahara
sahte gefälscht, Falsch..., imitiert;

sahteci 232

~ci Fälscher m; ~cilik (-ği) Fälschung f; **evrakta ~cilik** Urkundenfälschung f; ~kâr → **sahteci**; ~lik (-ği) Verfälschung f; Künstlichkeit f
sair ander...; → **başka**
sakal Bart m; **~ bırakmak**, **~uzatmak** sich den Bart stehen lassen; **~mak** e-n Bart bekommen; **~lı** bärtig; unrasiert; **ak ~lı** weißbärtig; **~sız** bartlos
sakar *mec.* Taps m; unbeholfen, tapsig
sakarin Saccharin n
sakarlık (-ğı) Tollpatschigkeit f
sakaroz Saccharase f, Rohrzucker m
sakat (-tı) Invalide m, -in f, Krüppel m; gebrechlich; Fehler m, Mangel m; *el vs.* verkrüppelt; *şey:* zerbrochen; **ağır ~** Schwerbeschädigte(r); **~lamak** beschädigen; ramponieren; verstümmeln (*az. mec.*); **~lık** (-ğı) körperlicher Fehler; Missbildung f; Verletzung f; Invalidität f; Missgeschick n
sakın ja, nur ...!; vorsichtig; **~ ha!** ja nicht!; sei vorsichtig!
sakınca Vorbehalt m; Einwand m (-in, -de gegen A); *Tıp* Kontraindikation f; **~lı** heikel, bedenklich
sakınmak (-den) sich enthalten (G), meiden (A, örn. günah); sich hüten (vor D); (-i A) schonen
sakız Harz n; Mastix m
sakin ruhig; **~ ~** lautlos; **~lemek** ruhig werden, still werden; **~leşmek** sich beruhigen; *duygu:* vergehen; **~lik** (-ği) innere Ruhe; Gelassenheit f
saklamak (-i) geheim halten, verheimlichen, verbergen; (-i -e) aufbewahren (für j-n); (-i -den) geheim halten (vor j-m); (-den) übrig lassen (von D); *Tanrı:* schützen, bewahren; **Allah saklasın!** bewahre Gott!
saklambaç: **~ oynamak** Verstecken spielen
saklan|ılmak *edil.* → **saklamak**; sich verstecken; **~mak** sich verstecken; sich hüten
saklı aufbewahrt; verborgen, enthalten (-de in D); versteckt; latent; geheim (gehalten); *hak:* vorbehalten
saksı Blumentopf m; **~lık** (-ğı) Übertopf m
saksofon Saxophon n; **~cu** Saxophonist m

Sak'sonya Sachsen
sal Floß n; Fähre f
salak (-ğı) albern, närrisch; idiotisch; **~laşmak** albern sein; **~lık** Albernheit f
salam Salami f (*sucuk*)
sala'mura Lake f; eingelegt, Pökel...
salar → **salmak**
sa'lata Salat m; **domates ~sı** Tomatensalat m; **patates ~sı** Kartoffelsalat m; **yeşil ~** Kopfsalat m, grüner Salat; **~lık** (-ğı) Gurke f; Salat..., ... für Salate
'**salça** Soße f; Tomatenpaste f; **~lı** ... mit Soße
saldırgan aggressiv; angreifend; **~lık** (-ğı) Aggressivität f; Aggression f; Angriff m
saldırı Angriff m; Überfall m; **~ya geçmek** zum Angriff übergehen; **~ya uğramak** e-m Angriff ausgesetzt sein; **~cı** angriffslustig, aggressiv; Aggressor m, Angreifer m
saldırmak *az. Kim.* angreifen (-e A)
salgı Ausscheidung f, Sekretion f; Sekret n; Absonderungs... (*organ*); **~lamak** absondern, ausscheiden
salgın Seuche f, Epidemie f, epidemisch, ansteckend (*hastalık*); Invasion f; Plage f; *mec.* Manie f, Sucht f, Wahn m
salı, **~ günü** Dienstag m; **~ günleri** dienstags
salık (-ğı) Mitteilung f; Information f; Empfehlung f; **-i -e vermek** j-m et. empfehlen
salıncak (-ğı) Schaukel f; Hängematte f; Wiege f
sa'lıvermek *v/t* freilassen; j-n gehen lassen
salim unversehrt, heil; gesund (*az. mec.*); tadellos
salkım (Wein-)Traube f; Dolde f
sallamak *v/t* schaukeln; (*mendil* mit dem Taschentuch) winken; (*bacak* mit den Beinen) schlenkern; *mec. bş* in die Länge ziehen; P j-m e-e runterhauen; **başını ~** mit dem Kopf nicken; **hayır diye başını ~** den Kopf schütteln; **el ~** winken
sallanmak *v/i* schaukeln; *yer:* beben, erschüttert werden; *lamba:* hin- und herpendeln; *kişi:* (herum)bummeln;

sallantı Schaukeln *n*; Pendeln *n*; Bummeln *n*; Wackeln *n*; *mec. ~da bırakmak mec.* in der Schwebe lassen; *~da kalmak* in der Schwebe bleiben

sallapati rücksichtslos; *söz:* unüberlegt

salmak (-ar) (-*i* -e) freilassen, (laufen) lassen (in *A*, nach *D*); j-n loslassen, hetzen (auf *A*); j-m sofort (Nachricht) geben; unverzüglich schicken (an *A*); *korku* verbreiten, säen; *gemi* auslaufen lassen; *mec.* j-n stürzen (in *A*); sich stürzen (*-e* auf *A*)

salon Wohnzimmer *n*; *konferans:* Saal *m*; (Friseur-)Salon *m*; *jimnastik ~u* Turnhalle *f*; *yemek ~u* Speisesaal *m*; *yolcu ~u* Wartesaal *m*

salt (-tı) nur, lediglich; *Kim.* konzentriert; *Fiz.* absolut (*az. Pol. çoğunluk*) **~ okunur bellek** (-ği) *Cmp.* Nur-Lese-Speicher *m* (*ROM*)

saltanat (-tı) Herrschaft *f*; Sultanat *n*; *mec.* Luxusleben *n*, Wohlleben *n*, Pomp *m*; **~ sürmek** herrschen; im Luxus leben

saltçılık (-ğı) (das) Absolute, Bedingungslosigkeit *f*

'**salto** Salto *m*

'**salya** Speichel *m*, F Spucke *f*

salyangoz *Zoo., Anat.* Schnecke *f*

sam Samum *m*, Wüstenwind *m*

saman Stroh *n*; **~ nezlesi** Heuschnupfen *m*

Sa'manyolu (-nu) *Astr.* Milchstraße *f*

samimi herzlich; aufrichtig (*dost*); *bel.* offen, zwanglos (*konuşmak*); **~lik** (-ği), **~yet** (-ti) Herzlichkeit *f*; Zwanglosigkeit *f*; Vertrautheit *f*

samur Zobel *m*; **~ kürk** Zobelpelz *m*

'**samyeli** (-ni) *~ sam*

san Ansehen *n*; Achtung *f*; (Ehren-) Titel *m*

sana dir, zu dir; **~ ne** was geht es dich an?

sanal Schein-; virtuell; *Mat.* imaginär; **~ mekân** Cyberspace *m*

sanat (-tı) Kunst *f*; Schaffen *n*; Handwerk *n*; **~ eseri** Kunstwerk *n*; **~ yapıtı** Kunstwerk *n*; **~çı** Künstler *m*; Schauspieler *m*; **kadın ~çı** Künstlerin *f*; Schauspielerin *f*; **~kâr** → **sanatçı**; **~lı** kunstvoll; meisterhaft

sana'toryum Sanatorium *n*

sanatsal künstlerisch

sanayi (-ii) Industrie *f*; *ağır ~* Schwerindustrie *f*; *~ bakanı* (-nı) Industrieminister *m*; *~ bölgesi* Industriegebiet *n*; *~ odası* Industriekammer *f*; **~ci** Industrielle(r); Industrie-...; industriell; **~leşmek** industrialisiert werden

sancak (-ğı) Fahne *f*, *Ed.* Banner *n*; *Gemi.* Steuerbord *n*

sancı stechender Schmerz, Stechen *n*; Kolik *f*; **doğum ~ları** Geburtswehen *pl*; **~lanmak** stechende Schmerzen haben; **~lı** schmerzhaft; *hasta kişi:* unter Koliken leidend

sandal¹ Sandelbaum *m*

sandal² Ruderboot *n*, Kahn *m*

sandal³, **~et** Sandale *f*, Sandalette *f*

san'dalye Stuhl *m*; Posten *m*, Stellung *f*; **~ kavgası** Bangen *n* um e-n Posten; **tekerlekli ~** Rollstuhl *m*

sandık (-ğı) (Kleider-)Truhe *f*; Kiste *f*; Kasten *m*; *Tic.* Bank *f*, Kasse *f*; **~ odası** (Abstell-)Kammer *f*

sandviç (-ci) belegtes Brötchen, Sandwich *n*

sanı Vermutung *f*, Meinung *f*; *az. →* **kanı**

sanık (-ğı) (-*den*) angeklagt (*G*), verdächtig (*G*); Angeklagte(r *m*) *f*

sanır → **sanmak**

saniye Sekunde *f*; **bir ~!** e-n Augenblick!, F Moment mal!

'**sanki** irgendwie, fast; denn; angenommen, ...; wenn ... nun; (*gnl. ~ gibi*) als ob; **ne demek istiyorsun, ~?** was willst du denn (damit) sagen?; **~ kabahat benimmiş!** angenommen, ich wäre schuldig!, wenn ich nun schuldig wäre; **~ gece olmuş gibi** als ob es (schon) Nacht wäre

san|mak (-ır) *v/t* meinen, glauben; halten (*für A*); **~ırsam** wenn ich mich nicht irre; **hiç ~mıyorum** das glaube ich nicht

sanrı Halluzination *f*, Vision *f*; **~lamak** *v/t* die Vision (*G*) haben

sansasyon Sensation *f*; **~el** sensationell

sansür Zensur *f* (*az. daire*); *-i* **~ etmek**, **~den geçirmek** zensieren (*A*); **~lemek** *v/t* zensieren; **~lü** zensiert

santi... Zenti...
santim Zentimeter *m*; Centime *m*; (der) hundertste Teil
santi'metre Zentimeter *m*
santra F Anstoß *m*; → **başlama vuruşu**
santral (-li) Zentrale *f*; Werk *n*; Fernsprechbeamter, -beamtin *f*; Zentral... (*komite*); **atom ~i** Atomkraftwerk *n*; **elektrik ~i** Elektrizitätswerk *n*; **telefon ~i** Fernsprechamt *n*; Telekom *f*
santrifüj Zentrifuge *f*; Zentrifugal...
sap (-pı) Stängel *m*, Stiel *m*; *bıçak*: Griff *m*; *gözlük*: Bügel *m*; Garbe *f*; (Garn-)Docke *f*
sapa abgelegen
sapar → **sapmak**
sa'pasağlam kerngesund
sapık (-ğı) anomal, pervers; närrisch
sapınç (-cı) Abweichung *f*; Anomalität *f*; *Astr.* Aberration *f*
sapır: ~ ~ massenhaft; wie Espenlaub (*titremek*)
sapıtmak *v/t* sich verirren (*az. mec.*); den Verstand verlieren
sapkı Perversion *f*
sapkın verirrt; anomal; *Jeol.* erratisch
sapla|ma Verkeilung *f*; Stift *m*; **~mak** (*-i -e*) *bıçak* stechen, stoßen (in *A*); bohren (in *A*); durchbohren, niederstechen; **~nmak** (*-e*) dringen (in *A*); stecken bleiben (in *D*); *mec.* sich versteifen (auf *A*)
saplantı fixe Idee
saplı ... mit e-m Griff; steckend (*-e* in *D*)
sap|ma *Fiz.* Abweichung *f*; *ışın*: Brechung *f*; **~mak** (-ar) abbiegen (*-den* von *D*); einbiegen (*-e* in *A*); *mec.* (*yanlış yola*) e-n Irrweg) einschlagen; *mec.* greifen (zu *D*)
'sapsağlam → **sapasağlam**
'sapsarı quittengelb; *mec.* totenblass
sapta|mak *v/t* festsetzen; feststellen, konstatieren; **~nmak** festgestellt werden
sara Epilepsie *f*; **~lı** Epileptiker(in *f*) *m*
sarar → **sarmak**
sararmak vergilben; *mec.* bleich werden
saray Palast *m*; Hof *m*; *pol., Tic. az.* Haus *n*
sar'dalya Sardine *f*; **kutu ~sı** Ölsardine *f*

sardırmak *ettir.* → **sarmak**
sarf Ausgabe *f*; Verwendung *f*; **-i ~ etmek** ausgeben (*A*); *zaman* aufwenden; *sözler* gebrauchen, äußern
sargı Binde *f*, Verband *m*, Bandage *f*; **~lı** *Tıp* verbunden
sarhoş betrunken; *Ed.* trunken, berauscht; **~ olmak** sich betrinken; **~luk** (-ğu) Trunkenheit *f*; Trunksucht *f*
sarı gelb; bleich; blond; rein; Eigelb *n*
sarılı (*-e*) gewickelt (in *A*); ... mit e-r Wicklung; *Tıp* verbunden, bandagiert
sarılık (-ğı) *Tıp* Gelbsucht *f*; gelbe Farbe
sarılmak *edil.* → **sarmak**; (*-e*) umarmen (*A*); greifen (zu *D*); sich festhalten (an *D*); *mec.* sich stürzen (auf *A*)
sarımsak (-ğı) → **sarmısak**
sarım|sı, ~tırak gelblich
sarışın hellblond
sarkar → **sarkmak**
sarkık hängend; Hänge... (*yanak*)
sarkınmak sich (*pencereden* aus dem Fenster) lehnen; sich anklammern (*-e* an *A*)
sarkıntı Belästigung *f*, **~lık** (-ğı) Zudringlichkeit *f*; **-e ~lık etmek** sich heranmachen (an *A*)
sarkmak (-ar) herunterhängen, (heraus)hängen (*-den* aus *D*); hängen (*-e* bis in, an *A*); sich entfernen, gehen (*-e* bis zu *D*); **dışarı ~** sich hinauslehnen
sarmak (-ar) *v/t* binden, legen (um *A*); umzingeln; *ağrı, ateş, ışın*: übergreifen (auf *A*), sich ausbreiten (nach *D*); *iplik* aufwickeln; *ateş, heyecan*: j-n erfassen; *kitabı kâğıda* einschlagen; einpacken; *mec.* aufhalsen (j-m *A*); *bş* j-m zusagen; j-n begeistern; *yara* verbinden; *sigara* drehen; *mec.* j-m lästig fallen
sarmaş: ~ dolaş eng umschlungen; **~ dolaş olmak** sich umarmen; **~mak** *gnl.* sich verschlingen; *mec.* (*ile*) sich *veya* einander umarmen
sarmısak (-ğı) Knoblauch *m*; **~ dişi** Knoblauchzehe *f*
sarnıç (-cı) Zisterne *f*; Süßwassertank *m*
sarp (-pı) steil; schwer zugänglich; *mec.* schwierig, vertrackt; **~ yamaç** Steilhang *m*

sarp|laşmak v/i steil ansteigen; *mec.* verzwickt werden; **~lık** (-ğı) Steilheit f

sarraf Goldhändler m

sarsılmak erschüttert werden; wanken, schwanken; → **sarsmak**

sars|ım Erschütterung f; *Astr.* Perturbation f; **~ıntı** Erschütterung f (*az. mec.*); **yer ~ıntısı** Erdstöße m/pl; **~ıntılı** stürmisch; *mec.* brüchig, erschüttert; **~mak** (-ar) v/t erschüttern (*az. mec.*); j-n durchrütteln

satar → **satmak**

sataşmak (-e) j-n belästigen, stören; j-n bedrängen

saten *kumaş*: Satin m

satıcı Verkäufer m; **~cı kız** Verkäuferin f

satılık (-ğı) verkäuflich, ... zu verkaufen; **-i satılığa çıkarmak** zum Verkauf anbieten (*A*)

satılmak *edil.* → **satmak**; *mec.* sich verkaufen (*-e an A*)

satılmış verkauft (*az. mec.*)

satım Verkauf m; **alım ~** Handel und Wandel m

satın: ~ alıcı Käufer(in f) m; **~ almak** kaufen (*az. mec.*)

satınalma Kaufen n; **~ gücü** Kaufkraft f

satır[1] Zeile f; Strich m; **~ başı** Absatz m

satır[2] Hackmesser n

satış Verkauf m, Absatz m; **indirimli ~** Sonderangebot n; **~ noktası** Verkaufsstelle f

satmak (-ar) verkaufen (*-i -e* j-m et.); F (*-i* j-m) entwischen; *mec.* verkaufen, verraten; spielen: *örn.* **bilgi ~** den Gelehrten *veya* Kenner spielen; **damping fiyatına ~** zu Dumpingpreisen verkaufen; **el altından ~** unter der Hand verkaufen; **satıp savmak** (alles) zu Geld machen

satranç (-cı) Schachspiel n; **~ ~ schachbrettartig; kariert; ~ tahtası** Schachbrett n; **~ taşı** Schachfigur f; **~lı** kariert

Satürn Saturn m

sav Behauptung f; These f

savar → **savmak**

savaş Krieg m; Kampf m; **-e ~ açmak** *veya* **ilan etmek** den Krieg erklären (*D*); **~ uçağı** Kampfflugzeug n; **~ yürütmek** Krieg führen; **atom ~** Atomkrieg m; **dünya ~** Weltkrieg m; **~a girişmek** in den Krieg eintreten

savaşçı Kämpfer m; kämpfend

savaşım: ~ vermek kämpfen

savaşkan kämpferisch; Kämpfer(in f) m

savaşmak kämpfen; alles daransetzen (*-meye zu ...*)

savcı Staatsanwalt m (-anwältin f); **~lık** (-ğı) Staatsanwaltschaft f

savmak (-ar) v/t vejagen; j-n entlassen; *hastalık* durchmachen; (*-e*) dringen (in *A*); v/i ausdienen, seine Schuldigkeit tun; verblühen

savruk (-ğu) zerstreut, fahrig

savrulmak zerstieben; zerstäuben

savsak (-ğı) schlampig; fahrlässig; **~lamak** v/t hinziehen, hinauszögern, verschleppen

savulmak Platz machen; **savul(un)!** mach (machen Sie) Platz!

savunma Verteidigung f; **~ bakanı** Verteidigungsminister m

savunmak (-ı) v/t verteidigen

savunma|lık (-ğı) Verteidigungs..., Defensiv...; **~sız** schutzlos

savunulma Verteidigung f

savurgan verschwenderisch; Verschwender(in f) m

savurmak v/t *para* verschleudern; *duman* blasen (*-e* in *A*); *toz* aufwirbeln; *mec.* sich ergehen (in *D*); *küfür* ausstoßen

savurtmak (*elleri* mit den Händen) fuchteln

savuşmak v/i davonschleichen; F sich verdünnisieren

savuşturmak v/t durchmachen, erleben; *kaza* erleiden

sayaç (-cı) *El., gaz:* Zähler m

saydam (*az. mec.*) durchsichtig; *mec.* einleuchtend; **~ tabaka** *Anat.* Hornhaut f; **~laşmak** durchsichtig werden; *mec.* einleuchten; **~lık** (-ğı) Durchsichtigkeit f

saydırmak (*-i -e* j-n et.) zählen lassen; sich (durch j-n) beurteilen lassen

saye: ~sinde dank (*D*); durch (*A*); dadurch, dass ...; **~nizde** durch Sie, durch Ihre Hilfe; **bu ~de** dadurch, hierdurch

sayfa *kitap*: Seite f; **~lama** Paginierung f

sayfiye Landhaus *n*, Sommerhaus *n*; → *yazlık*

saygı Achtung *f* (*-e* vor *D*); Respekt *m*; *-e* ~ **beslemek** Achtung entgegenbringen (*D*); **~yla** *bel.* höflich; **~larımla** mit freundlichen Grüßen; **derin ~larımla** mit vorzüglicher Hochachtung

saygı|değer schätzenswert; **~lı** geachtet; geehrt; korrekt (*davranmak* sich benehmen); ehrerbietig, höflich; *-e* **~lı olmak** j-n achten, respektieren

saygın geachtet, angesehen

sayı Zahl *f, dergi:* Nummer *f, Spo.* Punkt *m*; **~ca** zahlenmäßig

sayıklamak fantasieren; *mec.* träumen (*-i* von *D*)

sayıla|stırıcı *Cmp.* Digitalisierer *m*; **~ma** Statistik *f*; Berechnung *f*; **~mak** statistisch erfassen

sayılı ... mit der Nummer ...; gezählt, wenig; selten, rar

sayılmak *edil.* → *saymak*; (*-den*) zählen (zu *D*); gehalten werden (für j-n), gelten (als ...)

sayım Zählung *f*; Kontrolle *f*; **~bilimi** Statistik *f*; **~lama** Statistik *f*; **~lamacı** Statistiker(in *f*) *m*; **~sal** statistisch

sayın geehrt; **~ Bay** sehr geehrter Herr ...; **~ Profesör** Herr Professor!; **~ yolcular** verehrte Fahrgäste!

sayı|sal numerisch, digital; Zahlen..., zahlenmäßig; **~sız** zahllos; zahlreich

sayış Aufzählung *f*

Sayıştay Rechnungshof *m*

saymaca Nominal...

saymak (*-ar*) *v/t* aufzählen, nennen; (*1'den 10'a kadar* von eins bis zehn) zählen; j-n achten, schätzen; et. berücksichtigen; Bedeutung beimessen (*D*); annehmen, damit rechnen (dass ...); j-n halten (*-den, -e* für *A*); bar zahlen; *paranızın üstünü sayın* zählen Sie Ihr Wechselgeld nach!

sayman Buchhalter(in *f*) *m*; Kassenwart(in *f*) *m*

saz¹ Rohr *n*, Schilf *n*; Schilf...

saz² Langhalslaute *f*; **~ takımı** Saz-Orchester *n*

sazan Karpfen *m*

-se wenn: *çalışırsa* wenn er arbeitet; *eve gitsek ...* wenn wir nach Hause gingen (F gehen würden)

seans Sitzung *f Psi.*; *Tiy. vs.* Vorstellung *f*

sebat (*-tı*) Ausdauer *f*, Beharrlichkeit *f*; *-de* ~ **etmek/göstermek** sehr beharrlich sein (in *D*)

sebep (*-bi*) Ursache *f*; → *neden*; Grund *m*; *... sebebiyle* wegen (*G*), infolge (*G*), aufgrund (*G*); *-e* ~ **olmak** verursachen (*A*); *bu* ~ **le** infolgedessen, aus diesem Grunde

sebep|li begründet, motiviert; **~siz** grundlos, unbegründet

sebze Gemüse *n*

seçenek (*-ği*) alternativ; Alternative *f*, Option *f*; Auswahl *f*

seçer → *seçmek*

seçici Wahlmann *m*; auswählend; **~ciler kurulu** Jury *f*, Prüfungsausschuss *m*

seçilmiş ausgewählt; *mallar:* ausgesucht

seçim *Pol.* Wahl *f*; Auswahl *f*; *Biyo.* Selektion *f*, Auslese *f*; **~ çevresi** Wahlbezirk *m*; **~ hakkı** Wahlrecht *n*; **~ yapmak** wählen; **~li** *Cmp.* optional

seçkin ausgewählt, best...; *kişi:* hervorragend; **~ler** (die) Prominente(n), Elite *f*; **~leşmek** prominent werden

seçme ausgewählt (*eserler*); (Zeitungs-)Auszug *m*; **~ hakkı** *Tic.* Optionsrecht *n*; **~ ve seçilme hakkı** aktives und passives Wahlrecht

seçmek (*-er*) wählen (*-e* in *A*); auswählen; sich et. aussuchen; erkennen, entziffern, ausmachen; wählerisch sein (in *D*)

seç|meli fakultativ (*ders*); frei in der Wahl; **~men** Wähler(in *f*) *m*; **~tirmek** (*-i -e*) j-n durch *A*) wählen lassen

sedef Perlmutter *n*; **~ hastalığı** Schuppenflechte *f*

sedir (mit Polsterkissen belegte) Bank, *etwa:* Sofa *n* (ohne Lehne)

¹**sedye** Krankenbahre *f*

sefalet Elend *n*, Misere *f*; **~ çekmek** im Elend leben

sefaret (*-ti*), **~hane** → *elçilik*

sefer Reise *f*, → *yolculuk*; Feldzug *m*; Mal *n*; *bu* ~ diesmal

seferber mobil gemacht; *-i* ~ **etmek** mobil machen; **~lik** (*-ği*) Mobilmachung *f*

sefil erbärmlich, heruntergekommen

sefir (-iri) → *elçi*
seher Morgenröte *f*
sehpa Dreifuß *m*; Gestell *n*; *Fot.*: Stativ *n*; Staffelei *f*
sek *şarap*: herb, trocken; *bel.* unverdünnt
seker → *sekmek*
sekiz acht; Acht *f*; **~de bir** ein Achtel; **~er** je acht, in Gruppen zu acht; **~gen** Achteck *n*; **~inci** achte(r); **~li** ... aus acht Teilen; achtjährig; *iskambil:* Acht *f*
sekreter Sekretär(in *f*) *m*; Schreibkraft *f*; **~lik** (-ği) Sekretariat *n*
seks Sex *m*
seksen achtzig; Achtzig *f*; **~er** je achtzig; **~lik** achtzigjährig
seksüel sexuell
sekte Stillstand *m*, Stagnation *f*; *Tıp* (Gehirn-)Schlag *m*; *kalp* **~si** Herzinfarkt *m*
sektirme|k hüpfen *veya* springen lassen; **-i ~mek** *mec.* unentwegt bleiben (bei *D*); **gün '~den** ohne e-n Tag zu überspringen
sektör Sektor *m*
sel Sturzbach *m*; (Menschen-)Strom *m*; **~baskını** Überschwemmung *f*
selam [lâ] Gruß *m*; **~ almak** den Gruß erwidern; *-e* **~ etmek** j-n grüßen (lassen); *-e -den* **~ söylemek/yollamak** j-n grüßen (von j-m); *-e* **~ vermek** j-n grüßen; *-in* **sizlere çok ~ları var** auch ... lässt euch vielmals grüßen
selamet [lâ] (-ti) Wohlbefinden *n*; Geborgenheit *f*; Sicherheit *f*; **~e çıkmak** davonkommen, gerettet werden
selam|lamak [lâ] *v/t* begrüßen; *uzaktan* grüßen; **~laşmak** sich begrüßen
selamüna'leyküm [lâ] Friede sei mit euch!
selef Vorgänger(in *f*) *m*; → *öncel*
selektör *oto:* Abblendvorrichtung *f*
selen Selen *n*
'**selfservis** Selbstbedienung *f*
selim *Tıp* gutartig, ungefährlich
selo|fan Zellophan *n*; Frischhaltefolie *f*; **~teyp** Klebeband *n*
selü|loit (-di) Zelluloid *n*; **~loz** Zellulose *f*
selvi Zypresse *f*
semaver Samowar *m*
sembol (-lü) Symbol *n*; **~ik** symbolisch; *az.* → *simge*
semer Tragsattel *m*; Rückenschurz *m* (für Traglasten)
semere Frucht *f* (*az. mec.*); **~li** fruchtbringend
seminer *gnl.* Seminar *n*
semir|mek fett werden; **~tmek** *v/i* mästen; dick machen
semiz fett; gemästet; **~lemek** → *semirmek*; **~lik** (-ği) Verfettung *f*; Korpulenz *f*
sempati Sympathie *f*; *-e karşı* **~ beslemek/duymak** (eine) Sympathie haben *veya* hegen (für *A*)
sempatik sympathisch; freundlich
sempatizan *Pol.* Sympathisant *m*; sympathisierend
sem'pozyum Symposium *n*
semt (-ti) Richtung *f*; Gegend *f*, Bezirk *m*
sen du; **~ bilirsin** das musst du wissen; **~i** (*gidi*) **~i** du Nichtsnutz, du Lausbub!
se'naryo *Tiy. vs.* Drehbuch *n*; **~cu** Drehbuchautor *m*
se'nato Senat *m*
senatör Senator *m*
'**sence** nach deiner Ansicht
sende in dir, bei dir
sendelemek stolpern; taumeln
senden von dir, aus dir
sen'dika Gewerkschaft *f*, **~cı** Gewerkschaft(l)er(in *f*) *m*; **~laşmak** gewerkschaftlich organisieren; **~lı** gewerkschaftlich organisiert; **~sız** nicht gewerkschaftlich organisiert
sendrom Syndrom *n*
sene Jahr *n*; → *yıl*; **~'lerce** jahrelang; **~ye** im kommenden Jahr
senelik (-ği) *bilanço:* Jahres...; *iki* **~** zweijährig
senet (-di) Schuldschein *m*; Wechsel *m*; Urkunde *f*; Bescheinigung *f*; Nachweis *m*; *-e* **~ vermek** j-m e-e Bescheinigung *veya* e-n Beleg geben; sich verbürgen (*-e* für *A*), j-m garantieren (*A*); **~li** beurkundet, belegt, nachgewiesen; **~siz** nicht nachgewiesen, nicht belegt
senfoni Sinfonie *f*; **~k** (-ği) sinfonisch
seni dich; **~ kurnaz** du Schlaumeier!
senin deiner (*G*), dein; **~ için** für dich; *bu* **~dir** das gehört dir, das ist deins; **~ki** (das) deinige

senkron synchron; ~izasyon Synchronisierung f
sen'libenli sehr zwanglos; sehr vertraut
sentetik (-ği) synthetisch
sentez Synthese f; → *bireşim*
sepet (-ti) Korb m; Korbvoll m; Korb...; *kâğıt ~i* Papierkorb m; ~**lemek** v/t in den Korb tun; F j-n abwimmeln
septik (-ki) *Tıp* septisch
'**sera** Treibhaus n
seramik (-ği) Keramik f
serap (-abı) Fata Morgana f
serbest (-ti) frei; → *özgür*; Frei... (*ticaret*); unabhängig (*parti*); -i ~ *bırakmak* freilassen (*A*); ~ *meslek* freier Beruf; '~**çe** *bel.* frei, ungehindert; ~**lik** (-ği) Freiheit f; Ungezwungenheit f
serçe Sperling m, Spatz m; ~**parmak** (-ğı) kleiner Finger; kleiner Zeh
seremoni Zeremonie f
serenat (-dı) Serenade f
serer → *sermek*
sergi *satış:* Auslage f; (Verkaufs-)Stand m; Ausstellung f; ~**ci** Aussteller m; ~**evi** Ausstellungshalle f; Galerie f; ~**lemek** v/t ausstellen; *mec.* darlegen
seri¹ Serie f; Serien...; *numara:* laufend
seri² schnell; Schnell... (*ateş*)
serin kühl, frisch; ~**kanlı** kaltblütig; ~**lemek** kühl (*az.* frisch) werden; auffrischen; sich erleichtert fühlen; ~**lenmek** sich erfrischen; ~**leşmek** kühl(er) werden; ~**letici** erfrischend; ~**letmek** (ab)kühlen; ~**lik** (-ği) Kühle f
sermaye Kapital n; Vermögen n; → *anamal;* Gesprächsstoff m; Freudenmädchen n; ~**dar** Kapitalinhaber m
sermek (-er) (-i -e) ausbreiten; aufhängen; *-i yere* ~ j-n niederstrecken
serpelemek *yağmur:* nieseln
serper → *serpmek*
serpilmek *edil.* → *serpmek*
serpinti Sprühregen m; *su:* Spritzer m; *kar.* Flocke f; Überreste m/pl
serpiştirmek (-i -e) besprühen (*A*), bespritzen (*A*); *yağmur:* nieseln
serpmek (-er) (-i -e) (hin)streuen

(j-m *A*); besprengen; *konfeti* (aus-)streuen; sprühen (auf, in *A*)
'**sersefil** bettelarm
sersem betäubt (*-den* von *D*); benommen; zerfahren, F schusselig, fahrig; ~**lemek**, ~**leşmek** betäubt *veya* benommen sein; ~**letici** betäubend; ~**letmek** v/t betäuben, benommen machen; ~**lik** (-ği) Benommenheit f, Betäubung f; Zerstreutheit f
serseri Vagabund m; Penner m; verirrt (*kurşun*); Treib... (*mayın*); ~**lik etmek** vagabundieren
sert (-ti) hart; *yanıt:* barsch; *et:* zäh; *deniz, iklim:* rau; *kişi:* streng; *Pol.* gespannt (*atmosfer*); herb; stark
sertelmek sich verhärten; *mec. çehre:* sich verfinstern
serti'fika Zeugnis n; Studienbescheinigung f
sert‖**lenmek** sich verhärten; streng werden; ~**leşmek** *Tek.* hart werden, binden; *iklim:* rau werden; *mec.* gespannter werden, sich zuspitzen; ~**leştirmek** v/t härten; verschärfen; (*sesini* die Stimme) heben; ~**lik** (-ği) Härte f; Strenge f; Schärfe f
serum Serum n
serüven Abenteuer n; ~**ci** Abenteurer(in f) m; ~**li** abenteuerlich
servet (-ti) Reichtum m; Vermögen n; ~ *biriktirimi* Vermögensbildung f; ~**li** vermögend; ~**siz** unvermögend
servi Zypresse f
servis (Kunden-)Dienst m; (Ess-)Service n, Set n; *lokanta:* Bedienung f; *otel:* Schicht f; *resmi daire:* Abteilung f; *otobüs:* Verkehr m; *Spo.* Aufschlag m, Angabe f; ~ *yapmak* bedienen (*yemekte*)
ses Stimme f (*az. Pol.*); Klang m, Ton m; *Fiz.* Schall m; ~ *çıkarmak* ein Geräusch machen; *mec.* F (dagegen) meckern; *-e* ~ *çıkarmamak* sich nicht äußern (zu *D*); ~**duvarı** Schallmauer f; ~ *etmek* rufen; schreien; ~ *geçirmez* schalldicht; ~ *telleri Anat.* Stimmlippen f/pl (*eskiden az.* Stimmbänder); ~**i(ni) kesmek** j-n zum Schweigen bringen; verstummen
ses‖**lenmek** (-*e*) rufen; appellieren (an *A*); j-n anreden; j-m zurufen; ~**li**

laut; mit e-r ... Stimme; Laut...; Ton... (*film*); **'~ötesi** Ultraschall *m*

sessiz stumm; lautlos, leise; schweigsam; ruhig, verschlossen, still; **~ (olun)!** Ruhe!; **~leşmek** stumm werden *vs.* → **sessiz**; **~lik** (-ği) Stummheit *f*; Stille *f*; *ölüm* **~liği** Totenstille *f*

set (-ti) Damm *m*; Deich *m*; Sperre *f*; Wall *m*; Barriere *f*; *Jeol.* Terrasse *f*; *tenis:* Satz *m*; **~ çekmek/etmek** e-e Sperre errichten; eindämmen

sevda Liebe *f*, Leidenschaft *f*; brennender Wunsch; Vorhaben *n*; *-e* **çekmek** leidenschaftlich verliebt sein (in *A*); **~lı** verliebt (in *A*); erpicht (auf *A*)

sevdirmek (*-i -e*) j-m et. nahe bringen

seve: ~ ~ sehr gern

sevecen zärtlich; **~lik** (-ği) Zärtlichkeit *f*

-sever liebend, Liebhaber *m*, Freund *m* (von ...); *az.* → **sevmek**

sevgi Liebe *f* (zu *D*); *-e* (**karşı**) **~ beslemek** j-m Liebe entgegenbringen; **~li** Geliebte(r *m*) *f*; *gnl. ve mektupta:* liebe(r, -s)

sevi Liebesleidenschaft *f*

sevici Lesbierin *f*

sevil|en beliebt; **~mek** geliebt werden

sevim|li nett, lieb, freundlich; **~lilik** (-ği) Freundlichkeit *f*, Nettigkeit *f*; **~siz** unfreundlich; unangenehm (*-e* j-m); **~sizlik** (-ği) Unfreundlichkeit *f*; Unannehmlichkeit *f*

sevinç (-ci) Freude *f*; **~le** gern; **~li** erfreulich

sevindir|ici erfreulich; **~mek** *v/t* erfreuen

sevinmek sich freuen (*-e* über *A*)

sevişmek (*ile*) sich lieben (*az. bedensel*)

seviye Niveau *n*; *az.* → **düzey**; *mec.* Stand *m*; *Pol.* Ebene *f*

sevk (-ki) Entsendung *f*; Lieferung *f*; Abtransport *m*; Sendung *f*; Heranrücken *n*; *-i* **~ etmek** schicken, transportieren; (*-e*) führen (zu *D*); *mec.* bringen, veranlassen (zu *D*)

sevmek (-er) *v/t* lieben; mögen; gern tun; j-n streicheln; *Bot.* bevorzugen; *az.* → **seve**

seyahat (-ati) *v/t* Reise *f*; → **gezi**, **yol**culuk; **~ acentası** Reisebüro *n*; **~e çıkmak** verreisen

seyir (seyri) *hastalık:* Verlauf *m*; *Gemi.* (in) Fahrt *f* (befindlich); **~ci** Zuschauer(in *f*) *m*; *Tiy. az.* Besucher(in *f*) *m*; *-e* **~ci kalmak** untätig zusehen (bei *D*)

seyredilme: ~ oranı *TV* Einschaltquote *f*

seyrek (-ği) weitläufig; *dokuma:* lose, weitmaschig; *saç:* schütter, spärlich; *orman:* licht; *dişler:* weit auseinander stehend; *zamansal:* selten; **~leşmek** sich verringern; *kalabalık:* sich verlaufen; auseinander gehen

seyretmek *v/t* betrachten, sich ansehen; *v/i Gemi.* abfahren, absegeln; *televizyon* **~** fernsehen

seyyar: ~ satıcı ambulanter Händler

sezaryen *Tıp* Kaiserschnitt *m*

sez|dirmek (-*i* -e) j-m et. andeuten; zu verstehen geben; **~er** → **sezmek**; **~gi** Vorgefühl *n*; Intuition *f*; *Psi.* Wahrnehmung *f*; **~ilmek** *edil.* → **sezmek**; **~inlemek** *v/i* ahnen, fühlen, spüren; **~mek** (-er) (-*i*) ahnen, spüren (*A*)

sezon Saison *f*

'sezyum Cäsium *n*

sıca|cık mollig (warm); **~k** (-ği) heiß (*az. mec.*); warm; freundlich, herzlich; Hitze *f*; **~ğı ~ğına** unverzüglich

'sıcak|kanlı *Zoo.* warmblütig; *mec.* warmherzig, sympathisch

sıcaklaş'mak heiß *veya* warm werden; **~'lık** (-ği) Hitze *f*; Wärme *f*; Temperatur *f*; *mec.* Liebe *f*, Herzlichkeit *f*

sıçan Ratte *f*

sıçmak (-ar) V scheißen; *mec.* (alles) versauen, Mist machen

sıçra|ma Sprung *m*; Schub *m*; Etappe *f*; **~ma tahtası** Sprungbrett *n*; **~mak** (*-e*) *v/i* springen (auf, in *A*); *mec.* auffahren, aufschrecken; *pislik:* spritzen; *ateş, kıvılcım:* überspringen (auf *A*)

sıfat (-tı) Eigenschaft *f*; (das) Äußere, Aussehen *n*; Physiognomie *f*; *Gr.* Adjektiv *n*; **başkan ~yla** in s-r Eigenschaft als Minister

sıfır Null *f*; null, wertlos; *Spo.* **dört ~** vier zu null; **~ın altında** (**üstünde**) **... derece** ... Grad unter (über) Null

sığ (-ğı) seicht; untiefe Stelle

sığar → **sığmak**
sığdır|mak (-i -e) et. verstauen (in D), pressen (in A); **içine ~amamak** v/t nicht vertragen (F verdauen) können
sığınak (-ğı) az. mec. Zuflucht(sort m) f; Ask. Bunker m
sığın|ma Zuflucht f; Asyl n; az. → **iltica**; **~ma hakkı** Asylrecht n; **~macı** Asylsuchende(r m) f, Asylant(in f) m; **~mak** (-e) Zuflucht suchen (in, bei D); sich retten (in, unter A); Asyl suchen (in D); mec. Hilfe suchen (bei, in D)
sığır Rind n; **~ eti** Rindfleisch n
sığ|mak (-ar) (-e) hineingehen, Platz finden; mec. passen (zu D); **içi içine ~mamak** außer sich sein (vor D)
sıhhat (-ti) Gesundheit f; → **sağlık**; Genauigkeit f; **~li** → **sağlıklı, esen**
sıhhi hygienisch, sanitär; Gesundheits... (durum); medizinisch (yardım); **~ye** Gesundheitswesen n; Sanitär...; **~yeci** Sanitäter m; Beamter m, -in f im Gesundheitswesen
sık dicht; eng aneinander stehend; bel. oft, häufig; **~ ~** sehr oft
sıkaca|k (-ğı) Presse f; **limon ~ğı** Zitronenpresse f
sıkar → **sıkmak**
'sıkça ziemlich oft, häufiger
sıkı eng (az. mec.); fest verschnürt; streng (perhiz, kontrol); schwer (dönem); scharf (rüzgâr); bel. fest; ordentlich; mec. kişi: kleinlich; **~ basmak** v/i sicher auftreten, sich durchsetzen; **~ durmak** mec. festbleiben, die Ohren steif halten; **~ fıkı** vertraut, intim; **~ ~ya** fest (verschlossen); nachdrücklich; **-i ~ tutmak** mec. fest im Auge behalten; mec. festhalten
sıkıcı langweilig, ermüdend
sı'kı|denetim Zensur f; **~düzen** Disziplin f
sıkılgan verlegen, schüchtern
sıkılık (-ğı) Kleinlichkeit f; Enge f
sıkılma Verlegenheit f, Schüchternheit f; Enge f
sıkıl|mak edil. → **sıkmak**; sich langweilen, bedrückt sein (-den durch A); sich genieren; verlegen werden; in (finanziellen) Schwierigkeiten sein; **~maz** ungeniert
sıkıntı Langeweile f; Unbehagen n; Bedrückung f; Strapaze f; Bedrängnis f, Geldnot f, Entbehrungen f/pl; Mangel m; (böse) Vorahnung; **~ basmak** bedrückt veya niedergeschlagen sein; **~ çekmek** Strapazen durchmachen; Not leiden; **-e ~ vermek** j-n bedrücken; langweilen; verdrießen; **~da olmak** in Bedrängnis sein, in Not sein; **~sı olmak** Schwierigkeiten haben; **~ya düşmek** in Not geraten; **~lı** bedrückt, sorgenvoll; bedrückend (durum); langweilig; hava: schwül; **~sız** sorgenlos
sıkışık (-ğı) (zusammen)gedrängt (örn. oturmak); heikel; verstopft; **~ hallerde** in dringenden Fällen az. → **acil**; **~lık** (-ğı) Gedränge n; trafik: Stau m; Verstopfung f
sıkış|mak sich drängen, gedrängt sein; sich (parmağını) den Finger klemmen, quetschen (-e in D); mec. schlecht bei Kasse sein; in Bedrängnis sein; Beklemmungen haben (göğüste); Stuhldrang haben
sıkıştır|mak (-i) stopfen, quetschen (-e in A); Tek. komprimieren; abdichten; pressen; sich klemmen vs. → **sıkışmak**; (-e j-m) et. in die Hand drücken; mec. j-n in die Enge treiben; **~ılmış** komprimiert
sıkıyönetim Notstand(sregierung f) m
sıklaş|mak aneinander rücken; häufiger werden; **~tırmak** v/t veya wiederholen; näher aneinander stellen; beschleunigen
siklet (-ti) Gewicht n; → **ağırlık**; **sıkıntı; ağır ~** Spo. Schwergewicht n; **orta ~** Mittelgewicht n; **sinek ~** Federgewicht n
sıkmak (-ar) (-i) pressen, zusammendrücken (A); (elini j-m die Hand) drücken; meyve auspressen; drücken (auf A); çamaşır auswringen; su spritzen (-e auf A); kurşun abfeuern; mec. j-n drangsalieren, piesacken, F j-n verdrießen
'sımsıkı sehr dicht; fest; (pflück)reif
sınai industriell; Industrie...; kunstgewerblich
sına|mak v/t prüfen; probieren, versuchen; **~r** → **sınamak**
sınav Prüfung f, Test m; Examen n; **~ kazanmak** die Prüfung bestehen; **giriş ~ı** Aufnahmeprüfung f

sınıf Klasse *f*; Zunft *f*; **birinci ~** erstklassig; **işçi ~ı** Arbeiterklasse *f*; **~ arkadaşı** Klassenkamerad(in *f*) *m*; **~ defteri** Klassenbuch *n*; **~ farkı** Klassenunterschied *m*; **~ta kalmak** nicht versetzt werden, sitzen bleiben

sınıf|lamak *v/t* klassifizieren; **~landırılma** Klassifizierung *f* **~landırmak** *v/t* klassifizieren; **~lık** Klassen...; **sekiz ~lık** achtklassig (*okul*); **~sal** Klassen...; **~sız** klassenlos

sınır Grenze *f* (*az. mec.*); **~ çekmek/çizmek** e-e Grenze ziehen; *mec.* e-e Grenze setzen (-*e D*); **~ dışı edilme** Ausweisung *f*, -*i* **~ dışı etmek** j-n ausweisen; **~daş** angrenzend; Grenzbewohner(in *f*) *m*; Anrainer *m*; **~lamak** *v/t gnl.* bestimmen, definieren; **~landırmak** *v/t* begrenzen; **~lı** begrenzt; mit e-r Grenze; **~sız** ohne Grenze; *mec.* grenzenlos; *Mat.* unendlich

sır[1] (sırrı) Geheimnis *n*; **~ küpü** verschwiegener Mensch; **~ tutmak** (es) geheim halten; **~ sızdırmak/vermek** ein Geheimnis preisgeben, ausplaudern; **meslek ~rı** Berufsgeheimnis *n*

sır[2] Glasur *f*; Email *n*

sıra Reihe *f*; Ordnung *f*; Anordnung *f*; Reihenfolge *f*; Gelegenheit *f*, Moment *m*; (Holz-)Bank *f*, Schulbank *f*; **~ beklemek** Schlange stehen; **~ ev** Reihenhaus *n*; **~ ile** der Reihe nach; **~ malı** Ramschware *f*; **~ numarası** laufende Nummer; **~ ~** in Reihen, reihenweise; **~sı düşünce** bei passender Gelegenheit; **~sı gelmek** (-*e*) an der Reihe sein; **~sı gelmişken** bei dieser Gelegenheit, in diesem Zusammenhang; **~sına göre** je nachdem (wie); **~sında** zu gegebener Zeit; *ilg.* bei (*D*), während (*G*); **o ~(lar)da** damals; **yanı ~** in e-r Reihe, nebeneinander; **~sıyla** der Reihe nach; **şimdi ~ bende/benim** jetzt bin ich an der Reihe; **kimin ~sı, kimin?** wer ist an der Reihe (*veya F* dran)?; **-*i* ~*ya* koymak** einreihen (*A*); in Ordnung bringen, durchführen; *bağl. -diği* **~*da*** als; kaum ..., da: **bunu işittiğim ~da** als ich das hörte; **arabaya bineceği ~da** kaum wollte er in den Wagen steigen, da

sıradağ Gebirgskette *f*

sı|radan gewöhnlich, durchschnittlich; **~'radışı** ungewöhnlich, exklusiv

sıra|lamak *evrak* ordnen; (der Reihe nach) aufstellen; *kusur vs.* aufzählen; überschütten (*-e karşı* j-n mit *D*); prüfend durchgehen (*A*); **~lı** (nach Reihen) geordnet

Sırbistan Serbien; serbisch

sırdaş Mitwisser(in *f*) *m*; Vertraute(r *m*) *f*

sırf rein, natürlich; *mec.* rein, absolut (*örn. yalan*); *bel.* lediglich

sırık (-ğı) Stange *f*; Stab *m*

sı'rılsıklam → **sırsıklam**

sırıtkan grinsend; **~lık** (-ğı) Grinsen *n*

sırıtmak *v/i* grinsen; *mec. hata vs.* herauskommen

Sırp Serbe *m*, Serbin *f*; serbisch; **'~ça** Serbisch *n*

'sırsıklam völlig (*veya* bis auf die Haut) durchnässt; total, völlig (*sarhoş*); bis über die Ohren (*âşık*)

sırt (-tı) Rücken *m*; *dağ.* Kamm(linie *f*) *m*; Rückseite *f*; **~ çantası** Rucksack *m*; **~ çantalı** (*turist*) Rucksacktourist *m*; -*e* **çevirmek** j-m den Rücken kehren (*az. mec.*); **~ üstü** → **sırtüstü**; -*i* **~na almak** auf die Schulter nehmen, schultern (*A*); *pardösü* sich überziehen; **-*in* ~ından geçinmek** auf Kosten ... (*G*) leben; **~ını dayamak** sich verlassen (auf *A*); **~ında bir ceket vardı** er hatte ein Jackett an

sırtlamak *v/t* auf den Rücken nehmen; *mec.* auf sich nehmen; sich stemmen (gegen *A*)

sırtlan Hyäne *f*

'sırtüstü auf dem (*veya* den) Rücken; **~ yatmak** sich auf den Rücken legen

sıska mager, hager

sıtma Malaria *f*; **~ sivrisineği** Malariamücke *f*; **~lı** malariakrank; malariaverseucht

sıva Putz *m*, Verputz *m*; **~ vurmak** → **sıvamak**; **~cı** Putzer *m*; **~lamak** *v/t* verputzen

sıvalı[1] verputzt; zum Verputzen dienend

sıvalı[2] aufgekrempelt (*kollar*)

sıvamak[1] *v/t* verputzen; beschmieren (*-i -e A* mit *D*); çimento auftragen; *mec.* streicheln

sıvamak² *kollarını* aufkrempeln
sıvazlamak streichen (*-i* über *A*); *örn. ter* abwischen; streicheln
sıvı flüssig; Flüssigkeit *f*; **~laştırmak** *v/t Kim.* verflüssigen
sıvışmak sich (heimlich) davonmachen
sıyırmak *v/t* abschürfen, leicht verletzen, streifen; an sich nehmen; wegreißen (*A*); *yemek vs.* F (alles) verputzen
sıyrık (-ğı) Abschürfung *f*, wunde Stelle, Kratzer *m*; *sıf.* unverfroren
sıyrılmak *edil.* → **sıyırmak**; *mec.* sich retten (*-den* aus *D*)
sızar → **sızmak**
sızdır|mak *ettir.* → **sızmak**; durchlassen (*örn. su*); *mec.* verlauten lassen, verraten (*-e -i* j-m et.); *para* j-m abluchsen; filtern, filtrieren; **~maz** undurchlässig
sızı Schmerzempfindung *f*, Stich *m*
sızıntı Leck *n*; Einsickern *n*; Tropfen *n*; Sicker... (*su*)
sızla|nmak klagen, sich beschweren; F meckern; **~tıcı** herzzerreißend; **~tmak** *v/t yüreğini* j-m zerreißen
sızma kaltgepresst (*zeytinyağı*)
sızmak (-ar) *v/i* tropfen, lecken; (ein)sickern (*-e* in *A*); durchsickern (*az. mec. dedikodu*); ausströmen; *ışık* dringen (*-den* durch *A*); F *mec.* beduselt sein; einnicken; sich davonschleichen
si *Müz.* h
sibernetik (-ği) Kybernetik *f*; kybernetisch
sicil Register *n*; Personalakte *f*; **~li** registriert; *Huk.* vorbestraft
sicim Schnur *f*, Bindfaden *m*
sidik (-ği) Harn *m*, Urin *m*; **~borusu** (-nu) Harnröhre *f*; **~torbası** (-nı) Harnblase *f*; **~yolu** (-nu) Harngang *m*; **~zoru** (-nu) *Tıp* Dysurie *f*, Harndrang *m*
sifon *lavabo:* Abfluss *m*
siftah *Tic.* erstes Geschäft (am Tage), erster Versuch; *bel.* ganz neu, zum ersten Mal
si'gara Zigarette *f*; *gnl.:* Rauchen *n*; **~ içilmez** Nichtraucher(in *f*) *m*; **~ içmek** (Zigaretten) rauchen; **~ kâğıdı** Zigarettenpapier *n*; **~ tablası** Aschenbecher *m*; **~ tiryakisi** Kettenraucher(in *f*) *m*; **~yı bırakmak** sich das Rauchen abgewöhnen
si'gorta Versicherung *f* (*-e karşı* gegen *A*); *El.* Sicherung *f*; **~ acentası** Versicherungsbüro *n*; **~ bedeli** Versicherungssumme *f*; **~ kurumu** Versicherungsanstalt *f*; **~ ödeneği** Versicherungsbeitrag *m*; **~ poliçesi** Versicherungsschein *m*; **~ primi** Versicherungsprämie *f*; **~ ortaklığı/şirketi** Versicherungsgesellschaft *f*; **kaza ~sı** Unfallversicherung *f*; **mali mesuliyet ~sı** Haftpflichtversicherung *f*; **sağlık ~sı** Krankenkasse *f*; **sosyal ~** Sozialversicherung *f*; **trafik ~sı** Kraftfahrzeugversicherung *f*; **yangın ~sı** Feuerversicherung *f*; **yaşam ~sı** Lebensversicherung *f*; **-i ~ etmek** j-n versichern (*-e karşı* gegen *A*); (*kendini*) **~ ettirmek** sich versichern (lassen) (*-e* auf *A*, *-e karşı* gegen *A*); **~ olmak** versichert sein; e-e Versicherung haben; **~ya tabi** versicherungspflichtig
si'gortacı Versicherer *m*, Versicherungsträger *m*; **~lık** (-ğı) Versicherungswesen *n*
sigorta|lamak *v/t* versichern; garantieren; **~lı** versichert (*-e karşı* gegen *A*); Versicherungsnehmer *m*; garantiert; **~sız** nicht versichert; nicht garantiert
siğil Warze *f*
sihir (sihri) Zauber *m*; Zauberei *f*; **~baz** Zauberer *m*; **~li** verzaubert; Zauber... (*söz*); magisch; bezaubert
sikke Münze *f*; Prägung *f*
siklememek (*-i*) V scheißen (auf *A*)
siklon Wirbelsturm *m*
silah [lâ] Waffe *f* (*az. mec.*); *mec.* Mittel *n*; *-i ~ altına almak* j-n zum Wehrdienst einberufen, einziehen; **~ deposu** Waffenlager *n*; **~ sesi** Schuss *m*; **~a davranmak** zu den Waffen greifen
silahlan|dırmak [lâ] *v/t* bewaffnen; aufrüsten; **~ma** Aufrüstung *f*; **~ma yarışı** Rüstungswettlauf *m*; **~mak** *v/i* aufrüsten
silahlı [lâ] bewaffnet; ♀ **Kuvvetler** Streitkräfte *pl*
silahsız [lâ] unbewaffnet; (*hizmet*) ohne Waffe; **~landırmak** *v/t* entwaffnen; abrüsten; **~lanma** Abrüs-

siper

tung f; **∼lanma konferansı** Abrüstungskonferenz f; **∼lanmacı** Rüstungsgegner m; **nükleer ∼lanmacı** Kernwaffengegner m; **∼lanmak** abrüsten
silecek (-ği) Wischtuch n, Scheuerlappen m; → **silmek**
silgeç (-ci) Scheibenwischer m
silgi Radierstift m, Radiergummi m; (Tafel-)Schwamm m
silik (-ği) abgenutzt, abgegriffen (para); verwischt (yazı); kişi: unscheinbar, farblos, unbedeutend; **∼leşmek** sich abnutzen; unscheinbar werden; sich verwischen, verwittern
silindir Zylinder m (az. şapka); Walze f, Straßenwalze f; **∼li** zylindrisch; **altı ∼li ...** Sechszylinder...
silin|me Verwischung f, farklar. Verblassen n; **∼mek** edil. → **silmek**; **∼mez** unauslöschlich; **∼ti** metinde: Streichung f, Korrektur f
si'lisyum Silizium n
silkelemek v/t ausschütteln; j-n rütteln; j-n erschüttern; mec. von sich abschütteln
silker → **silkmek**
silkinmek sich schütteln; zusammenschrecken, aufschrecken; mec. von sich abschütteln
silkmek (-er) sigara külü abstreifen; Spo. halter stemmen; halı ausklopfen; bez ausschütteln; omuz zucken
sille Ohrfeige f; **∼ tokat** Ohrfeige(n pl) f
silme bis zum Rand (voll)
silmek (-er) v/t (sich D) abwischen; (sich D) abtrocknen; pencere putzen; yerleri wischen, scheuern; streichen (kayıttan aus dem Register); mec. löschen (az. Band), durchstreichen; **burnunu ∼** sich die Nase putzen
'**silo** Silo m
silsile Kette f, Reihe f; mec. Stammbaum m; Instanz f
siluet (-ti) Silhouette f
simetri Symmetrie f; **∼k, ∼li** symmetrisch; **∼siz** unsymmetrisch
simge Symbol n, Zeichen n; Sigel f; abgekürzte Bezeichnung; **∼leme** Symbolisierung f; **∼lemek** v/t symbolisieren; **∼sel** symbolisch
simit (-di) (Sesam-)Kringel m; Rettungsring m; oto: Lenkrad n

simsar Makler m; **∼lık** (-ğı) Maklergeschäft n; Maklerberuf m
'**simsiyah** pechschwarz
sinagog Synagoge f
sindiril|mek verdaut werden; **kolay ∼ir** leicht verdaulich
sindirim Verdauung f; **∼i zor** schwer verdaulich
sindirmek (-i -e j-m et.) verheimlichen; j-n unterdrücken; v/t verdauen
sinek (-ği) Fliege f; iskambil: Treff n, Kreuz n; **∼ avlamak** mec. Löcher in die Luft gucken
si'nema Kino n; Filmkunst f; Film... (sanayi); **∼ artisti** Filmschauspieler(in f) m; **∼ yıldızı** Filmstar m; **∼cı** Filmproduzent m; Filmemacher m; Filmtechniker m; Kinobesitzer m
sinema|skop (-pu) Breitwandfilm m; **∼tek** Filmarchiv n
siner → **sinmek**
sini rundes (Messing-)Tablett
sinir Nerv m; Sehne f; **∼ gerginliği** Nervenanspannung f; **∼ harbi** Nervenkrieg m; **∼ krizi** Nervenzusammenbruch m; **-e ∼ olmak** gereizt werden (durch A); **∼ sistemi** Nervensystem n; **∼ine dokunmak** j-n nervös machen, j-m auf die Nerven gehen; **∼leri yatışmak** sich beruhigen, F sich abregen; **∼lerine hakim olmak** sich beherrschen können
sinir|lendirmek v/t nervös machen, F nerven, auf die Nerven gehen; reizen; **∼lenmek** v/i (-e) nervös werden, gereizt werden (durch A); sich aufregen (über A); **∼li** nervös, gereizt, aufgeregt; sehnig, voller Sehnen; **∼lilik** (-ği) Nervosität f; **∼sel** Nerven...; **∼siz** ... ohne Nerven; mec. unerschütterlich
sinizm Zynismus m
sinmek (-er) sich verstecken (arkasına hinter D), (-e) sich verkriechen (in A); örn. koku: eindringen (in A), sich verbreiten (in D)
sinsi heimtückisch, hinterhältig
sinyal Signal n; Tel. Signalton m, özl. Wählton m; **∼ lambası/ışığı** oto: Blinker m
sipariş Auftrag m; **-i -e ∼ etmek** bestellen (A bei D); **-e ∼ vermek** j-m e-n Auftrag erteilen
siper (Sonnen-)Schutz m; Unter-

sipsivri

schlupf *m*; (Hut-)Krempe *f*; (Mützen-)Schirm *m*; Markise *f*; **~ olmak** Schutz bieten

'**sipsivri** sehr spitz, zugespitzt; **~ kalmak** von allen verlassen sein

siren Sirene *f*

sirk (-ki) Zirkus *m*

sirke (Wein-)Essig *m*; **~leşmek** *şarap*: sauer werden

sirkül|asyon Zirkulation *f*; **~er** Rundschreiben *n*, Umlauf *m*

siroz *Tıp* Zirrhose *f*

sis Dunst *m*, Nebel *m*; **~ farı** Nebelscheinwerfer *m*; **~ perdesi** Nebelvorhang *m*, Nebelwand *f*; *mec.* Schleier *m*; **~lenmek** vernebelt werden; *hava*: neblig werden; **~li** neblig, trüb(e)

sistem System *n*, *az.* → **düzen**; *Tek. az.* Vorrichtung *f*; Modell *n*; Methode *f*; **kontrol ~i** Kontrollsystem *n*; **~atik** (-ği) systematisch; **~leştirmek** *v/t* systematisieren; **~li** *kişi*: systematisch; **~siz** unsystematisch

site Siedlung *f*; Stadt *f*, **öğrenci ~si** Studentendorf *n*; **web ~si** Website *f*

sitem Vorwurf *m*, Vorhaltung *f*; Mäkelei *f*; *-e* **~ etmek** j-m Vorwürfe machen; (herum)mäkeln; **~li** vorwurfsvoll

sitrik: ~ asit Zitronensäure *f*

sivil zivil, Zivil... (*halk*); Bürger... (*savaş*); in Zivil(kleidung); Zivilist *m*; **~ (polis)** Geheimpolizist *m*

sivilce Pickel *m*

sivri spitz; konisch (zulaufend); *mec.* auffällig, exzentrisch; **~ akıllı** *kişi*: Original *n*, Sonderling *m*; **~burun** spitznasig; **~leşmek** *v/i* spitz (*veya* scharf) werden; wachsen, aufschießen; **~leştirmek** *v/t* verschärfen

sivrilmek → **sivrileşmek**; sich verjüngen; *mec.* Karriere machen, vorankommen

siv'risinek (-ği) Stechmücke *f*, Moskito *m*

siyah (-ahı) schwarz; **~ beyaz film** Schwarzweißfilm *m*; **~ ekmek** Schwarzbrot *n*; **~ımsı**, **~ımtırak** schwärzlich; **~lanmak**, **~laşmak** schwarz werden; dunkler werden; **~latmak** *v/t* schwärzen

siyanür Zyanid *n*

siyasal politisch

siyaset (-ti) Politik *f*; → **politika**; **~çi** Politiker(in *f*) *m*

siyasi politisch; Politiker(in *f*) *m*

siyatik (-ği) Ischias *n* (*Ed. az. f*)

siyonizm *Pol.* Zionismus *m*

siz ihr; Sie; **~ler** *pl* ihr; **~li bizli konuşmak** sich siezen; '**~ce** nach Ihrer (*veya* eurer) Meinung; '**~de** bei, in euch, von Ihnen *vs.*; **~den** von euch, bei Ihnen *vs.*; **~e** euch (*D*), Ihnen; zu euch, zu Ihnen; **~i** euch (*A*), Sie; **~in** euer; Ihr; **~in için** für euch, für Sie; **~inki** die euren; die Ihrigen; **~inkiler** eure (*veya* Ihre) Angehörigen

skandal Skandal *m*

skeç (-çi) Sketch *m*

ski Ski *m*

slayt (-dı) Diapositiv *n*, F Dia *n*

slogan Slogan *m*, Schlagwort *n*

Slovak Slowake *m*, -in *f*; slowakisch; '**~ça** Slowakisch *n*; '**~ya** Slowakei *f*

Sloven Slowene *m*, -in *f*; slowenisch; '**~ce** Slowenisch *n*; '**~ya** Slowenien *n*

smokin Smoking *m*

sn *kıs.* = **saniye** Sekunde (Sek.)

'**soba** Ofen *m*; **kömür ~sı** Kohleofen *m*

'**soda** Soda *n*; Sodawasser *n*; **~lı** ... mit Kohlensäure

'**sodyum** Natrium *n*

sofa Diele *f*

sofra Tafel *f*, gedeckter Tisch; rundes Nudelbrett; *kişiler*. Tafelrunde *f*; **~(yı) kaldırmak** den Tisch abdecken; abräumen; **~(yı) kurmak** den Tisch decken; **~ örtüsü** Tischdecke *f*; **~ şarabı** Tafelwein *m*; **~ takımı** Essservice *n*

sofu religiös, fromm; frömmelnd

soğan Zwiebel *f*, Knolle *f*, Bolle *f*; **~lı** Zwiebel...; **~cık** (-ğı) Schnittlauch *m*

soğuk (-ğu) kalt; *mec.* kühl; frigide; *is.* Kälte *f*, kaltes Wetter; **~ algınlığı** Erkältung *f*; **~ almak** sich erkälten; **~ büfe** kaltes Buffet; **~ savaş** Kalter Krieg

so'ğukkanlı kaltblütig; *is. Zoo.* Kaltblüter *m*; **~lık** (-ğı) Kaltblütigkeit *f*

soğukluk (-ğu) Kälte *f*; Kühlung *f*; Gefühlskälte *f*

soğu|mak *v/i* kalt werden; *mec. örn.* **bu işten ~dum** mein Interesse daran ist abgekühlt

soğut|ma Kühlung *f*; Kühl... (*yer vs.*);

~mak v/t kühlen, kühl stellen; *mec. sevgi vs.* (*-den zu D*) zerstören; **hava ~malı** ... mit Luftkühlung; **~ucu dolap** Kühltruhe *f*

sohbet (-ti) Gespräch *n*, Plauderei *f*; Unterhaltung *f*; **~ etmek** sich unterhalten, plaudern

Sok. *kıs.* = **Sokak**, **Sokağı** Straße *f*; Gasse *f*

sokak (-ğı) Straße *f*; **çıkmaz ~** Sackgasse *f*; **~başı** Straßenecke *f*; **~ kapısı** Haustür *f*; **~ kadını** Straßenmädchen *n*

sokar → **sokmak**

sokma (Schlangen-)Biss *m*; (Insekten-)Stich *m*

sokmak (-ar) (-*e*) *v/t* stecken (in *A*); einlassen, (herein)lassen (in *A*); *parlamentoya* schicken; *böcek*: stechen; *yılan*: beißen; *ülkeye* einführen, schmuggeln; *bıçak* stoßen (in *A*); *mec. konu, soru* einschließen, dazwischenwerfen

sokturmak anschließen (*-e* an *A*); stecken lassen *vs.* → **sokmak**

sokul|gan schnell vertraut; zutraulich; **~ma** (*-e*) Eintritt *m*; Eindringen *n* (in *A*); **~mak** (*-e*) eindringen (in *A*); sich anschmiegen (an *A*); sich (*yatağın içine* unter die Decke) kuscheln

sokuşmak sich zwängen (in *A*); den richtigen Moment abpassen

sol¹ link...; links; (die) Linke; **~ parti** *Pol.* Linkspartei *f*, die Linken *pl*; **~a** (nach) links; **~a dönen** Linksabbieger *m*; **~da** auf der linken Seite, links; **~dan** von links; auf der linken Seite (*gitmek*); **~umda** links von mir

sol² (-lü) *Müz.* g

solak (-ğı) Linkshänder(in *f*) *m*

solar → **solmak**

solcu *Pol.* links eingestellt, Linke(r *m*) *f*; **aşırı ~** linksradikal

soldurmak *v/t* ausbleichen; zum Verwelken bringen

solgun verblichen; bleich; **~laşmak** verbleichen; blass werden; **~luk** (-ğu) Blässe *f*

sollamak *v/t* links überholen

solmak (-ar) *çiçek*: verwelken (*az. mec. kişi*); *kumaş*: verschießen, ausbleichen

'solo Solo *n*; **~ yapmak** als Solist auftreten; **~cu** Solist(in *f*) *m*

solucan Regenwurm *m* (*az.* **yer ~**); Spulwurm *m*; **pis ~!** P niederträchtiger Kerl!

soluk¹ (-ğu) verwelkt; bleich

soluk² (-ğu) → **nefes**; Atem *m*; **~ almadan** atemlos (*dinlemek vs.*); **~ almak** einatmen; *mec.* verschnaufen; **~ kesici** atemberaubend; **~ (soluğunu) kesmek** j-m den Atem verschlagen; **~ soluğa** ganz außer Atem; in aller Eile; **~ vermek** ausatmen

solumak (schwer) atmen, keuchen (*-den* vor *D*)

solungaç (-cı) Kieme *f*

solunum Atmen *n*; **~ yolları** Atemwege *f/pl*

som massiv (*altın*)

'sombalığı (-nı) Lachs *m*

somun¹ Rundbrot *n*; (Brot-)Laib *m*

somun² (Schrauben-)Mutter *f*; **~ anahtarı** Schraubenschlüssel *m*

somurdanmak brummen, maulen

somurt|kan brummig, mürrisch; **~kanlık** (-ğı) Missmut *m*; **~mak** schmollen, F maulen; mürrisch aussehen

somut (-tu) konkret; konkrete Sache; **~laşmak** sich konkretisieren; **~laştırmak** *v/t* konkretisieren

'somya (Sprungfeder-)Matratze *f*

son letzt...; äußerst... (*örn. sürat*); abschließend (*söz*); Ende *n*, Schluss *m*; End..., Schluss...; **~ bulmak** zu Ende gehen; **~ derece** höchst, äußerst; **~ durak** Endhaltestelle *f*, Endstation *f*; *-e* **~ vermek** ein Ende setzen (*D*); **~a erdirmek** beenden; **~a ermek** zu Ende gehen; **en ~u(nda)** F letzten Endes

sonat (-tı) Sonate *f*

'sonbahar Herbst *m*; *az.* **~ güz**

sonda *Tıp* Sonde *f*, Katheter *m*; *Tek.* Erdbohrer *m*

sondaj Sondierung *f* (*az. mec.*); Einführung *f* e-s Katheters; **~ kuyusu** Bohrloch *n*

sondalamak *v/t Tıp, Tek.* sondieren

'sonra (*-den*) **1.** *ilg.* nach (*D*); **2.** *bel.* sonst, anderenfalls; später; danach; nachher; **biraz ~** etwas später; **daha ~** danach; **ondan ~** danach, hierauf; **3.** *süre dilimi:* **bir yıl ~** nach e-m Jahr; **o zamandan ~** nach jener Zeit; **on-**

sonra|dan ~**sı** das Übrige; **savaş** ~**sı** Nachkriegszeit *f*; ~**ya bırakmak** auf später verschieben; **en** ~**da** schließlich, ganz zum Schluss; **4.** *bağl.* *-dikten* ~ nachdem: **evlendikten iki yıl** ~ **...** zwei Jahre, nachdem sie geheiratet hatten, ...

sonra|dan danach; später, in der Folge; nachträglich; ~**dan görmüşlük** Protzerei *f*; Neureichtum *m*; ~**dan olma** relativ neu; ~**ki** später, folgend (→ **sonra**); ~**kiler** Nachkommenschaft *f*; ~**ları** die folgenden Zeiten; danach

'**sonsöz** Nachwort *n*

sonsuz unendlich; ewig; *mec. az.* unbegrenzt; ~**luk** (-ğu) Unendlichkeit *f*; ~**luğa göçmek** *mec.* in die Ewigkeit eingehen

sonuç (-cu) Ergebnis *n*; Resultat *n*; Folge *f*; Schlussfolgerung *f*; Ausgang *m*; ~ **almak** ein Resultat erzielen; ~ **bildirgesi** Schlussakte *f*; ~**lar çıkarmak** Schlüsse ziehen; *ilg.* **...** **sonucu** infolge (*G*), als Folge (*G*); **bunun sonucunda** infolgedessen

sonuç|lamak *v/t* erledigen; bewirken; *konuşma* beenden; senden (**ile** mit *D*), führen (zu *D*); ~**landırmak** *v/t* bewirken, veranlassen; ~ **beschließen**; ~**lanmak** erfolgen; erledigt werden, durchgeführt werden; → **sonuçlamak**; ~**suz** erfolglos

son|uncu letzt ~; infolge (*G*), ~**unda** letzten Endes, schließlich; zuletzt

sop (-pu) Clan *m*; Stamm *m*

sopa Knüppel *m*, Stock *m*; Prügel *pl*; Stockschlag *m*; *-e* ~ **çekmek** j-n verprügeln

so'prano Sopran *m*

'**sopsoğuk** bitterkalt

sorar → **sormak**

sorgu Verhör *n*, Vernehmung *f*; Fragen *n*; ~ **yargıcı** Untersuchungsrichter *m*; ~**lama** → **sormak**; ~**lamak** *Huk.* vernehmen, verhören

sormak (-ar) fragen (-*i* -*e* j-n et., nach *D*); j-n verantwortlich machen (-*den* für *A*); → **soru**; *-in hatırını* ~ nach j-s Befinden fragen; -*e* **saati** ~ j-n nach der Uhrzeit fragen

soru Frage *f*; ~ **işareti** Fragezeichen *n*; ~ **sahibi** Fragesteller *m*; ~ **sormak** e-e Frage stellen; *-e* ~ **yöneltmek** j-m e-e Frage richten

sorulmak (-*e veya* -*den*) gefragt werden; → **sormak**; **nasıl** (-*diği*) **sorulduğunda** auf die Frage, wie

sorumlu verantwortlich (-*in* für *A*); **sınırlı** ~ mit beschränkter Haftung; ~ **yönetmen** Geschäftsführer *m*; ~**luk** (-ğu) Verantwortung *f*; ~**luk duygusu** Verantwortungsgefühl *n*; ~**luk sahibi** verantwortungsbewusst, gewissenhaft; ~**luğu üzerine almak** die Verantwortung übernehmen

sorumsuz unverantwortlich

soruştur|ma *Huk.* Ermittlung *f*; Umfrage *f*; ~**mak** (-*i* -*e*) *Huk.* ermitteln (-*e* bei j-m), untersuchen (*A*); ausforschen, ausfragen (-*e* j-n); Erkundigungen einziehen

sos Soße *f*; **domates** ~**u** Tomatensoße *f*

sosis heißes Würstchen

sosyal sozial; ~ **demokrasi** Sozialdemokratie *f*; ~ **demokrat** Sozialdemokrat(in *f*) *m*; ~ **konut** Sozialwohnung *f*; ~ **sigortalar kurumu** Sozialversicherungsanstalt *f*; ~ **yardım** Sozialhilfe *f*

sosyal|ist (-ti) Sozialist(in *f*) *m*; sozialistisch; ~**izasyon** Sozialisierung *f*, Verstaatlichung *f*; ~**izm** Sozialismus *m*; ~**leştirmek** *v/t* verstaatlichen; j-n resozialisieren

sosyet|e (die) feine Gesellschaft, (die) höheren Kreise; ~**ik** (-ği) Gesellschafts...; **...** der feinen Gesellschaft

sosyolo|g Soziologe *m*, -in *f*; ~**ji** Soziologie *f*; ~**jik** soziologisch

sote geschmort, gedünstet

soy Stamm *m*, Geschlecht *n*; Generation *f*; Abstammung *f*; Rasse... (*at*); edel

'**soya** Sojabohne *f*

so'yaçekim Vererbung *f*

'**soy|adı** (-nı) Familienname *m*; **adı**, ~**adı** Vor- und Zuname; ~**ağacı** (-nı) Stammbaum *m*; ~**ar** → **soymak**; ~**daş** Stammesgenosse *m*

soygun Raub *m*; (Raub-)Überfall *m*; Raub...; ~**cu** Räuber *m*, Bandit *m*; ~**culuk** (-ğu) Raub *m*

'**soykırım** Völkermord *m*, Genozid *m veya n*
soylu edel; adelig; erhaben; Adelige(r *m*) *f*; **~luk** (-ğu) vornehme Abkunft
soymak (-ar) *v/t* abschälen, schälen; *balık* schuppen; *deri* abziehen; *örn. çocuğu* ausziehen; *mec. banka* überfallen, ausrauben
soysuz entartet, degeneriert; verkümmert; unmoralisch; **~laşmak** *v/i* entarten, degenerieren; **~luk** (-ğu) Entartung *f*; unbekannte Herkunft; unmoralisches Verhalten
soytarı Gauner *m*; Harlekin *m*
soyulmak *edil.* → **soymak**; ausgeraubt werden
soyunma Umkleiden *n*; **~ kabini** Umkleidekabine *f*
soyunmak sich ausziehen
soyut (-tu) abstrakt; **~lama** Abstraktion *f*; Abstrahieren *n*; **~lamak** *v/t* abstrahieren; **~luk** (-ğu) (das) Abstrakte
söğüş kaltes gekochtes Fleisch; *Art* (Tomaten-)Salat *m*
söğüt (-dü) Weide *f*; **~ ağacı** Weidenbaum *m*; *salkım* **~** Trauerweide *f*
sökmek (-er) *v/t* herausnehmen; abnehmen, ernten, pflücken; abreißen; *ağaç* ausreißen; *motor* auseinander nehmen; *dikiş* auftrennen; *çivi* herausreißen; *vida* herausdrehen, herausschrauben; *yazı* entziffern; *çadır* abbrechen
söktürmek (-*i* -*e*) herausnehmen lassen *vs.* → **sökmek**
sökük (-ğü) *dikiş*: aufgeplatzt; Loch *n*, Riss *m*
sömestr Semester *n*; **~ tatili** Semesterferien *pl*
sömürge Kolonie *f*; **~ci** Kolonisator *m*; Kolonial... (*devlet*); **~cilik** (-ği) Kolonisation *f*; Kolonialismus *m*; **~leştirmek** *v/t* kolonisieren
sömür|mek *v/t* ausbeuten; **~ü** Ausbeutung *f*; **~ücü** Ausbeuter *m*; Ausbeuter...; **~ücülük** (-ğü) Ausbeuterwesen *n*
sömürül|me Ausbeutung *f*; **~mek** *edil.* → **sömürmek**
söndür|me Löschung *f*; **~mek** *v/t* löschen; *ışık* ausmachen; *mec. öfke vs.* besänftigen; **~ücü** Feuerlöscher *m*; Lösch...

sön|mek (-er) erlöschen (*az. mec.*), ausgehen; schlaff werden; *duygular*: erkalten; **~müş** gelöscht (*kireç*); erloschen (*yanardağ*); **~ük** (-ğü) erloschen; schlaff geworden; schwach (*umut*); *kişi*: unscheinbar
sörf *Spo.* Surfen *n*; **~ tahtası** Surfbrett *n*; **~ yapmak** surfen (*az. İnternet'te*)
söver → **sövmek**
sövgü Schimpfwort *n*, Fluch *m*
söv|me Beschimpfung *f*; Beleidigung *f*; **~mek** (-er) beschimpfen, schimpfen (auf *A*); **~üp saymak** schimpfen und fluchen; **~ülmek** *edil.* → **sövmek**; **~üşmek** sich beschimpfen
söylem Aussage *f*; Aussage... (*cümle*)
söyle|mek sagen (-*i* -*e* j-m et.; *için* über *A*; -*mesini et.* zu tun); *şarkı* singen; *örn. bir fincan kahve* bestellen; *size bir mektup yazmamı* **~diler** man sagte mir, dass ich Ihnen einen Brief schreiben solle (*veya* bat mich, Ihnen e-n Brief zu schreiben)
söylence Märchen *n*, Fabel *f*
söylenilir man sagt
söyleniş Aussprache *f*; **~i güç** schwer aussprechbar
söylenmek gesagt werden; (*kendi kendine*) **~** vor sich hin brummen
söy|lenti Gerücht *n*; Legende *f*; Rederei *f*; **~leşi** Unterhaltung *f*, Plauderei *f*; Interview *n*; **~leşmek** (*ile*) miteinander plaudern; verhandeln (mit *D*); **~letmek** (-*i* -*e*) j-n dazu bringen, et. zu gestehen, j-n zu e-m Geständnis veranlassen (*veya* zwingen)
söylev Rede *f*
söyleyiş *Gr.* Aussprache *f*
söz Wort *n*; **~de** → **açmak** erwähnen (*A*); **~ almak** das Wort ergreifen; die Zusage erhalten (-*eceği* **konusunda** dass ...); **~ aramızda** unter uns gesagt; **~ arasında** übrigens, nebenbei bemerkt; **~ atmak** Anspielungen machen; Annäherungsversuche machen; **~ dinlemek** sich raten lassen; -*den* **~ etmek** sprechen (über *A*); sich verständigen (über *A*); **~ geçirmek** sich durchsetzen; **~ götürmez** unbestreitbar; **~ konusu** ... von dem die Rede ist; Thema *n*; *-mesi* **~ konusu değil** es kann keine Rede davon sein, zu ...; **~ olmak** ins Gerede kommen; **~ sahibi olmak** mitreden können,

kompetent sein; **~ varlığı** Wortschatz m; **-e ~ vermek** j-m das Wort erteilen; sein Wort geben; **buna ~ yok!** dazu kann man nichts sagen; **~e karışmak** sich einmischen, j-m ins Wort fallen; **-in ~ü geçmek** das Sagen haben; erörtert werden; **~ü uzatmak** weitschweifig sein (*veya* werden); **~üm ona → sözümona**; **~ün kısası** kurz und gut; **~ünde durmak** sein Wort halten; **~ünü bilmez** taktlos, unbedacht; **-in ~ünü etmek** sprechen (von *D*, über *A*); **~ünü tutmak** sein Wort halten; dem Rat (e-s anderen) folgen

'**sözbirliği** (-ni) Zustimmung *f*, Einhelligkeit *f*

söz|cü Sprecher(in *f*) *m*; Referent(in *f*) *m*; Berichterstatter(in *f*) *m*; **~cük** (-ğü) *Gr.* Wort *n*; Vokabel *f*

sözde angeblich; so genannt; Schein...

'**sözdizim|i** (-ni) Syntax *f*; **~i hatası** *Cmp.* Syntaxfehler *m*; **~sel** syntaktisch

sözel Wort..., Sprech...

'**söz|gelimi**, **~gelişi** zum Beispiel (z. B.)

sözleş|me Abkommen *n*; Vertrag *m*; **toplu ~me** Tarifvertrag *m*; **~mek** e-n Vertrag schließen; sich verabreden; **~mesiz** vertragslos; ohne Verabredung

sözlü mündlich (*sınav*); vertraglich verpflichtet (*-e* j-m); verlobt

sözlük (-ğü) Wörterbuch *n*

sözsüz wortlos; **~ oyun** Pantomime *f*

sö'zümona so genannt; berüchtigt

spazm Krampf *m*

spekülasyon Spekulation *f* (*Tic. ve Fel.*); **~ yapmak** *Tic.* spekulieren

spekülatör Spekulant *m*

'**spiker** Ansager(in *f*) *m*

spor Sport *m*; **~la uğraşmak** Sport treiben; **kış ~ları** Wintersportarten *f/pl*; **su ~u** Wassersport *m*; **~ sahası** Sportplatz *m*; **~cu** Sportler(in *f*) *m*; **~sever** Sportfreund(in *f*) *m*, Sportfan *m*

sport|if sportlich; **~'mence** sportlich, fair

spor'toto Fußballtoto *n*

spot (-tu) Spotlight *n*; *TV*: Werbespot *m*

sprey Spray *n*, Sprühmittel *n*; Zerstäuber *m*

sr. *kıs.* = **sıra**, **seri** Serie, laufende (Nummer)

SSK *kıs.* = **Sosyal Sigortalar Kurumu** Sozialversicherungsanstalt *f*

stabilize stabilisiert; **~ yol** planierte Straße

stad(yum) Stadion *n*

staj Lehrzeit *f*, Ausbildung *f*; Praktikum *n*

stajyer Praktikant(in *f*) *m*; **~ doktor** Medizinalassistent *m*, Arzt *m* im Praktikum; **~lik** (-ği) praktische Ausbildung, Praktikum *n*

standart (-dı) Standard *m*, Norm *f*; Standard...; **~laştırmak** standardisieren, normieren, normen

star *film vs.*: Star *m*

statü Statut *n*

sta'tüko Status quo *m*

'**steno(grafi)** Stenografie *f*

step Steppe *f*

'**stepne** *oto*: Reserverad *n*

stereo Stereo *n*; **~ seti** Stereoanlage *f*; **~foni** Stereophonie *f*

steril steril; **~izasyon** Sterilisation *f*; **~ize** sterilisiert

stil Stil *m*

stok (-ku) (Waren-)Lager *n*, Vorrat *m*; unverkaufte Ware, Ladenhüter *m*; (-*i*) **~ etmek** lagern (*A*); **~çu** Lagerhalter *m*; Lagerinhaber *m*

stop stop!; **~ etmek** stoppen, anhalten

stopaj Steuerabzug *m*

strateji Strategie *f*; **~ik** (-ği) strategisch

stres Stress *m*, Belastung *f*

striptiz Striptease *m veya n*

'**stüdyo** Studio *n*

su (-yu) Wasser *n*; Saft *m*; **~ baskını** Überschwemmung *f*; Hochwasser *n*; **~ geçirmez** wasserdicht; **~ gibi konuşmak** fließend sprechen; **~ gibi okumak** fließend lesen; **~ gibi gitmek** *para*: dahinschmelzen; **~ götürmez** unumstritten, offenbar; **~ işleri** Bewässerungsarbeiten *f/pl*; **~ kayağı** Wasserski *n*; Surfbrett *n*; **~ kayağı yapmak** Wasserski fahren; surfen; **~ yüzüne çıkmak** offenbar werden; **~dan ucuz** spottbillig; **~ya düşmek** *mec.* ins Wasser fallen; **maden ~yu** Mineralwasser *n*

sual (-li) Frage *f*; → *soru*; **~ etmek** fragen

'**sualtı** (-nı) Unterwasser... (*işleri vs.*)

suare Abendvorstellung *f*

subay Offizier *m*; **~lık** (-ğı) Offiziersrang *m*; Offiziersamt *n*

sucuk (-ğu) Wurst *f*

suç (-çu) Schuld *f*; Vergehen *n*, Sünde *f*; **~ işlemek** sich strafbar machen; gegen das Gesetz verstoßen; **~ olmak** Schuld haben, schuldig sein; **~ yükleme** Anschuldigung *f*; **~unu bağışlamak** j-m e-e Strafe erlassen

'**suçiçeği** (-ni) Windpocken *pl*

suçlamak (*-i -le*) j-n bezichtigen (*G*), j-n anklagen (*G*); **~landırmak** *v/t* beschuldigen; **~lanmak** (*ile*) beschuldigt werden, angeklagt werden (*G*); **~lu** Schuldige(-*den G*); Verbrecher(in *f*) *m*; **~luluk** (-ğu) Schuld *f*; Verbrechen *n*; **~luluk duygusu** Schuldgefühl *n*; **~suz** unschuldig

'**suçüstü** (-nü): **~ yakalamak** j-n auf frischer Tat ertappen; **~ mahkemesi** *Huk.* Schnellgericht *n*

sugeçirmez wasserdicht

suiistimal (-li) Missbrauch *m*; *-i* **~ etmek** missbrauchen

suikast (-tı) Attentat *n*, Anschlag *m*; **~ girişimi** Attentatsversuch *m*; **~ yapmak** ein Attentat verüben; **~çı** Attentäter(in *f*) *m*

sula|ma Bewässerung *f*; **~ma arabası** Sprengwagen *m*; **~mak** bewässern; begießen; *hayvan*: tränken

sulan|dırmak *v/t Kim.* verdünnen; bewässern lassen; **~ma** Verdünnung *f*, **~mak** dünnflüssig werden; bewässert werden; *hayvan*: getränkt werden; *göz*: feucht werden; tränen; *kar.* tauen

sularında *zaman*: ungefähr (um *A*), gegen: *saat üç* **~** gegen drei Uhr

sulh → *barış*

sultan *Trh.* Sultan *m*; Sultanin *f*; *valide* **~** Sultansmutter *f*

sulu wässerig; wasserhaltig; *yemek*: mit Wasser zubereitet; *meyve*: saftig; *mec.* unanständig; anstößig; **~boya** Wasserfarbe *f*; **~boya resim** Aquarell *n*; **~luk** (-ğu) Wässerigkeit *f*; Saftigkeit *f*; *mec.* fauler Witz, Anzüglichkeit *f*; **~sepken** Schneeregen *m*; *sıf.* mit Regen vermischt

suni künstlich, Kunst...; synthetisch; *mec.* gekünstelt; *kişi*: heuchlerisch

sun|ma Unterbreitung *f*; **~mak** (-ar) (*-i -e* j-m *A*) unterbreiten; *mektup* übersenden; *örn. kitap* überreichen; *selam* entbieten; *TV programı* bieten, senden, *özl.* film bringen

sunu *Tic.* Angebot *n*; Widmung *f*, **~ ve istem** Angebot und Nachfrage; **~cu** Ansager(in *f*) *m*, Fernsehmoderator (-in *f*) *m*; *Cmp.* Server *m*

sunulmak *edil.* → *sunmak*

sunum Präsentation *f*

sunuş Antrag *m*; (Bitt-)Gesuch *n*; Vorwort *n*

supap (-bı) Ventil *n*, Klappe *f*

sur Festungsmauer *f*

surat (-tı) Miene *f*, Physiognomie *f*, Gesicht *n*; *mec.* Schmollmund *m*; **~ asmak** F eine Flappe ziehen; *-e* **~ etmek** F maulen, *Ed.* schmollen (mit j-m) **~lı** mürrisch, brummig; **~sız** unschön; brummig

suret (-ti) Form *f*; Art *f*; Äußeres; Kopie *f*; Miene *f*; Art und Weise *f*; **~ almak/çıkarmak** e-e Kopie anfertigen; *bu* **~e** so, auf diese Weise; *hiçbir* **~e** keineswegs; *ilg.*, *bağl.* **... ~e**, **~iyle** indem, dadurch, dass

'**Suriye** Syrien; syrisch; **~li** Syr(i)er(in *f*) *m*

susam *Bot.* Sesam *m*; *açıl* **~** *açıl!* Sesam, öffne dich!

susa|mak *v/i* (*-e*) Durst bekommen; *mec.* sich sehnen (nach *D*); *çok* **~dım** ich bin sehr durstig; *kana* **~mak** blutdürstig sein; **~mış** durstig

susar → *susamak*, *susmak*

suskun schweigsam, still; **~luk** (-ğu) Schweigen *n*; Pause *f*

sus|mak (-ar) *v/i* schweigen; still sein; **~!** sei still!; **~ payı** Schweigegeld *n*

'**sustalı** **~çakı** Klappmesser *n*

sustur|mak *v/t* zum Schweigen bringen; verstummen lassen; **~ucu** Schweigen gebietend; mundtot machend; *Tek.* Schalldämpfer *m*; Auspufftopf *m*

susuz ... ohne Wasser(leitung); saftlos, vertrocknet; niederschlagsarm, trocken, dürr; **~luk** (-ğu) Wassermangel *m*, Trockenheit *f*; Durst *m*

sutyen Büstenhalter *m*

'sutopu (-nu) Wasserball *m*
Suudi Ara|bistan Saudi-Arabien; **~p** Saudi-Araber(in *f*) *m*
'suyosunu (-nu) Alge *f*
sübjektif subjektiv
süet (-ti) Wildleder *n*
sükse Erfolg *m*; **~ yapmak** Erfolg haben; Aufsehen erregen
sükûn, sükûnet (-ti) Ruhe *f*; Stille *f*; **~ bulmak** sich legen, aufhören; eingestellt werden
sülale [lâ] Familie *f*, altes Geschlecht
sülfür Schwefel *m*; **~ik** Schwefel...; **~ik asit** Schwefelsäure *f*
sülük (-ğü) Blutegel *m*; **~ gibi** *mec.* wie e-e Klette
sülün Fasan *m*; **~ gibi** stattlich
sümbül Hyazinthe *f*
sümkürmek sich schneuzen
sümük (-ğü) (Nasen-)Schleim *m*
sünepe schlampig; F Trottel *m*
sünger Schwamm *m*; **~ avcılığı** Schwammfischerei *f*; **-in üzerinden ~ çekmek** *mec.* (über et.) hinweggehen, ignorieren (*A*)
sünnet (-ti) Beschneidung *f*; **~ etmek** *v/t* beschneiden
Sünni *Din.* Sunnit *m* (*pl* Sunnen); sunnitisch; **~lik** (-ği) Sunnitentum *n*, islamische Orthodoxie
'süper Super..., F super; F Superbenzin *n*; **~devlet** Supermacht *f*, **~market** (-ti) Supermarkt *m*; **~sonik** Überschall...
süprüntü Müll *m*, Abfall *m*, Abfälle *m/pl*; Trödel *m*; *kişi:* Abschaum *m*
süpürge Besen *m*; **(elektrik) ~(si)** Staubsauger *m*; **~ci** Besenbinder *m*
süpürmek *v/t* (aus)fegen; *giysi* ausbürsten; *yemek* vertilgen, verschlingen; *mec.* ausmerzen
sürahi Karaffe *f*
sürat (-ti) Geschwindigkeit *f*; **~ katarı** Schnellzug *m*; **~ tahdidi** Geschwindigkeitsbegrenzung *f*; **~le** schnell, eilig; *son* **~le** mit Volldampf; **~lendirilme** Beschleunigung *f*; **~lendirmek** *v/t* beschleunigen; **~lenmek** *v/i* schneller werden, sich beschleunigen; *nabız*: schneller gehen; **~li** beschleunigt (*nabız*); eilig (*adım*); Trab *m*
sürdürmek *v/t* fortsetzen; *görev* weiterhin wahrnehmen; *boya* auftragen (-*e* auf *A*); → **sürmek**

süre Dauer *f*, Periode *f*; Zeit *f*; Frist *f*; Verlauf *m*; **~si dolmak** *mec.* auslaufen; **bir ~** e-e Zeitlang; **bir ~ sonra** nach einiger Zeit; **bir hafta ~since** im Verlauf e-r Woche; **~aşımı** (-nı) Verjährung *f*
sürece *bağl.* während; solange; *yaşadığı* **~** während er (*veya* sie) lebt
süreç (-ci) (Entwicklungs-)Prozess *m*; **... sürecinde** im Laufe (*G*, von *D*)
sü'regel|mek andauern; **~en** gleich bleibend
süreğen andauernd; *özl. Tıp* chronisch; **~leşmek** andauern, anhalten, chronisch werden
sürek (-ği) Dauer *f*; galoppierend; **~avı** Treibjagd *f*; **~li** andauernd, anhaltend; ständig; chronisch; **~li işsizlik** Dauerarbeitslosigkeit *f*; **~lilik** (-ği) Kontinuität *f*; **~siz** flüchtig, ... von kurzer Dauer
süreli periodisch, regelmäßig erscheinend
sürer → **sürmek**
süresiz unbefristet, ... auf unbestimmte Zeit; lebenslänglich
Süreyya → **Ülker**
sürgü Riegel *m*; Schieber *m*; Egge *f*; Steinwalze *f*; *Tek.* Stellring *m*; **~lemek** *v/t* verriegeln; eggen; glatt walzen, feststampfen; **~lü** verriegelt, ... mit Riegel
sürgün Schössling *m*, Trieb *m*; Verbannter; Verbannungs...; *Tıp* Durchfall *m*; **~ gitmek** verbannt werden (*bye* nach); *v/i* Durchfall haben; **~ olmak** Durchfall haben; **-i ~e göndermek** in die Verbannung schicken
sürme Augenschminke *f*
sürmek (-er) **1.** *v/t oto* fahren; (*arabayı*) **~** losfahren, losrasen; *boya vs.* auftragen, aufstreichen (-*e* auf *A*); *tarla* pflügen; *özl. sahte para* in Umlauf setzen; *el* ausstrecken (bis zu *D*); langen (*oraya* bis dahin); *hayat* führen; *kişi* verbannen; vertreiben (*-den* aus *D*); *sürgü* vorschieben; *hayvan* antreiben; *mal* absetzen; *elini* **~** hinlangen (-*e* bis zu *D*); **krem ~** eincremen; *yağ* **~** (ein)ölen; **2.** *v/i* (an)dauern, anhalten; *görev* (*iç, karın*) **~** Durchfall haben; *Bot. filiz, tohum*: (hervor-)sprießen; **çok sürmez** es dauert

sürmek nicht lange, dann ...; sehr bald; *-i sürüp çıkarmak* j-n jagen, vertreiben (von *D*); *az.* → **ön (öne)**, **saltanat**

sürmenaj Überlastung *f*, Überarbeitung *f*

sürpriz Überraschung *f*; *-e ~ yapmak* j-n überraschen

sürrealizm Surrealismus *m*; *az.* → **gerçeküstü**

sürter → **sürtmek**

sürtmek (-er) reiben (*-i -e* et. an *D*); F sich herumtreiben; herumbummeln

sürtük (-ğü) Herumtreiberin *f*; Flittchen *n*

sürtün|me Reibung *f*; **~mek** *v/i* kriechen; sich reiben; Streit anfangen; *~üp durmak mec.* auf dem Bauch kriechen

sürtüşmek sich aneinander reiben; *mec.* Reibungen (*veya* Streit) miteinander haben

sürü Herde *f*; *insan:* Schar *f*; *kuş:* Schwarm *m*; *köpek:* Meute *f*

sürücü *oto:* Fahrer(in *f*) *m*; Kutscher *m*; *Cmp.* Laufwerk *n*; *Cmp.* Treiber *m*; *~ adayı* Fahrschüler(in *f*) *m*

sürüklemek *v/t* schleppen, schleifen; j-n mitschleifen; *mec.* (savaşa in e-n Krieg) stürzen; *mec.* j-n hinreißen (*-e* zu *D*)

sürükle|nmek (-*e*) *edil.* → **sürüklemek**; sich schleppen; *dava:* sich hinziehen; *gemi:* hin- und hertreiben; **~yici** *mec.* spannend

sürülmek *edil.* → **sürmek**

sürüm *mal:* Absatz *m*; *para:* Umlauf *m*; *-i* **~den kaldırmak** aus dem Verkehr ziehen (*A*)

sürümek *v/t* schleifen, schleppen; hinter sich herziehen; *mec.* aufschieben

sürünceme Verzögerung *f*, Verschleppung *f*; *-i* **~de bırakmak** *mec.* auf die lange Bank schieben

sürün|dürmek *v/t* ins Elend stürzen; *ettir.* → **sürünmek**; **~gen** Kriechtier *n*; Kriechpflanze *f*; **~mek** *v/i* kriechen; *mec.* dahinvegetieren; *v/t* sich einreiben (mit *D*), pudra auftragen

süs Schmuck *m*, Putz *m*; Ornament *n*; Dekoration *f*; *~ için* zum Schein; *~e düşkün* putzsüchtig

süsle|me Verzierung *f*, Dekoration *f*; Dekor *m*; **~mek** dekorieren (aus-) schmücken; garnieren; **~nmek** sich schmücken; **~yici** dekorativ

süslü geschmückt, dekoriert; *oda:* schön ausgestattet; *~ püslü* überladen; *kadın:* aufgedonnert

süt (-tü) Milch *f*; **~ çocuğu** Säugling *m*; **~ danası** neugeborenes Kalb *n*; **~ kuzusu** Lämmchen *n*; Zicklein *n*; Baby *n*; **~ ürünü** Milchprodukt *n*; *-e* **~ vermek** stillen (*A*)

'**süt|ana**, **~anne** Amme *f*; **~beyaz** schneeweiß; **~dişi** (-ni) Milchzahn *m*

süt|laç (-cı) Milchreis *m*; **~lü** Milch..., ... mit Milch; **~lü çikolata** Milchschokolade *f*

'**süttozu** (-nu) Milchpulver *n*

sütun Säule *f*; *gazete:* Spalte *f*

sü'veter Sweater *m*

süzer → **süzmek**

süzgeç (-ci) Filter *m*; Teesieb *n*; **~ kâğıdı** Filterpapier *n*

süzgü Haarsieb *n*

süzme filtriert, durchgeseiht; gesiebt; *bal:* geschleudert; *mec.* durchtriebener Kerl; **~k** (-er) *v/t* filtrieren; (durch)sieben; *mec.* j-n mustern; *mec.* träumerisch blicken

süzülme Schweben *n*; Gleitflug *m*; **~k** *v/i edil.* → **süzmek**; *gözler:* schmachtend blicken; *gözyaşı:* tropfen; *kuşlar:* (dahin)schweben; (dahin)gleiten

Ş

şablon Schablone *f*

şafak (-ğı) Morgendämmerung *f*; *~ sökmek* dämmern

Şafii *Din.* e-*e* der vier Schulen des sunnitischen Bekenntnisses; Schafiit *m*; schafiitisch

şah

şah Schah *m*; *satranç*: König *m*
şahadet (-ti) Zeugenschaft *f*; Bezeugung *f*; Heldentod *m*; *-e ~ etmek* bezeugen (*A*); Zeugnis ablegen
şahane kaiserlich; *mec.* großartig
'**şaheser** Meisterwerk *n*
şahıs (şahsı) Person *f*; → **kişi, kimse**; Personal...
şahit (-di) Zeuge *m*; → **tanık**; *-e ~ olmak* Zeuge (*G*) sein; **~lik** (-ği) Zeugenschaft *f*; Zeugenaussage *f*; **~lik etmek** als Zeuge aussagen
şahmat schachmatt
'**şahsen** persönlich, selbst; vom Sehen (her) (*tanımak*)
şahsi persönlich, eigen; Personal...; **~yet** (-ti) Individualität *f*; Persönlichkeit *f*
şair Dichter *m*; → **ozan**; **~ane** dichterisch, poetisch; *mec.* stimmungsvoll
şaka Scherz *m*, Spaß *m*; **~ etmek** scherzen; **~ kaldırmak** Spaß verstehen; **~ bir yana!** Scherz beiseite!; **~cı** Spaßmacher *m*, Witzbold *m*; **~cıktan** nur zum Spaß; spielend, ganz bequem
şakak (-ğı) Schläfe *f*
şakalaşmak scherzen (*ile* mit *D*)
şakla|mak *v/i* knallen; klatschen; **~tmak** (-*ı*) schmatzen; j-m eine (= *tokat*) schallern; (*kırbaç* mit der Peitsche) knallen
şakrak fröhlich (*gülüş*); lebenslustig
şal Schal *m*; Überwurf *m*
şalgam Steckrübe *f*; **~ suyu** Steckrübensaft *m*
şalter *El.* Schalter *m*
şalvar Pumphose *f*, Pluderhose *f*
Şaman Schamane *m*
şa'mandıra Boje *f*
şamar Ohrfeige *f*; *-e ~ atmak* j-m e-e Ohrfeige geben; **~ oğlanı** Sündenbock *m*; **~lamak** *v/t* j-n ohrfeigen
şamata Krach *m*, Lärm *m*; **~ etmek/koparmak** Krach machen; **~cı** lärmend; Randalierer *m*; **~lı** laut, lärmend
şamdan Leuchter *m*
şam'panya Champagner *m*, Sekt *m*
şampiyon *Spo.* Meister(in *f*) *m*, Sieger(in *f*) *m*; **~a** Meisterschaft(sspiel *n*) *f*; **~luk** (-ğu) Meisterschaft *f*
şampuan Shampoo *n*
şan Ruhm *m*; guter Ruf, Ehre *f*

şangır: **~ şungur** klirrend, scheppernd; **~damak** *v/i* klirren, klappern; **~tı** Klirren *n*, Klappern *n*
şanjman *oto*: Gangschaltung *f*; Kupplung *f*
şanlı berühmt; großartig
şans Chance *f*; Glück *n*; *bol ~!* viel Glück!; **~ eşitliği** Chancengleichheit *f*; **~ oyunu** Glücksspiel *n*; **~ tanımak** e-e Chance geben (*b-ne* j-m); **~ dönmek** sich ins Gegenteil verkehren; **~lı** Glücks-; *çok ~lıdır* ihm (*veya* ihr) glückt es, er (*veya* sie) hat immer Glück
şan'sölye Kanzler *m*
şanssız erfolglos; **~dır** (er, sie) hat keine Aussichten; **~lık** (-ğı) Aussichtslosigkeit *f*
şantaj Erpressung *f*; *-e ~ yapmak* j-n erpressen; **~cı** Erpresser(in *f*) *m*; **~cılığı** (-ğı) erpresserische Handlung
şantiye Baustelle *f*; *Gemi.* Werft *f*
şanziman → **şanjman**
'**şapka** Hut *m*; *Tek.* Kappe *f*, **~sını çıkarmak** den Hut abnehmen; **~sını giymek** den Hut aufsetzen; **~cı** Hutmacher *m*; **~lık** (-ğı) Hutablage *f*
şaplatmak schmatzen; *v/t* (*yüzüne*) j-m e-e schallende Ohrfeige verpassen
şapşal albern, dümmlich; plump
şarampol (-lü) Straßengraben *m*
şarap (-bı) Wein *m*; **~ kadehi** Weinglas *n*; *beyaz ~* Weißwein *m*; *kırmızı ~* Rotwein *m*; *pembe ~* Roséwein *m*; **~cı** Weinhändler *m*; großer Weintrinker; **~hane** Weinlokal *n*; Weinkellerei *f*
şarıl|damak *v/i su*: rieseln, plätschern; **~ ~** rieselnd, plätschernd
şarj *Fiz.*, *El.* Ladung *f*; Laden *n*; *-i ~ etmek akü* laden
şarkı Gesang *m*; Lied *n*; **~ söylemek** singen; **~ tutturmak** ein Lied anstimmen; **~cı** Sänger(in *f*) *m*
şarküteri Delikatessengeschäft *n*; Wurstgeschäft *n*
şarlatan Scharlatan *m*, Kurpfuscher *m*
şart (-tı) Bedingung *f*; Voraussetzung *f*; *-i ~ etmek* sich ausbedingen (*A*); zur Bedingung machen (*A*); **~ koşmak** e-e Bedingung stellen; *-mek ~ıyla* unter der Bedingung, dass; *bu*

~la unter dieser Bedingung; **şu ~la ki** unter der Bedingung, dass; **...~tır** ist erforderlich, ist nötig; **~sız** bedingungslos, vorbehaltlos

şasi Chassis *n*, Untergestell *n*; Fahrgestell *n*; Gerüst *n*

şaşı schielend; Schiel...; **~ bakmak** schielen

şaşıla|cak erstaunlich; **~sı** erstaunlich, bewunderungswürdig

şaşılık (-ğı) Schieläugigkeit *f*

şaş|ılmak: ~lır man wundert sich; *edil.* → **şaşmak**; **~ırmak** (-*i*) verwundert *veya* erstaunt sein (über *A*); sich irren (in *D*); *v/i* erstaunt *veya* verblüfft sein; *hesabını ~ırmak* sich verrechnen; **~ırtıcı** erstaunlich, verblüffend; irreführend; demonstrativ; **~ırtmak** *v/t* irreführen; verwirren; in Erstaunen versetzen, verblüffen

şaşkın fassungslos, F verdattert; ratlos, konfus; überrascht; perplex; **~laşmak** *mec.* den Kopf verlieren; **~lık** (-ğı) Fassungslosigkeit *f*, Ratlosigkeit *f*

şaşmak (-ar) sich wundern (-*e* über *A*); sich irren (-*i* in *D*); (nicht) abgehen, abirren (-*den* von *D*)

şatafat (-tı) Aufmachung *f*, Prunk *m*

'**şato** Schloss *n*, Palast *m*; Burg *f*

şayet *sam. kipi*: wenn, falls (+ -*se*)

Şb. *kıs.* = **şube** Filiale *f*

şebeke Netz *n* (*gnl. mec.*); *Cmp.* Netzwerk *n*; Spionagenetz *n*; Untergrundorganisation *f*; (Diebes-)Bande *f*

şef Chef *m*; Ober...; Chef...; **~ garson** Oberkellner *m*; **orkestra ~i** Dirigent *m*

şefkat (-ti) Güte *f*; Zärtlichkeit *f*; Mitleid *n*

şeflik (-ği) Führung *f*; Leitung *f*; Chefbüro *n*; Büro *n* des Vorstehers

şeftali Pfirsich *m*; Pfirsichbaum *m*

şehīr (şehri) Stadt *f*; → **kent**; Stadt...; **~çi** innerstädtisch; **~ içi konuşma** *Tel.* Ortsgespräch *n*; **~ planı** Stadtplan *m*; **~cilik** (-ği) Städtebau *m*; Stadtplanung *f*; **~lerarası** interurban; Überland... (*otobüs*); **~lerarası telefon** Ferndienst *m*; Ferngespräch *n*; **~li** städtisch; Städter(in *f*) *m*, Stadtmensch *m*

şehit (-di) Gefallener; *Din.* Märtyrer *m*

şehriye Nudel(n *pl*) *f*, Teigwaren *pl*

şehvet (-ti) Wollust *f*, Sinnlichkeit *f*; *gnl.* Begehrlichkeit *f*; **~li** sinnlich, lüstern

şehzade Prinz *m*

şeker Zucker *m*; Süßigkeit *f*, Bonbon *m*; lieb, nett, süß; *şey:* hübsch; **2 Bayramı** Zuckerfest *n*; **~ hastalığı** Zuckerkrankheit *f*; **~im** *gnl. kadınlara*: mein Schatz!, mein Herz(chen)!; **toz ~** Puderzucker *m*; **~leme** Bonbon *m*; kandierte Früchte *f/pl*; Nickerchen *n*, Schläfchen *n*; **~li** gezuckert, ... mit Zucker; *Tıp* Diabetiker(in *f*) *m*; **~lik** (-ği) Zuckerdose *f*

şekil (şekli) Form *f*; Abbildung *f*, Schaubild *n*, Zeichnung *f*; Art und Weise *f*, → **biçim**; Zustand *m*, *az.* → **hal**; *Mat.* Figur *f*; **bu ~de** auf diese Weise

şelale Wasserfall *m*

'**şema** Schema *n*

şematik schematisch

şemsiye (Sonnen-)Schirm *m*; **~ci** Schirmmacher *m*; Schirmgeschäft *n*; **~lik** (-ği) Schirmständer *m*

şen fröhlich, heiter; **~ şakrak** froh und heiter; **~ ve esen kalın** bleiben Sie gesund!; **~lendirmek** *v/t* erheitern, beleben (*az. mec.*); *mec.* emporbringen; feiern; **~lenmek** *v/i* froh werden, aufleben; **~lik** (-ği) Heiterkeit *f*, Fröhlichkeit *f*; Fest *n*, Feier *f*; Festival *n*; Veranstaltung *f*

şeref Ehre *f*; Ehren...; → **onur**; *toplumda* Stellung *f*, Ehren...; -*e* **~ vermek** j-m Ehre machen; **~ yemini** Ehrenwort *n*; **~ yeri** Ehrenplatz *m*; **~e** prost!; **~inize** auf Ihr Wohl!; **~lendirmek** *v/t* ehren (*ile* durch *A*); **~li** ehrenvoll; *Ort:* belebt, blühend; **~siz** ehrlos; unrühmlich

şeriat (-tı) (islamisches) Religionsgesetz; **~çı** Scheriatsanhänger *m*

şerit (-di) Band *n*, Streifen *m*; Fahrstreifen *m*, Fahrspur *f*

şey Sache *f*, Ding *n*; Angelegenheit *f*; Dingsda *m, f*; **bir ~** etwas; **kötü bir ~** et. Schlechtes; **bir ~ değil!** keine Ursache!, bitte sehr!; **bir ~ler** etwas (zu essen *vs.*)

şeytan Teufel *m*, Satan *m* (*az. mec.*); durchtriebener Bursche, F Aas *n*

şey'tanca teuflisch, diabolisch

şeytani teuflisch; Teufels...
şeytanlık (-ğı) Teufelei *f*; Verschlagenheit *f*
şezlong (-gu) Liegestuhl *m*
şık (-kı) schick, chic; treffend (*yanıt*); **~laşmak** chic werden, sich fein machen; **~lık** (-ğı) Chic *m*
şımar|ık (-ğı) verwöhnt, verzogen; unberechenbar; schnippisch; **~mak** schnippisch sein; verwöhnt werden; sich gehen lassen
'**şıra** Traubensaft *m*
şı'rınga Spritze *f*; Klistier *n*; **~ etmek/yapmak** e-e Spritze geben, e-e Injektion verabfolgen
Şia *Din.* Schia *f*, Schiismus *m*
şiddet (-ti) Heftigkeit *f*; Gewalt *f*; Wucht *f*; Intensität *f*; Strenge *f*; *dep rem:* Stärke *f e-s Bebens*; **~ hareketi** Gewalttat *f*; **~ olayı** Krawall *m*; **~e başvurmak** Gewalt anwenden; **~le** mit Gewalt; ernstlich, stark
şiddetli heftig; scharf; streng (*örn. kış, soğuk*); rau (*iklim*); **~ geçimsizlik** Zerrüttung *f* der Ehe
şifa Heilung *f*; → **onma**; Gesundung *f*; **~ bulmak** genesen; **~ vermek** heilen, gesund machen; **~yı bulmak/kapmak** alay (erst richtig) krank werden
şifre Chiffre *f*, Verschlüsselung *f*, *Cmp.* Password *n*; **~yi çözmek** entschlüsseln, dechiffrieren; **~ etmek** chiffrieren, verschlüsseln; **~lemek** *v/t* chiffrieren; **~li** chiffriert, verschlüsselt; **~li kilit** Zahlenschloss *n*
Şii *Din.* Schiit *m*; **~lik** (-ği) → **Şia**
şiir Dichtung *f*, Poesie *f*; Gedicht *n*
şikâyet (-ti) → **yakınma**, Klage *f*, Beschwerde *f*, Beanstandung *f*; *-den, -i -e etmek* sich beschweren (über *A*); *-i -e etmek* sich beklagen (über j-n bei j-m); **~çi** Kläger(in *f*) *m*; Beschwerdeführer(in *f*) *m*
şike *Spo.* Scheinkampf *m*, abgekartetes Spiel; **~ yapmak** ein Spiel vorher absprechen; *mec.* e-e abgekartete Sache machen
Şili Chile
şilin Schilling *m*
şilte Matratze *f*
'**şimdi** jetzt; gleich (*hemen*); gerade, soeben (*demin*); nunmehr; **~ ~** gerade eben; **~ye kadar/dek** bis jetzt; **~den**
von jetzt an, schon jetzt; **~ki** jetzig, gegenwärtig, heutig; **~lik** (-ği) vorläufig, einstweilen; (für) diesmal
şimendifer Eisenbahn *f*; Zug *m*
şimşek (-ği) Blitz *m*; **~ çakıyor** es blitzt; **~ gibi** wie der Blitz; **~leri üstüne çekmek** die schärfste Kritik auf sich ziehen
şirin lieb, nett, freundlich
şirket (-ti) → **ortaklık**; Gesellschaft *f*; **komandit ~** Kommanditgesellschaft *f*; **limited ~** Gesellschaft *f* mit beschränkter Haftung (GmbH)
şiş¹ Spieß *m*; Bratspieß *m*; Stricknadel *f*; **~ kebap** Schaschlik *n*; **~e geçirmek** *et* (auf)spießen
şiş² geschwollen; Schwellung *f*, Beule *f*
şişe Flasche *f*; Lampenzylinder *m*; **~ açacağı** Flaschenöffner *m*; **~ suyu** Wasser *n* in Flaschen
şişer → **şişmek**
şişkin aufgeblasen; aufgeschwemmt, aufgedunsen; **~lik** (-ği) Aufgeblasenheit *f* (*az. mec.*); Aufgeschwemmtheit *f*
şişman dick, fett, korpulent; **~lamak** korpulent werden
şişmek (-er) anschwellen; dick werden, zunehmen; sehr gesättigt sein, F wie genudelt sein; *koşmaktan* außer Atem sein; *mec.* sich schämen
şive Aussprache(eigentümlichkeit) *f*, Akzent *m*; Dialekt *m*
şizofreni Schizophrenie *f*
şofben Warmwasserbereiter *m*, Boiler *m*
şoför Chauffeur *m*; **~ okulu** Fahrschule *f*
şoförlük: ~ öğretmeni Fahrlehrer *m*; **~ sınavı** Führerscheinprüfung *f*; **~ yapmak** als (Taxi-)Fahrer arbeiten
şok (-ku) Schock *m*; **~a girmek** e-n Schock bekommen
şoke: *-i* **~ etmek** schockieren (*A*)
şort (-tu) Shorts *pl*, kurze Hose
şose Chaussee *f*
şov Show *f*, Revue *f*
şoven Chauvinist *m*; **~izm**, **~lik** (-ği) Chauvinismus *m*
şöhret (-ti) Ruhm *m*, → **ün**; *kişi:* Berühmtheit *f*; **~li** berühmt
şölen Gastmahl *n*, Bankett *n*
şö'mine Kamin *m*

şö'valye Ritter *m*

'şöyle *bel.* so; *zam.* so eine(r), solch...; **~ bir** nur (so) obenhin, ganz flüchtig; von oben herab; **~ böyle** soso, leidlich; mittelmäßig; einigermaßen; ungefähr, etwa; **~ ki** sodass ...; derart, dass ...; wie folgt; **~ dursun**, (**... bile ...**) nicht nur (nicht) ..., selbst ...; geschweige denn; **~ce**, **~'likle** so, derart, auf solche Weise; **~mesine**, **~sine** in e-r Weise (dass ...), derart (dass ...)

Şti. *kıs.* = **Şirket**(*i*) Gesellschaft *f*

şu (-nu) dieser, diese, dies(es); der da, die da, das da; **~ bu** Hinz und Kunz, jedermann; dieses und jenes, dies und das, der ganze Kram; **~ halde** in diesem Fall; folglich, das heißt; demnach; **~ kadar** (*veya var*) **ki** dennoch, trotz allem

şubat (-tı) (*az.* **~ ayı**) Februar *m*; **~ ayında** im (Monat) Februar

şube Abteilung *f*; Sektion *f*; Filiale *f*; Polizeirevier *n*; *okul.* (Neben-)Klasse *f*

şun|a → **şu**; **~ca** so viel; **~da** darin; → **şu**; **~dan** davon; → **şu**; **~lar** die da *pl*; **~un** (*G*) von da, jenes *vs.*; → **şu**

'şura der Ort da, die Stelle (da); hier in der Nähe; **~larda** dort, an den Plätzen; **~m ağrıyor** da tuts mir weh; **~da burada** hier und da; an vielen Stellen; **~dan buradan** von allen möglichen Stellen; *mec.* alles Mögliche; **~sı** (die Gegend) da; **~ya** dorthin, dahin

şurup (-bu) Sirup *m*; *Tıp* Mixtur *f*

şükr|an Dankbarkeit *f*; **~'etmek** (*-e* j-m) danken (*özl.* Tanrıya)

şükür (şükrü) Dankbarkeit *f*; Lobpreisung *f*; **Tanrıya bin ~ler olsun** Gott sei es gedankt

şüphe Zweifel *m* (*-den* an *D*); Argwohn *m*; *-den veya -e* **etmek** zweifeln (an *D*); **~ kurdu** (der) bohrende Zweifel; **~ yok** es besteht kein Zweifel; *-den* **~ye düşmek** zu zweifeln beginnen (an *D*); **~ye düşürmek** Zweifel aufkommen lassen (*-i* in j-m), j-n misstrauisch machen; **~ci** Zweifler *m*, Skeptiker *m*; **~cilik** (-ği) Skeptizismus *m*

şüphe|lenmek *v/i* zweifeln (an *D*), misstrauen (*D*); **~li** zweifelhaft; *kişi*: misstrauisch, argwöhnisch; **~siz** zweifellos; glaubhaft

T

ta *Verstärkung von* **-de**, **-den**, (**-den**, **-e**) **kadar** *vs.*: **~ uzaklarda havlanan köpek** ein ganz in der Ferne bellender Hund; **~ akşama kadar** bis in den Abend hinein; **~ kendisi** er in Person; **~ ki sanı için**: damit; **~ ki herkes anlasın** damit jeder es versteht

taahhüt (-dü) Verpflichtung *f*; Zusage *f*; **~lü** *mektup*: eingeschrieben; **~name** schriftliche Verpflichtung

ta'ammüden *Huk.* vorsätzlich

taba|k (-ğı) Teller *m*; Portion *f*; **fincan ~ğı** Untertasse *f*

tabaka Schicht *f* (*az. mec.*); Blatt *n* (*kâğıt*); (Brief-)Bogen *m*

ta'baka Zigarettenetui *n*; Tabaksdose *f*

taban Fußsohle *f*; Schuhsohle *f*; *mec.* Fuß *m*; Sockel *m*; Plateau *n*; (Fluss-)Bett *n*; Grund *m*; *Tek.* Ankerpflug *m*; **~ fiyat** gesetzlicher Mindestpreis; **~ tepmek** sich die Füße wund laufen; **~ ~a zıt** direkt entgegengesetzt; **~larını yağlamak** sich auf die Beine machen; sich aus dem Staub machen

ta'banca Revolver *m*, Pistole *f*; *boya*: Spritzpistole *f*

ta'bela [lâ] Schild *n*; Verpflegungsliste *f*; Kontrolliste *f*

tabi → **bağlı**; abhängig (*-e* von *D*); j-m ergeben; -pflichtig, örn. **gümrüğe ~** zollpflichtig; *-i -e* **tutmak** j-n unterwerfen (*sınava* e-r Prüfung)

tabiat (-tı) → *doğa*; Natur *f* (*az. karakter*); ~ **bilgisi** Naturwissenschaft *f*; **~ıyla** selbstverständlich; natürlicherweise; von selbst; **~lı** mit ... Charakter; feinfühlig; **fena ~lı** mit schlechtem Charakter (*veya* Wesen)

tabii natürlich; normal; Natur...; natürlich!, (na) klar!, selbstverständlich; **~ afetler** Naturkatastrophen *f/pl*; **~leşmek** natürlich werden; **~lik** (-ği) Natürlichkeit *f*

tabiiyet Staatsangehörigkeit *f*; → *uyrukluk*; **~li** Staatsangehörige(r); → *uyruk*; **~siz** staatenlos

tabip (-bi) Arzt *m*

¹**tabla** Tablett *n*; Eisenblechplatte *f*; Untersatz *m*; Waagschale *f*; Aschenbecher *m*; Metall- *veya* Glasschale *f*

²**tabldot** (-tu) (*örn. öğle*) Buffet *n*; Menü *n*; gemeinsame Kasse

tablet Tablette *f*; Pastille *f*; Tafel *f* (*çikolata*)

tablo Bild *n*; Übersicht *f*; *az.* → *çarpım*; Tabelle *f*; *Tiy.* Bild *n*

tabu Tabu *n*; tabu; **~laşmak** tabu(isi)eren

tabur Bataillon *f*; *mec.* Kolonne *f*; **~ olmak** sich in e-r Kolonne aufstellen, e-e Kolonne bilden; **~ komutanı** Bataillonskommandant *m*; **~cu** aus dem Krankenhaus Entlassene(r *m*) *f*; **~cu etmek** j-n (aus dem Krankenhaus) entlassen; *-den* **~cu olmak** entlassen werden (aus *D*)

ta'bure Hocker *m*

tabut (-tu) Sarg *m*

Tacikistan Tadschikistan

taciz Störung *f*; Beunruhigung *f*; *cinsel ~* sexuelle Belästigung; **~ etmek** *v/t* stören

ta|ç¹ (-cı) Krone *f*, Kranz *m*; *kuş.* Kamm *m*; Blütenkrone *f*; **diş ~cı** Zahnkrone *f*

taç² (-cı) *Spo.* seitliches Außenfeld; **~ atışı** Einwurf *m*

tadar → *tatmak*

tadım Geschmack(sempfindung *f*) *m*; **~lık** (-ğı) Kostprobe *f*; Prise *f*; *mec.* e-e Idee, ein klein wenig

tadil, **~at** (-atı) Abänderung *f*, Modifizierung *f*

tadlandırıcı Süßstoff *m*

tafra Dünkel *m*, Arroganz *f*; **~ satmak** dünkelhaft sein, arrogant sein

tahammül Ausdauer *f*; → *dayanık*; *-e ~ etmek* ertragen; aushalten; **~ edilmez** unerträglich

tahayyül Illusion *f*; Fantasie *f*; **~ etmek** sich et. ausmalen, fantasieren

tahdit (-di) Beschränkung *f*; Abgrenzung *f*; **~ etmek** beschränken; abgrenzen

tahıl Getreide *n*; **~ ambarı** Kornkammer *f*

tahkik (-ki) Untersuchung *f*; *-i ~ etmek* untersuchen (*A*); **~at** (-atı) Ermittlungen *f/pl*, Untersuchungen *f/pl* (**yapmak** anstellen); **~at komisyonu** Untersuchungskommission *f*

tahlil Analyse *f* (*az. Ed.*); *-i ~ etmek gnl.* analysieren

tahliye Räumung *f*, Evakuierung *f*; Freilassung *f*, *tutuklu*: Entlassung *f*; *mal:* Entladung *f*; *-i ~ etmek* räumen, evakuieren (*A*); auf freien Fuß setzen, entlassen (*A*); entladen (*A*)

tahmin Einschätzung *f*; Vermutung *f*, Vorhersage *f*; *-i ~ etmek* schätzen; vermuten; vorhersagen (*A*); **'~en** schätzungsweise; vermutlich; **'~en** annähernd, Annäherungs..., Schätz...; mutmaßlich

tahribat (-atı) Verwüstungen *f/pl*

tahrik (-ki) Aufwiegelung *f*, Hetze *f*; *-i ~ etmek* aufhetzen (*A*); *gnl.* anregen; in Gang setzen, starten; verschärfen, aufbauschen; sexuell erregen, F scharf machen; **~çi** Hetzer *m*, Aufwiegler *m*

tahrip (-bi) Zerstörung *f*; → *yıkma*; *-i ~ etmek* zerstören (*A*)

tahriş *Tıp* Reizung *f*; **~ edici** Reiz... (*gaz*); Reizmittel *n*; *-i ~ etmek* reizen (*A*)

tahsil Studium *n*; → *öğrenim*; *para:* Einziehung *f*, *-i ~ etmek* studieren (*A*); einziehen; einkassieren; **~at** (-atı) *vergi:* Einziehung *f*, Eintreibung *f*; **~dar** Steuereinnehmer *m*

tahsis Zuweisung *f*, Zuteilung *f*; *-e -i ~ etmek* zuweisen, zuteilen (j-m *A*); **~at** (-atı) Mittel *n/pl*, bewilligte Gelder *n/pl*; Zuwendungen *f/pl*; **~li: ~li yol trafik:** Sonderspur *f*

taht (-tı) Thron *m*; **~a çıkmak**/**geçmek** den Thron besteigen

tahta Brett *n*; Holz *n*; Platte *f*; *Gemi.* Planke *f*; Gemüsebeet *n*; Holz... (*kaşık vs.*); **~ kaplama** Holzverscha-

lung f; **~ perde** spanische Wand f; Bretterzaun m

tah'takurusu (-nu) Zoo. Wanze f

tahvil Schuldverschreibung f, Anleihe f; **-i ~ etmek** *döviz:* konvertieren, wechseln (*-e* in *A*)

takar → takmak

takas *Tic.* Clearing n, Verrechnung f; **~ anlaşması** Verrechnungsabkommen n; **~ etmek** verrechnen

takdim Anerbieten n; Überreichung f; Vorstellen n; *-e* **~ edilmek** j-m vorgestellt werden; *-i -e* **~ etmek** j-m etw. anbieten, überreichen (*A*); j-n j-m vorstellen; *az.* **→ öncelemek**; **~ci** Vorstellende(r m) f; Vortragende(r m) f, Conférencier m, Ansager(in f) m

takdir 1. *is.*Wertschätzung f; *Huk.* Ermessen n; Einschätzung f; Vorbestimmung f, Vorsehung f; Fall m; *-i* **~ etmek** schätzen (*A*), würdigen (*A*); anerkennen; bewerten, benoten (*A*); **~ hakkı** richterliches Ermessen; **bu ~de** in diesem Fall; **2.** *sanı kipi: -diği* **~de** wenn; falls; in dem Fall, dass **geldiği ~de** wenn er (*veya* sie) kommt

takdirname Anerkennungsschreiben n; Laudatio f

takdis Heiligung f, Segnung f; *-i* **~ etmek** heiligen; segnen; verehren

takı Schmuckstück n (für die Braut); grammatische Endung, Suffix n

takılmak (-e) (an)gehängt werden *veya* sein (an *A*); j-n necken; hängen bleiben (an *D*); sich einlassen (in *A*); *hata vs.* (besondere) unterstreichen, hervorheben; stoßen (an, auf *A*); *mec.* sich heften (an j-n); Allotria treiben

takım *gnl.* Gruppe f; Zubehör n, Artikel m/pl; *mobilya:* Garnitur f; *çay:* Service n; Besteck n; Set n; *Spo.* Mannschaft f; Truppe f; Zug m (*asker*); *Tek. alet:* Satz m; Sorte f; System n; **~ çantası** Instrumententasche f; **~ elbise** Anzug m; **~ kutusu** Werkzeugkasten m

takım|ada(lar) Archipel m, Inselgruppe f; **~erki** (-ni) Oligarchie f; Elite f; **~yıldız** Sternbild n

takınak (-ğı) Zwangsvorstellung f, fixe Idee; **~lı** *Psi.* Zwangs..., zwanghaft; **~lı davranış** Zwangshandlungen f/pl

takınmak sich anhängen, sich anheften (*-e* an *A*); *çehre* aufsetzen, an den Tag legen; **~mış gibi** ~ e-e Miene aufsetzen, als ob ...

takıntı Beiwerk n, das Drum und Dran; Schuld f, Verpflichtung f

takırtı Geklapper n; Gepolter n; Rumoren n; Knattern n; Krachen n

takibat (-atı) **~a geçmek** *Huk.* die Verfolgung einleiten

takip (-bi) Verfolgung f; (*gizli geheime*) Beobachtung; Beschattung f; *mec.* Verfolgung f, *bir politika* Betreiben n; *-i* **~ etmek** v/t verfolgen (*az. mec.*); betreiben; (*modayı* der Mode) folgen; (*yol* dem Weg) folgen; j-n beobachten, beschatten; **~çi** Verfolger m; **~siz** unbehelligt; ohne Beharrlichkeit, ohne Ausdauer; *Huk.* ohne Strafverfolgung

takke Käppchen n

takla(k) Purzelbaum m; **~ atmak** e-n Purzelbaum machen (*az. sevinçten*); *mec.* e-n Kotau machen; *oto:* sich überschlagen; *Hava.* ein Looping drehen

taklit (-di) Kopie f, Nachahmung f; Fälschung f; nachgeahmt, gefälscht; **~ edilmez** fälschungssicher; *-i -e* **~ etmek, -in taklidini yapmak** nachmen (*A*), imitieren (*A*), kopieren (*A*); **~ para** Falschgeld n; **~ çi** Nachahmer(in f) m, Imitator(in f) m; Fälscher(in f) m; **~çilik** (-ği) Imitation f, F Nachäfferei f

takma künstlich (*diş vs.*); **~ ad** Pseudonym n; **~ motor** Außenbordmotor m

takmak (-ar) (*-i -e*) v/t hängen (an *A*); stecken (an, auf *A*); befestigen (an *D*); *gözlük* aufsetzen, setzen (auf *A*); *rozet vs.* anstecken; *iplik* einfädeln (in *A*); *kâğıt* einspannen (in *A*); *isim* geben

takmamak P pfeifen (auf *A*); **takma kafayı** pfeif drauf!

takoz Keil m; Dübel m; Bremskeil m

tak'riben ungefähr, annähernd

'**taksa** Strafporto n (*ücret olarak*); **~ pulu** Strafporto n (*pul olarak*); **~lı** (Brief m) mit Strafporto

'**taksi** Taxi n; **~ durağı** Taxistand m; **~ tutmak** ein Taxi nehmen

taksim Teilung f; Aufteilung f, Verteilung f; *Mat.* Division f; *Türk Müz.* Improvisation f; *-i* **~ etmek** teilen; auf-

taksimetre 258

teilen; *Müz.* etwas vorspielen; **üçe ~ etmek** *Mat.* durch drei teilen
taksi'metre Taxameter *m*
taksit (-ti) Rate *f*; **~ ödemek** in Raten zahlen; **~ ~, ~le** auf (*veya* in) Raten; **~e bağlamak** e-e Ratenzahlung vereinbaren
taktırmak (*-i -e*) *ettir.* → **takmak**; (an)hängen lassen; überreichen lassen (et. durch *A*) *vs.*
taktik (-ği) Taktik *f*; taktisch; **~çi** Taktiker *m*
takvim Kalender *m*; **~ yılı** Kalenderjahr *n*; **Gregoryen ~i** Gregorianischer Kalender
talan Plünderung *f*; **~ etmek** *v/t* (aus-) plündern, ausrauben
talaş Späne *m/pl*, Abfälle *m/pl*
talep (-bi) Forderung *f*; Anspruch *m*; *Tic.* Nachfrage *f*; **-i ~ etmek** fordern, verlangen; beanspruchen
talih Schicksal *n*; Zufall *m*; Glück *n*, Chance *f*; **~ kuşu** *mec.* Glücksstern *m*, Glückslos *n*; **~li** vom Schicksal begünstigt; Glückspilz *m*; **~siz** Unglücksrabe *m*; **~sizlik** (-ği) Unglück *n*, Pech *n*
talip (-bi) Interessent(in *f*) *m*; Bewerber(in *f*) *m*; **-e ~ çıkmak** als Interessent für (*A*) auftreten; *gnl.* gern haben wollen
taltif Auszeichnung *f*; **-i ~ etmek** j-n auszeichnen
tam voll, ganz, gesamt; vollständig; genau (*bir hafta vs.*); **~ yüklü** voll beladen; **~ iki yıl** zwei volle Jahre; **~ o aralık** gerade (*veya* genau) in diesem Augenblick; **~pansiyon** Vollpension *f*; **~ saat beşte** genau um fünf Uhr; **~ vaktinde** zur rechten Zeit; **~ gün** ganztags; **~ üye** Vollmitglied *n*; **~ yol** schleunigst; **~ yol ileri** mit Volldampf voraus
tamah Habgier *f*; **~ etmek** habgierig sein; scharf sein (*-e* auf *A*); **~kâr** habgierig
tamam Gesamtheit *f*; vollständig; alles; (der, die, das) Ganze; fertig, richtig, in Ordnung; *zaman:* abgelaufen, *Ed.* erfüllt; *ünl.* in Ordnung!, gut!; so ist es!; **bıkkınlıkla:** nun gut; Schluss damit!; **~ gelmek** j-m passen (*ayakkabı vs.*); **her şeyi ~** (sonst) tadellos; **saat ~** die Zeit ist um; **~ı ~ına**

ganz in Ordnung; ganz genau; **~ mı?** nicht wahr?, ist es nicht so?
ta'mamen *bel.* vollständig, zur Gänze, ganz und gar
tama'mıyla → **tamamen**
tamam|lama Fertigstellung *f*, Abschluss *m*; **~lamak** *v/t* ergänzen; vollenden (*az. yıl*), fertig stellen, abschließen; **~lanmak** *edil.* → **tamamlamak**; wieder vollzählig sein; **~layıcı** ergänzend; zusätzlich; Fortbildungs... (*kurs*); *Ed.* Vollender *m*
tam'bura *gnl.* Zupfinstrument *n*; **~cı** Tamburaspieler *m*
tamir Reparatur *f*, Instandsetzung *f*; **~ etmek** *v/t* reparieren, instand setzen, → **onarmak**; **~e vermek** reparieren (*veya* überholen) lassen (*A*); **~at** (-atı) Reparaturarbeiten *f/pl*; **~ci** Mechaniker *m*; Autoschlosser *m*
tamlama *Gr.* Wortfügung *f*, Wortgruppe *f*; **~ eki** Wortfügungssuffix (*-i*)
tamlayan *Gr.* Bestimmungswort *n*; *Gr.* **~ durumu** Genitiv *m*
tamlık (-ğı) Genauigkeit *f*
tampon Wattebausch *m*; *Tıp* Tampon *m*; *oto:* Stoßdämpfer *m*; *Demiryol.* Puffer *m*; Pfropfen *m*; Stempelkissen *n*; **~ devlet** Pufferstaat *m*
'tamsayı Vollzähligkeit *f*; Plenum *n*; *Mat.* ganze Zahl
'tamtakır völlig leer
tan Morgendämmerung *f*; **~ ağarmak** *kişisiz.:* es dämmert
tane Stück *n* (*sayı sözcüğü*); Korn *n*; Beere *f*; **kum ~si** Sandkorn *n*; **~ ~ söylemek** alles haarklein schildern; **~cik** (-ği) Stückchen *n*; Körnchen *n*; *Fiz.* Teilchen *n*; **bir ~cik** nur ein(e) einzige(r, -s)
tane|cikli körnig, granulös; pickelig; **~lemek** *v/t* entkernen; granulieren; **~li:** iri **~li** grobkörnig; ufak **~li** feinkörnig
tangır: ~ ~ dröhnend, F mit Gedröhn; **~damak** *v/i* dröhnen; klirren; **~datmak** (-i) dröhnen; klirren (mit *D*)
'tango Tango *m*
tanı *Tıp* Prognose *f*
tanıdık (-ğı) Bekannte(r *m*) *f*; bekannt
tanık (-ğı) Zeuge *m*, Zeugin *f*; **-e ~ olmak** Zeuge (*G*) sein; **~lık** (-ğı) Be-

taraf

zeugung f; Angaben f/pl; ~**lık etmek** als Zeuge auftreten; (bşe et.) bezeugen

tanıla|ma Diagnose f; ~**mak** v/t diagnostizieren

tanım Bestimmung f, Beschreibung f, Definition f

tanıma Pol. Anerkennung f

tanımak v/t (wieder) erkennen; (j-n) lange kennen; kişi ve şey kennen; unterscheiden können; süre gewähren; imza, yasa anerkennen; az. yasa achten, gehorchen (-D)

tanımazlık (-ğı): -i ~**tan gelmek** so tun, als ob man j-n nicht kennt(e)

tanımlamak v/t definieren; charakterisieren, beschreiben

tanın|ma Anerkennung f; ~**mak** bekannt sein; anerkannt sein; ~**mış** bekannt, berühmt

tanış bekannt; ~**ık** (-ğı) gute(r) Bekannte(r m) f; ~**ıklık** (-ğı) Bekanntschaft f, ~**ma** Bekanntschaft f, Bekanntsein n; ~**mak** v/i sich kennen, miteinander bekannt sein; kennen lernen (**ile** j-n); ~**tırmak** (-i **ile**) bekannt machen (j-n mit D), vorstellen (j-n j-m)

tanıtıcı Propagandist(in f) m; Propaganda..., Informations...

tanıt|ılmak edil. → **tanıtmak**; ~**ım** → **tanıtma**; ~**ma** Vorstellen n, Bekanntmachen n; ~**ma filmi** Vorschau f; ~**ma yazısı** Vorspann m (film); ~**macı** Ansager(in f) m, Conférencier m; ~**mak** v/t vorstellen (-e j-m), bekannt machen (-e mit D); **kendini** ~**mak** sich vorstellen; ~**malık** (-ğı) Prospekt m; Gebrauchsanweisung f

tank (-kı) Panzer(wagen) m; Tank m

tanker Tanker m

tanrı gnl. Gottheit f, (ein) Gott; **Tanrı** Gott m, (der) Herr (= Allah); ~ **misafiri** unangemeldeter Gast, ungebetener Gast; ~**bilimi** Theologie f

tan'rıça Göttin f

tanrılaştırmak v/t vergöttlichen

tanrı|lık (-ğı) Göttlichkeit f; ~**sal** göttlich; ~**sız** Atheist(in f) m; ~**sızlık** (-ğı) Athe'ismus m, Gottlosigkeit f; ~**tanımaz** → **tanrısız**

tansiyon Blutdruck m; **düşük** ~, ~ **düşüklüğü** niedriger Blutdruck, Hypotonie f; **yüksek** ~, ~ **yüksekliği** hoher Blutdruck, Hypertonie f; ~ **ölçme aleti** Blutdruckmesser m

tantana Pomp m; ~**lı** pompös; feierlich; hochtrabend (sözler)

'**tan|yeli** (-ni) Morgenbrise f; ~**yeri** Horizontstelle f (der Morgenröte); ~**yeri ağarıyor** der Morgen graut

tanzim protokol: Aufstellung f, belge: Ausstellung f (einer Urkunde); az. → **düzeltme**; ~ **etmek** v/t ordnen, regeln; umgestalten; reorganisieren; aufstellen; einstellen (az. → **düzenlemek**); ~ **satışı** (staatlich) gelenkter Verkauf

TAO kıs. = **Türk Anonim Ortaklığı** Türkische Aktiengesellschaft f

'**tapa** Stöpsel m, Pfropfen m; ~**lamak** v/t verschließen, zustöpseln; ~**lı** verschlossen, zugestöpselt

tapar → **tapmak**

tapasız şişe: unverschlossen

tapınak (-ğı) Heiligtum n, Gotteshaus n, Tempel m

tapın|ış Anbetung f, göttliche Verehrung; ~**mak** gnl. anbeten (-e A)

tapırdamak v/i stampfen, trapsen, trampeln

tapma Kult m, Anbetung f (-e G); **kişiye** ~ Personenkult m

tapmak (-ar) Tanrı, mec. anbeten (-e A)

tapon Ramsch..., minderwertig, F mies; ~ **mal** Ramsch m, Schund m

'**taptaze** ganz frisch; kişi: F taufrisch; ekmek: ofenfrisch

tapu Grundbuchauszug m; Katasteramt n; ~ **kaydı** Grundbucheintragung f; ~ **kütüğü/sicili** Grundbuch n; Kataster n

ta'raça Terrasse f

taraf 1. gnl. Seite f; Gegend f; Richtung f; Huk. Partei f; örn. baba: Familie f (des Vaters); (örn. ön vorderer) Teil; Sorte f, Art f; (-in) (**ını**) **tutmak/çıkmak**, **-den** ~**a çıkmak/olmak** für j-n sein, (j-s) Partei ergreifen, sich einsetzen (für j-n); ~ ~ stellenweise; **ana** ~ mütterlicherseits; **her** ~ **ı** am ganzen Körper (titremek); **dünyanın her** ~**ında** überall in der Welt; **her** ~**ta** überall; **dört bir** ~**ta** an allen Seiten, ringsherum; 2. ön-ilg.: ~**ma** für mich; ~**ımdan** von mir; durch mich; meinerseits; ~**ından**

tarafçı

von (*D*); durch (*A*); im Auftrag (von *D*); **bu önerge bakan ~ndan kabul edildi** dieser Vorschlag wurde von dem Minister angenommen

taraf|çı Parteigänger(in *f*) *m*, Anhänger(in *f*) *m*; **~lı** -seitig; pateiisch; Anhänger(in *f*) *m*; gebürtig, woher; **~lı olmamak** desinteressiert sein; **tek ~lı** einseitig; **~lılık** (-ğı): **tek ~lılık** Einseitigkeit *f*; **~sız** neutral; unparteiisch, unvoreingenommen; **devlet**: neutral; **~sızlık** (-ğı) Neutralität *f*; Unvoreingenommenheit *f*; Parteilosigkeit *f*; **~tar** Anhänger(in *f*) *m*; **barış** *vs.*: Freund *m*; **-e ~tar olmak** Anhänger (*G*) sein

tarak (-ğı) Kamm *m*; Harke *f*, Rechen *m*; **~ vurmak** → **taramak**; **~çı** Kammverkäufer *m*

tarama Schraffierung *f*; (Fisch-)Rogen *m*; *mec.* Auswertung *f* (*gazeteler*); *Cmp.* Scannen *n*; **~ çizgisi** dünner Strich, Haarstrich *m*; **~k** *v/t* (aus)kämmen; *örn.* orman durchsuchen; *özl. Cmp.* scannen; *ışıkla* abschen; *mec. gazete* auswerten; *mec.* j-n mustern

taranmak *edil.* → **taramak**; sich kämmen

tarayıcı *Cmp.* Scanner *m*

tarçın Zimt *m*

tarhana: **~ çorbası** Tarhana-Suppe *f*

tarım Landwirtschaft *f*; **orman ve köyişleri bakanı** Minister *m* für Wald- und Dorfwesen; **~cı** Landwirt *m*; Landwirtschafts...; **~sal** landwirtschaftlich, Agrar...

tarif Beschreibung *f*, Schilderung *f*; Bestimmung *f*; **~ etmek** *örn. yolu* beschreiben

tarife Tarif *m*; Preisliste *f*; Fahrplan *m*; Gebrauchsanweisung *f*; Kochrezept *n*; **~li** fahrplanmäßig

tarifsiz unbeschrieben, nicht beschrieben; unbeschreiblich (*örn. korku*)

tarih Datum *n*; *gnl.* Geschichte *f*; **~ atmak/koymak** das Datum setzen, datieren; **~ düşürmek** ein Chronogramm aufstellen; **~e geçmek** in die Geschichte eingehen; **~e karışmak** nur noch der Geschichte angehören; **~çi** Historiker(in *f*) *m*; Geschichtslehrer(in *f*) *m*; **~i** → **tarihsel**; **~lendirmek** *v/t* datieren; **~li** datiert; **~öncesi** (-ni) vorgeschichtlich; Vorgeschichte *f*, Prähistorie *f*; **~sel** geschichtlich, historisch; **~siz** geschichtslos; undatiert, ohne Datum

tarikat (-tı) Sekte *f*; Orden *m*; **Bektaşi ~** Orden *m* der Bektaschi-Derwische

tarla Feld *n*, Acker *m*

tartaklamak *v/t* (durch)schütteln, durchrütteln

tartar → **tartmak**

tartı Gewicht *n*; Wiegen *n*, Auswiegen *n*; (*az. Astr.*) Waage *f*; *mec.* Erwägung *f*; **Gemi.** Fall *m*, Tau *n*; **~ ile ~ya göre** nach Gewicht; **~l** Gewichts...; quantitativ; **~lı** abgewogen; *mec.* gemessen, maßvoll

tartılmak *edil.* → **tartmak**; sich wiegen

tartısız nicht gewogen; *mec.* unüberlegt

tartışma Diskussion *f*; Auseinandersetzung *f*; **~ konusu** Diskussionsthema *n*; **~k** diskutieren, sich auseinander setzen (**ile** mit *D*); **~lı** heftig diskutiert; *oturum*: stürmisch

tartma Wiegen *n*; **~k** (-ar) *v/t* (ab)wiegen; rütteln (an *D*); *mec.* erwägen, überlegen; prüfen

tarz Art und Weise *f*, Weise *f*; Stil *m*

tas Schale *f*; **~ gibi** ganz kahl

tasa Sorge *f*, Kummer *m*; **~ çekmek/etmek** Sorgen haben; **-e ~lanmak** sich Sorgen machen (um *A*); **~lı** besorgt, bekümmert

tasarı *Huk.* Entwurf *m*; Projekt *n*, Plan *m*; **~m** Vorstellung *f*, Idee *f*, Einfall *m*; Vorhaben *n*, Projekt *n*; Plan *m*, Skizze *f*

tasarla|mak *v/t* planen; entwerfen; sich ausdenken (*A*); den Vorsatz haben; **~yarak** vorsätzlich

tasarruf Verfügungsgewalt *f*, Befugnis *f*; Wirtschaftlichkeit *f*, Ökonomie *f*; Ersparnisse *pl*, Spargelder *pl*; **~ politikası** Sparpolitik *f*; **~ sahibi** Sparer *m*; **~ sandığı** Sparkasse *f*; **-i ~ etmek** verfügen (*bşe* über *A*); nutznießen (*A*), sparen (*bşden A*); **~lu** sparsam; ökonomisch

tasasız sorglos, unbekümmert

tasavvuf Mystik *f*

tasavvur *Psi.* Vorstellung *f*, Gedanke

tatbik

m, Idee *f*; Absicht *f*, Vorhaben *n*; -*i ~ etmek* sich vorstellen (*A*); ins Auge fassen

tasdik (-ki) Bestätigung *f*; Ratifizierung *f*; -*i ~ etmek* bestätigen (*A*); -*i -e ~ yaptırmak* sich et. bescheinigen lassen (durch *A*); ~**li** bestätigt; bescheinigt; ratifiziert

tasfiye Reinigung *f*; *Tic.* Liquidation *f*; *personel*: Entlassung *f*; -*i ~ etmek* reinigen, säubern; *az. Tek.* raffinieren; *Tic.*, *Pol.* liquidieren, auflösen; *personel* entlassen, abbauen; ~ **memuru** *Huk.* Liquidator *m*

tasla|k (-ğı) Entwurf *m*, Skizze *f*; Plan *m*; Ebauche *f*; *kişi*: F Möchtegern *m*; *kaba ~k* in groben Zügen; *şair ~ğı* Dichterling *m*

taslamak *v/t* vortäuschen, (den großen Mann *vs.*) spielen

tasma *hayvanlarda*: Halsband *n*; ~**lı**: ~**lı olarak** *köpek*: an der Leine

tasnif Sortieren *n*; -*i ~ etmek* klassifizieren; → *sınıflamak*

'**tastamam** *sıf.* uneingeschränkt

tasvir (-*i*r*i*) Darstellung *f*; Bild *n*; -*i ~ etmek* darstellen (*A*)

taş *gnl.* Stein *m* (*az. domino taşı vs.*); *mec.* Stich *m*, Stichelei *f*; Stein...; -*e ~ atmak* j-m e-n Stich versetzen, Spitzen austeilen; ~ **çatlasa** wenns hoch kommt; unter (keinen) Umständen; -*e ~ çıkartmak* j-n weit übertreffen; ~ **gibi** steinhart; ~ **kesilmek** *mec.* wie versteinert sein, F ganz baff sein; ~ **sürmek** *figür*, *taş* setzen, rücken, ziehen; ~ **yürekli** mit e-m steinernen Herzen, herzlos

TAŞ *kıs.* = **Türk Anonim Şirketi** Türkische Aktiengesellschaft *f*

taşak (-ğı) F Hoden *m/pl*

taşar → *taşmak*

taşeron Subunternehmer *m*; ~**luk** (-ğu) Subunternehmertum *n*

taşıl Fossil *n*, Versteinerung *f*

taşı|ma Beförderung *f*, Transportieren *n*; Transport... (*araç*) Förder...; ~**macı** Spediteur *m*, Transportunternehmen *n*; ~**macılık** (-ğı) Transportwesen *n*; ~**mak** *v/t gnl.* tragen; bringen (-*e* in *A*, nach *D*); transportieren, befördern; (-*e*) leiten (*örn. su* aus *D*); *ağırlık* stemmen; *mec. sorumluluk* tragen; *anlam*, *hak*, *istek*, *özellik* haben; ~**nabilir** tragbar, portabel; ~**nır** tragbar; transportfähig; beweglich (*mallar*)

taşın|mak umziehen, einziehen (-*e* in *A*); ausziehen (-*den* aus *D*); wegziehen (-*den* von *D*); (-*e*) ständig aufsuchen, j-m auf die Nerven fallen; ~**maya hazır** bezugsfertig; ~**maz** unbeweglich (*mallar*); Immobilien *pl*

taşırmak *v/t* überschwemmen; *mec.* j-s Geduld überbeanspruchen

taşıt (-tı) Transportmittel *n*, Fahrzeug *n*, Verkehrsmittel *n*; ~ **giremez** für alle Fahrzeuge gesperrt; ~ **uçağı** Transportflugzeug *n*; ~**çı** Fahrer *m*; Kutscher *m*

taşıyıcı Träger *m*; Krankheitsträger *m*; Förderband *n*

taşkın übergetreten (*ırmak*); überschäumend (*az. mec.*); *mec.* übermütig; *mec.* verschroben, überspannt; kühn; Hochwasser *n*, Flut *f*; ~**lık** (-ğı) Zeichen *n* des Übermuts (*veya* der Ausgelassenheit), Exzess *m*

'**taşkömürü** (-nü) Steinkohle *f*

taşla|ma Schleifen *n*; *mec.* Satire *f*; ~**macı** Schleifer *m*; Satiriker *m*; ~**mak** *v/t* mit Steinen bewerfen; steinigen; entsteinen; *Tek.* schleifen; abschmirgeln; pflastern; *mec.* sticheln (gegen *A*), lästern (über *A*)

taşlı mit Steinen; steinig (*arazi*); *yüzük*: mit e-m Stein

taşma Überschwemmung *f*, *Tek. ve Cmp.* Überlauf *m*

taş|mak (-ar) *v/t* überlaufen; überkochen (*örn. çorba*); *ırmak*: über die Ufer treten; überstehen (*örn. masa örtüsü*); *mec.* aufbrausen; *kalabalık*: (hinaus)drängen (-*den* über *A*); *sabrı* ~**tı** s-e Geduld ist erschöpft

'**taşra** Provinz *f*; ~ **ağzı** Mundart *f*; ~**lı** Provinzler(in *f*) *m*; provinziell

'**taş|yağı** (-nı) Petroleum *n*; ~**yürekli** unbarmherzig

tat (-dı) Geschmack *m*; Genuss *m*; Vergnügen *n*; -*in* ~**dını almak** Geschmack finden (an *D*); ~**t alma organı** Geschmacksorgan *n*; ~**dı tuzu yok** ohne jeden Geschmack; ~**dına bakmak** *yemek* probieren, kosten; ~**dına varmak** auf den Geschmack kommen

tatbik (-i*k*i) Anwendung *f*; Verwirkli-

tatbikat chung *f*; Inkraftsetzung *f*, Durchführung *f*; Kollationieren *n*; → **uygulama**; -*i* ~ **etmek** anwenden; verwirklichen; in Kraft setzen (*A*); kollationieren (*A*); **~at** (-atı) Durchführung *f*; Praxis *f*; **~i** praktisch; angewandt (*sanat*)

tatil Urlaub *m*; *okul:* Ferien *pl*; **~ günü** Feiertag *m*; **~ köyü** Feriendorf *n*; -*i* ~ **etmek** *iş* einstellen; *fabrika* stilllegen; *okul* schließen; *gazete* verbieten; **~e girmek** auf (*veya* in) Urlaub gehen, Ferien machen

tatlan|dırmak *v/t* nett machen; süßen; würzen; Geschmack verleihen (*D*); *Tek.* entsalzen; **~mak** Geschmack bekommen, ausreifen

tatlı süß; schmackhaft; Süß..., Frisch... (*su*); angenehm, sympathisch; mild, sanft (*bakış*); Genuss *m*, Vergnügen *n*; (türkische) Süßigkeiten *f/pl*; Süßspeisen *f/pl*; Dessert *n*; *bel.* gut (*davranmak*); ~ ~ angenehm, gemütlich (*anlatmak*); mit Genuss (*yemek*); **~ kaşığı** Dessertlöffel *m*; **~ sert** durch die Blume (*konuşmak*); euphemistisch (*ifade*); -*i* ~**ya bağlamak** gütlich beilegen (*A*)

tatlı|cı Hersteller *m* und Verkäufer *m* (türkischer) Süßigkeiten *f/pl*; Konfitürengeschäft *n*; Konditor *m*; **~lık** (-ğı) Süße *f*; *mec.* Freundlichkeit *f*, Liebenswürdigkeit *f*; **~lıkla** gütlich, mit Güte, im Guten

tatmak (tadar) *v/t* kosten, probieren; *mec. acı, zevk* erfahren, erleben

tatmin Zufriedenstellung *f*, Befriedigung *f* (*az. cinsel*); -*i* ~ **etmek** zufrieden stellen; befriedigen (*A*); **~kâr** zufrieden stellend, befriedigend

tatsız fade, schal, ohne Geschmack; *kişi:* unangenehm, unsympathisch; *mec.* langweilig; ~ **tuzsuz** abgeschmackt, abgedroschen; **~laşmak** *v/i* den Geschmack verlieren; *mec.* schaler (*veya* langweiliger) werden; **~lık** (-ğı) Fadheit *f*; Missstimmung *f*

tattırmak (*bşi b-ne*) erfahren lassen, erleben lassen (j-n et.)

tav (die) richtige Temperatur; (die) richtige Feuchtigkeit; *hayvan:* Mästungsgrad *m*; ~ **olmak** beschwindelt werden; -*i* ~**a düşürmek** *mec.* j-n übers Ohr hauen; -*i* ~**na getirmek** zu e-m guten Ende bringen (*A*); **~ını bulmak** den richtigen Zeitpunkt wählen

tava Bratpfanne *f*; Pfannengericht *n*; *Tek.* Tiegel *m*; Kalkgrube *f*

tavan Zimmerdecke *f*; Decken... (*lamba*); *mec.* Höchstgrenze *f*; Maximal..., Höchst...; ~ **arası** Mansarde *f*; ~ **fiyatı** (gesetzlicher) Höchstpreis; **uçuş ~ı** maximale Flughöhe

tavır (tavrı) Verhalten *n*; Haltung *f*; Miene *f*; Manieren *f/pl*; Arroganz *f*; ~ **takınmak** e-e Miene aufsetzen

'**tavla** Backgammon *n*; Tricktrackspiel *n*; ~ **oynamak** Backgammon spielen

tavsiye Empfehlung *f*, Rat *m*; -*i* -*e* ~ **etmek** empfehlen (j-m et.); ~ **mektubu** Empfehlungsschreiben *n*; ~ **üzerine** auf Empfehlung; **~li** empfohlen, mit e-r Empfehlung

tavşan Hase *m*; ~ **uykusu** leichter Schlaf; ~ **yürekli** ängstlich; Hasenfuß *m*

tavşan|cıl Steinadler *m*; **~dudağı** (-nı) *Tıp* Hasenscharte *f*; **~kanı** (-nı) lila, violett; dunkelrot; *çay:* sehr stark

tavuk (-ğu) Huhn *n*, Henne *f*; ~ **kızartması** Brathähnchen *n*; ~ **kümesi** Hühnerstall *m*; ~ **suyu** Hühnerbrühe *f*; **~çuluk** (-ğu) Hühnerzucht *f*; Geflügelhandel *m*

tavus Pfau *m*

tay Füllen *n*, Fohlen *n*

tayfa Matrose *m*; Mannschaft *f*; Bande *f*, Spießgesellen *m/pl*, Komplizen *m/pl*

'**tayfölçer** Spektroskop *n*

tayfun Taifun *m*

tayin Festsetzung *f*, Festlegung *f*; Feststellung *f*; Ernennung *f*; -*i* ~ **etmek** festsetzen, ausmachen; feststellen; bestimmen, entscheiden; (-*e*) ernennen (zu *D*); j-n versetzen (an *A*); → **atamak**

'**Tayland** Thailand

tayyör (Schneider-)Kostüm *n*

taze frisch (*az.* = neu, jung); ~ **fasulye** grüne Bohnen *f/pl*

tazelemek *v/t* erneuern, durch e-e frische Sache ersetzen (*örn. çayları*); auswechseln; *duygu vs.* wieder auffrischen; *bilgileri* auffrischen; *işlemi, olayı* wieder aufnehmen

tazelik (-ği) Frische *f*; Jugendfrische *f*

tazı Windhund *m*
taziye Beileid *n*; **~de bulunmak** sein Beileid ausdrücken
tazmin (-ini) Entschädigung *f*, Wiedergutmachung *f*; *-i* **~ etmek** j-n entschädigen; wieder gutmachen (*A*); **~at** (-atı) Schadenersatz *m*; Reparationen *f/pl*
tazyik (-ki) Druck *m*, → **basınç**; **baskı** Zwang *m*; **~ siyaseti** Machtpolitik *f*; **~li** Press-; komprimiert
TBMM *kıs.* = **Türkiye Büyük Millet Meclisi** Große Nationalversammlung der Türkei
TC *kıs.* = **Türkiye Cumhuriyeti** Republik Türkei
TCDD *kıs.* = **Türkiye Cumhuriyeti Devlet Demiryolları** Staatsbahn der Republik Türkei
TDK *kıs.* = **Türk Dil Kurumu** Türkische Sprachgesellschaft
teamül Gewohnheit *f*, Brauch *m*; *Kim.* Reaktion *f*; **~ hukuku** *Huk.* Gewohnheitsrecht *n*
tebessüm Lächeln *n*; **~ etmek** lächeln
tebeşir Kreide *f*; **~ tahtası** *okul*: Wandtafel *f*
tebrik (-ki) Glückwunsch *m*; *-i* **~ etmek** j-n beglückwünschen (zu *D*), → **kutlamak**; **~ kartı** Glückwunschkarte *f*
tecavüz Angriff *m*, Aggression *f*; Vergehen *n* (an *D*); Übergriff *m*; *yasa*: Verletzung *f*; **~ etmek** *kadın* vergewaltigen (*-e A*); sich vergehen (an *D*); j-n anpöbeln
tecelli Offenbarung *f*, Los *n*, Schicksal *n*; **~ etmek** sich offenbaren, sich zeigen
tecil Aufschub *m*; *-i* **~ etmek** aufschieben, stunden
tecrit (-di) Isolierung *f*; *-i* **~ etmek** isolieren (*az. El.*)
tecrübe Versuch *m*, → **deneme**, **deney**; Erfahrung *f*, → **deneyim**; *-i* **~ etmek** versuchen; probieren (*A*); experimentieren; **~li** erfahren; **~siz** unerfahren
tedarik (-ki) Beschaffung *f*; (*örn. su* Wasser-)Versorgung *f*, Vorbereitungen *f/pl*; *-i* **~ etmek** beschaffen, sich versorgen (mit *D*); **~ görmek** Einkäufe machen; **~te bulunmak** Vorbereitungen treffen; **~lemek** → **~ etmek**; **~li** vorgesorgt; beschafft; ausgerüstet; **~siz** nicht vorgesorgt; ohne das Erforderliche (zu haben)
tedavi Heilung *f*; Behandlung *f*, Kur *f*; *-i* **~ etmek** behandeln; heilen; **~ görmek** behandelt werden; F *az.* kuren; **ilk ~yi yapmak** erste ärztliche Hilfe leisten
tedavül *Tic.* Umlauf *m*; Gültigkeit *f*; **~ bankası** Emissionsbank *f*; **~de olmak** *Tic.* gültig sein, Gültigkeit haben; **~den kalkmak** *v/t* Geld: aus dem Verkehr gezogen werden; ungültig werden; **~e çıkarmak** *v/t* emittieren, ausgeben, in Umlauf setzen
tedbir → **önlem**; Umsicht *f*; **~ almak** Maßnahmen ergreifen; **~li** umsichtig, vorsorglich; **~siz** unüberlegt, gedankenlos, ohne Überlegung
tedirgin beunruhigt, aufgeregt; verunsichert; *-i* **~ etmek** beunruhigen; verunsichern (*A*); stören; **~lik** (-ği) Beunruhigung *f*; Verunsicherung *f*
teessüf Bedauern *n*; *-e* **~ etmek** bedauern (*A*)
tefeci Wucherer *m*; **~lik** (-ği) Wucher *m*
tefrika (Roman-)Auszug *m* (*örn. gazetede*); **~ etmek** *roman vs.* in Fortsetzungen veröffentlichen
teftiş Revision *f*; Inspektion *f*; *-i* **~ etmek** inspizieren, prüfen; revidieren
teğmen Leutnant *m*; **deniz ~i** Leutnant *m* zur See; **hava ~i** Leutnant *m* der Luftwaffe; **~lik** (-ği) Leutnantsrang *m*
tehdit Drohung *f*; Bedrohung *f*; *-i* **~ edici** bedrohlich (für *A*); *-i* **~ etmek** j-m drohen, j-n bedrohen; gefährden (*A*)
tehir Verschiebung *f*; Verspätung *f*; *stf.* auf den nächsten Tag verschoben; **~ etmek** verschieben; **~li** verschoben, verspätet
tehlike Gefahr *f*; Risiko *n*; Not... (*çıkış*); **~de** in Gefahr, gefährdet; **~(yi) atlatmak** e-r Gefahr entgehen; **~ye atılmak** sich e-r Gefahr aussetzen; **~ye düşürmek** gefährden (*A*); **~ freni** Notbremse *f*, **~ halinde** im Notfall; **~ işareti** Notsignal *n*; **~li** gefährlich; riskant; **~siz** ungefährlich

tek (teki) einzig; einzeln, Einzel...; ungerade (*sayı*); ein(e), *birkaçından*: eines; ein Gläschen (*içki*); *bel.* nur: **~ -sin de** wenn (er, sie) nur; **~ bir kişi var** es ist nur einer (*veya* ein einziger) da; **~ anlamlı** eindeutig; **~ başına** ganz allein; für sich; selbstständig; **~ elden** unter e-r Leitung; **~ hatlı** eingleisig; einspurig; **~ hücreli** einzellig; **~ kullanımlık** Einweg...; **~ sözle** mit e-m Wort; **~ tip** Einheits...; **~ tük** vereinzelt, sporadisch; **~ yanlı** *mec.* einseitig; **~yönlü yol** Einbahnstraße *f*

'**tekbencilik** (-ği) *Fel.* Solipsismus *m*

'**tekdüze** eintönig, monoton; **~lik** (-ği) Eintönigkeit *f*, Monotonie *f*

teke Ziegenbock *m*; *Art* Garnele *f*

tekel Monopol *n*; Alleinbesitz *m*; **~inde olmak** *örn. tuz:* ein Monopolartikel sein; *işletme, kişi:* ein Monopol haben (auf *A*); **~ci** Monopolist *m*; monopolistisch; **~** Monopol...; **~leştirmek** *v/t* monopolisieren

teker¹ Rad *n*; Scheibe *f*; *peynir:* Rund...

teker²: **~** einzeln, einer nach dem anderen

tekerlek (-ği) Rad *n*; rund; **~ arası** Spurweite *f*; **~ kilitleyici pençe** Parkkralle *f*; **~lerin altına düşmek** unter die Räder kommen; **~li** auf Rädern, Roll...; **~li** rollend; **~li sandalye** Rollstuhl *m*

tekerle|mek *v/t* rollen; *mec.* herausplatzen (mit *D*); **~nmek** *v/i* rollen; trudeln; sich überschlagen

'**tekeşli** monogam; **~lik** (-ği) Einehe *f*

'**tekhücreli** einzellig

tekin menschenleer, unbewohnt; ruhig; **~ değil** *pej.* nicht geheuer, unheimlich; **~siz** tabu; Unheil bringend

teklemek weitläufig anordnen (*veya motor.*) aussäen; *motor.* stottern

teklif *gnl.* Vorschlag *m*; → *öneri*; Antrag *m*; → *önerge*; *-i -e* **~ etmek** j-m et. vorschlagen; j-m e-e Empfehlung geben

teklif|li förmlich, steif; ungeniert **~siz** ungezwungen, familiär; ungeniert

tekme Fußtritt *m*; *-e* **~ atmak** j-m e-n Fußtritt versetzen; **~lemek** (*-i*) j-n treten, j-m e-n Fußtritt geben

tekne Bottich *m*, Trog *m*; *bal.:* Topf *m*; Schiffsrumpf *m*; Boot *n*, Schiff *n*

teknik (-ği) *gnl.* Technik *f*; technisch; **~ terim** Fachausdruck *m*; **~ üniversite** technische Hochschule; **~er** Techniker *m*; **~okul** Technikum *n*; **~öğretim** technisches Studium

teknisyen Techniker *m*

tekno (müziği) Techno(musik *f*) *m*

tekno|krasi Technokratie *f*; **~loji** Technologie *f*; **~loji transferi** Technologietransfer *m*; **~lojik** technologisch; **~lojik park** Technologiepark *m*

'**tekpartili** Einparteien... (*sistem*)

tekrar (-arı) *gnl.* Wiederholung *f*; Rekonstruktion *f*; *bel.* wieder; *gnl.* noch (ein)mal!; **~** **~ etmek** wiederholen (*A*); **~ ~** immer wieder; **~lamak** *v/t* wiederholen; **~lanma** Wiederholung *f*, **~lanmak** sich wiederholen; **~latmak** *v/t* wiederholen lassen

tekstil Textilien *pl*; Textil...

'**tektanrıcı** Monotheist *m*; **~lık** (-ğı) Monotheismus *m*

tekzip (-bi) Dementi *n*; *-i* **~ etmek** → **yalanlamak**

tel Draht *m*; (einzelnes) Haar; Faser *f*; Faden *m*; *Müz.* Saite *f*; *El.* Leitung *f*; *az.* → **telgraf**; **~ çekmek** e-n Draht spannen (*veya* ziehen); '**~ örgü** Stacheldrahtgitter *n*; Drahtzaun *m*; **~ ~** drahtförmig; *az.* einzeln, jedes Haar

tel. *kıs.* = **telefon** Telefon

telaffuz [lâ] → **söyleyiş**; Aussprache *f*; **~ etmek** *sözcük* aussprechen

telaş [lâ] Trubel *m*; Unruhe *f* (*az. Psi.*); Aufregung *f*; Hektik *f*; Panik *f*; **~ etmek** beunruhigen; **~ göstermek** aufgeregt (*veya* unruhig) wirken; **~a düşmek** sich beunruhigen, sich aufregen; *-i* **~a düştürmek** j-n beunruhigen, aufregen; **~ edecek bir şey** et. Beunruhigendes; **~a vermek** → **telaşlandırmak**

telaş|landırmak [lâ] *v/t* beunruhigen, in Panik versetzen; **~lanmak** sich aufregen; in Panik geraten; **~lı** beunruhigt; aufgeregt; erregt (*ses*); **~lılık** (-ğı) Aufgeregtheit *f*

telef Vernichtung *f*, Vergeudung *f*, *-i* **~ etmek** vernichten (*A*); vergeuden (*A*); **~ olmak** eingehen; *besin:* ungenießbar werden

teleferik (-ği) Seilbahn *f*; **~ kablosu** Drahtseil *n*

telefon Telefon *n*, Fernsprecher *m*; Anruf *m*, Telefongespräch *n*; ~ **ahizesi** (Telefon-)Hörer *m*; ~ **bağlantısı** Telefonverbindung *f*; ~ **cihazı** Telefonapparat *m*; -*e* ~ **etmek** j-n anrufen; telefonieren (mit *D*); ~**jetonu** Telefonmünze *f*; ~ **kabini, kulübesi** Telefonzelle *f*; ~ **kartı** Telefonkarte *f*; ~ **konuşması** Telefongespräch *n*; ~ **kordonu** Telefonschnur *f*; ~ **numarası** Telefonnummer *f*; ~ **rehberi** Fernsprechbuch *n*, Telefonbuch *n*; ~ **santralı** Fernsprechamt *n*; ~**dan ayrılmayın!** bleiben Sie am Apparat!; ~**la** *bel.* telefonisch; *Ed.* fernmündlich; ~**u açmak** den Hörer abnehmen; ~**u kapamak** (den Hörer) einhängen *veya* auflegen; **otomatik** ~ Selbstwähldienst *m*

telefonlaşmak telefonieren (*ile* mit *D*)

'**telefoto, ~graf** Funkbild *n*

telekomünikasyon → **uziletişim**

teleks Fernschreiben *n*; ~ **çekmek** ein Fernschreiben aufgeben

teleme: ~ **peyniri** Quark *m*

tele'metre Entfernungsmesser *m*

tele|objektif Teleobjektiv *n*; ~**pati** Telepathie *f*

'**telesiyej** Sessellift *m*

teleskop (-pu) Teleskop *n*

televizyon Fernsehen *n*; Fernsehgerät *n*; ~ **alıcısı** Fernsehempfänger *m*; ~ **filmi** Fernsehfilm *m*; ~ **vericisi** Fernsehsender *m*; ~ **yayını** Fernsehsendung *f*; ~**la öğretim** Fernsehkurse *m/pl*

telg. *kıs.* = **telgraf**

telgraf Telegraf *m*; Telegramm *n*; ~ **çekmek** ein Telegramm aufgeben, telegrafieren; ~**la** telegrafisch

telif *kitap* Abfassung *f*; -*i* ~ **etmek** verfassen (*A*); ~ **hakkı** Urheberrecht *n*, Copyright *n*

telkin Suggestion *f*; Vertrautmachen *n* (mit *D*); Grabgebet *n*; -*i* -*e* ~ **etmek** suggerieren (j-m et.); einprägen (j-m et.); nahe bringen (j-m et.)

tellemek[1] *v/t* einzäunen

tellemek[2] *v/t* telegrafieren

tellendirmek *v/t* F schmauchen, rauchen

tellenmek eingezäunt werden

telli faserig; Draht...; Saiten... (*çalgı*); im Goldfadenschmuck

'**telörgü** → **tel**

telsiz drahtlos; Funk..., über Funk; Funkgerät *n*; Funkspruch *m*; *Telefon*: schnurlos; ~**ci** Funker *m*

'**tema** *gnl.* Thema *n*

temas Kontakt *m*, Fühlungnahme *f*; Beziehung *f*; Berührung *f*; Verbindung *f*; -*e* ~ **etmek** (*az. mec.*) berühren (*A*); zu sprechen kommen (auf *A*); -*le* ~ **kurmak** Kontakt aufnehmen; -*le* ~**a geçmek/gelmek** in Kontakt kommen (mit *D*); ~**ta bulunmak** in Kontakt sein (mit j-m); intime Beziehungen haben (zu *D*)

tembel faul; *Ed.* träge; *bel.* ~ faulenzerisch; ~**ce** *bel.* faul; ~**leştirmek** *v/t* bequem (*veya* faul) machen; ~**lik** (-ği) Faulheit *f*

tembih Anweisung *f*; Anregung *f*; Warnung *f*; -*i* -*e* ~ **etmek** j-m Anweisungen geben (zu *D*); anregen (j-n zu *D*); warnen (j-n vor *D*); *kahve*: anregen; *az.* → **öğüt, uyarı**; ~**lemek** (-*i* -*e*) anregen (j-n zu *D*); warnen (j-n vor *D*); ~**li** gewarnt

temel *bina*: Fundament *n*; *gnl.* Grundlage *f*; Grund *m*; *köprü*: Pfeiler *m/pl*; Stütze *f* (*az. mec.*); Haupt..., grundlegend (*örn. düşünce*); ~(*ini*) **atmak** *az. mec.* den Grundstein legen (-*in* zu *D*); ~ **taşı** Grundstein *m* (*az. mec.*); ~ **tutmak** Wurzeln schlagen, sich festsetzen; ~ **tümce** *Gr.* Hauptsatz *m*; ~**inden** im Grunde (genommen); bis auf den Grund, völlig

temel|lendirmek *v/t* begründen, fundieren; festigen; ~**lenmek** *edil.* → **temellendirmek**; festen Fuß fassen; ~**leşmek** sich festigen, sich solidieren; sich festsetzen; ~**leştirmek** *v/t* solidieren; ansässig machen; ~**li** grundlegend, fundamental, Grund...; fest (*çalışma*); unvergänglich; beständig; *bel.* auf immer, für immer (*kaybetmek, yerleşmek*)

temelsiz *mec.* grundlos, unbegründet; ohne Fundament

temin Besorgung *f*, Beschaffung *f*; Sicherstellung *f*; -*i* ~ **etmek** *ihtiyaç* befriedigen, sicherstellen; *gnl. mal* bekommen; *harita, plan* beschaffen, besorgen; ~**at** (-atı) Garantie *f*; Garantie...

temiz rein, sauber; *mec.* sauber, anständig; adrett (*giyinen*); gehörig, tüchtig (*dövmek*); *hayat, insan:* anständig; *oto:* ungebraucht; **~ havaya çıkmak** an die frische Luft gehen; **~~ bel.** (ganz) sauber; **~ tutmak** sauber halten; **~e çekmek** ins Reine schreiben; **kendini ~e çıkar(t)mak** sich rechtfertigen, F sich reinwaschen; **~e çıkmak** sich als unschuldig erweisen

temizle|me Reinigung *f*, Säuberung *f*; Reinigungs... (*süt*); **~mek** *v/t* reinigen, säubern, putzen; *Ask.* entgasen; *iş erledigen*; F aufessen, F verputzen; *mec.* liquidieren; erledigen; **~nmek** *edil.* → *temizlemek*; **~tmek** (*-e -i*) reinigen lassen *vs.* (*A* durch *A*); **~yici** *gnl.* Reiniger *m*; Reinigungs... (*krem*); Reinigungsmittel *n*; *hava:* Filter *m*

temizlik (-ği) Sauberkeit *f*; Reinemachen *n*; Unschuld *f*; Anständigkeit *f*; **~ işçisi** Müllmann *m*; **~ hizmeti/işleri** Straßenreinigung *f*; Müllabfuhr *f*; **ana ~** Großreinemachen *n*; **~ yapmak** reinemachen; *mec.* säubern, frei machen (von *D*)

temkin Besonnenheit *f*; Solidität *f*; **~li** besonnen; solide

temlik (-ki) Übereignung *f*, Abtretung *f*; **~ etmek** übertragen; übereignen; **~ edilemeyen hak** nicht übertragbares Recht

temmuz (*az.* **~ ayı**) Juli *m*; **~ ayında** im (Monat) Juli

¹**tempo** *Müz.* Takt *m*; *gnl.* Tempo *n*; **~ tutmak** den Takt schlagen; das Tempo einhalten; **~lu** taktmäßig, rhythmisch

temsil Vertretung *f*; *Tiy.* Vorstellung *f*; **~ edilmek** *Tiy.* gegeben werden; *-i* **~ etmek** vertreten (*A*); *Tiy.* aufführen, vorführen, F geben; **~ kudreti** Gesetzeskraft *f*; **~ salonu** Zuschauerraum *m*; **~ci** *gnl.* Vertreter(in *f*) *m*; **~cilik** (-ği) Vertretung *f*

temyiz Unterscheidung *f*, *Huk.* Berufung *f*; *-i* **~ etmek** unterscheiden (*A*); Berufung einlegen (gegen *A*); **~ mahkemesi** Berufungsgericht *n*

ten Haut *f*; *az.* Körper *m*

-ten türkischer Ablativ: *-dan, -den, -tan*

tenasül Fortpflanzung *f*; **~ aleti** Geschlechtsorgan *n*

¹**tencere** (Koch-)Topf *m*

teneffüs → **solunum**; *okul:* Pause *f* (*in der Schule*); **~ etmek** atmen; verschnaufen

teneke Blech *n*; Blech...

teneşir Leichenwaschung *f*

tenezzül Herablassung *f*, Fall *m*; *-e* **~ etmek** sich herablassen (zu *D*); *Ed.* geruhen (zu ...)

tenha öde; menschenleer; einsam, verödet; **~laşmak** *v/t* veröden; vereinsamen

¹**tenis** Tennis *n*; **~ oynamak** Tennis spielen; **~ kortu/sahası** Tennisplatz *m*; **~çi** Tennisspieler(in *f*) *m*

tenor Tenor *m*

tensel Körper..., körperlich; Haut...

tente Markise *f*

tentürdiyot (-du) Jodtinktur *f*

teo|krasi Theokratie *f*; **~log** Theologe *m*

teori Theorie *f*; **~k** (-ği) theoretisch

tepe Spitze *f*; *ağaç:* Wipfel *m*; *dağ:* Gipfel *m*; Hügel *m*; *Astr.* Zenit *m*; *Mat.* Spitze *f*, Scheitelpunkt *m*; Scheitel *m*, *kafada:* Wirbel *m*; *-e* **~den bakmak** *mec.* von oben herab behandeln (*A*); **~den inme** *mec.* wie aus heiterem Himmel, überraschend; *emir:* von oben, von höchster Stelle; **~den tırnağa kadar** von Kopf bis Fuß, vom Scheitel bis zur Sohle; bis an die Zähne (*silahlı*); **~si atmak** *mec.* vor Wut platzen

te'pecamı (-nı) Dachluke *f*

tepe'göz Overheadprojektor *m*

tepele|me Füllen *n*, Vollstopfen *n*; **~me dolu** bis zum Rand gefüllt; voll gestopft; voll (beladen); **~mek** *v/t* zertrampeln

teper → **tepmek**

te'petaklak Purzelbaum *m*; *bel.* kopfüber; *Hava.* Looping *m*; **~ etmek** *mec.* j-n ruinieren; **~ gitmek** *mec.* steil bergab gehen

tepi Impuls *m*, Antrieb *m*; Trieb *m*

tepinmek *v/i* trampeln; *mec. sevinçten vs.* ganz wild sein (vor *D*); um sich schlagen; *mec.* ablehnen, F abschmettern

tepke *Tıp* Reflex *m*

tepki Reaktion *f*; Gegenwirkung *f*, Rückschlag *m*; *Tek.* Rückstoß *m*; **zincirleme ~** Kettenreaktion *f*; **-de**

uyandırmak e-e Reaktion hervorrufen (in, bei *D*); *-e ~ göstermek* reagieren (auf *A*); **~li** Reaktions...; reaktiv; **~li uçak** Düsenflugzeug *n*; **~me** Reaktion *f*; **~mek** *v/i* reagieren (*-e* auf *A*); **~sel** reaktiv; **~sel davranış** *Psi.* Reaktionsvermögen *n*; **~siz** reaktionslos

tep|me Fußtritt *m*; *Tıp* Rückfall *m*; *Tek.* Stampfen *n*; **~mek** (-er) (*-i*) j-m e-n Fußtritt geben; treten; ausschlagen; stopfen (*-e* in *A*); tanzen; *Weg* (entlang)trotten; *mec.* zurückweisen; entsagen (*D*); *Tıp* wieder auftreten; **geri ~mek** das Gegenteil bewirken

tepsi Tablett *n*; Backblech *n*

ter Schweiß *m*; **~ dökmek** stark schwitzen; *mec.* ins Schwitzen geraten; **~e batmak** schweißgebadet sein; **alnının ~iyle** im Schweiße s-s Angesichts

terane *mec.* alte Leier

terapi Therapie *f*

teras Terrasse *f*

terazi Waage *f*; Wasserwaage *f*; Balance *f*, ♃ *Astr.* Waage *f*; **~ gözü** Waagschale *f*; *-i ~ye vurmak mec.* auf die Waagschale legen (*A*)

terbiye *gnl.* Erziehung *f*; Ausbildung *f*; Dressur *f*; Kultivierung *f*; *Art* Soße *f*; **~ almak/görmek** e-e (gute) Erziehung erhalten; *-i ~ etmek* erziehen (*A*); dressieren (*A*); trainieren (*A*); *-i ~ yapmak* dressieren, abrichten (*A*); **~li** wohlerzogen; *hayvan*: dressiert; zahm

terbiyesiz schlecht erzogen, frech; Flegel *m*; *söz*: unanständig; **~leşmek** sich flegelhaft benehmen; **~lik** (-ği) Unerzogenheit *f*; Unhöflichkeit *f*; **~ etmek** sich schlecht benehmen

tercih (-ihi) Bevorzugung *f*; *-i ~ etmek* vorziehen (*A*); *başvuru* bevorzugen (*A*)

tercüman Dolmetscher(in *f*) *m*; *mec.* Interpret(in *f*)

tercüme Übersetzung *f*; *-i -e ~ etmek* übersetzen in (*A*); → **çevirmek**

terebentin Terpentin *n*

tereddüt (-dü) Schwanken *n*, Zweifel *m*; **~ etmek** *mec.* schwanken, unschlüssig sein; **~süz** unerschütterlich; **~süzce** ohne Zaudern, entschlossen

tereke Nachlass *m*

teres *küfür.* Schweinehund *m*

te'reyağı (-nı) Butter *f*; **~ gibi** weich wie Butter

terfi *mec.* Beförderung *f* (*im Rang*); **~ etmek** befördert werden; *-i ~ ettirmek* j-n befördern

terhis *Ask.* Entlassung *f*; *-i ~ etmek* (aus dem Militärdienst) entlassen

terim Fachausdruck *m*; Begriff *m*

terk (-ki) Verlassen *n*; Verzicht *m* (auf *A*); Vernachlässigung *f*; *-i ~ etmek v/t gnl.* verlassen; aufgeben (*örn. alışkanlık*); überlassen (*-e* j-m); vernachlässigen (*A*)

terleme Schwitzen *n*, Transpiration *f*; **~k** *v/i az. mec.* schwitzen (*-den* vor *D*); *bardak*: beschlagen

terlik (-ği) Hausschuh *m*, Pantoffel *m*

termal Thermal...; Thermalbad *n*

termik (-ği) thermisch; **~ santral** Wärmekraftwerk *n*

terminal (-li) Endstation *f*; **otobüs ~i** Busbahnhof *m*

'termo|dinamik (-ği) thermodynamisch; **~elektrik** (-ği) thermoelektrisch

termo'metre Thermometer *n*

'termonükleer thermonuklear

termosifon Boiler *m*

termo|stat Thermostat *m*; **~terapi** *Tıp* Wärmebehandlung *f*

terör Terror *m*; **~ist** Terrorist(in *f*) *m*; **~izm** Terrorismus *m*

ters umgekehrt; *ayakkabı*: verkehrt (*giymiş*); *gnl.* verkehrt; *fikir*. entgegengesetzt; *yanıt*: scharf; *bakış*: scheel; *insan*: unfreundlich, grob; Rückseite *f*; *bıçak*: stumpfe Seite, Rücken *m*; Gegenteil *n* (*anlamak*); *-e ~ düşmek* zuwiderlaufen (*D*); im Gegensatz stehen (zu *D*); *-e ~ gelmek* F j-m nicht in den Kram passen; **~ gitmek** F schief gehen, misslingen; **~ ışık** Gegenlicht *n*; **~ orantılı** umgekehrt proportional; **~ tarafından kalkmak** *mec.* mit dem linken Bein zuerst aufstehen; *-e ~ ~ bakmak* j-n scheel (*veya* argwöhnisch) ansehen; **~i dönmek** sich verlaufen

tersane Werft *f*; Dock *n*

tersine im Gegenteil, vielmehr; **tam ~** ganz im Gegenteil; *-i ~ çevirmek* ins Gegenteil verkehren (*A*); **~ dön-**

tersinmek 268

mek umgekehrt ausfallen; **~ gitmek** schief gehen; nicht ausstehen (*veya* nicht leiden) können (*A*)

tersinmek *v/i* sich ins Gegenteil verkehren; das Gegenteil behaupten, widersprechen; F umkippen

tersle|mek (-*i*) j-n scharf zurechtweisen; **~nmek** schlecht aufgelegt sein

terslik (-ği) Widerspruch *m*; Widerspruchsgeist *m*; Streitsucht *f*; Trotz *m*; Störung *f*

'tersyüz Kehrseite *f* (*az. mec.*), linke Seite; *-i* **~ etmek** giysi wenden

'tertemiz blitzsauber

tertibat (-*atı*) Vorbereitungen *f/pl*, Maßnahmen *f/pl*; *Tek.* Vorrichtung *f*; Ausrüstung *f*; System *n*

tertip (-*ibi*) *mobilya*: Anordnung *f*; *belge*: Ordnung *f* ; *mutfak*: Einrichtung *f*; *büro*: Organisation *f*; Vorrichtung *f*; Plan *m*; *Matb.* Satz *m*; **~ etmek** *v/t* ordnen; anordnen, stellen; einrichten; organisieren; planen; *kötülük* aushecken; zusammenstellen

tertiple|mek *v/t* ordnen; anordnen, einrichten, stellen; gruppieren; organisieren; *az.* → **düzenlemek**, **örgütlemek**; **~nmek** *edil.* → **tertiplemek**; **~yici** Organisator *m*; Organisations...

tertip|li geordnet; gut (durch)organisiert; *ev*: gut (*veya* praktisch) eingerichtet; *kişi*: sehr ordentlich, ordnungsliebend; vorbedacht, abgekartet, geplant; **~lilik** (-ği) gute Organisation; gute Ordnung; Ordnungsliebe *f*; **~siz** unordentlich; schlecht organisiert; schlecht eingerichtet

terzi Schneider(in *f*) *m*; **erkek ~si** Herrenschneider *m*; **kadın ~si** Damenschneider *m*

tesadüf Zufall *m*; zufällig; *-e* **~ etmek** j-m zufällig begegnen; fallen (*belli bir güne* auf e-n bestimmten Tag)

te'sadüfen zufällig

tesbit (-*i*) → **tespit**

tescil Registrierung *f*; **~ etmek** *v/t* registrieren; **~ mahkemesi** Registergericht *n*; **~li** eingetragen, registriert; **~li marka** eingetragenes Warenzeichen

teselli Trost *m*; **~ bulmak** Trost finden (*-de* in, bei *D*); **~ etmek** *v/t* trösten; **~ mükâfatı** Trostpreis *m*

tesir Eindruck *m*; → **etki**; *-e* **~ etmek** wirken (auf *A*); Eindruck machen (auf *A*); Wirkung *f*; Kraft *f*; *-in* **~i altında** unter dem Eindruck (*G*); *-in* **~inde kalmak** unter dem Einfluss (*G*) stehen; **~li** → **etkili**; eindrucksvoll; wirksam, wirkungsvoll; *ilân*: zugkräftig; *kişi*: einflussreich; **~siz** ergebnislos, wirkungslos; **~siz hale getirmek** unwirksam machen, außer Kraft setzen

tesis Gründung *f*; Anlage *f*, Installation *f*, Einrichtung *f*; Institut *n*; *Huk.* Stiftung *f*; *-i* **~ etmek** gründen; anlegen, einrichten (*A*); **~at** (-*atı*) Anlagen *f/pl*, Werke *n/pl*; Installationen *f/pl*; **~atçı** Installateur *m*

teslim (-*imi*) Aushändigung *f*; Auslieferung *f*; *ev*: Übergabe *f*; Kapitulation *f*; Anerkennung *f*; **Berlin ~ fiyatı** Preis *m* ab Berlin; **eve ~** Lieferung *f* frei Haus *veya* außer Haus; **~ almak** abnehmen, in Empfang nehmen; *-e -i* **~ etmek** aushändigen, ausliefern (j-m *A*); *arsa* übergeben (j-m); *mec.* zugeben, einräumen; **~ olmak** kapitulieren; sich ergeben; aufgeben; **~iyet** (-*ti*) Kapitulation *f*

tespit (-*ti*) Befestigung *f*, *fiyat*: Festsetzung *f*; Feststellung *f*; → **saptama**; Behauptung *f*, Beteuerung *f*; *-i* **~ etmek** *v/t* befestigen; festsetzen; feststellen, behaupten

test (-*ti*) Test *m*; **kalite ~i** Gütetest *m*

'testere Säge *f*

testi Tonkrug *m*

tesviye Nivellierung *f*, *borç*: Tilgung *f*; Bezahlung *f*; Ausgleich *m*; *-i* **~ etmek** *v/t* nivellieren, ausgleichen; bereinigen, lösen; tilgen; bezahlen; liquidieren; **~ci** *Tek.* Schleifer *m*, Metallbearbeiter *m*

teşebbüs Bemühung *f*; Versuch *m*, Vorstoß *m*, Initiative *f*, → **girişim**; *-e* **~ etmek** anpacken (*A*), darangehen (zu ...), et. unternehmen

teşekkül **~ kurum, kuruluş**; **~ etmek** sich bilden, entstehen; bestehen (*-den aus D*); sich formieren

teşekkür Dank *m*; *-e* **~ etmek** j-m danken (*-den* für *A*); **~ ederim** (ich) danke!

teşhir Ausstellung *f*; Demonstration *f*; *mec.* Anprangerung *f*; *Psi.* Exhibition *f*; *-i ~ etmek* v/t ausstellen, demonstrieren; an den Pranger stellen; **~ci** Exhibitionist *m*

teşhis Identifizierung *f*; *Tıp* Diagnose *f*; *-i ~ etmek/koymak* v/t identifizieren; diagnostizieren

teşkil Bildung *f*, Schaffung *f*; Organisation *f*; *-i ~ etmek* bilden, schaffen; organisieren

teşkilat (-atı) → **örgüt**; Organisation *f*, *mec.* Organ *n*; System *n*; **~çı** Organisator *m*; **~çılık** (-ğı) Organisationstalent *n*; **~landırmak** v/t organisieren; → **örgütlendirmek**

teşrif (-ifi) Ehrenerweisung *f*; *-i ~ etmek* j-n beehren; **~at** (-atı) Zeremonie *f*; Protokoll *n*; **~atçı** Zeremonienmeister *m*

teşvik (-ki) Förderung *f*, Anreiz *m*; Hetze *f*, Aufhetzung *f*; *-i ~ etmek* v/t fördern, j-m e-n Anreiz bieten; j-n aufhetzen

tetanos *Tıp* Tetanus *m*, (Wund-) Starrkrampf *m*

teti̇k[1] (-ği) *silah*: Abzug *m*; **~ge basmak**, **~ği çekmek** auf den Abzug drücken

tetik[2] (-ği) flink, gewandt; wachsam; **~(te) bulunmak** *mec.* auf der Hut sein; **~ davranmak** schnell reagieren; **~olmak** bereit sein

teyit (-di) Bestätigung *f*; *-i ~ etmek* v/t bestätigen

teyp (-bi) Tonbandgerät *n*; **~be almak** auf Band aufnehmen

'teyze Tante *f* (*mütterlicherseits*)

tez[1] These *f*

tez[2] rasch; sofort; **~ canlı** impulsiv, stürmisch

tezat (-dı) Kontrast *m*; Gegensatz *m*; **~lı** widersprüchlich

tezgâh Werkbank *f*; Ladentisch *m*, Theke *f*; Stand *m*, Buffet *n*; Werft *f*; Webstuhl *m*; **~tar** Verkäufer(in *f*) *m*

tezhip (-bi) Vergoldung *f*

THY *kıs.* = **Türk Hava Yolları** Türkische Fluggesellschaft

'tıbben medizinisch (gesehen)

tıbb|i medizinisch, ärztlich; **~iye** medizinische Fakultät

tığ Häkelnadel *f*; **~ gibi** sehnig, gertenschlank; **~la örmek** häkeln

tıka: **~ basa** vollgepfropft voll, voll (beladen)

tıka|lı verstöpselt, verschlossen; *liman*: gesperrt; **~mak** v/t verstöpseln, verkorken; verschließen; stopfen (*-e* in *A*); *mec.* j-m (den Mund) verschließen (F stopfen); **~nık** (-ğı) verstopft; Korken *m*; *Tic.* Stagnation *f*, Flaute *f*; **~nıklık** (-ğı) Verstopfung *f*; (Verkehrs-)Stau *m*; *Tıp* Atemnot *f*; **~nmak** verstopft werden; zugestopft werden; F pappsatt sein; *nefes:* stocken

tıkar → **tıkmak**

tıkılmak *edil.* → **tıkmak**; eingezwängt sein, zusammengepfercht sein

tıkınmak sich voll stopfen, F fressen

tıkır[1]: **~ında** F in Ordnung; **~ında gitmek** *mec.* F glatt gehen, gut gehen; *-i* **~ına koymak** F in Ordnung bringen (*A*)

tıkır[2]: **~ ~ bim**; *metal para*: klimpernd; *mec.* reibungslos, wie geschmiert (*gitmek*)

tıkırdamak v/i klappern (*az. dişler*); *para*: klingen

tıklamak *Cmp.* (an)klicken

tıklatmak pochen (*-i an A*)

tıklım: **~ ~ dolu** *tren vs.*: überfüllt, brechend voll

tıkmak (-ar) (-i -e) *gnl.* treiben (in *A*); stopfen, zwängen (in *A*); verstauen (in *D*); F (*hapse* ins Gefängnis) stecken

tıknaz *kişi*: gedrungen, untersetzt

tılsım Talisman *m*; Zauber *m*, Zaubermittel *n*; Zauberkraft *f*; Zauberwort *n*; **~ bozulmak** *büyü*: gebrochen werden; **~lı** mit e-m Talisman; magisch, Zauber...

tımar Lehen *n*

tımarhane Irrenhaus *n*; **~lik** (-ği) reif fürs Irrenhaus

tınar → **tınmak**

tıngırda|mak v/i klirren; klingen; **~tmak** v/t zum Klingen bringen; *Müz.* klimpern (auf *D*)

tıp (tıbbı) Medizin *f*; *adli ~* Gerichtsmedizin *f*

tıpa → **tapa**

'tıpatıp ganz genau, haargenau

'tıpkı ganz genau; Ähnlichkeit *f*; *babasının ~sı* Spiegelbild *n* s-s Vaters; **~basım** Faksimile *n*; **~çekim** Fotokopie *f* → **fotokopi**

tıraş Rasieren *n*; Rasur *f*; Haarschnitt

tıraşlı *m*; F Gefasel *n*; **~ bıçağı** Rasierklinge *f*; Rasiermesser *n*; **~ etmek** *v/t* rasieren; *mec.* F dauernd quasseln, e-e Nervensäge sein; **~ etme!** F *mec.* mach mal halblang!; **~ fırçası** Rasierpinsel *m*; **~ kremi** Rasiercreme *f*; **~ makinesi** Rasierer *m, elektrikli*: Rasierapparat *m*; **~ olmak** sich rasieren (lassen); **~lı** rasiert; **~sız** unrasiert

tırıs Trab *m*; **~ gitmek** traben

tırmalamak *v/t* zerkratzen; aufkratzen; belästigen (*A*), *kulak*: wehtun

tırmandırmak *v/t* hochspielen

tırman|ma Klettern *n*; *Tic.* Ansteigen *n*; **~ma şeridi** Kriechspur *f*; **~mak** (*-e*) klettern (auf *A*); *merdiven* (hinauf)steigen, hinaufgehen, F raufgehen; *mec.* sich ausweiten, um sich greifen; eskalieren

tırmık (-ğı) Harke *f*; **~lamak** *v/t* zerkratzen; *arazi* harken; eggen

tırnak (-ğı) (Finger-)Nagel *m*; Klaue *f*; Tatze *f*; *kedi*: Kralle *f*; *Tek.* Krampe *f*; **~ cilası** Nagellack *m*; **~ işareti** Anführungszeichen *n*, F Gänsefüßchen *n*; **~ kadar** winzig; sehr wenig; **~ makası** Nagelschere *f*; **~ törpüsü** Nagelfeile *f*; **~lamak** (*-i*) zerkratzen; sich krallen (in *A*)

tırpan Sense *f*; **~lamak** *v/t* (ab)mähen; *mec.* zerstören; ausmerzen

tırtık (-ğı) Scharte *f*; Schramme *f*; Unebenheit *f*; **~lı** schartig; (aus)gezackt

tırtıl Raupe *f* (*az. Tek.*); *tekerlek*: Profil *n*; *metal para*: Rändelung *f*; **~ (şerit)** Raupenkette *f*, Gleiskette *f*; **~lı** gezackt; gerändelt

tıs *ünl.* pst!; *kedi*: Fauchen *n*; *yılan*: Zischen *n*; **~ dememek** F keinen Mucks von sich geben; **~ yok** muckmäuschenstill

Tic. *kıs.* = **ticaret**

ticaret (-ti) Handel *m*; Gewinn *m*; **~ filosu** Handelsflotte *f*; **~ işletmesi** Handelsunternehmen *n*; **~ limanı** Handelshafen *m*; **~ mahkemesi** Handelsgericht *n*; **~ odası** Handelskammer *f*; **~ okulu** Handelsschule *f*; **dış ~** Außenhandel *m*

ticari Handels..., kommerziell

'**tifdruk** Tiefdruck *m*

'**tifo** Typhus *m*

tiftik (-ği) Mohair *m*; Angoraziege *f*

'**tifüs** Flecktyphus *m*

tik (-ki) *Tıp* Tick *m* (*az. mec.*), Schrulle *f*

tiksindirici abscheulich; Abscheu erweckend; **~mek** (*-i* -*den* j-m) Abscheu einflößen (vor *D*)

tiksin|me Abscheu *m*, Ekel *m*; **~mek** (*-den*) *v/t* verabscheuen, sich ekeln (vor *D*); **~ti** Abscheu *m*

tilki Fuchs *m* (*az. mec.*)

tim Team *n*

timsah Krokodil *n*; Krokodil(leder) *n*

timsal (-ali) Symbol *n*; Muster *n*

tin Seele *f*; Geist *m*

tiner *Kim.* Verdünner *m*

tinsel seelisch; geistig

tip (-pi) Typ *m*; Original *n*; *Biyo.* Art *f*; typisch; originell

tipi Schneegestöber *n*

tipik typisch

tipleme *özl. Film*: (übertriebene) Typisierung; Schwarzweißmalerei *f*

tipo|grafya Typographie *f*, **~loji** Typologie *f*

tiraj Auflage(nhöhe) *f*; **~lı: yüksek ~lı gazete** Zeitung *f* mit e-r hohen Auflage

tiran Tyrann *m*

tirbuşon Korkenzieher *m*

tire[1] Baumwollfaden *m*

tire[2] Bindestrich *m*, Divis *n* (= *kısa çizgi*); Gedankenstrich *m* (= *uzun çizgi*)

tiroit (-di) Schilddrüse *f*

tiryaki süchtig, leidenschaftlich; rauschgiftsüchtig; versessen (auf *A*); Narr *m*; *kahve* **~si** (leidenschaftlicher) Kaffeetrinker; F Kaffeetante *f*; *tütün* **~si** starker Raucher; **~lik** (-ği) Leidenschaft *f*, Sucht *f* (nach *D*)

'**tişört** T-Shirt *n*

titiz wählerisch; pedantisch (genau); eigen; F pingelig; anspruchsvoll; kleinlich; gewissenhaft (*hizmet*); **~lenmek** wählerisch vs. (→ *titiz*) sein; **~lik** (-ği) Pedanterie *f*; Gewissenhaftigkeit *f*; Rücksicht *f*; Zartgefühl *n*; Kleinlichkeit *f*; die (gestellten) Ansprüche *m/pl*; **~lik ile** rücksichtsvoll; gewissenhaft

titrek (-ği) zitternd, bebend; Zitter... (*ses*)

titre|mek *v/i* zittern, beben (*-den* vor *D*); *-in* **üzerine ~mek** *mec.* (*örn. her* *masrafın* um jede Ausgabe) zittern; **~şim** Zittern *n*; *Fiz.* Schwingung *f*; Pulsen *n*; **~şimli** Schwingungs-...; vibrierend; **~şmek** heftig zittern; schwingen, vibrieren

titreştirmek *v/t* in Schwingungen versetzen; zum Zittern bringen

titretmek *v/t* in Schrecken versetzen; → **titreştirmek**

ti'yatro Theater *n*; Theaterstück *n*; **~ yazarı** Dramaturg *m*, Bühnenschriftsteller *m*; **~cu** Schauspieler(in *f*) *m*; Theaterbesitzer *m*

tiz *ses*: hoch; schrill

TL *kıs.* = **Türk Lirası** Türkische Lira

T. M. *kıs.* = **Türk Malı** Türkisches Erzeugnis

tohum Same *m* (*az. mec.*); Sperma *n*; **~ ekmek** (aus)säen; **~lamak** *v/t* befruchten; **~lu** Samen...

tok (-ku) satt (*az. mec.*); *ses*: voll, kräftig; *kumaş*: dicht gewebt, dick; *söz*: hart, scharf; *mec. kişi*: saturiert; *-e karnım ~(tur)* ich bin gesättigt; *mec.* ich habe genug (von *D*)

'**toka**[1] Schnalle *f*; Spange *f*; **saç ~sı** Haarspange *f*

toka[2] Händedruck *m*; Anstoßen *n*; **~ etmek** sich die Hand geben; **~laşmak** (*-le*) j-m die Hand schütteln; die Hand geben (*ile*) *j-m*)

tokat (-dı) Ohrfeige *f*; *-e ~ atmak/ patlamak* j-m e-e Ohrfeige geben, F j-m eine kleben; **~ yemek** e-e Ohrfeige bekommen, F eine geklebt kriegen; **~lamak** *v/t* ohrfeigen

'**tokgözlü** genügsam, anspruchslos; **~lük** (-ğü) Genügsamkeit *f*

tokmak (-ğı) Holzhammer *m*

toksin Toxin *n*

'**toksözlü** grob, barsch, derb; unverblümt

tokuş|mak (*ile*) gegeneinander stoßen; *kafalar*: sich stoßen; **~turmak** *v/t* stoßen (gegen *A*); **kadehleri ~turmak** (mit den Gläsern) anstoßen

tolerans Duldsamkeit *f*; *Tek.* Toleranz *f*, Spielraum *m*; **~lı** duldsam; **~sız** unduldsam

tomar Rolle *f* (*kâğıt*); Ballen *m*; Haufen *m* (*para vs.*)

'**tombala** Tombola *f*; großes Los

tombul voll (*yanak*), **~laşmak** voll werden, rund(lich) werden

tomruk (-ğu) Klotz *m*; Block *m*

tomurcuk (-ğu) Knospe *f*; **~lanmak** *v/i* knospen

ton[1] Tonne *f* (*ölçü olarak*); **~la** massenweise

ton[2] Ton *m*; Intonation *f*; (Farb-)Ton *m*, Nuance *f*; **yarım ~** Halbton *m*

tonaj Tonnage *f*; Ladekapazität *f*; **~lı: büyük ~lı** mit e-r großen Ladekapazität

'**tonbalığı** (-nı) Thunfisch *m*

'**tonga** Trick *m*, Falle *f*; **~ya basmak/ düşmek** *mec.* in die Falle gehen, F auf e-n Trick reinfallen

tonik (-ği) Tonikum *n*, Stärkungsmittel *n*; tonisch

toni'lato [lâ] Tonne *f*; Registertonne *f*

tonluk: *örn*. **beş ~ kamyon** F Fünftonner *m*

tonton Liebling *m*; *sıf.* nett

top[1] (-pu) Geschütz *n*, Kanone *f*

top[2] (-pu) Ball *m*; Kugel *f*; *kâğıt*: Ballen *m*; **~ oynamak** Ball spielen; **~u ~u** alle zusammen, alles in allem, insgesamt

topal *kişi*: hinkend, lahm; *masa vs.*: wackelig; **~ ~ yürümek** hinken

topallamak *v/i* hinken, lahmen

toparla|mak *v/t* (ein)packen; einsammeln; *oda* aufräumen; **kendini ~mak** sich fassen, sich beherrschen; **~nmak** *v/i* (ein)packen; sich fassen; *hastalık sonrası*: sich wieder aufrappeln

topaz Topas *m*

topçu Artillerist *m*; Artillerie *f*

toplam Summe *f*; Betrag *m*

toplama Einsammeln *n*; *parlamento*: Einberufung *f*; Konzentration *f*; Sammel...(*nokta*); **~ kampı** Konzentrationslager *n*

toplamak 1. *v/t* versammeln; einsammeln; *çiçek* pflücken; *semaye* ansammeln, zusammensparen; *valiz* packen; *çöp* abfahren; *etek, giysi* raffen, ordnen; *kişi* wegschaffen; *vergi* eintreiben; *masa* abräumen; *çadır* abbrechen; *oda* aufräumen; *yatak* machen; *Mat.* zusammenzählen; **2.** *v/i kişi*: zunehmen, voller werden; sich herausmachen; *yara*: eitern

toplanma Einsammeln *n*; Pflücken *n*; Konzentration *f*

toplanmak *edil.* → **toplamak**; sich

toplantı

summieren; sich versammeln; sich aufraffen; sich konzentrieren; *kişi*: zunehmen, dick werden

toplantı Versammlung *f*; (Einberufung *f* e-r) Sitzung *f*, *basın*: Konferenz *f*; **özel ~** Sondersitzung *f*

top'lardamar Vene *f*

toplaş|ma Konzentration *f*; **~mak** sich ansammeln; sich konzentrieren

toplat|ılmak *edil.* → **toplatmak**; **~ma** Zurücknahme *f*, Einziehen *n*; **~mak** *-e* j-n (*eşyalarını*/*-s-e Sachen*) packen lassen; aus dem Verkehr ziehen, zurückziehen

toplu[1] versammelt; massiert, Massen...; geballt; Gruppen... (*uçuş*); geschlossen (*düzen*); allgemein, Gesamt... (*bakış*); kollektiv (*figür*: dicklich, stark; *çehre*: voll; *oda*: aufgeräumt; *kişi*: erholt aussehend; wohlgenährt; **~ işlem** *Cmp.* Stapelverarbeitung *f*; **~ sözleşme** Tarifvertrag *m*; **~ taşıma araçları** öffentliche Verkehrsmittel *n/pl*

toplu[2] mit e-r Kugel; **~ tabanca** Trommelrevolver *m*

top'luca en gros; in Bausch und Bogen; *kişi*: rundlich, gut genährt

top'luiğne Stecknadel *f*; **~ başı** Stecknadelkopf *m*

topluluk (-ğu) Volksgruppe *f*; Gruppe *f*; Gemeinschaft *f*; Gesellschaft *f*; *canlılar*: Kolonie *f*

toplum Gesellschaft *f*, *az.* → **topluluk**; **~bilimci** Soziologe *m*, Soziologin *f*; **~bilimi** Soziologie *f*; **~bilimsel** soziologisch; **~cu** Sozialist(in *f*) *m*; sozialistisch

toplum|daş Gesellschaftsmitglied *n*; **~dışı** deklassiert, Paria *m*; **~lararası** (-nı) zwischengesellschaftlich; **~sal** sozial; **~sallaşma** Sozialisation *f*; **~sallaştırmak** *v/t* sozialisieren, verstaatlichen; *kişi* resozialisieren

toplusözleşme Tarifvertrag *m*

topra|k (-ğı) Boden *m*, Erde *f*; (festes) Land; *Pol.* Boden *m*, Territorium *n*; Land(besitz *m*) *n*; *sıf.* irden, Ton...; **~ğa bakmak** im Sterben liegen; **~ğa vermek** *v/t* bestatten; **~k kayması** Erdrutsch *m*; **~k olmak** sterben, (wieder) zu Erde werden

toprak|altı (-nı) unterirdisch; **~ ser-**

vetleri Bodenschätze *m/pl*, *az.* → **yeraltı**

toptan (alles) auf einmal; en gros; Groß... (*ticaret*); **~cı** Großhändler *m*, Grossist *m*; **~cılık** (-ğı) Großhandel *m*

topuk (-ğu) Ferse *f*; (Schuh-)Absatz *m*; Fußknöchel *m*; Fessel *f*; **~lu** mit hohem Absatz; Stöckelschuh *m*; **~suz** ohne Absatz, flach

torba Sack *m*; Beutel *m*; *Anat.* Hodensack *m*; **plastik ~** Plastiktüte *f*

'torna Drehbank *f*; **~ etmek** *v/t* drechseln; **~cı** Dreher *m*, Drechsler *m*

tor'nado Tornado *m*

torna'vida Schraubenzieher *m*, Schraubendreher *m*

'tornistan *Gemi.* Rückwärtsgang *m*, Wenden *n*; **~ etmek** rückwärts fahren

tor'pido Torpedo *m*; Torpedoboot *n*; **~ gözü** *oto*: Handschuhfach *n*

torpil Torpedo *m*; Mine *f*; Protektion *f*, gute Bekannte *pl*; **~i olmak** *mec.* Beziehungen haben

tortu Satz *m*, Sediment *n*; *Jeol.* Ablagerung *f*; **~l** Absatz..., sedimentär

torun Enkel(in *f*) *m*, Enkelkind *n*; **~lar** *az.* (die) Nachkommen *pl*, Nachwuchs *m*

tost (-tu) Toast *m*; **~ ekmeği** Toastbrot *n*

'tostoparlak kugelrund; zusammengeballt

tosun *mec.* kräftiger Bursche

total total; **~iter** totalitär

'toto *oyun:* Toto *n*

toy unbedarft, F grün (*yavru*); **~luk** (-ğu) Unbedarftheit *f*

toz Staub *m*; Pulver *n*; in Pulverform (*boya*); Puder...; (*şeker*); fein gestoßen (*karabiber*); **~ almak** Staub wischen; **~ olmak** zu Staub werden; *mec.* sich aus dem Staube machen; **~ sabun** Seifenpulver *n*; **~lanmak** *v*/*i* einstauben, staubig werden; **~lu** staubig

tozluk (-ğu) Gamaschen *f*/*pl*; Sportstrumpf *m*

'tozşeker Puderzucker *m*

töhmet (-ti) Verdacht *m*; Verdächtigung *f*; Schuld *f*; Vergehen *n*; **~li** verdächtigt; schuldig

tökezlemek *v*/*i* stolpern, *Ed.* straucheln

tömbeki Tabak *m* (für die Wasserpfeife)
töre Sitten *f/pl* (und Gewohnheiten *f/pl*), Brauch *m*; Verhaltensweise *f*; **~bilimi** Ethik *f*; **~dışı** amoralisch
tören Feier *f*, Feierlichkeit *f*; Zeremonie *f*; **askeri ~** Militärparade *f*; **düğün ~** Hochzeitsfeier *f*; **~li** feierlich
töresel → **törel**
törpü Feile *f*; **tırnak ~sü** Nagelfeile *f*; **~lemek** *v/t* (ab)feilen; **~lü** abgefeilt
tövbe Reue *f*; *Din.* Bußfertigkeit *f*; *-e* **~ etmek** hoch und heilig versprechen; schwören (zu ...); *günah* bereuen; **~ler ~si!** ich schwöre, 'es nicht wieder zu tun!; zum Teufel noch mal!; **~kâr**, **~li** reuevoll, reuig
töz Wurzel *f*, Grundlage *f*; *Fel.* Substanz *f*; *az.* → **cevher**; **~el** substantiell
trafik (-ği) Verkehr *m*; **~ işareti** Verkehrszeichen *n*; **~ kazası** Verkehrsunfall *m*; **~ lambası** Verkehrsampel *f*; **~ polisi** Verkehrspolizist *m*; **~ ruhsatı** Fahrzeugschein *m*
'**trafo** Trafo *m*, Transformator *m*
trahom *Tıp* Trachom *n*
traj|edi Tragödie *f*; **~ik** (-ği) tragisch; **~ikomik** tragikomisch
traktör Traktor *m*
'**trampa** Tausch *m*, Tauschhandel *m*; **~ etmek** tauschen
trampet (-ti) Trommel *f*; **~çi** Trommler *m*
tramplen Sprungbrett *n* (*az. mec.*)
tramvay Straßenbahn *f*
transandantal transzendental
transatlantik (-ği) Ozeandampfer *m*; transatlantisch, Übersee...
transfer Beförderung *f*; Transfer *m*, Übertragung *f*; **~ etmek** *v/t* transferieren
trans|formatör Transformator *m*; **~füzyon** Transfusion *f*, Blutübertragung *f*
transistor Transistor(gerät *n*) *m*
transit (-ti) Transit *m*, Transitverkehr *m*; **~ geçmek** im Transit durchfahren, *mal* (zollfrei) durchgehen; **~ vize** Transitvisum *n*
trapez Trapez *n*; **~(ci)** Trapezkünstler(in*f*) *m*
traş → **tıraş**

travers *Demiryol.* Schwelle *f*; Querbalken *m*
travma *Tıp* Wunde *f*, Gewalteinwirkung *f*; *Psi.* Trauma *n*
tren *Demiryol.* Zug *m*; **~ ulaşımı** Zugverkehr *m*; **aktarma ~ı** Anschlusszug *m*; **marşandiz/yük ~i** Güterzug *m*; **~ rehberi** Kursbuch *n*; **~ci** Schaffner *m*
trençkot (-tu) Trenchcoat *m*, Regenmantel *m*
treyler Anhänger *m*; Wohnwagen *m*
tribün Tribüne *f*; **şeref ~ü** Ehrentribüne *f*
trigono'metri Trigonometrie *f*
'**triko** Trikot *n*
trikotaj Trikotage *f*, Strickwaren *f/pl*
triloji Trilogie *f*
triptik (-ği) Triptyk *n*
trişin Trichine *f*
troleybüs Obus (= Oberleitungsomnibus) *m*
trompet (-ti) Trompete *f*; **~çi** Trompeter *m*
tro'pika Tropen *pl*, tropische Zone; **~l** tropisch; Tropen... (*hastalık*)
tröst (-tü) Trust *m*
TRT *kıs.* = **Türkiye Radyo ve Televizyon Kurumu** Türkische Rundfunk- und Fernsehanstalt
TSE *kıs.* = **Türk Standartlar Enstitüsü** Türkisches Normeninstitut
tufan *az. mec.* Sintflut *f*; **alkış ~ı** Beifallssturm *m*; **benden sonra ~** nach mir die Sintflut
tugay Brigade *f*
tuğ → **sorguç**; Federbosch *m*; '**~amiral** (-li) Konteradmiral *m*; '**~general** (-li) Generalmajor *m*; Brigadegeneral *m*
'**tuğla** Ziegelstein *m*; **~lı** Ziegel...; **~lı ev** Ziegelhaus *n*
tuhaf sonderbar, komisch, merkwürdig; *hikâye:* köstlich; **~ olmak** ratlos, perplex sein; **işin ~ı** das Komische daran ist, (dass); **~una gitmek** j-m merkwürdig (*veya* komisch) vorkommen
tuhafiye Kurzwaren *f/pl*, Galanteriewaren *f/pl*
tuhaf|laşmak eigentümlich (*vs.* → **tuhaf**) werden; **~lık** (-ği) Sonderbarkeit *f*, Merkwürdigkeit *f*; **~lık etmek** Spaß (*veya* Scherze) machen; **bir**

tulum 274

~**lığım var** F mir ist ganz komisch zumute
tulum Schlauch *m*; Dudelsack *m*; *giysi*: Kombination *f*; Hemdhose *f*; ~ **peyniri** weißer Käse (*im Ledersack*)
tu'lumba Pumpe *f*; Zerstäuber *m*; (Feuer-)Spritze *f*
tumturak (-ğı) Prahlerei *f*, Großspurigkeit *f*; Phrasendrescherei *f*; ~**lı** großspurig, reißerisch
Tuna, ~ **nehri** Donau *f*
tunç (-cu) Bronze *f*; Bronze...
tur Tour *f*, Tournee *f*; Rundreise *f*; Runde *f*; ~ **atlamak** in die letzte Runde kommen; über die Runden kommen; ~ **atmak** F e-e Runde drehen; ~**a çıkmak** e-n kleinen Ausflug machen; *dünya* ~**u** Weltreise *f*; Weltumsegelung *f*, ~ **operatörü** Reiseveranstalter *m*
tura *metal para*: Bildseite *f*; *yazı mı* ~ *mı?* Zahl oder Bild?
turfanda Früh... (*meyve*); außer Saison; *mec*. frisch gebacken, brandneu; ~**lık** (-ğı) Frühgemüseanbau *m*
turist (-ti) Tourist(in *f*) *m*; Touristen...; ~**ik** (-ği) touristisch; Touristen... (*otel*)
turizm Tourismus *m*; ~ **kampı** Campingplatz *m*, Zeltlager *n*
turkuaz türkisfarben; Türkis *m*
turne Tournee *f*; ~**ye çıkmak** auf Tournee gehen
tur'nike Drehkreuz *n*
turnuva Turnier *n*, Wettkampf *m*
turp (-pu) *Bot*. Rettich *m*; ~ **gibi** kerngesund; ~ *kırmızı* ~ Radieschen *n*
turşu Mixedpickles *pl*; Marinade *f*; eingesalzen; ~ **gibi** abgespannt, erledigt, F k.o.; *hıyar* ~**su** saure Gurken *f/pl*; ~ **kurmak** einsalzen, einlegen; ~ **olmak** *mec*. ermatten
'**turta** Obsttorte *f*; Cremetorte *f*
turuncu orange, orangenfarbig
turunç (-cu) bittere Orange, Pomeranze *f*; ~**giller** Zitrusfrüchte *f/pl*
tuş Taste *f*; Pinselstrich *m*; *bilardo*: Treffen *n*; *eskrim*: Treffer *m*; *güreş*: Schulterniederlage *f*
tutam Handvoll *f*; Prise *f tuz*; Griff *m*, Stiel *m*; *mec*. Haltung *f*, Benehmen *n*; *saç*: Strähne *f*
tutanak (-ğı) Protokoll *n*; ~ **düzenlemek** ein Protokoll aufnehmen; protokollieren, das Protokoll führen
tutar *para*: Betrag *m*; *az*. → **tutmak**
tutara|k (-ğı) *Tıp* Anfall *m*; Epilepsie *f*; Zünder *m*; ~**ğı tutmak** e-n Anfall bekommen; plötzliche Gier (nach *D*) verspüren; ~**klı** Epileptiker(in *f*) *m*
tutar|lı ausgeglichen (*kişi*); ausgewogen; harmonisch; logisch; konsequent; *konuşma*: flüssig; ~**lık** (-ğı) Ausgeglichenheit *f*; Harmonie *f*; Zusammenhang *m*; ~**sız** unausgeglichen; zusammenhanglos; unbereimt; ~**sızlık** (-ğı) Ungereimtheit *f*
tutkal Leim *m*, Klebstoff *m*; ~ **gibi** *mec*. wie e-e Klette; ~**lamak** *v/t* kleben; leimen
tutku Leidenschaft *f*, Passion *f*; einziges Verlangen; ~**lu** leidenschaftlich
tutkun (-*e*) begeistert (von *D*), vernarrt (in *A*); F verknallt (in *A*); *ay* ~ Mondsüchtige(r *m*) *f*; ~**luk** (-ğu) Verliebtheit *f*; Begeisterung *f*
tutma → **tutmak**; ~ Halt *m*, Unterstützung *f*; Diener(in *f*) *m*; Helfer(in *f*) *m*
tutmak (-ar) **1.** *v/t gnl*. halten; j-n festnehmen, verhaften; *mec*. j-n fesseln; j-n (*yolda* auf dem Weg) aufhalten; j-m beistehen, stehen (zu j-m); sich (*bir sayı* e-e Zahl) denken, im Kopf behalten; sich machen (an *A*); *et*. verfolgen, im Auge behalten; halten (für *A*), betrachten (als *örn. bitmiş*); *nefes* anhalten; *daire, ev, oto* mieten; *parayı borcuna* hinzurechnen; *balık, hırsız, kuş* fangen; *müşteri* anziehen, anlocken; *örn. listeler:* (**birbirini** miteinander) übereinstimmen; *yalan* merken, hinter et. kommen; *moda* mitmachen, sich richten (nach *D*); *kişi* kräftig ziehen, sich daran hängen; *yer* einnehmen, in Anspruch nehmen; *duman*: erfüllen (*bir yeri* e-n Raum), einhüllen; (*hıçkırık* e-n Schluckauf) haben; *yol* sperren, abriegeln; *Ziel* erreichen; (-*i* -*e*) j-m et. reichen, anbieten; *et*. (*örn. kulağına* ans Ohr) halten; j-n als Ziel (für *A*) nehmen; *et*. = **etmek**, *örn*. **not** ~ notieren; **2.** *v/i* kleben bleiben; *meblağ, yekûn*: ausmachen, sich belaufen (auf *A*); stimmen, richtig sein; anfangen (-*den* bei *D*; von *D*); *yemek*: leicht anbrennen; *boya, çivi*: halten; *lanet*:

in Erfüllung gehen; *yağmur:* einsetzen; *ağrı:* einsetzen; **tutalım ki** setzen wir den Fall, dass; nehmen wir an, dass; **tuttuğunu koparmak** sich durchzusetzen verstehen; **sinemaya gideceğimiz tuttu** wir hatten plötzlich den Gedanken (*veya* F uns war plötzlich danach), ins Kino zu gehen

tutsak (-ğı) Gefangene(r *m*) *f*; **~lık** (-ğı) Gefangenschaft *f*

tutturaç (-cı) *Tek.* Halter *m*, Halterung *f*; Träger *m*

tutturmak (-*i* -*e*) j-n et. halten lassen *vs.* (→ **tutmak**); beharren (auf *D*), bleiben (bei *D*); *şarkı* anstimmen; *çivi* einschlagen (in *A*); *bş* sich j-m aufdrängen, (immer) in den Sinn kommen; *yol* einschlagen; *amaç* treffen

tutu Pfand *n*; **~ya koymak** verpfänden, versetzen

tutucu konservativ; **~luk** (-ğu) Konservativismus *m*

tutuk (-ğu) *Tıp* gelähmt; *Psi.* gehemmt, verlegen; steif; *ses:* heiser; *hapiste:* **~(lu) kalmak** eingesperrt sein, F sitzen; **~evi** Haftanstalt *f*; **~lama** Verhaftung *f*; **~lamak** *v/t* verhaften, festnehmen; inhaftieren; **~lu** verhaftet; **~luk** (-ğu) Haft *f*; Sprachhemmung *f*; Gehemmtheit *f*; *Tıp* Heiserkeit *f*; *Tek.* Störung *f*; **~luk yapmak** *motor.* stottern, aussetzen

tutulma *Astr.* Verfinsterung *f*; **ay ~sı** Mondfinsternis *f*; **güneş ~sı** Sonnenfinsternis *f*

tutulmak *edil.* → **tutmak**; geraten (*örn. yağmura* in e-n Regenguss); gelähmt sein; betroffen werden (*örn. hastalığa* von e-r Krankheit); erkranken (an *D*); *ses:* heiser werden; *Astr.* sich verfinstern; sich ärgern (-*e* über j-n); sich verlieben (in j-n)

tutum Haltung *f*, Benehmen *n*; Wirtschaftlichkeit *f*, Sparsamkeit *f*; **~lu** sparsam; **~suz** *kişi:* schlecht rechnend, verschwenderisch

tutunmak sich halten (**karşısında** gegen *G*); verwenden (*A*), sich bedienen (*G*); (*gnl. olumsuz*): *moda:* sich durchsetzen; sich einbürgern; (-*e*) sich festhalten (an *D*); sich eingewöhnen (in *D*)

tutuş|ma Zuordnung *f*, Zünd...; **~mak** *v/i* sich entzünden, in Flammen aufgehen; sich gegenseitig (*el ele* an der Hand) fassen; (*kavgaya* Streit) anfangen; **~turma** Zündung *f*; Zünd...; **~turmak** *v/t* in Brand setzen; *duygu* in Wallung bringen; *savaş* entfachen; j-m et. (*eline* in die Hand) drücken

tuvalet (-ti) *gnl.* Toilette *f* (*az. giyiniş*); **~ kâğıdı** Toilettenpapier *n*

tuz Salz *n*; -*e* **~ ekmek** salzen (*A*)

tuza|k (-ğı) Falle *f* (*az. mec.*); **~k kurmak** e-e Falle stellen; **~ğa düşmek** in die Falle gehen; **~ğa düşürmek** in die Falle locken

'**tuzla** Saline *f*

tuzla|ma gesalzen, Salz..., Pökel...; **~mak** *v/t* salzen, (ein)pökeln

tuzlu salzig; gesalzen (*az. mec. fiyat*); *yemek:* versalzen; **~ya mal olmak** *mec.* ins Geld kosten

tuz|luk (-ğu) Salzstreuer *m*; '**~ruhu** (-nu) Salzsäure *f*; **~suz** ungesalzen; wenig gesalzen

tü pfui!, eine Schande!; ach, herrje (-mine)!

tüberküloz Tuberkulose *f*

tüccar Kaufmann *m*; Handels...; **~lık** (-ğı) Kaufmannsstand *m*

tüfek (-ği) Gewehr *n*

tüh → **tü**

tüken|ik verbraucht; *mec.* verausgabt, erschöpft, verbraucht; **~me** Verbrauch *m*; **~mek** zu Ende gehen, verbraucht werden (*veya* sein); sich erschöpfen; **~mez** unerschöpflich, endlos; **~mez(kalem)** Kugelschreiber *m*; **~miş** → **tükenik**; ausgemergelt; **~mişlik** (-ği) Erschöpfungszustand *m*

tüket|ici Verbraucher(in *f*) *m*, Konsument(in *f*) *m*; *mec.* erdrückend (*yorgunluk*); **~im** Verbrauch *m*, Konsum *m*; **~im malları** Gebrauchsartikel *m/pl*, Massenbedarfsartikel *m/pl*; **~mek** *v/t* verbrauchen, verausgaben; erschöpfen; schwächen; vergeuden, durchbringen

tükür|mek *v/t* (aus)spucken, ausspeien; *-in yüzüne* **~mek** j-m ins Gesicht spucken; j-n anbrüllen, F anschnauzen; **kan ~mek** Blut spucken; **~düğünü yalamak** e-n Rückzieher machen

tükürük (-ğü) Speichel *m*; F Spucke *f*;

Tıp Sputum *n*; **~ bezi** Speicheldrüse *f*
tül Tüll *m*; **~bent** (-di) Batist *m*; Musselin *m*
tüm Gesamtheit *f*, all..., (der, die, das) gesamte; Ganzes *n*; voll; *bel.* ganz und gar, völlig; *az.* → *tümen*; Anhöhe *f*; **~amiral** Vizeadmiral *m*
tümce *Gr.* Satz *m*; **~ öğesi** Satzglied *n*
'**tümden** gänzlich, völlig; von Grund auf (*örn. yenileştirmek*); **~gelim** Deduktion *f*
tümen Volksmenge *f*; Masse *f*; *Ask.* Division *f*; **~ ~** massenhaft
tümevarım *Fel.* Induktion *f*
'**tümgeneral** Divisionsgeneral *m*
tümleç (-ci) *Gr.* Ergänzung *f*, Objekt *n*
tümlemek *v/t* ergänzen; vollenden
tümleşik *El.* integriert; **~ devre** integrierte Schaltung
tümör 'Tumor *m*, Geschwulst *f*
tünel Tunnel *m*; *İstanbul'da* Tunnelbahn *f*; **aerodinamik ~** Windkanal *m*
tüp (tüpü) *gnl.* Tube *f*; Ampulle *f*; Reagenzglas *n*; **~ bebek** Retortenbaby *n*; **gaz ~ü** Gasflasche *f*, **hava ~ü** Druckluftflasche *f*; **oksijen ~ü** Sauerstoffflasche *f*; **~gaz** Flaschengas *n*; Propangas *n*
tür Art *f*; *Ed.* Genre *n*; verschiedenartig
türban Turban *m*
türbe Grabmal *n*, Mausoleum *n*
türbin Turbine *f*
türdeş gleichartig, homogen; **~lik** (-ği) Gleichartigkeit *f*
türedi Emporkömmling *m*; Abenteurer(in *f*) *m*
türemek *v/i* (neu) entstehen, sich bilden; sich verbreiten
Türk (-kü) Türke *m*, Türkin *f*; türkisch; **~ dili** die türkische Sprache; **~ Dil Kurumu** türkische Sprachgesellschaft
Türkçe Türkisch *n*; türkisch, auf Türkisch; **~ sözlük** türkisches Wörterbuch, **~si** *mec.* auf gut Deutsch, klar und deutlich; **~leştirme** Türkisierung *f*; **~leştirmek** türkisieren
Türkiyat (-atı) Turkologie *f*
'**Türkiye** (die) Türkei; **~ Cumhuriyeti** (*T.C.*) (die) Republik Türkei; **~li** aus der Türkei Stammende(r *m*) *f*; Bewohner(in *f*) *m* der Türkei
Türk|leşmek Türke werden; **~lük**

(-ğü) Türkentum *n*
Türkmen Turkmene *m*, Turkmenin *f*; turkmenisch; '**~ce** Turkmenisch *n*; **~istan** Turkmenistan, *ender.* Turkmenien
Türkolo|g [lô] Turkologe *m*, Turkologin *f*; **~ji** Turkologie *f*
türkuaz Türkis *m*; türkis
türkü Volkslied *n*; **~ söylemek** ein Volkslied singen
türlü Art *f*, Sorte *f*; Verschiedenartigkeit *f*, verschieden(artig); **başka ~** anders, auf andere Art und Weise; **bir ~** (+ *olumsuzluk*) in keiner Weise; einfach (nicht); **bu ~** so, ein(e) solche(r, -s); **her ~** jede(r, -s) Mögliche; jede Art (von *D*); **iki ~** so oder so, auf zwei verschiedene Arten; **~ ~** allerlei; alle Möglichen
tüter → *tütmek*
tütmek (-er) *v/i* rauchen; qualmen (*örn. soba*); *su*: dampfen; e-e Rauchwand bilden; riechen; **gözünde/burnunda ~** j-m lebhaft vor Augen schweben; *yemek*: j-m in die Nase stechen; **yanıp ~** sich grämen
tütsü Räuchern *n*, Räucherung *f*; Räuchermittel *n*, Räucherkerze *f*; **~ yapmak** *gnl.* räuchern; Weihrauch abbrennen; **~lemek** *v/t* räuchern; beweihräuchern; **~lenmek** geräuchert werden; *mec.* sich benebeln; **~lü** geräuchert; mit Weihrauch durchzogen
tütün Tabak *m*; **~ içmek** *kişi*: rauchen
tüy Haar *n*, Fell *n*, Wolle *f*; Flaum *m*; Federn *f/pl*; **~ gibi** federleicht; **~leri diken diken olmak** *mec.* e-e Gänsehaut bekommen; **~ler ürpertici** haarsträubend
tüyer → *tüymek*
tüylenmek Federn (*veya* Haare) bekommen; F zu Geld kommen
tüylü gefiedert; flaumig; langhaariger Teppich; *mec.* betucht, begütert
tüymek (-er) *v/i*/F türmen
'**tüysıklet** (-ti) *Spo.* Federgewicht *n*
tüysüz ungefiedert; bartlos; Milchbart *m*; **~ şeftali** Nektarine *f*
tüze Recht *n*; Justiz *f*; **~l** gerichtlich; juristisch; **~l kişi** juristische Person
tüzük (-ğü) *parti*: Statut *n*; *dernek*: Satzung *f*, Ordnung *f*

U

ucuz billig; *başarı*: leicht, mühelos; *gözyaşı*: schnell vergossen; *-i ~ atlatmak*, *-den kurtulmak* billig davonkommen; **~a çıkmak** preiswert erstehen; **~lamak** v/t billiger werden; leicht(er) erreichbar sein, leichter zu machen sein; **~latma** Verbilligung f; **~latmak** v/t verbilligen, herabsetzen; billig verkaufen; *mec.* erleichtern; **~luk** (-ğu) Rabatt m, Sonderangebote n/pl

uç (ucu) Spitze f; Ende n; Rand m; Wipfel m

uçak (-ğı) Flugzeug n; **~ alanı** Flugplatz m; **~ bileti** Flugschein m; *jet uçağı* Düsenflugzeug n; *yolcu uçağı* Verkehrsflugzeug n; **~ ile**, **~la** per Luftpost

u'çandaire fliegende Untertasse

uçar fliegend; *az.* → **uçmak**; **~ı** ausschweifend; Heißsporn m

uçkur Gürtelschnur f; (Beutel-) Schnur f

uçmak (-ar) fliegen (-e nach D); dahinsausen; *sıvı*: verfliegen; *boya*: verschießen; weggerissen werden, F wegfliegen (*rüzgârda*); herabstürzen, F runterfliegen (-e in, auf A); *mec.* aus dem Häuschen sein (*sevinçten*); *mec. karar.* zu Wasser werden, verfliegen; *mec.* huschen (*çehrede* über das Gesicht); gesprengt werden (*örn. köprü*); *Din. ruh*: in den Himmel steigen

uçsuz endlos, grenzenlos; **~ bucaksız** unabsehbar, endlos

uçucu fliegend; *Kim.* flüchtig, leicht verdunstend

uçuk[1] verblasst, verschossen; hell...

uçuk[2] (-ğu) Fieberbläschen n; Herpes m

uçurmak v/t *kuş* fliegen lassen; *uçurtma* steigen lassen; *kafa, kol* abreißen, abtrennen; *araba* stürzen (-e in A); dahinjagen (lassen); P mitgehen lassen

uçurtma (Papier-) Drachen m

uçurtmak (-i -e) steigen lassen (A); in die Luft jagen (A)

uçurum Abgrund m (*az. mec.*); **~un kenarında** am Rande des Abgrundes (*az. mec.*)

uçuş Flug m; **~ kartı** Bordkarte f; **~ pisti** Rollfeld n; **~ süresi** Flugzeit f; *alçak* **~** Tiefflug m

uçuşmak umherfliegen; umherflattern

'ufacık winzig; kleinst...; **~ tefecik** klein und schmächtig

ufak (-ğı) klein (*az. çocuk*); gering (*masraf*); *rütbe*: niedrig; **~ çapta** in kleinem Maßstab; **~ para** Kleingeld n

ufaklık (-ğı) Winzigkeit f; Geringfügigkeit f; Kleingeld n; *alay.* Laus f; **~!** Kleine(r, -s)!

ufal|lamak v/t zerkleinern, zerbröckeln; **~anmak** v/i zerbröckeln; **~ayıcı** zerkleinernd; Zerkleinerungsmaschine f; **~mak** kleiner werden, (zusammen-) schrumpfen

ufuk (ufku) Horizont m, Gesichtskreis m (*az. mec.*)

uğramak (-e) bei j-m vorsprechen, aufsuchen, vorbeikommen; *oto:* halten (in D, bei D); *gemi:* anlegen; *yer* berühren; verlaufen (an D vorbei, durch A); *mec.* betroffen werden (von D); ausgesetzt sein (D); *haksızlığa* leiden

uğraş Bemühung f; Kampf m; Anliegen n; **~ı** Beschäftigung f; Hobby n; **~mak** (-e) sich be-mühen (zu ...); (*ile*) sich abgeben (mit D), sich beschäftigen (mit D); sich anlegen (mit D); kämpfen; **~tırmak** (-i) j-m (viel) zu schaffen machen; j-m aufhalsen (A)

uğratmak (-i j-n) kommen lassen, (ein)lassen (-e in A); (*zarara* Zerstörung) bewirken; *örn. kayıplar* j-m beibringen

uğul|damak dröhnen, widerhallen; *rüzgâr*: sausen, heulen; **~tu** Dröhnen n, Heulen n; *oto:* Krach m

uğur[1] gutes Zeichen, gutes Omen; Glück n

uğur[2] (uğru); **~urda**, **~runda**, **~runa** für (A), um (G) willen, (G) wegen; *bu ~urda* dafür, deswegen

uğurlamak v/t j-n begleiten, bringen (-e kadar bis zu D) (und alles Gute wünschen); holen (-den von D)

uğurlu Glück bringend, Glück verheißend
uğursuz unheilvoll; unselig; **~ rakam** Unglückszahl *f*; **~luk** (-ğu) böses Vorzeichen
ukala [lâ] Dreimalkluge(r *m*) *f*, Besserwisser(in *f*) *m*
Uk'rayna Ukraine *f*; **~ca** Ukrainisch *n*; **~lı** Ukrainer(in *f*) *m*
ulaç (-cı) Verbaladverb *n*
ulak (-ğı) Kurier *m*, Bote *m*
ulan Mensch!, Menschenskind!; *ünl. kızgınca:* zum Donnerwetter!
ulaşılmak *edil.* → **ulaşmak**
ulaşım Verkehrsverbindung *f* (*az. pl* -en); Verkehr *m*; Verbindung *f*; Berührung *f*, Kontakt *m*; Transport *m*; **~ yolu** Verkehrsweg *m*
ulaşmak (-e) *yer* erreichen (*az. mec. amaç*); kommen (bis zu, nach *D*); reichen, langen (bis zu *D*); *demiryolu hattı* verlängern (bis nach *D*); *ırmak:* sich ergießen, fließen in (*A*)
ulaştır|ma Transport(wesen *n*) *m*; **~mak** (-*i* -e) *v/t* transportieren; liefern (an *A*); *başarıya:* j-m verhelfen zu; (*amaca* ans Ziel) bringen; j-m übermitteln; aushändigen; *Tic.* senden
ulu *mec.* groß; hoch, riesig (*örn. ağaç*)
uluma *köpek:* Heulen *n*
u'luorta unbedacht; unbegründet; hergeholt
ulus Nation *f*
ulusal national; **~ ekonomi** Nationalökonomie *f*; **~laştırmak** verstaatlichen; **~lık** (-ğı) Nationalismus *m*; Nationalbewusstsein *n*
ulusçu Nationalist *m*; Patriot *m*; **~luk** (-ğu) Nationalismus *m*
ulus'lararası (-nı) international, zwischenstaatlich
umak (-ar) hoffen (*-i* auf *A*); rechnen (*-i* mit *D*)
u'mulmadık unerwartet
umulmak erhofft werden; erwartet werden
umum General... (*müdür*), Ober... (*müfettiş*); Allgemeinheit *f*, Publikum *n*; alle, alles; **~i** allgemein, Universal...; General...; öffentlich; → **genel**
umur: ~umda değil F ich pfeife darauf; das ist nicht meine Sache
umut (-du) Hoffnung *f*; **~ beslemek** die Hoffnung hegen; **~ etmek** die Hoffnung haben; **~ ışığı** Hoffnungsschimmer *m*; *-den* **~ kesmek** j-m die Hoffnung nehmen; *-e* **~ vermek** j-m Hoffnung(en) machen
umutlan|dırmak (-*i*) j-m Hoffnungen machen; **~mak** hoffen, sich Hoffnungen machen
umut|lu hoffnungsvoll, zuversichtlich; **~suz** hoffnungslos
un Mehl *n*; **~lamak** *v/t* in Mehl wälzen
unut|kan vergesslich; **~kanlık** (-ğı) Vergesslichkeit *f*; **~mak** *v/t* vergessen; verlernen; **~turmak** (-*i* -e) aus j-s Gedächtnis verdrängen; vergessen lassen (*A*); j-n ablenken (von *D*); **~ulmak** vergessen werden; **~ulmayan** unvergesslich
unvan (-anı) Titel *m*
'up|uslu sehr vernünftig; **~uzun** ellenlang (*mektup*); der Länge nach
ur Tumor *m*, Geschwulst *f*
U'ranus *Astr.* 'Uranus *m*
u'ranyum *Kim.* Uran *n*; **~lu** uranhaltig
urgan Seil *n*; **~cı** Seiler *m*
us Vernunft *f*; Verstand *m*
usanç (-cı) Überdruss *m*; *-den* **~ getirmek** überdrüssig werden (*G*); *-e* **~ vermek** F j-n anöden
usan|dırıcı lästig, geisttötend, entnervend; **~dırmak** *v/t* langweilen, F anöden, nerven; **~mak** (*-den*) genug haben (von *D*), die Lust verlieren (zu ...)
usçu Rationalist *m*; **~luk** (-ğu) Rationalismus *m*
uslanmak vernünftig werden
uslu vernünftig, artig; **~ durmak/oturmak** artig (*veya* ruhig) sein, sich ordentlich benehmen
usta Meister *m*; Spezialist *m*; Handwerksmeister *m*; meisterhaft; erfahren, bewandert; **aşçı ~sı** Chefkoch *m*; Meisterkoch *m*; **dam ~sı** Dachdeckermeister *m*; **duvarcı ~sı** Maurermeister *m*; **~ işi** Kunstwerk *n*, Meisterwerk *n*; **~başı** (-nı) Werkmeister *m*; **'~ca** meisterhaft; *alay* sehr geschickt; **~laşmak** kunstfertig sein; **~lık** (-ğı) Meisterschaft *f*, Kunstfertigkeit *f*; Ausbildung *f* als Meister, Meistertitel *m*

'ustura Rasiermesser *n*; **~ gibi** (scharf) wie ein Rasiermesser

usul (-ülü) Methode *f*; System *n*; *Müz.* Takt *m*; **~ hukuku** *Huk.* Prozessrecht *n*; **~** *bel.* langsam, gemessen

u'sulca leise; vorsichtig, bedächtig; **~cık** unmerklich, unauffällig

usulsüz unmethodisch, unsystematisch; unregelmäßig, inkorrekt

uşak (-ğı) Diener *m*, Lakai *m* (*az. mec.*); (junger) Bursche

utanç (-cı) Scham *f*, Scheu *f*; **~ verici** beschämend

utan|dırıcı beschämend; schändlich; **~dırmak** *v/t* beschämen; in Verlegenheit bringen; **~gaç** verlegen; schüchtern; *Ed.* verschämt; **~ma** Verlegenheit *f*, Schamhaftigkeit *f*; **~mak** (-den; -e) sich schämen (*G veya* wegen *G*); sich genieren; **~madan** ohne sich zu genieren; **~maz**, **~'mazca** schamlos; schändlich

u'topya Utopie *f*; **~cı** Utopist *m*

uvertür Ouvertüre *f*; **~ yapmak** *gnl.* e-n Anfang machen

uyak (-ğı) Reim *m*; **~lı** gereimt, ... in Reimen

uyandır|ıcı anregend, Anregungs... (*madde*); Weck... (*saat*); **~mak** *v/t* j-n (auf)wecken; *ilgi* erregen; anregen; *mec.* wachrufen

uyanık (-ğı) wach (*az. mec.*); findig, wachsam; lebhaft; **~lık** (-ğı) Wachsein *n*; Wachsamkeit *f*; Scharfsinnigkeit *f*

uyan|ış → *uyanma*; Renaissance *f*; **~ma** Erwachen *n* (*az. mec.*); Aufwachen *n*, **~mak** wach werden, aufwachen, erwachen (*az. mec.*); *kişi:* verständig werden

uyar[1] passend, geeignet; ähnlich

uyar[2], **uyarak** → *uymak*

uyar|an stimulierend, anregend; Reizmittel *n*; **~ı** Warnung *f*; Anregung *f*; *Tıp* Reiz *m*; **~ı grevi** Warnstreik *m*; **~ı işareti** Warnzeichen *n*; **~ıcı** → *uyaran*; Aufputsch... (*madde*); **~ılmak** *edil.* → *uyarmak*; **~ım** Reiz *m*

uyarınca gemäß (*D*), laut (*G*)

uyar|lama Bearbeitung *f*; bearbeitet; **~lamak** (-*i -e*) anpassen (*A* an *A*); bearbeiten (*A*); *iklime* **~lamak** akklimatisieren (*A*); **~lanmak** *edil.* → *uyarlamak*; **~layıcı** Bearbeiter(in *f*) *m*; **~lık** (-ğı) Übereinstimmung *f*, *mec.* Zusammentreffen *n*

uydu *gnl.* Satellit *m* (*az. Tek.*); Trabant *m*, Trabanten... (*kent*); **~ televizyon** Satellitenfernsehen *n*; **yapay ~** künstlicher Satellit; **~kent** (-ti) Trabantenstadt *f*

uydur|ma Erfindung *f*, Erdachtes; erfunden, ausgedacht; Falsch... (*haber*); angepasst; **~maca** Erfindung *f*, künstliche Wortbildung; **~mak** anpassen (-*i -e A - D*); *hikâye* erfinden, sich ausdenken; bekommen, F kriegen; schenken, verehren (j-m *A*); **~masyon** reine Erfindung, Hirngespinst *n*, Flausen *pl*; **~uk** (-ğu) Trick *m*, Kniff *m*; *az.* → *uydurmasyon*; ausgedacht; **~ukçu** Fantast *m*, Fabulant *m*

uygar zivilisiert, Kultur...; **'~ca** *bel.* zivilisiert, höflich; **~laşma** Zivilisation *f*, Kultivierung *f*; **~laşmak** zivilisiert (*veya* kultiviert) werden; **~lık** (-ğı) Zivilisation *f*; Kultur *f*; **batı ~lığı** abendländische Zivilisation

uygula|ma Anwendung *f*, Verfahren *n*; Vorgehen *n*; **~ma dersi** Werkunterricht *m*; **~ma sanatları** angewandte Künste *f/pl*; **~mak** *v/t* (praktisch) anwenden (*az. yasa*); *Pol.:* führen; in die Tat umsetzen; *Mat.* zur Deckung bringen; vergleichen (mit *D*); **~malı** praktisch (angewandt)

uygula|nabilir anwendbar; **~nış**, **~nma** (praktische) Anwendung *f*, **~nmak** *edil.* → *uygulamak*

uygula|yıcı Verwirklicher *m*; Anwender *m*; **~yım** Technik *f*; Methode *f*; technisch

uygun (-*e*) angemessen (*D*), passend (zu *D*); entsprechend (*D*); geeignet (zu *D*); *koşul:* günstig; anständig; -*i ~ bulmak/görmek* für gut (*veya* angemessen, richtig) halten (*A*); -*e ~ düşmek/gelmek* entsprechen (*D*), passen (zu *D*); *lütfen ~ olana çarpı (işareti) koyun* Zutreffendes bitte ankreuzen!; **~luk** (-ğu) Angemessen-

uygunsuz

heit *f*; Entsprechung *f*; *Gr.* Kongruenz *f*; **~suz** unangemessen; unpassend; *zaman*: ungelegen; unanständig

uyku Schlaf *m*; *-i* **~ basmak** *kişisiz*: der Schlaf überkommt j-n; **~ çekmek** tief schlafen; **~ ilacı** Schlafmittel *n*; **~ tulumu** Schlafsack *m*; Langschläfer *m*, Schlafmütze *f*

uyku|cu Schlafratte *f*; **~lu** schläfrig; unausgeschlafen; **~suz** unausgeschlafen; *gece*: schlaflos; **~suzluk** (-ğu) Schlaflosigkeit *f*

uyluk (-ğu) Oberschenkel *m*

uyma Anpassung *f* (an *A*)

uymak (-ar) (-e) passen (zu *D*; in *A*); entsprechen (*D*); sich halten (an *A*), sich richten (nach *D*, nach j-m); *yasalara* sich fügen (*D*); *çevreye* sich anpassen (*D*); *fatura*: übereinstimmen (mit *D*); *giysi*: j-m passen, stehen

uymaz entgegengesetzt (*D*), zuwiderlaufend (*D*), **~lık** (-ğı) Gegensatz *m* (zu *D*), Widerspruch *m* (zu *D*)

uyruk (-ğu) Staatsangehörige(r); Staatsangehörigkeit *f*

uysal gehorsam, fügsam; verträglich; **~laşmak** sich fügen, gehorsam sein; **~lık** (-ğı) Fügsamkeit *f*, Verträglichkeit *f*

uyuklamak *v/i* schlummern, F dösen

uyum Harmonie *f* (*az. Gr.*); Anpassung *f* (-e an *A*); *Tıp göz*: Akkomodation *f*

uyu|mak *v/i gnl.* schlafen; unter Narkose sein; *mec.* nicht von der Stelle kommen, stagnieren; **~'yakalmak** die Zeit verschlafen

uyum|lu harmonisch, gut abgestimmt; kompatibel; **~luluk** Kompatibilität *f*; **~suz** unharmonisch

uyurgezer Schlafwandler(in *f*) *m*; **~lik** (-ği) Mondsüchtigkeit *f*

uyuşma¹ Erstarrung *f*, Betäubung *f*

uyuşma² Verträglichkeit *f*

uyuşmak¹ *v/i el, ayak*: taub werden, einschlafen; *soğuktan* steif werden; *mec.* träge (*veya* apathisch) werden

uyuşmak² *v/i* miteinander auskommen, sich vertragen (*ile* mit *D*); sich einigen (-*e* auf *A*)

uyuşmaz unverträglich; unvereinbar; entgegengesetzt; *Müz.* disharmonisch; **~lık** (-ğı) Unvereinbarkeit *f*, Disharmonie *f*; Konflikt *m*

uyuşturmak¹ betäuben; *ağrı* lindern

uyuşturmak² (*-i -le*) e-e Verständigung herbeiführen (mit, zwischen *D*)

uyuşturucu betäubend, Betäubungs...; lindernd, Linderungs...; Droge *f*; Betäubungsmittel *n*, Narkotikum *n*; **~ alışkanlığı** (-nı) Drogensucht *f*; **~ bağımlılığı** (-nı) Drogenabhängigkeit *f*; **~ (madde)** Rauschgift *n*, Droge *f*

uyuşuk (-ğu) eingeschlafen (*el, ayak*), erstarrt, steif, gefühllos; *mec.* träge, apathisch; **~luk** (-ğu) Gefühllosigkeit *f*, Steifheit *f*; Trägheit *f*, Apathie *f*

uyuşum Einklang *m*, Harmonie *f*; **~suz** disharmonisch

uyut|mak (*-i*) *çocuk* in den Schlaf wiegen; einlullen (*az. mec.*); *ağrı* lindern; *mec. şey*: auf Eis legen, verschleppen; **~ucu** einschläfernd, Schlaf...; einlullend; narkotisch

uyuz *Tıp* Krätze *f*, Räude *f*, Grind *m*; räudig, grindig; *mec.* Schlappschwanz *m*; -*i* **etmek** j-n kribbelig machen; **~laşmak** *v/i* die Räude bekommen; *mec.* gemein werden; *mec.* ein armer Schlucker werden

uzak (-ğı) (weit) entfernt; (-*den*) nicht zuständig (für *A*); noch weit entfernt (von *D*); fern (*gelecek, akraba*); **~ görmek** für ziemlich unwahrscheinlich halten

u'zak|ça ziemlich weit; **♀ doğu** (der) Ferne Osten; **~görmez** *mec.* kurzsichtig

uzaklaşmak (-*den*) sich entfernen (von *D*); verlassen (*A*); j-m fremd werden; sich trennen (von *D*); *bulutlar*: sich verziehen; **~laştırmak** *v/t* (-*den*) entfernen (von *D*); *okuldan* fernhalten, entfernen (von *D*); *görevden* entlassen; **~lık** (-ğı) Ferne *f*; Entfernung *f*; *mec.* Abstand *m*

uzaktan aus der Ferne; entfernt (*akraba*); -*e* **bakmak** aus der Ferne (*veya* unbeteiligt) betrachten (*A*); **~ çalıştırma** Fernsteuerung *f*; **~ kumanda** Fernbedienung *f*; -*i* **~ tanımak** j-n flüchtig kennen

uza|ma Verlängerung *f*; (lineare) Ausdehnung; **~mak** lang *veya* länger werden; sich ausdehnen; *Zeit*: sich hinziehen; **~nmak** sich hinlegen, sich ausstrecken; sich begeben (zu

j-m, in *A*); kommen (*-e kadar* bis zu *D*); ausgebreitet werden; (*-e*) erreichen (*A*), langen (bis an *A*); sich lehnen (*-den* aus *D*)

uzantı Verlängerung *f* (*az. Coğr.*); *Cmp.* Erweiterung *f*

uzat|ma Verlängern *n*; *Spo.* Spielverlängerung *f*, Nachspielzeit *f*; **~mak** *v/t gnl.* verlängern (*süre, yaşam, sözleşme*); j-m et. reichen (*örn. kitap*); saç, sakal wachsen lassen; el vs. ausstrecken; ses längen; *eğlence, sohbet* in die Länge ziehen; *Tic. tahvil* prolongieren; *ödeme* verzögern, hinausziehen; **u'zatma!** genug so!, machs kurz!; **u'zatmayalım** fassen wir uns kurz!; **~malı** verlängert; prolongiert; lang... (*nişanlı*)

uzay *gnl.* Raum *m*; Weltall *n*, Kosmos *m*; kosmisch; **~ kapsülü** Raumkapsel *f*, **~ uçuşu** Raumflug *m*; **~gemisi** (-ni) Raumschiff *n*

'uziletişim Telekommunikation *f*

uzlaş|ma Verständigung *f*, Einigung *f*; Aussöhnung *f*; *Huk.* Vergleich *m*; **~mak** sich verständigen (*ile* mit *D*); sich einigen (*ile* mit *D*); **~maz** unversöhnlich; **~mazlık** (-ğı) Unversöhnlichkeit *f*; **~tırıcı** versöhnend; Schlichter *m*; **~tırmak** *v/t* vereinigen, in Einklang bringen (mit *D*)

Uzm. *kıs.* = *uzman*

uzman Spezialist(in *f*) *m*, Fachmann *m* (*-de* in *D*); **çocuk hastalıkları ~** Kinderarzt *m*; **göz hastalıkları ~** Augenarzt *m*; **~ hekim** Facharzt *m*; **~laşma** Spezialisierung *f*; **~laşmak** sich spezialisieren (*-de* auf *A*); **~lık** (-ğı) Spezialität *f*, Fachgebiet *n*, Fachwissen *n*

uzun lang (*az. zamansal*); *beden*: groß, lang; *yol*: weit; **~ araç** Langtransporter *m*; **~ atlama** Weitsprung *m*; **~ boylu** hoch gewachsen; *zaman*: ausgedehnt; *mec.* ausführlich; **~ dalga** Langwelle *f*; **~ etmek** weitschweifig sein; übertreiben; **~ mesafeli koşu** Langstreckenlauf *m*; **~ sürmek** lange dauern

uzunçalar Langspielplatte *f*

uzunlu|k (-ğu) Länge *f*; **~k ölçüsü** Längenmaß *n*; **dalga ~ğu** Wellenlänge *f*; **~ğuna** der Länge nach; **beş metre ~ğunda** fünf Meter lang

Ü

ücret (-ti) Gebühr *f*; *işçi*: Lohn *m*; Gehalt *n*; Fahrgeld *n* (*örn. otobüs*); *doktor.* Honorar *n*; Vergütung *f*; *otel*: Kosten *pl*; **~ verilmemiş** *osta*: ... mit Nachgebühr; **~li** besoldet, Sold...; *iş*: Lohn...; bezahlt (*tatil*); gebührenpflichtig; **yüksek ~li** hoch bezahlt; **~siz** gebührenfrei; ... ohne Lohn, ... ohne Bezahlung, umsonst; **giriş ~siz** Eintritt frei

üç (üçü) drei; Drei *f*; **~te bir** ein Drittel *n*

'üç|boyutlu dreidimensional (*örn. film*); **~er** je drei, zu dreien; **~er ~er** in Dreierreihen

üçgen Dreieck *n*; dreieckig, Dreiecks...

üçkâğıt *Art* Kartenspiel; *mec.* Trick *m*, Kniff *m*; **~çı** Üçkâğıt-Spieler *m*; Mogler *m*, Falschspieler *m*

üçle|me *Ed.* Trilogie *f*; *Din.* Dreifaltigkeit *f*; **~mek** auf drei erhöhen; verdreifachen; in drei Teile teilen; gegen ein Drittel der Ernte verpachten

üçlü dreiteilig, Dreier...; dreistellig (*sayı*); Drei *f* (*örn. domino taşında*) *Müz.* Trio *n*; Dreiergruppe *f*; **~k** (-ğü) Dreiereinheit *f*

'üçteker Dreirad *n*

üçüncü dritt...; Dritte(r *m*) *f*; *Jeol.* **~ çağ** Tertiär *n*; ♀ **Dünya Ülkeleri** Länder *n/pl* der Dritten Welt; **~ olarak, ~sü** drittens; **~lük** (-ğü) dritter Platz (*klasmanda*)

üçüz Drilling *m*; Drillings...; dreiteilig

üfleç (-ci) *Tek.* Gebläse *n*; Ventilator *m*, Belüfter *m*

üflemek

üflemek blasen (*-e* auf *A*); *balon* aufblasen; *ateş* anblasen; *mum* ausblasen (*-i A*); pusten; *Müz. flüt* blasen; *mec.* keuchen

üfür|mek *v/t hava* ausatmen; blasen (*-i* auf *A*), anblasen; **~üyor** es zieht; **~ükçü** Wunderdoktor *m*; **~ükçülük** (*-ğü*) Kurpfuscherei *f*

üleş Anteil *m*; **~mek** teilen (*ile* unter sich); **~tirme** Distributiv... (*sayı*), Einteilungs...; **~tirmek** (*-i -e*) j-m zuteilen (*A*)

ülke *Pol.* Land *n*; **~ açmak** ein Land erobern

Ülker Siebengestirn *n*, Plejaden *pl*

ülkü Ideal *n*; Utopie *f*; **~cü** Idealist *m*; **~leştirmek** *v/t* idealisieren; **~sel** ideal; ideell

ülser Geschwür *n*, Ulkus *n*

ültimatom Ultimatum *n*

ultra|modern hypermodern; **~son** Überschall *m*; *Tıp* Ultraschall *m*; **~sonik** Überschall...; **~viyole** ultraviolett

ümit (*-di*) Hoffnung *f*, → **umut**

ün Ruhm *m*, Ruf *m*; Laut *m*, Stimme *f*

üni'forma Uniform *f*; **~lı** uniformiert

ünite Einheit *f* (*az. Ask.*); *Tek.* Bestandteil *m*

üniversalizm Universalismus *m*

üniver'site Universität *f*; **~lerarası** interuniversitär; **~li** Student(in *f*) *m*

ünlem Interjektion *f*; **~ işareti** Ausrufezeichen *n*

ünlü bekannt, berühmt; prominent; Vokal *m*; **~ uyumu** Vokalharmonie *f*

ünsüz unbekannt; *Gr.* Konsonant *m*

ürbanizm Urbanismus *m*

'Ürdün Jordanien

üre Harnstoff *m*

ürem Zinsen *m/pl*; Zuwachs *m*

üre|me *Biyo.* Fortpflanzung *f*, **~mek** *v/i* sich vermehren; sich fortpflanzen

üremi *Tıp* Urämie *f*

üreteç (*-ci*) *El.* Generator *m*; Stromquelle *f*

üreten: elektrik ~ Strom erzeugend

üretici Produzent *m*; produktiv; Produktiv... (*güçler*); **~ alan** Produktionssektor *m*; **~ firma** Herstellerfirma *f*; **~ olmayan alan** Dienstleistungssektor *m*; **~lik** (*-ği*) Produktivität *f*

üretim *gnl.* Produktion *f*; Erzeugung *f*; Produktion(saufkommen *n*) *f*; **~ araçları** Produktionsmittel *n/pl*; **~ ilişkileri** Produktionsverhältnisse *n/pl*; **~ tarihi** Herstellungsdatum *n*; **~lik** (*-ği*) Fabrik *f*; **~sel** Produktions...

üret|ken produktiv; **~mek** *v/t* produzieren, erzeugen, herstellen; *mec. gnl.* hervorbringen, schaffen; *hayvan* züchten

ürkek (*-ği*) scheu, furchtsam; schüchtern; **~ ~** *bel.* ängstlich und gedrückt; **~lik** (*-ği*) Furchtsamkeit *f*; Schüchternheit *f*

ürkmek (*-er*) (*-den*) erschrecken (vor *D*, über *A*); zurückschrecken; sich fürchten (vor *D*); *at:* scheuen

ürküntü Schrecken *m*, Furcht *f*; Panik *f*; **~ vermek** j-m in Schrecken einjagen; **~lü** schrecklich, grauenvoll

ürküt|mek *v/t* erschrecken; j-m Angst einjagen; verängstigen; *at* scheu machen; *kuş* (weg)scheuchen; **~ücü** erschreckend

ürolog Urologe *m*

ürper|mek e-e Gänsehaut bekommen, erzittern (*korkudan* vor Schreck); **~ti** Schreck *m*, Schauder *m*, Zittern *n*; **-e ~ti vermek** j-n in Schrecken versetzen; **~ti veren** → **ürpertici**; **~tici** grauenvoll, schaurig

ürün Erzeugnis *n*, Produkt *n*; Ernte *f*; **~ alma** Einbringung *f* der Ernte; **deniz ~leri** Meeresfrüchte *f/pl*

üs¹ (üssü) *Mat.* Exponent *m*

üs² (üssü) Stützpunkt *m*; Basis *f*; **donanma ~sü** Flottenstützpunkt *m*; **hava ~sü** Luftstützpunkt *m*

üs... *Ask.* Ober..., Stabs...; → **üst...**

üslup [lû] (*-ubu*) Stil *m*; Form *f*, Art *f*; **~çu** Stilist *m*; **~laştırmak** *v/t* formen, gestalten

üst (*-tü*) Oberseite *f*, oberer Teil *m*; Außenseite *f*; Oberfläche *f*; (Ober-) Kleidung *f*; Rest *m*, das Übriggebliebene; Ober...; **~ geçit** Überführung *f*, *-in* **~ tarafı** das Weitere; Rest *m*; **~ ~** aufeinander; nacheinander; immer wieder; **en ~** oberst...; *az.* **~ akşamüstü**; **insan ~ü** übermenschlich; **~üne:** *örn.* **çay ~üne çay ~** eine Tasse Tee nach der anderen ...; **~üne almak** *mec.* übernehmen (*A*); *palto vs.* überziehen; **~üne basmak**

klar und deutlich sagen; *mec.* den Kern (*G*) treffen; **~ünü değiştirmek** sich umziehen

üstat (-adı) Meister *m*; **üstadım** lieber Kollege!

'**üstçavuş** Unterfeldwebel *m*; Feldwebel *m*

'**üstçene** Oberkiefer *m*

'**üstderi** Epidermis *f*, Oberhaut *f*; **~ altı** Unterhaut *f*, Subkutis *f*

'**üstdudak** (-ğı) Oberlippe *f*

üste: ~ vermek dazugeben, dazutun; **-in ~sinden gelmek** fertig werden (mit *D*)

'**üsteğmen** *Ask.* Oberleutnant *m*

üstelemek v/i drängen, hartnäckig sein, F stur bleiben; *hastalık*: wieder auftreten; (*-i*) anmahnen (*A*)

üstelik *bel.* als Zugabe; obendrein, (noch) dazu

'**üst|geçit** (-di) Überführung *f*; **~gövde** Oberkörper *m*; **~kol** Oberarm *m*

üstlenme *mec.* Übernahme *f*; **~k** v/t *rol, koruma görevi, sorumluluk* übernehmen; *yük* auf sich nehmen

üstlük (-ğü) Übergangsmantel *m*; Überwurf *m*

'**üstsubay** Stabsoffizier *m*

üstsüz F Oben-ohne(-Badeanzug *m*) *n*

üstün überlegen (*-e*; *-den D*); **en ~** höchst...; **~ gelmek** überragen; die Oberhand gewinnen; **-den ~ olmak** *mec.* stehen (über *D*)

üstünde (oben) darauf; **~n** über ... *D* hinweg

üstüne *mec.* über (*A*), über das Thema (*G*); *az.* → **üst**

üs'tünkörü oberflächlich, flüchtig; *bel. az.* zum Schein

üstünlük (-ğü) Überlegenheit *f*

'**üstyapı** Aufbau *m*; *Tek.* Hochbau *m*; *mec.* Überbau *m*

üşen|geç (-ci) Apathie *f*; **~geçlik** (-ği) Schlaffheit *f*, Trägheit *f*; **~mek** v/i (*-e*) zu bequem sein (zu *D*)

üşü|mek frieren; **~yorum** mir ist kalt

üşüşmek (*-e*) zusammenlaufen (an e-m Ort); stürzen (an, in *A*)

üşütmek (*-i*)n frieren lassen; erstarren lassen; (*kendini*) sich erkälten

ütop|ik (-ği) utopisch; **~ist** Utopist *m*; **~ya** Utopie *f*

ütü Bügeleisen *n*; Bügeln *n*; Plätten *n*; Bügelfalten *f/pl*; Absengen *n*, Sengen *n*; **~ çizgisi** Bügelfalte *f*; **~ tahtası** Bügelbrett *n*; **~ yapmak** bügeln; **~leme** Bügeln *n*; **~lemek** v/t bügeln

ütü|lü gebügelt; geplättet; **~süz** ungebügelt; ungeplättet

üvey (-i, -si) Stief-...; **~ anne** Stiefmutter *f*; **~ baba** Stiefvater *m*; **~ kardeş** Stiefbruder *m*; Stiefschwester *f*

üye Mitglied *n*; *Anat.* Organ *n*, Glied *n*; **~ devlet** Mitgliedsstaat *m*; **aile ~si** Familienmitglied *n*; *-e* **olmak** Mitglied werden (*G*); **~lik** (-ği) Mitgliedschaft *f*; **~lik kartı** Mitgliedskarte *f*

üzer¹ → **üzeri**

üzer² → **üzmek**

üzere *sant.* um ... zu; wie; ... wovon; falls, unter der Bedingung, dass ...; *-mek* **~ olmak** im Begriff sein, zu ...; gerade; *yukarıda yazıldığı* **~** wie oben beschrieben; *ikisi kız olmak* **~ üç çocuğu vardır** sie hat drei Kinder, von denen zwei Mädchen sind; *gelmek* **~dir** er kommt gerade

üzeri 1. *isim*: Oberseite *f*, Oberfläche *f*; Kleidung *f*, Zeug *n*; *az.* → **üst** vs.; **2.** *zaman*: *akşam* **~** gegen Abend; *öğle* **~** um die Nachmittagszeit

üzerinde auf, an (*D*); *giymiş olmak*: bei sich (haben); *çalışma, inceleme*: über (*A*); *masanın* **~** auf dem Tisch

üzerinden von ... (*D*) weg; über ... (*A*) weg; *uçuş*: über (*A*); *zaman*: nach (*D*), seit (*D*)

üzerine *az.* → **üstüne**; *mec.* über (*A*); betreffend (*A*); *mec. ve zamansal*: auf (*A*); *zamansal*: gleich nach (*D*); auf ... (*A*) hin; **~ ... daha** besser als ..., schöner als ...

üzgün traurig; untröstlich

üz|mek (*-e*) v/t bekümmern, Sorgen machen (*D*); **~re** → **üzere**; **~ücü** betrüblich, traurig; bedrückend; bedauernswert

üzülme Kummer *m*, Trauer *f*

üzül|mek v/t besorgt sein, traurig sein (*-e* über *A*); bedauern (*-e A*); **buna çok ~düm** ich bedaure das sehr

üzüm Weintrauben *f/pl*; **~ şekeri** Traubenzucker *m*; **kuru ~** Rosinen *f/pl*; **kuş ~ü** Korinthen *f/pl*

üzümcü Weinbauer *m*; Weintraubenverkäufer *m*

üzümsü traubenartig; Beeren..., beerenartig; **~ meyve** Beerenobst *n*

üzüntü Sorge *f*, Trauer *f*; Unruhe *f*; ~ **çekmek** besorgt sein; F viel durchmachen; *-e* ~ **vermek** j-m Sorge machen; j-n beunruhigen; ~**lü** *kişi:* bekümmert; verdrossen; ~**süz** unbekümmert, sorglos

V

vaat (-adi) Versprechen *n*; ~ **etmek** versprechen (j-m *A*), in Aussicht stellen (j-m *A*)
vade (Zahlungs-)Frist *f*; *Tic.* Laufzeit *f*; ~**si geçti** der Termin ist abgelaufen; ~**si geldi** der Zahlungstermin ist da; **kısa** ~**de** *bel.* kurzfristig; **uzun** ~**de** langfristig
vadeli befristet, ...fristig; *sıf.* **kısa** ~ kurzfristig; **orta** ~ mittelfristig; **uzun** ~ langfristig; ~ **hesap** Festgeldkonto *n*
vadesiz unbefristet
vadi Tal *n*
vaftiz Taufe *f*; *-i* ~ **etmek** taufen
vagon Waggon *m*, Wagen *m*; **kuşetli** ~ Liegewagen *m*; **yataklı** ~ Schlafwagen *m*; **yemekli** ~ Speisewagen *m*; **yük** ~**u** Güterwagen *m*
vah *ünl.* ach!, ach je!; o je!
vahim gefährlich, schwerwiegend; schwer verdaulich
vahşet (-ti) Wildheit *f*; Wildnis *f*; Brutalität *f*
vahşi wild; furchtsam, menschenscheu; brutal; Wilde(r *m*) *f*; ~ **orman** Urwald *m*; ~**lik** (-ği) Grausamkeit *f*
va'jina Vagina *f*
'**vakfetmek** (-*i -e*) j-m widmen (*A*); j-m stiften, vermachen (*A*); **kendini** ~ sich (*A*) widmen (*D*)
vakıf (vakfı) (religiöse) Stiftung
vakit (vakti) Zeit *f*; → **zaman**; Epoche *f*, Periode *f*; Gelegenheit *f*; ~**it kazanmak** Zeit gewinnen; ~**it öldürmek** die Zeit totschlagen; ~**ti geldi** *mec.* s-e (letzte) Stunde hat geschlagen; ~**ti olmamak** keine Zeit haben; ~**tinde** rechtzeitig, pünktlich; *-in* ~**tini almak** j-n viel Zeit kosten; ~**tiyle** rechtzeitig; seinerzeit, damals
vakitli pünktlich, fristgemäß; ~**li va-**

kitsiz wann es (ihm, ihr, ihnen *vs.*) passt(e); ~**siz** unpünktlich, unpassend (*an*); verfrüht; nicht rechtzeitig; außer der Saison
'**vale** *iskambil:* Bube *m*
valf Ventil *n*
vali Wali *m*, *etwa:* Regierungspräsident *m*, Provinzgouverneur *m*
valiz (kleiner) Koffer
'**vallahi** bei Gott!
vals (-si) Walzer *m*
vampir Vampir *m*
'**vana** Ventil *n*
vandalizm, **vandallık** (-ğı) Wandalismus *m*
va'nilya Vanille *f*; ~**lı dondurma** Vanilleeis *n*
ventilatör [lâ] Ventilator *m*
vapur Dampfer *m*; **araba** ~**u** (Auto-)Fähre *f*; ~**cu** Reeder *m*; ~**culuk** (-ğu) Reederei *f*
var vorhanden; existierend; Vorhandenes; (alles,) was man hat; es gibt (*A*); **sizde ... ~ mı?** haben Sie ...?; ~ **kuvvetiyle/gücüyle** mit aller Kraft; ~ **olmak** existieren; **İngilizcesi ~ mı?** kann er (*veya* sie) Englisch?; ~**ı yoğu** all seine (*veya* ihre) Habe; alles, was ... (man, er *vs.*) hat; **ne ~ ki** jedoch; immerhin; **bir ~mış, bir yokmuş** es war einmal; **vaktim ~** ich habe Zeit
vardırmak (-*i -e*) *iş, olay* vorantreiben (bis zu *D*)
'**vardiya** (Fabrik-)Schicht *f*; Wache *f*; **gece** ~**sı** Nachtschicht *f*
vargı Schluss(folgerung *f*) *m*
varır → **varmak**
varış Ankunft *f* (*-e in D*)
varil Fässchen *n*; *ölçü:* Barrel *n*
varis Krampfader *f*
vâris Erbe *m*, Erbin *f*

varlık (-ğı) Existenz *f*; Wesen *n* (*örn. hayvan*); Erscheinung *f*; Vermögen *n*, Besitz *m*; ~ **içinde yaşamak** im Wohlstand leben; ~ **vergisi** Vermögenssteuer *f*

varlıklı vermögend; ~ **sınıf** besitzende Klasse

varmak (-ır) (-e) ankommen (in *D*), eintreffen (in *D*); *yaş, yer* erreichen (*A*); *masraflar:* sich belaufen (auf *A*); *mec.* führen (zu *D, örn. iyi bşe*); kommen (*örn. tadına* auf den Geschmack)

'varoluş Existenz *f*; ~**çuluk** (-ğu) Existenzialismus *m*

varoş Vorstadt *f*

'varsayım Hypothese *f*; ~ **bellek** (-ği) virtueller Speicher

'varsay|ma Hypothese *f*, Annahme *f*; ~**mak** *v/t* annehmen; ~**alım** gesetzt den Fall, dass ...; nehmen wir an, dass ..

varyemez F Geizhals *m*, Knauser *m*

vasat (-tı) Mitte *f*, Zentrum *n*; durchschnittlich; → **ortam**

vasıf (vasfı) Eigenschaft *f*; → **nitelik**; ~**landırmak** *v/t* qualifizieren; auszeichnen; ~**lanmak** sich (*A*) auszeichnen; ~**lı** qualifiziert; ~**lı işçi** qualifizierte(r) Arbeiter(in *f*) *m*; ~**sız** unqualifiziert; ~**sız işçi** Hilfsarbeiter(in *f*) *m*

vasıta Mittel *n*; → **araç**; Mittler *m*; Vermittlung *f*; ~**lı** indirekt (*vergi*); ~**sıyla** mittels (*G*), durch (*G*), durch Vermittlung (*G*); ~**sız** direkt (*vergi*); unmittelbar

vâsi *Huk.* Vormund *m*; Testamentsvollstrecker *m*; ~**lik** (-ği) Vormundschaft *f*

vasiyet (-ti) Testament *n*, letzter Wille; Vermächtnis *n*; ~ **etmek** testamentarisch verfügen; ~**name** Testament *n*

vat (-tı) *El.* Watt *n*; ~ **saati** Wattstunde *f*

vatan Vaterland *n*; Heimat *f*; patriotisch; ~ **hasreti** Heimweh *n*; ~ **sevgisi** Vaterlandsliebe *f*; ~ **tutmak** sich niederlassen, sich ansiedeln; ~**daş** Landsmann *m*, Landsmännin *f* (*pl* Landsleute); Mitbürger(in *f*) *m*; ~ **girişimi** (-ni) Bürgerinitiative *f*; ~**daşlık** (-ğı) Staatsangehörigkeit *f*; *az.* → **yurttaşlık**; Bürger... (*hak*); ... ~**daşlığına geçiş** der Erwerb der ... Staatsangehörigkeit; ~**sever** vaterlandsliebend, patriotisch; ~**sız** vaterlandslos

vatman Straßenbahnführer *m*

vay o weh!, ach!; wehe (*-e D*); *şaşırma:* nanu!, ach nein!; was!?

vazgeç|ilmez unabdingbar, unerlässlich; ~**me** Verzicht *m*; ~**mek** (*-den*) verzichten (auf *A*); *alışkanlık* aufgeben; Abstand nehmen (von *D*)

vazife Pflicht *f*; Dienst *m*; Amt *n*; *az.* → **görev, ödev**; *-i* ~ **etmek** sich kümmern (um *A*); *ne* ~*n!* was geht es dich an?; (*onun*) ~**si mi?** ihm ist es egal, er kümmert sich nicht darum

vaziyet (-ti) Lage *f*, Situation *f*; Zustand *m*, Stellung *f*; *az.* → **durum**; ~ **alışı** Stellungnahme *f*; ~ **almak** e-e Haltung einnehmen; Stellung nehmen; *-e karşı* ~ **almak** Stellung nehmen (gegen *A*); ~**i takınmak** e-e Miene aufsetzen; *esas* ~ Grundhaltung *f*; Ausgangsstellung *f*

'vazo Vase *f*

vb. *kıs.* = **ve benzer(ler)i** und Ähnliche (u. Ä.); **ve başkaları** und andere (u. a.)

vbg. *kıs.* = **ve bunun gibi(ler)i** und dergleichen (u. dgl.)

vd. *kıs.* = **ve devamı** und so weiter (usw.) → **vs.**

ve und

veba Pest *f*, Seuche *f*; *sığır* ~**sı** Rinderpest *f*

veda Abschied *m*; Abschieds... (*konser, mektup*); *-e* ~ **etmek** *az. mec.* Abschied nehmen (von *D*); ~**laşmak** (*-e, ile*) sich (*A*) verabschieden (von *D*)

vefa Treue *f*; Beständigkeit *f*; ~**kâr**, ~**lı** (*-e*) treu (*D*), treu ergeben (*D*); ~**sız** treulos, untreu

vefat (-atı) Tod *m*, Ableben *n*; *Ed.* Verlust *m*; ~ **etmek** hinscheiden, sterben

vejetaryen Vegetarier *m*; ~**lik** (-ği) vegetarische Ernährung

vekâlet (-ti) Vollmacht *f*; '~**en** vertretungsweise; ~**name** *Huk.* Vollmacht *f*

vekil Stellvertreter(in *f*) *m*; *-i -e* ~ **etmek** j-n bevollmächtigen (zu *D*); ~**lik** (-ği) (Stell-)Vertretung *f*

velayet [lâ] (-ti) Autorität *f*; **~ hakkı** Sorgerecht *n*

veli Vormund *m*; Erziehungsberechtigte(r *m*) *f*; Heiliger; **~aht** (-di) Thronfolger *m*; **~lik** (-ği) Vormundschaft *f*; Heiligkeit *f*

ventil Ventil *n*

'Venüs Venus *f*

veraset (-ti) Erbschaft *f*; Erbe *n*; Vererbung *f*, Erblichkeit *f*; **~ hakkı** Erbrecht *n*; **~ ilamı** Erbschein *m*

verdirmek (-*i* -*e*) j-n veranlassen, zu geben (*A*)

verecek *gnl.* Schuld *f*; **~li** Schuldner(in *f*) *m*

verem Tuberkulose *f*; tuberkulös, schwindsüchtig; **~li** tuberkulös, Schwindsüchtige(r *m*) *f*

veresiye auf Kredit, F auf Pump; sehr larifari, obenhin (*çalışmak*); -*i* **~ vermek** F auf Pump geben (*A*)

verev(ine) schräg, diagonal

vergi Steuer *f*, Gabe *f*, Talent *n*, (Gottes-)Geschenk *n*; **~ dilimi** Steuergruppe *f*; **~ye bağlamak** j-n zur Steuer veranlassen; besteuern; *arazi* (*veya* **gayri menkul**) **~si** Grundsteuer *f*; **gelir ~si** Einkommensteuer *f*, Lohnsteuer *f*; **katma değer ~si** Mehrwertsteuer *f*; **miras ~si** Erbschaftsteuer *f*; **motorlu taşıt ~si** Kraftfahrzeugsteuer *f*; **muamele ~si** Umsatzsteuer *f*; **servet/varlık ~si** Vermögensteuer *f*; **veraset ~si** Erbschaftsteuer *f*; **~ci** Steuereinnehmer *m*; **~lemek** besteuert werden; **~lendirilme** Besteuerung *f*, **~lendirmek** *v/t* besteuern; **~li** begabt; freigebig

veri Angabe *f*, *Cmp.* Daten *pl*; **~ ortamı** Datenträger *m*

verici *radyo*: Sender *m*

ver|iliş Ausstellung *f*, Erteilung *f*; **~imli** ertragreich, fruchtbar

ver|ir → **vermek**; **~iştirmek** (-*i* -*e*) j-m (gehörig) die Meinung sagen

verme: su ~ Tränken *n*; **yem ~** Fütterung *f*

vermek (-ir) (-*i* -*e*) geben (j-m *A*); schenken (j-m *A*); hinterlassen (*örn. ev*); erteilen (*örn. ders*); verbreiten (*örn. koku*) geben (*gürültü*); *kızını* j-m (zur Frau) geben; *diploma, yetki* erteilen; *umut* machen; *dert* bereiten; *pasaport* ausstellen; *borcunu* begleichen; *sırtını duvara* wenden; *zaman* aufwenden, opfern; -*i* **heyecana ~** in Aufruhr versetzen; **kendisini** -*e* **~** sich widmen (*D*); **randevu ~** e-e Verabredung treffen; **verildiği yer** *pasaport*: Ausstellungsort *m*

vermut (-tu) Wermut *m*

vernik (-ği) Lack *m*; **~lemek** *v/t* lackieren

vesaire (*vs.*) und so weiter (usw.)

vesayet (-ti) → **vasilik**

vesika → **belge**; **~lı** registrierte Prostituierte; **~lık** amtlich zugelassen; **~lık fotoğraf** Passbild *n*

vesile Anlass *m*, Vorwand *m*; Gelegenheit *f*; **bu ~ ile** aus diesem Anlass; bei dieser Gelegenheit

vestiyer Garderobe *f*, Kleiderablage *f*; **~ci** Garderobenfrau *f*; Garderobier *m*

veteriner Tierarzt *m*, Tierärztin *f*; **~lik** (-ği) Veterinärmedizin *f*

'veto Veto *n* (-e gegen *A*); -*i* **~ etmek** ein Veto einlegen (gegen *A*); ablehnen, zurückweisen, F sperren

veya, ~hut oder, beziehungsweise

vezir (-iri) *Trh.* Wesir *m*; *satranç*: Dame *f*

vezne *örn. banka:* Kasse *f*; **~ci**, **~dar** Kassierer(in *f*) *m*

vız *böcek:* Summen *n*; Sausen *n*

vızıl|da(n)mak summen; sausen; *mec.* jammern, quengeln; **~tı** Summen *n*, Surren *n*; *mec.* Gejammer *n*; **~tı makinesi** Summer *m*

vızıla|mak → **vızıldamak**; **~yıcı** Summer *m*

vicdan (-anı) Gewissen *n*; **~ azabı** Gewissensbisse *m/pl*; **~ hürriyeti** Gewissensfreiheit *f*

vic'danen mit ruhigem Gewissen (*söylemek*); **~ rahat** ruhiges Gewissen

vicdan|lı gewissenhaft; **~sız** gewissenlos

'vida Schraube *f*; **~ anahtarı** Schraubenschlüssel *m*; Gewinde *n*; **~ dişi** Schraubengang *m*; **~yı sıkıştırmak** festschrauben; **~yı sökmek** losschrauben

vida|lamak *v/t* anschrauben; **~lı** angeschraubt; Schraub-...

video Video(zubehör) *n*; **~ bandı** Videoband *n*; **~ kaseti** Videokassette *f*

vilayet [lâ] (-ti) → **il**

'villa Villa *f*

vinç (-ci) Kran m; Winde f; **yüzer ~** Schwimmkran m; **~çi** Kranführer m
viraj Kurve f; **~ almak**, **~ı dönmek** die Kurve nehmen; **keskin ~** scharfe Kurve; **~lı** kurvenreich
virgül Komma n; **noktalı ~** Semikolon n
'virüs Virus n (az. m)
viski Whisky m
'vişne Sauerkirsche f; **~çürüğü** (-nü) dunkelrot
vitamin Vitamin n; **~li** vitaminreich; **bol ~li meyve suyu** Multivitaminsaft m; **~siz** vitaminarm; **~sizlik** (-ği) Vitaminmangel m
vites oto: Gang m; **~ değiştirmek** e-n anderen Gang nehmen (veya einlegen), umschalten; **~ kolu** Schalthebel m; **~ kutusu** Getriebe n; **~li: otomatik ~li** mit Automatik(getriebe)
vitrin Schaufenster n (az. mec.); Schaukasten m; Vitrine f; **~ yapmak** Schaufenster dekorieren, F Fenster machen
viyadük (-kü) Viadukt m
Vi'yana Wien
vi'yola Bratsche f, Viola f; **~cı** Bratschist(in f) m
viyolon|ist Geiger(in f) m, Violinist(in f) m; **~sel** Violoncello m
'vize Visum n; Sichtvermerk m; üniversite: Semesterprüfung f; **~ almak** ein Visum erhalten; **~ mecburiyeti** Visumzwang m; **~ vermek** ein Visum ausstellen (veya erteilen)
vi'zite Tıp Visite f; (Untersuchungs-) Honorar n
vizon Nerz m
vo'leybol Volleyball m
volfram Wolfram n
'voli mec. Fang m, Gewinn m
volkan Vulkan m; **~ik** vulkanisch
volt (-tu) Volt n
voltaj (Strom...)Spannung f; **~ düşüklüğü** Spannungsabfall m; **~ yüksek** Hochspannung f; **~lı** Spannungs...; **yüksek ~lı ana hat** Hochspannungsleitung f
volt'metre Spannungsmesser m
'votka Wodka m
vs. kıs. = **ve saire** und so weiter (usw.) → **vd.**

vurdumduymaz gefühllos, stumpf (-sinnig), abgestumpft; begriffsstutzig
vurdurmak (-i -e) schlagen lassen vs. → **vurmak**
vurgu Betonung f; Akzent m; **~lamak** v/t sözcük betonen; gnl. hervorheben; mec. prägen, charakterisieren; **~lu** betont (sözcük); Schlag... (enstrüman)
vurgun (-e) verliebt (in A); begeistert (von D); Spekulationsgewinn m; dalgıç: tödlicher Unfall; beschädigt; verwundet; **~(u) vurmak** F einen kräftigen Reibach machen; **~cu** Spekulant m; Spekulations...
vurgunluk (-ğu) Verliebtheit f, Wundsein n; durchgerieben
vurmak (-ur) (-i -e) schlagen (A an, auf, in A); einschlagen (örn. çivi in A); den Weg einschlagen (zu, nach D), zugehen (auf A); klopfen (örn. kalp, kapı); treffen (A), abschießen (A), erschießen (A); boya auftragen (auf A), anstreichen (A); soğuk: meyveye schaden; ışık: dringen (in A); lotoda gewinnen, e-n Treffer erzielen; güneş: direkt scheinen (yüzüne ins Gesicht); Tıp iğne geben (D); damga setzen (auf A); **ateşe ~** et. aufs Feuer stellen; **dışarıya ~** nach außen dringen; **dişleri birbirine ~** mit den Zähnen klappern; -i **şakaya ~** ins Lächerliche ziehen (A); **yama ~** e-n Flicken aufsetzen
vurulmak edil. → **vurmak**; (-e) verliebt sein (in A)
vurur → **vurmak**
vuruş Schlagen n, Pochen n; Schlag m; Schlägerei f; Müz. Takt m; Spo. Schuss m; **başlama ~u** Anstoß m
vuruş|ma Schlägerei f; **~mak** sich schlagen
vücut (-udu) Körper m; **~ bakımı** Körperpflege f; **~ bulmak** Gestalt annehmen; -e **vermek** Gestalt geben (D); **~ yapısı** Körperbau m; **vücuda gelmek** entstehen; **vücuda getirilmek** gebildet werden; entstehen; geschaffen werden; **vücuda getirmek** bilden, schaffen; **~tan düşmek** mager werden, vom Fleisch fallen; **~lu** korpulent

WC

WC WC *n*, Toilette *f*

W/X

x ışınları Röntgenstrahlen *m/pl*

Y

y, Y *kıs.* = **yüksek** Hoch

ya¹ *ünl.* oh, nein!; *pekiştirme:* **~ Rabbi, ~ Allah!** mein Gott!

ya² *bağl.* oder!; und!?; **~ da** oder; **~ , ~** entweder oder

ya³ *bel.* denn (*soru cümlelerinde*); ja; stimmt; doch; ja schon; wirklich?; so?!, was?!

yaban Wildnis *f*, Einöde *f*; Wilde(r); wild, Wild...; **-i ~a atmak** nicht für voll nehmen (*A*); *mec.* hinweggehen (über *A*); verachten; **~a gitmek** *mec.* verpuffen

yabancı fremd; unbekannt; Ausländer(in *f*) *m*; **~ düşmanlığı** Ausländerfeindlichkeit *f*; **~ madde** Fremdkörper *m*; **-e ~ gelmek** j-m fremd vorkommen; **-in ~sı olmak** sich fremd fühlen (in *D*); **buranın ~sıyım** ich bin hier fremd

yabancı|lamak (-*ı*) j-m fremd vorkommen; **~laşmak** verfremdet werden; **~laştırmak** *v/t* verfremden; zurückstoßen; **~lık** (-ğı) fremde Herkunft; Fremdsein *n*; Verfremdung *f*, **~lık çekmek** sich fremd (*veya* als Ausländer) fühlen; F nicht zu Hause sein

ya'bandomuzu (-nu) Wildschwein *n*

yabani wild; menschenscheu; *mec.* ungehobelt; **~leşmek** verwildern; **~lik** (-ği) Wildheit *f*; Verwilderung *f*; Verwahrlosung *f*

ya'banturpu (-nu) *Bot.* Meerrettich *m*

yad¹ → **yabancı**; **~ eller** Fremde *f*

yâd² (-dı) Erinnerung *f*, **~ etmek** erwähnen; → **anmak**

ya da → **ya**

yadır|gamak seltsam (*veya* komisch) finden; sich wundern (über *A*); **~gatmak** *v/t* befremden; verwundern

yadigâr Erinnerung *f*; **-e -i ~ vermek** als Andenken verehren (j-m *A*)

yadsı|ma Abweisung *f*; Nichtanerkennung *f*, Leugnen *n*; **~mak** *v/t* leugnen, bestreiten; verleugnen

yağ Fett *n*; Öl *n*; Schmiere *f*; **~ bağlamak** Fett ansetzen; **~ çekmek** *mec.* j-m Honig um den Bart schmieren; **~ değiştirme** Ölwechsel *m*; **~ deposu** Öltank *m*; **~ lekesi** Fettfleck *m*; **~ pompası** Ölpumpe *f*; **~ seviyesi** Ölstand *m*; **~ tulumu** *mec.* Fettwanst *m*, Tonne *f*

yağar → **yağmak**

'yağbezi (-ni) Talgdrüse *f*

yağcı Fetthersteller *m*; *Tek.* Öler *m*; *mec.* Speichellecker *m*

yağcılık (-ğı) *Tek.* Ölen *n*, Schmieren *n*; *mec.* Speichelleckerei *f*; **~ etmek** *mec.* j-m um den Bart gehen

yağdırmak (-*i* -*e*) regnen lassen, schneien lassen (auf *A*); *mec.* bombardieren, überschütten (mit *D*); *Tic. piyasa* überschwemmen (mit *D*)

'yağdoku Fettgewebe *n*

yağış Niederschlag *m*; Niederschlagsmenge *f*; **yoğun kar ~** heftige Schneefälle *m/pl*; **~lı** regnerisch; Regen... (*gün*); regenreich (*bölge*); **~sız** ohne Regen; regenarm

yağlamak *v/t* ölen, (ab)schmieren; einfetten; *mec.* j-m nach dem Munde reden

yağlayıcı: **~ madde** Schmiermittel *n*

yağlı ölig, Öl...; fettig, Fett...; fett; mit Fett (*veya* Öl) hergestellt; in Öl; mec.

einträglich; *kişi:* F betucht; **~ kâğıt** Butterbrotpapier *n*

yağlıboya Ölfarbe *f;* **~ tablo** Ölgemälde *n*

yağma Raub *m;* Plünderung *f;* Raubzug *m;* ausgeraubt; *-i* **~ etmek** ausrauben, ausplündern; **~ gitmek** reißenden Absatz finden

yağ|mak (-ar) *yağmur vs.:* fallen; prasseln (*üstüne* auf *A*); *mec. mektup:* hereinströmen, regnen; **dolu ~yor** es hagelt; *kar* **~ıyor** es schneit; **yağmur ~yor** es regnet

yağmur Regen *m* (*az. mec.*); **~ yağmak** regnen

yağmur|lu regnerisch; Regen... (*gün*); **~luk** (-ğu) Regenmantel *m*

yağsız fettarm, mager; ohne Fett (*pişirilmiş*); *mec. figür:* dünn, sehr schlank

yahu *ünl.* Mensch!, Menschenskind!, Kinder!; zum Donnerwetter!; was!; *vurgulamak için:* ja

Yahudi Jude *m*, Jüdin *f;* **'~ce** Hebräisch *n* → **İbranice;** **~lik** (-ği) Judentum *n;* jüdische Religion

yahut oder; **~ dursun** oder lass nur; oder besser; → **ya da**

yaka Kragen *m;* Ufer *n;* **-den ~ silkmek** sich abwenden (von *D*); schaudern (bei *D*); *-in* **~sına yapışmak** j-n nicht loslassen; j-m zusetzen (mit *D*); **~yı ele vermek** gefasst werden

yakacak (-ğı) Brennstoff *m*, Heizmaterial *n*

yakalamak *v/t* j-n festnehmen, verhaften; ergreifen, fassen; j-n überraschen, ertappen, F erwischen; *Blick* auffangen, wahrnehmen

yakalanmak *edil.* → **yakalamak;** (*-e*) befallen werden; erfasst werden; **nezleye ~** e-n Schnupfen bekommen

yakalatmak (*-i -e*) j-n verhaften lassen (durch *A*)

yakar → **yakmak**

yakarış Gebet *n;* Bitten *n,* Flehen *n;* **~mak** (*-e*) anflehen (*A*); Zuflucht suchen (bei *D*)

yakıcı ätzend; brennend heiß

yakılmak *edil.* → **yakmak**

yakın (-e) nah(e) (*D*); sehr ähnlich (*D*); Nah... (*savaş*); *boya:* spielend (in *A*); *ilgi:* rege

ya'kınçağ (-ğı) *Trh.* Neuzeit *f*

yakın|da in der Nähe; *zaman:* bald, demnächst; vor kurzem; **~dan** aus der Nähe, von nahem; näher; **-i ~dan bilmek** näher (*veya* genauer) kennen; **~larda** in der Nähe; in der letzten Zeit, in diesen Tagen

Ya'kındoğu (der) Nahe Osten

yakınlaş|ma Nahen *n;* Annäherung *f* (*özl. mec.*); **~mak** (*-e*) sich nähern (*D*); sich (einander) annähern, sich näher kommen; **~tırmak** (*-i -e*) annähern (*A-D*); *mec.* näher bringen (*A-D*)

yakınlık (-ğı) Nähe *f,* nahe Verwandtschaft; Interesse *n;* Sympathie *f,* **-e ~ göstermek** Interesse zeigen (für *A*)

yakın|ma Klage *f;* **~mak** (*-den*) klagen (über *A*), sich beklagen (über *A*)

yakışık Schicklichkeit *f; mec.* Anziehungskraft *f;* **-mek ~ almak** sich gehören, zu; **~lı erkek:** gut aussehend; *mec.* angemessen, schicklich; **~sız erkek:** unansehnlich; **~sızca** ungehörig, flegelhaft

yakış|mak (*-e*) *giysi:* j-m stehen; *örn. resim:* passen (zu *D*, in *A*); sich gehören; angemessen sein (*D*); **ona hiç ~mıyor** das gehört sich nicht für ihn (*veya* sie)

yakıştır|ma Argument *n;* passend, treffend; **~maca** Witz *m,* Witzwort *n;* schlagfertige Antwort; **~mak** (*-i -e*) zutrauen (j-m et.); *örn. giysi:* abstimmen

yakıt (-tı) Brennstoff *m;* Heizmaterial *n; akar* **~** Heizöl *n*

yaklaşık annähernd, ungefähr; Annäherungs... (*değer*); **~ olarak** *bel.* annähernd

yaklaşım (*-e*) Annäherung *f;* Einstellung *f* (zu *D*); Kontakt *m* (zu *D*); Betrachtung *f,* Behandlung *f*

yaklaş|mak (*-e*) sich nähern (*D*); ähneln (*D*); *konu, soru* näher erwägen, berücksichtigen (*A*); **~tırmak** (*-i -e*) heranbringen (*A* an *A*); *iskemle* (heran)rücken (an *D*)

yakma Brennen *n,* Brenn..., Ätzen *n*

yakmak (-ar) **1.** *v/t* anzünden; verbrennen; *ışık* anmachen, anzünden; *mec. fırtına:* zunichte machen; mitspielen (*D*); (zu Eis) erstarren lassen;

yaktırmak

schwer enttäuschen; *mec. aşktan brennen*; **2.** *v/i güneş*: brennen
yaktırmak (*-i -e*) anzünden lassen, zum Brennen bringen (*A* durch *A*)
yakut (-tu) Rubin *m*; **gök** ~ Saphir *m*
yalama *Tek.* ausgeleiert; gewischte Zeichnung
yalamak *v/t* lecken; *tabak* auslecken; auflecken (*örn. bal*); *kurşun*: streifen (*A*); pfeifen, sausen
yalan Lüge *f*; falsch; ~ **atmak** (*veya* **kıvırmak**, **söylemek**) lügen, die Unwahrheit sagen; ~ **çıkmak** sich als falsch herausstellen; ~ **dolan** Schwindeleien *f/pl*; ~ **haber** Falschmeldung *f*; ~ **yere yemin etmek** e-n Meineid schwören; *-in* ~**ını yakalamak** j-n beim Lügen ertappen
yalancı Lügner(in *f*) *m*; lügnerisch, verlogen; Pseudo...; verstellt, vorgetäuscht; *-i* **çıkarmak** j-n als Lügner hinstellen; j-n der Lüge bezichtigen; ~ **tanık** falscher Zeuge
'**yalancıktan** nur zum Schein; ~ **ağlamak** *mec.* Krokodilstränen vergießen
yalancılık (-ğı) Unwahrheit *f*; Lügen *n*; Verlogenheit *f*
yalandan fingiert, vorgetäuscht
yalanla|**ma** Dementi *n*; ~**mak** *v/t* dementieren
yalansız wahr; *bel.* aufrichtig
yaldız Gold- *veya* Silberstaub *m*; Vergoldung *f*; Versilberung *f*; *mec.* Tünche *f*, Maske *f*; ~**lamak** *v/t* vergolden; versilbern; vergolden, in ein goldenes Licht tauchen; *mec.* kaschieren; ~**lı** vergoldet; versilbert; Golddublee *f*
yalı Strand *m*, Ufer *n*; Sommerhaus *n*
yalın einfach, simpel, schlicht (*dil*); nackt
ya'lınayak barfuß
yalınlaştırmak *v/t* vereinfachen
yalınlık (-ğı) Reinheit *f*, Echtheit *f*, Einfachheit *f*
yalıt|**ıcı** → **yalıtkan**; ~**ım** *El.* Isolierung *f*; ~**kan** *El.* Isolator *m*; Isolier...; ~**mak** *v/t El.* isolieren
yalnız **1.** *sıf.* allein; allein stehend; einsam; selbstständig; **2.** [jal-] *bel.* nur, lediglich; aber, jedoch; *çekirdeğe.*: in Worten; ~ **başına** (ganz) allein (*yaşamak*); ~ **şu var ki** dabei ist zu beachten, dass; ~**ca** ganz allein; *bağl.* indessen, jedoch
yalnız|**laşmak** verlassen werden, allein gelassen werden; ~**lık** (-ğı) Einsamkeit *f*
yaltak|(**çı**) Speichellecker(in *f*) *m*; ~**lanmak** katzbuckeln, kriechen (vor j-m); ~**lık** (-ğı) Katzbuckelei *f*
yalvar|**ıcı** Bittsteller *m*; ~**ılmak** *edil.* → **yalvarmak**; ~**ış** Bitten *n*, Flehen *n*; ~**mak** (*-e*) sehr bitten (um *A*); *Ed.* flehen (um *A*); ~**tmak** (*-i -e*) sich bitten lassen
yama Flicken *m*
yamaç (-cı) Abhang *m*, Bergwand *f*; neben (*A*)
yamak (-ğı) Gehilfe *m*, Helfer *m*
yamamak *v/t* flicken, ausbessern
yaman heftig, wild, böse, grimmig; forsch, keck; *kış*: streng
yamyam Menschenfresser *m*, Kannibale *m*; ~**lık** (-ğı) Kannibalismus *m* (*az. mec.*)
'**yamyassı** eben, platt
'**yamyaş** pitschenass
yan Seite *f*; Profil *n*; *kapı*: Seiten...; *cümle*, *çıkış*: Neben...; *amaç vs.*: sekundär; **öte** ~**dan** andererseits; ~ **bakmak** scheel blicken; ~ **çizmek** sich drücken (vor *D*); ~ **etki** *Tıp* Nebenwirkung *f*; ~ **gözle** mit scheelem Blick; ~ **ödeme** *maaş*: Zulage *f*; ~ **sanayi** Zulieferindustrie *f*; ~ **sokak** Seitenstraße *f* von der Seite, schief; ~**a** nebeneinander; *-den* ~**a** wegen (*G*); für (*A*); **benden** ~**a** meinetwegen; *bir* ~**a** abgesehen (von *D*); **bu** ~**a** hierher, auf diese Seite; bis jetzt; *-den bu* ~**a** seit (*D*); *-den* ~**a** **çıkmak** zu j-m halten; *-den* ~**a** **olmak** für j-n sein; sich einsetzen (für *A*); *-in* ~**ı başında** (*veya* **başına**) ganz in der (*veya* in die) Nähe; *-in* ~**ı sıra** (zusammen) mit (*D*); *az. mec.* neben (*D*); daneben; *b-nin* ~**na kalmamak**: *bir* ~**a** abgesehen von...; *-in* ~**na ilg.** neben (*A*); zu (*D*); an (*A*) heran; *-in* ~**na oturduk** wir setzten uns neben ihn (*veya* sie); *-in* ~**nda** *ilg.* neben (*D*); bei (*D*); *-in* ~**nda olmak** haben; *-in* ~**ndan** *ilg.* von (*D*) weg; von (*D*) her; weg von mir!; ~**ımdan git!** geh weg von mir!

yana → *yan*; *-den* ~ **olmak** sein für (*A*)
yanak (-ğı) Wange *f*, F Backe *f*
yanar → *yanmak*; **~dağ** (-ğı) Vulkan *m*
yanaş|mak *v/i* näher kommen; herankommen, zusammenrücken; *Gemi.* anlegen (*-e* an *D*); (*-e*) neigen (zu *D*), Lust haben (zu *D*); *mec.* näher treten (*D*); interessiert sein (an *D*); eingehen (auf *A*); *bşe* **~mamak** es ablehnen (zu ...)
yan|da, ~dan → *ilg. yan*
yandaş Anhänger *m*, Gesinnungsgenosse *m*
yangı *Tıp* Entzündung *f*; **~lanmak** sich entzünden
yangın Brand *m*; F Fieber *n*; *mec.* Feuer *n*, Leidenschaft *f*; *mec.* verliebt (in *A*); **~ bombası** Brandbombe *f*; **~ merdiveni** Notausgang *m*; **~ muhbiri** Feuermelder *m*; **~ söndürücü** Feuerlöscher *m*
yanıcı leicht entzündlich, feuergefährlich
yanık (-ğı) *Tıp* Verbrennung *f*, Brandwunde *f*; *halıda*: Brandstelle *f*; angebrannt (*kokmak*); *kişi*: rührselig, leidenschaftlich; verliebt
yanıl|gı Fehler *m* (*yaşamda* im Leben); Irrtum *m*; **~ış** Täuschung *f*
yanıl|mak sich irren (*-de* in *D*); **~maz** fehlerlos; untrüglich; **~sama** Illusion *f*, (Sinnes-)Täuschung *f*
yanıltı|cı trügerisch; **~mak** *v/t* irreführen
yanıt (-tı) Antwort *f*; *-e* **~ vermek** e-e Antwort geben (auf *A*); *az.* → *cevap*; **~lamak** (*-i*) beantworten (*A*), antworten (auf *A*); **~lı** beantwortet; **~sız** unbeantwortet
yani nämlich, das heißt (d. h.); wirklich
'**yankesici** Taschendieb *m*
yankı Echo *n*, Widerhall *m*; Reaktion *f*; **~lanmak** widerhallen; **~sız** ohne Echo; ohne Reaktion
yanlı Parteigänger(in *f*) *m*
yanlış Fehler *m*; fehlerhaft, verkehrt, falsch; **~ anlamak** falsch verstehen, missverstehen; **~ bilmek** falsch unterrichtet sein; **~ hesaplamak** sich verrechnen (*örn. yüz lira* um hundert Lira); **~ yere** fälschlich; **~ yola gitmek** den verkehrten Weg einschlagen
yanlışlık (-ğı) Versehen *n*, Irrtum *m*; **~la** irrtümlicherweise, aus Versehen
yanma Brandfleck *m*; Verbrennung *f*
yanmak (-ar) (*durum:*) brennen; anbrennen; abbrennen; (*içten*) ausbrennen; (*eli* sich die Hand) verbrennen; *bilet:* verfallen, ungültig werden; *ışık:* aufflammen, F angehen; (*-den*) verderben (durch *A*); leiden (unter *D*); *hasta:* stärkeres Fieber bekommen; (*-e*) bedauern (*A*), nachtrauern (*D*), nachweinen (*D*); *güneşte* **~** sich bräunen
yanmaz nicht feuergefährlich
yansı Reflex *m*, Widerschein *m*; Projektion *f*; **~ma** Reflex *m*; Widerschein *m*; Lautmalerei *f*; **~mak** reflektiert werden; *mec.* erhellen, hervorgehen (*-den* aus *D*); **~malı** reflektierend; **~tıcı** Reflektor *m*; **~tmak** *v/t* reflektieren, widerspiegeln; *mec.* reagieren
yansız unparteiisch; *Kim.* neutral; **~lık** (-ğı) Neutralität *f*
'**yantümce** *Gr.* Nebensatz *m*
'**yanyana** Seite an Seite, nebeneinander; Zusammen...
ya'padurmak *v/t* ständig (F ewig) et. tun; F herumpusseln; → *yapmak*
yapağı Schurwolle *f*; Frühjahrswolle *f*
yapar → *yapmak*
yapay künstlich; Kunst... (*gübre*); **~ zekâ** künstliche Intelligenz
ya'payalnız *az.* mutterseelenallein; allein stehend
yapı Bau *m*; Bauen *n*; Struktur *f*, Gebäude *n*, Bauwerk *n*; Konstruktion *f* (*örn. köprü*); **~ işçisi** Bauarbeiter *m*; **~ tasarruf kredisi** Bausparkredit *m*; **~ tasarrufu** Bausparen *n*
ya'pıbilimi Morphologie *f*; *Gr. az.* Formenlehre *f*. → *biçimbilimi*
yapıcı Erbauer *m*; Erschaffer *m*; konstruktiv; **~ ustası** Baumeister *m*
yapılabilirlik (-ği) Machbarkeit *f*; Durchführbarkeit *f*
yapılı gebaut; *erkek*: stämmig; **atlet ~** athletisch gebaut; **ufak tefek ~** F mickrig
yapılış Bauweise *f*, Bauart *f*, Konstruktion *f*; Durchführung *f*
yapılmak *edil.* → *yapmak*; erfolgen
yapım Produktion *f* (*az. film*), Her-

yapımcı 292

stellung *f*, Bau *m*; ~**cı** Produzent *m*; Programmchef *m*; Sendeleiter *m*; ~**evi** (-ni) Fabrik *f*; Filmgesellschaft *f*
yapısal strukturell; ~**cı** Strukturalist *m*
yapış: ~ ~ sehr klebrig; *hava*: feucht; ~**ıcı** klebrig, klebend; ~**ık** (-ğı) (an)geklebt; zusammengewachsen; sich anschmiegend; ~**kan** klebrig; Haft..., haftend; *kişi*: aufdringlich; Klebstoff *m*; ~**kanlık** Klebrigkeit *f*; *mec.* Aufdringlichkeit *f*
yapışmak (-*e*) kleben (an *D*); sich schmiegen (an *A*); greifen (zu *D*); sich j-m aufdrängen
yapıştır|ıcı klebend; Kleb... (*madde*); *film*: Klebepresse *f*; Montagetisch *m*; ~**ma** Kleben ...(*bandı*); Kleben *n*; Abziehbild *n*; ~**mak** *v/t* (-*e*) kleben (auf *A*); schmiegen (an *A*); *tokat* ~ geben; *cevabı* ~**mak** kontern; **kendisine** ~**mak** sich zulegen (*örn. bir özellik*); -*e pul* ~**mak** frankieren (*A*)
yapıt (-tı) Werk *n*, Arbeit *f* (*ürün olarak*); *az.* → **eser**
yapma Machen *n*; künstlich; Kunst...; ~ *bacak* Beinprothese *f*; ~**cık** (-ğı) Verstellung *f*, Getue *n*; gekünstelt, gespielt
yap|mak (-ar) *v/t* machen; tun; herstellen; reparieren; verursachen; tun (*gibi* als ob); *barış* ~**mak** Frieden schließen; *gol* schießen; *fren* ~**mak** bremsen; *görev* ~**mak** fungieren, tätig sein, die Aufgabe haben (*als*); ...*lik* ~**mak**: *örn. öğretmenlik* ~**mak** als Lehrer tätig sein; *iyilik* ~**mak** et. Gutes tun; *iyi ki* ~**tınız da geldiniz** wie schön, dass Sie gekommen sind; ~**ma!** lass das!, nicht doch!; Donnerwetter!, ist nicht möglich!
yaptırmak (-*i* -*e*) j-n et. machen lassen; zulassen, dass jemand et. macht; et. bestellen (bei *D*); j-n veranlassen (zu *D*)
'**yapyalnız** → **yapayalnız**
yar Schlucht *f*, Abgrund *m*; Steilküste *f*
yâr (*yâri*) Geliebter *m*
yara Wunde *f*; (seelische) Wunde, Trauma *n*; *kurşun* ~**sı** Schusswunde *f*; -*e* ~ **açmak** j-m e-e Verletzung beibringen; ein Loch machen (in *A*); *mec.* j-n sehr verletzen; -*den* ~ **almak** verwundet werden (an *D*); ~ **bere içinde** übel zugerichtet; ~ **izi** Narbe *f*
Yaradan Schöpfer *m*, Allmächtiger
yaradılış Natur *f*, Charakter *m*, Anlage *f*, Schöpfung *f*; ~**tan** von Natur
yarak (-ğı) V Schwanz *m*
yara|lamak *v/t* verwunden, verletzen (-*den* an *D*); *mec.* j-n kränken, verletzen; ~**lanmak** *edil.* → **yaralamak**; sich verletzen; ~**lı** verwundet, verletzt (*az. mec.*); *mec.* gekränkt; *şey*: beschädigt
yara|mak (-*e*) dienen (zu *D*), taugen (zu *D*); angebracht sein; geeignet sein (für *A*); j-m gut tun, j-m bekommen; **neye** ~ wozu ist das gut, was soll das?; ~**maz** Schlingel *m*, Taugenichts *m*; unartig, ungezogen; *şey*: unbrauchbar; ~**mazlık** (-ğı) Ungezogenheit *f*
yarar geeignet (-*e* für *A*); Nutzen *m*, Vorteil *m*; (öffentliches) Wohl; *az.* → **yaramak, yarmak**; -*in* ~**ına** zum Nutzen (*G*), zum Wohle (*G*); ~**cılık** (-ğı) Utilitarismus *m*; ~**lanma** Nutzung *f*, Nutznießung *f*; Verwertung *f*; ~**lanmak** (-*den*) sich zunutze machen (*A*), Nutzen ziehen (aus *D*), nutzen (*A*); Gebrauch machen (von *D*); ~**lı** nützlich, vorteilhaft; ~**lık** (-ğı) Verdienst *n*, Leistung *f*; Nützlichkeit *f*
ya'rasa Fledermaus *f*
yaraş|mak (-*e*) passen (zu *D*); stehen (*D*); entsprechen (*D*); ~**tırmak** (-*i* -*e*) j-m et. (*örn. söz*) zutrauen
yaratı Schöpfung *f* (*örn. Ed.*), Werk *n*; ~**cı** Schöpfer(in *f*) *m*; Schaffende(r *m*) *f*; schöpferisch, kreativ; ~**cılık** (-ğı) Schöpferkraft *f*, Kreativität *f*; ~**k** (-ğı) Geschöpf *n*; *canlı* ~**k** Lebewesen *n*
yaratılmak *edil.* → **yaratmak**
yarat|ma Schöpfung *f*; Schaffen *n*; ~**mak** *v/t* schaffen; ins Leben rufen; bewirken; *sevinç* bereiten
'**yarbay** Oberstleutnant *m*
yardakçı Komplize *m*, Mittäter *m*
yardım Hilfe *f*; Einwirkung *f*; *Pol. para*: Subvention *f*; -*e* ~ **etmek** j-m helfen, Hilfe leisten; ~ **da bulunmak** = **yardım etmek**; -*e* ~**ına koşmak** j-m zu Hilfe eilen; *ilk* ~ die erste Hil-

yaş

fe; ~**cı** Helfer(in *f*) *m*; Assistent(in *f*) *m*; Stellvertreter(in *f*) *m*; Hilfs...; stellvertretend, Vize...; provisorisch, Not..., Behelfs...; *-e* ~**cı olmak** j-m behilflich sein

yardım|laşmak sich gegenseitig helfen, zusammenhalten; ~**sever** hilfsbereit

yaren Kamerad *m*, Freund *m*; ~**lik** (-ği) Kameradschaft *f*, Freundschaft *f*

yargı Urteil *n*; ~ **hakkı** Justiz *f*; ~ **yeri** Gericht *n*

yargıç (-cı) Richter *m*

yargı|lamak (-*i*) *gnl.* urteilen (*über A*); *bşi* beurteilen; (vor Gericht) vernehmen; vor Gericht stellen; (gerichtlich) untersuchen; **Ꭶtay** Kassationsgerichtshof *m*

yarı Hälfte *f*; halb; *Spo.* Halbzeit *f*; ~ **ağır siklet** Halbschwergewicht *n*; ~ **gece** ~**sı** Mitternacht *f*, ~ **ya** zur Hälfte, halb und halb; ~ **yolda** auf halbem Wege

ya'rıçap (-pı) Radius *m*

ya'rıfinal (-li) Halbfinale *n*

yarık (-ğı) gespalten, geschlitzt; aufgerissen; Spalte *f*; Riss *m*

yarılamak *v/t* zur Hälfte tun; *bardak* zur Hälfte austrinken; *yol* zur Hälfte zurücklegen

yarılmak *edil.* → **yarmak**

yarım Hälfte *f*; halb..; unvollendet; oberflächlich; *kişi:* gebrechlich; ~ **ağızla** halbherzig; ~ **baş ağrısı** Migräne *f*, ~ **gün** halbtags; ~ **yamalak** nur halb; gebrochen (*konuşmak*); (*saat*) ~**da** um halb eins; ~**ada** Halbinsel *f*, ~**ay** Halbmond *m*; *az.* → **hilal**; ~**gün** ~ **gün çalışma** Teilzeitbeschäftigung *f*, ~**lamak** *v/t* → **yarılamak**; halbieren

'yarın morgen; Morgen *m*; ~ **akşam** morgen Abend; ~ **öbür gün** demnächst, in ein paar Tagen; in Zukunft; ~ **sabah** morgen früh; ~**dan sonra** übermorgen; ~**ki** morgig

yarış Wettkampf *m*; *Tic.* Wettbewerb *m*; Konkurrenz *f*; Wett...; Rennen *n*; ~ **etmek** e-n Wettkampf austragen; im Wettbewerb stehen, konkurrieren; ~ **tabancası** Startpistole *f*; **bisiklet** ~**ı** Radrennen *n*; ~**a kalkmak** zum Wettkampf antreten

yarış|ma → **yarış**; ~**macı** Wettkämpfer(in *f*) *m*; ~**mak** kämpfen, spielen (*ile* gegen *A*); in Wettbewerb treten, konkurrieren (*ile* mit *D*)

ya'rıyıl Semester *n*

yarmak (-ar) *v/t* spalten; (auf)schlitzen; *mec.* sich durchdrängen (durch *A*)

yas Trauer *f*; ~ **tutmak** trauern (*için um A*)

yasa Gesetz *n*; *az.* → **kanun**; **ceza** ~**sı** Strafgesetz *n*; **doğa** ~**sı** Naturgesetz *n*; ~ **çıkarmak** ein Gesetz erlassen; ~ **koyucu** Gesetzgeber *m*; ~ **tasarısı** Gesetzesentwurf *m*; ~ **dışı** illegal, gesetzwidrig

yasak (-ğı) verboten; Verbot *n*; ~ **bölge** Sperrgebiet *n*; ~ **etmek** *v/t* verbieten, untersagen; **durma yasağı** Halteverbot *n*; **park yasağı** Parkverbot *n*; ~**çı** Wächter *m*

yasak|lamak *v/t* verbieten; ~**lanmak** verboten sein; ~**layıcı** Verbots... (*hüküm*)

yasa|l legal, gesetzlich; ~**laşmak** Gesetzeskraft erlangen; ~**laştırmak** *v/t* legalisieren, legitimieren; ~**lı** gesetzgeberisch; gesetzlich

yasama Gesetzgebung *f*, ~ **dokunulmazlığı** Immunität *f*; ~ **kurulu** gesetzgebende Versammlung, Legislative *f*

yasa|mak *v/t* ordnen, regeln; Gesetze erlassen; ~**sız** gesetzlos

yasla|mak (-*i* -*e*) stützen (et. auf *A*), lehnen (et. an *A*); ~**nmak** (-*e*) sich lehnen (an *A*); sich stemmen (gegen *A*)

yaslı in Trauer

yassı platt, flach; ~**laşmak** platt werden, sich ebnen; ~**latmak** *v/t* glätten, abflachen

yastık (-ğı) *gnl.* Kissen *n*; *Tek.* Lager *n*; Beet *n*; ~ **kılıfı** Kissenbezug *m*

yaş[1] Alter *n*; Jahr *n*; ~ **günü** Geburtstag *m*; ~ **haddi/sınırı** Altersgrenze *f*; ~ **ilerlemek** älter werden; **seksen** ~**ına bastı** er ist achtzig Jahre (alt) geworden; **çocuk daha** ~**ında değil** das Kind ist noch nicht ein Jahr alt; **kaç** ~**ındasınız?** wie alt sind Sie?; **yirmi** ~**ındayım** ich bin zwanzig Jahre alt

yaş[2] Träne *f*; nass, feucht; *meyve:* frisch; P mies; ~ **akıtmak/dökmek** Tränen vergießen

yaşa(sın) hoch (soll er *veya* sie leben)!, ein Hoch darauf!; es lebe!; *çok yaşa!* Gesundheit!

yaşam Leben *n*; **~ süresi** Lebensdauer *f*; **~a geçirmek** in die Tat umsetzen

yaşama Leben *n*, Existenz *f*, Dasein *n*; **~ olanakları** Existenzmöglichkeiten *f/pl*; **ortak** (*veya* **bir arada**) **~** Koexistenz *f*

yaşamak leben; existieren; leben (*gelir ile* von e-m Einkommen); es sich gut sein lassen; *hatıra:* weiterleben; *v/t* erleben

yaşam|öyküsü (-nü) Biographie *f*; **~sal** lebenswichtig

yaşantı Leben *n*; Lebensabschnitt *m*

yaşarmak *v/i* nass (*veya* feucht) werden

yaşartıcı rührend, herzzerreißend; (*göz*)**~ gaz** Tränengas *n*

yaşatmak *v/t* Leben geben (*D*); j-n gut leben lassen

yaşayış Lebensweise *f*; (gesellschaftliches) Leben

'yaşdönümü (-nü) Wechseljahre *n/pl*

yaşıt (-dı) Altersgenosse *m*, -genossin *f*

yaşlanmak[1] *v/i* altern, alt werden

yaşlanmak[2] feucht werden

yaşlı bejahrt, alt; **~ başlı** gereift, erfahren

yaşlılık (-ğı) Alter *n*

yat (-tı) (Segel-)Jacht *f*

yatacak → **yatmak**

yatak (-ğı) Bett *n*; Flussbett *n*; *Jeol.* Schicht *f*; Vorkommen *n*, Lager *n*; *mec.* Unterschlupf *m*, (Diebes-)Höhle *f*; **~ çarşafı** Laken *n*, Betttuch *n*; **~ esiri** bettlägerig; **~ odası** Schlafzimmer *n*; **~ örtüsü** Bettdecke *f*; **~ takımı** Schlafzimmereinrichtung *f*; Bettzeug *n*; **-e bir ~ yapmak** j-m ein Lager bereiten; (*hastalıktan*) *yatağa düşmek* F (wegen Krankheit) ins Bett müssen; *yatağa girmek* zu Bett gehen; schlafen gehen; *yatağa yatmak* ins Bett gehen

yatak|hane Schlafsaal *m*; **~lı** mit ... Betten; mit tiefem Flussbett; *çok* **~lı oda** Mehrbettzimmer *n*; *dört* **~lı oda** Vierbettzimmer *n*; **~lı vagon** Schlafwagen *m*; **~lık** (-ğı) Bett(gestell) *n*; Koje *f*; **-e ~lık etmek** j-n verbergen, j-m Unterschlupf gewähren

yatalak (-ğı) bettlägerig

yatar → **yatmak**; **~ koltuk** Kippsessel *m*

yatay horizontal, waagerecht; Horizontale *f*

yatık (-ğı) geneigt, schief; Umlege...

yatılı Internats...; **~ okul** Internat *n*

yatılmak *edil.* → **yatmak**

yatırılmak *edil.* → **yatırmak**

yatırım *Tic.* Einlage *f*; Einzahlung *f*; Kapitalanlage *f*; Investition *f*; **~ fonu** Investmentfonds *m*; **~ yapmak** Kapital investieren, anlegen; **~cı** (Kapital-)Anleger *m*

yatırmak (*-i -e*) legen (in, auf *A*); unterbringen; (*bankaya para* für Geld zur Bank) bringen; *para* einzahlen; anlegen, investieren (bei *D*); deponieren (bei *D*); *et.* einlegen (in *A*); *çocuk* zu Bett bringen

yatış|mak sich beruhigen; nachlassen, sich legen; **~tırıcı** beruhigend; **~tırıcı ilaç** Beruhigungsmittel *n*; **~tırmak** *v/t* beruhigen; *isyan* eindämmen; *ağrı* lindern; *sabırsızlık* zügeln, bezähmen; j-n bewegen (zu *D*)

yatkın (-*e*) geneigt (nach *D*); *mec.* geneigt (*D*; zu + *Infinitiv*); *mec.* neigend, tendierend (zu *D*); *mec.* geschickt (in *D*); begabt (zu *D*); **~lık** (-ğı) geneigte Lage *f*; *mec.* Tendenz *f* (zu *D*), Vorliebe *f* (für *A*); Geschicklichkeit *f*

yatmak (-ar) sich hinlegen (*az. uyumak için*); ruhen; sich neigen (*sağ tarafa, sola*); das Bett hüten; die Nacht verbringen; F (im Gefängnis) sitzen; *Gemi.* vor Anker liegen; *mal:* auf Lager liegen (und nicht verkauft werden); liegen bleiben; F schlafen (*ile* mit *D*); *mec.* neigen, geneigt sein (zu *D veya Infinitiv*); gewandt sein; *yatacak yer* Obdach *n*; *yatacak yeri yok* er sie ist obdachlos

yatsı Zeitraum von zwei Stunden nach Sonnenuntergang; **~ya doğru** am späten Abend, bei Einbruch der Nacht

yavan fettarm, fettlos; *mec.* fade, geschmacklos, banal; **~lık** (-ğı) Fettlosigkeit *f*, Geschmacklosigkeit *f*, Banalität *f*

yavaş langsam; *kişi*: ruhig, bedächtig; schwerfällig; leise; vorsichtig; schwach; ~*!* Vorsicht!; ~ ~ allmählich, ganz sachte; '~**ça** gemächlich, behutsam; leise; ~**lamak** langsamer gehen (*veya* fahren); sich verlangsamen; ~**latmak** *v/t* verlangsamen; *hız* drosseln; ~**lık** (-ğı) Langsamkeit *f*; Schwerfälligkeit *f*; Vorsicht *f*
yaver *Ask.* Adjutant *m*; aussichtsreich
yavru Junges *n*; Kindchen *n*, kleines Kind; -chen, -lein; *kedi* ~**su** Kätzchen *n*; *ördek* ~**su** Entlein *n*; ~**m** mein Kindchen!, mein Liebling!; ~**ağzı** (-nı) zartrosa (Farbe *f*); ~**cak** (-ğı), ~**cuk** (-ğu) armes Kind, süßes Kind, Kindchen *n*; ~**lamak** Junge bekommen
yay Bogen *m* (*az. Müz.*); *Tek.* Feder *f*; *Mat.* (Kreis-)Bogen *m*; ♀ *Astr.* Schütze *m*; ~ **gibi** krumm; gespannt; blitzschnell
yaya zu Fuß; Fußgänger(in *f*) *m*; ~ **geçidi** Fußgängerübergang *m*; ~ **kaldırımı** Bürgersteig *m*; ~ **kalmak** *mec.* in der Patsche sitzen; ~**lara ayrılmış bölge** Fußgängerzone *f*; ~**lık** (-ğı) Zufußgehen *n*
yayan zu Fuß; ~ **gitmek** (zu Fuß) gehen, marschieren
yayar → **yaymak**
yaygara Geschrei *n*; ~ **koparmak**, ~**yı basmak** ein lautes Geschrei erheben; ~**cı** Schreihals *m*; Krakeeler *m*
yaygın verbreitet; *leke*: auseinander gelaufen; ~ **eğitim** Fortbildung *f*, Aufbaukurse *m/pl*; ~**laşmak** sich verbreiten, verbreitet werden; sich ausdehnen; ~**laştırmak** *v/t* verbreiten; ausdehnen (*-e* auf *A*); ~**lık** (-ğı) Verbreitung *f*
yayılı ausgebreitet
yayılma Verbreitung *f*; *Fiz.* Ausbreitung *f*; *Pol.* Expansion *f*; ~**cı** expansionistisch
yayılmak (-*e*) sich verbreiten (in *A*); *leke*: auseinander laufen, größer werden; *kuzu*: grasen, weiden; *halı*: ausgebreitet werden (in *D*), (hin)gelegt werden (in *A*); *mec.* sich verbreiten (über *A*); sich erstrecken (auf *A*)
yayım Veröffentlichung *f*; Übertragung *f*, Sendung *f*; ~**cı** Herausgeber *m*; Intendant *m*

yayım|**lamak** *v/t* veröffentlichen, herausgeben; senden, übertragen; bekannt geben; ~**latmak** *v/t* veröffentlichen lassen
yayın Veröffentlichung *f*; *radyo*: Sendung *f*, Übertragung *f*; ~ **yapmak** senden, ausstrahlen; *kitap* ~ **işleri** Verlagswesen *n*
ya'yınevi (-ni) Verlag *m*
yayıntı Gerümpel *n*
'**yayla** Hochebene *f*, Plateau *n*; Alm *f*
yaylı mit Bogen (*veya* Feder); Feder...; ~ **çalgı** Streichinstrument *n*
yaymak (-ar) (-*i* -*e*) ausbreiten; *haber vs.* verbreiten; *toz* aufwirbeln; *hayvan* weiden
yayvan ausgebreitet; *kâse*: flach
yaz Sommer *m*; ~ **dönemi** Sommersaison *f*; ~ **dönencesi** → **yengeç dönencesi**; ~ **kış** Sommer und Winter; ~ **saati** Sommerzeit *f*; ~ **tatili** Sommerferien *pl*
yazanak Bericht *m*; Schriftstück *n*, Protokoll *n*
yazar Verfasser(in *f*) *m*, Autor(in *f*) *m*; Schriftsteller *m*; *az.* → **yazmak**; ~ **kasa** Registrierkasse *f*; ~**lık** (-ğı) Schriftstellerei *f*; Journalismus *m*
yazdırmak (-*i* -*e*) diktieren (*in-m A*)
yazgı Schicksal *n*, Los *n*; ~**cılık** (-ğı) Fatalismus *m*
yazı Schreiben *n*; Schrift *f*; Alphabet *n*; Handschrift *f*; Artikel *m*; Abhandlung *f*; *malzeme*: Schreib...; ~ **dili** Schriftsprache *f*; ~ **işleri** Korrespondenzabteilung *f*, Sekretariat *n*; Geschäftsstelle *f*; Redaktion *f*; ~ **hatası** Schreibfehler *m*; ~ **kâğıdı** Schreibpapier *n*; ~ **makinesi** Schreibmaschine *f*; ~ **masası** Schreibtisch *m*; -*i* ~**ya dökmek** schriftlich festhalten; ~**ya geçirmek** nach dem Diktiergerät schreiben; ~**yı sökmek** lesen können, entziffern können; ~**yla yazmak sayı** ausschreiben
yazıcı *Cmp.* Drucker *m*; *özl. Ask.* Schreiber *m*
yazıhane (Anwalts-)Kanzlei *f*; (Anmelde-)Büro *n*
yazık (-ğı) schade, bedauerlich; (-*e*) Schande (über *A*)!; schade (um *A*); Sünde *f*; (**ne**) ~ **ki** leider; bedauerlich (nur), dass; schade, dass
yazı|**lı** *sınav vs.*: schriftlich; *hak*: veran-

kert, dargelegt; *kâğıt*: beschrieben; eingetragen, registriert; *mec.* vom Schicksal bestimmt; *taş*: mit e-r Inschrift, beschriftet; *senet*: ausgestellt (auf *A*); *el ~lı* handschriftlich; ~**lım** Software *f*

yazıl|ma Eintragung *f*, Anmeldung *f*; ~**mak** *edil.* → **yazmak**; zur Schule (*veya* für die Schule) angemeldet werden

yazım Rechtschreibung *f*; *Cmp.* Notation *f*; ~**yanlışı** Rechtschreibfehler *m*

ya'zın[1] Literatur *f*, Schrifttum *n*; *az.* → **edebiyat**

'**yazın**[2] im Sommer

yazınsal literarisch

yazış|ma Korrespondenz *f*; ~**mak** korrespondieren (*ile* mit *D*)

yazıt (-tı) Inschrift *f*

yazlık (-ğı) Ferienhaus *n*; Sommerwohnung *f*; Sommerkleidung *f*; Sommer..., sommerlich; ~ **sinema** Freiluftkino *n*

yazma Schreiben *n*; Druck(stoff) *m*; Kopftuch *n*; mit der Hand geschrieben; handgestickt

yazmak[1] (-ar) (-*i*, -*e*) schreiben (et. in, auf *A*); aufschreiben (*örn.* adres); anmelden; *polis*: j-n in Dienst stellen, F j-n nehmen; *kader*: bestimmen; *ayrı ~* getrennt schreiben; *bitişik ~* zusammenschreiben

yazmak[2] gibt e-m anderen Verb den Sinn von beinahe: *düşe~* beinahe fallen, *öle~* fast sterben

yazman Schriftführer(in *f*) *m*; Sekretär *m*; ~**lık** (-ğı) Sekretariat *n*

yedek (-ği) Reserve *f*, Reserve...; Ersatzteil *n*; Ersatz...; ~ **bidon** Reservekanister *m*; ~ **disket** (-ti) Sicherungsdiskette *f*; ~ **dosya** Sicherungsdatei *f*; ~ **lastik** Reservereifen *m*; ~ **tekerlek** (-ği) Reserverad *n*; ~**leme** *Cmp.* Sicherung *f*; ~**li** Ersatz..., Reserve...

yedi sieben; Sieben *f*; ~ **canlı** unverwüstlich; ~**den yetmişe** Jung und Alt

yedi|li iskambil: Sieben *f*; siebenteilig; ~**lik** siebten...; → **yedili**

yedinci siebte(r)

yedir|mek (-*i* -*e*) j-m zu essen geben; *hayvan*: zu fressen geben; *bebek*, *hayvan*: füttern; *servet*: ausgeben (für *A*); *kendisine ~mek* sich et. gefallen lassen; ~**ememek** nicht vereinbaren können (-*e* mit *D*)

'**yegâne** einzig, alleinig

yeğ besser, (dem) vorzuziehend; -*i* -*e* ~ **tutmak** vorziehen (*A*-*D*)

yeğen Neffe *m*; Nichte *f*

yeğlemek (-*i* -*e*) vorziehen (*A*-*D*); (-*i*) bevorzugen

yek (-ki) ein (einziger); ein... (*örn.* renkli); → **tek**

yekûn Summe *f*

yel Wind *m*; F *Tıp* Rheuma *n*; F Winde *m/pl* (= Blähungen); ~ **değirmeni** Windmühle *f*

yele Mähne *f*

yele|k (-ği) Weste *f*; *cankurtaran* ~**ği** Schwimmweste *f*

yelken Segel *n*; ~**le gitmek** segeln; ~ **açmak** die Segel setzen; ~ **bezi** Segeltuch *n*; ~ **gemisi** Segelschiff *n*; ~ **sporu** Segelsport *m*; ~ **yarışı** Segelregatta *f*; ~**li** Segel...; Segelboot *n*

yelkovan großer Zeiger; Wetterfahne *f*

yelleç (-ci) Ventilator *m*

yelle|mek v/t (an)blasen; anfachen; ~**nmek** *edil.* → **yellemek**; *az.* einen Furz lassen

yelpaze Fächer *m*; fächerartig; ~ **merdiven** Wendeltreppe *f*; ~**lemek** v/t anfachen, schüren

yeltenmek (-*e*) sich wagen (an *A*), sich zutrauen (*A*)

yem Futter *n*; (*az. mec.*) Köder *m*; *mec.* Finte *f*, Verstellung *f*; ~ **dökmek** Köder ausstreuen; *mec.* j-n ködern; ~ **borusu çalmak** j-n mit leeren Versprechungen abspeisen

yeme Essen *n*; Geschmack *m*; ~ **içme** Essen und Trinken *n*

yemek[1] Essen *n*; ~ **borusu** Speiseröhre *f*; ~ **kaşığı** Esslöffel *m*; ~ **kitabı** Kochbuch *n*; ~ **listesi** Speisekarte *f*; ~ **masası** Esstisch *m*; ~ **odası/salonu** Esszimmer *n*; ~ **vermek** ein Essen geben; ~ **yemek** essen; *akşam yemeği* Abendessen *n*; *öğle yemeği* Mittagessen *n*; *bu akşam yemeğe bize gelirmisiniz!* kommen Sie heute Abend zu uns zum Essen!

yemek[2] (yer) essen; *hayvan*: fressen; j-n ruinieren, an j-m zehren; *çok malzeme, benzin vs.* fressen; *miras, para* durchbringen; *ceza, tokat vs.* bekommen; einkassieren, einbehalten; *yağmur vs.* ordentlich ... abbekommen; *deniz:* auswaschen, abtragen; *sivrisinek:* stechen; *asit:* zerfressen; **kumarda** ~ (alles) verspielen; **rüşvet** ~ sich bestechen lassen; **taş** ~ von e-m Stein getroffen werden; **tırnak** ~ an den Nägeln kauen

yemekhane Speisesaal *m*, Kantine *f*

yemek|li mit Verpflegung; *eğlence:* mit (e-m) Essen; **~li pansiyon** Vollpension *f*; **~li vagon** *Demiryol.* Restaurantwagen *m*; **~lik** (-ği) Speise... *(yağ);* zur Ernährung; Esswaren *f/pl*

'**Yemen** Jemen *m*

yemin Eid *m*; *-e* ~ **etmek** j-m schwören *(-in üzerine* bei *D);* e-n Eid leisten; *-e* ~ **ettirmek** j-n e-n Eid ablegen lassen

yeminli vereidigt

yemiş Früchte *f/pl*; *az.* → *kuruyemiş;* ~ **vermek** Früchte tragen

'**yemyeşil** grasgrün

yen¹ Ärmel *m*

yen² (der japanische) Yen

yener → **yenmek**

'**yenge** Schwägerin *f*; Tante *f*

yengeç (-ci) *Zoo.* Krebs *m*; ♋ *Astr.* Krebs *m*

yengi Sieg *m*

yeni neu; Neo...; frisch *(boyalı* gestrichen); *bel.* gerade (eben), eben (erst), erst vor kurzem; ~ **baştan** von neuem, noch einmal; ~ **sözcük** Neuwort *n,* Neologismus *m;* ~ ~ dieser Tage, (erst) kürzlich; **~den ~ye** soeben; vor ganz kurzer Zeit; **~lerde,** '**~leyin** vor kurzem

yenice recht neu, ziemlich neu

ye'niçağ Neuzeit *f*

'**yeniden** von neuem; wieder, nochmals; ~ ~ immer wieder; um...; ~ **grupla(n)ma** Umgruppierung *f;* ~ **yargılama** *Huk.* Wiederaufnahme *f* der Untersuchung

Yenidünya die Neue Welt (= Amerika)

yenik (-ği) *mec.* mitgenommen, zerschlagen; besiegt; ~ **düşmek** scheitern; besiegt sein *(veya* werden)

yeni|leme Erneuerung *f;* **~lemek** (-*i*) erneuern; erneut unternehmen; *masa* neu decken; **~lenme** *az. Tek.* Erneuerung *f;* **~lenmek** *edil.* → *yenilemek;* **~leşmek** sich erneuern, wieder wie neu werden; **~leştirmek** *v/t* erneuern, auffrischen

yenilgi Niederlage *f,* Zusammenbruch *m;* **~ye uğramak** e-e Niederlage erleiden

yenilik (-ği) Erneuerung *f;* Reform *f;* Neuheit *f;* **~çi** Neuerer *m;* innovativ; **~çilik** (-ği) Neuererwesen *n*

yenil|mek¹ gegessen werden; **~(ebil)ir** essbar

yenil|mek² *(-e)* besiegt werden (von *D*), j-m unterlegen sein; **~mez** unbesiegbar

yenir essbar; → **yenmek**

yeniş Überwindung *f,* Bezwingung *f*

ye'niyetme Teenager *m,* Halbwüchsige(r)

Yeni Ze'landa Neuseeland

yenmek¹ (-er) (-*i*) besiegen *(A); zorlukları* überwinden; Herr werden *(G); istek, öfke* unterdrücken

yenmek² (-ir) gegessen werden, → *yemek*

'**yepyeni** funkelnagelneu

yer¹ → **yemek**²

yer² Platz *m;* Stelle *f;* Aufenthaltsort *m;* Erde *f;* Boden *m;* Erdboden *m;* Stellung *f (karşısındaki* gegenüber *D);* Grundbesitz *m;* Bett *n (eksen);* zu ebener Erde *(örn. oda); -e* ~ **açmak** Platz machen *(az. mec.) (D); -e* ~ **ayırmak** *mec.* Platz einräumen *(D);* ~ **bulmak** e-n (Sitz-)Platz finden; *mec.* e-e Stellung finden; ~ **hostesi** Hostess *f,* Betreuerin *f;* ~ **tutmak** Raum *(veya* Platz) einnehmen; e-n Platz reservieren; e-n wichtigen Platz einnehmen; ~ **e vermek** *mec.* j-m (große) Bedeutung beimessen; j-m e-e wichtige Aufgabe übertragen; j-m s-n Platz abtreten; ~ **ye** versetzen; gebietsweise; stellenweise; **~de kalmak** j-n absichtlich übersehen; **~e düşmek** hinfallen; **~i gelmek** an die Reihe kommen; **~i olmak** angebracht sein; **~i yok** fehl am Platz; **~inde yeller esiyor** völlig verödet; spurlos verschwunden; *-in* **~ine geçmek** an die Stelle j-s treten, ablösen *(A);* **~ine gelmek** erfolgen, geschehen; erfüllt werden; *sağlık:* wiederhergestellt werden; sich wieder ein-

stellen; *-i ~ine getirmek* ausführen; *istek, yükümlülük* erfüllen; *borç* begleichen; *söz* halten; *-i ~ine koymak* j-n halten (für *A*); ersetzen (*A*); zurücklegen; *-in ~ini tutmak* ersetzen (*A*); **çalışma ~i** Arbeitsplatz *m*; **duracak ~** Stehplatz *m*; **oturacak ~** Sitzplatz *m*; **herhangi bir ~de** irgendwo; **herhangi bir ~e** irgendwohin; **her ~de** überall; **hiçbir ~de** nirgendwo; **hiçbir ~e** nirgendwo hin
'**yeraltı** (-nı) unterirdisch; Boden...; Untergrund...; **~ suları** Grundwasser *n*
'**yer|bilimi** Geologie *f*; **~çekimi** (-ni) Gravitation *f*, Schwerkraft *f*
yerel lokal, örtlich; **~ giysi** Tracht *f*; **~ saat** Ortszeit *f*; **~ seçim** Kommunalwahl *f*
yerer → **yermek**
'**yerfıstığı** (-nı) Erdnuss *f*
yergi Satire *f*; **~ci** Satiriker *m*
yerici abschätzig, mäkelig
yerilmek *edil*. → **yermek**
yerinde am Platze, angebracht; gut, tadellos; in der Lage (*G*); **~ durmak** immer noch da sein; **deyim ~yse** wenn man so sagen darf
yerine (an)statt (*G*), anstelle (*G veya* von *D*); **şarap ~ su içeyim** statt des Weins (*veya* anstelle von Wein) möchte ich Wasser trinken; **onun ~ sen git!** geh du an seiner Stelle!
yerleşik angesiedelt; *yaşam*: sesshaft; **~im** Siedlung *f*
yerleşme Ansiedlung *f*, Siedlung *f*; *alan*: Siedlungs...; **hotele ~** Einquartierung *f*, Unterbringung *f*
yerleşmek sich niederlassen (*-de* in *D*), sich ansiedeln, Platz finden (*arabaya* in e-m Auto); *gnl.* ein Unterkommen finden; einziehen (*eve* in ein Haus); *moda*: Fuß fassen, sich durchsetzen
yerleştirmek (*-i -e*) stecken (*çantaya* in die Tasche); legen; unterbringen, einquartieren (*A* in *D*, bei *D*); *tokat* j-m verpassen; *Tek.* montieren
yerli einheimisch; hiesig; (orts-) ansässig; Eingeborene(r *m*) *f*; *mallar vs*.: inländisch; **~ yerinde** am richtigen Platz; **~ yerine** an den richtigen Platz
yermek (-er) (*b-ni* j-n) nicht leiden

können, ablehnen; verspotten; *az. davranışı* verurteilen, kritisieren
yermeli pejorativ, abschätzig
yer|siz unangebracht, unpassend; **~siz yurtsuz** Obdachlose(r *m*) *f*; **~yüzü** (-nü) Erdoberfläche *f*
yeşermek *v/i* grünen; Blätter bekommen, grün werden
yeşil grün (*az.* unreif); *sebze*: frisch; **~ ışık** grünes Licht; **~ salata** Kopfsalat *m*; **~ soğan** Frühlingszwiebel *f*; **~ ışık yakmak** *mec.* grünes Licht geben
Ye'şilay Grüner Halbmond (= *Drogenberatungsstelle*); **~cı** Antialkoholiker und Nichtraucher *m*; Drogenberater(in *f*) *m*
yeşilim|si, ~tırak grünlich
yetenek (-ği) Fähigkeit *f*; Begabung *f*, Auffassungsgabe *f*; **~li** fähig; begabt
yeter genug; es reicht; **~i kadar** in ausreichendem Maße
yete'rince genügend
yeterli ausreichend
ye'tersayı *Pol.* Beschlussfähigkeit *f*
yetersiz unfähig; ungenügend; unzulänglich; **~lik** (-ği) Unfähigkeit *f*; *Tıp* Insuffizienz *f*; **maddi ~lik** Mittellosigkeit *f*
yetim Waise *f*; **~hane** Waisenhaus *n*
yetingen anspruchslos, bescheiden
yetinmek (*ile*) sich beschränken (auf *A*), sich begnügen (mit *D*), sich zufrieden geben (mit *D*)
yetişkin erwachsen, reif; volljährig
yetişmek (*-e*) *yer* erreichen (*A, e-n Ort*); *yarına vs.* fertig sein *veya* werden; *zu* Hilfe eilen; reichen (bis *zu D*, bis *an A*); (*zamansal*) schaffen, erledigen; *örn. para*: reichen, genug sein; j-n erleben, noch sehen (*hayatta* zu Lebzeiten); *örn. meyve*: gedeihen; *kişi*: heranwachsen; lernen, ausgebildet werden; erzogen werden; (*on yaşına* zehn Jahre) alt werden
yetiştirici Erzeuger *m*, Produzent *m*
yetiştirme Zögling *m*; Heiminsasse *m*; Ausbildung *f*, **~ yurdu** (Jugend-) Heim *n*
yetiştirmek (*-e -i*) j-n bringen (*örn. trene* zur Bahn); *et.* beschaffen; *çocuk* großziehen; *haber* leiten (an *A*), zukommen lassen (*-e*); *tütün* anbauen; züchten; *kişi* ausbilden
yetke Autorität *f*

yetki Befugnis *f*; Zuständigkeit *f*; Kompetenz *f*; Vollmacht *f*; (-*e*) ~ **vermek** j-n ermächtigen; **~li** zuständig, kompetent; befugt; *Pol.* Experte *m*; **~li kılmak** die Befugnis erteilen

yetkin vollkommen, perfekt; **~leşmek** sich vervollkommnen; **~leştirmek** *v/t* vervollkommnen; **~lik** (-ği) Vollkommenheit *f*

yetmek (-er) (-*e*) genügen (*D*); *güç, para:* reichen (zu *D*); *yaş, zaman* erreichen

yetmiş siebzig; Siebzig *f*; **~lik** siebzigjährig

yığar → **yığmak**

yığılı angehäuft, haufenweise

yığılmak sich ansammeln, sich (zusammen)drängen; sich stauen; e-n Auflauf bilden (-*in önüne* vor *D*); *kişi:* (ohnmächtig) zusammenbrechen

yığın Haufen *m*; *kitap:* Berg *m*; Masse *f*; Ansammlung *f*

yığınak (-ğı) Ansammlung *f*, Konzentration *f*

yığmak (-ar) *v/t* aufhäufen; lagern, stapeln (-*i e* in, auf *D*)

yıka|ma Waschen *n*; *Kim.* Ausfällen *n*; Wasch... (*aleti*); *Tıp* Spülung *f*; **beyin ~ması** Gehirnwäsche *f*; **~mak** *v/t* waschen; *çocuk* baden; *Kim.* ausfällen; **bulaşık ~mak** Geschirr spülen; **~nmak** *edil.* → **yıkamak**; *v/i* baden; sich waschen; **~r** → **yıkmak**

yıkıcı Zerstörer *m*; zerstörerisch; destruktiv; *deprem:* verheerend; **~cı savaş** Vernichtungskrieg *m*; **~k** zerfallen

yıkılım *Psi.* Zerstörung *f*

yıkılmak *edil.* → **yıkmak**; einstürzen, zusammenbrechen; F sich wegscheren; (-*in üzerine*) *mec.* j-m aufgehalst werden

yıkım Katastrophe *f*, zerstörerisch; der (finanzielle) Ruin

yıkıntı Trümmer *pl*, Ruinen *f/pl*

yıkmak (-ar) *v/t* zerstören; *ağaç* fällen; umstürzen; abreißen; niederstrecken

yıktırmak *ettir.* → **yıkmak**

yıl Jahr *n*; **~dan ~a** von Jahr zu Jahr; **doğum ~ı** Geburtsjahr *n*; **~ on iki ay** das ganze Jahr hindurch: **2000** (*iki bin*) **~ında** im Jahr 2000; **1990'lı ~lar** die 90er-Jahre

yılan Schlange *f* (*az. mec.*)

yı'lanbalığı (-nı) Aal *m*

yılar → **yılmak**

'yılbaşı (-nı) Neujahr *n*; Neujahrstag *m*; **~ gecesi** Silvesternacht *f*

yıldırım Blitz *m*; Blitz...; **~ gibi** *mec.* wie der Blitz; **~savar** Blitzableiter *m*

yıldır|ma Terror *m*; *dönem:* Schreckens...; **~mak** *v/t* erschrecken; bedrohen, terrorisieren

yıldız Stern *m*; *mec.* Star *m*; *Gemi.* Glücksstern *m*; Nordwind *m*; *Gemi.* Norden *m*; → **kuzey**; **~ falı** Horoskop *n*

'yıldönümü (-nü) Jahrestag *m*

yılgın eingeschüchtert, verschreckt; *mec.* gelähmt, in Panik

yılış|ık servil, unterwürfig, liebedienerisch; **~mak** unterwürfig sein (*veya* lächeln)

yıllan|mak *v/i* ein ganzes Jahr bleiben; *gnl.* sehr lange bleiben; ein Jahr alt werden; alt werden; **~mış** betagt, alt geworden; alt (*şarap*); *iş, durum, söz:* überholt

yıl'larca jahrelang

yıllı|k (-ğı) -jährig; einjährig; Jahres...; Jahresmiete *f*; auf ein Jahr (*kiralamak*); Jahrbuch *n*; **~ğına** auf ein Jahr

yılmak (-ar) (-*den*) zurückschrecken (vor *D*); (*örn. gürültüden*) den Lärm satt haben

yılmaz unerschrocken

yıpranma Abnutzung *f*; *Jeol.* Erosion *f*

yıpran|mak sich abnutzen; sich abtragen; *mec.* sich verbrauchen, früh altern; *hükümet:* geschwächt werden; **~mış** abgenutzt; abgetragen; *tekerlek:* abgefahren

yıpratıcı Abnutzungs...; zermürbend; **~mak** *v/t* abnutzen (*az. mec.*)

yırtar → **yırtmak**

yırtıcı Raub... (*hayvan*); *mec.* blutgierig; *mec.* streitsüchtig

yırtık (-ğı) zerrissen; zerfallen; *ses:* schrill; *is.* Riss *m*

yırtılmak (durch)reißen, platzen

yırtınmak aus vollem Halse schreien; *mec.* sich vor Eifer zerreißen

yırtmak (-ar) *v/t* durchreißen; zerreißen

yiğit

yiğit (-di) Bursche *m*, junger Mann, F junger Kerl; Held *m*; *mec.* tapfer; freimütig
yine → *gene*
yinele|me Wiederholung *f*, **~mek** *v/t* wiederholen
yirmi zwanzig; Zwanzig *f*; **~lik** (-ği) zwanzigjährig; Zwanziger *m*; **~lik diş** Weisheitszahn *m*; **~nci** zwanzigst...; **~şer** je zwanzig; zu zwanzig
yiter → *yitmek*
yitik (-ği) verloren (gegangen); Verlust *m*
yitirmek *v/t* verlieren; verpassen; verfehlen
yitmek (-er) *v/i* verloren gehen; verschwinden
yiyecek Essbares, Esswaren *f/pl*; Nahrungsmittel *n/pl*; **~ler** Lebensmittel *n/pl*
yiyici gefräßig; *mec.* käuflich; **~lik** (-ği) Bestechlichkeit *f*
yo *ünl.* nein!, ach wo!, nicht doch!; auf keinen Fall!
yobaz Fanatiker *m*; *Din. az.* Frömmler *m*; **~ca** fanatisch; **~lık** (-ği) Fanatismus *m*; Flegelhaftigkeit *f*
'**yoga** Yoga *m veya n*
yoğun dicht; dicht (besiedelt); zahlreich; erheblich, F Riesen...; *temas:* eng; **~ bakım servisi** *Tıp* Intensivstation *f*
yoğun|laşmak sich verdichten, sich konzentrieren; kondensieren; *mec.* zunehmen; dichter werden; **~luk** (-ğu) Dichte *f*
yoğurmak *v/t* kneten
yoğurt (-du) Joghurt *m*; **~ çalmak** Joghurt ansetzen (Joghurt herstellen)
yok (-ku, -ğu) ist nicht da, nicht vorhanden, gibt es nicht; *örn.* nein; Nichts *n*; *az.* → *yo*; aber (wenn) nicht; *alay, mesafeli iddia:* **~ ...** ~ einmal ... dann wieder (*veya* außerdem, dann noch); **~ canım** keineswegs; was du sagst!; ach wo!; **~ etmek** *v/t* vernichten, liquidieren, ausmerzen; **~ olmak** vernichtet (*veya* ausgemerzt) werden; **~ pahasına** zu e-m Spottpreis; **~ yere** völlig nutzlos; grundlos
yokla|ma Kontrolle *f*; Erfassung *f*; *Tek.* Prüfen *n*; *okulda:* Test *m*; **~mak** *v/t* betasten; sehen (nach *D*), prüfen, kontrollieren; *Haus* durchsuchen
yokluk (-ğu) Abwesenheit *f*; Mangel *m*; Not *f*
'**yoksa** *bel.* sonst, anderenfalls; etwa, vielleicht; sicher, wahrscheinlich; *bağl.* oder; wenn nur; **bugün mü, ~ yarın mı gidiyorsunuz?** fahren Sie heute oder morgen?
yoksul mittellos, arm; Not *f*, Armut *f*, in Armut; *mec. düşünce vs.:* dürftig; **~laşmak** *v/i* verarmen; **~laştırmak** *v/t* arm machen, ruinieren; **~luk** (-ğu) Armut *f*; Elend *n*; **~luk çekmek** Not leiden
yoksun (-*den*) ohne (*A*); *Ed.* bar (*G*); **~ bırakmak** (j-n) berauben (*G*); *Ed.* j-n entblößen (*G*); **~ olmak** nicht haben, entbehren (müssen) (*A*); **~luk** (-ğu) Entbehrung *f*
yokuş Anstieg *m*, Steigung *f*; **~ aşağı** bergab; **~ yukarı** bergauf
yol Weg *m*; Reise *f*, *Anat. ve Tek.* Gang *m*; *Tek.* Leitung *f*; Art und Weise *f*, Mittel *n*, Mittel und Wege *pl*; *mec.* Ausweg *m*; Vorgehen *n*, Methode *f*; System *n*; Ziel *n*, Zweck *m*; -*e* **~ açmak** e-n Weg bahnen, e-n Weg anlegen; Platz machen; *mec.* j-m Vorbild sein; **~ almak** kilometre zurücklegen; **~ arkadaşı** Reisegefährte *m*, -in *f*; **~ ayrımı** Wegabelung *f*; **~ görünmek** *yolculuk:* bevorstehen; -*e* **~ görün(ü)u) göstermek** j-m den Weg zeigen; F j-n hinauswerfen; *mec.* j-m e-n Fingerzeig geben; **~ tutmak** den Weg sperren; *mec.* e-n Weg einschlagen; -*e* **~ vermek** j-m den Weg freigeben; passieren lassen; *mec.* j-n rausschmeißen, feuern; **~~** fadenweise, in Strichen; *kumaş:* gestreift; **~ yordam** (Verhaltens-)Regeln *f/pl*; Ordnung *f*; **~a çıkmak** aufbrechen; abreisen; **~a gelmek** zur Vernunft kommen; -*i* **~a getirmek** j-n zur Vernunft bringen; **~a koyulmak** sich auf den Weg machen; **~dan çıkmak** entgleisen; *mec.* auf die schiefe Bahn geraten; **~lara düşmek** (in den Straßen) umherirren; **~larda kalmak** liegen bleiben, nicht weiter(fahren) können; sich verspäten; -*e* **~u düşmek** der Weg führt j-n (nach, zu *D*); die Möglichkeit bietet sich j-m; **~un açık olsun!** glückliche Reise!; komm gut hin!;

~una für (A); um (G) willen; **~una girmek** in Ordnung kommen, geregelt werden; **~una koymak** regeln, ordnen; **~unda** in (voller) Ordnung; glatt, reibungslos (gehen); *ilg.* für (A), um (G) willen; im Namen (G); **~unda gitmek** gut vorankommen; **~undan** auf dem Wege; **~unu kaybetmek** sich verirren; **~unu şaşırmak** sich verirren (*az. mec.*); *-in* **~unu tutmak** den Weg einschlagen (nach D); **~uyla** *mec.* über (A), durch (A), durch Vermittlung (G); ordentlich, richtig; **hava ~uyla** auf dem Luftwege

yolar → **yolmak**

yolcu Reisende(r); Insasse *m*; Mitreisende(r); (*resmi dil*) Fahrgast *m*, Passagier *m*; Passagier... (*gemi, uçak*); *mec.* Todeskandidat *m*; **~ etmek** j-n (zur Bahn *vs.*) bringen; j-n begleiten; **~ olmak** Reisevorbereitungen treffen; **~ salonu** Wartesaal *m*; Wartehalle *f*; **~luk** (-ğu) Reise *f*; (Bus-, Zug-)Fahrt *f*; **~luk etmek** reisen; **iyi ~luklar!** angenehme Reise!

yoldaş Reisegefährte *m*, *-in f*; Genosse *m*, *-in f*

yolla|mak (*-i -e*) senden, schicken (j-m A); zuschicken (j-m A); *mektup, telgraf* aufgeben; **~nmak** *edil.* → **yollamak**; sich begeben (zu D); sich auf den Weg machen (nach, zu D)

yolluk (-ğu) Reiseproviant *m*; Reisekosten *pl*; Läufer *m* (= *Teppich*)

yolmak (-ar) *v/t* rupfen; auszupfen; *mec.* j-n neppen, ausnehmen

yolsuz unwegsam, unzugänglich; *iş:* illegal; P abgebrannt; **~luk** (-ğu) Unwegsamkeit *f*, Mangel *m* an Straßen; Unredlichkeit *f*; Gesetzlosigkeit *f*, Unregelmäßigkeit *f*

yontar → **yontmak**

yontmak (-ar) *v/t* behauen; *tahta* bearbeiten, behobeln, glätten; j-n rupfen, ausnehmen

yontu Statue *f*; Skulptur *f*, Plastik *f*; **~cu** Bildhauer *m*

yontulmak *edil.* → **yontmak**; *kişi:* zivilisiert werden; *mec.* zurechtgemacht werden (*-e* für A)

yorar → **yormak**

yorgan Steppdecke *f*

yorgun müde; **~ argın** ganz zerschla-

gen; **~ düşmek** ganz müde werden; **~luk** (-ğu) Müdigkeit *f*, Ermüdung *f*

yormak¹ (-ar) *v/t* ermüden, anstrengen

yormak² (-ar) (*-i -e*) deuten, auslegen (A als A); *e-t.* zuschreiben, hineindeuten (A in A)

yortu christlicher Feiertag; **paskalya ~su** Osterfest *n*

yorucu ermüdend, anstrengend

yorul|mak¹ ermüden; **~dum** ich bin abgespannt

yorulmak² (-e) gedeutet werden (als)

yorul'maksızın unermüdlich

yorum Kommentar *m*; Interpretation *f*; Deutung *f*; *Tiy., Müz.* Bearbeitung *f*; **~cu** Kommentator(in *f*) *m*; Interpret(in *f*) *m*; **~layıcı** *Cmp.* Interpreter *m*; **~lamak** *v/t* kommentieren; interpretieren

yosun Moos *n*; Tang *m*, Alge *f*; **~ örtüsü** Algenteppich *m*

yoz natürlich, unbearbeitet; *hayvan:* ungezähmt, wild; *mec.* unkultiviert; **~laşmak** degenerieren

yön Seite *f*, Richtung *f*, *mec.* Ansicht *f*, Einstellung *f*, *mec.* Seite *f*, Aspekt *m* (*bşin e-r Sache*); **dört ana ~** die vier Himmelsrichtungen *f/pl*; **~ vermek** e-e neue Richtung geben (D), neu gestalten (A); **bir ~den** in gewissem Sinne; **bu ~den** unter diesem Gesichtspunkt, in dieser Hinsicht; **her ~den** in jeder Beziehung; *az.* → **yönünde**

yönelik (-e) gerichtet (auf A)

yönelme Orientierung *f*

yönelmek (-e) sich begeben (nach D, in A, zu D), zugehen (auf A); *mec.* sich zuwenden (D); *mec.* neigen (zu D); *mec.* sich richten (gegen A; **üzerine** auf A)

yöneltmek (*-i -e*) richten (A auf A); *sorular* richten (an j-n)

yönerge Richtlinien *f/pl*, Anweisungen *f/pl*

yönetici Leiter *m*; Verwalter *m*; leitend, führend; *Spo.* Manager *m*, Betreuer *m*

yönetim Verwaltung *f*, Leitung *f*, Führung *f*; Regime *n*; **~ kurulu** Vorstand *m*, Verwaltungsrat *m*; **~sel** Verwaltungs..., administrativ

yönetmek *v/t* verwalten; leiten; *Müz.* dirigieren; *Tiy.* inszenieren

yönetmelik (-ği) Satzung *f*; Statuten *n/pl*; Bestimmungen *f/pl*; Regelung *f*
yönetmen Direktor(in *f*) *m*; Regisseur(in *f*) *m*
yönlendirmek *v/t* lenken
yönlü -seitig; **çok ~** *mec.* vielseitig; **dört ~** vierseitig
yöntem System *n*, Methode *f*; **~li** methodisch; **~siz** unmethodisch
yönünden *ilg.* hinsichtlich (*G*), mit Blick (auf *A*)
yöre Vorstadt *f*; Gegend *f*; Umgebung *f*; **~sel** örtlich, lokal, regional; **~sellik** (*-ği*) Lokalcharakter *m*
yörünge *Astr.* (Umlauf-)Bahn *f*; **~sine oturtmak** *v/t* in die Umlaufbahn bringen
Yrd. *kıs.* = **yardımcı** Stellvertreter *m*; Vize-
yudum Schluck *m*; **~ ~** schluckweise; **bir ~da** in e-m Zug; **~lamak** *v/t* schluckweise trinken
yufka Blätterteig *m*; *stf.* zerbrechlich; **~ yürekli** weichherzig, mitleidig
yuha buh!; Buhruf *m*; **-e ~ çekmek** buhen; j-n ausbuhen; **~lamak** *v/t* ausbuhen
yukar|da oben; **~daki** obige(r, -s); **~dan** von oben; **~dan bakmak** von oben herab behandeln
yukarı oberer Teil; Ober..., obere(r, -s); nach oben; der/die Obere, Vorgesetzte(r *m*) *f*, *mec.* höhere, obere (Klasse); **~ kat** Obergeschoss *n*; **eller ~!** Hände hoch!; **~ çıkmak** hinaufgehen; **~dan** von oben (*az. mec.*); **~dan almak** von oben herab behandeln; **~dan aşağı** von oben nach unten; *-den* **~ göstermek** älter wirken (als man ist); *az.* → **yukarda** *vs.*
yukarı|ki oben erwähnt; **~sı** das Obige; Oberteil *n*
yulaf Hafer *m*; **~ ezmesi** Haferflocken *f/pl*
yumak (-ğı) Knäuel *n*
yummak (-ar) fest schließen, zudrücken; ballen; *-e* **göz ~** *mec.* ein Auge zudrücken (bei *D*); die Augen verschließen (vor *D*)
yumru Knolle *f*; Beule *f*
yumruk (-ğu) Faust *f* (*az. mec.*); Faustschlag *m*; **~ hakkı** durch Gewalt Erworbenes; Faustrecht *n*; **~ kadar** winzig; **~lamak** *v/t* mit der Faust schlagen; **~laşma** Schlägerei *f*
yumuk (-ğu) geschlossen; blinzelnd; *el:* rundlich, mollig
yumulmak sich schließen; *göz:* blinzeln, zusammenkneifen; F sich hermachen (über *A*); F Tempo vorlegen
yumurcak (-ğı) kleiner Schlingel
yumurta Ei *n*, *Anat.* Hoden *m*, V Eier *n/pl*; *balık:* Rogen *m*; **~ akı** Eiweiß *n*; **~ kabuğu** Eierschale *f*; **~ kaşığı** Eierlöffel *m*; **~ sarısı** Eigelb *n*; **~lık** (*-ğı*) Eierbecher *m*; *Anat.* Eierstock *m*
yumurtlamak *v/t* Eier legen; laichen; *mec.* hinausposaunen; sich ausdenken (*A*)
yu'muşacık samtweich
yumuşak (-ğı) weich; mild; *mec.* nachgiebig, lenksam; *söz:* süß, angenehm; **~ başlı** umgänglich, nachgiebig; **~ça** Weichtier *n*, **~lık** (*-ğı*) Weichheit *f*, *mec.* Milde *f*
yumuşa|ma Erweichung *f*; *Pol.* Entspannung *f*, **~mak** weich werden (*az. mec.*); *mec.* nachgeben; **~tmak** *v/t* erweichen; *mec.* mildern; *Tek.* dämpfen; *Pol.* entschärfen
Yunan Grieche *m*, -in *f*; **'~ca** Neugriechisch *n*; **~istan** Griechenland
yu'nusbalığı Delphin *m*
yur|t (-du) Land *n*, Vaterland *n*; Heimat *f*; Heim *n*; Jurte *f*; (Sammel-)Stätte *f*; *Ed.* Hort *m*; **~t dışı** → **yurtdışı**; **gençlik ~du** Jugendheim *n*; **öğrenci ~du** Schülerheim *n*; Studentenwohnheim *n*; **sağlık ~du** Erholungsheim *n*, Heilstätte *f*, **~t tutmak** heimisch (*veya* ansässig) werden
yurt|dışı Ausland *n*; ausländisch; **~içi** binnenländisch, Binnen...; **~sever** vaterlandsliebend; Patriot(in *f*) *m*
yurtsuz heimatlos; obdachlos
yurttaş Landsmann *m*; Landsmännin *f*, Bürger *m*; **~lık** (*-ğı*) Staatsbürgerschaft *f*; **~lık bilgisi** Landes(sozial)kunde *f*
'yus|yumru dick angeschwollen; kugelrund; **~yuvarlak** (*-ğı*) kugelrund; dick und rund
yutar → **yutmak**
yutkunmak *v/i* schlucken; *mec.* herumdrucksen
yut|mak (-ar) *v/t* hinunterschlucken; *mec. kitap* verschlingen; *mec.* an sich

bringen; *koşullar* einstecken, F schlucken; *yalan* hinnehmen; *Tip* einnehmen; *et.* gewinnen; F (sofort) kapieren; **~turmak** (*-i -e*) ettir. → **yutmak**; j-m et. aufbinden, weismachen

yutulmak *edil.* → **yutmak**

yuva Nest *n*; *kartal*: Horst *m*; *tilki*: Bau *m*; *karınca*: Haufen *m*; *balık*: Laichplatz *m*; *hırsız*: Höhle *f*; Brutstätte *f*; Heim *n*, Häuslichkeit *f*; Kindergarten *m*, Kindertagesstätte *f*; **bilim ~sı** Stätte *f* der Wissenschaft; **diş ~sı** Alveole *f*; **göz ~sı** Augenhöhle *f*

yuvarlak (-ğı) rund; aufgerundet; abgerundet; **hesap yapmak** (die Rechnung) abrunden; **~ konuşmak** sehr allgemein reden

yuvarlamak *v/t* rollen, wälzen; *Tuch* zusammenlegen, zusammenrollen; (*yere* zu Boden) strecken, niederschlagen; *yemek* verkonsumieren; *içki* F runterkippen; *hesap* abrunden; *mec.* F schwindeln

yuvarlanmak *edil.* → **yuvarlamak**; hinunterrollen, F runtertrudeln; rollen (*-den* aus *D*); zu Boden sinken; **~latmak** *v/t* ettir. → **yuvarlamak**

yüce hoch; *mec.* erhaben, *Ed.* hehr; **~ divan** Oberstes Gericht, Verfassungsgericht *n*; **~lik** (-ği) *mec.* Erhabenheit *f*

yük (-kü) Ladung *f* (*az. El.*), Last *f*; *özl. Gemi.* Fracht *f*; *mec.* Last *f*, *Ed.* Bürde *f*; *hayvan*: Last...; *mec.* Anstrengung *f*, Verbissenheit *f*; **~ ağırlığı** Ladegewicht *n*; **~ altına girmek** *mec.* e-e (*veya* die) Last auf sich nehmen; **~ asansörü** Lastenaufzug *m*; **~ gemisi** Frachtschiff *n*; *-e* **~ olmak** j-m zur Last fallen (*az. maddi*); **~ vagonu** Güterwagen *m*

yüklemek (-*i* -*e*) *v/t* beladen; laden (*A* auf *A*; *in A*); *mec.* belasten (*A* mit *D*), aufbürden (j-m et.); j-m et. zuschreiben; *suç, sorumluluk* zuschieben (*D*), anlasten (*D*)

yüklenilmek *edil.* → **yüklemek**

yüklenmek (-*e*) *edil.* → **yüklemek**; drücken (gegen *A*); sich stemmen (gegen *A*); sich stürzen (in *A*); sich werfen (*üzerine* auf *A*); (-*i*) auf sich nehmen (*A*), sich belasten (mit *D*); (-*i* -*e*) *mec.* j-n drängen (zu *D*); j-n belasten (mit *D*)

yükletme Verladung *f*; *liman, yer*: Verlade...; Umschlag...; *köprü*: Lade...

yüklü beladen; überladen (*az. mec. program*); *kişi*: überlastet; *mec.* übertrieben, überzogen

yüksek (-ği) hoch; hoch gelegen; *kişi*: Ober...; hochgestellt; *mec.* hoch, erhaben; *ses*: kräftig, laut; **~ atlama** Hochsprung *m*; **~ basınç** Hochdruck *m* (*hava durumu*); **~ fiyat** überhöhter Preis; **~ gerilim** Hochspannung *f*; **~ mühendis** Diplomingenieur *m*; **~ sesle** laut; mit hoher Stimme; **~ten atmak** ein Großmaul sein; *-e* **~ten bakmak** j-n von oben herab behandeln

yükseklik (-ği) Höhe *f*; **beş yüz metre ~ğinde** fünfhundert Meter hoch

yük'sek|okul Hochschule *f*; **~öğrenim** höhere Schulbildung; Studium *n*; **~öğretim** Hochschulwesen *n*; Hochschulunterricht *m*

yükselme Steigung *f*, Ansteigen *n*; Aufstieg *m*; Beförderung *f*; Hochwasser *n*; **~ devri** Blütezeit *f*

yükselmek sich erheben, (empor-) steigen; *uçak*: aufsteigen; *ses*: lauter werden

yükselti Höhe *f* über dem Meeresspiegel

yükselt|me Hebung *f*; *Fiz.* Auftrieb *m*; *El.* Verstärkung *f*, **~mek** *v/t* heben; erhöhen, aufstocken; *mec.* aufblähen, aufbauschen; j-n befördern; *ses* verstärken, *Ed.* erheben

yüküm Pflicht *f*, Schuldigkeit *f*; **~lenmek** sich verpflichten (-*i* zu *D*); **~lü** verpflichtet (*ile* zu *D*); **~lü tutmak** *Tic.* belasten (*ile* mit *D*); **~lülük** (-ğü) Verpflichtung *f*

yün Wolle *f*; **~ kumaş** Wollstoff *m*; **~lü** wollen, Woll-

yürek (-ği) Herz *n*, *az.* → **kalp**[1]; *mec.* Herz *n*, Mut *m*; Mitgefühl *n*; **~ çarpıntısı** Herzklopfen *n* (*az. mec.*); **~ten** von Herzen; *selam, teşekkür*: herzlich

yüreklendirmek *v/t* ermuntern, ermutigen

yürek|li beherzt, mutig; **~siz** zaghaft, mutlos; widerwillig; **~ten** herzlich; → **yürek**

yürümek *v/i* (weiter)gehen; (weiter)fahren; *gnl.* gehen, marschieren, laufen; sich beeilen; gelangen (*-e* zu *D*); *örn. su:* kommen, tropfen (*-e* auf *A*); *zaman:* vergehen; *mec.* (glatt) gehen, vorankommen; *faiz:* berechnet werden (*-den* zu *D*); **yürüyerek gitmek** zu Fuß gehen

yürürlü|k (-ğü) Gültigkeit *f*; **~ğe girmek** in Kraft treten; **~kte olmak** gültig sein, in Kraft sein; **~kten kaldırmak** außer Kraft setzen, abschaffen

yürütme Durchführung *f*, Ausführung *f*; Exekutiv...; **~ kurulu** geschäftsführender Vorstand

yürütmek *v/t* zum Laufen bringen; leiten; durchführen, ausführen; *dükkân* führen; *yasa* anwenden; *savaş* führen; *fikir* äußern, vorbringen; P mitgehen lassen (= *stehlen*)

yürüyen ~ yürümek; ~ merdiven Rolltreppe *f*

yürüyüş Gang *m*, Gangart *f*; Schritt *m*; Fortbewegung *f*; Marsch *m*; **~ emri** Marschbefehl *m*; **~ yapmak** marschieren; e-n Spaziergang machen; e-n Protestmarsch durchführen; **~e çıkmak** spazieren gehen; **~e geçmek** losmarschieren

yüz[1] hundert; Hundert *f*; **~er** Hunderte *pl*; **~ numara → yüznumara**; **~de beş** fünf Prozent (5%); **~de** hundert Prozent (*az. mec.*), hundertprozentig; ganz und gar, absolut

yüz[2] Gesicht *n*; Oberfläche *f*, Vorderseite *f*, *bina:* Front *f*; *kumaş:* rechte Seite *f*; *dağ:* Seite *f*, Abhang *m*; Grund *m*, Anlass *m*; **~ akı** Ehre *f*, Würde *f*; Bewährung *f*; **~ akıyla** ehrenvoll; (*-den*) **~ bulmak** gern gesehen sein (bei *D*); verwöhnt werden; (*-den*) **~ çevirmek** *mec.* (j-m) die kalte Schulter zeigen; sich abwenden (von *D*); *-i -e ~ etmek* v/t anpassen (*D*); anmachen (an *D*); F übertragen, aushändigen; **~ göstermek** auftreten, sich zeigen; (*j-m*) zugetan sein; **~ kızartıcı** schändlich, schmachvoll; *-e ~ tutmak* nahe daran sein (zu + *Infinitiv*), nahe sein (*D*); offen sein (*veya* reden) zu *D*; *-e ~ vermek* j-n verwöhnen; **~e gelmek** sich (plötzlich) gegenüberstehen; einander begegnen; **~ü kızarmak** schamrot werden; *-e* **~ü olmamak** sich nicht trauen (zu ...); nicht aushalten können *A*; *-e* **~ü tutmak** sich wenden (zu *D*); *mec.* sich überwinden (zu ...); **~ü yumuşak** nachgiebig, weichherzig; **~üne vurmak/çarpmak** j-m Vorwürfe machen; *-in* **~ünü ağartmak** j-n mit Stolz erfüllen; **~ünden** *ilg.* wegen (*G*), aus *D*; **benim ~ümden** meinetwegen; **onun ~ünden** deswegen; **dikkatsizlik ~ünden** aus Unvorsichtigkeit; **kar ~ünden** durch Schnee(fall)

'**yüzbaşı** (-nı) *Ask.* Hauptmann *m*; **~lık** (-ğı) Hauptmannsrang *m*

yüzde → yüz[1]; **~ yüzlük** hundertprozentig; **~lik** (-ği) Provision *f*, Prozentsatz *m*

yüzden: bu ~ deswegen

yüzdürmek (*-i -e*) v/t schwimmen lassen (durch *A*); baden lassen; *gemi* heben; wieder flottmachen; *deri* abziehen lassen

yüzer[1] **→ yüzmek**[1,2]

yüzer[2] je hundert; zu Hunderten

yüzey Fläche *f*; Oberfläche *f*; **~sel** *mec.* oberflächlich

yüzgeç (-ci) Flosse *f*

yüzleştirmek (*ile*) j-m gegenüberstellen

yüzlü mit Gesicht; *iki ~* zweischneidig; *mec.* doppelzüngig

yüzlük (-ğü) Hunderter *m*; hundertjährig

yüzme Schwimmen *n*; Schwimm...; **~ havuzu** Schwimmbad *n*; Schwimmbecken *n*; **~ bilmeyenler** Nichtschwimmer *pl*

yüzmek[1] (-er) schwimmen; *mec.* versinken (in *D*, *örn. pislik*); **sırtüstü ~** auf dem Rücken schwimmen

yüzmek[2] (-er) abhäuten

'**yüznumara** WC *n*

'**yüzölçümü** (-nü) Flächenmaß *n*; Flächeninhalt *m*

yüzsüz ungeniert, ohne Hemmungen

yüzücü Schwimmer(in *f*) *m*; Schwimm...

yüzük (-ğü) Ring *m*

yü'zükparmağı (-nı) Ringfinger *m*

yüzül|mek *edil.* **→ yüzmek**; **~mez** man kann nicht schwimmen; man schwimmt nicht

yüzüncü hundertst...
yüzünden → *yüz*
'yüzüstü halbfertig, liegen gelassen;
-i ~ bırakmak iş halbfertig liegen
lassen; *kişi* ihrem Schicksal überlassen
'yüzyıl Jahrhundert *n*; **~lık** (-ğı) jahrhundertelang; jahrhundertealt

Z

zabıt (zaptı) Protokollierung *f*; Eroberung *f*, Einnahme *f*, Machtergreifung *f*; *az.* → *zapt*; **~ kâtibi** *Huk.* Protokollführer(in *f*) *m*; **~ tutmak** ein Protokoll aufnehmen (über *A*)
zabıta Polizei *f*; städtische Aufsichtsorgane *n/pl*
zafer Sieg *m*; Triumph *m*; **~ takı** Triumphbogen *m*; **♀ Bayramı** Siegesfest *n* (*30. August*)
zafiyet (-ti) Schwäche *f*, *Tıp* Asthenie *f*
zahmet (-ti) Mühe *f*; **~ çekmek** sich abmühen; Schwierigkeiten haben; **~ etmek** (*veya* **~e girmek**) sich bemühen; sich Umstände machen; *-e* **~ olmak** j-m Mühe (*veya* Umstände) machen; **~ olmazsa** wenn es Ihnen keine Umstände macht; *b-ne* **~ vermek** j-m Mühe machen; **~ine değmek** die Mühe lohnen, der Mühe wert sein; **~li** anstrengend, mühsam; **~siz** mühelos; *doğum, kazanç*: leicht
zalim grausam; **~lik** (-ği) Grausamkeit *f*
zam (zammı) Zulage *f*; (-*e*) Erhöhung *f*, Steigerung *f*(*G*); Verteuerung *f*; *-e* **~ gelmek** teurer werden, eine Preissteigerung erfahren; *-e* **~ yapmak** den Preis (*G*) erhöhen, anheben; **maaş ~ı** Gehaltserhöhung *f*
zaman (-*anı*) **1.** Zeit *f* (*gnl.*, *az. Gr.*); Zeitalter *n*; *Gr.* Tempus *n*; Saison *f*; *Müz., Tek.* Takt *m*; **~ eki** Zeitsuffix *n*; **~ kollamak** die richtige Zeit abwarten; **~ öldürmek** sich die Zeit vertreiben; *-e* **~ vermek** die Zeit erübrigen (für *A*); *-i* **~a bırakmak** (es) der Zeit überlassen; **~ geçtikçe**, **~la** mit der Zeit; **~ında** rechtzeitig; *bu* **~da**

heutzutage; *bir* **~(lar)** einst, einmal; **hiçbir ~** nie(mals); **kimi ~** zeitweise, zuweilen; **ne ~?** wann?; **ne ~dan beri?** seit wann?; **o ~** damals; **~ında** zur rechten Zeit; **~ ~** von Zeit zu Zeit, dann und wann; **2.** *-diği* **~** *bağl.* als; wenn
za'manaşımı (-*nı*) Verjährung *f*
zamanla|ma Zeitplan *m*; **~mak** (-*i*) e-n Zeitplan aufstellen, zeitlich abstimmen (*A*)
zaman|lı pünktlich; *Tek.* -takt; **iki ~lı motor** Zweitaktmotor *m*; **o ~lı** damalig; **... dann;** **~lı zamansız** (zu) jeder Zeit; **~sız** unzeitig; unzeitgemäß; unverzüglich; **~uyumlu** *Cmp.* synchron
zamk (zamkı) Klebstoff *m*; **~lamak** *v/t* kleben; **~lı** geklebt; aufgeklebt
zan (zannı) Meinung *f*; Verdacht *m*; **~ altında bulunmak** unter (e-m) Verdacht stehen
zanaat (-*tı*) Handwerk *n*; **~çı** Handwerker *m*
zangır: ~ ~ titremek zittern wie Espenlaub; **~damak** furchtbar zittern; klirren; mit den Zähnen klappern
'zann|etmek *v/t* glauben; denken; **~edersem** wie mir scheint
zapt → *zabıt*; **~ etmek** *v/t* erobern, an sich reißen; *ifade* protokollieren; **kendini ~ etmek** sich beherrschen
zar¹ Häutchen *n*, Membrane *f*; Schleier *m*; *Anat.* Haut *f*; **beyin ~ı** Hirnhaut *f*
zar² Würfel *m*; **~ atmak** würfeln; **~ tutmak** mogeln (*durch besonderen Wurf*)
zar³: → *zor* mit Ach und Krach
zarar (-*arı*) Schaden *m*, Verlust *m*; **~ etmek** Verluste erleiden; **~ gelmek** es entsteht ein Schaden (*veya* ein

zararcı

Verlust); **~ getirmek** Schaden stiften; **-den ~ görmek** Schaden erleiden (durch *A*), betroffen werden (von *D*); **~ verici** schädlich; **-e ~ vermek** Schaden zufügen (*D*); **~a uğramak** Schaden erleiden; **~da olmak** *Tic.* ein Defizit haben; *gnl.* in Schwierigkeiten geraten; *-e ~ dokunmak* j-m Schaden zufügen; **~ı olmuyor** es entsteht kein Schaden; **~ı yok** das macht nichts

zarar|cı Schädling *m*; Saboteur *m*; **~lı** schädlich (*-e D*), abträglich (*-e D*); nachteilig, verlustreich; **~lı madde** Schadstoff *m*; **~lı madde çıkarmayan** schadstofffrei; **~lı maddesi az** schadstoffarm; *-den ~lı çıkmak* sich verrechnen (in *D*); **~sız** unschädlich; **~sız duruma getirmek** unschädlich machen

zarf (Brief-)Umschlag *m*

zarfında innerhalb (*G*), in (*D*); **bir hafta ~** innerhalb e-r Woche

zarflamak (*-i*) in e-n Umschlag stecken

zarif elegant, chic, fein; geistreich; **~lik** (*-ği*) Eleganz *f*, Chic *m*

zarur|et (*-ti*) Notwendigkeit *f*; → **zor**; **~i** notwendig; unbedingt erforderlich; unvermeidbar

zaten ohnehin, sowieso; im Grunde genommen; übrigens

¹**zatülcenp** (*-bi*) Rippenfellentzündung *f*

zatürree Lungenentzündung *f*

zavallı arm, bedauernswert; der (*veay* die) Ärmste; *mec.* abgehetzt; **~lık** (*-ğı*) Elend *n*, Jammer *m*

zayıf mager; schwach; geschwächt (*örn. beden*); *mec.* untüchtig; zu gutmütig (*-e karşı* gegenüber *D*); **~ düşmek** abmagern, schwächer werden; **~lama** Abmagerung *f*, Abnehmen *n*; **~lamak** magerer (*veya* dünner) werden, abnehmen; schwächer werden; entfetten, dünner (*veya* schlanker) machen; **~lık** (*-ğı*) Schwäche *f*; Magerkeit *f*

¹**zebra** Zebra *n*; **~ çizgileri** Zebrastreifen *m* (*az. pl*)

zedelemek *v/t* beschädigen

zehir (zehri) Gift *n*; **~ gibi** gallebitter; eisig kalt; *kişi*: tüchtig, meisterhaft; *akıl*: überlegen, scharf; **~ zıkkım** *mec.* sehr giftig, bitter; **~lemek** *v/t* vergiften (*az. mec.*); **kendini ~lemek** sich vergiften; **~lenme** Vergiftung *f*; **gıda ~lenmesi** Lebensmittelvergiftung *f*; **~lenmek** vergiftet werden; sich e-e Vergiftung zuziehen; **~leyici** vergiftend; gesundheitsschädlich; **~li** giftig; *mec.* bitter

zekâ Intelligenz *f*, Verstand *m*; **~ geriliği** geistige Zurückgebliebenheit

zekât (*-tı*) *Din.* Almosensteuer *f*

zeki intelligent; aufgeweckt; geistreich

zemberek (*-ği*) (Uhr-)Feder *f*; *Tek.* Türschließer *m*

zemheri tiefer Winter

zemin (*-ini*) Boden *m*; Grundlage *f*; *resim*: Grund *m*; Untergrund *m*; Wesen *n*, Sinn *m*; **~ hazırlamak** *mec.* den Boden bereiten (für *A*); **~ katı** Erdgeschoss *n*; **~ ve zamana uygun** ganz den Umständen entsprechend; **bu ~de** in diesem Sinne (*veya* Geiste); **~i beyaz** mit (*veya* auf) weißem Untergrund

zencefil Ingwer *m*; Ingwerstaude *f*

zenci Schwarze(r); schwarz(häutig)

zengin *gnl.* reich; *toprak*: ergiebig; *doğa*: üppig; **~ mal çeşidi** reichhaltiges Sortiment; **~erki** (*-ni*) Plutokratie *f*; **~le(ş)mek** *v/i* reich werden; **~leştirmek** *v/t* reich machen; **~lik** (*-ği*) *gnl.* Reichtum *m*; (Boden-)Schätze *m/pl*; **doğal ~likler** Naturschönheiten *f/pl*; **tarihi ~likler** historische Denkmäler *n/pl*

zeplin Zeppelin *m*

zerdali kleine Aprikose

zerde *süßer Reis mit Safran*

zerre Körnchen *n*; Tröpfchen *n*; **~ kadar** (nicht) im Geringsten, (kein) Fünkchen

zevk (*-ki*) Vergnügen *n*, Genuss *m*; etwas Angenehmes; Geschmack *m*; *-den ~ almak* Vergnügen finden (an *D*), genießen (*A*); **~ için** zum Vergnügen; zum Spaß; **~ meselesi** Geschmackssache *f*; **~ine varmak** auf den Geschmack kommen; **-in ~ini çıkarmak** voll auskosten (*A*); **~li** angenehm, vergnüglich; ... mit Geschmack; **~siz** langweilig; ... ohne Geschmack

zeytin Olive *f*; **~ ağacı** Olivenbaum *m*; **~ci** Olivenhändler *m*; Olivenbaum-

zih|in (zihni) Verstand *m*, Geist *m*; Intellekt *m*; Sinn *m*; Auffassungsgabe *f*; Gedächtnis *n*; **~in hesabı** Kopfrechnen *n*; **~in/~ini yormak** sich (geistig) anstrengen; **~(n)inde tutmak** behalten, *Ed.* im Gedächtnis bewahren; **~ni açılmak** verständiger werden; **~ni bulanmak** den Verstand verlieren; *-i* **~nine yerleştirmek** sich einprägen (*A*); **~nini bozmak** j-m Argwohn einflößen, j-n beunruhigen; (*ile*) sich Gedanken machen (über *A*); **~ özürlü** geistig behindert

zihinsel verstandesmäßig, intellektuell; geistig

zihniyet (-ti) Geisteshaltung *f*, Einstellung *f*, Denkweise *f*

zikzak (-ğı) Zickzack *m*; **~ şekilde** zickzackförmig; **~ yapmak** im Zickzack gehen (*veya* fahren); *mec.* sehr wetterwendisch sein; **~lı** zickzackartig

zil Glocke *f*, Klingel *f*; *Müz.* Becken *n*, Zimbel *f*; **~ düğmesi** Klingelknopf *m*; **~ gibi (sarhoş)** sinnlos betrunken; **~e basmak** klingeln, auf den Knopf drücken

'zilzurna sternhagelvoll

zimmet (-ti) *Tic.* Verpflichtungen *f/pl*, Schulden *f/pl*; *-in* **~ine geçirmek** *para* unterschlagen

zina Ehebruch *m*

zincir Kette *f* (*az. Ekon., mec.*); *oto:* Reihe *f*; **olaylar ~i** e-e Kette (*veya* Reihe) von Ereignissen; **patinaj ~i** Schneekette *f*; **tırtıllı ~** Raupenkette *f*

zincirleme Aneinanderkettung *f*, Verkettung *f*, Inkettenlegen *n*; **~ kaza** Massenkarambolage *f*

zindan Kerker *m*, Gefängnis *n*; Verließ *n*; *mec.* Finsternis *f*; F finsteres Loch; **~ gibi** stockfinster

zinde lebhaft, rüstig, frisch

zira *bağl.* weil, da; *ana cümle önünde:* denn

ziraat (-tı) → **tarım**

zirve Gipfel *m* (*az. mec. ve Pol.*); **~ toplantısı** Gipfelkonferenz *f*

ziyade ·mehr (*-den* als); überaus; **~siyle** äußerst, überaus

ziyafet (-ti) Essen *n*, Fest *n*; Festlichkeit *f*, *gnl. Pol.* Bankett *n*; **~ çekmek/**

ziyafet

edil. → **ziftlemek**; *v/t* verschlingen; F e-n Reibach machen

zih|in ...

---

pflanzer *m*; **~yağı** (-nı) Olivenöl *n*; **~yağlı** ... in Olivenöl, mit Olivenöl zubereitet

zıbarmak P krepieren, verrecken; s-n Rausch ausschlafen

zıdd... → **zıt**

'zımba Locher *m*; Lochung *f*, Perforierung *f*; **delikli ~** Locher *m*; **tel ~** Hefter *m*; **tel ~ makinesi** Büroheftmaschine *f*; **~lamak** *v/t* lochen; ausstanzen; P abmurksen; F ins Bett gehen (mit *D*); **~lı** gelocht; ... mit losen Blättern

zımpara Schmirgel *m*; **~ kâğıdı** Schmirgelpapier *n*; **~lamak** *v/t* (ab)schmirgeln

zındık (-ğı) *Din.* Ketzer *m*

zıngırdatmak *v/t* erzittern lassen, erschüttern

zıp zuck; **~ (diye) çıktı** F zuck war er da, plötzlich erschien er; **~çıktı** Emporkömmling *m*

zıpkın Harpune *f*; **~lamak** harpunieren

zıpla|mak (umher)hüpfen, springen; zurückprallen; P verduften; **~tmak** *v/t* springen lassen

zır: **~ ~** auf die Nerven gehend (weinen, surren *vs.*); F Reißverschluss *m*; **~ ~ ağlamak** ewig plärren

'zırdeli plemplem, beschwert

zırh Panzer *m*, (Ritter-)Rüstung *f*; **~lanmak** sich panzern; *mec.* sich abschirmen; **~lı** gepanzert; **~lı araba** Panzerwagen *m*

zırıl: **~ ~ ağlamak** heulen, brüllen; **~ ~ söylemek** unaufhörlich schnattern; **~damak**, **~danmak** in einem fort grölen, schreien; flennen, heulen; **~tı** Gegröle *n*; Katzenmusik *f*; Zank *m*, Kabbelei *f*

zırlamak winseln

zırva Gefasel *n*; **~lamak** faseln, dummes Zeug reden

zıt (zıddı) Gegensatz *m*; Gegenteil *n*; Widerspruch *m*, *-in* **~ anlamlısı** Antonym *n* (von *D*), Gegensatz *m*; *-e*, *-iyle* **~ gitmek** gegen j-s Willen handeln, (immer) das Gegenteil tun

zıt|lanmak, **~laşmak** widersprechen, dagegen sein

zifir: **~ gibi**, **~i** pechschwarz

zift (-ti) Pech *n*; Teer *m*; **~ gibi** gallebitter; **~lemek** *v/t* teeren; **~lenmek**

ziyan

vermek ein Essen (*veya* Bankett) geben; **~i çekmek** et. ohnegleichen bieten, *örn.* **müzik ~i çekmek** e-n Ohrenschmaus bieten

ziyan Schaden *m*; Einbuße *f*; *-i* **~ etmek** vergeuden, wegwerfen (*A*); zu Schaden kommen; **~ olmak** *edil.* → **ziyan etmek**; Schaden erleiden; **~ yok!** (es) macht nichts!; bitte sehr!; *-in* **~ına** zum Schaden (*G*)

ziyaret (-ti) Besuch *m*; Wallfahrt *f*; *-i* **~ etmek** besuchen (*A*); *şehir* besichtigen; wallfahren (nach *D*); **~çi** Besuch(er(in *f*) *m*, Besuch *m* (*kişi*); **~gâh** Wallfahrtsort *m*

ziynet (-ti) Schmuck *m*, Zierrat *m*

Zodyak (-kı) *Astr.* Tierkreis *m*

zom F ausgewachsen; blau, besoffen

zoolo|g Zoologe *m*, -in *f*; **~ji** Zoologie *f*

zor Schwierigkeit *f*, Anstrengung *f*; Zwang *m*, Notwendigkeit *f*; Gewalt *f*; F Leiden *n*; schwer, schwierig, anstrengend; *bel.* (nur) mit Mühe; *ünl.* (wohl) kaum! (... *yaparsın* wirst du es schaffen); **~ kullanmak** Gewalt anwenden; *-mek* **~unda olmak** gezwungen sein zu ...; *-mek* **~undayım** ich bin gezwungen zu ...

zoraki gezwungen; wohl oder übel; wider Willen

¹**zoralım** Beschlagnahme *f*; *-i* **~a çarpmak** beschlagnahmen

zorba gewalttätig, brutal; Despot *m*; **~lık** (-ğı) Gewalttätigkeit *f*, Brutalität *f*

²**zorbela** [lâ] mit Mühe und Not

²**zorla** mit Gewalt; gezwungen(ermaßen)

zorla|ma Zwang *m*; Nötigung *f*; zwingend; *Tıp* Abnutzungserscheinung *f* (durch Überbeanspruchung); **~mak** (*-i -e*) zwingen (j-n zu *D*); *Tek.* beanspruchen; *Tür* aufbrechen, gewaltsam öffnen; **kendisini ~mak** sich überanstrengen, sich übernehmen; **~nmak** *edil.* → **zorlamak**; **~şmak** erschwert werden, sich komplizieren; **~ştırmak** *v/t* erschweren, komplizieren; **~yıcı** zwingend; **~yış** Erzwingung *f*

zorluk (-ğu) Schwierigkeit *f*; Erschwernis *f*; **~ çıkarmak** Schwierigkeiten machen; **~la** mit knapper Not

zorun|lu unerlässlich, (unbedingt) notwendig; zwingend; *Spo.* **~lu hareket** Pflichtübung *f*, *-e* **başvurulması ~ludur** man wende sich (an *A*); **~luk** (-ğu), **~luluk** (-ğu) Zwangsläufigkeit *f*; Erfordernis *n*

¹**zula** P verbotenes Versteck (für Diebesgut); *-i* **~ etmek** F klauen, verstecken

¹**zulmetmek** (-*e*) peinigen, misshandeln (*A*)

zulüm (zulmü) Grausamkeit *f*, Unterdrückung *f*

zurna (türkische) Oboe; **davul ~ ile** mit großem Tamtam; **~ gibi** P sternhagelvoll

zücaciye Glaswaren *f/pl*, Porzellanwaren *f/pl*

züğürt (-dü) abgebrannt, F pleite; **~ tesellisi** schwacher Trost; **~lemek** *v/i mec.* auf dem letzten Loch pfeifen; **~lük** (-ğü) Geldmangel *m*

Zühre (*az.* → **Venüs**), *Astr.* Venus *f*; **zührevi hastalık** venerische Krankheit

zülüf (zülfü) Locke *f*; **~lü** gelockt; ... mit Locken

zümrüt Smaragd *m*; Smaragd..., smaragden; **~ gibi** smaragdgrün; **~lenmek**, **~leşmek** *v/i* wieder grün werden, grünen

züppe Schikimicki *m*; Geck *m*, Snob *m*; **~ce** geckenhaft; snobistisch; **~leşmek** sich zum Geck (*veya* Snob) entwickeln; **~lik** (-ği) Geckenhaftigkeit *f*; Snobismus *m*

zürafa Giraffe *f*

Wörterverzeichnis Deutsch-Türkisch

A

à *ilg.* beher
AA *kıs.* = *das Auswärtige Amt* Federal Almanya Dışişleri Bakanlığı
Aal *m* (-s; -e) *Zoo.* yılanbalığı; **♀en** (h): *sich ~ in der Sonne* **♀en** güneşte tembelce uzanmak; **♀glatt** *sıf. mec.* çok kıvrak
ab 1. *ilg.* itibaren; **~** *morgen* yarından itibaren; **2.** *bel.:* **München ~ 13.55** Münih'ten hareket (saati) 13.55; *von heute ~* bugünden itibarem; *von jetzt ~* şimdiden (itibaren), bundan sonra; **~ und zu** arasıra, arada bir
abarbeiten (*ayr.*, -ge-, h) **1.** *v/t Schulden* çalışarak ödemek; **2.** *sich ~* kendini yormak, kendini bitirmek
Abart *f* (-; -en) *Biyo.* çeşit(lilik); **♀ig** *sıf.* anormal, *sexuell az.* sapık
Abb. *kıs.* = *Abbildung f* resim; şekil
Abbau *m* (-s) *Kohle vs.:* işlet(il)me; *Tek.* kaldırma, sökülme; *Kosten, Personal vs.:* azaltılma; **♀en** *v/t* (*ayr.*, -ge-, h) *Kohle vs.* işletmek; *Maschinen vs.* kaldırmak, sökmek; *Vorurteile* yok etmek; *Arbeitskräfte* **♀en** işgücü azaltmak
ab|beißen *v/t* (*krldş.*, *ayr.*, -ge-, h, → **beißen**) bir parçayı ısırarak koparmak; **~beizen** *v/t* (*ayr.*, -ge-, h) *Holz* asitle yakmak
abbekommen *v/t* (*krldş.*, *ayr.*, h, → **kommen**) *losbekommen:* çözmek, kaldırmak; *sein Teil od. et. ~* hissesini almak; *et. ~* *Person:* (dayak) yemek, *Sache:* zarar görmek
abbestell|en *v/t* (*ayr.*, h) (siparişi) iptal etmek; **♀ung** *f* (-; -en) iptal
abbiegen *v/i* (*krldş.*, *ayr.*, -ge-, sn, → **biegen**) sapmak; *nach links (rechts) ~* sola (sağa) sapmak
Abbildung *f* (-; -en) resim, şekil
Abbitte *f:* *j-m ~ leisten od. tun* b-nden özür dilemek (*wegen* -den)
abblasen *v/t* (*krldş.*, *ayr.*, -ge-, h, → **blasen**) F *mec.* geri almak, -den vazgeçmek
abblend|en *v/t* (*ayr.*, -ge-, h) *Oto.* farları kısmak; **♀licht** *n Oto.* kısa huzmeli far
ab|brechen (*krldş.*, *ayr.*, -ge-, → **brechen**) **1.** *v/t* (h) kesmek, kop(ar)mak (*az. Beziehungen vs.*); *Gebäude vs.* yıkmak; *Spiel vs.* bırakmak; **2.** *v/i* (sn) kırılmak, kopmak; **~bremsen** *v/t ve v/i* (*ayr.*, -ge-, h) frenlemek, yavaşlatmak; **~brennen** *v/i* (*krldş.*, *ayr.*, -ge-, sn, → **brennen**) yakarak yok etmek, kül haline getirmek; → *abgebrannt*; **~bringen** *v/t* (*krldş.*, *ayr.*, -ge-, h, → **bringen**): *j-n ~ von etwas* b-ni bşden vazgeçirmek; **~bröckeln** *v/i* (*ayr.*, -ge-, sn) pul pul dökülmek
Abbruch *m* (-s, ¨e) *e-s Gebäudes vs.:* yık(ıl)ma; *von Beziehungen vs.:* kes(il)me; *von Verhandlungen:* durdurulma
abbuch|en *v/t* (*ayr.*, -ge-, h): *e-e Summe von j-s Konto ~en* b-nin hesabından tahsil etmek; **♀ung** *f* (-; -en) hesaptan tahsil
ABC-Waffen *pl Ask.* A.B.C. silahları
abdank|en *v/i* (*ayr.*, -ge-, h) istifa etmek; *Herrscher:* tahttan çekilmek; **♀ung** *f* (-; -en) istifa; tahttan feragat
ab|decken *v/t* (*ayr.*, -ge-, h) *-in* örtüsünü kaldırmak; *Dach: -in* damını kaldırmak; (*Tisch*) sofrayı kaldırmak; *zudecken:* örtmek, kapamak; **~dichten** *v/t* (*ayr.*, -ge-, h) sıkıştırmak; *Tek.* contalamak; **~drängen** *v/t* (*ayr.*, -ge-, h) uzaklaştırmak; **~drehen** (*ayr.*, -ge-, h) **1.** *v/t Gas, Licht vs.* kapatmak, kesmek; **2.** *v/i* (*az.* sn) *Hava., Gemi.* yönünü/rotayı değiştirmek
Abdruck *m* (-s; ¨e) (*Spur*) iz; (*Relief*) kalıp
abdrücken *v/i* (*ayr.*, -ge-, h) tetiğini çekmek

Abend *m* (-s; -e) akşam; *am* ~ akşamleyin; *heute* ~ bu akşam; *morgen (gestern)* ~ yarın (dün) akşam; → *essen*; ~**essen** *n* akşam yemeği; ~**kasse** *f Tiy. vs.* gişe; ~**kleid** *n* gece elbisesi

abends *bel.* akşamleyin; *um 7 Uhr* ~ akşam saat yedide

Abendzeitung *f* akşam gazetesi

Abenteu|er *n* (-s; -) macera, serüven; 2**erlich** *sıf.* maceracı; *mec. riskant*: tehlikeli, rizikolu; *unwahrscheinlich*: garip; ~**rer** *m* (-s; -) maceracı

aber 1. *bağl.* fakat; am(m)a; *oder* ~ ya da; **2.** *ünl.:* ~, ~! hadi hadi!; ~ *sicher!* hay hay!, elbette!; **3.** *bel.: das ist* ~ *nett von dir* çok iyisin, sağol!

Abertausende: *Tausende u.* ~ binlerce

Aber|glaube *m* (-ns) boş/batıl inanç, hurafe; 2**gläubisch** *sıf.* hurafelere inanan

aberkenn|en (*krldş., ayr.*, h, → *kennen*): *j-m et.* ~**en** b-ni bşden mahrum etmek (*az. Huk.*); 2**ung** *f* (-; -en) ıskat (G/-*den*)

aber|malig *sıf.* diğer, yeni; yine; ~**mals** *bel.* yeniden, bir daha

Abf. *kıs.* = *Abfahrt f* kalkış

abfahren *v/i* (*krldş., ayr.*, -ge-, sn, → *fahren*) hareket etmek, kalkmak, ayrılmak (*nach* bye); → *abgefahren*

Abfahrt *f* (-; -en) hareket, kalkış (*nach* bye); ~**zeit** *f* kalkış saati

Abfall *m* (-s; =e) süprüntü, döküntü; çöp; ~**beseitigung** *f* çöplerin imhası/yokedilmesi; ~**eimer** *m* çöp tenekesi; 2**en** *v/i* (*krldş., ayr.*, -ge-, sn, → *fallen*) düşmek, dökülmek; *Pol.* ayrılmak (*von* -den); *mec. Leistung vs.* azalmak; 2**en gegen** bşe nispetle fena olmak; 2**end** *sıf. Gelände*: inişli

abfällig 1. *sıf. Bemerkung*: hor görücü; **2.** *bel.: sich* ~ *über j-n äußern* b-ne döşenmek

Abfall|korb *m* çöp tenekesi; ~**produkt** *n* ikinci sınıf ürün; *Nebenprodukt*: yan ürün

abfärben *v/i* (*ayr.*, -ge-, h) boyası çıkmak; *mec.* ~ *auf* (*A*) bşi etkilemek

abfertig|en *v/t* (*ayr.*, -ge-, h) *Waren*: yollamaya hazırlamak, *beim Zoll*: gümrük muayenesini yapmak; *Personen an der Grenze*: işlemi halletmek, *am Flughafen*: yolcu kayıt işlemlerini yapmak; 2**ung** *f* (-; -en) muamele; yollama; 2**ungsschalter** *m Hava.* yolcu kayıt kontuarı

abfeuern *v/t* (*ayr.*, -ge-, h) (*e-n Schuss* kurşun) atmak (*auf A* bşe)

abfind|en (*krldş., ayr.*, -ge-, h, → *finden*) **1.** *v/t Gläubiger* hakkını yerine getirmek; *entschädigen*: tazminat vermek; **2.** *sich* ~**en mit** bşle yetinmek; bşe razı olmak; 2**ung** *f* (-; -en) tazminat; *von Angestellten*: ayrılma tazminatı/ikramiyesi

ab|fliegen *v/i* (*krldş., ayr.*, -ge-, sn, → *fliegen*) *Person*: uçakla kalkmak; *Flugzeug*: havalanmak; ~**fließen** *v/i* (*krldş., ayr.*, -ge-, sn, → *fließen*) akıp gitmek

Abflug *m* (-s; =e) uçuş; *auf Flugplan vs.*: kalkış; ~**halle** *f* gidiş salonu; ~**zeit** *f* kalkış saati

Abfluss *m* (-es; =e) *Abfließen*: (dışarı) akma; ~**öffnung**: boşaltma deliği; dışarı akıtma deliği; ~**rohr** *n* akaç; akıtma borusu; *außen*: çıkış borusu, pissu borusu

Abfuhr *f* (-; -en): *mec. j-m e-e* ~ *erteilen* baştan savulma

abführ|en *v/t* (*ayr.*, -ge-, h) *b-ni* götürmek; *Steuern vs.* ödemek; 2**mittel** *n* (-s; -) *Tıp* sürgün ilacı, müshil

Abgaben *pl* vergi, harç *sg*; → *Kommunalabgaben, Sozialabgaben*

abgas|arm *sıf. Oto.* egzozu az, az emisyonlu; 2**e** *pl Oto.* egzoz dumanları; 2**emission** *f* atık gaz emisyonu; 2**(sonder)untersuchung (AU)** *f Oto.* özel egzoz testi

abgeben (*krldş., ayr.*, -ge-, h, → *geben*) **1.** *v/t Prüfungsarbeit vs.* vermek, teslim etmek; *Schlüssel vs.* bırakmak (*bei* b-ne); *Gepäck* emanet vermek; *Vorsitz vs.* devretmek (*an* b-ne); *Schuss* bir el ateş etmek; *Erklärung vs.* demeç vermek; *Stimme* oy vermek, oyunu kullanmak; **2.** *sich* ~ *mit et.* bşle uğraşmak; *sich mit j-m* ~ b-le meşgul olmak

abge|brannt *sıf.* F *mec.*: (*völlig*) ~**brannt** parasız, cebi boş; ~**brüht** *sıf. mec.* vurdumduymaz, duygusuz;

ablassen

~droschen *sıf. mec.* basmakalıp; ~fahren *sıf. Reifen*: aşınmış, kabak; ~härtet *sıf.* dayanıklı (*gegen* karşı)
abgehen *v/i* (*krldş., ayr.,* -ge-, sn, → *gehen*) *Hava., Demiryol. vs.* hareket etmek (*nach* bye); *Post*: gitmek; *Knopf vs.*: kopmak; *Straße vs.*: sapmak; ~ *vom e-m Plan* vazgeçmek; *von s-r Meinung* ~ fikrini değiş(tir)mek; *gut* ~ iyi geçmek
abgekartet *sıf.* tertipli; ~*es Spiel mec.* danışıklı döğüş
abgelegen *sıf.* uzak, sapa
abgemagert *sıf.* zayıflamış, kilo vermiş
abgeneigt *sıf.* eğilimli, niyetli; *ich wäre e-r Sache nicht* ~ yapmak yanlışıyım; *nicht* ~, *et. zu tun* bir işi yapmaya eğilimi/niyeti olmak
abgenutzt *sıf.* aşınmış
Abgeordnete *m, f* (-n; -n) *Pol.* milletvekili
abge|schlossen *sıf. zu*: kilitli; *abgetrennt*: ayrı, müstakil; *Ausbildung vs.*: bitmiş, tamamlanmış; ~**sehen** *bel.*: ~*sehen von* bundan başka; *sehen davon, dass* -nin dışında, ... bir yana; ~**spannt** *sıf.* yorgun, bitkin; ~**standen** *sıf. Luft*: pis; *Bier vs.*: bayat, beklemiş; ~**stumpft** *sıf. Person*: hissiz, kayıtsız (*gegen* -e karşı)
abgewöhnen *v/t* (*ayr.,* abgewöhnt, h): *j-m et.* ~ b-ni bşden vazgeçirmek; *sich das Rauchen* ~ sigarayı bırakmak
abgöttisch *bel.* çıldırasıya; *j-n* ~ *lieben* b-ni çıldırasıya sevmek
Abgrund *m* (-s; ⁀e) uçurum; *mec. am Rande des* ~*s stehen* felâketin eşiğine gelmek; ⁀*tief sıf. Hass vs.*: derin, esaslı
abhaken *v/t* (*ayr.,* -ge-, h) *mec.* işaret koymak, işaretleyerek saymak
abhalten *v/t* (*krldş., ayr.,* -ge-, h, → *halten*) *Versammlung vs.* düzenlemek, yapmak; *j-n von der Arbeit* ~ b-ni işinden alıkoymak; *j-n davon* ~, *et. zu tun* b-ni bş yapmaktan alıkoymak
abhanden *bel.*: ~ *kommen* kaybolmak, yitmek; *mir ist meine Brille* ~ *gekommen* gözlüğüm kaybettim
Abhandlung *f* (-; -en) inceleme, risale (*über A* bş hakkında)

Abhang *m* (-s; ⁀e) iniş, bayır
abhängen *v/i* (*krldş., ayr.,* -ge-, h, → *hängen*): ~ *von* bşe bağlı olmak, *finanziell*: muhtaç olmak
abhängig *sıf.* bağımlı, bağlı (*von* -e): ~ *sein von* → *abhängen*; ⁀**keit** *f* (-) bağım(lılık), bağlılık (*von* -e)
ab|hauen *v/i* (*krldş., ayr.,* -ge-, sn, → *hauen*) F defolmak; *flüchten*: kaçmak; *hau ab!* defol!; ~**heben** (*krldş., ayr.,* -ge-, h, → *heben*) 1. *v/t* kaldırmak; *Geld* çekmek (*von* -den); 2. *v/i Hava.* havalanmak *az. mec.* F; *Tel.* telefonu açmak; *Kartenspiel*: kâğıt kesmek; ~**heften** *v/t* (*ayr.,* -ge-, h) klasöre geçirmek
Abhilfe *f* (-) çare; ~ *schaffen* çare bulmak
ab|holen *v/t* (*ayr.,* -ge-, h) gidip almak; alıp getirmek; *j-n von der Bahn* ~*holen* b-ni istasyonda karşılamak; ~**horchen** *v/t* (*ayr.,* -ge-, h) *Tıp* kulakkıkla muayene etmek; ~**kaufen** *v/t* (*ayr.,* -ge-, h): *j-m et.* ~*kaufen* b-nden bşi satın almak; *mec. az.* bşe inanmak; ~**klingen** *v/i* (*krldş., ayr.,* -ge-, sn, → *klingen*) *Schmerzen*: hafiflemek, azalmak; *Wirkung*: etkisi geçmek, azalmak; ~**klopfen** *v/t* (*ayr.,* -ge-, h) *Tıp* vurarak muayene etmek
Abkommen *n* (-s; -) anlaşma (*az. Pol.*); *ein* ~ *treffen* anlaşmaya varmak
ab|koppeln *v/t* (*ayr.,* -ge-, h) çözmek, çıkarmak (*von* -den); *Raumfahrt*: ayrılmak; ~**kratzen** (*ayr.,* -ge-) 1. *v/t* (h) (*az. von*) kazıyarak çıkarmak; 2. F *v/i* (sn) *sterben*: gebermek; ~**kühlen** (*ayr.,* -ge-, h) 1. *v/t* serinletmek, soğutmak; 2. *v/i, az. sich abkühlen* soğumak
abkürz|en *v/t* (*ayr.,* -ge-, h) kısaltmak; ⁀**ung** *f* (-; -en) kısaltma; *e-e* ⁀**ung nehmen** kestirme yoldan gitmek
abladen *v/t* (*krldş., ayr.,* -ge-, h, → *laden*) boşaltmak; *Müll* dökmek
Ablage *f* (-; -n) *Akten vs.*: dosya; bye geçirilecek evrak; *gnl.* ambar; depo
ablassen *v/t* (*krldş., ayr.,* -ge-, h, → *lassen*) *Wasser*.akından; *Dampf, Luft* boşaltmak; *die Luft* ~ *aus* bşin havasını indirmek

Ablauf

Ablauf m (-s; ⁓e) e-r Frist, e-s Passes vs.: süre bitimi, sona erme; von Ereignissen: gidiş, seyir; ⁓**en** v/i (krldş., ayr., -ge-, sn, → **laufen**) akmak; Frist, Pass vs.: geçmek, bitmek; verlaufen: geçmek, sürmek; ausgehen: bitmek, neticelenmek

ablegen (ayr., -ge-, h) **1.** v/t Kleidung çıkarmak, bir yere koymak; Akten vs. dosyaya koymak; Gewohnheit vazgeçmek, bırakmak; (Eid and) etmek; (Prüfung sınava) girmek; **2.** v/i palto, şapka vs. çıkarmak; Gemi. hareket etmek, demir almak

ablehn|en v/t (ayr., -ge-, h) Einladung kabul etmemek; Angebot, Gesetzesentwurf, Vorschlag vs. reddetmek; nicht mögen, missbilligen: bşden hoşlanmamak; **es ⁓en, et. zu tun** bşi yapmayı reddetmek; ⁓**end** sıf. reddedici, olumsuz; ⁓**ung** f (-; -en) ret

ablenk|en v/t (ayr., -ge-, h) Verdacht vs. başka yöne çevirmek (**von** -den); **j-n von der Arbeit** ⁓**en** b-ni işinde rahatsız etmek; ⁓**ung** f (-; -en) oyalama; dikkati başka yöne çekme; Zerstreuung: avunma

ab|lesen v/t (krldş., ayr., -ge-, h, → **lesen**) Rede okumak (az. Instrument vs.); ⁓**leugnen** v/t (ayr., -ge-, h) inkâr etmek, yadsımak, yalanlamak; ⁓**liefern** v/t (ayr., -ge-, h) teslim etmek (**bei** bye, b-ne)

ablös|en v/t (ayr., -ge-, h) entfernen: ayırmak, çözmek; (Wache nöbet) değiştirmek; (Kollegen b-nin) yerine geçmek; (j-n im Amt b-ni) yerini almak; **sich** ⁓**en** nöbetleşe yapmak (**bei** -i); Tapete: çözülmek; ⁓**ung** f (-; -en) kaldırı(l)ma; taşınma; nöbet değiştirme; yerine koy(ul)ma/geçme

ABM kıs. = **Arbeitsbeschaffungsmaßnahme** f istihdam yaratma önlemi

abmach|en v/t (ayr., -ge-, h) entfernen: çözmek, kaldırmak; vereinbaren: kararlaştırmak, (üzerine) anlaşmak; ⁓**ung** f (-; -en) anlaşma; **e-e** ⁓**ung treffen** bir karara varmak (**über** A bş hakkında)

abmager|n v/i (ayr., -ge-, sn) zayıflamak; → **abgemagert**; ⁓**ungskur** f zayıflama rejimi

abmelden (ayr., -ge-, h) **1.** v/t: **sein Auto** ⁓ arabasını trafikten çekmek; **sein Telefon** ⁓ telefonunu kapattırmak; **2.** **sich** ⁓ polizeilich: ikamet kaydını polisten sildirmek; **sich bei j-m** ⁓ b-ne ayrılacağını (od. gelemeyeceğini) bildirmek

abmess|en v/t (krldş., ayr., -ge-, h, → **messen**) ölçmek; ⁓**ungen** pl büyüklük sg

abmühen (ayr., -ge-, h): **sich** ⁓ didinmek, uğraşmak (**mit** bşle)

Abnahme f (-) Rückgang: azal(t)ma; an Gewicht: zayıflama; Tek. kabul, teslim alma; Ekon. satın alma; **bei** ⁓ **von** ... adet ve. sipariş edilirse

abnehme|n (krldş., ayr., -ge-, h, → **nehmen**) **1.** v/t kaldırmak; Tek. Maschine vs. kabul etmek; Ware satın almak (D b-nden); **2.** v/i azalmak; an Gewicht: zayıflamak, kilo vermek; Tel. telefona çıkmak; Mond: küçülmek; ⁓**r** m (-s; -) alıcı; Kunde: müşteri

Abneigung f (-; -en) antipati (**gegen** b-ne od. bşe karşı), stärker: tiksinti, nefret

abnutz|en (ayr., -ge-, h) **1.** v/t aşındırmak; **2. sich** ⁓**en** aşınmak; → **abgenutzt**; ⁓**ung** f (-) aşın(dır)ma

Abonn|ement n (-s; -s) abone (**auf** A -ye); ⁓**ent** m (-en; -en) abone (olan) (G -nin); ⁓**ieren** v/t (h) abone olmak

Abort m (-s; -e) hela, tuvalet

ab|putzen v/t (ayr., -ge-, h) temizlemek; abwischen: silmek; ⁓**raten** v/i (krldş., ayr., -ge-, h, → **raten**) **j-m** ⁓**raten von** b-ne bşi yapmamasını tavsiye etmek; ⁓**räumen** v/t (ayr., -ge-, h) kaldırmak; ⁓**reagieren** (ayr., h) **1.** v/t Ärger vs.: öfkesini vs. çıkarmak (**an** D -den); **2. sich** ⁓ sakinleşmek

abrechn|en (ayr., -ge, h) **1.** v/t ciro etmek; Spesen vs. masrafı düşmek; **2.** v/i hesaplaşmak (**mit j-m** b-le, az. mec.); ⁓**ung** f (-; -en) hesaplaşma; ⁓**ungszeitraum** m hesap dönemi

Abreise f (-;-n) hareket, gidiş, kalkış (**nach** bye); ⁓**n** v/i (ayr., -ge-, sn) kalkmak, hareket etmek (**nach** bye); ⁓**tag** m hareket günü

abreiß|en (krldş., ayr., -ge-, → **reißen**) **1.** v/t koparmak; Gebäude yıkmak; **2.** v/i (sn) kopmak; ⁓**kalender** m yapraklı takvim

abschütteln

abriegeln *v/t* (ayr., -ge-, h) *Tür* sürmelemek; *Straße* bloke etmek; *durch Polizei*: kapamak

Abriss *m* (-es; -e) *e-s Gebäudes*: yıkıl(ıl)ış, yıkılma; *kurze Darstellung*: özet

ab|rufen *v/t* (krldş., ayr., -ge-, h, → *rufen*) *Daten -e* erişmek; **~runden** *v/t* (ayr., -ge-, h) yuvarlamak; *nach oben* (*unten*) **~runden** yukarıya (aşağıya) yuvarlamak

abrupt *sıf.* ansızın

abrüst|en *v/i* (ayr., -ge-, h) *Ask.* silahsızlanmak; **Ɫung** *f* (-) silahsızlanma

ABS *kıs.* = *Antiblockiersystem n* antiblokaj sistemi

Abs. *kıs.* = *Absender m* gönderen (Gön.) *und* *Absatz m* fıkra, paragraf

Absage *f* (-; -n) iptal; *Ablehnung*: ret (cevabı); **Ɫn** (ayr., -ge-, h) **1.** *v/t* iptal etmek; **2.** *v/i*: *j-m* **Ɫn** b-ne gelmeyeceğini bildirmek; b-ne b-nin gelmeyeceğini bildirmek

Absatz *m* (-es; ⁻e) *Abschnitt*: paragraf; *Ekon.* sürüm, revaç; *SchuhƩ*: ökçe, topuk; *TreppenƩ*: sahanlık; **~förderung** *f* satış promosyonu; **~gebiet** *n* pazar, piyasa

abschaff|en *v/t* (ayr., -ge-, h) kaldırmak; *Gesetz* yürürlükten kaldırmak; *Missstände -e* son vermek; **Ɫung** *f* (-) kaldır(ıl)ma, lağıv

abschalten (ayr., -ge-, h) **1.** *v/t* kesmek; *Radio vs.* kapatmak; söndürmek; **2.** *v/i* F *mec.* dilememek; *sich erholen*: dinlenmek

abschätz|en *v/t* (ayr., -ge-, h) tahmin etmek, kestirmek; **~ig** *sıf.* aşağılayıcı, kötüleyici

Abscheu *m* (-s) nefret, tiksinti (*vor D* bşden); **~ haben vor** nefret etmek; **Ɫlich** *sıf.* iğrenç; *Verbrechen*: vahşi

ab|schicken *v/t* (ayr., -ge-, h) → *absenden*; **~schieben** *v/t* (krldş., ayr., -ge-, h, → *schieben*) *Schuld vs.* yüklemek (*auf A* b-ne); *loswerden*: başından savmak, başkasına yüklemek; *Ausländer* sınırdışı etmek

Abschied *m* (-s; -e) veda; *Trennung*: ayrılış; **~ nehmen** vedalaşmak (*von D* b-ne); **~sfeier** *f* veda partisi; **~skuss** *m* veda öpücüğü; *j-m e-n*

~skuss geben b-ne veda öpücüğü vermek

abschießen *v/t* (krldş., ayr., -ge-, h, → *schießen*) *Waffe*: patlatmak; *Rakete*: fırlatmak; *Flugzeug*: düşürmek

Abschlagszahlung *f* taksit; akont

Abschlepp|dienst *m* *Oto.* araba çekme/kurtarma servisi; **Ɫen** *v/t* (ayr., -ge-, h) çekmek; *j-n* **Ɫen** b-ni yedeğe alıp çekmek; **~seil** *n* çekme halatı; **~stange** *f* (araba) çekme çubuğu; **~wagen** *m* kurtarıcı, çekici

abschließen *v/t* (krldş., ayr., -ge-, h, → *schließen*) kilitlemek; *beenden*: bitirmek; *vollenden*: tamamlamak; *Versicherung, Vertrag* yapmak, akdetmek; *Wette* bahse girmek; **~ im Handel ~** pazarlık yapmak; → *abgeschlossen*

abschließend 1. *sıf.* son olarak; *endgültig*: son; **2.** *bel.*: **~ sagte er** son olarak ... söyledi

Abschluss *m* (-es; ⁻e) sonuç, netice

Abschn. *kıs.* = *Abschnitt m* bölüm, kısım

abschneiden (krldş., ayr., -ge-, h, → *schneiden*) **1.** *v/t* kesip koparmak; *j-m das Wort* **~** b-nin sözünü kesmek; **2.** *v/i* kestirmeden gitmek; *gut* **~** iyi bir sonuca varmak

Abschnitt *m* (-s; -e) *e-s Buches vs.*: bölüm, kısım; *e-r Reise vs.*: etap; *ZeitƩ*: devir; *e-r Entwicklung vs.*: evre; *KontrollƩ*: koçan, kontrol kuponu

abschrauben *v/t* (ayr., -ge-, h) vidasını/vidalarını sökmek

abschreck|en *v/t* (ayr., -ge-, h) korkutarak vazgeçirmek, yıldırmak (*von* bşden); **~end** *sıf.* korkutucu; **~endes Beispiel** ders verici bir örnek, uyarı; **Ɫung** *f* (-; -en) korkutma

abschreiben *v/t* (krldş., ayr., -ge-, h, → *schreiben*) kopya etmek; *Ekon.* düşmek, indirmek; *völlig*: tamamını amorti etmek

Abschrift *f* (-; -en) kopya, suret, ikinci nüsha

abschürf|en *v/t* (ayr., -ge-, h): *sich das Knie* **~en** dizini berelemek; **Ɫung** *f* (-; -en) sıyırma, berele(n)me

Abschuss *m* (-es; ⁻e) *e-r Rakete*: fırlatma; *e-s Flugzeugs*: düşür(ül)me

abschüssig *sıf.* inişli, meyilli

ab|schütteln *v/t* (ayr., -ge-, h) silkerek düşürmek; **~schwächen** *v/t* (*ayr.*, -ge-, h) hafifletmek; **~schweifen** *v/i* (*ayr.*, -ge-, sn) (*vom Thema* ~ konu dışına) çıkmak; **~schwellen** *v/i* (*krldş.*, *ayr.*, -ge-, sn, → *schwellen*) *Tıp* şişikliği inmek

absehbar *sıf.*: *in ~er Zeit* az çok yakın zamanda

absehen (*krldş.*, *ayr.*, -ge-, h, → *sehen*) **1.** *v/t*: *es ist kein Ende abzusehen* sonu görünmüyor; *es abgesehen haben auf* (*A*) bşi amaçlamak; *j-n*: byle görüşmeyi istemek; **2.** *v/i*: ~ *von* (*D*) bşi yana bırakmak; → *abgesehen*

abseits *ilg.*: ~ *der Straße* yolun dışında; **2.** *bel.*: ~ *stehen* ofsaytta durmak; ~ *liegen* uzak durmak; ℒ *n Spo.* ofsayt

absende|n *v/t* (*gnl. krldş.*, *ayr.*, -ge-, h, → *senden*) göndermek, yollamak; *Brief vs.*: postalamak, göndermek; ℒr *m* (-s; -) gönderen

absetz|bar *sıf. steuerlich*: düşürülebilir; **~en** (*ayr.*, -ge-, h) **1.** *v/t Last* indirmek; *Brille*, *Hut* çıkarmak; *Glas vs.* dudağından çekmek; *Fahrgast* indirmek; *Herrscher vs.* tahttan indirmek; *Tiy.*, *Film*: programdan çıkarmak; *Medikament* ara vermek, durmak; *steuerlich*: vergiden düşürm; *Ekon.* satmak; **2.** *sich ~en Kim. vs.* çökelmek; *F* ayrılmak (*von* byden), kaçmak (*nach* bye); **3.** *v/i*: *ohne abzusetzen* ara vermeden

Absicht *f* (-; -en) amaç, niyet, kasıt; *mit* ~ bilerek; kasıtlı olarak; **ℒlich 1.** *sıf.* kasıtlı; **2.** *bel.* bilerek; kasıtlı olarak

absitzen *v/t* (*krldş.*, *ayr.*, -ge-, h, → *sitzen*) *Strafe* F yatmak

absolut *sıf.* salt, mutlak

absperr|en *v/t* (*ayr.*, -ge-, h) kilitlemek; *Straße* kapamak; *Gas vs.* kesmek; ℒung *f* (-; -en) kapa(t)ma; kordon

abspielen (*ayr.*, -ge-, h) **1.** *v/t* çalmak; **2.** *sich* ~ olmak, geçmek

Absprache *f* (-; -n) anlaşma, uzlaşma, danışma

ab|sprechen (*krldş.*, *ayr.*, -ge-, h, → *sprechen*) **1.** *v/t* b-nin bşti tanımamak; **2.** *sich mit j-m* ~ b-yle kararlaştırmak; **~spülen** (*ayr.*, -ge-, h) **1.** *v/t* yıkamak, çalka(la)mak; **2.** *v/i* bulaşık yıkamak

abstamm|en *v/i* (*ayr.*, -ge-, sn): **~en von** soyundan gelmek; ℒung *f* (-) soy; asıl

Abstand *m* (-s; ⸚e) uzaklık, mesafe; *Zwischenraum*: ara(lık), açıklık; *zeitlich*: müddet, fasıla; ~ *halten* mesafe bırakmak; *mec. mit* ~ hatırı sayılır derecede, büyük farkla

abstatten *v/t* (*ayr.*, -ge-, h): *j-m e-n Besuch* ~ b-ni ziyaret etmek

abstauben *v/t* (*ayr.*, -ge-, h) tozunu silmek

Abstecher *m* (-s; -) dolaşma, gezinti

abstehend *sıf.*: **~e Ohren** yelpaze/ kepçe kulaklar

absteigen *v/i* (*krldş.*, *ayr.*, -ge-, sn, → *steigen*) *vom Rad vs.* inmek; konaklamak (*in e-m Hotel vs.* -de)

abstell|en *v/t* (*ayr.*, -ge-, h) yere koymak; *Auto vs.* park etmek; *Gas*, *Maschine vs.* kapatmak; *Motor vs.* durdurmak, söndürmek; *Missstände* kaldırmak; ℒraum *m* sandık odası, depo

abstimm|en *v/i* (*ayr.*, -ge-, h) oy vermek (*über A* üzerine); *v/t* ayarlamak; (*aufeinander* birbirine) uydurmak ℒung *f* (-; -en) oylama; seçim; ayarla(n)ma

Abstinenzler *m* (-s; -) içki kullanmaz, yeşilaycı

abstoßen *v/t* (*krldş.*, *ayr.*, -ge-, h, → *stoßen*) *anwidern*: *mec.* tiksindirmek, bıktırmak; nefret ettirmek; **~d** *sıf. mec.* iğrenç, tiksindirici, çirkin

abstrakt *sıf.* soyut

ab|streiten *v/t* (*krldş.*, *ayr.*, -ge-, h, → *streiten*) inkâr etmek, yalanlamak; **~stumpfen** *v/i* (*ayr.*, -ge-, sn) *Person*: *mec.* körlenmek; → *abgestumpft*

Absturz *m* (-es; ⸚e) *Hava.*, *Cmp.* düşme, düşüş

ab|stürzen *v/i* (*ayr.*, -ge-, sn) *Hava.*, *Cmp.* düşmek; **~suchen** *v/t* (*ayr.*, -ge-, h) yoklamak, bucak bucak aramak

absurd *sıf.* saçma, anlamsız

Abszess *m* (-es; -e) *Tıp* apse, çıban

ab|tasten *v/t* (*ayr.*, -ge-, h) yoklamak; *Tıp* elle muayene etmek; *nach Waffen vs.*: (üstünü) aramak; *Cmp.*,

Radar vs.: taramak; **~tauen** *v/t (ayr., -ge-, h) Kühlschrank* buzunu çözmek
Abt. *kıs.* = **Abteilung** *f* şube, bölüm
Abteil *n* (-s; -e) *Demiryol.* kompartıman
Abteilung *f* (-; -en) bölüm, şube; *e-s Krankenhauses:* koğuş; **~sleiter(in** *f*) *m* bölüm şefi
Abtransport *m* (-s; -e) taşıma, nakil
abtreib|en *v/i (krldş., ayr., -ge-, h, → **treiben**) Tıp* çocuğu düşürmek, aldırmak; **2ung** *f* (-; -en) çocuk düşürme, aldırma
abtrennen *v/t (ayr., -ge-, h) Coupon vs.* kesmek; *Fläche vs.* ayırmak
abtrocknen *v/t (ayr., -ge-, h)* **1.** *v/t: sich die Hände ~* ellerini kurutmak (*an D* bşle); *das Geschirr ~* bulaşığı kurulamak; **2.** *v/i* kurumak
ab|wägen *(gnl. krldş., ayr., -ge-, h, → **wägen**)* tartmak, ölçmek; **~wälzen** *v/t (ayr., -ge-, h) Schuld vs.* yüklemek (*auf A* b-ne); **~warten** (*ayr., -ge-, h*) **1.** *v/t* kollamak, bşin olmasını beklemek; **~d** *bel.* sırasıyla, nöbetleşe
abwärts *bel.* aşağı(ya doğru)
abwaschen (*krldş., ayr., -ge-, h, → **waschen**) **1.** *v/t* yıkamak (*az. ~ von*); *Geschirr* bulaşık yıkamak; **2.** *v/i* → **abspülen** 2
Abwasser *n* (-s; **¨**) lağım suları *pl*
abwechseln *v/t (ayr., -ge-, h)* değiştirmek; *sich ~ mit* birbiriyle değişmek; **~d** *bel.* sırasıyla, nöbetleşe
Abwechslung *f* (-; -en) değişiklik; *zur ~* değişiklik olsun diye; **2sreich** *sıf.* çok değişikli; *Leben vs.:* olaylı
Abweg *m*: *auf ~e geraten* yanlış yola sapmak; **2ig** *sıf.* yanlış, tuhaf, gerçekdışı
Abwehr *f* (-) savunma (*az. Spo.*); *e-s Stoßes vs.:* korunma; **2en** *v/t (ayr., -ge-, h)* korunmak; *zurückschlagen:* geri püskürtmek; reddetmek; **~kräfte** *pl Tıp* vücut direnci *sg*; **~stoffe** *pl Tıp* antikor *sg*
abweich|en *v/i (krldş., ayr., -ge-, sn, → **weichen**)* ayrılmak, sapmak (*von D* -den); *vom Thema:* ayrılmak; **2ung** *f* (-; -en) ayrılık, ayrılma; aykırılık
abwerfen *v/t (krldş., ayr., -ge-, h, → **werfen**) Bomben vs.* (b-şka atmak; *Gewinn ~* kâr bırakmak, kazanç getirmek

abwert|en *v/t (ayr., -ge-, h) Währung* devalüe etmek; **~end** *sıf. Bemerkung vs.:* küçümseyici; **2ung** *f* devalüasyon, değerden düşürme
abwesen|d *sıf.* hazır bulunmayan, yok; **2heit** *f* (-) hazır bulunmama, yokluk
ab|wickeln *v/t (ayr., -ge-, h)* çözmek; *erledigen:* yerine getirmek; *Geschäft* bitirmek; **~wiegen** *v/t (krldş., ayr., -ge-, h, → **wiegen**)* tartmak; **~wischen** *v/t (ayr., -ge-, h)* silmek; **~würgen** *v/t (ayr., -ge-, h) F Oto.* boğmak; *Diskussion vs.* durdurmak; **~zahlen** *v/t (ayr., -ge-, h)* ödemek; *in Raten:* taksitle ödemek; **~zählen** *v/t (ayr., -ge-, h)* saymak
Abzahlung *f*: *et. auf ~ kaufen* bşi taksitle satın almak
Abzeichen *n* (-s; -) nişan, rozet, belirti
abzgl. *kıs.* = **abzüglich** hariç
abziehen (*krldş., ayr., -ge-, → **ziehen**) **1.** *v/t (h) Bett, Schlüssel* (çekip) çıkarmak; *Truppen* geri çekmek; *Mat.* çıkarmak (*von* -den), *Ekon.* indirmek; **2.** *v/i (sn) Rauch:* çıkmak
Abzug *m* (-s; **¨e**) *Ask.* geri çek(il)me; *Ekon.* kesinti, *Skonto:* indirim; *Kopie:* kopya; *Fot.* kopya, baskı; *e-r Waffe:* tetik; *Tek.* çıkış yeri; delik; ağız
abzüglich *ilg.* çıkarılmak üzere; *~ der Kosten* masraflar çıktıktan sonra
abzweig|en *v/i (ayr., -ge-, sn)* sapmak, ayrılmak; **2ung** *f* (-; -en) yol ayrımı
Achse *f* (-; -n) *Tek.* dingil
Achsel *f* (-; -n) omuz; *die ~n zucken* omuz silkmek; **~höhle** *f* koltuk boşluğu/altı
acht *sıf.* sekiz; *in ~ Tagen* bir hafta sonra; *heute in ~ Tagen* bir hafta sonra bugün; *vor ~ Tagen* bir hafta önce/evvel
Acht *f*: *außer ~ lassen* dikkat etmemek; *sich in ~ nehmen* sakınmak (*vor D* bşden), ihtiyatlı davranmak; *~ geben* dikkat etmek; *~ geben auf* (*A*) bşe dikkat etm; *aufpassen auf: -e* bakmak; *gib ~!* dikkat et!
acht|e *sıf.* sekizinci; *am ~en Mai* sekiz mayısta; **~eckig** *sıf.* sekiz kenarlı
Achtel *n* (-s; -) sekizde bir
achten (h) **1.** *v/t j-n:* b-ne saygı

Achterbahn

göstermek; **2.** *v/i:* ~ **auf** (*A* b¦e, b-ne) dikkat etmek; *aufpassen auf: -e* bakmak; *Ausschau halten nach: -i* gözlemek; *darauf* ~, *dass* iyice bakmak, dikkat etmek
Achterbahn *f* (luna parklardaki) eğlence treni
achtfach *sıf. ve bel.* sekiz kat
achtlos *sıf.* dikkatsız, kayıtsız
Achtung *f* (-) dikkat; (*Respekt*) saygı (*vor D* b-ne); ~! destur!, varda!; ~ *Stufe!* Dikkat merdiven!
acht|zehn *sıf.* on sekiz; ~**zig** *sıf.* seksen; *die* ~*ziger Jahre*, $\mathcal{L}$*zigerjahre* seksenli yıllar
ächzen *v/i* (h) oflamak; inlemek
Acker *m* (-s; ⁻) tarla; ~**bau** *m* (-s) tarım, ziraat
a.D. *kıs.* = *außer Dienst* emekli; **a.d.** *kıs.* = *an der* (... nehri) kıyısında
Adapter *m* (-s; -) *Tek.* adaptör
addieren *v/t* (h) toplamak
Adel *m* (-s) aristokrasi; (*Vornehmheit*) asillik, soyluluk
Ader *f*(-; -n) *Tıp* damar, *Vene*: toplardamar, *Arterie*: atardamar
adieu *ünl.* Allahaısmarladık
adoptieren *v/t* (h) evlatlığa kabul etmek, *-e* evlat edinmek
Adoptiv|eltern *pl* evlât edinen ebeveyn; manevi ana baba *sg*; ~**kind** *n* evlatlık
Adr. *kıs.* = *Adresse f* adres
Adresse *f* (-; -n) adres
Adressen|änderung *f* adres değişimi; ~**verzeichnis** *n* adres listesi
adressier|en *v/t* (h) adresine yazmak/yollamak (*an* D b-nin); $\mathcal{L}$**maschine** *f* adresleme makinası
Affäre *f*(-; -n) olay; (*Liebes*$\mathcal{L}$) ilişki
Affe *m* (-n; -n) *Zoo.* maymun, *Menschen*$\mathcal{L}$: insanımsı maymun
Affekt *m: im* ~ ani ve şiddetli heyecan(da *od.* yüzünden)
Afghan|istan *n* Afganistan; $\mathcal{L}$**isch** *sıf.* Afgan(istan)
Afrika *n* Afrika; ~**ner** *m* (-s; -), ~**nerin** *f* (-; -nen) Afrikalı; $\mathcal{L}$**nisch** *sıf.* Afrika(lı)
After *m* (-s; -) *Anat.* anüs, makat
AG *kıs.* = *Aktiengesellschaft f* Anonim Şirket/Ortaklık (AŞ/AO)
Agent *m* (-en; -en), ~**in** *f* (-; -nen) acente; *özl. Pol.* ajan

Agentur *f* (-; -en) ajans
Aggress|ion *f* (-; -en) saldırı, tecavüz; $\mathcal{L}$**iv** *sıf.* saldırgan; ~**ivität** *f*(-) saldırganlık
Agrar|land *n* tarım ülkesi; ~**markt** *m* tarım pazarı; ~**politik** *f* tarım politikası
Ägypt|en *n* Mısır; ~**er** *m* (-s; -), ~**erin** *f* (-; -nen) Mısırlı; $\mathcal{L}$**isch** Mısır(lı) ...
aha *ünl.* hah!; şimdi anladım!
ähneln *v/i* (h) benzemek
ahnen *v/t* (h) önceden sezmek; *b¦in* farkında olmak; *vermuten: b¦den* şüphe etmek
ähnlich *sıf.* benzer; *j-m* ~ *sehen* b-ne benzemek; *das sieht ihm* ~ ondan başka bir şey beklenemez; $\mathcal{L}$**keit** *f*(-; -en) benzerlik, benzeyiş
Ahnung *f*(-; -en) sezgi; sanı; *Vermutung*: şüphe; *keine* ~! bilmem!
Aids *n* (-) *Tıp* AIDS, Aids; ~**beratung** *f* Aids danışma merkezi; $\mathcal{L}$**krank** *sıf.* Aids hastası; ~**kranke** *m, f* Aids hastası (*od.* kurbanı); ~**test** *m* Aids testi
Airbag *m* (-s; -s) hava yastığı
Akademi|e *f*(-; -n) akademi; ~**ker** *m* (-s; -), ~**kerin** *f* (-; -nen) akademisyen; $\mathcal{L}$**sch** *sıf.* akademik, üniversite ile ilgili; $\mathcal{L}$**sche Bildung** akademik eğitim
akklimatisieren: *sich* ~ (h) alışmak (*an A* byin havasına)
Akkord *m* (-s; -e) *Müz.* akort, düzen; *im* ~ *arbeiten Ekon.* akort işte çalışmak; ~**arbeit** *f* akort işi; ~**arbeiter** *m* akort işçisi; ~**lohn** *m* akort ücreti
Akku *m* (-s; -s) F, ~**mulator** *m* (-s; -en) *Tek.* akü, akümülatör; *Cmp.* batarya
Akne *f*(-;-n) *Tıp* yüzde çıkan sivilceler *pl*.
Akrobat *m* (-en; -en), ~**in** *f* (-; -nen) cambaz, akrobat; $\mathcal{L}$**isch** *sıf.* akrobatik
Akt *m* (-s; -e) edim, hareket; *Tiy.* perde, bölüm
Akte *f*(-; -n) dosya, klasör; *zu den* ~*n legen* dosyaya geçirmek
Akten|koffer *m*, ~**mappe** *f* evrak çantası; ~**notiz** *f* bilgi notu; ~**ordner** *m* klasör; ~**schrank** *m* dosya dolabı; ~**tasche** *f* → *Aktenmappe*; ~**zeichen** *n* dosya işareti; *auf Brief*: sayı, kayıt numarası

Aktie f (-; -n) *Ekon.* hisse senedi; **~ngesellschaft** f anonim ortaklık (şirket); **~nkurse** pl hisse senedi kuru sg; **~nmarkt** m hisse senetleri piyasası; **~nmehrheit** f hisse çoğunluğu

Aktion f (-; -en) *Maßnahmen*: etkinlik, faaliyet; *Werbe*2 vs.: kampanya; *Rettungs*2 vs.: operasyon

Aktionär m (-s; -e), **~in** f (-; -nen) hissedar

aktiv sıf. etkin, faal; **2ist** m (-en; -en) militan; *hkr.* eylemci

aktuell sıf. *Zahlen* vs.: güncel; *Themen* vs.: aktüel, güncel; *die Frage ist im Moment nicht ~* soru şu an için güncel değil

Akustik f (-) *e-s Raums*: akustik, ses dağılımı; **2sch** sıf. akustikle ilgili

akut sıf. *Tıp* had; *mec.* acele, acil, ivedi

Akzent m (-s; -e) şive, aksan; *Betonung*: vurgu

akzept|abel sıf. kabul edilebilir; **~ieren** v/t (h) kabul etmek

Alarm m (-s; -e) alarm; **~ schlagen** alarm vermek; **~anlage** f alarm sistemi; **2ieren** v/t (h) *Polizei* vs. -e haber vermek; *beunruhigen*: endişelendirmek

Alban|er m (-s; -), **~erin** f (-; -nen) Arnavut; **~ien** n Arnavutluk; **2isch** sıf. Arnavut(luk); **~isch** n Arnavutça

albern sıf. ahmak, budala, şapşal

Albtraum m kâbus, korkulu rüya; karabasan (*az. mec.*)

Album n (-s; Alben) albüm

Alger|ien n Cezayir; **~ier** m (-s; -), **~ierin** f (-; -nen) Cezayirli; **2isch** sıf. Cezayir(li)

Alibi n (-s; -s) *Huk.* bulunmayış, gaybubet

Alimente pl nafaka sg

Alkohol m (-s; -e) alkol; **2frei** sıf. alkolsuz, soft; **~iker** m (-s; -), **~ikerin** f (-; -nen) alkolik; **2isch** sıf. alkollü; **~ismus** m (-) alkolizm; **~test** m *Oto.* alkol testi

all *blrsz zam.* her, bütün, hepsi; **~e beide** her ikisi; **~e drei** her üçü; **wir ~e** hepimiz; *fast* **~e** hemen hemen herkes; **~e drei Tage** (her) üç günde bir; → *alles*

All n (-s) evren, kâinat, âlem

Allee f (-; -n) bulvar, iki tarafı ağaçlı yol

allein sıf. ve bel. yalnız, *az. ohne Hilfe*: tek başına; *einsam*: yalnız, kimsesiz; *ganz ~* yalnız başına; **~ stehend** sıf. *unverheiratet*: bekâr; *ohne Verwandte*: ailesiz; *Haus*: müstakil

Allein|erbe m, **~erbin** f tek kalıtçı (*od.* mirasçı); **~erziehende** m, f (-n; -n) çocuklu yalnız anne (*od.* baba); **~gang** m: *im ~gang* yalnız başına; **2ig** sıf. yalnız; tek; biricik; **~sein** n (-s) yalnızlık, kimsesizlik; **~verdiener** m (-s; -) tek başına gelir getiren

aller|beste sıf. en iyi; **~dings** bel. fakat, halbuki; **~erste** sıf. en birinci

Allerg|ie f (-; -n) *Tıp* alerji; **2isch** sıf. alerjik

Aller|heiligen n (-) Azizler Yortusu; **2lei** sıf. çeşit çeşit, çeşitli; **2letzte** bel. en son; **2meist 1.** sıf. en çok; **2.** bel.: *am 2meisten* en çok; **~nächste** sıf.: *in 2nächster Zeit* pek yakında; **2neu(e)ste** sıf. en son/yeni; **~seelen** n (-) Ölüler Günü; **2seits** bel.: *guten Morgen 2seits!* herkese (*veya* hepinize) günaydın; **2wenigst 1.** sıf. en az; **2.** bel.: *am 2wenigsten* en az(ından)

alles *blrsz zam.* hep(si), her şey; **~ in allem** hulasa, kısacası; *auf ~ gefasst sein* her şeye hazır(lıklı) olmak

allg. *kıs.* = *allgemein*

allgemein 1. sıf. genel, umumi; **~ verständlich** sıf. herkesçe kolay anlaşılır; *im 2en* → 2; **2.** bel. genel olarak, genellikle; **2arzt** m pratisyen doktor; **2bildung** f genel kültür; **2heit** f (-) halk; genellik; **2wissen** n genel bilgi

Allheilmittel n (*az. mec.*) her derde ilaç

all|jährlich sıf. her sene; senelik; **~mählich** sıf. yavaş yavaş

Allradantrieb m: *Auto mit ~* dörtçeker araba

all|täglich sıf. hergünkü, gündelik; *mec.* alelâde, *durchschnittlich*: olağan; **~wissend** sıf. her şeyi bilir; **~zu** bel. fazla; *nicht ~zu* pek o kadar değil; **~zu viel** bel. fazla

Alphabet n (-s; -e) alfabe; **2isch** sıf. alfabe sırasına göre dizilmiş; alfabetik

Alptraum → *Albtraum*

als *bağl.* olarak; *karş. drc.*: -den daha; *zeitlich*: -diğinde, *während*: iken; **~ ob**

sanki, güya; *alles andere* ~ -den başka her şey
also *bağl.* o halde; ~ *gut!* tamam o zaman; *na* ~*!* gördün(üz) mü?
alt *sıf.* eski; *bejahrt:* yaşlı; *geschichtlich: az.* tarihi; *ein fünf Jahre* ~*er Junge* beş yaşında bir oğlan; ~ *werden* → *altern*
Alt *m* (-s) *Müz.* alto
Altar *m* (-s; ⁺e) kilise sunağı
Altenheim *n* yaşlılar yurdu, huzurevi
Alter *n* (-s) yaş; *hohes:* yaşlılık; *im* ~ *von zwölf Jahren* on iki yaşında
älter *sıf.* daha eski; daha yaşlı; ~*e Schwester* abla; ~*er Bruder* ağabey; *ein* ~*er Herr* yaşlıca bir bey
altern *v/i* (sn) yaşlanmak
alternativ *sıf.* değişik (olarak)
Alternative *f* (-; -n) seçenek, alternatif
Alters|grenze *f* yaş haddi; *Rentenalter:* emeklilik yaşı; ~**heim** *n* → *Altenheim;* ~**rente** *f* emeklilik (aylığı); ~**schwäche** *f* yaşlılık zayıflığı; ~**versorgung** *f* yaşlılık maaşı
Altertum *n* (-s) ilkçağ, eskiçağ
alt|klug *sıf.* yaşına göre çok akıllı, büyümüş de küçülmüş; ²**metall** *n* hurda; ~**modisch** *sıf.* modası geçmiş; ²**öl** *n* kullanılmış (motor) yağ; ²**papier** *n* hurda kâğıt
Altstadt *f* şehrin eski kısmı; ~**sanierung** *f* şehrin eski kısmını yeniden inşa
Alu|folie *f* alüminyum kâğıt; ~**minium** (= s) alüminyum
a. M. *kıs.* = *am Main* Main nehri kıyısında
am (= *an dem*) *ilg.: Fenster* pencerede; → *Anfang, Morgen vs.*
Amateur *m* (-s; -e) amatör; ~**funker** *m* amatör radyocu
ambulant 1. *sıf.:* ~*e Behandlung* ayak tedavisi; **2.** *bel.:* ~ *behandelt werden* ayakta tedavi edilmek
Ambulanz *f* (-; -en) *Klinik:* poliklinik; *Krankenwagen:* ambülans, cankurtaran
Ameise *f* (-; -n) *Zoo.* karınca; ~**nhaufen** *m* karınca yuvası
Amerika *n* Amerika; *Vereinigte Staaten von* ~ Amerika Birleşik Devletleri (ABD); ~**ner** *m* (-s; -), ~**nerin** *f* (-; -nen) Amerikalı; ²**nisch** *sıf.* Amerikan; Amerika(lı) ...
Amnestie *f* (-; -n) af; ²**ren** *v/t* (h) affetmek
Amok: ~ *laufen* cinnet getirip dehşet saçmak
Ampel *f* (-; -n) *Oto.* trafik lambası/ışığı
Ampulle *f* (-; -n) ampul
Amputation *f* (-; -en) *Tıp* ampütasyon; ²**ieren** *v/t* (h) *bir uzvu* kesmek
Amsel *f* (-; -n) *Zoo.* karatavuk
Amt *n* (-es; ⁺er) *Dienststelle:* daire, ofis; *Posten:* memuriyet; *Aufgabe:* görev, vazife, iş; *Tel.* (telefon) santral(ı); ²**lich** *sıf.* resmi
Amts|arzt *m,* ~**ärztin** *f* hükümet doktoru/tabibi; ~**geschäfte** *pl* resmi işler; ~**zeichen** *n Tel.* çevir sesi; ~**zeit** *f* görev süresi
Amulett *n* (-s; -e) muska; nazarlık
amüsant *sıf. unterhaltsam:* eğlendirici; *lustig:* güldürücü
amüsieren (h) **1.** *sich* ~ eğlenmek; *lustig machen:* alay etmek (*über* A ile); **2.** *v/t* eğlendirmek; güldürmek
an 1. *ilg.* (*D*) *zeitlich:* -de; *örtlich:* -de; ~ *e-m Sonntagmorgen* bir pazar (günü) sabahında; ~ *der Isar* Isar kenarında; ~ *der Wand* duvarda; ~ *der Grenze* sınırda, hudutta **2.** *ilg.* (*A*) -(y)e; *ein Brief* ~ *mich* bana bir mektup **3.** *bel.: von* ... ~ -den itibaren; *von nun* ~ şu andan itibaren; *das Gas ist* ~ gaz musluğu açık; ~ *aus;* açık - kapalı; *München* ~ *13.55* Münih'e varış saat 13.55; ~ *die 100 Mark* yaklaşık 100 mark
Analphabet *m* (-en; -en), ~**in** *f* (-; -nen) okuma yazma bilmez
Analyse *f* (-; -n) analiz, çözümleme
analysieren *v/t* (h) çözümlemek
Ananas *f* (-; -) ananas
Anarchie *f* (-; -n) anarşi, kargaşa(lık)
anatomisch *sıf.* anatomi ile ilgili
Anbau¹ *m* (-s) *Trm.:* ekim, yetiştirme
Anbau² *m* (-s; -ten) *Mimar.* ek bina
anbau|en *v/t* (*ayr.,* -ge-, h) *Trm.:* yetiştirmek; ²**möbel** *pl* eklemeli komple mobilya *sg*
anbei ilişik olarak *bel.: Ekon.* ~ *senden wir Ihnen ...* ilişikte size ... yolluyoruz
Anbetracht: *in* ~ (*dessen, dass*) mademki

angeben

anbieten *v/t* (*krldş., ayr.*, -ge-, h, → **bieten**) sunmak; *Tee vs.* ikram etmek; *vorschlagen*: önermek

Anbieter *m* (-s; -) arz eden, satıcı

Anblick *m* (-s; -e) görünüş

an|blinken *v/t* (*ayr.*, -ge-, h) *Oto.* (*j-n* b-ne) sinyal vermek; **~brechen** (*krldş., ayr.*, -ge-, h, → **brechen**) **1.** *v/t* (h) *Packung, Flasche vs.* açmak, harcamaya başlamak; **2.** *v/i* (sn) başlamak; (*Tag*: gün) doğmak, (*Nacht*: gece) olmak; **~brennen** *v/i* (*krldş., ayr.*, -ge-, sn, → **brennen**) *Essen*: dibi tutmak; **~brennen lassen** yakmak; **~brüllen** *v/t* (*ayr.*, -ge-, h) *b-ne* bağırmak

Andenken *n* (-s; -) anı, hatıra; *Reise*♀: andaç (*beide*: **an** *A* -in); **zum ~ an** *b-nin* hatırasına

ander 1. *sıf.* başka, diğer, öte(ki), *verschieden*: değişik, farklı; *ein* **~es Buch** başka bir kitap; *am* **~en Tag** ertesi günde; **2.** *blrsz zam.*: *ein* **~er**, *e-e* **~e** bir başkası; *die* **~en** başkaları; *alles* **~e** bunun dışında her şey; → *als*

andererseits *bel.* diğer taraftan, öbür yandan

ändern (h) **1.** *v/t* değiştirmek; *ich kann es nicht* **~** benim elimde değil; **2.** *sich* **~** değişmek

anders *bel.* başkaca, başka türlü; *j-d* **~** başka bir kimse; **~ werden** değişmek; → *überlegen*[1]; **~herum** *bel.* aksi yöne

anderthalb *sıf.* bir buçuk; **~ Tage** bir buçuk gün

Änderung *f* (-; -en) değiş(tir)me

andeuten *v/t* (*ayr.*, -ge-, h) *zu verstehen geben*: dolaylı anlatmak, ima etmek; *hinweisen auf*: işaret etmek

Andeutung *f* (-; -en) ima; işaret

Andrang *m* (-s) kalabalık, izdiham

andrehen *v/t* (*ayr.*, -ge-, h) *Gas vs.* açmak; *Licht az.* yakmak

androhen *v/t* (*ayr.*, -ge-, h): *j-m et.* **~** b-ni bşle tehdit etmek

anekeln *v/t* (*ayr.*, -ge-, h) *Essen vs.*: mide(sini) bulandırmak, *Benehmen, Person az.*: tiksindirmek

anerkannt *sıf.* tanınmış

anerkenn|en *v/t* (*krldş., ayr.*, -ge-, h, → **kennen**) tanımak, *az. Pol.*: *Anspruch*; kabul etmek; **~end** *sıf.*: **~ende Worte** övücü sözler; ♀**ung** *f* (-) tanıma; kabul; övgü, takdir; *in* ♀**ung** (*G*) bşi kabul ve tasdik ederek

anfahren (*krldş., ayr.*, -ge-, → **fahren**) **1.** *v/i* (sn) harekete geçmek; **2.** *v/t* (h) *b-ne* çarpmak

Anfall *m* (-s; ⁻e) *Tıp* nöbet, *Wut*♀ *vs.*: sinir krizi

anfällig *sıf.* alıngan; yatkın (*für* bşe); *Gesundheit*: hassas

Anfang *m* (-s; ⁻e) başlangıç, baş; *am* **~** başlangıçta; *von* **~** *an* baştan; **~ Mai** mayıs başında; *er ist* **~ 20** yirmili yaşlarının başında; ♀**en** *v/t ve v/i* (*krldş., ayr.*, -ge-, h, → **fangen**) başlamak (*mit* bşle; *zu tun* bşe)

Anfänger *m* (-s; -), **~in** *f* (-; -nen) başlayan, acemi

anfangs *bel.* ilkin, başlangıçta

Anfangsbuchstabe *m* ilk harf; *großer* (*kleiner*) **~** büyük (küçük) harf

an|fassen *v/t* (*ayr.*, -ge-, h) *berühren*: dokunmak; *ergreifen*: ellemek, tutmak; **~fechten** *v/t* (*krldş., ayr.*, -ge-, h, → **fechten**) tanımamak; *Huk.* (kararı) kabul etmemek, reddetmek; **~fertigen** *v/t* (*ayr.*, -ge-, h) yapmak; hazırlamak, *Ekon., Tek. az.* imal etmek; **~feuchten** *v/t* (*ayr.*, -ge-, h) ıslatmak; **~fliegen** *v/t* (*krldş., ayr.*, -ge-, h, → **fliegen**) *regelmäßig*: bir yere düzenli uçmak

anforder|n *v/t* (*ayr.*, -ge-, h) istemek, *stärker*: talep etmek; ♀**ung** *f* (-; -en) isteme, talep; ♀**ungen** *pl* gerekler *sg*, bşin gereği *pl*; *auf* ♀**ung** talep üzerine

Anfrage *f* (-; -n) soru; başvuru; bilgi isteme; *auf* **~** başvuru/istek üzerine

anfragen *v/i* (*ayr.*, -ge-, h) baş vurmak (*bei j-m nach et.* b-ne bş için)

anfreunden (*ayr.*, -ge-, h): *sich* **~ mit** b-yle dostluk kurmak

anfühlen (*ayr.*, -ge-, h): *sich* **~** hissini vermek

anführen *v/t* (*ayr.*, -ge-, h) yönetmek; *nennen*: ortaya koymak

Anführer *m* (-s; -), **~in** *f* (-; -nen) kumandan, baş; *Rädelsführer*: elebaşı

Angabe *f* (-; -n) bildirme, haber; *Angeberei*: yüksekten atma; **~n** *pl* veriler; bilgi, beyan *sg*; **~n zur Person** kişisel bilgiler

angeben (*krldş., ayr.*, -ge-, h, → **geben**) **1.** *v/t Grund, Namen vs.* ver-

Angeber

mek; *erklären*: bildirmek (*az. Zollware*); *festlegen*: tespit etmek; **2.** *v/i* F ağız satmak, yüksekten atmak

Angeber *m* (-s; -) F ağız satan; **~ei** *f* (-; -en) F gösteriş, çalım; **~in** *f* (-; -nen) ağız satan

angeblich 1. *sıf.* sözde olan; **2.** *bel.* sözümona

angeboren *sıf.* irsi; *Tıp* doğuştan

Angebot *n* (-s; -e) önerme, teklif; **~ und Nachfrage** sunu ve istem, arz ve talep

angehen (*krldş., ayr.,* -ge-, sn, → **gehen**) **1.** *v/i Licht vs.*: yanmaya başlamak; F *anfangen*: başlamak; **2.** *v/t* (*az.* h): **j-n ~** b-ni ilgilendirmek; **das geht dich nichts an** bu seni ilgilendirmez

angehören *v/i* (*ayr.,* angehört, h) ait olmak, mensup olmak

Angehörige *m, f* (-n; -n) aile mensubu, akraba; *Mitglied*: üye; **die nächsten ♀n** *pl* yakınlar

Angeklagte *m, f* (-n; -n) *Huk.* sanık

Angelegenheit *f* (-; -en) iş; sorun

angelehnt *Tür vs.*: yarı açık

angelernt *sıf. Arbeiter*: yarı kalifiye

angenehm *sıf.* hoş; sevimli; *das* ♀**e mit dem Nützlichen verbinden** hem ziyaret hem ticaret etmek

angesehen *sıf.* itibarlı

angesichts *ilg. -in* karşısında; *-e* nazaran

Angestellte *m, f* (-n; -n) sözleşmeli (personel); **~nversicherung** *f* sözleşmeli personel sigortası

angetrunken *sıf.*: **in ~em Zustand** alkollü olarak

angewandt *sıf.* uygulamalı, tatbiki

angewiesen *sıf.*: **~ sein auf** (*A*) bşe *od.* b-ne bağlı olmak, muhtaç olmak

angewöhnen *v/t* (*ayr.,* angewöhnt, h): **sich ~, et. zu tun** bşe alışmak; **sich das Rauchen ~** sigara içmeyi huy edinmek

Angewohnheit *f* (-; -en) alışkanlık

Angina *f* (-; -nen) *Tıp* anjin

angleichen *v/t* (*krldş., ayr.,* -ge-, h, → **gleichen**) uygulamak (*an A* bşe)

angreifen *v/t* (*krldş., ayr.,* -ge-, h, → **greifen**) saldırmak; *Gesundheit* etkilemek; *Vorräte -e* dokunmak

Angreifer *m* (-s; -), **~in** *f* (-; -nen) saldır(g)an

angrenzend *sıf.* komşu, sınırdaş (*an A* bye)

Angriff *m* (-s; -e) saldırı, atılış

Angst *f* (-; ⁓e) korku (*vor D* ... korkusu); **~ haben** korkmak (*vor D* -den); **j-m ~ einjagen** b-ni korkutmak, telaşlandırmak

ängst|igen *v/t* (h) korkutmak, endişeye düşürmek; **~lich** *sıf.* korkak; *schüchtern*: utangaç; *besorgt*: endişeli

angurten → **anschnallen**

anhaben *v/t* (*krldş., ayr.,* -ge-, h, → **haben**) *Kleidung* giymiş olmak; *Licht vs.* açık olmak

Anh. *kıs.* = **Anhang** ek

anhalten (*krldş., ayr.,* -ge-, h, → **halten**) **1.** *v/t* durdurmak; **den Atem ~** nefesini tutmak; **2.** *v/i* durmak; *andauern*: sürmek, devam etmek; **~d** *sıf.* sürekli, devamlı

Anhalter *m* (-s; -), **~in** *f* (-; -nen) otostopçu; **per ~ fahren** otostop yapmak

Anhaltspunkt *m* belirti; ipucu; dayanak

anhand *ilg.* (*G*) vasıtasıyla, sayesinde

Anhang *m* (-s; ⁓e) *e-s Buches*: ek; *Angehörige*: eş dost, aile

Anhänger *m* (-s; -) *az. Spo.* taraftar; *e-r Partei*: mensup, *Schmuck*: pandantif; *Koffer♀ vs.*: isim etiketi; *Oto.* römork; **~kupplung** *f* çekme çubuğu

anhäuf|en *v/t* (*ayr.,* -ge-, h) yığmak; **sich ~en** yığınmak, birikmek; ♀**ung** *f* (-; -en) birikme; küme, yığıntı

anheben *v/t* (*krldş., ayr.,* -ge-, h, → **heben**) kaldırmak; *Preis vs.* artırmak

Anhieb *m*: **auf ~** derhal, ilk hamlede

anhör|en (*ayr.,* -ge-, h) **1.** *v/t* (*az. sich et. ~en*) dinlemek; **2.** *sich ~en* duyulmak; kulağa (hoş vs.) gelmek; ♀**ung** *f* (-; -en) *Pol., Huk.* dinle(n)me

Ank. *kıs.* = **Ankunft** varış

Ankauf *m* (-s; ⁓e) satın alma

Anklage *f* (-; -n) iddia; şikâyet

anklagen *v/t* (*ayr.,* -ge-, h) suçlamak (*G od.* **wegen** ile)

Anklang *m*: **~ finden** iyi karşılanmak (*bei* tarafından)

anklicken *v/t* (*ayr.,* -ge-, h) *Cmp.* byi tıklamak

anklopfen *v/i* (*ayr.,* -ge-, h) kapıyı çalmak

anknüpfen (*ayr.,* -ge-, h) **1.** *v/t Ge-*

spräche: girişmek; *Beziehungen* kurmak; **2.** *v/i*: ~ **an** (*A*) -den devam etmek

ankommen *v/i* (*krldş.*, *ayr.*, -ge-, sn, → **kommen**) varmak (*in D* byde); **nicht ~ gegen** b-ne ayak uyduramamak, üstün gelememek; ~ **auf** (*A*) bşe bağlı olmak; **es auf et. ~ lassen** bşi göze almak

ankündig|en *v/t* (*ayr.*, -ge-, h) bildirmek; ⚲ung *f* (-; -en) bildiri; resmi tebliğ

Ankunft *f* (-) varış; ~**szeit** *f* varış saati

Anl. *kıs.* = **Anlage**(*n pl*) *f* ek, ilave

an|lächeln, ~**lachen** *v/t* (*ayr.*, -ge-, h) gülümseyerek bakmak

Anlage *f* (-; -n) *Anordnung*: düzen(leme); *Einrichtung*: tesisat; *Fabrik*⚲: tesis; *Grün*⚲: bahçe, park, yeşillik sahası; *Sport*⚲ spor sahası, spor tesisi; *Geld*⚲: yatırım; *zu e-m Brief*: ek; *Talent*: yetenek, kabiliyet (**zu** bşe); **in der ~ senden wir lhnen ...** ilişikte ... gönderiyoruz; ~**berater** *m* yatırım danışmanı; ~**kapital** *n* sabit sermaye

Anlass *m* (-es; ⁼e) *Gelegenheit*: fırsat; *Ursache*: neden, sebep; **aus ~** (*G*) → **anlässlich**

anlassen *v/t* (*krldş.*, *ayr.*, -ge-, h, → **lassen**) *Kleidung* üstünden çıkarmamak; *Licht vs.* kapamamak; *Motor vs.* işletmek; ⚲r *m* (-s; -) *Oto.* marş

anlässlich *ilg.* dolayısıyla

anlaufen *v/i* (*ayr.*, -ge-, → **laufen**) **1.** *v/i* (sn) *mec.* harekete geçmek, başlamak; *beschlagen*: buğulanmak; **2.** *v/t* (h) *Hafen -e* varmak

anlegen (*ayr.*, -ge- h) **1.** *v/t Geld* yatırmak (*in D* bşe); *j-m e-n Verband ~* b-ne sargı yapmak; **2. sich ~ mit** b-le kavgaya tutuşmak

Anleger *m* (-s; -) *Ekon.* yatırımcı

anlehnen (*ayr.*, -ge-, h) **1.** *v/t Tür vs.* aralamak, → **angelehnt**; **2. sich ~** -e dayanmak; *auf Stuhl vs.*: arkaya yaslanmak

Anleihe *f* (-; -n) *Ekon.* borçlanma, istikraz; tahvil, bono

Anleitung *f* talimat, yönetme; *Tek.* kullanım kılavuzu

Anliegen *n* (-s; -) *Bitte*: rica, istek, arzu; *e-s Buches vs.*: ileti, mesaj

Anlieger *m* (-s; -) civar sakini; **~ frei** civar sakinlerine serbest

Anrecht

anmachen *v/t* (*ayr.*, -ge-, h) *Licht vs.* açmak; *Salat* hazırlamak; *j-n ~* b-ne asılmak, *j-m sehr gefallen*: b-ni cezbetmek, b-nin hoşuna gitmek

anmalen *v/t* (*ayr.*, -ge-, h) boyamak

Anmeldeformular *n* başvuru formu

anmelden (*ayr.*, -ge-, h) **1.** *v/t Waren* beyan etmek; **2. sich ~** *zur Teilnahme*: katılım için başvurmak; *beim Arzt vs.*: randevu almak (**bei** -den); **sich polizeilich ~** (polise) kaydını yaptırmak

Anmeldung *f* (-; -en) kayıt; tescil; başvuru

anmerk|en *v/t* (*ayr.*, -ge-, h): *j-m s-e Verlegenheit ~en* b-nin sıkıntısını sezmek; **sich nichts ~en lassen** halini belli etmemek, halinden sır vermemek; ⚲ung *f* (-; -en) *Fußnote*: dipnot; *erklärende*: not, açıklayıcı not

annähen *v/t* (*ayr.*, -ge-, h) dikerek tutturmak

annähernd *bel.* yaklaşık olarak; **nicht ~** hiç de; katiyyen

Annahme *f* (-; -n) kabul, alma; *Vermutung*: sanı, tahmin

annehm|bar *sıf.* kabul edilebilir, *Preis vs.*: makul; ~**en** (*ayr.*, -ge-, h, → **nehmen**) **1.** *v/t* kabul etmek; *vermuten*: sanmak, zannetmek; tahmin etmek; **2. sich ~en** (*G* -e) sahip çıkmak

Annonce *f* (-; -n) (gazete) ilan(ı)

annoncieren (h) **1.** *v/t* ilan etmek; reklamını yapmak; **2.** *v/i* gazetede ilân etmek

anonym *sıf.* adsız, anonim; ⚲ität *f* (-) adsızlık, anonimlik

Anorak *m* (-s; -s) anorak

anordn|en *v/t* (*ayr.*, -ge-, h) sıralamak, düzenlemek; *befehlen*: emretmek; ⚲ung *f* (-; -en) sıra, düzen; yönerge, emir

anpass|en (*ayr.*, -ge-, h) **1.** *v/t* uydurmak, uyarlamak (*D od. an A* -e); **2. sich ~en** uymak, uyum sağlamak (*D od. an A* -e); ⚲ung *f* (-; -en) uyum, uyarlama (*an A* -e)

anpassungsfähig *sıf.* uy(durul)abilir; ⚲keit *f* (-) uyma yeteneği

anprobieren *v/t* (h) prova etmek, denemek

Anrecht *n* (-s; -e): *ein ~ haben auf* (*A*) bşe hakkı olmak, bşe yetkisi olmak

Anrede

Anrede f (-; -n) hitap; **⁓n** v/t (ayr., -ge-, h) hitap etmek
anreg|en v/t (ayr., -ge-, h) *beleben*: canlandırmak (*az. v/i*); *vorschlagen*: teşvik etmek; **⁓end** sıf. canlandırıcı; **⁓ung** f (-; -en) teşvik
Anreiz m (-es; -e) güdü, teşvik
anrichten v/t (ayr., -ge-, h) *Speisen* hazırlamak; *Unheil, Schaden* -e sebep olmak
Anruf m (-s; -e) *Tel.* telefon; **⁓beantworter** m (-s; -) telesekreter
anrufen (krlds̨., ayr., -ge-, h, → *rufen*) **1.** v/t -e telefon etmek; **2.** v/i telefon etmek
Anrufer m (-s; -), **⁓in** f (-; -nen) telefon eden (kişi)
Ansage f (-; -n) ilan, bildiri; anons
ansagen v/t (ayr., -ge-, h) bildirmek
Ansager m (-s; -), **⁓in** f (-; -nen) spiker, sunucu
anschaff|en v/t (ayr., -ge-, h): *sich et.* **⁓en** (kendisine) bş (satın) almak; **⁓ung** f (-; -en) satın alma, alım; *Gegenstand*: satın alınan eşya
anschau|en v/t (ayr., -ge-, h) → *ansehen*; **⁓ung** f (-; -en) görüş, anlayış
Anschein m (-s): *allem* **⁓** *nach* görünüşe göre; **⁓end** *bel.* görünürde
anschl. *kıs.* = *anschließend* ondan sonra
Anschlag m (-s; ⁻e) *Plakat*: afiş, ilan; *Bekanntmachung*: duyuru; *Überfall*: saldırı, baskın; *e-n* **⁓** *auf j-n verüben* b-ne suikast/saldırı düzenlemek; **⁓brett** n ilan tahtası
anschließ|en (krlds̨., ayr., -ge-, h, → *schließen*) **1.** v/t *Tek.* bağlamak (*an A* -e), *az. El.* takmak; **2.** *sich j-m* **⁓** b-ne katılmak, *mec.* b-nin tarafını tutmak; **⁓d 1.** *sıf.* bitişik; ondan sonraki; **2.** *bel.* ondan sonra
Anschluss m (-es; ⁻e) *Demiryol., Tek. vs.* bağlantı; *im* **⁓** *an* (A) dolayısıyla; **⁓** *bekommen Tel.* bağlantı kurabilmek; **⁓** *finden* dostluk/irtibat kurmak (*bei D od. an A* ile); **⁓** *suchen* ilişki kurmaya çalışmak; *den* **⁓** *verpassen* (*an A* -i) kaçırmak; **⁓flug** m aktarma uçağı; **⁓zug** m aktarma treni
anschnall|en (ayr., -ge-, h): *sich* **⁓en** *Hava., Oto.* (emniyet) kemeri(ni) takmak/bağlamak; **⁓gurt** m emniyet kemeri; **⁓pflicht** f (-) *Oto.* kemer takma zorunluluğu
anschreien v/t (krlds̨., ayr., -ge-, h, → *schreien*) yüzüne haykırmak, azarlamak
Anschrift f (-; -en) adres; **⁓enliste** f adres listesi
anschwellen v/i (krlds̨., ayr., -ge-, sn, → *schwellen*) şişmek
ansehen 1. v/t (krlds̨., ayr., -ge-, h, → *sehen*) -e bakmak; *sich e-n Film* **⁓** bir film seyretmek; *et. mit* **⁓** şahit olmak; **2.** **⁓** n (-s) san, ün, nam
ansehnlich sıf. *beträchtlich*: büyükçe
ansetzen v/t (ayr., -ge-, h) *Termin* tayin etmek, belirlemek
Ansicht f (-; -en) *Anblick*: görünüş, manzara; *Meinung*: görüş (*über A* bş hakkında); düşünce; *meiner* **⁓** *nach* bence; *der* **⁓** *sein, dass* -diği kanısında olmak; *zur* **⁓** *Ekon.* örnek olarak; **⁓skarte** f (resimli) kartpostal; **⁓ssache** f: *das ist* **⁓ssache** bu, görüş meselesidir
anspiel|en v/i (ayr., -ge-, h): *mec.* **⁓en auf** (*A*) bşi ima etmek; **⁓ung** f (-; -en) kinaye, ima
Ansprache f (-; -n) söylev; konuşma; *e-e* **⁓** *halten* konuşma yapmak
an|sprechen v/t (krlds̨., ayr., -ge-, h, → *sprechen*) konuşmak (*mit* b-yle); bahsetmek (*auf A* b-ne bşden); **⁓springen** v/i (krlds̨., ayr., -ge-, sn, → *springen*) *Motor.* işlemek
Anspruch m (-s; ⁻e) hak (*auf A* üzerinde); **⁓** *haben auf* üzerinde hakkı olmak; **⁓slos** sıf. kanaatkâr; *schlicht*: sade; *Roman vs.*: basit, iddiasız; **⁓svoll** sıf. iddialı; *wählerisch*: titiz; *Roman vs.*: iddialı, entelektüel
Anstand m (-s) terbiye; *Benehmen*: görgü, edep
anständig sıf. terbiyeli; dürüst; F adamakıllı
anstandslos *bel.* tereddütsüz; *ungehindert*: kolaylıkla
anstarren v/t (ayr., -ge-, h) -e dik bakmak, gözünü bye dikmek
anstatt 1. *ilg.* yerine; **2.** *bağl.*: **⁓** *zu arbeiten* çalışmaktansa; çalışmak yerine
anstecken (ayr., -ge-, h) *Tıp* **1.** v/t bulaştırmak (*mit* bşi); **2.** *sich* **⁓en** bulaşmak (*bei* -den); **⁓end** *sıf.* *Tıp*

bulaşık; **♀nadel** *f* (toplu)iğne; *Abzeichen*: rozet; **♀ung** *f Tıp* bulaşma
an|stehen *v/i* (*krldş.*, *ayr.*, -ge-, h, → **stehen**) kuyrukta beklemek (**nach** için); **~steigen** *v/i* (*krldş.*, *ayr.*, -ge-, sn, → **steigen**) yükselmek
anstell|en (*ayr.*, -ge-, h) **1.** *v/t einstellen*: işe almak; *Radio, Heizung vs.* açmak; *Motor vs.* işletmek; **2.** *sich* ~ → **anstehen**; **♀ung** *f* (-; -en) iş, görev
Anstieg *m* (-s; -e) yükselme; *mec.* yükseliş, çıkış
Anstoß *m* (-es; ⁻e) *Fußball*: başlama vuruşu; *Anregung*: neden, sebep; F (kadeh) tokuşturma; **den ~ geben zu** bşe sebep olmak; **~ erregen** kırmak, darıltmak (**bei** b-ni); **~ nehmen an** (*D*) bşi mahzurlu bulmak
anstoßen *v/i* (*krldş.*, *ayr.*, -ge-, h, → **stoßen**) kadehleri tokuşturmak; **~ auf** (*A*) bşe içmek
anstrengen|en (*ayr.*, -ge-, h) çabalamak, didinmek; **~end** *sıf.* yorucu, zahmetli; **♀ung** *f* (-; -en) çaba; *Bemühung*: zahmet
Anteil *m* (-s; -e) pay, hisse (**an** *D* bşde); **~ nehmen an** bşle ilgilenmek, *mitleidig*: (acıyı vs.) b-yle paylaşmak; **~nahme** *f* (-) ilgi (**an** *D* bşe); *Mitgefühl*: bşi (*örn.* duyguyu) paylaşma
Antenne *f* (-; -n) anten
Anti..., **anti...** anti...; karşı
Anti|alkoholiker *m* alkol düşmanı, yeşilaycı; **♀babypille** *f* doğum kontrol hapı; **~biotikum** *n* (-s; -ka) *Tıp* antibiyotik
antik *sıf.* antika
Anti|oxydantien *pl* oksitlenmeyi önleyici (madde) *sg*; **~pathie** *f* (-; -n) antipati
Antiquariat *n* (-s; -e) sahaf dükkânı
antiquarisch *sıf. ve bel.* eski
Antiquität *f* (-; -en) antika; **~enladen** antikacı
Antrag *m* (-s; ⁻e) dilekçe; *e-n ~ stellen auf* bş için dilekçe vermek; **~sformular** *n* dilekçe formülü; **~steller** *m* (-s; -) dilekçe sahibi
an|treiben *v/t* (*krldş.*, *ayr.*, -ge-, h, → **treiben**) *Tek.* işletmek; **~treten** *v/t* (*krldş.*, *ayr.*, -ge-, h, → **treten**) *Amt -e* başlamak, *-e* girmek; *Erbe -e* konmak; *Reise -e* çıkmak; → **Nachfolge**
Antrieb *m* (-s; -e) *Tek.* işletme tertibatı

Antwort *f* (-; -en) cevap, yanıt (*beide*: **auf** *A* bşe); **♀en** *v/i* (h) cevap vermek (*j-m* b-ne; **auf** *A* **et.** bşe)
Anwalt *m* (-s; ⁻e), **Anwältin** *f* (-; -nen) avukat
Anweisung *f* (-; -en) yönerge, direktif
anwend|en *v/t* (*krldş.*, *ayr.*, -ge-, h, → **wenden**) uygulamak (**auf** *A* -e); *gebrauchen*: kullanmak; ~ **angewandt**; **♀ung** *f* (-; -en) uygulama; kullanış
anwesen|d *sıf.* hazır, bulunan (**bei** byde); **♀heit** *f* (-) bulunma, huzur; **in ♀heit von** (*od. G*) b-nin yanında
Anzahl *f* (-) sayı, miktar
anzahl|en *v/t* (*ayr.*, -ge-, h) *Betrag* kaparo vermek (**für** bş için); *Ware* ön ödeme yapmak; **♀ung** *f* (-; -en) kaparo; peşinat
Anzeichen *n* (-s; -) iz; belirti *az. Tıp*
Anzeige *f* (-; -n) *Inserat*: ilan; **♀n** *v/t* (*ayr.*, -ge-, h) *Instrument*: göstermek; *j-n*: ihbar etmek; *et.*: bildirmek
anziehen (*krldş.*, *ayr.*, -ge-, h, → **ziehen**) **1.** *v/t Kleidung* giymek; *Kind vs.* giydirmek; *Schraube* sıkıştırmak; *Bremse* çekmek; *mec.* cezbetmek, çekmek; **2.** *sich* ~ giy(in)mek
anziehend *sıf.* çekici, cazip
Anzug *m* (-s; ⁻e) (takım) elbise; giysi
anzünden *v/t* (*ayr.*, -ge-, h) *Kerze vs.* yakmak; *Haus vs.* ateşe vermek, kundaklamak; *sich e-e Zigarre* ~ bir puro yakmak
Apartment *n* (-s; -s) (*gnl.* tek kişilik) apartman dairesi
Apfel *m* (-s; ⁻) elma; **~sine** *f* (-; -n) portakal
Apotheke *f* (-; -n) eczane
App. *kıs.* = ***Apparat***
Apparat *m* (-s; -e) aygıt, cihaz; *Gerät*: alet; radyo; *TV* televizyon; *Fot.* fotoğraf makinesi; *Tel.* telefon; **am ~!** *Tel.* benim!; **am ~ bleiben** (telefondan) ayrılmamak
Appell *m* (-s; -e) çağrı (**an** *A* b-ne); **♀ieren** *v/i* (h) seslenmek (**an** *A* b-ne)
Appartement *n* (-s; -s) → ***Apartment***
Appetit *m* (-s) iştah (**auf** *A* bşe); **~ haben auf** bşi can çekmek; **guten ~!** afiyet olsun!; **♀lich** *sıf.* iştah açıcı
applaudieren *v/i* (h) alkışlamak

Applaus *m* (-es) alkış(lama)
Aprikose *f* (-; -n) kayısı
April *m* (-; -e) nisan; *im ~* nisanda
Aquarium *n* (-s; -rien) akvaryum
Ära *f* (-; *ender* Ären) çağ, devir
Arab|er *m* (-s; -), **~erin** *f* (-; -nen) Arap; **♀isch** *sıf.* Arap; **~isch** *n* Arapça
Arbeit *f* (-; -en) çalışma; emek; *Ekon., Pol.* faaliyet; *Berufstätigkeit:* iş; *bei der ~* işte; *zur ~ gehen/fahren* işe gitmek; *sich an die ~ machen* işe girişmek, işe koyulmak; *die ~ niederlegen* işi bırakmak
arbeiten *v/i* (h) çalışmak (*an D* üzerinde; *bei* byde); *Tek.* işlemek
Arbeiter *m* (-s; -), **~in** *f* (-; -nen) işçi; emekçi
Arbeit|geber *m* (-s; -) işveren, patron; **~nehmer** *m* (-s; -) işçi, işalan
Arbeits|amt *n* çalışma dairesi; **~bedingungen** *pl* çalışma şartları *pl*; **~beschaffungsprogramm** *n* istihdam yaratma programı; **~bescheinigung** *f* çalışma belgesi; **~erlaubnis** *f* çalışma müsaadesi; **♀fähig** *sıf.* çalışabilir; **~gericht** *n* iş mahkemesi; **~kampf** *m* iş uyuşmazlığı, iş ihtilafı; **~kleidung** *f* iş elbisesi *pl*; **~kraft** *f Fähigkeit:* çalışma gücü; *Person:* işgücü; işçi; *Arbeitskräfte pl* işçiler; işgücü *sg*
arbeitslos *sıf.* işsiz; **♀e** *m, f* (-n; -n) işsiz; *die ♀en pl* işsizler *pl*; **♀engeld** *n* işsizlik tazminatı/parası; **♀enhilfe** *f* işsizlik yardımı; **♀enversicherung** *f* işsizlik sigortası; **♀igkeit** *f* (-) işsizlik
Arbeits|markt *m* iş ve üçü piyasası; **~niederlegung** *f* (-; -en) işi bırakımı, işi bırakma, grev; **~pause** *f* ara dinlenmesi; **~platz** *m* çalışma yeri; **~suche** *f* iş arama; **~tag** *m* iş günü; **~teilung** *f* iş bölümü; işi paylaşma; **♀unfähig** *sıf.* çalışamaz, *ständig:* iş göremez; **~unfall** *m* iş kazası; **~weise** *f* çalışma tarzı; **~zeit** *f* çalışma saatleri *pl*; **~zeitverkürzung** *f* çalışma saatlerinin azaltılması, iş süresini kısaltma; **~zimmer** *n* çalışma odası
Architekt *m* (-en; -en), **~in** *f* (-; -nen) mimar
architektonisch *sıf.* mimari
Architektur *f* (-) mimarlık
Archiv *n* (-s; -e) arşiv
Argentin|ien *n* Arjantin; **~ier** *m* (-s; -) Arjantinli; **♀isch** *sıf.* Arjantin(li)
Ärger *m* (-s) kızgınlık; *Unannehmlichkeiten:* dert; **♀lich** *sıf.* kızgın (*über A* bşe); *störend:* sinir (bozucu)
ärgern (h) **1.** *v/t* kızdırmak; **2.** *sich ~* kızmak (*über A* -e)
a. Rh. *kıs.* = *am Rhein* Ren nehri kıyısında
Arie *f* (-; -n) *Müz.* arya
arm *sıf.* fakir, yoksul (*an D* bakımından)
Arm *m* (-s; -e) kol; *mec. j-n auf den ~ nehmen* b-ni makaraya almak
Armaturen *pl Bad vs.*: eşyalar *pl*; *Oto. vs.* göstergeler *pl*; **~brett** *n Oto.* gösterge tablosu
Armband *n* (-s; ⁓er) bilezik; **~uhr** *f* kol saati
Armee *f* (-; -n) ordu
Ärmel *m* (-s; -) elbise kolu, yen
Armen|ien *n* Ermenistan; **~ier** *m* (-s; -), **~ierin** *f* (-; -nen) Ermeni; **♀isch** Ermeni(stan); **~isch** *n* Ermenice
ärmlich *sıf.* yoksul, sefil; *Kleidung:* yırtık
Armut *f* (-) yoksulluk, fakirlik (*an D* bakımından)
Aroma *n* (-s; -men) aroma; *Duft:* hoş koku
arrogant *sıf.* kibirli, burnu büyük
Arsch *m* (-es; ⁓e) V kıç, göt; **~loch** *n* V göt herif, eşek herif
Art *f* (-; -en) *~ und Weise:* tarz, suret; *Sorte:* tür, çeşit; *Wesen:* karakter, tabiat; *Biyo.* cins, tür; *auf die(se) ~* bu suretle; *aller ~* her türlü/çeşit
Art. *kıs.* = *Artikel m Huk.* madde (Md.); *Tic.* mal
Arterie *f* (-; -n) *Anat.* atardamar
Artischocke *f* (-; -n) enginar
Arznei *f* (-; -en), **~mittel** *n* ilaç (*gegen* -e karşı)
Arzt *m* (-es; ⁓e) (tıp) doktor(u), hekim; **~helferin** *f* (-; -nen) doktor yardımcısı bayan
Ärztin *f* (-; -nen) kadın doktor
ärztlich *sıf.* tıbbi; → *Attest*
Asche *f* (-; -n) kül *pl*; **~nbecher** *m* küllük, kül tablası
Aschermittwoch *m* Paskalyadan önceki perhizin ilk çarşambası; Perhiz Çarşambası
Aserbaidschan *n* Azerbaycan; **~er** *m* (-s; -) Azeri, Azerbaycanlı; **♀isch**

auffallen

Azeri, Azerbaycanlı; ~**isch** *n* Azerice
Asiat|e *m* (-n, -n), ~**in** *f* (-; -nen) Asyalı
asiatisch Asya(lı)
Asien *n* Asya
asozial *sıf.* toplum düzenine uymayan
Ass *n* (-ses; -se) *gnl.* as, *Karte az.* birli
Assistent *m* (-en; -en), ~**in** *f* (-; -nen) asistan; yardımcı
Assistenzarzt *m* asistan doktor
Ast *m* (-es; ⁓e) dal
Asthma *n* (-s) *Tıp* astım; ~**tiker** *m* (-s; -) astımlı
Astronaut *m* (-en; -en) astronot
ASU *f* (-; -s) → *Abgas(sonder)untersuchung*; ~**-Plakette** *f* özel egzoz testi plaketi
Asyl *n* (-s) *Pol.* (siyasi) sığınma; *um (politisches)* ~ *bitten* (politik) iltica talebinde bulunmak; ~**ant** *m* (-en; -en) sığınmacı, mülteci; ~**antrag** *m* iltica dilekçesi; *e-n* ~**antrag stellen** iltica dilekçesi vermek; ~**bewerber** *m* ilticacı → *Asylant*
Atelier *n* (-s; -s) atölye
Atem *m* (-s) soluk, nefes; *außer* ~ *sein* soluğu kesilmek; *(tief)* ~ *holen* derin nefes almak; → *anhalten* 1; ⌾**beraubend** *sıf.* soluk kesici; ⌾**los** *sıf.* soluğu kesik; ~**pause** *f* ara; ~**zug** *m* nefes (alma)
Äthiopi|en *n* Etiyopya; ~**er** *m* (-s; -) Etiyopyalı; ⌾**sch** Etiyopya(lı) ...
Atlas *m* (-; -se, Atlanten) atlas
atmen *v/i ve v/t* (h) solunmak, nefes almak
Atmosphäre *f* (-; -n) atmosfer, hava *(az. mec.)*
Atmung *f* (-) solunum
Atom *n* (-s; -e) atom
atomar *sıf.* nükleer
Atom|bombe *f* atom bombası; ~**energie** *f* nükleer enerji; ~**kraftwerk** *n* nükleer santral
Atten|tat *n* (-s; -e) suikast; *ein* ~*tat auf j-n verüben* b-ne suikast düzenlemek, *erfolgreich:* suikastla öldürmek; ~**täter** *m* suikastçı
Attest *n* (-s; -e) rapor; *ärztliches* ~ doktor raporu
Attrak|tion *f* (-; -en) çekim, cazibe; ⌾**tiv** *sıf.* çekici, alımlı
au *ünl.* ay! vay!
Aubergine *f* (-; -n) patlıcan

auch *bel.* da, de, dahi; *ich* ~ ben de; *ich* ~ *nicht* ben de değil
auf 1. *ilg.* *(D)* üstünde, üzerinde; ~ *dem Tisch* masa üstünde; ~ *e-r Party* bir parti şenliğinde; ~ *Seite 10* sayfa 10'da; → *Straße vs.*; **2.** *ilg.* *(A)* üstüne, üzerine; ~ *den Tisch* masa üstüne; ~ *e-e Party gehen* bir partiye gitmek; → *zugehen vs.*; **3.** *bel.*: ~ *und ab gehen* ortada dolaşmak; ~ *sein* F yatmamak; *offen sein*: açık olmak
aufarbeiten *v/t* *(ayr., -ge-,* h) *Rückstände* tamamlamak, bitirmek
aufatmen *v/i* *(ayr., -ge-,* h) *mec.* ferahla(n)mak
Aufbau *m* (-s) *e-s Gebäudes*: yapı; *e-s Unternehmens vs.*: kuruluş, organizasyon; *e-s Dramas vs.*: kompozisyon; ⌾**en** *v/t* *(ayr., -ge-,* h) *Gebäude* inşa etmek; *Unternehmen vs.* kurmak
auf|bekommen *v/t* (*krldş., ayr.,* h, → *kommen*) *Tür vs.* açmayı başarmek; *Knoten* çözmek; ~**bessern** *v/t* *(ayr., -ge-,* h) *Gehalt* artırmak; ~**bewahren** *v/t* *(ayr.,* h) emanete almak, saklamak; ~**blasen** *v/t* (*krldş., ayr., -ge-,* h, → *blasen*) şişirmek, üflemek; ~**bleiben** *v/i* (*krldş., ayr., -ge-,* sn, → *bleiben*) yatmamak; ~**brechen** (*krldş., ayr., -ge-,* → *brechen*) **1.** *v/t* (h) zorlamak; **2.** *v/i* (sn) kalkmak, hareket etmek *(nach* bye); ⌾**bruch** *m* (-s; ⁓e) kalkış, hareket *(nach* bye)
aufdringlich *sıf.* sırnaşık, usandırıcı
aufeinander *bel.*: ~ *angewiesen sein* birbirine muhtaç olmak; ~ *legen* üst üste koymak; *an drei* ~ *folgenden Tagen* müteakip üç gün içinde
Aufenthalt *m* (-s; -e) kalış, ikamet; *Demiryol.* mola; *Hava.* ara iniş; *ohne* ~ duraklamaksızın; ~**serlaubnis** *f*, ~**sgenehmigung** *f* oturma izni; ~**sraum** *m* Hotel *vs.*: lobi
aufessen *v/t* (*krldş., ayr., -ge-,* h, → *essen*) tamamını yemek
auffahren *v/i* *(ayr., -ge-,* sn, → *fahren*) *Oto.* (arkasından) çarpmak *(auf A* -e)
Auffahrunfall *m* *Oto.* arkadan çarpma
auf|fallen *v/i* (*krldş., ayr., -ge-,* sn, → *fallen*) gözüne çarpmak, dikkatini

çekmek; **j-m ~** b-ni etkilemek; **~fallend, ~fällig** *sıf.* göze çarpan, gösterişli

auffangen *v/t (krldş., ayr.,* -ge-, h, → *fangen)* yakalamak, tutmak

Auffassung *f*(-; -en) *Meinung:* görüş, kanı; *Deutung:* anlayış; *nach meiner ~* bence, bana göre; *die ~ vertreten, dass* görüşünde olmak

auffinden *v/t (krldş., ayr.,* -ge-, h, → *finden)* (arayıp) bulmak

auffordern *v/t (ayr.,* -ge-, h): **j-n ~, et. zu tun** b-ni bşe davet etmek; *anordnend:* b-ne bşi emretmek; *bittend:* b-nden bşi rica etmek

Aufforderung *f* (-; -en) davet; çağrı

auffrischen *v/t (ayr.,* -ge-, h) *Wissen* tazelemek

aufführ|en *(ayr.,* -ge-, h) **1.** *v/t Tiy. vs.* oynamak; **2. sich ... ~en** ... davranmak; **♀ung** *f* (-; -en) *Tiy., Film vs.* seans

Aufgabe *f* (-; -n) ödev; *Auftrag:* iş; *Pflicht:* görev

Aufgang *m* (-s; ⁼e) merdiven kısmı; *Astr.* doğma, doğuş

aufgeben *(krldş., ayr.,* -ge-, h, → *geben)* **1.** *v/t Brief vs.* postalamak, *Telegramm* çekmek; *Gepäck* yollamak; *Anzeige* gazeteye ilan vermek; *Beruf, Hoffnung* bırakmak, terk etmek; *das Rauchen ~* sigarayı bırakmak; **2.** *v/i* vazgeçmek; pes etmek

aufgehen *v/i (krldş., ayr.,* -ge-, sn, → *gehen) sich öffnen:* açılmak; *Knoten:* çözülmek; *Sonne:* doğmak

aufgehoben *sıf.: gut ~ sein bei -de* iyi bakılmak

aufgelegt *sıf.:* **zu et. ~ sein** bşe gönlü olmak; *gut (schlecht) ~* keyfi yerinde olmak (olmamak)

aufgeschlossen *sıf. mec.* geniş görüşlü; gönlü açık *(für A* bşe)

aufgrund *ilg. (G) -e* binaen; *bs.* dolayısıyla, yüzünden

aufhaben *(krldş., ayr.,* -ge-, h, → *haben)* **1.** *v/t Hut vs.* başında olmak; **2.** *v/i Geschäft vs.* açık bulmak

aufhalten *(krldş., ayr.,* -ge-, h, → *halten)* **1.** *v/t Tür vs.:* açık tutmak; *Dieb, Entwicklung vs.* durdurmak; *-e* engel olmak; **2. sich ~** kalmak, bulunmak *(bei j-m* b-nin yanında)

auf|hängen *v/t (ayr.,* -ge-, h) asmak *(an D* -e); **~heben** *v/t (krldş., ayr.,* -ge-, h, → *heben) vom Boden:* (yerden) kaldırmak; *aufbewahren:* saklamak; *abschaffen:* iptal etmek; *Sitzung vs.* tatil etmek; **~holen** *v/t (ayr.,* -ge-, h) *Zeit* (farkı) kapatmak; *Rückstand* telafi etmek; **~hören** *v/i (ayr.,* -ge-, h) bitmek; kes(il)mek; *hör ~!* yetişir!; yapma!; **~kaufen** *v/t (ayr.,* -ge-, h) satın alarak devralmak; **~klären** *v/t (ayr.,* -ge-, h) *Angelegenheit vs.* aydınlatmak; *Missverständnis vs.* düzeltmek; *j-n* b-ne bilgi vermek *(über A* bş hakkında); **~kleben** *v/t (ayr.,* -ge-, h) üzerine yapıştırmak; **♀kleber** *m* (-s; -) çıkartma, yapışkan etiket; **~knöpfen** *v/t (ayr.,* -ge-, h) düğmeleri çözmek

aufkommen *v/i (krldş., ayr.,* -ge-, sn, → *kommen): ~ für bezahlen:* ödemek, masrafını karşılamak; *Schaden:* karşı-lamak, tazmin etmek

aufladen *v/t (krldş., ayr.,* -ge-, h, → *laden)* yüklemek *(auf A* üzerine); *Batterie:* doldurmak

Aufl. *kıs.* = *Auflage f* baskı

Auflage *f*(-; -n) *Buch:* baskı; *Zeitung:* tiraj; *Bedingung:* şart, koşul

auflassen *v/t (krldş., ayr.,* -ge-, h, → *lassen)* F *Tür vs.* açık bırakmak; *Hut* çıkarmamak

auflegen *(ayr.,* -ge-, h) **1.** *v/t Schallplatte vs.* koymak; *den Hörer ~* → **2.** *v/i Tel.* telefonu kapatmak

auflösen *v/t (ayr.,* -ge-, h) *Tablette vs.* eritmek; *Konto, Firma, Parlament vs.* kapatmak; *Vertrag* feshetmek (*az. Konto*); *Rätsel* çözmek

Auflösung *f* (-; -en) çözüm; *des Parlaments:* fesih; kapatma, iptal

aufmach|en *v/t (ayr.,* -ge-, h) açmak; **♀ung** *f* (-; -en) görünüş, dekor

aufmerksam *sıf.* dikkatli; *zuvorkommend:* nazik; *j-n ~ machen auf (A* -in üzerine) b-nin dikkatini çekmek; *~ werden auf (A)* farkına varmak; **♀keit** *f* (-; -) dikkat; nezaket

aufmuntern *v/t (ayr.,* -ge-, h) *ermuntern:* canlandırmak; *aufheitern:* şenlendirmek

Aufnahme *f* (-; -n) *e-r Tätigkeit:* başlama; *Unterbringung:* yerleşme, *von Asylanten:* kabul edilme, alınma; *e-s Kredits:* istikraz; *Empfang:* kabul;

Aufzählung

Fot.: foto(ğraf), poz; *auf Band, Schallplatte*: kayıt; **~ in e-n Verein vs.** derneğe giriş, kabul edilme; **~gebühr** *f* yazılma ücreti; kayıt ücreti

aufnehmen *v/t* (krldş., ayr., -ge-, h, → *nehmen*) *Tätigkeit* başlamak; *unterbringen*: yerleştirmek, *Asylanten* kabul etmek; *Kredit* istikraz etmek; *empfangen*: karşılamak, kabul etmek (*az. Nachricht vs.*); *Fot.* resim/foto çekmek; *auf Band, Schallplatte*: kaydetmek; *in e-n Verein vs.* ~ derneğe vs. almak, kabul etmek

aufpassen *v/i* (ayr., -ge-, h) dikkat etmek; *~ auf* (*A*) bşe bakmak, *im Auge behalten*: bşe göz kulak olmak; *pass auf!* dikkat et!

Aufpreis *m* (-es; -e) zam; *gegen ~* ekstra ücret karşılığı

aufräumen *v/t* (ayr., -ge-, h) düzeltmek, toplamak

aufreg|en (ayr., -ge- h) **1.** *v/t* heyecanlandırmak; *beunruhigen*: telaşlandırmak; *ärgern*: kızdırmak; **2.** *sich ~en* kızmak; heyecanlanmak (*über A* -e); **~end** *sıf.* heyecanlı; heyecan verici, dramatik; **♀ung** *f* (-; -en) heyecan; telaş

aufreißen *v/t* (krldş., ayr., -ge-, h, → *reißen*) yırtıp koparmak; *Tür* hızla açmak

aufrichtig *sıf.* samimi; *herzlich*: içten, candan; **♀keit** *f* (-) samimiyet; içtenlik

Aufruf *m* (-s; -e) *öffentlicher.* çağrı (*zu* -e); **♀en** *v/i* (krldş., ayr., -ge-, h, → *rufen*): **♀en zu** bşe çağırmak

Aufrüstung *f* (-; -en) *Ask.* silahlanma

aufschieben (krldş., ayr., -ge-, h, → *schieben*) *mec.* ertelemek (*auf A, bis* -e kadar)

aufschließen *v/t* (krldş., ayr., -ge-, h, → *schließen*) (anahtarla) açmak

Aufschnitt *m* (-s, *pl yok*) soğuk et ve sucuk dilimleri *pl.*

aufschreiben (krldş., ayr., -ge-, h, → *schreiben*) yazmak, kaydetmek

Aufschrift *f* (-; -en) *Etikett*: etiket; *Inschrift*: yazı

Aufschwung *m* (-s) *Ekon.* kalkınma

Aufsehen *n* (-s): *~ erregen* etki ve heyecan uyandırmak; *stärker.* sansasyon yaratmak; *~erregend* *sıf.* sansasyonel

auf|setzen *v/t* (ayr., -ge-, h) *Hut vs.* giymek; *Brille* takmak; *Vertrag vs.* kaleme almak; **~spannen** *v/t* (ayr., -ge-, h) *Schirm* açmak; **~sperren** *v/t* (ayr., -ge-, h) (anahtarla) açmak

Aufstand *m* (-s; *⸚e*) ayaklanma, isyan

aufstehen *v/i* (krldş., ayr., -ge-, sn, → *stehen*) (ayağa) kalkmak

aufstellen *v/t* (ayr., -ge-, h) koymak, dikmek; *Wachen* koymak; *Rekord* kırmak; *Kandidaten* aday göstermek; *Liste vs.* liste yapmak

Aufstieg *m* (-s; -e) *mec.* yükselme; **~schancen** *pl* terfi olanakları

aufsuchen *v/t* (ayr., -ge-, h) *Arzt* (doktora) gitmek

Auftakt *m mec.* giriş, başlangıç (*zu* bşe)

auf|tanken *v/t ve v/i* (ayr., -ge-, h) *Oto.* depoyu doldurmak; **~tauchen** *v/i* (ayr., -ge-, sn) *erscheinen*: ortaya çıkmak; **~tauen** *v/t* (ayr., -ge-, h) *Tiefkühlkost* (buzunu) çözdürmek; **~teilen** *v/t* (ayr., -ge-, h) bölmek; *verteilen*: dağıtmak, paylaştırmak (*unter D* arasında)

Auftrag *m* (-s; *⸚e*) *Ekon.* sipariş; *im ~ von b-nin* adına; **~geber** *m* (-s; -) sipariş veren; işi veren; müvekkil; **~sbestätigung** *f* siparişi/işi doğrulama; (*vom Verkäufer.* siparişi) onaylama

auf|wachen *v/i* (ayr., -ge-, sn) (uykudan) uyanmak; **~wachsen** *v/i* (krldş., ayr., -ge-, sn, → *wachsen*) büyümek; yetişmek

Aufwand *m* (-s) masraf; harcama (*an D* -e)

aufwecken *v/t* (ayr., -ge-, h) uyandırmak

aufwenden *v/t* (krldş., ayr., -ge-, h, → *wenden*) harcamak (*für* -e)

aufwert|en *v/t* (ayr., -ge-, h) *Ekon.* revalüe etmek; *mec.* değerini yükseltmek/arttırmak; **♀ung** *f* (-; -en) *Ekon.* revalüasyon; *mec.* değer kazandırma

aufwirbeln *v/t* (ayr., -ge-, h): *mec. viel Staub ~* çok gürültüye sebep olmak

aufwischen *v/t* (ayr., -ge-, h) bezle silmek

aufzähl|en *v/t* (ayr., -ge-, h) (birer birer) saymak; **♀ung** *f* (-; -en) sayma, söyleme

Aufzeichnung

Aufzeichnung *f* (-; -en) *Rundfunk, TV*: kayıt; ~**en** *pl Notizen*: not *sg*
Aufzug *m* (-s; ⁼e) asansör; *mec. hkr.* kılık, kıyafet
aufzwingen *v/t* (*krldş., ayr.*, -ge-, h, → **zwingen**): *j-m et.* ~ b-ne bşi zorla kabul ettirmek
Augapfel *m Anat.* göz yuvarlağı
Auge *n* (-s; -n) *Anat.* göz; *unter vier* ~*n* baş başa; *ein* ~ *zudrücken* göz yummak (*bei* bşe)
Augen|arzt *m*, ~**ärztin** *f* göz doktoru
Augenblick *m* (-s; -e) an; (*e-n*) ~*!* bir dakika lütfen!; *im letzten* ~ son anda; &lich **1.** *sıf. gegenwärtig*: şimdiki; *sofortig*: hemen, derhal, bir an evvel; *vorübergehend*: geçici; **2.** *bel.* şimdilik; şu anda; derhal
Augen|braue *f* kaş; ~**brauenstift** *m* kaş kalemi; ~**lid** *n* gözkapağı
August *m* (-s; -e) ağustos; *im* ~ ağustosta
Auktion *f* (-; -en) açık artırma, mezat; ~**shaus** *n* müzayede binası
Au-pair-Mädchen *n* dil öğrenmek için evde yaşayıp çalışan yabancı kız
aus 1. *ilg.* -den, -dan; içinden; yüzünden; ~ *Berlin* Berlin'den; ~ *dem Fenster* pencereden; ~ *Holz* ahşaptan; → *Mitleid*, *Spaß*, *Versehen vs.*; **2.** *bel.*: *von mir* ~ benden yana fark etmez; ~ *sein* F *vorbei sein*: bitmiş olmak; *Gerät, Licht*: kapalı olmak; *abends vs.*: dışarı çıkmış olmak; → *an* 3, *ein* 3
aus|arbeiten *v/t* (*ayr.*, -ge-, h) *Plan vs.* hazırlamak; *vervollkommnen*: tamamlamak; *Schriftliches* kaleme almak; ~**atmen** *v/t* (*ayr.*, -ge-, h) nefes vermek
Ausbau *m* (-s) *Erweiterung*: genişlet(il)me; *Entfernung*: büyü(t)me; sökülme; &en *v/t* (*ayr.*, -ge-, h) *Mimar.* genişletmek, *Dachgeschoss vs.* büyütmek; *Tek.* sökmek
ausbessern *v/t* (*ayr.*, -ge-, h) onarmak, tamir etmek
Ausbesserung *f* (-; -en) onarım, tamir
Ausbildung *f* (-; -en) eğitim, öğrenim; ~**sdefizit** *n* eğitim eksikliği
Ausblick *m* (-s; -e) manzara (*auf A* -de)
ausbrechen *v/i* (*krldş., ayr.*, -ge-, sn, → **brechen**) *Feuer, Krankheit, Krieg vs.*: başlamak, baş göstermek; *Vulkan*: püskürmek; *in Tränen* ~ hüngür hüngür ağlamaya başlamak
ausbreiten *v/t* (*ayr.*, -ge-, h) yaymak, sermek
Ausbruch *m* (-s; ⁼e) *e-s Feuers, e-r Krankheit, e-s Kriegs vs.*: baş göstermek; *e-s Vulkans*: püskürme
ausdrehen *v/t* (*ayr.*, -ge-, h) *Gas vs.* kesmek, kapatmak; *Licht az.* söndürmek
Ausdruck[1] *m* (-s; ⁼e) deyim, ifade; *Wort*: söz, kelime
Ausdruck[2] *m* (-s; -e) *Cmp.* yazıcı basımı, yazıcıdan yazdırma; &en *v/t* (*ayr.*, -ge-, h) yazıcıdan bastırmak
ausdrück|en *v/t* (*ayr.*, -ge-, h) *Zigarette* söndürmek; *äußern, zeigen*: ifade etmek, anlatmak; ~**lich** *sıf.* kesin
auseinander *bel.* birbirinden ayrı; ~ *gehen Menge*: dağılmak; *Meinungen*: uyuşmamak (*über A* -de); ~ *nehmen* sökmek; ~ *setzen erklären*: açıklamak, anlatmak (*D* b-ne); *sich* ~ *setzen* tartışmak (*mit* bşi); tartışmak (*b-yle*); &setzung *f* (-; -en) *Streit*: tartışma
Ausfahrt *f* (-; -en) *Oto.* çıkış; ~ *freihalten!* (oto çıkışı,) lütfen park etmeyin!
Ausfall *m* (-s; ⁼e) *Absage*: iptal; *Tek.* arıza, kesilme, hata
ausfallen *v/i* (*krldş., ayr.*, -ge-, sn, → **fallen**) *Haare*: dökülmek; *nicht stattfinden*: iptal edilmek, yapılmamak; *Tek.* kesilmek, bozulmak; ~ *lassen* iptal etmek; *gut (schlecht)* ~ iyi (fena) çıkmak
Ausfertigung *f* (-; -en) nüsha, suret; *in doppelter (dreifacher)* ~ iki (üç) nüsha olarak
ausfindig *sıf.*: ~ *machen* arayıp bulmak; *aufspüren*: izlemek
ausflippen *v/i* (*ayr.*, -ge-, sn) F aklını kaybetmek; kendinden geçmek
Ausflucht *f* (-; ⁼e): *Ausflüchte machen* bahane (*od.* kaçamak) aramak
Ausflug *m* (-s; ⁼e) gezinti
Ausfuhr *f* (-; -en) *Ekon.* dışsatım, ihracat; *Ausgeführtes*: ihracat malları *pl.*
ausführen *v/t* (*ayr.*, -ge-, h) *Ekon.* ihraç etmek; *Plan vs.* yerine getirmek

auspacken

Ausfuhrgenehmigung f Ekon. ihraç izni
ausführlich 1. sıf. ayrıntılı; **2.** bel. ayrıntılı olarak
Ausführung f (-; -en) e-s Plans vs.: gerçekleştirme, uygulama; Typ: versiyon; Qualität: yapılış
Ausfuhrzoll m Ekon. ihracat gümrüğü
ausfüllen v/t (ayr., -ge-, h) Formular doldurmak
Ausgaben pl masraf sg
Ausgang m çıkış; am Flughafen: çıkış kapısı; Ergebnis: sonuç, netice
ausgeben v/t (krldş., ayr., -ge-, h, → **geben**) Geld harcamak (**für** bş için)
ausge|bildet sıf. eğitilmiş; akademisch: vasıflı, kalifiye, uzman; **~bucht** sıf. bütün yerler satılmış; **~fallen** sıf. acayip, tuhaf
ausgehen v/i (krldş., ayr., -ge-, sn, → **gehen**) dışarı çıkmak; enden: sonuçlanmak; Geld: bitmek, kalmamak; **ihm ging das Geld aus** parası kalmadı; **leer ~** eli boş dönmek
ausgerechnet bel.: **~ das** F bir bu eksikti; **~ heute** tam da bugün
ausge|schlossen sıf. olmaz, olanaksız; **~storben** sıf. nesli sönmüş, soyu tükenmiş; **~zeichnet** sıf. kusursuz, olağanüstü; bel. fevkalade
ausgießen v/t (krldş., ayr., -ge-, h, → **gießen**) dökmek; Gefäß boşaltmak
ausgleichen v/t (krldş., ayr., -ge-, h, → **gleichen**) Verlust gidermek, telafi etmek
aushalten v/t (krldş., ayr., -ge-, h, → **halten**) -e dayanmak
Aushang m (-s; ~e) ilan
aushelfen v/i (krldş., ayr., -ge-, h, → **helfen**) b-ne yardım etmek (**mit** bşle)
Aushilf|e f (-; -n) geçici yardım; **~s-** Kellner, Personal vs.: yardımcı ...
auskennen (krldş., ayr., -ge-, h, → **kennen): sich ~ in** (D) bş hakkında tam bilgiye sahip olmak
auskommen v/i (krldş., ayr., -ge-, sn, → **kommen): ~ mit** b-yle (od. bşle) geçinmek
Auskunft f (-; ~e) bilgi (**über** A bş hakkında); Tel. danışma; **~s-schalter** m danışma bürosu/gişesi
auslachen v/t (ayr., -ge-, h) b-ne gülmek (**wegen** yüzünden)
ausladen v/t (krldş., ayr., -ge-, h, → **laden**) boşaltmak
Auslage f (-; -n) vitrin; **~n** pl masraflar pl.
Ausland n (-s): **das ~** yabancı ülkeler pl, yurtdışı; **ins ~** yurtdışına; **im ~** dışarda, yurtdışında
Ausländer m (-s; -), **~in** f (-; -nen) yabancı
ausländisch sıf. yabancı
Auslands|aufenthalt m yurtdışı ikameti; **~auftrag** m Ekon. dış sipariş, yurtdışından sipariş; **~flug** m yurtdışı uçuş; **~gespräch** n Tel. uluslararası (telefon) konuşma(sı); **~krankenschein** m uluslararası sağlık sigortası belgesi; **~markt** m dış piyasa, yurtdışı pazarı
Auslastung f (-) yararlanma, kapasiteyi kullanma
auslaufen v/i (krldş., ayr., -ge-, sn, → **laufen**) Flüssigkeit: akmak, az. Gefäß: sızmak, damlamak; Vertrag vs.: sona ermek, bitmek; Gemi. limandan ayrılmak, hareket etmek
Auslaufmodell n Ekon. üretimi durdurulmuş model
ausliefer|n v/t (ayr., -ge-, h) Ekon. teslim etmek; **♀ung** f (-; -en) teslim
auslöschen v/t (ayr., -ge-, h) Licht vs. söndürmek; mec. yok etmek
auslösen v/t (ayr., -ge-, h) Tek. işletmek, çalıştırmak; Alarm, Krieg vs. başlatmak; Gefühl, Reaktion meydana getirmek, neden olmak; Begeisterung uyandırmak
Auslöser m (-s; -) Fot. deklanşör
ausmachen v/t (ayr., -ge-, h) Licht, Zigarette vs. söndürmek; Radio vs. kapatmak; Termin vs. kararlaştırmak; **macht es Ihnen et. aus, wenn ...?** acaba, sizce bir sakıncası olur mu, eğer ...?; **es macht mir nichts aus** bence sakıncası yok; gleichgültig: fark etmez
Ausmaß n (-es; -e) mec. ölçü; miktar; **~e** pl büyüklük; boyut sg
ausmessen v/t (krldş., ayr., -ge-, h, → **messen**) ölçmek
Ausnahm|e f (-; -n) istisna; **mit ~e von** (od. G) hariç olmak üzere, -den başka; **♀sweise** bel. müstesna olarak
aus|nutzen v/t (ayr., -ge-, h) yararlanmak; Vorteil ziehen aus: bşden faydalanmak; **~packen** v/t (ayr., -ge-,

auspfeifen 332

h) (paketten) çıkarmak (*az. v/i*); gerçeği söylemek; *Geschenk vs.* zarfı/paketi/ambalajı vs. açmak; **~pfeifen** *v/t* (*krldş., ayr., -ge-, h, → pfeifen*) ıslıklamak; **~probieren** *v/t* (*ayr., h*) denemek, tecrübe etmek

Auspuff *m* (-s; -e) *Oto.* egzoz; **~gase** *pl* egzoz gazı *sg*; **~rohr** *n* egzoz borusu; **~topf** *m* susturucu

aus|quartieren *v/t* (*ayr., h*) *b-ni byden* çıkarmak; **~rauben** *v/t* (*ayr., -ge-, h*) *b-ni* soymak; *byi* yağmalamak; **~rechnen** *v/t* (*ayr., -ge-, h*) hesaplamak, *Summe: az.* toplamak

Ausrede *f* (-; -n) mazeret, bahane; **~n** (*ayr., -ge-, h*) **1.** *v/i* sözünü bitirmek; **~n lassen** sözünü kesmemek; **2.** *v/r*: *j-m et.* **~n** *b-ni bşden* vazgeçirmek

Ausreise *f* (-; -n) gidiş, çıkış; **~erlaubnis** *f* çıkış izni; **~n** *v/i* (*ayr., -ge-, sn*) ülke dışına çıkmak; **~visum** *n* çıkış vizesi

ausrichten *v/t* (*ayr., -ge-, h*) *Veranstaltung* düzeltmek, hazırlamak; *j-m et.* **~** haber vermek, bildirmek; *kann ich et. ~?* bir mesaj/not bırakabilir miyim?; *richte ihr e-n Gruß (von mir) aus* ona (benden) selam söyle

ausrotten *v/t* (*ayr., -ge-, h*) *Tierart, Volk* soyunu tüketmek; yok etmek

ausruhen *v/i ve sich* **~** (*ayr., -ge-, h*) dinlenmek, istirahat etmek

ausrutschen *v/i* (*ayr., -ge-, sn*) kaymak; kayıp düşmek (*auf D* -den)

Aussage *f* (-; -n) anlam, söz; *Werbung vs.*: mesaj; ileti; *Huk.* ifade; *die* **~** *verweigern* ifade vermeyi reddetmek

aussagen (*ayr., -ge-, h*) **1.** *v/t* ifade etmek (*dass* -diğini); **2.** *v/i Huk.* tanıklık etmek, ifade vermek (*für* -in lehine, *gegen* -in aleyhine)

ausschalten *v/t* (*ayr., -ge-, h*) kesmek, kapamak

Ausschau *f.:* **~** *halten nach* -*i* gözlemek, aramak

ausscheiden (*krldş., ayr., -ge-, → scheiden*) **1.** *v/t* (*h*) *aussondern*: seçip ayırmak, çıkarmak; *Fizy.* salgılamak; **2.** *v/i* (*sn*) *nicht in Frage kommen*: sözkonusu olmamak, *Person*: uygun olmamak; *Spo.* elenmek; *aus e-m Amt*: çekilmek, istifa etmek, *e-r Firma*: ayrılmak

ausschlafen *v/i* (*krldş., ayr., -ge-, h, → schlafen*) uykusunu almak

Ausschlag *m* (-s; -̈e) *Tıp* döküntü, mayasıl; *e-n* **~** *bekommen* isilik olmak, mayasılı çıkmak; *mec.* **den** **~** *geben* sonucu belirlemek; ağır basmak; **~gebend** *sıf.* kesin, etkili

ausschließen *v/t* (*krldş., ayr., -ge-, h, → schließen*) ihraç etmek, çıkarmak (*aus e-r Partei vs.* -den); *Möglichkeit vs.* bir kenara bırakmak; *nicht berücksichtigen*: hariç tutmak; göz önüne almamak

Ausschluss *m* (-es; -̈e) (üyelikten) çıkarma, ihraç; hariç tutma; yasaklama; *unter* **~** *der Öffentlichkeit* kamuya kapalı olarak, kapalı oturumda

ausschneiden *v/t* (*krldş., ayr., -ge-, h, → schneiden*) kesip almak

Ausschnitt *m* (-es; -e) *e-s Kleids vs.*: dekolte; *Zeitungs~*: küpür, kesik; *mec.* kısım; *e-s Buchs, e-r Rede*: özet

ausschreiben *v/t* (*krldş., ayr., -ge-, h, → schreiben*) *Scheck*: doldurmak (*j-m* b-ne); *Stelle vs.*: ilan etmek; *Ekon. Wettbewerb*: ihaleye koymak, teklife sunmak; yarışmaya açmak

Ausschreitungen *pl* kargaşalık *sg*

Ausschuss *m* (-es; -̈e) kurul, heyet

ausschütten *v/t* (*ayr., -ge-, h*) dökmek, akıtmak

aussehen *v/i* (*krldş., ayr., -ge-, h, → sehen*) görünmek; *gut* **~** *Mann*: yakışıklı olmak, *Frau*: güzel olmak, *gesundheitlich*: iyi/sağlıklı görünmek; *schlecht* (*krank*) **~** hasta görünmek; *wie sieht er aus?* görünümü nasıl?; kime benziyor?

Aussehen *n* (-s) görünüş

außen *bel.* dışarıda; *von* **~** dışarıdan; *nach* **~** dışarıya; *mec.* görünüşte, dışa doğru

Außendienst *m* dış hizmet; **~mitarbeiter(in** *f*) *m* dış hizmette çalışan

Außen|handel *m* dış ticaret; **~minister(in** *f*) *m* dışişleri bakanı; **~politik** *f* dış politika; **~seite** *f* bşin dış yüzü; **~spiegel** *m Oto.* dış dikiz aynası; **~stände** *pl Ekon.* ödenmemiş alacaklar, alacak hesapları *pl*; **~welt** *f* dış dünya, maddi dünya

außer 1. *ilg. abgesehen von*: -in dışında, -*den* başka; *zusätzlich zu*: ayrıca, bundan başka; *→ Atem vs.*;

ausweichen

2. *bağl.*: ~ (**wenn**) hariç; ~ **dass** meğerki; **~dem** *bel.* bundan başka
äußere *sıf.* dış, harici
außer|gewöhnlich *sıf.* olağanüstü; *Leistung vs.*: fevkalade; **~halb 1.** *ilg.* dışında; **2.** *bel.* şehir dışında
äußerlich *sıf.* dış, dıştan; *nur ~! Tıp* hariçten kullanılmak üzere
äußern 1. *v/t* (h) belirtmek, ortaya koymak; **2.** *sich ~* (h) düşüncesini söylemek (*über A, zu* hakkında)
Äußerung *f* (-; -en) söz, ifade
aussetzen *v/t* (*ayr.*, -ge-, h) *Kind, Tier* terk etmek, bırakmak; *Belohnung, Preis* ödül koymak; *et. auszusetzen haben an* (*D*) -e itiraz etmek, karşı çıkmak
Aussicht *f* (-; -en) manzara (*auf A* -in); *mec.* umut; **♀slos** *sıf.* umutsuz, şanssız; **~spunkt** *m* manzaralı yer/nokta; **♀sreich** *sıf.* umut verici
aussöhnen: *sich ~* (*ayr.*, -ge-, h) barışmak (*mit* b-le)
Aussöhnung *f* (-; -en) barışma
aussperr|en *v/t* (*ayr.*, -ge-, h) *Ekon.* lokavt etmek; **♀ung** *f* (-; -en) lokavt
Aussprache *f* (-; -n) telaffuz, söyleniş; *Unterredung*: konuşma, görüşme; *zwanglose*: sohbet
aussprechen (*krldş.*, *ayr.*, -ge-, h, → *sprechen*) **1.** ~ söylemek; telaffuz etmek; **2.** *sich ~ mit* dertleşmek; b-yle bir konuyu konuşup halletmek; *sich ~ für* (*gegen*) lehinde (aleyhinde) konuşmak
Ausstand *m* (-s; ⁼e) *Ekon.* grev; *in den ~ treten* greve başlamak
Ausstattung *f* (-; -en) donatım; *e-r Wohnung*: mobilya
ausstehen *v/t* (*krldş.*, *ayr.*, -ge-, h, → *stehen*): *ich kann ihn (es) nicht ~* onu (bunu) çekemiyorum
aussteigen *v/i* (*krldş.*, *ayr.*, -ge-, sn, → *steigen*) çıkmak (*aus* byden), inmek (*aus* otobüsten, *vs.*); *mec.* çıkmak, ayrılmak (-den); *aus e-m Geschäft*: bir işten/faaliyetten caymak
Aussteiger *m* (-s; -), **~in** *f* (-; -nen) toplumdışı yaşayan
ausstellen *v/t* (*ayr.*, -ge-, h) *Kunstwerk* sergilemek; *Pass vs.* tanzim etmek (*D* -e); *Rechnung vs.* düzenlemek; *Scheck vs.* doldurmak
Aussteller *m* (-s; -) *auf Messe*: sergiye katılan; **~ung** *f* (-; -en) sergi; düzenleme; **~ungsgelände** *n* fuar parkı; **~ungsraum** *m* sergi salonu
aussterben *v/i* (*krldş.*, *ayr.*, -ge-, sn, → *sterben*) soyu tükenmek, yok olmak; → *ausgestorben*
aussuchen *v/t* (*ayr.*, -ge-, h): (*sich*) *et.* ~ seçmek, ayırmak
Austausch *m* (-s) değiştirme; *Waren♀*: degiş tokuş; *okul, üniversite* değişim; *im ~ für* -in yerinde
austauschen *v/t* (*ayr.*, -ge-, h) değiştirmek; değişmek
Austauschmotor *m* rektifiye motor
austeilen *v/t* (*ayr.*, -ge-, h) dağıtmak (*an A* -e; *unter A* arasında)
Auster *f* (-; -n) istiridye
austragen *v/t* (*krldş.*, *ayr.*, -ge-, h, → *tragen*) *Briefe vs.* dağıtmak; *Streit vs.* sonuca bağlamak; *Wettkampf vs.* yapmak
Austragungsort *m* *Spo.* müsabaka yeri
Austral|ien *n* Avustralya; **~ier** *m* (-s; -), **♀isch** *sıf.* Avustralya(lı)
aus|treten *v/i* (*krldş.*, *ayr.*, -ge-, sn, → *treten*): ~ *aus* e-m *Verein vs.*: çekilmek, istifa etmek; **~trinken** *v/t* (*krldş.*, *ayr.*, -ge-, h, → *trinken*) *Getränk*: içip bitirmek; **~üben** *v/t* (*ayr.*, -ge-, h) *Beruf, Tätigkeit*: takip etmek; → *Druck¹*
Ausverkauf *m* (-s; ⁼e) *Ekon.* tasfiye satışı; *Schlussverkauf*: mevsim sonu satışı, ucuz satış; *im ~ kaufen* ucuzlukta *almak*; **♀t** *sıf.* tükenmiş
Auswahl *f* (-) seçme, ayırma, seçme parçalar
auswählen *v/t* (*ayr.*, -ge-, h) → *aussuchen*
Auswander|er *m* (-s; -), **~in** *f* (-; -nen) göçmen; **♀n** *v/i* (*ayr.*, -ge-, sn) göç etmek (*nach* bye); **~ung** *f* göç
auswärts *bel.* dışarıda, şehir dışında; ~ *essen* lokantada yemek yemek
auswechseln *v/t* (*ayr.*, -ge-, h) değiştirmek (*gegen* bşle); *erneuern*: yenilemek
Ausweg *m* (-s; -e) çıkış; *mec.* çare; **♀los** *sıf.* çaresiz
ausweichen *v/i* (*krldş.*, *ayr.*, -ge-, sn, → *weichen*) yol vermek (*D* -e); *mec.* j-m: b-nden kaç(ın)mak; *e-r Frage*:

ausweichend

cevap vermekten kaçmak; **~d** *sıf.* kaçamaklı
Ausweis *m* (-es; -e) kimlik belgesi/ kartı; **⌾en** (*krldş.*, *ayr.*, -ge-, h, → **weisen**) **1.** *v/t* sınırdışı etmek (*aus* -den); **2.** *sich* ⌾en kimliğini ispat etmek; **~papiere** *pl* kimlik belgesi *sg*
auswendig *bel.* ezbere, ezberden
auswerten *v/t* (*ayr.*, -ge-, h) değerlendirmek; *ausnützen*: kullanmak, yararlanmak
auswickeln *v/t* (*ayr.*, -ge-, h) açmak, çıkarmak
auswirken: sich ~ (*ayr.*, -ge-, h): *sich ~ auf* (*A*) bşi etkilemek; *sich positiv* (*negativ*) *~ auf* -e iyi (kötü) etki etmek
auszahlen (*ayr.*, -ge-, h) **1.** *v/t* ödemek; *j-n* b-ne ücretini vermek; **2.** *sich ~ mec.* zahmete değmek
ausziehen (*krldş.*, *ayr.*, -ge-, → *ziehen*) **1.** *v/t* (h) *Kleidung* çıkarmak; **2.** *sich ~* (h) soyunmak; **3.** *v/i* (sn) (evden) çıkmak, taşınmak
Auszubildende *m, f* (-n, -n) çırak
Auszug *m* (-s; ⸚e) (evden) çıkma, taşınma; *Ausschnitt*: özet (*aus* bşden); *Konto⌾*: hesap özeti, dekont

Auto *n* (-s; -s) otomobil, araba; **~ fahren** araba kullanmak; *mit dem ~ fahren* otomobil ile gitmek; **~apotheke** *f* ilkyardım çantası; **~atlas** *m* karayolları atlası
Autobahn *f* otoyol; **~auffahrt** *f* otoyol girişi; **~ausfahrt** *f* otoyol çıkışı; **~dreieck** *n* otoyol kavşağı; **~gebühr** *f* otoyol ücreti; **~zubringer** *m* (-s; -) otoyola bağlantı yolu
Auto|biographie *f* otobiyografi; **~bus** *m* → *Bus*; **~fähre** *f* araba vapuru; feribot; **~fahrer(in** *f*) *m* araba şoförü, sürücü; **~gramm** *n* (-s; -e) imza; **~karte** *f* yol haritası
Automat *m* (-en; -en) otomat *Verkaufs⌾*: satış otomatı; *Spiel⌾*: para otomatı; **~ik** *f* (-; -en) *Oto.* otomatik vites; **⌾isch** *sıf.* otomatik
Auto|mobilklub *m* otomobil kulübü; **~nummer** *f* plaka
Autor *m* (-s; -en) yazar
Auto|radio *n* araba radyosu; **~reisezug** *m* araba kataını/treni; **~schlüssel** *m* araba anahtarı; **~verleih** *m* araba kiralama servisi; **~waschanlage** *f* oto yıkama (tesisi)
Az. *kıs.* = *Aktenzeichen*

B

Baby *n* (-s; -s) bebek; **~nahrung** *f* mama
Bach *m* (-s; ⸚e) dere; akarsu
Backe *f* (-; -n) yanak
backen *v/t* (backte, *ender* buk, gebacken, h) (fırında) pişirmek, kızartmak
Backenzahn *m* azıdişi
Bäcker *m* (-s; -) fırıncı; ekmekçi; *beim ~* fırıncıda, ekmekçide; **~ei** *f* (-; -en) ekmekçi dükkânı, fırın
Bad *n* (-s; ⸚er) **1.** banyo, *im Freien*: yüzme; *ein ~ nehmen* banyo yapmak; **2.** → *Badeanstalt*, *Badeort*, *Badezimmer*
Bade|anstalt *f* hamam, genel banyo; **~anzug** *m* mayo; **~hose** *f* yüzme şortu; **~kappe** *f* başlık, bone; **~mantel** *m* bornoz; **~meister** *m* yüzme hocası, hamamcı
baden *v/i* (h) banyo yapmak, *im Freien*; yüzmek; *~ gehen* yüzmeye gitmek
Bade|ort *m* plaj; *Kurbad*: kaplıca; **~sachen** *pl* plaj eşyaları *pl*; **~tuch** *n* banyo havlusu; **~urlaub** *m* deniz kıyısı tatili; **~wanne** *f* küvet; **~zimmer** *n* banyo odası
Bahn *f* (-; -en) demiryolu; *Zug*: tren; *Weg*: yol, pist; *mit der ~* trenle, *Ekon.* demiryolu ile; **~anschluss** *m* demiryolu bağlantısı; **~fahrt** *f* tren yolculuğu; **~hof** *m* tren istasyonu, gar; **~polizei** *f* gar polisi; **~steig** *m*

(-s; -e) yolcu peronu; **~übergang** *m* hemzemin geçit
Baisse *f* (-; -n) *Ekon.* fiyat düşüklüğü, ayı eğilimi
Bakterie *f* (-; -n) bakteri
bald *bel.* hemen; F *beinahe*: hemen hemen, az daha; *so ~ wie möglich* olabildiğince çabuk
Balken *m* (-s; -) kiriş, direk, mertek
Balkon *m* (-s; -s *veya* -e) balkon; **~tür** *f* balkona açılan camlı kapı
Ball *m* (-s; ⸚e) top; balo (*az.* **Tanz⸚**) danslı balo
Ballett *n* (-s; -e) bale
Ballon *m* (-s; -s) balon
Ballungs|gebiet *n*, **~raum** *m* yoğun nüfuslu bölge, gelişmiş yöre
Banane *f* (-; -n) muz; **~nstecker** *m El.* banan fiş
Band¹ *m* (-s; ⸚e) *Buch⸚*: cilt
Band² *n* (-s; ⸚er) *Mess⸚* ölçme şeridi, şerit ölçek, mezura; *Ton⸚*: teyp; *Schmuck⸚ vs.*: kurdele; *Anat.* bağ, kordon; *auf ~ aufnehmen* banda almak, banda kaydetmek
Band³ *f* (-; -s) *Müz.* bando, band
Bandage *f* (-; -n) sargı, bandaj
bandagieren *v/t* (h) bandajlamak, sargılamak
Bande *f* (-; -n) *Verbrecher⸚ vs.*: çete
Bänder|riss *m Tıp* bağ kopması; **~zerrung** *f* bağ esnemesi
Bandscheibe *f Anat.* (omurga arası) disk; **~nvorfall** *m Tıp* disk kayması
Bank¹ *f* (-; ⸚e) *Sitz⸚*: bank, sıra; *auf die lange ~ schieben* işi sallamak, işi sürüncemede bırakmak
Bank² *f* (-; -en) *Ekon.* banka; *Geld auf der ~ haben* bankada parası olmak; **~konto** *n* banka hesabı; **~leitzahl** *f* banka kodu; **~note** *f* banknot; kâğıt para
Bankomat *m* (-en; -en) bankamatik; otomatik para veznesi
bankrott *sıf.* batkın; müflis, iflas etmiş
Bankrott *m* (-s; -e) iflas; *~ machen* iflas etmek, batmak
Bank|schließfach *n* banka kasası; **~überfall** *m* banka soygunu; **~verbindung** *f* banka bağlantısı
bar *sıf.*: *(in) ~ bezahlen* nakit ödemek; *gegen ~* peşin olarak
Bar *f* (-; -s) bar; gece kulübü; *an der ~* barda

Bauunternehmer

Bär *m* (-en; -en) *Zoo.* ayı
Baracke *f* (-; -n) baraka
Bardame *f* barda çalışan kadın
barfuß *sıf. ve bel.* yalınayak
Bargeld *n* nakit para; **~automat** *m* → **Bankomat**; **⸚los** *sıf.* ciro (çek) ile; gayri nakdi
Barhocker *m* bar sandalyesi
Bariton *m* (-s; -e) *Müz.* bariton
Barmixer *m* barmen
Barometer *n* (-s; -) barometre, basınçölçer
Barpreis *m* peşin fiyat, efektif fiyat
Barriere *f* (-; -n) bariyer; engel
Barscheck *m Ekon.* para çeki
Bart *m* (-s; ⸚e) sakal; *sich e-n ~ wachsen lassen* sakal bırakmak
bärtig *sıf.* sakallı
Barzahlung *f* nakit ödeme, peşin ödeme; **~spreis** *m* peşin ödeme fiyatı
basieren *v/i* (h): *~ auf* (*D*) dayanmak
Basis *f* (-; Basen) *Grundlage*: temel
Bass *m* (-es; ⸚e) *Müz.* bas
Batterie *f* (-; -n) *El.* pil
Bau *m* (-s; Bauten) *Vorgang*: inşaat, yapım; *Gebäude*: bina, yapı; *Körper⸚*: bünye; *im ~* inşa halinde; **~arbeiten** *pl* inşaat *sg*, *Straße*: yapım çalışmaları *pl*; **~arbeiter** *m* inşaat işçisi
Bauch *m* (-s; ⸚e) karın; **~schmerzen** *pl*, **~weh** *n* (-s) karın ağrısı
bauen *v/t* (h) kurmak, *errichten*: inşa etmek; *herstellen*: imal etmek, üretmek, *Tek. az.* monte etmek
Bauer *m* (-n; -n) köylü; çiftçi; *Schach*: piyon
Bäuerin *f* (-; -nen) çiftçi (kadın); köylü kadın
Bauern|hof *m* çiftlik; **~möbel** *pl* köylü tarzı mobilya *sg*
bau|fällig *sıf.* yıkılmaya yüz tutmuş, harap, tamire muhtaç; **⸚genehmigung** *f* inşaat ruhsatı; **⸚gerüst** *n* inşaat iskelesi; **⸚jahr** *n* üretim/imal yılı; **~jahr 1986** 1986 model
Baum *m* (-s; ⸚e) ağaç; *auf dem ~* ağaçta; **~stamm** *m* (ağaç) gövde(si); *gefällter*: tomruk; **~sterben** *n* (-s) ağaç ölümü; **~wolle** *f* pamuk
Bau|platz *m* arsa; site; **⸚reif** *sıf.* inşaata hazır; **~sparkasse** *f* yapı tasarruf sandığı; **~stelle** *f* şantiye; inşaat yeri; *Straße*: yolda çalışma; **~unternehmer** *m* müteahhit

Bayer

Bay|er *m* (-n; -n), **~erin** *f* (-; -nen) Bavyeralı; **~(e)risch** *s/f.* Bavyera(lı) ...; **auf ~(e)risch** Bavyeraca; **~ern** *n* Bavyera
Bazillus *m* (-; -len) basil
Bd. *kıs.* = **Band** *m* cilt
Bde. *kıs.* = **Bände** *f/pl* ciltler
beabsichtigen *v/t* (h) niyet etmek, tasarlamak (**zu tun** bş. yapmaya)
beachten *v/t* (h) bşe dikkat etmek; *zur Kenntnis nehmen:* unutmamak; *Anweisungen, Regeln* uymak, riayet etmek, *Gesetz -e* uymak, itaat etmek; *nicht ~* uymamak, riayet etmemek; *ignorieren:* önem vermemek, tanımamak, *Ratschläge az.* aldırmamak, önemsememek
beachtlich *s/f. beträchtlich:* hatırı sayılır; önemli; *bemerkenswert:* dikkate değer
Beamt|e *m* (-n; -n), **~in** *f* (-; -nen) *Staats⁀:* devlet memuru; *Polizei⁀:* polis memuru; *Zoll⁀:* gümrük memuru
beanspruch|en *v/t* (h) *Recht, Eigentum vs.* hak iddia etmek; *Zeit, Raum* almak; *Tek.* zorlamak; **⁀ung** *f* (-; -en) *Tek., nervliche:* zorlama, zorlanma
beanstand|en *v/t* (h) *Ware vs.* kusurlu bulmak; *Einwand erheben gegen: -e* itiraz etmek; **⁀ung** *f* (-; -en) şikâyet (*G* hakkında); itiraz (bşe)
beantragen *v/t* (h) dilemek, talep etmek
beantwort|en *v/t* (h) yanıtlamak, cevaplamak; **⁀ung** *f* (-; -en) yanıt(lama), cevap(lama); *in* **⁀ung** (*G*) -*e* yanıt olarak, -*e* cevap olmak üzere
bearbeit|en *v/t* (h) *Sachgebiet vs.* işlemek, *Fall az.* ile ilgilenmek; *für Bühne vs.:* uyarlamak; *Müz.* düzenlemek; **⁀ung** *f* (-; -en) işlem; *Tiy. vs.* uyarlama; *Müz.* düzenleme; **⁀ungsgebühr** *f* işlem harcı; *Bank:* muamele/servis ücreti
beaufsichtigen *v/t* (h) denetlemek, teftiş etmek; *Kind -e:* bakmak
beauftragen *v/t* (h): *j-n ~, et. zu tun* b-ni bşle görevlendirmek, *formell:* direktif vermek, *Künstler.* sipariş vermek; *j-n mit e-m Fall ~* b-ni bir olayla ilgili görevlendirmek
bebauen *v/t* (h) *Mimar.* inşaat yapmak
Becher *m* (-s; -) bardak; kupa

Becken *n* (-s; -) *Schwimm⁀:* havuz; *Anat.* leğen
bedanken (h): *sich ~* teşekkür etmek (*bei j-m* b-ne; *für et.* bş için)
Bedarf *m* (-s) ihtiyaç (*an D* -e); *Ekon.* talep; **~shaltestelle** *f* gerektiğinde kullanılan durak/istasyon
bedauerlich *s/f.* acınacak, üzücü; **~erweise** *bel.* maalesef; ne yazık ki
bedauern *v/t* (h) *j-n* b-ne acımak; *et.* -den üzüntü duymak
Bedauern *n* (-s) üzüntü, esef (*über A* -den); *zu meinem (großen) ~* (büyük) üzüntü duymama rağmen
bedecken *v/t* (h) örtmek
bedeckt *s/f. Himmel:* kapalı
bedenken *v/t* (*krldş.*, h, → *denken*) bş üzerinde durup düşünmek
Bedenk|en *pl Zweifel:* kuşku; tereddüt; *moralische:* endişeler *pl*; *Einwände:* itiraz; **⁀lich** *s/f. zweifelhaft:* kuşkulu; *ernst:* ciddi, *stärker.* kritik; **~zeit** *f: e-e Stunde ~zeit* bir saat düşünme süresi
bedeuten *v/t* (h) anlamına gelmek; -*i* ifade etmek; **⁀d** *s/f.* önemli; *beträchtlich:* hayli; epey; önemli; *angesehen:* saygın; ünlü; hatırı sayılır
Bedeutung *f* (-; -en) anlam; *Wichtigkeit:* önem, değer; **⁀slos** *s/f.* önemsiz; *ohne Sinn:* anlamsız; **⁀svoll** *s/f.* önemli; *viel sagend:* anlamlı
bedien|en (h) **1.** *v/t j-n* b-ne hizmet etmek (*az. Kunden*); *Tek.* kullanmak, işletmek; **2.** *sich ~en* k-ne servis yapmak, (yiyeceklerden) almak; **⁀ung** *f* (-; -en) servis; *Kellner(in):* garson (kız); *Tek.* kullanım; **⁀ungsanleitung** *f* kullanım kılavuzu
Bedingung *f* (-; -en) koşul, şart; **~en** *pl Ekon., Huk. az. Verhältnisse:* koşullar, şartlar *pl*; *unter der ~, dass* -mesi koşuluyla/şartıyla
bedroh|en *v/t* (h) tehdit etmek; **~lich** *s/f.* tehdit edici; **⁀ung** *f* (-; -en) tehdit (*G* -e)
bedrücken *v/t* (h) sıkmak
beeilen (h): *sich ~* acele etmek; *beeil dich!* acele et!, çabuk ol!
beeindrucken *v/t* (h) üzerinde etki uyandırmak
beeinfluss|en *v/t* (h) etkilemek; *nachteilig:* etkisi altına almak; **⁀ung** *f* (-; -en) etkileme

Begräbnis

beeinträchtigen *v/t* (h) olumsuz etkilemek; hasar meydana getirmek
beenden *v/t* (h) bitirmek
beerben *v/t* (h): *j-n ~* b-nin mirasçısı olmak; b-nden miras almak
beerdig|en *v/t* (h) gömmek, defnetmek; **♀ung** *f* (-; -en) defin (töreni)
Beere *f* (-; -n) (çilek vs.) meyve tanesi; *Wein♀*: üzüm tanesi
Beet *n* (-s; -e) tarh, *Gemüse♀*: *az.* tarla bölmesi
befahrbar *sıf.* araç geçebilir; geçilebilir; trafiğe elverişli; *Gemi.* sefere elverişli
befangen *sıf. scheu*: utangaç, çekingen; taraflı (*az. Huk.*); **♀heit** *f* (-) *Huk.* taraf tutma; tarafsız olmama
befassen (h): *sich ~* ilgilenmek (*mit* ile)
Befehl *m* (-s; -e) emir, komut; *auf ~ von* (*veya G*) -in emri üzerine
befehlen *v/t* (befahl, befohlen, h) emretmek (*j-m et. ~* b-ne bş yapmasını)
Befehlshaber *m* (-s; -) komutan
Befehlszeile *f Cmp.* komut satırı
befestigen *v/t* (h) tahkim etmek; bağlamak (*an D* bye), iliştirmek (bye)
befinden (*krldş.* h, → *finden*): *sich ~* bulunmak, byde olmak
Befinden *n* (-s) (sağlık) durum(u)
befolgen *v/t* (h) *Rat*: yerine getirmek; *Vorschrift* uymak, riayet etmek
beförder|n *v/t* (h) taşımak, nakletmek; *Ekon.* ulaştırmak, sevketmek; *im Rang vs.*: terfi ettirmek (*zu* -e); **♀ung** *f* taşıma; *Ekon.* sevk; terfi
befragen *v/t* (h) sormak (*über A* b-ne bş), soruşturmak (bş hakkında); *interviewen*: mülakat yapmak; *konsultieren*: bilgisini almak (*wegen*, *in D* bş hakkında)
befrei|en *v/t* (h) *retten*: kurtarmak; *von Pflichten vs.*: muaf tutmak/kılmak (*von* -den); **♀ung** *f* (-) kurtarma; muafiyet
befreunden *v/refl* (h): *sich mit j-m ~* b-yle dostluk/arkadaşlık kurmak
befreundet *sıf.*: (*miteinander*) *~ sein* birbiriyle dost/arkadaş *veya* çok yakın olmak
befriedig|en *v/t* (h) tatmin etmek; *~end sıf.* tatmin edici; **♀ung** *f* (-) tatmin; *Zufriedenheit*: hoşnutluk, memnuniyet, doyum
befristet *sıf.* vadeli; süreli (*auf A* ile)
Befugnis *f* (-; -se) yetki
befugt *sıf.* yetkili (*zu tun* yapmaya)
Befund *m* (-s; -e) *Tıp* bulgu; *ohne ~* bulgu yok
befürcht|en *v/t* (h) korkmak; endişe etmek; *vermuten*: kuşku duymak; **♀ung** *f* (-; -en) korku; endişe; kuşku
befürworten *v/t* (h) uygun bulmak; onamak; *unterstützen*: desteklemek
Befürworter *m* (-s; -), *~in f* (-; -nen) destekleyici; uygun bulan
begab|t *sıf.* yetenekli; hünerli; **♀ung** *f* (-; -en) hüner; (doğuştan) yetenek; Allah vergisi
begegn|en *v/i* (sn) rastlamak; **♀ung** *f* (-; -en) karşılaşma; raslantı
begehen *v/t* (*krldş.*, h, → *gehen*) *Geburtstag vs.* kutlamak; *Verbrechen* işlemek; *Fehler* yapmak
begeister|n (h) **1.** *v/t* coşturmak; **2.** *v/refl*: *sich ~n für* bşe çok ilgi duymak; **♀ung** *f* (-) coşku, heyecan
Beginn *m* (-s) başlangıç, başlama; *zu ~* başında; **♀en** *v/t ve v/i* (begann, begonnen, h) başlamak
beglaubigen *v/t* (h) onaylamak; *beglaubigte Abschrift* onaylı suret
begleichen *v/t* (*krldş.* h, → *gleichen*) *Ekon.* (hesabı/faturayı/açığı) ödemek
begleit|en *v/t* (h) eşlik etmek (*az. Müz. auf D* -de); *j-n nach Hause ~en* b-ne eve kadar götürmek; **♀er** *m* (-s; -), *~erin f* (-; -nen) refakatçi; eşlik eden; *Müz.* birlikte çalan; **♀schreiben** *n* refakat mektubu; **♀ung** *f* (-; -en) eşlik, refakat; katılma; *az. Müz. in* **♀ung von** (*veya G*) ... eşliğinde
beglückwünschen *v/t* (h) kutlamak, tebrik etmek (*zu* b-ni bşden dolayı)
begnadig|en *v/t* (h) bağışlamak; *Pol.* affetmek; **♀ung** *f* (-; -en) bağışlama; *Pol.* af
begnügen *v/refl* (h): *sich ~ mit* yetinmek (ile); *auskommen*: bşle idare etmek
begraben *v/t* (*krldş.* h, → *graben*) gömmek (*az. mec.*)
Begräbnis *n* (-ses; -se) gömme; defin (töreni)

begreifen *v/t* (krldş. h, → **greifen**) kavramak

begreiflich *sıf.* kavranabilir, anlaşılır

begrenzen *v/t* (h) *mec.* sınırlamak (**auf** *A* ile), daraltmak

Begriff *m* (-s; -e) *Vorstellung*: düşünme; tasarlama; *Ausdruck*: kavram; *im ~ sein zu tun* yapmak üzere olmak

begründ|en *v/t* (h) *mec.* gerekçelemek, gerekçe göstermek; **ℒung** *f* (-; -en) gerekçe(leme)

begrüß|en *v/t* (h) selamlamak (*az. willkommen heißen*); (memnuniyetle) karşılamak (*az. mec.*); **ℒung** *f* (-; -en) selamlama

begünstigen *v/t* (h) tercih etmek; himaye etmek

begutachten *v/t* (h) bş hakkında rapor vermek; *prüfen*: incelemek; *~ lassen* bş hakkında rapor almak

begütert *sıf.* zengin; servet sahibi; varlıklı

behaart *sıf.* kıllı

behalten *v/t* (krldş., h, → **halten**) tutmak, bulundurmak; (**für sich** kendine) saklamak; *sich merken*: hatırında/aklında tutmak

Behälter *m* (-s; -) kap; konteyner

behandeln *v/t* (h) ele almak; *-e* davranmak; *-e* muamele etmek; *Tıp* tedavi etmek; *az. Tek.* işlemek

Behandlung *f* (-; -en) muamele; davranış; tedavi; *in* (*ärztlicher*) *~ sein* tedavi görmek

behaupten (h) **1.** *v/t* iddia etmek; savunmak (*dass* -dığını); **2.** *v/refl.*: *sich ~* dayanmak, sabit olmak

Behauptung *f* (-; -en) iddia; sav

beheben *v/t* (krldş. h, → **heben**) *Schaden vs.* gidermek

behelfen *v/refl* (krldş. h, → **helfen**): *sich ~ mit* başının çaresine bakmak (ile); *sich ~ ohne* bşe muhtaç olmamak, çare bulmak

beherbergen *v/t* (h) almak, barındırmak

beherrschen (h) **1.** *v/t Pol. vs.* hüküm sürmek, yönetmek; *Lage, Markt vs.* *-e* hakim/egemen olmak; *Sprache* iyi bilmek; **2.** *sich ~* kendine hakim olmak

Beherrschung *f* (-) hakimiyet (*G* -e); hakim (-e, -in); *Selbstkontrolle*: kendine hakimiyet; *die ~ verlieren* kendini kaybetmek

beherzigen *v/t* (h) bşe candan sarılmak; (öğüt vs.) kulak vermek

behilflich *sıf.*: *j-m ~ sein* b-ne yardımcı olmak (*bei* -de)

behinder|t *sıf.* engelli; özürlü; *geistig ~t* zihin özürlü; **ℒte** *m, f* (-n; -n) özürlü kişi; *~tengerecht sıf.* özürlülere uygun; **ℒung** *f* (-; -en) özür; engel

Behörde *f* (-; -n) (resmi) makam, daire; *die ~n pl* resmi makamlar

bei *ilg.*: *~ München* Münih yakınlarında; *~ Müller Adresse*: Müller ailesi eliyle; *ich habe kein Geld ~ mir* yanımda para yok; *~ e-r Tasse Tee* bir bardak çay içerken; *~ meiner Ankunft* geldiğimde; *~ Regen* yağmur yağması halinde (*veya* yağarken); *~ weitem* büyük farkla; → *Nacht, Tagesanbruch vs.*

beibringen *v/t* (krldş. ayr. -ge-, h, → **bringen**) *lehren*: öğretmek; *mitteilen*: (uygun bir dille) söylemek

beide *sıf.* her iki; *zam.* her ikisi; *meine ~n Brüder* benim iki kardeşim; *wir ~* biz ikimiz; *betont:* her birimiz; *keiner von ~n* ikisi de değil; hiçbiri

Beifahrer *m* şoför yanında oturan kişi, seyahat arkadaşı

Beifall *m* (-s) alkış

Beihilfe *f* (-) *Huk.* ek yardım; para yardımı

Beilage *f Zeitung*: ilave, ek; *Essen*: garnitür, *Gemüse*: garnitür sebze

beileg|en *v/t* (*ayr.* -ge-, h) *e-m Brief*: *-e* eklemek, *-e* ilave etmek; *Streit* yatıştırmak; **ℒung** *f* (-) yatıştırma, uzlaştırma

Beileid *n* (-s): *j-m sein ~ aussprechen* b-ne taziyelerini bildirmek; (*mein*) *herzliches ~!* başınız sağ olsun; *~skarte* f başsağlığı kartı

beiliegen *v/i* (krldş. *ayr.* -ge-, h, → **liegen**) ilişikte bulunmak (*D* -e)

beil. *kıs.* = *beiliegend* ilişikte(ki), ekte(ki)

beim (= *bei dem*) *ilg.*: *~ Bäcker* fırıncıda; *~ Sprechen* konuşurken

beimessen *v/t* (krldş. *ayr.* -ge-, h, → **messen**): *Bedeutung ~* önem vermek; değer vermek (*D* -e)

Bein *n* (-s; -e) bacak; *Tisch*: ayak; *Hose vs.*: paça

Beleuchtung

beinah(e) *bel.* hemen hemen, neredeyse

Beinbruch *m* bacak kırılması, bacakta kemik kırılması

beipflichten *v/i (ayr.* -ge-, h) (*D* b-nin fikrini) uygun görmek; (*D* b-nin fikrini) paylaşmak

Beisein *n: im ~ von (veya G)* ... varken; -in yanında

beisetz|en *v/t (ayr.* -ge-, h) gömmek; defnetmek; **Qung** *f* (-; -en) defin

Beispiel *n* (-s; -e) örnek; *zum ~* örneğin; **Qhaft** *sıf.* örnek olacak nitelikte/değerde; **Qlos** *sıf.* eşsiz, emsalsiz; *noch nie dagewesen:* eşi görülmemiş; **Qsweise** *bel.* örnek olarak; örneğin

beißen *v/t ve v/i* (biss, gebissen, h) ısırmak (*az. mec.*); *~ in (A)* bşi ısırmak; *~d sıf. Wind, Kritik vs.:* yakıcı; acı; *Geruch:* keskin

beistehen *v/i (krdlş. ayr.* -ge-, h, → *stehen*) *j-m* b-ne yardım etmek

beisteuern *v/t (ayr.* -ge-, h) katkıda bulunmak, iane vermek (*zu* -e)

Beitrag *m* (-s; ⁻e) katkı; *Mitglieds*Q: aidat, ödenti

bei|treten *v/t (krdlş. ayr.* -ge-, sn, → *treten*) katılmak (*D* -e), girmek; üye olmak; **Qtritt** *m* (-s; -e) girme, katılma

beiwohnen *v/i (ayr.* -ge-, h) (*D* -de) hazır bulunmak; bşin tanığı olmak

bekämpfen *v/t* (h) savaşmak (ile, -e karşı); *Feuer* (söndürmeye) çalışmak

bekannt *sıf.* herkesçe bilinen (*D* tarafından); *berühmt:* ünlü; *vertraut:* tanıdık; *~ geben* duyurmak, ilan etmek; *~ machen* resmi olarak duyurmak, ilan etmek; *j-n mit j-m ~ machen* b-ni b-yle tanıştırmak

Bekannte *m, f* (-n; -n) tanıdık (kişi), *gnl.* arkadaş

Bekannt|gabe *f* (-) duyuru, ilan; **Qlich** *bel.* bilindiği gibi; **~machung** *f* (-; -en) resmi duyuru, ilan; **~schaft** *f* (-; -en) tanışma; malumat; tanıdıklar *pl*

bekennen *v/refl (krdlş.* h, → *kennen*): *sich schuldig ~ Huk.* suçunu itiraf etmek, kabul etmek; *sich ~ zu* e-*m* *Anschlag* sorumluluğu üstlenmek

beklagen *v/refl* (h): *sich ~* şikâyette bulunmak (*über A* bş. hakkında)

Bekleidung *f* (-; -en) giyim, giysiler *pl*

bekommen (*krdlş.* h, → *kommen*) **1.** *v/t* (h) almak, *Tıp az.* -e yakalanmak; *Zug vs.* yakalamak; ***sie bekommt ein Kind*** çocuğu olacak; **2.** *v/i* (sn): *j-m* (*gut*) *~* b-ne iyi gelmek; *j-m nicht (veya schlecht) ~* b-ne iyi gelmemek; b-ne dokunmak

beladen *v/t (krdlş.* h, → *laden*) yüklemek

Belag *m* (-s; ⁻e) *Schicht:* tabaka; *Fußboden*Q: kaplama; *Straßen*Q: yüzey; *Brems*Q: (fren) balata(sı); *Zungen*Q: pas; *Zahn*Q: plak, tartar; *Brot*Q: ekmek üzeri tereyağı, sucuk *vs., Aufstrich:* sürülen tereyağı *vs.*

belast|bar *sıf.* yük *veya* sıkıntı kaldırır; **~en** *v/t* (h) *El., Tek.* yüklenmek; *Psi., az. Beziehung vs.* sıkıntıya/zora sokmak; *Huk.* suçlamak; ***j-s Konto ~en mit*** *Ekon.* b-ni ...-lik meblağ ile borçlandırmak

belästig|en *v/t* (h) rahatsız etmek (*mit* ile); *sexuell:* taciz/sarkıntılık etmek; **Qung** *f* (-; -en) rahatsızlık; taciz

Belastung *f* (-; -en) *El., Tek.* yükle(n)me; *psychische:* sıkıntı; *~szeuge m Huk.* amme şahidi

belaufen *v/refl (krdlş.* h, → *laufen*): *sich ~ auf* (*A*) -e erişmek

beleben *v/t* (h) canlandırmak

belebt *sıf. Straße vs.:* kalabalık, işlek

Beleg *m* (-s; -e) *Quittung:* kasa fişi, makbuz; *Beweis:* kanıt; *Quelle:* kaynak

belegen *v/t* (h) kaplamak; *Platz vs.* işgal etmek, tutmak; *beweisen:* bşe kanıt göstermek; *Kurs vs.* -e yazılmak, kaydolmak; ***den ersten Platz ~*** ilk sırayı almak

Belegschaft *f* (-; -en) çalışanlar *pl*, personel

belegt *gnl.* meşgul; *Platz:* tutulmuş; *Hotel vs.* dolu; *Stimme* boğuk, kısık; *Zunge* paslı; ***~es Brot*** dilim sandöviç

beleidig|en *v/t* (h) incitmek, kırmak (*az. mec.*), *stärker:* hakaret etmek; sövmek; **~end** *sıf.* kırıcı, incitici; hakaret edici; **Qung** *f* (-; -en) incitme, kırma; hakaret

belesen *sıf.* çok okumuş; bilgili

beleucht|en *v/t* (h) ışıklandırmak, aydınlatmak; **Qung** *f* (-; -en) ışıklandırma, aydınlatma; ışık

Belgien

Belgi|en *n* Belçika; **~er** *m* (-s; -), **~erin** *f* (-; -nen) Belçikalı; **2sch** *sıf.* Belçika(lı)
belicht|en *v/t* (h) *Fot.* ışık vermek; **2ung** *f* (-; -en) ışık verme (süresi); **2ungsmesser** *m* (-s; -) pozometre, ışıkölçer
beliebt *sıf.* sevilen (*bei* tarafından); **2heit** *f* (-) rağbet, popülerlik
beliefern *v/t* (h) -e mal vermek; servis yapmak (*mit* ile)
bellen *v/i* (h) havlamak
belohnen *v/t* (h) ödüllendirmek
Belohnung *f* (-; -en) ödül; *zur ~* ödül olarak
belügen *v/t* (*krldş.* h, → *lügen*): *j-n ~* b-ne yalan söylemek
bemängeln *v/t* (h) bşde kusur bulmak
bemannt *sıf.* insanlı
bemerk|bar *sıf.* fark edilebilir; *sich ~bar machen Person:* kendini belli etmek; *Sache:* kendini göstermek; **~en** *v/t* (h) bşin farkına varmak; *-e* dikkat etmek; *äußern:* ifade etmek; **~enswert** *sıf.* kayda değer (*wegen* nedeniyle); **2ung** *f* (-; -en) ifade; söz, demeç (*über A* hakkında)
bemitleiden *v/t* (h) b-ne acımak, merhamet duymak; **~swert** *sıf.* acıklı; acınacak durumda
bemühen *v/refl* (h) çaba sarfetmek; *sich ~ um et.:* bşi yapmak için çabalamak; *j-n:* b-nden yardım almaya çalışmak; *bitte ~ Sie sich nicht!* lütfen zahmet etmeyin(iz)
Bemühung *f* (-; -en) çaba; gayret
benachbart *sıf.* bitişik (*Haus vs.*); yakın (*Stadt*)
benachrichtig|en *v/t* (h) haberdar etmek (*von* b-ni bşden); **2ung** *f* (-; -en) haber verme; haber, bilgi
benachteilig|en *v/t* (h) b-ni zarara sokmak; *özl. sozial:* b-ne haksızlık etmek, b-ni mağdur etmek; **2ung** *f* (-; -en) zarara sokma; haksızlık; mağduriyet (*G* karşısında)
benehmen *v/refl* (*krldş.* h, → *nehmen*) davranmak; hareket etmek (*gegenüber* b-ne karşı)
Benehmen *n* (-s) davranış; tutum; tavır; *Manieren:* görgü, terbiye
beneiden *v/t* (h) b-ni imrenmek, b-ne gıpta etmek; *j-n um et. ~ az.* b-nden bşi kıskanmak; **~swert** *sıf.* imrenilecek, gıpta edilecek
BENELUX *kıs.* = *Belgien, Niederlande, Luxemburg* Belçika, Hollanda, Lüksemburg
benötigen *v/t* (h) *-e* ihtiyacı olmak
benutz|en *v/t* (h) bşi kullanmak; bşden yararlanmak; *Verkehrsmittel ... ile gitmek;* **2ung** *f* (-) kullanma; yararlanma
Benzin *n* (-s; -e) *Oto.* benzin; **~gutschein** *m* benzin kuponu
beobacht|en *v/t* (h) gözlemlemek *az. Tıp; Polizei:* gözetlemek; **2ung** *f* (-; -en) gözlem; gözetim; *unter 2ung stehen* gözlem altında olmak
bequem *sıf.* rahat; *faul:* tembel; rahatını seven; **2lichkeit** *f* (-) rahatlık, kolaylık; konfor
berat|en (*krldş.* h, → *raten*) **1.** *v/t j-n:* b-ne öğüt vermek (*bei* -de); *et.:* bşi tartışmak; görüşmek; **2.** *v/refl: sich mit j-m ~en* b-ne bş danışmak (*über A*); b-yle bş görüşmek; **2er** *m* (-s; -) danışman, müşavir; **2ung** *f* (-; -en) danışma; *Besprechung:* görüşme
berauben *v/t* (h) soymak; (*G*) *-i* elinden almak
berechn|en *v/t* (h) hesaplamak; *schätzen:* tahmin etmek (*auf A*); *j-m 100 Mark für et. ~en* b-ne bş için 100 marklık hesap çıkarmak; **~end** *sıf.* sadece kendini (hesabını) düşünen, bencil; **2ung** *f* (-; -en) hesaplama (*az. mec.*); tahmin
berechtig|en *v/t* (h) b-ne yetki vermek (*zu* bş yapmaya); *ermächtigen:* b-ne izin vermek (bş yapmaya); **2ung** *f* (-; -en) hak (*zu* -e); yetki
Bereich *m* (-s; -e) bölge; *mec. az.* alan, saha
bereichern *v/refl* (h) zengin olmak; *sich ~ an* (*D*), *auf Kosten* (*G*) başkalarının sırtından zenginleşmek
Bereifung *f* (-; -en) tekerlek takma; tekerlekler *pl*
bereit *sıf.* hazır (*zu* bşe, bş yapmaya, *az. gewillt*); **~s** *bel.* çoktan; *nur:* hemen hemen
bereuen *v/t* (h) pişman olmak (*et. getan zu haben* bş. yapmış olmaktan)
Berg *m* (-s; -e) dağ; *~e von* F yığınla ..., dağ gibi ...; *die Haare standen ihm zu ~e* saçları (korkudan) dimdik

olmuştu; ℒab *bel.* yokuş aşağı; ℒauf *bel.* yokuş yukarı

bergen *v/t* (barg, geborgen, h) (tehlikeden) kurtarmak; *Leichen, Güter* çıkarmak

Bergführer(in *f*) *m* dağ rehberi

bergig *sıf.* dağlık; engebeli

Berg|steigen *n* (-s) dağcılık; **~steiger(in** *f*) *m* dağcı, dağ sporcusu; **~wandern** *n* (-s) dağda yürüyüş

Bericht *m* (-s; -e) rapor (*über A* hakkında); *Beschreibung:* haber

berichten (h) **1.** *v/t* bildirmek; *j-m et.* ~ b-ne bş hakkında bilgi vermek; *erzählen:* anlatmak; **2.** *v/i: über et.* ~ bş. hakkında rapor vermek, *in der Presse: az.* haber vermek

Berichterstatt|er *m* (-s; -) *Presse:* muhabir, *auswärtiger.* (dış) muhabir; **~ung** *f* (-; -en) haber verme, *in der Presse: az.* inceleme-haber

berichtig|en *v/t* (h) düzeltmek, tashih etmek (*A* bşi hatasını *vs.*); ℒ**ung** *f* (-; -en) düzeltme, tashih

berüchtigt *sıf.* adı çıkmış; dile düşmüş (**wegen** *-den* dolayı)

berücksichtigen *v/t* (h) dikkate almak; göz önüne almak

Berücksichtigung *f* (-): *unter* ~ *von* (*veya G*) göz önünde tutarak

Beruf *m* (-s; -e) meslek, iş; *akademischer.* uğraşı alanı; *Handwerk:* sanat

berufen 1. *v/t* atamak, tayin etmek; **2.** *v/refl* (*krldş.* h, → **rufen**)*: sich ~ auf* (*A*) bşi tanık göstermek; bşe gönderimde bulunmak

beruflich 1. *sıf.* mesleki *az. Ausbildung vs.*; → **Mobilität**; **2.** *bel.:* ~ *unterwegs* iş gereği seyahatte

Berufs|anfänger *m* mesleğe yeni başlayan; **~ausbildung** *f* mesleki eğitim; **~beratung** *f* mesleki danışma; ℒ**tätig** *sıf.* meslek sahibi; ℒ**tätig sein** bir işte çalışmak; **~verkehr** *m* iş zamanı trafiği

Berufung *f* (-; -en) *Ernennung:* ata(n)ma (**zu** *-e*); *unter ~ auf* (*A*) *-e* istinafen; *in die ~ gehen, ~ einlegen Huk.* temyize gitmek; temyiz etmek (**gegen** *-e* karşı)

beruhen *v/i* (h): ~ *auf* (*D*) *-e* dayanmak; *et. auf sich ~ lassen* bşi olduğu gibi (*veya* yerde) bırakmak

beruhig|en (h) **1.** *v/t* yatıştırmak; *Gewissen* rahatlatmak; *Nerven* sakinleştirmek; **2.** *v/refl* yatışmak; *Lage:* sakinleşmek; ℒ**ungsmittel** *n Tıp* müsekkin; yatıştırıcı ilaç

berühmt *sıf.* ünlü (**wegen, für** ile); ℒ**heit** *f* (-; -en) ün, şan, şöhret; *Person:* ünlü kişi

berühr|en *v/t* (h) *-e* değmek; *seelisch: az. -e* dokunmak; *betreffen:* ilgilendirmek; ℒ**ung** *f* (-; -en) değme; dokunma; *in* ℒ**ung kommen** temas kurmak (**mit** ile)

bes. *kıs.* = **besonders** özellikle

Besatzung *f* (-; -en) *Hava., Gemi.* mürettebat

beschädig|en *v/t* (h) *-e* ziyan vermek; ℒ**ung** *f* (-; -en) ziyan/zarar (verme) (*G* *-e*)

beschäftigen (h) **1.** *v/t* meşgul etmek; *zu tun geben:* çalıştırmak; istihdam etmek; **2.** *v/refl: sich ~ mit* ile uğraşmak; *e-m Problem:* meşgul olmak

beschäftigt *sıf.* meşgul (**mit** ile; *damit, et. zu tun* bş. yapmakla); ~ *bei* ... yanında çalışan

Beschäftig|te *m, f* (-n; -n) çalışan (kişi); **~ung** *f* (-; -en) *Tätigkeit:* uğraşı; çalışma; *Anstellung:* iş

beschäm|en *v/t* (h) utandırmak; **~end** *sıf.* utandırıcı; **~t** *sıf.* mahcup (*über A -den*)

Bescheid *m* (-s; -e) yanıt, cevap; ~ *bekommen* yanıt almak; *j-m ~ geben* b-ne bilgi vermek (*über A* bş. hakkında); ~ *wissen* bilgili olmak (*über A* bş. hakkında)

bescheiden *sıf.* mütevazi, alçakgönüllü; ℒ**heit** *f* (-) tevazu, alçakgönüllülük

bescheinig|en *v/t* (h) onaylamak, belgelemek; *den Empfang* (*G*) **~en** -in alındığını onaylamak; *hiermit wird bescheinigt, dass* -diğini bildirir onaydır; ℒ**ung** *f* (-; -en) *Schein:* belge; onay; *Quittung:* makbuz

bescheißen *v/t* (*krldş.* h, → **scheißen**) P faka bastırmak, aldatmak (*um* b-ni bşle)

beschenken *v/t* (h): *j-n ~* b-ne hediye vermek; *reich:* hediyelere boğmak

beschimpfen *v/t* (h) b-ne küfretmek; b-ne hakaret etmek

Beschlagnahme *f* (-; -en) el koyma,

beschlagnahmen 342

haciz, zor alım; ⤴n *v/t* (h) bşe elkoymak, bşi haczetmek
beschleunigen *v/t* (h) *Vorgang* hızlandırmak
beschließen *v/t* (*krldş.* h, → **schließen**) karar vermek (**zu tun** yapmaya); *beenden*: bitirmek
Beschluss *m* (-es; ⁓e) karar
beschränk|en *v/refl* (h) kısıtlamak (*auf A* ile; *darauf, zu tun* yapmakla); **⁓t** *sıf.* sınırlı; *einfältig*: dar kafalı, yeteneksiz
beschreib|en *v/t* (*krldş.* h, → **schreiben**) tarif etm.; ⤴ung *f* (-; -en) tarif
beschuldig|en *v/t* (h) suçlamak (*G* ile), *Huk. az.* itham etmek (ile); ⤴ung *f* (-; -en) suçlama, *Huk. az.* itham
beschützen *v/t* (h) korumak (*vor D, gegen* -den)
Beschwerde *f* (-; -n) şikâyet (*über A* bş. hakkında); **⁓n** *pl Tıp* şikâyet *sg* (*mit* -den), *Schmerzen az.* ağrı *sg*
beschweren *v/refl* (h) şikâyet etmek (*über A* b-ni, bşden *bei* -e)
beschwichtigen *v/t* (h) susturmak, sakinleştirmek; yatıştırmak (*az. Pol.*)
beschwipst *sıf.* F çakırkeyif
beschwören *v/t* (*krldş.* h, → **schwören**) *et.* bşe yemin etmek
beseitig|en *v/t* (h) yok etmek; *Abfall az.* (ortadan) kaldırmak; *Missstand, Fehler vs.* gidermek; ⤴ung *f* (-) yok etme; ortadan kaldırma; tasfiye
Besen *m* (-s;-) süpürge; **⁓stiel** *m* süpürge sapı
besetzen *v/t* (h) *Sitzplatz, Land vs.* almak, işgal etmek; *Stelle vs.* tutmak; *Tiy. Rollen* dağıtmak; *Kleid* süslemek (*mit* ile); *Haus* işgal etmek
besetzt *sıf.* meşgul, *az. Tel., Toilette*: *Platz*: sahibi var; *Bus, Zug vs.*: dolu; ⤴zeichen *n Tel.* meşgul sesi
Besetzung *f* (-; -en) *Ask.* işgal; *Tiy.* rol dağılımı
besichtig|en *v/t* (h) byi gezmek; *prüfend*: incelemek, yoklamak; ⤴ung *f* (-; -en) gezme (*G* byi); inceleme, yoklama
besiedeln *v/t* (h) *sich ansiedeln*: bye yerleşmek; *bevölkern*: bye insan yerleştirmek; *kolonisieren*: byi iskan etmek
besiegen *v/t* (h) *gnl.* yenmek, mağlup etmek

Besinnung *f* (-) bilinç; *die ⁓ verlieren* kendinden geçmek; bilincini yitirmek; ⤴slos *sıf.* bilinçsiz, baygın
Besitz *m* (-es, *pl yok*) mal; sahiplik; *Eigentum*: mülkiyet; *im ⁓ sein von -in* sahibi olmak; ⤴en *v/t* (*krldş.* h, → *sitzen*) -e sahip olmak
Besitzer *m* (-s; -), **⁓in** *f* (-; -nen) sahip; *den ⁓ wechseln* el değiştirmek
besonder *sıf.* özel; *bestimmt*: bel(ir)li; *außergewöhnlich*: kuraldışı, müstesna; *getrennt*: ayrı; ⤴heit *f* (-; -en) özellik
besonders *bel.* özellikle, bilhassa; *außergewöhnlich*: müstesna olarak; *getrennt*: ayrıca
besorgen *v/t* (h): *sich et. ⁓* k-ne bş satın almak (*veya* tedarik etmek)
besorgniserregend *sıf.* endişe verici
besorgt *sıf.* endişeli (*um* için), b-ni düşünen
Besorgung *f* (-; -en): ⤴en *machen* alışveriş yapmak
besprech|en *v/t* (*krldş.* h, → *sprechen*) karşılıklı konuşmak; bir konuyu görüşmek; *Buch vs.* tanıtmak; ⤴ung *f* (-; -en) tartışma; görüşme; tanıtma yazısı
besser *sıf. ve bel.* daha iyi (*als* -den); *es ist ⁓, wir fragen ihn* ona soralım daha iyi; *es geht ihm ⁓* kendisini daha iyi hissediyor; *oder ⁓ gesagt* ya da başka bir ifadeyle; *ich weiß (kann) es ⁓* ben daha iyisini biliyorum (yapabilirim)
bessern *v/refl* (h) düzelmek, iyileşmek
Besserung *f* (-) düzelme, iyileşme; *gute ⁓!* geçmiş olsun
Bestand *m* (-s; ⁓e) varlık; *Vorrat*: mevcut (*an D* -in); *⁓ haben* devam etmek, sürmek
beständig *sıf.* devamlı, sürekli; kararlı; sabit; *Wetter*: değişmez
Bestandteil *m* (-s; -e) bşin bileşeni; parça; *fester ⁓* (*G*) bşin ayrılmaz parçası
bestätig|en *v/t* (h) onaylamak (*az. Auftrag*); *bescheinigen*: belgelemek; *Empfang* bşin alındığını bildirmek; ⤴ung *f* (-; -en) onay; belge; alındı, makbuz
bestatt|en *v/t* (h) gömmek, defnet-

mek; ♀**ung** *f* (-; -en) gömme; defin; ♀**ungsinstitut** *n* cenaze işleri firması
beste *sıf.* en iyi; *bel.* en iyi bir şekilde; **am ~n** en iyisi; **welches gefällt dir am ~n?** en çok hangisini beğeniyorsun?; **es ist das** ♀ *(veya* **am ~n ist es), Sie nehmen den Bus** en iyisi *(veya* iyisi mi) siz otobüsle gidin
Beste *m, f, n* (-n; -n) en iyi (kişi *veya* şey); *das ~ geben* elinden geleni yapmak; *das ~ machen aus* bşin en iyisini yapmak; *(nur) zu deinem ~n* (sadece) senin iyiliğin/çıkarın için
bestech|en *v/t (krldş.* h, → *stechen)* b-ne rüşvet vermek; **~lich** *sıf.* rüşvet alıcı; ♀**ung** *f* (-; -en) rüşvet (alma/verme)
Besteck *n* (-s; -e) çatal-bıçak takımı
bestehen *(krldş.* h, → *stehen)* **1.** *v/t Probe* başarmak; *Prüfung* geçmek; **2.** *v/i* var olmak, bulunmak; *~ auf (D)* bşde ısrar etmek; *~ aus -*den oluşmak; *~ bleiben* sürmek, devam etmek
besteigen *v/t (krldş.* h, → *steigen) Berg -e* çıkmak; tırmanmak; *Fahrzeug, Pferd -e* binmek; *Thron -e* çıkmak
bestell|en *v/t (krldş.* h, → *stellen) Waren, Speisen vs.* sipariş etmek; *Zimmer, Karten* ayırtmak; *Taxi* çağırmak; *kann ich et. ~en?* bir mesaj/not bırakabilir miyim?; ♀**formular** *n*, ♀**schein** *m* sipariş formu; ♀**ung** *f* (-; -en) sipariş, yer/oda/kart vs. ayır(t)ma
besten|falls *bel.* olsa olsa; **~s** *bel.* mükemmel; en iyi şekilde
besteuer|n *v/t* (h) vergile(ndir)mek; ♀**ung** *f* (-; -en) vergile(ndiril)me
bestimm|t *sıf.* belirli; kesin; **~t sein für** ayrılmak, tahsis edilmek (için); ♀**ung** *f* (-; -en) *Vorschrift:* hüküm, kural; yönerge; ♀**ungsort** *m* varma yeri; bşin gideceği yer
Best.-Nr. *kıs.* = **Bestellnummer** *f* sipariş numarası
bestrafen *v/t* (h) cezalandırmak *(wegen* -den dolayı, *für* için); ♀**ung** *f* (-; -en) cezalandır(ıl)ma
bestreik|en *v/t* (h) grev yapmak; grevde bulunmak; **~t** *sıf.* grevli; grev yüzünden durmuş
bestreiten *v/t (krldş.* h, → *streiten)* reddetmek, *(dass* -diğini, *et. getan zu haben* yapmış olmayı)
bestürz|t *sıf.* şaşkın *(über A -*den dolayı); ♀**ung** *f* (-) şaşkınlık; dehşet; endişe
Besuch *m* (-s; -e) ziyaret *(G, bei, in D* -i); *kurzer:* uğrama *(bei* b-ne); *Schule:* devam, gitme *(G -*e); *Veranstaltung:* katılma *(G -*e); *Besucher:* ziyaretçi, konuk; ♀**en** *v/t* (h) b-ni ziyaret etmek; *kurz:* b-ne uğramak; *Ort* gidip görmek; *Schule -e* gitmek, devam etmek; *Veranstaltung -e* gitmek, -e katılmak; **~er** *m* (-s; -) ziyaretçi; konuk *(G -*in); **~szeit** *f* ziyaret saatleri *pl*
betätigen *v/t* (h) *Tek.* işletmek; kullanmak; *(Bremse* fren) yapmak
beteilig|en *v/t* (h) **1.** *v/t:* **j-n ~en** b-nin katılmasını sağlamak *(an D -*e); *beteiligt sein an (D) Unfall, Verbrechen: -e* karışmak; *Gewinn:* paylaşmak; **2.** *v/refl:* **sich ~en an** *(D)* katılmak *-e; Beitrag leisten zu: -e* katkıda bulunmak; ♀**ung** *f* (-; -en) katılım *(an D -*e); *-e* karışma; *-i* paylaşma
beten (h) **1.** *v/i* dua etmek *(um* için); *(bei Tisch* sofrada) şükran duası(nı) okumak; **2.** *v/t Gebet* okumak, söylemek
beteuern *v/t* (h) *Unschuld* temin etmek; bütün gücüyle doğrulamak
Beton *m* (-s; -s) beton
betonen *v/t* (h) vurgulamak *az. mec.*
Betr. *kıs.* = **Betreff** *m*, **betrifft** konu, özet; *Korrespondenz:* özü, ilgi
Betracht *m:* **in ~ ziehen** bşi v.s göz önüne almak, bşi dikkate alm.; bşe itibar etmek; *in ~ kommen* mümkün olmak; *nicht in ~ kommen* sözkonusu olmamak; ♀**en** *v/t* (h) bşe bakmak, *mec. az.* görmek; ♀**en als** ... olarak görmek
beträchtlich *sıf.* hayli; önemli, hatırı sayılır
Betrachtung *f* (-; -en): *bei näherer ~* yakından incelendiğinde
Betrag *m* (-s; ≈e) tutar, meblağ; ♀**en** *v/i (krldş.* h, → *tragen)* (miktar olarak) tutmak
Betreff *m* (-s; -e) *Ekon.* ilgi, konu; *im Briefkopf* (**Betr.**): özü; ♀**en** *v/t (krldş.* h, → *treffen) angehen:* ilgilendirmek; *was ... betrifft -*e gelince;

betreffend

₂end *sıf.* ilgili; *die ₂enden Personen* ilgili kişiler
betreiben *v/t* (*krldş.* h, → *treiben*) *Geschäft* işletmek; *Unternehmen* çalıştırmak; *Hobby, Sport* uğraşmak, meşgul olmak (ile)
betreten *v/t* (*krldş.* h, → *treten*) *-e* ayak basmak, *-e* adım atmak; *Rasen az.* çiğnemek; *Raum -e* girmek
Betreten *n* (-s): **~** (*des Rasens*) *verboten!* (çimenlere) basmak yasaktır; (çimenleri) çiğnemek yasaktır
betreuen *v/t* (h) *-e* bakmak; *-i* gözetmek; *Projekt* yürütmek, yönetmek
Betrieb *m* (-s; -e) *Firma*: işletme, işyeri; *Betreiben*: işletme, çalıştırma; *in Straßen, Geschäften*: çalışma, faaliyet; *in ~ sein* (*setzen*) hizmette olmak (hizmete açmak); *~ hizmet dışı; bozuk; *im Geschäft war viel ~* dükkânda çok iş vardı
betrieblich *sıf.*: *Altersversorgung* işletme emekliliği; *~e Mitbestimmung* işçinin katılımı, yönetime katılma
Betriebs|anleitung *f* çalıştırma talimatı; **~ausgaben** *pl* işletme masrafları; genel giderler *pl*; **~gewinn** *m* işletme kârı/kazancı; **~kapital** *n* işletme sermayesi; çalışan sermaye; **~klima** *n* çalışma ortamı; **~kosten** *pl* işletme maliyeti *sg*; **~leitung** *f* işletme müdürlüğü; **~rat** *m* işyeri işçi temsilciliği (üyesi); **₂sicher** *sıf.* işletmesi emin, emniyetli işler; **~störung** *f* işletme arızası/bozukluğu; **~system** *n Cmp.* işletim sistemi; **~unfall** *m* iş kazası; **~vereinbarung** *f* işletme anlaşması; **~wirtschaft** *f* (-) işletmecilik
betrinken *v/refl* (*krldş.* h, → *trinken*) sarhoş olmak
betroffen *sıf.* şaşkın; üzgün; *berührt*: etkilenmiş (*von* -den); *die ~en Personen* (ile) ilgili kişiler
Betrug *m* (-s) hilekârlık (*az. Huk.*), dolandırıcılık; *Täuschung*: kandırma, aldatma, yanıltma
betrügen *v/t* (*krldş.* h, → *trügen*) kandırmak (*um*); *Huk.* dolandırmak; *Ehepartner*: aldatmak (*mit* ile); *täuschen*: yanıltmak
Betrüger *m* (-s; -), **~in** *f* (-; -nen)

344

dolandırıcı, hilekâr; yalancı
betrunken *sıf.* sarhoş
Betrunkene *m, f* (-n; -n) sarhoş (kişi)
Bett *n* (-s; -en) yatak; *am ~* yatağın kenarında; *ins ~ gehen* yatmak; **~decke** *f wollene*: battaniye; *gesteppte*: yorgan; *Tagesdecke*: yatak örtüsü
betteln *v/i* (h) dilenmek (*um* bş)
bett|lägerig *sıf.* yatağa düşmüş, *länger*. yatalak; **₂laken** *n* yatak çarşafı
Bettler *m* (-s; -), **~in** *f* (-; -nen) dilenci
Bettruhe *f* yatak istirahati; *j-m ~ verordnen* b-ne yatak istirahati yazmak
Beule *f* (-; -n) şiş, şiş(kin)lik; *im Blech*: bombe
beunruhigen *v/t* (h) meraka/huzursuzluğa düşürmek, *stärker*. endişeye/telaşa düşürmek
beurkunden *v/t* (h) belgelemek; *Geburt vs.* kaydetmek
beurteil|en *v/t* (h) karar vermek (*nach* -e göre); **₂ung** *f* (-; -en) karar/not (verme); *mec.* görüş
Beute *f* (-) ganimet, yağma; *Jagd₂*: av
Beutel *m* (-s; -) kese; torba
bevölker|n *v/t* (h) iskân etmek; *bewohnen*: oturmak, sakin olmak; *dicht* (*dünn*) *bevölkert* yoğun (az) nüfuslu; **₂ung** *f* (-; -en) nüfus, ahali; *Volk*: halk; **₂ungsexplosion** *f* nüfus patlaması
bevollmächtigen *v/t* (h) yetkili kılmak (*zu tun* yapmaya), *Huk.* b-ni vekil tayin etmek
bevor *bağl.* -meden önce
bevorstehen *v/i* (*krldş. ayr.* -ge-, h, → *stehen*) yakında ortaya çıkmak, yakında olmak; *Gefahr*: yaklaşmak; yakında olacak olmak; *j-m ~* b-ni bir şey beklemek
bevorzug|en *v/t* (h) tercih etmek, yeğlemek (*D*, *vor D* bşi bşe); *begünstigen*: bşi bşden üstün tutmak; **~t** *sıf.* tercih edilen; *Lieblings...*: gözde; sevilen; **₂ung** *f* (-) tercih; üstün tut(ul)ma (*G* -in)
bewach|en *v/t* (h) gözetlemek; göz altında tutmak; **₂er** *m* (-s; -) gözetlemeci; korumacı; **₂ung** *f* (-) gözetleme; koruma
bewaffnet *sıf.* silahlı (*mit* ile)
bewahren *v/t* (h) korumak
bewähr|en *v/refl* (h) *Sache*: doğruluğunu kanıtlamak; **~t** *sıf. Person*: de-

neyimli, görgülü; *Sache*: denenmiş; kanıtlanmış; Ձung *f* (-; -en) *Huk.* cezanın tecili; *drei Monate mit* Ձung tecilli üç ay
bewältigen *v/t* (h) *Schwierigkeit* aşmak, yenmek; *-in* üstesinden gelmek; *Arbeit, Essen vs.*: *-in* hakkından gelmek; *Strecke* katetmek
beweg|en (h) **1.** *v/t* hareket ettirmek (*az. mec.*); **2.** *v/refl* hareket etmek; *die Preise* ~*en sich zwischen ... und ...* fiyatlar ... ile ... arasında oynuyor; Ձ**grund** *m* sebep, neden; motif; ~**lich** *sıf.* hareketli; *Festtag*: belli bir tarihe bağlı olmayan; *Tek.* esnek (*az. mec.*); *Person*: faal; çevik; ~**t** *sıf. Meer*: dalgalı; *Stimme*: titrek; boğuk; *Leben*: olaylarla dolu; hareketli; Ձung *f* (-; -en) hareket (*az. Pol. vs.*); *körperliche*: dolaşma, gezme, hareket; *in* Ձung *setzen* harekete geçirmek (*az. mec.*), harekete getirmek; *sich in* Ձung *setzen* harekete geçmek; ~**ungslos** *sıf. ve bel.* hareketsiz
Beweis *m* (-es; -e) kanıt, ispat (*G, für* -in); ~**(e** *pl*) *özl. Huk.* deliller *pl*; Ձ**en** *v/t* (*krldş.* h, → **weisen**) kanıtlamak, ispatlamak; *Interesse vs.* göstermek; ~**stück** *n* ispat/kanıt belgesi, *vor Gericht*: delil olarak ibraz (edilen şey)
bewenden *v/i*: *es dabei* ~ *lassen* bş ile yetinmek
bewerb|en *v/refl* (*krldş.* h, → **werben**) başvurmak (*bei* bye; *um* bş için); *sich* ~*en um kandidieren*: bşe adaylığını koymak; Ձ**er** *m* (-s; -), Ձ**erin** *f* (-; -nen) başvuran; aday; Ձung *f* (-; -en) başvuru; Ձ**ungsgespräch** *n* görüş-me; Ձ**ungsschreiben** *n* başvuru yazısı; yazılı başvuru; Ձ**ungsunterlagen** *pl* başvuru belgeleri
bewert|en *v/t* (h) *Leistung* değerini belirlemek (*nach* -e göre); *j-n* değerlendirmek; Ձung *f* (-; -en) değerlendirme
bewilligen *v/t* (h) uygun görmek (*j-m et.* b-ne bş); *Mittel vs.* vermek, tahsis etmek, onaylamak
bewirken *v/t* (h) *verursachen*: -e neden olmak; *zustande bringen*: meydana getirmek; oluşturmak
bewohn|en *v/t* (h) *-de* oturmak, ika-

met etmek; *Gebiet vs. -de* sakin olmak; Ձ**er** *m* (-s; -), Ձ**erin** *f* (-; -nen) *-de* oturan; *Mieter*: kiracı; sakin
bewölk|en *v/refl* (h) bulutlanmak, *völlig*: bulutla kaplanmak; ~**t** *sıf.* bulutlu, *völlig*: bulutla kaplı, kapalı; Ձung *f* (-) bulutlanma
bewunder|n *v/t* (h) -*e* hayran olmak; -*i* çok beğenmek (*wegen* -den dolayı); ~**nswert** *sıf.* takdire değer; Ձung *f* (-) hayranlık, takdir
bewusst *sıf. absichtlich*: bilerek, isteyerek; *j-m et.* ~ *machen* bşi b-nin kafasına sokmak; bşi anlamasını sağlamak; *sich e-r Sache* ~ *sein* -*i* bilmek, -*den* haberdar olmak; *sich e-r Sache* ~ *werden* bşden haberdar olmak, bşin farkına varmak
bewusstlos *sıf.* baygın; ~ *werden* bilincini yitirmek; bayılmak
Bewusstsein *n* (-s) bilinç, şuur; *bei* ~ bilinci açık; *das* ~ *verlieren* bilincini yitirmek
bezahlen *v/t* (h) *Betrag, Rechnung, Schuld* ödemek; *Ware, j-n* ücretini/ bedelini ödemek (*az. mec.*)
Bezahlung *f* (-) ödeme
bezeichn|en *v/t* (h) adlandırmak; *j-n als Lügner* ~ b-ni yalancılıkla nitelemek; ~**end** *sıf.* ayırt edici (özellik) (*für* -in); Ձung *f ad*
bezeugen *v/t* (h) *Huk.* tanıklık etmek; onaylamak (*az. mec.*)
beziehen (*krldş.* h, → *ziehen*) **1.** *v/t Bett* -*e* temiz çarşaf geçirmek; *Wohnung* -*e* taşınmak, girmek; *Gehalt vs.* almak; *Zeitung* (abone olarak) düzenli almak; **2.** *v/refl Himmel*: bulutlanmak; *sich* ~ *auf* (*A*) bşle ilgili olmak
Beziehung *f* (-; -en) ilişki (*zu* ile), bağlantı (ile); *sexuelle*: ilişki (ile); *diplomatische* ~*en pl* diplomatik ilişkiler *pl*; *gute* ~*en haben* iyi ilişkiler içinde olmak; *in dieser* ~ bu bakımdan; Ձ**sweise** *bağl.* veya, daha doğrusu; *oder vielmehr*: yani
Bezug *m* (-s; ∵e): *mit* ~ *auf* (*A*) ile ilişkin; hakkında; *in* ~ *auf* (*A*) -*e* dair; ile ilgili olarak; ~ *nehmen auf* (*A*) bşe dayanmak; bşe gönderim yapmak; ~**squelle** *f* alım kaynağı
bezüglich *sıf.* (*G*) bş hakkında, bşe dair
bezweifeln *v/t* (h) -*den* kuşku duy-

mak; bşi kuşkuyla karşılamak; bşe inanmamak
BH *kıs.* = **Büstenhalter** *m* sutyen
Bhf. *kıs.* = **Bahnhof** *m* istasyon
Bibliothek *f* (-; -en) kütüphane
bieg|en (bog, gebogen) **1.** *v/t* (h) bükmek; eğmek; kıvırmak; **2.** *v/i* (sn): *nach links (rechts)* **~en** sola (sağa) sapmak; *um die Ecke* **~en** köşeden dönmek; **~sam** *sıf.* esnek; kıvrılabilir; bükülebilir; **2ung** *f* (-; -en) dönemeç; kıvrım
Biene *f* (-; -n) *Zoo.* arı
Bier *n* (-s; -e) bira; **~** *vom Fass* fıçı bira(sı); **~deckel** *m* bira altlığı; **~dose** *f* bira kutusu; **~garten** *m* bira bahçesi; **~glas** *n* bira bardağı; **~krug** *m* bira maşrapası; **~zelt** *n* bira çadırı
bieten (bot, geboten, h) **1.** *v/t* teklif etmek, arzetmek (*j-m et.* b-ne bş); *das lasse ich mir nicht* **~** bunu hoş göremem; bundan hoşlanmam; **2.** *v/refl Gelegenheit:* ortaya çıkmak; bulunmak
Bigamie *f* (-; -n) çifte evlilik
Bikini *m* (-s; -s) bikini
Bilanz *f* (-; -en) *Ekon.* bilanço, *Aufstellung:* döküm; cetvel; *mec.* sonuç
bilateral *sıf.* iki taraflı
Bild *n* (-s; -er) resim; *sprachliches:* imaj; *auf dem* **~** resimde; *sich ein* **~** *machen von -den* bir fikir edinmek; **~ausfall** *m TV* görüntü kesilmesi
bilden (h) **1.** *v/t Ausnahme, Regel:* oluşturmak; olmak; **2.** *v/i* bilgi ve kültürünü genişletmek; **3.** *v/refl* bilgi edinmek, *geniş anl.* ufkunu genişletmek
Bildfläche *f*: F *auf der* **~** *erscheinen* ortaya çıkmak; *von der* **~** *verschwinden* ortadan kaybolmak
Bildröhre *f TV* televizyon tübü
Bildschirm *m* ekran, *Cmp. az.* gösterge; *am* **~** *arbeiten* ekran başında çalışmak
Bildung *f* (-) eğitim, öğrenim; bilgi ve kültür; **~sweg** *m*: *auf dem zweiten* **~sweg** akşam okulu yoluyla
billig *sıf.* ucuz (*az. hkr.*), pahalı değil
billigen *v/t* (h) doğru/haklı bulmak; onaylamak
Billig|flug *m* ucuz uçuş; **~lohnland** *n* düşük ücretler ülkesi
Billion *f* (-; -en) trilyon
Billigung *f* (-) onay(lama)
Binde *f* (-; -n) *Tıp* sargı, bandaj; *Armschlinge:* askı; *Damen*2: kadın bağı; **~hautentzündung** *f Tıp* konjonktivit
binden *v/t* (band, gebunden, h) bağlamak (*an A* -e; *az. mec. -i*); *Strauß vs.* yapmak
Bindfaden *m* sicim; ip
Binnen|hafen *m* iç liman; **~handel** *m* iç ticaret; **~land** *n* denizden uzak kara/ülke; **~markt** *m* iç (*EU:* tek) pazar
biologisch 1. *sıf.* biyolojik; **~er Anbau** biyolojik ekim/bahçıvanlık; **2.** *bel.:* **~ abbaubar** biyolojik parçalanabilir
Biotop *n* (-s; -e) biyotop
Birne *f* (-; -n) armut; *El.* ampul
bis 1. *ilg. zeitlich und räumlich:* -e kadar, -e dek/değin; **~** *heute* bugüne dek; **~** *jetzt* şimdiye dek; **~** *in die Nacht* gece oluncaya kadar; gece yarısına kadar; **~** *morgen!* yarın görüşürüz; **~** *(spätestens) Freitag* (en geç) cumaya kadar; *wie weit ist es* **~** *zum Bahnhof?* gara daha ne kadar var?; **~** *auf (A) außer.* dışında; **2.** *bağl.* -inceye kadar
bisher *bel.* şimdiye kadar; *wie* **~** eskiden olduğu gibi; **~ig** *sıf.* şimdiye kadarki
Biskuit *m* (-; -s) bisküi
Biss *m* (-es; -e) ısırık; ısırma
bisschen 1. *sıf.:* *ein* **~** biraz, bir parça; **2.** *bel:* *ein* **~** biraz; *ein* **~** *viel* birazcık fazla; *kein* **~** biraz (+ *olumsuzluk*)
Bissen *m* (-s; -) lokma; *keinen* **~** bir parça/lokma (+ *olumsuzluk*)
bissig *sıf. Hund:* ısırgan; *Bemerkung:* keskin; iğneleyici; *Person:* atılgan, yaman; *Vorsicht,* **~er Hund!** dikkat, ısırgan köpek (var)
Bitte *f* (-; -n) rica; *auf j-s* **~** b-nin ricası üzerine; *ich habe e-e* **~** (*an dich*) senden bir ricam var
bitte *bel.* lütfen; **~** *nicht!* lütfen yapma(yın); **~** *(schön)!* keine Ursache; rica ederim, fark etmez, bir şey değil; *beim Überreichen vs.:* buyrun; (*wie*) **~?** efendim?
bitten *v/t* (bat, gebeten, h): *j-n um et.* **~** b-nden bşi rica etmek; *j-n um Er-*

Blutsverwandte

laubnis ~ b-nden izin istemek
bitter *sıf.* acı (*az. mec.*); *Kälte*: şiddetli, sert
Blähungen *pl* gaz *sg*
Blam|age *f* (-; -n) ayıp; rezalet; **⁓ieren** (h) **1.** *v/t* rezil duruma düşürmek; **2.** *v/refl* rezil olmak
Blankoscheck *m* açık çek
Blase *f* (-; -n) *Luft⁓*: kabarcık; *Anat.* mesane; idrar torbası; *Haut⁓*: su toplanması, kabarcık
blasen *v/t ve v/i* (blies, geblasen, h) üflemek; üfürmek
Blas|instrument *n* Müz. nefesli çalgı; **⁓kapelle** *f* bando; mızıka
blass *sıf.* solgun, soluk (*vor D* -den); **⁓ werden** sararmak; solmak
Blässe *f* (-) solgunluk
Blatt *n* (-s; ⁺er) *Bot.* yaprak; *Papier⁓*, *Noten⁓*: kâğıt; *Kartenspiel*: yaprak (Alman iskambilinde bir kâğıt türü); *Zeitung*: gazete; dergi
blättern *v/i* (h): **⁓ in** (*D*) -in sayfalarını karıştırmak
blau *sıf.* mavi; F *mec.* (körkütük) sarhoş; **⁓es Auge** morarmış göz; **⁓er Fleck** morarmış (yer); çürük
Blech *n* (-s; -er) teneke; madeni levha; **⁓schaden** *m* Oto. maddi hasar
Blei *n* (-s; -e) kurşun
bleiben *v/i* (blieb, geblieben, sn) kalmak (***zum Essen*** yemeğe), sürmek; devam etmek; ***ruhig*** ~ sakin kalmak; **⁓ lassen** bşi (olduğu şekliyle) bırakmak; *aufhören mit*: bşi bırakmak; ***lass das ⁓*** bırak!; **⁓ bei** (yanından) ayrılamamak; → ***Apparat***
bleibend *sıf.* kalıcı, devamlı
bleifrei *sıf. Oto.* kurşunsuz
Bleistift *m* kurşunkalem; **⁓spitzer** *m* kalemtıraş; kurşunkalem açacağı
Blende *f* (-; -n) *Fot.* diyafram; (***bei***) ~ **8** diyafram 8(de)
blend|en *v/t* (h) (göz) kamaştırmak; körletmek; **⁓end** *sıf.* gözkamaştırıcı (*az. mec.*); *Leistung*: harika; *Aussehen*: şahane; **⁓frei** *sıf.* gözkamaştırmaz; yansıtmasız
Blick *m* (-s; -e) bakış (*auf A* -e); *Aussicht*: manzara; *flüchtiger* ~ kaçamak bakış; *auf den ersten* ~ ilk bakışta; **⁓en** *v/i* (h) bakmak (*auf A* -e), -e göz atmak
blind *sıf.* kör, âmâ (*auf e-m Auge* bir gözü; *mec. gegen*, *für -e* karşı; *vor D* -den); *Spiegel*: donuk; **⁓er Alarm** yanlış alarm; **⁓er Passagier** kaçak yolcu
Blinddarm *m Anat.* kör bağırsak; **⁓entzündung** *f Tıp* apandisit; **⁓operation** *f Tıp* apandisit ameliyatı
Blinde *m, f* (-n; -n) gözleri görmez, kör, âmâ; ***die ⁓n*** *pl* körler *pl*
blinken *v/i* (h) *funkeln*: parıldamak; *Sterne*: parlamak; *Oto.* sinyal vermek
Blinker *m* (-s; -) *Oto.* sinyal lambası
blinzeln *v/i* (h) göz kırpmak
Blitz *m* (-es; -e) şimşek; *Fot.* flaş; **⁓en** (h) **1.** *v/i* parıldamak (vor *D* -den); *es blitzt* şimşek çakıyor; **2.** *v/t*: *geblitzt werden* Oto. sürat radarına yakalanmak; **⁓licht** *n* Fot. flaş (ışığı)
blitzschnell *bel.* yıldırım gibi
blockieren (h) **1.** *v/t* bloke etmek; **2.** *v/i Räder*: kitlenmek
blöd *sıf.* aptal, alık; *Sache*: saçma, aptalca
blond *sıf.* sarışın
Blondine *f* (-; -n) sarışın (kız)
bloß *bel.* sadece, yalnızca
blühen *v/i* (h) *Blumen*: açmak; *özl. Bäume*: çiçek açmak; *mec.* gelişmek
Blume *f* (-; -n) çiçek; *Wein*: buke; *Bier*: köpük
Blumen|kohl *m* karnabahar; **⁓strauß** *m* çiçek buketi; **⁓topf** *m* saksı
Bluse *f* (-; -n) bluz
Blut *n* (-s) kan; ***⁓bad*** *n* katliam, kırım; **⁓bank** *f* (-; -en) kan bankası; **⁓blase** *f* kan kabarcığı, kan toplanması
Blutdruck *m* tansiyon; ***j-m den*** ~ **messen** b-nin tansiyonunu ölçmek
bluten *v/i* (h) kanamak, -*den* kan gelmek (*aus* -den)
Blut|erguss *m* (-es; -⁺e) kan çürüğü; **⁓gefäß** *n* kan damarı; **⁓gerinnsel** *n* (-s; -) kan pıhtısı
Blutgruppe *f* kan grubu; ***welche*** ~ ***haben Sie?*** kan grubunuz nedir?
Blutprobe *f* kan (*Huk.* alkol) testi; *entnommene*: kan örneği; ***j-m e-e ⁓ entnehmen*** b-nden kan örneği almak
Blut|spender *m* kan bağışlayan; kan veren; **⁓stillend** *sıf.* (*az. ⁓stillendes Mittel*) kanamayı durdurucu; **⁓sverwandt** *sıf.* kan bağıyla akraba (***mit*** ile); **⁓sverwandte** *m, f* kan bağıyla

Blutübertragung

akraba (kişi); ~übertragung f kan verme; kan nakli; ~ung f (-; -en) kanama; ~vergießen n (-s) kan dökme; ~vergiftung f kan zehirlenmesi

BLZ *kıs.* = *Bankleitzahl* f banka kodu

Boden m (-s; ⁓) yer, zemin; toprak; *Fuß*⁓: taban; döşeme; *Gefäß*⁓, *Meeres*⁓: dip; *Dach*⁓: tavan arası, çatı katı; ~**personal** n *Hava.* meydan personeli; yer mürettebatı; ~**schätze** pl yeraltı zenginlikleri pl

Bohne f (-; -n) fasulye; **grüne ~n** pl taze fasulye sg; **weiße ~n** pl kuru fasulye sg

bohren (h) **1.** v/t: **ein Loch ~** -i delmek, delik açmak (**in A** bye); **2.** v/i bş. arama çalışması yapmak (**nach**); ~**d** *sıf. Blick*: keskin, *az. Frage*: ısrarcı

Bohr|er m (-s; -) *Tek.* delgi, matkap; ~**insel** f sondaj adası; ~**maschine** f matkap aleti; ~**turm** m sondaj kulesi

Boje f (-; -n) şamandıra

Bolzen m (-s; -) *Tek.* cıvata

bombardieren v/t (h) bombalamak; *mec.* b-ni (**mit Fragen** soru yağmuruna) tutmak

Bombe f (-; -n) bomba; ~**nanschlag** m bombalı saldırı, *Attentat*: *az.* bombalı suikast (**auf** A -e; **auf j-n** b-ne); ~**ndrohung** f bomba tehdidi

Bon m (-s; -s) kupon; *Quittung*: makbuz; *Kassen*⁓: kasa fişi

Bonbon m, n (-s; -s) şeker(leme)

Bonus m (-; -se) ikramiye; prim

Boot n (-s; -e) kayık, sandal; ~**sfahrt** f gemi gezisi; ~**sverleih** m sandal/ kayık kiralama

Bord¹ n (-s; -e) raf

Bord² m (-s; -e): **an ~** gemide; uçakta; **an ~ gehen** uçağa binmek; gemiye binmek; **von ~ gehen** gemiden inmek; uçaktan inmek; ~**karte** f *Hava.* biniş kartı; ~**stein** m (kaldırım) kenar taşı

borgen v/t (h): **sich et. ~** bşi ödünç almak (**von** -den); **j-m et. ~** b-ne bşi ödünç vermek

Börse f (-; -n) borsa; **an der ~** borsada

Börsen|bericht m borsa bülteni; ~**kurs** m borsa kuru; ~**makler** m borsacı, borsa simsarı

bösartig *sıf.* kötü huylu, kötü yürekli; *Tıp Tumor*: habis, kötü huylu

Böschung f (-; -en) yamaç, iniş, set

böse 1. *sıf.* kötü; *unartig*: yaramaz, haylaz; *gemein*: adi, aşağılık; *Überraschung*, *Verletzung* vs.: fena, çirkin; *zornig*: kızgın, kırgın (**über** A -den dolayı; **auf j-n** b-ne); **2.** *bel.* fena halde, kötü; **er meint es nicht ~** öyle söylüyor ama niyeti kötü değil

bos|haft *sıf.* huysuz, kötü niyetli; muzip; ⁓**heit** f (-) kötülük, fenalık; yaramazlık, muziplik

böswillig *sıf.* kötü niyetli, art niyetli, *Huk. az.* kasıtlı

botanisch *sıf.* botanik; ~**er Garten** botanik bahçesi

Bote m (-n; -n) ulak, haberci; kurye

Botschaft f (-; -en) mesaj; ileti; *Pol.* elçilik; ~**er** m (-s; -) elçi (**in** D -e veya -de)

Bouillon f (-; -s) et suyu, buyyon

Boulevard m (-s; -s) bulvar; ~**blatt** n bulvar gazetesi; ~**presse** f boyalı basın

Box f (-; -en) boks

Boxen n (-s) boks yapmak

Boxer m (-s; -) boksör

Boykott m (-s; -s, -e) boykot; ⁓**ieren** v/t (h) boykot etmek

Branche f (-; -n) işkolu

Branchenverzeichnis n işkolları (adres) rehberi

Brand m (-s; ⁓e) yangın; **in ~ geraten** alev almak; **in ~ stecken** ateşe vermek; ~**blase** f yanık kabarcığı; ~**bombe** f yangın bombası; ~**stifter** m (-s; -) kundakçı; ~**stiftung** f kundaklama; ~**wunde** f yanık yarası; *durch Verbrühen*: haşlanma

Brasilian|er m (-s; -), ~**erin** f (-; -nen) Brezilyalı; ⁓**isch** *sıf.* Brezilya(lı)

Brasilien n Brezilya

braten v/t (briet, gebraten, h) kızartmak (*auf dem Rost* ızgarada, *in der Pfanne* yağda, *am Spieß* şişte)

Braten m (s; -) kızartma; ~**soße** f kızartma sosu

Brat|huhn n kızarmış tavuk; ~**kartoffeln** pl kızartma patates sg; ~**pfanne** f tava; ~**röhre** f fırın

Brauch m (-s; ⁓e) *Sitte*: gelenek; *Gewohnheit*: âdet, uygulama

brauchbar *sıf.* işe yarar, faydalı

brauchen (h) **1.** v/t (gebraucht) *nötig*

haben: (b-ne bş) gerekmek, lazım olmak; (-e) ihtiyacı olmak; *erfordern*: gerekli olmak; *Zeit*: almak; *ge~*: kullanmak; **wie lange wird er (noch) ~?** işi (daha) ne kadar sürecek?; **2.** *yardımcı eylem* (brauchen): **du brauchst es nur zu sagen** sadece söylemen yeter; **ihr braucht es nicht zu tun** yapmanız gerekmiyor (*veya* gerekli değil); **er hätte nicht zu kommen ~** gelmesine gerek yoktu

Braue *f* (-; -n) kaş

braun *sıf.* kahverengi; *sonnen~*: esmer; güneş yanığı; **~ gebrannt** esmerleşmiş, güneşte yanmış; **~ werden von der Sonne**: güneşte yanmak, esmerleşmek

Bräune *f* (-) *Sonnen*♀: esmerlik

bräunen (h) **1.** *v/t* yakmak, esmerletmek; **2.** *v/i* ve *v/refl* güneşte yanmak, esmerleşmek

Braut *f* (-; ⸚e) *am Hochzeitstag*: gelin; *Verlobte*: nişanlı

Bräutigam *m* (-s; -e) *am Hochzeitstag*: damat; *Verlobter*: nişanlı

Braut|jungfer *f* geline eşlik eden kız; **~kleid** *n* gelinlik; **~paar** *n am Hochzeitstag*: gelinle damat; *Verlobte*: nişanlılar *pl*.

brav *sıf. artig*: uslu; *ehrlich*: dürüst; **sei(d) ~!** uslu dur(un)

BRD *kıs.* = **Bundesrepublik** *f* **Deutschland** Federal Almanya Cumhuriyeti (FAC)

brechen (brach, gebrochen) **1.** *v/t* kırmak (*az. mec.*); **sich den Arm ~** kolunu kırmak; **2.** *v/i* (sn) kırılmak; (h) *er~*: kusmak; *mec.* **mit j-m ~** b-yle ilişkiyi kesmek

breit *sıf.* enli; *Schultern, Grinsen vs.*: geniş; **sich ~ machen** Angst *vs.*: yaymak; *Person*: uzatmak, yaymak

Breite *f* (-; -n) en; genişlik; *Astr., Coğr.* enlem; ♀n *v/t* (h): ♀n **über** (*A*) *-e* yaymak; **~ngrad** *m* enlem derecesi; **~nkreis** *m* enlem dairesi

breitschlagen *v/t* (*krldş. ayr.* -ge-, h, → *schlagen*): F *j-n zu et. ~* b-ni bş. yapmaya ikna etmek

Bremsbelag *m Oto.* fren balatası

Bremse *f* (-; -n) *Tek.* fren

bremsen (h) **1.** *v/i* fren yapmak; **2.** *v/t mec.* frenlemek, durdurmak

Brems|flüssigkeit *f Oto.* fren sıvısı; **~kraftverstärker** *m Oto.* servo fren; **~leuchte** *f*, **~licht** *n Oto.* fren lambası; **~pedal** *n* fren pedalı; **~scheibe** *f Oto.* fren diski; **~weg** *m* fren mesafesi

brennbar *sıf.* yanabilir; *entzündlich*: tutuşur, alev alır

brennen (brannte, gebrannt, h) **1.** *v/i gnl.* yanmak *az. Licht, Wunde, Augen vs.*: **es brennt!** yangın var! *darauf ~en, et. zu tun* bş yapmak için yanıp tutuşmak; **2.** *v/t* yakmak

brenzlig *sıf.* düşündürücü, tehlikeli

Brett *n* (-s; -er) tahta; **~spiel** *n* dama satranç gibi oyunlar

Brezel *f* (-; -n) simit

Brief *m* (-s; -e) mektup; **~beschwerer** *m* (-s; -) kâğıt ağırlığı; **~bogen** *m* (-s; -) antetli mektup kâğıdı; **~bombe** *f* mektup bombası; **~freund** *m* mektup arkadaşı; **~kasten** *m* mektup kutusu; **~kastenfirma** *f* paravan firma; **~kopf** *m* antet, mektup başlığı; ♀**lich** *sıf. ve bel.* mektup olarak; **~marke** *f* pul, posta pulu; **~markensammlung** *f* pul koleksiyonu; **~öffner** *m* mektup açacağı; **~papier** *n* mektup kâğıdı; **~tasche** *f* cüzdan; **~träger** *m* postacı; **~umschlag** *m* zarf; **~wahl** *f* mektupla seçim; **~wechsel** *m* mektuplaşma, yazışma

brillant *sıf.* parlak, mükemmel

Brillant *m* (-en; -en) pırlanta

Brille *f* (-; -n) gözlük; *Schutz*♀: koruma gözlüğü; **~netui** *n* gözlük kutusu; **~nträger** *m* gözlüklü (kişi); **~nträger sein** gözlük kullanmak

bringen *v/t* (brachte, gebracht, h) getirmek; *fort~, hin~*: götürmek; *Opfer* etmek; *Gewinn vs.* getirmek; **nach Hause ~** eve getirmek; *j-n auf e-e Idee ~* b-ne bir fikir getirmek; *j-n dazu ~, et. zu tun* b-ne bş yaptırmak; **et. mit sich ~** bşi de beraberinde getirmek; *j-n um et. ~* b-ni bşden etmek; *j-n zum Lachen ~* b-ni güldürmek; *j-n wieder zu sich ~* b-ni kendine getirmek; *es zu et.* (*nichts*) **~** hayatta başarılı olabilmek (olamamak)

Brise *f* (-; -n) meltem

Brite *m* (-n; -n), **~in** *f* (-; -nen) Britanyalı

britisch *sıf.* Britanya(lı)
bröckeln *v/i* (sn) ufalanmak
Brocken *m* (-s; -) parça; *Klumpen*: topak; *Fleisch*: kalın parça; *Bissen*: lokma; ~ *pl e-r Unterhaltung vs*.: kısa parça; F *ein harter* ~ güç bir sorun; çetin ceviz
Bronchien *pl* bronşlar *pl*
Bronchitis *f*(-; -tiden) bronşit
Bronze *f* (-; -n) bronz; ~**medaille** *f* bronz madalya
Brosche *f* (-; -n) broş; elmaslı iğne
Broschüre *f* (-; -n) *Werbe*♀: broşür, reklam broşürü
Brot *n* (-s; -e) ekmek; *Laib*: somun
Brötchen *n* (-s; -) küçük ekmek
Brot(schneide)maschine *f* ekmek kesme makinesi; ekmek keseceği
BRT *kıs*. = *Bruttoregistertonne f* brüt tonaj
Bruch *m* (-s; ⸚e) *Knochen*♀: kırık; *Unterleibs*♀: fıtık; *e-s Abkommens*: bozulma, kesilme; riayetsizlik
brüchig *sıf. zerbrechlich*: kırılgan; *spröde*: gevrek
Bruch|landung *f Hava*. düşüp parçalanma; ~**stück** *n* fragman (*az. mec*.), parça, kırıntı; ~**stücke** *pl e-r Unterhaltung vs*.: kısa parçalar; ~**teil** *m* küçük parça; *im* ~*teil e-r Sekunde* hemencecik; ~**zahl** *f* kesirli sayı
Brücke *f* (-; -n) köprü (*az. Zahn*♀); *Teppich*: kilim; yolluk
Brückenpfeiler *m* köprü payandası
Bruder *m* (-s; ⸚) erkek kardeş, birader
brüllen *v/i* (h) böğürmek; bağırmak (*vor D* -den); ~**d** *sıf*.: ~*des Gelächter* kahkaha tufanı
brummen *v/i* (h) *Bär, mec. Mensch*: homurdanmak (*über A* hakkında)
brummig *sıf*. canı sıkkın, somurtkan; homurdanan
brünett *sıf*. kumral
Brunnen *m* (-s; -) çeşme; *Quelle*: kaynak; *Spring*♀: fıskiyeli havuz
Brust *f* (-; ⸚e) göğüs; *weibliche*: göğüsler *pl*; ~**bein** *n Anat*. göğüs kemiği
brüsten *v/refl* (h) övünmek (*mit* ile)
Brustwarze *f Anat*. meme başı
brutal *sıf*. vahşi; merhametsiz; ♀**ität** *f* (-; -en) vahşilik; vahşet
brutto *bel. Ekon.* brüt; ♀**einkommen** *n* brüt gelir; ♀-**Inlandsprodukt**

(BIP) *n* gayri safi yurtiçi hasıla (GSYİH)
bsd. *kıs*. = *besonders* özellikle
Bub *m* (-en; -en) oğlan; ~**e** *m* (-n; -n) *Kartenspiel* vs.: vale
Buch *n* (-s; ⸚er) kitap
buchen (h) **1.** *v/t Flug* bilet almak; -de yer ayırtmak; *Zimmer* vs. rezervasyon yaptırmak; **2.** *v/i*: *haben Sie gebucht?* rezervasyon yaptırdınız mı?
Bücher|bord *n* kitap rafı; sergen; ~**ei** *f* (-; -en) kitaplık, kütüphane; ~**regal** *n* kitap rafı; kitaplık; ~**schrank** *m* kitap dolabı
Buch|führung *f* (-) defter tutma; ~**halter(in** *f*) *m* muhasebeci; ~**haltung** *f* (-) muhasebe; ~**handlung** *f* kitabevi, kitapçı (dükkânı)
Büchse *f* (-; -n) (teneke) kutu; *Gewehr*: tüfek, filinta; ~**n...** → *Dosen...*
Buchstab|e *m* (-n; -n) harf; *großer (kleiner)* ~**e** büyük (küçük) harf; ♀**ieren** *v/t* (h) harf harf söylemek
buchstäblich *sıf*. harfi harfine; tam anlamıyla
Bucht *f* (-; -en) körfez, *kleine*: koy
Buchung *f*(-; -en) kayıt, rezervasyon; *Buchhaltung*: tescil; ~**sbestätigung** *f* rezervasyon onayı
bücken *v/refl* (h) (öne doğru) eğilmek; bükülmek, kıvrılmak
Bude *f* (-; -n) *Verkaufs*♀: kulübe, *auf Jahrmarkt* vs.: baraka, satış yeri/ standı; F pansiyon, küçük oda
Budget *n* (-s; -s) bütçe
Büfett *n* (-s; -s) büfe; (*Verkaufs- Theke*: tezgâh; *kaltes* ~ soğuk büfe
Bügel *m* (-s; -) *Kleider*♀: askı; *Brillen*♀: sap; ~**brett** *n* ütü tahtası; ~**eisen** *n* ütü; ~**falte** *f* ütü çizgisi; kat yeri; ♀**frei** *sıf*. buruşmaz, ütü gerekmez; ♀**n** *v/t* (h) ütülemek; *Hose* preslemek, bastırmak
buhen *v/i* (h) yuhalamak
Bühne *f* (-; -n) sahne
Bühnenbild *n* (sahne) set(i)
Bulgar|e *m* (-n, -n), ~**in** *f* (-; -nen) Bulgar; ~**ien** *n* Bulgaristan; ♀**isch** *sıf*. Bulgar(istan); ~**isch** *n* Bulgarca
Bullauge *n Gemi*. lomboz
Bulldogge *f Zoo*. buldog (köpeği)
Bulle *m* (-n; -n) *Zoo*. boğa; F *Polizist*: aynasız

Bummel *m* (-s; -) F gezinti, gezme; **e-n ~ machen** gezinti yapmak; **2n** *v/i* F (sn) gezmek; **2n gehen** gezintiye çıkmak; (h) *trödeln*: oyalanmak; **~streik** *m* işi yavaşlatma grevi; **~zug** *m* F (her istasyona uğrayan) posta treni

Bund¹ *n* (-s; -e) *Bündel*: demet, deste; *Radieschen vs.*: bağ

Bund² *m* (-s; ⁓e) *Pol. Bündnis*: birlik; *Staaten2 vs.*: federasyon; *Verband*: union; *Pol. der ~* Federal Devlet; *Ask.* F *beim ~* askerde; orduda

Bund³ *m* (-s; ⁓e) *an Hose, Rock*: bel kuşağı

Bündel *n* (-s; -) demet (*az. mec.*), deste, tomar

bündeln *v/t* (h) bağlamak, destelemek

Bundes|bahn *f* Federal Demiryolları *pl*; **~bank** *f* Alman Merkez Bankası; **~kanzler** *m* Federal Almanya *veya* Avusturya Şansölyesi/Başbakanı; **~land** *n* (federal) eyalet; **~präsident** *m* Federal (*veya* Almanya *veya* Avusturya) Cumhurbaşkanı; **~rat** *m* Federal Almanya Eyaletler Meclisi; **~republik** *f* Federal Cumhuriyet; **~tag** *m* Federal Parlamento; **~wehr** *f*(-) Federal Almanya Silahlı Kuvvetleri

bündig *bel.*: → *kurz 2*

Bündnis *n* (-ses; -se) pakt, anlaşma, birlik

bunt *sıf. farbig*: renkli; *mehrfarbig*: çok renkli; *farbenfroh*: rengârenk, renkli (*az. mec.*); *abwechslungsreich*: çeşitli, değişik

Burg *f* (-; -en) hisar, kale

Bürge *m* (-n; -n) *Huk.* kefil (*az. mec.*)

bürgen *v/i* (h): **für j-n** ~ *Huk.* b-ne kefil olmak; **für et.** ~ bşe kefil olmak; bşi garanti etmek

Bürger *m* (-s; -), **~in** *f* (-; -nen) yurttaş, vatandaş; **~initiative** *f* vatandaş girişimi; **~krieg** *m* iç savaş; **~meister(in** *f*) *m* belediye başkanı; **~rechte** *pl* vatandaşlık hakları *pl*; **~steig** *m* (-s; -e) kaldırım

Bürgschaft *f* (-; -en) güvence; *Kaution*: kefalet

Büro *n* (-s; -s) büro; ofis; yazıhane; **~angestellte** *m*, *f* büro personeli; **~arbeit** *f* büro işi; **~kauffrau** *f*, **~kaufmann** *m* uzman büro işçisi; **~klammer** *f* ataş

Bürokrat *m* (-en; -en) bürokrat

Bürokratie *f* (-; -n) bürokrasi

Büro|stunden *pl*, **~zeit** *f* yazıhane/büro (çalışma) saatleri *pl*

Bürste *f* (-; -n) fırça

bürsten *v/t* (h) fırçalamak; **sich die Haare ~** fırçayla taramak

Bus *m* (-ses; -se) otobüs; *Klein2* minibüs; **~bahnhof** *m* otobüs garajı, otogar, terminal

Busch *m* (-es; ⁓e) çalılık, fundalık

Büschel *n* (-s; -) demet, deste; *Haar*: tutam

buschig *sıf.* çalı gibi; pek sık

Busen *m* (-s; -) göğüsler *pl*; koyun, bağır

Bushaltestelle *f* otobüs durağı

Buße *f* (-; -n) kefaret; *Reue*: pişmanlık; *Geld2* (para) ceza(sı)

büßen *v/t ve v/i* (h): **~ (für)** cezasını ödemek; **das sollst du mir ~!** bunu sana ödeteceğim!

Bußgeld *n Huk.* para cezası

Büste *f* (-; -n) büst; *Brust*: göğüs

Büstenhalter *m* sutyen

Busverbindung *f* otobüs bağlantısı/servisi

Butter *f* (-) tereyağı; **~brot** *n* tereyağlı ekmek; **~dose** *f* tereyağı kabı

b. w. *kıs.* = *bitte wenden* lütfen (sayfayı) çevirin

Byte *n* (-; -) *Cmp.* bayt

byzantinisch *sıf.* Bizans ...

bzw. *kıs.* = *beziehungsweise* yani; daha doğrusu; veya

C

C *kıs.* = *Celcius* santigrat
ca. *kıs.* = *circa* aşağı yukarı, yaklaşık
Café *n* (-s; -s) kahvehane; *Konditorei:* pastane
Cafeteria *f* (-; -s) kafetarya
campen *v/i* (h) kamp yapmak
Camper *m* (-s; -) kampçı
Camping *n* (-s) kamping; **~bus** *m* kamping arabası/vasıtası; **~platz** *m* kamp yeri
CD *f* (-; -s) kompakt disk; **~-ROM** *f* (-; -s) CD-ROM
Celsius *n:* **5 Grad ~** beş derece santigrat
Cent *m* (Avrupa para birimi) sent
Champagner *m* (-s; -) şampanya
Champignon *m* (-s; -s) *Bot.* mantar
Chance *f* (-; -n) şans; *die* **~n stehen gleich (3 zu 1)** şansımız eşit (üçe bir); **~ngleichheit** *f* fırsat eşitliği
Chaos *n* (-) kaos; *mec.* kargaşa
chaotisch *sıf.* karmakarışık
Charakter *m* (-s; -e) karakter; *Eigenart vs.:* özellik, nitelik; **~isieren** *v/t* (h) karakterize etmek; **~istisch** *sıf.* ayırt edici, karakteristik (*für* bş için); **~zug** *m* nitelik
charmant *sıf.* çekici, göz alıcı
Charme *m* (-s) çekicilik, alım
Charter|flug *m* çarter uçuşu; **~maschine** *f* çarter uçağı
chartern *v/t* (h) kiralamak
Chassis *n* (-; -) *Tek.* şasi
Chauffeur *m* (-s; -e), **~in** *f* (-; -nen) şoför
Chef *m* (-s; -s), **~in** *f* (-; -nen) *Abteilung, Regierung vs.:* başkan; *Vorgesetzte(r):* şef, müdür; patron; **~sekretärin** *f* müdürün/şefin sekreteri
Chem|ie *f* (-) kimya; **~ikalien** *pl* kimyasal maddeler; **~iker** *m* (-s; -), **~ikerin** *f* (-; -nen) kimyacı, kimyager
chemisch 1. *sıf.* kimyasal, kimyevi; **~e Reinigung** kuru temizleme; → *Keule;* **2.** *bel.: et.* **~ reinigen lassen** kuru temizletmek
Chiffre *f* (-; -n) *in Anzeigen:* şifre; *Zuschriften unter* **~ ...** cevaplar ... rumuzu altında
Chile *n* Şili
Chilen|e *m* (-n, -n), **~in** *f* (-; -nen) Şilili; **⁑isch** *sıf.* Şili(li)
China *n* Çin
Chines|e *m* (-n; -n), **~in** *f* (-; -nen) Çinli; **⁑isch** *sıf.* Çin(li); **~isch** *n* Çince
Chip *m* (-s; -s) *Spielmarke:* jeton; *Cmp.* çip, yonga; *Kartoffel⁑:* çips; **~-Karte** *f* çip kartı
Chirurg *m* (-en; -en) operatör, cerrah; **~ie** *f* (-) cerrahlık; **~in** *f* (-; -nen) operatör (kadın); **⁑isch** *sıf.* cerrahi
Chlor *n* (-s) *Kim.* klor; **⁑en** *v/t* (h) klorlamak
Cholera *f* (-) *Tıp* kolera
Chor *m* (-s; ⁑e) koro; *im* **~** hep birden; **~al** *m* (-s; -räle) koral, kilise ilahisi
Chrom *n* (-s) *Kim.* krom
Chronik *f* (-; -en) *sıf.* tarih, kronik
chronisch *sıf. Tıp* süreğen, kronik
chronologisch *sıf.* kronolojik, zaman dizimsel
circa *bel.* → *zirka*
City *f* (-; -s) şehir merkezi
Co. *kıs.* = *Kompagnon* ortak(lar)
Cocktail *m* (-s; -s) kokteyl
Computer *m* (-s; -) bilgisayar, kompüter; **~spiel** *n* bilgisayar oyunu
Container *m* (-s; -) konteyner
Couch *f* (-; -es) divan, kanepe
Coupé *n* (-s; -s) *Oto.* (iki kişilik) sportif karoserili araba
Cousin *m* (-s; -s) amca (dayı, hala, teyze) oğlu; **~e** *f* (-; -n) amca (dayı, hala, teyze) kızı
Creme *f* (-; -s) krem, krema
Curry *n* (-s; -s) *Gewürz:* köri, bir çeşit baharat harmanı

D

da 1. *bel. räumlich*: (*dort*) şurada, (*hier*) burada; *zeitlich*: bu anda, o esnada; *vorhanden*: var; hazır; **~ drüben** şu tarafta; **~ draußen** dışarda; **von ~ aus** buradan itibaren; **~ kommt er** işte geliyor; **von ~ an** (*od. ab*) bu andan itibaren; **~ bin ich** işte buradayım; **ich bin gleich ~** hemen dönüyorum/geliyorum; **ist noch Kaffee ~?** daha kahve var mı?; **dafür ist es ~** bu işe yarar, bu iş için var; **2.** *bağl. begründend*: -diği için

dabei *bel. anwesend*: yanında, hazır; *nahe*: yakınında; *gleichzeitig, zusätzlich*: aynı anda; *mit enthalten*: dahil; **er ist ~** (, **zu ...**) o şu an ... ile meşgul, *gerade*: -i yapmak üzere; **es ist nichts ~ leicht**: bunun zorluğu yok; *harmlos*: bunun hiçbir zararı yok; **was ist schon ~?** ne olmuş yani?; **lassen wir es ~!** öyle bırakalım, kalsın!; **~haben** *v/t* (*krldş., ayr.*, -ge-, h, → *haben*): **ich hab' keinen Schirm ~** şemsiyem yanımda değil; **ich hab' kein Geld ~** yanımda hiç para yok

dableiben *v/i* (*krldş., ayr.*, -ge-, sn, → *bleiben*) kalmak

Dach *n* (-s; ⁻er) çatı; *Oto.* üst (taraf); **~boden** *m* tavan arası; **auf dem ~boden** çatı altında; **~fenster** *n* çatı penceresi; **~gepäckträger** *m* *Oto.* üst bagaj; **~geschoss** *n*, *österr.* **~geschoß** *n* tavan arası (katı); **~geschosswohnung** *f* → *Dachwohnung*; **~gesellschaft** *f* *Ekon.* holding, şemsiye şirket; **~kammer** *f* çatı odası; **~luke** *f* dam (*veya* çatı) penceresi; **~terrasse** *f* çatı terası; **~verband** *m* federasyon; *Ekon.* çatı örgütü; **~wohnung** *f* tavan arası dairesi

Dackel *m* (-s; -) base (kısa bacaklı Alman köpeği)

dadurch 1. *bel. deswegen*: böylelikle, bu suretle; **2.** *bağl.*: **~**, **dass** -mesiyle, -mek suretiyle

dafür 1. *bel.* bunun için; *als Gegenleistung*: buna/ona karşılık; *zustimmung*: -den yana; bşin taraftarı, *bei Abstimmung*: kabul eden; **~ sein, et. zu tun** -mekten yana olmak; **er kann nichts ~** elinden bir şey gelmez; kabahat onda değil; **~ sorgen**, **dass** -mek için; **~ sorgen, dass** -mesini sağlamak

dagegen 1. *bel.* buna/ona karşı; *bei Abstimmung*: red(deden); **haben Sie et. ~**, **wenn ich ...?** eğer -sem, sizce bir mahzuru var mıdır?; **wenn Sie nichts ~ haben** sizce bir mahzuru/ sakıncası yoksa; **2.** *bağl. andererseits*: buna karşılık; diğer yandan

daheim *bel.* evde; yurtta; ülkede

daher 1. *bel.* oradan; **~ kommt es**, **dass** işte bundandır ki ...; **2.** *bağl. deshalb*: bundan (dolayı)

dahin *bel. räumlich*: oraya; *vergangen*: geçmiş (ola), gitmiş; **bis ~** *zeitlich*: o zamana kadar

dahinten *bel.* arkada, arka tarafta

dahinter *bel.* arkasında, arka tarafında; **~ kommen** (-diğini) bulmak, kavramak; **~ stecken** -in arkasında olmak

dalassen *v/t* (*krldş., ayr.*, -ge-, h, → *lassen*) (byde) bırakmak

damalig *sif.* o zamanki; **~s** *bel.* o zamanlar

Dame *f* (-; -n) bayan, hanımefendi; *Tanz*: dam; *Karte*: kız; *Schach*: vezir; *Spiel*: dama; **~nbekleidung** *f* bayan elbisesi; **~nbinde** *f* kadın bağı; ped; **~nfriseur** *m* kuaför; **~nmode** *f* bayan modası; **~ntoilette** *f* bayan(lar) tuvaleti

damit 1. *bel.* bununla, onunla; **was will er ~ sagen?** bununla ne demek istiyor?; **wie steht es ~?** -den ne haber?; **~ einverstanden sein** -e razı olmak; **2.** *bağl.* -sin diye, -mek için; **~ nicht** -memesi için

Damm *m* (-s; ⁻e) *Stau*Ձ: baraj; *Fluss*Ձ *vs.*: su seddi, bent

Dämmerung *f* (-; -en) *Abend*Ձ: alacakaranlık; *Morgen*Ձ: şafak

Dampf *m* (-s; ⁻e) buhar *az. Fiz.*: istim; *Wasser*Ձ: buğu; Ձ**en** *v/i* (h) buharlaşmak

dämpfen *v/t* (h) *Gemüse* buğuda

Dampfer

pişirmek; *Schall* azaltmak; *Stimme* boğmak, kısmak; *Licht, Farbe, Schlag* yumuşatmak; *Kleidungsstück* buharla ütülemek; *Stimmung* öldürmek; *Kosten, Konjunktur* düşürmek; frenlemek
Dampfer *m* (-s; -) vapur, buharlı gemi; **~fahrt** *f* vapur gezisi
danach *bel.* ondan sonra; *später*: daha sonra; *entsprechend*: ona/buna göre; *ich fragte ihn* **~** ona onu/bunu sordum
Dän|e *m* (-n; -n) Danimarkalı; **~emark** *n* Danimarka; , **~in** *f* (-; -nen) Danimarkalı; **Qisch** *sıf.* Danimarka(lı); **~isch** *n* Danca
daneben *bel.* onun/bunun yanın(d)a; *außerdem*: ayrıca, bunun yanı sıra; **~gehen** *v/i (krldş., ayr.,* -ge-, sn, → *gehen*) *Schuss vs.*: hedefi şaşırmak, ıskalamak; başarısız olmak
Dank *m* (-s) teşekkür; *Gott sei ~!* Allah'a şükür!
dank *ilg.* sayesinde; **~bar** *sıf.* müteşekkir **(***j-m* b-ne, *für* için); *lohnend*: verimli, sevindirici; **Qbarkeit** *f* (-) minnettarlık; **~en** *v/i* (h) teşekkür etmek **(***j-m für et.* b-ne bş için); **~e (schön)** (çok) teşekkür ederim; **(nein) ~e** hayır (teşekkür ederim) istemem; *nichts zu* **~en** bir şey değil
dann *bel.* sonra; bunun üzerine
daran *bel.*: **~ befestigen** bşi bşe iliştirmek, takmak; **~ denken** bşi unutmamak; **~ glauben** bşe inanmak; **~ leiden** bşe tutulmuş olmak; bşden dert çekmek; **~ sterben** *-den* ölmek
darauf *bel. räumlich*: onun üzerine, bunun üstünde; *zeitlich*: bunun üzerine; *am Tag* **~** ertesi gün; *zwei Jahre* **~** iki yıl sonra; **~ stolz sein** *-den* gurur duymak; *sich* **~ freuen** (sevinçle) beklemek
daraus *bel.*: *was ist* **~** *geworden?* ondan ne oldu?; *ich mache mir nichts* **~** bundan dolayı üzülmem; *mach dir nichts* **~!** üzülme!
darin *bel.* bunun/onun içinde; *in dieser Hinsicht*: bu bakımdan; *gut* **~** *sein* bşde başarılı olmak
Darlehen *n* (-s; -) ödünç para, kredi; *ein* **~** *aufnehmen* kredi almak
Darm *m* (-s; *⸚*e) bağırsak; *Wurst*: bumbar; **~grippe** *f Tıp* bağırsak gribi
darstellen *v/t (ayr.,* -ge-, h) *wiedergeben, zeigen*: sunmak, göstermek, anlatmak; resimlemek; *beschreiben*: tanımlamak; tasvir etmek; *Rolle* oynamak; *grafisch*: çizmek
Darsteller *m* (-s; -) oyuncu, aktör; **~in** *f* (-; -nen) oyuncu, aktris
Darstellung *f* (-; -en) gösteri, sunu; anlatı; tasvir; açıklama; *Porträt, Rolle*: resmetme; canlandırma
darüber *bel.* bunu/onun üstün(d)e; *mehr*: üstelik, daha fazla; *über et.*: bş hakkında; **~** *werden Jahre vergehen* üstünden yıllar geçecek
darum *bel.* etrafında, çevresinde; *deshalb*: bu yüzden; *ich bat ihn* **~** bunu (yapmasını) ondan rica ettim; **~** *geht es (nicht)* sözkonusu bu değil
darunter *bel.* bunun/onun altın(d)a; *dazwischen*: arasında; *weniger*: daha az; *einschließlich*: dahil olarak; *was verstehst du* **~?** bundan sen ne anlıyorsun?
das → *der*
Dasein *n* (-s) yaşam; varlık
dass *bağl.* ki; *damit*; öyle ki; *es sei denn*, ~ ancak, -medikçe; meğer ki; *ohne* **~** -meksizin; *nicht* **~** *ich wüsste* biliyor değilim
dastehen *v/i (krldş., ayr.,* -ge-, h, → *stehen*) orada durmak; *geschrieben*: yazılı olmak
Datei *f* (-; -en) dosya
Daten *pl* bilgiler, veriler, hususlar; *persönliche*: kişisel veriler/bilgiler; **~bank** *f* (-; -en) bilgi bankası; **~schutz** *m* veri koruma; **~träger** *m* veri ortamı; **~verarbeitung** *f* bilgi işlem
datieren *v/t* (h) -e tarih koymak
Dattel *f* (-; -n) hurma
Datum *n* (-s; Daten) tarih; *ohne* **~** tarihsiz; *welches* **~** *haben wir heute?* bugün kaçı?
Dauer *f* (-) süre; *Forts*: süreklilik; *auf die* **~** uzun süre; *für die* **~** *von* -lik bir süre için; *von* **~** *sein* uzun sürmek; **~arbeitslosigkeit** *f* sürekli işsizlik; **~auftrag** *m Ekon.* sürekli ödeme emri; **Qhaft** *sıf. Friede vs.*: kalıcı, sürekli; *Material vs.*: dayanıklı; *Farbe vs.*: sabit, solmaz; **~karte** *f* abonman kartı
dauern *v/i* (h) sürmek, zaman almak; *wie lange dauert es (noch)?*

(daha) ne kadar sürecek?; *es dauert nicht lange* fazla/uzun sürmez
Dauerwelle *f* perma
Daumen *m* (-s; -) başparmak; *j-m den ~ halten* bir kimse için iyilik/ başarı dilemek
Daunen *pl* (ince) kuştüyü *sg*; **~decke** *f* kuştüyü yorgan
davon *bel.*: *genug (mehr)* ~ bundan yeter (biraz daha); *drei ~ -den* üçü, *-den* bục tane; *et. (nichts)* ~ **haben** bşin b-ne faydası ol(ma)mak; *das kommt ~!* işte bundan böyle oluyor/ olur!; **~kommen** *v/i* (krldş., ayr., -ge-, sn, → *kommen*) kurtulmak; yakayı/paçayı kurtarmak; **~laufen** *v/i* (krldş., ayr., -ge-, sn, → *laufen*) kaçıp kurtulmak
davor *bel. örtlich*: onun/bunun önün(d)e; *zeitlich*: ondan önce; *sich ~ fürchten* bşden korkmak
dazu *bel. dafür*: ona, bunu; onun/bunun için; *außerdem*: ayrıca; *noch ~* bundan başka; *~ ist es da* o bunun için burada/var; *... Salat ~?* yanına salata da olsun mu?; *~ wird es nicht kommen* iş o kerteye varmayacak; *~ kommen(, es zu tun)* (onu yapmaya) fırsatı olmak; *~ habe ich keine Lust* buna hiç hevesim yok; **~gehören** *v/i* (ayr., dazugehört, h) *-e* ait olmak, *-in* bir parçası olmak; **~kommen** *v/i* (krldş., ayr., -ge-, sn, → *kommen*) katılmak; *Sache*: ilave edilmek
dazwischen *bel. räumlich*: onun/bunun arasın(d)a, *az. zeitlich*: bu arada; *darunter*: aralarında; **~kommen** *v/i* (krldş., ayr., -ge-, sn, → *kommen*) *Ereignis*: ansızın çıkmak, aksilik olmak
Debatte *f* (-; -n) görüşme, tartışma
debattieren *v/t ve v/i* (h): görüşmek, tartışmak (*über A* bşi)
Debüt *n* (-s; -s) (sahneye vs.) ilk çıkış; *sein ~ geben* ilk konserini vs. vermek (*als* olarak)
Deck *n* (-s; -s) *Gemi*. güverte; *an* (*od. auf*) *~* güvertede
Decke *f* (-; -n) örtü; *Wolf2*: battaniye; *Stepp2*: yorgan; *Zimmer2*: tavan
Deckel *m* (-s; -) kapak; *Buch2*: kap
decken (h) **1.** *v/t Bedarf* karşılamak; gidermek; *Scheck* karşılamak; *den Tisch ~* sofrayı kurmak; **2.** *v/refl* aynı olmak, uyuşmak (*mit* ile)
Deckung *f* (-) *Ekon.* güvence, teminat; karşılık; *in ~ gehen* saklanmak, sipere sığınmak (*vor D* -den)
defekt *sıf.* bozuk
Defekt *m* (-s; -e) bozukluk; *Störung*: arıza
Defizit *n* (-s; -e) *Ekon.* açık
Deflation *f* (-; -en) *Ekon.* deflasyon
dehn|bar *sıf.* genişleyebilen; esnek (*az. mec.*); **~en** *v/t* (h) genişletmek, uzatmak (*az. mec.*)
Deich *m* (-s; -e) set, bent; **~bruch** *m* set/bent yarılması
dein *iyelik zam.* senin; **~er, ~e, ~(e)s** (senin) arkadaşın *vs.*; **~esgleichen** *zam. hkr.* senin gibiler(i) *pl*
Dekolleté *n* (-s; -s) dekolte; *tiefes ~* derin dekolte
Dekoration *f* (-; -en) dekor(asyon) süs(leme); *Schaufenster2*: vitrin (düzenlemesi); *Tiy.* sahne dekoru
dekorieren *v/t* (h) süslemek; *Schaufenster*: düzenlemek
Delegation *f* (-; -en) delegasyon
delegier|en *v/t* (h) delege yollamak; yetki aktarmak; **2te** *m*, *f* (-n; -n) delege
delikat *sıf. köstlich*: lezzetli, nefis; *heikel*: müşkül, nazik ve önemli; **2esse** *f* (-; -n) nefis yiyecek; **2essenladen** *m* mezeci dükkânı
Delle *f* (-; -n) çökük
Dementi *n* (-s; -s) (resmen) yalanlama, tekzip
dementieren *v/t* (h) yalanlamak
demnächst *bel.* (pek) yakında
Demo *f* (-; -s) F gösteri; göster(il)me
Demokrat *m* (-en; -en) demokrat; **~ie** *f* (-; -n) demokrasi; **~in** *f* (-; -nen) demokrat; **2isch** *sıf.* demokratik
demolieren *v/t* (h) *beschädigen*: -e zarar vermek, *-i* bozmak; *zerstören*: altüst etmek, tahrip etmek, *mutwillig*: yıkmak, harap etmek
Demonstr|ant *m* (-en; -en), **~antin** *f* (-; -nen) yürüyüşe katılan; gösterici; **~ation** *f* (-; -en) gösteri, yürüyüş; **2ieren** (h) **1.** *v/t* göstermek; **2.** *v/i* gösteri yapmak; gösteri yürüyüşü düzenlemek (veya yürüyüşe katılmak)
demontieren *v/t* (h) demonte etmek, sökmek

Denkanstoß *m*: *j-m e-n ~ geben* b-ni düşündürmek; b-ni düşünmeye sevketmek
denkbar 1. *sıf.* düşünülebilir; **2.** *bel.*: *~ einfach* çok basit, çok kolay
denken *v/t ve v/i* (dachte, gedacht, h) düşünmek (*an A*, *über A* bşi, bş. hakkında); *das kann ich mir ~en* bunu düşünebilirim, tasavvur edebilirim; *das habe ich mir gedacht* böyle (olacağını) düşünmüştüm; *~ daran zu ...* -meyi unutma
Denkmal *n* (-s; ⁻er) anıt (*G*)
Denkmalschutz *m*: *unter ~ stehen* korunacak anıtlar listesinde olmak
Denkzettel *m mec.* ders, ibret
denn 1. *bağl. begründend*: çünkü; *als*: *-den* daha; *mehr ~ je* eskiden daha fazla; *es sei ~* ancak ...(yaparsan) **2.** *bel.* ya(hu); *wieso ~?* (ama) niye?; *was ist ~?* ne var (yine)?
dennoch *bağl.* buna rağmen; bununla birlikte
Denunz|iant *m* (-en; -en) muhbir, jurnalci; **2ieren** *v/t* (h) ihbar etmek
Deo *n* (-s; -s) F, **~dorant** *n* (-s; -e, -s) deodoran
deplatziert *sıf.* yersiz
Depo|nie *f* (-; -n) çöplük; ardiye; **2nieren** *v/t* (h) (depositoya) yatırmak; **~t** *n* (-s; -s) depo
Depression *f* (-; -en) çöküntü, ruhsal rahatsızlık; *Ekon.* çökme
depressiv *sıf.* depresif; çökük
deprimieren *v/t* (h) umutsuzluğa düşmek; karamsar olmak
der-, die-, das 1. *Art.* „belirli tanımlık"; **2.** *işaret zam.* bu, şu, o; *die pl* bunlar, şunlar, onlar; **3.** *ilgi zam.* bu, ki ..., şu, ki ..., o, ki ...
derart(ig) *bel.* böylesine
derb *sıf. grob*: kaba; *Leder*: sert
Deregulierung *f* (-) bşin düzenini bozma
dergleichen *işaret zam.*: *nichts ~* o türden (*veya* benzeri) bir şey değil
der-, die-, dasjenige *işaret zam.* o, ki ...; *diejenigen pl* onlar, ki ...
der-, die-, dasselbe *işaret zam.* aynısı
Desert|eur *m* (-s; -e) asker kaçağı; **2ieren** *v/i* (sn) askerden kaçmak
deshalb *bağl. ve bel.* bundan dolayı, onun için; o sebepten, o nedenle

Design *n* (-s; -s) dizayn; *Ekon.*, *Tek.* taslak, model, tasarım; **~er** *m* (-s; -), **~erin** *f* (-; -nen) modelist, teknik ressam; şekil veren
desinfizieren *v/t* (h) dezenfekte etmek
Desinteress|e *n* (-s) ilgisizlik (*an D* -e, -e karşı); **2iert** *sıf.* ilgisiz (*an D* -e)
Dessert *n* (-s; -s) *Gastr.* tatlı
desto *bağl.*: *je mehr, ~ besser* ne kadar fazla o kadar iyi
Detail *n* (-s; -s) ayrıntı
Detektiv *m* (-s; -e), **~in** *f* detektif
deuten *v/i* (h): *~ auf* (*A*) *-e* işaret etmek
deutlich *sıf.* açık, belirgin, belli
deutsch *sıf.* Alman(ya) ...; (*auf*) ♀ Almanca; ♀e *m*, *f* (-n; -n) Alman
Deutschland *n* Almanya; *Bundesrepublik f ~* (BRD) Federal Almanya Cumhuriyeti (FAC)
Devise *f* (-; -n) parola; ilke; **~n** *pl Ekon.* döviz *sg*; kambiyo *sg*; **~nkontrolle** *f* döviz kontrolü; **~nkurs** *m* döviz kuru; **~nmakler** *m* döviz komisyoncusu
Dezember *m* (-; -) aralık (ayı); *im ~* aralıkta, aralık ayında
dezent *sıf. Farbe, Licht, Musik*: hafif; *Kleidung*: zarif, ölçülü
DGB *kıs.* = *Deutscher Gewerkschaftsbund* Alman Sendikalar Birliği
d.h. *kıs.* = *das heißt* yani; demek ki
Dia *n* (-s; -s) slayt
Diagnose *f* (-; -n) tanı, teşhis
diagonal *sıf.* köşegenleme, verev, çapraz; ♀e *f* (-; -n) köşegen
Diagramm *n* (-s; -e) diyagram
Dialekt *m* (-s; -e) diyalekt, lehçe
Dialog *m* (-s; -e) diyalog
Diamant *m* (-en; -en) elmas
Diaprojektor *m* slayt gösterici
Diät *f* (-; -en) perhiz; *e-e ~ machen* perhiz yapmak; **~en** *pl Parl.* milletvekili maaşı *sg*
dich 1. *kişi zam.* seni; *für ~* senin için, sana; **2.** *dönüş. zam.* kendini; kendine
dicht 1. *sıf. Haar, Gewebe, Wald*: sık, gür *Nebel*, *Verkehr vs.*: yoğun; *Fenster vs.*: sıkı (*az. mec.*); **2.** *bel.*: *~ an D* (*od. bei*) yanı başında; *~ besiedelt* yoğun nüfuslu

Dichter *m* (-s; -) şair, ozan; *Schriftsteller*: yazar
Dichtung¹ *f* (-; -en) *Tek*. conta
Dichtung² *f* (-; -en) yazın, edebiyat; *Vers*♀: şiir
dick *sıf*. kalın; *Person*: şişman; *Bauch*: iri; *es macht* ~ şişmanlatır; ♀**kopf** *m* F kalın kafalı
die → *der*
Dieb *m* (-s; -e) hırsız; **~stahl** *m* (-s; ⁻e) hırsızlık; **~stahlversicherung** *f* hırsızlığa karşı sigorta
Diele *f* (-; -n) *Brett*: tahta, döşeme tahtası; *Vorraum*: sofa, antre
dienen *v/i* (h) hizmet etmek (*j-m* b-ne, *als* olarak)
Dienst *m* (-es; -e) hizmet; servis (*az*. **~leistung**); *Amtsleistung*: görev; *Arbeit*. iş; **~ haben** görevli olmak; *im* **~** görevde; **~ tuend** görevli; nöbetçi; *außer* **~** görev dışında; *pensioniert*: emekli; **~...**. *Wagen, Wohnung vs*.: makam ..., resmi ...
Dienstag *m* (-s; -e) salı; (*am*) **~** salı günü; ♀**s** salı günleri
Dienst|alter *n* kıdem; ♀**bereit** *sıf*. hizmete hazır; göreve hazır; *Apotheke*: nöbetçi; **~grad** *m* rütbe (*az*. *Ask*.)
Dienstleistung *f* hizmet (verme); **~sgewerbe** *n* hizmet işleri *pl*; **~sunternehmen** *n* hizmet veren işletme
dienst|lich *sıf*. resmi; görevli; ♀**mädchen** *n* hizmetçi kız; ♀**reise** *f* iş seyahati; görev yolculuğu; ♀**stunden** *pl* servis saatleri; ♀**wagen** *m* görev/servis arabası; *für Minister vs*.: makam arabası; ♀**weg** *m* resmi yol, işlem
Diesel *m* (-; -) dizel, *Kraftstoff*: mazot
dies|er, **~e**, **~es** *işaret zam. hier*: bu; *dort*: şu; **~e** *pl* bunlar
dies|jährig *sıf*. bu yılki; **~mal** *bel*. bu kez; **~seits** *ilg*. beri taraf, beri
Differenz *f* (-; -en) fark; ♀**ieren** *v/i* (h) ayrımlamak, ayırmak (*zwischen D* bşi bşden)
Digital... *Anzeige, Uhr vs*.: dijital ...
Diktat *n* (-s; -e) *Text*: dikte; *mec*. emir
Diktator *m* (-s; -en) diktatör
Diktatur *f* (-; -en) diktatörlük
diktier|en *v/t ve v/i* (h): *j-m e-n Brief* **~en** b-ne bir mektup yazdırmak, dikte ettirmek; ♀**gerät** *n* diktafon
DIN *kıs*. = *Deutsches Institut für Normung* Alman Normlar Enstitüsü

Ding *n* (-s; -e) şey; *guter* **~e sein** keyfi yerinde olmak; *vor allen* **~en** her şeyden önce; F *ein* **~ drehen** bir iş çevirmek
Diphtherie *f* (-; -n) *Tıp* difteri
Dipl. *kıs*. = *Diplom*
Dipl.-Ing. *kıs*. = *Diplom-Ingenieur m* Yüksek Mühendis (Yük. Müh.)
Diplom *n* (-s; -e) diploma; **~...** diplomalı; yüksek (mühendis *vs*.)
Diplomat *m* (-en; -en) diplomat (*az. mec*.); **~enkoffer** *m* diplomat/evrak çantası; **~ie** *f* (-) diplomasi (*az. mec*.); ♀**isch** *sıf*. diplomatik (*az. mec*.)
dir *kişi zam*. sana; **~** (*selbst*) kendine; *mit* **~** seninle; *von* **~** senden
direkt 1. *sıf*. doğru, düz; *Verbindung*: dolaysız; **2.** *bel. geradewegs*: doğrudan doğruya; *mec. genau, sofort*: hemen; *Rundfunk, TV*: canlı; **~ gegenüber** (*von*) *-in* tam karşısında
Direktflug *m* direkt uçuş
Direktion *f* (-; -en) *Geschäftsleitung*: yönetim, müdürlük
Direktor *m* (-s; -en), **~in** *f* (-; -nen) müdür, direktör; *geschäftsführender*: yönetici müdür
Direkt|übertragung *f* *Rundfunk, TV*: canlı yayın; **~verkauf** *m* (-s) aracısız satış; **~werbung** *f* doğrudan tanıtım
Dirigent *m* (-en; -en), **~in** *f* (-; -nen) *Müz*. orkestra şefi
Diskette *f* (-; -n) *Cmp*. disket; **~nlaufwerk** *n* disket sürücüsü
Diskjockey *m* (-s; -s) diskjokey
Disko *f* (-; -s) F disko
Diskont *m* (-s; -e) *Ekon*. iskonto; **~satz** *m* iskonto haddi
Diskothek *f* (-; -en) diskotek
diskret *sıf*. gizli, tedbirli; *Person*: ağzı, sıkı, ketum; ♀**ion** *f* (-; -en) açmazlık
diskriminier|en *v/t* (h) ayrımcılık yapmak; ♀**ung** *f* (-; -en) ayrımcılık (*G* -e karşı)
Diskussion *f* (-; -en) tartışma (*um* hakkında); **~sleiter** *m* panel başkanı
diskutieren *v/t ve v/i* (h) tartışmak (*über et*. bşi)
Display *n* (-s; -s) *Cmp*. gösterge
Disqualifi|kation *f* (-; -en) diskalifiye; ele(n)me, yarışma dışı kalma; ♀**zieren** *v/t* (h) diskalifiye etmek; yarışma dışı bırakmak (*wegen* yüzünden)

Distanz

Distanz f (-; -en) mesafe (*az. mec.*)
distanzieren v/refl (h): *sich ~ von -den* uzak durmak
Distrikt m (-s; -e) ilçe
Disziplin f (-; -en) disiplin
diszipliniert sıf. disiplinli
Dividende f (-; -n) *Ekon.* kâr payı, temettü; **Ωieren** v/t (h) bölmek (*durch* ile)
Division f (-; -en) *Mat.* bölme; *Ask.* tümen
DJ kıs. = Diskjockey
DJH kıs. = *Deutsches Jugendherbergswerk* n Alman Gençlik Hostelleri Teşkilatı
DM kıs. = *Deutsche Mark* Alman Markı
doch bağl. ve bel. gene de; gerçekten; ama; tabii, tabiatıyla; *also ~ (noch)* nihayet; *kommst du nicht (mit)? – ~!* sen gelmiyor musun? – evet, (geliyorum) tabii!; *ich war es nicht – ~!* onu ben yapmadım – yaptın tabii!; *du kommst ~?* sen geliyorsun ama değil mi?; *kommen Sie ~ herein!* ne duruyorsunuz, buyrun içeriye girin!; içeriye girseniz ya!; *du weißt ~, dass* sen de biliyorsun ki, ; *wenn ~ ...!* wünschend: ne olur keşke ...-se!
Docht m (-s; -e) fitil
Dock n (-s; -s) *Gemi.* dok; tersane havuzu
Doktor m (-s; -en) doktor
Dokument n (-s; -e) belge; *Cmp.* doküman; **~arfilm** m belgesel film
Dollar m (-; -s) dolar
dolmetschen v/i ve v/t (h) tercüme etmek
Dolmetscher m (-s; -), **~in** f (-; -nen) tercüman
Dom m (-s; -e) katedral
Donner m (-s; -) gök gürültüsü; **Ωn** v/i (h) gürüldemek; *es donnert* gök gürlüyor
Donnerstag m (-s; -e) perşembe; (*am*) ~ perşembe günü; **Ωs** perşembe günleri
Doping n (-s) doping
Doppel n (-s; -) kopya, eş; *Spo.* çift, duble; **~besteuerung** f çift vergileme; **~besteuerungsabkommen** n çift vergileme anlaşması; **~bett** n iki kişilik yatak; **~haus** n bir duvarı bitişik tek ailelik iki ev; **~haushälfte** f ortak duvarlı iki daireyi içeren ev
doppelt sıf. ve bel. çift, çifte; iki mislisi, duble; *~ so viel (wie)* (-den) iki kat daha çok
Doppelzimmer n iki yataklı oda
Dorf n (-s; ⁼er) köy; **~bewohner** m köylü
dort bel. orada; *~ drüben* orada ilerde; **~her** bel.: (*von*) ~ *her* oradan; **~hin** bel. oraya
Dose f (-; -n) kutu; *SteckΩ*: priz
Dosenbier n kutu bira(sı); **~fleisch** n konserve et; **~öffner** m konserve açacağı
Dosierung f (-; -en) dozaj
Dosis f (-; Dosen) doz; dozaj
Dotter m, n (-s; -) yumurta sarısı
Double n (-s; -s) *Film:* dublör
Doz. kıs. = *Dozent* m doçent (Doç.)
dpa kıs. = *Deutsche Presseagentur* Alman Basın Ajansı
Dr. kıs. = *Doktor* m doktor (Dr.); ~ *jur. Doktor der Rechte* hukuk doktoru; ~ *med. Doktor der Medizin* tıp doktoru; ~ *phil. Doktor der Philosophie* felsefe doktoru; ~ *rer. nat. Doktor der Naturwissenschaften* doğabilimleri doktoru; ~ *theol. Doktor der Theologie* ilahiyat doktoru
Draht m (-s; ⁼e) tel; **Ωlos** sıf. telsiz; **~seilbahn** f teleferik
Drama n (-s; -men) dram; tiyatro oyunu; **Ωtisch** sıf. dramatik, heyecanlı; tiyatroyla ilgili
dran bel. F → *daran*
Drang m (-s) dürtü; özlem; arzu (*nach* -e)
drängen (h) **1.** v/t sıkıştırmak (*zu tun* yapmaya), *-de* ısrar etmek; **2.** v/i ite kaka ilerlemek (*az. sich ~*); *eilig sein*: acil olmak; *die Zeit drängt* vakit darlaşıyor/azalıyor
drastisch sıf. şiddetli; açık, kesin
drauf bel. F → *darauf*: ~ *und dran sein*, *et. zu tun* bşi yapmak üzere olmak
draus bel. F → *daraus*
draußen bel. dışarıda; *im Freien:* açıkta, açık havada; *da ~* şurada dışarıda
Dreck m (-s) F kir, *stärker:* pislik; *mec.* çöp; **Ωig** sıf. kirli; pis (*az. mec.*)
Drehbuch n senaryo

drehen (h) **1.** *v/t* döndürmek; *Film* çevirmek; *Zigarette* sarmak; **2.** *v/refl* dönmek; *schnell*: dolanmak; **worum dreht es sich (eigentlich)?** burada aslında ne dönüyor?; **darum dreht es sich (nicht)** sözkonusu budur (bu değildir)

Dreh|kreuz *n* turnike; **~strom** *m El.* alternatif akım; **~stuhl** *m* döner koltuk; **~tür** *f* döner kapı; **~ung** *f* (-; -en) dönme; *um e-e Achse*: devir; **~zahl** *f Tek.* dönme sayısı; devir sayısı; **~zahlmesser** *m* (-s; -) *Oto.* devir sayacı; takometre

drei *sıf.* üç; **2bettzimmer** *n* üç yataklı oda; **2eck** *n* (-s; -e) üçgen; **~eckig** *sıf.* üç köşeli; **~fach** *sıf.* üç kat; üç misli

dreißig *sıf.* otuz; **~ste** *sıf.* otuzuncu
dreizehn *sıf.* on üç; **~te** *sıf.* on üçüncü
Drilling *m* (-s; -e) üçüz
drin *bel.* F → *darin*
dringen *v/i* (drang, gedrungen) (h): **~ auf** (A) -de direnmek, -de diretmek; **darauf ~, dass** -de ısrar etmek; (sn): **~ aus** -den çıkmak, -dışarıya sızmak; *Geräusch*: gelmek; **~ durch** delip geçmek, içine işlemek; **~ in** (A) içine girmek, sızmak; **an die Öffentlichkeit ~** kamuoyuna sızmak

dringend *sıf.* acil, ivedi; *wichtig*: önemli; *Verdacht, Rat, Grund*: kuvvetli, güçlü, sağlam
drinnen *bel.* içinde, içerde
dritte *sıf.* üçüncü; **zu dritt sein** üç kişi olmak
Drittel *n* (-s; -) üçte bir
drittens *bel.* üçüncü olarak, üçüncüsü
Droge *f* (-; -n) hap; *Rauschgift*: narkotik, uyuşturucu madde
drogenabhängig *sıf.* uyuşturucu bağımlısı; **2e** *m, f* uyuşturucu bağımlısı (kişi); **2keit** *f* uyuşturucu bağımlılığı

Drogen|beratungsstelle *f* uyuşturucu danışma merkezi; **~handel** *m* uyuşturucu ticareti/kaçakçılığı; **~händler** *m* uyuşturucu kaçakçısı/tüccarı; **~konsum** *m* uyuşturucu tüketimi; **~missbrauch** *m* uyuşturucu suistimali; **2süchtig** *vs.* → *drogenabhängig vs.*; **~szene** *f* uyuşturucu kullanan çevreler *pl*

Drogerie *f* (-; -n) ilaç ve kimyasal maddeler satan dükkân

drohen *v/i* (h) tehdit etmek, korkutmak (*j-m* b-ni)
dröhnen *v/i* (h) *Motor, Stimme vs.*: gürlemek; *widerhallen*: uğuldamak
Drohung *f* (-; -en) tehdit
drüben *bel.* şurada
drüber *bel.* F → *darüber*
Druck[1] *m* (-s) baskı (*az. mec.*); *Tek.* basınç, tazyik; **~ auf j-n ausüben** b-ne baskı uygulamak
Druck[2] *m* (-s; -e) *Kunst vs.*: basım, baskı; **~buchstabe** *m* kitap yazısı
drucken *v/t* (h) basmak (*az. Cmp.*); yayınlamak
drücken (h) **1.** *v/t* basmak (*az. Knopf*); sıkmak (*az. v/i Schuh*); *Preis, Leistung vs.* düşürmek; **j-m die Hand ~** b-nin elini sıkmak; **2.** *v/refl* F **sich vor** (*D*) bşı yapmaktan kaçmak; *aus Angst*: ortalıktan kaybolmak, sıvışmak; **~d** *sıf. Hitze*: bunaltıcı

Drucker *m* (-s; -) *Tek.* basımcı, matbaacı; *Cmp.* yazıcı
Drücker *m* (-s; -) *Tür.* kilit dili; *Gewehr*: tetik
Druckerei *f* (-; -en) basımevi
Druck|fehler *m* dizgi/baskı hatası; **~knopf** *m Tek.* düğme; *an Kleid vs.*: çıtçıt (düğme); **~luft** *f* basınçlı hava; **~sache(n** *pl*) *f Post*: basılı madde, matbua; **~schrift** *f* kitap yazısı; baskı harfi
drum *bel.* F → *darum*
drunter *bel.* F → *darunter*
Drüse *f* (-; -n) *Anat.* bez, salgı bezi
dt. *kıs.* = *deutsch* Alman(ca)
DTP *kıs.* = *Desktop-Publishing* masaüstü yayımcılık
Dtzd. *kıs.* = *Dutzend n* düzine
du *kişi zam.* sen
ducken *v/refl* (h) başını eğmek, sinmek
Duell *n* (-s; -e) düello (*az. mec.*)
Duett *n* (-s; -e) *mus.* düet; ikili
Duft *m* (-s; ⁓e) (güzel) koku, rayiha
duften *v/i* (h) kokmak (**nach** bş)
duftend *sıf.* güzel kokulu
duftig *sıf.* hafif, *Kleid*: *az.* ince
dulden *v/t* (h) *zulassen*: hoşgörmek; *hinnehmen*: -e göz yummak; bşi kabul etmek
dumm *sıf.* aptal; *Handlung*: cansıkıcı
Dummheit *f* (-; -en) aptallık
Dummkopf *m* sersem, aptal kafa

dumpf *sıf.* boğuk; *Gefühl vs.*: bulanık
Dumping *n* (-s) *Ekon.* damping; **~preis** *m* damping fiyatı
Düne *f* (-; -n) kumul
dunkel *sıf.* koyu; karanlık; **~heit** *f* (-) karanlık; **~kammer** *f Fot.* karanlık oda; **~rot** *sıf.* koyu kırmızı
dünn *sıf.* ince; *Kaffee vs.*: hafif, koyu olmayan; *Tee*: demsiz; **~ besiedelt** az nüfuslu
Dunst *m* (-es; ⁻e) hafif sis, pus; *Dampf*: buhar; *Qualm*: duman
dünsten *v/t* (h) buğuda pişirmek, buğulamak
dunstig *sıf.* puslu, hafif sisli
Duplikat *n* (-s; -e) bşin eşi, sureti; *Kopie*: kopya
durch 1. *ilg.* sayesinde; ortasından, içinden (*az. mec.*); *quer* **~**: karşıdan karşıya, öbür tarafa; **2.** *bel.*: **es ist 5 Uhr ~** saat beşi geçiyor; **~ und ~** baştan başa, tamamıyla
durchaus *bel.* büsbütün, mutlaka; **~ nicht** kesinlikle (değil)
durch|blättern *v/t* (*ayr.*, -ge-, h) karıştırmak, (sayfalarını) karıştırıp bakmak; **~blicken** *v/i* (*ayr.*, -ge-, h) bşin arasından bakmak; **~blicken lassen** anlamasını sağlamak; *ich blicke (da) nicht ~* (durumu) kavrayamadım; **~bluten** *v/t* (*ayrılmaz*, h) (bir organı) kanla beslemek; **~bohren** *v/t* (*ayrılmaz*, h) delmek, delip geçmek; *durchlöchern*: delik açmak, sıra sıra delmek; *mit Blicken* **~bohren** tehdit edici gözlerle bakmak; **~brennen** *v/i* (*krldş.*, *ayr.*, -ge, sn, **→ brennen**) *El. Sicherung*: yanmak, atmak; *Reaktor*: yanıp erimek; *F mec.* kaçmak; **~bringen** *v/t* (*krldş.*, *ayr.*, -ge-, h, **→ bringen**) *Kranken* kurtarmak; geçirmek (*az. Geld*); *Familie* geçindirmek; **~bruch** *m* çıkma (*az. mec.*); başarı; **~drängen** *v/refl* (*ayr.*, -ge-, h) ite kaka kendine yol açmak; **~drehen** (*ayr.*, -ge-, h) **1.** *v/i* (*az.* sn) *F nervlich*: çok sinirlenmek; *stärker*: aklını kaçırmak; *Räder vs.*: patinaj yapmak; **2.** *v/t Fleisch vs.* kıymak, makinadan geçirmek; **~dringend** *sıf.* keskin, etkili; *Stimme*: tiz
durcheinander *bel.*: **~ sein** şaşırmış olmak; *Dinge*: karmakarışık olmak; **~ bringen** şaşırtmak, (aklını) karıştırmak
durchfahren¹ *v/i* (*krldş.*, *ayr.*, -ge-, sn, **→ fahren**) (durmadan) geçmek, *az. Oto.*: **~ bis** -e kadar mola vermeden gitmek
durchfahren² *v/t* (*krldş.*, *ayrılmaz*, h, **→ fahren**) geçmek, dolaşmak
Durchfahrt *f* geçme; geçit; **~ verboten!** geçiş yasaktır
Durchfall *m Tıp* ishal; *F Reinfall*: başarısızlık; **~en** *v/i* (*krldş.*, *ayr.*, -ge-, sn, **→ fallen**) başaramamak; *Prüfling*: sınıfta kalmak; *F* çakmak; *Stück vs.*: başarısız olmak; *j-n* **~en lassen** b-ni (sınavda) bırakmak
durchfragen *v/refl* (*ayr.*, -ge-, h) sora sora bulmak (*nach*, *zu* bşin yolunu)
durchführ|bar *sıf.* uygulanabilir, gerçekleştirilebilir; **~en** *v/t* (*ayr.*, -ge-, h) uygulamak, yerine getirmek
Durchgang *m* (-s; ⁻e) geçme, geçit; **~ verboten!** geçiş yasaktır
durchgebraten *sıf. Gastr.* iyi pişmiş
durchgehend 1. *sıf.* ununterbrochen: sürekli; **~er Zug** direkt tren; **2.** *bel.*: **~ geöffnet** bütün gün açıktır; aralıksız açıktır; **~ Einlass** aralıksız giriş
durchgreifen *v/i* (*krldş.*, *ayr.*, -ge-, h, **→ greifen**) *mec.* etkili ve sert önlemler almak; **~d** *sıf. Maßnahmen*: etkili, sert; *Änderungen vs.*: kökten
durch|halten *v/i* (*krldş.*, *ayr.*, -ge-, h, **→ halten**) bşe dayanmak; **~kommen** *v/i* (*krldş.*, *ayr.*, -ge-, sn, **→ kommen**) geçmek (*az. mec.*); *Tel.* çıkmak; *Sonne*: çıkmak; *Kranker*. iyileşmek; *in Prüfung*: geçmek; **~kommen mit** *Lüge vs.*: yakayı kurtarmak; *auskommen*: geçinip gitmek; **~kreuzen** *v/t* (*ayrılmaz*, h) *Plan vs.* baltalamak; **~lassen** *v/t* (*krldş.*, *ayr.*, -ge-, h, **→ lassen**) b-nin geçmesine müsaade etmek
durchlässig *sıf. undicht*: geçirgen; sızıntılı
durchlesen *v/t* (*krldş.*, *ayr.*, -ge-, h, **→ lesen**) baştan başa okumak
durchleuchten *v/t* (*ayrılmaz*, h) *Tıp* röntgenle muayene etmek; *mec.* araştırmak, *özl. Pol.* soruşturma açmak
Durchmesser *m* (-s; -) çap
durchqueren *v/t* (*ayrılmaz*, h) katetmek, (arasından *vs.*) geçmek

Durchreiche f(-; -n) duvar açıklığı
Durchreise f: *ich bin nur auf der ~ ben sadece gezi yapıyorum*; **~visum** n transit vizesi
Durchsage f(-; -n) (sözlü) duyuru, anons
durchsagen v/t (ayr., -ge-, h) anons etmek, (hoparlörden vs.) duyurmak
durchschauen v/t (ayrılmaz, h) mec. bşin iç yüzünü anlamak
Durchschlag m (-s; ⁻e) (karbon) kopya; **~papier** n karbon kâğıt, kopya kâğıt
Durchschnitt m ortalama; *im ~ ortalama olarak*; *im ~ betragen (verdienen vs.) ortalama yekün tutmak (kazanmak vs.)*; **⁻lich 1.** sıf. ortalama; vasat; *gewöhnlich*: sıradan; **2.** bel. ortalama olarak; **~s...** *Einkommen, Temperatur vs.*: orta, vasat; sıradan
Durchschrift f kopya suret
durchsehen v/t (krldş., ayr., -ge-, h, → **sehen**) gözden geçirmek; *prüfen*: incelemek
durchsetzen (ayr., -ge-, h) **1.** v/t *Plan vs.*: geçirmek; *mit Nachdruck*: kabul ettirmek; *seinen Kopf ~ muradına ermek*; **2.** v/refl arzusuna kavuşmak; *erfolgreich sein*: başarmak, başarılı olmak; *sich ~ können Lehrer vs.*: kendini kabul ettirmek (*bei* b-ne)
durchsichtig sıf. saydam (az. mec.); *Bluse vs.: az.* içi görünen, şeffaf
durchsprechen v/t (krldş., ayr., -ge-, h, → **sprechen**) görüşmek, tartışmak
durchsuch|en v/t (ayrılmaz, h) aramak (*nach* bş.); **⁻ung** f (-; -en) ara(ştır)ma; **⁻ungsbefehl** m Huk. arama emri

Durch|wahl f(-) Tel. direkt bağlantı, direkt hat; **⁻wählen** v/i (ayr., -ge-, h): **⁻wählen nach ...** direkt ... çevirmek; **~wahlnummer** f direkt hat numarası; *Nebenstelle*: dahili numara
dürfen (durfte, h) **1.** *yardımcı eylem* (dürfen); *et. tun ~* bşi yapmaya izinli olmak; *das hättest du nicht tun ~!* bunu yapmamalıydın!; *dürfte ich ...?* ... (yap)abilir miydim acaba?; *das dürfte genügen* bu (kadar) yeter herhalde; **2.** v/i (gedurft); *darf ich?* müsaade eder misin(iz)?; *er darf (es)* yapabilir
dürftig sıf. yoksul, yetersiz; *spärlich*: az
dürr sıf. kuru; *Boden vs.*: kurak; *mager*. cılız; **⁻e** f (-; -n) *Trockenzeit*: kuraklık; çoraklık
Durst m (-es) susama (*nach* -e), susuzluk; *~ haben* susamış olmak; **⁻ig** sıf. susuz; susamış
Dusche f(-; -n) duş; *e-e ~ nehmen*, **⁻n** v/refl ve v/i (h) duş almak
Düse f (-; -n) Tek. püskürteç, jet; **~nantrieb** m jet tertibatı; *mit ~n-antrieb* jetle çalışan; **~nflugzeug** n jet (uçağı); **~njäger** m Ask. tepkili savaş uçağı; **~ntriebwerk** n Hava. jet motoru
düster sıf. karanlık, bulanık (az. mec.); *Licht*: loş; *trostlos*: kasvetli, hüzünlü, kederli, sıkıntılı
Dutzend n (-s; -e) düzine; *ein ~ Eier* bir düzine yumurta; **⁻weise** bel. düzinelerce, düzine düzine
duzen v/t (h) (*j-n* b-ne) sen diye hitap etmek
dynamisch sıf. dinamik; *Rente*: endekslenmiş
Dynamit n (-s) dinamit
D-Zug m ekspres (tren)

E

Ebbe f(-; -n) cezir, suların alçalması
eben sıf. *flach*: düz
Ebene f(-; -n) Coğr. ova
ebenfalls bel. aynen; bilmukabele; *nachgestellt*: aynı şekilde
Echo n (-s; -s) eko, yansı(ma); *mec.* tepki (*auf A* bşe)
echt sıf. öz (*az. mec.*), asıl; *wahr*.

Echtheit 362

doğru, hakiki; *rein*: saf, halis; *wirklich*: gerçek; *Farbe*: sabit, solmaz; *Dokument*: orijinal, güvenilir; ℒ**heit** *f* (-) doğruluk; sabitlik; gerçek, saflık

Eck|daten *pl* ana veriler; **~e** *f* (-; -n) köşe; **~haus** *n* köşe ev; ℒ**ig** *sıf. Kinn vs.*: köşeli; **~lohn** *m* esas ücret

Economyklasse *f Hava.* ekonomi mevki; *in der ~ fliegen* ekonomi mevkiyle uçmak

edel *sıf.* soylu, asil; *Min.* değerli; ℒ**metall** *n* değerli metal; ℒ**stahl** *m* paslanmaz çelik; ℒ**stein** *m* değerli taş; *geschnittener*: mücevher

EDV *kıs.* = *Elektronische Datenverarbeitung* elektronik bilgiişlem

Efeu *m* (-s) *Bot.* sarmaşık

Effekt *m* (-s; -e) etki; ℒ**iv 1.** *sıf. wirksam*: etkili; **2.** *bel.* gerçek, gerçekten; ℒ**voll** *sıf.* çok etkili

effizien|t *sıf. wirtschaftlich*: etkin; *wirksam*: etkili; ℒ**z** *f* (-) etkililik, etkinlik

egal *sıf.* F: **~ ob (warum, wer** *vs.* niçin, kim *vs.* yaptı) önemli değil; *das ist ~* fark etmez; *das ist mir ~* bana göre hava hoş

Egois|mus *m* (-) bencillik; **~t** *m* (-en; -en) bencil; ℒ**tisch** *sıf.* bencil, bencilce

ehe *bağl.* -meden önce; *nicht ~ -den* önce değil

Ehe *f* (-; -n) evlilik (*mit* ile); ℒ**ähnlich** *sıf.*: *in e-m* ℒ**ähnlichen Verhältnis leben** birbiriyle karıkoca gibi yaşamak; **~beratung** *f Stelle*: evlilik danışma bürosu; **~bruch** *m* zina; **~frau** *f* eş; evli kadın, karı; **~leute** *pl* eşler; karıkoca; ℒ**lich** *sıf.* evlilikle ilgili; *Kind*: meşru, nesebi sahih

ehemal|ig *sıf.* önceki, eski; **~s** *bel.* eskiden, vaktiyle

Ehe|mann *m* eş, koca, evli erkek; **~paar** *n* evli çift

eher *bel. früher*: daha erken, daha önce; *lieber, vielmehr*: -mektense; tercihan

Ehe|ring *m* nikâh yüzüğü; **~vermittlungsinstitut** *n* eş bulma ve evlendirme bürosu

Ehre *f* (-; -n) şeref, onur; *zu ~n von* (*od. G*) -in onuruna; ℒ**n** *v/t* (h) -e saygı göstermek; *achten*: övmek, takdir etmek

ehren|amtlich *sıf.* onursal; fahri; ℒ**bürger** *m* fahri hemşehri; ℒ**gast** *m* onur konuğu; ℒ**mitglied** *n* onur üyesi; ℒ**wort** *n* (-s; -e) şeref sözü; ℒ**wort!** şeref sözü veriyorum

Ehr|furcht *f* (-) derin saygı; (*vor D* -e karşı), *stärker*: huşu; ℒ**fürchtig** *sıf.* saygıyla; *Schweigen*: huşu içinde, korkuyla; **~geiz** *m* hırs, ihtiras; ℒ**geizig** *sıf.* hırslı, ihtiraslı

ehrlich *sıf.* dürüst, doğru; *offen*: az. açık (kalpli); *Kampf*: dürüst, kurallara uy(ul)arak; ℒ**keit** *f* (-) dürüstlük

Ei *n* (-s; -er) yumurta; *kaba ~er pl Hoden*: hayalar

EIB *kıs.* = *Europäische Investitionsbank* Avrupa Yatırım Bankası

Eid *m* (-s; -e) ant, yemin

eidesstattlich *sıf.*: **~e Erklärung** yemin yerine geçer açıklama

eidg. *kıs.* = *eidgenössisch* konfedere (İsveç)

Eidotter *m, n* yumurta sarısı

Eier|becher *m* yumurtalık; **~stock** *m Anat.* yumurtalık

Eifer *m* (-s) çaba, gayret; **~sucht** *f* (-) kıskançlık; ℒ**süchtig** *sıf.* kıskanç (*auf A* -den)

eifrig *sıf.* gayretli, çalışkan

eigen *sıf.* kendi; **~tümlich**: özgü, kendine has; (*über*)*genau*: titiz; **...** *staats~ vs.*: -e ait

Eigenart *f* (-; -en) özellik; ℒ**ig** *sıf.* acayip; ℒ**igerweise** *bel.* acayip/garip bir şekilde

Eigen|bedarf *m* kişisel ihtiyaç; **~finanzierung** *f* kendi kendini finanse etme; ℒ**händig** *sıf.* kendi eliyle; **~heim** *n* kendi evi; **~kapital** *n Ekon.* öz sermaye; **~lob** *n* övünme, kendi kendini övme; ℒ**mächtig** *sıf.* keyfi, izinsiz; F kendi başına buyruk; **~name** *m* özel isim; ℒ**nützig** *sıf.* çıkarcı

eigens *bel.* sırf, yalnızca; özellikle

Eigenschaft *f* (-; -en) nitelik; *Kim., Fiz., Tek.* özellik; *in s-r ~ als* ... sıfatıyla

Eigensinn *m* (-s) dikkafalılık, inatçılık; ℒ**ig** *sıf.* dikkafalı, inatçı

eigentlich 1. *sıf. wirklich*: gerçek, asıl; *genau*: kesin; **2.** *bel.* gerçekten; *ursprünglich*: aslında

Eigentum *n* (-s) mülk(iyet)

Eigentüm|er *m* (-s; -) mal sahibi, ma-

lik; **⁓lich** *sıf.* tuhaf; *seltsam*: acayip; **⁓lichkeit** *f* (-; -en) acayiplik, tuhaflık
Eigentumswohnung *f* müstakil daire
eigenwillig *sıf. Person*: inatçı, kaprisli; *Stil vs.*: özgün, kendine özgü
eign|en *v/refl* (h): **sich ⁓en für** bşe yaramak, bşe uymak; **⁓er** *m* (-s; -) sahip; **⁓ung** *f* (-) uygunluk; *Person: az.* yeterlik, ehliyet; **⁓ungsprüfung** *f* yeterlik sınavı; **⁓ungstest** *m* yeterlik testi
eigtl. *kıs.* = **eigentlich**
Eil|bote *m: durch ⁓boten Post*: özel ulak ile; **⁓brief** *m* ekspres mektup
Eil|e *f* (-) acele; *in ⁓e sein* acelesi olmak; **⁓en** *v/i* (sn) acele etmek; (h) *Brief, Angelegenheit*: acil olmak, ivedi olmak; **⁓ig** *sıf.* hızlı; *dringend*: acil, ivedi; *es ⁓ig haben* acele işi olmak
Eilzug *m* sürat treni
Eimer *m* (-s; -) kova
ein 1. *sıf.* ve *blrsz zam.* bir; 2. *blrsz Art.* bir; 3. *bel.*: *⁓ - aus* açık - kapalı
einander *zam.* birbiri
einarbeiten (*ayr.*, -ge-, h) 1. *v/t* bşe bşi eklemek; b-ni işe alıştırmak; 2. *v/refl* kendini alıştırmak; işin içine girmek
einäscher|n *v/t* (*ayr.*, -ge-, h) (*Leiche* ölüyü) yakmak; **⁓ung** *f* (-; -en) (ölüyü) yakma
einatmen *v/t* (*ayr.*, -ge-, h) soluk almak, nefes almak
Einbahnstraße *f* tek yönlü sokak/cadde
Einbau *m* (-s; -ten) takma, montaj; iç düzen; **⁓...** *Möbel vs.*: gömme ...; **⁓en** *v/t* (*ayr.*, -ge-, h) takmak; yerleştirmek (*in A* bşi bye); *Möbel* takmak, kurmak
einberuf|en *v/t* (*krldş., ayr.*, h, → *rufen*) askere almak, silah altına almak; *Versammlung* toplamak; **⁓ung** *f* (-; -en) *Ask.* celp; **⁓ungsbescheid** *m Ask.* celpname
Einbettzimmer *n* tek kişilik oda
einbiegen *v/i* (*krldş., ayr.*, -ge-, sn, → *biegen*) sapmak (*nach rechs* sağa; *in A* -e)
einbild|en *v/t* (*ayr.*, -ge-, h): *sich ⁓en* sanmak, düşlemek; *sich et. ⁓en auf* (A) bşden gurura kapılmak; *darauf kannst du dir et. ⁓en* bundan gurur duyabilirsin; *darauf brauchst du dir nichts einzubilden* bundan gurulanmana gerek yok; **⁓ung** *f* (-) hayal, düş; kuruntu; *Dünkel*: kibir, gurur
Einblick *m* (-s; -e) bilgi (*in A* bş hakkında), bşi iyice anlama
ein|brechen *v/i* (*krldş., ayr.*, -ge-, sn, → *brechen*) zorla girmek (*in A* bye); *bei uns wurde eingebrochen* bizim eve hırsız girmiş; **⁓brecher** *m* (-s; -) (bye zorla giren) hırsız; **⁓bruch** *m* (-s; ⁓e) ev soyma, hırsızlık; *bei ⁓bruch der Dunkelheit* karanlığın basmasıyla
einbürger|n (*ayr.*, -ge-, h) 1. *v/t* vatandaşlığa almak; 2. *v/refl mec.* genelleşmek; **⁓ung** *f* (-; -en) vatandaşlığa al(ın)ma
ein|büßen *v/t* (*ayr.*, -ge-, h) yitirmek, kaybetmek; **⁓checken** *v/i* ve *v/t* (*ayr.*, -ge-, h) *Hava.* bagaj işlemleri yaptırmak; *im Hotel*: -e kaydolmak; **⁓cremen** *v/refl* ve *v/t* (*ayr.*, -ge-, h): *sich (et.) ⁓cremen* kendine (bye) krem sürmek; **⁓decken** *v/refl* (*ayr., -ge-*, h) bşi tedarik etmek, stok yapmak (*mit* -den)
eindeutig *sıf.* açık, belli
eindring|en *v/i* (*krldş., ayr.*, -ge-, sn, → *dringen*) girmek (*in A* bye, *az. Wasser, Keime vs.*); *gewaltsam*: bye zorla girmek; *Ask.* byi istila etmek, bye girmek; **⁓lich** *sıf.* acil, zorunlu
Eindruck *m* (-s; ⁓e) izlenim, etki; **⁓svoll** *sıf.* etkili; *imposant*: heybetli
ein|er, ⁓e, ⁓e(s) *blrsz zam.* biri
einerseits *bel.* bir yandan/taraftan, beri yandan
einfach *sıf.* basit; *leicht: az.* kolay; *schlicht: az.* sade; *Fahrkarte*: yalnız gidiş; **⁓heit** *f* (-): *der ⁓heit halber* kolaylık olsun diye
einfahr|en (*krldş., ayr.*, -ge-, → *fahren*) 1. *v/t* (h) *Oto.* (arabayla) bye girmek; 2. *v/i* (sn) *Zug.* girmek; **⁓t** *f* (-; -en) giriş, taşıt girişi
Einfall *m* (-s; ⁓e) fikir; *Ask.* akın, istila; **⁓en** *v/i* (*krldş., ayr.*, -ge-, sn, → *fallen*) bye akın etmek; *einstürzen*: çökmek; *Müz.* (koroya) katılmak; **⁓en in** *Ask.* bye girmek; *ihm fiel ein, dass* aklına -eceği geldi; *mir fällt nichts ein* aklıma bir fikir gelmiyor;

einfarbig *sıf.* tek renkli; *Stoff*: sade

es fällt mir nicht ein anımsayamadım, aklıma gelmiyor; ***dabei fällt mir ein*** bana hatırlatıyor; ***was fällt dir ein?*** sana ne oluyor?, sen ne karışıyorsun?

Einflugschneise *f* (havaalanına) iniş kalkış yolu

Einfluss *m* (-es; ᴂe) etki, nüfuz (***auf*** *A* üzerine); ⦵**reich** *sıf.* sözü geçer, nüfuzlu

einfrieren *v/t* (*krldş.*, *ayr.*, -ge-, h, → **frieren**) *Lebensmittel* (derin) dondurmak; *Löhne vs.* dondurmak

Einfuhr *f* (-; -en) *Ekon.* dışalım, ithal; *Eingeführtes*: ithalat *pl*; ⦵**beschränkungen** *pl* ithalat kısıtlamaları

einführen *v/t* (*ayr.*, -ge-, h) *Ekon.* ithal etmek

Einfuhr|genehmigung *f* ithalat izni; ⦵**land** *n* ithalatçı ülke; ⦵**stopp** *m* ithalatı durdurma

Einführungs|angebot *n* tanıtım teklifi; ⦵**preis** *m* tanıtım fiyatı

Eingabe *f* (-; -n) *Cmp.* girdi

Eingang *m* geliş; *Eintritt*: giriş; ⦵**sdatum** *n* giriş tarihi; ⦵**sstempel** *m* giriş damgası

eingeben *v/t* (*krldş.*, *ayr.*, -ge-, h, → **geben**) *Daten* girmek (***in*** *A* -e)

Eingeborene *m*, *f* (-n; -n) yerli, bir yörenin yerlisi

Eingebung *f* (-; -en) esin, ilham

eingehen (*krldş.*, *ayr.*, -ge-, sn, → **gehen**) **1.** *v/i Post*, *Waren*: gelmek, varmak; *Bot.*, *Tier*. ölmek; *Stoff*: daralmak, çekmek; ⦵ ***auf*** (*A*) bşe razı olmak; *Einzelheiten*: -e değinmek; **2.** *v/t Vertrag vs.* sözleşme yapmak; *Risiko*, *Wette* -e girmek; ⦵**d** *sıf.* esaslı, uzun uzadıya

einge|meinden *v/t* (*ayr.*, eingemeindet, h) birleştirmek (***in*** *A* bir beldeyi bir şehirle); ⦵**schrieben** *sıf.* taahhütlü; ⦵**wöhnen** *v/refl* (*ayr.*, eingewöhnt, h): ***sich*** ⦵**wöhnen in** (*D*) bye alışmak

eingliedern *v/t* (*ayr.*, -ge-, h) bütünleştirmek (***in*** *A* bşi bşle); ⦵**ung** *f* (-) bütünleş(tir)me, kaynaş(tır)ma

Eingriff *m* (-s; -e) *Tıp* müdahale, ameliyat

ein|halten *v/t* (*krldş.*, *ayr.*, -ge-, h, → **halten**) *Termin*, *Versprechen* tutmak; *Regel* -e uymak, ⦵**hängen** *v/i* (*ayr.*, -ge-, h) (telefonu) kapatmak

einheimisch *sıf.* yerli

Einheit *f* (-; -en) *Ekon.*, *Mat.*, *Fiz.* birim; *Ask.*, *Pol.* birlik; *Ganzes*: *az.* bütünlük; ⦵**lich** *sıf.* birlikte; *geschlossen* tek tip; ⦵**s...** *Maß vs.*: tek (tip), standart

einhellig *sıf.* aynı fikirde; hep aynı

einholen *v/t* (*ayr.*, -ge-, h) arayı kapatmak, -e yetişmek; *Zeitverlust* gidermek, telafi etmek; *Auskünfte*, *Erlaubnis* almak (***über*** *A* bş hakkında); *Rat* fikrini sormak (***bei*** -den)

einig *sıf.*: (***sich***) ⦵ ***sein*** (***werden***) aynı fikirde olmak (***mit*** b-yle, ***über*** *A* ile); (***sich***) ***nicht*** ⦵ ***sein über*** uzlaşamamak; ⦵**e** *blrsz zam.* birkaç; bazı; ⦵**en** *v/refl* (h) uzlaşmak (***über*** *A*, ***auf*** *A* -de); ⦵**ermaßen** *bel.* şöyle böyle; oldukça; ⦵**es** *blrsz zam.* bazısı; bazı şeyler; *viel*: epeyce; ⦵**keit** *f* (-) *Übereinstimmung*: uzlaşma, birlik

einjagen *v/t* (*ayr.*, -ge-, h): ***j-m Angst*** (*od.* ***e-n Schreck***) ⦵ b-ne korku vermek

einjährig *sıf.* bir yıllık; ⦵**e** *Tätigkeit* bir yıllık çalışma/iş

einkalkulieren *v/t* (*ayr.*, -ge-, h) hesaba katmak

Einkauf *m* (-s; ᴂe) *özl. Ekon.* satın alma; *Einkäufe machen* → *einkaufen* 2; ⦵**en** (*ayr.*, -ge-, h) **1.** *v/t* alışveriş etmek, satın almak; **2.** *v/i*: ⦵**en** (***gehen***) alışverişe çıkmak; ⦵**sbummel** *m*: *e-n* ⦵**sbummel machen** alışveriş gezisi yapmak; ⦵**spreis** *m Ekon.* satın alış fiyatı, maliyet; ⦵**swagen** *m* alışveriş arabası, ⦵**szentrum** *n* alışveriş merkezi

ein|kehren *v/i* (*ayr.*, -ge-, sn) *Hotel* konaklamak, *Restaurant usw.* mola vermek (***in*** *D* -de); ⦵**klagen** *v/t* (*ayr.*, -ge-, h) bş için dava açmak, talep etmek

Einkommen *n* (-s; -) gelir; ⦵**steuer** *f* gelir vergisi

Einkünfte *pl* gelir *sg*

einladen *v/t* (*krldş.*, *ayr.*, -ge-, h, → **laden**) davet etmek (***zu*** -e); *Waren* (içine) yüklemek; ⦵**ung** *f* (-; -en) davet(iye), çağrı

Einlass *m* (-es; ᴂe) giriş; ⦵ ***ab 19 Uhr*** kapılar 19da açılır

einschreiten

einlassen (*krldş., ayr.,* -ge-, h, → *lassen*) **1.** *v/t* içeri almak, içeri bırakmak; *ein Bad* ~ küveti doldurmak; **2.** *v/refl:* **sich** ~ *auf (A) leichtsinnig:* bşe girişmek; *zustimmen:* bşi kabul etmek; *sich mit j-m* ~ b-yle ilişkiye geçmek (*az. sexuell*)
ein|leben *v/refl* (*ayr.,* -ge-, h) alışmak (*in D* bye); **~lösen** *v/t* (*ayr.,* -ge-, h) *Scheck* kırdırmak
einmal *bel.* bir kez; *zukünftig:* bir gün; *auf* ~ *plötzlich:* birdenbire; *gleichzeitig:* aynı zamanda da; *noch* ~ bir kez/ kere daha; *noch* ~ *so* ... (*wie*) ... (gibi) bir kere/tane daha; *es war* ~ vaktiyle; bir varmış bir yokmuş; *haben Sie schon* ~ ...? siz hiç ... mi?; *es schon* ~ *getan haben* yapmış bulunmak; *schon* ~ *dort gewesen sein* oraya daha önce gitmiş olmak; *erst* ~ ilk önce; *nicht* ~ bile (değil/ yok); **~ig** *sıf.* yalnız; *mec.* eşsiz
ein|mieten *v/t* (*ayr.,* -ge-, h) bir oda kiralamak (*in D*-de); **~mischen** *v/refl* (*ayr.,* -ge-, h) karışmak (*in A* bşe)
einmütig *sıf.* hemfikir, hep beraber
Einnahme *f* (-; -en) *Tıp* alma; *Ask.* alınma; **~n** *pl* gelirler
ein|nehmen *v/t* (*krldş., ayr.,* -ge-, h, → *nehmen*) *Arznei, Platz* almak, *Ask. az.* zaptetmek; *Mahlzeit* yemek; *verdienen:* kazanmak; **~ordnen** *v/refl* (*ayr.,* -ge-, h) *Oto.* şeride geçmek/girmek; *sich links* **~ordnen** sol şeride girmek; **~packen** *v/t* (*ayr.,* -ge-, h) paket yapmak; *einwickeln:* sarmak; **~parken** *v/t* (*ayr.,* -ge-, h) park etmek; **~programmieren** *v/t* (*ayr.,* h) programlamak; **~reden** (*ayr.,* -ge-, h) **1.** *v/t: j-m et.* **~reden** b-ne bşi telkin etmek, inandırmak; **2.** *v/i: auf j-n* **~reden** b-ni inandırmaya çalışmak, b-ne telkinde bulunmak; **~reichen** *v/t* (*ayr.,* -ge-, h) sunmak, vermek, ibraz etmek; → *Scheidung*
Einreise *f* (-; -n) (bir ülkeye) giriş; **~erlaubnis** *f* giriş izni; **2n** *v/i* (*ayr.,* -ge-, sn) girmek (*in A, nach* bir ülkeye); **~visum** *n* giriş vizesi
ein|reißen (*krldş., ayr.,* -ge-, → *reißen*) **1.** *v/t* (h) *Gebäude* yıkmak; **2.** *v/i* (sn) yırtmak; *Unsitte vs.:* yaygın hale gelmek; **~renken** *v/t* (*ayr.,* -ge-, h) *Tıp* (çıkığı) yerleştirmek, takmak

einricht|en (*ayr.,* -ge-, h) **1.** *v/t Zimmer vs.* döşemek; *Küche, Büro vs.* donatmak; *gründen:* kurmak; *ermöglichen:* başarmak, yoluna koymak; **2.** *v/refl:* **sich** ~ *an* (*A*) bşe hazırlıklı olmak; **2ung** *f* (-; -en) döşem, mobilya, donatım; *Tek.* tesisat, tertibat, tesis; *öffentliche:* kurum, kuruluş
einsam *sıf. Person:* yalnız; *Haus, Gegend vs.:* tenha, ıssız, kuytu; **2keit** *f* (-) yalnızlık; tenhalık, ıssızlık
einschalt|en *v/t* (*ayr.,* -ge-, h) (şalteri vs.) açmak; **2quote** *f TV* izlenme oranı
ein|schätzen *v/t* (*ayr.,* -ge-, h) *Kosten vs.* tahmin etmek; *beurteilen:* değerlendirmek; *falsch* **~schätzen** yanlış değerlendirmek; **~schenken** *v/t* (*ayr.,* -ge-, h) (kadehe içki) koymak; **~schicken** *v/t* (*ayr.,* -ge-, h) göndermek (*an A* -e); **~schlafen** *v/i* (*krldş., ayr.,* -ge-, sn, → *schlafen*) uykuya dalmak, uyuyakalmak, uyumak; **~schlagen** (*krldş., ayr.,* -ge-, h, → *schlagen*) **1.** *v/t Nagel* çakmak; *zerbrechen:* kırmak (*az. Schädel*); *einwickeln:* sarmak, bürümek; *Weg, Richtung* -den gitmek; *Rad* çevirmek; *e-e Laufbahn* **~schlagen** bir kariyere girmek; **2.** *v/i Blitz, Geschoss:* (şiddetle) düşmek; *mec.* başarı kazanmak
einschlägig *sıf.* ilgili (olan)
ein|schleppen *v/t* (*ayr.,* -ge-, h) *Krankheit* bye getirmek, bulaştırmak (*in A, nach* bye); **~schließlich** *ilg.* -e dahil, *nachgestellt:* dahil olmak üzere; **~schneidend** *sıf.* esaslı, kesin; *weitreichend:* geniş kapsamlı
einschränk|en (*ayr.,* -ge-, h) **1.** *v/t* kısıtlamak, sınırlamak (*auf A* -e), kısmak; *Rauchen vs.* azaltmak; **2.** *v/refl* idareli gitmek; **2ung** *f* (-; -en) kısıtlama, azaltma, kesme
Einschreibebrief *m* taahhütlü mektup
einschreiben (*krldş., ayr.,* -ge-, h, → *schreiben*) **1.** *v/t: e-n Brief* ~ *lassen* bir mektubu taahhütlü vermek; **2.** *v/refl* kaydolmak (*für* -e, için)
Einschreiben *n* (-s; -) *Post:* taahhütlü (mektup)
ein|schreiten *v/i* (*krldş., ayr.,* -ge-, sn, → *schreiten*): ~ (*gegen*)

einschüchtern

karışmak, araya girmek; **~ gegen** (*gerichtlich*: yasal yoldan) bşe karşı harekete geçmek; **~schüchtern** *v/t* (*ayr.*, *-ge-*, *h*) b-ne gözdağı vermek; **~sehen** *v/t* (*krldş.*, *ayr.*, *-ge-*, *h*, → **sehen**) *Zweck*, *Fehler vs.* görmek, anlamak

einseitig *sıf.* tek yanlı; *Huk.*, *Tıp*, *Pol.* tek taraflı

einsenden *v/t* (*krldş.*, *ayr.*, *-ge-*, *h*, → **senden**) bşi bye göndermek; **♀r** *m* (*-s*; *-*) gönderen; *an Zeitungen*: yazı gönderen/yazan; **♀schluss** *m* gönderme süresi sonu

einsetzen (*ayr.*, *-ge-*, *h*) **1.** *v/t* (içine) koymak, yerleştirmek; *ernennen*: -e atamak; *Mittel* kullanmak; *Geld* yatırmak; *Leben* tehlikeye atmak; **2.** *v/refl* denemek, çaba göstermek; *sich für j-n, et.* ~ *-i* desteklemek; **3.** *v/i Regen vs.*: başlamak

Einsicht *f* (*-*; *-en*) *Erkenntnis*: idrak, kavrama; *Einsehen*: anlayış; *Vernunft*: akıl; **♀ig** *sıf.* anlayışlı; idrakli; akıllı

ein|sparen *v/t* (*ayr.*, *-ge-*, *h*) bşden tasarruf etmek; **~sperren** *v/t* (*ayr.*, *-ge-*, *h*) kilitlemek; **~springen** *v/i* (*krldş.*, *ayr.*, *-ge-*, *sn*, → **springen**) b-nin yerine yardım etmek; *für j-n* **~springen** b-nin yerine geçmek

Einspruch *m* itiraz (*gegen* -e, *az. Huk.*), bşi protesto; *Pol.* veto (*e* karşı); *Berufung*: temyiz

einspurig *sıf.* *Oto.* tek şeritli

einsteigen *v/i* (*krldş.*, *ayr.*, *-ge-*, *sn*, → **steigen**) binmek (*in A* bşe); *mec.* bşe katılmak; *bitte* ~! lütfen binin!

einstell|en (*ayr.*, *-ge-*, *h*) **1.** *v/t Arbeitskräfte vs.* işe almak; *aufgeben*: durdurmak; *beenden*: bitirmek; *Rekord*: kırmak; *regulieren*: *Tek.* ayarlamak (*auf A* *-e*); *Radio*: (frekansı) ayarlamak; *Optik* (odağı) ayarlamak (*az. mec.*); **2.** *v/refl* **sich ~en auf** *j-n*, *et.*: *-e* uymak; *vorsorglich*: *-e* hazırlanmak; **♀ung** *f* (*-*; *-en*) *Haltung*: tavır (*zu -e* karşı); *Arbeitskräfte*: işe al(ın)ma; *Beendigung*: durdur(ul)ma, son ver(il)me; *Tek.* ayarla(n)ma; **♀ungsgespräch** *n* işe alınma görüşmesi

einstimmig *sıf.* bir ağızdan, oybirliğiyle alınmış; hemfikir

einstöckig *sıf.* tek katlı

Ein|sturz *m* (*-es*; *ᵁe*) çökme, yıkılma; **♀stürzen** *v/i* (*ayr.*, *-ge-*, *sn*) çöktürmek

eintauschen *v/t* (*ayr.*, *-ge-*, *h*) değiştirmek (*gegen* bşle *veya* bş karşılığında), para bozdurmak

einteil|en *v/t* (*ayr.*, *-ge-*, *h*) bölmek (*in A* *-e*); *Zeit* ayırmak, düzenlemek; **♀ung** *f* (*-*; *-en*) bölüm(leme); düzenleme

eintönig *sıf.* tekdüze; **♀keit** *f* (*-*) tekdüzelik

Eintrag *m* (*-s*; *ᵁe*) kayıt, *Ekon. az.* tescil; **♀en** (*krldş.*, *ayr.*, *-ge-*, *h*, → **tragen**) **1.** *v/t* yazmak, kaydetmek (*in A* bye); *amtlich*: tescil etmek; **2.** *v/refl* yazılmak; *sich vormerken lassen*: adını yazdırmak, kaydettirmek

einträglich *sıf.* kazançlı, kârlı

eintreffen *v/i* (*krldş.*, *ayr.*, *-ge-*, *sn*, → **treffen**) gelmek, varmak; *geschehen*: meydana gelmek; *sich erfüllen*: gerçekleşmek

eintreten (*krldş.*, *ayr.*, *-ge-*, → **treten**) **1.** *v/i* (*sn*) içeri girmek; *geschehen*: olmak, meydana gelmek; **~ für** b-ne destek olmak; **~ in** *Verein vs.*: *-e* üye olmak, *-e* girmek; **2.** *v/t* (*h*) *Tür vs.* tekmeleyerek çökertmek

Eintritt *m* (*-s*; *-e*) girme; *Zutritt*, *Gebühr*: giriş, giriş ücreti; **~ frei**! giriş ücretsizdir!; **~ verboten**! giriş yasaktır!; **~skarte** *f* (giriş) bilet(i); **~spreis** *m* giriş fiyatı

einverstanden *sıf.*: **~ sein** kabul etmek (*mit* bşi); ~! kabul!; tamam!

Einverständnis *n* (*-es*) bşde uyuşma, rıza gösterme (*zu* bşe)

Einwand (*-s*; *ᵁe*) itiraz (*gegen* *-e*)

Einwander|er *m* (*-s*; *-*) göçmen; **♀n** *v/i* (*ayr.*, *-ge-*, *sn*) göçmek (*in A*, *nach* bye); **~ung** *f* göç, bye göçme

einwandfrei *sıf.* mükemmel, kusursuz

Einweg|flasche *f* tek kullanımlık şişe; **~rasierer** *m* tek kullanımlık tıraş makinesi

einwend|en *v/t* (*krldş.*, *ayr.*, *-ge-*, *h*, → **wenden**) **~en, dass** ... diye itiraz etmek; **♀ung** *f* karşı çıkma, itiraz etme (*gegen* bşe)

einwerfen *v/t* (*krldş.*, *ayr.*, *-ge-*, *h*, → **werfen**) *Brief* posta kutusuna atmak; *Münze* (otomata *vs.*) atmak

einwickel|n *v/t (ayr., -ge-, h)* sarmak (*in A* içine); **♀papier** *n* paketleme kâğıdı

einwillig|en *v/i (ayr., -ge-, h)* rıza göstermek (*in A* bşe); **♀ung** *f* (-; -en) onaylama (**zu** bşi), bşe muvafakat

Einwohner *m* (-s; -) bir yerde oturan, sakin; nüfus; **~meldeamt** *n* nüfus müdürlüğü

Einwurf *m* (-s; ⁻e) *e-r Münze*: içine atma; *für Briefe vs.*: yarık; *für Münzen*: (jeton, para vs.) atma yeri

einzahl|en *v/t (ayr., -ge-, h)* para yatırmak, ödemek; **♀ung** *f* (-; -en) ödeme; **♀ungsbeleg** *m* ödeme makbuzu

Einzel|bett *n* tek (kişilik) yatak; **~haft** *f Huk.* hücre hapsi; **~handel** *m* perakende ticaret; **~handelsgeschäft** *n* perakende dükkânı/mağazası; **~händler** *m* perakendeci, küçük esnaf; **~heit** *f* (-; -en) ayrıntı; **~kind** *n* tek çocuk

einzeln **1.** *sıf.* tek, tek başına, yalnız; *Schuh vs.*: bşin teki; **~e** *çğ bazı*, birçok, birkaç; *der ♀e* birey; *im ♀en* ayrıntılı; *jeder ♀e* herbiri; **2.** *bel.*: **~ eintreten** teker teker girmek; **~ angeben** ayrı ayrı belirtmek

Einzelzimmer *n* tek (kişilik) oda; **~zuschlag** *m* tek oda (fiyat) zammı

einziehen (*krldş., ayr., -ge-, → ziehen*) **1.** *v/t* (h) içeri/geri çekmek; *Geld* tahsil etmek; *Ask.* silah altına almak; *beschlagnahmen*: *-e* el koymak; *Führerschein*: elinden almak; *den Kopf* ~ sinmek; **2.** *v/i* (sn) *in Haus vs.*: *-e* taşınmak; *Flüssigkeit*: girmek

einzig *sıf.* tek, yegâne; *einzeln*: tek; *kein* ~*er* ... tek bir ... bile (değil); *das ♀e* bşey; *der ♀e* biricik; **~artig** *sıf.* eşsiz, benzersiz

Einzimmerapartment *n* tek odalı daire

Einzugsgebiet *n e-r Stadt*: art bölge; şehre bağlı çevre, hinterland

Eis *n* (-es) buz; *Speise♀*: dondurma; **~diele** *f* dondurma salonu

Eisen *n* (-s; -) demir

Eisenbahn *f* demiryolları *pl*; → *az. Bahn*; **~wagen** *m* tren vagonu

eisern *sıf.* demir (*az. mec.*), demirden; *Nerven*: çelik gibi

eis|gekühlt *sıf.* (buz dolabında) soğutulmuş; **~ig** *sıf.* dondurucu, buz gibi (*az. mec.*); **~kalt** *sıf.* çok soğuk; **♀schrank** *m* → *Kühlschrank*; **♀verkäufer** *m* dondurmacı; **♀würfel** *m* buz kübü; **♀zapfen** *m* saçak buzu; (saçaktan sarkan) buz kaması

eitel *sıf.* kendini beğenmiş, kibirli; **♀keit** *f* (-) kendini beğenmişlik, kibir, kurum

Eiter *m* (-s) irin, cerahat; **♀n** *v/i* (h) irin toplamak, cerahatlanmak

eitrig *sıf. Tıp* irinli, cerahatlı

Eiweiß *n* yumurta akı; *Biyo.* protein; **♀arm** *sıf.* az proteinli; **♀reich** *sıf.* bol proteinli

Ekel *m* (-s) iğrenme, tiksinti (*vor D* -den); **♀haft**, **♀ig** *sıf.* iğrenç

ekeln *v/refl* (h): *ich ekle mich davor* bundan iğreniyorum

elastisch *sıf.* esnek; *Oto., Tek.* elastik

Elefant *m* (-en; -en) *Zoo.* fil; **~enhochzeit** *f Ekon.* F dev kuruluşların birleşmesi; fillerin düğünü

elegant *sıf.* zarif, şık, ince

Eleganz *f* (-) zariflik, şıklık

Elektriker *m* (-s; -) elektrikçi

elektrisch *sıf. gnl.* elektrik(li)

Elektrizität *f* (-) elektrik; **~swerk** *n* elektrik santralı

Elektro|gerät *n* elektronik alet/araç; **~geschäft** *n* elektronik dükkân

Elektron|ik *f* (-) elektronik; elektronik sistem; **♀isch** *sıf.* elektronik

Elend *n* (-s) sefalet; **~sviertel** *n* şehrin yoksul mahalleri, teneke mahalle; gecekondu bölgesi

elf *sıf.* on

Elfenbein *n* (-s) fildişi

elfte *sıf.* on birinci

Elite *f* (-; -n) seçkin tabaka

Ellbogen *m* (-s; -) *Anat.* dirsek; **~gesellschaft** *f* azılı rekabet toplumu

elterlich *sıf.* ana-babaya ilişkin

Eltern *pl* ana-baba *sg*; **♀los** *sıf.* öksüz ve yetim; **~teil** *m* ana-babadan biri

Email *n* (-s; -) emaye

E-Mail *f* elektronik posta, e-posta

Emanzip|ation *f* (-) kadın-erkek eşitliği; özgür olma; **♀ieren** *v/refl* (h) özgür olmak, bağımlılıktan kurtulmak

Embargo *n* (-s; -s) ambargo

Embolie *f* (-; -n) *Tıp* amboli

Emigrant

Emigr|ant *m* (-en; -en), **~antin** *f* (-; -nen) göçmen, *Pol.* sığınmacı; **~ation** *f* (-; -en) (bir dış ülkeye) göç; *in der* **~ation** sürgünde; **⩾ieren** *v/i* (sn) göç etmek (*nach* -e)
Emission *f* (-; -en) *Fiz.* yayım, salma; *Ekon.* ihraç, emisyon; **~swerte** *pl* emisyon değeri *sg*
Empfang *m* (-s; ⁻e) kabul; *Hotel* resepsiyon; *Radio* dinle(n)me; *Erhalt* al(ın)ma; karşılamak *in ~ nehmen* bşi teslim almak
empfangen *v/t* (empfing, empfangen, h) almak; *freundlich:* karşılamak
Empfänger *m* (-s; -) alıcı (*az. Radio*)
empfänglich *sıf.* yatkın (*für* -e)
Empfängnis *f* (-) *Tıp* gebe kalma; **~verhütung** *f* gebeliği önleme; doğum kontrolü
Empfangs|bescheinigung *f* alındı belgesi; **~dame** *f* karşılama görevlisi (bayan)
empfehl|en *v/t* (empfahl, empfohlen, h) tavsiye etmek, salık vermek, önermek (*j-m et.* b-ne bşi); **~enswert** *sıf. ratsam:* elverişli, tavsiye olunur; **⩾ung** *f* (-; -en) tavsiye, öneri; *auf j-s* **⩾ung** tavsiye üzerine; **⩾ungsschreiben** *n* tavsiye yazısı
empfind|en *v/t* (empfand, empfunden, h) duymak, hissetmek; **~lich** *sıf.* duygulu, duyarlı (*für, gegen* -e karşı, *az. Fot., Tek.*); *zarf:* nazik, ince, hassas (*az. Gesundheit, Gleichgewicht*); *leicht gekränkt:* alıngan; *sensibel:* duyarlı, içli; *reizbar:* sinirli, alıngan, çabuk bozulan (*az. Magen*); *Kälte, Strafe:* sert, şiddetli; **~liche Stelle** ağrıyan yer, *mec.* bamteli; **⩾lichkeit** *f* (-) duyarlık, duygululuk; hassasiyet; çıtkırıldımlık; alınganlık; **⩾ung** *f* (-; -en) *Wahrnehmung:* algılama, hissetme, duyumsama; *Gefühl:* duygu, his
empör|t *sıf.* öfkelenmiş, kızgın (*über A* -e); bşden şok olmuş; **⩾ung** *f* (-) öfke, kızgınlık (*über A* -e)
Ende *n* (-s) son; *am ~* sonda; *schließlich:* nihayet, sonunda, son olarak; *zu ~* bitti; *Zeit:* geçti; *zu ~ gehen* sona ermek; *et. zu ~ tun* bşi sona erdirmek; *er ist ~ zwanzig* yirmi(li) yaşlarının sonunda; *(am) ~ der achtziger Jahre* seksenli yılların sonunda; **⩾n** *v/i* (h) bitmek, sona ermek; **⩾n als ...** olarak son bulmak
End|ergebnis *n* kesin sonuç; **⩾gültig** *sıf.* kesin; **⩾lagern** *v/t* (endgelagert, h) sürekli/nihai depolamak; **~lagerung** *f* nihai depolama; **⩾los** *sıf.* sonsuz; ebedi; **~produkt** *n* nihai mal; son ürün; **~station** *f* terminal; son durak; **~verbraucher** *m* son tüketici
Endivie *f* (-; -n) hindiba
Energie *f* (-; -n) *Fiz.* enerji (*az. mec.*), *El. az.* güç; **⩾bewusst** *sıf.* enerji bilinçli; **~krise** *f* enerji krizi; **⩾los** *sıf.* enerjisiz, güçsüz; **~quelle** *f* enerji kaynağı; **~versorgung** *f* enerji sağlama
energisch *sıf.* enerjik, güçlü, canlı
eng 1. *sıf.* dar (*az. Kleidung, Kurve*); *Kontakt:* sıkı, yakın; *beengt:* yan yana, sıkışık; **2.** *bel.:* **~ befreundet sein mit** b-nin yakın arkadaşı olmak
Engagement *n* (-s; -s) *Tiy. vs.* angajman; *mec.* güvence, sorumluluk, ilgi, bağlılık
engagieren (h) **1.** *v/t Künstler* angaje etmek, *Band vs.* kiralamak; **2.** *v/refl:* **sich ~ für** bşe bağlanmak, bşin savunuculuğunu yapmak
engagiert *sıf.* angaje, bağlı
Enge *f* (-) darlık; *in die ~ treiben* sıkıntıya sokmak, köşeye sıkıştırmak
Engel *m* (-s; -) melek
Engl|and *n* İngiltere; **~länder** *m* (-s; -); **~länderin** *f* (-; -nen) İngiliz; **⩾lisch** *sıf.* İngiliz; İngilizce; **~lisch** *n* İngilizce, İngiliz dili
Engpass *m mec.* darboğaz
engstirnig *sıf.* dargörüşlü, darkafalı
Enkel *m* (-s; -) torun; **~in** *f* (-; -nen) kız torun
enorm *sıf.* olağanüstü; *riesig:* devasa, kocaman
Ensemble *n* (-s; -s) *Tiy.* topluluk; grup
entbind|en (*krldş.*, h, → *binden*) *Tıp* **1.** *v/t* e-e *Frau* doğurtmak (*von* -i); **2.** *v/i* doğurmak, dünyaya getirmek, F bebek almak; **⩾ung** *f* (-; -en) *Tıp* doğum; **⩾ungsstation** *f* doğum koğuşu
entdeck|en *v/t* (h) keşfetmek, bulmak; **⩾er** *m* (-s; -) kâşif, bulucu; **⩾ung** *f* (-; -en) keşif, bul(un)ma

Entschädigung

Ente f (-; -n) Zoo. ördek; F *Zeitungs~*: uydurma haber; F balon

enteign|en v/t (h) kamulaştırmak; *j-n* ~: (varlığı/mülkiyeti) elinden almak; **℧ung** f (-; -en) kamulaştırma, istimlak

ent|erben v/t (h) mirastan mahrum etmek; **~fachen** v/t (h) alevlendirmek; *mec. az.* canlandırmak, kışkırtmak

entfallen v/i (*krldş.*, sn, → ***fallen***) *wegfallen*: kaldırılmak, çıkarılmak; *auf j-n* ~ b-nin payına düşmek; *es ist mir* ~ hatırlayamadım, unuttum

entfernen (h) **1.** v/t uzaklaştırmak (*az. mec.*); **2.** v/refl uzaklaşmak

entfernt *sıf.* uzak (*az. mec.*): *weit (10 km)* ~ (10 kilometre) uzaklıkta

Entfernung f (-; -en) uzaklaştırılma, ihraç; *Abstand*: uzaklık; *Strecke*: mesafe; **~smesser** m (-s; -) *Fot.* telemetre, uzaklık ölçer

entführ|en v/t (h) kaçırmak *az. Flugzeug*; **℧er** m (-s; -) zorla bşi/b-ni kaçıran kişi; **℧ung** f (-; -en) kaçırma

entgegen 1. *ilg.* *-e* karşı, *-e* aykırı olarak; **2.** *bel.* *-in* doğrultusunda; **~gehen** v/i (*krldş.*, *ayr.*, -ge-, sn, → ***gehen***) karşılamaya gitmek; **~gesetzt** *sıf.* *-e* tam karşı; **~kommen** v/i (*krldş.*, *ayr.*, -ge-, sn, → ***kommen***) karşılamaya gelmek; *mec. j-m* **~kommen** b-ne kolaylık göstermek; **~nehmen** v/t (*krldş.*, *ayr.*, -ge-, → ***nehmen***) almak, kabul etmek; **~sehen** v/i (*krldş.*, *ayr.*, -ge, h, → ***sehen***) b-nin yoluna bakmak; *e-r Sache freudig* **~sehen**: bşi sevinçle beklemek

entgegnen v/t (h) karşılık/cevap vermek (*auf A* -e; *dass* diye)

entgehen v/i (*krldş.*, sn, → ***gehen***) bşden kaçmak, kurtulmak; *mec. j-m* ~ b-ne kaçamak konuşmak; *sich et.* ~ *lassen* bşin hazzını varamamak

Entgelt n (-s; -e) bedel, karşılık; *Honorar.* ücret

entgiften v/t (h) *Luft vs.* bşin zehrini almak

entgleis|en v/i (sn) raydan çıkmak; **℧ung** f (-; -en) raydan çıkma; *mec.* gaf

enthalt|en (*krldş.*, h, → ***halten***) **1.** v/t içermek, kapsamak; **2.** v/refl: *sich (der Stimme)* **~en** çekimser kalmak; **℧ung** f (-; -en) çekimser (kalma)

enthüll|en v/t (h) *Denkmal vs.* açış törenini yapmak; *mec.* ortaya çıkarmak; **℧ung** f (-; -en) açılış; *mec.* ortaya çıkarma

Enthusias|mus m (-) heyecan, coşkunluk; **℧tisch** *sıf.* coşkun, heyecanlı

entkommen v/i (*krldş.*, sn, → ***kommen***) kurtulmak (*j-m* -den); *e-r Gefahr* atlatmak (*aus* -i); *fliehen* kaçmak (*aus* -den)

entlad|en v/t (*krldş.*, h, → ***laden***) boşaltmak, indirmek; *El.* boşalmak (*az. v/refl*); **℧ung** f (-; -en) boşalt(ıl)ma, indir(il)me; boşaltma

entlang *ilg. ve bel.* boyunca; *hier* ~, *bitte!* buradan, lütfen!

entlarven v/t (h) b-nin maskesini düşürmek, foyasını çıkarmak

entlass|en v/t (*krldş.*, h, → ***lassen***) işten çıkarmak; *Patienten* taburcu etmek (*aus* -den); *Häftling* serbest bırakmak; **℧ung** f (-; -en) işten çıkar(ıl)ma; taburcu etme; salıver(il)me; **℧ungsgesuch** n istifa mektubu

entlast|en v/t (h) b-nin yükünü hafifletmek; *Gewissen, Verkehr* rahatlatmak; *Huk.* aklamak, temize çıkarmak; **℧ung** f (-) rahatlama; *Huk.* aklama; **℧ungszeuge** m savunma tanığı

ent|laufen v/i (*krldş.*, sn, → ***laufen***) kaçmak (*D* -den); **~legen** *sıf.* ıssız, sapa; **~machten** v/t (h) b-nin elinden iktidarı almak; **~militarisieren** v/t (h) askerden arındırmak; **~mutigen** v/t (h) cesaretini kırmak; **~nerven** v/t (h) b-nin sinirlerini bozmak; **~puppen** v/refl (h): *sich* **~puppen** *als* bş olarak ortaya çıkmak; **~reißen** v/t (*krldş.*, h, → ***reißen***) zorla almak (*j-m et.* bşi b-nin elinden)

entrüst|en (h) **1.** v/t kızdırmak, hiddetlendirmek; **2.** v/refl öfkelenmek (*über A* -e); **~et** *sıf.* kızgın, öfkeli; **℧ung** f (-) hiddet, öfke, kızgınlık

entschädig|en v/t (h) zararını ödemek (*für* bşin *az. mec.*); **℧ung** f (-; -en) zararı ödeme, tazminat

entschärfen *v/t* (h) etkisiz hale getirmek; *Lage* yumuşatmak
entscheid|en (*krldş.*, h, → *scheiden*) **1.** *v/t* kararlaştırmak; *endgültig*: hüküm vermek, karara bağlamak; **2.** *v/i* karar vermek (*über* A hakkında); **3.** *v/refl*: *sich ~en* karar vermek (*für* lehte; *gegen* aleyhte; *zu tun* yapmaya); *~end* *sıf.* sonucu belirleyen, kesin (*für* için); *kritisch*: canalıcı, kritik; ~ung *f* (-; -en) karar
entschließ|en *v/refl* (*krldş.*, h, → *schließen*) karar vermek (*zu, für* için; *zu tun* yapmaya); ~ung *f* (-; -en) *özl. Pol.* karar; önerge
Entschluss *m* (-es; ~e) karar; *e-n ~ fassen* bir karar almak
entschuldig|en (h) **1.** *v/t*: *~en Sie die Störung!* rahatsız ettiğim(iz) için bağışlayın!; **2.** *v/refl* özür dilemek (*bei j-m* b-nden; *für et.* bş için); **3.** *v/i*: *~en Sie! beim Vorbeigehen vs.*: özür dilerim; *Verzeihung!*: pardon!; ~ung *f* (-; -en) özür; *Grund vs.*: mazeret; *~ung! beim Vorbeigehen vs.*: özür dilerim; *Verzeihung!*: pardon!; *j-n um ~ung bitten* b-nden özür dilemek (*wegen* -den dolayı)
entsetz|en *v/t* (h) korkutmak, ürpertmek, şok etmek; ~en *n* (-s) dehşet, korku; *~lich sıf.* müthiş, dehşet verici; *scheußlich*: tüyler ürpertici
entsorg|en *v/t* (h) çöp almak ve yok etmek; ~ung *f* (-; -en) çöplerin alınması ve yok edilmesi
entspann|en *v/refl* (h) gevşetmek; *Lage*: gerginliği azaltmak; ~ung *f* (-; -en) gevşeme; *Pol.* yumuşama
entspr. *kıs.* = *entsprechend* -e uygun (olarak)
entsprechen *v/i* (*krldş.*, h, → *sprechen*) -e uymak, uygun düşmek; *e-r Beschreibung*: -e benzemek; *Anforderungen vs.*: -i karşılamak; *~d sıf.* -e benzer olarak; *passend*: -e uygun olarak
entsteh|en *v/i* (*krldş.*, sn, → *stehen*) oluşmak; *geschehen*: meydana gelmek; *allmählich*: gelişmek, ortaya çıkmak; *~en aus* -den meydana gelmek, -den oluşmak; ~ung *f* (-) oluşma, doğuş
entstört *sıf. El.* parazit yapmaz
enttäusch|en *v/t* (h) düş kırıklığına uğratmak; ~ung *f* (-; -en) düş kırıklığı
entweder *bağl.*: *~ ... oder* ya ... ya da
entwerfen *v/t* (*krldş.*, h, → *werfen*) bşin taslağını yapmak, tasarımlamak; *Schriftstück* (yazı) taslağı hazırlamak
entwert|en *v/t* (h) *Fahrschein vs.* damgalayarak iptal etmek; ~ung *f* (-; -en) damgayla iptal etme
entwickeln 1. *v/t* (h) geliştirmek; *Fot.* basmak; **2.** *v/refl* gelişmek (*zu* -e)
Entwicklung *f* (-; -en) gelişme; geliştirme; *Biyo. az.* evrim; *~shelfer m* kalkınma yardımı görevlisi; *~shilfe f* kalkınma yardımı; *~sland n* kalkınmakta olan ülke
Entwurf *m* taslak, tasarı, müsvedde, plan; *Gestaltung*: tasarım; *Skizze*: kroki
entzieh|en *v/t* (*krldş.*, h, → *ziehen*): *j-m den Führerschein ~en* sürücü belgesini b-nin elinden almak; ~ungsanstalt *f Tıp* alkol ve madde bağımlılığı tedavi merkezi; ~ungskur *f Tıp* alkol ve madde bağımlılığı tedavi kürü
entziffern *v/t* (h) *Handschrift* sökmek, okumak, deşifre etmek
Entzück|en *n* (-s) büyük sevinç, haz; *~end sıf.* büyüleyici, hoş; *~t sıf.* büyülenmiş, haz duymuş (*über* A, *von* -den, ile)
Entzugserscheinung *f Tıp* bşden kesilme sendromu
entzünd|en *v/refl* (h) alev almak; *Tıp* iltihaplanmak; ~ung *f* (-; -en) *Tıp* iltihap(lanma)
Epidemie *f* (-; -n) salgın hastalık
Episode *f* (-; -n) yan olay, gelip geçici olay, epizot
Epoche *f* (-; -n) çağ, aşama, dönem
er *kişi zam.* o (*eril*); *~ selbst* kendisi
Erachten *n*: *meines ~s* fikrimce
erb. *kıs.* = *erbaut* inşa/yapılış (tarihi)
erbärmlich *sıf.* acınacak halde; *elend*: sefil; *gemein*: orta, vasat
erbaue|n *v/t* (h) inşa etmek; ~r *m* (-s; -) inşa eden, mimar
Erbe[1] *m* (-n; -n) mirasçı, vâris
Erbe[2] *n* (-s) miras; *mec.* kalıt
erben *v/t* (h) miras almak
erbeuten *v/t* (h) *bei Einbruch vs.*: alıp götürmek, mal götürmek
Erbin *f* (-; -nen) miras alan (kadın)

erbittert *sıf. Kampf vs.*: amansız, kıyasıya
Erbkrankheit *f* irsi hastalık
erblich *sıf.* kalıtsal, irsi
erblicken *v/t* (h) görmek, görüp farkına varmak
erblind|en *v/i* (sn) kör olmak (*auf e-m Auge* bir gözü); **2ung** *f* (-) körleşme, kör olma
erbrechen (*krldş.*, h, → *brechen*) *Tıp* **1.** *v/t* (yediklerini) çıkarmak; **2.** *v/i ve v/refl* kusmak
Erbschaft *f* (-; -en) miras; **~ssteuer** *f* veraset vergisi
Erbse *f* (-; -n) bezelye
Erd|beben *n* (-s; -) deprem; **~beere** *f* çilek; **~boden** *m* (-s) yer, zemin, toprak
Erde *f* (-) dünya; *Erdreich*: toprak; *Boden*: zemin; **2n** *v/t* (h) *El.* topraklamak, toprağa bağlamak
Erd|gas *n* doğal gaz; **~geschoss** *n*, *österr.* **~geschoß** *n* zemin katı, giriş katı; **~nuss** *f Bot.* fıstık; **~öl** *n* petrol
erdrosseln *v/t* (h) (boğazını) sıkarak öldürmek
erdrücken *v/t* (h) ezip çiğnemek, ezerek öldürmek; **~d** *sıf. mec.* bunaltıcı, ezici
Erd|rutsch *m* (-s; -e) toprak kayması; *Pol.* oy kayması; **~teil** *m* *Coğr.* anakara, kıta
erdulden *v/t* (h) bşi çekmek, bşe katlanmak
ereignen *v/refl* (h) olmak, meydana gelmek
Ereignis *n* (-ses; -se) olay; **2reich** *sıf.* olaylı, olaylarla dolu
erfahren[1] *v/t* (*krldş.*, h, → *fahren*) işitmek, duymak; *erleben*: görüp geçirmek, yaşamak
erfahr|en[2] *sıf.* deneyimli, tecrübeli, güngörmüş; **2ung** *f* (-; -en) deneyim
erfassen *v/t* (h) be-, *ergreifen*: kavramak, anlamak; *statistisch*: kaydetmek, saptamak; listeye almak; *umfassen*: kapsamak; *Daten* toplamak, derlemek; *Text* yazmak, işlemek
erfind|en *v/t* (*krldş.*, h, → *finden*) icat etmek, bulmak; **2er** *m*, **2erin** *f* bulucu, mucit; **~erisch** *sıf.* yaratıcı, türetici; **2ung** *f* (-; -en) buluş, icat
Erfolg *m* (-s; -e) başarı; *Ergebnis*: sonuç; **~ versprechend** umut verici, başarı vaat eden; **2los** *sıf.* başarısız; *vergeblich*: boş yere; **~losigkeit** *f* (-) başarısızlık; **2reich** *sıf.* başarılı
Erfolgserlebnis *n* olumlu deneyim
erforder|lich *sıf.* gerekli, lüzumlu; *unbedingt* **~lich** mutlaka gerekli; **~n** *v/t* (h) gerekli olmak, gerektirmek
erforsch|en *v/t* (h) araştırmak; *untersuchen*: incelemek; **2er** *m*, **2erin** *f* araştırmacı; **2ung** *f* (-; -en) (*G*) araştırma; inceleme
erfreuen (h) **1.** *v/t* sevindirmek; **2.** *v/refl*: *sich ~ an* (*D*) -e sevinmek
erfreulich *sıf.* sevindirici
erfrier|en *v/i* (*krldş.*, sn, → *frieren*) donarak ölmek; *Pflanzen*: donmak; **2ung** *f* (-; -en) soğuk yanığı
erfrisch|en (h) **1.** *v/t* serinletmek; **2.** *v/refl* serinlemek; **2ung** *f* (-; -en) serinleme, canlanma
erfüllen (h) *mec.* **1.** *v/t* doldurmak (*mit* ile); *Wunsch*, *Pflicht*, *Aufgabe* yerine getirmek; tutmak (*versprechen* sözünü); *Zweck* -*e* yaramak; *Bedingung*, *Erwartung* karşılamak; **2.** *v/refl* gerçekleşmek
Erfüllung *f* (-; -en) ifa, gerçekleşme; *in ~ gehen* gerçekleşmek; **~sort** *m Ekon.* ifa yeri
ergänz|en *v/t* (h) tamamlamak (*sich* biribirini); *nachträglich hinzufügen*: eklemek; **~end** *sıf.* ek olarak, tamamlayıcı olarak; **2ung** *f* (-; -en) tamamlama, ilave
ergeben (*krldş.*, h, → *geben*) **1.** *v/t* (miktar) etmek, tutmak; **2.** *v/refl* teslim olmak; *Schwierigkeiten*: çıkmak; *sich ~ aus* bşin sonucu olmak; *sich ~ in* bşe baş eğmek, bşle yetinmek
Ergebenheit *f* (-) derinden bağlılık
Ergebnis *n* (-ses; -se) sonuç; **2los** *sıf.* sonuçsuz
ergehen (*krldş.*, sn, → *gehen*): *wie ist es dir ergangen?* işlerin nasıl oldu?; *so erging es mir auch* bana da aynı şey oldu; benimde başıma aynı şey geldi; *et. über sich ~ lassen* bşe katlanmak, bşe sabırla dayanmak
ergreifen *v/t* (*krldş.*, h, → *greifen*) yakalamak, tutmak; *Gelegenheit* değerlendirmek; *Maßnahme* almak; *Beruf* edinmek; *mec.* b-ni etkilemek, b-ne dokunmak

Ergriffenheit f(-) duygulanma, içten sarsılma

erhalten¹ v/t (krldş., h, → **halten**) almak; *bewahren*: korumak, muhafaza etmek; *unterstützen*: bakmak, desteklemek

erhalten² sıf.: *gut* ~ iyi korunmuş, iyi bakılmış

erhältlich sıf. alınabilir; elde edilebilir; *schwer* ~ zor elde edilir

erhängen v/refl (ge-, h yok) kendini asmak

erheben (krldş., h, → **heben**) **1.** v/t çıkarmak (*az. Stimme*), yükseltmek; **2.** v/refl ayağa kalkmak; *Volk vs.*: ayaklanmak (*gegen* -e karşı)

erheblich sıf. önemli ölçüde, hatırı sayılır derecede

erhoffen v/t (h): *sich et.* ~ bşden bş ummak; *erwarten*: bş beklemek (*von* -den)

erhöh|en v/t (h) yükseltmek, arttırmak (*auf A* -e; *um* ... derece); **̃ung** f (-; -en) yükseliş; (*G*) artır(ıl)ma; *Gehalts̃*: maaş artışı

erhol|en v/refl (h) *genesen*: iyileşmek, toparlanmak (*von* -den); *sich entspannen*: dinlenmek; **~sam** sıf. dinlendirici; **̃ung** f (-;) dinlence; dinlenme, nekahat

erinnern (h) **1.** v/t b-ne anımsatmak, hatırlatmak (*an A* bşi); **2.** v/refl: *sich* ~ (*an A* -i) anımsamak, hatırlamak

Erinnerung f (-; -en) hatırlama, hatıra (*an A* -in); *Andenken*: anı; *zur* ~ *an* (*A*) -in anısına; **~en** pl andaçlar

erkält|en v/refl (h) üşütmek; *stark* **~et sein** fena halde üşütmüş olmak

Erkältung f (-; -en) üşütme, soğukalgınlığı

erkennen v/t (krldş., h, → **kennen**) tanımak (*an D* bşden); *deutlich sehen*: seçmek, iyice görmek

erklären v/t (h) açıklamak (*j-m et.* b-ne bşi); *verkünden*: bildirmek, beyan etmek (*az. Huk.*); *j-n* (*offiziell*) *für ...* ~ b-ni resmen ... olarak ilan etmek

erklärt sıf. açıklanmış, deklare edilmiş

Erklärung f (-; -en) açıklama; bildirim; *e-e* ~ *abgeben* bir açıklama yapmak

erkranken v/i (sn) hasta düşmek/olmak, hastalanmak (*an D* bşden); ~ *an* (*D*) -e tutulmak

Erkrankung f (-; -en) hastalanma

erkundigen v/refl (h) sormak (*nach* bşi/b-ni), b-ne bş hakkında bilgi danışmak; *Auskünfte einholen*: bilgi edinmek (*über A* hakkında); *sich* (*bei j-m*) *nach dem Weg* ~ b-ne yolu sormak

Erlass m (-es; -e) *Anordnung*: genelge, kararname; *e-r Strafe* vs.: bağışla(n)ma, affetme, affedilme

erlassen v/t (krldş., h, → **lassen**)*Verordnung* yayınlamak; *Gesetz* çıkarmak; *j-m et.* ~ b-ne bşi bağışlamak, b-nin borcunu silmek

erlaub|en v/t (h) bşe izin vermek; **̃nis** f(-) izin, müsaade; → **bitten**

erläuter|n v/t (h) açıklamak (*j-m et.* b-ne bşi); *kommentieren*: yorumlamak; **̃ung** f (-; -en) açıklama; yorum

erleben v/t (h) görüp geçirmek, yaşamak (*az. Abenteuer, Überraschung, Freude*); *Schlimmes* geçirmek; *mit ansehen*: görmek; *das werden wir nicht mehr* ~ biz o günleri artık görmeyeceğiz

Erlebnis n (-ses; -se) deneyim, yaşantı; *Abenteuer*: serüven; **̃reich** sıf. serüven dolu, olaylı

erledigen v/t (h) tamamlamak, yapmak, sonuçlandırmak; *Angelegenheit, Problem* halletmek, çözmek

erleichter|n v/t kolaylaştırmak; **~t** sıf.: **~t sein** ferahla(n)mak; **̃ung** f (-) hafifleme, kolaylık; *mec.* ferahlık (*über A* -den)

erleiden v/t (krldş., h, → **leiden**) bşe yakalanmış (olmak; (kötü bşe) uğramak

erlernen v/t (h) öğrenmek

erliegen v/i (krldş., sn, → **liegen**) bşe yenik düşmek; *e-r Krankheit.* -den ölmek

Erliegen n (-s): *zum* ~ *kommen* durmak; *zum* ~ *bringen* durdurmak

erlogen sıf. yalan, uyduruk, uydurulmuş *az. yükl.*

Erlös m (-es; -e) hasılat, kâr

erloschen sıf. *Vulkan*: sönmüş

ermächtig|en v/t (h) yetkili kılmak; **̃ung** f (-; -en) yetkili kılma, yetkili olma; *Befugnis*: yetki

ermäßig|en v/t (h) indirmek, azaltmak; **₂ung** f(-; -en) indirim
ermittel|eln (h) **1.** v/t bulmak, meydana çıkarmak; *bestimmen*: belirlemek; **2.** v/i: *Huk.* araştırmak, soruşturmak; **₂lung** f(-; -en) soruşturma, tahkikat
ermöglichen v/t (h) mümkün kılmak
ermord|en v/t (h) öldürmek; *özl. Pol.* katletmek; **₂ung** f(-; -en) öldür(ül)me, katil
ermunter|n v/t (h) yüreklendirmek (*zu et.*, *et. zu tun* bşe, bşi yapmaya); **₂ung** f(-; -en) yüreklendirme, cesaret verme
ermutig|en v/t (h), **₂ung** f(-; -en) → **ermuntern, Ermunterung**
ernähr|en (h) **1.** v/t beslemek; *Familie* -e bakmak, *-i* geçindirmek; **2.** v/refl: *sich ~en von* -den geçinmek
Ernähr|er m (-s; -) besleyen, bakıcı; **~ung** f(-) besleme, besin; beslenme (biçimi)
ernenn|en v/t (krdlş., h, → *nennen*): *j-n zu et.* ~*en* b-ni bşe atamak, tayin etmek; **₂ung** f(-; -en) ata(n)ma (*zu* -e, olarak)
erneu|ern v/t (h) yenilemek; **₂erung** f(-; -en) yenile(n)me
erneut *bel.* yeniden
Ernst m (-es) ciddiyet; *ist das dein* ~? ciddi misin?
ernst, ~haft, ~lich *sıf.* ciddi
Erober|er m (-s; -) fatih, fetheden; **₂n** v/t (h) fethetmek (*az. mec.*); **~ung** f (-; -en) fetih (*az. mec.*)
eröffn|en v/t (h) açmak, *feierlich*: *az.* (törenle) başlatmak; **₂ung** f(-; -en) açma, açılış
erörter|n v/t (h) görüşmek, tartışmak; **₂ung** f(-;-en) tartışma, görüşme
Erosion f *Jeo.* aşın(dır)ma
erotisch *sıf.* erotik
erpicht *sıf.*: ~ *auf* (*A*) bşe düşkün, bşin tutkunu
erpress|en v/t (h) b-ne şantaj yapmak; *Geständnis vs.* şantajla almak (*von* -den); **₂er** m (-s; -), **₂erin** f(-; -nen) şantajcı; **₂ung** f(-; -en) şantaj
er|proben v/t (h) denemek, test etmek; **~raten** v/t (krdlş., h, → *raten*) tahmin etmek; **~rechnen** v/t (h) hesaplayıp çıkarmak, hesaplamak
erreg|bar *sıf.* çabuk heyecanlanır,

alıngan; *reizbar.* sinirli; **~en** v/t (h) heyecanlandırmak, kışkırtmak; *aufregen: az.* sinirlendirmek; *sexuell: az.* tahrik etmek; *Gefühle* uyandırmak; *verursachen:* -e neden olmak; **~end** *sıf.* heyecan verici, etkileyici; **₂er** m (-s; -) *Tıp* virüs, mikrop; **₂ung** f(-; -en) heyecanlan(dırıl)ma, tahrik
erreichen v/t (h) -e ulaşmak; *Zug vs.* -e yetişmek; *Erfolg haben*: elde etmek; *et.* ~ b-nin eline bş geçmek; *telefonisch zu* ~ *sein* telefonla ulaşılabilir olmak
errichten v/t (h) yapmak, inşa etmek, dikmek; *mec.* kurmak, *özl. Ekon.* kurmak, tesis etmek; **₂ung** f (-) inşa, yap(ıl)ma, dik(il)me; *mec.* kurma, kuruluş
er|ringen v/t (krdlş., h, → *ringen*) elde etmek; *Erfolg*: kazanmak; **~röten** v/i (sn) kızarmak (*vor* D -den)
Ersatz m (-es) yedek (*az. Person*); *auf Zeit*: yedekleme; *Ausgleich*: telafi, denkleştirme; *Schaden*₂: tazminat *pl*; *als* ~ *für* b-nin yerine; **~dienst** m (askerlik hizmeti sayılan) sivil hizmet; **~mann** m (-s; -leute) yedek eleman; *Sport*: yedek oyuncu; **~mittel** n bş yerine kullanılan/geçer madde; **~reifen** m *Oto.* yedek lastik, (i)stepne; **~teil** n *Tek.* yedek parça
erscheinen v/i (krdlş., sn, → *scheinen*) çıkmak; ortaya çıkmak, görünmek; *Buch*: yayımlanmak
erschießen v/t (krdlş., h, → *schießen*) (kurşunlayarak) öldürmek
erschließ|en v/t (krdlş., h, → *schließen*) *Bauland* kalkındırmak, imar etmek; *Markt* açmak, kazanmak; **₂ung** f (-) kalkın(dır)ma, imar, açma, kazanma; **₂ungskosten** *pl* kalkındırma giderleri
erschöpf|en v/t (h) tüketmek, bitirmek; **₂ung** f(-) bitkinlik
erschrecken 1. v/t (h) korkutmak, ürkütmek; **2.** v/i (erschrak, erschrocken, sn) korkmak, ürkmek (*über A* -den)
erschreckend *sıf.* korkutucu; *Anblick*: korkunç
erschütter|n v/t (h) titretmek; *mec. az.* sarsmak; **₂ung** f(-; -en) sarsıntı (*az. seelisch*); *Tek.* titreşim
erschweren v/t (h) zorlaştırmak

erschwinglich *sıf.* bütçeye uygun; *Preise*: ödenebilir, keseye uygun; *das ist für uns nicht ~* bu bütçemize uygun değil

ersehen *v/t (krldş., h, → sehen)* görmek, anlamak, sonuç çıkarmak *(aus* -den)

ersetzen *v/t* (h) yerine koymak *(durch* ile); *den Schaden (Verlust) ~* zararı (ziyanı) karşılamak

ersichtlich *sıf.* belli, açık, anlaşılan; *ohne ~en Grund* anlaşılır bir neden olmaksızın

erspar|en *v/t* (h) *(az. sich* Geld *~en* para) biriktirmek; *j-m et. ~en* b-ni bşden kurtarmak; **2nisse** *pl* arttırılan/biriktirilen paralar

erst *bel.* ilkin; *anfangs*: ilk önce; *~ jetzt (gestern)* daha şimdi (dün); *~ nächste Woche* ancak gelecek haftaya; *es ist ~ neun Uhr* henüz saat daha dokuz; *eben ~* henüz şimdi; *~ recht* işte hemen şimdi; *~ recht nicht* asıl hele şimdi değil

erstatt|en *v/t* (h) *Geld* geri ödemek; *Anzeige ~en gegen* hakkında suç duyurusunda bulunmak; *Bericht ~en* rapor vermek; **2ung** *f* (-; -en) geri ödeme

erstaunen *v/t* (h) b-ni şaşırtmak, hayrete düşürmek

Erstaunen *n* (-s) şaşkınlık, hayret; *zu meinem ~* şaşırmamla birlikte

erstaunlich *sıf.* şaşkınlık uyandırıcı, hayret verici

erstaunt 1. *sıf.* şaşırmış, hayret etmiş *(über A* -e); **2.** *bel.* şaşkınlık içinde

erste *sıf.* birinci, ilk; *fürs* 2 şimdilik; *als* 2*(r)* ilk olarak, birinci olarak; → *Blick, Hilfe vs.*

erstechen *v/t (krldş., h, → stechen)* bıçaklayarak öldürmek

erstens *bel.* ilkin, ilk önce

ersticken (ge- *yok) v/t* (h) ve *v/i* (sn) (havasızlıktan) boğulmak; → *Keim*

erstklassig *sıf.* birinci mevki; birinci kalite

erstrecken *v/refl* (h) uzanmak, yayılmak *(bis zu* -e kadar, *über A* üzerinden); *sich ~ über* az. kaplamak, kapsamak

ersuchen *v/t* (h) dilemek *(j-n zu tun* b-nden bşi yapmasını, *j-n um et.* b-nden bşi)

Ersuchen *n* (-s; -) dilekçe; *auf ~ von ...* dilekçesi/ricası üzerine

ertappen *v/t* (h) (suçüstü) yakalamak *(j-n beim Stehlen* b-ni hırsızlık yaparken); → *Tat*

Ertrag *m* (-s; ⁓e) ürün, verim, randıman; *Einnahmen*: gelir, getiri, kâr

ertragen *v/t (krldş., h, → tragen) Schmerzen vs.* -e dayanmak, -e katlanmak; *Klima, Person az.* çekmek

erträglich *sıf.* katlanılabilir, çekilir

Ertragslage *f* getiri durumu, kâr durumu

ertrinken *v/i (krldş., sn, → trinken)* (suda) boğularak ölmek

erübrigen (h) **1.** *v/t Zeit vs.* kazanmak; **2.** *v/refl* gereksiz olmak

Erw. *kıs.* = ***Erwachsene*** *pl* yetişkinler

erwachsen *sıf.* büyümüş, yetişkin; 2e *m, f* (-n; -n) yetişkin, erişkin

erwäg|en *v/t* (erwog, erwogen, h) düşünüp taşınmak *(zu tun* bşi yapmayı); **2ung** *f* (-; -en) düşünüp taşınma; *in* 2*ung ziehen* göz önüne almak

erwähn|en *v/t* (h) *-den* söz etmek, *-i* anmak; **2ung** *f* (-; -en) söz etme, anma

erwart|en *v/t* (h) *-i* beklemek; *ein Kind ~en* çocuk beklemek; **2ung** *f* (-; -en) beklenti, umma; **~ungsvoll** *sıf.* merakla, sabırsızlıkla

erwecken *v/t* (h) *Verdacht, Gefühle* uyandırmak

erweisen *(krldş., h, → weisen)* **1.** *v/t Dienst, Gefallen* göstermek, yapmak; **2.** *v/refl*: *sich ~ als* meydana çıkmak

erweiter|n (h) **1.** *v/t Straße vs.* genişletmek; *Macht vs.* arttırmak; *özl. Ekon.* büyütmek; **2.** *v/refl Straße vs.*: genişlemek; **2ung** *f* (-; -en) genişletme; arttırma; *özl. Ekon.* yayma

Erwerb *m* (-s; -e) kazanma, edinme, edinim; *Kauf*: satın alma; *Einkommen*: kazanç; 2en *v/t (krldş., h, → werben)* edinmek, kazanmak *(az. Wissen, Ruf vs.); kaufen*: satın almak

erwerbs|los *sıf.*, **2lose** *m, f →* ***arbeitslos, Arbeitslose***; **~tätig** *sıf.* çalışan, kazanç sağlayan; **2tätige** *m, f* (-n; -n) çalışan nüfus *(az. pl)*; **~unfähig** *sıf.* malul, kazanç sağlayamayan; **2zweig** *m* işkolu

erwider|n *v/t* (h) cevap vermek (**auf** *A* -e); *Gruß, Besuch vs. -e* karşılık vermek; **₂ung** *f* (-; -en) cevap; karşılık
erwirtschaften *v/t* (h) üretmek, elde etmek
erwischen *v/t* (h) yakalamak (**beim Stehlen** çalarken)
erwünscht *sıf.* istenen; *wünschenswert*: istenilir, beğenilir; *willkommen*: makbul
erwürgen *v/t* (h) boğazlamak, boğarak öldürmek
Erz *n* (-es; -e) maden filizi
erzählen *v/t* (h) anlatmak
erzeug|en *v/t* (h) üretmek (*az. mec., El.*); *industriell*: *az.* imal etmek; *verursachen*: yaratmak, meydana getirmek; **₂er** *m* (-s; -) *Ekon.* üretici; **₂erland** *n* üretici ülke; **₂nis** *n* (-ses; -se) ürün (*az. mec.*); **₂ung** *f* (-) üretim
erziehen *v/t* (*krldş.*, h, → *ziehen*) yetiştirmek, büyütmek; *geistig*: eğitmek
Erziehung *f* (-) büyütme, yetiştirme; *geistige*: eğitim; **₋sberechtigte** *m, f* (-n; -n) veli, velayet hakkına sahip
er|zielen *v/t* (h) *Ergebnis, Erfolg vs.* elde etmek; sağlamak; **₋zwingen** *v/t* (*krldş.*, h, → *zwingen*) zorla almak
es *kişi zam.* o (*cinssiz*); onu; **₋ gibt** var; **₋ gibt nicht/kein** yok; **ich bin ₋** benim; → *hoffen, klingeln, klopfen* 1 *vs.*
Esel *m* (-s; -) *Zoo.* eşek
Eselsbrücke *f* bellek yardımı
Eselsohr *n mec.* kitap sayfasının bükülmüş köşesi, eşek kulağı
essbar *sıf.* yenilir; *özl. Pilz vs.*: yenebilir
essen (aß, gegessen, h) *v/t* yemek; *v/i* yemek yemek; **zu Mittag (Abend) ₋** öğle (akşam) yemeği yemek; **zu ₋ geben** yedirmek; → *auswärts*
Essen *n* (-s; -) yemek (*az. Gericht*); *Mahlzeit*: öğün; *Gericht*: yemek; **beim ₋ sein** yemekte olmak; **ein ₋ geben** ziyafet vermek/çekmek; **₋smarke** *f* yemek kuponu; **₋szeit** *f* yemek zamanı, öğün
Essig *m* (-s; -e) sirke
Ess|löffel *m* yemek kaşığı; **₋stäbchen** *pl* yemek çubuğu *sg*; **₋tisch** *m* sofra, yemek masası; **₋zimmer** *n* yemek odası
Est|land *n* Estonya; **₋länder** *m* (-s; -) Estonyalı; **₋nisch** *n* Estonca

Etage *f* (-; -n) kat; **auf der ersten ₋** birinci katta; **₋nbett** *n* ranza, üst üste iki katlı yatak
Etappe *f* (-; -n) aşama, merhale; tur
Etat *m* (-s; -s) bütçe, devlet bütçesi
Eth|ik *f* (-) *Normen*: ahlak; **₂isch** *sıf.* ahlaki
ethnisch *sıf.* etnik
Etikett *n* (-s; -e, -s) etiket (*az. Preisschild*); **₂ieren** *v/t* (h) etiketlemek
etliche *blrsz zam.* epeyce, birçok
Etui *n* (-s; -s) *Brille*: kutu, *Zigaretten*: tabaka
etwa *bel. ungefähr*: aşağı yukarı, *annähernd*: yaklaşık; **₋ig** *sıf.* olası, muhtemel
etwas 1. *blrsz zam.* biraz, bir parça; *irgend₋*: herhangi bir şey; **2.** *sıf.* biraz; **3.** *bel.* bir derece ya kadar
EU *kıs.* = **Europäische Union** Avrupa Birliği (AB); **₋Beitritt** *m* AB'ye alınma/giriş; **₋Osterweiterung** *f* AB'nin doğuya genişlemesi
euch 1. *kişi zam.* siz(ler)e; siz(ler)i; **mit ₋** sizinle; **von ₋** sizden; **2.** *dönüş. zam.* kendinizi; kendinize
euer *iyelik zam.* siz(ler)in; **der (die, das) eu(e)re** siz(ler)inki
EuGH *kıs.* = **Europäischer Gerichtshof**
Eule *f* (-; -n) *Zoo.* baykuş; **₋n nach Athen tragen** tereciye tere satmak
Euro *m* Euro, Evro (Avrupa para birimi); *die Einführung des ₋* Euro uygulaması
Euro|cent *m* Eurocent; **₋norm** *f* Avrupa standardı
Europäer(in *f)* *m* (-s; -) Avrupalı
europäisch *sıf.* Avrupa; **₂e Investitionsbank** Avrupa Yatırım Bankası; **₂e Kommission** AB Komisyonu; **₂e Union** Avrupa Birliği; **₂e (Wirtschafts- und) Währungsunion** Avrupa (Ekonomi ve) Para Birliği; **₂e Zentralbank** Avrupa Merkez Bankası; **₂er Binnenmarkt** Avrupa tek/iç pazarı; **₂er Gerichtshof** Avrupa Birliği Adalet Divanı; **₂er Rechnungshof** Avrupa Sayıştayı; **₂er Wirtschaftsraum** Avrupa Ekonomi Bölgesi; **₂es Währungsinstitut** Avrupa Para Enstitüsü; **₂es Währungssystem** Avrupa Para Sistemi (APS)

Europa|parlament *n* (-s) Avrupa Parlamentosu; **~politik** *f* Avrupa politikası; **~rat** *m* (-s) Avrupa Konseyi
Euroscheck *m* Euro çek; **~karte** *f* Euro çek kartı
e.V. *kıs.* = *eingetragener Verein* tescilli dernek
ev. *kıs.* = *evangelisch* Protestan
evakuieren *v/t* (h) tahliye etmek, byi boşaltmak
evangelisch *sıf. Din.* Protestan
eventuell 1. *sıf.* ortaya çıkacak olan, olası; **2.** *bel.* belki
evtl. *kıs.* = *eventuell*
ewig 1. *sıf.* ebedi; F *dauernd*: sonsuz, sürekli; **2.** *bel.*: **auf ~** daima, ilelebet; **♀keit** *f* (-; -en) ebediyet, sonsuzluk, ölümsüzlük; F *e-e* **♀keit** epey zaman(dır)
EWI *kıs.* = *Europäisches Währungsinstitut*
EWR *kıs.* = *Europäischer Wirtschaftsraum*
EWS *kıs.* = *Europäisches Währungssystem*
EWU, EWWU *kıs.* = *Europäische (Wirtschafts- und) Währungsunion*
exakt *sıf.* doğru, kesin, kusursuz; **♀heit** *f* (-) doğruluk, kesinlik, kusursuzluk
Examen *n* (-s; -) sınav, mezuniyet sınavı
Exekutive *f* (-; -n) *Pol.* yürütme gücü
Exemplar *n* (-s; -e) tür örneği; *e-s Buches vs.:* nüsha
Exil *n* (-s; -e): **ins ~ gehen** sürgüne gitmek; **im ~ leben** sürgünde yaşamak; **~regierung** *f* sürgün hükümeti
Existenz *f* (-; -en) varlık; *Unterhalt:* geçinme, hayatını sürdürme; **~minimum** *n* asgari geçim haddi
existieren *v/i* (h) var olmak; **~ von** *-den* yaşamak
exkl. *kıs.* = *exklusive* hariç, dışta kalmak üzere
exklusiv *sıf.* müstesna, çok özel
exotisch *sıf.* uzak ülkelere özgü, egzotik
Expansion *f* (-; -en) yayılma, genişleme
Expedition *f* (-; -en) araştırma/keşif gezisi
Experiment *n* (-s; -e) deney; **♀ieren** *v/i* (h) deney yapmak (*mit* -de, ile)
Experte *m* (-n; -n) uzman (*für* -de)
Expl. *kıs.* = *Exemplar n* nüsha
explo|dieren *v/i* (sn) patlamak (*az. mec.*); **♀sion** *f* (-; -en) patlama (*az. mec.*); **~siv** *sıf.* patlayıcı; *mec.* çabuk patlar
Export *m* (-s; -e) *Ekon.* ihraç; *Exportiertes:* ihracat *pl*; **~eur** *m* (-s; -e) ihracatçı; **♀ieren** *v/t* (h) ihraç etmek; **~land** *n* ihracatçı ülke; **~überschuss** *m* ihracat fazlası
extra *bel.* ayrıca; *gesondert: az.* olarak; *eigens:* özellikle; F *absichtlich:* bilerek, kasten; **~ für dich** sırf senin için; **♀blatt** *n* özel sayı; **~vagant** *sıf.* olağandışı, abartılı
extrem *sıf.* son derece, fevkalade; aşırı
Extrem *n* (-s; -e) aşırı; uç; **~ismus** *m* (-) aşırıcılık; **~ist** *m* (-en; -en) aşırı (giden kişi); **♀istisch** *sıf.* aşırı
EZB *kıs.* = *Europäische Zentralbank* Avrupa Merkez Bankası

F

Fa. *kıs.* = *Firma f* firma
fabelhaft *sıf.* eşsiz, şahane
Fabrik *f* (-; -en) fabrika; **~ant** *m* (-en; -en) *Besitzer:* fabrika sahibi; *Hersteller:* fabrikatör; **~arbeiter** *m* fabrika işçisi; **~at** *n* (-s; -e) *Marke:* marka; *Erzeugnis:* ürün; **~ation** *f* (-; -en) üretim; **~ationsfehler** *m* fabrikasyon hatası
Fach *n* (-s; ⸚er) *Schrank♀ vs.:* göz, bölme; *in Wand, Kasten vs.:* çekmece, bölme; *Schul-, Studien♀:* dal, ders; →

Fachgebiet; **~arbeiter** *m* uzman işçi; **~arbeitermangel** *m* (-s) uzman işçi eksikliği; **~arzt** *m*, **~ärztin** *f* uzman hekim, mütehassıs doktor; **~arzt für** ... uzmanı/mütehassısı; **~gebiet** *n* uzmanlık alanı; *Branche: az.* meslek, işkolu; **~geschäft** *n* ihtisas mağazası; **~hochschule** *f* etwa: meslek yüksek okulu; **~kenntnisse** *pl* uzmanlık bilgisi *sg;* **~mann** *m* (-s; -leute) uzman **~mann für** ... uzmanı; ♀**männisch** *sıf.* uzmanca, -*in* ehli olarak; ♀**simpeln** *v/i* (ayrılmaz, gefachsimpelt, h) akademik konuşmak; **~werkhaus** *n* yarı kâgir ev

Fackel *f*(-; -n) meşale; **~zug** *m* fener alayı

fade *sıf. Essen:* yavan, tatsız; *langweilig:* cansıkıcı

Faden *m* (-s; ⸚) iplik *(az. mec.)*

fähig *sıf.* yetenekli, becerikli *(zu tun yapmaya),* (yapa)bilir; ♀**keit** *f* (-; -en) yetenek, beceri; *Begabung:* hüner, Allah vergisi

fahl *sıf.* solgun; *Gesicht: az.* soluk

fahnd|en *v/i* (h) aramak *(nach* b-ni); ♀**ung** *f* (-; -en) arama

Fahne *f*(-; -n) bayrak; F *e-e* **~ haben** ağzı (içki *vs.)* kokmak

Fahr|ausweis *m* bilet; **~bahn** *f* araba yolu; *Spur.* şerit

Fähre *f* (-; -n) feribot

fahren (fuhr, gefahren) **1.** *v/i* (sn) *gnl.* (arabayla *vs.)* gitmek; *reisen: az.* (arabayla) dolaşmak, gezmek; *verkehren:* gidip gelmek, işlemek; *ab~:* hareket etmek, kalkmak; *Auto* **~:** kullanmak; gitmek; *mit dem Auto (Zug, Bus vs.)* **~** arabayla (trenle, otobüsle *vs.* **~)** gitmek; *über e-e Brücke vs.* **~** köprüden *vs.* geçmek; **2.** *v/t* (h) *Auto, Motorrad* sürmek, kullanmak; *Güter* taşımak, nakletmek

Fahrer *m* (-s; -) sürücü; *Chauffeur.* şoför; **~flucht** *f* (-) kaza sonrası şoförün kaçması; **~flucht begehen** kazadan sonra kaçmak; **~in** *f*(-; -nen) sürücü

Fahr|gast *m* yolcu, *Taxi:* müşteri; **~geld** *n* bilet parası; **~gemeinschaft** *f* birlikte yolculuk; **~gestell** *n Oto.* şasi; *Hava.* → **Fahrwerk**

Fahrkarte *f* bilet; **~nautomat** *m* bilet otomatı; **~nschalter** *m* bilet gişesi

fahrlässig *sıf.* ihmalli, kusurlu *(az. Huk):* **grob ~** ağır ihmalli/kusurlu

Fahr|lehrer(in *f) m* sürücü öğretmeni; **~plan** *m* yol tarifesi; hareket cetveli; ♀**planmäßig 1.** *sıf.* tarifeye uygun; **2.** *bel.* tarifeye uygun olarak; *pünktlich:* zamanında; **~preis** *m* yol ücreti, gidiş parası; **~prüfung** *f* sürücü belgesi sınavı; **~rad** *n* bisiklet; *az.* → *Rad*...; **~schein** *m* bilet; **~schule** *f* sürücü kursu; **~schüler(in** *f) m Oto.* sürücü kursu adayı, şoför adayı; **~spur** *f* şerit; **~stuhl** *m* asansör; **~stunde** *f* sürücü dersi

Fahrt *f* (-; -en) *in od. auf e-m Fahrzeug:* gidiş; *Reise:* gezi *(az. Ausflug),* dolaşma; *Gemi.* sefer; *Geschwindigkeit:* hız *(az. Gemi.): in voller* **~** tam gaz; son hızla

Fährte *f*(-; -n) iz, yol *(az. mec.)*

Fahrtenschreiber *m* (-s; -) *Oto.* kilometre saati, takograf

fahrtüchtig *sıf. Wagen:* trafiğe uygun; *Person:* araba kullanabilir

Fahrwerk *n Hava.* iniş takımı

Fahrzeug *n* (-s; -e) araç, taşıt; → *Kfz-*...; **~halter(in** *f) m* araç/taşıt sahibi; **~papiere** *pl* taşıt belgeleri *pl*

Faktor *m* (-s; -en) etken

Fakultät *f* (-; -en) *üniv.* fakülte

Falke *m* (-n; -n) *Zoo.* doğan, şahin

Fall *m* (-s; ⸚e) *Sturz:* düşme, düşüş; durum; *Problem:* iş, mesele; *Ereignis:* olay; *auf jeden* **~** her durumda, her halükârda; *auf keinen* **~** asla, hiçbir suretle; *für den* **~,** *dass* ... ... -mesi durumunda; *im ~(e)* ... takdirde; *gesetzt den* **~,** *dass* farz edelim ki ....

Falle *f*(-; -n) tuzak *(az. mec.)*

fallen *v/i* (fiel, gefallen, sn) düşmek; *Regen:* yağmak; *Ask.* şehit olmak, savaşta ölmek; **~ lassen** bırakmak, düşürmek; *Plan. az. -den* vazgeçmek

fällen *v/t* (h) *Baum* kesmek; *Huk. ein Urteil* **~** hüküm vermek; *e-e Entscheidung* **~** karar vermek

fällig *sıf.* süresi dolmuş; *Geld:* ödenmesi gerekli

falls *bağl.* eğer, şayet; **~ nicht** eğer (ol)mazsa

Fallschirm *m* paraşüt; **~jäger** *m Ask.* paraşütçü; **~springen** *n* (-s) paraşütle atlama; *Sport: gnl.* paraşütçülük; **~springer** *m* paraşütçü

falsch

falsch 1. *sıf. unwahr*: yanlış; *unecht*: sahte; *gefälscht*: *az.* taklit; *Zähne*: takma; **2.** *bel.*: ~ **gehen** *Uhr.* doğru çalışmamak; *et.* ~ **aussprechen** (**schreiben, verstehen** *vs.*) bşi yanlış telaffuz etmek (yazmak, anlamak *vs.*); ~ **verbunden!** *Tel.* yanlış numara!

fälsche|n *v/t* (h) sahtesini yapmak; **Geld** ~**n** sahte para basmak; **♀r** *m* (-s; -) hilekâr, sahtekâr; kalpazan

Falsch|fahrer *m* yanlış yoldan giden; ~**geld** *n* sahte para

Fälschung *f* (-; -en) taklit, düzme; sahte, kalp

Falt|... *Bett, Boot vs.*: katlanabilir ...; ~**e** *f* (-; -n) kıvrım, büklüm; *Knitter♀, Runzel*: buruşuk, çizgi; *Rock♀*: pli; *Bügel♀*: ütü çizgisi; **♀en** *v/t* (h) katlamak; ~**enrock** *m* plili etek; **♀ig** *sıf.* buruşuk, kıvrımlı

Fam. *kıs.* = **Familie** *f* aile

familiär *sıf. zwanglos*: teklifsiz; ~**e Gründe** ailevi nedenler

Familie *f* (-; -n) aile; *Bot., Zoo.* familya

Familien|angelegenheit *f* aile içi olay; ~**anschluss** *m* aile yaşamına katılım; ~**betrieb** *m* aile işletmesi; ~**name** *m* soyadı; ~**packung** *f* aile boyu (paket); ~**planung** *f* aile planlaması; ~**stand** *m* medeni hal; ~**vater** *m* aile babası

Fanati|ker *m* (-s; -) bağnaz, fanatik; **♀sch** *sıf.* fanatik; *Anhänger*: koyu; *Religion*: bağnaz; ~**smus** *m* (-) fanatizm; *Religion*: bağnazlık

Fang *m* (-s; ⸚e) tutma, yakalama (*az. mec.*); **♀en** *v/t* (fing, gefangen, h) yakalamak, tutmak (*az. mec.*); ~**en** (-s): ~**en spielen** kovalamaca oynamak

Fantasie *f* (-; -n) hayal gücü, imgelem, düşlem; *Trugbild*: hayal; **schmutzige ~** iğrenç/kirli arzular *pl*; **♀los** *sıf.* hayal gücü kıt; **♀ren** *v/i* (h) hayal görmek; *Tıp* sayıklamak; **♀voll** *sıf.* hayal gücü kuvvetli, yaratıcı

fantastisch *sıf.* düşsel, hayali; F *az.* harika, olağanüstü

Farbband *n* daktilo şeridi

Farbe *f* (-; -n) renk; *Mal♀*: boya; *Bräune*: ten; **welche ~ hat ...?** ... ne renk?

farbecht *sıf.* solmaz, boyası çıkmaz

färben (h) **1.** *v/t* boyamak; *özl. mec.* renklendirmek; **gefärbt** boyalı; boyama; **2.** *v/refl*: **sich rot ~** kırmızıya boyanmak

farben|blind *sıf.* renkkörü; ~**froh** *sıf.* rengârenk

Farb|fernsehen *n* renkli televizyon; ~**fernseher** *m* renkli televizyon (alıcısı); ~**film** *m* renkli film; ~**foto** *n* renkli fotoğraf

farbig *sıf.* renkli *az. mec.*, *Glas*: **♀e** *m*, *f* (-n; -n) renkli, siyahi; **die ♀en** *pl.* siyahiler, esmer vatandaşlar

farb|los *sıf.* renksiz (*az. mec.*); **♀stift** *m* boyama kalemi; **♀stoff** *m für Lebensmittel*: boyarmadde; *Tek.* renklendirici; **♀ton** *m* renk tonu, nüans

Fasching *m* (-s; -e, -s) Karnaval

Faschis|mus *m* (-) faşizm; ~**t** *m* (-en; -en) faşist; **♀tisch** *sıf.* faşist

Fass *n* (-es; ⸚er) fıçı; **Bier vom ~** → **Fassbier**

Fassade *f* (-; -n) ön taraf, cephe (*az. mec.*)

Fassbier *n* (-s; -e) fıçı birası

fassen (h) **1.** *v/t* tutmak, kavramak; *Verbrecher* yakalamak; *enthalten können*: içermek, kapsamak; *Schmuck* oturtmak, çerçevelemek; *begreifen*: kavramak, anlamak; *glauben*: inanmak; **Mut ~** güven duymak; → **Entschluss, Herz**; **2.** *v/refl* kendini toparlamak; **sich kurz ~** sözünü kısa kesmek/tutmak; **3.** *v/i*: ~ **nach** -e erişmek, uzanmak; (tutmak için) elini uzatmak

Fassung *f* (-; -en) *Schmuck*: (elmas *vs.*) yuva(sı); *Brillen♀*: çerçeve; *El.* duy; *Wortlaut*: metin, yazılış tarzı; *seelische*: (iç) huzur(u); **die ~ verlieren** tepesi atmak; **aus der ~ bringen** b-nin sinirlerini altüst etmek; ~**svermögen** *n* (-s) kapasite (*az. mec.*)

fast *bel.* hemen hemen; *mit Verben*: az kalsın, neredeyse; ~ **nie** (**nichts**) hemen hemen hiç (yok gibi)

fasten *v/i* (h) *allgemein und christlich*: perhiz; *islamisch*: oruç; **♀zeit** *f* perhiz/oruç zamanı

fatal *sıf.* uğursuz; *peinlich*: aksi; *verhängnisvoll*: feci, felaket

faul *sıf.* bozuk, çürük; *Fisch, Fleisch*: *az.* kokmuş; *mec.* tembel; *verdächtig*:

şüpheli; **~e Ausrede** sudan mazeret; **~en** v/i (sn) bozulmak; *verwesen*: çürümek; **♀heit** f (-) tembellik, üşengeçlik

Faust f (-; ~e) yumruk; *auf eigene* ~ kendi başına; **~regel** f pratik kural; **~schlag** m yumruk (darbesi)

Favorit m (-en; -en) favori

Fax n (-; -) faks; **♀en** v/t (h) fakslamak

FC kıs. = **Fußballclub** m futbol kulübü

Februar m (-; -e) şubat (ayı); *im ~* şubatta, şubat ayında

fechten v/i (focht, gefochten, h) eskrim yapmak; *mec.* savaşmak (**für** için)

Fechten n (-s) *Sport*: eskrim

fegen v/t (h) süpürmek

Feder f (-; -n) tüy; *Tek.* yay, zemberek; **~ball** m *Sport*: badminton, tüytop; *Ball*: naylon top; **~bett** n kuştüyü yorgan; **♀leicht** sıf. tüy gibi, çok hafif; **♀n** v/i (h) yaylanmak, esnemek; **♀nd** sıf. esnek, elastiki; **~ung** f (-; -en) *Tek.* yay tertibatı; *Oto.* süspansiyon; amortisör; *e-e gute ~ung haben* yay tertibatı (veya süspansiyonu) iyi olmak

fehl *bel.*: **~** *am Platze* yersiz, yeri/sırası değil; **♀betrag** m noksan bedel, açık; **~en** v/i (h) noksan/eksik olmak; *nicht da, verschwunden sein*: yok olmak; *Schule vs.* (hazır) bulunmamak; *ihm fehlt (es an D)* onun ...-i yok; *du fehlst uns* seni özlüyoruz, senin yokluğunu çekiyoruz; *was dir fehlt, ist* sana gerekli olan ....; *was fehlt Ihnen?* neyiniz var?; **♀en** n (-s) (hazır) bulunmama (*in D*, *bei* -de); *Mangel*: eksiklik, noksanlık

Fehler m (-s; -er) hata, kusur, yanlış; *Charakter♀*, *Schuld*, *Mangel*: ayıp, suç, eksiklik; *Tek. az.* bozukluk; **♀frei** sıf. hatasız, mükemmel, kusursuz; **♀haft** sıf. hatalı, yanlış; *Tek.* kusurlu

Fehl|geburt f çocuk düşürme; **~konstruktion** f hatalı yapım; **~schlag** m *mec.* başarısızlık; **~zündung** f *Oto.* kusurlu ateşleme, ateş almama

Feier f (-; -n) tören; kutlama; **~abend** f akşam, paydos; **~abend machen** paydos etmek; **machen wir ~abend!** artık bitsin bu iş!, paydos edelim!; **♀lich** sıf. vakur, heybetli; *festlich*: törenli; **~lichkeit** f (-; -en) resmi davranış; *Feier*: tantanalı tören, merasim; **♀n** v/i (h) bayram etmek; v/t kutlamak; **~tag** m bayram, resmi tatil günü

feig, **feige** sıf. korkak, ödlek, yüreksiz

Feige f (-; -n) *Bot.* incir

Feig|heit f (-) korkaklık, ödleklik; **~ling** m (-s; -e) ödlek (insan)

Feile f (-; -n) eğe

feilen v/t ve v/i törpülemek

feilschen v/i (h) pazarlık etmek (**um** bş için, bş hakkında)

fein sıf. ince, narin; *Qualität*: az. mükemmel, kusursuz; *Gehör vs.*: hassas; *zart*: nazik; *vornehm*: zarif, hoş (*az. Gegend*, *Restaurant vs.*); F *prima*: şahane, çok iyi

Feind m (-s; -e), **~in** f (-; -nen) düşman (*az. Ask.*); **♀lich** sıf. düşmanca; *Truppen vs.*: düşman; **~schaft** f (-; -en) düşmanlık; **♀selig** sıf. düşmanca (**gegen** -e karşı); **~seligkeit** f (-; -en) düşmanlık

fein|fühlig sıf. ince ruhlu; *taktvoll*: ince düşünceli; **♀gefühl** n (-s) ince duygu; incelik; **♀heit** f (-; -en) incelik, narinlik; *des Gehörs vs.*: hassaslık; *Zartheit*: naziklik, zarafet; **♀heiten** pl incelikler; *Einzelheiten*: ayrıntılar; **♀kostgeschäft** n mezeci dükkânı; **♀mechanik** f ince mekanik; **♀mechaniker** m ince tesviyeci; **♀schmecker** m (-s; -) ağzının tadını bilen

Feld n (-s; -er) alan (*az. mec.*); *Schach vs.*: kare; *auf dem* ~ savaşın içinde, askeri tatbikatta; **~stecher** m (-s; -) eldürbünü, alan dürbünü; **~zug** m *Ask.* savaş, sefer (*az. mec.*)

Felge f (-; -n) *Tek.* jant

Fell n (-s; -e) post, kürk; *abgezogenes*: deri

Fels m (-en; -en), **~en** m (-s; -) kaya

felsig sıf. kayalık

femin|in sıf. kadınsı; *Gr.* dişil; **♀istin** f (-; -nen); **~istisch** sıf. feminist

Fenchel m (-s) *Bot.* rezene

Fenster n (-s; -) pencere; **~brett** n pencere eşiği; **~laden** m pancur; **~rahmen** m pencere çerçevesi; **~scheibe** f pencere camı

Ferien pl tatil sg; **~haus** n tatil evi;

Ferienort

~ort *m* tatil yeri; **~wohnung** *f* tatil evi, yazlık
Ferkel *n* (-s; -) domuz yavrusu; *mec.* pis, murdar
fern 1. *sıf.* uzak (*az. Zukunft vs.*); **2.** *bel.* uzak(ta); **von ~** uzaktan; **es liegt mir ~ zu** -mek aklımın ucundan bile geçmez; **~ halten 1.** uzak tutmak (**von** -den); **2.** uzak durmak (**von** -den)
Fernamt *n Tel.* telefon santralı
Fernbedienung *f* uzaktan kumanda
Ferne *f* (-): **aus der ~** uzaktan; *von weit her.* uzaklardan; **in der ~** uzaklarda
ferner *bel.* ayrıca, buna ilaveten
Fern|fahrer *m* uzak yol şoförü; **~gespräch** *n Tel.* şehirlerarası konuşma; **⁀gesteuert** *sıf.* uzaktan kumandalı ...; *Rakete:* güdümlü; **~glas** *n* dürbün
Fern|heizung *f* (birçok bina için) merkezi kalorifer sistemi; **~kurs** *m* açık öğretim kursu; **~laster** *m Oto.* F uzak yol kamyonu; **~licht** *n Oto.* uzun (huzmeli) far; **~meldeamt** *n* telefon idaresi/postanesi; **~meldesatellit** *m* telefon uydusu; **~rohr** *n* teleskop; **~schreiben** *n* teleks; **~schreiber** *m* teleks (cihazı)
Fernseh|en *n* (-s) televizyon, TV; *im* **~en** televizyonda; **⁀en** *v/i* (*krldş.*, *ayr.*, -ge-, h, → *sehen*) televizyon seyretmek; **~er** *m* (-s; -) televizyon (aracı); *Person:* televizyon izleyicisi; **~schirm** *m* (televizyon) ekran(ı); **~sendung** *f* televizyon yayını
Fern|steuerung *f* uzaktan kumanda; **~verkehr** *m* şehirlerarası ulaşım/trafik; **~zug** *m* uzak yol treni
Ferse *f* (-; -n) topuk
fertig *sıf. bereit:* hazır; *beendet:* tamam; **~ bringen** başarmak, becermek; (**mit et.**) **~ sein** bşi bitirmiş olmak; **mit et. ~ werden** *Problem vs.:* bşi halletmek; **~ machen** bitirmek, tamamlamak (*az. mec.* j-n); *für et.:* hazırlamak; **sich ~ machen** hazırlanmak; **~ stellen** bitirmek, hazırlamak
Fertig|gericht *n* hazır yemek; **~haus** *n* prefabrik ev ; **~keit** *f* (-; -en) beceri, ustalık; **~produkt** *n* hazır ürün; **~stellung** *f* (-) bitir(il)me,

hazırla(n)ma; **~waren** *pl* işlenmiş mallar
fesseln *v/t* (h) bağlamak, zincire vurmak; *mec.* büyülemek
fest 1. *sıf.* sert (*az. mec.*); *nicht flüssig:* katı; **~gelegt:** saptanmış, fiks; *gut befestigt:* sabit, dayanıklı; *Schlag:* şiddetli; *Freund(in):* devamlı; **2.** *bel.:* **~ schlafen** derin uyumak
Fest *n* (-s; -e) şenlik, bayram (*az. Din.*); *Feier:* kutlama, eğlenti; *özl. im Freien:* kutlama partisi
festbinden *v/t* (*krldş.*, *ayr.*, -ge-, h, → *binden*) sıkıca bağlamak (**an** *D* bye)
Fest|essen *n* şölen, yemek ziyafeti; **~geld** *n Ekon.* vadeli (yatırılmış) para
festhalten (*krldş.*, *ayr.*, -ge-, h, → *halten*) **1.** *v/t* bşi tutmak, b-ni alıkoymak, bırakmamak; **2.** *v/refl* sıkı tutunmak; **sich ~ an** (*D*) bye tutunmak
festigen (h) **1.** *v/t* pekiştirmek; **2.** *v/refl* güçlenmek, pekişmek
Festland *n* kara (ülkesi) *özl. europäisches:* anakıta
festlegen (*ayr.*, -ge-, h) **1.** *v/t* saptamak; **2.** *v/refl* kendini bağlamak (**auf** *A* bşe)
festlich *sıf.* şen, neşeli; *feierlich:* törene uygun
festmachen *v/t* (*ayr.*, -ge-, h) bağlamak, sabitleştirmek (**an** *D* bye); *Gemi.* kıyıya bağlamak (*az. v/i*); *vereinbaren:* kararlaştırmak
Fest|nahme *f* (-; -n) tutukla(n)ma, göz altına al(ın)ma; **⁀nehmen** *v/t* (*krldş.*, *ayr.*, -ge-, h, → *nehmen*) tutuklamak, göz altına almak; **~platte** *f Cmp.* sabit disk; **~preis** *m* sabit fiyat; **⁀setzen** *v/t* (*ayr.*, -ge-, h) belirlemek
Festspiele *pl* şenlik, festival
fest|stehen *v/i* (*krldş.*, *ayr.*, -ge-, h, → *stehen*) *mec.* kesin olmak; *Plan, Termin:* hazır/sabit olmak; **~stehend** *sıf. Tatsache vs.:* kesinleşmiş; *Regel, Redensart:* yerleşmiş; **~stellen** *v/t* (*ayr.*, -ge-, h) ortaya çıkarmak, saptamak; *ermitteln:* araştırmak; *wahrnehmen:* algılamak, görmek, bşin farkına varmak; *Tek.* tespit etmek, sabitleştirmek
Feststellung *f* (-; -en) *Ermittlung:*

Fischsuppe

araştırma, tespit; *Erkenntnis*: anlayış, idrak; saptama
Festtag *m* bayram günü
festverzinslich *sıf. Ekon.* sabit faizli
Festzug *m* tören alayı, kortej
Fett *n* (-s; -e) (katı) yağ; *Braten*2: erimiş yağ; *Tek.* makine yağı, gres yağı
fett *sıf.* yağlı; *mec.* şişman
Fettfleck *m* yağ lekesi
Fetzen *m* (-s; -) yırtılmış parça, yırtık; *Lumpen*: paçavra; *ein ~ Papier* bir parça kâğıt
feucht *sıf.* ıslak, yaş; *Luft: az.* nemli
Feuchtbiotop *n* sulak alan
Feuchtigkeit *f* (-) ıslaklık, yaşlık; *e-s Ortes, der Luft vs.*: nem, rutubet
feudal *sıf.* F *mec.* görkemli, birinci sınıf
Feuer *n* (-s; -) ateş (*az. mec.*); *Brand*: yangın; *~ fangen* alev almak; *haben Sie ~?* ateşiniz var mı?; **~alarm** *m* yangın alarmı; **~bestattung** *f* ölüyü yakma; 2**fest** *sıf.* ateşe dayanıklı; 2**gefährlich** *sıf.* yanıcı, kolay tutuşur; **~leiter** *f* yangın merdiveni; **~löscher** *m* (-s; -) yangın söndürme aracı, söndürücü; **~melder** *m* (-s; -) yangın muhbiri
feuern (h) **1.** *v/t* F *werfen*: kovmak; *entlassen*: (işten *vs.*) atmak; **2.** *v/i* ateş etmek (*auf A* -e)
Feuer|stein *m* çakmaktaşı; **~versicherung** *f* yangına karşı sigorta; **~wehr** *f* (-; -en) itfaiye; **~wehrmann** *m* (-s; ⸚er, -leute) itfaiye eri, F itfaiyeci; **~werk** *n* (-s; -e) havai fişek eğlencesi; **~werkskörper** *m* havai fişek; **~zeug** *n* (-s; -e) çakmak
FH *kıs.* = *Fachhochschule f* meslek yüksek okulu
Fiasko *n* (-s; -s) fiyasko
ficken *v/t ve v/i* (h) V sikmek
Fieber *n* (-s) ateş; *~ haben* ateşi olmak; 2**haft** *sıf.* ateşli (*az. mec.*); 2**n** *v/i* ateşi olmak, nöbetlenmek; *mec.* gergin olmak (*vor D* bşden); 2**n nach** bş için yanıp tutuşmak; 2**senkend** *sıf.* ateş düşürücü; **~thermometer** *n* derece, termometre
Figur *f* (-; -en) figür (*az. mec.*); şekil; endam
Filet *n* (-s; -s) *Gastr.* fileto; **~steak** *n* bonfile
Filiale *f* (-; -n) şube
Film *m* (-s; -e) *Fot.* film; *Spiel*2: sinema filmi; *e-n ~ einlegen Fot.* film takmak; 2**en** *v/t* (h) film almak; **~kamera** *f* film kamerası; **~regisseur** *m* film yönetmeni; **~schauspieler(in** *f*) *m* sinema sanatçısı; **~vorstellung** *f* film gösterimi
Filter *m*, *özl. Tek. n* (-s; -) filtre; **~kaffee** *m* süzme kahve
filtern *v/t* (h) süzmek, filtreden geçirmek
Filterzigarette *f* filtreli sigara
Filz *m* (-es; -e) keçe; F *hkr.* iltimasçılık; 2**en** *v/t* (h) F b-nin üzerini aramak; **~laus** *f* (-; -⸚e) kasık biti
Finanz|amt *n* maliye dairesi; *Gebäude*: vergi dairesi; **~en** *pl* maliye *sg*; 2**iell** *sıf.* mali, finansal; 2**ieren** *v/t* (h) finanse etmek; **~lage** *f* finansal durum; **~minister** *m* maliye bakanı; **~ministerium** *n* maliye bakanlığı
finden (fand, gefunden, h) **1.** *v/t* bulmak (*az. der Ansicht sein*); düşünmek; *gut ~ az.* beğenmek; *ich finde ihn nett* ben onu nazik buluyorum; *wie ~ Sie ...?* ... hakkında ne düşünüyorsunuz?; **2.** *v/i*: *~ Sie (nicht)?* siz de öyle düşün(mü)yor musunuz?; **3.** *v/refl*: *das wird sich ~* her şey düzelecek, görecegiz
Finder *m* (-s; -), **~in** *f* (-; -nen) bulan kişi; **~lohn** *m* (kaybolan bşi) bulan kişiye verilen ödül
Finger *m* (-s; -) parmak; **~abdruck** *m* parmak izi; **~spitze** *f* parmak ucu; **~spitzengefühl** *n* (-s) *mec.* duyarlık, ruh inceliği
Finn|e *m* (-n; -n), **~in** *f* (-; -nen) Finli; 2**isch** *sıf.* Fin(landiya); **~isch** *n* Fince; **~land** *n* Finlandiya
finster *sıf.* karanlık; *Miene*: korkutucu, haşin; *fragwürdig*: şüpheli, esrarlı
Finsternis *f* (-) karanlık
Firma *f* (-; -men) *Ekon.* firma, şirket
Fisch *m* (-s; -e) balık
fischen *v/t* (h) (balık) tutmak, tutup çıkarmak; *v/i* balık avlamak
Fischer *m* (-s; -) balıkçı; **~boot** *n* balıkçı teknesi; **~dorf** *n* balıkçı köyü
Fischerei *f* (-) balıkçılık; **~hafen** *m* balıkçı limanı
Fisch|fang *m* (-s) balık tutma; **~markt** *m* balık pazarı; **~stäbchen** *n* balık köftesi; **~suppe** *f* balık çor-

Fischvergiftung

bası; **~vergiftung** f *Tıp* balık zehirlenmesi, balık-tan zehirlenme
Fistel f (-; -n) *Tıp* fistül, akarca
fit *sıf.* zinde, canlı; sağlıklı; formunda; **sich ~ halten** formunda kalmak
Fitness f (-) sağlık; form; zindelik; **~center** n (-s; -) sağlıklı yaşam merkezi, spor merkezi; **~raum** m idman salonu
fix *sıf. fest(gelegt)*: sabit (*az. Idee*); *flink*: çevik, tez; *aufgeweckt*: zeki, kurnaz, uyanık
fixen v/i (h) P şırınga vurmak
Fixer m (-s; -) P uyuşturucu düşkünü
FKK çıplaklık kültürü; **~-Strand** m çıplaklar sahili/kumsalı
flach *sıf.* düz, yassı; *eben*: *az.* düzgün, pürüzsüz; *niedrig*: alçak, *Absatz*: basık; *Wasser*. sığ; *mec. oberflächlich*: yüzeysel, basit
Fläche f (-; -n) *Ober*2: yüzey (*az. Mat.*); *Ebene*: düzlem (*az. Geom.*); *Gebiet*: (düz) alan, bölge; *weite ~*: genişlik, enginlik
Flächenmaß n yüzey ölçüsü
Flachland n düz arazi, ova
flackern v/i (h) titremek; titreyerek yanmak
Fladenbrot n pide
Flagge f (-; -n) bandıra, bayrak
Flame m (-n; -n) Flaman
flämisch *sıf.* Flaman; 2 n Flamanca
Flamme f (-; -n) alev
Flanell m (-s; -e) flanel
Flasche f (-; -n) şişe; *Säuglings*2: biberon
Flaschen|bier n şişe birası; **~öffner** m şişe açacağı; **~pfand** n (şişe) depozito(su)
Flaute f (-; -n) *Gemi*. durgunluk, rüzgârın kesilmesi; *özl. Ekon.* (piyasada) durgunluk
Fleck m (-s; -e) *Schmutz*2, *Farb*2 *vs*.: leke; *Punkt*: nokta; *Ort, Fläche, Stelle*: yer; *Flicken*: yama; **blauer ~** bere, çürük, morartı; **~enentferner** m (-s; -) leke çıkarıcı; **2enlos** *sıf.* lekesiz, temiz (*az. mec.*); **2ig** *sıf.* lekeli; *schmutzig*: *az.* benekli, kirli
Fleisch n (-es) *Nahrung*. et; *lebendes*: beden (*az. mec.*); **~ fressend** *Bot.*, *Zoo.* etobur, et yiyen, etçil; **~brühe** f (-; -n) et suyu; **~er** m (-s; -) kasap; **~erei** f (-; -en) kasap dükkânı; **~kon-**

serven *pl* et konservesi; **2los** *sıf.* etsiz (yemek); **~vergiftung** f *Tıp* et zehirlenmesi; etten zehirlenme; **~wolf** m kıyma makinesi; **~wunde** f hafif yara
Fleiß m (-es) çaba, gayret; *Eigenschaft*: çalışkanlık
fleißig *sıf.* hamarat, gayretli, çalışkan; **~ sein** (*od.* **arbeiten**) çok çalışmak
fletschen v/t (h): **die Zähne ~** dişlerini göstermek
flexibel *sıf.* esnek, oynak
Flexibilität f (-) esneklik
flicken v/t (h) yamamak, onarmak; *notdürftig, az. mec.*: derme çatma kurmak
Flieder m (-s) leylak
Fliege f (-; -n) *Zoo.* sinek; *Krawatte*: papyon
fliegen v/i (sn) ve v/t (h) (flog, geflogen) uçmak (*az.* **~ lassen**); *mec.* (işten, okuldan) kovulmak, sepetlenmek; *in die Luft ~* havaya uçmak
Flieger m (-s; -) F *Flugzeug*: uçak
fliehen v/i (floh, geflohen, sn) kaçmak (**vor** *D* -den)
Fliehkraft f *Fiz.* merkezkaç kuvveti
Fliese f (-; -n) fayans, döşeme (taşı/halısı); **2n** v/t (h) döşemek; **~nleger** m (-s; -) döşemeci, fayans döşeyici
Fließ|band n (-s; ****er) sürekli iş bandı, akarbant; *Förderband*: taşıma bandı; **2en** v/i (floss, geflossen, sn) akmak, *Fluss*: *az.* dökülmek (*in A* -e); *Blut*: *az.* dolaşmak; **2end 1.** *sıf.* akıcı; **2endes Wasser** akar su; **2.** *bel*.: **er spricht 2end Deutsch** Almancayı düzgün konuşuyor; **~heck** n *Oto.* düz inen arka bölüm
flimmern v/i (h) titrek yanmak; *Fernsehgerät, Film*: titremek, pır pır etmek
flink *sıf.* çevik, atik
Flinte f (-; -n) *Schrot*2: av tüfeği, filinta
Flipper m (-s; -) fliper makinesi
flippern v/i (h) fliper oynamak
Flirt m (-s; -s) flört
flirten v/i (h) flört yapmak (*mit* ile)
Flitterwochen *pl* balayı *sg*
Flocke f (-; -n) *Schnee*2: lapa, kar tanesi
Floh m (-s; ****e) *Zoo.* pire; **~markt** m bitpazarı
florieren v/i (h) gelişmek, bayındır olmak; iyi işlemek

Floskel f (-; -n) boş söz
Floß n (-es; -e) sal
Flosse f (-; -n) yüzgeç; *Robbe*: yüzgeç-ayak; *Schwimm≈*: palet; F *Hand*: el
Flöte f (-; -n) *mus.* flüt; *Block≈*: blokflüt
flott *sıf. Tempo*: hareketli, faal; *schick*: zarif, hoş; *Wagen*: *az.* kullanışlı; *Gemi*. yüzer
Flotte f (-; -n) *Gemi*. filo; *Marine*: donanma
Flottenstützpunkt m *Ask.* deniz üssü
Fluch m (-s; -e) lanet; *Schimpfwort*: *az.* küfür
fluchen v/i (h) küfretmek, lanetlemek; ~ **auf** (A) b-ne küfretmek, b-ni lanetlemek
Flucht f (-; -en) kaçış (**vor** D -den); *erfolgreiche*: kaçma, firar (**aus** -den)
fluchtartig *bel.* çarçabuk
flüchten v/i (sn) kaçmak (**nach**, **zu** -e); *entkommen*: firar etmek
flüchtig *sıf. Gefangener vs.*: kaçak, firari; *oberflächlich*: üstünkörü; *nachlässig*: gelişigüzel, dikkatsiz; *vergänglich*: geçici; **~er Blick** kısa bakış; **~er Eindruck** yüzeysel izlenim; **≈keitsfehler** m dikkatsizlik hatası
Flüchtling m (-s; -e) kaçak, firari; *Pol.* sığınmacı; **~slager** n sığınmacı kampı
Flug m (-s; -e) uçuş; (**wie**) **im ~**(**e**) hızlı, seri, tez; **~blatt** n el ilanı, broşür; **~dauer** f uçuş süresi
Flügel m (-s; -) kanat (*az. Pol. vs.*); *Müz.* kuyruklu piyano
Flug|gast m (uçak) yolcu(su); **~gesellschaft** f havayolları (şirketi); **~hafen** m havalimanı; **~linie** f hava yolu; → *Fluggesellschaft*; **~lotse** m hava trafik görevlisi; **~platz** m havaalanı; **~schreiber** m seyir kayıt aleti, kara kutu; **~sicherung** f uçuş güvenliği; **~steig** m (-s; -e) çıkış kapısı; **~ticket** n uçak bileti
Flugzeug n (-s; -e) uçak; **mit dem ~** uçakla; **~absturz** m uçak düşmesi; **~entführer** m hava korsanı; **~entführung** f uçak kaçırma; **~träger** m uçak gemisi
Flur m (-s; -e) *Diele*: hol; *Gang*: koridor

Fluss m (-es; -e) ırmak; *das Fließen*: akış, akma (*az. mec.*); **≈abwärts** *bel.* akış aşağı; **≈aufwärts** *bel.* akış yukarı; **~bett** n ırmak yatağı
flüssig *sıf.* akar, Ekon.); *geschmolzen*: erimiş; *Stil, Schrift vs.*: akıcı; **≈keit** f (-; -en) sıvı; *Zustand*: akışkanlık; akıcılık
Fluss|lauf m ırmağın akışı; **~ufer** n ırmak kıyısı
flüstern v/i ve v/t (h) fısıldamak
Flut f (-; -en) met, suların kabarması; *mec.*: akım; *Hochwasser*: sel; **es ist ~** met zamanıdır; **~licht** n El. projektör(le aydınlatma); **~welle** f met dalgası
Föderalis|mus m (-) federalizm; **≈tisch** *sıf.* federalist
Föderation f (-; -en) federasyon
Föhn m (-s; -e) lodos; **≈en** v/t (h): **sich die Haare ≈en** saçlarını (fönle) kurutmak
folg. *kıs.* = **folgend**(**e** vs.) ve diğerleri
Folge f (-; -n) *Ergebnis*: sonuç; *Wirkung*: etki; *Aufeinander≈*: izleme; *Reihen≈*: sıra, diziliş; *Serie*: bölüm (*az. TV vs.*); *Fortsetzung*: (bir eserin) devamı, arkası; (*negative*) *Auswirkung*: akıbet, yan etki
folgen v/i (sn) izlemek, takip etmek (D -i); (h) F *gehorchen*: itaat etmek, söz dinlemek; **hieraus folgt, dass** bundan da şu (sonuç) çıkar ki ...; **wie folgt** şöyle, aşağıdaki gibi; **~dermaßen** *bel.* şu suretle; **~schwer** *sıf.* ağır sonuçlar doğuran; vahim
folgern v/t (h) (sonuç) çıkarmak (**aus** -den)
Folgerung f (-; -en) çıkarım; **e-e ~ ziehen** bir çıkarımda bulunmak
folglich *bağl.* bu böyle olunca, demek ki
Folie f (-; -n) *Metall≈*: ince metal yaprak; *Plastik≈*: (film/plastik) tabaka(sı)
Folklore f (-) halkbilimi, folklor; **~abend** m folklor gecesi
folkloristisch *sıf.* folklorik
Folter f (-) işkence
Fonds m (-s; -s) *Ekon.* fon, anapara
fönen → **föhnen**
Fontäne f (-; -n) püskürtme; *Springbrunnen*: fiskiye(t/nin)
Förderband n (-s; -er) taşıma bandı
fordern v/t (h) talep etmek (*az. Lohn*-

erhöhung); *Menschenleben vs.* bşe mal olmak; *Preis vs.* istemek
fördern *v/t* (h) teşvik etmek; *unterstützen*: desteklemek; *Bergbau*: çıkarmak
Forderung *f* (-; -en) talep, *Ekon. az.* alacak; *Anspruch*: hak talebi; *Preis⁓*: isteme
Förderung *f* (-; -en) teşvik, destekleme; çıkarma
Forelle *f* (-; -n) *Zoo.* alabalık
Form *f* (-; -en) biçim, şekil; *Sport. az.* form; *Tek.* kalıp
formal *sıf.* biçimsel, şekli
Formalität *f* (-; -en) formalite, işlem
Format *n* (-s; -e) boy, boyut, büyüklük; *mec.* çap, önem
Formblatt *n* form
Formel *f* (-; -n) formül
formell *sıf.* resmi, şekle uygun
formen *v/t* (h) *-e* biçim vermek; *Charakter vs.*: biçimlemek
Formfehler *m Huk.* usul hatası
förmlich 1. *sıf.* şekle uygun, resmi; **2.** *bel.* resmen; *mec.* edebi
formlos *sıf. mec.* teklifsiz
Formular *n* (-s; -e) formüler, form dilekçe
forschen *v/i* (h) araştırmak, incelemek; **⁓ nach** bşi aramak
Forscher *m* (-s; -) araştırıcı, inceleyici
Forschung *f* (-; -en) araştırma, inceleme; **⁓sauftrag** *m* araştırma görevi; **⁓sgebiet** *n* araştırma alanı; **⁓szentrum** *n* araştırma merkezi
Förster *m* (-s; -) ormancı, orman memuru
fort *bel. davon*: uzağa, uzakta; *weg*: gitmiş; *verschwunden*: kaybolmuş
fort|bestehen *v/i* (*krldş., ayr.*, h, → **stehen**) sürüp gitmek, sürmek; **⁓bildung** *f* bilgi geliştirme; **⁓fahren** *v/i* (*krldş., ayr., -ge-, h, → fahren*) hareket etmek, yola çıkmak (*az. verreisen*); *Oto. az.* bşi (araba ile) götürmek; *weitermachen*: bşe devam etmek, bşi sürdürmek (*et. zu tun* bşi yapmaya); **⁓führen** *v/t* (*ayr., -ge-,* h) devam ettirmek, sürdürmek; **⁓gehen** *v/i* (*krldş., ayr., -ge-,* sn, → *gehen*) gitmek, ayrılmak; **⁓geschritten** *sıf.* ilerlemiş; **⁓laufend** *sıf.* sürekli, devamlı; *bel.* art arda

fortpflanz|en *v/refl* (*ayr., -ge-,* h) *Biyo.* üremek; *mec.* çoğalmak; **⁓ung** *f* (-; -en) *Biyo.* üreme
fortschreiten *v/i* (*krldş., ayr., -ge-,* sn, → *schreiten*) ilerlemek, gelişmek; **⁓d** *sıf.* ilerleyen, gelişen; *zunehmend*: *az.* büyüyen, artan
Fortschritt *m* ilerleme; **⁓lich** *sıf.* ilerici
fortsetz|en *v/t* (*ayr., -ge-,* h) bşe devam etmek, bşi sürdürmek; **⁓ung** *f* (-; -en) devam (etme), sürme; **⁓ung folgt** devamı var, arkası var; **⁓ungsroman** *m* tefrika roman
Foto *n* (-s; -s) foto(ğraf); *auf dem ⁓* fotoğrafta; **⁓album** *n* fotoğraf albümü; **⁓apparat** *m* fotoğraf makinesi, kamera
Fotograf *m* (-en; -en) fotoğrafçı; **⁓ie** *f* (-; -n) fotografi; *Bild*: fotoğraf; **⁓ieren** *v/t* (h) bşin resmini çekmek
Fotoko|pie *f* fotokopi; **⁓pieren** *v/t* (h) bşin fotokopisini çekmek; → *Kopiergerät*
Foul *n Spo.* fa(v)ul
Foyer *n* (-s; -s) fuaye
Fr. *kıs.* = *Frau f* bayan, hanım
Fracht *f* (-; -en) *Oto., Demiryol.* yük, *Hava., Gemi. az.* kargo; **⁓brief** *m* taşıma senedi, konşimento; **⁓er** *m* (-; -s) yük gemisi, şilep; **⁓kosten** *pl Hava., Gemi.* navlun, *Oto., Demiryol.* taşıma maliyeti; **⁓schiff** *n* yük gemisi
Frack *m* (-s; ⁓e) frak
Frage *f* (-; -n) soru; *e-e ⁓ stellen* soru sormak; *e-e ⁓ der Zeit* zaman sorunu; → *infrage*; **⁓bogen** *m* anket kâğıdı; **⁓n** *v/t ve v/i* (h) sormak (*j-n* b-ne, *nach* bşi, b-ni); *j-n nach dem Weg (der Zeit)* bne yolu (saati) sormak; *sich ⁓n* kendine sormak, şaşmak; **⁓zeichen** *n* soru işareti
fraglich *sıf.* kuşkulu; *betreffend*: sözü edilen
Fragment *n* (-s; -e) fragman, parça; kalıntı
fragwürdig *sıf.* kuşku uyandıran
Fraktion *f* (-; -en) *Parl.* meclis grubu, fraksiyon; **⁓slos** *sıf.* bağımsız; **⁓svorsitzende** *m, f* meclis grup başkanı; **⁓szwang** *m* grup kararına uyma (zorunluluğu)
frankier|en *v/t* (h) pullamak, bşe pul

yapıştırmak; **2maschine** f pullama makinesi
Frankreich n Fransa
Franz|lose m (-n; -n) Fransız; **~ösin** f (-; -nen) Fransız (kadın); **2ösisch** sıf. Fransız ...; Fransız ...; **~ösisch** n Fransızca
Fraß (-es) F hkr. kötü pişirilmiş yemek, zıkkım
Frau f (-; -en) kadın; Ehe2: eş, karı; **meine ~** eşim; **~ X** Europa: Bayan X, Türkei: X Hanım
Frauen|arzt m, **~ärztin** f kadın doktoru; **~bewegung** f (-) kadın hareketi; **~haus** n kadınlar (sığınma) evi; **~klinik** f kadın kliniği
Fräulein n (-s; -) küçükhanım; **~ X** Bayan X, X Hanım
fraulich sıf. kadınca, kadına özgü
frech sıf. küstah, saygısız, yüzsüz; Lüge vs.: edepsiz; kess: küstah ve şık; **2heit** f (-; -en) küstahlık, yüzsüzlük; Bemerkung: saygısız, edepsiz
frei 1. sıf. özgür, serbest (**von** -den); Beruf: müstakil; Journalist vs.: serbest (çalışan); nicht besetzt: boş (az. WC); **~mütig**: gönül rızasıyla, isteyerek; **ein ~er Tag** serbest bir gün; **~e Stelle** boş işyeri; **der Oberkörper ~machen** belden yukarısını soyunmak; **im 2en** dışarda; → **Mitarbeiter; 2.** bel.: Ekon. **~ Haus** ev teslimi
Frei|bad n açık hava (yüzme) havuzu; **2bekommen** v/t (krldş., ayr., -ge-, h, → **kommen**) bir gün vs. izin almak; **~berufler** m (-s; -) serbest meslek sahibi; **~exemplar** n parasız örnek/nüsha
Frei|gabe f (-) serbest bırak(ıl)ma; Ekon. dalgalanmaya bırak(ıl)ma; **2geben** v/t (krldş., ayr., -ge-, h, → **geben**) serbest bırakmak; Ekon. Wechselkurs: salgalanmaya bırakmak; **2gebig** sıf. cömert; **~gepäck** n (ücretsiz) bagaj hakkı
Frei|hafen m serbest liman; **2halten** v/t (krldş., ayr., -ge-, h, → **halten**) Platz: açık tutmak; j-n: b-ne ikramda bulunmak; → **Ausfahrt**; **~handel** m (-s) serbest ticaret; **~handelszone** f serbest ticaret bölgesi; **~heit** f (-; -en) özgürlük; **~heitsstrafe** f Huk. hapis cezası; **~karte** f ücretsiz bilet

freilass|en v/t (krldş., ayr., -ge-, h, → **lassen**) (serbest) bırakmak, salıvermek; **gegen Kaution ~en** Huk. kefaletle salıvermek; **2ung** f (-; -en) serbest bırak(ıl)ma
Frei|lichttheater n açık hava tiyatrosu; **2machen** v/t (ayr., -ge-, h) Brief vs.: pul yapıştırmak; **2mütig** sıf. candan, dürüst, içten, açık sözlü; **2sprechen** v/t (krldş., ayr., -ge-, h, → **sprechen**) Huk. beraat ettirmek (**von** -den); **~spruch** m (-s; *e) Huk. beraat et(tir)me; **~staat** m Pol. cumhuriyet; **2stehen** v/i (krldş., ayr., -ge-, h, → **stehen**) leerstehen: boş durmak; **es steht Ihnen ~ zu** bşde özgürsünüz
Freitag m (-s; -e) cuma; (**am**) **~ cuma** günü; **~s** cuma günleri
freiwillig 1. sıf. gönüllü; **2. bel.: sich ~ melden** gönüllü olarak başvurmak (**zu** bşe); **2e** m, f (-n; -n) gönüllü (kişi)
Freizeit f (-) boş zaman(lar); **~kleidung** f ev giysisi
fremd sıf. yabancı; ausländisch: ecnebi; unbekannt: bilinmeyen; **ich bin auch ~ hier** ben de buranın yabancısıyım; **~artig** sıf. yabancı, alışılmadık, garip
Fremde¹ f (-): **in der ~ leben** gurbette yaşamak; **in die ~ gehen** gurbete çıkmak/gitmek
Fremde² m, f (-n; -n) yabancı, el; Ausländer: ecnebi; Tourist: turist
Fremden|führer m (turist) rehber(i); **~verkehr** m turizm; **~verkehrsbüro** n turizm ve tanıtma bürosu; **~zimmer** n: **~zimmer** (**zu vermieten**) (yabancıya) kiralık oda
Fremd|finanzierung f dış finansman; **2gehen** v/i (krldş., ayr., -ge-, sn, → **gehen**) F eşini aldatmak; **~kapital** n yabancı/dış sermaye; **~körper** m Tıp yabancı cisim; mec. uyum sağlayamamış eleman
Fremdsprach|e f yabancı dil; **~enkorrespondent** m yabancı dil sekreteri; **2ig, 2lich** sıf. yabancı dil ..., yabancı dilde
Fremdwort n yabancı sözcük
Frequenz f (-; -en) frekans; sıklık
Fresse f (-; -n) V Mund: gaga; Gesicht: surat

fressen (fraß, gefressen, h) **1.** *v/t Tier*. yemek; *sich ernähren von*: *-den* beslenmek; F *Mensch*: tıkınmak; **2.** *v/i Tier*. yemek; F *Mensch*: hayvan gibi yemek

Freude *f* (-; -n) sevinç; *Vergnügen*: eğlence, zevk; ~ *über* (*A*)... sevinci; *vor* ~ sevinçten; ~ *haben an* (*D*) bşden zevk duymak, bşi zevkle yapmak

freudig *sıf*. neşeli, şen; *Ereignis, Erwartung*: mutlu, sevindirici

freuen (h) **1.** *v/i*: *es freut mich, dass* (olduğu) beni sevindirdi; **2.** *v/refl*: *ich freue mich über* (*A*) (olduğuna) sevindim; *ich freue mich auf* (*A*) (olacağına) seviniyorum

Freund *m* (-s; -e) dost, arkadaş; *e-s Mädchens*: erkek arkadaş; ~**in** *f* (-; -nen) arkadaş; *e-s Jungen*: kız arkadaş; **♀lich** *sıf*. dostça, arkadaşça; sevimli; *Farben vs*.: neşeli; ~**lichkeit** *f* (-; -en) dostça davranış, sevecenlik; ~**schaft** *f* (-; -en) arkadaşlık, dostluk; ~**schaft schließen** dostluk kurmak (*mit* ile); **♀schaftlich** *sıf*. dostça, arkadaşça

Frieden *m* (-s, *pl yok*) barış; *im* ~ barışta, barış zamanında; *lass mich in* ~*!* beni rahat bırak!

Friedens|bewegung *f* barış hareketi; ~**forschung** *f* barış araştırması; ~**nobelpreis** *m* Nobel Barış Ödülü; ~**politik** *f* barış politikası; ~**verhandlungen** *pl* barış görüşmeleri; ~**vertrag** *m* barış sözleşmesi

Fried|hof *m* mezarlık, kabristan; **♀lich** *sıf*. huzurlu, sakin; ~**liebend** *sıf*. barışsever

frieren *v/i* (fror, gefroren, h) *Person*: üşümek; *Wasser vs*.: donmak

frisch 1. *sıf*. taze; *Wäsche*: temiz; → *Luft*, *Tat*; **2.** *bel*.: ~ *gestrichen!* yeni boyanmış/boyalı; ~ *verheiratet* yeni evli

Frisch|e *f* (-) tazelik; ~**haltepackung** *f* hava geçirmez ambalaj

Friseur *m* (-s; -e) kuaför, *Herren*♀: *az*. berber; ~**salon** *m* kuaför salonu, *Herren*♀: *az*. berber dükkânı; ~**in** *f* (-; -nen) bayan kuaför

frisieren *v/t* **1.** *v/t j-n*: b-nin saçını yapmak; F *Konten vs*. iyi göstermek, tıraş etmek; *Oto*. gücünü arttırmak; **2.** *v/refl* (kendi) saçını düzeltmek/yapmak

Frist *f* (-; -en) *Zeitraum*: süre, mehil; *Zeitpunkt*: gün, vade, son gün; *Aufschub*: uzatma (*az. Ekon.*); **♀los** *sıf*. ve *bel*. ihbarsız, (ihbar) süresiz

Frisur *f* (-; -en) saç biçimi

frittieren *v/t* (h) (kızgın yağda) kızartmak

frivol *sıf*. açık saçık, hoppa; *stärker*: edepsiz, töreye aykırı

froh *sıf*. sevinçli (*über A* -den); *fröhlich*: neşeli, şen; *glücklich*: mutlu

fröhlich *sıf*. neşeli, mutlu; *lustig*: *az*. şen; **♀keit** *f* (-) neşe, sevinç, gönül ferahlığı

fromm *sıf*. dindar, dini bütün; *ein* ~*er Wunsch* yerine getirilemez istek

Frömmigkeit *f* (-) dindarlık, dini bütünlük

Front *f* (-; -en) *Mimar*. ön taraf, ön cephe; *Ask*. cephe, savaş hattı; *an der* ~ cephede; **♀al** *bel*. *Oto*. cepheden; ~**alzusammenstoß** *m* önden çarpışma; ~**antrieb** *m Oto*. önden çekiş

Frosch *m* (-s; ¨e) *Zoo*. kurbağa; ~**mann** *m* (-s; ¨er) balıkadam

Frost *m* (-s; ¨e) don, şiddetli soğuk

frösteln *v/i* (h) soğuktan titremek; hafif don yapmak

frostig *sıf*. ayazlı; çok soğuk (*az. mec.*)

Frucht *f* (-; ¨e) meyve; *Früchte tragen az. mec*. meyve vermek; **♀bar** *sıf*. *Biyo*. verimli *az. mec.*; ~**barkeit** *f* (-) verimlilik, bereket; **♀los** *sıf*. verimsiz; ~**saft** *m* meyve suyu

früh 1. *sıf*. ve *bel*. erken; *zu* ~ *kommen* erken gelmek; *ziemlich* ~ erkence; *heute* (*morgen*) ~ bu (yarın) sabah; **♀aufsteher** *m* (-s; -) erkenci, erken kalkan; **♀e** *f* (-): *in aller* **♀e** sabah erkenden

früh|er 1. *sıf*. *ehemalig*: eski; *vorherig*: önceki; **2.** *bel*. önceleri, eskiden; ~*er oder später* er ya da geç; *ich habe* ~*er* (*einmal*) ... benim bir zamanlar ... vardı; ~**estens** *bel*. en erken

Früh|geburt *f Tıp* erken doğum; *Kind*: erken doğan çocuk; ~**jahr** *n* (-s; -e), ~**ling** *m* (-s; -e) ilkbahar; ~**lingszwiebel** *f* yeşil soğan; **♀reif** *Kind*: erken gelişmiş

Frühstück *n* (-s; -e) kahvaltı; *zum* ~ kahvaltıda; **♀en** (h) **1.** *v/i* kahvaltı et-

mek; **2.** v/t kahvaltıda bş yemek; **~s-büfett** n kahvaltı büfesi
frustrieren v/t (-ge yok, h) iç karartmak; **~d** sıf. iç karartan
frz. kıs. = **französisch** Fransız(ca)
Fuchs m (-es; ⁻e) Zoo. tilki
fühlbar sıf. mec. farkedilir; *beträchtlich*: önemsenmeye değer, hatırı sayılır, hayli
fühlen (h) **1.** v/t duymak, hissetmek; **2.** v/refl k-ni hissetmek; → **wohl**
Fuhre f (-; -n) Taxi: araba dolusu
führen (h) **1.** v/t b-ne yol göstermek; *herum~*: dolaştırmak, gezdirmek, b-ne mihmandarlık etmek; *geleiten, bringen*: yürütmek, götürmek; *Betrieb, Haushalt vs.* işletmek, yönetmek; *Waren* satmak, satışta bulundurmak; *Buch, Konto* tutmak; *Gespräch vs.* yapmak; ***j-n ~ durch** b-ne bşi göstermek, byi gezdirmek; **2.** v/i götürmek (**zu** -e, az. mec.); **~d** sıf. ileri/önde gelen, önemli; baştaki
Führer m (-s; -) Pol. önder; kılavuz; Spo. lider; Fremden**~**: rehber; Leiter: şef, başkan; Reise**~**: kılavuz (kitap); **~schein** m sürücü belgesi, F ehliyet
Führung f (-; -en) yönetim; *Unternehmen*: az. sevk ve idare; *Museum vs.*: rehberli dolaşma (**durch** -de); **~szeugnis** n iyi hal kâğıdı
füll|en 1. v/t (h) doldurmak; *Flüssigkeit*: az. boşaltmak (**in** A -e); **2.** v/refl: dolmak (*mit* ile); **2er** m (-s; -) dolmakalem; **2ung** f (-; -en) dolgu; bşin içi
Fundament n (-s; -e) Mimar. temel az. mec.
Fund|büro n kayıp eşya bürosu; **~gegenstand** m buluntu; kayıp eşya; **~grube** f mec. zengin kaynak, hazine
fünf sıf. beş; **~fach** sıf. ve bel. beş misli, beş kat; **2ling** m (-s; -e) beşiz; **2sternehotel** n beş yıldızlı otel; **~te** sıf. beşinci; **2tel** n (-s; -) beşte (bir vs.); **~tens** bel. beşincisi, beşinci olarak; **~zehn** sıf. on beş; **~zig** sıf. elli
Funk m (-s) radyo; **über** ~ radyodan; **~amateur** m amatör radyocu
Funke m (-n; -n) kıvılcım; *mec. az.* ani fikir
funkeln v/i (h) parlamak; *Sterne*: az. (titreyerek) parıldamak
funk|en v/t (h) telsizle bildirmek; **2er** m (-s; -) telsizci; **2gerät** n telsiz cihazı; **2haus** n radyo evi; **2spruch** m radyo duyurusu; **2streife** f telsizli (polis) devriye arabası
Funktion f (-; -en) işlev; **2ieren** v/i (h) işlemek
für ilg. için; b-ne veya bşe zugunsten: az. -in lehine; anstatt: az. -in yerine; **~ mich** Meinung, Geschmack: bana göre; **~ immer** daima, ebediyyen; **~ 10 DM** on marka, on mark karşılığında; **Tag ~ Tag** günden güne; **Wort ~ Wort** kelimesi kelimesine; **jeder ~ sich arbeiten** vs.: herkes kendisi için; **was ~ ...?** ne gibi/tür bir ...?; **das 2 und Wider** lehte ve aleyhte görüşler pl; olumlu ve olumsuz yanlar pl
Furcht f (-) korku (**vor** D -in); **aus ~ vor** ... korkusundan; **~ erregend** korku verici, dehşet verici; **2bar** sıf. korkunç, korkutucu, dehşetli
fürchten (h) **1.** v/t -den korkmak; *ich fürchte, ...* korkarım ...; **2.** v/refl korkmak (**vor** D -den)
fürchterlich → **furchtbar**
furcht|los sıf. korkusuz, yürekli; **~sam** sıf. korkak, sıkılgan, çekingen
Fürst m (-en; -en) prens, bey; **~entum** n (-s; ⁻er) prenslik, beylik; **~in** f (-; -nen) prenses
Furt f (-; -en) geçit, ırmak geçidi
Furunkel m (-s; -) Tıp kan çıbanı
Furz m (-es; ⁻e) F yel, V osuruk; **2en** v/i (h) yelle(n)mek, V osurmak
Fusion f (-; -en) Ekon. birleşme; **2ieren** v/i (h) birleşmek
Fuß m (-es; ⁻e) ayak; **zu ~** yayan, yürüyerek; **zu ~ gehen** yürüyerek gitmek; **gut zu ~ sein** yürüyüşü iyi olmak; **~ fassen** tutunmak, yerleşmek; **auf freiem ~** serbest (bırakılmış)
Fuß|abdruck m ayak izi; **~abstreifer** m (-s; -) kapı paspası; **~ball** m Sport: futbol; Ball: futbol topu; **~baller** m (-s; -) futbolcu; **~ballspiel** n futbol maçı; **~boden** m zemin, taban; Belag: taban kaplaması; **~bodenheizung** f zeminden ısıtma; **~bremse** f Oto. ayak freni
Fußgänger m (-s; -) yaya; **~ampel** f yayalar için trafik lambası; **~überweg** m yaya geçidi; **~zone** f yaya bölgesi

Fuß|gelenk *n* ayak bileği; **~marsch** *m* yürüyüş; **~note** *f* dipnotu; **~pilz** *m* Tıp ayak mantarı; **~sohle** *f* (ayak) taban(ı); **~spur** *f* ayak izi; *Fährte*: hayvan izi; **~stapfen** *pl*: *in j-s* **~stapfen treten** b-nin izinden gitmek; **~tritt** *m* tekme; **~weg** *m* yaya yolu; *e-e Stunde* **~weg** yaya(n) bir saat

Futter¹ *n* (-s) yiyecek; *Pferde~ vs.*: yem
Futter² *n* (-s; -) *Tek.*, *Mantel~ vs.*: astar
Futteral *n* (-s; -e) kutu, kap; *Hülle*: kılıf, zarf
futtern *v/i* (h) iştahla yemek
füttern *v/t* (h) beslemek; *Kleid vs.* astarlamak
Futternapf *m* yemlik

G

Gabel *f* (-; -n) çatal; **2n** *v/refl* (h) ikiye ayrılmak, çatallanmak; **~stapler** *m* (-s; -) *Tek.* çatallı yükleyici; **~ung** *f* (-; -en) ikiye ayrılma
gaffen *v/i* (h) gaf yapmak, ağzı açık bakmak
Gage *f* (-; -n) aylık; *einmalige*: ücret
gähnen *v/i* (h) esnemek
Gala *f* (-) gala kıyafeti; **~abend** *m* gala gecesi
Galerie *f* (-; -n) galeri
Galgen *m* (-s; -) darağacı, idam sehpası; **~frist** *f* son mühlet; **~humor** *m* yapmacık neşe
Galle *f* (-; -n) *Anat.* safra kesesi; *Fizy.* safra; **~nblase** *f* *Anat.* safra kesesi; **~nstein** *m* Tıp safra kesesi taşı
gammeln *v/i* (h) F haylazlık etmek, serserilik etmek
Gang *m* (-s; ~e) gidiş, yürüme; *~art*: yürüyüş; *Durch~*: geçit, pasaj; *zwischen Sitzen vs.*: ara (yol); *Flur.* koridor, hol; *Oto.* vites; *Speise*: çeşit, türlü; *Verlauf*: seyir; *et. in ~ bringen* bşi çalıştırmak, işletmek; *in ~ kommen* işlemek, çalışmak; *im ~(e) sein* işler halde olmak, işlemekte olmak, devam ediyor olmak; *in vollem ~(e)* en canlı ve hareketli anında
gängig *sıf.* geçerli; *Ekon.* piyasada satılan
Gangschaltung *f* vites kolu
Ganove *m* (-n; -n) dolandırıcı, sahtekâr
Gans *f* (-; ~e) *Zoo.* kaz
Gänse|blümchen *n* (-s; -) *Bot.* çayır papatyası, koyungözü; **~braten** *m* kaz kızartması; **~haut** *f* (-): *e-e* **~haut bekommen** tüyleri kalkmak; *dabei kriege ich e-e* **~haut** işte o zaman tüylerim ürperiyor; **~marsch** *m*: *im* **~marsch** sıra sıra (yürümek)
ganz 1. *sıf.* tüm, bütün; *ungeteilt, vollständig*: *az.* eksiksiz, bölünmemiş; *Betrag, Stunde*: *az.* tam; *den* **~en** *Tag* bütün gün; *die* **~e** *Zeit* hiç durmadan; *in der* **~en** *Welt* bütün dünyada; *sein* **~es** *Geld* parasının hepsi; **2.** *bel.* tamamen, büsbütün, tümden; *sehr.* çok; *ziemlich*: oldukça; *genau*: kesin, aynen; **~** *allein* tamamen tek başına; **~** *und gar* tamamıyla, büsbütün; **~** *und gar nicht* kesinlikle/tümden değil; **~** *wie du willst* nasıl istersen; *nicht* **~** tam öyle değil; *im* **2en** hepsi birden, toptan; *im (Großen und)* **2en** bütünüyle
Ganze *n* (-n) bşin bütünü, tamamı; *das* **~** *alles*: tümü; *aufs* **~** *gehen* hepsini istemek
gänzlich *bel.* büsbütün, tamamen
ganz|tägig *bel.*: **~tägig geöffnet** bütün gün açık; **2tagsbeschäftigung** *f* tam gün çalış(tır)ma
gar 1. *sıf.* *Gastr.* pişmiş; **2.** *bel.*: **~** *nicht* hiç, asla; **~** *nichts* hiçbir şey
Garage *f* (-; -n) garaj
Garantie *f* (-; -n) garanti, *Ekon.* az. güvence; **2ren** *v/t ve v/i* (h) garanti etmek, kefalet etmek (*für et.* bşi.); **~schein** *m* garanti belgesi

gebrechlich

Garderobe f (-; -n) giysiler pl; *Kleiderablage*: gardırop; *Tiy.* vestiyer; *im Haus*: *az.* elbise askılığı; **~nfrau** f vestiyer bekçisi; **~nmarke** f vestiyer markası; **~nständer** m elbise askılığı, portmanto

Gardine f (-; -n) tül perde

Garn n (-s; -e) tire; *Faden*: iplik

Garnitur f (-; -en) garnitür, set; *Möbel*: *az.* takım

Garten m (-s; ¨) bahçe; **~arbeit** f bahçede çalışma; **~fest** n bahçe partisi; **~geräte** pl bahçıvan aletleri; **~lokal** n bahçeli lokanta; **~stadt** f bahçeli evler semti; **~zwerg** m bahçe cücesi

Gärtner m (-s; -) bahçıvan; **~ei** f (-; -en) bostan, *Betrieb*: bahçıvanlık işletmesi

Gas n (-es; -e) gaz; **~ geben** *Oto.* gaz vermek, F gaza basmak; **~heizung** f gazla ısıtma; **~herd** m havagazı ocağı; **~kammer** f gaz odası; **~maske** f gaz maskesi; **~pedal** n *Oto.* gaz pedalı

Gasse f (-; -n) sokak

Gast m (-s; ¨e) konuk; *Besucher*: ziyaretçi; *im Lokal vs.*: müşteri; **~arbeiter** m konuk işçi, yabancı işçi

Gäste|buch n özel defter, konuk defteri; **~haus** n küçük otel, konukevi; **~zimmer** n konuk odası

gastfreund|lich *sıf.* konuksever; **⌀schaft** f (-) konukseverlik

Gastgeber m (-s; -) ev sahibi; **~in** f (-; -nen) ev sahibesi

Gast|haus n, **~hof** m lokanta

gastieren v/i (h) *Zirkus vs.*: gösteri sunmak; *Künstler*: konser vs. vermek

Gast|land n ev sahipliği yapan ülke, ağırlayan ülke; **⌀lich** *sıf.* konuksever

Gastronomie f (-) *Gaststättengewerbe*: lokantacılık, gastronomi; *Kochkunst*: yemek pişirme sanatı

Gast|stätte f restoran, lokanta; **~wirt** m lokanta sahibi; **~wirtschaft** f restoran, lokanta

Gas|werk n gaz fabrikası; **~zähler** m gaz sayacı

Gatt|e m (-n; -n) (erkek) eş; **~in** f (-; -nen) (kadın) eş

Gattung f (-; -en) cins (*az. Biyo.*), *Art*: tür; *Klasse*: sınıf, *Sorte*: çeşit

GAU m (-s; -s) en büyük olası kaza

Gaumen m (-s; -) *Anat.* damak

Gauner m (-s; -) dolandırıcı, sahtekâr

geb. *kıs.* = *geboren* doğmu(u) (doğ.)

Gebäck n (-s; -e) çörek, pasta pl; *Plätzchen*: kek, kurabiye

Gebärmutter f (-; ¨er) *Anat.* rahim, dölyatağı

Gebäude n (-s; -) bina

geben (gab, gegeben, h) **1.** v/t vermek; *reichen*: *az.* uzatmak; *er~*: yapmak; **von sich ~** çıkarmak, göstermek; **2.** v/i *Kartenspiel*: dağıtmak, vermek; *unpersönlich*: **es gibt** var; **es gibt nicht** yok; **was gibt es?** ne var?; **zum Essen**: yiyecek ne var? öğleye vs. ne var?; **das gibt es nicht** olamaz; *verbietend*: olmaz öyle şey; **es gibt Regen** yağmur yağacak; **3.** v/refl *nachlassen*: yatışmak; **gut werden**: düzelmek, iyileşmek

Gebet n (-s; -e) dua

Gebiet n (-s; -e) bölge *az. Pol.*; *mec.* alan; **⌀sweise** *bel.* yer yer; **⌀sweise Regen** yer yer yağmur (yağacak)

Gebirg|e n (-s; -) dağlar pl; **⌀ig** *sıf.* dağlık

Gebiss n (-es; -e) dişler (dizisi *sg*) pl; *künstliches*: takma dişler pl

geblümt *sıf.* çiçekli, çiçek işlemeli

gebogen *sıf.* eğik, kavisli

geboren *sıf.* doğmuş, doğumlu; **er ist ein ~er Deutscher** o doğuştan Almandır; **~e Schmidt** kızlık soyadı Schmidt; **ich bin am ... ~** ben ... tarihinde doğdum

Gebot n (-s; -e) *Auktion vs.*: pey, öneri, teklif

Gebr. *kıs.* = *Gebrüder* pl kardeşler

Gebrauch m (-s) kullanma; *Anwendung*: *az.* kullanım; **⌀en** v/t (gebraucht, h) kullanmak; **gut zu ⌀en sein** kullanılabilir olmak; **nicht zu ⌀en sein** kullanılacak durumda olmamak; **ich könnte ... ⌀en** bana ... gerekliydi

gebräuchlich *sıf.* yaygın, kullanımda olan; *üblich*: alışılmış

Gebrauchs|anweisung f kullanım kılavuzu; **⌀fertig** *sıf.* kullan(ıl)maya hazır; *Kaffee vs.*: hazır

gebraucht *sıf.* kullanılmış; *özl. Waren*: *az.* ikinci el; **⌀wagen** m *Oto.* kullanılmış araba

gebrechlich *sıf.* zayıf; hastalıklı

Gebrüder *pl* kardeşler
Gebrüll *n* (-s) kükreme, bağırış
Gebühr *f* (-; -en) ücret (*az. Tel.*), harç, masraf; *Post⚛*: posta gideri; *Oto.* yol parası
gebührend *sıf.* gereken, usule uygun; *angemessen*: layıkıyla
Gebühren|einheit *f Tel.* telefon birimi; **~erhöhung** *f* harçlara zam; **⚛frei** *sıf.* harçsız, ücretsiz; *Post:* gideri alıcıya ait; **~ordnung** *f* harçlar yasası; **⚛pflichtig** *sıf.* ücrete tabi, ücretli; **⚛pflichtige Straße** paralı yol; **⚛pflichtige Verwarnung** *Huk.* para cezalı uyarı
Geburt *f* (-; -en) doğum; *von ~ an* doğuştan
Geburten|kontrolle *f* (-), **~regelung** *f* (-) doğum kontrolü; **~rückgang** *m* doğum oranında azalma; **⚛schwach** *sıf.* alçak doğum oranlı; **⚛stark** *sıf.* yüksek doğum oranlı; **~ziffer** *f* doğum oranı
gebürtig *sıf.*: *er ist ~er Deutscher* o doğuştan Almandır
Geburts|anzeige *f* doğum ilanı; **~datum** *n* doğum tarihi; **~fehler** *m* doğuştan ... bozukluğu; **~jahr** *n* doğum yılı; **~land** *n* ev sahipliği yapan ülke; **~ort** *m* doğum yeri; **~tag** *m* doğum günü; *sie hat heute ~tag* bugün onun doğum günü; **~tagsfeier** *f* doğum günü partisi; **~urkunde** *f* doğum belgesi
Gebüsch *n* (-s; -e) çalılık
Gedächtnis *n* (-ses; -se) hafıza, bellek; *aus dem ~* ezbere, ezbinden; *zum ~ an* (*A*) ... anısına, ... hatırasına; *im ~ behalten* hatırında/aklında tutmak
Gedanke *m* (-n; -n) düşünce, fikir; *in ~n* düşüncelere dalmış; *sich ~n machen über* (*A*) bş hakkında düşünmek; *besorgt:* bşi merak etmek, endişelenmek; *j-s ~n lesen* b-nin aklından geçenleri okumak
Gedeck *n* (-s; -e) sofra takımı; *ein ~ auflegen* servis açmak
gedeihen *v/i* (gedieh, gediehen, sn) gelişmek; *wachsen:* büyümek; *blühen:* yetişmek
gedenken *v/i* (krldş., gedacht, h, → **denken**) düşünmek (*G* -i); *ehrend:* hatırasını anmak; *erwähnen:* -i anmak

Gedenk|feier *f* anma töreni; **~stätte** *f* anma yeri; **~tafel** *f* anma levhası
Gedicht *n* (-s; -e) şiir
Gedränge *n* (-s) kalabalık, izdiham
Geduld *f* (-) sabır; *~ haben mit* -e sabır göstermek; *⚛en v/refl* (geduldet, h) bşe sabretmek; *⚛ig sıf.* sabırlı
geehrt *sıf.* değerli; *in Briefen:* **Sehr ~er Herr N.!** Sayın Bay N., Değerli N. Bey
geeignet *sıf. -e* yarar, elverişli; *befähigt:* yetkili, ehil; *özl. körperlich:* zinde; *passend:* uygun, uyan
Gefahr *f* (-; -en) tehlike; *Bedrohung: az.* sakınca, tehdit (*für* için); *auf eigene ~* kendi rizikosu; *außer ~* tehlikesiz, emniyette
gefährden *v/t* (gefährdet, h) tehlikeye sokmak; *aufs Spiel setzen:* rizikoya sokmak
gefährlich *sıf.* tehlikeli (*für* için); *riskant:* rizikolu
Gefährte *m* (-n; -n) yoldaş, eş, arkadaş
Gefälle *n* (-s; -) düzey farkı, meyil; *Straße vs.:* eğim
Gefallen¹ *m* (-s; -) iyilik, hizmet; *j-n um e-n ~ bitten* b-nden bir hizmet rica etmek; *j-m e-n ~ tun* b-ne bir iyilik yapmak
Gefallen² *n* (-s): *~ finden an et.:* bşden hoşlanmak; *j-m:* b-ni beğenmek
gefallen *v/i* (krldş., gefallen, h, → **fallen**) b-nin hoşuna gitmek; *es gefällt mir nicht* hoşuma gitmiyor; *wie gefällt dir ...?* ... hoşuna gidiyor mu?; *sich ~ lassen* bşi kabul etmek
gefällig *sıf. angenehm:* hoş, zarif; *entgegenkommend:* nazik, yardımsever; *j-m ~ sein* b-ne iyilikte bulunmak, b-ne lütufkâr davranmak; *⚛keit f* (-; -en) yardımseverlik, küçük iyilik; *Gefallen:* hatır, hoşluk, zerafet; *~st: (komm) ~st bel.* F (gel) be, (gelsene) ya; lütfen (gel)!; *grob:* (gelsene) yahu!
Gefangene *m, f* (-n; -n) tutuklu; *Kriegs⚛:* tutsak
Gefängnis *n* (-ses; -se) tutukevi, cezaevi, F hapishane; *ins ~ kommen* hapse girmek; **~direktor** *m* cezaevi müdürü; **~strafe** *f* hapis cezası; **~wärter** *m* gardiyan
Gefäß *n* (-es; -e) kap, vazo; *anat.:* damar

gefasst *sıf.* sakin, kararlı; **~ auf** *(A)* ... için hazırlıklı
Gefecht *n* (-s; -e) *Ask.* çatışma
Geflügel *n* (-s) kümes hayvanları *pl*; **♀salat** *m Gastr.* tavuk salatası
gefrier|en *v/i (krldş., gz* gefroren, sn, → **frieren**) donmak; **♀fach** *n* derin dondurucu; **♀fleisch** *n* dondurulmuş et; **♀schrank** *m* (düşey) dondurucu dolap; **♀truhe** *f* (yatay) dondurucu sandık
Gefühl *n* (-s; -e) duygu; *Sinn, Gespür. az.* sezme, algılama; *özl. kurzes:* duyu; *Gemütsbewegung: az.* heyecan; **♀los** *sıf. Tıp* uyuşuk, duygusuz; *herzlos:* duyarsız, gaddar; **♀sbetont** *sıf.* duygusal; **♀voll** *sıf.* duygulu, hassas; *rühr-selig:* dokunaklı, içli
gegebenenfalls *bel.* gerektiğinde
gegen *ilg.* -e karşı; *az. Spo. az.* -in aleyhinde; *ungefähr:* yaklaşık; *für (Geld vs.):* ... karşılığında; *Mittel:* için; *verglichen mit:* -e oranla; **♀argument** *n* karşı gerekçe; **♀beweis** *m* karşı kanıt
Gegend *f* (-; -en) bölge; *Landschaft:* yöre, dolay; *Nähe, Wohn♀:* yakın, semt
Gegen|fahrbahn *f Oto.* karşı şerit; **~gewicht** *n: ein ~gewicht bilden zu et.* bşi denklemek; **~kandidat** *m* karşı aday; **~leistung** *f* karşılık, bedel; *als ~leistung* bşin karşılığı olarak; **~maßnahme** *f* karşı önlem; **~mittel** *n* panzehir, çare *(az. mec.)*; **~partei** *f* karşı taraf; *Pol.* muhalefet; **~probe** *f: die ~probe machen* karşı oyları saymak; (değişik bir kaynaktan) doğruluğunu saptamak; **~richtung** *f* karşı istikamet, ters istikamet; **~satz** *m* tezat, *im ~satz zu -e* karşılık, *im Widerspruch:* ... ile çelişkili olarak; **♀sätzlich** *sıf.* ters, çelişkili
gegenseitig *sıf.* karşılıklı; **♀keit** *f* (-): *auf ♀keit beruhen* karşılıklı olmak
Gegen|sprechanlage *f* karşılıklı konuşma sistemi; **~stand** *m* (-s; ♦e) eşya *(az. mec.)*; *Thema:* konu
Gegenteil *n* karşılık, ters; *im ~* tam tersine; **♀ig** *sıf.* karşıt, birbirini tutmaz
gegenüber 1. *ilg.* -in karşısında; *im Vergleich zu:* -e oranla; **2.** *bel.* karşıda; **~stehen** *v/i (krldş., ayr., -ge-, h,* →

stehen) *-in* karşısında bulunmak; *mec.* b-yle karşı karşıya durmak; **♀stellung** *f* karşılaştır(ıl)ma; *Huk.:* yüzleştir(il)me
Gegen|verkehr *m* karşı trafik; **~wart** *f* (-) şimdiki zaman; *Anwesenheit:* huzur; *in ~wart (G) az.* b-nin yanında; **♀wärtig 1.** *sıf.* günümüz ..., şimdiki; **2.** *bel.* halen, günümüzde; **~wehr** *f* (-) dayanma, karşı koyma; **~wert** *m* bedel; **~wind** *m* karşıdan esen rüzgâr; **~zeichnen** *v/t ve v/i (ayr., -ge-, h)* imzayı imzayla onaylamak
Gegner *m* (-s; -), **~in** *f* (-; -nen) karşıt; *Rivale:* rakip; **♀isch** *sıf.* muhalif, karşıt
gegr. *kıs.* = **gegründet** kuruluş(u)
Gehalt¹ *m* (-s; -e) içerik *(az. mec.)*, kapsam
Gehalt² *n* (-s; ♦er) maaş, aylık
Gehalts|abrechnung *f* maaş bordrosu; **~erhöhung** *f* maaş artışı; **~gruppe** *f* maaş grubu; **~konto** *n* maaş hesabı; **~streifen** *m* maaş bordrosu
gehässig *sıf.* kinci, garazkâr; **♀keit** *f* (-; -en) nefret, garaz; *Bemerkung:* kin
Gehäuse *n* (-s; -) *Tek.* kılıf, kutu; *Kern♀:* çekirdek yatağı, kabuk
geheim *sıf.* gizli; **~ halten** gizli tutmak (*vor D* -den); **♀dienst** *m* gizli servis
Geheimnis *n* (-ses; -se) giz, sır; *Rätselhaftes:* gizem; **♀voll** *sıf.* esrarengiz
Geheimnummer *f* gizli numara; *Tel.* rehbere alınmayan gizli numara
gehemmt *sıf.* tutuk
gehen (ging, gegangen, sn) *v/i* gitmek; *zu Fuß:* yürümek; *weg~:* ayrılmak; *funktionieren (az. mec.):* işlemek, çalışmak; *Ware:* sat(ıl)mak; *dauern:* sürmek; *einkaufen (schwimmen)* ~ alışverişe (yüzmeye) gitmek; ~ *wir!* gidelim!; ~ *in (A) passen:* -e uymak, *-e* sığmak; **~nach** *urteilen:* -e göre hareket etmek; *unpersönlich:* **wie geht es dir (Ihnen)?** nasılsın(ız)?; **es geht mir gut** iyiyim; **es geht** şöyle böyle; *(es ist möglich)* olur; **das geht nicht** olmaz; **es geht nichts über** -in üstüne hiçbir şey yoktur; **worum geht es?** sorun/konu nedir?
Gehirn *n* (-s; -e) beyin; **~erschütterung** *f Tıp* beyin sarsıntısı;

Gehirnschlag

~schlag *m* Tıp beyin kanaması; **~wäsche** *f Pol.* beyin yıkama; **j-n e-r ~wäsche unterziehen** b-nin beynini yıkamak

Gehör *n* (-s) işitme (duyusu), kulak; **nach dem ~** kulaktan dolma, notasız; **sich ~ verschaffen** sözünü dinletmek

gehorchen *v/i* (gehorcht, h) söz dinlemek, itaat etmek; **nicht ~** söz dinlememek, itaat etmemek

gehören (gehört, h) **1.** *v/i* ait olmak (*D od.* **zu** -e); *gehört dir das?* bu senin mi?; *das gehört nicht hierher* onun bu işle (bununla) ilgisi yoktur; **2.** *v/refl* uymak, yakışık almak; *das gehört sich nicht!* yakışık almaz

gehörlos *sıf.* sağır

gehorsam *sıf.* itaatli, söz dinler

Gehorsam *m* (-s) itaat, söz dinleme

Geh|steig *m* (-s; -e), **~weg** *m* yaya kaldırımı

Geige *f* (-; -n) *Müz.* keman

Geisel *f* (-; -n) rehine; *j-n als ~ nehmen* b-ni rehine almak; **~nehmer** *m* (-s; -) rehineci

Geist *m* (-s; -er) zihin; *Seele:* az. ruh; *Sinn, Gemüt:* anlam, ruh; *Verstand:* akıl; *Witz:* espri, nükte; *Gespenst:* hortlak, hayal(et); *der Heilige ~* Kutsal Ruh

Geister|bahn *f* korku tüneli; **~fahrer** *m Oto.* ters yönde giden sürücü

geistes|abwesend *sıf.* (zihnen) dalgın; **♀blitz** *m* akla aniden gelen fikir; **♀gegenwart** *f* ani karar verme gücü; **~gestört** *sıf.* aklı bozuk; **~krank** *sıf.* aklı hastası; **♀krankheit** *f* akıl hastalığı, delilik; **♀wissenschaften** *pl* beşeri/sosyal bilimler; **♀zustand** *m* (-s) ruh durumu

geistig 1. *sıf.* beyinsel; *Arbeit, Fähigkeiten vs.:* fikri; *nicht körperlich:* zihni; **~e Getränke** *pl* ispirtolu/alkollü içkiler; **2.** *bel.:* **~ behindert** zihin özürlü

geistlich *sıf.* dinsel, manevi; *Lied vs.:* az. dini; *kirchlich:* ruhani; **♀e** *betreffend:* rahiplere özgü; **♀e** *m* (-n; -n) *gnl.* din adamı; *christlich:* papaz, rahip; *islamisch:* imam, hoca; *die* **♀en** *pl* din adamları, ruhani sınıf *sg*

geist|los *sıf.* sıkıcı; **~reich, ~voll** *sıf.* akıllı, esprili

Geiz *m* (-es) cimrilik; **~hals** *m* cimri, hasis; **♀ig** *sıf.* cimri

Gelächter *n* (-; -) kahkahalar

Gelände *n* (-s; -) arazi, toprak; *Bau♀ vs.:* arsa, site; **auf dem ~** *e-s Betriebs vs.:* arazide; **~fahrzeug** *n* arazi arabası; **♀gängig** *sıf. Oto.* her türlü arazide çalışabilir

Geländer *n* (-s; -) *Treppen♀:* tırabzan, merdiven korkuluğu; **~stange:** tırabzan kolu; *Brücken♀, Balkon♀:* korkuluk

gelangen *v/i* (gelangt, sn): **~ an,** (*A*) *od.* **nach** -e ulaşmak, -e varmak; **zu et. ~** bşe erişmek, bşi elde etmek

gelassen 1. *sıf.* soğukkanlı, sakin; **2.** *bel.* F istifini bozmadan

gelaunt *sıf.:* **gut** (**schlecht**) **~ sein** keyifli (keyifsiz) olmak

gelb *sıf.* sarı; **~lich** *sıf.* sarımtırak; **♀sucht** *f* (-) *Tıp* sarılık

Geld *n* (-s; -er) para; **zu ~ machen** paraya çevirmek; **~angelegenheiten** *pl* para meselesi *sg;* **~anlage** *f* para yatırımı; **~automat** *m* bankamatik, otomatik para veznesi; **~beutel** *m,* **~börse** *f* para cüzdanı; **~buße** *f* cereme, para cezası; **~geber** *m* (-s; -) finanse eden; **~geschäfte** *pl* para faaliyetleri; **♀gierig** *sıf.* para düşkünü; **~institut** *n* para kurumu; **~mittel** *pl* paralar, fonlar; **~schein** *m* banknot, kâğıt para; **~schrank** *m* kasa; **~strafe** *f* para cezası; **~stück** *n* sikke, metal para; **~umtausch** *m* döviz bozdurma, kambiyo; **~verlegenheit** *f:* **in ~verlegenheit sein** para sıkıntısı çekmek; **~verschwendung** *f* para israfı; **~wäsche** *f* F para yıkama; **~wechsel** *m* para bozma; **~wechsler** *m* (-s; -) *Person:* para bozan kişi; *Maschine:* para bozma otomatı

Gelegenheit *f* (-; -en) *Anlass:* vesile; *günstige:* fırsat, şans; **bei ~** fırsat düşerse; **~sarbeit** *f* geçici çalışma/iş; **~sarbeiter** *m* geçici işçi, F aylakçı; **~skauf** *m* fırsat alım

gelegentlich 1. *sıf.* ara sıra olan; **2.** *bel.* ara sıra; *bei Gelegenheit:* fırsat düşerse

Gelenk *n* (-s; -e) *Anat., Tek.* eklem

gelernt *sıf. Arbeiter:* kalifiye, usta; **er**

ist ~er Musiker o gerçek bir müzisyendir
Geliebte *m, f* (-n; -n) sevgili
gelinde *bel.*: **~ gesagt** en hafif deyimiyle
gelingen (gelang, gelungen, sn) başarıyla sonuçlanmak; *gut geraten*: başarılı olmak; **es gelang mir, et. zu tun** bş yapmayı başardım/becerdim
gelten (galt, gegolten, h) **1.** *v/i* geçerli olmak **(für** için); *Gesetz vs.*: yürürlükte olmak; **~ als** ... olarak sayılmak; **~ lassen** ... olarak/diye kabul ettirmek, ... diye saydırmak; **2.** *v/t*: **viel (wenig) ~** değeri az (çok) olmak
geltend *sıf.* geçerli; **~ machen** *Anspruch, Recht* ileri sürmek, b-nden hak iddia etmek; **s-n Einfluss (bei j-m) ~ machen** b-ne etkisini göstermek
Geltung *f* (-) *Ansehen*: değer, önem, prestij; *Gewicht*: ağırlık; **zur ~ kommen** bşe önem verdirmek; geçerli olmak
gelungen *sıf.* başarılı, *yükl.* başarılmış, mükemmel
Gemälde *n* (-s; -) tablo, resim; **~galerie** *f* resim galerisi
gemäß *ilg.* *-e* göre; **~igt** *sıf.* ılımlı; *Klima vs.*: mutedil, ılıman
gemein *sıf. hkr.* adi; **et. ~ haben** ortak yanı olmak **(mit** ile)
Gemeinde *f* (-; -n) *Pol.* belde, köy; *Verwaltung*: belediye; *Din.* cemaat; **~amt** *n* yerel yönetim/belediye; *Gebäude*: belediye binası; **~rat** *m* belde/köy meclisi; *Person*: belde/köy meclisi üyesi; **~steuern** *pl* yerel vergi; belediye vergisi
gemein|gefährlich *sıf.*: **~er Mensch** kamu/halk düşmanı; **♀heit** *f* (-; -en) adilik, alçaklık; **~nützig** *sıf.* kamu yararına çalışan; **♀platz** *m* basmakalıp/beylik (söz); **~sam 1.** *sıf.* birlikte, ortak; *gegenseitig*: karşılıklı; **2.** *bel.*: **et. ~sam tun** bşi birlikte/ortaklaşa yapmak; **♀schaft** *f* (-; -en) topluluk; **♀wohl** *n* kamu yararı
Gemisch *n* (-s; -e) karışım
Gemüse *n* (-s; -) sebze; **~händler** *m* manav, sebzeci
Gemüt *n* (-s; -er) ruh, his, duygu; *Herz*: gönül; **~sart**: huy, mizaç; **♀lich** *sıf.* rahat, ferah; *ungezwungen, angenehm*: hoş, huzurlu; **mach es dir ♀lich** rahatına bak; **~lichkeit** *f* (-) rahat, huzur; **~sverfassung** *f*, **~szustand** *m* ruhsal durum
Gen *n* (-s; -e) gen
genau 1. *sıf.* tam, doğru, kesin; *sorgfältig*: özenli; *streng*: titiz; **♀eres** ayrıntılı bilgi; **2.** *bel.*: **um 10 Uhr** saat tam 10da; **~ der ...** tam işte bu ...; **~ zuhören** iyi/doğru dinlemek; **es ~ nehmen (mit et.)** konuya ayrıntılı yaklaşmak; **~ genommen** *bel.* doğrusu, aslına bakılırsa; **♀igkeit** *f* (-) doğruluk, kesinlik, titizlik
genehmig|en *v/t* (genehmigt, h) müsaade etmek, *-e* izin vermek; *amtlich*: onaylamak; **♀ung** *f* (-; -en) izin, müsaade; *Schein*: izin kâğıdı; *Zulassung*: *az.* ruhsat(name); **~ungspflichtig** *sıf.* ruhsata tabi, onaya bağlı
geneigt *sıf.* hazır, eğimli **(zu tun** yapmaya)
General *m* (-s; -e, -̈e) *Ask.* general; **~direktor** *m* genel müdür; **~konsul** *m* başkonsolos; **~konsulat** *n* başkonsolosluk; **~probe** *f Tiy.* genel prova; **~streik** *m* genel grev; **~versammlung** *f Ekon.* genel kurul, genel toplantı; **~vertreter** *m Ekon.* genel temsilci
Generation *f* (-; -en) kuşak, nesil; **~skonflikt** *m* kuşaklar arası anlaşmazlık, nesiller çatışması
Generator *m* (-s; -en) *El.* jeneratör
generell *sıf.* genel; *bel.* genel olarak
genes|en *v/i* (genas, genesen, sn) iyileşmek **(von** -den), sağlığına kavuşmak; **♀ung** *f* (-;) iyileşme, nekahet
Genet|ik *f* (-) genetik bilimi; **♀isch** *sıf.* genetik, varoluşsal
Genforschung *f* genetik araştırmalar *pl*
genial *sıf.* dâhiyane; *Person*: becerikli, yaratıcı; **♀ität** *f* (-) yaratıcılık, dâhilik
Genick *n* (-s; -e) ense (kökü); boyun; **sich das ~ brechen** boynunu kırmak
Genie *n* (-s; -s) dâhi
genieren *v/refl* (h) sıkılmak, utanmak **(zu tun** yapmaya)
genießen *v/t* (genoss, genossen, h) bşin tadını çıkarmak

genormt *sıf.* normlu, standart
Genosse *m* (-n; -n) *Pol.* yoldaş; **~nschaft** *f* (-; -en) *Ekon.* kooperatif; **~nschaftlich** *sıf. Ekon.* kooperatif
Gentechnologie *f* gen teknolojisi
genug *sıf.* yeter, kâfi
Genüg|e *f*: **zur ~e** yeteri kadar, yeterince; **~en** *v/i* (h) yetmek, yeterli olmak; *das genügt* bu kadar yeter; **~end** *sıf.* yeterli; yetecek kadar; *Zeit: az.* bol; **~sam** *sıf.* kanaatkâr, kanık, hoşnut, memnun; *im Essen*: azla yetinen; *bescheiden*: alçakgönüllü; **~samkeit** *f* (-) alçakgönüllülük; yetingenlik
Genugtuung *f* (-) hoşnutluk (*über A* -den)
Genuss *m* (-es; ~e) zevk, haz; *von Nahrung*: yeme, içme; *ein ~* gerçek bir zevk/haz
geöffnet *sıf. Laden vs.*: açık
Geograph|ie *f* (-) coğrafya; **~isch** *sıf.* coğrafi(k)
Geolog|e *m* (-n; -n) yerbilimci, jeolog; **~ie** *f* (-) yerbilimi, jeoloji; **~isch** *sıf.* yerbilimsel, jeolojik
Geometr|ie *f* (-; -n) geometri; **~isch** *sıf.* geometrik
Georg|ien *n* Gürcistan; **~ier** *m* (-s; -) Gürcü; **~isch** *sıf.* Gürcü; Gürcistan; **~isch** *n* Gürcüce
Gepäck *n* (-s) bagaj; yolcu eşyası; **~abfertigung** *f Hava.* bagaj kaydı; kayıt gişesi; **~ablage** *f* bagaj koyma yeri; **~ausgabe** *f Hava.* bagaj teslim yeri/gişesi; **~kontrolle** *f* bagaj kontrolü; **~schein** *m* bagaj bileti; **~schließfach** *n* bagaj (emanet) dolabı; **~stück** *n* parça bagaj; **~träger** *m* bagaj taşıyıcı, portbagaj; *Fahrrad*: bagaj sepeti, *Oto.* üst bagaj
gepflegt *sıf. Erscheinung*: bakımlı; *Kleidung*: temiz, zarif; *Garten vs.*: iyi bakılmış
Gepflogenheit *f* (-; -en) alışkanlık, âdet
gerade 1. *sıf.* düz, doğru (*az. mec.*); *Zahl vs.*: çift; *direkt*: doğrudan; *Haltung*: dik; **2.** *bel.* tam; *nicht ~* tam ... değil; *das ist es ja ~!* sorun da tam işte bu!; *~ deshalb* işte bu yüzden; *~ rechtzeitig* tam zamanında; *warum ~ ich?* neden ama ben?; *da wir ~ von ... sprechen* söz tam da ... -den açılmışken; *~aus bel.* dümdüz, dosdoğru; *~zu bel.* adeta
Gerät *n* (-s; -e) *Vorrichtung*: araç, aygıt; *Werkzeug*: alet; *Radio*&, *Fernseh*&: cihaz; *topl.* **~schaften**: teçhizat, donatım; *Haushalts*&, *Küchen*& eşya
geraten *v/i* (*krldş.*, geraten, sn, → *raten*): (*gut*) *~* sonu(cu) (iyi) olmak; *~ an* (*A*) -e rastlamak; *~ in* (*A*) -e gelmek, düşmek; → *Brand*
Geratewohl *n*: *aufs ~* gelişigüzel, uluorta
geräumig *sıf.* geniş
Geräusch *n* (-s; -e) gürültü; **~los 1.** *sıf.* gürültüsüz, sakin, sessiz; **2.** *bel.* sessiz, gürültüsüz; **~voll** *sıf.* gürültülü
gerecht *sıf.* adil, haklı; uygun; *~ werden e-r Sache* bşi yerine getirmek; *Wünschen vs.* karşılamak; **~igkeit** *f* (-) adalet
Gerede *n* (-s) gevezelik; *Klatsch*: dedikodu, söylenti
gereizt *sıf.* sinirli, hiddetli; **~heit** *f* (-) sinirlilik, hiddet
Gericht *n* (-s; -e) yemek kabı, tabak; *Huk.* mahkeme; *vor ~ stehen* mahkemelik olmak; *vor ~ stellen* b-ni mahkemeye vermek; *vor ~ gehen* dava konusu yapmak; **~lich** *sıf.* adli, mahkemeyle ilgili, yargısal
Gerichts|barkeit *f* (-) yargı; **~gebäude** *n* mahkeme binası; **~medizin** *f* adli tıp; **~saal** *m* mahkeme salonu; **~stand** *m* yetkili mahkeme (yeri); **~verfahren** *n* yargılama, muhakeme; **~verhandlung** *f* duruşma, celse; **~vollzieher** *m* (-s; -) icra memuru; **~weg** *m*: *auf dem ~weg* mahkeme yoluyla
gering *sıf.* ufak, hafif; *unbedeutend*: önemsiz; *niedrig*: alçak; **~fügig** *sıf.* önemsiz, pek ufak; *Betrag, Vergehen*: cüzi, küçük, önemsiz; **~st** *sıf.* en ufak; *nicht im ~sten* asla, hiçbir suretle
gerinnen *v/i* (*krldş.*, geronnen, sn, → *rinnen*) koyulaşmak, pıhtılaşmak; *özl. Milch*: kesilmek
Gerippe *n* (-s; -) iskelet (*az. mec.*); *Tek.* şasi; *Gemi.* kaburga, çerçeve
gerissen *sıf. mec.* kurnaz, iş bitirici
gern(e) *bel.* seve seve, memnuniyetle; *~ haben* sevmek, -den hoşlanmak;

geschweige

et. (sehr) ~ *tun* seve seve yapmak; *ich möchte* ~ isterdim; ~ *geschehen!* bir şey değil

Gerste *f* (-; -n) *Bot.* arpa; ~**nkorn** *n Tıp* arpacık

Geruch *m* (-s; ⸚e) koku; *schlechter*: pis koku; *Duft*: güzel koku; 2**los** *sıf.* kokusuz; ~**ssinn** *m* (-s) koklama (duyusu)

Gerücht *n* (-s; -e) söylenti

gerührt *sıf.* üzülmüş, müteessir; duygulanmış

Gerümpel *n* (-s) pılıpırtı, eski eşya

Gerüst *n* (-s; -e) *Bau*2: iskele

Ges. *kıs.* = *Gesellschaft*

gesamt *sıf.* bütün, tüm tümü, -in hepsi; 2... *Bevölkerung, Gewicht vs.*: gnl. toplam ...; 2**ausgabe** *f* toplu eserleri *pl*, külliyat; 2**schule** *f* (ilkokul, ortaokul ve lise bir arada) geniş kapsamlı okul

Gesang *m* (-s; ⸚e) şarkı söyleme; *Lied*: şarkı; *Fach*: şan; ~**buch** *n Din.* (din) şarkılar kitabı, ilahiler kitabı

Gesäß *n* (-es; -e) *Anat.* makat; F kaba (et), kıç

gesch. *kıs.* = *geschieden* boşanmış

Geschäft *n* (-s; -e) iş, işlem; *Laden*: dükkân; *vorteilhaftes*: iş, pazarlık, ticaret; 2**ehalber** *bel.* iş gereği; 2**ig** *sıf.* çalışkan, gayretli; ~**igkeit** *f* (-) gayret, etkinlik; 2**lich 1.** *sıf.* iş ..., ticari; **2.** *bel.* resmi

Geschäfts|**beziehungen** *pl* iş ilişkileri (**zu** ile); ~**brief** *m* iş mektubu; ~**frau** *f* iş kadını; ~**freund** *m* iş arkadaşı; ~**führer** *m* sorumlu müdür; ~**führung** *f* genel müdürlük; ~**inhaber** *m* dükkân sahibi; ~**jahr** *n* faaliyet yılı, mali yıl; ~**lage** *f* iş durumu; ~**leitung** *f* iş yönetimi; ~**mann** *m* (-s; -leute) işadamı; 2**mäßig** *sıf.* düzenli, sistemli; ~**partner** *m* ortak, iş ortağı; ~**räume** *pl* ofis odaları; *Büros*: büro odaları; ~**reise** *f* iş yolculuğu/seyahati; ~**schluss** *m* (işyeri/dükkân) kapanış saati; *nach* ~ *schluss* *az.* işyerleri kapandıktan sonra; ~**sitz** *m* işyeri merkezi; ~**stelle** *f* yazı işleri (müdürlüğü); ~**straße** *f* alışveriş caddesi; ~**träger** *m Pol.* işgüder, maslahatgüzar; 2**tüchtig** *sıf.* verimli, işe yarar; ~**verbindung** *f* iş bağlantısı; ~**zeit** *f* çalışma/iş zamanları *pl*; ~**zweig** *m* iş dalı, işkolu

geschehen *v/i* (geschah, geschehen, sn) olmak, meydana gelmek, oluşmak; *getan werden*: yapılmak; *es geschieht ihm recht* o bunu hak etti

Geschehen *n* (-s) olaylar *pl*, olup bitenler *pl*

gescheit *sıf.* akıllı, zeki

Geschenk *n* (-s; -e) armağan, hediye; ~**packung** *f* hediye paketi

Geschichte *f* (-; -n) öykü, hikâye; *Wissenschaft vs.*: tarih; *mec.* iş, olay, sorun; 2**lich** *sıf.* tarihsel

Geschick[1] *n* (-s; -e) kader, kısmet; akıbet

Geschick[2] *n* (-s) yetenek, beceri; 2**t** *sıf.* yetenekli; *gewandt*: becerikli, uz; *geistig*: *az.* kurnaz, uyanık

Geschirr *n* (-s; -e) *Porzellan*: porselen takımı; *Küchen*2: mutfak takımı; *schmutziges*: bulaşık; ~ *spülen* bulaşık yıkamak; ~**spüler** *m* (-s; -) bulaşık makinesi

Geschlecht *n* (-s; -er) cinsiyet; *Abstammung*: soy, aile; *Generation*: soy, kuşak; *Gr.* cins; 2**lich** *sıf.* cinsel

Geschlechts|**krankheit** *f Tıp* cinsel hastalık; ~**organ** *n* üreme organı; ~**verkehr** *m* cinsel birleşme

geschliffen *sıf. Edelstein*: perdahlanmış; *mec.* cilalı

geschlossen *sıf.* kapalı; ~**e Gesellschaft** özel toplantı/parti

Geschmack *m* (-s; ⸚e, F ⸚er) tat; *mec.*: beğeni, zevk; *Aroma*: lezzet; ~ *finden an* (D) -den zevk duymak; 2**los** *sıf.* tatsız; *mec.*: zevksiz; ~**losigkeit** *f* (-) zevksizlik (*az. mec.*): *das war e-e* ~**losigkeit** bu bir zevksizlik örneği idi; ~**(s)sache** *f* zevk meselesi; 2**voll** *sıf.* zevkli, zarif

Geschöpf *n* (-s; -e) yaratık

Geschoss *n, österr.* **Geschoß** *n* (-es; -e) mermi, kurşun, füze; *Stockwerk*: kat

Geschrei *n* (-s) çığlık; *Angst*2: feryat; *Baby*: ağlama; *mec. Aufhebens*: yaygara, telaş

Geschwätz *n* (-es) çene çalma; *Klatsch*: gevezelik; *mec. Unsinn*: saçmalık; 2**ig** *sıf.* geveze, boşboğaz

geschweige *bağl.*: ~ **(denn)** kaldı ki

Geschwindigkeit f (-; -en) çabukluk; *Fiz.* hız, sürat; *mit e-r ~ von ...* süratinde, ...lik bir hızla; **~beschränkung** f (-; -en) sürat tahdidi; **~süberschreitung** f (-; -en) aşırı sürat

Geschwister pl (erkek ve kız) kardeşler

geschwollen sıf. Tıp şişkin, şişik, kabarmış; *mec.* tumturaklı, süslü

Geschworene m, f (-n; -n) *Huk.* jüri üyesi; *die ~n pl* jüri sg

Geschwulst f (-; ⸚e) Tıp yumru, ur, tümör, şiş(kinlik)

Geschwür n (-s; -e) Tıp yara, ülser

Gesell|e m (-n; -n) *Handwerker:* kalfa; **~enbrief** m kalfalık belgesi; **2ig** sıf. *Person:* hoşsohbet; **2iges Beisammensein** neşeli toplantı; **~in** f (-; -nen) kız kalfa

Gesellschaft f (-; -en) toplum; *Verein:* cemiyet, kurum; *Firma:* ortaklık, şirket; *Umgang:* ortam; *Abend2 vs.:* suare, akşam toplantısı; *j-m ~ leisten* b-ne eşlik etmek; **~er** m (-s; -) *Ekon.* ortak, partner; **2lich** sıf. toplumsal

Gesellschafts|ordnung f toplum düzeni; **~politik** f sosyal politika; **~reise** f grup seyahati; **~schicht** f toplum katmanı; **~spiel** n grup oyunu; **~system** n toplum sistemi

Gesetz n (-es; -e) yasa, kanun; **~entwurf** m yasa tasarısı; **2gebend** sıf. yasa koyan, yasayan; **~geber** m (-s; -) yasa koyucu; **~gebung** f (-) yasama; **2lich 1.** sıf. yasal; *legal:* az. yasaya uygun; **2.** *bel.:* **2lich geschützt** yasalarca korunan; *Patent vs.:* müseccel, tescilli; **2widrig** sıf. yasalara aykırı, haksız, yasadışı

ges. gesch. *kıs.* = *gesetzlich geschützt* kanunen hakkı saklı

Gesicht n (-s; -er) yüz, çehre; *zu ~ bekommen* -in yüzünü görmek; *kurz:* -e göz atmak; *aus dem ~ verlieren* gözden kaybetmek; *das ~ verziehen* yüzünü ekşitmek, surat asmak

Gesichts|ausdruck m görünüş, yüz ifadesi; **~farbe** f beniz; **~punkt** m görüş açısı, bakım; **~züge** pl yüz hatları

Gesindel n (-s) ayaktakımı, serseri güruh

gesinnt sıf. *eingestellt:* düşüncesinde, zihniyetinde, görüşünde; *j-m feindlich ~ sein* b-ne düşman olmak

Gesinnung f (-; -en) zihniyet; *Haltung:* tutum, tavır; *Pol.* görüş(ler *pl*)

gespannt sıf. *Aufmerksamkeit:* meraklı; *Beziehungen, Situation vs.:* gergin; **~ sein auf** (A) bşi merakla beklemek; **~ sein, ob** (... olacağını) merak etmek

Gespenst n (-s; -er) hayalet, ruh, hortlak

Gespött n (-s): *j-n zum ~ machen* b-ni alay konusu yapmak

Gespräch n (-s; -e) konuşma, görüşme (*az. Pol., Tel.*)

gesprächig sıf. konuşkan, dilbaz

gest. *kıs.* = *gestorben* ölü, ölmüş, ölümü

Gestalt f (-; -en) *gnl.* biçim, suret, kalıp; *Figur, Person:* figür, kişilik

gestalten v/t (gestaltet, h) *Fest vs.* düzenlemek; *entwerfen:* tasarlamak

Gestaltung f (-) düzenleme, tasarım; *Raum2:* iç düzenleme

geständig sıf.: itiraf etmiş

Geständnis n (-ses; -se) itiraf; *ein ~ ablegen* itirafta bulunmak

Gestank m (-s) pis koku

gestatten v/t (gestattet, h) b-ne bşi müsaade etmek, b-ne izin vermek

Geste f (-; -n) jest (*az. mec.*)

gestehen v/t ve v/i (krldş., gestanden, h, → **stehen**) itiraf etmek (*et.* bşi; *et. getan zu haben* bş yaptığını, *dass* -diğini)

gestern *bel.* dün; **~ Abend** dün akşam

gestreift sıf. çizgili, şeritli

gestrig sıf. dünkü

Gestrüpp n (-s; -e) çalılık

Gesuch n (-s; -e) dilekçe (*um* için)

gesund sıf. *Leben:* az. sağlıklı; *Kost.* az. sağlık verici; *mec.* az. esen, sağ salim; **~er Menschenverstand** sağduyu; **~ sein** (A) bşi merakla beklemek, iyi olmak; *Obst vs.:* şifalı/sağlıklı olmak, yararlı olmak; **(wieder) ~ werden** yeniden sağlığına kavuşmak, iyileşmek

Gesundheit f (-) sağlık; *auf j-s ~ trinken* b-nin sağlığına içmek; *~! beim Niesen:* çok yaşa!

gesundheitlich 1. sıf.: *sein ~er Zu-*

Gewissensfrage

stand onun sağlık durumu; *aus ~en Gründen* sağlık nedenleri gereği(nce); **2.** *bel.:* **~ geht es ihm gut** sağlığı iyi
Gesundheits|amt *n* Sağlık Dairesi; **~politik** *f* sağlık politikası; **~schädlich** *sıf.* sağlığa zararlı; *Nahrung vs.:* sağlıksız; **~zeugnis** *n* sağlık belgesi; **~zustand** *m* sağlık durumu
gesundschrumpfen (*ayr.*, -ge-, h) **1.** *v/refl* sağlıklı küçülmek; **2.** *v/t* küçültmek
Getränk *n* (-s; -e) içecek, meşrubat
Getränke|automat *m* içecek otomatı; **~karte** *f* içecek listesi
getrauen *v/refl* (getraut, h) → *trauen* 3
Getreide *n* (-s; -) tahıl, hububat
getrennt 1. *sıf.* ayrı; **~e Kasse machen** F Alman usulü yapmak; *mit ~er Post* ayrı postayla; **2.** *bel.:* **~ leben** ayrı yaşamak (*von* -den); **~ zahlen** ayrı ayrı ödemek, F Alman usulü ödemek
Getriebe *n* (-s; -) *Oto.* vites kutusu; **~öl** *n* vites yağı; **~schaden** *m* vites hasarı
Getto *n* (-s; -s) getto
Getue *n* (-s) yapmacık; (boş) çabalama (*um* -de)
Getümmel *n* (-s; -) kargaşa, karışıklık, patırtı
Gew. *kıs.* = *Gewicht* n ağırlık
Gewächs *n* (-es; -e) bitki; *Tıp* yumru, şiş; **~haus** *n* sera, limonluk
gewachsen *sıf.:* **j-m ~ sein** b-yle boy ölçüşecek durumda olmak; **e-r Sache ~ sein** bşin hakkından gelebilmek
gewagt *sıf.* cüretkâr, cesur; *mec. Witz vs.:* düşündürücü, riskli
Gewähr *f* (-): *für et.* **~ leisten** bş için güvence/garanti vermek; *ohne ~* güvence ver(il)meden; **2en** *v/t* (gewährt, h) onaylamak, yerine getirmek; **2leisten** *v/t* (gewährleistet, h) bşi sağlamak, bşe güvence vermek
Gewahrsam *m* (-s): *in ~ nehmen et.* bşi koruma altına almak; *j-n* b-ni göz altına almak
Gewalt *f* (-; -en) zor, kuvvet, cebir (*az.* **~tätigkeit**); *Macht:* kuvvet, güç; *Beherrschung:* hakimiyet (*über A* -e); *mit ~* zorla, zor kullanarak; *höhere*

~ zorunlu neden; **die ~ verlieren über** (*A*) -e hakimiyetini kaybetmek; **2ig** *sıf.* zorlu, şiddetli, kuvvetli; *riesig, ungeheuer.* muazzam, olağanüstü; **2los** *sıf.* barışçı yollarla, zor kullanmadan; **~losigkeit** *f* (-) zor kullanmama, şiddetsizlik; **2sam 1.** *sıf.* şiddetle, zorla; **2.** *bel.* şiddet kullanarak, zora dayanan; **~sam öffnen** zorla açmak; **2tätig** *sıf.* zorbaca; **~verbrechen** *n* zorba, saldırgan
Gewässer *n* (-s; -) su; *~ pl* sular; **~schutz** *m* doğal suları koruma (önlemi)
Gewehr *n* (-s; -e) tüfek; *Flinte:* çifte, av tüfeği; **~kolben** *m* tüfek dipçiği
Gewerbe *n* (-s; -) iş, ticaret, zanaat; **~freiheit** *f* ticari serbesti; **~schein** *m* (işyeri) işletme ruhsatı
gewerb|lich *sıf.* ticari, sınai; **~smäßig** *sıf.* mesleki, profesyonel
Gewerkschaft *f* (-; -en) sendika; **~(l)er** *m* (-s; -), **~(l)erin** *f* (-; -nen) sendikacı; **2lich 1.** *sıf.* sendikal, sendika olarak; **2.** *bel.:* **2lich organisiert** sendikalaşmış, sendika üyesi; **~s...** sendika ...; **~sbund** *m* sendikalar birliği
Gewicht *n* (-s; -e) ağırlık; *Bedeutung: az.* önem; **~ legen auf** (*A*) bşe ağırlık vermek, bşe önem vermek
gewillt *sıf.:* (*nicht*) **~ sein, et. zu tun** bş yapmaya istekli ol(ma)mak
Gewinn *m* (-s; -e) kazanç, kâr (*az. mec.*); *Ertrag:* getiri; *Lotterie2:* ikramiye; *mit ~* kârla, kârlı; **~ bringend** kâr getiren/getirici; **~anteil** *m* kâr payı; **~beteiligung** *f* kâra katılım; **2en** *v/t ve v/i* (gewann, gewonnen, h) kazanmak; *zunehmen an:* arttırmak; **2end** *sıf. Lächeln:* alımlı, çekici, cazip; **~er** *m* (-s; -) kazanan; *Spo.* galip; **~spanne** *f* kâr haddi; **~und-Verlust-Rechnung** *f* kâr ve zarar hesabı
gewiss 1. *sıf.* şüphesiz, kesin; *ein gewisser Herr N.* Bay N. diye biri; **2.** *bel.* elbette, kuşkusuz
Gewissen *n* (-s) vicdan; *auf dem ~ haben -in* mahvına sebep olmak; **2haft** *sıf.* vicdanlı, insaflı; dürüst; **2los** *sıf.* vicdansız, insafsız; **~sbisse** *pl* vicdan azabı *sg*; **~sfrage** *f* vicdan meselesi; kişisel tavır almayı gerekti-

Gewissensgründe

ren soru; **~sgründe** *pl*: *aus ~sgründen* vicdani nedenlerle
Gewissheit *f* (-) kesinlik; *mit ~* kesinlikle
Gewitter *n* (-s; -) fırtına, kasırga; **~regen** *m* fırtınalı yağmur; **~wolke** *f* fırtına bulutu
gewittrig *sıf*. fırtınalı
gewöhnen *v/t ve v/refl* (gewöhnt, h): *sich (j-n) ~ an* (A) kendisini (b-ni) bşe alıştırmak; *sich daran ~, et. zu tun* bş yapmaya alışmak
Gewohnheit *f* (-; -en) alışkanlık (*et. zu tun* bş yapma); ⸰**smäßig** *sıf*. alışılagelen, alışılmış; **~srecht** *n* örf ve âdet hukuku
gewöhnlich *sıf*. olağan, günlük, sıradan; *unfein*: kaba, bayağı
gewohnt *sıf*. alışkın; *et. ~ sein* bşe alışkın olmak; *es ~ sein, et. zu tun* bş yapmaya alışık olmak
Gewühl *n* (-s) kaynaşma, kalabalık
Gewürz *n* (-es; -e) baharat; **~gurke** *f* hıyar turşusu
gez. *kıs.* = *gezeichnet* imza
Gezeiten *pl* gelgit, met-cezir
GG *kıs.* = *Grundgesetz n* Anayasa (AY)
Gicht *f* (-) *Tıp* damla hastalığı
Giebel *m* (-s; -) (çatı altındaki) üç köşeli duvar
Gier *f* (-) hırs, açgözlülük; ⸰**ig** *sıf*. açgözlü, doymaz (*nach* bşe)
gießen (goss, gegossen, h) **1.** *v/t* dökmek; *Blumen* sulamak; **2.** *v/i es gießt in Strömen* bardaktan boşanırcasına yağıyor
Gießkanne *f* sulama kovanı
Gift *n* (-s; -e) zehir; **~gas** *n* zehirli gaz; ⸰**ig** *sıf*. zehirli; *Tıp* zehirleyici; **~müll** *m* zehirli çöp; **~pilz** *m* zehirli mantar; **~schlange** *f* zehirli yılan; **~stoff** *m* zehirli (*veya* zehirleyici) madde; *Umwelt*: kirletici
Gigant *m* (-en; -en) dev; ⸰**isch** *sıf*. dev gibi
Gipfel *m* (-s; -) zirve (*az. Pol. vs.*), doruk (*az. mec.*), tepe; *Höhepunkt*: en yüksek (nokta/derece); **~konferenz** *f* zirve konferansı; ⸰**n** *v/i* (h) en yüksek noktaya ulaşmak (*in D* -de); **~treffen** *n* zirve toplantısı
Gips *m* (-es; -e) alçı; **~verband** *m* alçı sargısı

Girokonto *n* cari hesap, ciro hesabı
Gitarr|e *f* (-; -n) *Müz*. gitar; **~ist** *m* (-en; -en) gitarist
Gitter *n* (-s; -) parmaklık; *vor Fenster vs.*: pencere kafesi; F *hinter ~n sitzen* içerde/köşede yatmak
Glanz *m* (-es) parlaklık (*az. Tek.*), görkem, tantana (*az. mec.*); *mec. Pracht*: ihtişam, gözalıcılık
glänzen *v/i* (h) parlamak; *funkeln*: pırıldamak; **~d** *sıf*. parlak (*az. Fot.*), görkemli (*az. mec.*); *mec.* gözalıcı, tantanalı
Glanz|leistung *f* parlak başarı; **~zeit** *f* parlak dönem
Glas *n* (-es; ⸚er) cam; *Trink*⸰: bardak; **~er** *m* (-s; -) camcı; **~scheibe** *f* (pencere) cam(ı)
glatt *sıf*. düzgün, pürüzsüz (*az. mec.*); *schlüpfrig*: kaygan; *mec. Sieg vs.*: net; *~ gehen* iyi gitmek, yolunda olmak; *~ rasiert* sinekkaydı tıraş (olmuş)
Glätte *f* (-) pürüzsüzlük (*az. mec.*); kayganlık
Glatteis *n* donmuş kırağı; *es herrscht ~* yollar buz kaplı
Glatze *f* (-; -n) kel, başın saçsız kısmı; *e-e ~ haben* saçsız/kel olmak
Glaube *m* (-ns) inanış, *özl. Din*. inanç (*an A* -e); ⸰**n** *v/t ve v/i* (h) inanmak; *meinen*: *az*. düşünmek, sanmak; ⸰**n** *an* (A) -e inanmak (*az. Din.*)
glaubhaft *sıf*. inandırıcı, ikna edici
Gläubiger *m* (-s; -) *Ekon.* alacaklı
glaubwürdig *sıf*. güvenilir, inanılabilir
gleich 1. *sıf*. aynı; *Rechte, Lohn*: eşit; *auf die ~e Art* aynı şekilde; *zur ~en Zeit* aynı zamanda; *das ist mir ~* benim için (hepsi) bir; *ganz ~, wann vs.* ne zaman (olursa) fark etmez *vs.*; *das* ⸰**e** aynısı; **2.** *bel*. aynen; *sofort*: hemen, derhal; *sehr bald*: tezcek, hemen; *~ groß (alt)* aynı büyüklükte (yaşta); *~ nach (neben)* hemen sonra (yanında); *~ gegenüber* tam karşı(sın)da; *es ist ~ 5* saat beşe geliyor; *~ aussehen (gekleidet)* aynı görünmek (giyinmiş); *bis ~!* yakında görüşmek üzere!; *~ bleibend* sabit, değişmez; *~ lautend* aslına uygun
gleich|altrig *sıf*. yaşıt; **~berechtigt** *sıf*. eşit haklara sahip; ⸰**berechtigung** *f* (-) hak eşitliği; **~en** *v/t* (glich,

Gottesdienst

geglichen, h) ~e benzemek; **~falls** *bel.* bilmukabele, keza; **danke, ~falls!** ben de teşekkür ederim!; **♀gewicht** *n* (-s) denge (*az. mec.*)

gleichgültig *sıf.* ilgisiz (**gegen** -e karşı); *leichtfertig*: kayıtsız, vurdumduymaz; **das** (*er*) **ist mir ~** ben buna (ona) aldırmıyorum, benim için fark etmez, F bana vız gelir; **♀keit** *f* (-) ilgisizlik, gamsızlık, aldırmazlık

Gleichheit *f* (-) eşitlik; **~sgrundsatz** *m*, **~sprinzip** *n* (yasa önünde) eşitlik ilkesi/esası

gleichkommen *v/i* (*krldş., ayr.*, -ge-, sn, → **kommen**): *e-r Sache ~* bşe denk düşmek; *j-m ~* b-yle eşit olmak (*an D* -de)

gleich|mäßig *sıf. regelmäßig*: düzenli; *bleibend*: sabit, sakin; *Verteilung*: eşit (biçimde); **~namig** *sıf. Person*: adaş; *Sache*: aynı addaki; **~setzen, ~stellen** *v/t* (*ayr.*, -ge-, h) bşi eşit düzeye getirmek (*D* ile); *j-n*: b-ne ... *ile* eşit muamele yapmak, aynı hakları vermek; **♀strom** *m El.* doğru akım; **~wertig** *sıf.* eşdeğerli, aynı değerde; *j-m ~wertig sein* b-ne denk olmak; **~zeitig 1.** *sıf.* eşzamanlı; **2.** *bel.* aynı zamanda, aynı anda

Gleis *n* (-es; -e) *Demiryol*. hat, peron

gleit|en *v/i* (glitt, geglitten, sn) kaymak; **~ende Arbeitszeit, ♀zeit** *f* esnek iş süresi, esnek çalışma saatleri *pl*; **♀zeit haben** çalışma saatleri esnek olmak

Gletscher *m* (-s; -) buzul; **~spalte** *f* buzul yarığı

Glied *n* (-s; -er) *Anat.* organ, uzuv; *männliches*: cinsiyet organı, organ, penis; *Verbindungs*♀: halka; **♀ern** *v/t* (h) bölümlemek, sınıfla(ndır)mak (*in A*); **~erung** *f* (-; -en) bölümleme, düzenleme

glimpflich 1. *sıf.* insaflı, ılımlı, az; **2.** *bel.*: **~ davonkommen** bşden ucuz kurtulmak

glitschig *sıf.* kaygan, kaypak

glitzern *v/i* (h) pırıldamak

Glocke *f* (-; -n) çan; **~nspiel** *n* çan müziği; **~nturm** *m* çan kulesi

Glotze *f* (-; -n) televizyon, F enayi kutusu; *in der ~* F enayi kutusunda

glotzen *v/i* (h) F bön bön bakmak

Glück *n* (-s) şans, talih; *Gefühl*: mutluluk; *~ haben* beşde şanslı olmak; *~ bringen* şans/uğur getirmek; *zum ~* iyi ki; *viel ~!* bol şans!, F uğurlar olsun!; **♀en** → **gelingen**

glücklich *sıf.* mutlu; **~er Zufall** mutlu bir rastlantı; **~erweise** *bel.* hamdolsun, bereket versin

Glücks|bringer *m* (-s; -) (uğur getiren) muska *vs.*; **~fall** *m* tesadüf eseri; **~pilz** *m* şanslı insan; **~spiel** *n* talih oyunu; *topl.* kumar; **~spieler** *m* kumarbaz; **~tag** *m* şanslı gün, mutlu gün

Glückwunsch *m* tebrik, kutlama; *herzlichen ~!* tebrikler!; *zum Geburtstag*: kutlu olsun!; **~telegramm** *n* kutlama telgrafı

Glühbirne *f El.* ampul

glühen *v/i* (h) kızarmak, yanmak (*az. mec.*)

Glühwein *m* (şekerli baharatlı) sıcak şarap

GmbH *kıs.* = *Gesellschaft f mit beschränkter Haftung* limited şirket (Ltd. Şti.)

Gnade *f* (-) merhamet, af; **~nfrist** *f* (infaz) erteleme; atıfet müddeti; **~ngesuch** *n Huk.* af dilekçesi; **♀nlos** *sıf.* merhametsiz, acımasız

Gold *n* (-s) altın; **~barren** *m* (-s; -) altın külçesi, *topl.* külçe; **♀en** *sıf.* altından; *mec.* altın; **~fisch** *m* kırmızı balık; **~grube** *f mec.* altın madeni, zenginlik kaynağı; **~medaille** *f* altın madalya; **~münze** *f* altın para; **~preis** *m* altın fiyatı; **~schmied** *m* kuyumcu; **~stück** *n* altın para

Golf[1] *m* (-s; -e) *Coğr.* körfez

Golf[2] *n* (-s) *Sport.* golf; **~platz** *m* golf sahası; **~schläger** *m* golf sopası; **~spieler** *m* golf oyuncusu

Gondel *f* (-; -n) gondol; *Lift*♀: kabin

gönnen *v/t* (h): *j-m et. ~* bşi b-nden esirgememek, kıskanmamak; *j-m et. nicht ~* bşi b-ne esirgeme b-ne bşi çok görmek; *sich et. ~* kendisine bş bahşetmek/ikram etmek

gönnerhaft *sıf.* koruyucu, lütufkâr

Gorilla *m* (-s; -s) *Zoo., az.* F *mec.* goril

Gosse *f* (-; -n) suyolu; *mec.* sefalet

Got|ik *f* (-) Gotik üslubu (*veya* dönemi); **♀isch** *sıf.* Gotik

Gott *m* (-es; ⸚er) Allah, Tanrı; *Mito.* Tanrı; → *Dank*, **~esdienst** *m Din.* cemaat ayini, ibadet

Göttin f (-; -nen) Tanrıça
göttlich sıf. ilahi, mükemmel
gottverlassen sıf. F ıssız; kuş uçmaz kervan geçmez
Gottvertrauen n tevekkül
Grab n (-s; ⁓er) mezar, kabir; → **Grabmal**
Graben m (-s; ⁓) hendek; Ask. siper
graben v/t ve v/i (grub, gegraben, h) kazmak; **~ nach** bşi kazıp aramak
Grab|mal n anıtmezar; Islam: türbe; Ehrenmal: anıt; **~stein** m mezar taşı
Grad m (-s; -e) derece (az. üniversite ve mec.); Ask. vs.: rütbe; **15 ~ Kälte** sıfırın altında 15 derece
Graf m (-en; -en) kont
Graffiti pl duvar yazıları/resimleri
Grafik f (-; -en) topl. grafik sanatı; Druck: grafik baskı; Tek. vs çizim, şema, diyagram; Ausgestaltung: çizimler pl, grafikler pl
Grafiker m (-s; -), **~in** f (-; -nen) grafik sanatçısı
grafisch sıf. grafik, çizimsel
Gräfin f (-; -nen) kontes
Grafschaft f (-; -en) kontluk
Gramm n (-s; -) gram; **100 ~** 100 gram
Grammatik f (-; -en) dilbilgisi; Lehrbuch: az. dilbilgisi kitabı
grammatisch sıf. dilbigisel, gramatik
Granatapfel m nar
Grapefruit f (-; -s) greyfrut
Gras n (-es; ⁓er) Bot. ot, çim
grassieren v/i (h) moda olmak, hüküm sürmek, yaygın olmak
grässlich sıf. korkunç, iğrenç
Gräte f (-; -n) kılçık
Gratifikation f (-; -en) ikramiye
gratis bel. parasız, ücretsiz; **~probe** f parasız örnek, eşantiyon
Gratul|ant m (-en; -en) kutlayan, tebrik eden (kişi); **~ation** f (-; -en) kutlama, tebrik (**zu** -i); **~ieren** v/i (h) kutlamak, tebrik etmek (**j-m zum Geburtstag** b-nin doğum gününü)
grau sıf. gri, boz, külrengi
Gräueltat f gaddarlık, vahşet
grausam sıf. zalim, gaddar, acımasız; **~keit** f (-; -en) zalimlik, acımasızlık
Grauzone f yasal yanları belli olmayan alan
greifen (griff, gegriffen, h) **1.** v/t tutmak, yakalamak, kavramak; **2.** v/i: **~ nach** bşe uzanmak; fest: **-i** yakalamak
Greis m (-es; -e) ihtiyar; **~in** f (-; -nen) ihtiyar kadın
grell sıf. Licht vs.: göz kamaştırıcı; Farben vs.: pek parlak, keskin
Grenze f (-; -n) sınır; Linie: az. sınır hattı; mec. kısıtlama, limit; **2n** v/i (h) sınırı olmak, mec. varmak (**an** A -e); **2nlos** sıf. sınırsız; sonsuz
Grenz|fall m güç ayırt edilebilen; belirli standardın altında olan; **~formalitäten** pl pasaport ve gümrük işlemleri; **~kontrolle** f sınır kontrolü; **~linie** f sınır hattı; sınır (az. mec.), Pol. sınır çizgisi; **~polizei** f sınır polisi; **~stein** m sınır taşı/işareti; **~übergang** m sınır (geçiş) kapısı; **2überschreitend** sıf. sınır ötesi; **~zwischenfall** m sınırda (askeri) çatışma
Greueltat f → **Gräueltat**
Griech|e m (-n; -n) Yunan; **~enland** n Yunanistan; **~in** f (-; -nen) Yunan; **2isch** sıf. Yunan(istan) ...; Rum ...; **~isch** n Yunanca; Rumca
Grieß m (-es; -e) Gastr. irmik
Griff m (-es; -e) tutma, tutuş; Tür2 kol; Messer2 vs.: kabza, sap; **2bereit** sıf. el altında, hazır
Grill m (-s; -s) ızgara, cızbız; **2en** v/t (h) ızgara yapmak; **~fest** n, **~party** f ızgara partisi
Grimasse f (-; -n) yüz buruşturma, surat ekşitme; **⁓n schneiden** yüz buruşturmak, surat ekşitmek
grinsen v/i (h) sırıtmak (**über** A bşe); höhnisch: alaycı gülmek
Grinsen n (-s) sırıtma, alaycı gülüş
Grippe f (-; -n) Tıp grip; **~epidemie** f grip salgını; **~impfung** f grip aşısı; **2krank** sıf. gripten hasta, grip (olmuş); **~virus** n grip virüsü; **~welle** f grip dalgası
grob 1. sıf. kalın, kaba (az. mec.); Fehler, Lüge vs.: ağır, büyük; Benehmen: görgüsüz, kaba; frech: edepsiz; Arbeit: ağır, pis; Fläche: engebeli; **~e Skizze** müsvedde, kabataslak; **2.** bel.: **~ geschätzt** kabaca tahmin; **2heit** f (-; -en) kabalık, görgüsüzlük; edepsizlik; Äußerung: terbiyesizlik, hakaret
grölen v/t ve v/i (h) çirkin sesle bağırmak
groß sıf. büyük; riesen⁓ iri; hoch⁓

Grundnahrungsmittel

(*gewachsen*): uzun; *erwachsen*: yetişkin; F *Geschwister*. b-nin büyüğü; *mec. bedeutend*: *az.* önemli; ~**es Geld** büyük kâğıt para; ~**e Ferien** büyük yaz tatili; ⚨ **und Klein** genç ve yaşlı; **im ⚨en (u.) Ganzen** tümüyle, esas itibarıyla; F ~**in et. sein** bşi yapmada usta olmak; **wie ~ ist es?** ne kadar büyük?; **wie ~ bist du?** boyun kaç?
Groß|abnehmer *m Ekon.* büyük (ölçekli) alıcı; ~**aktionär** *m* baş hissedar; ⚨**artig** *sıf.* muazzam, parlak, F *az.* dehşetli; ~**aufnahme** *f Film*: büyütülmüş resim; ~**bank** *f* (-; -en) büyük banka; ~**britannien** *n* Büyük Britanya
Größe *f* (-; -n) büyüklük; *Kleid vs.*: boy; *Körper*⚨: uzunluk; *Bedeutung*: önem; *Person*: büyük kişilik; *Film vs.*: yıldız, star
Groß|einkauf *m Ekon.* toptan alım; ~**eltern** *pl* dede-nine; büyükanne ve büyükbaba
Größenordnung *f* çap, büyüklük; **in e-r ~ von** -*in* çapında
großenteils *bel.* büyük kısmıyla
Größenwahn *m* megalomani, büyüklük hastalığı
Groß|handel *m Ekon.* toptan ticaret; ~**handelspreis** *m Ekon.* toptancı fiyatı; ~**händler** *m Ekon.* toptancı; ~**handlung** *f Ekon.* toptancılık; ~**industrie** *f* büyük sanayi; ~**industrielle** *m* büyük sanayici; ~**macht** *f Pol.* süper güç, büyük devlet; ~**maul** *n* F yüksekten atan; ~**mutter** *f* nine, büyükanne; ~**raum** *m*: **der ~raum München** Münih bölgesi, Münih havzası; ~**raumbüro** *n* geniş alanlı açık büro; ⚨**schreiben** *v/t* (*krldş.*, *n* → **schreiben**) büyük harfle yazmak; ~**schreibung** *f* büyük harf kullanımı; ⚨**spurig** *sıf.* şımarık, kendini beğenmiş; ⚨**stadt** *f* büyükşehir; ⚨**städtisch** *sıf.* büyükşehir ...; ⚨**stadtverkehr** *m* (büyük) şehir trafiği
größtenteils *bel.* çoğunlukla, büyük ölçüde
großtun (*krldş.*, *ayr.*, -ge-, h, → **tun**) **1.** *v/i* çalım satmak, büyüklük taslamak; **2.** *v/refl*: **sich mit et. ~** bşle övünmek, bşle böbürlenmek
Großunternehm|en *n Ekon.* büyük ölçekli işletme; ~**er** *m* büyük (ölçekli)

işletmeci, büyük işadamı
Groß|vater *m* büyükbaba, dede; ~**verdiener** *m* yüksek kazançlı; ~**wetterlage** *f* (bölgenin) hava durumu; *Pol.* genel hava, genel durum
großziehen *v/t* (*krldş.*, *ayr.*, -ge-, h, → **ziehen**) büyütmek, yetiştirmek
großzügig *sıf.* cömert; *Haus vs.*: geniş; *Planung vs.*: geniş kapsamlı; ⚨**keit** *f* (-) cömertlik; genişlik
Grotte *f* (-; -n) mağara, oyuk
Grübchen *n* (-s; -) gamze, (çene *veya* yanak) çukur(u)
Grube *f* (-; -n) çukur, hendek; *Bergwerk*: *az.* ocak, kuyu
grübeln *v/i* (h) düşünüp durmak, dertlenmek (**über** *A*, *D* hakkında)
Gruft *f* (-; ⸚e) *Gewölbe*: tonoz, kemer; *Grab*: yeraltı mezar odası
grün *sıf.* yeşil; *Pol. az.* ekolojik; ~**e Versicherungskarte** *Oto.* yeşil (sigorta) kart(ı); ~ **und blau schlagen** döve döve morartmak; **die ⚨en** *pl* Yeşiller; ⚨**anlage** *f* yeşil alan
Grund *m* (-s; ⸚e) *Ursache*: neden, sebep; *Boden*: zemin, temel, yer; *Trm. az.* toprak, arazi; *Meer vs.*: dip; ~ **und Boden** mülk, emlak; **aus diesem ~(e)**, bu nedenle, bu sebepten dolayı; **von ~ auf** tepeden tırnağa, temelden; **im ~e (genommen)** aslında, (aslına bakılırsa); ~ **aufgrund**, → **zugrunde**; ~**begriffe** *pl* temel kavramlar; ~**besitz** *m* arazi mülkiyeti, mülk; ~**besitzer** *m* arazi/toprak sahibi
gründen (h) **1.** *v/t* kurmak (*az.* *Familie*); **2.** *v/refl*: **sich ~ auf** (*A*) -*e* dayanmak
Gründer *m* (-s; -), ~**in** *f* (-; -nen) kurucu
grund|falsch *sıf.* temelinden yanlış; ⚨**fläche** *f* e-s *Zimmers vs.*: taban; ⚨**gedanke** *m* ana fikir, temel düşünce; ⚨**gesetz** *n Pol.* anayasa
Grundkapital *n* ana sermaye
Grundlage *f* temel; *mec. az.* esas; ~**n** *pl* temel öğeler
grundlegend *sıf.* köklü, temelli
gründlich *sıf.* esaslı, köklü; titiz, özenle
grund|los *mec.* **1.** *sıf.* esassız, temelsiz; **2.** *bel.* nedensizce, yersizce; ⚨**mauer** *f* temel duvarı; ⚨**nahrungsmittel** *n* temel besin maddesi

Gründonnerstag *m Din.* Paskalya öncesi Perşembe
Grund|recht *n* temel hak; **~riss** *m Mimar.* yatay kesim, kroki; **~satz** *m* ilke; **⸺sätzlich 1.** *sıf.* ilkeli; **2.** *bel.*: *ich bin ⸺sätzlich dagegen* prensip itibarıyla buna karşıyım; **~schule** *f* ilkokul; **~stück** *n* arazi; *Bauplatz:* arsa; *Haus nebst Zubehör.* gayrimenkuller *pl*; **~stücksmakler(in** *f*) *m* emlak komisyoncusu
Gründung *f* (-; -en) kur(ul)ma, kuruluş
grundverschieden *sıf.* tamamen/temelden değişik
Grundwasser *n* (-s) taban suyu *sg*, yeraltı suları *pl*; **~spiegel** *m* taban suyu seviyesi
Grün|fläche *f* yeşil alan; **~gürtel** *m* yeşil kuşak; **⸺lich** *sıf.* yeşilimtırak; **~span** *m* (-s) yeşil küf
Gruppe *f* (-; -n) grup; **~nreise** *f* grup gezisi
Grusel|film *m* dehşet filmi, gerilim filmi; **~geschichte** *f* korkutucu hikâye; **⸺ig** *sıf.* tüyler ürpertici, korkutucu; *Film vs.*: dehşet ...
Gruß *m* (-es; ⸚e) selam; *viele Grüße an* (*A*) ... -e (*herzlicher.* en içten) selamlarımı sunarım; *mit freundlichem ~ Brief:* saygılarımla; *herzliche Grüße* en iyi (*herzlicher.* en içten) dileklerimle
grüßen *v/t* (h) selamlamak, F b-ne merhaba demek; *j-n ⸺ lassen* b-ne selam göndermek; *herzlicher.* b-ne sevgilerini göndermek
gültig *sıf.* geçerli; *Geld: az.* geçer
Gültigkeit *f* (-) geçerlik; *s-e ~ verlieren* geçerliğini yitirmek
Gummi¹ *m, n* (-s; -) lastik
Gummi² *n* (-s; -s) → *Gummiband*
Gummi³ *m* (-s; -s) *Radier⸺:* silgi; F *Kondom:* lastik, kaput
Gummi|band *n* (-s; ⸚er) lastik şerit; *Gummizug:* lastik bant; **~baum** *m Bot.* kauçuk ağacı; **~knüppel** *m* lastik cop; **~stiefel** *m* lastik çizme; **~zug** *m* lastik bant
Gunst *f* (-) geçerli; *zu j-s ~en* b-nin lehine; → *zugunsten*
günstig *sıf.* elverişli, uygun (*für* -e); *passend:* münasip, müsait; *~e Gelegenheit* şans; *im ~sten Fall* en iyi durumda

gurgeln *v/i* (h) gargara etmek; **⸺** *n* gargara
Gurke *f* (-; -n) salatalık, hıyar; *Gewürz⸺:* hıyar turşusu
Gurt *m* (-s; -e) kemer (*az. Hava., Oto.*); *Halte⸺, Trage⸺:* kuşak, kayış
Gürtel *m* (-s; -) kemer; **~reifen** *m Oto.* radyal lastik
Gurt|muffel *m Oto.* F emniyet kemeri takmayan kişi; **~pflicht** *f* (-) *Oto.* kemer takma zorunluluğu
GUS *kıs.* = *Gemeinschaft f Unabhängiger Staaten* Bağımsız Devletler Topluluğu (BDT)
Guss *m* (-es; ⸚e) *Regen vs.:* şiddetli yağmur, sağanak; *Tek.* döküm; *Zucker⸺:* şekerli krema; **~eisen** *n* dökme demir, pik; **⸺eisern** *sıf.* dökme demirden
gut 1. *sıf.* iyi; *Wetter. az.* güzel; *~ aussehend* iyi görünümlü, *Person: az.* yakışıklı; *~ gebaut* iri yapılı; *~ gehen* iyi gitmek, başarıyla sonuçlanmak; *wenn alles ~ geht* her şey yolunda giderse; *~ gelaunt* keyfi yerinde, neşeli; *~ machen* zararı karşılamak, telafi etmek; *~ tun* iyi gelmek; *ganz ~* fena sayılmaz; *also ~!* peki öyleyse!; *schon ~!* önemi yok!; (*wieder*) *~ werden* tekrar düzelmek, tekrar iyi olmak; *⸺e Reise!* iyi yolculuklar!; *sei bitte so ~ und ...* rica etsem lütfen (yapar) mıydın?; *in et. ~ sein* bşi (yapma)da iyi olmak; **2.** *bel.* iyi; *mir geht es ~* iyiyim; *du hast es ~* senin keyfin iyi; *es ist ~ möglich* tabii ki olabilir; *es gefällt mir ~* hoşuma gidiyor/gitti; *~ gemacht!* iyi ettin!; *machs ~!* hoşça kal!; → *meinen*
Gut *n* (-s; ⸚er) *Land⸺:* çiftlik; *pl* mal *sg*
Gutachten *n* (-s; -) (bilirkişi) rapor(u); *Zeugnis:* referans, belge
Gutachter *m* (-s; -), **~in** *f* (-; -nen) uzman; *Huk.* bilirkişi
gutartig *sıf.* uslu, iyi huylu; *Tıp* iyi huylu, selim
gutbürgerlich *sıf.*: *⸺e Küche* temiz mutfak
Gutdünken *n* (-s): *nach ~* canı istediği şekilde, istediği gibi
Gute *n* (-n) iyi; *~s tun* iyi bir şey yapmak; *alles ~!* bol şanslar

Güte f (-) iyilik, yardımseverlik; *Ekon.* kalite, sınıf; F *meine ~!* aman Allahım
Güterbahnhof m mal istasyonu
Gütergemeinschaft f *Huk.* mal ortaklığı; *in ~ leben* mal ortaklığı rejiminde yaşamak
Gütertrennung f *Huk.* mal ayrılığı; *in ~ leben* mal ayrılığı rejiminde yaşamak
Güter|verkehr m mal taşıma (trafiği); **~wagen** m *Demir.* yol. yük vagonu; **~zug** m yük treni
gutgläubig sıf. her şeye inanan, saf
Guthaben n (-s; -) alacak (hesabı)
gütig sıf. iyi, hoşgörülü, yardımsever
gütlich *bel.*: *sich ~ einigen* barış yoluyla uzlaşmak/anlaşmak
gutmütig sıf. uysal, iyi huylu; **⩒keit** f (-) iyilik, yumuşak yüzlülük
Gutschein m kupon
gutschreiben v/t (*krldş., ayr.*, -ge-, h, → *schreiben*): *j-m et. ~* b-nin alacak yazmak
Gutschrift f alacak dekontu, kredi
Gymnasium n (-s; -ien) lise
Gymnastik f (-) jimnastik
Gynäkolog|e m (-n; -n), **~in** f (-; -nen) *Tıp* jinekolog, kadın hastalıkları uzmanı

H

Haar n (-s; -e) saç; *einzelnes*: kıl; *sich die ~e kämmen* saçlarını taramak; *sich die ~e schneiden lassen* saçlarını kestirmek; *aufs ~* tıpatıp, aynısı; *um ein ~* az kaldı, neredeyse; → *Berg*
Haar|ausfall m saç dökülmesi; **~bürste** f saç fırçası
Haaresbreite f: *um ~* kılpayı
Haar|festiger m (-s; -) fiksatör (sprey); **~gefäß** n *Anat.* kılcal damar; **⩒genau** *bel.* F tastamam; (*stimmt*) **⩒genau!** aynen (öyle)!; **⩒klein** *bel.* bütün ayrıntılarıyla; **~nadel** f saç iğnesi, firkete; **~nadelkurve** f keskin viraj; **⩒scharf** *bel.* çok yakın, kesin; **~schnitt** m saç biçimi; **~spalterei** f (-; -en) kılı kırk yarma; **~spange** f saç tokası; **~spray** m, n saç spreyi; **⩒sträubend** sıf. tüyler ürpertici; **~trockner** m saç kurutma makinesi; **~wäsche** f saç yıkama; **~waschmittel** n saç şampuanı; **~wasser** n saç losyonu
Haarwuchs m: *starken ~ haben* saçları gür olmak; **~mittel** n saç besleyici losyon
Habe f (-) varlık, servet
haben (hatte, gehabt, h) 1. v/t eşe sahip olmak; *haben Sie ...* -iniz var mı?; *ich habe keine Zeit* zamanım/vaktim yok; *was hast du?* ne(yi)n var?; → *Farbe, Hunger vs.*; 2. *Hilfsverb*: *hast du meinen Bruder gesehen?* kardeşimi gördün mü?; *hast du gerufen?* sen mi çağırdın?
Haben n (s; -) *Ekon.* alacak; → *Soll*; **~seite** f alacak tarafı; **~zinsen** pl alacaklı faizi sg
Habgier f (-) hırs, açgözlülük; **⩒ig** sıf. açgözlü, hırslı
Habseligkeiten pl eşya(lar); F pılı pırtı sg
Hab und Gut n (-s) b-nin bütün varlığı
hack|en v/t (h) yarmak; *Trm.* çapalamak; *Vogel*: gagalamak; **⩒fleisch** n kıyma; **⩒ordnung** f gagalama düzeni (*az. mec.*)
Hafen m (-s; ⁓) liman; **~anlagen** pl liman tesisleri; **~arbeiter** m liman işçisi; **~gebühren** pl liman resmi sg; **~polizei** f liman zabıtası; **~rundfahrt** f liman gezisi/turu; **~stadt** f liman kenti; **~viertel** n liman semti
Hafer m (-s; -) yulaf; **~brei** m yulaf lapası; **~flocken** pl yulaf ezmesi sg; **~schleim** m (sulu) yulaf lapası
Haft f (-) *Huk.* tutukluluk; *Freiheitsstrafe*: hapis cezası; *in ~ nehmen* tu-

haftbar

tuklamak; **⁓bar** *sıf.* sorumlu *(für* -den); *j-n* **⁓bar machen für** b-ni bşden sorumlu kılmak/tutmak; **⁓befehl** *m* tutuklama kararı; **⁓en** *v/i* (h) yapışmak (*an D* -e), yapışık kalmak (-e); **⁓en für** -den sorumlu olmak
Häftling *m* (-s; -e) tutuklu
Haftpflicht *f* sorumluluk; **⁓versicherung** *f* zorunlu kaza sigortası; *Oto.* mali sorumluluk sigortası
Haftung *f* (-) sorumluluk; *mit beschränkter* **⁓** sınırlı sorumlu
Hagel *m* (-s) dolu, *mec. az.* yağmur; **⁓korn** *n* dolu tanesi; **⁓n** *v/i* (h) dolu yağmak; **⁓schauer** *m* dolu sağanağı
Hahn *m* (-s; ⁻e) *Zoo.* horoz; *Haus⁓: az.* horoz; *Tek. Wasser⁓ vs.*: musluk
Hähnchen *n* (-s; -) piliç
Hai *m* (-s; -e), **⁓fisch** *m Zoo.* köpekbalığı
Häkchen *n* (-s; -) küçük çengel; *Zeichen*: kontrol işareti
häkeln *v/t ve v/i* (h) tığla örmek
Haken *m* (-s; -) çengel; *Kleider⁓: az.* elbise askısı; *mec.* engel, takıntı
halb 1. *sıf.* yarım; *e-e* **⁓e Stunde** yarım saat; *ein* **⁓es Pfund** çeyrek kilo; *zum* **⁓en Preis** yarı fiyatına; *auf* **⁓em Wege (entgegenkommen)** yarı yolda (karşılamak); **2.** *bel.* yarı (yarıya); **⁓** *gar* az pişmiş; **⁓** *so viel* bşin yarısı kadar; F (*mit j-m*) **⁓e-⁓e machen** b-yle yarı yarıya bölüşmek
halb|amtlich *sıf.* yarı resmi; **⁓bruder** *m* üvey kardeş; **⁓e** *f* (-n; -n) yarım (litrelik bira); **⁓fabrikat** *n* yarı mamul
halbieren *v/t* (h) ikiye bölmek
Halb|insel *f* yarımada; **⁓jahr** *n* yarıyıl; **⁓jährig** *sıf.* altı aylık; **⁓jährlich 1.** *sıf.* her yarı yılda bir olan; **2.** *bel.* yılda iki kere, altı ayda bir; **⁓kreis** *m* yarım daire; **⁓leiter** *m El.* yarı iletken; **⁓mast** *bel.*: **⁓mast flaggen** bayrağı yarıya çekmek; **⁓pension** *f* yarım pansiyon; **⁓schuh** *m* iskarpin; **⁓schwester** *f* üvey kızkardeş
halbtags *bel.*: **⁓** *arbeiten* yarım gün çalışmak; **⁓arbeit** *f*, **⁓beschäftigung** *f* yarım günlük iş; **⁓kraft** *f* yarım gün çalışan eleman
halbtrocken *sıf. Sekt, Wein*: demisek
Halde *f* (-; -n) yokuş, bayır, tepe; *Bergbau*: yığın

Hälfte *f* (-; -n) yarı; *die* **⁓** *von* -in yarısı
Halle *f* (-; -n) hal; *Hotel⁓*: lobi; *Fabrik⁓*: hangar; **⁓nbad** *n* kapalı yüzme havuzu
Halm *m* (-s; -e) *Bot. Gras⁓*: sap; *Getreide⁓*: başak sapı; *Stroh⁓*: kamış (çubuk)
Halogenscheinwerfer *m Oto.* halojen far
Hals *m* (-es; ⁻e) boyun; *Kehle*: boğaz, gırtlak; **⁓** *über Kopf* alelacele; *sich vom* **⁓** *schaffen* başından savmak; *es hängt mir zum* **⁓(e) (he)raus** bundan bıktım usandım artık; **⁓band** *n* kolye; *Hunde⁓ vs.*: tasma; **⁓entzündung** *f Tıp* boğaz iltihabı; **⁓kette** *f* kolye; **⁓-Nasen-Ohren-Arzt** *m* kulak-boğaz-burun doktoru; **⁓schmerzen** *pl*: **⁓schmerzen haben** boğazı ağrımak; **⁓starrig** *sıf.* inatçı, dikkafalı; **⁓tuch** *n* boyun atkısı
Halt *m* (-s; -e, -s) durma; *Stütze*: destek, dayanak (*az. mec.*); *Zwischen⁓*: mola; *mec. innerer.* karar; **⁓machen** durmak; *vor nichts* **⁓** *machen* hiçbir şeyden çekinmemek
halt *ünl.* stop!, *Ask.* dur!
haltbar *sıf.* dayanıklı, çürümez; *Lebensmittel*: bozulmaz; *Farben*: solmaz, sabit; *Argument vs.*: tutarlı; **⁓** *bis ... -e* kadar kullanılabilir; **⁓keit** *f* (-) dayanıklılık, çürümezlik; *mec.* tutarlılık; **⁓keitsdatum** *n* son kullanma tarihi
halten (hielt, gehalten, h) **1.** *v/t* tutmak (*az. Versprechen*); *Tier vs.* beslemek; *Rede* yapmak; *Vortrag* vermek; **⁓** *für* bşi bş saymak; *irrtümlich*: bşi bş sanmak; *viel (wenig)* **⁓** *von* bşe çok (az) önem vermek; **2.** *v/refl* sürmek, devam etmek; *Essen*: bozulmamak; *in Richtung od. Zustand*: korumak, muhafaza etmek; *sich gut* **⁓** (*in e-r Prüfung*: sınavı) iyi geçmek; *sich* **⁓** *an* (*A*) -e güvenmek; **3.** *v/i* sürüp gitmek, sürmek; *an⁓*: durmak; *Eis*: taşımak, kaldırmak; *Seil vs.*: çekmek; **⁓** *zu* b-ni tutmak
Halter *m* (-s; -) *Eigentümer*: malsahibi; *für Geräte vs.*: işletici
Haltestelle *f* durak
Halteverbot *n*: (*absolutes*) **⁓** durma

yasağı; eingeschränktes ~ bekleme yasağı; **hier ist ~** burada durulmaz; **~sschild** n durma yasağı levhası
halt|los sıf. unbegründet: temelsiz; **ଧung** f(-; -en) Körper. duruş; Pol. vs. tutum (**gegenüber** karşısında)
hämisch sıf. kötü niyetli, alaycı
Hammel m (-s; -) Zoo. koyun; **~fleisch** n koyun eti
Hammer m (-s; ⁀) çekiç
Hämorrhoiden, Hämorriden pl Tıp hemoroit, basur sg
Hamster m (-s; -) Zoo. dağ sıçanı; **ଧn** v/t ve v/i (h) istifçilik etmek
Hand f(-; ⁀e) el; **von** (, **mit der ~** el ile; **zur ~** elde; **aus erster** (**zweiter**) **~** ilk elden (ikinci elden); **an die ~ nehmen** ele almak; **sich die ~ geben** tokalaşmak; **aus der ~ legen** vazgeçmek, elden çıkarmak; **Hände hoch!**; eller yukarı! **Hände weg!** çek elini!; → **anhand**; **~arbeit** f el işi; **~breit** f(-; -) hyş; **~bremse** f Oto. el freni; **~buch** n el kitabı, kılavuz
Händedruck m (-s; ⁀e) el sık(ış)ma
Handel m (-s) ticaret, iş; **~sverkehr.** ticari işlemler pl; Markt: pazar; **abgeschlossener.** (ticari) işlem, muamele, alışveriş; **~ treiben** Ekon. ticaret yapmak (**mit** b-yle)
handeln (h) v/i iş yapmak, ticaret yapmak; feilschen: pazarlık etmek (**um** için); sich verhalten: davranmak; aktiv werden: harekete geçmek; **mit j-m ~** Ekon. b-yle ticaret yapmak; **mit Waren ~** Ekon. bşin ticaretini yapmak; **~ von** bahsetmek, söz etmek; unpersönlich: **es handelt sich um** ... sözkonusudur
Handels|abkommen n ticaret anlaşması; **~bank** f(-; -en) ticaret bankası; **~beziehungen** pl ticari ilişkiler; **~bilanz** f ticari denge
handelseinig sıf.: **~ werden** pazarlıkta uyuşmak (**mit** ile)
Handelsgesellschaft f ortaklık, şirket; **offene ~** kollektif şirket
Handels|kammer f ticaret odası; **~klasse** f sınıf, cins; **~partner** m ticari ortak; **~schranke** f ticari kısıtlama; **~spanne** f ticaret payı, kazanç oranı; **ଧüblich** sıf. ticaret âdet, ticarette alışılagelen; **~vertreter** m ticari mümessil; **~ware** f ticari mal, ürün

Hand|fläche f el ayası; **ଧgearbeitet** sıf. el işi, elle yapılmış; **~gelenk** n el bileği; **~gepäck** n Hava. el eşyası; **~granate** f(-; -n) el bombası
handgreiflich sıf.: **~ werden** dövüşe başlamak
handhaben v/t (handhabte, gehandhabt, h) kullanmak; Maschine vs. işletmek, çalıştırmak
Händler m (-s; -), **~in** f (-; -nen) satıcı; tüccar
handlich sıf. kullanışlı
Handlung f (-; -en) Film vs.: öykü, konu; Tar. eylem, iş
Handrücken m elin tersi
Handschellen pl kelepçe sg: **j-m ~ anlegen** b-ne kelepçe takmak
Handschlag m (-s) toka, el sık(ış)ma; **durch** (od. **per**) **~** el sıkışarak; **et. durch ~ bekräftigen** bşi el sıkışarak teyit etmek
Handschrift f el yazısı, Manuskript: el yazması; **ଧlich** sıf. elle yazılı
Handschuh m eldiven; **~fach** n Oto. torpido gözü
Handtasche f el çantası
Handtuch n havlu
Handy n (-s, -s) cep telefonu
Handwerk n (-s; -e) zanaat; meslek
Handwerker m (-s; -), **~in** f (-; -nen) esnaf, zanaatçı; usta
Handwurzel f Anat. el bileği
Hang m (-s; ⁀e) bayır, iniş; mec. eğilim, düşkünlük (**zu** -e)
Hängebrücke f Mimar. asma köprü
Hängematte f hamak
hängen[1] v/i (hing, gehangen, h) asılı durmak (**an Wand** vs. -de, **Decke** vs. -den); **~ an** (D) -ne bağlı olmak, stärker: -ne bayılmak; **~ bleiben** asılı kalmak; **sie blieb mit dem Rock an e-m Nagel ~** eteği bir çiviye takılı kaldı
hängen[2] v/t (h): **j-n ~** asmak; **et. ~ an** (A) bşi bşe asmak/takmak
hänseln v/t (h) b-ne takılmak/sataşmak (**wegen** yüzünden)
Hardware f(-) donanım
Happen m (-s; -) parça, lokma
harmlos sıf. zararsız
Harmoni|e f (-; -n) uyum, ahenk; **ଧeren** v/i (h) uymak, bağdaşmak (**mit** ile); **ଧsch** sıf. uyumlu; **ଧsieren** v/t (h) uydurmak, bağdaştırmak

Harn

Harn *m* (-s; -e) idrar, F sidik; **~blase** *f* mesane, F sidik torbası; **~leiter** *m*, **~röhre** *f* idrar yolu
Harpun|e (-; -n) zıpkın; **2ieren** *v/t* (h) zıpkınlamak
hart 1. *sıf. gnl.* sert, katı; *schwierig*: ağır; *Klima*: şiddetli; **~es Ei** hazırlop yumurta; **2.** *bel.* sert
Härte *f* (-; -n) *gnl.* sertlik; **soziale ~n** *pl* sosyal sıkıntılar *pl*; **~fall** *m* sıkıntılı hal
Hart|geld *n* metal para; **2herzig** *sıf.* duygusuz, yüreği katı; **2näckig** *sıf.* dikkafalı, inatçı; *beharrlich*: direngen; *Krankheit*: süreğen
Hasch *n* (-s, *pl yok*) F esrar; **2en** *v/i* (h) F esrar içmek; **~isch** *n* (-) esrar
Hase *m* (-n; -n) tavşan
Haselnuss *f* fındık
Hasenbraten *m* tavşan kızartması
Hasenscharte *f* *Tıp* tavşan dudağı, yarık dudak
Hass *m* (-es) nefret, *stärker*: kin (**auf** *A*, **gegen** -e, -e karşı); **2en** *v/t* (h) -den nefret etmek
hässlich *sıf.* çirkin; *mec. az.* kötü, berbat
Hast *f* (-) acele; **2en** *v/i* (sn) acele etmek; **2ig** *sıf.* aceleci, telaşlı; *bel.* acele (içinde)
Haube *f* (-; -n) *Oto.* kaput
Haufen *m* (-s; -) yığın (*az. mec.*); *ein ~ az.* bir sürü
häufen *v/refl* (h) artmak
häufig 1. *sıf.* sık sık; **2.** *bel.* çoğuzaman
Haupt *n* (-s; ⁓er) baş, *mec. az.* lider; **~aktionär(in** *f*) *m* ana hissedar; **~bahnhof** *m* (merkez) gar; **~beschäftigung** *f* esas iş; **~darsteller(in** *f*) *m* baş aktör, başrol oyuncusu; **~eingang** *m* ana giriş; **~fach** *n* anabilim dalı, ana dal; **~figur** *f* ana kişi, kahraman; **~gericht** *n* *Gastr.* esas yemek
Hauptgeschäfts|stelle *f* merkez şube; **~straße** *f* çarşı caddesi; **~zeit** *f* ana mesai saatleri *pl*
Haupt|gewinn *m* büyük ikramiye; **~grund** *m* temel neden; **~mahlzeit** *f* esas öğün/yemek; **~person** *f* en önemli kişi; **~postamt** *n* merkez postanesi; **~quartier** *n* karargâh; **~reisezeit** *f* yüksek sezon; **~rolle** *f* *Tiy.* başrol; **~sache** *f* en önemli şey (*veya* nokta); **~saison** *f* yüksek sezon; **~stadt** *f* başkent; **~straße** *f* ana cadde; **~verkehrsstraße** *f* ana yol; **~verkehrszeit** *f* trafiğin yoğun olduğu saatler *pl*; **~versammlung** *f* genel toplantı, genel kurul; **~wohnsitz** *m* esas ikamet yeri
Haus *n* (-es; ⁓er) ev; *Gebäude*: bina; **zu ~e** evde; **nach ~e kommen** eve gelmek; **~angestellte** *m*, *f* ev hizmetçisi; **~apotheke** *f* ecza dolabı; **~arbeit** *f* ev işi; **~arzt** *m* aile doktoru; **~aufgaben** *pl* ev ödevi *sg*; **~bar** *f* kokteyl dolabı; **~besetzer(in** *f*) *m* bina işgalcisi; **~besetzung** *f* bina işgali; **~eigentümer** *m* ev sahibi; **~frau** *f* ev kadını; **~friedensbruch** *m* (-s) *Huk.* mesken masuniyetine tecavüz; **2gemacht** *sıf.* evde yapılmış, ev işi; **~halt** *m* (-s; -e) ev idaresi; *Ekon. Pol.* bütçe; **(j-m) den ~halt führen** b-nin ev işlerini görmek; **~hälterin** *f* (-; -nen) b-nin ev işlerini gören kadın
Haushalts|defizit *n* bütçe açığı; **~geld** *n* ev harçlığı/parası; **~plan** *m* bütçe (tahmini); **~waren** *pl* ev/mutfak eşyaları
Hausherr *m* *Gastgeber*: ev sahibi; **~in** *f* (-; -nen) ev sahibesi
Hausierer *m* (-s; -), **~in** *f* (-; -nen) seyyar satıcı
häuslich *sıf.* evcil; *sein Zuhause liebend*: evine bağlı
Haus|mädchen *n* hizmetçi kız; **~mann** *m* (çalışmayıp ev işleri yapan) ev adamı; **~marke** *f* tercih edilen marka; **~meister** *m* kapıcı; **~mittel** *n* ev ilacı; **~nummer** *f* ev numarası; **~ordnung** *f* iç tüzük; **~rat** *m* (-s) ev eşyası; **~schlüssel** *m* ev (kapısı) anahtarı; **~schuh** *m* terlik
Hausse *f* (-; -n) *Ekon.* canlanma
Haus|suchung *f* (-; -en) *Huk.* evde arama; **~suchungsbefehl** *m* ev arama emri; **~tier** *n* evcil hayvan; *Heimtier*: ev hayvanı; **~tür** *f* ev kapısı, giriş kapısı; **~verwaltung** *f* ev yönetimi; **~wirt(in** *f*) *m* pansiyoncu; **~zelt** *n* çadır ev
Haut *f* (-; ⁓e) deri; *Teint*: cilt; **bis auf die ~ durchnässt** sırılsıklam ıslanmış; **~abschürfung** *f* *Tıp* sıyrıntı; **~arzt** *m*, **~ärztin** *f* cilt dok-

Heiratsantrag

toru; **~ausschlag** *m* Tıp mayasıl; **♀eng** *sıf.* vücuda oturan, pek dar; **~farbe** *f* cilt rengi; *Teint*: ten; **~krankheit** *f* cilt hastalığı; **~krebs** *m* Tıp cilt kanseri; **~pflege** *f* cilt bakımı

Hbf. *kıs.* = **Hauptbahnhof** *m* merkez gar

H-Bombe *f* Ask. H bombası

Hebamme *f* (-; -en) ebe

Hebebühne *f* Oto. hidrolik kaldırıcı, kaldırma sahanlığı

Hebel *m* (-s; -) kaldıraç, manivela, kol

heben (hob, gehoben, h) **1.** *v/t* çekmek, çıkarmak (*az. Wrack ve mec.*); *schwere Last* kaldırmak; *hochwinden*: yükseltmek; *mec.* geliştirmek; **2.** *v/i refl Vorhang*: yükselmek, kalkmak

Hebräisch *n* İbranice; ♀ *sıf.* İbrani

Hecht *m* (-s; -e) Zoo. turna(balığı)

Heck *n* (-s; -e, -s) Gemi. kıç; Hava. kuyruk; Oto. arka

Hecke *f* (-; -n) çit; **~nschütze** *m* pusudan ateş eden suikastçı

Heck|motor *m* arka motor; **~scheibe** *f* Oto. arka cam; **~scheibenheizung** *f* Oto. arka cam ısıtıcısı; **~scheibenwischer** *m* arka cam silgeci

Heer *n* (-s; -e) Ask. ordu; *mec. az.* sürü, küme

Hefe *f* (-; -n) maya, ekmek mayası

Heft *n* (-s; -e) defter; *Bändchen*: kitapçık; *Ausgabe*: sayı, nüsha

hefte|n *v/t* (h) bağlamak (**an** *A* -e); *mit Nadeln*: tutturmak (-e); *Saum vs.* teyellemek; *Buch*: dikmek; ♀**r** *m* (-s; -) tel zımba; *Ordner*. dosya

heftig *sıf.* güçlü, sert; *Regen vs.*: şiddetli; ♀**keit** *f* (-) şiddet, sertlik

Heft|klammer *f* zımba teli; *Büroklammer*. ilgeç, tel raptiye; **~pflaster** *n* plaster

Hehler *m* (-s; -) çalıntı mal alıp satan, yataklık yapan; **~ei** *f* (-; -en) yataklık

Heidenangst *f* F: *e-e ~ haben* çok korkmak

Heidengeld *n* F: *ein ~* çok para

Heidenlärm *m* F: *ein ~* çok gürültü

Heidenspaß *m* F: *e-n ~ haben* çılgınca eğlenmek

heikel *sıf.* müşkül, nazik, zor; *Person*: titiz (*in Bezug auf* A konusunda)

heil *sıf. Person*: sağ, salim; *Sache*: sağlam, kırılmamış; ♀**anstalt** *f* sanatoryum; *psychiatrische*: akıl hastanesi; ♀**bad** *n* kaplıca; **~bar** *sıf.* iyileştirilebilir; **~en 1.** *v/t* (h) iyileştirmek, tedavi etmek; **2.** *v/i* (sn) iyi olmak; ♀**gymnastik** *f* fizyoterapi

heilig *sıf.* kutsal; *Gott geweiht*: mübarek, mukaddes (*az. mec.*): *der* ♀**e Abend** Noel Akşamı; ♀**abend** *m* Noel Akşamı

Heil|kraft *f* iyileştirici etki, şifa; ♀**kräftig** *sıf.* şifalı; **~kraut** *n* şifalı ot; ♀**los** *sıf.*: *ein* ♀**loses Durcheinander anrichten** karmakarışık etmek; **~mittel** *n* ilaç, çare (*az. mec.*); **~praktiker(in** *f*) *m* diplomasız hekim; **~quelle** *f* kaplıca, içmeler *pl*; ♀**sam** *sıf. mec.* şifalı, yararlı

Heilsarmee *f* Selamet Ordusu

Heilung *f* (-; -en) tedavi, şifa; *Wunde*: iyileşmek

Heim *n* (-s; -e) yurt; *Jugend*♀ *vs.*: hostel; **~arbeit** *f* evde yapılan iş; **~arbeiter(in** *f*) *m* evinde çalışan kişi

Heimat *f* (-) (ana)yurt, vatan; *Ort*: memleket; *in der* (*meiner*) **~** memlekette; **~anschrift** *f* memleket adresi; **~hafen** *m* sicil limanı, bağlama limanı; ♀**los** *sıf.* vatansız; **~ort** *m* memleket; **~vertriebene** *m* yurdundan kovulmuş

heim|bringen *v/t* (krldş., ayr., -ge-, h, → *bringen*) *j-n*: eve getirmek (*od.* götürmek); ♀**computer** *m* ev bilgisayarı; **~gehen** *v/i* (krldş., ayr., -ge-, sn, → *gehen*) eve gitmek

heimisch *sıf.* yerli; *sich ~ fühlen* kendini yurdunda/evinde sanmak

Heim|kehr *f* (-) evine/yurduna dönüş; ♀**kommen** *v/i* (krldş., ayr., -ge-, sn, → *kommen*) eve gelmek/dönmek

heimlich *sıf.* gizli; ♀**keit** *f* (-; -en) gizlilik; ♀**keiten** *pl* sırlar *pl*

Heim|reise *f* dönüş yolculuğu; ♀**tückisch** *sıf.* sinsi (*az. Krankheit*); *Mord vs.*: haince; **~weg** *m* dönüş yolu; **~weh** *n* (-s) yurt özlemi, sıla hasreti; **~weh haben nach** byin özlemini çekmek

Heirat *f* (-; -en) evlenme, nikâh; ♀**en** *v/t ve v/i* (h) evlenmek (*j-n* b-yle)

Heirats|antrag *m* evlenme teklifi; *j-m e-n ~antrag machen* b-ne evlenme teklifinde bulunmak;

~schwindler *m* evlenme vaadiyle dolandırıcılık yapan; **~vermittlung** *f* evlendirme bürosu

heiser *sıf.* kısık, boğuk; **sich ~ schreien** bağırmaktan sesi kısılmak; **2keit** *f* (-) kısıklık, boğukluk

heiß *sıf.* sıcak (*az. mec.*); **es ist ~** hava çok sıcak; **mir ist ~** terledim, piştim

heißen *v/i* (hieß, geheißen, h) adı/ ismi ... olmak; *bedeuten*: ... anlamına gelmek; **wie ~ Sie?** adınız nedir?; **wie heißt das?** buna ne diyorsunuz?; **was heißt ... auf Türkisch?** *-in* Türkçesi nedir?; **das heißt** yani, bu demektir ki (*kıs.* **d. h.**)

heißlaufen *v/i* (*krldş.*, *ayr.*, -ge-, sn, → *laufen*) *Tek.* aşırı ısınmak

heiter *sıf.* şen; *Film vs.*: neşeli; *Meteor.* açık, bulutsuz; *mec.* **aus ~em Himmel** damdan düşer gibi; **2keit** *f* (-) şenlik, neşe; *Belustigung*: eğlence

heizen (h) **1.** *v/t* yakmak; **2.** *v/i* ısıtmak

Heiz|kessel *m* su ısıtma kazanı; **~kissen** *n* elektrikli yastık/minder; **~körper** *m* radyatör; **~kraftwerk** *n* termo elektrik santral; **~material** *n* yakıt; **~öl** *n* mazot; **~ung** *f* (-; -en) ısıtma (tesisatı), kalorifer

Held *m* (-en; -en) kahraman; **2enhaft** *sıf.* kahramanca; **~in** *f* (-; -nen) kadın kahraman

helfen *v/i* (half, geholfen, h) yardım etmek; *förmlicher*: yardımcılık etmek; **j-m bei** *k.* ~ b-ne bşde yardım etmek; **~ gegen** *Mittel vs.*: -e iyi gelmek, -e yaramak; **er weiß sich zu ~** işini biliyor; **es hilft nichts** faydası yok

Helfer *m* (-s; -), **~in** *f* (-; -nen) yardımcı; **~shelfer** *m* suç ortağı, yardakçı

hell *sıf. Licht vs.*: aydınlık; *Farbe*: açık; *Kleid vs.*: açık renkli; *Klang*: ince, tiz; *Bier*: sarışın; *mec. intelligent*: uyanık, zeki; **es wird schon ~** ortalık aydınlanıyor; **~blau** *sıf.* açık mavi; **~blond** *sıf.* açık sarı, sarışın; **2seher** *m* (-s; -) kâhin, falcı

Helm *m* (-s; -e) miğfer; *Fahrrad*: kask

Hemd *n* (-s; -en) gömlek; *Unter2*: fanila, iç gömleği

Hemisphäre *f* (-; -n) yarıküre

hemm|en *v/t* (h) *Bewegung vs.* durdurmak; *behindern*: engel olmak; → **gehemmt**; **2ung** *f* (-; -en) *Psi.* tutukluk; *moralische*: tereddüt, çekingenlik; **~ungslos** *sıf.* dizginsiz; *skrupellos*: tereddütsüz

Hengst *m* (-s; -e) aygır

Henkel *m* (-s; -) kulp, sap

Henne *f* (-; -n) tavuk

her *bel.*: **das ist lange ~** epeyce zaman oldu/geçti

herab|lassen *v/refl* (*krldş.*, *ayr.*, -ge-, h, → *lassen*) *mec.* tenezzül etmek (**zu tun** bş yapmaya); **~lassend** *sıf.* tepeden bakan, kibirli; **~sehen** *v/i* (*krldş.*, *ayr.*, -ge-, h, → *sehen*): *mec.* **~sehen auf** (*A*) *-e* tepeden bakmak, *-i* hor görmek; **~setzen** *v/t* (*ayr.*, -ge-, h) indirmek; *mec.* azaltmak; **zu ~gesetzten Preisen** indirimli fiyata

herauf|beschwören *v/t* (*krldş.*, *ayr.*, h, → *schwören*) *-e* yol açmak, *-e* neden olmak; **~kommen** *v/i* (*krldş.*, *ayr.*, -ge-, sn, → *kommen*) yukarı çıkmak

heraus|bekommen *v/t* (*krldş.*, *ayr.*, h, → *kommen*) çıkarmak; *mec.* çözmek; **zehn Mark ~bekommen** on Mark geri almak; **~bringen** *v/t* (*krldş.*, *ayr.*, -ge-, h, → *bringen*) çıkarmak; *veröffentlichen*: *az.* yayımlamak; **auf den Markt bringen**: (piyasaya) sürmek; *Tiy.* sahneye koymak; *mec.* ortaya çıkarmak; **~finden** *v/t* (*krldş.*, *ayr.*, -ge-, h, → *finden*) bulmak; *mec.* ortaya çıkarmak; **~fordern** *v/t* (*ayr.*, -ge-, h) davet etmek (**zu** *-e*; **zu tun** yapmaya); *provozieren*: kışkırtmak; **2forderung** *f* (-; -en) meydan okuma, davet; tahrik, kışkırtma

herausgeb|en (*krldş.*, *ayr.*, -ge-, h, → *geben*) **1.** *v/t* *zurückgeben*: geri vermek; *ausliefern*: teslim etmek, ele vermek; *Buch vs.* yayımlamak; *Vorschriften*, *Briefmarken vs.* piyasaya çıkarmak; **2.** *v/i*: **können Sie (mir) auf 100 Mark ~en?** 100 Markın üstünü verebilir misiniz?; **2er** *m* (-s; -), **2erin** *f* (-; -nen) yayımcı

herauskommen *v/i* (*krldş.*, *ayr.*, -ge-, sn, → *kommen*) ortaya çıkmak; *veröffentlicht werden*: *az.* yayımlanmak; *auf den Markt kommen*: *az.* piyasaya çıkmak; *Briefmar-*

hervorragend

ken vs.: çıkarılmak; **groß ~** büyük başarı olmak

heraus|reden *v/refl* (*ayr.*, -ge-, h) kendini temize çıkarmak (**aus** -den); **~stellen** *v/refl* (*ayr.*, -ge-, h): **sich ~stellen als** ... olarak ortaya çıkmak *od.* belirmek; **~strecken** *v/t* (*ayr.*, -ge-, h) dışarı çıkarmak, uzatmak (**aus** -den); **~suchen** *v/t* (*ayr.*, -ge-, h) seçmek (*j-m et.* b-ne bş)

herb *sıf. Wein*: sert; *Enttäuschung, Verlust*: acı

Herberg|e *f* (-; -n) konukevi; *Jugend*: hostel; **~smutter** hostel müdiresi; **~svater** *m* hostel müdürü

Herbst *m* (-s; -e) sonbahar; *im ~* sonbaharda; **℠lich** *sıf.* sonbaharla ilgili

Herd *m* (-s; -e) ocak; *mec.*, *Tıp* merkez, yuva

Herde *f* (-; -n) sürü (*az. mec. hkr.*)

herein *bel.*: **~!** buyrun!; **~fallen** *v/i* (*krldş.*, *ayr.*, -ge-, sn, → *fallen*) *mec.* (**A**) **~ auf** aldanmak; aldatılmak, kandırılmak (**auf A** tarafından); **~kommen** *v/i* (*krldş.*, *ayr.*, -ge-, sn, → *kommen*) içeri girmek; **~legen** *v/t* (*ayr.*, -ge-, h) *mec.* aldatmak, kandırmak

herfallen *v/i* (*krldş.*, *ayr.*, -ge-, sn, → *fallen*): **~ über** (**A**) b-nin üzerine saldırmak/atılmak; F *mec.* ağır eleştirmek

Hergang *m* (-s): *j-m den ~ schildern* b-ne bşin oluşunu anlatmak

hergeben (*krldş.*, *ayr.*, -ge-, h, → *geben*) **1.** *v/t* geri vermek, elden çıkarmak; **2.** *v/refl*: **sich ~ zu** bşe yanaşmak, bşi yapmaya hazır olmak

Hering *m* (-s; -e) *Zoo.* ringa(balığı); *Zelt*: çadır kazığı

her|kommen *v/i* (*krldş.*, *ayr.*, -ge-, sn, → *kommen*) gelmek (**von** -den); *mec. az.* bşin yüzünden olmak; **~kömmlich** *sıf.* geleneksel; **℠kunft** *f* (-) köken; *Person*: *az.* asıl, soy; kök; **℠kunftsland** *n* yurt, ülke

Herr *m* (-n; -en) bay, bey; *Din.* Rab; **~ Bach** Bay Bach; **~ der Lage** duruma hakim

Herren|bekleidung *f* erkek giyim eşyası; **~friseur** *m* berber, erkek kuaförü; **℠los** *sıf. Tier*: sahipsiz; *Fahrzeug vs.*: terk(edilmiş); **~mode** *f* erkek giyim modası; **~toilette** *f* erkekler tuvaleti

herrichten *v/t* (*ayr.*, -ge-, h) hazırlamak; (**wieder**) **~** restore etmek

herrlich *sıf.* şahane, mükemmel, enfes, F süper

Herrschaft *f* (-) egemenlik; *Macht*: iktidar; *die ~ verlieren über* (**A**) bşin hakimiyetini kaybetmek

herrsch|en *v/i* (h) hüküm sürmek, hakim olmak (**über A** bşe); **℠er** *m* (-s; -) hükümdar; padişah, sultan, kral

herrühren *v/i* (*ayr.*, -ge-, h): **~ von** *-den* ileri gelmek, *-den* kaynaklanmak

herstell|en *v/t* (*ayr.*, -ge-, h) yapmak, üretmek; *mec.* kurmak, sağlamak; **℠er** *m* (-s; -) üretici; **℠ung** *f* (-) yapım, üretim; *mec.* hazırlama, kurma; **℠ungskosten** *pl* üretim giderleri

herüberkommen *v/i* (*krldş.*, *ayr.*, -ge-, sn, → *kommen*) bu tarafa gelmek

herum *bel.*: *um Ostern ~* Paskalya sırasında; → *andersherum*; **~führen** *v/t* (*ayr.*, -ge-, h): *j-n* (*in der Stadt vs.*) **~führen** b-ni (şehirde vs.) dolaştırmak/gezdirmek; **~kommen** *v/i* (*krldş.*, *ayr.*, -ge-, sn, → *kommen*) *mec.* kaçınmak, kurtulmak, F sıyrılmak (**um** -den); **~kriegen** *v/t* (*ayr.*, -ge-, h) F kandırmak; **~lungern** *v/i* (*ayr.*, -ge-, h) boş durmak, tembel tembel oturmak; **~reichen** *v/t* (*ayr.*, -ge-, h) elden ele dolaştırmak, geçirmek; **~sprechen** *v/refl* (*krldş.*, *ayr.*, -ge-, h, → *sprechen*) ağızdan ağıza dolaşmak, yayılmak

herunter|gekommen *sıf.* perişan, düşkün; *schäbig*: sefil, berbat; **~kommen** *v/i* (*krldş.*, *ayr.*, -ge-, sn, → *kommen*) perişan olmak, sefil olmak; *die Treppe ~kommen* *az.* merdivenden inmek; → *heruntergekommen*; **~spielen** *v/t* (*ayr.*, -ge-, h) F *mec.* önemsiz göstermek

hervor|gehen *v/i* (*krldş.*, *ayr.*, -ge-, sn, → *gehen*): **~gehen aus** bşin sonucu olmak; **~heben** *v/t* (*krldş.*, *ayr.*, -ge-, h, → *heben*) *mec.* vurgulamak, (altını çizerek) belirtmek; **~ragend** *sıf. mec.* olağanüstü, mükemmel; *Bedeutung, Persönlich-*

hervorrufen

keit: önemli, seçkin; **~rufen** *v/t* (*krldş.*, *ayr.*, -ge-, h, → **rufen**) *mec.* bşe sebep olmak; *Problem vs. az.* yaratmak, -e yol açmak; **~stechend** *sıf. mec.* çarpıcı, gözalıcı; **~tun** *v/refl* (*krldş.*, *ayr.*, -ge-, h, → **tun**) kendini göstermek (**als** olarak)

Herz *n* (-ens; -en) *Anat.* yürek, kalp (*az. mec.*); *Kartenspiel*: (*Farbe*) kupa kartları *pl*, (*Karte*) kupa; **sich ein ~ fassen** cesaretini toplamak; **mit ganzem ~en** tüm kalbiyle; **sich et. zu ~en nehmen** bşi ciddiye almak; **es nicht übers ~ schließen b**-nin kalbini kazanmak; b-ne kalpten vurulmak; **~anfall** *m Tıp* kalp krizi

Herzenslust *f*: **nach ~** b-nin gönlünce

Herzenswunsch *m* içten dilek

herz|ergreifend *sıf.* etkileyici, dokunaklı; **2fehler** *m Tıp* yürek bozukluğu; **~haft** *sıf.* yürekli; **~ig** *sıf.* sevimli, tatlı, şirin; **2infarkt** *m Tıp* kalp enfarktüsü; **2klopfen** *n* (-s): **er hatte 2klopfen** kalp çarpıntısı vardı (**vor** *D* -den); **~krank** *sıf.* kalbi hasta, kalp hastası; **~lich 1.** *sıf.* candan, içten; *Empfang*, *Lächeln vs.: az.* sıcak, dostça; **→ Gruß**; **2.** *bel*.: **~lich gern** memnuniyetle; **~los** *sıf.* duygusuz, acımasız

Herzog *m* (-s; ¨e) dük; **~in** *f* (-; -nen) düşes

Herz|schlag *m* yürek çarpıntısı; *Tıp* kalp sıkışması; **~schrittmacher** *m Tıp* kalbin atış hızını ayarlayan aygıt; F (kalp) pil(i); **~verpflanzung** *f Tıp* kalp nakli; **~versagen** *n Tıp* kalp yetersizliği; **2zerreißend** *sıf.* yürek parçalayan, içler acısı

Heu *n* (-s) kuru ot; **~boden** *m* (kuru) ot ambarı

Heuch|elei *f* (-; -en) ikiyüzlülük; *Bemerkung*: ikiyüzlüce söylenmiş söz; **~ler** *m* (-s; -) ikiyüzlü; **2lerisch** *sıf.* riyakârca, ikiyüzlü

heuer *bel.* bu yıl

heuern *v/t* (h) *Gemi.* kiralamak

heulen *v/i* (h) ulumak; F *hkr. weinen*: feryat etmek, ağlamak; *Oto.* gürültü/uğultu çıkarmak; *Sirene*: ulumak

410

Heu|schnupfen *m Tıp* saman nezlesi; **~schrecke** *f* çekirge

heute *bel.* bugün; **~ Abend** bu akşam; **~ in acht Tagen** haftaya bugün; **~ vor acht Tagen** bir hafta önce bugün; **→ Mittag**

heut|ig *sıf.* bugünkü; *gegenwärtig*: günümüz(deki); **~zutage** *bel.* bugünlerde

Hexe *f* (-; -n) cadı (*az. mec.*): **alte ~** acuze karı; **~nkessel** *m mec.* cehennem; **~nschuss** *m Tıp* lumbago

Hieb *m* (-s; -e) darbe, vuruş; *Faust*&: *az.* yumruk (atma); **~e** *pl* dayak *sg*, dövme *sg*

hier *bel.* burada (*az. anwesend*); **~ entlang!** bu yoldan; **~ bleiben** burada kalmak

hierher: *mec. das gehört nicht ~* bunun konuyla ilgisi yok; F bunun yeri burası değil

hiesig *sıf.* buralı, buradaki

Hilfe *f* (-; -n) yardım; *Beistand*: destek(leme) (*az. Ekon.*), yardımcılık (*az. Tıp*), kurtarma (**für** -e); **j-m erste ~ leisten** b-ne ilkyardımda bulunmak; **um ~ rufen** imdat çağırmak; **~!** imdat!; **→mithilfe**; **~ruf** *m* yardım isteme, imdat çağırma; **~stellung** *f* (-) destekleme (*az. mec.*)

hilf|los *sıf.* çaresiz, zavallı; **~reich** *sıf.* acıyan, yardım eden

Hilfs|aktion *f* yardım kampanyası; **~arbeiter** *m* yardımcı işçi; *am Bau vs.*: amele; **2bedürftig** *sıf.* yardıma muhtaç; **2bereit** *sıf.* yardıma hazır; **~bereitschaft** *f* yardımseverlik; **~mittel** *n* çare, araç; **~organisation** *f* yardım kuruluşu, hayır kurumu

Himbeere *f* (-; -n) ahududu

Himmel *m* (-s; -) gök; *Din.*, *mec.* cennet; **am ~** gökte; **im ~** cennette; **um ~s willen** Allah aşkına; **~ heiter**; **2blau** *sıf.* gök mavisi; **~fahrt** *f* (-) *Din.* Miraç günü, *christlich*: Uruç günü; *Mariä ~fahrt*: Urucu Meryem; **~fahrtskommando** *n* intihar komandosu

Himmels|körper *m* gök cismi; **~richtung** *f* yön *az. Kompass*

himmlisch *sıf.* semavi, göksel; *mec. az.* nefis, muhteşem

hin *bel*.: **bis ~ zu** -e kadar/değin; **noch lange ~** daha uzun süre; **auf**

s-e Bitte (s-n Rat) ~ onun ricası (tavsiyesi) üzerine; **~ und her** sağa sola; **~ und wieder** ara sıra; **~ und zurück** gidiş dönüş; *Fahrkarte*: gidiş-dönüş (bileti); **~ sein** F *kaputt sein*: bozuk *od.* kırık olmak

hinarbeiten *v/i (ayr., -ge-, h)*: **~ auf** *(A)* bş için *(od.* bş doğrultusunda) çalışmak

hinaufgehen *v/i ve v/t (krldş., ayr., -ge-, sn, → gehen)* yukarı çıkmak; *die Treppe* **~** merdivenden (yukarı) çıkmak

hinausgehen *v/i (krldş., ayr., -ge-, sn, → gehen)* dışarı çıkmak; **~ über** *(A)* b-ni aşmak; **~ auf** *(A) Fenster vs.*: -e bakmak

hinauslaufen *v/i (krldş., ayr., -ge-, sn, → laufen)* dışarı koşmak; **~ auf** *(A)* bşle sonuçlanmak

hinaus|schieben *v/t (krldş., ayr., -ge-, h, → schieben)* ertelemek, tehir etmek; **~werfen** *v/t (krldş., ayr., -ge-, h, → werfen)* dışarı atmak *(aus* -den); *mec. az.* saçıp savurmak; *entlassen*: az. kovmak, F sepetlemek; **~wollen** *v/i (krldş., ayr., -ge-, h, → wollen)* dışarı çıkmak istemek; **~wollen auf** *(A) mit Worten*: demek istemek, kastetmek

Hinblick *m*: **im ~ auf** *(A)* bakımından, hakkında

hinbringen *v/t (ayr., -ge-, h, → bringen)* götürmek, bşi bye yetiştirmek

hinder|n *v/t (h)* engellemek **(j-n an** *D* b-nin bşi yapmasını); **~nis** *n (-ses; -se)* engel *(az. mec.)*

hindurch *bel.*: *das ganze Jahr* **~** bütün yıl boyunca

hineingehen *v/i (krldş., ayr., -ge-, sn, → gehen)* (içeri) girmek **(in** *A* -e)

hin|fallen *v/i (krldş., ayr., -ge-, sn, → fallen)* (yere) düşmek; **~fällig** *sıf. gegenstandslos*: geçersiz; **~halten** *v/t (krldş., ayr., -ge-, h, → halten)* *j-n*: b-ni bşle eğlemek, oyalamak

hinken *v/i (h)* topallamak, *mec.* aksamak

hin|kommen *v/i (krldş., ayr., -ge-, sn, → kommen)* oraya gitmek *veya* gelmek; **~kriegen** *v/t (ayr., -ge-, sn,* F becermek; **~länglich** *sıf.* yeterli; **~legen** *(ayr., -ge-, h)* **1.** *v/t* bşi bye uzatmak, koymak; **2.** *v/refl* bye uzanmak; **~nehmen** *v/t (krldş., ayr., -ge-, h, → nehmen)* *ertragen*: bşe katlanmak; **~reißen** *v/t (krldş., ayr., -ge-, h, → reißen)* alıp götürmek, *mec.* kendinden geçirmek, hayran bırakmak; **~reißend** *sıf.* eşsiz, olağanüstü; *Schönheit*: şahane güzel; **~richten** *v/t (ayr., -ge-, h)* idam etmek; **♀richtung** *f (-; -en)* idam, infaz; **~setzen** *v/refl (ayr., -ge-, h)* bye oturmak; **♀sicht** *f (-)* bakım, husus; **in gewisser ♀sicht** bir bakıma; **~sichtlich** *ilg.* ... bakımından, ... bağlamında; **~stellen** *v/t (ayr., -ge-, h)* *abstellen*: bye koymak; *j-n, et.* **~stellen als** b-ni bş olarak göstermek

hinten *bel.* arkada, *im Auto vs.*: arka tarafta; *von* **~** arkadan

hinter *ilg. (A) -in* arkasına; *ilg. (D) -in* arkasında; **♀bliebene** *pl* hayatta kalanlar; ölünün ailesi *sg*, *özl. Huk.* ölenin geride kalan yakınları; **~einander** *bel.* arka arkaya; *dreimal* **~einander** art arda üç kez; **♀gedanke** *m* art düşünce, *negativ*: art niyet; **♀grund** *m (-s; ⁻e)* fon, geri/arka plan *(az. mec.)*; **~her** *bel. zeitlich*: ardından; **♀hof** *m* arka avlu; **♀kopf** *m* başın arkası; **♀land** *n (-s)* art bölge, hinterlant; **~lassen** *v/t (krldş., ayrılmaz, h, → lassen)* (geriye) bırakmak; **♀lassenschaft** *f (-; -en)* tereke, miras; **~legen** *v/t (ayrılmaz, h)* b-ne bşi yatırmak, rehin bırakmak **(bei** -e); **♀n** *m (-s; -)* F kıç, popo, kaba; **~rücks** *bel.* arkadan, kalleşçe; **♀seite** *f* arka taraf; **♀teil** *n* F → *Hintern*; **♀treppe** *f* arka merdiven; **♀tür** *f* arka kapı; **~ziehen** *v/t (krldş., ayrılmaz, h, → ziehen)* *Steuer* kaçırmak; **♀zimmer** *n* arka oda

hinuntergehen *v/i ve v/t (krldş., ayr., -ge-, sn, → gehen)* aşağıya gitmek; *die Treppe* **~** merdivenden inmek

Hinweg *m* gidiş (yolu)

hinwegkommen *v/i (krldş., ayr., -ge-, sn, → kommen)*: **~ über** *(A)* bşi aşmak *(az. mec.)*, nefsine yedirmek

hinwegsehen *v/i (krldş., ayr., -ge-, h, → sehen)*: **~ über** *(A) ignorieren*: bşe göz yummak, bşi görmezden gelmek

hinwegsetzen *v/refl (ayr., -ge-, h)*: *sich ~ über (A)* bşe önem vermemek, bşe aldırmamak

Hinweis *m (-es; -e)* bilgi, ima; *Anzeichen*: işaret, ipucu; ⟲en *(krldş., ayr., -ge-, h, → weisen)* **1.** *v/t*: *j-n* ⟲en *auf (A)* b-nin dikkatini bşe çekmek, b-ne bşi anımsatmak; **2.** *v/i*: ⟲en *auf (A)* göstermek; *mec.* belirtmek; *anspielen*: -e ima etmek; **~schild** *n*, **~tafel** *f* işaret levhası

hinwerfen *v/t (krldş., ayr., -ge-, h, → werfen)* F *Job* (işten) çıkmak

hinziehen *v/refl (krldş., ayr., -ge-, h, → ziehen) räumlich*: uzanmak *(bis zu -e* kadar); *zeitlich*: uzamak, sürmek

hinzu|fügen *v/t (ayr., -ge-, h)* eklemek *(zu* -e, *az. mec.)*; **~kommen** *v/i (krldş., ayr., -ge-, sn, → kommen)* (ayrıca) ilave edilmek; *~ kommt, dass* ayrıca şu da var ki ..., şunu da ilave etmek gerekir ki ...; **~ziehen** *v/t (krldş., ayr., -ge-, h, → ziehen) Arzt, Experten* -e danışmak

Hirn *n (-s; -e) Anat.* beyin *az. mec.*

Hirsch *m (-es, -e)* geyik

hissen *v/t (h) Flagge* (bayrak) çekmek; *Segel* (yelken) açmak

Historiker *m (-s; -)*, **~in** *f (-; -nen)* tarihçi

historisch *sıf.* tarihsel; *Ereignis vs.*: tarihi

Hitze *f (-)* aşırı sıcaklar *pl*; **~welle** *f* sıcak (hava) dalgası

hitzlig *sıf.* kızgın; *Debatte*: ateşli, hararetli; ⟲**kopf** *m* çabuk kızan; ⟲**schlag** *m Tıp* güneş çarpması

HIV|-negativ *sıf. Tıp* HIV negatif; **~positiv** *sıf. Tıp* HIV pozitif

hoch 1. *sıf.* yüksek; *Baum, Haus vs.*: büyük; *Strafe*: ağır; *Gast vs.*: önemli, yüce; *Alter.* ilerlemiş; *Schnee*: kalın; *in hohem Maße* yüksek derecede; *das ist mir zu ~* bunu ben anlayamam, bu beni aşar; **2.** *bel.*: *3000 Meter ~ fliegen vs.* 3.000 metre yükseklikte

Hoch *n (-s; -s) Meteor.* yüksek (cephe)

Hoch|achtung *f* (derin) saygı *(vor D* -e); ⟲**achtungsvoll** *bel. Brief*: Saygılarımla; **~bau** *m (-s)*: *Hochund Tiefbau* her üstü ve yer altı inşaatı; **~betrieb** *m (-s)* hummalı faaliyet; **~deutsch** *n* Yüksek *(od. Standart)* Almanca; **~druck** *m Meteor., Fiz.* yüksek basınç; **~druckgebiet** *n Meteor.* yüksek basınç bölgesi; **~ebene** *f* yayla; **~form** *f (-)*: *in ~form* tam formunda; **~frequenz** *f El.* yüksek frekans; **~gebirge** *n* yüksek dağlar *pl*; **~genuss** *m* büyük zevk, özel zevk; **~haus** *n* yüksek bina; **~konjunktur** *f Ekon.* yüksek konjonktür; **~land** *n* yüksek arazi; **~ofen** *m Tek.* yüksek fırın; ⟲**prozentig** *sıf. Schnaps vs.*: (alkol) derecesi yüksek; *Lösung*: yüksek derecili; **~saison** *f* yüksek sezon; **~schulabschluss** *m* yüksek okul mezuniyeti; **~schule** *f* yüksek okul, üniversite; **~sommer** *m* yaz ortası; *im ~sommer* yaz ortasında; **~spannung** *f El.* yüksek gerilim *(az. mec.)*, yüksek voltaj; ⟲**spielen** *v/t (ayr., -ge-, h)* F *mec.* büyük oynamak; **~sprung** *m (-s)* yüksek atlama

höchst 1. *sıf.* en yüksek; *mec. az.* yüce; *äußerst*: aşırı; **2.** *bel.* gayet, son derece, aşırı

Hochstapler *m (-s; -)* sahtekâr, dolandırıcı

höchstens *bel.* en çok, olsa olsa

Höchst|geschwindigkeit *f* son sürat; *Begrenzung*: azami sürat; **~maß** *n* en yüksek derece, en yüksek boyut *(an D* -in); **~preis** *m* tavan/ azami fiyat, en yüksek fiyat; *zum ~preis* en yüksek fiyattan; **~stand** *m* en yüksek düzey; ⟲**wahrscheinlich** *bel.* büyük bir olasılıkla

Hoch|wasser *n (-s)* su baskını; *Überschwemmung*: sel (baskını); ⟲**wertig** *sıf.* çok değerli, üstün nitelikli

Hochzeit *f (-; -en)* düğün; **~skleid** *n* düğün elbisesi; **~snacht** *f* düğün gecesi; **~sreise** *f* balayı gezisi; **~stag** *m* düğün günü; *Jahrestag*: evlenme yıldönümü

hocke|n *v/i (h)* çömelmek, F çömelip oturmak; ⟲**r** *m (-s; -)* tabure

Hockey *n (-s) Sport.* hokey

Hoden *m (-s; -) Anat.* haya, *vulgär*: taşak

Hof *m (-s; ⁓e)* avlu; *Trm.* çiftlik; *Innen*⟲: iç avlu; *Fürsten*⟲: saray; *bei ~e* sarayda; **~dame** *f* nedime

hoffen *v/i ve v/t (h)* ümit etmek, um-

mak (*auf A* -i); *zuversichtlich*: güvenmek (-e); *das Beste* ~ en iyisini ümit etmek; *ich hoffe es* umarım; *ich hoffe nicht* ümit etmem, *ich will es nicht* ~ ümit etmek bile istemem; **~tlich** *bel.* umarım, inşallah

Hoffnung *f* (-; -en) umut, ümit (*auf A* -e); *sich ~en machen* umut etmek; *die ~ aufgeben* umudunu yitirmek; **♀slos** *sıf.* umutsuz; **♀svoll** *sıf.* umutlu, umut dolu; *viel versprechend*: umut verici

höflich *sıf.* kibar, nazik; **♀keit** *f* (-) nezaket

Höhe *f* (-; -n) yükseklik; *Hava.*; *An*♀: tepe; *Gipfel*: doruk (*az. mec.*); *e-r Summe, Strafe vs.*: miktar; *Niveau*: düzey; *Ausmaß*: boy, ölçü; *auf gleicher ~ mit* ile aynı düzeyde; *in die ~* havaya; *ich bin nicht ganz auf der ~* gücüm/takatim pek yok

Hoheit *f* (-; -en) *Pol.* egemenlik; *Titel*: Zatı Şahaneleri; **~sgebiet** *n* egemenlik sahası; **~sgewässer** *pl* kara suları; **~szeichen** *n* ulusal simge, egemenlik arması

Höhen|luft *f* (-) dağ havası; **~sonne** *f Tıp* ultraviyole lambası

Höhepunkt *m* en yüksek derece, doruk (*az. sexuell*), yücelim, tepe, zirve; *e-s Abends vs.*: en önemli olay

hohl *sıf.* oyuk; boş, kof (*az. mec.*)

Höhle *f* (-; -n) mağara, in

Hohl|maß *n* istiap ölçeği; **~raum** *m* boşluk, boş mekân

Hohn *m* (-s) alay, hor görme, küçümseme

höhnisch *sıf.* alaycı, küçümseyici

Holdinggesellschaft *f Ekon.* holding (ortaklığı)

holen *v/t* (h) gidip almak; *Polizei, ams Telefon*: çağırmak; *~ lassen* b-ni yollayıp aldırtmak; *sich (e-n Schnupfen) ~* (nezleye) yakalanmak; *sich Rat ~* danışmak, akıl almak; → **Atem, Luft**

Holland *n* Hollanda

Holländ|er *m* (-s; -) Hollandalı; **~erin** *f* (-; -nen) Hollandalı (kadın); **♀isch** *sıf.* Hollanda

Hölle *f* (-; -n) cehennem; *in die ~ kommen* cehenneme gitmek; **~nlärm** *m* dayanılmaz gürültü

höllisch *sıf.* cehennemle ilgili, cehennemi; *mec.* son derece

holperig *sıf.* inişli yokuşlu; eğri büğrü; *Weg*: kasisli

Holz *n* (-es; ⸚er) odun; *Nutz*♀: tahta; *aus ~* tahtadan, ahşap

hölzern *sıf.* tahtadan; *mec.* hantal, sakar, beceriksiz

Holz|weg *m mec.*: *auf dem ~weg sein* yanlış yolda olmak; **~wolle** *f* ambalaj talaşı, yonga

Homepage *f* (-s) ana sayfa

homöopathisch *sıf.* homeopatik

homosexuell *sıf.* eşcinsel; **♀e** *m* (-n; -n) eşcinsel

Honig *m* (-s; -e) bal; **~melone** *f* kavun

Honorar *n* (-s; -e) ücret

Hopfen *m* (-s) *Bot.* şerbetçiotu

hörbar *sıf.* işitilebilir, duyulabilir

horche|n *v/i ve v/t* (h) kulak vermek (*auf A* -e); *heimlich*: -e kulak kabartmak; **♀r** *m* (-s; -) kulak kabartan

Horde *f* (-; -n) sürü (*az. Zoo.*); *hkr. az.* gürüh, çete

hören *v/i ve v/t* (h) duymak; *an~, Radio, Musik vs. -i* dinlemek; *gehorchen*: (söz) dinlemek, kulak vermek; *~ auf* (*A*) b-nin sözünü dinlemek; *von j-m ~* b-nden dinlemek/duymak; *er hört schwer* ağır işitiyor; *hör(t) mal!* dinle(yin); *erklärend*: *az.* bak(ın)!; *nun* (*od. also*) *hör(t) mal! Einwand*: bir dakika bir dur(un) bakalım

Hör|er *m* (-s; -) dinleyici; *Tel.* ahize; **~fehler** *m Tıp* işitme arızası; **~gerät** *n* işitme cihazı

Horizont *m* (-s; -e) ufuk, çevren (*az. mec.*): *s-n ~ erweitern* ufkunu genişletmek/açmak; *das geht über meinen ~* bu benim anlama yeteneğimi aşıyor; **♀al** *sıf.* yatay, ufki

Hormon *n* (-s; -e) hormon

Horn *n* (-s; ⸚er) boynuz; **~haut** *f* nasır; *Auge*: saydam tabaka, kornea

Hornisse *f* (-; -n) eşekarısı

Horoskop *n* (-s; -e) yıldız falı

Horrorfilm *m* gerilim filmi, F korku filmi

Hör|saal *m* dersane, amfi; **~spiel** *n* radyo oyunu; **~weite** *f* (-): *in* (*außer*) **~weite** duyuş uzaklığı içinde (dışında)

Höschen *n* (-s; -) *Slip*: külot

Hose *f* (-; -n) pantolon; **~nrock** *m*

pantolon-etek; ~nschlitz *m* pantolon (ön) yırtmacı; ~nträger *pl* pantolon askısı *sg*
Hotel *n* (-s; -s) otel; ~ **garni** (lokantası olmayan) kahvaltı oteli; ~**direktor** *m* otel müdürü; ~**gewerbe** *n* otelcilik (branşı); ~**verzeichnis** *n* oteller rehberi; ~**zimmer** *n* otel odası
HP *kıs.* = *Halbpension f* yarım pansiyon
Hr. *kıs.* = *Herr m* bay, bey
Hrn. *kıs.* = *Herrn* ... beye, ... beyi
Hrsg. *kıs.* = *Herausgeber m* yayımlayan
Hubraum *m Oto.* silindir hacmi
hübsch *sıf.* güzel, sevimli, şirin; *Geschenk vs.:* zarif
Hubschrauber *m* (-s; -) *Hava.* helikopter; ~**landeplatz** *m* helikopter (iniş) pisti
Huckepackverkehr *m* vagonla oto taşımacılığı
Hüft|e *f* (-; -n) *Anat.* kalça; ~**gelenk** *n* kalça eklemi; ~**knochen** *m* kalça kemiği
Hügel *m* (-s; -) tepe, küçük dağ; 2**ig** *sıf.* dağlık, inişli yokuşlu
Huhn *n* (-s; ⸚er) tavuk
Hühnchen *n* (-s; -) piliç; *ein ~ zu rupfen haben mit* b-yle görülecek hesabı olmak
Hühner|auge *n Tıp* nasır; ~**brühe** *f* tavuk suyu; ~**ei** *n* tavuk yumurtası; ~**farm** *f* tavuk çiftliği
Hülle *f* (-; -n) kılıf, zarf; *Schutz*2 örtü, *Buch*2, *Platten*2: kap; *in ~ und Fülle* bol bol
Hülsenfrüchte *pl* baklagiller
human *sıf.* insanca, insana yakışan; ~**itär** *sıf.* insancıl, insanlıkla ilgili; 2**ität** *f* (-) insanlık
Hummel *f* (-; -n) yabanarısı
Hummer *m* (-s; -) ıstakoz
Humor *m* (-s) mizah, gülmece; şaka; 2**voll** *sıf.* sevimli, şakacı
Hund *m* (-s; -e) köpek
Hunde|hütte *f* köpek kulübesi; ~**kuchen** *m* köpek bisküisi; 2**müde** *sıf.* bitkin, F turşu gibi

hundert *sıf.* yüz; *zu* 2**en** yüzlercesi birden; 2**jahrfeier** *f* yüzüncü yıl şenliği
Hündin *f* (-; -nen) dişi köpek
Hunger *m* (-s) açlık; *ich habe ~* karnım acıktı; ~**lohn** *m* karın tokluğuna ücret; 2*n v/i* (h) açlık çekmek; ~**snot** *f* kıtlık; ~**streik** *m* açlık grevi
hungrig *sıf.* (karnı) aç
Hupe *f* (-; -n) *Oto.* korna; 2*n v/i* (h) korna çalmak
hüpfen *v/i* (sn) sıçramak; *Ball vs.:* zıplamak
Hupverbot *n* korna çalma yasağı
Hürde *f* (-; -n) engel (*az. mec.*)
Hure *f* (-; -n) hayat kadını, F fahişe
huschen *v/i* (sn) sessizce gitmek
hüsteln *v/i* (h) hafif öksürmek
husten *v/i* (h) öksürmek
Husten *m* (-s) öksürük; ~ *haben* öksürüğü olmak; ~**anfall** *m* öksürük nöbeti/tutması; ~**bonbon** *m, n* öksürük şekeri; ~**saft** *m* öksürük şurubu
Hut[1] *m* (-s; ⸚e) şapka
Hut[2] *f* (-): *auf der ~ sein* uyanık/tetikte olmak (*vor D* bşe karşı)
hüten (h) **1.** *v/t Haus, Kind vs.* korumak, *-e* bakmak; **2.** *v/refl: sich ~ vor* (*D*) *-den* sakınmak; *sich ~, et. zu tun* bşi yapmaktan çekinmek
Hütte *f* (-; -n) kulübe (*az. hkr.*), kabin; *hkr.* baraka; *Berg*2, *Jagd*2: kulübe
Hydrant *m* (-en; -en) yangın musluğu
hydraulisch *sıf.* hidrolik
Hydrokultur *f* (-) hidrokültür
Hygien|e *f* (-) sağlık bilgisi, hijyen; 2**isch** *sıf.* hijyenik
Hymne *f* (-; -n) → *Nationalhymne*
Hypno|se *f* (-; -n) hipnoz; ~**tiseur** *m* (-s; -e) hipnotizmacı; 2**tisieren** *v/t* (h) hipnotize etmek
Hypothek *f* (-; -en) ipotek; *e-e ~ aufnehmen* ipotek almak (*auf A* -e); ~**enzinsen** *pl* ipotek faizi *sg*
Hypothe|se *f* (-; -n) varsayım; 2**tisch** *sıf.* varsayımsal
Hysteri|e *f* (-) histeri; 2**sch** *sıf.* histerik

I

i. A. *kıs.* = **im Auftrag** ... adına; *-e* vekâleten
ICE *kıs.* = **Intercity-Express** *m* şehirler arası ekspres, ICE treni
ich *kişi zam.* ben; **~ selbst** (ben) kendim; **~ bins** ben'im
ideal *sıf.* mükemmel, ideal
Ideal *n* (-s; -e) ülkü, ideal; **~fall** *m* ideal durum; **im ~fall** ideal durumda; **~ismus** *m* (-) idealizm; **~ist** *m* (-en; -en) idealist
Idee *f* (-; -n) fikir
identi|fizieren (h) **1.** *v/t* b-nin kimliğini belirlemek; **2.** *v/refl:* **sich ~fizieren mit** *-i* benimsemek; k-ni ... ile özdeşleştirmek; **~sch** *sıf.* aynı, özdeş; **ℒtät** *f* (-) özdeşlik, kimlik; **ℒtätskrise** *f* kimlik bunalımı
Ideolog|ie *f* (-; -n) ideoloji; **ℒisch** *sıf.* ideolojik
Idiot *m* (-en; -en) alık, bunak, aptal; **ℒisch** *sıf.* alık, aptal
Idol *n* (-s; -e) put, tapınılan şey
Idyll *n* (-s; -e), **~e** *f* (-; -n) idil; **ℒisch** *sıf.* gönül açıcı
IG *kıs.* = **Industriegewerkschaft** *f* sanayi sendikası
Igel *m* (-s; -) *Zoo.* kirpi
ignorieren *v/t* (h) görmezlikten gelmek
ihr *iyelik zam.* onun (bayan); *pl* onların; **Ihr** *sg ve pl* sizin; **~etwegen** *bel.* onun (*pl* onlar) için
illegal *sıf.* kanuna aykırı, yasadışı
Illus|ion *f* (-; -en) yanılsama; kuruntu, hayal; **ℒorisch** *sıf.* yanıltıcı, aldatıcı
Illu|strieren *f* (-; -en) resim(leme); **ℒstrieren** *v/t* (h) resimlemek; **~strierte** *f* (-n; -n) resimli dergi, magazin (dergisi)
im (= **in dem**) *ilg.:* **~ Bett** yatakta; **~ Kino** sinemada; → **Erdgeschoss, Februar** *vs.*
Image *n* (-; -s) imge, görünüm, imaj
Imbiss *m* (-es; -e) hafif yemek; **~stube** *f* büfe, sandviç büfesi
imitieren *v/t* (h) taklit etmek, benzetmek
immer *bel.* daima; her zaman; **~ mehr** gittikçe, gitgide; **~ noch** hâlâ; **~ wieder** sık sık, defalarca; → **für**
Immigrant *m* (-en; -), **~in** *f* (-; -nen) (bir ülkeye gelen) göçmen, mülteci
Immission *f* (-; -en) gürültü/kirlenme etkisi; **~sschutz** *m* gürültü/kirlenme etkisinden koru(n)ma
Immobilien *pl* gayrimenkul *sg*; **~makler(in** *f*) *m* emlakçi
immun *sıf.* bağışık (**gegen** *-e* karşı); **ℒität** *f* (-) bağışıklık
Imperialis|mus *m* (-) emperyalizm; **~t** *m* (-en; -en) emperyalist; **ℒtisch** *sıf.* emperyalist
impf|en *v/t* (h) *Tıp* -e aşı yapmak (**gegen** -e karşı), aşılamak; **ℒpass** *m*, **ℒschein** *m* aşı karnesi; **ℒstoff** *m* aşı (maddesi); **ℒung** *f* (-; -en) aşı yapma, aşılama
imponieren *v/i* (h): *j-m* **~** b-ni etkilemek
Import *m* (-s; -e) ithal; *Importiertes*: ithalat *pl*; **~beschränkungen** *pl* ithalat kısıtlamaları *pl*; **~eur** *m* (-s; -e) ithalatçı; **ℒieren** *v/t* (h) ithal etmek
imposant *sıf.* etkileyici, heybetli
improvisieren (h) **1.** *v/t* hemen uyduruvermek; **2.** *v/i* doğaçlama yapmak
Impuls *m* (-es, -e) içtepi; *Anstoß*: *az.* itiş, teşvik; **ℒiv** *sıf.* içtepisel; itici
imstande *sıf.*: **~ sein, et. zu tun** bşi yapacak durumda olmak
in *ilg.* **1.** *räumlich: wo?* (*D*) -*in* içinde; *innerhalb: -in* içerisinde; *wohin?* (*A*) -*in* içine; **warst du schon mal in ...?** sen hiç (bye) gittin mi?; → **Schule, Stadt, überall** *vs.*; **2.** *zeitlich:* (*D*) -*de;* **dieser** (**der nächsten**) **Woche** bu hafta (içinde); **~ diesem Alter** (**Augenblick**) bu yaşta (anda); → **heute** *vs.*; **3.** *Art und Weise vs.:* (*D*) ile; *-de*; **~ Eile, gut¹** *vs.*
inbegriffen *sıf.* dahil
Inder *m* (-s; -), **~in** *f* (-; -nen) Hintli
Index *m* (-es, -e, -dizes) dizin; *Ekon.* endeks
Indianer *m* (-s; -), **~in** *f* (-; -nen) kızılderili
Indien *n* Hindistan

indirekt *sıf.* dolaylı; endirekt
indisch *sıf.* Hint(li) ...
indiskret *sıf.* sır saklamaz, F boşboğaz; **⁓ion** *f* (-; -en) (sırrı) açığa vurma
indiskutabel *sıf.* tartışmaya değmez
individuell *sıf.* bireysel
Indonesien *n* İndonezya
industrialisier|en *v/t* (h) sanayileştirmek; **⁓ung** *f* (-) sanayileş(tir)me
Industrie *f* (-; -n) sanayi, endüstri; **⁓gebiet** *n* sanayi bölgesi
industriell *sıf.* sınai; **⁓e** *m, f* (-n; -n) sanayici
Industrie|spionage *f* sanayi casusluğu; **⁓staat** *m* sanayi ülkesi; **⁓- und Handelskammer** *f* sanayi ve ticaret odası
Infektion *f* (-; -en) *Tıp* bulaşma; **⁓skrankheit** *f* bulaşıcı hastalık
infizieren (h) **1.** *v/t* bşe bşi bulaştırmak/geçirmek; **2.** *v/refl* bulaşmak, geçmek; *sich ⁓ bei -de/-den* (hastalık) kapmak
Inflation *f* (-; -en) *Ekon.* enflasyon; **⁓är** *sıf.* enflasyonist; **⁓srate** *f* enflasyon oranı
infolge *ilg. -in* sonucu olarak; **⁓dessen** *bel.* bundan dolayı, bu nedenle
Informatik *f* (-) bilişim (bilimi); **⁓er** *m* (-s; -), **⁓erin** *f* (-; -nen) bilişimci, bilgisayar bilimcisi
Information *f* (-; -en) bilgi; *die neuesten ⁓en pl* en son bilgi *sg*; **⁓sbüro** *n* danışma bürosu; **⁓smaterial** *n* bilgi/enformasyon malzemesi; **⁓sschalter** *m* danışma gişesi
informieren *v/t* (h) b-ne bilgi vermek; *sich ⁓* bilgi almak; (*über A* hakkında); *falsch ⁓* yanlış bilgi vermek
infrage *bel.*: *⁓ stellen* şüpheli duruma sokmak; *gefährden*: tehlikeye atmak; *⁓ kommen* söz konusu olmak; *nicht ⁓ kommen* söz konusu olmamak
infrarot *sıf. Fiz.* kızılötesi, enfraruj
Infrastruktur *f* altyapı
Ingenieur *m* (-s; -e), **⁓in** *f* (-; -nen) mühendis
Inh. *kıs.* = *Inhaber m* sahibi
Inhaber *m* (-s; -) sahip, malik; *e-r Wohnung*: byde oturan, kiracı; *e-s Ladens*: dükkân sahibi; *e-s Amtes vs.*: makam sahibi; **⁓in** *f* (-; -nen) sahibe
Inhalt *m* (-s; -e) *gnl.* içerik; *Buch*: içindekiler *pl*; *Raum*⁓: kapasite; *mec. Sinn*: anlam; **⁓sangabe** *f* özet; **⁓sverzeichnis** *n Buch*: içindekiler (listesi)
Initiative *f* (-; -n) girişim; *die ⁓ ergreifen* girişimde bulunmak
inkl. *kıs.* = *inklusive*
inklusiv|e *ilg.* ... içinde, ... ile birlikte; **⁓preis** *m* her şeyin dahil olduğu fiyat
inkonsequent *sıf.* tutarsız
Inkonsequenz *f* tutarsızlık
Inkrafttreten *n* (-s) yürürlüğe girme
Inland *n* (-s) yurt, ülke; *Landesinnere*: yurdun iç bölgesi; **⁓flug** *m* iç hat uçuşu
inländisch *sıf.* yerli, ülke ...
inmitten *ilg. -in* ortasında
innen *bel.* içinde; *im Haus*: ev içinde, içeriye; *nach ⁓* içeriye (doğru); **⁓architekt(in** *f***)** *m* iç mimar; **⁓architektur** *f* iç mimari; **⁓minister** *m* içişleri bakanı; **⁓ministerium** *n* içişleri bakanlığı; **⁓politik** *f* iç politika; *innere Angelegenheiten*: iç işleri *pl*; **⁓politisch** *sıf.* iç politika
Innenseite *f*: *auf der ⁓* bşin iç tarafında
Innenstadt *f* şehir merkezi; *in der ⁓ von Istanbul* İstanbulun merkezinde
inner *sıf.* iç, *Tıp, Pol.* dahili; **⁓betrieblich** *sıf.* işletme içi; **⁓halb** *ilg.* içinde; **⁓halb der Arbeitszeit** çalışma saatleri dahilinde; **⁓lich** *sıf.* *-in* içinden; *Tıp* dahili
Innovation *f* (-; -en) yenilik
inoffiziell *sıf.* gayri resmi
ins (= *in das*) *ilg.*: → *Bett vs.*
Insass|e *m* (-n; -n), **⁓in** *f* (-; -nen) *Oto. vs.* yolcu; *Anstalt vs.*: sakin; **⁓enversicherung** *f Oto.* yolcu kaza sigortası
Inschrift *f* (-; -en) yazıt, kitabe
Insekt *n* (-s; -en) *Zoo.* böcek; **⁓enschutzmittel** *n* böcek/böcek ilacı; **⁓enstich** *m* böcek sokması
Insel *f* (-; -n) ada; **⁓bewohner** *m* adalı
Inser|at *n* (-s; -e) gazete ilanı; **⁓ieren** *v/t ve v/i* (h) ilan vermek
insgesamt *bel.* toplıca, hepsi birden
insolven|t *sıf. Ekon.* âciz; **⁓z** *f* acizlik, ödeyemezlik durumu
Inspekt|ion *f* (-; -en) denetleme, teftiş; *Oto. az.* teknik muayene; **⁓or** *m* (-s; -en) *Polizei*⁓: müfettiş

inspizieren *v/t* (h) teftiş etmek, denetlemek; *Oto.* bakımdan geçirmek
Install|ateur *m* (-s; -e) tesisatçı; ≈**ieren** *v/t* (h) kurmak, tesis etmek
instand *bel.*: ~ **halten** iyi durumda tutmak, korumak; *Tek.* bşin bakımını yapmak; ~ **setzen** onarmak, düzeltmek; ≈**haltung** *f* (-) teknik bakım; ≈**setzung** *f* (-) onarım, tamir; düzeltme
Instantgetränk *n* hazır içecek
Instanz *f* (-; -en) yetkili makam; *Huk.* mahkeme
Instinkt *m* (-s; -e) içgüdü; ≈**iv** *bel.* içgüdüsel
Institut *n* (-s; -e) enstitü; ~**ion** *f* (-; -en) kurum, kuruluş
Instrument *n* (-s; -e) enstrüman, araç, alet
intellektuell *sıf.* entellektüel, fikirsel; ≈**e** *m*, *f* (-n; -n) entellektüel, aydın
intelligen|t *sıf.* zeki; ≈**z** *f* (-) zekâ; ≈**zquotient** *m* zekâ oranı
intensiv *sıf.* yoğun; *stark*: kuvvetli; ≈**kurs** *m* hızlı kurs; ≈**station** *f* *Tıp* yoğun bakım servisi
interaktiv *sıf.* etkileşimli, interaktif
Intercity|-Zug *m* şehirler arası tren, IC treni; ~**-Express** *m* → *ICE*
interess|ant *sıf.* ilginç; ≈**e** *n* (-s; -n) ilgi (*an D*, *für* -e); ≈**engebiet** *n* ilgi alanı; ≈**engemeinschaft** *f* (ortak) çıkarlar topluluğu; *Ekon.* çıkar birliği, tüccarlar birliği; ≈**ent** *m* (-en; -en) ilgi duyan, ilgilenen; *Ekon.* hevesli (alıcı/müşteri); ~**ieren** (h) **1.** *v/t* b-nin ilgisini uyandırmak (*für* -e); **2.** *v/refl*: *sich* ~**ieren für** -*e* ilgi duymak
intern *sıf.* iç, dahili; özel; ≈**at** *n* (-s; -e) yatılı okul
international *sıf.* uluslararası, milletlerarası
Internet *n* (-s) internet; ~**-Café** *n* internet kahvesi
Internist *m* (-en; -en) *Tıp* dahiliyeci, iç hastalıkları uzmanı
Interview *n* (-s; -s) görüşme, söyleşi; röportaj; ≈**en** *v/t* (h) b-yle görüşme yapmak
intim *sıf.* içli dışlı, teklifsiz; ≈**sphäre** *f* (-) mahrem alan
intoleran|t *sıf.* hoşgörüsüz (*gegenüber* -e karşı); ≈**z** *f* hoşgörüsüzlük
Invalid|e *m* (-n; -n), ~**in** *f* (-; -nen) malul, sakat; ~**enrente** *f* maluliyet maaşı; ~**ität** *f* (-) maluliyet
Inventar *n* (-s; -e) demirbaş (eşya), mal varlığı; *Verzeichnis*: envanter, demirbaş defteri
Inventur *f* (-; -en) *Ekon.* mal sayımı, demirbaş hesabı; ~ **machen** (mal) mevcudu(nu) saymak, sayım yapmak
invest|ieren (h) *Ekon.* **1.** *v/t* yatırmak; **2.** *v/i* yatırım yapmak (*in A* -e); ≈**ition** *f* (-; -en) yatırım
inzwischen *bel.* bu aralık, o sırada; *jetzt*: bu sırada
Irak *m* Irak; ~**er** *m* (-s; -), ~**erin** *f* (-; -nen) Iraklı; ≈**isch** *sıf.* Irak(lı)
Iran *m* İran; ~**er** *m* (-s; -), ~**erin** *f* (-; -nen) İranlı; ≈**isch** *sıf.* İran(lı)
Ire *m* (-n; -n) İrlandalı
irgend *bel.*: F ~ **so ein** şöyle bir; ~**etwas** herhangi bir şey; ~**ein** *bIrsz zam.* herhangi bir; ~**jemand** herhangi biri; ~**wann** *bel. unbestimmt*: kimizaman; *beliebig*: herhangi bir zaman(da); ~**wie** *bel.* şöyle ya da böyle; ~**wo** *bel.* herhangi bir yerde
Ir|in *f* (-; -nen) İrlandalı (kadın); ≈**isch** *sıf.* İrlanda(lı); ~**land** *n* İrlanda
Iron|ie *f* (-; -n) alay; ≈**isch** *sıf.* alaycı, alaylı
irre *sıf.* deli, çılgın; F *toll*: korkunç, müthiş
Irre *m*, *f* (-n; -n) deli, delirmiş; *wie ein* ~**r** deli gibi
irreführen *v/t* (*ayr.*, -ge-, h) *mec.* yanlış yola götürmek, yanıltmak
irreführend *sıf.* yanıltıcı
irremachen *v/t* (*ayr.*, -ge-, h) b-nin aklını karıştırmak, b-ni şaşkına çevirmek
irren 1. *v/refl* (h) yanılmak; *sich in et.* ~ -*de* yanılmak; **2.** *v/i* (sn) yolunu şaşırmak; yanılgıya düşmek
irritieren *v/t* (h) *ärgern*, *reizen*: kızdırmak, tahriş etmek; *verwirren*: aklını karıştırmak; *stören*: rahatsız etmek, bozmak
Irr|tum *m* (-s; ⁓er) yanılgı, hata, yanlış; *im* ~**tum sein** yanılgıda olmak; *Irrtümer vorbehalten!* hata ve eksiklikler mahfuzdur; ≈**tümlich 1.** *sıf.* yanlışlıkla yapılan; **2.** *bel.* yanılgı sonucu, yanlışlıkla
Ischias *m*, *n*, *Tıp* *f* (-) siyatik; ~**nerv** *m* siyatik siniri

Islam

Islam *m* (-s) İslam(iyet)
Island *n* İzlanda
Island|er *m* (-s; -), **~erin** *f* (-; -nen) İzlandalı; **Șisch** *sıf.* İzlanda(lı); **~isch** *n* İzlandaca
Isolier|band *n* (-s; ̈er) *El.* izole bant; **Șen** *v/t* (h) ayırmak, tecrit etmek; *El., Tek.* yalıtmak, izole etmek; **~haft** *f Huk.* tecrit hapsi; **~station** *f Tıp* karantina, tecrit koğuşu; **~ung** *f* (-; -en) tecrit etme, ayırma; *El., Tek.* yalıtım, izolasyon
Israeli *m* (-; -) İsrailli; **Șsch** *sıf.* İsrail(li) ...
Italien *n* İtalya; **~er** *m* (-s; -), **~erin** *f* (-; -nen) İtalyan; **Șisch** *sıf.* İtalya(n); **~isch** *n* İtalyanca
i. V. *kıs.* = ***in Vertretung*** *-e* vekâleten

J

ja *bel.* evet; ***wenn* ~** eğer evetse; ***da ist er ~!*** o orada ya işte!; ***ich sagte es Ihnen ~*** size söylemiştim ya; ***ich bin ~ (schließlich) ...*** ben de nihayet ...; ***tut es ~ nicht!*** sakın yapmayın!; ***sei ~ vorsichtig!*** aman dikkatli ol!; ***vergessen Sie es ~ nicht!*** sakın unutmayın!; **~**, ***weißt du nicht?*** peki ama sen bilmiyor musun?; ***du kommst doch, ~?*** sen geliyorsun değil mi?
Jacht *f* (-; -en) *Gemi.* yat
Jacke *f* (-; -n) ceket, hırka; *Strick*Ș: yün ceket
Jacketkrone *f Tıp* diş kaplaması
Jackett *n* (-s; -s) ceket
Jagd *f* (-; -en) av; *mit dem Gewehr. az.* tüfekle avlanma; *Verfolgung*: takip, kovalama; *auf die ~ gehen* ava gitmek/çıkmak; **~ *machen auf (A)* ...** avına çıkmak; *j-n: az.* kovalamak, takip etmek; **~hund** *m* av köpeği; **~hütte** *f* avcı kulübesi; **~revier** *n* avlanma bölgesi; **~schein** *m* avlanma belgesi; **~zeit** *f* av mevsimi
jagen 1. *v/t* (h) avlamak; *mit dem Gewehr. az.* tüfekle avlamak; *mec. verfolgen*: takip etmek, kovalamak; *aus dem Haus vs.* **~** b-ni evden *vs.* kovmak; **2.** *v/i* (sn) *mec. rasen*: yarışmak
Jäger *m* (-s; -), **~in** *f* (-; -nen) avcı
Jahr *n* (-s; -e) yıl, sene; *einmal im ~* yılda bir kez; *im ~e 1993* 1993 yılında; *ein 20 ~e altes Auto* yirmi senelik bir araba; *mit 18 ~en, im Alter von 18 ~en* on sekiz yaşında; **~buch** *n* yıllık
jahrelang 1. *sıf.* yıllarca süren; **2.** *bel.* yıllarca
Jahres|abonnement *n* yıllık abone; **~abschluss** *m Ekon.* yıllık finansal tablo; **~anfang** *m* sene başı; **~ausgleich** *m Steuer.* yıllık (vergi) denkleştirim(i); **~bericht** *m* yıllık rapor; **~bilanz** *f Ekon.* yıllık bilanço; **~einkommen** *n* yıllık gelir; **~ende** *n* sene sonu, yıl sonu; **~hauptversammlung** *f Ekon.* yıllık genel kurul toplantısı; **~tag** *m* yıldönümü; **~umsatz** *m Ekon.* yıllık satışlar *pl*, yıllık işlem miktarı; **~zahl** *f* tarih, yıl; **~zeit** *f* mevsim; *in dieser ~zeit* bu mevsimde
Jahr|gang *m Personen*: yaş grubu; *Wein*: bağbozumu yılı; *er ist ~gang 1941* o 1941 doğumludur; **~hundert** *n* (-s; -e) yüzyıl; **~hundertwende** *f* yüzyıl başı
jährlich 1. *sıf.* yıllık, senelik; **2.** *bel.* her yıl, yıldan yıla
Jahr|markt *m* panayır, **~tausend** *n* (-s; -e) binyıl; **~tausendwende** *f* binyıl başı
Jahrzehnt *n* (-s; -e) onyıl
Jalousie *f* (-; -n) pancur, jaluzi
Jammer *m* (-s) felaket, acı; F *es ist ein ~, dass* çok yazıktır ki ...
jämmerlich 1. *sıf.* sefil, berbat, perişan; *Anblick vs.: az.* acıklı, hazin; **2.** *bel.*: **~ *versagen*** berbat bir başarısızlığa uğramak

jammer|n *v/i* (h) inleyip yakınmak (*über A* bşe); **~schade** *sıf.*: F *es ist ~schade, dass* acıklı bir durumdur ki ...
Januar *m* (-; -e) ocak (ayı); *im ~* ocakta, ocak ayında
Jastimme *f Parl.* evet oyu
Japan *n* Japonya; **~er** *m* (-s; -), **~erin** *f* (-; -nen) Japon; **♀isch** *sıf.* Japon(ya); **~isch** *n* Japonca
je 1. *bel.* hep; *der beste Film, den ich ~ gesehen habe* şimdiye dek gördüğüm en iyi film; *~ zwei* (*Kilo*) ikişer (kilo); *drei Mark ~ Kilo* kilo başına üç mark; *~ nach Größe* (*Geschmack*) büyüklüğe (zevke) göre; *~ nachdem* duruma bağlı; **2.** *bağl.*: *~..., desto ...* ne kadar ... o kadar ...; *~ nachdem, wie* nasıl (ol)duğuna bağlı
jede *blrsz zam.* **~r insgesamt:** her; **~r beliebige**: herhangi bir; **~ einzelne**: her bir; *von zweien*: her iki; **~r weiß** (*das*) (bunu) herkes bilir; *du kannst ~n fragen* herkese sorabilirsin; **~ vor, uns** (*euch*) her birimiz (biriniz); **~r, der** her kim ...; **~n zweiten Tag** gün aşırı; *in Augenblick* her an; **~s Mal** her kezinde (*od.* defasında); **~s Mal wenn** ne zaman ... ise; **~nfalls** *bel.* ne olursa, her durumda, mutlaka; **~rmann** *blrsz zam.* herkes, herhangi bir kimse; **~rzeit** *bel.* her zaman
jedoch *bağl.* bununla birlikte, fakat
jemals *bel.* herhangi bir zaman, hiç
jemand *blrsz zam.* herhangi birisi
Jemen *n* Yemen
Jenseits *n* (-) öbür dünya, ahiret
Jerusalem Kudüs
jetzig *sıf.* şimdiki
jetzt *bel.* şimdi; *bis ~* şimdiye kadar; *eben ~* biraz önce, demin; *erst ~* ancak şimdi; *~ gleich* hemen (şimdi); *für ~* şimdilik; *noch ~* hâlâ; *von ~ an* bundan böyle, bu andan itibaren
jeweil|ig *sıf.* şu ana özgü, her biri kendi; **~s** *bel. je*: beher; *gleichzeitig*: her defa(sında)
Jh. *kıs.* = **Jahrhundert** *n* yüzyıl
Job *m* (-s; -s) F iş; *Gelegenheitsarbeit*: geçici meslek; **♀ben** *v/i* (h) F geçici/şimdilik çalışmak; **~killer** *m* F işyeri yok eden (önlem *vs.*); **~sharing** *n* (-) F iş bölüşümü

Jochbein *n Anat.* elmacık kemiği
Jod *n* (-s) *Kim.* iyot
jodeln *v/i* (h) tiz sesle dağlı şarkısı söylemek
Jodsalz *n* iyotlu tuz
Joga → **Yoga**
Joghurt *m, n* (-; -s) yoğurt
Johannisbeere *f* frenküzümü; *rote ~* kırmızı frenküzümü; *schwarze ~* siyah frenküzümü
Jordanien *n* Ürdün
Journalis|mus *m* (-) gazetecilik; **~t** *m* (-en; -en), **~tin** *f* (-; -nen) gazeteci
Jubel *m* (-s) büyük sevinç, sevinç taşkınlığı; **♀n** *v/i* (h) coşkuyla kutlamak, coşmak
Jubiläum *n* (-s; -läen) jübile; *Jahrestag*: yıldönümü şenliği
jucken *v/t* kaşımak; *v/i* (h) kaşınmak; *es juckt mich am ...* benim ... kaşınıyor
Jude *m* (-n; -n) Yahudi
Jüd|in *f* (-; -nen) Yahudi kadın; **♀isch** *sıf.* Yahudi
Jugend *f* (-) gençlik; *Jugendliche*: *az.* gençler *pl*; **~amt** *n* gençlik dairesi; **~arbeitslosigkeit** *f* gençler arasında işsizlik; **~gericht** *n* gençlik mahkemesi; **~herberge** *f* gençlik yurdu, hostel; **~kriminalität** *f* gençler arasındaki suç (işleme) oranı
jugendlich *sıf.* gençlikle ilgili, delikanlı; **♀e** *m, f* (-n; -n) delikanlı *m*, genç kız *f*; *für ♀e unter 18 Jahren nicht zugelassen* 18 yaşından küçüklere yasaktır
Jugendstil *m* Yeni Üslup; *in Deutschland*: Jugendstil
Jugendzentrum *n* gençlik merkezi
Jugoslaw|ien *n* Yugoslavya; **♀isch** *sıf.* Yugoslav(ya) ...
Juli *m* (-; -s) temmuz (ayı); *im ~* temmuzda, temmuz ayında
Jumbo-Jet *m* (-; -s) *Hava.* jumbo uçağı
jung *sıf.* genç
Junge[1] *m* (-n; -n) delikanlı
Junge[2] *n* (-n; -n) *Zoo.* yavru; *~ bekommen* (*od. werfen*) yavrulamak
jünger *sıf.* daha genç; daha yeni
Jungfer *f* (-; -n): *alte ~* yaşlı bakire
Jungfern|fahrt *f Gemi.* geminin ilk seferi; **~flug** *m* ilk uçuş
Jung|frau *f* bakire; **~geselle** *m* bekâr

Junggesellin

erkek; **~gesellin** f (-; -nen) bekâr bayan
jüngst sıf. en yeni; *Ereignisse vs.*: en son; *in ~er Zeit* geçenlerde
Jungunternehmer m genç girişimci
Juni m (-; -s) haziran (ayı); *im ~* haziranda, haziran ayında
Junior|chef m junyor şef; **~partner** m junyor ortak
jur. kıs. = **juristisch** hukuksal (olarak)
Jura pl: **~ studieren** hukuk okumak

Jurist m (-en; -en) hukukçu; **♀isch** sıf. hukuksal
Jury f (-; -s) jüri, seçici(ler) kurulu; *Huk.* yargıcı(lar) kurulu
Justitiar m (-s; -e) hukuk danışmanı/ müşaviri
Justiz f (-) adliye, hukuk; **~beamte** m adliye memuru; **~irrtum** m adli hata; **~minister** m adalet bakanı; **~ministerium** n adalet bakanlığı
Juwelier m (-s; -e) kuyumcu

K

Kabarett n (-s; -s; -e) kabare; **~ist** m (-en; -en) kabare sanatçısı
Kabel n (-s; -) kablo; **~anschluss** m TV kablolu televizyon bağlantısı; **~anschluss haben** kablolu televizyonu olmak; **~fernsehen** n kapalı devre televizyon; F kablo televizyon
Kabeljau m (-s; -e, -s) Zoo. morina (balığı)
Kabelnetz n kablo ağı, şebeke
Kabine f (-; -n) kabin; *Schiff.* kamara; *Spo.* soyunma odası; *Tel.* kulübe; **~nbahn** f (kabinli) teleferik
Kabinett n (-s; -e) *Pol.* kabine
Kabrio n (-s; -s), **~lett** n (-s; -s) *Oto.* kabriyole
Kachel f (-; -n) fayans; **♀n** v/t (h) fayans döşemek; **~ofen** m fayanslı soba
Kadaver m (-s; -) kadavra, özl. *Mensch*: ceset, özl. *Tier.* leş
Käfer m (-s; -) *Zoo.* (kınkanatlı) böcek
Kaffee m (-s) kahve; **~ kochen** kahve pişirmek; **~ mit (ohne) Milch** sütlü (sade) kahve; **~automat** m kahve otomatı; **~fahrt** f (mal tanıtımlı) ucuz reklam gezisi; **~filter** m kahve filtresi; **~haus** n kahve(hane); **~kanne** f kahvedanlık; **~löffel** m tatlı kaşığı; **~maschine** f kahve makinesi; **~mühle** f kahve değirmeni; **~pause** f kahve molası; **~sahne** f kahve kreması; **~service** n kahve takımı; **~tasse** f kahve fincanı
Käfig m (-s; -e) kafes

kahl sıf. saçsız, kel; *Landschaft*: ağaçsız; *Wand*: yalın
Kahn m (-s; ⸚e) kayık; *Last♀*: mavna; **~fahrt** f kayık gezisi
Kai m (-s; -s) rıhtım; **~mauer** f rıhtım duvarı
Kairo n Kahire
Kaiser m (-s; -) imparator; **~in** f (-; -nen) imparatoriçe; **~reich** n imparatorluk
Kajüte f (-; -n) *Gemi.* kamara, kabin
Kakao m (-s; -s) kakao; **~pulver** n (toz) kakao
Kaktee f (-; -n), **Kaktus** m (-; -teen) *Bot.* kaktüs
Kalb n (-s; ⸚er) *Zoo.* dana; **~fleisch** n dana eti
Kalbs|braten m dana (eti) kızartması; **~hachse** f dana paçası; **~leber** f dana (kara)ciğeri; **~schnitzel** n dana şnitseli
Kalender m (-s; -) takvim; **~jahr** n takvim yılı
Kaliber n (-s; -) çap, kalibre; *mec.* tür, cins
Kalk m (-s; -e) kireç; *Tıp* kalsiyum; **~stein** m kireç taşı, kalker
Kalkul|ation f (-; -en) hesaplama; *Kostenberechnung*: fiyat tahmini; **♀ieren** v/t (h) hesaplamak
Kalorie f (-; -n) kalori
kalorien|arm sıf. düşük kalorili ..., kalorisi düşük, **~reich** sıf. yüksek kalorili ..., kalorisi yüksek

Kapitalaufwand

kalt *sıf.* soğuk; *mir ist* ~ üşüdüm; **~blütig 1.** *sıf.* Zoo. soğukkanlı (*az. mec.*); **2.** *bel.* soğukkanlı bir şekilde, gözünü kırpmadan; ⚥ *lassen: das läßt mich kalt* bu beni ilgisiz/kayıtsız bırakır
Kälte *f* (-) soğukluk; **~einbruch** *m* soğukların bastırması; **~periode** *f*, **~welle** *f* soğuk (hava) dalgası
Kalt|front *f* soğuk hava cephesi; **~luft** *f* soğuk hava; **~miete** *f* yalın kira
Kambodscha *n* Kamboçya
Kamel *n* (-s; -e) Zoo. deve; **~haar** *n* deve kılı
Kamera *f* (-; -s) kamera, fotoğraf (*veya* film çekme) makinesi; *Film*: görüntü
Kamerad *m* (-en; -en), **~in** *f* (-; -nen) arkadaş, F dost; **~schaft** *f* (-) arkadaşlık, dostluk; ⚥**schaftlich** *sıf. ve bel.* arkadaşça, dostça
Kamera|mann *m* (-s; ⚥er, -leute) kameraman; **~scheu** kameradan çekinen
Kamille *f* (-; -n) Bot. papatya; **~ntee** *m* papatya çayı
Kamin *m* (-s; -e) *innen*: şömine, ocak; *Schornstein*: baca; **~kehrer(in** *f*) *m* baca temizleyicisi; **~sims** *m*, *n* şömine rafı
Kamm *m* (-s; ⚥e) tarak, Zoo. *az.* ibik; *Gebirgs*⚥: dağ sırtı
kämmen *v/t* taramak; *v/refl* (h) taranmak; → *Haar*
Kammer *f* (-; -n) küçük oda; *Parl.* meclis, kamara; *Huk.* daire, hukuk dairesi; **~musik** *f* oda müziği
Kammgarn *n* yün ipliği
Kampagne *f* (-; -n) kampanya
Kampf *m* (-es; ⚥e) savaş (*az. mec.*); *schwerer*: boğuşma, çatışma (*az. mec.*); *Schlacht*: çarpışma, muharebe (*az. mec.*) (*um* için; *gegen* -e karşı); *Box*⚥: döğüş, maç
kämpfen (h) **1.** *v/i* savaşmak (*um* için, *az. mec.*); boğuşmak (*mit* ile; *gegen* -e karşı, *az. mec.*): ~ *gegen* -e karşı döğüşmek; **2.** *v/refl*: *sich* ~ *durch az. mec.* bşle uğraşmak
Kampfer *m* (-s) kâfur
Kämpfer *m* (-s; -) *Boxer*: dövüşçü; *mec.* savaşçı, mücadeleci (*für* için); ⚥**isch** *sıf.* savaşkan
Kampf|flugzeug *n* savaş uçağı;

~kraft *f* savaşma gücü; **~richter** *m* Spo. hakem
kampieren *v/i* (h) kamp yapmak
Kanad|a *n* Kanada; **~ier** *m* (-s; -), **~ierin** *f* (-; -nen); ⚥**isch** Kanadalı
Kanal *m* (-s; ⚥e) *künstlicher*: su yolu, kanal (*az. Rundfunk, TV ve mec.*); *natürlicher*. deniz yolu; *Abwasser*⚥: lağım; **~isation** *f* (-; -en) kanalizasyon, lağım sistemi; ⚥**isieren** *v/t* (h) kanalizasyon yapmak, *mec.* kanalize etmek
Kanarienvogel *m* kanarya (kuşu)
Kandid|at *m* (-en; -en) aday; ⚥**ieren** *v/i* (h) aday olmak; **~ieren für das Amt** (G) ... görevi için adaylığını koymak
Känguru(h) *n* (-s; -s) kanguru
Kaninchen *n* (-s; -) adatavşanı
Kanister *m* (-s; -) bidon
Kanne *f* (-; -n) *Kaffee*⚥, *Tee*⚥: çaydanlık, kap; *Gieß*⚥: güğüm
Kanone *f* (-; -n) *Ask.* top; F *Revolver*. tabanca; F *özl.* Spo. as
Kant|e *f* (-; -n) kenar; ⚥**en** *v/t* yontmak; ⚥**ig** *sıf.* keskin kenarlı, çıkıntılı; *Gesicht*: çıkık kemikli; *Kinn*: köşeli
Kantine *f* (-; -n) kantin
Kanton *m* (-s; -e) *Pol.* kanton
Kanu *n* (-s; -s) kano
Kanüle *f* (-; -n) *Tıp* kalın şırınga, kanül
Kanzel *f* (-; -n) *Din.* kürsü; *Hava.* pilot kabini; *auf der* ~ kürsüde
Kanzlei *f* (-; -en) ofis, *özl. Rechtsanwalts*⚥: yazıhane
Kanzler *m* (-s; -) *Pol.* şansölye, başbakan
Kap *n* (-s; -s) *Coğr.* burun
Kap. *kıs.* = *Kapitel* n kitap vs.: bölüm
Kapazität *f* (-; -en) *gnl.* kapasite, güç; *mec.* (önde gelen) uzman (**auf dem Gebiet** *G* ... alanında); **~sauslastung** *f* kapasite kullanımı; **~serweiterung** *f* kapasiteyi genişletme
Kapell|e *f* (-; -n) *Din.* küçük kilise; *Müz.* bando, orkestra; **~meister** *m* bando şefi
kapieren (h) F **1.** *v/t* kavramak; **2.** *v/i* anlamak; *kapiert?* anladın mı?
Kapital *n* (-s; -e, -ien) sermaye; **~anlage** *f* (sermaye) yatırım(ı); **~aufwand** *m* sermaye gideri; **~er-**

trag *m* sermaye geliri; **~ertrags-steuer** *f* gayrimenkul kıymet artış vergisi; **~flucht** *f* sermaye kaçışı; **~gesellschaft** *f* sermaye şirketi; **~hilfe** *f* sermaye/finansman yardımı; **♀intensiv** *sıf.* yoğun sermayeli; **♀isieren** *v/t* (h) sermayelendirmek; **~ismus** *m* (-) kapitalizm; **~ist** *m* (-en; -en) kapitalist; **♀istisch** *sıf.* kapitalist; **~markt** *m* sermaye piyasası

Kapitän *m* (-s; -e) *gnl.* kaptan

Kapitel *n* (-s; -) bölüm, *mec.* konu, mesele

Kapitu|lation *f* (-; -en) teslim olma, boyun eğme; **♀lieren** *v/i* (h) teslim olmak, boyun eğmek (*beide az. mec.*: *vor D* -e); *mec.* pes etmek

Kappe *f* (-; -n) takke; *Verschluss*: az. kapak

Kapsel *f* (-; -n) *Anat.*, *Bot.*, *Tıp* kapsül; *Raum♀*: az. (uzay) modül(ü)

kaputt *sıf.* F yıkılmış (*az. Ehe vs.*), kırık; *außer Betrieb*: bozuk, hizmet dışı; *erschöpft*: bitkin; **~gehen** *v/i* (*krlds.*, *ayr.*, -ge-, sn, → *gehen*) F bozulmak, kırılmak; *Ehe vs.*: b-nin yuvası yıkılmak; **~machen** *v/t* (*ayr.*, -ge-, h) F bozmak, kırmak

Kapuze *f* (-; -n) kukuleta, kapuşon

Karaffe *f* (-; -n) sürahi, *Wein♀*: az. şarap sürahisi

Karambolage *f* (-; -n) *Oto.* çarpışma, karambol

Karat *n* (-s; -e) kırat; *Gold*: ayar

Karate *n* (-) karate; **~schlag** *m* karate vuruşu

karätig *sıf. in Zusammensetzungen*: *18-~es Gold* 18 ayar altın

Kardinal *m* (-s; ~e) *Din.* kardinal

Karfreitag *m Din. Paskalyadan önceki Hz. İsanın çarmıha gerildiği* Çarmıh Cuması

karg *sıf.*, **kärglich** *sıf.* fakir; cimri; *Essen*, *Leben*: sade; *Boden*, *Landschaft*: verimsiz, kısır

kariert *sıf.* kareli *az. Papier*

Karies *f* (-) *Tıp* diş çürüğü

Karik|atur *f* (-; -en) karikatür; **~aturist** *m* (-en; -en) karikatürist; **♀ieren** *v/t* (h) karikatürize etmek

Karneval *m* (-s; -e, -s) karnaval

Karo *n* (-s; -e) kare, satranç; *Kartenspiel*: (*Farbe*) karolar *pl*, (*Karte*) karo

Karosserie *f* (-; -n) *Oto.* karoser

Karotte *f* (-; -n) havuç

Karpfen *m* (-s; -) sazan (balığı)

Karre *f* (-; -n), **Karren** *m* (-s; -) araba; *Schub♀*: el arabası; F *altes Auto*: külüstür (araba)

Karriere *f* (-; -n) kariyer; **~ machen** kariyer yapmak, yükselmek

Karsamstag *m* Paskalya Öncesi Cumartesi

Karte *f* (-; -n) kart; *Eintritts♀*, *Fahr♀*: bilet; *Speise♀*: yemek listesi; *Wein♀*: şarap listesi

Kartei *f* (-; -en) kartotek; **~karte** *f* fiş; **~kasten** *m* fiş kutusu

Kartell *n* (-s; -e) *Ekon.* kartel; **~amt** *n* Federal Kartel Dairesi; **~gesetz** *n* kartel yasası

Karten|spiel *n* iskambil oyunu; *bestimmtes*: kart oyunu; *Karten*: kart destesi; **~telefon** *n* kartlı telefon; **~verkauf** *m* bilet satışı; *Stelle*: bilet gişesi; **~vorverkauf** *m* bilet ayırtma; *Stelle*: bilet (ön) satış noktası

Kartoffel *f* (-; -n) *Bot.* patates; **~brei** *m* patates lapası; **~chips** *pl* çips; **~kloß** *m*, **~knödel** *m* patates köftesi; **~puffer** *m* patates mücveri; **~salat** *m* patates salatası; **~suppe** *f* patates çorbası

Karton *m* (-s; -s) *Pappe*: karton, *stärker*: mukavva; *Schachtel*: karton kutu

Karussell *n* (-s; -s, -e) atlıkarınca; **~ fahren** atlıkarıncaya binmek

Karwoche *f Paskalyadan önceki Yas* Haftası

Kasachstan *n* Kazakistan

Kaschmir *m* (-s; -e) kaşmir

Käse *m* (-s; -) peynir; **~kuchen** *m*, **~torte** *f* peynir turtası

Kaserne *f* (-; -n) kışla

Kasino *n* (-s; -s) *Spiel♀*: gazino; *Speiseraum*: kafeterya; *Ask.* ordu evi

Kasse *f* (-; -n) *Laden♀*: kasa; *Registrier♀*: yazar kasa; *Supermarkt*: kasa; *Bank*: vezne; *Tiy. vs.* bilet gişesi; *Kartenspiel vs.*: kasa; *Kranken♀*: hastalık sigortası kurumu; *gut* (*knapp*) *bei ~ sein* F parası bol (kıt) olmak; → *getrennt* 1

Kassen|arzt *m* sigorta doktoru; **~bestand** *m* kasa mevcudu; **~bon** *m* kasa fişi; **~patient** *m* sigorta hastası; **~zettel** *m* → *Kassenbon*

Kassette f (-; -n) Audio♀, Video♀: kaset, Fot. az. kartuş; Geld♀: para kutusu; Schmuck♀: kasa, kutu; ~rekorder m kasetçalar
kassieren v/t (h) (hesabı, parayı) almak; F verdienen: (para) yapmak; ♀r m (-s; -) kasadar; Bank: az. veznedar
Kastanie f (-; -n) kestane
Kasten m (-s; ») kutu (az. F Fernseher, Gebäude); Behälter, Kiste: kasa
kastrieren v/t (h) hadım etmek
Kat m (-s; -s) F Oto. → **Katalysator**
Katalog m (-s; -e) katalog; ~preis m liste fiyatı
Katalysator m (-s; -en) Kim. katalizatör, Oto. az. katalitik konverter; ~auto n katalizatörlü otomobil
Katarr, Katarrh m (-s; -e) Tıp nezle, ingin
katastroph|al sıf. dehşetli, yıkıcı (az. mec.); ♀e f (-; -n) felaket, yıkım (az. mec.); ♀engebiet n felaket bölgesi; ♀enschutz m felaketi önleme (kurumu)
Kategorie f (-; -n) kategori
Kater m (-s; -) Zoo. erkek kedi; F mec. mahmurluk
kath. kıs. = **katholisch** Katolik
Kathedrale f (-; -n) katedral
Katholi|k m (-en; -en) Katolik; ♀sch sıf. Katolik
Kätzchen n (-s; -) kedi yavrusu
Katze f (-; -n) kedi
Katzensprung m: bis zum Bahnhof ist es nur ein ~ istasyon sadece üç adımlık yerdedir
Kauderwelsch n (-) anlamsız sözler, tarzanca, çetrefil dil
kauen v/t ve v/i (h) çiğnemek
kauern v/i ve v/refl (h) çömelmek, büzülüp çökmek
Kauf m (-s; »e) satın alma, alım; günstiger ~ kârlı alışveriş; zum ~ anbieten satılığa çıkarmak; ~anreiz m alım teşviki; ♀en v/t (h) satın almak (az. bestechen)
Käufer m (-s; -) alıcı; Kunde: müşteri
Kauf|frau f kadın tacir; iş kadını; ~haus n satış mağazası; ~kraft f Ekon. satın alma gücü
käuflich sıf. satılık, satın alınabilir; bestechlich: satılık, (rüşvet) yiyici
Kaufmann m (-s; -leute) tacir; işadamı; Händler: tüccar; Einzelhändler: bakkal; ♀männisch sıf. ticari; ♀männische(r) Angestellte(r) ticari memur; ~vertrag m satış sözleşmesi
Kaugummi m, n sakız, ciklet
kaum bel. hemen hemen değil; ~ zu glauben pek inanılmaz
Kaution f (-; -en) Ekon. teminat akçesi, güvence; Huk. kefalet; für Wohnung vs.: depozito; → **freilassen**
Kavalier m (-s; -e) centilmen
Kaviar m (-s; -e) havyar
keck sıf. gözüpek, atak, işveli, şuh
Kehle f (-; -n) Anat. boğaz
Kehlkopf m Anat. gırtlak
Kehre f (-; -n) (keskin) viraj, dönemeç
kehren v/t (h) süpürmek; j-m den Rücken ~ az. mec. b-ne sırt çevirmek
Kehrseite f ters taraf, bşin arka yüzü; die ~ der Medaille mec. madalyonun öteki yüzü
kehrtmachen v/i (ayr., -ge-, h) geri dönmek
keifen v/i (h) hırlamak, dırdır etmek
Keil m (-s; -e) kıskı, kama, takoz; Zwickel: kumaş yama; ~absatz m uzun ökçe; ♀förmig sıf. kama şeklinde; ~kissen n uzun yastık; ~riemen m Oto. pervane kayışı, F kayış
Keim m (-s; -e) Biyo., Tıp tohum; Bot. Trieb: filiz, sürgün; im ~ ersticken mec. büyümeden engellemek
keimfrei sıf. mikropsuz, sterilize; ~ machen sterilize etmek
kein blrsz zam. 1. adjektivisch: ~(e) hiçbir; er hat ~ Auto onun (hiçbir) arabası yok; er ist ~ Kind mehr o artık çocuk değil; 2. substantivisch ~er, ~e, ~(e)s Personen: hiç kimse; Sachen: hiçbir şey; ~er von beiden -den hiçbiri; ~er von uns hiçbirimiz; ~esfalls bel. asla, hiçbir suretle; ~eswegs bel. hiç, hiçbir şekilde; (alles andere als) asla; ~mal bel. hiçbir kez
Keks m (-; -e) bisküvi
Keller m (-s; -) kiler, bodrum; bewohnt: bodrum katı; ~wohnung f bodrum dairesi
Kellner m (-s; -) garson; ~in f (-; -nen) kadın garson
kenn|en v/t (kannte, gekannt, h) tanımak; ~en lernen b-yle tanışmak, (begegnen) karşılaşmak; als ich ihn kennen lernte onunla ilk tanıştı-

Kenner

ğımda; **⁎er** *m* (-s; -) (*G* bşin); *Fachmann*: bşin uzmanı, erbabı, ehli
kenntlich *sıf.*: **~ machen** işaretlemek, belirlemek
Kenntnis *f* (-; -se) bilgi (*G od.* **von** hakkında); **~se** *pl Wissen*: bilgi *sg*, malumat *sg* (*G od.* **in** *D* hakkında); **~ nehmen von** bş hakkında bilgi edinmek; **gute ~se haben in** bş. hakkında iyi bilgi sahibi olmak
Kennzeich|en *n* (ayırt edici) özellik, işaret; *Oto.* plaka; → *az.* **Nummernschild**; **⁎nen** *v/t* (*ayrılmaz*, ge-, h) işaret etmek; *charakteristisch sein für*: karakterize etmek
kentern *v/i* (sn) devrilmek, alabora olmak
Kerbe *f* (-; -n) çentik, kertik
Kerl *m* (-s; -e) F herif; *armer ~* zavallı adam; *ein anständiger ~* beyefendi bir adam
Kern *m* (-s; -e) çekirdek (*az.* Atom⁎); *Nuss*⁎: iç; *Tek. vs.* göbek, iç (*az. mec.*); **~energie** *f* nükleer enerji; **~forschung** *f* nükleer enerji araştırmaları *pl*; **⁎gesund** *sıf.* turp gibi; **~kraft** *f* nükleer güç; **~kraftgegner(in** *f*) *m* nükleer enerji karşıtı; **~kraftwerk** *n* nükleer santral; **~reaktor** *m* nükleer reaktör; **~technik** *f* nükleer enerji teknolojisi; **~waffe** *f* nükleer silah; **~zeit** *f* (*değişken çalışma saatleri uygulayan kuruluşlarda herkesin işyerinde olduğu*) esas çalışma saatleri
Kerze *f* (-; -n) mum; *Oto.* buji
kess *sıf.* F güzel ve küstah
Kessel *m* (-s; -) *Tee*⁎: çaydanlık; *Dampf*⁎ *vs.*: kazan
Ket(s)chup *m*, *n* (-(s); -s) keççap
Kette *f* (-; -n) zincir (*az. mec.*) sıra, dizi; *Hals*⁎: kolye, gerdanlık; *e-e ~ bilden* bir sıra oluşturmak
ketten *v/t* (h) zincirlemek, bağlamak (*an A* -e)
Ketten|fahrzeug *n* paletli taşıt; **~raucher** *m* sigara tiryakisi; **~reaktion** *f* zincirleme reaksiyon
keuchen *v/i* (h) nefes nefese kalmak
Keuchhusten *m* *Tıp* boğmaca
Keule *f* (-; -n) topuz; *Gastr.* but; *chemische ~* kimyasal cop
Kfm. *kıs.* = *Kaufmann* *m* tüccar, tacir
Kfz. *kıs.* = *Kraftfahrzeug* *n* motorlu taşıt

Kfz|-Brief *m* otomobil kayıt dosyası; **~-Schein** *m* araba ruhsatı; **~-Steuer** *f* motorlu taşıt(lar) vergisi; **~-Werkstatt** *f* oto tamir atölyesi
KG *kıs.* = *Kommanditgesellschaft* *f* komandit şirket/ortaklık
Kichererbse *f* nohut
kichern *v/i* (h) kıkırdamak; *spöttisch*: kıs kıs gülmek
Kiefer[1] *m* (-s; -) *Anat.* çene (kemiği)
Kiefer[2] *f* (-; -n) *Bot.* karaçam
Kies *m* (-es) iri kum; F *Geld*: mangır, arpa; **~el** *m* (-s; -), **~elstein** *m* çakıltaşı; **~weg** *m* çakıltaşlı yol
Killer *m* (-s; -), **~in** *f* (-; -nen) kiralık katil
Kilo *n* (-s; -) kilo; **~gramm** *n* kilogram; **~meter** *m* kilometre
Kind *n* (-s; -er) çocuk; *Baby*: bebek; *ein ~ bekommen* bir çocuğu olmak; bir çocuk doğurmak
Kinder|arzt *m*, **~ärztin** *f* çocuk doktoru; **~betreuung** *f* çocukla ilgilenme; **~ermäßigung** *f* çocuk indirimi; **~fahrkarte** *f* çocuk bileti; **~freibetrag** *m* çocuklar için vergiden muaf bedel; **⁎freundlich** *sıf.* çocukları seven; *Wohnung vs.*: çocuklar için uygun; **~garten** *m* çocuk yuvası, kindergarten; **~gärtnerin** *f* (-; -nen) kindergarten eğitmeni; **~geld** *n* çocuk parası; **~lähmung** *f* *Tıp* çocuk felci; **⁎los** *sıf.* çocuksuz; **~mädchen** *n* çocuk bakıcısı (kız)
Kinderspiel *n*: *ein ~ mec.* çocuk oyuncağı; **~platz** *m* çocuk bahçesi
Kinderwagen *m* çocuk arabası
Kindes|alter *n* çocukluk (çağı), *frühes*: bebeklik; **~beine** *pl*: *von ~beinen an* çocukluktan beri
Kind|heit *f* (-) çocukluk, *frühe*: bebeklik; *von ~heit an* çocukluktan beri; **⁎isch** *sıf.* çocuksu; **⁎lich** *sıf.* çocukça
Kinn *n* (-s; -e) çene; **~haken** *m* çeneye vuruş; *Aufwärtshaken*: aparkut
Kino *n* (-s; -s) sinema; *ins ~ gehen* sinemaya gitmek; **~vorstellung** *f* film gösterimi
Kiosk *m* (-s; -e) satış kulübesi
Kippe *f* (-; -n) *Müll*⁎: çöp yığını, çöplük; F *Zigarettenstummel*: izmarit; *er steht auf der ~* durumu tehlikede
kippen **1.** *v/i* (sn) devrilmek; **2.** *v/t* (h)

kleben

devirmek; *Fenster vs.* çekip açmak; *Wasser vs.* boca etmek, boşaltmak
Kippfenster *n* kanada penceresi
Kirch|e *f* (-; -n) kilise; *in der ~e* kilisede; *in die ~e gehen* kiliseye gitmek; **~enlied** *n* ilahi; **~ensteuer** *f* kilise vergisi; **2lich** *sıf.* kiliseyle ilgili, ruhani; **~turm** *m* sivri uçlu kilise kulesi; *ohne Spitze*: kilise kulesi
Kirgisien *n* Kırgızistan
Kirsche *f* (-; -n) *Bot.* kiraz
Kissen *n* (-s; -) minder; *Kopf2*: yastık; **~bezug** *m* yastık kılıfı
Kiste *f* (-; -n) kutu; *Latten2*: sandık, kasa
Kitchenette *f* (-; -s) ufak mutfak
Kitsch *m* (-s; -) zevksizlik; *Waren vs.*: değersiz şey; *2ig sıf.* değersiz, adi, bayağı
Kittel *m* (-s; -) gömlek; *Arbeits2*: iş önlüğü
kitz|eln *v/i* (h) gıdıklanmak; *v/t* (h) gıdıklamak; **~lig** *sıf.* kolayca gıdıklanan (kimse); *mec.* dikkat gerektiren, nazik (sorun)
Kl. *kıs.* = *Klasse f* sınıf; derece
klaffend *sıf.* aralık kalan, iyi kapanmayan
Klage *f* (-; -n) şikâyet; *Huk.* dava; **2n** *v/i* (h) şikâyet etmek (*über A* -den; *bei* -e); *Huk.* dava açmak (*gegen* -in aleyhine; *auf A, wegen* -den dolayı); *2n über (A) Tıp* -den şikâyet etmek
Kläger *m* (-s; -), **~in** *f* (-; -nen) *Huk.* davacı
kläglich *sıf.* acıklı, hazin, perişan
Klamauk *m* (-s) *F Lärm*: gürültü patırtı; *Tiy. vs.* kaba komedi, maskaralık
klamm *sıf. feuchtkalt*: ıslak ve soğuk; *erstarrt*: uyuşmuş (*vor Kälte* soğuktan)
Klammer *f* (-; -n) *Büro2*: ataş; *Heft2*: zımba teli; *Wäsche2*: mandal; *Haar2*: saç iğnesi; *Zahn2*: tel; *Tek.* kanca, çengel; *math., Matb.* parantez, ayraç; **2n** (h) **1.** *v/t* kenetlemek (*az. Tıp*), tutturmak (*an A* bye); **2.** *v/refl: sich 2n an (A)* -e yapışmak (*az. mec.*)
Klang *m* (-s; ⸗e) ses, seda; *Ton*: ton; **2voll** *sıf.* gür, tınlayan; *mec.* ünlü, şanlı
Klapp|bett *n* açılır kapanır karyola; **~e** *f* (-; -n) *e-s Briefumschlags, e-r Tasche vs.*: kapak; *Anat.* kapakçık; *Tek.* supap; *halt die ~e!* F kapa çeneni
klappen (h) **1.** *v/t* katlamak; **2.** *v/i mec.* (işler) yolunda gitmek
klapper|n *v/i* (h) tıkırdamak (*mit et.* bşler); *er klapperte vor Kälte mit den Zähnen* soğuktan dişleri takırdıyordu; **2schlange** *f* çıngıraklı yılan
Klapp|messer *n* sustalı bıçak; **~rad** *n* katlanır bisiklet; *2rig sıf.* hurda, sarsak; *Möbel*: çürük, köhne; **~sitz** *m* açılır kapanır iskemle; **~stuhl** *m* açılır kapanır sandalye
Klaps *m* (-es; -e) şamar, hafif tokat
klar *sıf.* açık, belli (*az. mec.*): *ist dir ~, dass ...?* ...-diğini anladın mı?; (*na*) *~!* elbette; *alles ~?* (her şey) tamam mı?
Klär|anlage *f* arıtma tesisi; *2en v/t* (h) *Tek.* arıtmak; *mec.* temizlemek, aydınlatmak
Klarinette *f* (-; -n) klarnet
klar|machen *v/t* (*ayr.*, -ge-, h): *j-m et. ~machen* b-ne bşi açıklamak, anlatmak; **2sichtfolie** *f* şeffaf/saydam kılıf; **2sichtpackung** *f* şeffaf/saydam paket; **~stellen** *v/t* (*ayr.*, -ge-, h) bşi aydınlatmak / açıklamak
Klasse *f* (-; -n) *gnl.* sınıf; *erste* (*zweite*) *~ Demiryol. vs.* birinci (ikinci) mevki; (*ganz große*) *~* F mükemmel, harika
klasse *sıf.* F mükemmel, harika
klassifizier|en *v/t* (h) sınıflandırmak; *2ung f* (-; -en) sınıflandır(ıl)ma
klassisch *sıf.* klasik (*az. Musik*); *mec.* klasik
Klatsch *m* (-s) F *mec.* dedikodu; *2en* (h) **1.** *v/t: Beifall 2en* alkışlamak; **2.** *v/i Beifall 2en*: alkışlamak; F *mec.* dedikodu yapmak (*über A* bş hakkında); *in die Hände 2en* el çırpmak, alkışlamak; *2nass sıf.* sırılsıklam
klauen *v/t* (h) F aşırmak, araklamak
Klausel *f* (-; -n) *Huk.* koşul, özel hüküm
Klavier *n* (-s; -e) *Müz.* piyano; **~spielen (können)** piyano çalmak
Klebeband *n* (-s; ⸗er) selobant
kleb|en (h) **1.** *v/t* yapıştırmak; *j-m e-e ~en* F b-ne bir tokat yapıştırmak; **2.** *v/i* yapışmak (*an D* bye); *klebrig*

klebrig 426

sein: yapışkan olmak; **~rig** *sıf.* yapışkan; **2stoff** *m* yapıştırıcı; *Kleister*: tutkal
Kleid *n* (-s; -er) elbise, giysi; **~er** *pl Kleidung*: giysiler *pl*
Kleider|bügel *m* elbise askısı; **~bürste** *f* elbise fırçası; **~haken** *m* duvar askısı; **~schrank** *m* elbise dolabı; **~ständer** *m* elbise sehpası
Kleidung *f* (-; -en) giyim; kıyafet; **~sstück** *n* giyim eşyası
klein *sıf.* küçük (*az. Finger, Zehe*): **von ~ auf** küçüklükten beri
Klein|anzeige *f* küçük ilan; **~bildkamera** *f Fot.* 35 mmlik kamera; **~gedruckte** *n*: *das ~gedruckte* (sözleşmelerde) küçük harflerle yazılmış kısımlar; **~geld** *n* ufak/bozuk para; **~igkeit** *f* (-; -en) önemsiz şey; *Geschenk*: çamsakızı (çoban armağanı); *Imbiss*: iki lokma (bir şey); *das ist e-e ~igkeit* bu önemsiz bir şey; **~stadt** *f* küçük şehir, kasaba; **2städtisch** *sıf.* taşralı, kasabalı; **~wagen** *m* küçük otomobil
Kleister *m* (-s; -) zamk, kola
Klemme *f* (-; -n) *Tek.* mengene, kıskaç; *El.* klemens; *Haar2*: firkete; *in der ~ sitzen* F mec. sıkıntı içinde olmak; **2n** (h) **1.** *v/t: sich et. 2n* bşi sıkıştırmak (*unter den Arm* kolunun altına); *sich den Finger 2n* parmağını sıkıştırmak (*in der Tür* kapıya); **2.** *v/i* sıkışmak
Klempner *m* (-s; -) (sıhhi) tesisatçı
kletter|n *v/i* (sn): *auf e-n Baum ~n* bir ağaca tırmanmak; **2pflanze** *f* sarmaşık
Klettverschluss *m TM* cırtlı bağlantı
Klient *m* (-en; -en), **~in** *f* (-; -nen) müvekkil
Klima *n* (-s; -s) iklim; *mec. az.* atmosfer, hava; **~anlage** *f* iklim cihazı; *mit ~anlage* klimalı; **~katastrophe** *f* ani iklim değişikliği; **2tisch** *sıf.* iklimsel, iklim ...; **2tisiert** *sıf.* klimalı; **~veränderung** *f* iklim değişikliği
Klinge *f* (-; -n) bıçak ağzı
Klingel *f* (-; -n) zil; **2n** *v/i* (h) zil çalmak; *es hat geklingelt* zil çaldı
klingen *v/i* (klang, geklungen, h) ses vermek, tınlamak (*az. mec.*); *Glocke, Metall*: çalmak, çınlamak; *Gläser*: şıngırdamak
Klini|k *f* (-; -en) klinik; **2sch** *sıf.* klinik
Klinke *f* (-; -n) (kapı) mandal(ı)
Klippe *f* (-; -n) uçurum; *Fels*: sarp kayalık; *mec.* engel
klirren *v/i* *Fenster, Teller vs.*: zangırdamak; *Schlüssel vs.*: şıngırdamak; *Ketten vs.*: takır tukur etmek
Klischee *n* (-s; -s) *mec.* basmakalıp söz, klişe; **~vorstellung** *f* beylik fikir
Klo *n* (-s; -s) F yüznumara, hela
klobig *sıf.* iri, cüsseli; *Schuhe*: ağır, hantal
klonen *v/t* (h) kopyalamak, klonlamak
Klopapier *n* F tuvalet kâğıdı
klopfen (h) **1.** *v/i* vurmak (*an A* bye); *Herz*: çarpmak, *stärker*: zonklamak (*alle vor D* -den); *es klopft* kapı çalınıyor; *j-m auf die Schulter ~* b-nin omzuna vurmak; **2.** *v/t Teppich vs.* dövmek; *Nagel* çakmak (*in A* bye)
Klosett *n* (-s; -s) tuvalet, klozet; **~papier** *n* tuvalet kâğıdı
Kloß *m* (-es; ⁼e) *Gastr.* hamur köftesi; *e-n ~ in der Kehle haben mec.* b-nin boğazında düğümlenmek
Kloster *n* (-s; ⁼) *Mönchs2*: manastır; *Nonnen2*: kadınlar manastırı
Klub (-s; -s) kulüp
klug *sıf.* akıllı, zeki; **2heit** *f* (-) akıllılık, zekâ
knabbern *v/t* ve *v/i* (h) kemirmek, yemek (*an D* bşi)
Knabe *m* (-n; -n) oğlan
knacken *v/t* (h) *Nüsse, Safe vs.* kırmak; *Auto* zorla girmek; *Schloss* kırıp açmak
Knall *m* (-s; -e) patlama; **~effekt** *m* şaşırtıcı etki; **2en 1.** *v/i* (h) patlamak; (sn): F **2en an** (*A*) *od.* **gegen** bye çarpmak; **2.** *v/t* (h) F *werfen*: fırlatmak; *j-m e-e 2en* F b-ne tokat atmak; **2ig** *sıf.* F *Farbe*: caf caf, çok parlak, göz alıcı; **~körper** *m* patlangaç
knapp 1. *sıf. Kleidung*: dar, sıkı, kısa; *beschränkt*: kısıtlı; *Sieg vs.*: az farklı; *Worte*: az, kısa; *mit ~er Not* güç bela; **~ werden** azalmak, kıtlaşmak; **2.** *bel.*: → *Kasse*; **~ halten** b-ne çok az harçlık *vs.* vermek (*mit*); **2heit** *f* (-) darlık, kıtlık (*an D* bşi)
Knast *m* (-s; ⁼e, -e): *im ~ sitzen* F hapiste yatmak

knauserig *sıf.* F cimri, pinti
Knautschzone *f Oto.* tampon bölümler *pl*
Knebel *m* (-s; -) (susturmak için ağıza sokulan) tıkaç; ~n *v/t* (h) b-nin ağzını tıkamak
kneif|en (kniff, gekniffen, h) **1.** *v/t* çimdiklemek *(j-n in den Arm* b-nin kolunu); **2.** *v/i Kleidung*: sıkmak; F *mec.* sıvışmak *(vor D* -den); ~**zange** *f* kerpeten
Kneipe *f* (-; -n) meyhane
Knick *m* (-s; -e) *Falte*: büküm, katlama yeri; *Eselsohr*: eşekkulağı; *in Draht vs.*: kıvrım; *Kurve*: keskin viraj; ~en **1.** *v/t* (h) eğmek, bükmek, kıvırmak; *Papier* katlamak; *brechen*: kırmak; **2.** *v/i* (sn) eğilmek, bükülmek, kıvrılmak; *brechen*: kırılmak
Knie *n* (-s; -) *Anat.* diz; ~**beuge** *f* (-; -n) diz bükme; *e-e* ~**beuge machen** çömelmek; ~**kehle** *f* dizin iç tarafı; ~n *v/i* (h) diz çökmek; ~**scheibe** *f* dizkapağı (kemiği); ~**strumpf** *m* (dizboyu) spor çorabı
knifflig *sıf.* F müşkül, içinden çıkılması zor, ustalık isteyen
knipsen *v/t* (h) fotoğraf çekmek; *Fahrkarte vs.* zımbalamak, delmek
knirschen *v/i* (h) gıcırdamak; *mit den Zähnen* ~ dişlerini gıcırdatmak
knittern *v/i* (h) buruşmak
Knoblauch *m* (-s) *Bot.* sarmısak
Knöchel *m* (-s; -) *Anat.* ayak bileği kemiği; *Finger*~: parmak boğumu
Knochen *m* (-s; -) kemik; ~**bruch** *m Tıp* kemik kırılması
Knödel *m* (-s; -) *Gastr.* hamur *vs.* köftesi
Knopf *m* (-s; ʺe) düğme; ~**loch** *n* ilik
Knorpel *m* (-s; -) in *Wurst vs.*: kıkırdak; *Anat.* kıkırdak
Knospe *f* (-; -n) *Bot.* tomurcuk
knoten *v/t* (h) bşe düğüm atmak, bşi düğümlemek
Knoten *m* (-s; -) düğüm
Knüller *m* (-s; -) F *Buch*, *Film vs.*: heyecan yaratan, çok satan; *Presse*: bomba etkisi yapan, şok (haber *vs.*)
knüpfen *v/t* (h) *Teppich vs.* örmek, dokumak
Knüppel *m* (-s; -) sopa; *Polizei*~: cop
knurren *v/i* (h) hırlamak; *Magen*: guruldamak; *murren*: mırıldanmak

kollidieren

(über A bşe)
knusprig *sıf. Braten*, *Semmel*: kıtır kıtır, çıtır çıtır
knutschen *v/i* (h) F sarılıp öpüşmek *(mit* ile)
k. o. *sıf.*: ~ **schlagen** nakavt etmek; *total ~ sein* F çok yorgun olmak
koalieren *v/i* (h) *Pol.* koalisyon etmek/kurmak *(mit* ile)
Koalition *f* (-; -en) *Pol.* koalisyon; ~**spartner** *m* koalisyon ortağı; ~**sregierung** *f* koalisyon hükümeti
Koch *m* (-s; ʺe) aşçı; *Küchenchef*: aşçı başı; ~**buch** *n* yemek kitabı; en (h) **1.** *v/i* pişmek; *Flüssiges*: kaynamak; *mec.* kudurmak *(vor Wut* öfkeden); *gut* en iyi pişirebilmek; **2.** *v/t Fleisch*, *Gemüse* pişirmek; *Eier*, *Wasser* haşlamak; *Kaffee*, *Tee* yapmak; end: end heiß *sıf.* haşlak; ~**gelegenheit** *f* yemek pişirme olanağı
Köchin *f* (-; -nen) bayan aşçı
Koch|nische *f* yemek pişirme köşesi; ~**topf** *m* tencere
Koffein *n* (-s) kafein; **frei** *sıf.* kafeinsiz, kafeini alınmış
Koffer *m* (-s; -) bavul; ~**kuli** *m* (-s; -s) *Demiryol.* valiz/yük arabası; ~**radio** *n* el radyosu; ~**raum** *m Oto.* bagaj
Kognak *m* (-s; -s) konyak
Kohl *m* (-s; -e) *Bot.* lahana
Kohle *f* (-; -n) kömür; ~*n pl* F *Geld*: para, mangır; ~**nhydrat** karbonhidrat; ~**nsäure** *f* karbonik asit; *ohne* ~**nsäure** karbonatsız; *mit* ~**nsäure**, **nsäurehaltig** *sıf.* karbonatlı; ~**papier** *n* karbon kâğıdı
Kohlrabi *m* (-; -) *Bot.* alabaş
Kokain *n* (-s) kokain
kokett *sıf.* fettan, cilveli; ~**ieren** *v/i* (h) cilveleşmek, flört yapmak *(mit j-m* b-yle)
Kokosnuss *f Bot.* hindistan cevizi
Koks *m* (-es; -e) kok (kömürü); F *Kokain*: kokain
Kolben *m* (-s; -) *Tek.* itenek, piston; *Gewehr*~: dipçik
Kollege *m* (-n; -n) meslektaş
Kollektion *f* (-; -en) *Ekon.* mal çeşitleri *pl*
kollektiv *sıf.* ortak(laşa)
Kollektiv *n* (-s; -e) topluluk, grup, birlik
kolli|dieren *v/i* (sn) çarpışmak *(mit*

Kollision ile), *mec.* (h) *az.* çatışmak; ⩦**sion** *f* (-; -en) çarpışma, *mec. az.* çatışma

Kolonne *f* (-; -n) sütun; *von Fahrzeugen:* konvoy, kafile

Koloss *m* (-es; -e) dev heykel, *mec. az.* iri yarı

kolossal *sıf.* kocaman, muazzam, dev gibi

Kombi *m* (-; -s) *Oto.* steyşın araba

Kombination *f* (-; -en) bağlantı, birleşim; birbirine uyan giyim (*giyim vs.*)

kombinieren (h) **1.** *v/t* birleştirmek (*mit* ile); **2.** *v/i: gut ~* iyi bağlantı kurmak, iyi düşünmek

Komfort *m* (-s) rahatlık, elverişlilik; *Luxus:* lüks, konfor; ⩦**abel** *sıf. Sessel vs.:* rahat, konforlu (*az. Leben*); *Wohnung:* rahat, kullanışlı

komisch *sıf.* gülünç; *merkwürdig:* acayip

Komitee *n* (-s; -s) komite, heyet

Komma *n* (-s; -s) virgül; *zwei ~ vier* iki virgül dört

Kommand|ant *m* (-en; -en) *Ask.* kumandan, komutan; *~eur* *m* (-s; -e) *Ask.* birlik komutanı

Kommando *n* (-s; -s) *Befehl:* komut, emir; *Ask.* komuta yetkisi; *~einheit:* özel görev birliği; *das ~ führen* komuta etmek; *auf ~* emir üzerine

kommen *v/i* (kam, gekommen, sn) gelmek; *an~, az.* varmak; *gelangen:* ulaşmak (*bis* -e); *~ lassen* getirtmek; göndermek; *et.:* sipariş etmek; *~ auf (A) sich erinnern:* bşi anımsamak, bşi düşünmek; *herausfinden:* bulmak, anlamak; *hinter et. ~* bşi ortaya çıkarmak; *um et. ~* bşi kaybetmek; *zu et. ~* bşi kazanmak, edinmek; *wieder zu sich ~* tekrar kendisine gelmek, tekrar ayılmak; *wohin kommt ...?* ... nereye konacak?

Komment|ar *m* (-s; -e) yorum (*zu* bşe); ⩦**ieren** *v/t* (h) yorumlamak

Kommerz *m* (-es) ticaret; ⩦**ialisieren** *v/t* (h) ticarileştirmek; ⩦**iell** *sıf.* ticari

Kommissar *m* (-s; -e), *~in* *f* (-; -nen) *Polizei*⩦: komiser

Kommission *f* (-; -en) komisyon, kurul

Kommode *f* (-; -n) şifoniyer

kommunal *sıf.* yerel, belediye ile ilgili; ⩦**abgaben** *pl* belediye vergileri; ⩦**politik** *f* yerel politika; ⩦**wahlen** *pl* belediye seçimleri

Kommun|e *f* (-; -n) *Gemeinde:* belediye; *Wohngemeinschaft:* komün; *~ismus* *m* (-) komünizm; *~ist* *m* (-en; -en), ⩦**istisch** *sıf.* komünist

kommunizieren *v/t* (h) haberleşmek

Komödie *f* (-; -n) güldürü, komedya; *mec.* maskaralık, komedi

Kompanie *f* (-; -n) *Ask.* bölük

Kompass *m* (-es; -e) pusula

kompatib|el *sıf.* uyumlu; ⩦**ilität** *f* (-; -en) uyumluluk

Kompens|ation *f* (-; -en) değiş-tokuş, takas; *~ationsgeschäft* *n* takas işlemi; ⩦**ieren** *v/t* (h) takas etmek

kompetent *sıf. zuständig:* sorumlu (*für* için); *befähigt:* yetkili; *sachverständig:* uzman, (*in D* bşde); bşin ehli

Kompetenz *f* (-; -en) yetki; ehliyet; *in j-s ~ fallen* b-nin yetkisine/sorumluluğuna karışmak; *~bereich* *m* yetki/sorumluluk alanı

komplett *sıf.* tam, komple

Komplex *m* (-es; -e) kompleks, karmaşa; ⩦ *sıf.* karmaşık

Kompliment *n* (-s; -e) kompliman; *j-m ein ~ machen* b-ne kompliman yapmak (*wegen* -den dolayı)

Kompliz|e *m* (-n; -n), *~in* *f* (-; -nen) suç ortağı

kompliziert *sıf.* karışık; *Tıp Bruch:* açık yaralı (kemik kırığı)

Komplott *n* (-s; -e) komplo, gizli tertip

kompo|nieren *v/t* ve *v/i* (h) bestelemek; ⩦**nist** *m* (-en; -en), *~nistin* *f* (-; -nen) besteci; ⩦**sition** *f* (-; -en) kompozisyon, beste

Kompott *n* (-s; -e) komposto

Kompromiss *m* (-es; -e) uzlaşma; ⩦**los** *sıf.* ödünsüz, tavizsiz

Kondens|milch *f* (suyu alınarak) yoğunlaştırılmış süt; *~wasser* *n* damıtık/damıtılmış su

Kondition *f* (-; -en) *Ausdauer:* kondisyon; *pl Ekon.* koşul *sg,* şart *sg*

Konditorei *f* (-; -en) pastane; *Café:* çayevi

Kondom *n, m* (-s; -e) kaput, prezervatif

Konfekt *n* (-s; -e) şekerlemeler *pl*; *~ionsanzug* *m* hazır elbise

Konferenz *f* (-; -en) konferans, toplantı; *~raum* *m* konferans salonu

Konzept

Konfession f (-; -en) mezhep; ℓell sıf. mezhebi, mezhepsel
konfiszieren v/t (h) Huk. el koymak, toplatmak
Konfitüre f (-; -n) reçel
Konflikt m (-s; -e) çatışma, anlaşmazlık
konfrontieren v/t (h) yüzleştirmek, karşı karşıya getirmek (*mit* ile)
konfus sıf. karışık
Kongress m (-es; -e) kongre
König m (-s; -e) kral; ~**in** f (-; -nen) kraliçe; ℓ**lich** sıf. krala ait; ~**reich** n krallık
Konjunktur f (-; -en) Ekon. konjonktür, ekonomik durum
konkret sıf. somut
Konkurr|ent m (-en; -en), ~**entin** f (-; -nen) rakip; ~**enz** f (-; -en) rekabet; topl. yarış; *Wettkampf*: yarışma; ℓ**enzfähig** sıf. rekabet edecek düzeyde; ~**enzkampf** m rekabet savaşı; ℓ**enzlos** sıf. rakipsiz; ℓ**ieren** v/i (h) rekabet etmek (*mit* ile; *um* için)
Konkurs m (-es; -e) Ekon. iflas, batkı; *in ~ gehen* iflas etmek, batmak; ~**masse** f müflisin malı; ~**verwalter** m iflas masası memuru
können yardımcı eylem, v/t ve v/i (konnte, gekonnt, h) bşi yapmaya muktedir olmak, (yap-)abilmek; *dürfen*: bşi yapmaya izinli olmak, (yap-) abilmek; *kann ich ...?* ... (yap-)abilir miyim?; *ich kann nicht mehr bin erschöpft*: artık yapamayacağım, ben artık bittim; *bin satt*: artık yiyemeceğim, doydum; *e-e Sprache ~* bir dili bilmek
Können n (-s) yetenek, yetkinlik, beceri
Könner m (-s; -), ~**in** f (-; -nen) uzman, yetkin (*auf dem Gebiet G* ... alanında)
konsequen|t sıf. *folgerichtig*: tutarlı; *beständig*: kararlı; ℓ**z** f (-; -en) tutarlılık, kararlılık; *Folge*: sonuç; *die* ℓ**zen ziehen** sorumluluğunu taşımak (*aus* bşin)
konservativ sıf. tutucu, muhafazakâr; ℓ**e** m, f (-n; -n) muhafazakâr (görüşlü)
Konserve f (-; -n) → *Konservenbüchse*; ~**n** pl konserve besinler pl; ~**nbüchse** f, ~**ndose** f konserve kutusu
konservier|en v/t (h) konserve etmek, korumak; ℓ**ungsstoff** m koruyucu (madde)
konstruieren v/t (h) kurmak, düzenlemek; *entwerfen*: tasarlamak
Konstrukt|eur m (-s; -e) tasarımcı, yapımcı; ~**ion** f (-; -en) yapı; *Entwurf*: tasarı(m)
Konsul m (-s; -n) konsolos; ~**at** n (-s; -e) konsolosluk
Konsum m (-s) tüketim; ~**artikel** m tüketim maddesi; ~**ent** m (-en; -en) tüketici; ℓ**ieren** v/t (h) tüketmek
Kontakt m (-s; -e) kontakt (*az. El.*): *mit j-m ~ aufnehmen* b-yle ilişki/ temas kurmak; *mit j-m in ~ stehen* b-yle ilişkide/temasta bulunmak; ℓ**freudig** sıf. girgin; ~**linsen** pl kontakt lensler
Kontinent m (-s; -e) anakara, kıta; ℓ**al** sıf. karasal; ~**aleuropa** n Kıta Avrupası; ~**alklima** n kara iklimi
Konto n (-s; -ten) Ekon. banka hesabı, hesap; ~**auszug** m dekont; ~**nummer** f hesap numarası; ~**stand** m hesap durumu/bakiyesi
Kontrast m (-s; -e) karşıtlık, tezat
Kontroll|e f (-; -n) *Überwachung*: denetleme; *Beherrschung*: hakimiyet; *Aufsicht*: gözetim, denetim; *Prüfung*: yoklama, muayene, *von Gepäck vs.*: kontrol; ~**eur** m (-s; -e) gözetmen, müfettiş; ℓ**ieren** v/t (h) denetlemek, yoklamak, muayene etmek, kontrol etmek
Kontroverse f (-; -n) tartışma, çekişme
Konvention|alstrafe f sözleşmeye dayanan para cezası, cezai şart; ℓ**ell** sıf. geleneksel; sıradan; konvansiyonel
Konversation f (-; -en) konuşma, sohbet; ~**slexikon** n ansiklopedi
konvertier|bar sıf. değiştirilebilir, konvertibl; ℓ**en** v/t (h) dönüştürmek
Konzentr|ation f (-; -en) (dikkati bir noktada) toplama; konsantrasyon; ℓ**ieren** v/t 1. bşi toplamak (*auf A* bye); **2.** v/refl *sich* ℓ**ieren** kendini toplamak
Konzept n (-s; -e) taslak; düzen; *j-n aus dem ~ bringen* b-nin aklını karıştırmak

Konzern

Konzern *m* (-s; -e) *Ekon.* (sınai) grup, şirketler topluluğu
Konzert *n* (-s; -e) konser; *Musikstück*: konçerto
konzertiert *sıf.*: **~e Aktion** (işveren, sendika ve devletçe) birlikte hazırlanmış uygulama
Konzession *f* (-; -en) *Genehmigung*: ruhsat, imtiyaz; *Zugeständnis*: ödün, taviz (*D od.* **an** *A* -e)
Kooperation *f* (-; -en) işbirliği; **~ativ** *sıf.* işbirliği yapan, ortak; **~ieren** *v/i* (h) ortak çalışmak
Kopf *m* (-s; ⁓e) baş, kafa; **~ende**: başucu; *Verstand*: kafa, akıl; **~ hoch!** yitirme cesaretini!; **sich den ~ zerbrechen** *v* **durchsetzen** 1; **~bahnhof** *m* hatbaşı istasyonu; **~ende** *n* başucu; **~hörer** *m* kulaklık, dinleme başlığı; **~kissen** *n* yastık; **Ɉlos** *sıf. mec.* düşüncesiz, şaşkın; **~salat** *m* marul, yeşil salata; **~schmerzen** *pl* baş ağrısı *sg*; **~schmerztablette** *f* baş ağrısı hapı; **~stütze** *f Oto.* koltuk başlığı; **~tuch** *n* eşarp, baş örtüsü; **Ɉüber** *bel.* baş aşağı
Kopfzerbrechen *n* (-s): *j-m ~ machen* b-nin başını ağrıtmak
Kopie *f* (-; -n) kopya; **Ɉren** *v/t* (h) kopya etmek; **~rgerät** *n* fotokopi makinesi
Kopilot *m Hava.* ikinci pilot
Koran *m* (-s; -e) Kuran
Korb *m* (-s; ⁓e) sepet; *j-m e-n ~ geben mec.* b-ni geri çevirmek
Korea *n* Kore; **~ner** *m* Koreli
Korinthe *f* (-; -n) kuşüzümü
Korken *m* (-s) şişe mantarı, mantar tıpa; **~zieher** *m* tirbuşon, şişe açacağı
Korn¹ *n* (-s; ⁓er) *Sand vs.*: tane, kum tanesi; *Samen* Ɉ: tohum, tohum tanesi; *Getreide*: tahıl, hububat
Korn² *m* (-s; -) F hububat içkisi
Kornelkirsche *f* kızılcık
körnig *sıf.* tane(cik)li; *Reis*: pilavlık; *in Zusammensetzungen*: granüle ...
Körper *m* (-s) beden; vücut; cisim (*az. Fiz. vs.*); **~bau** *m* (-s) vücut yapısı, bünye, fizik; **Ɉbehindert** *sıf.* bedensel özürlü; **~geruch** *m* vücut kokusu; **~gewicht** *n* ağırlık, vücut ağırlığı; **~größe** *f* beden boyu, boy; **~kraft** *f* beden kuvveti; **Ɉlich** *sıf.* bedensel, maddesel; **~pflege** *f* vücut bakımı; **~schaft** *f* (-; -en) birlik, kurum; **~schaftssteuer** *f* kurumlar vergisi; **~teil** *m* organ, uzuv; **~verletzung** *f Huk.* adam yaralama; müessir fiil
korrekt *sıf.* doğru, kusursuz; **Ɉur** *f* (-; -en) düzelti, tashih
Korrespondent *m* (-en; -en) muhabir; **~enz** *f* (-; -en) yazışma; **Ɉieren** *v/i* (h) yazışmak (*mit* ile)
Korridor *m* (-s; -e) *Gang*: geçenek, koridor; *Flur*: hol
korrigieren *v/t* (h) (b-nin hatasını) düzeltmek, tashih etmek
korrupt *sıf.* rüşvet yiyici, rüşvetçi; **Ɉion** *f* (-; -en) rüşvet(çilik)
Kosename *m* (sevimleştirici) takma isim
Kosmetik *f* (-) kozmetik, güzellik bakımı; *Mittel*: güzellik malzemeleri *pl*; **~ikerin** *f* (-; -nen) güzellik uzmanı; **~ikkoffer** *m* makyaj çantası; **~iksalon** *m* güzellik salonu; **Ɉisch** *sıf.* kozmetik, güzelleştirici
Kost *f* (-) besin, gıda; *Verpflegung*: besle(n)me
kostbar *sıf.* değerli, kıymetli; *teuer*: pahalı; **Ɉkeit** *f* (-; -en) değerli şey
kosten¹ *v/t* (h) bşin tadına bakmak, bşi denemek
kosten² *v/i ve v/t* (h) fiyatında olmak; *was* (*od.* **wie viel**) **kostet ...?** ... fiyatı ne kadar?
Kosten *pl* maliyet *sg*; *Gebühren*: masraflar, harçlar; *auf j-s ~* b-nin hesabına; **~dämpfung** *f* (-; -en) maliyeti düşürme; **Ɉdeckend** *sıf.* maliyeti karşılayıcı; **~erstattung** *f* masrafları ödeme; **~explosion** *f* maliyet patlaması; **~faktor** *m* maliyet faktörü; **Ɉgünstig** *sıf.* maliyeti düşük; **Ɉlos** *sıf. ve bel.* parasız, bedava, ücretsiz
Kostenvoranschlag *m* maliyet tahmini; *e-n ~ einholen* maliyet tahmini almak
köstlich 1. *sıf.* nefis, enfes; **2.** *bel.*: *sich ~ amüsieren* şahane eğlenmek
Kostprobe *f* örnek; *mec. az.* tadımlık; **Ɉspielig** *sıf.* (çok) masraflı
Kostüm *n* (-s; -e) kostüm; *Damen* Ɉ: tayyör; **~fest** *n* kostümlü balo
Kot *m* (-s) dışkı; *von Tieren*: *az.* ters
Kotelett *n* (-s; -s) pirzola

Kotflügel *m* Oto. çamurluk
kotzen *v/i* (h) *kaba* kusmak
Krabbe *f* (-; -n) karides, *größere*: pavurya, çağanoz
krabbeln *v/i* (sn) *Baby*: emeklemek, *Käfer*: tırmanmak
Krach *m* (-s; ⁼e) *Lärm*: gürültü; *Knall*, *Schlag*: gümbürtü, patırtı; *Streit*: kavga, çatışma; **~ machen** gürültü etmek; ⁀en *v/i* (sn) çarpmak (*gegen* -e); (h) *Schuss*: çınlamak, ötmek
krächzen *v/i ve v/t* (h) *Person*: boğuk boğuk konuşmak
Kraft *f* (-; ⁼e) kuvvet, kudret (*az. mec.*); *Natur*⁀, *az. Fiz.*: kuvvet; *El.*, *Pol.*, *Tek.* güç; **in ~ sein** yürürlükte olmak; **in ~ setzen** yürürlüğe koymak; **in ~ treten** yürürlüğe girmek; **~fahrer** *m* sürücü, şoför; **~fahrzeug** *n* (motorlu) taşıt; *az.* → **Kfz-...**
kräftig *sıf.* güçlü, kuvvetli; *Schlag*: şiddetli; **~ gebaut**: iri (yapılı); *Essen*: besleyici; *Farbe*: parlak
kraftlos *sıf.* zayıf, güçsüz; ⁀probe *f* güç gösterisi; ⁀stoff *m* Oto. (akar)yakıt; *az.* → **Benzin...**; ⁀werk *n* enerji santralı
Kragen *m* (-s; -) yaka
Kralle *f* (-; ⁼e) pençe (*az. mec.*); ⁀en *v/refl* (h) sıkı sıkı yapışmak, sıkıca sarılmak (*an A* bşe)
Kram *m* (-s) F pılı pırtı, çerçöp; *Sache*: iş, uğraş
Krampf *m* (-s; ⁼e) *Tıp* kramp; **~ader** *f* *Tıp* varis
Kran *m* (-s; ⁼e) *Tek.* vinç
krank *sıf.* hasta; **~ sein** hasta olmak; **~ werden** hastalanmak
kränken *v/t* (h) üzmek, incitmek
Krankengeld *n* hastalık parası; **~gymnastik** *f* fizyoterapi; **~haus** *n* hastane; *im* **~haus liegen** hastanede yatmak; **~kasse** *f* hastalık sigortası, F hastalık kasası; **~pfleger** *m* hastabakıcı; **~schein** *m* hastalık sigortası belgesi; **~schwester** *f* hemşire; ⁀versichert *sıf.*: ⁀versichert sein hastalık sigortası olmak; **~versicherung** *f* hastalık sigortası (kurumu); **~wagen** *m* ambülans, cankurtaran (arabası)
krankhaft *sıf.* hastalıklı, patolojik; *übertrieben vs.*: hastalık derecesinde, anormal, takıntılı

Krankheit *f* (-; -en) hastalık; **~serreger** *m* hastalık mikrobu
Kränkung *f* (-; -en) incitme, kırma
Kranz *m* (-es; ⁼e) çelenk
krass *sıf. Beispiel*, *Widerspruch vs.*: görülmemiş; *Fall*, *Lüge*: apaçık; *Übertreibung vs.*: kaba, görgüsüz; *Außenseiter*. sıradışı
kratzen (h) **1.** *v/t* tırmalamak, kaşımak; *schaben*: kazımak (**von** -den); **2.** *v/i* kaşımak; **3.** *v/refl* kaşınmak; **sich am Kinn ~** çenesini kaşımak
Kraut *n* (-s; ⁼er) *Bot.* ot, yeşillik; *Gastr.* lahana
Krawall *m* (-s; -e) kavga, kargaşa; F *Lärm*: gürültü, şamata
Krawatte *f* (-; -n) boyunbağı, kravat
kreativ *sıf.* yaratıcı; ⁀ivität *f* (-) yaratıcılık; ⁀ur *f* (-; -en) yaratık
Krebs *m* (-s; -e) *Zoo.* yengeç; *Tıp* kanser; **~ erregend** *sıf.* kanserojen, kansere neden olan; **~forschung** *f* kanser araştırmaları *pl*
Kredit *m* (-s; -e) *Ekon.* kredi; **~hai** *m* F *hkr.* tefeci; **~institut** *n* kredi kurumu; **~karte** *f* kredi kartı; **~rahmen** *m* kredi kapsamı/haddi; ⁀würdig *sıf.* itibarlı, güvenilir, kredili
Kreis *m* (-es; -e) daire (*az. mec.*); *Pol.* ilçe; *El.* devre; **~bahn** *f* *Astr.* yörünge; ⁀en *v/i* (sn) *Flugzeug*, *Vogel*: uçarak dolaşmak; ⁀en *um Satellit vs.*: çevresinde dönmek, *Gedanken*: ... ile ilgili olmak; ⁀förmig *sıf.* daire şeklinde; **~lauf** *m* *Ekon. vs.* dolanım; *Blut*, *Geld vs.*: dolaşım; **~laufstörungen** *pl* *Tıp* dolaşım bozukluğu *sg*; ⁀rund *sıf.* daire gibi yuvarlak; **~verkehr** *m* döner kavşak trafiği
Kreuz *n* (-es; -e) haç, çarmıh (*az. mec.*); *Symbol*: *az.* çarpı; *Anat.* sağrı kemiği; *Kartenspiel*: (*Farbe*) sinekler, ispatiler *pl*, (*Karte*) sinek, ispati; ⁀en *v/refl* (h) kesişmek (*az. mec.*); *Interessen vs.*: çatışmak; **~fahrt** *f* *Gemi.* (uzun) seyahat; **~otter** *f* engerek yılanı; **~schmerzen** *pl* bel ağrısı *sg*; **~ung** *f* (-; -en) dörtyol ağzı, kavşak; *Biyo.* melez, kırma; *Produkt*: çapraz ürün; *mec.* melezleme; **~verhör** *n* *Huk.* çapraz lama sorgu; *ins* **~verhör nehmen** sorguya çekmek; ⁀weise *bel.* çaprazlama, çaprazlamasına;

Kreuzworträtsel

~worträtsel *n* (çapraz sözcük) bulmaca(sı)

kriech|en *v/i* (kroch, gekrochen, sn) sürünmek (*mec.* **vor j-m** b-ne yaltaklanmak); **♀spur** *f Oto.* tırmanma şeridi; **♀tempo** *n* çok yavaş tempo

Krieg *m* (-s; -e) savaş; **~ führen** savaşmak (*gegen* -e karşı); **~ führend** savaşan

kriegen *v/t* (h) almak; *fangen*: yakalamak, ele geçirmek

Krieger|denkmal *n* şavaş anıtı; **♀isch** *sıf.* savaşçı, kavgacı

Kriegführung *f* (-) savaşma

Kriegs|dienst *m* seferberlik görevi; *Wehrdienst*: askerlik hizmeti **~dienstverweigerer** *m* (-s; -) askerlik görevini reddeden (kişi); **~dienstverweigerung** *f* askerlik görevini reddetme; **~erklärung** *f* savaş ilanı; **~gefangene** *m* savaş tutsağı; **~recht** *n* (-s) sıkıyönetim; **~schauplatz** *m* savaş alanı; **~schiff** *n* savaş gemisi; **~verbrechen** *n* savaş suçu; **~verbrecher** *m* savaş suçlusu

Krimi *m* (-s; -s) polisiye (film, roman)

Kriminal|beamte *m* sivil polis memuru; **~film** *m* polisiye film; **~polizei** *f* sivil polis; **~roman** *m* polisiye roman

kriminell *sıf.* yasadışı; **♀e** *m, f* (-n; -n) suç işleyen, suçlu; *stärker*: cani

Krise *f* (-; -n) bunalım, kriz; **~nherd** *m* bunalım/kriz bölgesi; **~nstab** *m* kriz komitesi

Kriterium *n* (-s; -rien) ölçüt (*für* -in)

Kritik *f* (-; -en) eleştirme, eleştiri (*an D* -in); *Tiy., Müz. vs.* değerlendirme, eleştiri; **gute ~** en iyi eleştiriler; **~ üben an** (*D*) b-ni/bşi eleştirmek; **~er** *m* (-s; -), **~erin** *f* (-; -nen) eleştirmen; **♀los** *sıf.* eleştirmeden

kritisch *sıf.* eleştirici, seçici (*az. mec.*) (*gegenüber* -e karşı)

kritisieren *v/t* (h) eleştirmek

Kroat|e *m* (-n; -n), **~in** *f* (-; -nen) Hırvat; **~ien** *n* Hırvatistan; **♀isch** *sıf.* Hırvat(istan) ...; **~isch** *n* Hırvatça

Krone *f* (-; -n) taç

krönen *v/t* (h) -e taç giydirmek; *j-n* **zum König ~** b-ne kraliyet tacı takmak

Kronleuchter *m* (çok kollu) avize

Krönung *f* (-; -en) taç giy(dir)me; *mec.* en yüksek nokta, zirve

Kropf *m* (-s; ⁻e) *Tıp* guatr

Kröte *f* (-; -n) *Zoo.* kurbağa, kara kurbağası; **~n** *pl F mec.* mangır

Krücke *f* (-; -n) koltuk değneği; **an ~n gehen** koltuk değneğiyle yürümek

Krug *m* (-s; ⁻e) testi; *Bier*♀: maşrapa

krümm|en *v/refl* (h): **sich ~ vor** (*D*) bşden kıvranmak, iki büklüm olmak; **♀ung** *f* (-; -en) *Straße vs.*: dönemeç, kıvrılma

Kto. *kıs.* = **Konto** *n* banka hesabı

Kübel *m* (-s; -) kova, tekne

Kubikmeter *m, n* metreküp

Küche *f* (-; -n) mutfak; *Speisen*: yemekler; **kalte** (**warme**) **~** soğuk (sıcak) büfe; **die türkische ~** Türk mutfağı, Türk yemekleri

Kuchen *m* (-s; -) pasta

Kugel *f* (-; -n) top, küre; *Gewehr*♀ *vs.*: mermi; **~gelenk** *n Anat.* küre biçimli eklem, *Tek.* bilyeli mafsal; **~lager** *n Tek.* bilyeli yatak; **~schreiber** *m* (-s; -) tükenmez (kalem); **♀sicher** *sıf.* kurşun geçirmez; **~stoßen** *n* (-s) *Leichtathletik*: gülle atma

Kuh *f* (-; ⁻e) inek

kühl *sıf.* serin (*az. mec.*); **♀e** *f* (-) serinlik; **~en** *v/t* (h) serinletmek, soğutmak; **♀er** *m* (-s; -) *Oto.* radyatör; **♀erhaube** *f* motor kapağı, kaput; **♀mittel** *n* soğutucu madde; **♀raum** *m* soğuk hava deposu; **♀schrank** *m* buzdolabı; **♀tasche** *f* termos çanta; **♀truhe** *f* dondurucu dolap; **♀wasser** *n* soğutma suyu, *Oto.* radyatör suyu

Kuhstall *m* inek ahırı

Küken *n* (-s; -) civciv; *größer*: piliç

Kuli *m* (-s; -s) F → *Kugelschreiber*

kulinarisch *sıf.* yemek pişirme sanatıyla ilgili

Kulissen *pl Tiy.* kulis *sg*; *Dekorationsstücke*: dekor *sg*: **hinter den ~** *mec.* perde arkasında

Kult *m* (-s; -e) kült, tap(ın)ma

Kultur *f* (-; -en) kültür; **~abkommen** *n* kültür anlaşması; **~angebot** *n* kültürel olanaklar *pl*; **~austausch** *m* kültür alışverişi; **~beutel** *m* tuvalet çantası; **♀ell** *sıf.* kültürel; **~geschichte** *f* kültür/uygarlık tarihi; **~programm** *n* kültürel program; **~schock** *m* kültür şoku

Kultus|minister *m* eğitim bakanı; **~ministerium** *n* eğitim bakanlığı

kümmern *v/refl* (h): **sich ~ um** *j-n od. et.*: b-yle *veya* bşle ilgilenmek; *sich Gedanken machen*: -e ilgi duymak, -e meraklı olmak

Kumpel *m* (-s; -) *Bergbau*: madenci; F *Freund*: ahbap, dost

kündbar *sıf. Vertrag*: feshedilebilir, bozulabilir; **er ist nicht ~** (onun) iş sözleşmesi feshedilemez/bozulamaz

Kunde *m* (-n; -n) müşteri; **~ndienst** *m* müşteriye hizmet; *Abteilung*: müşteri servisi; **~nkreditbank** *f* kredi finansmanı bankası

Kundgebung *f* (-; -en) gösteri, toplantı

kündig|en (h) **1.** *v/t Vertrag* feshetmek; *Abonnement vs.* kesmek, iptal etmek; **2.** *v/i* feshi ihbar etmek; **j-m ~en** b-ne çıkış vermek; b-ni işten çıkarmak; **2ung** *f* (-; -en) fesih; iptal; çıkış, işten çıkarma; **2ungsschutz** *m* ihbarsız işten çıkarmalara karşı güvence, iş güvencesi

Kund|in *f* (-; -nen) müşteri (kadın); **~schaft** *f* (-) müşteriler *pl*

Kunst *f* (-; *-e*) sanat; *Fertigkeit*: az. beceri, ustalık, hüner; **~ausstellung** *f* sanat sergisi; **~dünger** *m* yapay/suni gübre; **~fehler** *m Tıp* doktor/meslek hatası; **~geschichte** *f* sanat tarihi; **~gewerbe** *n*, **~handwerk** *n* el sanatı; **~leder** *n* yapay/suni deri

Künstler *m* (-s; -), **~in** *f* (-; -nen) sanatçı; **2isch** *sıf.* sanatsal

künstlich *sıf.* yapay, yapma; *unecht*: sahte, taklit; *Zähne vs.*: takma; *Diamant vs.*: sentetik, suni

Kunst|stoff *m* sentetik madde, plastik; **2voll** *sıf.* özgün, ustaca; **~werk** *n* sanat eseri

Kupfer *n* (-s) bakır; **~stich** *m* (bakır üzerine kazılan) gravür

kuppeln *v/i* (h) *Oto.* debriyajı harekete geçirmek

Kupplung *f* (-; -en) *Oto.* debriyaj; **~spedal** *n* debriyaj pedalı; **~scheibe** *f* debriyaj diski

Kur *f* (-; -en) tedavi; *in Kurort*: kür; **~aufenthalt** *m* kaplıca ikameti; **~bad** *n* kaplıca

Kurbel *f* (-; -n) manivela, krank; **~welle** *f Oto.* krank mili

Kürbis *m* (-ses; -se) *Bot.* kabak; **~kern** *m* kabak çekirdeği

Kurd|e *m* (-n; -n), **~in** *f* (-; -nen), **2isch** Kürt; **~isch** *n* Kürtçe

Kur|gast *m* kaplıca misafiri; **~haus** *n* kaplıca oteli

kurieren *v/t* (h) *Tıp* iyileştirmek; kurtarmak (**von** -den) (*az. mec.*)

kurios *sıf.* yadırgatıcı, garip, acayip

Kurort *m* kaplıca yeri

Kurs *m* (-es; -e) *Hava.*, *Pol. vs.* rota, istikamet; *Ped.* kurs; *Wechsel* 2: (kambiyo) değer(i); *Börsen* 2: kur, fiyat; **zum ~ von** -lik kur üzerinden; **~abfall** *m* fiyatlarda düşme; **~anstieg** *m* fiyatlarda/kurlarda yükselme; **~buch** *n* tren rehberi; **~gewinn** *m* kur farkı kârı; *Börse*: piyasa kârı; **~wagen** *m Demiryol.* direkt vagon

Kurtaxe *f* (-; -n) kaplıca vergisi

Kurve *f* (-; -n) eğri; *Straßen* 2: dönemeç, viraj; **2nreich** *sıf.* çok virajlı

kurz 1. *sıf.* kısa; *zeitlich*: az. az süren, kısa; **~e Hose** şort, kısa pantolon; (*bis*) **vor ~em** birkaç gün öncesi(ne kadar); (*erst*) **seit ~em** kısa bir süreden beri(dir); **2.** *bel.*: **~ vorher** önceden kısa bir süre; **~ darauf** (ardından) kısa bir süre sonra; **~ vor uns** bizden hemen önce; **~ nacheinander** hemen art arda; **~ fortgehen** şöyle bir çıkmak; **sich ~ fassen** kısa kesmek, sözünü uzatmamak; **~ gesagt** kısacası; **zu ~ kommen** payını alamamak; **~ und bündig** kısa ve öz; **2arbeit** *f* (-) kısa mesai; **~arbeiten** *v/i* (*ayr.*, -ge-, h) kısa mesai yapmak; **2arbeiter** *m* kısa mesai işçisi

Kürze *f* (-) kısalık; *in ~* yakında

kürzen *v/t* (h) *Kleid vs.* küçültmek (*um* ... kadar); *Buch vs.* kısaltmak, özetlemek; *Ausgaben vs.* kesmek, azaltmak

kurzfristig 1. *sıf.* kısa süreli/vadeli; **2.** *bel.* kısa sürede/vadede; *für kurze Zeit*: kısa bir süre için

Kurzgeschichte *f* kısa hikâye

kürzlich *bel.* geçenlerde

Kurz|nachrichten *pl* kısa haberler, haber özetleri; **~parkzone** *f* kısa süreli park alanı; **~schluss** *m El.* kısa devre, kontak; **2sichtig** *sıf.* miyop, *mec.* basiretsiz, ilerisini göremeyen; **~strecke** *f* kısa mesafe

Kürzung *f* (-; -en) kesme, azaltma
Kurzwelle *f El.* kısa dalga; *auf* ~ kısa dalgada
Kusine *f* (-; -n) amca/dayı/hala/teyze kızı, kuzin
Kuss *m* (-es; ⁻e) öpüş, öpme; ⩘**echt** *sıf.* öpüşmede çıkmayan (ruj vs.)

küssen *v/t* (h) öpmek; *sich* ~ öpüşmek
Küste *f* (-; -n) sahil, kıyı
Küstengewässer *pl* kara suları
Küsten|schifffahrt *f* kabotaj; ~**schutz** *m* sahil koruma
Kuvert *n* (-s; -s) zarf

L

l *kıs.* = **links** sol(da)
labil *sıf.* kararsız, denksiz
Labor *n* (-s; -s, -e) laboratuvar; ~**ant** *m* (-en; -en), ~**antin** *f* (-; -nen) laborant
laborieren *v/i* (h): ~ *an* (*D*) bşi çekmek, bşe katlanmak
Laborversuch *m* laboratuvar deneyi
Lache *f* (-; -n) su birikintisi, gölet
lächeln *v/i* (h) gülümsemek (*über A* bşe)
Lächeln *n* (-s) gülümseme, gülücük
lachen *v/i* (h) gülmek (*über A* -e)
Lachen *n* (-s; -e) gülme, gülüş; *j-n zum* ~ *bringen* b-ni güldürmek
lächerlich *sıf.* gülünç; ~ *machen* herkesin alay konusu etmek; *sich* ~ *machen* alay konusu olmak
Lachs *m* (-es; -e) som balığı
Lack *m* (-s; -e) vernik, cila (*az. Farb*⩘); *Nagel*⩘: oje; *Oto.* boya
lackieren *v/t* (h) verniklemek, cilalamak; *Oto.* boyamak
Lade|fläche *f* yükleme alanı; ~**gerät** *n El.* şarj aleti
laden *v/t* (lud, geladen, h) yüklemek; *El.* şarj etmek, doldurmak
Laden *m* (-s; ⁻) dükkân, mağaza; *Fenster*⩘: panjur; ~**dieb(in** *f*) *m* dükkân hırsızı; ~**diebstahl** *m* dükkân hırsızlığı; ~**inhaber(in** *f*) *m* dükkân sahibi; ~**kasse** *f* dükkân kasası; ~**preis** *m* dükkân satış fiyatı
Ladenschluss *m* (-es) dükkânların/mağazaların kapanış saatleri *pl*; *nach* ~ dükkânlar kapandıktan sonra; ~**zeit** *f* dükkânların/mağazaların kapanış saatleri *pl*

Laden|straße *f* dükkânların bulunduğu cadde, alışveriş caddesi; ~**tisch** *m* (dükkân) tezgâh(ı)
Lade|rampe *f* yükleme rampası; ~**raum** *m* (yükleme) ambar(ı); *Gemi.* gemi ambarı
Ladung *f* (-; -en) *Hava.* kargo; *Gemi.* navlun; *Oto.* yük
Lage *f* (-; -n) durum, hal; (*beide az. mec.*); *Platz*: *az.* konum, yer; *Schicht*: kat, tabaka; *in schöner (ruhiger)* ~ güzel (sakin) bir semtte; *in der* ~ *sein zu* (yap)mak durumda olmak
Lager *n* (-s; -) kamp (*az. mec. Partei*); *Vorratsraum*: kiler, *in Geschäft vs.*: depo; ~*haus*: eşya deposu, antrepo; *Vorrat*: stok; *et. auf* ~ *haben* depoda bulundurmak; ~**bestand** *m* stok, depo mevcudu; ~**feuer** *n* kamp ateşi; ~**haltung** *f* depoda tutma; ~**haltungskosten** *pl* depo konşimentosu *sg*; ~**haus** *n* depo, ambar; ⩘*n* (h) **1.** *v/i* kamp yapmak; depoda bulunmak; **2.** *v/t* depo etmek, depolamak; *kühl* ⩘*n* serin yerde saklamak; ~**raum** *m* depolama yeri, *in Geschäft vs.*: depo; ~**ung** *f* (-) depolama, stoklama
Lagune *f* (-; -n) deniz kulağı, lagün
lahm *m sıf.* aksak; ~ *legen Wirtschaft vs.* felce uğratmak; *Verkehr* (trafiği) durdurmak, aksatmak
lähmen *v/t* (h) felç etmek; *mec.* dondurmak; *wie gelähmt sein vor* (*D*) bşden felç olmuş gibi olmak
Lähmung *f* (-; -en) *Tıp* felç, inme
Laib *m* (-s; -e) (ekmek) somun(u)
Laich *m* (-s; -e) balık yumurtası; ⩘*en* *v/i* (h) yumurtlamak

Lärmbekämpfung

Laie *m* (-n; -n) uzman olmayan, amatör; **♃nhaft** *sıf.* amatör, acemi
Laken *n* (-s; -) çarşaf; **Bade♃:** banyo havlusu
Lamm *n* (-s; ⁓er) kuzu; **⁓braten** *m* kuzu kızartması; **⁓fell** *n* kuzu derisi; **⁓kotelett** *n* kuzu pirzolası
Lampe *f* (-; -n) lamba; **Glüh♃:** ampul; **⁓nfieber** *n* sahne heyecanı, seyirci önünde korku; **⁓nschirm** *m* abajur
Lampion *m* (-s; -s) kâğıt fener
Land *n* (-es; ⁓er) *Fesf♃:* (ana)kara, kıta; *Staat:* ülke; *Bundes♃:* eyalet; *Boden:* yer, toprak; **⁓besitz:** mülk, arazi; **an ~ gehen** karaya çıkmak; **auf dem ~** taşrada, şehir dışında; **aufs ~ fahren** taşraya (*veya* şehir dışına) çıkmak; **außer ⁓es gehen** yurtdışına çıkmak; **⁓bevölkerung** *f* köy halkı, kırsal nüfus
Lande|bahn *f Hava.* iniş pisti; **⁓erlaubnis** *f* iniş izni
landeinwärts *bel.* ülke içinde, dahili
landen *v/i* (sn) (yere) inmek, (karaya) çıkmak; *mec.* **~ in** -e düşmek
Landenge *f* (-; -n) *Coğr.* kıstak, berzah
Landeplatz *m Hava.* iniş alanı
Landes|grenze *f* ülke sınırı; **⁓innere** *n* (-innern) ülkenin içi; **⁓sprache** *f* ulusal dil; **⁓verrat** *m* (vatana) ihanet; **⁓verteidigung** *f* milli savunma; **⁓währung** *f* milli para
Land|flucht *f* köyden kente göç; **⁓friedensbruch** *m Huk.* toplum barışını bozma; **⁓karte** *f* harita
ländlich *sıf.* köye ait, kırsal; *derb:* taşralı, köylü
Landschaft *f* (-; -en) yöre, bölge; *schöne:* manzara; *Malerei:* peyzaj; **♃lich** *sıf.* manzara ...
Lands|mann *m* (-s; -leute), **⁓männin** *f* (-; -nen) hemşeri, yurttaş
Land|straße *f* karayolu; *nicht Autobahn:* şose; **⁓streitkräfte** *pl* kara kuvvetleri
Landung *f* (-; -en) karaya çıkma, *Hava. az.* (yere) iniş; **⁓sbrücke** *f*, **⁓ssteg** *m Gemi.* iskele, dosa
Landweg *m:* **auf dem ~** kara yolu ile
Landwirt *m* çiftçi; **⁓schaft** *f* çiftçilik, ziraatçilik; **♃schaftlich** *sıf.* tarımsal, zirai

lang 1. *sıf.* uzun; F *Person:* uzun boylu; **seit ⁓em** çoktan beri; **vor ⁓er Zeit** çok önce(leri); **2.** *bel.:* **drei Jahre ~** üç yıldır; **einige Zeit ~** bir süredir; **den ganzen Tag ~** bütün gün boyunca; **über kurz od. ~** er ya da geç
lange *bel.* uzun (süre); **es ist schon ~ her(, seit)** -(y)eli epey zaman oldu; **(noch) nicht ~ her** (daha) çok olmadı; **noch ~ hin** daha uzun süre; **es dauert nicht ~** çok sürmez; **ich bleibe nicht ~ fort** gidişim pek uzun sürmeyecek; **wie ~ noch?** daha ne kadar (sürecek)?
Länge *f* (-; -n) uzunluk; *Coğr.* boylam; **der ~ nach** boydan boya; **in die ~ ziehen** bşi uzatmak; **sich in die ~ ziehen** uzamak, sürmek
langen *v/i* (h) F *greifen:* uzanmak (*nach* bşe); *genügen:* yetmek; **mir langt es** bana yeter
Längen|grad *m Coğr.* boylam derecesi; **⁓maß** *n* uzunluk ölçüsü
Langeweile *f* (-) can sıkıntısı; **~ haben** canı sıkılmak
langfristig *sıf.* uzun vadeli
langjährig *sıf.:* **⁓e Erfahrung** uzun yıllara dayanan deneyim
langlebig *sıf.* uzun ömürlü; *Ekon.* dayanıklı; **⁓e Gebrauchsgüter** *pl* dayanıklı tüketim maddeleri
länglich *sıf.* uzunca, uzatılmış
längs 1. *ilg.* boyunca; **2.** *bel.* boylamasına
langsam *sıf.* yavaş; **⁓er werden** yavaşlamak; **⁓er fahren** (daha) yavaş gitmek
längst *bel.* çoktan beri; **~ vorbei** çoktan bitti/geçti; **ich weiß es ~** çoktan beri biliyorum
Lang|strecke *f* uzun yol/mesafe; **♃weilen** *(ayrılmaz,* ge-, h) **1.** *v/t* b-nin canını sıkmak; **2.** *v/refl* canı sıkılmak; **⁓weiler** *m* (-s; -) (can)sıkıcı (insan); **♃weilig** *sıf.* cansıkıcı, silik; **⁓welle** *f El.* uzun dalga; **♃wierig** *sıf.* uzun süren, çok zaman alan *(az. Tıp)*
Lappalie *f* (-; -n) değersiz (şey), önemsiz iş
Lappen *m* (-s; -) bez, kumaş parçası; *Fetzen:* paçavra *(az. mec.);* **Staub♃:** toz bezi
Lärm *m* (-s) gürültü; **⁓bekämpfung** *f*

Lärmbelästigung

(-) gürültü ile mücadele; **~belästigung** f gürültü kirlenmesi; gürültüden rahatsız olma; **♀end** sıf. gürültülü; **~schutz** m gürültüye karşı koru(n)ma; **~schutzwand** f gürültü kesen (bariyer)
lassen (ließ, h) **1.** v/t (gelassen) bırakmak; **j-n (et.) zu Hause ~** b-ni (bşi) evde bırakmak; **j-n allein ~** b-ni yalnız bırakmak; **lass alles so, wie (wo) es ist** her şeyi olduğu gibi (yerde) bırak; **er kann das Rauchen vs. nicht ~** o sigarayı vs. bırakamıyor; **lass das!** bırak!; dokunma!; → **Ruhe**; **2.** yardımcı eylem: (lassen): **j-n et. tun ~** b-ne bşi yaptırmak; **veran~**: b-nin bşi yapmasını sağlamak; **es lässt sich machen** yapılabilir; → **grüßen, kommen, Haar** vs.
lässig sıf. kayıtsız, laubali; **nach~**: özensiz, ihmalkâr
Last f (-; -en) yük (az. mec.); Bürde: yüküm(lülük) (az. mec.); Gewicht: ağırlık (az. mec.); **j-m zur ~ fallen** b-ne yük olmak; **j-m et. zur ~ legen** b-ni bşle suçlamak; **~auto** n → **Lastwagen**; **♀en** v/i (h); **♀en auf** (D) bşin yükü b-nde olmak (az. mec.); **~enaufzug** m yük asansörü
Laster¹ m (-s; -) F → **Lastwagen**
Laster² n (-s; -) kötü huy, kusur
lästern v/i (h): **~ über** (A) b-ni kötülemek, b-nin dedikodusunu yapmak
lästig sıf. usandırıcı, rahatsız edici; **(j-m) ~ sein** b-nin canını sıkmak
Last|schrift f Ekon. borç kaydı; **~wagen** m kamyon; **~wagenfahrer** m kamyon sürücüsü
Latein n Latince
Laub n (-s) yaprak; **~baum** m yapraklı ağaç
Lauch m (-s; -e) pırasa
Lauer f: **auf der ~ liegen** pusuya yatmak; **♀n** v/i (h) pusuda beklemek; **♀n auf** (A) -i sabırsızlıkla beklemek
Lauf m (-s; ¨e) Sport: koşu; Verlauf: gidiş, akış; Gewehr♀: namlu; **im ~ der Zeit** zamanla; **~bahn** f kariyer
laufen (lief, gelaufen, sn) **1.** v/i koşmak; zu Fuß gehen: yürümek (az. Ekon.); funktionieren: işlemek (az. Tek.); Oto. çalışmak; mec. yolunda olmak; Film: gösterilmek, oynamak; **~ lassen** j-n: b-ni serbest bırakmak; straffrei: cezasız salıvermek; **2.** v/t yürümek; **~d 1.** sıf. devamlı; Ekon. cari; ständig: sürekli; **~de Kosten** pl Ekon. sürekli yapılan giderler pl; **auf dem ♀den sein** yenilikleri izlemek; **2.** bel. sürekli olarak; regelmäßig: düzenli; immer: daima
Läufer m (-s; -) koşucu; Teppich: uzun ince halı, yolluk; Schach: fil
Läuferin f (-; -nen) koşucu
Lauf|masche f (çorapta) kaçık; **~pass** m: F **j-m den ~pass geben** b-ne pasaportunu eline vermek; Freundin vs.: b-ni sepetlemek; **~schritt** m: **im ~schritt** koşar adım(la); **~stall** m çocuk parkı; **~steg** m podyum; **~werk** n Cmp. (disket) sürücü(sü); **~zeit** f Vertrag vs.: vade, müddet; Cassette vs.: uzunluk, süre
Laun|e f (-; -n) mizaç, huy, heves; **gute (schlechte) ~e haben** keyfi iyi (kötü) olmak; **♀enhaft, ♀isch** sıf. kaprisli, kararsız; mürrisch: keyifsiz
Laus f (-; ¨e) bit
lauschen v/i (h) heimlich: (gizlice) dinlemek, -e kulak kabartmak
laut¹ 1. sıf. yüksek sesli; Straße, Kinder: gürültülü; **2.** bel. yüksek sesle; **vorlesen** yüksek sesle okumak; **(sprich) ~er, bitte!** daha yüksek sesle (konuş), lütfen!
laut² ilg. -e göre, bş gereğince
Laut m (-s; -e) ses, seda, gürültü
lauten v/i (h) (metin) şöyle olmak; Name: olmak
läuten v/i ve v/t (h) çalmak; **es läutet** (kapı) çalıyor
lauter bel. Unsinn vs.: sırf; **nichts als**: sadece, bşden başka bir şey değil
laut|los sıf. sessiz, sedasız; Stille: sakin; **♀sprecher** m hoparlör; **♀stärke** f ses şiddeti; El. az. ses ayarı; **♀stärkeregler** m ses ayar kontrolü
lauwarm sıf. ılık
Lava f (-; Laven) Jeo. lava
Lawine f (-; -n) çığ
leben (h) yaşamak; **am Leben sein**: hayatta/sağ olmak; wohnen: oturmak; **von et. ~** bşle geçinmek
Leben n (-s; -) yaşam, hayat; **am ~ bleiben** hayatta kalmak; überleben: sağ kalmak; **am ~ sein** hayatta olmak; **sich das ~ nehmen** canına

Lehre

kıymak, hayatına son vermek; **ums ~ kommen** hayatını kaybetmek, ölmek; **um sein ~ laufen (kämpfen)** hayatını kurtarmak için kaçmak (savaşmak); **das tägliche ~** günlük hayat; **mein ~ lang** hayatım boyunca
lebend *sıf.* diri
lebendig *sıf.* canlı; *mec.* dinç, neşeli
Lebens|abend *m* yaşlılık, hayatın son demleri *pl*; **~bedingungen** *pl* yaşam koşulları *az.*; **~dauer** *f* ömür; *Tek.* dayanıklılık; **~erfahrung** *f* hayat tecrübesi; **~erwartung** *f* yaşam beklentisi; **♀fähig** *sıf. Tıp* yaşama gücüne sahip, *mec.* yaşayabilir
Lebensgefahr *f* (-) ölüm tehlikesi; **unter ~** ölüm tehlikesi altında; **er schwebte in ~** hayatı tehlikedeydi, *Tıp* hayati tehlikeyi atlatmamıştı
lebensgefährlich *sıf.* çok tehlikeli; *Krankheit:* çok ciddi; *Verletzung:* önemli
Lebensgefährt|e *m*, **~in** *f* (-; -nen) hayat arkadaşı, eş
lebens|groß *sıf.* doğal boyda; **♀größe** *f. in ♀größe** doğal büyüklükte
Lebenshaltungskosten *pl* geçim masrafları
lebens|lang, **~länglich** *sıf.* ve *bel.* ömür boyu; **~e Freiheitsstrafe** *Huk.* müebbet hapis cezası
Lebenslauf *m* özgeçmiş, yaşam öyküsü
lebenslustig *sıf.* hayata bağlı; **~ sein** hayatın tadını çıkarmak
Lebensmittel *pl* yiyecek *sg*; gıda maddeleri; *Waren:* az. bakkaliye *sg*; **~abteilung** *f* yiyecekler bölümü; **~geschäft** *n* gıda pazarı; **~vergiftung** *f Tıp* gıda zehirlenmesi
lebens|müde *sıf.* yaşama küskün; **♀notwendigkeit** *f* yaşam için gereklilik; **♀qualität** *f* (-) yaşam kalitesi; **♀retter(in** *f*) *m* can kurtaran/kurtarıcı; **♀standard** *m* yaşam standardı; **♀stellung** *f* ömür boyu kadro/mevki; **♀unterhalt** *m* geçim (kaynağı); **s-n ♀unterhalt verdienen** hayatını kazanmak (**als** olarak; **mit** ile); **♀versicherung** *f* hayat sigortası; **♀weise** *f* yaşama tarzı; **~wichtig** *sıf.* çok önemli, yaşamsal önem taşıyan; **♀zeichen** *n* yaşama belirtisi; **♀zeit** *f* ömür süresi; **auf ♀zeit** ömür boyu
Leber *f* (-; -n) *Anat.* karaciğer; *Gastr.* ciğer; **~fleck** *m* ben
Lebewesen *n* (-s; -) canlı, yaratık
lebhaft *sıf.* canlı; *Verkehr:* hareketli, hızlı
Lebkuchen *m* baharlı çavdar çöreği
Lebzeiten *pl*: **zu s-n ~** sağlığında
leck *sıf.* delik, yarık, çatlak
Leck *n* (-s; -e) yarık, sızıntı yeri, geminin su aldığı yer
lecken¹ *v/i* (h) sızıntı yapmak
lecken² *v/t ve v/i* (h) yalamak (**an** *D* bşi)
lecker *sıf.* nefis, enfes; **♀bissen** *m* lezzetli yiyecek; *mec.* ikram
led. *kıs.* **= ledig** bekâr
Leder *n* (-s; -) deri, meşin; **♀n** *sıf.* deri(den mamul); **~waren** *pl* deri eşyalar
ledig *sıf.* bekâr; **~lich** *bel.* yalnızca
leer 1. *sıf.* boş (*az. mec.*; *Seite*); *unbewohnt:* az. açık, münhal; *Batterie:* bitmiş; **2.** *bel.*: **~ laufen** *Tek.* boşta çalışmak; **~ stehend** *Wohnung:* boş duran; **♀e** *f* (-) boşluk (*az. mec.*); **~en** *v/t* (h) boşaltmak; *v/refl* (h) boşalmak; **♀gut** *n* (-s) (ambalaj, kutu, paket gibi) içi boş mallar *pl*; **♀lauf** *m Tek.* rölanti; *Gang:* boşta çalışma; *mec.* boşa işleme/çalışma; **♀taste** *f* aralama tuşu; **♀ung** *f* (-; -en) *Briefkasten:* boşalt(ıl)ma
legal *sıf.* meşru, yasalı; **~isieren** *v/t* (h) meşru kılmak; **♀isierung** *f* (-; -en) meşrulaştırma
legen (h) **1.** *v/t* koymak, yatırmak; *Eier* yumurtlamak; *Haare* bigudiye sarmak; **2.** *v/refl* yatmak, uzanmak; *mec.* yatışmak; *Schmerz:* geçmek
Legende *f* (-; -n) efsane, söylence
Legislat|ive *f* (-; -n) *Pol.* yasama (gücü); **~urperiode** *f* yasama dönemi
legitim *sıf.* yasal, kanuni
Lehn|e *f* (-; -n) *Rücken♀:* arkalık; *Arm♀:* kolluk, kol desteği; **♀en** *v/t* (h) yaslamak, dayamak; *v/i* ve *v/refl* (h) dayanmak, yaslanmak (**an** *A*, **gegen** -e); **sich aus dem Fenster ♀en** pencereden sarkmak; **~sessel** *m*, **~stuhl** *m* rahat koltuk
Lehr|buch *n* ders kitabı; **~e** *f* (-; -n) *Wissenschaft:* bilim; *Theorie:* kuram;

lehren 438

Din., Pol. öğreti, doktrin; *e-r Geschichte*: ders; *e-s Lehrlings*: çıraklık (eğitimi); *in der ~e sein* çıraklık eğitimi görmek (*bei* -de); *das wird ihm e-e ~e sein* bu ona bir ders olur; **2en** *v/t* (h) öğretmek; *zeigen*: göstermek

Lehrer *m* (-s; -) öğretmen, *Gymnasium und Universität*: hoca; **~in** *f* (-; -nen) (bayan) öğretmen, *Gymnasium und Universität*: bayan hoca, *Anrede*: hocahanım; **~mangel** *m* (-s) öğretmen eksikliği

Lehr|gang *m* kurs; **~jahr** *n* öğretim yılı; **~ling** *m* (-s; -e) çırak; **2reich** *sıf.* öğretici, eğitici; **~stelle** *f* (çıraklık) eğitim yeri; **~stuhl** *m* üniv. kürsü; **~zeit** *f* çıraklık devresi

Leib *m* (-s; -er) beden, vücut; *bei lebendigem ~e* diri diri; *mit ~ und Seele* bütün varlığı ile

Leibeskräfte *pl*: *aus ~n* bütün gücüyle

Leibesvisitation *f* (-; -en) b-nin üstünü arama

Leib|gericht *n* en çok sevilen yemek; **~rente** *f* ömür boyu emeklilik; **~wache** *f* *topl.* özel koruma; **~wächter** *m* koruma görevlisi

Leiche *f* (-; -n) ceset, ölü; **2nblass** *sıf.* sapsarı, solgun; **~nhalle** *f*, **~nschauhaus** *n* morg; **~nwagen** *m* cenaze arabası

leicht 1. *sıf.* hafif (*az. mec.*); *einfach*: kolay, basit; *geringfügig*: cüzi, az; **2.** *bel.*: **~ möglich** kolayca olabilir; **~ gekränkt** kolay hafif kırgın; *das ist ~ gesagt* söylemesi kolay; *es geht ~ kaputt* kolayca kırılabilir; *es fällt mir (nicht) ~ (zu)* (yapmak) bana kolay (zor) geliyor; **~ nehmen** hafife almak; *Krankheit vs.* önemsememek; **~ verständlich** kolay anlaşılır

Leicht|athletik *f* atletizm; **2gläubig** *sıf.* her şeye inanan, saf; **~igkeit** *f* (-): *mit ~igkeit* kolaylıkla, rahatça; **~metall** *n* hafif metal; **~sinn** *m* (-s) düşüncesizlik, dikkatsizlik; *stärker*. pervasızlık; **2sinnig** *sıf.* düşüncesiz, dikkatsiz

Leid *n* (-s) acı, keder, elem; *Schmerz*: ağrı; *ihr ist kein ~ geschehen* ona bir kötülük yapılmadı; *es tut mir ~* üzgünüm (*um* için; *wegen* -den dolayı; *dass ich zu spät komme* geç kaldığım için); ➤ *zuleide*

leiden (litt, gelitten, h) **1.** *v/i* acı çekmek (*an D*, *unter D* -den); **2.** *v/t*: *j-n gut ~ können* b-ni çok sevmek, b-nden hoşlanmak; *ich kann ihn nicht ~* ben onu pek sevmem, *stärker*. ben onu hiç sevmem

Leiden *n* (-s; -) acı, ıstırap; *Tıp* hastalık, *Gebrechen*: şikâyet, sakatlık

Leidenschaft *f* (-; -en) tutku, hırs; **2lich** *sıf.* tutkulu, ateşli; *heftig*: şiddetli, hiddetli

Leidensgenosse *m* dert yoldaşı

leider *bel.* maalesef; *~ ja (nein)* maalesef evet (hayır)

Leid|tragende *m*, *f* (-n; -n) bir işte asıl zarar gören kimse; *er ist der ~ dabei* bunda asıl kurban o (oluyor/oldu); **~wesen** *n*: *zu meinem ~wesen* çok üzülmeme rağmen

Leih|bücherei *f* ödünç kitap veren kütüphane; **2en** *v/t* (lieh, geliehen, h) *j-m*: b-ne ödünç vermek; *sich et.* **2en** bşi ödünç almak (*bei*, *von* -den); **~gebühr** *f* *Auto*: kiralama ücreti; *Buch*: ödünç verme ücreti; **~haus** *n* (rehin karşılığı) ikraz veren kurum; **~wagen** *m* *Oto*. kiralık araba; *sich e-n ~wagen nehmen* bir araba kiralamak

Leine *f* (-; -n) ip; *Hunde*2: tasma

Leinwand *f* *Kino*: beyaz perde, *Malerei*: tu(v)al

leise 1. *sıf.* sessiz, sakin; *Stimme vs.*: yavaş, alçak, hafif (*az. Musik*); *mec.* zayıf, narin, cılız; **~ stellen** sesini kısmak; **2.** *bel.* alçak sesle; *~ sagen az.* fısıldamak

Leiste *f* (-; -n) *Anat.* kasık

leisten *v/t* (h) yapmak, çalışmak; *vollbringen*: başarmak, bşin üstesinden gelmek; *Dienst*, *Hilfe* (hizmette/yardımda) bulunmak; *Eid* (yemin) etmek, (ant) içmek; *gute Arbeit ~* iyi iş yapmak; *sich et. ~ gönnen*: k-ne bşi bahşetmek; *ich kann es mir (nicht) ~* buna gücüm yeter (yetmez) (*az. mec.*)

Leistenbruch *m* *Tıp* kasık fıtığı

Leistung *f* (-; -en) çalışma, işleme; *besondere*: başarı; *Tek. az.* verim, çıktı, randıman; *Dienst*2: servis; *Sozial*2 *vs.*: yardım, ödeme; **2sbezo-**

gen *sıf.* randımana bağlı; **~sbilanz** *f Ekon.* cari işlemler bilançosu; **~sdruck** *m* (-s) başarı gösterme baskısı; **2sfähig** *sıf.* etkin; *Tek.* randımanlı, verimli; **~sfähigkeit** *f* (-) güç; *Tek.* verimlilik, randıman; **~sgesellschaft** *f* başarı ve rekabet toplumu; **~sprinzip** *n* başarıya göre ilkesi

Leitartikel *m* başyazı

leiten *v/t* (h) yönetmek (*az. mec., Müz., Amt, Geschäft vs.*); *Sitzung vs.: -i* yönetmek, -e başkanlık etmek; *TV vs. als Moderator:* yönetmek, sunmak; *Fiz.:* iletmek; **~d** *sıf.* yöneten, yönetici; *Fiz.* iletken, iletici; **~de Stellung** yönetici mevki; **~der Angestellter** yetkili personel

Leiter¹ *f* (-; -n) (ayaklı) merdiven

Leiter² *m* (-s; -) yönetmen, (*az. Müz.*); *Amt, Firma vs.:* müdür; *Sitzung vs.:* başkan; *Fiz.:* iletken; **~in** *f* (-; -nen) kadın müdür, müdire

Leitplanke *f Oto.* bariyer, oto korkuluğu

Leitung *f* (-; -en) *Ekon.* yönetim, sevk ve idare; *Hauptbüro:* başkanlık; *Verwaltung:* yönetim; *Vorsitz:* başkanlık; *e-r Veranstaltung:* organizasyon; *künstlerische vs.:* yönetmenlik; *Tek. Hauptℜ:* ana boru/hat; *im Haus:* borular, hatlar *pl*; *El., Tel.* hat; **unter der ~ von** -in yönetiminde/yönetmenliğinde; **~srohr** *n* nakil borusu; **~swasser** *n* çeşme suyu

Leit|währung *f Ekon.* anahtar para; **~zins** *m Ekon.* güdümlü faiz (oranı/ haddi)

Lektion *f* (-; -en) ders; **j-m e-e ~ erteilen** *mec.* b-ne bir ders vermek

Lektüre *f* (-; -n) okunacak (şey)

Lende *f* (-; -n) *Anat.* bel; *Gastr.* fileto; **~nwirbel** *m* bel omuru

lenk|en *v/t* (h) yönetmek, *Oto. az.* sürmek, kullanmak; *mec.* yöneltmek, çevirmek; *j-s Aufmerksamkeit:* çekmek (*auf A* -in üzerine); **2rad** *n Oto.* direksiyon, dümen (simidi); **2ung** *f* (-; -en) *Oto.* yönetme, kullanma

lernen *v/t ve v/i* (h) öğrenmek; *für die Schule vs.:* çalışmak

Lesb|ierin *f* (-; -nen) lezbiyen, F sevici (kadın); **2isch** *sıf.* lezbiyen, sevici

Lese|lampe *f* okuma lambası; **2n** *v/t ve v/i* (las, gelesen, h) okumak; **das**

liest sich wie ... gibi okunuyor; **2nswert** *sıf.* oku(n)maya değer; **~r** *m* (-s; -) okuyucu; okur; **~rbrief** *m* okuyucu mektubu; **2rlich** *sıf.* okunaklı, kolay okunur; **~stoff** *m* okuma malzemesi; **~zeichen** *n* (*sayfayı bulmak için kullanılan*) kitap şeridi/kurdelesi

Lesung *f* (-; -en) *Parl.* görüşme, okunma

Lettland *n* Letonya

letzte *sıf.* en son, sonuncu; *neueste:* en yeni; **als 2r ankommen** en son gelmek; **2r sein** sonuncu olmak; **das ist das 2!** bu kadarı da fazla!; → ***Mal¹, Zeit***

Leucht|e *f* (-; -n) lamba; **2n** *v/i* (h) parlamak; *schwächer:* parıldamak; **2end** *sıf.* ışıklı, aydın (*az. mec.*); *Farbe vs.:* parlak; **~er** *m* (-s; -) şamdan, avize; → ***Kronleuchter***, **~reklame** *f* ışıklı reklam

leugnen (h) **1.** *v/t* inkâr etmek (*et. getan zu haben* bşi yapmış olmayı; *dass* (yap-)tığını); **2.** *v/i* her şeyi inkâr etmek

Leute *pl* insanlar

Lexikon *n* (-s; -ka) ansiklopedi; *Wörterbuch:* sözlük

lfd. Nr. *kıs.* = ***laufende Nummer*** sıra numarası (sr. no.)

Lfrg. *kıs.* = ***Lieferung*** *f* teslim

Liban|on *m* Lübnan; **~ese** *m* (-n; -n), **~esin** *f* (-; -nen) Lübnanlı

liberal *sıf.* liberal; **2e** *m, f* (-n; -n) liberal

Liby|en *n* Libya; **~er** *m* (-s; -), **~erin** *f* (-; -nen) Libyalı

Licht *n* (-s; -er) ışık; *Helle:* parlaklık; **~ machen** ışığı açmak; **~bild** *n* vesikalık fotoğraf; *Dia:* slayt; **~blick** *m mec.* umut ışığı; **2empfindlich** *sıf.* ışığa karşı duyarlı/hassas; *Fot.* (ışıktan) etkilenir/bozulur; **~hupe** *f:* **die ~hupe betätigen** *Oto.* selektörle sinyal vermek; **~maschine** *f Oto.* dinamo; **~schalter** *m* ışık şalteri/ düğmesi; **~schutzfaktor** *m* koruma faktörü

Lid *n* (-s; -er) göz kapağı; **~schatten** *m* far

lieb *sıf.* sevgili; *liebenswert: az.* sevimli; *nett, freundlich:* hoş, sempatik; *Kind:* uslu; *in Briefen:* **~e Ayşe** sevgili Ayşe;

Liebe

~ gewinnen *-den* hoşlanmak, *-i* sevmeye başlamak; **~ haben** *-i* çok sevmek
Liebe f(-) aşk, sevgi (**zu**); **aus ~ zu ...** aşkından; **~ auf den ersten Blick** bir bakışta (duyulan) aşk; **♀n** v/t (h) sevmek; *j-n az.* b-ne âşık olmak; *sexuell*: aşk yapmak
liebenswürdig *sıf.* sevimli, nazik; **♀keit** f(-) nezaket, iltifat
lieber *bel.* tercihan, daha çok; **~ haben** yeğlemek, tercih etmek; **ich möchte ~ (nicht) ...** ben tercihan (*veya* daha çok) -mek isterim (istemem); **du solltest ~ (nicht) ...** en iyisi sen ... (-me)
Liebes|brief *m* aşk mektubu; **~kummer** *m* (-s) aşk üzüntüsü, karasevda; **~kummer haben** karasevdaya düşmek; **~paar** *n* sevişen çift
liebevoll *sıf.* sevgiyle, şefkatle
Lieb|haber *m* (-s; -) sevgili; âşık (*az. mec.*); **~haberpreis** *m* ancak meraklısının ödeyeceği yüksek fiyat; **~haberstück** *n* meraklısının değer verdiği parça; **~haberei** f(-; -en) hobi; bşin meraklısı olma; **♀lich** *sıf.* sevimli, zarif, hoş kokulu (*az. Wein*)
Liebling *m* (-s; -e) sevgili; *Günstling*: en çok sevilen; *özl. Kind, Tier*: gözde; *als Anrede*: sevgilim, F tatlım; **~s...** *gnl.* sevilen ...
Lied *n* (-s; -er) türkü; *Kunst♀*: şarkı; **~ermacher(in** *f*) *m* güfte yazarı, bestekâr şarkıcı
Lieferant *m* (-en; -en) *Ekon.* mal teslim eden (firma)
liefer|bar *sıf.* bulunur, teslim edilir, servisi yapılır; **♀frist** f teslim süresi; **~n** v/t (h) teslim etmek; *j-m et.* **~n** b-ne bş. göndermek; **♀schein** *m* teslim belgesi, sevk pusulası; **♀ung** f(-; -en) teslim, sevk; *Versorgung*: temin; **zahlbar bei ♀ung** mal tesliminde ödeme; **♀wagen** *m* kamyonet, servis arabası
Liege f(-; -en) kanepe; *Camping♀*: şezlong
liegen v/i (lag, gelegen, h, sn) *-de* yatmak; (*gelegen*) *sein*: *az.* olmak, bulunmak; (**krank**) **im Bett ~** yatakta (hasta) yatmak; **nach Osten (der Straße) ~** doğuya (caddeye) bakmak; **daran liegt es** (**, dass** -mesi) bu sebeptendir; **es (er) liegt mir nicht** *-den* hoşlanmıyorum; **mir liegt viel** (**wenig**) **daran** benim için çok şey ifade ediyor (pek bir şey ifade etmiyor); **~ bleiben** yatıp kalmak, kalk(a)mamak; *Tasche vs.*: byde unutulmak; **~ lassen** bırakmak; **j-n links ~ lassen** b-ne yüz vermemek, b-ni önemsememek
Liege|sitz *m* *Oto.* yatar koltuk; **~stuhl** *m* şezlong; **~stütz** *m* (-es; -e) *özl.* şınav; **e-n ~stütz machen** şınav çekmek; **~wagen** *m* *Demiryol.* kuşetli vagon; **~wiese** f güneşlenme çimenliği
Lift *m* (-s; -e, -s) asansör
Likör *m* (-s; -e) likör
lila *sıf.* leylak rengi; *dunkel~*: mor
Lilie f(-; -n) *Bot.* zambak
Limonade f(-; -n) limonata
Limousine f(-; -n) *Oto.* limuzin
linder|n v/t (h) *Not* hafifletmek, *Schmerzen az.* dindirmek; **♀ung** f(-) hafifle(t)me, din(dir)me; rahatlama
Linie f (-; -n) çizgi; hat; **auf s-e ~ achten** kilosuna dikkat etmek; **~nbus** *m* tarifeli otobüs; **~nflug** *m* tarifeli uçuş; **~nmaschine** f *Hava.* tarifeli uçak; **~ntaxi** *n* hat tarifeli taksi
link|e *sıf.* sol (*az. Pol.*): **auf der ~en Seite** sol tarafta; **♀e** *m*, f(-n; -n) *Pol.* solcu; **~isch** *sıf.* acemi, beceriksiz; sakar
links *bel.* solda; *verkehrt*: ters tarafta; **nach ~** sola; **~ von** *-in* solunda; → **liegen**; **♀abbieger** *m* (-s; -) sola dönen sürücü *vs.*; **♀extremismus** *m* *Pol.* aşırı sol(culuk); **♀extremist** *m* aşırı solcu (kişi); **~extremistisch** *sıf.* aşırı sol(cu); **♀radikale** *m*, f sol radikal (kişi); **♀radikalismus** *m* sol radikalizm/köktencilik
Linse f (-; -n) *Bot.* mercimek; *Optik* mercek
Lippe f(-; -n) dudak; **~nstift** *m* ruj
liquidieren v/t (h) *Firma*, *az. Pol.* tasfiye etmek, eritmek, *j-n az.* yok etmek; *Betrag* paraya çevirmek, hesabı görmek
lispeln v/i (ge-, h) peltek konuşmak
List f (-; -en) hile; **~igkeit**: kurnazlık, şeytanlık
Liste f (-; -n) liste; **~npreis** *m* *Ekon.* liste/katalog fiyatı

listig *sıf. Person*: hilekâr, kurnaz; *Sache*: aldatıcı
Litauen *n* Litvanya
Liter *m, n* (-s; -) litre
litera|risch *sıf.* yazınsal, edebi; **♀tur** *f* (-; -en) yazın, edebiyat
Litfaßsäule *f* ilan/reklam sütunu
Lizenz *f* (-; -en) lisans; *in* **~** *herstellen vs.*: ... lisansıyla
Lkw *m* (-; -s) → *Lastwagen*; **~-Fahrer** *m* → *Lastwagenfahrer*
Lob *n* (-s) övgü; **♀en** *v/t* (h) övmek (*für*, *wegen* için, -den dolayı); **♀enswert** *sıf.* övgüye değer
Loch *n* (-s; ⁻er) delik; *im Reifen*: patlak; **♀en** *v/t* (h) *Papier, Karte vs.* delmek (*az. Tek.*); **~er** *m* (-s; -) *Tek.* (delikli) zımba; **~karte** *f* delikli kart
Locke *f* (-; -n) saç lülesi, bukle
locken *v/t* (h) cezbetmek, çekmek, *mec. az.* ayartmak, baştan çıkarmak
Lockenwickler *m* (-s; -) bigudi
locker *sıf.* gevşek; *Seil: az.* gerilmemiş; *mec. lässig*: rahat, dinlenik; **~n** (h) **1.** *v/t* gevşetmek; *Griff* yumuşatmak (*az. mec.*); **2.** *v/refl* gevşemek, rahatlamak
Löffel *m* (-s; -) kaşık; **♀n** *v/t* (ge-, h) kaşıklamak
Logbuch *n Gemi.* seyir defteri
Loge *f* (-; -n) *Tiy.* loca
Log|ik *f* (-) mantık; **♀isch** *sıf.* mantıki, mantıksal; **♀ischerweise** *bel.* mantıki/mantıksal olarak
Lohn *m* (-s; ⁻e) ücret; *mec.* ödül, mükâfat; **~empfänger** *m* ücret alan, ücretli
lohnen *v/refl* (h) bşe değmek; *es* (*die Mühe*) *lohnt sich* buna (zahmete) değer; *das Buch* (*der Film*) *lohnt sich* kitap okunmaya (film seyredilmeye) değer; **♀d** *sıf.* (yap)maya değer; *mec.* kazançlı, kârlı
Lohn|erhöhung *f* ücret artışı; **~gruppe** *f* ücret sınıfı; **♀intensiv** *sıf.* ücret-yoğun; **~-Preis-Spirale** *f* ücret-fiyat hedezonu; **~steuer** *f* ücret vergisi; **~steuerjahresausgleich** *m* (-s; -e) yıllık ücret vergisi denkleştirimi; **~steuerkarte** *f* ücret vergisi kartı; **~stopp** *m* ücretlerin dondurulması
Lok *f* (-; -s) *Demiryol.* lokomotif
Lokal *n* (-s; -e) lokal; *Gaststätte*: restoran

lokal *sıf.* yerel; **♀blatt** *n* yerel gazete; **♀presse** *f* yerel basın; **♀verbot** *n* lokale girme yasağı
Lokführer *m* F → *Lokomotivführer*
Lokomotiv|e *f* (-; -n) lokomotif; **~führer** *m* makinist
Los *n* (-es; -e) kura; *mec. az.* kader, talih; *Lotterie♀*: piyango bileti
los 1. *sıf. ab, fort*: ayrılmış, kopmuş; *Hund vs.*: serbest; **~ sein** *-den* kurtulmuş olmak; *was ist* **~?** ne oldu?, F ne var?; *geschieht*: (burada) ne(ler) oluyor?; *hier ist nicht viel* **~** burada pek bir şey olmuyor/yok; F *da ist was* **~!** hareket/hayat işte orada; **2.** *bel.*: F *also* **~!** haydi, gidelim!; **~binden** (*az. Kim.*), *ayr.*, *-ge-*, *h*, → *binden*) *-in* bağlarını çözmek
löschen *v/t* (h) *Feuer vs.* söndürmek; *Durst* gidermek; *Aufnahme, Daten vs.* silmek; *Kalk* söndürmek; *Gemi.* *-in* yükünü boşaltmak
lose *sıf.* gevşek (*az. mec. Zunge vs.*)
Lösegeld *n* kurtulmalık, fidye
losen *v/i* (h) kura çekmek (*um* için)
lösen (h) **1.** *v/t Knoten*, *Rätsel*, *Problem vs.* çözmek; *lockern*: gevşetmek; *Bremse vs.* salmak; *ab~*: çıkarmak; *Karte* (satın) almak; *auf~*: eritmek (*az. Kim.*); **2.** *v/refl* çözülmek; *mec.* kurtulmak (*von* -den); gevşemek
los|fahren *v/i* (*krldş.*, *ayr.*, *-ge-*, *sn*, → *fahren*) yola çıkmak; *selbst*: ayrılmak; **~gehen** *v/i* (*krldş.*, *ayr.*, *-ge-*, *sn*, → *gehen*) ayrılmak, gitmek; *beginnen*: başlamak; *Schuss vs.*: ateş almak, patlamak; *auf j-n* **~gehen** b-nin üstüne saldırmak/yürümek; *ich gehe jetzt los* ben şimdi gidiyorum; **~kommen** *v/i* (*krldş.*, *ayr.*, *-ge-*, *sn*, → *kommen*) kurtulmak (*von* -den); **~lassen** *v/t* (*krldş.*, *ayr.*, *-ge-*, h, → *lassen*) bırakmak, salmak, salıvermek; *den Hund* **~lassen auf** (*A*) köpeği b-nin üzerine salmak; **~legen** *v/i* (*ayr.*, *-ge-*, h) F (acele bir şekilde *-meye*) başlamak
löslich *sıf. Kim.* çözünür, çözülür
los|reißen *v/refl* (*krldş.*, *ayr.*, *-ge-*, h, → *reißen*) çekip koparmak; zorla ayırmak (*von* -den, *özl. mec.*); **~schnallen** *v/refl* (*ayr.*, *-ge-*, h) emniyet kemerini çözmek; **~schrau-**

ben *v/t* (*ayr.*, -ge-, h) bşin vidasını sökmek/çıkarmak
Lösung *f* (-; -en) çözüm; *Kim.* çözelti, solüsyon
loswerden *v/t* (*krldş.*, *ayr.*, -ge-, sn, → **werden**) *-den* kurtulmak; *Geld harcamak*, *verlieren*: kaybetmek, yitirmek
löten *v/t* (h) lehimlemek
Lotion *f* (-; -en) losyon
Lotse *m* (-n; -n) *Gemi.* kılavuz; **~ndienst** *m Oto.* kılavuzluk hizmeti
Lotterie *f* (-; -n) piyango; **~los** *n* piyango bileti
Lotto *n* (-s; -s) *deutsches*: lotto; (*im*) **~ spielen** lotto oynamak; **~schein** *m* lotto kuponu; **~ziehung** *f* lotto çekilişi
Löwe *m* (-n; -n) aslan
ltd. *kıs.* = *leitend* baş- (*yönetmen vs.*)
Lücke *f* (-; -n) boşluk, eksiklik (*az. mec.*); **~nbüßer** *m* (-s; -) eksiklik gideren kişi; ⊇n**haft** *sıf. mec.* eksik, noksan; ⊇n**los** *sıf. mec.* eksiksiz, tam
Luft *f* (-; ⸚e) hava; *an der frischen ~* açık havada; *an die frische ~ gehen* dışarıya çıkmak; (*frische*) *~ schöpfen* (temiz) hava almak; (*tief*) *~ holen* (derin) nefes almak; → *fliegen, sprengen*; **~ballon** *m* balon; **~blase** *f* hava kabarcığı; **~brücke** *f* hava köprüsü; ⊇**dicht** *sıf.* hava geçirmez/kaçırmaz; **~druck** *m Fiz., Tek.* hava basıncı
lüften *v/t* (h) havalandırmak; *ständig*: hava vermek; *Geheimnis vs.* açığa (*od.* gün ışığına) çıkarmak
Luft|fahrt *f* (-) havacılık; **~feuchtigkeit** *f* hava rutubeti; **~filter** *n*, *m Tek.* hava filtresi; **~fracht** *f* hava yükü/kargosu; ⊇**ig** *sıf.* havalı; *Plätzchen*: havadar; *Kleid vs.*: ince; **~kissenfahrzeug** *n* hava yastıklı taşıt, hoverkraft; ⊇**krank** *sıf.* hava tutmuş; **~krankheit** *f* (-) hava tutması; **~kurort** *m* güzel havalı dinlenme ve tedavi yeri; ⊇**leer** *sıf.*: ⊇**leerer Raum** boşluk, havasız yer; **~linie** *f*: *50 km ~linie* havadan 50 km; **~loch** *n* hava(landırma) deliği; *Hava.* hava boşluğu; **~matratze** *f* hava yatağı; **~pirat** *m* hava korsanı

Luftpost *f* uçak postası; *per ~* uçak ile; **~brief** *m* uçak (postası) mektubu
Luft|pumpe *f* hava pompası; **~röhre** *f Anat.* soluk borusu; **~temperatur** *f* hava ısısı; **~veränderung** *f* hava değişimi; **~verkehr** *m* hava trafiği; **~verschmutzung** *f* hava kirlenmesi; **~waffe** *f Ask.* hava kuvvetleri *pl*; **~weg** *m*: *auf dem ~weg* hava yoluyla; **~zug** *m* (hava) cereyan(ı)
Lüge *f* (-; -n) yalan; ⊇**n** (log, gelogen, h) **1.** *v/i* yalan söylemek; **2.** *v/t*: *das ist gelogen* bu yalan
Lügner *m* (-s; -), **~in** *f* (-; -nen) yalancı
Luke *f* (-; -n) lombar; *Dach*⊇: çatı deliği
Lunchpaket *n* öğle yemeği paketi
Lunge *f* (-; -n) akciğer
Lungen|entzündung *f Tıp* zatürree; **~flügel** *m Anat.* akciğer kanadı; **~krebs** *m Tıp* akciğer kanseri
lungern *v/i* (h) → *herumlungern*
Lupe *f* (-; -n) büyüteç; *mec. unter die ~ nehmen* daha yakından incelemek
Lust *f* (-): *~ haben auf* (*A*) (*,et. zu tun*) (bşi yapmayı) canı istemek; *hättest du ~ auszugehen?* dışarı çıkmak ister miydin?; *ich habe keine ~* canım istemiyor, neşem yok; *j-m die ~ nehmen an D* b-nin neşesini kaçırmak; *er hat die Lust verloren* hevesini yitirdi (*an D -in*)
lustig *sıf.* eğlenceli; *fröhlich*: neşeli; *er ist sehr ~* o çok neşeli bir insandır; *es war sehr ~* çok eğlenceliydi; *sich ~ machen über* (*A*) b-yle alay etmek
lust|los *sıf.* neşesiz, keyifsiz; ⊇**spiel** *n* güldürü oyunu, komedi
lutschen *v/i* (*~ an D*) bşi emmek; *v/t* (h) bşi ağzında eritmek
luxuriös *sıf.* gösterişli, muhteşem, çok lüks
Luxus *m* (-s) lüks (*az. mec.*); **~artikel** *m* lüks eşya/mal; **~ausführung** *f* lüks model; **~hotel** *n* beş yıldızlı (*od.* lüks) otel
Lymphdrüse *f Anat.* lenf bezi
lynchen *v/t* (h) linç etmek

M

machbar *sıf.* yapılabilir
machen *v/t* (h) *tun:* yapmak; *herstellen:* imal etmek; *verursachen:* bşe neden olmak; *Essen vs.* hazırlamak; *in Ordnung bringen:* düzeltmek; *reparieren:* tamir etmek; *ausmachen, betragen:* etmek; *Prüfung girmek, erfolgreich:* kazanmak; *Reise, Ausflug* ~ çıkmak, gitmek; ***Hausaufgaben*** ~ ev ödevi yapmak; **da(gegen) kann man nichts** ~ buna çare yok; ***mach, was du willst!*** istediğini yap!; **(nun) mach mal** (*od.* **schon)!** haydi; ***machs gut!*** hoşça kal, eyvallah; **(das) macht nichts** fark etmez; ***mach dir nichts d(a)raus!*** buna aldırış etme; **was** (*od.* **wie viel) macht das?** bunun fiyatı ne kadar?; **sich et. (nichts)** ~ **aus** *für (un)wichtig halten:* bşi önemse(me)mek; (*nicht*) *mögen:* bşden hoşlan(ma)mak
Macher *m* (-s; -) yapan, yapıcı
Macht *f*(-; ᵘe) kuvvet, güç; kudret; **an der** ~ **sein** *Pol.* iktidarda bulunmak; **mit aller** ~ bütün kuvvetiyle; **~apparat** *m* iktidar organları *pl;* **~befugnis** *f* yetki; **~haber** *m* (-s; -) iktidar sahibi; zorba, müstebit
mächtig 1. *sıf.* kuvvetli, güçlü (*az. mec.*); *bedeutend:* önemli; *riesig:* pek büyük; **2.** *bel.* F pek, son derece
Macht|kampf *m* iktidar mücadelesi; **Qlos** *sıf.* kuvvetsiz, iktidarsız; **~politik** *f* tahakküm politikası; **~übernahme** *f* iktidarı ele alma; **~wechsel** *m* iktidar değişikliği
Mädchen *n* (-s; -) kız; *DienstQ* hizmetçi kız; ~ **für alles** her işi üzerine alan kimse; **~name** *m e-r Frau:* kızlık adı
Magazin *n* (-s; -e) dergi, magazin; *e-r Waffe:* şarjör
Magen *m* (-s; ᵘ) mide; *Bauch* karın; **~beschwerden** *pl* mide bozukluğu *sg;* **~-Darm-Infektion** *f Tıp* gastroanterit; **~geschwür** *n Tıp* mide ülseri; **~krebs** *m Tıp* mide kanseri; **~säure** *f Fizy.* mide asidi; **~schmerzen** *pl* mide ağrısı *sg;* **~verstimmung** *f* mide bozukluğu

mager *sıf. Körper(teil):* zayıf, çelimsiz; *Käse, Fleisch vs.:* yağsız, az yağlı; *mec. Gewinn, Ernte vs.:* çok az
Magnet *m* (-en; -en) mıknatıs (*az. mec.*); **~band** *n* (-s; ᵘer) teyp bandı; **Qisch** *sıf.* manyetik, mıknatıslı (*az. mec.*); **~platte** *f* manyetik disk
mähen *v/t* (h) biçmek
mahlen *v/t* (mahlte, gemahlen, h) öğütmek; *Kaffee vs.* dövmek; *gemahlen:* toz halinde
Mahlzeit *f* (-; -en) öğün yemek
Mahn|bescheid *m* uyarı yazısı; **Qen** *v/t* (h) hatırlatmak, uyarmak, ihtar etmek; **~gebühr** *f* ihtar ücreti; **~ung** *f* (-; -en) ihtar, uyarma; *Brief:* uyarı mektubu
Mai *m* (-s; -e) mayıs; *im* ~ mayısta; *der Erste* ~ Bir Mayıs; **~baum** *m* bahar şenliklerinde dikilen mayıs direği; **~glöckchen** *n* (-s; -) *Bot.* inciçiçeği; **~käfer** *m* mayısböceği
Mais *m* (-es; -e) mısır; **~öl** *n* mısırözü yağı
Major *m* (-s; -e) *Ask.* binbaşı
Makler *m* (-s; -) komisyoncu, simsar; *ImmobilienQ* emlakçı; *BörsenQ* borsa komisyoncusu; **~gebühr** *f* komisyon (ücreti); simsarlık; **~in** *f* (-; -nen) komisyoncu; emlakçı (kadın)
Makrele *f* (-; -n) uskumru
mal *bel. Mat.* çarpı, kere; F → *einmal;* **12** ~ **5 ist (gleich) 60** 12 çarpı 5 60 eder (*od.* eşit 60); *ein 7 Meter* ~ **4 Meter großes Zimmer** 7 çarpı 4 metre büyüklüğünde bir oda
Mal¹ *n* (-s; -e) kez, kere, defa; ***zum ersten (letzten)*** ~ ilk (son) defa olarak; ***mit e-m*** ~ *plötzlich:* ansızın, birdenbire; ***ein für alle*** ~ ilk ve son kez olarak
Mal² *n* (-s; -e) *Zeichen:* işaret; ben
malen *v/t* (h) *streichen:* boyamak; (*ein Bild*) ~ resim yapmak; *et., j-n* ~ *-in* resmini yapmak
Maler *m* (-s; -) boyacı, badanacı; (*Kunst-*) ressam; **~ei** *f* (-; -en) ressamlık; (*Bild*) resim; **Qisch** *sıf. mec.* pitoresk
malnehmen *v/t* (krldş., ayr., -ge-, h,

→ *nehmen*) *Mat.* çarpmak
Malta *n* Malta
Malz *n* (-es) malt; **~bier** *n* malt birası
Mama *f* (-; -s) F annecik
man *blrsz zam.* insan, kişi, herkes; *wie schreibt ~ das?* bu nasıl yazılır?; *~ sagt, dass* söylenir ki; *~ hat mir gesagt* duydum ki
Manage|ment *n* (-s; -s) yönetim, idare; *Ekon.* işletme yönetimi; **2n** *v/t* (h) yönetmek, idare etmek; *zustande bringen*: başarmak; F becermek
Manager *m* (-s; -), **~in** *f* (-; -nen) müdür, yönetmen, idareci; *özl. Spo.* yönetici; **~krankheit** *f* stres hastalığı
manchmal *bel.* arasıra, bazen
Mandant *m* (-en; -en), **~in** *f* (-; -nen) *Huk.* müvekkil
Mandarine *f* (-; -n) mandalin(a)
Mandat *n* (-s; -e) *Pol.* milletvekilliği; *Huk.* vekâlet
Mandel *f* (-; -n) *Bot.* badem; *Anat.* bademcik; **~entzündung** *f Tıp* bademcik yangısı, anjin
Mangel *m* (-s; ⸚) *Fehlen*: eksiklik, noksan; *Knappheit*: kıtlık, darlık; *Tek.* hata; *aus ~ an* yetersizliğinden; **~beruf** *m* rağbet görmeyen meslek; **2haft** *sıf.* yetersiz, eksik, kusurlu
mangeln[1] (h): *es mangelt ihm an* (*D*) bşe ihtiyacı var; **~des Selbstvertrauen** kendine güvenmeme
mangeln[2] *v/t* (h) *Wäsche* cendereden geçirmek
Mängelrüge *f Huk.* kusur duyurusu
mangel|s *ilg.* ... yetersizliğinden, ... bulunmadığından dolayı; **2ware** *f* piyasada az bulunan mal
Manieren *pl* davranış töresi *sg*; *gute*: görgü *sg*, terbiye *sg*
Manifest *n* (-s; -e) *Pol.* manifesto, bildirge
Maniküre *f* (-; -n) manikür
Manipul|ation *f* (-; -en) kullanış tarzı, yönet(il)me; **2ieren** *v/t* (h) (*lenken*) yönetlmek, -e yön vermek; (*beeinflussen*) etkilemek; (*handhaben*) -i kullanmak; **2ierte Wahl** şaibeli, hile karıştırılmış seçim
Mann *m* (-s; ⸚er) erkek; *Ehe*2 koca; *mein ~ az.* eşim
Männchen *n* (-s; -) *Zoo.* erkek (hayvan)
Mannequin *n* (-s; -s) manken

männlich *sıf. Biyo.* erkek; *Gr.* eril; *Eigenschaften*: erkekçe, yiğitçe
Mannschaft *f* (-; -en) *Spo.* takım; *Hava.* mürettebat; *Gemi.* tayfa
Mansarde *f* (-; -n) tavan arası oda
Manschette *f* (-; -n) kolluk, manşet; **~knopf** *m* kol düğmesi
Mantel *m* (-s; ⸚) palto, pardesü; (*Damen*2) manto; **~tarif** *m Ekon.* toplu sözleşme şartları/koşulları; **~tarifvertrag** *m* toplu sözleşme
manuell *sıf.* elle yapılan
Manuskript *n* (-s; -e) yazma, el yazması; *Notizen*: not
Mappe *f* (-; -n) *Aktentasche*: evrak çantası; *Aktendeckel*: dosya
Märchen *n* (-s; -) masal, efsane (*az. mec.*)
Margarine *f* (-; -n) margarin
Marienkäfer *m* hanımböceği
Marihuana *n* (-s) marihuana
Marine *f* (-; -n) *Ask.* deniz kuvvetleri, bahriye
maritim *sıf.* denizsel, bahri
Mark[1] *f* (-; -) *Währung*, *Münze*: Mark, Alman Markı
Mark[2] *n* (-s) *Knochen*2 ilik; *Frucht*2 etli kısım
Marke *f* (-; -n) marka; **~nzeichen**: tescilli marka; *mec.* simge, timsal; *Brief*2 *vs.*: pul; *Erkennungs*2: simge; *Zeichen*: işaret
Marken|artikel *m* markalı mal; **~bewusstsein** *n* markalı mallara eğilim; **~erzeugnis** *n* markalı ürün; **~image** *n* marka imajı; **~treue** *f* markaya bağlılık; **~zeichen** *n* tescilli marka; *mec.* simge, timsal
Marketing *n* (-s) *Ekon.* pazarlama, marketing; **~abteilung** *f* pazarlama bölümü
markier|en *v/t* (h) (*kenntlich machen*) işaretlemek, markalamak; (*anzeigen*) ima etmek; *mec.* *-i* oynamak; **2ung** *f* (-; -en) işaret; ima
Markise *f* (-; -n) güneşlik
Markt *m* (-s; ⸚e) pazar, çarşı; **~platz** pazar yeri; *auf dem ~* piyasada; *auf den ~ bringen* piyasaya (satışa) çıkarmak; **~analyse** *f* piyasa analizi; **~anteil** *m* piyasa payı; **2beherrschend** *sıf.* piyasaya hâkim; **~forschung** *f* pazarlama araştırması, marketing; **~führer** *m* piyasa

hakimi; ~**lücke** f piyasa boşluğu; ~**platz** m pazar yeri; ~**wert** m (-s) rayiç, sürüm değeri; ~**wirtschaft** f (-): (**freie**) ~**wirtschaft** serbest piyasa ekonomisi; **soziale** ~**wirtschaft** sosyal piyasa ekonomisi

Marmelade f (-; -n) reçel, marmelat
Marmor m (-s; -e) mermer
Marokk|o n Fas; ~**aner(in)** Faslı
Marsch m (-s; ⸚e) yürüyüş; *Müz.* marş; ~**flugkörper** m *Ask.* cruise güdümlü füzesi; 2**ieren** v/i (sn) yürümek
Martinshorn n (polis, vs.) siren
Marxis|mus m (-) *Pol.* marksizm; ~**t** m (-en; -en) marksist; 2**tisch** sıf. marksist
März m (-; -e) mart; **im** ~ martta
Marzipan n (-s; -e) badem ezmesi
Masche f (-; -n) *Strick*2 ilmik; *Netz*2 ağ gözü; F *mec.* hile, tertip; ~**ndraht** m tel örgü
Maschine f (-; -n) makine; F *Motor:* motor; *Flugzeug:* uçak; **mit der** ~ **schreiben** daktilo etmek
maschinell 1. sıf. mekanik; 2. bel. makine ile yapılan; ~ **hergestellt** makine ile yapılan
Maschinen|bau m (-s) makine mühendisliği; ~**gewehr** n makineli tüfek, mitralyöz; ~**pistole** f makineli tabanca; ~**schaden** m makinede arıza; ~**schlosser** m tesviyeci
Masern pl *Tıp* kızamık
Mask|e f (-; -n) maske (*az. mec.*); *Tiy.* makyaj; ~**enball** m maskeli balo; ~**enbildner** m (-s; -) makyajcı; 2**ieren** (h) v/refl maskelemek; *mec.* örtmek
maskulin sıf. erkeksi; *Gr.* eril
Maß[1] n (-es; -e) ~**einheit** f ölçek; birim; ~**e e-s Raumes** vs. ölçü, boyut; ~**e und Gewichte** uzunluk ve ağırlık ölçüleri; **nach** ~ (**gemacht**) ölçüye göre; *Textil:* terzi dikimi; **in gewissem** ~**e** bir derceye kadar; **in zunehmendem** ~**e** (gittikçe) artan derecede; → **hoch**[1]; ~ **halten** ölçülü davranmak (**in, mit** *D* -de)
Maß[2] f (-; -) bir litrelik bira maşrapası
Massage f (-; -n) masaj; ~**salon** m masaj salonu
Massaker n (-s; -) katliam, (soy-)kırım

Masse f (-; -n) yığın; *Substanz:* madde, kütle; *Menschen*2 kitle; F **e-e** ~ **Geld** vs. yığın; **die** (**breite**) ~ geniş kitle; *Pol.* **die** ~**n** pl kitleler
Maßeinheit f ölçü birimi
Massen|absatz m toptan satış; ~**andrang** m izdiham, yığışma; ~**arbeitslosigkeit** f kitlesel işsizlik; ~**artikel** m seri halinde üretilen mal; ~**entlassungen** pl kitlesel/toptan işten çıkarmalar; 2**haft** *bel.* bol bol, kütle halinde; ~**karambolage** f *Oto.* zincirleme kaza; ~**medien** pl basın yayın; ~**produktion** f seri üretim; ~**tourismus** m kitle turizmi; ~**verkehrsmittel** n toplu taşıma aracı; 2**weise** → *massenhaft*
Masseur m (-s; -e) masajcı, masör; ~**in** f (-; -nen) masajcı kadın, masöz
maß|gebend sıf., yetkili, esas olan; ~**geblich** sıf. *verbindlich:* bağlayıcı, ilgili; *beträchtlich:* önemli (ölçüde)
massieren v/t (h) ovmak
massig sıf. iriyapılı
mäßig sıf. (*maßvoll*) ölçülü, ılımlı; *durchschnittlich:* orta, vasat; **ein** ~**er Schüler** vasat bir öğrenci; *dürftig:* yetersiz; *bel.* şöyle böyle; ~**en** (h) 1. v/t azaltmak, yatıştırmak; 2. v/refl ölçüyü aşmamak; (*nachlassen*) hafiflemek, yatışmak; 2**ung** f (-) kendine hakim olma, itidal
massiv sıf. som; *mec.* ağır
Maß|krug m bir litrelik bira maşrapası; 2**los** sıf. ölçüsüz; ~**nahme** f (-; -n) önlem, tedbir; ~**nahmenkatalog** m önlem paketi; ~**stab** m ölçek, mikyas; *mec.* ölçüt; **im** ~**stab 1 : 50 000** 1 : 50 000 ölçeğinde; 2**voll** sıf. ölçülü, ılımlı
Mast m (-s; -e) direk
masturbieren v/i (h) istimnada bulunmak, masturbasyon yapmak
Material n (-s; -ien) gereç, malzeme, materyal; (*Ausrüstung*) donatım; *Arbeits*2 belgeler, delilller pl; ~**fehler** m malzemede kusur; ~**ismus** m (-) özdekçilik, materyalizm
Materie f (-; -n) madde, özdek; *Thema:* konu
materiell sıf. maddesel, maddi
Mathematik f (-) matematik
Mathematiker m (-s; -), ~**in** f (-; -nen) matematikçi

mathematisch *sıf.* matematik(le ilgili)
Matinee *f* (-; -n) *Tiy. vs.* matine
Matratze *f* (-; -n) döşek, somya
Matrose *m* (-n; -n) *Gemi.* gemici; *Ask.* deniz eri
Matsch *m* (-s) çamur; balçık; **♀ig** *sıf.* çamurlu; *Frucht:* bozuk, ezik
matt *sıf. schwach:* bitkin, zayıf; *Farbe:* donuk, sönük; *Foto:* mat; *Glas, Glühbirne:* buzlu; *Schach:* mat
Matte *f* (-; -n) minder
Mauer *f* (-; -n) duvar; **~werk** *n* (-s) kâgir iş, inşaat
Maul *n* (-s; ⸚er) hayvan ağzı; P *halts ~!* kapa gaganı!; **~beere** *f* dut; **~tier** *n* katır; **~wurf** *m* (-s; ⸚e) *Zoo.* köstebek
Maurer *m* (-s; -) duvarcı
Maus *f* (-; ⸚e) *Zoo.* fare, sıçan; *Cmp.* maus
Maut *f* (-; -en), **~gebühr** *f* otoyol ücreti; **~stelle** *f* otoyol gişesi; **~straße** *f* ücretli (oto)yol
maxi|mal 1. *sıf.* azami, maksimum, çok büyük; **2.** *bel.* en fazla; **~mieren** *v/t* (h) arttırmak, fazlalaştırmak; **♀mierung** *f* (-; -en) arttırma, fazlalaştırma; **♀mum** *n* (-s; -ma) azami had, maksimum
Mayonnaise *f* (-; -n) mayonez
Mäzen *m* (-s; -e) bilgin ve sanatçıları koruyan kimse, mesen
MdB *kıs.* = *Mitglied des Bundestages* federal parlamento milletvekili
MdL *kıs.* = *Mitglied des Landtages* eyalet parlamentosu milletvekili
Mechanik *f* (-; -en) *Fiz.* mekanik; *Tek.* mekanizma
Mechaniker *m* (-s; -), **~in** *f* (-; -nen) mekanisyen
mechanisch *sıf.* mekanik; otomatik
mechanisier|en *v/t* (h) makineleştirmek; **♀ung** *f* (-; -en) makineleştirme
Mechanismus *m* (-; -men) mekanizma, düzenek
meckern *v/i* (h) F dırdır etmek, dırlanmak; şikâyet etmek (*über A* -den)
Medaille *f* (-; -n) madalya; **~ngewinner(in** *f*) *m Spo.* ilk üçe giren, madalya kazanan
Medaillon *n* (-s; -s) madalyon
Medien *pl* basın yayın *sg*, medya *sg*; **~ereignis** *n* medya olayı; **~land-**

schaft *f* basın yayın organları *pl*
Medikament *n* (-s; -e) ilaç (*gegen* -e karşı); **♀ös** *sıf.* ilaçlı; *bel.* ilaçla
Medizin *f* (-; -en) tıp, hekimlik; *Arznei:* ilaç; **~er** *m* (-s; -), **~erin** *f* (-; -nen) doktor; *Student(in):* tıp öğrencisi; **♀isch** *sıf.* tıbbi, hekimsel; **♀isch-technische Assistentin** tıbbi laboratuvar asistanı
Meer *n* (-s; -e) deniz, okyanus; **~blick** *m* (-s) deniz manzarası; **~enge** *f* boğaz; **~esboden** *m* deniz dibi; **~esfrüchte** *pl* deniz ürünleri; **~esgrund** *m* (-s) → *Meeresboden*
Meeresspiegel *m* (-s) deniz yüzeyi; *über dem ~ liegen* yükseltisi ... olmak; *Höhe über dem ~* rakım
Meerrettich *m Bot.* karaturp, yabanturpu
Mehl *n* (-s; -e) un
mehr *bırsz zam. ve bel.* daha; fazla; çok; *noch ~* fazla; *es ist kein ... ~ da* ... kalmadı; → *immer, nicht*; **♀arbeit** *f* (-) fazla mesai, fazla iş; **♀aufwand** *m* gider fazlası (*an D* -de); **~deutig** *sıf.* çeşitli anlamlara gelen; **♀einnahmen** *pl* gelir fazlası *sg*; **~ere** *sıf. ve bırsz zam.* birçok; muhtelif; **♀heit** *f* (-; -en) çoğunluk; **♀heitswahlrecht** *n* mutlak seçim sistemi, çoğunluk sistemi; **♀kosten** *pl* masraf fazlası; **♀mals** *bel.* birkaç kez (defa); **♀parteiensystem** *n* çok partili sistem
Mehrwertsteuer *f* katma değer vergisi; **~erhöhung** *f* katma değer vergisi artırımı; **~satz** *m* katma değer vergisi oranı
Mehr|zahl *f* (-) çoğunluk; *Gr.* çoğul; **~zweckhalle** *f* çok amaçlı salon
meiden *v/t* (mied, gemieden, h) *-den* sakınmak; *-e* gitmemek
Meile *f* (-; -n) mil; **♀nweit** *bel.* pek uzak
mein *iyelik zam.*, **~er**, **~e**, **~(e)s** (benim) -im
Meineid *m Huk.* yalan yere yemin; *e-n ~ leisten* yalan yere yemin etmek
meinen *v/t ve v/i* (h) *glauben, e-r Ansicht sein:* düşünmek, sanmak; *sagen wollen:* demek istemek; *beabsichtigen*, *sprechen von:* kastetmek; *sagen:* söylemek; *~ Sie (wirklich)?* (gerçekten)

merken

öyle mi düşünüyorsunuz?; *wie ~ Sie das?* ne demek istiyorsunuz?; *sie ~ es gut mit ihm/ihr* onun hakkında iyi (şeyler) düşünüyorlar; *ich habe es nicht so gemeint* öyle demek istememiştim; *wie ~ Sie?* (ne demiştiniz) efendim?

meinetwegen *bel. von mir aus*: (benim için) fark etmez; F bana ne!; *für mich*: benim için; *wegen mir*: benim yüzümden

Meinung *f* (-; -en) düşünce, fikir; kanı, kanaat; *meiner ~ nach* bence, fikrime göre; *der ~ sein, dass* fikrinde olmak; *s-e ~ ändern* fikrini değiştirmek; *ich bin Ihrer (anderer) ~* ben sizinle aynı düşün(m)üyorum

Meinungsaustausch *m* düşünce (*od.* görüş) alışverişi; **~forscher** *m* kamuoyu araştırmacısı; **~forschung** *f* kamuoyu araştırması; **~forschungsinstitut** *n* kamuoyu araştırma enstitüsü; **~freiheit** *f* (-) düşünce özgürlüğü; **~umfrage** *f* anket; **~verschiedenheit** *f* düşün-ce (*od.* görüş) ayrılığı

Meise *f* (-; -n) iskete (kuşu)

meist 1. *sıf.* çoğu, ekser; *das ~e (davon)* (bşin) çoğu; *die ~en (von ihnen)* (onların) çoğu; *die ~en Leute* insanların çoğu; *die ~e Zeit* zamanın çoğu; **2.** *bel.* → *meistens; am ~en* en çok, ekseriya; **~begünstigungsklausel** *f* Ekon. imtiyazlı ticaret hükmü; *Pol.* en çok gözetilen ülke kaydı; **~bietende** *m, f* (-n; -n) en yüksek teklifi yapan; **~ens** *bel.* genellikle, ekseriya, çoğunlukla

Meister *m* (-s; -) *Handwerks*~ usta; *Künstler, Könner*. üstat; *Spo. vs.*: şampiyon, rekortmen; **~haft 1.** *sıf.* olağanüstü (güzel), kusursuz; **2.** *bel.* ustaca, kusursuzca; **~in** *f* (-; -nen) (kadın) usta *vs.* → *Meister*; **~n** *v/t* (h) *-e* hâkim olmak, *-e* üstesinden gelmek; **~schaft** *f* (-; -en) *Können*: ustalık; *Spo. vs.*: şampiyona; **~werk** *n* şaheser

Melan|cholie *f* (-; -) melankoli, karasevda; **~cholisch** *sıf.* melankolik, karasevdalı

Melde|behörde *f* nüfus dairesi; **~n** (h) **1.** *v/t et.* bşi bildirmek (*j-m* b-ne); *j-n* b-ni ihbar etmek (*bei* b-ne); *Presse, Funk vs.* bşin haberini vermek; **2.** *sich ~en (erscheinen)* çıkmak; geldiğini bildirmek (*bei* b-ne); *polizeilich anmelden*: ikamet(gâh)/konut kaydı yaptırmak (*bei* bye); *Tel.* cevap vermek; *freiwillig*: gönüllü yazılmak (*für, zu* -e); **~ebescheinigung** *f* ikamet/konut belgesi; **~epflicht** *f* kaydolma yükümlülüğü; *Tıp* bildirme yükümlülüğü; **~epflichtig** *sıf.* kaydolma yükümlülüğü olan; *Tıp* bildirilmesi zorunlu (hastalık); **~ezettel** *m* kayıt formu; **~ung** *f* (-; -en) *Presse, Funk vs.*: haber; *Mitteilung*: rapor; *amtlich*: duyuru, ilam; *polizeiliche Anmeldung*: resmi ikamet(gâh) kaydı

Melodi|e *f* (-; -n) melodi, nağme; **~ös** *sıf.* melodik, ahenkli

Melone *f* (-; -n) *Bot.* (*Zucker*~) kavun; (*Wasser*~) karpuz

Memoiren *pl* anılar, hatıralar

Menge *f* (-; -n) küme, yığın; *Anzahl*: miktar, nicelik; *Menschen*~ kalabalık; *e-e ~ Geld* çok para; **~nrabatt** *m* Ekon. miktar indirimi

Mensch *m* (-en; -en) insan, adam; *der ~ als Gattung*: insan; *einzelner*. şahıs, kişi; *kein ~* hiç kimse

Menschen|affe *m* Zoo. insanımsı maymun; **~handel** *m* insan ticareti; **~kenntnis** *f* (-) insanları tanıma becerisi; insan sarraflığı; **~kenntnis haben** insan sarrafı olmak; **~leben** *n* insan ömrü; **~leer** *sıf.* ıssız, tenha; **~menge** *f* kalabalık; insan sürüsü; **~rechte** *pl* insan hakları; **~seele** *f*: *keine ~seele war da* orada hiç kimse(cik) yoktu; **~unwürdig** *sıf.* insan onuruna yakışmayan; **~verstand** *m*: *gesunder ~verstand* sağduyu; **~würde** *f* insanlık onuru/şerefi

Mensch|heit *f* (-): *die ~heit* insanlık, beşeriyet; **~lich** *sıf. den Menschen betreffend*: insanla ilgili; *human*: insanca, beşeri; **~lichkeit** *f* (-) insaniyet, insanlık

Menstruation *f* (-; -en) *Fizy*. aybaşı, âdet

Mentalität *f* (-; -en) mantalite, zihniyet, görüş tarzı

Menü *n* (-s; -s) menü (*az. Cmp.*)

Merk|blatt *n* broşür; **~en** *v/t* (h) *wahrnehmen*: bşin farkına varmak; *spüren*: duymak; *entdecken*: anlamak;

merklich 448

sich et. ♀en aklında tutmak, mimlemek, hatırlamak; **♀lich** *sıf. wahrnehmbar*: görülebilir; *deutlich*: göze çarpan, belli; *beträchtlich*: hatırı sayılır (derecede); **~mal** *n* (-s; -e) özellik; nitelik; *Zeichen*: işaret; **♀würdig** *sıf.* tuhaf, garip; göze çarpan; **♀würdigerweise** *bel.* tuhaftır ki

mess|bar *sıf.* ölçülebilir; **♀becher** *m* dereceli kap

Messe *f* (-; -n) *Ekon.* fuar; (*Ausstellung*) sergi; (*Jahrmarkt*) panayır; *Din.* kudas ayini; **~ausweis** *m* fuar pasosu; **~besucher** *m* fuar ziyaretçisi; **~gelände** *n* fuar parkı; **~halle** *f* fuar hali

messen (maß, gemessen, h) **1.** *v/t* ölçmek; *gemessen an* (*D*) -*e* oranla; **2.** *sich nicht mit j-m ~ können* bir kimse ile (boy) ölçüşememek

Messe|neuheit *f* fuarda sergilenen yenilik; **~pavillon** *m* pavyon

Messer *n* (-s; -) bıçak; *auf des ~s Schneide stehen mec.* kıl üstünde durmak; **~stecherei** *f* (-; -en) bıçaklı dövüş; **~stich** *m* bıçak darbesi

Messestadt *f* fuar şehri

Messing *n* (-s) pirinç

Messinstrument *n* ölçü aleti

Messung *f* (-; -en) ölç(ül)me; *Ablesung*: oku(n)ma

Metall *n* (-s; -e) maden, metal; **~ verarbeitend** maden işleten; **~waren** *pl* madeni eşyalar

Meteorolog|e *m* (-n; -n) meteorolog; **~ie** *f* (-) meteoroloji; **~in** *f* (-; -nen) meteorolog; **♀isch** *sıf.* meteorolojik

Meter *m*, *az. n* (-s; -) metre; **~maß** *n* metre cetveli

Method|e *f* (-; -n) yöntem, metot, usul; **♀isch** *sıf.* yöntemli, düzenli

metrisch *sıf.* metre sistemine göre

Metropole *f* (-; -n) büyükşehir; (*Hauptstadt*) başkent

Metzger *m* (-s; -) kasap; **~ei** *f* (-; -en) kasap (dükkânı)

MEZ *kıs.* = *Mitteleuropäische Zeit* Orta Avrupa Saati (itibarıyla)

mich 1. *kişi zam.* beni; *für ~* benim için, bana; **2.** *dönüş. zam.* kendimi

Miene *f* (-; -n) yüz, davranış, tavır; *gute ~ zum bösen Spiel machen* içine atıp katlanmak

Miet|e *f* (-; -n) kira; ♀en *v/t* (h) kiralamak; **~er** *m* (-s; -), **~erin** *f* (-; -nen) kiracı; **~kauf** *m* kirala satın al sistemi; **~shaus** *n* apartman; **~vertrag** *m* kira sözleşmesi/kontratı; **~wagen** *m* → *Leihwagen*; **~wohnung** *f* kiralık apartman dairesi

Migräne *f* (-; -n) *Tıp* yarım baş ağrısı, yarımca, migren

Mikro|chip *m* mikroçip; **~fiche** *n*, *m* mikrofiş; **~film** *m* mikrofilm; **~fon** *n* (-s; -e) mikrofon; **~prozessor** *m* (-s; -en) mikroişlemci

Mikroskop *n* (-s; -e) mikroskop; **♀isch** *sıf.* (*az.* **♀isch klein**) mikroskopik

Mikrowellenherd *m* mikro dalgalı fırın

Milch *f* (-) süt; **~glas** *n* *Tek.* buzlu cam; **~mixgetränk** *n* meyveli (*od.* dondurmalı) süt; **~produkte** *pl* süt ürünleri; **~pulver** *n* süt tozu; **~reis** *m* sütlaç; *ungekocht*: kalın pirinç; **~straße** *f* *Astr.* samanyolu; **~zahn** *m* sütdişi, kuzudişi

mild *sıf.* yumuşak; *Klima vs.*: ılıman; *Strafe vs.*: hafif; *Essen*: az acılı; *Farbe*: pastel; *Licht*: loş

milde *bel.*: *~ ausgedrückt* en hafif deyimiyle

Milde *f* (-) iyilik, yumuşaklık; *~ walten lassen* merhametli davranmak

mildern *v/t* (h) yumuşatmak; hafifletmek; *Schmerzen* yatıştırmak; *Wirkung vs.* azaltmak; **♀d** *sıf.*: **~de Umstände** *Huk.* hafifletici sebepler

Milieu *n* (-s; -s) *Umwelt*: çevre; *Herkunft*: ortam, muhit

Militär *n* (-s) silahlı kuvvetler *pl*; *Heer.* ordu; **~dienst** *m* askerlik hizmeti; **~diktatur** *f* askeri diktatörlük

militärisch *sıf.* askeri

Milita|rismus *m* (-) militarizm; **~rist** *m* (-en; -en), **♀ristisch** *sıf.* militarist

Militärregierung *f* askeri hükumet

Milliarde *f* (-; -n) milyar, bilyon

Millimeter *m*, *az. n* milimetre

Million *f* (-; -en) milyon

Millionär *m* (-s; -e), **~in** *f* (-; -nen) milyoner

Milz *f* (-; -en) dalak

Min. *kıs.* = *Minute* *f* dakika

Minder|einkommen *f* gelir eksikliği; **~heit** *f* (-; -en) azınlık; **~heitsregierung** *f* azınlık hükumeti

minderjährig *sıf.* küçük, reşit olmıyan; **~e** *m*, *f* (-n; -n) reşit olmıyan; **~keit** *f* (-) reşit olmama
minderwertig *sıf.* düşük değerli; **~keit** *f* (-) aşağılık; *Ekon.* kalite/değer düşüklüğü; **~keitskomplex** *m* aşağılık kompleksi
mindest *sıf.* en az, asgari; *das* **~e** en az şey; *nicht im* **~en** asla, katiyen; **~alter** *n* asgari yaş; **~ens** *bel.* hiç olmazsa, en az; **~gebot** *n* asgari teklif; **~lohn** *m* asgari ücret; **~maß** *n* minimum, asgari ölçü; *auf ein* **~maß** *herabsetzen* en aza indirmek; **~umtausch** *m* asgari döviz bozdurma oranı
Mineral *n* (-s; -e, -ien) maden, mineral; **~öl** *n* ham petrol; **~ölsteuer** *f* akaryakıt vergisi; **~wasser** *n* madensuyu
Minigolf *n* minigolf; **~anlage** *f* minigolf tesisi
minimal *sıf.* çok az, en az
Mini|mum *n* (-s; -ma) → *Mindestmaß*; **~rock** *m* mini etek
Minister *m* (-s; -), **~in** *f* (-; -nen) bakan
Ministerium *n* (-s; -rien) bakanlık
Ministerpräsident(in *f*) *m* başbakan
minus 1. *ilg. Mat.* eksi; **2.** *bel.* **10 Grad ~** eksi 10 derece, sıfırın altında 10 derece
Minus *n* (-) eksik miktar; *Konto:* banka hesabında borç; *mec.* eksi (puan); **~ machen** zarar etmek; *im* **~ *sein*** borçlu olmak, ekside olmak; **~betrag** *m* zarar; eksik miktar
Minute *f* (-; -n) dakika; **~nzeiger** *m* yelkovan
Mio. *kıs.* = *Million***(en** *pl*) *f* milyon
mir *kişi zam.* bana; **~** (*selbst*) kendime; *mit* **~** benimle; *von* **~** benden
Misch|batterie *f Waschbecken vs.*: musluk bataryası; **~brot** *n* buğday ve arpa ununda yapılmış ekmek
mischen *v/t* (h) karıştırmak; *Tabak, Tee vs.* harman etmek; *die Karten* **~** iskambil kâğıtlarını karıştırmak
Misch|gemüse *n* türlü; **~pult** *n Rundfunk, TV:* montaj masası; **~ung** *f* (-; -en) karışım; *Tabak, Tee vs.*: harman; *Pralinen vs.*: çeşit, türlü; **~wald** *m* karma orman
miserabel *sıf.* berbat, pek fena
miss|achten *v/t* (*ayrılmaz*, h) hiçe saymak; *nicht beachten*: -e riayet etmemek; **~achtung** *f* hor görme, riayetsizlik; **~billigen** *v/t* (*ayrılmaz*, h) hoş görmemek, ayıplamak; **~brauch** *m* kötüye kullanma, suiistimal; **~brauchen** *v/t* (*ayrılmaz*, h) kötüye kullanmak; *vergewaltigen*: b-nin ırzına geçmek; *falsch anwenden*: yanlış (şekilde) kullanmak; **~deuten** *v/t* (*ayrılmaz*, h) yanlış anlamak; **~erfolg** *m* başarısızlık; fiyasko; **~ernte** *f* bereketsiz mahsul; **~fallen** *v/i* (*krldş., ayrılmaz,* h, → *fallen*)*: es missfiel ihm* hoşuna gitmedi; **~fallen** *n* (-s) beğenmeyiş; **~geschick** *n Panne vs.*: aksilik; **~glücken** *v/i* (*ayrılmaz*, sn) başarılı olmamak; **~gönnen** *v/t* (*ayrılmaz*, h) kıskanmak (*j-m* bden); **~griff** *m* yanılgı; hata
misshand|eln *v/t* (*ayrıl-maz*, h) b-ne kötü muamele etmek, b-ni hırpalamak; (*Ehe*)*Frau, Kind* dövmek; **~lung** *f* eziyet etme, kötü davranma, fena muamele; *Huk.* müessir fiil
misslingen *v/i* (misslang, misslungen, sn) başaramamak, F becerememek
misstrau|en *v/i* (*ayrılmaz*, h) güvenmemek, *-den* şüphe etmek; **~en** *n* (-s) güvensizlik; *j-s* **~en erregen** b-ni kuşkuya/şüpheye düşürmek; **~ensantrag** *m Pol.* güvensizlik önergisi; **~ensvotum** *n Pol.* güvensizlik oyu; **~isch** *sıf.* kuşkulu, şüpheli (*gegen* -den)
Miss|verhältnis *n* oransızlık; **~verständnis** *n* (-ses; -se) yanlış anlama, anlaşmazlık; **~verstehen** *v/t* (*krldş., ayrılmaz,* h, → *stehen*) yanlış anlamak; **~wirtschaft** *f* kötü idare
mit 1. *ilg.* ile (birlikte); **~ 100 Stundenkilometern** saatte 100 kilometre ile; → *Auto, Gewalt, Jahr vs.*; **2.** *bel.* **~ *der Grund dafür, dass*** sebeplerden biri; **~ *der Beste*** en iyilerden biri
Mitarbeit *f* (-) işbirliği, *Hilfe*: yardım (*bei* -de); **~er** *m* iş arkadaşı; (*Beschäftigter*) eleman; *Projekt vs.*: (proje) görevli(si); *freier* **~er** serbest çalışan (*yazar, gazeteci vs.*); **~erstab** *m* personel, kadro
mit|benutzen *v/t* (*ayr.*, h) birlikte/

Mitbestimmung 450

beraber) kullanmak, paylaşmak; ⩘bestimmung *f* (-) yönetime katılma; ⩘bewerber *m Konkurrent*: rakip; ~bringen *v/t (krldş., ayr., -ge-, h, → bringen)* birlikte getirmek; *j-m et.* ~bringen b-ne bş getirmek; ⩘bringsel *n* (-s; -) küçük hediye; *von der Reise*: andaç, hatıra; ⩘bürger(in *f*) *m* hemşeri, yurttaş; ⩘eigentümer(in *f*) *m* müşterek mal sahibi; ~einander *bel.* birbir(ler)iyle, birlikte; *zusammen*: beraber; ~erleben *v/t (ayr., h)* tanık olmak; ⩘esser *m* (-s; -) *Tıp* ciltteki siyah başlı küçük yağ birikintisi

mitfahr|en *v/i (krldş., ayr., -ge-, sn, → fahren)*: *mit j-m* ~ b-nin aracında birlikte gitmek; ⩘erzentrale *f* aynı yere gidecek kişileri ve araç sahiplerini bir araya getiren acenta; ⩘gelegenheit *f* b-nin arabasına al(ın)ma

mit|geben *v/t (krldş., ayr., -ge-, h, → geben)*: *j-m et.* ~geben b-ne bş götürmek üzere vermek; ⩘gefühl *n* (-s) dert ortaklığı; *sein* ⩘gefühl aussprechen *im Trauerfall* başsağlığı dilemek; ~gehen *v/i (krldş., ayr., -ge-, sn, → gehen)*: *mit j-m* ~gehen beraberinde gitmek; ⩘gift *f* (-; -en) drahoma

Mitglied *n* (-s) üye, aza; ~sausweis *m* üyelik kartı; ~sbeitrag *m* üyelik ödentisi/aidatı; ~schaft *f* (-; -en) üyelik; ~sland *n* üye devlet

mit|haben *v/t (krldş., ayr., -ge-, h, → haben)*: *ich habe kein Geld* ~ üzerimde/yanımda param yok; ~hilfe *f* yardımıyla (*von -in*); *mec. az.* sayesinde; ⩘hilfe *f* yardım; ~hören *v/t (ayr., -ge-, h) belauschen*: -e kulak kabartmak, *-i* gizlice dinlemek; *zufällig*: -e kulak misafiri olmak; ⩘inhaber *m* ortak (sahip); ⩘kommen *v/i (krldş., ayr., -ge-, sn, → kommen)* beraber gitmek (*veya* gelmek) (*mit* b-yle); *mec. Schritt halten*: bşi takip edebilmek; *verstehen*: izlemek

Mitleid *n* (-s) acıma, merhamet; ~ *haben mit -e* acımak; *aus* ~ *für* b-ne merhametten; ⩘ig *sıf.* merhametli, şefkatli; ⩘slos *sıf.* merhametsiz, acımasız

mit|machen (*ayr., -ge-, h)* **1.** *v/i* katılmak; *da mache ich nicht* ~ ben bu işte yokum; **2.** *v/t* bşe katılmak; *(die Mode* modayı) izlemek, takip etmek; *erleben*: görüp geçirmek; *erleiden* (ıstırap *vs.*) çekmek; ~nehmen *v/t (krldş., ayr., -ge-, h, → nehmen)* beraberinde götürmek; *j-n (im Auto)* ~nehmen b-ni arabasına almak; ⩘reisende *m, f* yol arkadaşı, yolcu; ~reißend *sıf. Rede, Musik vs.*: heyecan verici, büyüleyici; ~schneiden *v/t (krldş., ayr., -ge-, h, → schneiden) Funk, TV: (banda)* kaydetmek/almak; ~schreiben *(krldş., ayr., -ge-, h, → schreiben)* **1.** *v/t* not etmek, yazmak; **2.** *v/i* not almak/tutmak

Mitschuld *f* (-) suç ortaklığı; ⩘ig *sıf.*: ⩘ig sein suç ortağı olmak

Mittag *m* (-s; -e) öğle; *heute* ~ bugün öğleyin; → *essen*; ~essen *n* öğle yemeği; *was gibt es zum* ~essen? öğleye (*od.* öğle yemeğine) ne var?; ⩘s *bel.* öğleyin; *12 Uhr* ⩘s öğlen saat 12de

Mittags|hitze *f* öğle sıcağı; ~pause *f* öğle tatili/paydosu; ~schlaf *m* öğle uykusu; ~zeit *f* öğle zamanı

Mitte *f* (-; -n) orta (*az. Pol.*); *Mittelpunkt*: merkez; ~ *Juli* temmuzun ortasında; ~ *DreiBig* 35 yaşlarında

mitteil|en *v/t (ayr., -ge-, h)*: *j-m et.* ~en b-ne bşi bildirmek, tebliğ etmek; ~sam *sıf.* bilgi veren; *gesprächig*: konuşkan; ⩘ung *f* (-; -en) bildiri; *Bekanntmachung*: duyuru

Mittel *n* (-s; -) araç, vasıta; çare; *Maßnahme*: önlem, tedbir; *Heil⩘* ilaç (*gegen -e* karşı, *az. mec.*); ~ *pl* mali olanaklar *pl*, kaynak *sg*; ~alter *n* ortaçağ; ⩘alterlich *sıf.* ortaçağa ait; ~ding *n* iki şey ortasında bulunan şey; ⩘europäisch *sıf.*: ⩘europäische Zeit Orta Avrupa Saati (itibarıyla); ~finger *m* ortaparmak; ⩘fristig *sıf.* orta vadeli; ~gebirge *n* orta yükseklikte sıradağlar; ⩘groß *sıf.* orta boylu

Mittelklasse *f Ekon.* orta kalite sınıfı; *Hotel der gehobenen* ~ kaliteli otel; ~hotel *n* iyi otel; ~wagen *m* orta boy araba

mittel|los *sıf.* parasız, yoksul; ⩘mäßig *sıf.* orta (derecede); *bel.*

şöyle böyle; *durchschnittlich*: ortalama
Mittelmeer *n* Akdeniz; **~klima** *n* Akdeniz iklimi; **~länder** *pl* Akdeniz ülkeleri; **~raum** *m* Akdeniz bölgesi
Mittel|punkt *m* merkez, orta (*az. mec.*); **2s** *ilg.* vasıtasıyla, yardımıyla; **~stand** *m* (-es) orta tabaka; **2ständisch** *sıf.* orta ölçekli; **~ständische(s) Unternehmen** orta ölçekli işletme; **~ständische Wirtschaft** orta ölçekli ekonomi; **~strecke** *f* orta mesafe; **~streifen** *m Oto.* orta şerit; **2stufe** *f* orta basamak; **~weg** *m mec.* ortalama yol; **~welle** *f El.* orta dalga
mitten *bel.*: **~ in (auf, unter,** *D*) -in ortasında; **~ in (auf, unter** *A*) -in ortasına
Mitternacht *f* (-) gece yarısı; **um ~** gece yarısında
mittlere *sıf.* orta, merkezi; *durchschnittlich*: ortalama
Mittwoch *m* (-es; -e) çarşamba; (**am**) **~** çarşamba günü; **2s** çarşamba günleri
mit|unter *bel.* arasıra, bazen; **~verantwortlich** *sıf.* ortaklaşa/müştereken sorumlu (**für** bşden); **2verantwortung** *f* ortaklaşa sorumluluk
mitwirk|en *v/i* (*ayr.*, -ge-, h) katılmak, iştirak etmek (**bei**, **an** -e); **2ende** *m, f* (-n; -n) *Müz., Tiy.* oyuncu, aktör; **die 2enden** *pl Tiy.* oynayanlar; **2ung** *f* (-) katılma, iştirak, yardım (**bei** bşde)
mix|en *v/t* (h) karıştırmak; **2getränk** *n* karışık meşrubat; *alkoholisches*: kokteyl
möbl. *kıs.* = **möbliert** mobilyalı
Möbel *pl* mobilya, möble *sg*; **~spedition** *f* eşya nakliyat(çılık); **~stück** *n* möble; **~wagen** *m* eşya nakil arabası
mobil *sıf.* seyyar; hareketli; **~ machen** *Ask.* seferber etmek; **2iar** *n* (-s) mobilya, möble(ler); **2ität** *f* (-) devingenlik, değişkenlik; **berufliche 2ität** iş sahasında esneklik; **2machung** *f* (-; -en) *Ask.* seferberlik
möblier|en *v/t* (h) döşemek; **~t** mobilyalı
Mode *f* (-; -n) moda; **in ~ (kommen)** moda (olmak); **aus der ~ kommen** bşin modası geçmek
Modell *n* (-s; -e) model, örnek; örnekçe; **j-m ~ stehen** modellik etmek; **~kleid** *n* elbise modeli, model
Modenschau *f* defile
Mode|rator *m* (-s; -en), **~ratorin** *f* (-; -nen) *TV* yöneticı, sunucu; **2rieren** *v/t* (h) *TV* yönetmek, sunmak
modern *sıf.* modern, çağdaş; *zeitgenössisch*: çağcıl; *modisch*: moda, modaya uygun; *auf dem neuesten Stand*: güncel, çağdaş; **~isieren** *v/t* (h) modernize etmek; *auf den neuesten Stand bringen*: güncelleştirmek
Mode|schmuck *m* (ucuz) moda süs; **~schöpfer** *m*, **~schöpferin** *f* (-; -nen) modacı; **~wort** *n* (-s; **~**er) moda kelime; **~zeitschrift** *f* moda dergisi
modisch *sıf.* modaya uygun
Mofa *n* (-s; -s) motorlu bisiklet
mogel|n *v/i* (h) F oyunda aldatmak; hile yapmak; **2packung** *f* aldatıcı ambalaj (*veya* paket)
mögen (mochte, h) **1.** *v/t* (gemocht) *wollen*: istemek, arzu etmek; *gerne haben*: sevmek, beğenmek; **er mag sie (nicht)** onu sev(mi)yor; **lieber ~** tercih etmek; **nicht ~** -den hoşlanmamak; **was möchten Sie?** ne arzu edersiniz?; **ich möchte, dass du es weißt** bilmeni isterim; **2.** *yardımcı eylem*: (mögen) **ich möchte lieber bleiben** kalsam daha iyi olur; **es mag sein**(**, dass**) olabilir
möglich 1. *sıf.* mümkün, olabilir, olanaklı; **alle 2en** her çeşit; **sein 2stes tun** elinden geleni yapmak; **so bald wie ~** olabildiğince çabuk; **2.** *bel.* **~st bald** *vs.* bir an önce; **~erweise** *bel.* belki, muhtemelen, olabilir ki; **2keit** *f* (-; -en) olanak, imkân; ihtimal; *Gelegenheit*: fırsat; *Aussicht*: şans; **nach 2keit** olanaklar ölçüsünde, imkân dairesinde
Mohn *m* (-s; -e) haşhaş
Möhre *f* (-; -n), **Mohrrübe** *f* havuç
Moldau *f* Moldavya
Molekül *n* (-s; -e) molekül
Molotowcocktail *m* molotof kokteyli
Moment *m* (-s; -e) an; (**e**-n) **~ bitte!** bir dakika lütfen!; **in dem ~** tam o anda

Monarch

Monarch *m* (-en; -en) hükümdar, kıral, imparator; **~ie** *f* (-; -n) monarşi
Monat *m* (-s; -e) ay; *zweimal im ~* ayda iki kez; *pro ~* ay başına, aylık; **♀elang** *bel.* aylarca; **♀lich** *sıf. ve bel.* (her) ayda bir, aylık
Monats|binde *f* → *Damenbinde*; **~einkommen** *n* aylık gelir (*veya* kazanç); **~karte** *f* aylık paso, mavi kart; **~rate** *f* aylık taksit
Mond *m* (-s; -e) ay
monetär *sıf.* parasal
Mongolei *f* Moğolistan
Monitor *m* (-s; -e) monitör
Mono|log *m* (-s; -e) monolog; **~pol** *n* (-s; -e) *Ekon.* tekel, monopol; **♀polisieren** *v/t* (h) tekel altına almak; **♀ton** *sıf.* monoton, tekdüze; **~tonie** *f* (-; -n) monotoni, tekdüzelik
Monster *n* (-s; -) canavar; **~film** *m* dev film
Montag *m* pazartesi; (*am*) ~ pazartesi günü; **♀s** pazartesi günleri
Montage *f* (-; -n) *Tek. Zusammenbau:* montaj, kurma; *e-r Anlage:* kurma; *auf ~ sein* montaj işine çıkmış olmak; **~band** *n* (-s; ⁼er) montaj bandı; **~halle** *f* montaj hali
Montanindustrie *f* demir-çelik sanayii
Mont|eur *m* (-s; -e) *Tek.* montör, montajcı; *özl. Hava., Oto.* mekanisyen; **♀ieren** *v/t* (h) *zusammensetzen:* monte etmek; *anbringen:* takmak; *Anlage* kurmak
Moped *n* (-s; -s) küçük motosiklet
Moral *f* (-) *Sittlichkeit:* ahlak; *e-r Geschichte vs.:* ders, ibret; *Ask. vs.* maneviyat; **♀isch** *sıf.* ahlaki, törel; (*seelisch*) manevi, tinsel
Mord *m* (-s; -e) kasıtlı adam öldürme, cinayet; *e-n ~ begehen* cinayet işlemek; **~anschlag** *m* suikast
Mörder *m* (-s; -) katil
Mord|kommission *f* cinayet masası; **~prozess** *m* *Huk.* cinayet davası; **~verdacht** *m* cinayet zannı; *unter ~verdacht stehen* cinayet zannı altında olmak
morgen *bel.* yarın; *~ Mittag* yarın öğle(n); *~ in e-r Woche* bir hafta sonra yarın; *um diese Zeit* yarın aynı saatte; → *Abend, früh*
Morgen *m* (-s; -) sabah; *am (frühen)* *~* sabah erkenden; *am nächsten ~* ertesi sabah(ta); *gestern ~* dün sabah; → *heute*; **~grauen** *n* gün ağarlaması, şafak; *beim* (*od. im*) **~grauen** alacakaranlıkta; **~gymnastik** *f* sabah cimnastiği
morgens *bel.* sabahleyin; *von ~ bis abends* sabahtan akşama kadar
Morgenzeitung *f* sabah gazetesi
morgig *sıf.* yarınki; *die ~en Ereignisse* yarınki olaylar; *der ~e Tag* yarın
Morphium *n* (-s) morfin
morsch *sıf.* çürük; *~ werden* çürümek
Mosaik *n* (-s; -en) mozaik (*az. mec.*)
Moschee *f* (-; -n) cami; *kleine:* mescit
Moskito *m* (-s; -s) sivrisinek; **~netz** *n* cibinlik
Motel *n* (-s; -s) motel
Motiv *n* (-s; -e) güdü; *Müz., Fot. vs.* motif; **~ation** *f* (-; -en) dürtü; ilgi; **♀ieren** *v/t* (h) ilgi kurmak, *-in* sebeplerini göstermek; *anregen:* isteklendirmek, teşvik etmek
Motor *m* (-s; -en) motor (*az. mec.*); **~boot** *n* motorbot, motorlu tekne; **~haube** *f* kaporta; **~leistung** *f* motor gücü; **~öl** *n* motor yağı; **~rad** *n* motosiklet; **~rad fahren** motosiklet kullanmak, motosikletle gitmek, motosiklete binmek; **~radfahrer** *m* motosikletli; **~roller** *m* skuter; **~schaden** *m* motor arızası/bozukluğu
Motte *f* (-; -n) güve; **~nkugel** *f* yuvarlak naftalin; **~npulver** *n* güve ilacı
Motto *n* (-s; -s) *Wahlspruch:* parola; *Maxime:* ilke
motzen *v/i* (h) → *meckern*
Möwe *f* (-; -n) martı
Mrd. *kıs.* = *Milliarde*(*n pl*) *f* milyar
Mücke *f* (-; -n) sivrisinek; *aus e-r ~ e-n Elefanten machen* pireyi deve yapmak; **~nstich** *m* sivrisinek sokması
müd|e *sıf.* yorgun; *erschöpft:* bitkin; **♀igkeit** *f* (-) yorgunluk; bitkinlik
Muffel *m* (-s; -) F asık suratlı kişi; ...♀ *-den* hoşlanmayan, bş kaçkını
Mühe *f* (-; -n) zahmet, külfet; *Anstrengung:* uğraşı; *Schwierigkeit*(*en*): sıkıntı, zorluk; (*nicht*) *der ~ wert* zahmete değer (değmez); *j-m ~ machen* b-ne zahmet vermek; *sich ~*

geben çok uğraşmak; **sich die (vergebliche) ~ sparen** (boşuna) uğraşmamak; **mit Müh und Not** güç bela, ucu ucuna; **♀los** *bel.* zahmetsiz, kolayca; **♀voll** *sıf.* zahmetli, külfetli
Mühle (-; -n) değirmen; *Spiel*: dokuztaş
mühsam *bel.* yorucu, zahmetli
Mull *m* (-s; -e) *özl. Tıp* ince muslin
Müll *m* (-s) *Haus♀* çöp, süpürüntü, *Industrie♀ vs.* sanayi çöpleri *pl*; **~abfuhr** *f* çöplerin kaldırılması; *Auto*: çöpçü; **~beutel** *m* çöp torbası
Mullbinde *f Tıp* gaz bezi
Müll|container *m* çöp konteyneri/kumbarası; **~deponie** *f* mezbele, çöplük; **~eimer** *m* çöp tenekesi; **~fahrer** *m* çöpçü; **~haufen** *m* çöp yığını; **~mann** *m* → *Müllfahrer*; **~schlucker** *m* (-s; -) çöp bacası; **~tonne** *f* → *Mülleimer*; **~verbrennungsanlage** *f* çöp yakma tesisi; **~wagen** *m* çöp arabası/kamyonu
Multi *m* (-s; -s) *Ekon.* F çokuluslu (şirket); **♀kulturell** çok kültürlü; **♀lateral** *sıf. Ekon., Pol.* çok yanlı, çok taraflı; **~media...** multimedya; **♀national** *sıf.* çokuluslu
Multipli|kation *f* (-; -en) *Mat.* çarpma; **♀zieren** *v/t* (h) çarpmak (*mit* ile)
Mumie *f* (-; -n) mumya
Mund *m* (-s; *»er*) ağız; **den ~ voll nehmen** (yüksekten) atıp tutmak; **halt den ~!** sus!; **~art** *f* şive
münden *v/i* (sn): **~ in** (*A*) *Fluss*: -e dökülmek; *Straße*: -e çıkmak, gitmek
Mundgeruch *m* ağız kokusu
mündig *sıf. Bürger*. ergin, reşit; olgun; **~ (werden)** *Huk.* rüştünü kazanmak
mündlich *sıf.* sözlü
M-und-S-Reifen *m Oto.* kış lastiği
Mündung *f* (-; -en) ağız (*az. e-r Feuerwaffe*)
Mund|wasser *n* (-s; *»*) gargara suyu; **~werk** (-s): **ein gutes ~werk haben** F ağzı çelikli olmak; çenesi kuvvetli olmak; **ein loses ~werk** çenesi düşük; **~winkel** *m* dudakların birleştiği nokta; **~-zu-~-Beatmung** *f Tıp* (ağız ağıza) yapay solunum, F hayat öpücüğü
Munition *f* (-) cephane

munter *sıf. wach*: uyanık; *lebhaft*: canlı; *fröhlich*: neşeli
Münz|e *f* (-; -n) madeni para, sikke; *Gedenk♀*: madalya; **~einwurf** *m Schlitz*: (jeton, para *vs.*) atma yeri; **~fernsprecher** *m Tel.* jetonlu (*veya* kumbaralı) telefon; umumi telefon; **~tankstelle** *f* para at(ıl)arak çalışan benzin istasyonu; **~wechsler** *m* (-s; -) para boz(dur)ma makinesi
murmeln *v/t ve v/i* (h) fısıldamak, mırıldanmak
murren *v/i* (h) homurdanmak (*über A* -e), söylenmek
mürrisch *sıf.* asık suratlı, somurtkan
Mus *n* (-es; -e) *Frucht♀*: ezme, püre
Muschel *f* (-; -n) *Zoo.* midye; **~schale**: midye kabuğu
Museum *n* (-s; -seen) müze
Musik *f* (-) müzik; **♀alisch** *sıf.* müzikal, müzikten anlar; **~anlage** *f* müzik seti, hi-fi/stereo set; **~box** *f* (-; -en) para ile çalışan müzik otomatı
Musiker *m* (-s; -), **~in** *f* (-; -nen) müzisyen
Musikkapelle *f* bando; **~kassette** *f* müzik kaseti
Muskat *m* (-s; -e), **~nuss** *f* küçük hindistancevizi
Muskel *m* (-s; -n) adale, kas; **~kater** *m* kas tutulması; F et kırıklığı; **~zerrung** *f Tıp* kas esnemesi
muskulös *sıf.* adaleli
Muss *n*: **es ist ein ~** (yapılması) zorunludur/şarttır
Muße *f* (-) keyifli (*od.* kedersiz) an; *Freizeit*: boş zaman
müssen (musste, h) **1.** *yrd. eylem* (*-miş* müssen) zorunda olmak, gerekmek; **du musst den Film sehen!** filmi mutlaka görmelisin!; **sie muss krank sein** hasta olmalı; **du musst es nicht tun** yapmana gerek yok; **das müsstest du (doch) wissen** bunu bilmen gerekirdi; **sie müsste zu Hause sein** evde olabilir; **du hättest ihm helfen ~** ona yardım etmen gerekirdi; **2.** *v/i* (*-miş* gemusst); **ich muss!** başka çarem yok!; **ich muss nach Hause** eve gitmem gerek
Mussheirat *f* zorunlu evlilik
müßig *sıf. untätig*: işsiz, boş; *unnütz*: boşuna, zararsız

Muster *n* (-s; -) *Vorlage*: örnek, nüsha; *Probestück*: numune, örnek; *Vorbild*: örnek; ≈**gültig**, ≈**haft 1.** *sıf.* kusursuz; **2.** *bel.* **sich ≈haft benehmen** mükemmel davranış göstermek; **~haus** *n* örnek ev; **~kollektion** *f Ekon.* örnekler/numune koleksiyonu; ≈**n** *v/t* (h) *neugierig*: b-ni meraklı süzmek; *abschätzend*: b-ni tepeden tırnağa süzmek; *Ask.* yoklamak, teftiş etmek; **~ung** *f* (-; -en) askeri yoklama

Mut *m* (-s) cesaret, yiğitlik; **j-m ~ machen** b-ne yürek vermek; **den ~ verlieren** cesaretini kaybetmek; → **zumute**; ≈**ig** *sıf.* cesur, yürekli; ≈**los** *sıf.* yüreksiz, ümitsiz; **~probe** *f* cesaret gösterme denemesi

Mutter¹ *f* (-; ⸚) anne
Mutter² *f* (-; -n) *Tek.* vida somunu
mütterlich *sıf.* ana gibi; ana ile ilgili; **~erseits** *bel.* ana tarafından
Mutter|liebe *f* ana sevgisi; **~mal** *n* ben; **~milch** *f* ana sütü; **~schaftsurlaub** *m* analık izni; **~schutz** *m Huk.* doğum öncesi ve sonrası (annelere sağlanan) yasal çalışma güvencesi; **~sprache** *f* anadili; **~sprachler** *m* (-s; -) anadili konuşan; **~tag** *m* Anneler Günü
Mutti *f* (-; -s) F anneciğim
mutwillig *sıf.* kasıtlı
Mütze *f* (-; -n) kasket
MWSt. *kıs.* = *Mehrwertsteuer f* Katma Değer Vergisi (KDV)
mysteriös *sıf.* esrarengiz, esrarlı

N

N *kıs.* = *Norden*
Nabel *m* (-s; -) *Anat.* göbek
nach 1. *ilg. örtlich*: *-den* sonra; *hinter*: *-in* arkasında; *zeitlich*: sonra; *gemäß*: *-e* göre, uyarınca; **zehn ~ drei** üçü on geçiyor; → **abfahren, Haus, links, oben, Reihe** *vs.*; **2.** *bel.*: **~ und ~** gitgide, gittikçe; **~ wie vor** eskisi gibi
nachahm|en *v/t* (*ayr.*, -ge-, h) bşin aynısını yapmak; *parodieren*: taklit etmek; ≈**ung** *f* (-; -en) taklit, kopya
Nachbar *m* (-n; -n), **~in** *f* (-; -nen) komşu; **~schaft** *f* (-) komşuluk; yakın, semt; *Nachbarn*: komşular *pl*
nachbessern *v/t* (*ayr.*, -ge-, h) sonradan düzeltme/onarmak
nachbestell|en *v/t* (*ayr.*, h) ilave sipariş vermek; *Ekon.* ardından ısmarlamak; ≈**ung** *f Ekon.* ilave sipariş (*G* bşe)
Nachbildung *f* (-; -en) kopya, suret; *genaue*: bşin tam benzeri; *Attrappe*: taklit
nachdem *bağl.* -dikten sonra; → **je** 1, 2
nachdenk|en *v/i* (*krldş., ayr.*, -ge-, h, → **denken**) düşünmek; **~en über** (*A*) düşünüp taşınmak; **Zeit zum** ≈**en** düşünme süresi; **~lich** *sıf.* düşünceli; **es macht e-n ~lich** insanı düşündürüyor
Nachdruck¹ *m* (-s): **mit ~** önemle, vurgulayarak; **~ legen auf** (*A*) bşi vurgulamak, bşi önemle belirtmek
Nachdruck² *m* (-s; -e) tıpkıbasım; **~ verboten!** basımı yasaktır, bütün hakları mahfuzdur; ≈**en** *v/t* (*ayr.*, -ge-, h) yeniden basmak
nachdrücklich 1. *sıf.* önemli; *Forderung vs.*: kuvvetli; **2.** *bel.*: **~ raten** (*empfehlen*) bşi b-ne önemle tavsiye etmek (salık vermek)
nacheinander *bel.* arka arkaya, *zeitlich*: art arda
Nachfolg|e *f* (-) yerine geçme, haleflik; *j-s* **~e antreten** b-nin yerini almak; ≈**en** *v/i* (*ayr.*, -ge-, sn) *j-m*: b-nin yerine geçmek; b-ni izlemek; **~er** *m* (-s; -), **~erin** *f* (-; -nen) halef, ardıl
nachforsch|en *v/i* (*ayr.*, -ge-, h) araştırmak, bilgi toplamak; ≈**ung** *f* (-; -en) araştırma; ≈**ungen anstellen** soruşturmak

nächste

Nachfrage *f* (-; -n) *Ekon.* talep (**nach** -e); **&**n *v/i* (*ayr.*, -ge-, h) tekrar sormak, soruşturmak (**wegen** nedeniyle)
nach|fühlen *v/t* (*ayr.*, -ge-, h): *das kann ich dir ~fühlen* duygularını anlıyorum; **~füllen** *v/t* (*ayr.*, -ge-, h) (yeniden) doldurmak; **~geben** *v/i* (*krldş.*, *ayr.*, -ge-, h, → *geben*) dayanamamak, eğilmek; *mec.* boyun eğmek; *Preise:* inmek, düşmek; **&gebühr** *f Post:* ek ücret; **~gehen** *v/i* (*krldş.*, *ayr.*, -ge-, sn, → *gehen*) b-ni izlemek, b-nin ardından gitmek (*az. mec.*); *e-m Vorfall vs.*: bşi araştırmak; *meine Uhr geht (zwei Minuten)* ~ saatim (iki dakika) geri kalıyor **&geschmack** *m* (-s) ağızda/arda kalan tad (*az. mec.*)
nachgiebig *sıf. Person:* yumuşak huylu, kolay uzlaşır; *Material:* esnek, gevşek; **&keit** *f* (-) uysallık, yumuşaklık; esneklik, gevşeklik
nachhaltig *sıf.* devamlı, sürekli
nachher *bel.* daha sonra; *bis ~!* sonra görüşürüz
nachholen *v/t* (*ayr.*, -ge-, h) bşi sonradan yapmak, bşi telafi etmek
Nachkomme *m* (-n; -n) evlat; *ohne ~n sterben Huk.* evlat bırakmadan ölmek; **&**n *v/i* (*krldş.*, *ayr.*, -ge-, sn, → *kommen*) izlemek, daha sonra gelmek; *e-m Wunsch vs.:* bşi yerine getirmek
Nachkriegs... savaş sonrası ...
Nachlass *m* (-es; ⸗sse) *Ekon.* indirim, tenzilat (*auf A* -de); *Huk.* tereke, kalıt
nachlassen (*krldş.*, *ayr.*, -ge-, h, → *lassen*) **1.** *v/i* hafiflemek, azalmak; *Interesse:* pek kalmamak; *Schmerz:* yatışmak; *Wirkung:* geçmek; *Regen, Sturm:* dinmek; **2.** *v/t: j-m DM 100 (vom Preis)* ~ b-ne (fiyatta) 100 Mark indirim yapmak
Nachlassgericht *n Huk.* tereke mahkemesi
nachlässig *sıf.* ihmalci, kayıtsız
Nachlassverwalter *m Huk.* tereke infaz memuru
nach|laufen *v/i* (*krldş.*, *ayr.*, -ge-, sn, → *laufen*) ardından koşmak; **~liefern** *v/t* (*ayr.*, -ge-, h) sonradan teslim etmek; **~lösen** *v/t* (*ayr.*, -ge-, h) (bileti) trende *vs.* almak; **~machen** *v/t* (*ayr.*, -ge-, h) bşi taklit/kopye etmek; *fälschen:* bşin sahtesini yapmak
nachm. *kıs.* = *nachmittags* öğleden sonra(ları)
Nachmittag *m* öğle sonrası; *am ~* öğleden sonra; *heute ~* bugün öğleden sonra; *am späten ~* akşam üzeri; **&s** *bel.* öğleden sonra(ları)
Nach|nahme *f* (-; -n): *et. als* (*od. per*) *~nahme schicken* bşi ödemeli (olarak) yollamak; → *~nahmesendung* *f* ödemeli gönderi; **~name** *m* → *Familienname*; **~porto** *n* ek posta ücreti, taksa
nach|prüfen *v/t* (*ayr.*, -ge-, h) (yeniden) gözden geçirmek; **~rechnen** *v/t* (*ayr.*, -ge-, h) yeniden hesaplamak
Nachrede *f. üble ~* iftira, lekeleme
nachreisen *v/i* (*ayr.*, -ge-, sn) b-nin ardından yola çıkmak
Nachricht *f* (-; -en) haber; *Botschaft, Mitteilung:* bildiri; **~en** *pl Rundfunk, TV:* haberler; *e-e gute* (*schlechte*) ~ iyi (kötü) bir haber
Nach|ruf *m* (-s; -e) (bir ölü hakkında) anma yazısı/konuşması (*auf A*); **&rüsten** *v/t* (*ayr.*, -ge-, h) *Tek.* (eksiğini) sonradan kapatmak, ... ile donatmak; **&sagen** *v/t* (*ayr.*, -ge-, h): *j-m Schlechtes ~sagen* b-nin hakkında ardından kötü konuşmak; *man sagt ihm nach, dass er* onun hakkında diyorlar ki ...; **~saison** *f* sezon sonrası; **&schauen** *v/i* (*ayr.*, -ge-, h, → *nachsenden*); **~schlüssel** *m* uydurma anahtar; *Dietrich:* maymuncuk; **~schub** *m* (-s) takviye, ikmal, (*az. Ask.*) ikmal malzemesi
Nachsende|antrag *m* postayı b-nin ardından gönderme dilekçesi; **&**n *v/t* (*gnl. krldş.*, *ayr.*, -ge-, h, → *senden*) b-nin ardından/arkasından göndermek
Nach|speise *f* (yemek sonu yenilen) tatlı; **~spiel** *n mec.* bşin devamı/arkası
nächste *sıf. in der Reihenfolge, zeitlich:* bir sonraki; *nächstliegend:* en yakın (*az. Angehörige*); *in den ~n Tagen (Jahren)* önümüzdeki günlerde

(yıllarda); **in ~r Zeit** yakın zamanda; **was kommt als Ωs?** sonra ne var/geliyor?; **der Ω, bitte!** sıradaki, lütfen
nachstehen v/i (krldş., ayr., -ge-, h, → **stehen**): **j-m in nichts ~ stehen**): hiçbir şeyde b-nden geri olmamak
Nächstenliebe f (-) insan sevgisi
Nacht f (-; ≈e) gece; **in der** (od. **bei**) **~** gece (vakti); **~arbeit** f (-) gece işi; **~dienst** m gece nöbeti; **~dienst haben** gece nöbeti olmak
Nachteil m (-s; -e) sakınca, zarar; **im ~ sein** zararda olmak (**gegenüber** -e karşı); Ωig sıf. sakıncalı, zararlı (**für** için)
Nacht|fahrverbot n gece araba kullanma yasağı; **~flug** m gece uçuşu; **~flugverbot** n gece uçuş(u) yasağı; **~frost** m gece ayazı; **~hemd** n gecelik; **für Männer**: gecelik entari
Nachtisch m (-s; -e) → **Nachspeise**
Nacht|klub m gece kulübü; **~leben** n (-s) gece hayatı
nächtlich sıf. **all~**: gece (olan); gecede(ki); geceye özgü
Nachtlokal n → **Nachtklub**
nachtragend sıf. bağışlamaz, acımasız, stärker: kinci
nachträglich bel.: **~ herzlichen Glückwunsch** bilahara candan tebrikler
nachts bel. geceleri, geceleyin
Nacht|schicht f gece vardiyası; **~schicht haben** gece vardiyasında çalışmak; **~schwester** f gece hemşiresi; **~tisch** m komodin; **~tischlampe** f komodin lambası
Nachweis m (-es; -e) kanıt, ispat, delil (**für** bşin); Ωen v/t (krldş., ayr., -ge-, h, → **weisen**) kanıtlamak, ispat etmek; Ωlich bel. kanıtlanmış, kesin
Nach|welt f (-) gelecek kuşaklar pl; **~wirkung** f dolaylı sonuç; **~wirkungen** pl az. yan/dolaylı etkiler; Ωzahlen v/t ve v/i (ayr., -ge-, h) ek ödeme yapmak, üstüne ödemek; Ωzählen v/t (ayr., -ge-, h) yeniden/tekrar saymak; **Wechselgeld** (paranın üstünü) saymak; **~zahlung** f ek ödeme
Nacken m (-s; -) ense; **~stütze** f koltuk başlığı
nackt sıf. çıplak; **Malerei, Fot.** nü; **Beine, Wand vs.**: yalın, çıplak; **Wahrheit**: -in ta kendisi; **völlig ~** çırılçıplak; **sich ~ ausziehen** tamamen soyunmak; **~ baden** çıplak yüzmek; **j-n malen** b-nin çıplak resmini yapmak; Ωbaden (-s) çıplak yüzme; Ω**badestrand** m çıplaklar sahili/plajı
Nadel f (-; -n) iğne (az. Bot.); **Steck**Ω: topluiğne, **Haar**Ω: saç iğnesi; **Brosche**: broş; **~baum** m iğneyapraklı (ağaç)
Nagel m (-s; ≈) Anat. tırnak; Tek. çivi; **~lack** m oje; Ωn v/t (h) çivilemek (**an** A, **auf** A bye); Ω**neu** sıf. yepyeni, pırıl pırıl
nah sıf. yakın (**bei** -e); **~ gelegen**: yakın(lar)da
Nah|aufnahme f Fot. yakın çekim; **~bereich** m yakın bölge; **der ~bereich von München** Münih ve çevresi
nahe: **~ gehen** çok etkilemek; **~ kommen** -e yaklaşmak; **j-m et. ~ legen** b-ne bşi telkin etmek, sezdirmek; **~ liegen** akla yakın olmak; stärker: apaçık ortada olmak; **~ liegend** akla yakın; (bes)belli
Nähe f (-) yakınlık; Umgebung: yakın çevre, yöre; **in der ~ des Bahnhofs** vs. istasyon vs. yakın(lar)ında; **ganz in der ~** çok yakınlarda; **in deiner ~** (senin) ya(kı)nında
nähen v/i (h) dikiş dikmek; v/t dikmek
Nähere n (-n) bşin ayrıntıları pl, daha geniş bilgi sg
Naherholungsgebiet n yakınlarda bulunan dinlenme yeri
nähern v/refl (h) yaklaşmak, yakınlaşmak (D -e)
Näh|maschine f dikiş makinesi; **~nadel** f (dikiş) iğne(si)
nahrhaft sıf. besleyici
Nährstoff m besleyici madde
Nahrung f (-) besin; **~smittel** pl besin sg, besin maddesi pl
Nährwert m besin değeri
Naht f (-; ≈e) dikiş; Tıp dikiş (yeri); Ω**los** sıf. dikişsiz; bel. Ω**los braun** her tarafı bronz
Nähzeug n dikiş takımı
naiv sıf. çocuksu, saf; naif; Ω**ivität** f (-) saflık
Name m (-ns; -n) ad, isim; **wie ist Ihr ~?** adınız/isminiz nedir?; **im ~n von** (od. G) -in adına

Namens|tag *m* isim günü; **~vetter** *m* adaş; **~zug** *m* imza
namentlich *sıf. ve bel.* adla, isim isim okunarak
nämlich *bel. das heißt*: yani, demek ki; *begründend*: biliyorsun(uz), çünkü
Narb|e *f* (-; -n) yara izi; **2ig** *sıf.* yara izi olan
Narkose *f* (-; -n) *Tıp* anestezi, narkoz
Narr *m* (-en; -en) kaçık, deli; **zum ~en halten** b-ni budala/aptal yerine koymak; **2ensicher** *sıf.* emniyetli, sağlam
Nase *f* (-; -n) burun (*az. mec.*); **die ~ voll haben** bıkmış olmak (*von* -den); → **putzen, rümpfen**
Nasen|bluten *n* (-s) burun kanaması; **~loch** *n* burun deliği; **~spitze** *f* burun ucu; **~spray** *m, n* burun spreyi
nass *sıf.* yaş, ıslak; **triefend ~** sırılsıklam
Nässe *f* (-) ıslaklık, yaşlık
nasskalt *sıf.* soğuk ve yağışlı
Nation *f* (-; -en) ulus, millet
national *sıf.* ulusal, milli; **2feiertag** *m* ulusal/milli bayram; **2gericht** *n Gastr.* ulusal/milli yemek; **2hymne** *f* ulusal marş
Nationalis|mus *m* (-) milliyetçilik; **~t** *m* (-en; -en) milliyetçi; **2tisch** *sıf.* milliyetçi
Nationalität *f* (-; -en) uyruk, tabiyet; *welcher ~ sind Sie?* uyruğunuz/tabiyetiniz nedir?
National|park *m* milli park; **~tracht** *f* ulusal/milli giysi
Natur *f* (-; -en) doğa, tabiat; *von ~ (aus)* doğuştan, doğal olarak; **~katastrophe** *f* doğal afet
natürlich 1. *sıf.* doğal, tabii; **2.** *bel.* doğal olarak, tabiatıyla
Natur|park *m* doğa parkı; **~schutz** *m* doğa(yı) koruma; *unter ~schutz* doğal koruma altında; **~schützer** *m* (-s; -) doğa korumacı; **~schutzgebiet** *n* doğa(yı) koruma alanı; **~wissenschaft** *f* doğa bilimi
n. Chr. *kıs.* = *nach Christus* Milattan/İsadan Sonra (MS/İS)
Nebel *m* (-s; -) sis, duman; *stärker*: koyu sis; *Dunst*: pus; **~scheinwerfer** *m Oto.* sis far; **~schlussleuchte** *f Oto.* arka sis lambası
neben *ilg.* **1.** (*A od. D*) -in yanın(d)a;

direkt ~: hemen yanın(d)a; **2.** (*D*) *außer.* *-in* yanı sıra, in dışında; *verglichen mit*: ile karşılaştırılınca; **~ anderen Dingen** diğer şeylerin yanında; **~an** *bel.* yan tarafta
Neben|beruf *m* ikinci/yan meslek; **2beruflich** *bel.* ikinci/yan meslek olarak; **~buhler** *m* (-s; -) (aşkta) rakip
nebeneinander *bel.* yan yana; **~ bestehen** bir arada var olmak (*veya* yaşamak)
Neben|einkünfte *pl,* **~einnahmen** *pl* yan/ek gelir *sg*; **~fach** *n* yan bilim dalı; *et. als ~fach studieren -i* yan bilim dalı olarak okumak; **~fluss** *m* (bir ırmağın) yan kol(u); **~gebäude** *n* yan bina; *Anbau*: ek(lenti) bina; **~haus** *n* yan ev; **~kosten** *pl* ek maliyet *sg*, ek masraflar *pl*; **~mann** *m*: *mein ~mann* yanımda oturan kişi; **~produkt** *n* yan ürün; **~rolle** *f Tiy. vs.* yardımcı rol; *mec.* önemsiz rol; **~sache** *f* önemsiz şey; *das ist ~sache* bu önemsizdir; **2sächlich** *sıf.* önemsiz; **~stelle** *f Tel.* ek hat; **~straße** *f* yan sokak; *Landstraße*: tali yol; **~tisch** *m* yan masa; **~verdienst** *m* ek kazanç; **~wirkung** *f* yan etki; **~zimmer** *n* bitişik oda
neblig *sıf.* sisli, puslu
Neffe *m* (-n; -n) yeğen
negativ *sıf.* olumsuz, negatif
Negativ *n* (-s; -e) *Fot.* negatif
nehmen *v/t* (nahm, genommen, h) almak (*az. sich ~*) j-m et. ~ b-nden bşi almak (*az. mec.*); *et. zu sich ~* birşeyler yemek, F birşeyler atıştırmak; *sich e-n Tag vs. frei ~* bir gün *vs.* izin almak; *an die Hand ~* eline almak, elinden tutmak
Neid *m* (-s) bşe kıskançlık duyma, bşi imrenme (*auf A*); **2isch** *sıf.* kıskanç (*auf A* -e karşı)
Neige *f* (-; -n): *zur ~ gehen Vorräte vs.*: bitmek üzere olmak
nein *bel.* hayır
Nelke *f* (-; -n) karanfil (*az. Gewürz2*).
nennen (nannte, genannt, h) **1.** *v/t* -e isim vermek; *erwähnen*: söylemek, bildirmek; *man nennt ihn (es)* ona ... diyorlar; **2.** *v/refl* kendisine ... demek; **~swert** *sıf.* kayda değer
Nennwert *m Ekon.* nominal değer; *zum ~* nominal değer üzerinden

Neonreklame 458

Neon|reklame f neon ışıklı reklam/ tanıtım; **~röhre** f flüoresan lamba
Nepal n Nepal
Nepp m (-s) F kazık; **2en** v/t (h) F kazıklamak; **~lokal** n F kazıkçı lokal/ restoran; **~preis** m F kazık fiyat
Nerv m (-s; -en) sinir; **j-m auf die ~en fallen** (od. **gehen**) b-nin sinirine dokunmak; **die ~en behalten** (**verlieren**) sinirlerine hakim olmak (olamamak); **2en** v/t (h) F sinirlendirmek
Nerven|arzt m nörolog, sinir hastalıkları uzmanı; **2aufreibend** sıf. sinir yıpratıcı; **~belastung** f sinir gerginliği; **~bündel** n F sinir küpü; **~kitzel** m (-s) büyük heyecan; **~klinik** f sinir/psikiyatri kliniği; **2krank** sıf. sinir hastası; **~säge** f F sinir ilacı, baş belası; **~system** n sinir sistemi; **~zusammenbruch** m sinir krizi
nerv|ös sıf. sinirli, asabi; **2osität** f (-) sinirlilik, asabilik
Nest n (-s; -er) yuva; F hkr. küçük kasaba, cansız köy
nett sıf. kibar; kişi az. sevimli, cana yakın; az. S. hoş; **das ist sehr ~ von Ihnen** çok naziksiniz; **so ~ sein und et.** (od. **et. zu**) **tun** kibarlık gösterip bş yapmak
netto bel. Ekon. net; **2einkommen** n net gelir
Netz n (-es; -e) ağ, net; mec. şebeke (az. Tel. vs.); El. ana şebeke; **~anschluss** m El. şebeke bağlantısı; **~haut** f Anat. ağtabaka; **~karte** f Demiryol. şebeke kartı; **~werk** n şebeke
neu sıf. yeni; frisch, erneut. az. taze; **~zeitlich**: çağdaş, modern; **~este Mode** (en) son moda; **von ~em** yeniden, tekrar; **seit ~(est)em** (pek) kısa bir süreden beri; **viel 2es** birçok yenilik; **was gibt es 2es?** ne var ne yok?; **~artig** sıf. çok yeni, eşi görülmedik; **2bau** m yeni bina; **2bauwohnung** f yeni konut; **2gier** f merak; **~gierig** sıf. meraklı (**auf A** bşe); **ich bin ~gierig, ob** ...-diğini merak ediyorum; **2griechisch** n Yunanca; **2heit** f (-; -en) yenilik; **2igkeit** f (-; -en) haber, havadis; **2jahr** n yılbaşı; **Prost 2jahr!** nice yıllara!; **~lich** bel. geçenlerde; **~modisch** sıf. hkr. yeni çıkma
neun sıf. dokuz; **~te** sıf. dokuzuncu; **2tel** n (-s; -) dokuzda bir; **~tens** bel. dokuzuncu olarak; **2zehn** sıf. on dokuz; **~zig** sıf. doksan
Neuseeland n Yeni Zelanda
neutral sıf. tarafsız, yansız; **2ität** f (-) tarafsızlık
Neu|verfilmung f yeni çevirim; **2wertig** sıf. yeni gibi, yenilik değeri olan
nicht bel. değil; **es gibt ~, ~ vorhanden** yok; **ich weiß (es) ~** bilmiyorum; **~ (ein)mal** ... bile değil; **~ mehr** artık değil (veya yok); **~ wahr?** değil mi?; **~ so ... wie** kadar/gibi ... değil; **~ besser** vs. (**als**) (-den) daha iyi vs. değil; **ich (auch) ~** ben (de) değil; (**bitte**) **~!** (lütfen) (yap)ma od. olmasın!; → **gar 2, noch 1, überhaupt**
Nichte f (-; -n) (kız) yeğen
nichtig sıf. Huk. geçersiz, hükümsüz
Nichtraucher m sigara içmeyen; **~abteil** n Demiryol. sigara içilmeyen kompartıman; **~zone** f sigara içilmeyen alan
nichts blrsz zam. hiçbir şey; **~ (anderes**) **als** -den başka bir şey değil; **~ sagend** önemsiz, boş; → **gar 2, noch 1, überhaupt**
Nichtschwimmer m yüzme bilmeyen; **~becken** n yüzme bilmeyenler havuzu
Nichtzutreffende n: **~s streichen** uymayanların üstünü çiziniz
nicken v/i (h) (evet diye) başını sallamak
nie bel. asla, hiçbir zaman; **~ und nimmer** katiyen, asla; → **fast**
nieder 1. sıf. alçak, aşağı; **2.** bel.: **~ mit** kahrolsun ...
Nieder|gang m (-s) çöküş, yıkılış; **2geschlagen** sıf. yılgın, cesareti kırık; **~lage** f (-; -n) yenilgi, mağlubiyet; **2lassen** v/refl (krldş., ayr., -ge-, h, → **lassen**) bye yerleşmek; Ekon. şube açmak (**als** olarak); **~lassung** f (-; -en) müessese, kurum; Filiale: şube, kol; **2legen** (ayr., -ge-, h) **1.** v/t bırakmak (az. Waffen, Amt vs.) → **Arbeit**; **2.** v/refl bye uzanmak, bye yatmak
Niederschlag m meteor. yağış; radio-

aktiver: radyoaktif serpinti; ~en *v/t* (*krldş.*, *ayr.*, -ge-, h, → *schlagen*) yere sermek; *Aufstand* bastırmak; *Huk. Verfahren* durdurmak, bozmak; ~**sarm** *sıf.* az yağışlı; ~**sreich** *sıf.* bol yağışlı

niedrig 1. *sıf.* alçak (*az. mec.*); *Strafe*: hafif; 2. *bel.*: ~ *fliegen* alçaktan uçmak

niemals *bel.* → *nie*

niemand *blrsz zam.* hiç kimse; ~ *von ihnen* onlardan hiçbiri; ~**sland** *n* (-s) insansız bölge (*az. mec.*)

Niere *f* (-; -n) *Anat.*, *Gastr.* böbrek

nieseln *v/i* (h) çiselemek; ~**regen** *m* çisenti

niesen *v/i* (h) hapşırmak

Niete *f* (-; -n) *Los*: boş; F *Person*: beceriksiz

Nikotin *n* (-s) *Kim.* nikotin; ~**arm** *sıf.* nikotini az

nippen *v/i* (h) bir yudum almak (*an D* bşden)

nirgends *bel.* hiçbir yer(d)e

Nische *f* (-; -n) duvar oyuğu, niş, girinti yer, oymalık

nisten *v/i* (h) yuva yapmak

Niveau *n* (-s; -s) düzey, seviye; *mec. az.* standart

NO *kıs.* = *Nordosten m* kuzeydoğu

Nobelhotel *n* seçkin otel, birinci sınıf otel

Nobelpreis *m* Nobel Ödülü

noch 1. *bel.* daha, henüz; ~ *nicht(s)* daha değil (hiçbir şey); ~ *nie* şimdiye kadar (değil), asla; *er hat nur* ~ *10 Mark* (*Minuten*) onun artık sadece 10 markı (dakikası) var/kaldı; (*sonst*) ~ *etwas?* (daha) başka?; *sonst* ~ *Fragen?* başka soru var mı; *ich möchte* ~ *etwas* (*Tee*) biraz daha (çay) istiyorum; ~ *ein(er)* başka bir ..., bir tane daha; ~ (*ein*)*mal* bir (kez/kere) daha; ~ *zwei Stunden* iki saat daha; ~ *besser* (*schlimmer*) daha iyi (kötü); ~ *gestern* daha dün; 2. *bağl.*: → *weder*; ~**malig** *sıf.* yenilenmiş, tekrar edilen; ~**mals** *bel.* bir (kez/kere) daha

Nominal|**einkommen** *n* nominal gelir; ~**wert** *m* nominal değer

nominieren *v/t* (h) aday göstermek

Nonne *f* (-; -n) rahibe; ~**nkloster** *n* rahibe manastırı

nonstop *bel.* aralıksız, nonstop; ~**flug** *m* nonstop uçuş

Norden *m* (-s) kuzey; *nördlicher Landesteil*: -*in* kuzeyi; *nach* ~ kuzeye (doğru)

nördlich 1. *sıf.* kuzey(de bulunan) 2. *bel.*: ~ *von* -*in* kuzeyinde

Nord|**osten** *m* kuzeydoğu; ~**pol** *m* (-s) Kuzey Kutbu; ~**westen** *m* kuzeybatı

nörgeln *v/i* (h) dırdır etmek, mızmızlanmak, huysuzlanmak (*beide*: *an D* -e); ~**er** *m* (-s; -), ~**lerin** *f* (-; -nen) mızmız, huysuz

Norm *f* (-; -en) standart, norm, düzgü

normal *sıf.* normal; F *nicht ganz* ~ kafaca pek normal değil

Normal *n* (-s) *Oto.* F normal (benzin)

Normal|**benzin** *n* *Oto.* normal benzin; ~**erweise** *bel.* normal olarak; ~**fall** *m* normal durum; *im* ~*fall* normal olarak; ~**isieren** *v/refl* (h) normalleşmek; ~**verbraucher** *m* normal tüketici

normen *v/t* (h) standartlaştırmak, standardize etmek

Norweg|**en** *n* Norveç; ~**er** *m* (-s; -), ~**erin** *f* (-; -nen) Norveçli; ~**isch** *sıf.* Norveç(li); ~**isch** *n* Norveççe

Not *f* (-; ~e) *gnl.* sıkıntı; *Mangel*: *az.* kıtlık; *Armut*: yok(sul)luk; *Elend*, *Leid*: sefalet; *Bedrängnis*: sorun, darlık; ~*fall*: acil durum; *özl. seelische*: zor durum; *in* ~ *sein* b-nin başı derte/belada olmak; *zur* ~ gerekirse, gerektiği takdirde; ~ *leidend* sıkıntı çeken, yoksul; → *knapp*

Notar *m* (-s; -e) noter; ~**iell** *sıf. ve bel.*: ~**iell beglaubigt** noterden/noterce onaylı

Not|**arzt** *m*, ~**ärztin** *f* acil doktor; ~**arztwagen** *m* cankurtaran arabası; ~**ausgang** *m* imdat/tehlike çıkışı; ~**bremse** *f* imdat freni

Notdienst *m*: ~ *haben* nöbetçi olmak; *Apotheke mit* ~ nöbetçi eczane

notdürftig 1. *sıf.* spärlich: pek az, yetersiz, kıt; *provisorisch*: geçici, eğreti, derme çatma; 2. *bel.*: ~*e Reparatur* uydurma tamir

Note *f* (-; -n) nota (*az. Müz.*, *Pol.*); *Bank*~: banknot; *Schul*~: not; ~*n pl*

Müz. notalar; ~**nbank** *f* emisyon bankası; merkez bankası
Notfall *m* acil durum; *für den* ~ acil durumlar için; ~**s** *bel.* gerekirse
notgedrungen ister istemez; zorla
notier|en (h) **1.** *v/t* bşi not almak; **2.** *v/i Ekon.* kote etmek (*mit* ile); ~**ung** *f* (-; -en) *Ekon.* kota(syon)
nötig *sıf.* gerekli; ~ *haben* b-ne gerekli olmak; ~**ung** *f* (-) zorlama
Notiz *f* (-; -en) not; *sich* ~ *en machen* not almak; *keine* ~ *nehmen von -i* dikkate almamak, -e aldırmamak; ~**block** *m* (-s; -s) bloknot; ~**buch** *n* not defteri
Not|lage *f* sıkıntılı/zor durum; *plötzlicher Notfall*: ani/acil durum; ~**landen** *v/i* (*ayrılmaz*, -ge-, sn) *Hava.* zorunlu iniş yapmak; ~**landung** *f Hava.* zorunlu iniş; ~**lösung** *f* geçici çözüm; ~**lüge** *f* zararsız yalan
Notruf *m Tel.* imdat telefonu; ~**nummer** *f* imdat numarası; ~**säule** *f* imdat telefonu
Notstand *m Pol.* olağanüstü (*veya* sıkıntılı) durum/hal; ~**sgebiet** *n Ekon.* olağanüstü hal bölgesi; *bei Katastrophen*: afet bölgesi
Notverband *m Tıp* ilkyardım sargısı; *j-m e-n* ~ *anlegen* b-ne ilkyardım sargısı sarmak
Notwehr *f* (-) meşru müdafaa; *aus* (*od. in*) ~ kendisini korumak için
notwendig *sıf.* gerekli, kaçınılmaz; ~**keit** *f* (-; -en) gereklilik, zorunluluk
November *m* (-s; -) kasım (ayı); *im* ~ kasımda, kasım ayında
Nr. *kıs.* = ***Nummer** f* numara (no.)
Nu *m*: *im* ~ bir anda, çabucak
Nuance *f* (-; -n) nüans, ayırtı, ince fark (*az. mec.*)
nüchtern *sıf.* ayık (*az. mec.*); *sachlich*: soğukkanlı, gerçekçi; *auf ~en Magen* aç karnına; *wieder* ~ *werden* tekrar ayılmak
Nudel *f* (-; -n) erişte, makarna
nuklear *sıf.* nükleer; ~**medizin** *f* (-) nükleer tıp; ~**waffe** *f* nükleer silah
null *sıf.* sıfır; ~ *Grad* sıfır derece; ~ *Fehler* hatasız, sıfır yanlış; *gleich* ~ *sein Chancen vs.*: hemen hemen hiç yok denebilmek; ~**diät** *f* sıfır kalori perhizi; ~**tarif** *m*: *zum* ~**tarif** ücretsiz; ~**wachstum** *n Ekon.* sıfır büyüme/kalkınma
Nummer *f* (-; -n) numara; *Zeitung vs.*: sayı; *Größe*: numara, boy; ~**nkonto** *n* numaralı hesap; ~**nschild** *n Oto.* (otomobil) plaka(sı)
nummerieren *v/t* (h) numarala(ndır)mak
nun *bel.* şu anda; *also*, *na*: evet şimdi, eee?
nur *bel.* sadece, yalnızca; *bloß*: ancak; *nichts als*: sırf; *er tut* ~ *so* o sırf/sadece öyle yapar görünüyor; ~ *so* (*zum Spaß*) sadece (şaka olsun diye) öyle; *warte* ~! bekle hele!; ~ *für Erwachsene* sadece yetişkinlere/büyüklere (özgü)
Nuss *f* (-; ⸚e) fındık; (*Wal*~) ceviz; ~**baum** *m Bot.* ceviz ağacı; *Möbel*: ceviz; ~**knacker** *m* (-s; -) fındıkkıran; ~**schale** *f* fındık kabuğu
Nutte *f* (-; -n) F fahişe, sokak kadını, V orospu
nutzbringend *sıf.* faydalı, verimli
nütze *sıf.*: *zu nichts* ~ *sein* hiçbir işe yaramamak; *Person*: *az.* hiç kimseye yardımı dokunmamak
Nutzen *m* (-s) yarar, fayda; *Gewinn*: kazanç, kâr; *Vorteil*: avantaj; ~ *ziehen aus -den* yarar sağlamak
nutzen, **nützen** (h) **1.** *v/i*: *j-m* ~ b-ne yaramak; *es nützt nichts* (, *es zu tun*) (onu yapmak) bir fayda sağlamaz/getirmez; **2.** *v/t* kullanmak; *Gelegenheit -den* yararlanmak
Nutzlast *f* saf yük
nützlich *sıf.* yararlı, faydalı; *vorteilhaft*: avantajlı; *sich* ~ *machen* yardımda bulunmak
nutzlos *sıf.* yararsız, faydasız, boş; *es ist* ~, *et. zu tun* bş yapmak faydasızdır (*veya* fayda getirmez)
Nutzung *f* (-; -en) yararlanma, faydalanma; *Verwendung*: kullanım, kullanma

O

O *kıs.* = **Osten** *m* doğu
o. *kıs.* = **oben** yukarıda(ki, adı geçen, belirtilen)
o.Ä. *kıs.* = **oder Ähnlich(e, es** vs.**)** ve benzer(ler)i (vb.)
Oase *f* (-; -n) vaha (*az. mec.*)
OB *kıs.* = **Oberbürgermeister** *m* büyükşehir belediye başkanı
ob *bağl.* (gel-)ip (gel-)mediği; **als ~** sanki (... gibi), güya; **und ~!** hem de nasıl!
Obacht *f* (-): **~ geben auf** (*A*) *-e* dikkat etmek; **(gib) ~!** dikkat (et)!
Obdach *n* (-s) barınacak yer; **~los** *sıf.* evsiz barksız; **~lose** *m, f* (-n; -n) evsiz barksız (kişi); **~losenheim** *n* evsiz barksızlar yurdu
Obdu|ktion *f* (-; -en) *Tıp* otopsi; **~zieren** *v/t* (h) otopsi yapmak
oben *bel.* yukarı; **in der Höhe:** yukarıda; **~auf:** en üstte; **an Gegenstand:** bşin en yukarısı (*az. mec. Stellung*); **an der Oberfläche:** yüzeyde, üzerinde; **im Haus:** yukarıda, üst katta; **da ~** şurada yukarıda; **nach ~** yukarıya, **im Haus:** üst kata; **von ~ bis unten** baştan aşağıya, **Person:** tepeden tırnağa; **links ~** yukarıda solda; **siehe ~** yukarıya bak; F **ohne** üstsüz; **von ~ herab** *mec.* tepeden bakarak; **~ erwähnt** yukarıda anılan, **~ genannt** yukarıda adı geçen
Ober *m* (-s; -) (şef) garson; **~arm** *m* üst kol; **~arzt** *m*, **~ärztin** *f* başhekim; **~bürgermeister** *m* büyükşehir belediye başkanı; **~deck** *n Gemi.* üst güverte; **2e** *sıf.* yukarı, üst; *mec. az.* yüksek, üst; **~fläche** *f* yüzey; **2flächlich** *sıf.* yüzeysel; **2halb** *ilg.* **-in** yukarısında; **~hand** *f*: **die ~hand gewinnen** üstünlük sağlamak (*über A -e*); **~haus** *n Büyük Britanya'da* Lordlar Kamarası; **~hemd** *n* gömlek, frenkgömleği
Oberin *f* (-; -nen) *Din.* başrahibe
ober|irdisch *sıf.* yeryüzünde, toprak üstünde; *El.* havai, yukarıdan geçen; **2kellner** *m* şef garson; **2kiefer** *m* üst çene; **2körper** *m* üst gövde, F belden yukarısı; → **frei**; **2lippe** *f* üst dudak;

2schicht *f der Gesellschaft* üst tabaka
Oberst *m* (-en; -e) *Ask.* albay
oberste *sıf.* en yukarıdaki; **höchste:** en yüksek; *mec.* en yüksek derecede, şef, ilk
Oberteil *n* üst kısım (*az. Kleidung*)
Obhut *f* (-): **in s-e ~ nehmen** koruması/himayesi altına almak
obig *sıf.* yukarıdaki, yukarıda adı geçen
Objekt *n* (-s; -e) **Immobilie:** emlak; *Fot.* konu; *Gr.* nesne
objektiv *sıf.* nesnel; **unparteiisch:** *az.* tarafsız
Objektiv *n* (-s; -e) *Fot.* objektif
Objektivität *f* (-) nesnellik; tarafsızlık
Obligation *f* (-; -en) *Ekon.* tahvil, borçlanma senedi
obligatorisch *sıf.* zorunlu
Obst *n* (-s) meyve; **~baum** *m* meyve ağacı; **~garten** *m* meyve bahçesi; **~kuchen** *m* meyve pastası; **~plantage** *f* meyve plantajı
obszön *sıf.* ahlaksız, müstehcen; utanmaz
obwohl *bağl.* **-e** rağmen/karşı; **-diği** halde
Ochse *m* (-n; -n) *Zoo.* öküz; F *mec.* budala; **~nschwanzsuppe** *f* öküz kuyruğu çorbası
od. *kıs.* = **oder**
oder *bağl.* veya; **~ vielmehr** daha doğrusu; **so ya da şöyle; er kommt doch, ~?** o geliyor, öyle değil mi?; **du kennst ihn ja nicht, ~ doch?** sen onu tanımıyorsun ki, tanıyor musun yoksa?; → **aber** 1, **entweder**
Ofen *m* (-s; ⁻) soba; *Back*2: fırın; *Tek.* ocak; **~heizung** *f* sobayla ısıtma; **~rohr** *n* soba borusu
offen 1. *sıf.* açık (*az. mec.*); **Stelle:** *az.* boş; **ehrlich:** *az.* açıkyürekli; 2. *bel.*: **~ gesagt** açıkçası; **~ s-e Meinung sagen** fikrini açıkça söylemek; **~ lassen** açık bırakmak; **~ stehen** açık olmak (*mec. j-m* b-ne); **Rechnung:** ödenmemiş olmak; **es steht Ihnen ~ zu** (yap-)ıp (yap-)mamakta serbestsiniz/özgürsünüz; **~bar** *bel. anscheinend:* görünüşe bakılırsa; **offen-**

Offenheit

sichtlich: açıkça; **Ƨheit** *f* (-) açıklık, içtenlik; **~herzig** *sıf.* açıkyüreklilik, dürüstlük; *Kleid vs.*: açık yakalı, dekolte; **~sichtlich** *bel.* apaçık, açıkça

offensiv *sıf.* saldırgan; **Ƨe** *f* (-; -n) saldırı; *die Ƨe ergreifen* saldırıya geçmek, hücum etmek

öffentlich 1. *sıf.* kamusal; **~e Verkehrsmittel** *pl* kamu ulaşım araçları; **2.** *bel.*: **~ auftreten** alenen ortaya çıkmak

Öffentlichkeit *f* (-) kamu; *in aller ~* alenen, herkesin gözü önünde; *an die ~ bringen* duyurmak; → *dringen*; **~sarbeit** *f* (-) halkla ilişkiler *pl*

Offerte *f* (-; -n) *Ekon.* teklif

offiziell *sıf.* resmi

Offizier *m* (-s; -e) *Ask.* subay

offiziös *sıf.* yarı resmi

öffn|en *v/t* açmak; *v/refl* (h) açılmak; **Ƨer** *m* (-s; -) açacak; **Ƨung** *f* (-; -en) aç(ıl)ma; *Loch*: delik; **Ƨungszeiten** *pl* açılış saatleri

oft *bel.* sık sık, çok defa

OHG *kıs.* = *Offene Handelsgesellschaft f* kollektif şirket (Kol. Şti.)

ohne *ilg.* -siz; *bağl.* -meksizin, -meden; **~ mich!** beni saymayın!, ben yokum!; **~ ein Wort (zu sagen)** tek kelime söylemeden

Ohn|macht *f* (-; -en) baygınlık; *Hilflosigkeit*: aciz; *in ~macht fallen* bayılmak, kendinden geçmek; **Ƨmächtig** *sıf.* baygın, âciz; **Ƨmächtig werden** bayılmak, kendinden geçmek

Ohr *n* (-s; -en) kulak; F *j-n übers ~ hauen* b-ni aldatmak, b-ni kandırmak; *bis über die ~en verliebt (verschuldet)* çok kötü âşık olmuş (borçlanmış) durumda; F *viel um die ~en haben* çok meşgul olmak

Ohren|arzt *m*, **~ärztin** *f* kulak doktoru; **Ƨbetäubend** *sıf.* kulakları sağır edici; **~schmerzen** *pl* kulak ağrısı *sg*; **~zeuge** *m* kulak misafiri

Ohrfeige *f* (-; -n) tokat (*az. mec.*); **Ƨn** *v/t* (h): *j-n Ƨn* b-ni tokatlamak, b-ne bir tokat atmak

Ohr|läppchen *n* (-s; -) kulak memesi; **~ring** *m* küpe

Öko|bewegung *f* ekolojik hareket; **~bilanz** *f* yaşam çevrimi bilançosu; **~laden** *m* sağlıklı besinler satan dükkân

Ökolog|e *m* (-n; -n), **~in** *f* (-; -nen) ekolog; **~ie** *f* (-) ekoloji; **Ƨisch** *sıf.* ekolojik

Ökonom *m* (-en; -en) ekonom, iktisatçı; **~nomie** *f* (-; -n) ekonomi; *Sparsamkeit*: iktisat, tasarruf; **~in** *f* (-; -nen) iktisatçı (kadın); **Ƨisch** *sıf.* ekonomik; *sparsam*: idareli, iktisatlı

Ökosystem *n* ekosistem, ekolojik sistem

Okraschote *f* (-; -n) bamya

Oktan *n* (-s) *Kim.* oktan; **~zahl** *f* Oto. oktan sayısı

Oktober *m* (-s; -) ekim (ayı); *im ~* ekimde, ekim ayında

Öl *n* (-s; -e) yağ; **Ƨen** *v/t* (h) yağlamak; **~farben** *pl* yağlıboya *sg*; **~filter** *m, n Oto.* yağ filtresi; **~förderland** *n* petrol üreten ülke; **~förderung** *f* petrol üretimi; **~gemälde** *n* yağlıboya tablo; **~heizung** *f* mazotlu kalorifer; **Ƨig** *sıf.* yağlı (*az. mec.*)

Oliv|e *f* (-; -n) zeytin; **~enöl** *n* zeytinyağı; **Ƨgrün** *sıf.* zeytin yeşili, zeytuni

Öl|leitung *f* (oil) petrol borusu; **~messstab** *m Oto.* yağ ölçme çubuğu; **~pest** *f* petrolle kirlenme; **~quelle** *f* petrol kuyusu; **~sardine** *f* (kutu) sardalya(sı); **~stand** *m Oto.* yağ durumu; **~tanker** *m* petrol tankeri; **~teppich** *m* petrol tabakası; **~vorkommen** *n* petrol kaynakları *pl*; **~wanne** *f Oto.* yağ karteri; **~wechsel** *m Oto.* yağ değiştirme

Olympia|... Olimpiyat ...; **~de** *f* (-; -n) Olimpiyat; *Spiele*: Olimpiyat oyunları *pl*

olympisch *sıf.* Olimpik; **Ƨe Spiele** Olimpiyat Oyunları

Oma *f* (-; -s) F nine, büyükanne, anneanne, babaanne

Omnibus *m* → *Bus*

onanieren *v/i* (h) mastürbasyon yapmak

Onkel *m* (-s; -) *väterlicherseits*: amca; *mütterlicherseits*: dayı

Opa *m* (-s; -s) F dede, büyükbaba

Oper *f* (-; -n) *Müz.* opera; *Gebäude*: opera (binası)

Operation *f* (-; -en) *Tıp* ameliyat;

Ask. harekât, operasyon; ~**ssaal** *m* Tıp ameliyat odası; ~**sschwester** *f* Tıp ameliyat hemşiresi

operieren (h) **1.** *v/t* Tıp: *j-n* ~ ameliyat etmek (*wegen* -den); *sich* ~ *lassen* ameliyat olmak; *am Magen operiert werden* mide ameliyatı olmak, midesinden ameliyat olmak; **2.** *v/i* Tıp ameliyat etmek; *Ask.* harekâtta/operasyonda bulunmak; *vorgehen*: hareket etmek, davranmak

Opfer *n* (-s; -) kurban *az. mec.*, *Unfall*♀, *e-s Betrügers vs.*; ~ *bringen* fedakârlıklar yapmak; (*D*) *zum* ~ *fallen* -*in* kurbanı olmak; ♀**n** *v/t* (h) kurban etmek (*az. mec.*); *sein Leben* vermek, harcamak

Opium *n* (-s) afyon

Opposition *f* (-; -en) muhalefet (*gegen* -e (karşı)); ♀**ell** *sıf.* muhalif; ~**sführer** *m* Pol. muhalefet lideri; ~**spartei** *f* muhalefet partisi

Optiker *m* (-s; -) gözlükçü

opti|mal *sıf.* en iyi, optimal; ♀**mismus** *m* (-) iyimserlik; ♀**mist** *m* (-en; -en) iyimser; ~**mistisch** *sıf.* iyimser (görüşlü)

Option *f* (-; -en) seçenek; *Ekon.* opsiyon, tercih

optisch *sıf.* optik

Orange *f* (-; -en) portakal; ♀(*farben*) turuncu, kavuniçi, portakal rengi; ~**nsaft** *m* portakal suyu

Orchester *n* (-s; -) orkestra

Orchidee *f* (-; -en) *Bot.* orkide

Orden *m* (-s; -) *Din.* tarikat; *Auszeichnung*: nişan, madalya; ~**sschwester** *f* Din. tarikat rahibesi

ordentlich 1. *sıf. Person, Zimmer, Haushalt vs.*: düzenli, derli toplu, düzgün; *richtig, sorgfältig*: doğru, özenli; *gründlich*: esaslı; *anständig*: terbiyeli, nazik (*az. F mec.*); *Leute*: *az.* saygın, namuslu; *Mitglied, Professor*: olağan, tam; *Gericht*: adli; *beachtlich*: hatırı sayılır; F *tüchtig, kräftig*: adamakıllı, esaslı; **2.** *bel.*: *s-e Sache* ~ *machen* işini iyi yapmak; *sich* ~ *benehmen* (*anziehen*) terbiyeli davranmak (giyinmek)

Order *f* (-; -s) *Ekon.* sipariş (emri); ♀**n** *v/t* (h) sipariş etmek

ordinär *sıf.* kaba, adi

ordn|en *v/t* (h) düzenlemek; *aufreihen*: sıraya koymak; *Akten* dosyalamak; *Angelegenheiten* halletmek, çözmek; ♀**er** *m* (-s; -) *bei Veranstaltungen*: güvenlik görevlisi; *für Akten*: klasör, dosya

Ordnung *f* (-) *gnl.* düzen; *Ordentlichkeit*: düzenlilik; *Vorschriften*: yönetmelik; *An*♀: düzenleme, sıralama; *System*: sistem, düzen; *Rang*: takım; *in* ~ peki, iyi, tamam; *Tek. vs.* (iyi) işler durumda; *in* ~ *bringen* bşi düzene sokmak, bşi yoluna koymak (*az. mec.*); *Zimmer vs.* toplamak; *reparieren*: onarmak, F halletmek (*az. mec.*); (*in*) ~ *halten* düzenli tutmak; *et. ist nicht in* ~ (*mit*) *-de* bir terslik var; ~**sstrafe** *f* disiplin cezası

Organ *n* (-s; -e) *Anat.* organ; ~**bank** *f* (-; -en) Tıp organ bankası; ~**empfänger** *m* Tıp organ alıcısı

Organisa|tion *f* (-; -en) organizasyon; örgüt, kuruluş; ~**tor** *m* (-s; -en) organizatör, düzenleyen; ♀**torisch** *sıf.* organizasyonla ilgili

organisch *sıf.* organik

organisieren (h) **1.** *v/t* organize etmek, düzenlemek; F *beschaffen*: tedarik etmek; **2.** *v/refl gewerkschaftlich*: organize olmak, sendikalılaşmak

Organismus *m* (-; -men) organizma

Organist *m* (-; -en) *Müz.* orgcu

Organ|spender *m* Tıp organ bağışlayan; ~**spenderausweis** *m* organ bağışlama kimliği; ~**verpflanzung** *f* Tıp organ nakli

Orgasmus *m* (-; -men) orgazm

Orgel *f* (-; -n) *Müz.* org

Orgie *f* (-; -n) (sefahat) âlem(i)

orientier|en *v/refl* (h) yönünü belirlemek (*nach, an* D -e göre, *az. mec.*); ♀**ung** *f* (-): *die* ♀*ung verlieren* yerini/yönünü kaybetmek, F pusulayı şaşırmak; ♀**ungssinn** *m* (-s) yön hissi

original *bel. Rundfunk, TV*: canlı

Original *n* (-s; -e) orijinal, bşin aslı; F *Person*: orijinal; ~**übertragung** *f Rundfunk, TV*: canlı yayın; ~**verpackung** *f* orijinal ambalaj

originell *sıf.* orijinal; *witzig*: nüktedan, espritüel, F gırgır

Orkan *m* (-s; -e) kasırga; ♀**artig** *sıf. Sturm*: şiddetli, sert; *Applaus*: alkış tufanı

Ort[1] *m* (-s; -e) *gnl.* yer; ~**schaft** *az.* yer-

leşim yeri, belde; *Stelle, Fleck*: az. nokta; *Schauplatz*: az. sahne
Ort² n (-s; ⁓er): *vor* ⁓ olayın geçtiği yerde
Orthopäde m (-n; -n) *Tıp* ortopedi uzmanı
örtlich *sıf.* yerel
ortsansässig *sıf.* yerli
Ortschaft f (-; -en) → **Ort¹**: *geschlossene* ⁓ meskûn yer
Orts|gespräch n *Tel.* şehir-içi telefon görüşmesi; **⁓kenntnis** f: ⁓ **kenntnis besitzen** bir yeri tanımak; **⁓name** m yer adı; **⁓schild** n köy/kasaba/şehir adı levhası; **⁓tarif** m *Tel.* şehir-içi konuşma tarifesi, yerel tarife; **⁓zeit** f yerel/mahalli saat (ayarı)
öS *kıs.* = **Österreichischer Schilling** m Avusturya Şilini
Ost|block m (-s) *Trh.* Doğu Bloğu; **⁓en** m (-s) doğu; *östlicher Landesteil*: byin doğusu (*az. Pol.*): *nach* ⁓**en** doğuya (doğru)
Oster|ei n Paskalya yumurtası; **⁓hase** m Paskalya tavşanı; **⁓n** n (-; -) Paskalya; *zu* ⁓**n** Paskalyada; *frohe* ⁓**n!** Paskalyanız mübarek olsun!
österr. *kıs.* = **österreichisch**
Österreich n Avusturya; **⁓er** m (-s; -), **⁓erin** f (-; -nen) Avusturyalı; **⁓isch** *sıf.* Avusturya(lı) ...
östlich 1. *sıf.* doğu; **2.** *bel.*: ⁓ *von* -in doğusunda
Otter¹ m (-s; -) *Zoo.* su samuru
Otter² f (-; -n) *Zoo.* engerek yılanı
Ouvertüre f (-; -n) *Müz.* uvertür (*zu* -e)
oval *sıf.* oval, beyzi
Oval n (-s; -e) oval/beyzi biçim
oxydieren *v/i* (h) oksitlenmek
Ozean m (-s; -e) okyanus; **⁓isch** *sıf.* okyanusla ilgili
Ozon|loch n ozon deliği; **⁓schicht** f (-) ozon tabakası

P

p. A(dr). *kıs.* = **per Adresse** ... eliyle
paar *blrsz zam.*: *ein* ⁓ birkaç, biraz; *ein* ⁓ *Mal* birkaç kez
Paar n (-s; -e) çift; *Ehe⁓, Liebes⁓*: evli çift, sevişen çift; *ein* ⁓ *(neue) Schuhe* bir çift (yeni) ayakkabı; **⁓weise** *bel.* çifter çifter, ikişerli
Pacht f (-; -en) icar, kira; **⁓zins**: icar/kira bedeli; **⁓en** *v/t* (h) kiralamak, icar tutmak
Pächter m (-s; -), **⁓in** f (-; -nen) icarcı, kiracı
Pachtvertrag m icar mukavelesi, kira sözleşmesi
Pack¹ m (-s; -e, ⁓e) *Haufen*: yığın; *Bündel*: deste, paket
Pack² n (-s) *hkr.* ayaktakımı, gürüh
Päckchen n (-s; -) paket(çik), koli; *Packung*: paket (*az. Zigaretten*)
packen *v/t* (h) paketlemek (*az. v/i*); *Paket*: sarmak, paket etmek; *ergreifen*: yakalamak, tutmak (*an D* -den); *mec. mitreißen*: etkilemek
Packen m (-s; -) → **Pack¹**
Pack|er m (-s; -), **⁓erin** f (-; -nen) ambalajcı, paketlemeci; **⁓papier** n ambalaj/paket kâğıdı; **⁓ung** f (-; -en) paket (*az. Zigaretten*); *Verpackung*: ambalaj(lama); *Tıp, Kosmetik*: kompres; **⁓ungsbeilage** f prospektüs, tanıtmalık
Pädagog|e m (-n; -n), **⁓in** f (-; -nen) eğitimci; **⁓isch** *sıf.* eğitimsel
Page m (-n; -n) *Hotel*: komi, belboy
Paket n (-s; -e) paket, *özl. Post⁓*: koli; **⁓karte** f koli gönderi formu; **⁓post** f paket postası; **⁓schalter** m paket gişesi; **⁓zustellung** f paket tebligatı
Pakistan n Pakistan
Pakt m (-s; -e) pakt, antlaşma
Palast m (-s; Paläste) saray
Palme f (-; -n) palmiye (ağacı)
Pampelmuse f (-; -n) greyfrut, altıntop
panieren *v/t* (h) pane etmek
Panik f (-; -en) panik; *in* ⁓ *geraten*

Passant

(*versetzen*) paniğe kapılmak (sokmak); *in* ~ panik içinde, paniğe kapılmış
panisch *sıf*.: ~**e Angst haben** dehşete kapılmış olmak (*vor D* -den)
Panne *f* (-; -n) arıza, bozukluk; *Reifen*♀: patlak; ~**ndienst** *m*, ~**nhilfe** *f Oto.* arıza servisi
Pantoffel *m* (-s; -n) ev terliği; F *unter dem* ~ *stehen* kılıbık olmak; ~**held** *m* F kılıbık (koca)
Panzer *m* (-s; -) *Ask.* tank; *Zoo.* kabuk; ~**glas** *n* kurşun geçirmez cam; ~**schrank** *m* zırhlı kasa
Papa *m* (-s; -s) baba(cık)
Papagei *m* (-s *od.* -en; -en) papağan
Papier *n* (-s; -e) kâğıt; ~**e** *pl* kâğıtlar, belgeler; *Ausweise*: hüviyet, kimlikler; ~**geld** *n* (-s) kâğıt para; ~**korb** *m* kâğıt/çöp sepeti; ~**krieg** *m* F bürokrasi, kırtasiyecilik; ~**serviette** *f* kâğıt peçete; ~**taschentuch** *n* kâğıt mendil; ~**tüte** *f* kesekâğıdı
Pappe *f* (-; -n) karton, *stärker*: mukavva
Pappel *f* (-; -n) kavak
Pappkarton *m* karton kutu
Pappteller *m* kâğıt tabak
Paprika *m* (-s; -) *Gewürz*: kırmızıbiber; *Schote*: biber; ~**schote** *f* dolmalık biber
Papst *m* (-s; ⁰e) papa
päpstlich *sıf.* papa/papalık ile ilgili
Parabolantenne *f TV*: parabol anten
Paradies *n* (-es; -e) cennet; *Din. gnl.* Cennet; ♀**isch** *sıf.* cennet gibi, cenneti andıran
paradox *sıf.* çelişkili, F saçma
Paragraph *m* (-en; -en) *Huk.* madde; *Absatz*: paragraf
parallel *sıf. ve bel.* paralel, koşut (*mit, zu* -e)
Parallele *f* (-; -n) paralellik, koşutluk; benzerlik (*zu* -e) (*az. mec.*)
paraphieren *v/t* (h) kısa imza etmek, paraf(e) etmek
Parfüm *n* (-s; -e, -s) parfüm; ~**erie** *f* (-; -n) parfümeri; ♀**ieren** *v/refl* (h) parfüm sürünmek
Pariser *m* (-s; ⁰e) Parisli; F *Kondom*: kaput, lastik
Park *m* (-s; -s) park
Parkdeck *n* otopark katı
parken *v/i* (h) park etmek; *schräg* ~ yanlamasına park etmek; *v/t Auto* bye park etmek; *in zweiter Reihe* ~ sağ serit soluna park etmek; ~*de Autos* park etmiş arabalar; ♀ *verboten!* park etmek yasaktır
Parkett *n* (-s; -e) parke; *Tiy.* ön sıralar *pl*; ~(*fuß*)*boden* *m* parke döşeme
Park|gebühr *f* park ücreti; ~**haus** *n* katlı otopark; ~**kralle** *f* (yanlış park edenler için) tekerlek kilitleyici pençe; ~**lücke** *f* park boşluğu; ~**möglichkeit** *f* park (etme) imkânı; ~**platz** *m* otopark (alanı); *Parklücke*: park yeri; ~**scheibe** *f* park süresi göstergesi; ~**sünder** *m* park suçlusu; ~**uhr** *f* park saati
Parkverbot *n*: *hier ist* ~ burada park etme yasağı var; *im* ~ *stehen* park yasağında durmak, yanlış parke etmiş olmak
Parkwächter *m* park bekçisi; *Oto.* otopark bekçisi
Parlament *n* (-s; -e) parlamento, meclis; ♀**arisch** *sıf.* parlamenter
Parodie *f* (-; -n) parodi (*auf A* bş hakkında, bşe), taklit (bşin); ♀**ren** *v/t* (h) parodilemek, taklit etmek
Parole *f* (-; -n) *mec.* parola, şifre kelime, *Pol. az.* slogan
Partei *f* (-; -en) parti (*az. Pol.*): *j-s* ~ *ergreifen* b-nin tarafını tutmak; ♀**isch** *sıf.* taraflı; ♀**lich** *sıf. Pol.* partizanca; ♀**los** *sıf. Pol.* bağımsız; ~**mitglied** *n Pol.* parti üyesi; ~**programm** *n Pol.* parti programı; ~**tag** *m Pol.* parti kurultayı; ~**vorsitzende** *m, f* parti başkanı, parti lideri; ~**zugehörigkeit** *f Pol.* parti üyeliği
Parterre *n* (-s; -s) zemin katı, giriş katı
Partie *f* (-; -n) *Spiel*: parti, oyun; *Spo. az.* maç; *Teil*: parça, bölüm (*az. Müz., Tiy.*); *Ekon.* lot, parti; F *Heirat*: kısmet
Partner *m* (-s; -), ~**in** *f* (-; -nen) ortak, partner; *Lebens*♀ *vs.*: eş; ~**schaft** *f* (-; -en) ortaklık; ~**stadt** *f* kardeş kent
Party *f* (-; -s, -ties) parti
Pass *m* (-s; ⁰e) *Reise*♀: pasaport; *Spo.* pas; *Gebirgs*♀: geçit, yol
Passage *f* (-; -n) *gnl.* pasaj, geçit
Passagier *m* (-s; -e) yolcu
Passant *m* (-en; -en) yaya; ~**en** *pl* yoldan gelip geçenler

Passbild *n* vesikalık resim/fotoğraf
passen *v/i* (h) uymak (***j-m*** b-ne, ***auf od. für od. zu et.*** bşe); zusagen, genehm sein: münasip/uygun olmak (***j-m*** b-ne); *Kartenspiel*: pas geçmek; **~ zu** *farblich vs.*: (rengi vs.) bşe uymak; **sie ~ gut zueinander** birbirlerine iyi uymuşlar; ***passt es lhnen morgen?*** sizce yarın uygun mu?; **das (er) passt mir gar nicht** bu hiç de işime gelmiyor; ***das passt (nicht) zu ihm*** bu tam onun yapacağı iş (değil); **~d** *sıf.* uyan *(az. Kleidung)*; *farblich vs.* uygun; *zeitlich, geeignet*: münasip, elverişli
passier|bar *sıf.* geçilebilir; **~en** *v/i* (sn) olmak, meydana gelmek; ***was ist passiert?*** ne oldu?; **Ωschein** *m* geçiş belgesi, pasavan
passiv *sıf.* edilgin, pasif
Passkontrolle *f* pasaport kontrolü
Passstraße *f* dağ geçidi
Paste *f* (-; -n) macun
Pastete *f* (-; -n) poğaça; *Blätterteig*Ω: börek
Pate *m* (-n; -n) vaftiz babası
Patenkind *n* vaftiz evladı
Patenschaft *f* (-; -en) himaye, destek; ***die ~ übernehmen für*** bşi desteklemek, himaye etmek
Patent *n* (-s; -e) patent; ***et. zum ~ anmelden*** bşin patenti için başvuruda bulunmak; **~amt** *n* Patent Dairesi; **~anwalt** *m* patent avukatı; **Ωieren** *v/t* (h) patent tahsis etmek, F patent vermek; ***et.*** **Ωieren lassen** patent tahsis ettirmek, F bşin patentini almak; **~inhaber(in** *f*) *m* patent sahibi
Patient *m* (-en; -en) hasta (kişi); **~enkartei** *f* hasta fişi; **~in** *f* (-; -nen) hasta (kadın)
Patin *f* (-; -nen) vaftiz anası
Patriot *m* (-en; -en) **Ωisch** *sıf.* yurtsever; **~ismus** *m* (-) yurtseverlik
Patrone *f* (-; -n) *gnl.* kartuş
Patrouill|e *f* (-; -n) devriye; **Ωieren** *v/i* (h) devriye gezmek
Patsche *f* (-; -n): **F in der ~ sitzen** müşkül durumda olmak
patze|n *v/i* (h) F falso/hata etmek; **Ωr** *m* (-s; -) F hata
Pauschal|e *f* (-; -n) götürü (ücret); **~gebühr** *f* maktu harç; **~reise** *f* birleşik tur/gezi

Pause *f* (-; -n) ara, mola; *Reden vs.* duraklama; *Schule*: teneffüs; *Tiy.* perde arası; *Spo.* devre; *Film*: ara, antrakt; **Ωnlos** *sıf.* aralıksız, fasılasız; *bel.* durmadan, ara vermeden, kesintisiz
Pavian *m* (-s; -e) şebek
Pavillon *m* (-s; -s) pavyon; küçük köşk
Pazifis|mus *m* (-) pasifizm; **~t** *m* (-en; -en) pasifist; **Ωtisch** *sıf.* pasifist
PC *m* (-; -) PC; *kıs.* **= Personalcomputer** *m* kişisel bilgisayar
Pech *n* (-s) talihsizlik, şansızlık; **~ haben** talihi yaver gitmemiş olmak (***bei, mit*** -de); **~vogel** *m* F talihsiz (kişi)
Pedant *m* (-en; -en) titiz, müşkülpesent; **~erie** *f* (-) titizlik, müşkülpesentlik; **Ωisch** *sıf.* titiz, kılı kırk yaran
peinlich *sıf.* nahoş, utandırıcı; *Schweigen, Situation vs.: az.* sıkıntılı; ***es war mir ~*** çok utandım
Pellkartoffeln *pl* kabuğuyla haşlanan patates *sg*
Pelz *m* (-es; -e) kürk; *unbearbeitet*: post, deri; **Ωgefüttert** *sıf.* kürk astarlı; **~geschäft** *n* kürk(çü) dükkânı; **Ωig** *sıf. Zunge*: kuru ve tatsız; **~mantel** *m* kürk manto
Pendel|bus *m* (iki yer arasında sürekli sefer yapan) mekik otobüsü; **Ωn** *v/i* (sn) *Demiryol. vs.* gidip gelmek (***zwischen X und Y*** X Y arasında); *Person*: mekik dokumak (X'den Y'ye); **~tür** *f* (iki yana açılır kapanır) çarpma kapı; **~verkehr** *m* (kısa mesafede mekik dokuyan) tren servisi; *Berufsverkehr.* (işe) gidiş geliş trafiği
Pendler *m* (-s; -), **~in** *f* (-; -nen) (her gün bye) mekik dokuyan (kişi)
Penis *m* (-; -se) *Anat.* penis
Penizillin *n* (-s; -e) *Tıp* penisilin
Pension *f* (-; -en) *Ruhegeld*: emekli maaşı; *Hotel*: pansiyon; ***in ~ gehen*** emekliliğe ayrılmak; ***in ~ sein*** emekli olmak; **~är** *m* (-s; -e) emekli; **Ωieren** *v/t* (h) emekliye ayırmak; ***sich*** **Ωieren lassen** k-ni emekli ettirmek; *vorzeitig*: erken emekliliğe ayrılmak; **~ierung** *f* (-; -en) emeklilik; **~salter** *n* emekli olma yaşı; **~sgast** *m* pansiyon müşterisi, pansiyoner
Pensum *n* (-s; -sen) ödev
Peperoni *f* (-; -) frenkbiberi

per *ilg. pro:* ... başına; *durch, mit:* ile, aracılığıyla, eliyle
perfekt *sıf.* tam, mükemmel, kusursuz; **~ machen** karar bağlamak
Period|e *f* (-; -n) devir, dönem; *der Frau:* aybaşı (kanaması), regle; **⏁isch** *sıf.* periyodik; *Zeitschrift vs.:* süreli (yayın)
Peripherie *f* (-; -n) *e-r Stadt:* kenar/dış mahalleler *pl:* **an der ~ von** -in çevresinde/kenarında
Perle *f* (-; -n) inci; *Glas⏁, Schweiß⏁ vs.:* boncuk; **⏁n** *v/i* (h) *Sekt vs.:* köpürmek, pırıldamak; **~nkette** *f* inci gerdanlık
Perser *m* (-s; -), **~in** *f* (-; -nen) İranlı
Persisch *n* Farsça; Acemce; **⏁** *sıf.* Fars; Acem
Person *f* (-; -en) kişi; *Tiy. vs. az.* karakter, rol; *ein Tisch für drei* **~en** üç kişilik bir masa
Personal *n* (-s) personel, kadro; *zu wenig* **~ haben** kadrosu eksik olmak; **~abbau** *m* personeli azaltma; **~abteilung** *f* personel (işleri) bürosu; **~akte** *f* personel dosyası; **~ausweis** *m* kimlik (kartı/cüzdanı); **~büro** *n* personel bürosu; **~chef** *m* personel şefi; **~computer** *m* kişisel bilgisayar; **~ien** *pl* kimlik *sg*, kimlik bilgileri *pl;* **~mangel** *m* personel eksikliği; **~vertretung** *f* personel temsilciliği
Personen|kraftwagen *m* binek otomobili, motorlu taşıt; **~wagen** *m* Demiryol. yolcu vagonu; *Oto.* → **Personenkraftwagen;** **~zug** *m* yolcu treni; *Nahverkehrszug:* posta treni
persönlich *sıf.* kişisel, şahsi; **⏁keit** *f* (-; -en) kişilik
Perücke *f* (-; -n) peruk(a), takma saç
pervers *sıf.* sapık; **~er Mensch** sapık insan
Pest *f* (-) *Tıp* salgın hastalık, *özl.* veba
Petersilie *f* (-; -n) maydanoz
Pf. *kıs.* = **Pfennig** fenik
Pfad *m* (-s; -e) patika, dar yol, keçiyolu
Pfand *n* (-s; ⸚er) *Ekon.* rehin; *Bürgschaft:* kefalet; *Flaschen⏁ vs.:* depozito; **~ zahlen** depozito ödemek (**für** bşe); **~brief** *m* *Ekon.* (rehinli/ipotekli) borç senedi
pfänden *v/t* (h) *Huk. et.:* bşi haczetmek, bşe haciz koymak
Pfand|flasche *f* depozitolu şişe; **~haus** *n* rehin(ci) dükkânı; **~schein** *m* rehin makbuzu/senedi
Pfändung *f* (-; -en) *Huk.* haciz (*G*-in)
Pfann|e *f* (-; -n) tava; **~kuchen** *m* krep, gözleme
Pfarrer *m* (-s; -) papaz
Pfd. *kıs.* = **Pfund** yarım kilo
Pfeffer *m* (-s; -) karabiber; **⏁n** *v/t* (h) biberlemek; **~streuer** *m* (-s; -) karabiberlik
Pfeife *f* (-; -n) düdük; ıslık; *Tabaks⏁:* pipo; **⏁n** *v/i ve v/t* (pfiff, gepfiffen, h) düdük çalmak; ıslık çalmak (*j-m* b-ne); F **~n auf** (*A*) bşi iplememek
Pfeil *m* (-s; -e) ok
Pfeiler *m* (-s; -) sütun, kolon, direk (*az. mec.*); *Brücken⏁:* payanda
Pfennig *m* (-s; -e) fenik; *mec.* kuruş, metelik
pferchen *v/t* (h) *mec.* sıkıştırmak, tıkıştırmak (*in A* bye)
Pferd *n* (-s; -e) at; *zu* **~e** at sırtında
Pferderennen *n* at yarışı
Pfiff *m* (-s; -e) düdük sesi; ıslık
Pfingst|en *n* (-; -) *Din.* Pantekot Yortusu; **~montag** *m* Pantekot haftasındaki pazartesi günü
Pfirsich *m* (-s; -e) şeftali
Pflanze *f* (-; -n) bitki; **~n fressend** *Zoo.* ot yiyen, otobur
pflanzen *v/t* (h) dikmek
Pflanzenfett *n* bitkisel yağ, vejetalin
pflanzlich *sıf.* bitkisel
Pflaster *n* (-s; -) *Tıp* (yapışkan) plaster; *Straßen⏁:* kaldırım; **~maler** *m* kaldırım ressamı; **⏁n** *v/t* (h) (yolu/caddeyi) kaplamak, döşemek; **~stein** *m* kaldırım taşı
Pflaume *f* (-; -n) erik; *Back⏁:* kuru erik
Pflege *f* (-) bakım; *von Beziehungen:* geliştirme; *in* **~ nehmen** b-nin bakımını üstlenmek; **~...** *Eltern, Kind vs.:* manevi ..., üst ...; **⏁bedürftig** *sıf.* bakıma muhtaç; **~fall** *m* yatalak, sakat; **~heim** *n* bakım yurdu; **⏁leicht** *sıf.* bakımı kolay; *Wäsche:* ütü istemeyen, kolay yıkanır; **⏁n** *v/t* (h) -e bakmak; *Haut az.* korumak; *mec. Beziehungen vs.* geliştirmek; *Brauch vs.* sürdürmek; *sie pflegte zu sagen* o hep ... derdi; **~personal** *n* *Tıp* bakım personeli

Pfleger *m* (-s; -), ~**in** *f* (-; -nen) *Tıp* (hasta)bakıcı
Pflege|stelle *f* hasta bakılan yer; ~**versicherung** *f* bakım sigortası
Pflicht *f* (-; -en) görev; ⟨**bewusst** *sıf.* görevinin bilincinde, işine bağlı; ~**bewusstsein** *n* görev bilinci; ~**versicherung** *f* yasal/zorunlu sigorta
pflücken *v/t* (h) koparmak, toplamak
Pforte *f* (-; -n) kapı
Pförtner *m* (-s; -) kapıcı
Pfosten *m* (-s; -) direk
Pfote *f* (-; -n) pençe, ön ayak (*az. mec.*)
Pfropfen *m* (-s; -) tıkaç; *Kork*⟨: tıpa; *Watte*⟨, *Stöpsel*: tapa; *Tıp* tampon
pfui *ünl.* pöf!; *Zuschauer.* yuh!
Pfund *n* (-s; -e) yarım kilo, libre; **10 ~** on libre; ⟨**weise** *bel.* yarım kilo halinde
Pfusch *m* (-s) F baştan savma iş, kötü iş; ⟨**en** *v/i* (h) F üstünkörü iş yapmak; ~**er** *m* (-s; -), ~**erin** *f* (-; -nen) F üstünkörü iş yapan (kişi)
Pfütze *f* (-; -n) su birikintisi, gölcük
Phänomen *n* (-s; -e) fenomen, görüngü; ⟨**al** *sıf.* görüngüsel; hayret verici
Phantasie *f vs.* → *Fantasie vs.*
phantastisch *sıf.* → *fantastisch*
pharmazeutisch *sıf.* eczacılıkla ilgili
Phase *f* (-; -n) evre, aşama; *El.* faz
Phillipinen *pl* Filipinler
Philosoph *m* (-en; -en) düşünür, filozof; ~**ie** *f* (-; -n) felsefe; ⟨**isch** *sıf.* felsefik
phlegmatisch *sıf.* ağırkanlı
Photo(...) → **Foto**(...)
Phrase *f* (-; -n) *hkr.* kalıpsöz, klişe (söz)
Physik *f* (-) fizik; ⟨**alisch** *sıf.* fiziksel, fiziki; ~**er** *m* (-s; -), ~**erin** *f* (-; -nen) fizikçi
physisch *sıf.* bedensel, bedeni; maddi
Pianist *m* (-en; -en) piyanocu
Pickel *m* (-s; -) *Tıp* sivilce
Picknick *n* (-s; -s) piknik; ⟨**en** *v/i* (h) piknik yapmak
Pik *n* (-s; -s) *Kartenspiel*: (*Farbe*) maçalar *pl*, (*Karte*) maça
pikant *sıf.* baharatlı, nefis acılı
Pille *f* (-; -n) *Tıp* hap; F *die ~ nehmen* doğum kontrol hapı kullanmak

Pilot *m* (-en; -en), ~**in** *f* (-; -nen) *Hava.* pilot; ~**projekt** *n* pilot proje, deneme projesi
Pilz *m* (-es; -e) *Bot.* mantar *az. Tıp*
PIN-Code *m* (-s; -s) kişisel kod (numarası)
Pinienkern *m* çamfıstığı
pinkeln *v/i* (h) F işemek; **~ gehen** F çişe gitmek
Pinsel *m* (-s; -) (boya) fırça(sı)
Pinzette *f* (-; -n) cımbız
Pionier *m* (-s; -e) öncü
Pirat *m* (-en; -en) korsan
Pisse *f* (-) V sidik; ⟨**n** *v/i* (h) V işemek
Piste *f* (-; -n) pist *az. Hava.*
Pistole *f* (-; -n) tabanca
Pizz|a *f* (-; -s) *Gastr.* pizza; ~**eria** *f* (-; -s) pizza lokantası
Pkw *m* (-s) *kıs.* = **Personenkraftwagen** *m* özel otomobil
Pl. *kıs.* = **Platz** *m* Meydan(ı)
plädieren *v/i* (h) konuşmak (*auf A, für* -in lehinde, *az. Huk.*)
Plädoyer *n* (-s; -s) *Huk.* son savunma (konuşması)
Plage *f* (-; -n) *Insekten*⟨ *vs.*: ... baskını, ... istilası; *Ärgernis*: bela, F musibet; ⟨**n** (h) **1.** *v/t* rahatsız etmek; *belästigen*: b-ni sıkmak; *stärker*: b-ne eziyet etmek; **2.** *v/refl* zahmet çekmek, yorulmak (*mit* -dan)
Plakat *n* (-s; -e) afiş, duvar ilanı; *aus Pappe*: pankart
Plakette *f* (-; -n) *Abzeichen*: plaket
Plan *m* (-s; =e) plan; *Absicht*: *az.* niyet; *Stadt*⟨: şehir planı; ⟨**en** *v/t* (h) planlamak; ~**er** *m* (-s; -) planlamacı
Planet *m* (-en; -en) gezegen
planier|en *v/t* (h) düzlemek; ⟨**raupe** *f Tek.* buldozer
Planke *f* (-; -n) tahta, kereste
plan|los *sıf.* plansız; *ziellos*: amaçsız; ~**mäßig 1.** *sıf. Ankunft vs.*: tarifeye göre; **2.** *bel.* plan uyarınca
Plansch|becken *n* eğlence havuzu; ⟨**en** *v/i* (h) suyla oynamak
Plantage *f* (-; -n) plantasyon
Planwirtschaft *f* plan ekonomisi
Plastik¹ *f* (-; -en) *Skulptur*: heykel
Plasti|k² *n* (-s) plastik; ~**k...** *Tüte vs.*: plastik ...; ⟨**sch** *sıf.* plastik; *Sehen vs.*: üç boyutlu; *mec.* canlı
Platin *n* (-s) platin
platt *sıf. flach*: yassı; *eben*: düz; *mec.*

basmakalıp, bayat; F *mec.* şaşmış, afallamış; F ***ich habe e-n ⌂en*** lastiğim/tekerleğim patladı (*veya* inmiş)
Platte *f* (-; -n) *Metall, Glas*: levha; *Stein*: döşeme, plaka; *Pflaster⌂*: kaldırım taşı; *Holz*: tahta; *Paneel*: pano; *Schall⌂*: plak; *Teller*: tabak; F *Glatze*: kabak kafa; ***kalte ~*** söğüş et tabağı, değişik mezeler
Platten|spieler *m* pikap; **~teller** *m* (pikabın) döner tabla(sı)
Platt|form *f* platform (*az. Pol.*); **~fuß** *m* Tıp düztaban (ayak); F *Oto.* patlak lastik
Platz *m* (-es; ⸚e) *Ort, Stelle*: yer; *Lage*: durum, konum, mevki; *Bau⌂*: inşaat alanı; *Raum*: alan; *öffentlicher.* meydan; *Sitz⌂*: koltuk, (oturacak) yer; ***es ist (nicht) genug ~*** yeteri kadar yer var (yok); **~ machen für** -e yer açmak; *vorbeilassen*: -e yol açmak; **~ nehmen** bye oturmak; ***ist dieser ~ noch frei?*** burası (*veya* bu yer) boş mu?; **~anweiserin** *f* (-; -nen) yer gösterici bayan, teşrifatçı kadın
Plätzchen *n* (-s; -) (küçük, rahat) yer; *Gebäck*: kurabiye
platzen *v/i* (sn) patlamak (*az. mec. vor D* bşden); *reißen*: çatlamak, yarılmak; *mec. Plan vs.*: suya düşmek; *Ekon. Wechsel*: karşılıksız çıkmak
Platz|karte *f Demiryol.* yer (rezervasyon) bileti; **~regen** *m* sağanak; **~wunde** *f Tıp* açık yara, yırtık
Plauder|ei *f* (-; -en) sohbet, çene çalma; **⌂n** *v/i* (h) sohbet etmek, çene çalmak (*mit* ile)
Play-back *n* (-) *TV vs.* play-back; **~ singen** play-back okumak/söylemek; **~ spielen** play-back oynamak
Pleite *f* (-; -n) F *Ekon.* iflas; *mec.* fiyasko; **~ gehen** sıfırı tüketmek; **~ machen** iflas etmek, top atmak
pleite *sıf.* F parasız, meteliksiz; ***völlig ~*** beş parasız
Plombe *f* (-; -n) kurşun mühür; *Zahn⌂*: dolgu; **⌂ieren** *v/t* (h) kurşunla mühürlemek; -e dolgu yapmak
plötzlich 1. *sıf.* ani; **2.** *bel.* aniden, ansızın, birdenbire
plump *sıf. unbeholfen*: hantal, sakar; *Lüge vs.*: apaçık, düpedüz
plumps|en *v/i* (sn) F cumbadak düşmek; **⌂klo** *n* F hela çukuru, ayakyolu
Plunder *m* (-s) F pılı pırtı, çerçöp
Plünderer (-s; -) yağmacı, talancı
plündern *v/i ve v/t* (h) yağma etmek; F *Konto, Kühlschrank vs.* boşaltmak, -*de* bir şey bırakmamak
plus 1. *ilg. Mat.* artı; **~/minus e-e Stunde** aşağı yukarı bir saat; **~/minus null abschneiden** b-nin kârı ve zararı eşit olmak; **2.** *bel.*: **10 Grad ~** artı on derece
Plus *n* (-; -) kazanç, kâr, yarar *az. mec.*; **~ machen** kâr yapmak; **im ~ sein** kârda olmak; **~betrag** *m* fazla miktar, kazanç
PLZ *kıs.* = **Postleitzahl** *f* posta kodu
Po *m* (-s; -s) F popo, arka
Pocken *pl Tıp* çiçek *sg*; **~impfung** *f Tıp* çiçek aşısı; **~narbe** *f* çiçek bozuğu
Podest *n* (-s; -e) sahanlık, kürsü
Podium *n* (-s; -dien) uzun kürsü, sahanlık; **~sdiskussion** *f* panel (tartışması)
poetisch *sıf.* şairane, ozanca
Pointe *f* (-; -n) *Geschichte*: ana fikir, can alıcı nokta; *Witz*: espri, nükte
Pokal *m* (-s; -e) *Spo.* kupa; **~endspiel** *n* kupa finali; **~spiel** *n* kupa maçı
pökeln *v/t* (h) tuzlamak
Poker *n* (-s) poker; **⌂n** *v/i* (h) poker oynamak
Pol *m* (-s; -e) kutup *az. El.*
Pole *m* (-n; -n) Polonyalı, Leh
Polemi|k *f* (-; -en) *v/i* polemik; **⌂sch** *sıf.* polemikli, tartışmalı, *Person*: kavgacı; **⌂sieren** *v/i* (h) polemiğe girmek (*gegen* -e karşı)
Polen *n* Polonya
Police *f* (-; -n) poliçe
Polier *m* (-s; -e) ustabaşı, işçibaşı
polieren *v/t* (h) (cilalayıp) parlatmak
Polin *f* (-; -nen) Polonyalı (kadın)
Poliklinik *f* poliklinik
Politesse *f* (-; -n) (park etmiş araçları denetleyen) polis memuresi
Politi|k *f* (-) *gnl.* politika, siyaset; *bestimmte, mec. Taktik*: politika, taktik; **~ker** *m* (-s; -), **~kerin** *f* (-; -nen) politikacı; **⌂sch** *sıf.* politik, siyasi
Polizei *f* (-; -en) polis; **~beamte** *m*,

~beamtin f polis memuru; **≙lich** sıf. polisçe, polis tarafından; **~präsidium** n emniyet müdürlüğü; **~revier** n polis karakolu; *Bezirk*: karakol bölgesi; **~schutz** m polis koruması; **~staat** m polis devleti; **~streife** f polis devriyesi; **~stunde** f kapanma saati; **~wache** f polis karakolu

Polizist m (-en; -en) polis (memuru); **~in** f (-; -nen) polis (memuresi), kadın polis

polnisch sıf. Polonya(lı); **≙** n Lehçe

Polster n (-s; -) yün, kıtık, yumuşak dolgu; *Kissen*: yumuşak altlık; *Kopf≙*: yastık; **~möbel** pl yumuşak dolgulu mobilya sg; **≙n** v/t (h) kıtıkla doldurmak; *wattieren*: pamuk koymak (*az. Tek.*), yün koymak; **~sessel** m yumuşak koltuk; **~stuhl** m minderli sandalye; **~ung** f (-; -en) kıtıkla doldurma; yumuşak altlık

Pommes frites pl parmak patates, pomfrit

Pool m (-s; -s) *Ekon*. ortak fon

populär sıf. sevilen, popüler; **≙arität** f (-) halk tarafından sevilme/tutulma

Pore f (-; -n) gözenek

Porno m (-s; -s), **~film** m porno film, muzır film

Portemonnaie n (-s; -s) para çantası/cüzdanı

Portier m (-s; -s) kapıcı

Portion f (-; -en) pay, hisse, miktar, parça; *bei Tisch*: porsiyon; *Kaffee, Tee*: çaydanlık

Porto n (-s; -s, -ti) posta ücreti/parası; **≙frei** sıf. posta ücretsiz

Porträt n (-s; -s) portre; **≙ieren** v/t (h) b-nin portresini yapmak; *mec*. betimlemek

Portugal n Portekiz

Portugies|e m (-n; -n), **~in** f (-; -nen) Portekizli; **≙isch** sıf. Portekiz(li) ...; **~** n Portekizce

Porzellan n (-s; -e) porselen

Posaune f (-; -n) trombon

Pose f (-; -n) poz, duruş

Position f (-; -en) durum, konum

positiv sıf. olumlu, pozitif

Post f (-) posta; **~sachen**: mektup, posta; **~amt**: postane; *mit der* **~** postayla; **~amt** n postane; **~anweisung** f posta havalesi; **~beamte** m postane memuru; **~bote** m postacı

Posten m (-s; -) görev, memuriyet; *Anstellung*: az. iş, çalışma; *Wache*: nöbetçi; *Rechnungs≙*: kalem; *Waren*: bir vs. parti, bir vs. posta

Post|fach n posta kutusu; **~giroamt** n postane ciro bankası; **~girokonto** n posta cari hesabı

postieren (h) **1.** v/t yerleştirmek, dikmek, koymak; **2.** v/refl yerleşmek, durmak, girmek

Post|karte f posta kartı; **≙lagernd** *bel*. postrestant; **~leitzahl** f posta kodu; **~scheck** m posta çeki; **~sparbuch** n posta tasarruf cüzdanı; **~stempel** m postane damgası/mührü; **≙wendend** *bel*. iadeli; **~wertzeichen** n posta pulu; **~wurfsendung** f doğrudan postalama; **~zustellung** f posta tebliği

Pracht f (-) görkem, ihtişam

prächtig sıf. görkemli, ihtişamlı; *Wetter*: muhteşem; F *mec*. fevkalade güzel, şahane

prahlen v/i (h) övünmek, gösteriş yapmak (*mit et.* bşle)

Prahler m (-s; -) gösterişçi, övüngen; **~ei** f (-) gösteriş, övüngenlik; **≙isch** sıf. övüngen, yüksekten atan; *prunkend*: caka satan

Prakti|kant m (-en; -en), **~kantin** f (-; -nen) stajyer; **~ken** pl uygulamalar; **~ker** m (-s; -) pratik(çi); **~kum** n (-s; -ka) staj (süresi)

praktisch 1. sıf. pratik; *nützlich*: az. kullanışlı; **~er Arzt** pratisyen hekim/doktor; **2.** *bel*. uygulamada, pratikte; *so gut wie*: az. gerçekte, fiili

praktizieren v/i (h) *Huk.*, *Tıp* (avukatlık/doktorluk) yapmak, çalışmak, icra etmek

Praline f (-; -n) fondan, çikolatalı şekerleme

prall sıf. *Brieftasche vs.*: şişkin, dolu; *Busen vs.*: iri; *Sonne*: yakıcı, kızgın; **~en** v/i (sn): **~ auf** (A) *od*. **gegen** -e çarpmak

Prämi|e f (-; -n) *Versicherungs≙* vs.: prim; *Preis*: ikramiye; *Leistungs≙*: prim, ikramiye; **≙eren**, **≙ieren** v/t (h) b-ne ödül vermek, b-ni ödüllendirmek

Präparat n (-s; -e) preparat

präparieren v/t (h) hazırlamak; *sezieren*: parçalara ayırmak

präsent|ieren v/t (h) sunmak (**j-m et.** b-ne bşi); **~ation** f (-; -en) sunma, sunum

Präsid|ent m (-en; -en), **~entin** f (-; -nen) başkan; Pol. az. cumhurbaşkanı; **~ium** n (-s; -dien) başkanlık, müdürlük

prasseln v/i (h) Regen vs.: tıpırdamak; Feuer: çatırdayarak yanmak

Praxis f (-; -xen) pratik, uygulama (az. Huk., Tıp); Erfahrung: deneyim; **~räume**: Tıp muayenehane; **in der ~** uygulamada

Präzedenzfall m emsal olay/durum; **e-n ~ schaffen** emsal durum yaratmak

präzis sıf. net, kesin, belirgin; **~ieren** v/t (h) netleştirmek; **♀ion** f (-) kesinlik, netlik, hassasiyet

predig|en v/i (h) vaaz vermek; v/t vaaz etmek; ısrarla ve tekrar tekrar -den söz etmek; **♀t** f (-; -en) vaaz

Preis m (-es; -e) fiyat (az. mec.); im Wettbewerb, Film vs., Belohnung: ödül; **um jeden ~** her ne bahasına (olursa olsun); **unter ~ verkaufen** maliyetin altında satmak; **~änderung** f fiyat değişikliği; **~änderungen vorbehalten** fiyatlarda değişiklik saklıdır; **~anstieg** m fiyat artışı; **~ausschreiben** n (ödüllü) yarışma; **♀bewusst** sıf. fiyatın bilincinde

Preiselbeere f kırmızı yabanmersini

Preisempfehlung f tavsiye edilen (maktu) fiyat; **unverbindliche ~** perakende maktu fiyat

preisen v/t (pries, gepriesen, h) övmek, methetmek

Preis|erhöhung f fiyat artışı; **~ermäßigung** f fiyat indirimi, tenzilat; **♀gekrönt** sıf. ödül almış; Film vs.: ödül kazanmış, ödüllü; **~gericht** n ödül jürisi, seçiciler kurulu; **♀günstig → preiswert**; **♀lage** f fiyat kategorisi; **~liste** f fiyat listesi; **~nachlass** m fiyatta indirim; **~niveau** n fiyat düzeyi; **~rätsel** n ödüllü bilmece/bulmaca; **~richter** m jüri hakemi; **~senkung** f fiyatta indirim; **~stopp** m fiyat dondurma; **~träger** m ödül kazanan (kişi); **♀wert** sıf. ucuz, uygun fiyatlı; ehven

prell|en v/t (h) mec. dolandırmak (**um** bş); **sich et. ~en** Tıp byi incitmek, berelemek; **♀ung** f (-; -en) Tıp ezik, ezilme

Premiere f (-; -n) Tiy. vs. ilk gösterim, prömiyer

Premierminister(in f) m başbakan

Presse¹ f (-; -n) Tek. basım makinesi, pres; Saft♀: sıkma aleti, ... sıkıcısı

Presse² f (-) basın; **~agentur** f basın ajansı; **~ausweis** m basın kartı; **~bericht** m (basın) haber(i); **~fotograf** m foto muhabiri; **~freiheit** f (-) basın özgürlüğü; **~meldung** f haber

pressen v/t (h) basmak, sıkmak (**in A** bye)

Pressevertreter m basın temsilcisi

Pressluft f (-) basınçlı/sıkıştırılmış hava; **~bohrer** m basınçlı hava matkabı; **~hammer** m basınçlı hava çekici

Prestige n (-s) saygınlık, itibar, prestij; **~verlust** m prestij/itibar kaybı

Preuß|e m (-n; -n) Prusyalı; **~en** Prusya; **♀isch** sıf. Prusya(lı) ...

Priester m (-s; -) din adamı, papaz

prima sıf. F şahane, süper

Primel f (-; -n) Bot. çuhaçiçeği

primitiv sıf. ilkel

Prinz m (-en; -en) prens; **~essin** f (-; -nen) prenses

Prinzip n (-s; -ien) prensip, ilke; **aus** (**im**) **~** ilke bakımından, aslında; **♀iell** bel. ilkesel olarak

Prise f (-; -n) Salz vs.: çimdik, tutam

privat sıf. özel; persönlich: az. kişisel, şahsi; **~ versichert** özel sigortalı; **♀adresse** f özel adres; ev adresi; **♀angelegenheit** f özel iş

Privatbesitz m özel mülk; **in ~** özel mülkiyet altında, F şahıs malı

Privat|detektiv(in f) m özel detektif; **~eigentum** n → **Privatbesitz**; **~fernsehen** n özel televizyon; **~klinik** f özel klinik; **~leben** n özel hayat/yaşam; **~patient(in** f) m özel sigortalı hasta; **~quartier** n kalacak/yatacak özel yer; **~wirtschaft** f (-) özel sektör

Privileg n (-s; -ien) imtiyaz, ayrıcalık

pro ilg. için, beher, ... başına; **2 Mark ~ Stück** tanesi iki Mark

Pro n: **das ~ und Kontra** lehte ve aleyhte olan (görüşler pl)

Probe f (-; -n) *Erprobung*: deneme, test; *Muster, Beispiel*: örnek, numune; *Tiy.* prova; **auf ~ denemek üzere; auf die ~ stellen** bşi denemek, bşi test etmek; **~ fahren** arabayı denemek; deneme sürüşü yapmak; **~aufnahmen** pl *Film, TV*: deneme yayımı sg; **~fahrt** f deneme sürüşü; **2n** v/i ve v/t (h) *Tiy.* prova etmek; **2weise** bel. denemek üzere; *Person*: az. denenmek üzere; **~zeit** f deneme süresi
probieren v/t (h) denemek; *kosten*: az. bşin tadına bakmak
Problem n (-s; -e) sorun, mesele, problem; **~atik** f (-) sorunsal; **2atisch** sıf. sorunlu
Produkt n (-s; -e) ürün, mamul
Produktion f (-; -en) üretim
Produktions|ausfall m üretim kaybı; **~kosten** pl üretim maliyeti sg; **~menge** f üretim miktarı, çıktı hacmi; **~mittel** pl üretim araçları; **~rückgang** m üretimde gerileme; **~steigerung** f üretim artışı
produktiv sıf. verimli, üretken; **2ität** f (-) verim(lilik), üretkenlik
Produktpalette f ürün çeşitleri pl
Produz|ent m (-en; -en) üretici, imalatçı; **2ieren** v/t (h) üretmek, imal etmek
professionell sıf. profesyonel
Professor m (-s; -en), **~in** f (-; -nen) profesör; **~ für Mathematik** matematik profesörü
Profi m (-s; -s) F profesyonel; **~Fußballer** profesyonel futbolcu
Profil n (-s; -e) profil (*az. mec.*); *Reifen* 2: (lastik) tırtıl(ı); **2ieren** v/refl (h) kendini göstermek, ortaya çıkmak
Profit m (-s; -e) kâr; **2abel** sıf. kârlı; **2ieren** v/i (h) kâr etmek, kazanmak (*von, bei* -den, -de)
Prognose f (-; -n) önceden haber verme; *Wetter*: tahmin; *Tıp* prognoz
Programm n (-s; -e) program, izlence; *TV Kanal*: az. kanal; *Cmp.* yazılım, program; **2ieren** v/t (h) programlamak; **~ierer** m (-s; -) programlamacı; **~iersprache** f yazılım/program(lama) dili
Projekt n (-s; -e) proje; **~or** m (-s; -en) projektör, gösterici
Pro-Kopf-Einkommen n kişi başına gelir
Prokur|a f (-; -ren) ticari vekâlet; **~ist** m (-en; -en) imzaya yetkili (kişi), ticari vekil
Promillegrenze f (kandaki) alkol sınırı
prominen|t sıf. seçkin, tanınmış, önde gelen; **2z** f (-) seçkinler, ileri gelenler pl
Promo|tion f (-; -en) doktora payesi; **2vieren** v/i (h) doktora yapmak
prompt sıf. tez, çabuk, anî
prophezeien v/t (h) önceden haber vermek, tahmin etmek
Proportion f (-; -en) oran(tı)
Proporz m (-es; -e) nisbi temsil (edilme)
Prosa f (-) düzyazı, nesir
Prospekt m (-s; -e) *Reise* 2 vs.: broşür, prospektüs
prost ünl. şerefe!
Prostituierte f (-n; -n) hayat kadını, F fahişe
Protest m (-s; -e) protesto; **aus ~** protesto olarak (*gegen* -e)
Protestant m (-en; -en), **~in** f (-; -nen) Protestan; **2isch** sıf. Protestan
protestieren v/i (h) protesto (*gegen* bşi)
Prothese f (-; -n) *Tıp* protez, yapma uzuv/organ; *Zahn* 2: takma dişler pl
Protokoll n (-s; -e) tutanak, zabıt; *Diplomatie*: protokol; **~ führen** protokol/tutanak tutmak; **~führer** m yazman; *Huk.* zabıt kâtibi; **2ieren** v/t (h) bşin tutanağını yazmak
protz|en v/i (h) F şişinmek, çalım satmak (*mit et.* bşle); **~ig** sıf. F çalımlı, gösterişli
Proviant m (-s; -e) erzak, yiyecek içecek; *Reise* 2: kumanya
Provinz f (-; -en) il, vilayet; *mec. hkr.* taşra; **2iell** sıf. taşralı, kasabalı (*az. mec. hkr.*)
Provision f (-; -en) *Ekon.* komisyon; **auf ~** komisyonla; **~sbasis** f: **auf ~** komisyon temelinde
provisorisch sıf. geçici
provozieren v/t (h) tahrik etmek, kışkırtmak
Prozent n (-s; -e) yüzde; F **~e** pl indirim sg; **~satz** m yüzde oranı; **2ual** sıf. yüzdeli, yüzde üzerinden; **2ualer Anteil** yüzdelik pay/hisse
Prozess m (-es; -e) *Vorgang*: süreç

(*az. Kim., Tek. vs.*); *Huk. Rechtsstreit*: dava; *Straf♀*: yargılama; **j-m den ~ machen** b-ni dava etmek; **e-n ~ gewinnen (verlieren)** bir davayı kazanmak (kaybetmek)
prozessieren *v/i* (h): **gegen j-n ~** b-ne karşı dava açmış olmak
Prozession *f* (-; -en) dinsel alay/ tören
prüde *sıf.* aşırı erdemli/iffetli
prüfen *v/t* (h) *Ped.* b-ni sınamak, imtihan etmek; *nach~*: gözden geçirmek; *über~*: denetlemek, yoklamak (*az. Tek.*); *erproben*: test etmek; *Vorschlag vs.*: incelemek, düşünmek
prüfend *sıf. Blick*: süzen, süzücü
Prüf|er *m* (-s; -) *Ped.* sınavcı; *özl. Tek.* denetçi; **~ling** *m* (-s; -e) sınava giren aday; **~ung** *f* (-; -en) sınav; test; yoklama, denetim
PS *n* (-; -) *Oto.* beygir gücü (BG)
Pseudonym *n* (-s; -e) takma ad
pst *ünl. still*: susst!; *hallo*: hişşt!
Psyche *f* (-; -n) ruh; **~iater** *m* (-s; -) psikiyatrist; **♀iatrisch** *sıf.* psikiyatrik; **♀isch** *sıf.* zihinsel, *Tıp az.* ruhsal, psişik
Psycho|analyse *f* (-) psikanaliz, ruhsal çözümleme; **~loge** *m* (-n; -n), **~login** *f* (-; -nen) psikolog (*az. mec.*), ruhbilimci; **~logie** *f* (-) psikoloji, ruhbilimi; **♀logisch** *sıf.* psikolojik, ruhbilimsel; **~se** *f* (-; -n) psikoz, çıldırı
Pubertät *f* (-) ergenlik
Publikum *n* (-s) *TV* seyirciler *pl*, izleyiciler *pl*; *Rundfunk: az.* dinleyiciler *pl*; *Spo.* seyirciler, taraftarlar *pl*; *Lokal vs.*: müşteriler *pl*; *Öffentlichkeit*: kamuoyu
publizieren *v/t* (h) yayımlamak
Pudding *m* (-s; -e) paluze, puding
Pudel *m* (-s; -) kaniş (köpeği)
Puder *m*, F *n* (-s; -) pudra; **~dose** *f* pudra kutusu; **♀n** *v/t ve v/refl* (h): **sich (das Gesicht) ♀n** yüzünü pudralamak; **~zucker** *m* pudra şekeri
Puff *m*, *n* (-s; -s) F genelev
Puffer *m* (-s; -) *Demiryol. vs.* tampon

Puffmais *m* patlamış mısır
Pull|i *m* (-s; -s) F, **~over** *m* (-s; -) kazak, süveter
Puls *m* (-es; -e) nabız; **~zahl**: nabız sayısı; **j-m den ~ fühlen** b-nin nabzına bakmak; **~ader** *f Anat.* atardamar
Pult *n* (-s; -e) kürsü, masa
Pulver *n* (-s; -) toz (madde); *Schieß♀* barut; F *mec.* arpa, metelik; **~kaffee** *m* (sıçak suda eriyen) toz kahve; **~schnee** *m* toz halinde (kuru) kar
Pumpe *f* (-; -n) pompa; **♀n** *v/t* (h) pompalamak (*az. v/i*); F *verleihen*: borç vermek; **sich et. ♀n** borç almak (**bei, von** -den)
Punker *m* (-s; -) pankçı, serseri
Punkt *m* (-s; -e) nokta (*az. mec., Satzzeichen*); *Tupfen*: benek; *Spo.* puan; *Stelle*: nokta, yer; **um ~ zehn (Uhr)** saat tam onda; **♀ieren** *v/t* (h) *Tıp -e* ponksiyon yapmak
pünktlich 1. *sıf.* dakik, zamanında; **~ sein** vaktinde gelmek; **2.** *bel.*: **~ um 10 (Uhr)** tam saat onda; **♀keit** *f* (-) dakiklik
Pupille *f* (-; -n) gözbebeği
Puppe *f* (-; -n) oyuncak (bebek), kukla; **~nstube** *f* oyuncak oda takımı; **~nwagen** *m* oyuncak bebek arabası
pur *sıf.* saf, temiz, duru, halis (*az. mec.*); *Whisky*: sek
Pute *f* (-; -n) (dişi) hindi; **~r** *m* (-s; -) (baba)hindi
Putsch *m* (-es; -e) (hükümet) darbe(si); **♀en** *v/i* (h) darbe yapmak
Putz *m* (-es) *Mimar.* sıva; **unter ~** *El.* sıva altı; **♀en** *v/t* (h) temizlemek; *Schuhe*, *Metall az.* parlatmak, silmek; *wischen*: silmek; **sich die Nase (Zähne) ♀en** burnunu silmek (dişlerini fırçalamak); **~frau** *f* temizlikçi kadın; **~lappen** *m* temizlik bezi; **~mittel** *n* temizleme maddesi; *Poliermittel*: parlatıcı
Puzzle *n* (-s; -s) parça bulmaca ve birleştirmece (oyunu)
Pyjama *m* (-s; -s) pijama
Pyramide *f* (-; -n) piramit

Q

Quacksalber *m* (-s; -) şarlatan (hekim)
Quadrat *n* (-s; -e) kare; ⸰**isch** *sıf.* kare (şeklinde); ⸰**meter** *m, az. n* metrekare; ⸰**meterpreis** *m* metrekare fiyatı
quaken *v/i* (h) *Ente:* vak vak etmek; *Frosch:* vıraklamak
quälen (h) **1.** *v/t -e* işkence etmek, *-e* eziyet etmek (*az. mec.*); *mec.* b-ni sıkboğaz etmek, b-nin başını ağrıtmak (***mit*** ile); **2.** *v/refl abmühen:* ıstırap çekmek (***mit*** ile, -den)
Qualifi|kation *f* (-; -en) nitelik/özellik/hak (kazanma); ⸰**zieren** *v/refl* (h) hak/ehliyet kazanmak (***für*** bşe); ⸰**ziert** uzman ..., vasıflı, kalifiye
Qualit|ät *f* (-; -en) nitelik; ⸰**ativ** *sıf.* nitelikli, niteliksel; **~ätsware** *f* (üstün) kaliteli mal
Qualm *m* (-s) koyu/kesif duman; ⸰**en** *v/i* (h) duman çıkarmak; F fosur fosur sigara içmek
Quantit|ät *f* (-; -en) nicelik, miktar; ⸰**ativ** *sıf.* nicel, miktarca
Quarantäne *f* (-; -n) karantina; ***unter ~ stellen*** karantinaya almak
Quark *m* (-s) (tuzsuz) yumuşak beyaz peynir; F *Unsinn:* saçma
Quartal *n* (-s; -e) üç aylık süre/dönem
Quartett *n* (-s; -e) *Müz.* kuartet; dörtlü (grup)
Quartier *n* (-s; -e) kalacak yer
Quarz *m* (-s; -e) *Min.* kuvars; **~uhr** *f* kuvars(lı) saat
Quatsch *m* (-es) F saçma(lık); **~ machen** aptallık etmek; şaka yapmak; **~ reden** aptalca konuşmak; ⸰**en** *v/i* (h) F saçmalamak; *plaudern:* gevezelik etmek
Quecksilber *n* cıva
Quelle *f* (-; -n) pınar, kaynak (*az.*

mec.); *ÖR:* kuyu; ⸰**n** *v/i* (quoll, gequollen, sn) yağmak, akmak (*az. mec.*); *Blut. az.* fışkırmak (***aus*** -den); **~nangabe** *f* kaynak(ça) gösterme
quer *bel.* çapraz(lamasına), enine; *diagonal:* köşegenlemesine; *rechtwinklig:* diklemesine; ***~ über*** (*A od. D*) bşin bir tarafından öbür tarafına; ***~ durch den Wald*** ormanın bir ucundan diğer ucuna; ⸰**e** *f:* ***j-m in die ⸰e kommen*** b-nin yoluna/önüne çıkmak; ⸰**schnitt** *m* (ara)kesit (*az. mec.:* ***durch*** -in); **~schnitt(s)gelähmt** *sıf. Tıp* belden aşağısı felç/tutmaz; ⸰**straße** *f* (bir caddeyle) kesişen sokak; ***zweite ⸰straße rechts*** yolu kesen ikinci caddeden sağa
Querulant *m* (-en; -en) olay çıkartan, tartışan, kavgacı (kişi)
quetsch|en (h) **1.** *v/t* sıkıştırmak (***in*** *A* bye); ***sich die Hand in der Tür ~en*** elini kapıya sıkıştırmak; **2.** *v/refl Tıp* bir yerini ezmek; ***sich ~en in*** (*A*) bye sıkışmak; ⸰**ung** *f* (-; -en) *Tıp* ez(il)me, çürük, bere
quietschen *v/i* (h) ciyklemek (***vor*** *D* -den); *Bremsen, Reifen: az.* cayırdamak; *Tür, Bett vs.:* gıcırdamak
quitt *sıf.:* ***mit j-m ~ sein*** b-yle fit (*veya* ödeşmiş) olmak
Quitte *f* (-; -n) ayva
quitt|ieren *v/t* (h) b-ne bşin makbuzunu vermek; ***den Dienst ~ieren*** görevden istifa etmek, görevi bırakmak; ⸰**ung** *f* (-; -en) alındı, makbuz; ***gegen ⸰ung*** makbuz karşılığı
Quiz|frage *f* ödüllü soru; **~master** *m* yarışma sunucusu
Quote *f* (-; -n) kota; *Anteil:* pay; *Rate:* oran; **~nregelung** *f* kota rejimi
Quotient *m* (-en; -en) *Mat.* bölüm, bölme (işlemi) sonucu

R

r. *kıs.* = *rechts* sağ(da)
RA *kıs.* = *Rechtsanwalt m* avukat (Av.)
Rabatt *m* (-s; -e) *Ekon.* indirim (*auf A* -de)
Rache *f* (-) öç, intikam; *aus ~ für* (*A*) *-in* intikamı için
Rachen *m* (-s; -) *Anat.* gırtlak, boğaz
räche|n (h) **1.** *v/t -in* öcünü almak; **2.** *v/refl* kendi öcünü almak; *sich an j-m ~n für A* b-nden bşin öcünü/ intikamını almak; **♀r** *m* (-s; -) intikamcı
rachsüchtig *sıf.* kinci, intikamcı
Rad *n* (-s; ̈er) teker(lek); *Fahr♀:* bisiklet; *~ fahren* bisiklete binmek
Radar *m, n* (-s) radar; *~falle f* sürat kontrol cihazı; *~kontrolle f* radarla sürat kontrolü; *~schirm m* radar ekranı
Radau *m* (-s) F gürültü patırtı, şamata
radeln *v/i* (sn) F bisiklete binmek
Rädelsführer *m* elebaşı, çete reisi
Radfahrer *m,* -*in* *f* bisikletli, bisiklet binicisi
Radiergummi *m* silgi
Radieschen *n* (-s; -) *Bot.* (kırmızı) turp
radikal *sıf.* köklü, kökten; **♀e** *m, f* (-n; -n) kökten (düşünen); **♀ismus** *m* (-) köktencilik
Radio *n* (-s; -s) radyo; *im ~* radyoda; *~ hören* radyo dinlemek; **♀aktiv** *sıf.* *Fiz.* radyoaktif; → *Niederschlag*; *~rekorder m* radyolu kasetçalar; *~wecker m* radyolu saat
Radius *m* (-; -dien) yarıçap
Rad|kappe *f* jant kapağı; *~rennen n* bisiklet yarışı; *~sport m* bisiklet sporu; *~tour f* bisiklet turu; *~wanderung f* bisiklet gezintisi; *~weg m* bisiklet yolu
Raffi|nerie *f* (-; -n) *Kim.* rafineri, arıtım evi; **♀niert** *sıf.* *schlau:* kurnaz, uyanık, açıkgöz
ragen *v/i* (h): *~ aus* -den sivrilmek, -den yükselmek (*horizontal:* -den çıkmak); *~ über* (*A*) bşin üstünden yükselmek
Ragout *n* (-s; -s) *Gastr.* yahni

Rahm *m* (-s) krema
rahmen *v/t* (h) çerçevelemek *az. Dias*
Rahmen *m* (-s; -) çerçeve; *Gefüge:* iskelet, yapı; *Hintergrund:* fon, arka plan; *Bereich:* alan, kapsam; *aus dem ~ fallen* dikkati çekmek, sıradışı olmak; *~bedingungen* genel koşullar *pl;* *~programm n* çerçeve program
Rakete *f* (-; -n) roket, *Ask. az.* füze
rammen *v/t* (h) *-e* toslamak
Rampe *f* (-; -n) rampa
Ramsch *m* (-es) değersiz, hurda, tapon (mal)
Rand *m* (-s; ̈er) kenar (*az. mec.*); *Seite az.:* marj; *See, Straße:* kıyı; *Brille:* pervaz, çerçeve; *Glas:* ağız; *am ~(e) des Ruins* (*Krieges vs.*) yıkıma (savaşa vs.) ramak kala
randaliere|n *v/i* (h) kargaşa çıkarmak; **♀r** *m* (-s; -) kargaşacı, gürültücü; *Rowdy:* sokak serserisi, holigan
Rand|bemerkung *f* çıkma, kenar notu; *mec.* dokunma, iğneleme; *~gruppe f* kenar grup; **♀los** *sıf.* *Brille:* çerçevesiz; *~streifen m* Oto. banket
Rang *m* (-s; ̈e) *Ask.* rütbe; *Stellung:* konum, sınıf; *Ränge pl Stadion:* sıra(lar *pl*); *erster ~ Tiy.* protokol yeri; *ersten ~es* birinci sınıf, birinci dereceden
rangieren *v/i* (h) manevra yapmak; *~ vor* (*D*) rütbece/konumca -*den* daha üstün olmak
Rangordnung *f* hiyerarşi, aşama sırası
ranzig *sıf.* bozulmuş, ekşimiş, acılaşmış
rar *sıf.* seyrek, ender; **♀ität** *f* (-; -en) *Sache:* garip şey; *Seltenheit:* ender/az bulunan şey
rasch *sıf.* hızlı, çabuk; *sofortig:* acil, ivedi
rascheln *v/i* (h) hışırdamak
Rasen *m* (-s; -) çim(en)
rasen *v/i* (sn) F hızla gitmek, delice sürmek; (h) *vor Wut:* -den köpürmek; *Sturm:* şiddetlenmek; *~ (vor Begeisterung)* coşkudan çılgına dönmek;

rasend 476

~d *sıf. Tempo*: çok hızlı, deli gibi; *wütend*: öfkeli, hiddetli; *Schmerz*: kıvranan; *Kopfschmerz*: şiddetli; *Beifall*: yeri göğü sarsan; **~d machen** çıldırtmak
Rasenmäher *m* (-s; -) çim biçme makinesi
Raser *m* (-s; -) *Oto*. F arabayı deli kullanan
Rasier|apparat *m* tıraş makinesi; **elektrischer ~apparat** elektrikli tıraş makinesi; **~creme** *f* tıraş kremi; **2en** *v/refl* (h) tıraş olmak; **~er** *m* (-s; -) → **Rasierapparat**; **~klinge** *f* tıraş bıçağı, jilet; **~pinsel** *m* tıraş fırçası; **~schaum** *m* tıraş köpüğü; **~wasser** *n* (-s; -, ") tıraş losyonu
Rasse *f* (-; -n) ırk; *Zoo*. cins, tür; **~ndiskriminierung** *f* ırk ayırımcılığı; **~ntrennung** *f* ırk ayırımı; **~nunruhen** *pl* ırkçı olaylar/ayaklanmalar
Rassis|mus *m* (-) ırkçılık; **~t** *m* (-en; -en) ırkçı; **2tisch** *sıf*. ırkçı, ırkçılıkla ilgili
Rast *f* (-) mola; *Pause*: az. ara; **2en** *v/i* (h) mola vermek; **~platz** *m* dinlenme yeri; *Oto*. mola yeri; **~stätte** *f Oto*. dinlenme tesisi
Rasur *f* (-; -en) tıraş
Rat¹ *m* (-s; Ratschläge) öğüt; **j-n um ~ fragen** b-ne akıl danışmak; → **Ratschlag**
Rat² *m* (-s; "e) *Pol*. konsey
Rate *f* (-; -n) *Ekon*. taksit; *Geburten*2 *vs*.: oran; **auf ~n** taksitle
raten *v/t* ve *v/i* (riet, geraten, h) b-ne bşi öğütlemek, salık vermek; *er~*: tahmin etmek, bilmek; *Rätsel* çözmek; *j-m zu et*. ~ b-ne bşi tavsiye etmek; **rate mal!** bil bakalım!, tahmin et!
Raten|kauf *m* taksitle alım; **~zahlung** *f* → **Abzahlung**
Rat|geber *m* (-s; -) danışman; *Buch*: kılavuz kitap (**über** *A* hakkında); **~haus** *n* belediye binası
ratifizieren *v/t* (h) onaylamak
Ration *f* (-; -en) rasyon, pay, tayın; **2al** *sıf*. akla uygun; **2alisieren** *v/t* (h) rasyonalize etmek, etkinleştirmek; **~alisierung** *f* (-; -en) rasyonalleştirme, etkinleştirme; **2ell** *sıf*. rasyonel, etkin; *sparsam*: ölçülü, hesaplı; **2ieren** *v/t* (h) tayına/vesikaya bağlamak; **~ierung** *f* (-; -en) tayına/vesikaya bağlama
rat|los *sıf*. çaresiz, şaşkın; **~sam** *sıf*. tavsiye edilir; yerinde; **2schlag** *m* öğüt, tavsiye; **ein paar gute Ratschläge** birkaç iyi öğüt *sg*
Rätsel *n* (-s; -) bilmece; **~frage**: bilmece sorusu; *Geheimnis*: gizem, sır; **2haft** *sıf*. akıl ermez, gizemli
Ratte *f* (-; -n) sıçan
rau *sıf*. pürüzlü; *Klima*: sert; *Stimme*: kısık, boğuk; *Hände vs*.: çatlak, yarık; *Hals*: iltihaplı
Raub *m* (-s) gasp, soygun; *Beute*: ganimet, çalıntı mal; **2en** *v/t* (h) soymak; *j-m et*. **2en** b-nin bşini çalmak, gasbetmek (*az. mec*.)
Räuber *m* (-s; -) haydut, eşkıya
Raub|fisch *m* yırtıcı balık; **~kopie** *f* korsan kopya (*veya* video, yazılım *vs*.); **~mord** *m* soygun ve cinayet; **~mörder** *m* soyguncu katil; **~tier** *n* yırtıcı hayvan; **~überfall** *m* soygun; *auf der Straße*: *az*. yol kesme; **~vogel** *m* yırtıcı kuş
Rauch *m* (-s) duman; **2en** (h) **1.** *v/t* (sigara *vs*.) içmek; F **e-e 2en** bir sigara içmek; **2.** *v/i* sigara (*vs*.) kullanmak; *Schornstein, Brandherd*: tütmek; **~en verboten!** sigara içmek yasaktır!; **~er** *m* (-s; -) sigara içen; **~erabteil** *m* sigara içenler kompartımanı; **~erhusten** *m* *Tıp* sigara(cı) öksürüğü
räuchern *v/t* (h) tütsülemek
Rauchverbot *n* sigara içme yasağı; **hier ist ~** burada sigara içme yasağı vardır
raufe|n (h) **1.** *v/t*: *sich die Haare* **~n** saçını başını yolmak; **2.** *v/i* ve *v/refl* dövüşmek, kavga etmek, boğuşmak (*mit* ile, *um* için/uğruna); **2rei** *f* (-; -en) kavga, dövüşme
rauh *sıf*. → **rau**; **2reif** *m* → **Raureif**
Raum *m* (-s; "e) mekân; oda, salon; *Platz*: az. yer; *Gebiet*: alan; *Welt*2: uzay; *im* **~ München** Münih ve yöresinde; **~anzug** *m* uzay elbisesi
räumen *v/t* (h) *Wohnung* boşaltmak; *Hotelzimmer* çıkmak, terk etmek; *Saal, Unfallstelle*, *Ekon*. *Lager vs*. boşaltmak; *Gebiet* boşaltmak, tahliye etmek; *s-e Sachen* **~ in** (*A*) eşyalarını bye koymak/kaldırmak

Raum|fähre *f* uzay mekiği; **~fahrt** *f* (-) uzay yolculuğu; *Wissenschaft:* uzay bilimi; **~fahrtzentrum** *n* uzay merkezi; **~flug** *m* uzay uçuşu; **~inhalt** *m* oylum, hacim, istiap; **~kapsel** *f* uzay kapsülü

räumlich *sıf.* mekân/alan bakımından; üç boyutlu

Raum|schiff *n* *az. bemanntes*: uzay gemisi; **~sonde** *f* uzay aracı; **~station** *f* uzay istasyonu

Räumung *f* (-; -en) boşaltma, *özl. Ekon.* tahliye, tasfiye *az. Huk.*; **~sverkauf** *m Ekon.* tasfiye satışı

Raupe *f* (-; -n) tırtıl

Raureif *m* kırağı, kırç

raus *ünl.* F (çık) dışarı!

Rausch *m* (-s; ⁓e) sarhoşluk, kendinden geçme; *e-n ~ haben* sarhoş olmak; *s-n ~ ausschlafen* uyuyup ayılmak; 2en *v/i* (h) *Wind*: hışırdamak; *Wasser*: şırıldamak; *Bach*: uğuldamak; (sn) F *mec. Person*: hızla geçip gitmek; 2end *sıf. Applaus*: şiddetli

Rauschgift *n* uyuşturucu (madde); **~handel** *m* uyuşturucu ticareti; **~händler** *m* uyuşturucu tüccarı; **~sucht** *f* uyuşturucu bağımlılığı; 2**süchtig** *sıf.* uyuşturucu bağımlısı; **~süchtige** *m*, *f* uyuşturucu bağımlısı (kişi)

räuspern *v/refl* (h) hafif(çe) öksürmek

Razzia *f* (-; -zien) baskın (*auf A*, *in D* -e)

rd. *kıs.* = *rund* yaklaşık, yuvarlak olarak

reagieren *v/i* (h) tepki göstermek (*auf A* -e)

Reaktion *f* (-; -en) tepki (*auf A* -e)

Reaktor *m* (-s; -en) *Fiz.* reaktör

real *sıf.* gerçek; *konkret*: somut; 2**einkommen** *n* reel gelir; **~isieren** *v/t* (h) gerçekleştirmek; 2**ismus** *m* (-) gerçekçilik; 2**ist** *m* (-en; -en) gerçekçi; **~istisch** *sıf.* gerçekçi; 2**ität** *f* (-; -en) gerçek, gerçeklik, realite, olgu

Rechen *m* (-s; -) bahçıvan tarağı, tırmık

Rechen|anlage *f* bilgisayar (tesisi); **~fehler** *m* hesap hatası, yanlış hesaplama; **~maschine** *f* hesap makinesi

Rechenschaft *f* (-): (*j-m*) **~ ablegen** (b-ne) rapor vermek (*über A* hakkında); *j-m ~ schuldig sein* b-ne hesap vermek; *zur ~ ziehen* b-nden hesap sormak (*wegen* -den dolayı); **~sbericht** *m* (çalışma *vs.*) rapor(u)

rechn|en (h) **1.** *v/t* hesaplamak; *veranschlagen*: tahmin ve takdir etmek; *j-n ~en zu* b-ni -e saymak; **2.** *v/i* hesap etmek; **~en mit erwarten**: beklemek; *bauen auf*: -e güvenmek; 2**er** (-s; -) hesap makinesi; *Cmp.* bilgisayar; **~ergesteuert** *sıf.* bilgisayar güdümlü

Rechnung *f* (-; -en) hesaplama, *im Lokal*: hesap; *Ekon.* fatura; *die ~, bitte!* hesap lütfen!; *auf ~* fatura karşılığı; *das geht auf meine ~ im Lokal*: bunlar (*pl*) benden; 2**sbetrag** *m* fatura bedeli

recht 1. *sıf.* sağ (*az. Pol.*); *richtig*: doğru; *auf der ~en Seite* sağ tarafta; *mir ist es ~* bence uygun; F bana göre hava hoş; **2.** *bel.* haklı/doğru olarak; *ziemlich*: oldukça, pek, çok; *ich weiß nicht ~* pek bilmiyorum; *du kommst gerade ~* tam zamanında geldin (*zu* -e); → *geschehen*

Recht *n* (-s; -e) hak *az. Anspruch* (*auf A* -e); *Gesetz*: hukuk; *Gerechtigkeit*: adalet; *gleiches ~* eşit hak; *im ~ sein* haklı olmak; *ein ~ haben auf* (*A*) bşe hakkı olmak; *alle ~ vorbehalten* bütün hakları saklıdır/mahfuzdur; *~ haben* haklı olmak; *j-m ~ geben* b-ne hak vermek

Rechte *m*, *f* (-n; -n) *Pol.* sağcı, sağ kanat

Rechteck *n* (-s; -e) dikdörtgen; 2**ig** *sıf.* dikdörtgen biçiminde

rechtfertig|en (h) **1.** *v/t* doğrulamak, haklı çıkarmak; **2.** *v/refl* savunmak, haklı çıkmak; 2**ung** *f* (-; -en) haklı çık(ar)ma; *zu s-r* 2**ung** kendi savunmasıyla ilgili

recht|haberisch *sıf.* inatçı, daima kendisini haklı gören; **~lich** *sıf.* yasal, hukuksal

rechtmäßig *sıf.* yasal, meşru; *Anspruch*, *Besitzer vs.*: kanuni; 2**keit** *f* (-) yasallık, meşruluk

rechts *bel.* sağda; *nach ~* sağa; *~ von* -*in* sağında

Rechts|abbieger *m* (-s; -) sağa dönen/sapan (sürücü); **~anspruch** *m* yasal hak (*auf A* -e); **~anwalt** *m* → *Anwalt*; **~berater** *m* hukuk danışmanı
Rechtschreib|fehler *m* yazım yanlışı; **~ung** *f* yazım, imla
Rechts|extremismus *m Pol.* aşırı sağ(cılık); **~extremist** *m* aşırı sağcı (kişi); ⇩**extremistisch** *sıf.* aşırı sağ(cı); **~fall** *m* hukuki olay, dava; **~händer** *m* (-s; -) sağ elini kullanan; **~händer sein** sağ elini kullanmak
Rechtsprechung *f* (-) yargı
rechts|radikal *sıf. Pol.* kökten sağcı; ⇩**radikale** *m, f* sağ radikal (kişi); ⇩**radikalismus** *m* sağ radikalizm/ köktencilik
Rechtsschutz *m* hukuki himaye; **~versicherung** *f* hukuki yardım sigortası
Rechts|staat *m* hukuk devleti; **~streit** *m* hukuk davası
Rechtsweg *m* yargı yolu; **auf dem ~** yargı yoluyla, yasal yoldan; **den ~ beschreiten** yasa yoluna başvurmak
rechtswidrig *sıf.* hukuka aykırı, gayri meşru, haksız
recht|wink(e)lig *sıf.* dikaçılı; dört köşeli; **~zeitig 1.** *sıf.* zamanında; *pünktlich*: dakik; **2.** *bel.* zamanında (**zu** -e); *pünktlich*: tam vaktinde
Recorder → *Rekorder*
recyc|eln *v/t* (h) yeniden kullanmak; ⇩**ling** *n* (-s) yeniden kullanım; ⇩**lingpapier** *n* yeniden kazanılmış kâğıt, (geri) dönüşümlü kâğıt
Redakt|eur *m* (-s; -e), **~eurin** *f* (-; -nen) redaktör; **~ion** *f* (-; -nen) yazı işleri kurulu, redaksiyon
Rede *f* (-; -n) konuşma, söz, nutuk; **zur ~ stellen** b-ni sorguya çekmek (**wegen** -den dolayı); **nicht der ~ wert** (sözünü etmeye) değmez, önemsiz; ⇩**n** *v/i ve v/t* (h) konuşmak, konuşma yapmak (**mit** ile; **über** *A* hakkında); *j-n zum ~n bringen* b-ni konuşturmak; **~nsart** *f* deyim
Redner *m* (-s; -), **~in** *f* (-; -nen) konuşmacı; hatip; **~pult** *n* (konuşma) kürsü(sü)
reduzieren *v/t* (h) azaltmak, indirmek (*auf A* -e)

Reeder *m* (-s; -) armatör; **~ei** *f* (-; -en) gemicilik işletmesi
reell *sıf. Preis vs.*: makul; *Chance*: gerçek; *Firma*: sağlam
Refer|at *n* (-s; -e) rapor; *Vortrag*: az. konuşma, konferans; *im Unterricht*: seminer tezi, bildiri; *Dienststelle*: daire şubesi, bölüm; *ein ~at halten* bir konuşma yapmak, bir konferans vermek; bir bildiri sunmak (**über** *A* konulu); **~enz** *f* (-; -en) tavsiye, referans; *Person*: danışılacak kişi; **~enzen** *pl* diplomalar, belgeler
Reflex *m* (-es; -e) refleks, tepki; *Fizy.* tepke
Reform *f* (-; -en) reform; **~er** *m* (-s; -) reformcu; **~haus** *n* doğal besin pazarı; ⇩**ieren** *v/t* (h) yeniden düzenlemek, reforme etmek; **~kost** *f* doğal besin; **~politik** *f* reform politikası
Refrain *m* (-s; -s) nakarat, bağlantı
Regal *n* (-s; -e) raf, sergen
Regel *f* (-; -n) kural; *der Frau*: regle, aybaşı, (aybaşı) kanama(sı); **in der ~** genellikle; ⇩**mäßig** *sıf.* düzenli, kurallı; ⇩**n** *v/t* (h) düzenlemek, düzeltmek; *Tek. az.* ayarlamak; *Angelegenheit vs.* halletmek; **~ung** *f* (-; -en) düzenleme; ayar(lama); hal(letme); *Steuerung*: yönetim, idare
regen *v/t* (h) hareket ettirmek, *v/refl* hareket etmek, kımıldamak, uyanmak
Regen *m* (-s; -) yağmur; *bei ~* yağmur(lu hava)da; yağmur (yağması) halinde; **~bogen** *m* gökkuşağı; **~guss** *m* sağanak; **~mantel** *m* yağmurluk; **~schauer** *m* sağanak; **~schirm** *m* şemsiye; **~tag** *m* yağmurlu gün; **~tropfen** *m* yağmur damlası; **~wasser** *n* (-s) yağmur suyu; **~wetter** *n* (-s) yağmurlu hava; **~wurm** *m* yersolucanı; **~zeit** *f* yağmur dönemi; *Tropen*: yağmurlar *pl*
Regie *f* (-) *Tiy. Film*: reji, yönetim; *unter der ~ von* -in yönetiminde
regier|en (h) **1.** *v/i* hükûm sürmek, iktidarda bulunmak; **2.** *v/t* yönetmek; ⇩**ung** *f* (-; -en) hükûmet; *e-s Monarchen*: hükûmdarlık, saltanat
Regierungs|bezirk *m* il, vilayet; yönetim bölgesi; **~chef(in** *f)* *m* hükûmet başkanı; **~wechsel** *m* hükûmet değişikliği

Regime *n* (-s; -) *Pol.* rejim; **~kritiker** *m* rejim karşıtı

Regiment *n* (-s; -e) *Pol.* yönetme, egemenlik; *Ask.* alay

Region *f* (-; -en) bölge

regional *sıf.* bölgesel

Regisseur *m* (-s; -e), **~in** *f* (-; -nen) rejisör, yönetmen

Regist|er *n* (-s; -) *in Büchern*: dizin; **♀rieren** *v/t* (h) kaydetmek (*az. mec.*), tescil etmek; **~rierkasse** *f* yazar kasa

Regler *m* (-s; -) *Tek.* düzenleyici, ayar(lama) düğmesi

regne|n *v/i* (h) yağmur yağmak; *es regnet in Strömen* bardaktan boşanırcasına yağmur yağıyor; **~risch** *sıf.* yağmurlu

Regress *m* (-es; -e) *Ekon., Huk.* tazminat talebi; (asıl borçluya) başvuru; **~anspruch** *m* başvuru/müracaat hakkı; **♀pflichtig** *sıf.* tazminle yükümlü

regulär *sıf.* düzenli, nizami; *üblich*: normal

regulier|bar *sıf.* ayarlanabilir, düzenlenebilir; *steuerbar*: yönetilebilir, kontrol edilebilir; **~en** *v/t* (h) düzenlemek, ayarlamak; *steuern*: yönetmek, kontrol etmek

Regung *f* (-; -en) hareket, kımıltı; *Gefühls♀*: duygu, heyecan; *Eingebung*: esin, fikir; **♀slos** *sıf.* hareketsiz, cansız

Reh *n* (-s; -e) karaca

rehabilitieren (h) **1.** *v/t Tıp* iyileştirmek, ıslah etmek; *Huk. az.* temize çıkarmak, aklamak; **2.** *v/refl Huk.* temize çıkmak, aklanmak, şeref ve itibarını geri kazanmak

Reh|bock *m* (-s; ⁻e) erkek karaca; **~braten** *m* karaca kızartması; **~keule** *f Gastr.* karaca budu; **~rücken** *m Gastr.* karaca sırtı

reib|en (rieb, gerieben, h) **1.** *v/t* ov(uştur)mak; *zerkleinern*: rendelemek; *sich die Augen (Hände)* **~en** gözlerini (ellerini) ovuşturmak; **2.** *v/i* sürtmek; **♀ung** *f* (-; -en) *Tek.* sürtünme, *mec.* geçimsizlik

reich *sıf.* zengin (*an D* bakımından), varlıklı; *Ernte, Vorräte*: bol, bereketli; *~e Auswahl* bol çeşitler *pl*

Reich *n* (-s; -e) imparatorluk, krallık, devlet; *Din.* hükümranlık; *Bot., Zoo.* âlem; *mec.* ... dünyası

reichen (h) **1.** *v/t*: *j-m et.* ~ b-ne bşi uzatmak; **2.** *v/i aus~*: yetmek, yeterli olmak; ~ *bis* -e yetişmek, -e gelmek; *das reicht* bu (kadarı) yeter; *mir reichts!* artık yeter!

reich|haltig *sıf.* zengin; **~lich 1.** *sıf.* bol; *Zeit, Geld vs.*: fazlasıyla; **2.** *bel. ziemlich*: oldukça; *großzügig*: bol bol, cömertçe; **♀tum** *m* (-s; ⁻er) servet, zenginlik (*az. mec.*)

Reichweite *f* er(iş)im; *Hava., Ask., Funk vs.*: menzil; *in (außer) (j-s)* ~ b-nin menzili içinde (dışında)

reif *sıf.* ergin, olgun; *özl. Mensch*: olgun

Reif *m* (-s) kırağı; *Frost*: don

Reife *f* (-) erginlik, olgunluk

reifen *v/i* (sn) ermek, olgunlaşmak; olgunlaşıp (*zu* bş) olmak

Reifen *m* (-s; -) *Oto. vs.* (dış)lastik, tekerlek; **~druck** *m* lastik hava basıncı; **~panne** *f* lastik patlaması; **~wechsel** *m* tekerlek değiştirme

reiflich *sıf.* iyice, esaslı

Reihe *f* (-; -n) dizi, sıra (*az. Sitz♀*); *Anzahl*: dizi; *Serie*: seri; *der ~ nach* sırayla; *ich bin an der* ~ sıra bende; → *parken*; **~nfolge** *f* sıralanış, sıra; **~nhaus** *n* sıraev; **♀nweise** *bel.* F *mec.* düzinelerce

Reim *m* (-s; -e) uyak, kafiye; **♀en** *v/refl* (h) uymak (*auf A* -e)

rein *sıf.* saf, katıksız, arı (*az. mec.*); *sauber*: temiz; *Gewissen*: masum, rahat; *Wahrheit*: tam, gerçek; *nichts als*: sadece, yalnız, ancak, sırf

Rein|fall *m* F flop; *Enttäuschung*: düş kırıklığı; **~gewinn** *m* safi/net kâr

reinigen *v/t* (h) temizlemek; *Luft vs.* arıtmak; *chemisch*: kuru temizlemek

Reinigung *f* (-; -en) temizleme, arıtma; *chemische*: kuru temizleme; *Firma*: (kuru) temizleyici; *in der* ~ temizleyicide; *in die* ~ *bringen* temizleyiciye vermek; **~smittel** *n* deterjan, temizleme maddesi

Reis *m* (-es) pirinç; *gekochter*: pilav; **~mehl** *n* pirinç unu

Reise *f* (-; -n) *gnl.* gezi, seyahat; *zu Lande: az.* yolculuk; *Gemi.* sefer (*alle: nach* -e); *Rund♀*: tur; *auf ~n sein* seyahate çıkmış olmak; *e-e ~ machen* bir seyahat etmek; *gute ~!* iyi yolculuklar!; **~andenken** *n* andaç;

Reiseapotheke

~apotheke *f* ilkyardım çantası; ~bekanntschaft *f* seyahatte tanışma; ~büro *n* seyahat bürosu/acentası; 2fertig *sıf.* yolculuğa hazır; ~fieber *n*: **sie hat ~fieber** onu yol(culuk) heyecanı sarmış; ~führer *m* gezi kılavuzu; ~gepäck *n* → **Gepäck;** ~gepäckversicherung *f* bagaj sigortası; ~gesellschaft *f* turist kafilesi; ~kosten *pl* yol masrafları, seyahat giderleri; ~leiter(in *f*) *m* kafile başkanı, turist rehberi; ~lektüre *f* seyahatte okunacak kitap
reisen *v/i* (sn) yolculuğa çıkmak (**nach** bye); **durch Frankreich ~** Fransa'yı gezmek; **ins Ausland ~** yurtdışına (gezmeye) çıkmak
Reisende *m, f* (-n; -n) turist; *Fahrgast:* yolcu
Reise|pass *m* pasaport; ~**prospekt** *m* seyahat broşürü; ~**ruf** *m Rundfunk:* acil duyuru/çağırı; ~**scheck** *m* seyahat çeki; ~**spesen** *pl* yol giderleri, seyahat masrafları; ~**tasche** *f* yolcu çantası, valiz; ~**unterlagen** *pl* seyahat belgeleri; ~**verkehr** *m* tatil trafiği; ~**wecker** *m* yolculuk için çalar saat; ~**wetterbericht** *m* tatil için hava raporu; ~**ziel** *n* gidilecek/varılacak yer
Reißbrett *n* çizim tahtası
reißen (riss, gerissen) **1.** *v/t* (h) ayırmak, bölmek, koparmak (*in* **Stücke** parçalara); ***j-m et. aus der Hand ~*** b-nin elinden bşi çekip (zorla) almak; **2.** *v/i* (sn) çekmek; (h): **~ an** (*D*) çek(iştir)ip kurtulmaya çalışmak; **3.** *v/refl* (h): **sich ~ um** -i kapışmak, bş için savaşmak; **~d** *sıf. Fluss:* deli, şiddetli; ***~den Absatz finden*** peynir ekmek gibi satılmak
Reißer *m* (-s; -) F *Film vs.:* revaç gören, izlenilen (film); çok okunan (kitap); 2isch *sıf. Schlagzeile:* sansasyonel; *Farben, Werbung:* çok parlak, çekici; etkileyici
Reißnagel *m* → **Reißzwecke**
Reißverschluss *m* fermuar; **den ~ aufmachen** fermuarı açmak; **den ~ zumachen** fermuarı kapamak/çekmek; ~**zwecke** *f* (-; -n) raptiye
reit|en (ritt, geritten) **1.** *v/i* (h) atla gelmek/gitmek; **2.** *v/t* (h) ata binmek; 2**er** *m* (-s; -), 2**erin** *f* (-; -nen) atlı, bi-

nici; süvari; 2**pferd** *n* binek atı
Reiz *m* (-es; -e) çekicilik; *Kitzel:* gıdıklama; *Tıp, Psi.* dürtü, uyarı; (*für j-n*) **den ~ verlieren** (birisi için) çekiciliğini kaybetmek/yitirmek; 2**bar** *sıf.* aşırı duyarlı, çabuk kızan, sinirli; 2**en** *v/t* (h) tahrik etmek; *Tıp* tahriş etmek; *ärgern: az.* kızdırmak, sinirlendirmek; *özl. Tier.* azdırmak; b-nin üzerine salmak; *herausfordern:* tahrik etmek; *anziehen:* çekmek, cezbetmek *az. Aufgabe vs.;* (*ver*)*locken:* b-ni ayartmak; 2**end** *sıf.* çekici, alımlı; *hübsch:* sevimli, büyüleyici; ~**klima** *n* bünyeyi zinde yapan iklim; 2**los** *sıf.* çekici olmayan, yavan, tatsız; ~**ung** *f* (-; -en) tahriş (*az. Tıp*); tahrik; 2**voll** *sıf.* ilginç, çekici *az. Aufgabe vs.*; ~**wäsche** *f* seksi çamaşır; ~**wort** *n* tahrik edici söz, kötü söz
Reklamation *f* (-; -en) şikâyet
Reklame *f* (-; -n) *Werbung:* reklam; *Anzeige:* reklam, ilan; **~ machen für** *-in* reklamını yapmak; **Reklame...** → **Werbe...**
reklamieren *v/i* (h) şikâyet etmek (**wegen** -i)
Rekord *m* (-s; -e) rekor
Rekorder *m* (-s; -) teyp
Rekrut *m* (-en; -en) *Ask.* acemi er
Rel. *kıs.* = **Religion** *f* din
relativ *sıf.* göreceli, nispi; *bel.* nispeten
relevant *sıf.* önemli
Relief *n* (-s; -s, -e) kabartma, rölyef
Religi|on *f* (-; -en) din; 2**ös** *sıf.* dinsel, dini; *Person:* dindar
Reling *f* (-; -s) *Gemi.* küpeşte, güverte parmaklığı
Reliquie *f* (-; -n) kutsal emanet
rempeln *v/t* (h) b-ne kasten çarpmak, b-ni itip kakmak
Rendezvous *n* (-; -) randevu, buluşma
Rendite *f* (-; -n) *Ekon.* kazanç, gelir, verim
rennen *v/i* (rannte, gerannt sn) (hızla) koşmak
Rennen *n* (-s; -) yarış (*az. mec.*); *Einzel*2: koşu
Renn|fahrer *m Oto.* araba yarışçısı; *Rad:* bisiklet yarışçısı; ~**läufer** *m* kayak yarışçısı; ~**pferd** *n* yarış atı; ~**rad** *n* yarış bisikleti; ~**wagen** *m* yarış arabası

renommiert *sıf.* ünlü, şöhretli (***wegen*** ile)
renovieren *v/t* (h) yenileştirmek, onarmak; *Innenraum*: yeniden dekore (*veya* restore) etmek
rentab|el *sıf.* kârlı, gelirsağlar; **≈ilität** *f* (-) kârlılık
Rente *f* (-; -n) emeklilik; ***in ~ gehen*** emekli olmak
Renten|alter *n* emeklilik yaşı; **~versicherung** *f* emeklilik sigortası
rentieren *v/refl* (h) → ***lohnen***
Rentner *m* (-s; -), **~in** *f* (-; -nen) emekli
Rep. *kıs.* = ***Republik*** *f* cumhuriyet
Reparatur *f* (-; -en) onarım, tamir; **~werkstatt** *f* tamir atölyesi; *Oto.* oto tamir atölyesi
reparieren *v/t* (h) onarmak, tamir etmek
Report|age *f* (-; -en) röportaj; **~er** *m* (-s; -) muhabir, röportajcı
Repräsent|ant *m* (-en; -en) mümessil, temsilci; **≈ativ** *sıf.* temsil eden, temsili, örnek ... (***für*** -in); *imposant*: heybetli, etkili; **≈ieren** *v/t* (h) temsil etmek
Repressalie *f* (-; -n) misilleme, karşılık; zorlama tedbiri
reprivatisier|en *v/t* (h) *Ekon.* yeniden özelleştirmek; **≈ung** *f* (-; -en) yeniden özelleştirme
Reprodu|ktion *f* (-; -en) çoğaltma, kopya, röproduksiyon; **≈zieren** *v/t* (h) çoğaltmak, bşin kopyasını yapmak, bşi yeniden oluşturmak
Republik *f* (-; -en) cumhuriyet
Reservat *n* (-s; -e) *Wild≈*: doğal koruma bölgesi; *Indianer≈*: kızılderili arazisi
Reserve *f* (-; -n) yedek; **~kanister** *m Oto.* yedek bidon; **~rad** *n Oto.* istepne, yedek tekerlek
reservier|en *v/t* (h) ayırmak (*az.* ***~ lassen***); ***j-m e-n Platz ~en*** b-ne bir yer ayırmak; **~t** *sıf.* rezerve, tutulmuş; *mec.* çekingen; **≈ung** *f* (-; -en) yer ayır(t)ma
Residenz *f* (-; -en) saray, konak
Resign|ation *f* (-) teslimiyet, yılma; vazgeçme; **≈ieren** *v/i* (h) yılmak, teslim olmak; vazgeçmek; **≈iert** *sıf.* yılmış
resozialisier|en *v/t* (h) topluma kazandırmak; **≈ung** *f* (-; -en) topluma kazandırma
Respekt *m* (-s) saygı (***vor*** *D* -e); **≈ieren** *v/t* (h) b-ne saygı göstermek; *Regeln vs.* -*e* uymak; **≈los** *sıf.* saygısız; **≈voll** *sıf.* saygılı
Ressort *n* (-s; -s) bölüm; *Zuständigkeit*: yetki alanı
Rest *m* (-s; -e) kalan (miktar), bakiye; **~e** *pl* kalıntılar, artıklar (*az. Ekon.*); *Essen*: artan *sg*, artıntı (yemek) *sg*; ***das gab ihm den ~*** bu ona son darbeyi indirdi
Restaurant *n* (-s; -s) lokanta, restoran
restaurieren *v/t* (h) restore etmek
Rest|bestand *m Ekon.* bakiye; **~betrag** *m* bakiye miktar; **≈lich** *sıf.* (geri) kalan, sair; **≈los** *bel.* tamamen, bütünüyle; **~urlaub** *m* geri kalan tatil
Resultat *n* (-s; -e) sonuç (*az. Spo.*)
retten *v/t* (h) kurtarmak (***aus***, ***vor*** *D* -den); ***j-m das Leben ~*** b-nin hayatını kurtarmak
Retter *m* (-s; -), **~in** *f* (-; -nen) kurtarıcı
Rettich *m* (-s; -e) beyazturp
Rettung *f* (-; -en) kurtuluş, kurtarma (***aus***, ***vor*** *D* -den); ***das war s-e ~*** onu bu kurtardı; **~sboot** *n* cankurtaran sandalı, filika; **~smannschaft** *f* kurtarma ekibi; **~ring** *m* cankurtaran simidi
Revanch|e *f* (-; -n) rövanş; **≈ieren** *v/refl* (h) öç almak (***an*** *D* -den); *Dank*: b-ne bşin karşılığını vermek
Revier *n* (-s; -e) *gnl.* bölge, çevre; *Zoo.*, *mec.* alan; → ***Polizeirevier***
Revision *f* (-; -en) *Ekon.* denetim; *Huk.* temyiz; *Änderung*: düzeltme; ***~ einlegen*** temyize gitmek
Revolt|e *f* (-; -n) ayaklanma, isyan; **≈ieren** *v/i* (h) ayaklanmak, isyan etmek
Revolution *f* (-; -en) devrim; **≈är** *sıf.* devrimci; **≈ieren** *v/t* (h) kökten değiştirmek
Revolver *m* (-s; -) tabanca, F altıpatlar
Rezept *n* (-s; -e) *Tıp* reçete (*az. mec. Mittel*); *Koch≈*: yemek tarifi; **≈frei** *sıf.* reçetesiz (satılır)
Rezeption *f* (-; -en) resepsiyon
rezeptpflichtig *sıf.* reçete ile satılır

R

Rezession f (-; -en) *Ekon.* ekonomik durgunluk, resesyon
R-Gespräch n *Tel.* ödemeli telefon görüşmesi
Rhabarber m (-s) ravent, ışkın
Rheuma n (-s) *Tıp* romatizma
rhythm|isch *sıf.* ritmik, ritimli; **2us** m (-; -men) ritim
richten (h) **1.** *v/t gnl.* düzenlemek, yoluna koymak; (*vor*)*bereiten:* bşi hazırlamak; *Zimmer* toplamak; *Haar vs.* yapmak; **~ an** (*A*) *Frage* b-ne yöneltmek; **~ auf** (*A*) *Waffe, Kamera vs.* b-ne doğrultmak; **2.** *v/refl:* **sich ~ nach** b-ne göre hareket etmek, b-ni örnek almak; *Mode, Beispiel:* izlemek; *abhängen von: -e* bağlı olm; *ich richte mich ganz nach dir* ben sana göre hareket edeceğim; onu sana bırakıyorum
Richter m (-s; -), **~in** f (-; -nen) yargıç, hakim; **2lich** *sıf.* yargıçlıkla ilgili, hakim ..., adli
Richtgeschwindigkeit f *Oto.* (önerilen) standart hız
richtig 1. *sıf. gnl.* doğru; *korrekt:* az. kusursuz; *echt, typisch, wahr, wirklich:* gerçek; **2.** *bel.:* **~ nett** (*böse*) gerçekten sevimli (kızgın); *et. ~ machen* bşi doğru/düzgün yapmak; *meine Uhr geht ~* saatim doğru gidiyor; **~ stellen** düzeltmek; **2keit** f (-) düzgünlük, doğruluk, gerçek
Richt|linien *pl* yönergeler, ana hatlar, yönetmelik *sg;* **~preis** m *Ekon.* başfiyat, güdümlü fiyat
Richtung f (-; -en) istikamet, yön; **2weisend** *sıf. mec.* yol gösterici, öncülük eden
riechen (roch, gerochen, h) **1.** *v/t -in* kokusunu almak; **2.** *v/i* kokmak (*nach* bş., *an D* bşi)
Riegel m (-s; -) sürgü; *Schokolade:* kalıp
Riemen m (-s; -) kayış; *Gürtel, Tek.* kemer; *Gemi.* kürek
Riese m (-n; -n) dev (*az. mec.*)
rieseln *v/i* (sn) *Sand vs.:* ince ince akmak; *Schnee:* serpiştirmek
Riesen|erfolg m muazzam başarı; *Film: az.* büyük sükse yapan (film); **2groß** *sıf.* → **riesig;** **~rad** n dönme dolap
riesig *sıf.* kocaman, çok büyük, dev gibi

Riff n (-s; -e) resif, sığ kayalar zinciri
Rille f (-; -n) yiv, oluk
Rind n (-s; -er) *Kuh:* sığır; *Stier.* boğa; *Fleisch:* sığır eti; **~er** *pl* davar *sg*
Rinde f (-; -n) kabuk
Rinderbraten m sığır rostosu/kızartması
Rind|fleisch n sığır eti; **~(s)leder** n sığır derisi
Ring m (-s; -e) halka, çember; *Finger2:* yüzük; *özl. mec.* daire; *Oto.* çevre yolu; *U-Bahn vs.:* çevre hattı; **~buch** n halkalı klasör
ringen (rang, gerungen, h) **1.** *v/i* güreşmek (*mit* ile); *mec. az.* uğraşmak, savaşmak, pençeleşmek (ile; *um* için); *nach Atem ~* soluk/nefes alamamak, soluğu kesilmek; **2.** *v/t Hände* ovuşturmak
Ringer m güreşçi, pehlivan
Ringfinger m yüzükparmağı
rings *bel.:* **~ um** çepeçevre
Ringstraße f çevre yolu
Rinn|e f (-; -n) *Fahr- vs.:* tekerlek oluğu/yolu; *Dach-:* oluk; **2en** *v/i* (rann, geronnen, sn) akmak, damlamak, sızmak (*az. Schweiß vs.*); *strömen:* oluk oluk akmak; **~stein** m suyolu, kaldırım oluğu
Rippe f (-; -n) *Anat.* kaburga
Rippenfell n *Anat.* göğüs zarı; **~entzündung** f *Tıp* göğüs zarı iltihabı
Risiko n (-s; -s, -ken) riziko, risk; *ein* (*kein*) **~ eingehen** bir rizikoya gir(me)mek, bir riske atıl(ma)mak; *auf eigenes ~* kendi riskini göze olarak
riskant *sıf.* tehlikeli, riskli, rizikolu
riskieren *v/t* (h) cesaret etmek, göze almak
Riss m (-es; -e) yırtık; *Sprung:* çatlak; *in der Haut:* çatlak, yarık; *mec.* ayrılık, bozuşma; **2ig** *sıf.* yırtık pırtık; *Haut vs.:* yarık; *brüchig:* çatlak
Ritt m (-s; -e) binme, biniş, atlı gezinti
Rival|e m (-n; -n), **~in** f (-; -nen) rakip; **2isieren** *v/i* (h) rekabet etmek, yarışmak (*mit j-m* b-yle); **~ität** f (-; -en) rekabet, yarışma
rk., r.-k. *kıs.* = *römisch-katholisch* Romen Katolik
Robbe f (-; -n) fok, ayıbalığı
Robe f (-; -n) cüppe

Rücken

Roboter *m* (-s; -) robot
robust *sıf.* güçlü, kuvvetli, dinç; *strapazierfähig:* dayanıklı
Rock *m* (-s; ⁓e) etek
roden *v/t* (h) *Land:* (tarla) açmak
Roggen *m* (-s; -) çavdar
roh *sıf.* çiğ; *unbearbeitet:* ham, işlenmemiş; *Handlung:* kaba, gaddar; *mit ⁓er Gewalt* kaba kuvvetle
Roh|bau *m* (-s; -ten) *Mimar.* kaba inşaat; **⁓kost** *f* piş(iril)memiş bitkisel yiyecek(ler *pl*); **⁓material** *n* ham malzeme; **⁓öl** *n* ham petrol
Rohr *n* (-s; -e) *Tek.* boru
Röhre *f* (-; -n) tüp; *Leitungs⁓, Luft⁓, Speise⁓:* boru; *Bild⁓:* televizyon tübü
Rohstoff *m* hammadde; **⁓arm** *sıf.* doğal kaynakları az; **⁓reich** *sıf.* doğal kaynakları bol
Rolladen *m* → **Rollladen**
Rollbahn *f Hava.* (bağlantı) pist(i)
Rolle *f* (-; -n) makara, rulo; *unter Möbeln:* küçük tekerlek; *Tiy.* rol (*mec.*): *das spielt keine ⁓* fark etmez, ziyanı yok; *aus der ⁓ fallen* ters davranmak, fena hareket etmek
rollen *v/i* (sn) yuvarlanmak, *v/t* (h) yuvarlamak
Roller *m* (-s; -) *Oto.* trotinet
Roll|film *m Fot.* makaralı film; **⁓kragenpullover** *m* balıkçı kazağı; **⁓laden** *m* (makaralı) kepenk; panjur
Rollo *n* (-s; -s) stor
Roll|stuhl *m* tekerlekli sandalye; **⁓stuhlfahrer** *m* tekerlekli sandalye kullanan; **⁓treppe** *f* yürüyen merdiven
Roman *m* (-s; -e) roman; **⁓schriftsteller** *m* romancı, roman yazarı
romantisch *sıf.* romantik
Röm|er *m* (-s; -) Romalı; *Glas:* ayaklı kadeh; **⁓isch** *sıf.* Roma(lı) ...
röntgen *v/t* (h) *-in* röntgenini çekmek
Röntgen|apparat *m* röntgen cihazı; **⁓aufnahme** *f*, **⁓bild** *n* röntgen filmi; **⁓strahlen** *pl* röntgen ışınları
rosa *sıf.* pembe
rosé *sıf.* açık pembe, gülkurusu
Rose *f* (-; -n) gül; **⁓nkohl** *m* Brüksel lahanası *pl*; **⁓nkranz** *m Din.* tespih; **⁓nwasser** *n* gül suyu
rosig *sıf.* tozpembe (*az. mec.*)
Rosine *f* (-; -n) kuru üzüm

Rost¹ *m* (-s; -e) parmaklık; *Brat⁓:* ızgara
Rost² *m* (-s) pas; **⁓en** *v/i* (sn *od.* h) paslanmak, pas tutmak
rösten *v/t* (h) *Fleisch:* ateşte *od.* ızgarada pişirmek; *Brot:* ızgarada kızartmak; *Kartoffeln:* yağda kızartmak
Rost|fleck *m* pas lekesi; **⁓frei** *sıf.* paslanmaz *az. Stahl:*; **⁓ig** *sıf.* paslı, paslanmış (*az. mec.*)
rot *sıf.* kırmızı; **⁓ werden** kızarmak; *in den ⁓en Zahlen stehen* borç içinde olmak
Rot *n* (-s; -) kırmızı; *die Ampel steht auf ⁓* lamba kırmızıda
rotblond *sıf.* saman sarısı (saçlı)
Röte *f* (-) kızıllık, kırmızılık; *Scham⁓:* (yüz) kızartı(sı)
Röteln *pl Tıp* kızamıkçık *sg*
röten *v/refl* (h) kızarmak *az. Gesicht*
rothaarig *sıf.* kızıl saçlı
rotieren *v/i* (h) (ekseni etrafında) dönmek
Rotkohl *m* kırmızı lahana
rötlich *sıf.* kırmızımsı, kızılımsı
Rotstift *m* kırmızı kalem
Rotwein *m* kırmızı şarap
Route *f* (-; -n) yol, güzergâh
Routin|e *f* (-) rutin; *Erfahrung:* pratik, deneyim; **⁓ekontrolle** *f* rutin kontrol; **⁓esache** *f* rutin iş/şey **⁓iert** *sıf.* deneyimli, görgülü
Rowdy *m* (-s; -s) sokak serserisi, holigan; **⁓tum** *n* (-s) sokak serseriliği
Rübe *f* (-; -n) *Bot.* şalgam; *Gelbe ⁓* havuç; *Rote ⁓* pancar
Rubrik *f* (-; -en) *Kategorie:* sınıf, kategori; *Spalte:* sütun
Ruck *m* (-s; -e) ani çekiş, silkme, sarsma, hareket; *mec. Pol.* kayma
Rückantwort *f* cevap; **⁓karte** *f* cevaplı posta kartı
ruckartig *sıf.* sarsıntılı, ani, beklenmedik, birdenbire
Rück|blende *f* geri dönüş (*auf A* -e); **⁓blick** *m* geriye bakış; gözden geçirme (*auf A* bşi); **⁓datieren** *v/t* (rückdatiert, h) *-e* eski tarih koymak
rücken 1. *v/t* (h) bşi itmek, bşi bye geçirmek; 2. *v/i* (sn) hareket etmek, kımılda(n)mak; *Platz machen:* yana kaymak; *näher ⁓* sıkışmak, yaklaşmak; *zeitlich:* yaklaşmak
Rücken *m* (-s; -) sırt, arka (*az. mec.*);

Rückendeckung

~deckung *f mec.* arka (çıkma), destek; **~lehne** *f* koltuk sırtı, arkalık; **~mark** *n Anat.* omurilik; **~schmerzen** *pl* sırt ağrısı *sg*; **~wind** *m* arkadan esen rüzgâr; **~wirbel** *m Anat.* sırt omuru
rückerstatt|en *v/t* (rückerstattet, h) iade etmek, geri vermek; **ung** *f* iade
Rückfahr|karte *f* gidiş-dönüş bileti; **~scheinwerfer** *m Oto.* geri hareket farı; **~t** *f* dönüş (yolculuğu); *auf der ~t* dönüşte, dönüş yolculuğunda
Rück|fall *m Tıp* depreşme, nüksetme *(az. mec.)*; **~fällig** *sıf.*: **~fällig werden** *Huk.* yeniden suç işlemek; *mec.* yeniden başlamak, nüksetmek; **~flug** *m* dönüş (uçuşu); **~frage** *f* daha geniş bilgi isteme; (karşı) soru; **~fragen** *v/i* (rückgefragt, h) yeniden sormak (*bei* b-ne); **~gabe** *f* iade, geri verme; **~gang** *m* gerileme, azalma, düşüş (*G* -de); **gängig** *sıf.*: **gängig machen** geri almak, iptal etmek; **~grat** *n* (-s; -e) *Anat.* omurga, belkemiği *(az. mec.)*; **~halt** *m* destek; arka; **~kauf** *m* geri alma, iştira; **~lagen** *pl* ihtiyatlar; rezervler, yedekler; **~lauf** *m Bandgerät*: geri sarma; **läufig** *sıf.* gerileyen, azalan; **~licht** *n Oto.* arka lambası; **~porto** *n Post*: cevap pulu/kuponu
Rückkreise *f* → **Rückfahrt**; **~verkehr** *m* (geri) dönüş trafiği; **~welle** *f* geri dönüş dalgası
Rucksack *m* sırt çantası; **~tourismus** *m* sırt çantası turizmi; **~tourist** *m* sırt çantalı turist
Rück|schlag *m mec.* aksilik, kötüleşme; **~schluss** *m*: *Rückschlüsse ziehen aus* -den ... sonucunu çıkarmak; **~schritt** *m* gerileme, geri adım; **~seite** *f* arka sayfa; *Münze*: arka yüz/taraf; *Platte*: öteki yüz; **~sendung** *f* geri gönderme
Rücksicht *f* (-) saygı, düşünce; *aus ~ auf* (A) bşi düşünerek, bşe saygıdan; *ohne ~ auf* bşi düşünmeden, bşe saygı göstermeden; *~ nehmen auf* (A) bşe dikkat etmek; **slos** *sıf.* saygısız, düşüncesiz (*gegen* -e karşı); *skrupellos*: acımasız, insafsız; *fahren vs.*: pervasız, gözükara; **svoll** *sıf.* saygılı (*gegen* -e karşı), -*i* düşünen
Rück|sitz *m Oto.* arka koltuk; **~spiegel** *m Oto.* dikiz aynası; **~stand** *m Kim.* artıklar *pl*, kalıntı; *ich bin mit der Arbeit im ~stand* işim sürüncemede kaldı; **ständig** *sıf. mec.* geri (kafalı); *Land*: *az.* gelişmemiş, geri kalmış; **ständige Miete** (vaktinde) ödenmemiş kira; **~stau** *m Oto.* tıkanma, tıkanıklık; **~tritt** *m* istifa; *vom Vertrag*: cayma, çekilme (-den); **vergüten** *v/t* (rückvergütet, h) geri ödemek; **~vergütung** *f* geri ödeme; **wärts** *bel.* geriye (doğru); **wärts fahren** (*od.* *gehen*) geri geri gitmek; **~wärtsgang** *m Oto.* geri vites; **~weg** *m* dönüş yolu
ruckweise *bel.* ite çeke, kesik kesik
rück|wirkend *bel.*: *der Vertrag gilt ~wirkend ab* sözleşme -*den* itibaren geriye dönük olarak geçerlidir; **wirkung** *f* geri tepki (*auf A* -e); **zahlung** *f* geri ödeme, itfa; **zug** *m* -*den* geri çekilme
Ruder *n* (-s; -) *Gemi. Steuer* **** dümen; *Hava. Seiten* ****: yan dümen; *Riemen*: kürek; *am ~* dümen başında (*az. mec.*); **~boot** *n* kürekli kayık; **n** *v/i* (h *od.* sn) kürek çekmek, *v/t* (kayığı) çekmek
Ruf *m* (-s; -e) ses (*az. mec.*); *Schrei*: bağırış; *Ansehen*: ün, şöhret, saygınlık
rufen *v/i ve v/t* (rief, gerufen, h) seslenmek, çağırmak (*az. Arzt vs.*), bağırmak; *~ nach* -e seslenmek (*az. mec.*); *~ lassen* çağırtmak, getirtmek; → *Hilfe*
Rufnummer *f* telefon numarası
Rufumleitung *f* telefon yönlendirimi
Rufweite *f*: *in* (*außer*) *~* ses erimi içinde (dışında)
Rüge *f* (-; -n) uyarma, azar(lama) (*wegen* -den dolayı)
rügen *v/t* (h) u-yarmak, azarlamak
Ruhe *f* (-) *Stille*: sessizlik, sükûnet; *Schweigen*: suskunluk; *Erholung, Stillstand, az. Fiz.*: dinlenme, hareketsizlik; *Frieden*: barış; *Gemüts* ****: sakinlik, dinginlik; *zur ~ kommen* huzur bulmak, dinlenmek; *j-n in ~ lassen* b-ni rahat bırakmak; *lass mich in ~!* beni rahat/yalnız bırak!; *et. in ~ tun* bşi sakin sakin yapmak; *die ~ behalten* sükûneti bozmamak,

soğukkanlılığı kaybetmemek; ***sich zur ~ setzen*** k-ni emekliye ayırmak, emekli etmek; ***~, bitte!*** sakin olun (*veya* gürültü etmeyin), lütfen; **²los** *sıf.* huzursuz; kıpırdak; **²n** *v/i* (h) dayanmak (***auf*** *D* -e); **~pause** *f* dinlenme molası, istirahat
Ruhestand *m* emeklilik; ***im ~*** emekli(likte); ***in den ~ treten*** emekli olmak; ***in den ~ versetzen*** emekliye ayırmak
Ruhestör|er *m* (-s; -) *özl. Huk.* asayişi ihlal eden, güvenliği/huzuru bozan; **~ung** *f* güvenliği bozma, rahatsız etme
Ruhetag *m* dinlenme günü; *Lokal*: kapalı gün; ***Montag ~*** pazartesi(leri) kapalı
ruhig *sıf.* sakin; *leise, schweigsam*: *az.* sessiz, gürültüsüz; *unbewegt*: hareketsiz; *Mensch*: *az.* soğukkanlı; *Tek.* pürüzsüz, sarsıntısız; ***~ bleiben*** sakin/soğukkanlı olmak
Ruhm *m* (-s) ün, şöhret; *özl. Pol., Ask. vs.* şan, ihtişam
Ruhr *f* (-; -en) *Tıp* dizanteri
Rühreier *pl* sahanda yumurta *sg*
rühr|en *v/t* (*h*) karıştırmak, *v/refl* (h) kımılda(n)mak, hareket etmek; (*sich*) *bewegen*: *az.* kımıldatmak, hareket ettirmek; *mec. innerlich*: b-ne dokunmak, b-ni duygulandırmak; ***das rührt mich gar nicht*** bu beni hiç ilgilendirmez (F ırgalamaz); **~end** *sıf.* etkili, etkileyici; *Mitleid erregend*: acıklı, dokunaklı; **~selig** *sıf.* aşırı duygulu/duygusal
Rührung *f* (-) duygulanma, acıma
Ruin *m* (-s) yıkım, yıkılış, felaket
Ruine *f* (-; -n) harabe(ler *pl*), yıkıntı(lar *pl*)
ruinieren *v/t* (h) harap etmek, yıkmak, mahvetmek
rülpse|n *v/i* (h) geğirmek; **²r** *m* (-s; -) geğirik, geğirti
Rumän|e *m* (-n; -n) Rumen; **~ien** *n* Romanya; **~in** *f* (-; -nen) Rumen; **²isch** *sıf.* Rumen; Romanyalı; **~isch** *n* Rumence
Rummel *m* (-s) F *Geschäftigkeit*: telaş, koşuşma; *Reklame²*: F şamatalı propaganda; ***großen ~ machen um*** büyük yaygara koparmak, büyük sorun yapmak; **~platz** *m* F lunapark, eğlence yeri
Rumpelkammer *f* sandık odası
Rumpf *m* (-es; ⸗e) *Anat.* beden; gövde (*az. Hava.*); *Gemi. az.* tekne
rümpfen *v/t* (h): ***die Nase ~*** burun kıvırmak (***über*** *A* -e)
rund 1. *sıf.* yuvarlak; *mec.* mükemmel; **2.** *bel. ungefähr*: aşağı yukarı, F yuvarlak hesap; ***~ um*** çepeçevre, çevrede
Rundblick *m* panorama
Runde *f* (-; -n) dolaşma, tur (*az. mec. ve Spo.*); *Boxen*: raunt; ***die ~ machen*** *Nachricht vs.*: (ağızdan ağıza *veya* ortalıkta) dolaşmak
Rundfahrt *f* ... turu (***durch*** *A* byde)
Rundfunk *m* radyo; ***im ~*** radyoda; ***im ~ übertragen*** (*od.* ***senden***) radyodan yayımlamak; **~hörer** *m* radyo dinleyicisi; **~sender** *m* radyo istasyonu
Rund|gang *m* ... gezintisi, ... turu (***durch*** *A* byde); **~reise** *f* gezi turu (***durch*** *A* byde); **~schreiben** *n* sirküler, genelge
runter... F → ***herunter...***
Runz|el *f* (-; -n) ciltte buruşukluk, kırışıklık; **²(e)lig** *sıf.* buruşuk, kırışık; **²eln** *v/t* (h): ***die Stirn ²eln*** kaşlarını çatmak (***über*** *A* -e)
Rüpel *m* (-s; -) kaba adam, V hırbo; **²haft** *sıf.* kabaca (davranan)
rupfen *v/t* (h) (tüyünü) yolmak; → ***Hühnchen***
Ruß *m* (-es) is, kurum
Russe *m* (-n; -n) Rus
Rüssel *m* (-s; -) hortum; *Schweins²*: burun
ruß|en *v/i* (h) tütmek, is çıkmak; **~ig** *sıf.* isli, kurumlu
Russ|in *f* (-nen; -)Rus (kadın); **~land** *n* Rusya; **²isch** *sıf.* Rus(ya) ...; **~isch** *n* Rusça
rüsten (h) **1.** *v/i Ask.* silahlanmak; **2.** *v/refl* hazırlanmak (***zu, für*** bş için bşe); silahlanmak (***gegen*** -e karşı)
rüstig *sıf.* dinç, canlı, hareketli
Rüstung *f* (-; -en) *Ask.* silahlanma; **~sindustrie** *f* silah endüstrisi/sanayii; **~swettlauf** *m* silahlanma yarışı
rutsch|en *v/i* (sn) kaymak (*az. ausrutschen*); *gleiten*: süzülmek; *Oto. vs.* patinaj yapmak; **~ig** *sıf.* kaygan
rütteln (h) **1.** *v/t* çalkalamak, sallamak; **2.** *v/i* sarsmak; ***an der Tür ~*** kapıyı sarsıp açmaya çalışmak

S

S *kıs.* = **Süden** *m* güney, **Schilling** *m* Şilin
S. *kıs.* = **Seite** *f* sayfa
s. *kıs.* = **siehe** bakınız (bkz.)
Saal *m* (-s; Säle) salon
Sabot|age *f* (-; -n) sabotaj; *mec.* baltalama; **~eur** *m* (-s; -e) sabotajcı; **♀ieren** *v/t* (h) sabote etmek, baltalamak
Sach|bearbeiter *m* (-s; -) yetkili/görevli memur (**für** -in); **~beschädigung** *f* mal tahribatı; **♀dienlich** *sıf.*: **♀dienliche Hinweise** *pl* işe yarar bilgi *sg*
Sache *f* (-; -n) şey, nesne; *Angelegenheit*: iş, konu; (*Streit*)*Frage*: sorun; *Anliegen*: amaç, gaye; *Huk.* dava; **~n** *pl gnl.* eşyalar; *Kleidung*: *az.* elbiseler; *hkr.* pılıpırtı *sg*; **zur ~ kommen** konuya/sadede gelmek; **bei der ~ bleiben** konudan ayrılmamak; **nicht zur ~ gehören** bşin konuyla ilgisi olmamak
sach|gemäß *sıf.*, **~gerecht** *sıf.* uygun; **♀kenntnis** *f* uzmanlık, bilgi; **♀lage** *f* (-) durum, keyfiyet; **~lich 1.** *sıf. nüchtern*: gerçekçi; *unparteiisch*: nesnel, tarafsız; *Gründe vs.*: pratik, teknik; **2.** *bel.* **~lich richtig** içerikçe doğru; **♀register** *n* konu dizini; **♀schaden** *m* maddi hasar
sacht *sıf.* yumuşak, nazik
Sach|verhalt *m* (-s; -e) durum, (konuyla ilgili) olgular *pl*; **~verstand** *m* uzmanlık; **~verständige** *m, f* (-n; -n) uzman; *Huk.* bilirkişi; **~wert** *m* ayni değer; malın kendi değeri
Sack *m* (-s; ⁓e) çuval, torba; V *Hoden*: torba; **~gasse** *f* çıkmaz sokak; *mec.* çıkmaz, kördüğüm
Sadis|mus *m* (-) sadizm; **~t** *m* (-en; -en) sadist; **♀tisch** *sıf.* sadist
säen *v/t ve v/i* (h) ekmek (*az. mec.*)
Safe *m* (-s; -s) (çelik) kasa
Saft *m* (-s; ⁓e) (öz)su; **♀ig** *sıf.* (öz)sulu; *Witz*: kaba; *Wiese*: gür; *Preis*: tuzlu
Sage *f* (-; -n) söylence, efsane
Säge *f* (-; -n) *Tek.* testere; **~mehl** *n* ince talaş
sagen *v/i ve v/t* (h) söylemek; *j-m et.*

~ b-ne bş söylemek; die Wahrheit ~ gerçeği söylemek; **er lässt dir ~** sana söylememi söyledi; **~ wir** diyelim (ki); **man sagt, er sei** diyorlar ki o; **er lässt sich nichts ~** o hiç söz dinlemez; **das hat nichts zu ~** bunun önemi yok; **et. (nichts) zu ~ haben bei** b-nin bşde söyleyecek sözü ol(ma)mak; **~ wollen mit** bşyle demek istemek; **das sagt mir nichts** bu benim için hiçbir anlam ifade etmiyor; **unter uns gesagt** söz aramızda (kalsın)
sägen *v/t ve v/i* (h) testereyle kesmek/biçmek
sagenhaft *sıf.* efsanevi; F *mec.* şahane, inanılmaz, olağanüstü
Sahne *f* (-) krema; kaymak; **~torte** *f* kremalı torta
Saison *f* (-; -s) sezon, mevsim; **♀abhängig** *sıf.*, **♀bedingt** *sıf.* sezona/mevsime bağlı; **♀bereinigt** *sıf.* sezona ayarlı, mevsime göre arındırılmış
Saite *f* (-; -n) tel, yay
Saiteninstrument *n* yaylı çalgı
Sakko *n* (-s; -s) erkek ceket
Sakristei *f* (-; -en) kilise levazımı odası
Salat *m* (-s; -e) *Bot.* marul; *Gastr.* salata; **~soße** *f* salata sosu
Salbe *f* (-; -n) merhem
Salbei *m* (-s; -) adaçayı
Saldo *m* (-s; -den, -s, -di) *Ekon.* bakiye; **~übertrag** *m* (-s; ⁓e) bakiye devri
Salmonellen *pl* salmoneller; **~vergiftung** *f* *Tıp* salmonel zehirlenmesi
Salon *m* (-s; -s) *Mode♀, Friseur♀ vs.*: salon
Salz *n* (-es; -e) tuz; **♀arm** *sıf.* az tuzlu; **♀en** *v/t* (salzte, gesalzen, h) tuzlamak; **~hering** *m* salamura ringa; **♀ig** *sıf.* tuzlu; **~kartoffeln** *pl* haşlama patates; **♀los** *sıf.* tuzsuz; **~säure** *f* *Kim.* tuzruhu asidi; F kezzap; *Tek.* hidroklorik asit; **~streuer** *m* tuzluk; **~wasser** *n* (-s) tuzlu su
Samen *m* (-s; -) *Bot.* tohum (*az. mec.*); *Fizy.* meni, sperma; **~bank** *f* (-; -en) *Tıp* sperma bankası; **~korn** *n* *Bot.* tohum tanesi

Sammel|bestellung f toplu sipariş; **~büchse** f (para) toplama kutusu; **~konto** n ana/kollektif hesap
sammeln (h) **1.** v/t toplamak (*az. Pilze vs.*); *anhäufen*: yığmak, biriktirmek; **2.** v/refl toplanmak; *mec.* k-ne gelmek, k-ni toplamak
Sammelplatz m toplanma yeri
Sammel|er m (-s; -), **~erin** f (-; -nen) kolleksiyoncu; **~ung** f (-; -en) koleksiyon
Samstag m cumartesi; (**am**) ~ cumartesi günü; **~s** cumartesi günleri
samt *ilg.* ... ile birlikte, ... dahil
Samt m (-s; -e) kadife
sämtlich *sıf.*: **~e** *pl alle*: bütün; *Werke vs.*: *az.* toplu
Sanatorium n (-s; -rien) sanatoryum
Sand m (-s; ⸚e) kum; **~fläche**: kumluk, kumsal
Sandale f (-; -n) sandal
Sand|bank f (-; ⸚e) kumla, F kumluk; **~ig** *sıf.* kumlu; **~korn** n kum tanesi; **~strand** m kumsal; **~uhr** f kum saati
sanft 1. *sıf.* nazik; *mild*: yumuşak; *Tod*: sakin, kolay; **2.** *bel.*: *ruhe* ~ nur içinde yat; **~mütig** *sıf.* uysal, yumuşak huylu
Sänger m (-s; -), **~in** f (-; -nen) şarkıcı
sanier|en v/t (h) *Stadtteil vs.* yeniden geliştirmek *veya* kalkındırmak; *Haus* onarmak; *Umwelt vs.* (yeniden) canlandırmak; *Ekon.* yeniden sermayelendirmek; **~ung** f (-; -en) geliştir(il)me; onarım; canlandır(ıl)ma; yeniden sermayelendir(il)me; **~ungsgebiet** n kalkınma bölgesi
sani|tär *sıf.* sıhhi; **~täre Anlagen** *pl* sıhhi tessisat *sg*; **2täter** m (-s; -) sağlık memuru; **2tätswagen** m ambülans, cankurtaran (arabası)
Sankt Aziz, *kıs.* St.
Sanktion f (-; -en) yaptırım; tasdik, zorlama tedbiri; **2ieren** v/t (h) cezalandırmak; *positiv*: onaylamak
Sardelle f (-; -n) hamsi (balığı)
Sardine f (-; -n) sardalye
Sarg m (-s; ⸚e) tabut
Sarkas|mus m (-) istihza, sarkazm; **2tisch** *sıf.* iğneleyici-alaycı
Satellit m (-en; -en) uydu, peyk; **~enbild** n uydu resim; **~enfernsehen** n uydu televizyonu; **~enschüssel** f çanak anten; **~enstadt** f uydu kent

Satir|e f (-; -n) yergi, hiciv (**auf** A -e); F -*i* taşlama; **~iker** m (-s; -) yergi yazarı; F taşlamacı; **2isch** *sıf.* yergici, *mec.* alaylı
satt *sıf.* tok; *ich bin* ~ tokum, karnım doydu; *sich* ~ *essen* karnını doyurmak (**an** D ile); *et. od. j-n* ~ *haben* (*bekommen*) bşden *veya* b-nden usanmış olmak, -*den* bıkmış olmak, -*den* gına gelmiş olmak
Sattel m (-s; ⸚) eyer; **2n** v/t (h) eyerlemek; **~schlepper** m *Oto.* damperli yarım römork, F damperli çekici (kamyon)
sättigen (h) **1.** v/t *Neugier vs.* gidermek; *Kim., Ekon. Markt* doyurmak; **2.** v/i *Essen*: doyurucu olmak
Satz m (-s; ⸚e) *Gr.* cümle, tümce; *Sprung*: sıçrayış, atlama; *Tennis, Briefmarken vs.*: set; *Ekon.* oran; *Müz.* bölüm
Satzung f (-; -en) tüzük, yönetmelik
Satzzeichen n *Gr.* noktalama işareti
Sau f (-; ⸚e) *Zoo.* dişi domuz; F *mec.* pasaklı, sünepe
sauber *sıf.* temiz (*az.* F *mec.*, *Luft*); *ordentlich*: düzenli, düzgün (*az. mec.*); *anständig*: dürüst; *alay.* terbiyeli, nazik, ince; ~ *machen* temizlik yapmak; *et.* bşi temizlemek; **2keit** f (-) temizlik; düzen; arılık; dürüstlük; terbiye; nezaket
säuber|n v/t (h) temizlemek (*az. Tıp*); **~n von** -*den* temizlemek (*Pol. az.* arıtmak); **2ung** f (-; -en), **2ungsaktion** f *Pol.* temizleme hareketi
Saubohne f bakla
Saudi-Arabien n Suudi Arabistan; **2arabisch** *sıf.* Suudi Arap
sauer *sıf.* ekşi (*az. mec. Gesicht*); *Kim.* asitli; *Gurke*: turşu; *wütend*: kızgın, öfkeli (**auf** A -e); ~ *werden* ekşimek, bozulmak; *mec.* bozulmak, kızmak; *saurer Regen* asitli yağmur
Sauerkirsche f vişne
Sauerkraut n lahana turşusu
säuerlich *sıf.* ekşimsi, kekremsi
Sauerstoff m (-s) *Kim.* oksijen; **~maske** f *Tıp* oksijen maskesi; **~zelt** n oksijen çadırı
Sauerteig m ekşi maya hamur
saufen v/t ve v/i (soff, gesoffen, h) içmek; F *Mensch*: çok içmek, F kafayı çekmek

Säufer

Säufer *m* (-s; -) F ayyaş, içkici
saugen *v/i ve v/t* (sog, saugte, gesogen, gesaugt, h) emmek (**an et.** bşi)
säugen *v/t* (h) emzirmek (*az. Zoo.*), *-e* meme vermek
Säugetier *n* memeli (hayvan)
saugfähig *sıf.* emici
Säugling *m* (-s; -e) meme çocuğu, bebek; **~snahrung** *f* bebek maması; **~spflege** *f* bebek bakımı; **~sschwester** *f* bebek hemşiresi; **~ssterblichkeit** *f* bebek ölümü
Säule *f* (-; -n) sütun; *Pfeiler*: direk (*az. mec.*); **~ngang** *m* sırasütunlar *pl*, kemeraltı
Saum *m* (-s; ⁓e) etek (ucu); *Naht*: kenar, kıvrım
säumen *v/t* (h) *-in* kenarını bastırmak/dikmek; *umranden*: kıvrımlamak, kenar geçirmek; *die Straßen* **~** yolun iki tarafına dizilmek
Sauna *f* (-; -nen) Fin hamamı, sauna; *in die* **~** *gehen* saunaya gitmek
Säure *f* (-; -n) *Kim.* asit
Saustall *m* domuz ağılı; *mec.* mezbele, pis yer
Saxophon *n* (-s; -e) saksofon
S-Bahn *f* banliyö treni, hızlı tren; *System*: banliyö sistemi; **~hof** *m* banliyö istasyonu
SC *kıs.* = ***Sportclub*** *m* spor kulübü
scannen *v/t* (h) *Cmp.* taramak
Scanner *m* (-s; -) tarayıcı
Schabe *f* (-; -n) *Zoo.* hamamböceği
schaben *v/t* (h) kazımak (**von** -den)
schäbig *sıf.* yırtık pırtık, eski püskü, pejmürde; *mec. az.* cimri, darkafalı
Schach *n* (-s; -s) satranç; **~!** şah!; **~ und matt!** şahmat!; *in* **~** *halten mec.* b-ini denetim altında tutmak; **~brett** *n* satranç tahtası; **~computer** *m* satranç bilgisayarı; **~figur** *f* satranç taşı; **2matt** *sıf.* şahmat; *mec.* yorgun, bitkin; F haşat; **~partie** *f* bir el satranç (oyunu)
Schacht *m* (-s; ⁓e) boşluk, çukur; *Bergbau*: *az.* kuyu
Schachtel *f* (-; -n) kutu; *Papp*2: *az.* karton; **~ Zigaretten** (bir) paket sigara
Schachzug *m* taş sürme, hamle (*az. mec.*)
schade *yükl. sıf.*: *es ist* **~** çok yazık;

488

wie **~!** ne yazık!; *zu* **~** *für -e veya* için çok yazık
Schädel *m* (-s; -) *Anat.* kafatası; **~bruch** *m* *Tıp* kafatası çatlaması/yarılması
schaden *v/i* (h) zarar vermek; *der Gesundheit* **~** sağlığa dokunmak; *das schadet nichts* bunun bir zararı yok/olmaz; *es könnte ihm nicht* **~** ona bir zararı dokunmazdı
Schaden *m* (-s; ⁓) zarar (*an D*-e); *özl. Tek.* arıza, bozukluk (*az. Tıp*); *Nachteil*: dezavantaj; *Ekon.* hasar; *j-m* **~** *zufügen* b-ne zarar vermek, b-ne kötülük etmek; **~ersatz** *m* tazminat *pl*; **~ersatz leisten** zararı tazmin etmek; **~freiheitsrabatt** *m* *Oto.* hasarsızlık indirimi; **~freude** *f* başkalarının uğradığı zarara sevinme, *mec.* komşuya gülme; **~freude empfinden über** (A) *-e* oh olsun demek; *voller* **~freude**, 2**froh** *bel.* hınzırca
Schadens|fall *m* hasar durumu; **~regulierung** *f* hasar tesviyesi
schadhaft *sıf.* bozuk; *mangelhaft*: kusurlu; *Haus vs.*: yıpranmış, harap; *Rohr vs.*: delik, çatlak; *Zähne*: çürümüş
schädigen *v/t* (h) *-e* hasar/zarar vermek
schädlich *sıf.* zararlı, *-e* dokunur; *gesundheits*~: *az.* sağlığa zarar verici
Schädling *m* (-s; -e) *Zoo.* zararlılar *pl*; **~sbekämpfung** *f* (-) zararlılarla mücadele; **~sbekämpfungsmittel** *n* zararlılarla mücadele ilacı; F böcek ilacı
Schadstoff *m* zararlı madde; *özl. Umwelt*: *az.* kirletici; 2**arm** *sıf.* *Oto.* düşük emisyonlu; 2**frei** *sıf.* *Oto.* zararlı madde çıkarmayan, emisyonsuz
Schaf *n* (-s; -e) koyun; **~bock** *m* (-s; ⁓e) koç
Schäfer *m* (-s; -) çoban; **~hund** *m* çoban köpeği
schaffen (h) **1.** *v/t* (schuf, geschaffen) *er*~: yaratmak; (schaffte, geschafft) *bewirken, bereiten*: *-e* neden olmak, meydana getirmek; *bewältigen*: *-in* üstesinden gelmek; *bringen*: götürmek; *es* **~** bşi yapabilmek; *Erfolg haben*: *az.* başarmak; *das wäre geschafft* başardık (*veya* yaptık) sayılır;

2. v/i (schaffte, geschafft); **j-m zu ~ machen** b-ni (çok) üzmek; **sich zu ~ machen an** (D) unbefugt: bşi kurcalamak

Schaffner m (-s; -), **~in** f (-; -nen) biletçi; kondüktör

Schafskäse m beyaz peynir

schal sıf. Getränk: yavan, bayat

Schal m (-s; -s, -e) şal; Woll♀: yün boyun atkısı

Schale f (-; -n) kâse, çanak; Eier♀, Nuss♀ vs.: kabuk

schälen (h) **1.** v/t (-in kabuğunu) soymak; **2.** v/refl Haut: soyulmak

Schall m (-s; -e, ⁻e) ses; **~dämpfer** m (-s; -) susturucu; **♀dicht** sıf. ses geçirmez

schallend sıf.: **~es Gelächter** kahkaha tufanı

Schallgeschwindigkeit f ses hızı; **mit doppelter ~** ses hızının iki katı

Schall|mauer f (-) ses duvarı; **~platte** f plak; **~welle** f ses dalgası

schalten (h) **1.** v/i El., Tek. çevirmek (auf A -e); Oto. vites değiştirmek; F mec. anlamak, F çakmak; **in den dritten Gang ~** üçüncü vitese almak; **2.** v/t Tek. (şalteri) çevirmek/ kaldırmak; El. Verbindung herstellen: devreyi kapatmak, F açmak

Schalter m (-s; -) Bank: vezne; Post vs.: gişe; Hava. masa; El. şalter; **~beamte** m gişe (Demiryol. bilet) memuru; **~schluss** m (-es) gişe/vezne kapanış saatleri; **~stunden** pl gişe/vezne saatleri

Schalt|hebel m Oto. vites kolu; **~jahr** n artık yıl; **~tafel** f El. dağıtım tablosu, kumanda panosu; **~uhr** f kronometre; **~ung** f (-; -en) Oto. vites değiştirme; El. devre, bağlanma

Scham f (-) utanma, ar; **~bein** n Anat. çatı kemiği

schämen v/refl (h) utanmak (G, **wegen** -den); **du solltest dich** (**was**) **~!** (biraz) utanman gerekir!

Scham|gefühl n ar, utanma duygusu; **~haare** pl edep yeri kılları; **♀haft** sıf. utangaç; **♀los** sıf. utanmaz, arsız; **unanständig**: edepsiz; **~losigkeit** f (-) arsızlık; edepsizlik

Schand|e f (-) ayıp, rezalet; **j-m ~e machen** b-nin yüzkarası olmak; b-ni çok utandırmak; **~fleck** m Anblick: göze çirkin görünen yer, yüz karası

scharf 1. sıf. keskin (az. mec.); Fot. az. net; deutlich: açık; Hund: ısırgan, saldırgan; Munition: hakiki; Gastr. acı; erregt: heyecanlı, aufreizend: az. kışkırtıcı, iç gıdıklayıcı; **~ sein auf** (A) -e can atmak; özl. sexuell: b-ne göz koymak; F **~e Sachen** pl sert içkiler; **2.** bel.: **~ bremsen** Oto. keskin fren yapmak; **~ einstellen** Fot. netlik ayarı yapmak; **~ nachdenken** iyice düşünmek

Schärfe f (-) keskinlik; sertlik; acılık

schärfen v/t (h) bilemek, keskinleştirmek (az. mec.)

Scharlach m (-s) Tıp kızıl (hastalığı); **♀rot** sıf. erguvani

Scharnier n (-s; -e) Tek. reze, menteşe

Scharte f (-; -n) kertik, çentik

Schaschlik m, n (-s; -s) şiş kebabı

Schatt|en m (-s; -) gölge (az. mec.); nicht Licht od. Sonne: gölgelik; **im ~en** gölgede; **~enkabinett** n Pol. gölge kabine; **♀ig** sıf. gölge

Schatz m (-es; ⁻e) hazine, gömü; mec. birtanem

schätz|en v/t (h) ... olarak tahmin etmek; Wert az. bşe (değer) biçmek (**auf** A olarak); zu **~en wissen**: takdir etmek; hoch**~en** b-ne saygı duymak; F vermuten: sanmak; **♀preis** m takdir fiyatı; **♀ung** f (-; -en) tahmin; takdir; **♀wert** m takdir/tahmin değeri

Schau f (-; -en) gösteri, şov (az. TV); sergi; **zur ~ stellen** sergilemek, göstermek

Schauder m (-s; -) ürperti, titreme; **♀haft** sıf. tüyler ürpertici, dehşetli; **♀n** v/i (h) ürpermek, titremek (**vor** D -den)

schauen v/i (h) bakmak (**auf** A -e)

Schauer m (-s; -) Regen♀ vs.: sağanak; Schauder: ürperme, titreme; **♀lich** sıf. dehşetli, korkunç

Schaufel f (-; -n) kürek; Kehr♀: faraş; **♀n** v/t (h) küremek; graben: kazmak

Schaufenster n vitrin; **~bummel** m: **e-n ~bummel machen** vitrin gezintisi yapmak, vitrinlere bakarak gezmek

Schaukel f (-; -n) salıncak; **♀n** (h) **1.** v/i sallanmak (az. Boot -s, -); **2.** v/t sallamak; **~stuhl** m sallancaklı koltuk

Schaulustige pl meraklı seyirciler pl

Schaum *m* (-s; ≈e) köpük
schäumen *v/i* (h) köpürmek (*az. mec.*)
Schaum|gummi *m* (-s; -) lastik sünger; **≈ig** *sıf.* köpüklü
Schau|platz *m* olayın geçtiği yer; sahne; **~prozess** *m Huk.* propaganda amaçlı açık dava
schaurig *sıf. unheimlich:* tüyler ürpertici, müthiş; *grässlich:* korkunç, iğrenç
Schauspiel *n Tiy.* oyun; *mec.* görülecek şey, büyük gösteri; **~er** *m* oyuncu, aktör; **~erin** *f* (-; -nen) aktris; **~schule** *f* tiyatro okulu
Schausteller *m* (-s; -) teşhirci, gösterici, pazarcı
Scheck *m* (-s; -s) çek (*über A* -lik); **~betrug** *m* çek sahtekârlığı; **~betrüger** *m* çek sahtekârı; **~buch** *n* çek defteri/karnesi; **~gebühr** *f* çek ücreti; **~heft** *n* çek defteri; **~karte** *f* çek kartı
scheffeln *v/t* (h) *Geld* yükünü tutmak, para kesmek/toplamak
Scheibe *f* (-; -n) disk; *Brot vs.:* dilim; *Fenster≈:* cam; *Schieß≈:* hedef (disk); **~nbremse** *f Oto.* diskli fren; **~nwaschanlage** *f Oto.* cam yıkayıcısı; **~nwischer** *m Oto.* cam sileceği, silecek
Scheid|e *f* (-; -n) kın; *Anat.* vajina; **≈en** (schied, geschieden) **1.** *v/t* (h) *Ehe* boşamak; *sich* **≈en** *lassen* boşanmak (*von j-m* b-nden); **2.** *v/i* (sn): **≈en** *aus Amt vs.:* -den çekilmek, -den ayrılmak; **~ung** *f* (-; -en) boşa(n)ma; *die* **~ung** *einreichen* boşanma davası açmak
Schein¹ *m* (-s; -e) *Bescheinigung:* belge; *Formular:* form (dilekçe); *Geld≈:* banknot
Schein² *m* (-s) *Licht≈:* ışık; *mec.* (dış) görünüş; **et.** *(nur) zum* **~** *tun* bşi (sırf) göstermelik yapmak; **≈bar** *sıf.* görünen, görünürdeki; **≈en** *v/i* (schien, geschienen, h) ışık vermek, parıldamak; *mec.* görünmek, b-ne ... gibi gelmek; **~firma** *f* paravan firma; F naylon firma, **~heilig 1.** *sıf.* ikiyüzlü, sahte (dindar); **2.** *bel.:* F **≈heilig tun** ikiyüzlü davranmak; **~werfer** *m* (-s; -) *Oto.* far; *Tiy.* spot (lamba), projektör, ışıldak
Scheiß|... V lanet ...; V bok ...; **~e** *f* (-)

V bok, pislik (*az. mec.*); **≈en** *v/i* (schiss, geschissen, h) V sıçmak
Scheitel *m* (-s; -) saç ayırma çizgisi
scheitern *v/i* (sn) boşa çıkmak, başarmamak
Schelle *f* (-; -n) çıngırak
Schellfisch *m* mezgit (balığı)
Schema *n* (-s; -s, -ta) şema, örnek; **≈tisch** *sıf. Arbeit vs.:* şematik, mekanik
Schemel *m* (-s; -) tabure
Schenkel *m* (-s; -) *Anat. Ober≈:* but, uyluk; *Unter≈:* baldır
schenk|en *v/t* (h) armağan/hediye etmek (*zu* için); *Huk.* bağışlamak, hibe etmek (*D* -e); **≈ung** *f* (-; -en) *Huk.* bağışlama, hibe; **≈ungssteuer** *f* intikal vergisi; **≈ungsurkunde** *f* bağışlama senedi
Scherbe *f* (-; -n), **~n** *m* (-s; -) cam *vs.* kırığı
Schere *f* (-; -n) makas
scheren¹ *v/t* (schor, geschoren, h) *Schaf* kırkmak; *Haare* kesmek; *Hecke* budamak
scheren² *v/refl* (h): *sich nicht ~ um ...* ile zerre kadar ilgilenmemek; *scher dich zum Teufel!* cehenneme kadar yolun var!
Scherereien *pl* üzüntü *sg*, zahmet *sg*
Scherz *m* (-es; -e) şaka; *im* (*zum*) **~** şaka(cık)dan, şaka olsun diye; **≈en** *v/i* (h) takılmak, gülmek (*über A* -e); **≈haft 1.** *sıf.* şakacı, eğlendirici; **2.** *bel.:* **≈haft gemeint** şakaydı
scheu *sıf.* çekingen, tutuk, utangaç; *ängstlich:* ürkek, korkak; **~en** (h) **1.** *v/t. keine Kosten* (*Mühe*) **~en** hiçbir masraftan (zahmetten) kaçınmamak/çekinmemek; **2.** *v/refl:* *sich* **~en**, *et. zu tun* bşi yapmaktan çekinmek/korkmak
Scheune *f* (-; -n) çiftlik ambarı, samanlık
scheußlich *sıf.* berbat; *Verbrechen:* iğrenç, canavarca, menfur
Schicht *f* (-; -en) tabaka; *Farb≈ vs.:* kat; *dünne* **~:** film tabakası; *Arbeits≈:* vardiya, posta; *Gesellschafts≈:* kesim, sınıf; **~arbeit** *f* (-; -) vardiya işi; **~arbeiter** *m* vardiya işçisi; **~dienst** *m* (-s) vardiya iş sırası; **≈en** *v/t* (h) katlamak, istif etmek, yığmak; **~wechsel** *m* vardiya değişimi;

~weise *bel.* kat kat; *arbeiten*: vardiya
schick *sıf.* şık, zarif
Schick *m* (-s) şıklık, zarafet, zariflik
schicken *v/t* (h) göndermek (**nach**, **zu** -e)
Schickeria *f* (-) F züppeler *pl*, jet sosyete
Schicksal *n* (-s; -e) kader, yazgı; *Los*: talih, kısmet
Schiebedach *n Oto.* açılır tavan
schieben *v/t* (schob, geschoben, h) itmek (**in** *A* -e)
Schieber *m* (-s; -) *Tek.* sürgü, sürme
Schiebetür *f* sürme kapı
Schiebung *f* (-; -en) *Ekon.* karaborsa, vurgun; *Spo.* şike; *geheime Absprache*: danışıklı oyun, iltimas, hileli iş
Schieds|gericht *n* hakem mahkemesi; *Spo. vs.*: hakem kurulu; **~richter** *m* hakem kurulu üyesi; *Fußball vs.*: hakem; **~spruch** *m* hakem (kurulu) kararı; **~verfahren** *n* tahkim usulü
schief *sıf.* eğri; *schräg*: çarpık; *Turm vs.*: yatık; *mec. Bild, Vergleich*: yanlış; **~ gehen** ters gitmek, yürümemek
schielen *v/i* (h) *-in* gözü şaşı olmak
Schienbein *n Anat.* baldır kemiği
Schiene *f* (-; -n) *Demiryol. vs.* ray; *Tıp* süyek, kırık tahtası; **~n** *v/t* (h) *Tıp* süyeğe (*veya* kırık tahtasına) koymak; **~nverkehr** *n* demiryolu trafiği
Schieß|bude *f* atış barakası; **~en** (schoss, geschossen, h) **1.** *v/i* ateş etmek, kurşun sıkmak (**auf** *A* -e); **2.** *v/t Tor* atmak; **~erei** *f* (-; -en) silahlı çatışma; **~scheibe** *f* hedef levhası, nişan(gâh); **~stand** *m* atış yeri, poligon
Schiff *n* (-s; -e) *Gemi.* gemi; *Mimar. Mittel*~: ana kısım, sahın; *Seiten*~: yan kısım/sahın; **~bar** *sıf.* gemiciliğe elverişli; **~bau** *m* (-s) gemi yapımı
Schiffbruch *m* deniz kazası; kaza (*az. mec.*): **~ erleiden** karaya oturmak; *mec.* bocalamak; **~ erleiden mit** ile başarısızlığa uğramak
Schiff|brüchige *m, f* (-n; -n) kazazede; **~fahrt** *f* (-) gemicilik, denizcilik; **~schaukel** *f* kayık salıncak
Schiffs|ladung *f* gemi yükü; *Frachtgut*: navlun; **~reise** *f* gemi yolculuğu/ seyahati
Schikan|e *f* (-; -n) *az. pl* zorluk(lar *pl*), güçlük(ler *pl*); **aus reiner ~e** ta-
mamen inadına; **~ieren** *v/t* (h) *-e* zorluk çıkarmak, *-e* eziyet etmek
Schild *n* (-s; -er) *gnl.* levha; *Oto.* plaka; *Namens*~, *Firmen*~ *vs.*: tabela; **~drüse** *f Anat.* kalkanbezi, tiroit
schilder|n *v/t* (h) anlatmak; *anschaulich*: *az.* tasvir etmek; **~ung** *f* (-; -en) anlatım, tasvir; *sachliche*: rapor
Schildkröte *f* kaplumbağa; *Land*~: *az.* kara kaplumbağası
Schilf *n* (-s; -e) kamış(lık), saz(lık)
schillern *v/i* (h) pırıldamak, harelenmek; **~d** *sıf.* yanardöner; *mec.* güvenilmez
Schilling *m* (-s; -e) Şilin
Schimmel[1] *m* (-s; -) *Zoo.* kır at
Schimm|el[2] *m* (-s) küf; **~eln** *v/i* (h) küflenmek, küf tutmak; **~lig** *sıf.* küflü
Schimmer *m* (-s; -) (hafif) ışık, (*az. mec.*), pırıltı; *mec. az.* iz, eser, miktar; **~n** *v/i* (h) pırıldamak, ışımak
Schimpanse *m* (-n; -n) şempanze
schimpf|en (h) **1.** *v/i*: küfretmek, sövmek (**auf** *A*, **über** *A* -e); **mit j-m ~en** → **2**; **2.** *v/t*: *j-n* **~en** b-ni paylamak, azarlamak; **~wort** *n* (-s; ~er, -e) küfür, sövgü
Schindel *f* (-; -n) (çatı) padavra(sı)
schinde|n *v/refl* (schindete, geschunden, h) köle gibi çalışmak; **~rei** *f* (-; -en) yorucu iş, angarya
Schinken *m* (-s; -) jambon
Schirm *m* (-s; -e) *Regen*~: şemsiye; *Sonnen*~: güneş şemsiyesi; *Fernseh*~ ekran; *Schutz*~ *vs.*: paravana; *Lampen*~: abajur; *Glocke*: lamba karpuzu; **~herr** *m* koruyucu, hami; **~herrschaft** *f* himaye, koruma; **unter der ~herrschaft von** *-in* himayesinde, *-in* desteği altında; **~ständer** *m* şemsiyelik
Schlacht *f* (-; -en) (meydan) savaş(ı) (**bei** -de); **~en** *v/t* (h) (hayvan) kesmek, boğazlamak; **~feld** *n Ask.* savaş alanı; **~hof** *m* mezbaha, kesimevi; **~plan** *m mec.* eylem/çalışma planı; **~schiff** *n* savaş gemisi
Schlaf *m* (-s) uyku; **e-n leichten (festen) ~ haben** *-in* uykusu hafif (derin) olmak; **~anzug** *m* → **Pyjama**
Schläfe *f* (-; -n) *Anat.* şakak
schlafen *v/i* (schlief, geschlafen h) uyumak; **~ gehen**, **sich ~ legen**

schlaff

yatağa/yatmaya gitmek, yatmak; → *fest²*
schlaff *sıf.* gevşek (*az. mec.*); *Haut, Muskeln vs.*: sarkık, pörsük; *kraftlos*: cansız, güçsüz; (*ver*)*weich*(*licht*): yumuşak
Schlaf|gelegenheit *f* yatacak yer; **~lied** *n* ninni; **♀los** *sıf.* uykusuz; **~losigkeit** *f* (-) uykusuzluk, *Tıp* uyku yitimi; **~mittel** *n* Tıp uyku ilacı
schläfrig *sıf.* uykulu
Schlaf|saal *m* yatakhane; **~sack** *m* uyku tulumu; **~tablette** *f* Tıp uyku hapı; **~wagen** *m* Demiryol. yataklı vagon; **~zimmer** *n* yatak odası
Schlag *m* (-s; ⁺e) *gnl.* vuruş, darbe (*az. mec.*); *mit der Hand*: tokat; *Faust♀*: yumruk; *Tıp* inme, felç; *Uhr♀* çalma; *Blitz♀*: düşme; *Tennis*: smaç; *El.* çarpma (*az. mec.*); *Herz, Puls*: atış; *leichter ~*: tıkırtı, hafif vuruş; *Schläge pl* dayak *sg*; **~ader** *f Anat.* şahdamarı; **~anfall** *m Tıp* beyin kanaması; **♀artig 1.** *sıf.* ani; **2.** *bel.* birdenbire, ansızın; **~baum** *m* bariyer; **~bohrer** *m Tek.* vurmalı matkap
schlagen (schlug, geschlagen) **1.** *v/t* (h) vurmak, *wiederholt*: dövmek (*az.* Eier); *besiegen*: yenmek; *Nagel* çakmak (*in A* bye); **sich ~** çarpışmak, dövüşmek (*um* için/uğruna); **sich geschlagen geben** pes etmek; **2.** *v/i* (h) *Herz, Puls*: çarpmak, atmak; *Uhr.* çalmak; **nach j-m ~** b-ne vurmaya çalışmak; *mec.* b-ne çekmek/ benzemek; *um sich ~* sağa sola saldırmak; (sn): *mit dem Kopf ~ an* (*A*) *od. gegen* kafasını bye vurmak; **3.** *v/refl* (h): *sich gut ~* k-ni iyi (*stärker*. pahalıya) satmak
Schlager *m* (-s; -) *Müz.* pop şarkısı, *Erfolgs♀*: sevilen/tutulan şarkı; *Ekon.* rağbet gören mal, F çok satan mal
Schläger *m* (-s; -) *Tennis vs.*: raket; *Golf*: (golf) sopa(sı); *Person*: kavgacı; **~ei** *f* (-; -en) çatışma, çarpışma, dövüş
schlagfertig *sıf.* hazır cevap; **~e Antwort** esprili karşılık/yanıt
Schlag|instrument *n Müz.* vurmalı çalgı; **~loch** *n* yol çukuru; **~sahne** *f* kremşanti; **~seite** *f Gemi.* yan yatma; **~seite haben** yan yatmak; F *Person*: yalpalamak; **~stock** *m* cop, sopa;

492

~wort *n* (-s; -e) parola, slogan; **~zeile** *f* manşet; **~zeilen machen** manşet olmak, ün yapmak; **~zeug** *n Müz.* bateri; **~zeuger** *m* (-s; -) *Müz.* baterist
Schlamm *m* (-s; -e, ⁺e) çamur; **♀ig** *sıf.* çamurlu
Schlamp|e *f* (-; -n) pasaklı (karı), sürtük; **♀ig** *sıf.* pasaklı
Schlange *f* (-; -n) *Zoo.* yılan; *Menschen♀, Auto♀*: kuyruk; **~ stehen** kuyrukta beklemek (*nach, um* bş için)
schlängeln *v/refl* (h) *Fluss, Weg vs.*: dolanmak; *sich ~ durch Person*: (kalabalık)tan kıvrıla kıvrıla geçmek
Schlangenlinie *f* kıvrım; *in ~n fahren* (arabayla) yalpalamak
schlank *sıf.* ince (boylu); **~ machen** *Kleid vs.*: b-ni ince göstermek
Schlankheitskur *f.* **e-e ~ machen** zayıflama kürü/perhizi yapmak
schlau *sıf. klug*: akıllı, zeki; *listig*: kurnaz, açıkgöz
Schlauch *m* (-s; ⁺e) tulum, kırba; *zum Spritzen*: hortum; **~boot** *n* şişirme bot
Schlaufe *f* (-; -n) ilmik, fiyonk
schlecht *sıf.* kötü; *Qualität, Leistung vs.*: *az.* adi; *mir ist ~* fenalaştım; *mir wird ~* fenalaşıyorum; **~** (*krank*) *aussehen* fena (hasta) görünmek; *sich ~ fühlen* k-ni kötü hissetmek; **~ gelaunt** keyfi kötü; *j-n ~ machen v/t* b-ni (arkasından) çekiştirmek, karalamak, kötülemek; **~ werden** *Fleisch vs.*: bozulmak, kokmak; *es geht ihm ziemlich ~ gesundheitlich*: (sağlık) durumu oldukça kötü; *finanziell*: mali durumu çok kötü
Schlechtwetterperiode *f* kötü hava dönemi
schleichen *v/i* (schlich, geschlichen, sn) sürünmek (*az. mec.*); sessizce yaklaşmak, yavaşça sokulmak; **♀weg** *m* gizli yol; **♀werbung** f örtülü/kamufle reklam; *für et.* **♀werbung machen** bşin örtülü reklamını yapmak
Schleier *m* (-s; -) örtü, perde (*az. mec.*); *Dunst*: *az.* pus, ince sis; **♀haft** *sıf.*: *das ist mir* (*völlig*) **♀haft** bu benim için (tamamen) anlaşılmaz bir şey/durum
schleifen¹ *v/t* (schliff, geschliffen) h)

bilemek; *Edelsteine, Glas* kesmek, yontmak

schleifen² (h) **1.** *v/t* sürü(kle)mek (*az. mec. j-n*); **2.** *v/i* sürünmek (*am Boden* yerde); *reiben*: sürt(ün)mek (*an D* -e); *die Kupplung* ~ *lassen* Oto. debriyajı sürtmek

Schleim *m* (-s; -e) sümük, balgam; *Fizy. az.* mukus; ~**haut** *f Anat.* mukoza; **♀ig** *sıf.* sümük gibi (*az. mec.*); sümüksel

schlemme|n *v/i* (h) (tadını çıkararak) doyasıya yemek, gezip dolaşmak **♀r** *m* (-s; -) gurme; **♀rei** *f* (-) zevkle yiyip içme; **♀rlokal** *n* gurme lokantası

schlendern *v/i* (sn) yavaş yavaş dolaşmak, gezip dolaşmak

schlepp|en (h) **1.** *v/t* sürüklemek (*az. mec. j-n*); *Gemi., Oto.* (yedekte) çekmek; **2.** *v/refl* güçlükle ilerlemek; *Sache*: uzayıp gitmek, uzamak, uzun sürmek; ~**end** *sıf.* träge: ağır, yavaş (*beide az. Ekon.*); *ermüdend*: usandırıcı, yorucu; *Redeweise*: ağır; **♀er** *m* (-s; -) *Oto.* traktör; *Gemi.* yedekçi gemisi, römorkör; F *Kundenwerber.* çığırtkan; **♀lift** *m* teleski

Schleuder *f* (-; -) *Trocken♀*: santrifüjlü kurutma makinesi; **♀n** (h) **1.** *v/t* fırlatmak, atmak, savurmak (*az. mec.*); *Wäsche* sıkmak; **2.** *v/i* (*az.* sn) *Oto.* patinaj yapmak; *ins* ~*n kommen* kaymak, yoldan çıkmak; ~**preis** *m* damping fiyat; ~**sitz** *m* Hava. fırlar koltuk

schleunigst *bel.* derhal, F çabucak

Schleuse *f* (-; -n) savak; *Kanal♀*: yükseltme havuzu

schlicht *sıf.* sade, süssüz, basit; ~**en** (h) **1.** *v/t* arabulmak, uzlaştırmak; **2.** *v/i* arabuluculuk yapmak (*zwischen D* arasında); **♀er** *m* (-s; -) arabulucu; **♀ung** *f* (-) uzlaştırma, arabulma

schließen (schloss, geschlossen, h) **1.** *v/i* kapanmak; **2.** *v/t* kapa(t)mak; *beenden*: bitirmek; ~ *aus* bşden anlam/sonuç çıkarmak; *nach ... zu* ~ -e göre

Schließfach *n Demiryol. vs.* kilitli dolap; *Bank♀*: banka kasası; *Postfach*: posta kutusu

schließblich *bel.* en son(unda); *am Ende*: sonunda, nihayet; *immerhin*: ne de olsa

Schliff *m* (-s; -e) *von Edelsteinen, Glas*: kesim, yontma

schlimm *sıf.* kötü, fena; *furchtbar*: berbat; *das ist nicht* (*od. halb so*) ~ pek (o kadar) vahim değil; *das* **♀e** *daran* bunda kötü olan; ~**stenfalls** *bel.* en kötü/olumsuz durumda

Schling|e *f* (-; -n) ilmik (halkası); *zuziehbare*: bağ; *Tıp* askı; *den Arm in der* ~*e tragen* kolu askıda durmak; **♀en** (schlang, geschlungen, h) **1.** *v/t Schal vs.* sarmak (*um* -e); *Arme* sarmak (*um j-s Hals* b-nin boynuna); **2.** *v/refl*: *sich* **♀en** *um* -e sarılmak; **♀ern** *v/i* (h) *Gemi.* yalpalamak; ~**pflanze** *f* sürüngen bitki

Schlips *m* (-es; -e) boyunbağı, kravat

Schlittschuh *m* paten; ~ *laufen* patinaj yapmak

Schlitz *m* (-es; -e) yarık; *Hosen♀*: yırtmaç, fermuar yeri; *Einwurf♀*: delik, para atma deliği

Schloss *n* (-es; ~er) kilit; *Bau*: saray, şato; *ins* ~ *fallen Tür.* aniden kapanmak; *hinter* ~ *und Riegel sitzen* hapiste yatmak

Schlosser *m* (-s; -) tesviyeci

Schloss|park *m* şato (*veya* saray) bahçesi; ~**ruine** *f* şato yıkıntısı/harabesi

schlottern *v/i* (h) sallanmak, titremek (*vor D* -den); F *Hose vs.*: sarkmak

Schlucht *f* (-; -en) dağ geçidi, boğaz; *große*: derin vadi

schluchzen *v/i* (h) hıçkıra hıçkıra ağlamak, hıçkırmak

Schluchzer *m* (-s; -) hıçkırık

Schluck *m* (-s; -e) yudum; *kleiner*. F fırt; *großer*. F çekim; ~**auf** *m* (-s): *e-n* ~*auf haben* b-ni hıçkırık tutmak

schlucken (h) **1.** *v/t* yutmak *az. Betrieb vs.*, F *Geld; glauben*: inanmak; F yemek; *Tadel vs.* sineye çekmek; *Schall vs.* emmek, yutmak; F *Benzin* su gibi içmek; **2.** *v/i* yutmak

Schluckimpfung *f Tıp* ağızdan aşı

schlüpfen *v/i* (sn) girmek (*in A* -e); çıkmak (*aus* -den); *Zoo.* (yumurtadan) çıkmak

Schlüpfer *m* (-s; -) külot

schlüpfrig *sıf.* kaygan; *mec.* güvenilmez, kaypak

schlürfen *v/t ve v/i* (h) höpürdetmek; *mit Genuss*: yudumlamak

Schluss *m* (-es; ⸚e) son; *Ab⸗, ∼folgerung*: sonuç; *e-s Films vs.*: son; **∼ machen** bitirmek; *sich trennen*: ayrılmak; **∼ machen mit** *et.*: bşi bitirmek, bşe son vermek; **zum ∼** son olarak; **(ganz) bis zum ∼** (tamamen) sonuna kadar; **∼ für heute!** bugünlük (bu kadar) yeter!; **∼bilanz** *f Ekon.* (yıllık) kapanış bilançosu
Schlüssel *m* (-s; -) anahtar (*für, zu* -in, *az. mec.*); **∼bein** *n Anat.* köprücük kemiği; **∼bund** *m, n* (-s; -e) anahtarlar *pl*; **∼dienst** *m* çilingir (servisi); **∼industrie** *f* ana sanayi (dalları *pl*); **∼loch** *n* anahtar deliği; **∼stellung** *f* kilit mevkii/konum
Schlussfolgerung *f* sonuç, çıkarım
schlüssig *sıf. Beweis vs.*: inandırıcı, kesin; **sich ∼ werden** karara varmak (*über A* hakkında)
Schluss|kurs *m Ekon.* kapanış kuru/fiyatı; **∼licht** *n Oto. vs.* arka lamba; **∼notierung** *f Ekon.* kapanış kaydı; **∼pfiff** *m* bitiş düdüğü; **∼phase** *f* son aşama; **∼verkauf** *m Ekon.* mevsim sonu satışı
schmackhaft *sıf.* lezzetli
schmal *sıf.* dar; *Hüften vs.*: ince
schmälern *v/t* (h) *Verdienst vs.* azaltmak, değerinden düşürmek
Schmal|film *m* 16 milimetrelik dar film; **∼spurbahn** *f* dar hatlı demiryolu
Schmalz¹ *n* (-es; -e) eritilmiş yağ
Schmalz² *m* (-es) F ucuz duygusallık
schmalzig *sıf.* F ucuz duygusal
schmarotzen *v/i* (h) otlakçılık etmek, geçinmek (*bei* b-nden)
Schmarotzer *m* (-s; -) *Bot., Zoo.* asalak; *mec. az.* V otlakçı, F bedavacı
schmatzen *v/i* (h) şapırdatarak yemek
schmecken *v/i* (h) **∼ nach ...** tadında olmak; *gut* (*schlecht*) **∼** bşin tadı iyi (kötü) olmak; (*wie*) **schmeckt dir ...?** ...*-in* tadı nasıl? (*az. mec.*); *es schmeckt süß* tatlı bir tadı var; *es schmeckt nach nichts* tadı hiç yok
Schmeich|elei *f* (-; -en) gönül okşama, F pohpohlama; **∼elhaft** *sıf.* gönül okşayıcı, F pohpohlayıcı; **∼eln** *v/i* (h) b-nin gönlünü okşamak, b-ne kompliman yapmak; **∼ler** *m* (-s; -)

dalkavuk, yüze gülen, F pohpohçu, komplimancı; **∼lerisch** *sıf.* yaltakçı, yılışkan
schmeißen (schmiss, geschmissen, h) F **1.** *v/t* fırlatıp atmak; **2.** *v/t:* **mit Geld um sich ∼en** parayı har vurup harman savurmak
Schmeißfliege *f Zoo.* mavisinek
schmelz|en (schmolz, geschmolzen) *v/i* (sn) erimek; *Schnee*: *az.* çözülmek; *v/t* (h) eritmek; *Metall az.* ergitmek; **∼käse** *m* eritme peynir
Schmerz *m* (-es; -en) acı (*az. mec.*), *anhaltender*: ağrı; *mec.* keder, üzüntü; **∼en haben** ağrı çekmek; **∼en** (h) **1.** *v/i* ağrımak (*az. mec.*), acımak; **2.** *v/t* ağrıtmak, acıtmak; *özl. mec.* b-ne acı vermek (*veya* çektirmek); **∼frei** *sıf.* ağrısız, sancısız; **∼haft** *sıf.* ağrılı, *mec.* zahmetli; **∼lich** *sıf.* üzücü, acıklı; **∼mittel** *n* ağrı ilacı; **∼los** *sıf.* ağrısız, acısız; zahmetsiz; **∼stillend** *sıf.* ağrı kesici
Schmetterling *m* (-s; -e) *Zoo.* kelebek
Schmied *m* (-s; -e) demirci; **∼eeisen** *n* (-s) dövme demir; **∼en** *v/t* (h) (çekiçle) dövmek; *Pläne vs.* kurmak, çevirmek, düzmek
schmiegen *v/refl* (h): *sich* **∼ an** (*A*) *-e* sokulmak; *den Körper vs. -e* yapışmak, *-e* (tıpatıp) oturmak
Schmier|e *f* (-; -n) *Tek.* gres yağı; **∼en** *v/t* (h) *Tek.* yağlamak; *Butter vs.* sürmek (*auf A* -e); *unsauber schreiben*: karalamak, çiziktirmek; F *j-n* **∼en** *-e* rüşvet vermek (*veya* yedirmek); **∼erei** *f* (-; -en) karalama; *an der Wand*: duvar yazıları *pl*; **∼geld** *n* rüşvet (parası); **∼ig** *sıf.* yağlı; *schmutzig*: pis, kirli; *unanständig*: açık saçık, çok pis; F *kriecherisch*: alçak, sırnaşık; **∼mittel** *n Tek.* yağlayıcı madde
Schminke *f* (-; -n) makyaj (*az. Tiy.*)
schminken (h) **1.** *v/refl* makyajını yapmak; *allgemein*: makyaj yapmak; **2.** *v/t:* **sich die Lippen ∼** dudaklarına ruj sürmek
schmollen *v/i* (h) b-ne gücenmek, b-ne surat asmak
Schmor|braten *m Gastr.* rosto, buğuda pişirilen et; **∼en** *v/t* (h) ağır ateşte pişirmek; *v/i* (h) ağır ateşte pişmek
Schmuck (-s) süs, ziynet, takı; *Zier-*

Schnüffler

de: süs(leme), dekor(asyon), tezyinat
schmücken *v/t* (h) süslemek
schmuck||los *sıf. schlicht*: sade, yalın; ⚄**stück** *n* süs, takı; *mec.* değerli şey, müstesna parça
Schmugg|el *m* (-s) kaçakçılık; ⚄**eln** (h) **1.** *v/t* kaçak sokmak; **2.** *v/i* kaçakçılık yapmak; **~elware** *f* kaçak mal; **~ler** *m* (-s; -) kaçakçı
schmunzeln *v/i* (h) bıyık altından gülmek, gülümsemek (*über A* -e)
schmusen *v/i* (h) F okşayıp sevmek (*mit j-m* b-ni); *Liebespaar*: sarılıp öpüşmek
Schmutz *m* (-es) kir, *stärker*: pislik *az. mec.*; **~fleck** *m* leke
schmutzig *sıf.* kirli; *stärker*: pis (*az. mec.*): **~ werden, sich ~ machen** kirlenmek, pislenmek
Schnabel *m* (-s; ̈-) *Zoo.* gaga, *özl. Krumm⚄*: tumşuk, kemerli gaga; F *halt den ~!* kapa gaganı!
Schnalle *f* (-; -n) toka
schnapp|en (h) **1.** *v/i*: **~en nach** (ağzıyla) bşi kapmaya çalışmak; *nach Luft ~en* soluk alamamak, zor solumak; **2.** *v/t* F *fangen*: enselemek; ⚄**schloss** *n* yaylı kilit; ⚄**schuss** *m Fot.* enstantane fotoğraf
Schnaps *m* (-es; ̈-e) rakı; (sert) içki; F *Alkohol*: içki; **~glas** *n* içki kadehi
schnarchen *v/i* (h) horlamak, horuldamak
Schnauz|bart *m* bıyık; **~e** *f* (-; -n) *Zoo.* ağız ve burun; F *Hava., Oto.* burun; V *Mund*: gaga, çene; *die ~e halten* çenesini/gagasını kapamak
Schnecke *f* (-; -n) *Zoo.* salyangoz; *Nackt⚄*: sümüklüböcek; **~nhaus** *n* salyangoz kabuğu; **~ntempo** *n*: *im ~ntempo* kaplumbağa hızıyla
Schnee *m* (-s) kar; **~ball** *m* kartopu; **~ballschlacht** *f* kartopu oyunu; **~ballsystem** *n* (-s) *Ekon.* zincirleme satış sistemi; ⚄**bedeckt** *sıf.* karla kaplı, *Bergspitze*: az. kar kaplı; **~fall** *m* kar yağışı; **~flocke** *f* kar lapası; **~gestöber** *n* (-s; -) kar fırtınası; **~glöckchen** *n* (-s; -) *Bot.* kardelen; **~grenze** *f* kar sınırı; **~ketten** *pl Oto.* kar zinciri; **~mann** *m* kardanadam; **~matsch** *m* (eriyen) kar çamuru; **~pflug** *m* (-s; ̈-e) *Tek.* kar temizleme makinesi; **~regen** *m* sulusepken kar;
~schaufel *f* kar küreği; **~sturm** *m* tipi; **~wehe** *f* (-; -n) kar yığıntısı, kürtün; ⚄**weiß** *sıf.* kar gibi, bembeyaz
Schneidbrenner *m* (-s; -) *Tek.* kesme hamlacı
Schneide *f* (-; -n) (keskin) taraf; ⚄**n** *v/t ve v/i* (schnitt, geschnitten, h) kesmek; (*e-n Film* filmin) kurgusunu/ montajını yapmak; → *Haar*
Schneider *m* (-s; -) terzi; *Damen⚄*: bayan terzisi; **~in** *f* (-; -nen) bayan terzi
Schneidezahn *m* kesicidiş
schneien *v/i* (h) kar yağmak
Schneise *f* (-; -n) *Wald⚄*: ağaçsız orman yolu; *Hava.* koridor
schnell 1. *sıf.* hızlı; *Auto vs.*: süratli; *Handeln, Antwort vs.*: az. ani; *Puls, Anstieg vs.*: *az.* hızla; **2.** *bel.*: *es geht ~* uzun sürmez, çabuk olur; (*mach*) *~!* acele et!
Schnell|gaststätte *f* hazır yiyecek lokantası; **~gericht** *n Gastr.* çabuk (hazırlanan) yemek; **~hefter** *m* telli dosya; **~igkeit** *f* (-) çabukluk; *Tempo*: hız, sürat; *az. Fiz.*; **~imbiss** *m* (sandviç vs.) büfe(si); **~kurs** *m* hızlı kurs; **~reinigung** *f* ekspres kuru temizleme; **~straße** *f Oto.* çift yönlü karayolu; **~zug** *m* ekspres
Schnitt *m* (-s; -e) kesim; *Durch⚄*: ortalama; *im ~* ortalama olarak; F *s-n ~ machen* bşden iyi para kazanmak, F bşden yolunu bulmak
Schnittblumen *pl* kesilmiş çiçekler
Schnitte *f* (-; -n) dilim; *belegte*: üstü açık sandviç
Schnitt|käse *m* dilim peyniri; **~stelle** *f Cmp. vs.*: arabirim, arayüz; **~wunde** *f* kesik, bıçak yarası
Schnitzel *n* (-s; -) *Gastr.* kotlet; *Wiener ~*: şnitsel
schnitzen *v/t* (h) (ağaç) oymak
Schnitzerei *f* (-; -en) ağaç oymacılığı, oymacılık
Schnorchel *m* (-s; -) şnorkel; ⚄**n** *v/i* (h) şnorkelle dalmak
schnorre|n *v/t ve v/i* (h) F dilenmek, dilenerek elde etmek (*bei* -den); ⚄**r** *m* (-s; -) F dilenci, V otlakçı
schnüff|eln *v/i* (h) koklamak (*an D* -i); F *mec.* her tarafı aramak, her yeri karıştırmak; ⚄**ler** *m* (-s; -) F burnunu

her yere sokan; *Detektiv*: hafiye, detektif
Schnuller *m* (-s; -) emzik
Schnulze *f* (-; -n) acılı şarkı/film
schnulzig *sıf*. acılı, gözyaşı dolu
Schnupfen *m* (-s; -) *Tıp* nezle; **e-n ~ haben (bekommen)** nezle olmak (nezleye yakalanmak)
Schnupftabak *m* enfiye
schnupper|n *v/t ve v/i* (h) koklamak (**an** *D* -i); ♀... *Kurs vs*.: tanıtım ...
Schnur *f* (-; ⁻e) ip, sicim; *El*. kordon
Schnür|chen *n*: **wie am ~chen** saat gibi; ♀**en** *v/t* (h) iple bağlamak
schnurgerade *bel*. dosdoğru, dümdüz
Schnurr|bart *m* (kaytan) bıyık; ♀**en** *v/i* (h) *Katze*: mırıldamak; *Motor*. hırıldamak
Schnür|schuh *m* bağcıklı ayakkabı; **~senkel** *m* (-s; -) ayakkabı bağcığı
schnurstracks *bel*. *direkt*: doğrudan doğruya; *sofort*: hemen
Schock *m* (-s; -s) şok (*az. Tıp*): **unter ~ stehen** şok geçiriyor olmak; ♀**en** *v/t* (h) F, ♀**ieren** *v/t* (h) şaşırtmak, şoke etmek
Schokolade *f* (-; -n) çikolata; **~n... *Keks vs*.:** çıkolatalı
Scholle *f* (-; -n) *Erd*♀: kesek; *Eis*♀: buz kütlesi; *Zoo*. dilbalığı
schon *bel*. artık, çoktan; *jemals*: hiç; *sogar* ~: hatta, bile; *in Fragen*: acaba; **~ damals** daha o zamanlar; **~ 1968** daha 1968 yılında; **~ der Gedanke ...** düşüncesi bile; **hast (bist) du ~ einmal ...?** sen hiç ... mi?; **ich warte ~ seit 20 Minuten** 20 dakikadır burada bekliyorum; **ich kenne ihn ~, aber** onu tanımasına tanıyorum, ama ...; **er macht das ~** o bunu yapar; **~ gut!** tamam tamam!, zararı yok!
schön 1. *sıf*. güzel (*az. Wetter*); *gut, angenehm, nett*: iyi, hoş (*az. alay*): (**na**), ~ pekala; **2.** *bel*.: **~ warm (kühl)** çok sıcak (serin); **ganz ~ teuer (schnell)** oldukça pahalı (hızlı); **j-n ganz ~ erschrecken (überraschen)** b-ni adamakıllı korkutmak (şaşırtmak)
schonen (h) **1.** *v/t* korumak, dikkatli kullanmak (*az. Tek*.); *j-n, j-s Leben*: b-ni (b-nin hayatını) bağışlamak; **2.** *v/refl* gücünü idareli kullanmak (**für** için); **~d 1.** *sıf*. özenli, nazik; *Mittel*

vs.: *az*. yumuşak; **2.** *bel*.: **~d umgehen mit** bşi dikkatli kullanmak; *Glas vs*. bşe dikkatli muamele etmek; *sparsam*: bşi idareli kullanmak
Schönheit *f* (-; -en) güzellik; **~spflege** *f* güzellik bakımı; **~ssalon** *m* güzellik salonu
Schonung *f* (-; -en) bakım; *Ruhe*: dinlenme; *Erhaltung*: koruma, saklama; *Bäume*: taze fidanlık
schonungslos *sıf*. acımasız
Schönwetter|lage *f* yüksek basınç bölgesi; **~periode** *f* iyi hava dönemi
schöpf|en *v/t* (h) (kepçeyle) almak, sağlamak, temin etmek; *aus e-m Brunnen*: su çekmek/almak; → **Luft, Verdacht**; **~erisch** *sıf*. yaratıcı, yaratan; ♀**ung** *f* (-; -en) yaratık, yaratı
Schorf *m* (-s; -e) *Tıp* yara kabuğu
Schornstein *m* baca; **~feger** *m* (-s; -) baca temizleyicisi
Schoß *m* (-es; ⁻e) kucak; *Mutterleib*: karın
Schote *f* (-; -n) *Bot*. tohum kabuğu, kapçık, F bezelye *vs*. kabuğu
Schotte *m* (-n; -n) İskoçyalı
Schotter *m* (-s; -) çakıl, kırma taş; *Demiryol*. balast
Schott|in *f* (-; -nen) İskoçyalı (kadın); ♀**isch** *sıf*. İskoçya(lı); *özl. ürünler*: İskoç, Skoç; **~land** *n* İskoçya
schräg 1. *sıf*. eğik, eğri, (yana) yatık, eğimli; *Linie vs*.: çapraz; **2.** *bel*.: **~ gegenüber** çarazlama karşısında; → **parken**
Schramme *f* (-; -n) yırtık, sıyrık, çizik; ♀**n** *v/t* (h) hafif yaralamak, sıyırmak
Schrank *m* (-s; ⁻e) dolap; *Wand*♀: gömme dolap
Schranke *f* (-; -n) bariyer, engel (*az. mec*.); *Demiryol*. geçit; *Huk*. sınır; **~n** *pl Grenzen*: sınırlar, bşin haddi *sg*; **~nwärter** *m Demiryol*. geçit bekçisi
Schrank|koffer *m* gardırop valiz; **~wand** *f* duvardan duvara dolap
Schraube *f* (-; -n) vida; ♀**n** *v/t* (h) vidalamak; **~nschlüssel** *m Tek*. vida/somun anahtarı; **~nzieher** *m* (-s; -) *Tek*. tornavida
Schraubstock *m* (-s; ⁻e) mengene
Schrebergarten *m* küçük bostan
Schreck *m* (-s; -e) korku; → **ein-**

Schuldige

jagen; **~en** *m* (-s; -) korku; *die ~en des Krieges* savaşın dehşeti; **~ensnachricht** *f* korkunç haber; *mec.* kara haber; ⚌**haft** *sıf.* ürkek, korkak, tavşan yürekli; ⚌**lich** *sıf.* korkunç; *stärker:* dehşet verici, dehşetli; *Mord vs.: az.* menfur, canavarca

Schrei *m* (-s; -e) bağırma; *lauter:* haykırış; feryat; *Angst*⚌: çığlık

Schreib|arbeit *f* yazı işi, masabaşında çalışma; *özl. unerwünschte:* kırtasiye işi; **~büro** *n* daktilo (işleri) bürosu

schreiben *v/t ve v/i* (schrieb, geschrieben, h) yazmak (*j-m* b-ne; *über A* bş hakkında); *tippen:* daktilo etmek; *j-m et.* **~** b-ne bş yazmak; *falsch* **~** bşi yanlış yazmak; *wie schreibt man ...?* ... nasıl yazılır?

Schreiben *n* (-s; -) yazı

schreib|faul *sıf.* (mektup) yazmaya üşenen; ⚌**fehler** *m* yazım yanlışı; ⚌**kraft** *f* daktilo(graf)

Schreibmaschine *f* daktilo, yazı makinesi; **~ schreiben** daktilo etmek; *mit der ~ geschrieben* daktilo edilmiş; **~npapier** *n* daktilo kâğıdı

Schreib|tisch *m* yazı masası; **~ung** *f* (-; -en) yazım; **~waren** *pl* kırtasiye *sg*; **~warengeschäft** *n* kırtasiyeci

schreien *v/i ve v/t* (schrie, geschrien, h) bağırmak; *lauter:* haykırmak; *kreischend:* çığlık atmak, feryat etmek (*um, nach* için); **~ vor Schmerz (Angst)** acıdan (korkudan) bağırmak; *es war zum* ⚌ çok komikti, çok güldük; **~d** *sıf. Farben:* frapan, göze batan; *Unrecht vs.:* apaçık

Schreiner *m* (-s; -) marangoz, doğramacı, dülger

schreiten *v/i* (schritt, geschritten, sn) (uzun adımlarla) yürümek; *mec.* **zu et. ~** bşe geçmek

Schrift *f* (-; -en) (el) yazı(sı), **~en** *pl Werke:* eserler, yapıtlar, b-nin yazıları; **~deutsch** *n* Almanca yazı dili; ⚌**lich** *sıf.* yazılı; *bel.* yazılı olarak; **~satz** *m Huk.* yazılı açıklama/beyan; **~steller** *m* (-s; -) yazar; **~verkehr** *m*, **~wechsel** *m* yazışma

schrill *sıf.* tiz (sesli); keskin, kulak tırmalayıcı

Schritt *m* (-(e)s; -e) adım (*az. mec.*); ⚌ **unternehmen** adımlar atmak; **~macher** *m* (-s; -) örnek alınan kişi; *Tıp* kalp pili; ⚌**weise** *bel.* adım adım, gittikçe, giderek

schroff *sıf. steil:* sarp, dik, yalçın; *zerklüftet:* uçurumlu, yarıklı; *mec.* sert, katı, sevimsiz; *krass:* keskin, aşırı

Schrot *m, n* (-s; -e) kaba un; *Gewehr*⚌: saçma; **~flinte** *f* av tüfeği; **~korn** *n* saçma tanesi; kaba öğütülmüş hububat

Schrott *m* (-s) hurda demir; F *zu ~ fahren* (arabayı) kazada hurda etmek

schrubben *v/t* (h) ovmak, fırçalayarak temizlemek, tahta silmek

schrumpfen *v/i* (sn) büzülmek, çekmek, küçülmek

Schub *m* (-s; ⨯e) *Fiz.* itme, itiş; *Tıp* evre, safha, *Anfall:* nöbet, kriz; **~fach** *n* çekmece; **~kraft** *f Fiz.* itme gücü; **~lade** *f* (-; -n) çekmece

Schubs *m* (-es; -e) F (dirsek) vuruş(u); ⚌**en** *v/t* (h) F iteklemek

schüchtern *sıf.* çekingen, utangaç; ⚌**heit** *f* (-) çekingenlik, utangaçlık

Schuft *m* (-s; -e) *hkr.* alçak (*veya* adi, namussuz) herif; ⚌**en** *v/i* (h) F eşek gibi çalışmak

Schuh *m* (-s; -e) ayakkabı, pabuç; *j-m et. in die ~e schieben* suçu b-nin üstüne atmak; **~creme** *f* ayakkabı boyası; **~geschäft** *n* ayakkabı dükkânı; **~löffel** *m* ayakkabı çekeceği; **~macher** *m* kunduracı, ayakkabıcı; **~putzer** *m* (-s; -) ayakkabı boyacısı

Schul|abgänger *m* (-s; -) okul mezunu; **~abschluss** *m* mezuniyet; **~bildung** *f* (-) öğrenim

Schuld *f* (-; -en) *Huk.*, **~gefühl**: suç; *Geld*⚌: borç; *j-m die ~ (an et.) geben* bşde suçu b-ne yüklemek; *es ist (nicht) deine ~* suç senin (değil); **~en haben** borcu olmak; **~en machen** borca girmek; → **zuschulden**; ⚌**bewusst** *sıf.*; ⚌**bewusste Miene** suçlu bakışlar *pl*; ⚌**en** *v/t* (h): *j-m et.* ⚌**en** b-ne bş(i) borçlu olmak; **~enberg** *m* borç yığını; ⚌**enfrei** *sıf.* borçsuz; *Grundbesitz:* ipoteksiz

Schuldienst *m* (-s): *im ~ sein* öğretmenlik yapmak

schuldig *sıf. özl. Huk.* suçlu (*an D* -den); *verantwortlich:* -den sorumlu; *j-m et.* **~ sein** b-ne bş borçlu olmak; → *bekennen*; ⚌**e** *m, f* (-n; -n) *Huk.*

Schuldigkeit

suçlu; *Verantwortliche*: sorumlu; **≈keit** f (-) borç, görev

schuld|los *sıf.* suçsuz, masum (*an D* -de); **≈ner** m (-s; -) borçlu; **≈schein** m borç senedi

Schule f (-; -n) okul (*az. mec.*): **höhere ~** ortaokul ve lise; **auf/in der ~** okulda; **in die/zur ~ gehen** okula gitmek; **in die ~ kommen** okula başlamak; **die ~ fängt an um** okul -de başlıyor; **≈n** v/t (h) eğitmek, yetiştirmek

Schüler m (-s; -) öğrenci; **~austausch** m öğrenci değişimi

Schul|ferien pl okul tatili sg; **~jahr** n öğrenim/okul yılı; **~kamerad** m okul arkadaşı

schulpflichtig *sıf.*: **~es Kind** okul çağındaki çocuk

Schulter f (-; -n) omuz; → *klopfen* 1; **~blatt** n *Anat.* kürek kemiği; **≈frei** *sıf.* omuzları açık (giysi); *trägerlos*: askısız

Schul|ung f (-; -en) eğitim; *gezielt*: kurs; **~wesen** n (-s) okul sistemi

schummeln v/i (h) F hile yapmak

Schund m (-s) değersiz şeyler *pl*; çerçöp, süprüntü, döküntü

Schuppe f (-; -n) (balık *vs.*) pul(u); **~n** pl *Kopfhaut*: kepek *sg*

Schuppen m (-s; -) ufak kulübe; F *Lokal vs.*: disko

schüren v/t (h) canlandırmak (*az. mec.*), alevlendirmek

schürf|en v/i (h) aramak, taramak (*nach* -i); **≈wunde** f sıyrık (yarası)

Schurwolle f kuzu yünü

Schürze f (-; -n) önlük

Schuss m (-es; ⁔e) atış; *Spritzer*: tutam, yudum, az miktar; F sıkım; *Ski*: şos, frensiz iniş; **im ~ fahren** frensiz inmek; P *Droge*: atım, sıkım; **gut in ~ sein** formunda olmak

Schüssel f (-; -n) büyük kap/tas; *Servier≈*: çanak (*az.* F *Parabolantenne*); *Suppen≈*: kâse

Schuss|waffe f ateşli silah; **~wunde** f kurşun yarası

Schuster m (-s; -) kunduracı

Schutt m (-s) moloz, döküntü

Schüttel|frost m *Tıp* titreme nöbeti; **≈n** v/t (h) silkelemek, sallamak; **den Kopf ≈n** başını sallamak

schütten v/t (h) dökmek, boşaltmak

schütter *sıf. Haar*: seyrek, az, dökülmüş

Schutz m (-es) koruma (**gegen, vor** *D* e- karşı, -den), savunma (-e karşı); *Zuflucht*: -e sığınma (-den); *Vorsichtsmaßnahme*: (-e karşı) önlem, emniyet; *Deckung*: sığınak, siper; **~brief** m (koruma) kask(ı), (araba) sigorta belgesi; **~brille** f koruyucu gözlük

Schütze m (-n; -n) nişancı; *Tor≈*: golcü; *Astr.* yay burcu; **≈n** v/t (h) korumak (**gegen, vor** *D* e- karşı, -den); *sichern*: muhafaza etmek, saklamak

Schutz|engel m koruyucu melek; **≈maßnahme** f koruma tedbiri; **~heilige** m, f (-n; -n) aziz, evliya; **~helm** m (koruma) kask(ı), koruyucu miğfer; **~impfung** f *Tıp* koruyucu aşı; **~kleidung** f koruyucu elbise

Schützling m (-s; -e) koruma altındaki, korunan kişi

schutz|los *sıf.* korumasız; *wehrlos*: savunmasız; **≈maßnahme** f koruma önlemi; **≈umschlag** m (kitabın cildini koruyan) kapak, gömlek

schwach *sıf.* güçsüz (*az. mec.*); *Leistung, Augen, Gesundheit vs.*: zayıf; *Ton, Hoffnung, Erinnerung vs.*: cılız, donuk; *zart*: nazik, narin, hassas, ince; **schwächer werden** güçsüzleşmek, zayıflamak; *nachlassen*: azalmak

Schwäch|e f (-; -n) zayıflık, zaafiyet, *mec.* özel ilgi, zaaf; *özl. im Alter*: elden ayaktan düşme; *Nachteil, Mangel*: kusur, eksik, noksan, sakınca; **e-e ~e haben für** -e eğilimi/zaafı olmak; **≈n** v/t (h) zayıflatmak, zayıf düşürmek (*az. mec.*); *vermindern*: azaltmak; **≈lich** *sıf.* zayıf, cılız, çelimsiz; *zart*: nazik, narin, hassas, ince; **~ling** m (-s; -e) zayıf, güçsüz

schwach|sinnig *sıf. Tıp* geri zekâlı; F *hkr.* aptal, salak; **≈strom** m (-s) *El.* alçak gerilim, düşük voltaj

Schwager m (-s; ⁔) bacanak; enişte; kayınbirader

Schwägerin f (-; -nen) baldız; görümce; elti; yenge

Schwalbe f (-; -n) *Zoo.* kırlangıç; *Fußball*: artistik düşüş

Schwall m (-s; -e) akın, büyük dalga, *özl. mec.* az. tufan

Schwamm m (-s; ⁔e) sünger; *Bot.* mantar; *Haus≈*: ev süngeri, tahta

mantarı; ℒ**ig** *sıf.* sünger gibi; *Gesicht vs.*: şişkin; *vage*: belirsiz, bulanık
Schwan *m* (-s; ⁼e) kuğu
schwanger *sıf.* hamile, F gebe; *im vierten Monat* ~ dört aylık hamile
Schwangerschaft *f* (-; -en) gebelik, hamilelik; ~**sabbruch** *m* çocuk aldırma; ~**stest** *m* gebelik testi
schwank|en *v/i* (h) sallanmak, yalpalamak; *Preise*: değişmek; *Temperaturen vs.*: dalgalanmak; *mec.* ~**en zwischen** (*D*) ... *und* ... ... ile ... arasında kararsız kalmak; *Preise vs.*: ...*-den* ...*-e* değişmek; (sn) *wanken, torkeln*: sendelemek; ℒ**ung** *f* (-; -en) değişme, dalgalanma
Schwanz *m* (-es; ⁼e) *Zoo.* kuyruk (*az. Hava., Astr.*); V *Penis*: kamış
Schwarm *m* (-s; ⁼e) küme, oğul; *Menschen*ℒ *az.*: kalabalık, *Fisch*ℒ, *Vogel*ℒ: sürü; *Idol*: tapılan/sevilen kimse/şey; *du bist ihr* ~ o kız sana tapıyor, o kız seni çok seviyor
schwärmen *v/i* (h) *Bienen vs.*: kovanı terk etmek; ~ *für et.*: bşe bayılmak; *sich wünschen*: bşin hayalini kurmak; *j-n*: b-ne hayran olmak, b-ne tapmak; *verliebt sein*: b-ne çılgınca âşık olmak, F b-ne vurgun olmak; ~ *von erzählen*: bşi heyecanla anlatmak
schwarz 1. *sıf.* siyah; *mec.* kara; ~**es Brett** ilan tahtası, duyuru panosu; ~**e Zahlen schreiben** *Ekon.* pozitif bilançoyla çalışmak; ~ *sehen* bşi kötü görmek, bşde kötümser olmak (*für* için); ~ *auf weiß* yazılı olarak; **2.** *bel.* yasal olmayan, kanunsuz, yasak; *auf dem Schwarzmarkt*: karaborsa(da); ℒ**arbeit** *f* (-) kaçak iş/çalışma; ~**arbeiten** *v/i* (*ayr.,* -ge-, h) kaçak çalışmak; ℒ**arbeiter** *m* kaçak işçi; ℒ**brot** *n* siyah ekmek, çavdar ekmeği
Schwarze *m, f* (-n; -n) siyahi, F zenci; *die* ~*n pl* siyahlar, zenciler
schwarz|fahren *v/i* (*krldş., ayr.,* -ge-, sn, → *fahren*) biletsiz yolculuk yapmak; F kaçak gitmek; ℒ**fahrer(in** *f*) *m* biletsiz yolcu; ℒ**handel** *m* karaborsa; F el altı ticareti; *im* ℒ**handel** karaborsada; F el altından; ℒ**händler** *m* karaborsacı; *mit Karten*: bilet simsarı, karaborsa bilet satıcısı
schwärzlich *sıf.* siyahımsı
Schwarz|markt *m* karaborsa;

~**marktpreis** *m* karaborsa fiyatı; ℒ**sehen** *v/i* (*krldş., ayr.,* -ge-, h, → *sehen*) *TV* ruhsatsız televizyon seyretmek; ~**seher** *m* (-s; -) kötümser, geleceği kötü gören; *TV* ruhsatsız televizyon izleyicisi; ~**weiß...** siyah--beyaz ...
schweben *v/i* (sn) askıda olmak; *Vogel*: süzülerek uçmak (*az. mec.*); *gleiten*: süzülmek; *in Gefahr* ~ tehlikede olmak; ~**d** *sıf. Huk. Verfahren*: askıda
Schwed|e *m* (-n; -n), ~**in** *f* (-; -nen) İsveçli; ~**en** *n* İsveç; ℒ**isch** *sıf.* İsveç(li); ~**isch** *n* İsveççe
Schwefel *m* (-s) kükürt, *Kim.* sülfür; ~**säure** *f Kim.* sülfürik asit
Schweigen *n* (-s) susma, sessizlik
schweig|en *v/i* (schwieg, geschwiegen, h) susmak; *ganz zu* ~**en von** ... şöyle dursun; ~**end** *sıf.* ses çıkarmayan, sessiz, suskun; ~**sam** *sıf.* sessiz, sakin, az konuşan
Schwein *n* (-s; -e) *Zoo.* domuz; F *hkr. schmutziger Kerl*: pis herif, *Lump*: adi/ahlaksız herif; F ~ *haben* b-nin talihi yaver gitmek
Schweine|braten *m* domuz kızartması; ~**fleisch** *n* domuz eti; ~**rei** *f* (-; -en) pislik; *Gemeinheit*: adilik; *Schande*: rezalet; *Unanständigkeit*: ayıp; ~**stall** *m* domuz ağılı; *mec.* mezbele
schweinisch *sıf. mec.* çok pis; *Witz vs.*: ahlak dışı, yakası açılmadık
Schweinsleder *n* domuz derisi
Schweiß *m* (-es; -e) ter; ℒ**en** *v/t* (h) *Tek.* kaynakla tutturmak; ~**er** *m* (-s; -) *Tek.* kaynakçı; ℒ**gebadet** *sıf.* kan ter içinde; ~**stelle** *f Tek.* kaynak yeri
Schweiz *f* İsviçre; ~**er 1.** *m* (-s; -) İsviçreli; **2.** *sıf.* İsviçre; ~**erin** *f* (-; -nen) İsviçreli (kadın)
schwelen *v/i* (h) yavaş yavaş (*mec.* için için) yanmak
schwelgen *v/i* (h): ~ *in* (*D*) bş içinde kendinden geçmek
Schwell|e *f* (-; -n) eşik (*az. mec.*); *Demiryol.* travers; ℒ**en** *v/i* (schwoll, geschwollen, sn) şişmek; ~**enland** *n* eşik ülke, gelişmekte olan ülke; ~**ung** *f* (-; -en) şişme, şişkinlik
Schwemme *f* (-; -n) *Ekon.* aşırı mal arzı (*an D* bşde); ℒ**n** *v/t* (h): *an Land geschwemmt werden* sahile sürüklenmek/atılmak

schwenken *v/t* (h) *Fahne vs.* sallamak

schwer 1. *sıf.* ağır; *schwierig*: zor, güç; çetin; *Zigarre vs.*: sert; *Krankheit vs.*: *az.* ciddi; *heftig*: şiddetli; ~ **behindert** *Tıp* ağır sakat/malul; ~ **fallen** ağır/zor gelmek (*D* b-ne); **es fällt ihm ~ zu ...** ona (... yapmak) çok ağır/zor geliyor; **sich ~ tun mit** ile çok zahmet çekmek; ~ **verdaulich** sindirimi/hazmı zor, ağır (*az. mec.*); ~ **verletzt** ağır yaralı; ~ **verständlich** zor anlaşılır; ~**e Zeiten** sıkıntılı dönem *sg*; **es ~ haben** b-nin işi zor olmak; **100 Gramm ~ sein** 100 gram ağırlığında olmak, 100 gram çekmek/ gelmek; **2.** *bel.*: ~ **arbeiten** ağır çalışmak; → **erhältlich**, **hören**; ♀**e** *f* (-) ağırlık (*az. mec.*); *mec.* ciddiyet; ~**fällig** *sıf.* hantal, ağırkanlı, sakar; ~**hörig** *sıf.* b-nin kulağı ağır işitir, F sağır; ♀**industrie** *f* ağır sanayi; ♀**kraft** *f*(-) *Fiz.* yerçekimi; ♀**metall** *n* ağır metal; ~**mütig** *sıf.* melankolik, efkârlı; ♀**punkt** *m Fiz.* ağırlık noktası; *mec.* esas nokta; ♀**punktstreik** *m Ekon.* belli yöre ve işletmelerde yapılan grev; ♀**verbrecher** *m* ağır suç işleyen; F cani, *Huk.* mücrim; ~**wiegend** *sıf.* ciddi, çok önemli

Schwester *f* (-; -n) (kız)kardeş; *ältere*: abla; *Kranken*♀: hemşire; *Ordens*♀: rahibe

Schwieger... *Eltern vs.*: kayın ...

Schwiel|**e** *f* (-; -n) nasır; ♀**ig** *sıf.* nasırlı

schwierig *sıf.* zor, güç

Schwierigkeit *f* (-; -en) zorluk, sorun; *in* ~**en geraten** zora düşmek; ~**en haben, et. zu tun** bşi yapmakta güçlük/zorluk çekmek

Schwimm|**bad** *n* (*Hallen*♀: kapalı) yüzme hali; ~**becken** *n* yüzme havuzu

schwimmen *v/i* (schwamm, geschwommen, sn) yüzmek (*az. Gegenstand*): ~ **gehen** yüzmeye gitmek

Schwimmer *m* (-s; -), ~**in** *f* (-; -nen) yüzücü

Schwimmweste *f* cankurtaran yeleği

Schwindel *m* (-) baş dönmesi, göz kararması; *mec.* hile, sahtekârlık, dolandırıcılık; ~ **erregend** başdöndürücü; ~**anfall** *m Tıp* ani baş dönmesi, fenalaşma; ~**firma** *f* paravan şirket, F naylon şirket; ♀**frei** *sıf.*: ♀**frei sein** yüksek yerden başı dönmemek; ♀**n** *v/i* (h) yalan söylemek, F palavra atmak

schwinden *v/i* (schwand, geschwunden, sn) *Einfluss, Macht vs.*: (yavaş yavaş) kaybolmak, azalmak

Schwindler *m* (-s; -), ~**in** *f* (-; -nen) dolandırıcı, F üçkâğıtçı; *Lügner*: yalancı

schwindlig *sıf.*: **mir ist ~** başım dönüyor

schwingen *v/t* (schwang, geschwungen, h) *Fahne vs.* sallamak

Schwips *m* (-es; -e): F *e-n* ~ **haben** çakırkeyif olmak

schwirren *v/i* (sn) vızlamak; *özl. Insekt*: vızıldamak (*az. mec.*); (h): **mir schwirrt der Kopf** beynim dönüyor

schwitzen *v/i* (h) terlemek (*vor D* bşden)

schwören *v/t ve v/i* (schwor, geschworen, h) yemin etmek (**bei** ... üzerine)

schwul *sıf.* eşcinsel, F nonoş

schwül *sıf.* boğucu, bunaltıcı, sıcak ve nemli (hava)

Schwule *m* (-n; -n) eşcinsel; F nonoş

Schwüle *f* (-) boğucu hava, bunaltıcı sıcak

schwülstig *sıf.* tumturaklı, tantanalı, aşırı süslü

Schwung *m* (-s; ⸚e) atılım, hamle; *mec.* şevk, heves, heyecan, coşku, canlılık; *Energie*: güç, enerji; *in* ~ **kommen** harekete gelmek; *kişi*: coşmak; *in* ~ **bringen** bşi harekete geçirmek; ♀**haft** *sıf. Ekon.* gelişen, canlı; ♀**voll** *sıf.* enerji (*veya* hareket) dolu; *Melodie*: hareketli, canlı, neşeli

Schwur *m* (-s; ⸚e) yemin, ant; ~**gericht** *n Huk. etwa* ağır ceza mahkemesi

sechs *sıf.* altı; ♀**erpack** *m* altılı paket; ~**fach** *sıf. ve bel.* altı misli/kat; ~**te** *sıf.* altıncı; ♀**tel** *n* (-s; -) altıda bir

sech|**zehn** *sıf.* on altı; ~**zig** *sıf.* altmış

See¹ *m* (-s; -n) göl

See² *f* (-) deniz; *an die* ~ *fahren* denize gitmek; *auf hoher* ~ açık denizde; *in* ~ *stechen* denize açılmak; ~**bad** *n* plaj; ~**blick** *m* deniz (*veya* göl) manzarası; ~**gang** *m* (-s) dalga-

Sekretär

lar *pl*; **hoher ~gang** dalgalı deniz; **~hafen** *m* deniz limanı; **~igel** *m* deniz kestanesi; **♀klar** *sıf.* (denize) açılmaya hazır; **♀krank** *sıf.* deniz tutmuş; **~krankheit** *f* (-) deniz tutması

Seel|e *f* (-; -n) ruh; **♀isch** *sıf.* zihinsel; *Gemüts...*: duygusal

See|luft *f* (-) deniz havası; **~macht** *f* donanması güçlü devlet; **~mann** *m* (-s; -leute) gemici, denizci; **~meile** *f* deniz mili; **~not** *f* (-) (batma) tehlike(si); *in* **~not** tehlikede; **~räuber** *m* korsan; **~reise** *f* deniz yolculuğu; *Kreuzfahrt*: deniz seyahati; *Überfahrt*: karşı yakaya geçiş; **~rose** *f* nilüfer, su zambağı; **~schlacht** *f* deniz savaşı; **~streitkräfte** *pl* deniz kuvvetleri

seetüchtig *sıf. Zustand*: denize elverişli; *hoch~*: açık denize dayanıklı

Seeweg *m* deniz yolu; *auf dem* **~** deniz yoluyla

Segel *n* (-s; -) yelken; **~boot** *n* yelkenli (kayık); *Sport*: yat; **♀n** *v/i* (h *ve* sn) yelkenliyle gitmek; **~schiff** *n* yelkenli gemi; **~sport** *m* yatçılık, yelkencilik; **~tuch** *n* (-s; -e) yelken bezi

Segen *m* (-s; -) kutsama, takdis; hayır, dua; *mec.* onay(lama)

Segler *m* (-s; -) yelkenci, yatçı; **~in** *f* (-; -nen) yelkenci, yatçı (kadın)

segn|en *v/t* (h) takdis etmek, kutsamak; **♀ung** *f* (-; -en) kutsama

sehbehindert *sıf.* görme özürlü

sehen *v/i ve v/t* (sah, gesehen, h) görmek; *Sendung, Spiel vs.*: izlemek, seyretmek; *bemerken*: fark etmek; **~** *nach sich kümmern um*: -e bakmak; *suchen*: aramak; *sich* **~** *lassen kommen*: -e uğramak; *das sieht man* (*kaum*) (pek) görül(m)üyor; *siehst du erklärend*: görüyorsun; *vorwurfsvoll*: gördün mü (işte); *siehe oben* (*unten*, *Seite* ...) yukarıya (aşağıya, sayfa -e) bak(ınız); **~swert** *sıf.* gör(ül)meye değer

Sehenswürdigkeit *f* (-; -en) gör(ül)meye değer yer *vs.*; **~en** *pl* görülmeye değer yerler

Sehkraft *f* (-) görme yetisi, görüm

Sehne *f* (-; -n) *Anat.* (kas) kiriş(i); *Bogen♀*: (yay) kiriş(i)

sehnen *v/refl* (h) özlemek (*nach* -i); *stärker.* -in özlemini çekmek; *sich* *danach* **~** *zu* (yapmayı) çok arzulamak

Sehnerv *m* görme siniri

sehn|lichst *sıf. Wunsch*: en büyük, en içten; **♀sucht** *f* (-; *«*e) özlem, hasret (*nach* -e); *stärker.* en büyük emel; **♀sucht haben** (*nach*) → *sehnen*; **~süchtig** *sıf.* özlem dolu, *stärker.* sabırsız

sehr *bel.* çok, şiddetli; *mit Verb*: (pek) çok, fazlasıyla

Sehtest *m* görme testi

seicht *sıf.* sığ; *mec. az.* yüzeysel

Seide *f* (-; -n) ipek; **~npapier** *n* pelür/ince kâğıt

Seife *f* (-; -n) sabun; **~nblase** *f* sabun kabarcığı; *Kinder.* kandil; **~nschale** *f* sabunluk, sabun kabı; **~nschaum** *m* sabun köpüğü

Seil *n* (-s; -e) ip, halat; **~bahn** *f* teleferik

Sein *n* (-s) oluş, varlık, varoluş

sein¹ *v/i* (war, gewesen, sn) olmak; *bestehen, existieren*: *az.* var olmak, mevcut olmak

sein² *iyelik zam.* onun; **~er**, **~e**, **~(e)s** onun

seinerzeit *bel.* vaktiyle, o zaman(lar)

seinetwegen *bel. für ihn*: onun için/uğruna; *wegen ihm*: onun yüzünden

seit *ilg. ve bağl.* -den beri; **~** *drei Jahren* üç yıldan beri, üç yıldır; **~** *langem* çoktan beri; **~** *kurzem* kısa bir süreden beri; **~** *dem 1. bel.* o zamandır, o zamandan beri; **2.** *bağl.* -eleli beri, -diğimden/-diğinden *vs.* beri

Seite *f* (-; -n) taraf, yan (*az. mec.*); *Buch♀*: sayfa; *auf der linken* **~** sol tarafta; *mec. auf der einen* (*anderen*) **~** bir (diğer) taraftan, bir (öbür) yandan

Seiten|hieb *m mec.* taşlama, alaylı ima; F taş atma (*auf A* -e, *gegen* -e karşı); **♀s** *ilg.* (-in) tarafından; **~schiff** *n Mimar.* yan sahin; **~sprung** *m* zina; F kaçamak, F hovardalık; **~straße** *f* yan sokak; **~streifen** *m* emniyet şeriti

seit|lich *sıf.* yanda(n), yan ...; **~wärts** *bel.* yan tarafa, yana doğru

Sek. *kıs.* = *Sekunde* *f* saniye (sn.)

Sekretär *m* (-s; -e) yazman, kâtip, sekreter (*G* -in); *Schreibtisch*: *az.* yazı

masası; ~ariat n (-s; -e) kalem odası, yazı işleri, sekreterlik; ~ärin f (-; -nen) sekreter hanım (G -in)
Sekt m (-s; -e) köpüklü şarap, şampanya
Sekte f (-; -n) mezhep, tarikat
Sektglas n şampanya kadehi
Sektor m (-s; -en) sektör
Sekunde f (-; -n) saniye; ~nzeiger m saniye göstergesi
selbe sıf. aynı; ~r zam. → selbst¹
selbst 1. zam.: ich (du vs.) ~ ben (sen vs.) kendim (kendin vs.); mach es ~ kendin yap; et. ~ (ohne Hilfe) tun bşi tek başına yapmak; von ~ kendiliğinden; ~ gemacht sıf. kendi eliyle yapılmış, evde yapılmış; 2. bel. bile
selbständig sıf. vs. → selbstständig vs.
Selbstauslöser m Fot. otomatik deklanşör
Selbstbedienung f selfservis; mit ~ selfservis; ~sladen m selfservis dükkân; ~srestaurant n selfservis lokanta
Selbst|befriedigung f mastürbasyon; ~beherrschung f kendine hakim olma; ~bestimmung f (-) kendi kaderini kendisi belirleme, hür irade; 2bewusst sıf. kendine güvenen, özgüven sahibi; ~bewusstsein n özgüven; ~erhaltungstrieb m varlığını koruma içgüdüsü
Selbstgespräch n: ~e führen kendi kendine konuşmak
Selbsthilfe f (-) kendi kendine yardım; ~gruppe f kendi kendine yardım grubu
Selbstkostenpreis m Ekon.: zum ~ maliyet fiyatına
selbst|kritisch sıf. özeleştirili; 2los sıf. özverili
Selbst|mord m intihar, kendi canına kıyma; ~mörder m intihar eden kişi; 2mörderisch sıf. intihar eder gibi; Geschwindigkeit vs.: az. yıldırım gibi
selbst|sicher sıf. kendinden emin; 2sicherheit f (-) özgüven, kendine güvenme
selbstständig sıf. bağımsız; beruflich: az. serbest, müstakil; 2e m, f (-n; -n) serbest meslek sahibi; 2keit f (-) bağımsızlık

Selbst|täuschung f kendi kendini kandırma; ~verpfleger m (-s; -) kendi kendine bakan; ~verpflegung f (-) kendi kendine bakma/yetme; ~versorger m (-s; -) kendi kendini geçindiren; F kendi kendine yeten; ~versorgung f kendini geçindirme, özyeterlik
selbstverständlich 1. sıf. kendiliğinden anlaşılan, açık, tabii; das ist ~ bu kendiliğinden anlaşılır, bu açıklama gerektirmez; 2. bel. tabii, kuşkusuz, elbette; 2keit f (-; -en) doğallık, kendiliğinden anlaşırlık, açıklık
Selbst|verteidigung f kendini savunma; ~vertrauen n özgüven; ~verwaltung f özyönetim, özerklik, otonomi; 2zufrieden sıf. kendinden hoşnut, F kendi halinden memnun
selig sıf. Din. takdis edilmiş, aziz; verstorben: merhum, rahmetli; mec. fazlasıyla mutlu
Sellerie m (-s; -), f (-; -) kereviz; Stauden2: sapkerevizi
selten 1. sıf. ender, nadir; ~ sein az/ender bulunmak; 2. bel. ender/seyrek/nadir olarak
Selters n (-), ~wasser n (-s; ») maden suyu
seltsam sıf. acayip, garip, tuhaf, yadırgatıcı
Semester n (-s; -) yarıyıl, sömestr; ~ferien pl yarıyıl/sömestr tatili sg
Seminar n (-s; -e) Universität: seminer
Semmel f (-; -n) küçük ekmek
Senat m (-s; -e) senato; ~or m (-s; -en) senatör
senden¹ v/t (sandte, gesandt, h) göndermek, yollamak
send|en² v/t (h) Funk, Rundfunk, TV: yayımlamak; 2er m (-s; -) radyo (veya televizyon) istasyonu; Tek. Anlage: verici; 2eschluss m (-es) kapanış, yayın sonu; 2ung f (-; -en) yayın, program; Waren: mal gönderme, sevkiyat, (mal) gönderi(si); auf 2ung sein yayımda olmak
Senf m (-s; -e) hardal
senil sıf. bunak; 2ität f (-) bunaklık
Seniorchef m Ekon. firma hanedan şefi, şirket babası
Senioren pl yaşlılar

Seniorenheim yaşlılar yurdu; *TR*: huzurevi
senken (h) **1.** *v/t* batırmak, daldırmak; *Stimme* alçaltmak; *Kopf* eğmek; *Kosten, Preise vs.* indirmek, düşürmek; **2.** *v/refl* inmek, batmak, dalmak; alçalmak; eğilmek; inmek, düşmek
senkrecht 1. *sıf.* dikey, düşey; **2.** *bel.*: ~ *nach oben* dümdüz yukarı(ya); ~ *nach unten* aşağı(ya)
Senkung *f* (-) bat(ır)ma; alçal(t)ma; eğ(il)me; in(dir)me, düş(ür)me, azal(t)ma
Sensation *f* (-; -en) heyecan uyandıran olay, sansasyon; ♀**ell** *sıf.*, ~**s...** heyecan verici, sansasyonel, şok ...; ~**smache** *f* (-) *hkr.* heyecan yaratma
sensib|el *sıf.* duyarlı, ince duygulu; ~**ilisieren** *v/t* (h) duyarlı kılmak (*für* -e karşı); ♀**ilität** *f* (-) duyarlık
sentimental *sıf.* duygusal, duygu yüklü; ♀**ität** *f* (-; -en) duygusallık, duygulu davranış
Separatismus *m* (-) *Pol.* ayrılıkçılık
September *m* (-s; -) eylül (ayı); *im* ~ eylülde, eylül ayında
Serb|e *m* (-n; -n) Sırp; ~**ien** *n* Sırbistan; ~**in** *f* (-; -nen) Sırp (kadını); ♀**isch** *sıf.* Sırp, Sırbistan ...; ~**isch** *n* Sırpça
Serie *f* (-; -n) sıra, seri; *TV: az.* dizi; *Satz:* takım; *in* ~ *bauen vs.:* seri şekilde; ♀**nmäßig** *sıf.* seri ...; *Ausstattung vs.:* standard; ~**nnummer** *f* seri numarası; ~**nwagen** *m Oto.* standard model
seriös *sıf.* saygıdeğer, saygın; *ehrlich:* dürüst, namuslu; *Zeitung:* ciddi
Serum *n* (-s; -ren) serum
Server *m Cmp.* sunucu
Service¹ *n* (-; -) takım, set
Service² *m, az. n* (-) *Bedienung:* hizmet, servis; *Kundendienst:* müşteri/tüketici servisi
servier|en *v/t ve v/i* (h) servis yapmak; ♀**erin** *f* (-; -nen) servisçi, kadın garson; ♀**wagen** *m* (tekerlekli) servis masası
Serviette *f* (-; -n) peçete
Servo|bremse *f Oto.* servo fren; ~**lenkung** *f Oto.* servo dümen
Sessel *m* (-s; -) koltuk; ~**lift** *m* telesiyej
sesshaft *sıf.*: ~ *werden* bye yerleşmek
Set *n, m* (-; -s) takım; *Platzdeckchen:* tabak altlığı
setzen (h) **1.** *v/t* koymak; *j-n:* az. oturtmak; **2.** *v/i:* ~ *über* (A) *-den* atlamak, *-den* sıçramak; *Fluss:* (nehir)den geçmek; ~ *auf* (A) *wetten:* bşe oynamak, bşe koymak; **3.** *v/refl* bye oturmak; *Kim. vs.* durulmak; *sich* ~ *auf* (A) *Pferd, Rad vs.:* -e binmek; *sich* ~ *in* (A) *Auto vs.:* bye oturmak, bşe binmek, F bşe atlamak; *sich zu j-m* ~ b-nin yanına oturmak; ~ *Sie sich, bitte!* oturun lütfen!
Seuche *f* (-; -n) *Tıp* salgın
Seuchengefahr *f* salgın tehlikesi
seufzen *v/i* (h) inlemek, oflamak
Seufzer *m* (-s; -) inilti, sızıltı
Sex *m* (-) seks, cinsellik
Sexual|leben *n* cinsel yaşam; ~**verbrechen** *n* cinsel suç
sexuell *sıf.* cinsel
sexy *sıf.* seksi
sFr *kıs.* = *Schweizer Franken m* İsviçre Frangı
Show *f* (-; -s) şov
sich *dönüş. zam.* kendini/kendine; kendilerini/kendilerine; kendinizi/kendinize; ~ *ansehen im Spiegel vs.:* kendine bakmak
sicher 1. *sıf.* emniyette (*vor D* -e karşı); *özl. Tek.* dayanıklı (*gegen* bşe); *in Zusammensetzungen* -e dayanır; *gewiss, überzeugt:* kesin, emin; *zuverlässig:* güvenilir, sağlam; (*sich*) ~ *sein* emin olmak (*e-r Sache* bşden; *dass* -diğinden, -eceğinden); **2.** *bel. fahren vs.:* tehlikesiz; *natürlich:* elbette, kesinlikle; *gewiss:* şüphesiz, kuşkusuz; *wahrscheinlich:* herhalde; *du hast* (*bist*) ~ sen herhalde ...sin
Sicherheit *f* (-; -en) emniyet, emniyet (*az. körperliche, Ask., Tek.*); *Pol.* teminat, güvence; *Ekon.* güvence, kefalet; *Gewissheit:* kesinlik; *Können:* ustalık, hüner; (*sich*) *in* ~ *bringen* güvenli bye sığınmak
Sicherheits|glas *n* (-es) emniyet camı, kırılmaz cam; ~**gurt** *m Hava., Oto.* emniyet kemeri; ~**nadel** *f* çengelli iğne; ~**risiko** *n* güvenlik/emniyet rizikosu; ~**schloss** *n* emniyet kilidi

sicherlich *bel.* → *sicher* 2
sichern (h) **1.** *v/t* emniyet/güvenlik altına almak (*az. Ask.*); *Tek.* sağlamlaştırmak; *schützen*: korumak; **2.** *v/refl* k-ni korumak (**gegen, vor** *D* -e karşı, -den)
sicherstellen *v/t* (*ayr.*, -ge-, h) garanti etmek; *beschlagnahmen*: bşe el koymak
Sicherung *f* (-; -en) garanti, teminat; el koy(ul)ma; koru(n)ma; *Tek.* sağlamlaştır(ıl)ma, *El.* sigorta
Sicht *f* (-) görme, görüş; *Aus⁞*: manzara, görünüş (*auf A*); *in ~ kommen* görünmek, görülmek; ortaya çıkmak; *auf lange ~* uzun vadeli; *⁞bar* *sıf.* görülebilen; *⁞en* *v/t* (h) görmek, keşfetmek; *mec.* ayırmak, ayıklamak, gözden geçirmek; *⁞lich* *bel.* gözle görülür; *~weite* *f* *in* (*außer*) *~weite* görüş uzaklığı/mesafesi içinde (dışında)
sickern *v/i* (sn) sızmak, sızıntı yapmak, damla damla akmak
sie kişi *zam.* o; *pl* onlar; *Sie* siz(ler)
Sieb *n* (-s; -e) *fein*: elek, *grob*: kalbur; *Tee⁞* *vs.*: süzgeç
sieben¹ *v/t* (h) elekten/kalburdan geçirmek; *mec.* elemek
sieben² *sıf.* yedi
siebⅼte *sıf.* yedinci; *⁞tel* *n* (-s; -) yedide bir; *~zehn* *sıf.* on yedi; *~zig* *sıf.* yetmiş
siedeln *v/t* (h) bşe yerleşmek
siede|n *v/t* (h) haşlamak, kaynatmak; *v/i* kaynamak, haşlanmak; *~nd heiß* kaynar durumda; *~punkt* *m* (-s) kaynama noktası (*az. mec.*)
Siedl|er *m* (-s; -), *~erin* *f* (-; -nen) bye yeni yerleşen; *~ung* *f* (-; -en) yerleşme, yerleşim; *Mimar.* iskan bölgesi; *Türkei* bahçeli evler; F site
Sieg *m* (-s; -e) zafer, utku; *Spo. vs.*: *az.* galibiyet, yengi
Siegel *n* (-s; -) mühür (*az. mec.*); *~lack* *m* mühür mumu; *⁞n* *v/t* (h) mühürlemek; *~ring* *m* mühürlü yüzük
sieg|en *v/i* (h) yenmek, ~e galip gelmek; *⁞er* *m* (-s; -), *⁞erin* *f* (-; -nen) galip; *~reich* *sıf.* muzaffer; *Sport. az.* galip, yenen, yenmiş
Signal *n* (-s; -e) işaret, sinyal; *⁞isieren* *v/t* (h) b-ne bşi işaret etmek

signieren *v/t* (h) imzalamak
Silber *n* (-s) gümüş; *⁞grau* *sıf.* gümüşi; *~hochzeit* *f* evliliğin gümüş (= 25.) yıldönümü; *~medaille* *f* gümüş madalya; *~münze* *f* gümüş para; *⁞n* *sıf.* gümüşten, gümüş ....
Silhouette *f* (-; -n) siluet; *e-r Stadt*: *az.* ufuk çizgisi
Silvester *n* (-s; -) yılbaşı gecesi
Simulⅼant *m* (-en; -en) yalandan hasta, F hastalık numarası yapan; *mec.* ikiyüzlü; *⁞ieren* (ge- *yok.*, h) **1.** *v/t* (yapar) gibi görünmek, ... numarası yapmak; *az. Tek.* bşi bşe benzetmek, bşi simüle etmek; **2.** *v/i* hastalık pozu yapmak
simultan *sıf.* anında, simültane, eşzamanlı; *⁞dolmetscher* *m* simültane tercüman
Sinfonie *f* (-; -n) senfoni
singen *v/t ve v/i* (sang, gesungen, h) (şarkı, türkü, arya *vs.*) söylemek (*richtig* akortlu)
Single¹ *f* (-; -s) *Schallplatte*: 45'lik plak
Single² *m* (-; -s) yalnız yaşayan
Singvogel *m* ötücü kuş
sinken *v/i* (sank, gesunken, sn) batmak (*az. mec. Person*), alçalmak; *Preise vs.*: düşmek
Sinn *m* (-s; -e) duyu; *Verstand vs.*: anlayış; *Bedeutung*: anlam; *e-r Sache*: amaç, yarar; *im ~ haben* aklında olmak; *es hat keinen ~* (*zu warten* beklemenin) bir anlamı yok; *~bild* *n* simge, sembol; *⁞entstellend* *sıf.* anlamı bozan
Sinnes|organ *n* duyu organı; *~täuschung* *f* yanılsama, sanrı; *~wandel* *m* fikir değiştirme
sinn|lich *sıf. die Sinne betreffend*: duyularla ilgili, duyusal; *Wahrnehmung vs.*: duyusal, algılamalı; *Begierden vs.*: tensel, bedensel zevklerle ilgili, erotik; *⁞lichkeit* *f* (-) erotizm; *~los* *sıf.* manasız, saçma; *zwecklos*: anlamsız; *bel.* aptalca; *~los betrunken* körkütük sarhoş; *~lose Gewalt* kaba kuvvet; *⁞losigkeit* *f* (-) baygınlık; anlamsızlık, saçmalık; *~voll* *sıf.* anlamlı; *nützlich*: yararlı; *vernünftig*: akla uygun, mantıklı
Sirene *f* (-; -n) siren; canavar düdüğü
Sitte *f* (-; -n) âdet, alışkanlık; gelenek;

sofern

~ *pl* ahlak *sg*; *Benehmen*: görgü *sg*, terbiye *sg*
sittlich *sif.* ahlaki; *anständig*: terbiyeli, edepli; **♀keitsverbrechen** *n* ırza tecavüz, cinsel suç
Situation *f* (-; -en) durum; *Lage*: *az.* konum
Sitz *m* (-es; -e) oturma, oturuş, koltuk (*az. mec.*); *e-s Kleides vs.*: vücuda oturma, biçim
sitzen *v/i* (saß, gesessen, h) böyle oturmak; *sich befinden*: olmak; *stecken*: takılı/sokulu olmak; *passen*: uymak, vücuda oturmak; F *im Gefängnis*: F içerde olmak; **~ bleiben** oturmaya devam etmek, kalmak; **~ bleiben auf** (*D*) bşi satamamak, malı elinde kalmak; **~ lassen** *Freundin vs.* b-ni ortada bırakmak, terk etmek
Sitz|gelegenheit *f* oturacak yer; **~ordnung** *f* oturma sırası/düzeni; **~platz** *m* oturacak yer
Sitzung *f* (-; -en) toplantı; *Parl. vs.* oturum; *Psychiater vs.*: seans; **~speriode** *f Parl.* toplantı süresi; **~sprotokoll** *n* toplantı/duruşma tutanağı; **~ssaal** *m* toplantı salonu; *Huk.* duruşma salonu
Skala *f* (-; -len, -s) ölçek, cetvel; *mec.* derece, basmak
Skandal *m* (-s; -e) rezalet, skandal; **~blatt** *n* paparazi gazetesi; **♀ös** *sif.* rezil, utanç verici, lekeleyici; **~presse** *f* skandal haber basını
Skateboard *n* (-s; -s) skateboard; F kaykay
Skelett *n* (-s; -e) iskelet
Skep|sis *f* (-;) kuşku, şüphe; **~tiker** *m* (-s; -) kuşkucu, şüpheci (kişi); **♀tisch** *sif.* kuşkucu, şüpheci
Ski *m* (-s; -er, -) kayak; **~ laufen/fahren** (*v*) (kayak) kaymak; **~fahren** *n* (-s) kayak kayma; **~fahrer(in** *f*) *m* kayakçı; **~gebiet** *n* kayak bölgesi; **~laufen** *n* (-s) kayak kayma; **~läufer(in** *f*) *m* kayakçı; **~lehrer(in** *f*) *m* kayak öğretmeni; **~lift** *m* teleski; **~stiefel** *m* kayak ayakkabısı; **~urlaub** *m* kayak tatili
Skizz|e *f* (-; -n) taslak, kroki; **♀ieren** *v/t* (h) bşin taslağını/krokisini çıkarmak; *mec.* ana hatlarıyla anlatmak
Sklav|e *m* (-n; -n) köle, esir (*az. mec.*); **~enhandel** *m* köle ticareti; **~erei** *f* (-) kölelik; **~in** *f* (-; -nen) cariye; **♀isch** *sif.* köle gibi (*az. mec.*)
Skonto *m, n* (-s; -s) *Ekon.* iskonto
Skrupel *m* (-s; -) vicdan azabı; kuşku; **♀los** *sif.* vicdansız
Skulptur *f* (-; -en) heykel
Slaw|e *m* (-n; -n), **~in** *f* (-; -nen) Slav; **♀isch** *sif.* Slav
Slip *m* (-s; -s) slip; *Damen♀*: *az.* külot
Slowak|e *m* Slovak; **~ei** *f* Slovakya; **~in** *f* (-; -nen) Slovak (kadın); **♀isch** *sif.* Slovak(ya); **~isch** *n* Slovakça
Slowen|e *m* (-n; -n) Sloven(yalı); **~ien** *n* Slovenya; **~in** *f* (-; -nen) Sloven(yalı) (kadın); **♀isch** *sif.* Sloven(ya); **~isch** *n* Slovence
Slum *m* (-s; -s) *gnl. pl* kenar mahalle(ler *pl*); gecekondu semt(ler)i
Smog *m* (-; -s) smog; **~alarm** *m* smog alarmı
Smoking *m* (-s; -s) smokin
Snob *m* (-s; -s) züppe, snop; **~ismus** *m* (-) züppelik; **♀istisch** *sif.* züppece, snop
so 1. *bel.* öyle; *auf diese Weise*: bu/o şekilde, bu/o tarzda; *damit, dadurch*: *az.* böylece, böylelikle, bu sayede; *solch*: bu gibi; **~ genannt** aid verilen; **~ groß wie** ... kadar/gibi büyük; **~ ein(e)** böyle bir; **~ sehr** o kadar çok; **~ viel wie möglich** olabildiğince çok; **→ doppelt**; **~ weit bis jetzt** *od. hier*: buraya kadar, bu ana dek; **~ weit sein** hazır olmak; **es ist ~ weit** vakit tamam; **und ~ weiter** ve saire; **oder ~ et.** ya da öyle bir şey; **oder ~** ya da buna benzer bir şey; **2.** *bağl. deshalb, daher*: bu yüzden, bunun için; **3.** *ünl.* **~!** işte!; harika! *fertig*: tamam!; **ach ~!** demek öyle
SO *kıs.* = **Südosten** *m* güneydoğu
s.o. *kıs.* = **siehe oben** yukarıya bakınız (yuk. bkz.)
sobald *bağl.* (yap)ar (yap)maz
sodass öyle ki
Socke *f* (-; -n) çorap
Sockel *m* (-s; -) temel; *Statue vs.*: kaide, taban
Sodbrennen *n* (-s) *Tıp* mide yanması/ekşimesi
soeben *bel.* demin, (bir)az önce
Sofa *n* (-s; -s) kanepe, divan, sedir
sofern *bağl.* eğer/şayet ...; ... koşuluy-

sofort

la/şartıyla; **~ nicht** eğer/şayet (yap)mazsa, (yap)madıkça
sofort *bel.* hemen, derhal, dosdoğru
Sofortbildkamera *f Fot.* polaroid fotoğraf makinesi
sogar *bel.* hatta, bile
sogenannt → *so*
Sohle *f* (-; -n) (ayak/ayakkabı/çorap) taban(ı); *Tal~ vs.:* vadi tabanı/dibi
Sohn *m* (-s; ¤e) oğul
Sojabohne *f Bot.* soya fasulyesi
solange *bağl.* (ol)duğu süre, ... (ol)dukça
Solar|batterie *f* güneş pili; **~energie** *f* güneş enerjisi
Solarium *n* (-s; -rien) solaryum
Solarzelle *f* fotopil
solch *işaret zam.* böyle, bunun gibi, F bu gibi
Sold *m* (-s; -e) *Ask.* (asker) ücret(i)
Soldat *m* (-en; -en) asker
solidarisch *sıf.:* **sich ~ erklären mit** *-i* desteklediğini açıklamak
solide *sıf. haltbar.* dayanıklı; *mec. az.* sağlam (*az. Ekon*); *Preise:* makul; *Person:* tutarlı, güvenilir
Solist *m* (-en; -en), **~in** *f* (-; -nen) solist
Soll *n* (-; -) *Ekon.* borç; *Plan~:* hedef; **~ und Haben** borç ve alacak
sollen (sollte, h) **1.** *yardımcı eylem: geplant, bestimmt:* (yap)malı, (yap)mış olmak; *angeblich:* (yap)tığı söylenmek; *verpflichtet:* (yap)ması gerekmek; *soll ich ...?* (yap)ayım mı?; *was soll ich ...?* ne (yap)ayım?; *du solltest (nicht)* (yap)(ma)lısın; *stärker:* (yap)(ma)malıydın; **2.** *v/i* (gesollt): *was soll ich hier?* benim burada işim ne?; *was soll das?* ne demek bu?
Soll|seite *f Ekon.* borçlu taraf; **~zinsen** *pl Ekon.* borç faizi *sg*
Solo *n* (-s; -s, -li) solo
solven|t *sıf.* ödeyebilir, ödeme gücü olan; **2z** *f* (-; -en) ödeme gücü
Sommer *m* (-s; -) yaz; *im ~* yazın; **~anfang** *m* yaz baş(langıc)ı; **~fahrplan** *m* yaz tarifesi; **~ferien** *pl* yaz tatili *sg*; **2lich** *sıf.* yaza özgü, yaz gibi; **~reifen** *m Oto.* normal/yazlık lastik; **~schlussverkauf** *m* yaz sonu satışları *pl*; **~sprosse** *f* çil; **2sprossig** *sıf.* çilli; **~zeit** *f* (-) yaz (mevsimi);

vorverlegte: yaz saati (uygulaması)
Sonder|angebot *n* özel indirim(li satış); **2bar** *sıf.* acayip, tuhaf; **~fahrt** *f* (tarife dışı) özel sefer; **2lich** *bel.:* *nicht 2lich* pek (iyi *vs.*) değil; **~müll** *m* zehirli çöp/atık
sondern *bağl.* ama; *nicht nur ..., ~ auch* sadece ... değil, aynı zamanda da ...
Sonder|preis *m* özel fiyat; **~zug** *m* özel/ek tren
Sonnabend *m* → *Samstag*
Sonne *f* (-; -n) güneş
sonnen *v/refl* (h) güneşlenmek
Sonnenaufgang *m* güneşin doğuşu; *bei ~* şafakta
Sonnenbad *n:* *ein ~ nehmen* güneşlenmek
Sonnen|blume *f Bot.* ayçiçeği; **~blumenöl** *n* ayçiçek yağı (-nı); **~brand** *m* güneş yanığı; *e-n ~brand haben* güneşte yanmış olmak; **~brille** *f* güneş gözlüğü; **~creme** *f* güneş kremi; **~deck** *n Gemi.* üst güverte, F güneşlenme güvertesi; **~energie** *f* güneş enerjisi; **~finsternis** *f* güneş tutulması; **~licht** *n* (-s) güneş ışığı; *bei ~licht* güneş ışığında; **~öl** *n* güneş yağı; **~schein** *m* (-s) güneş ışığı; **~schirm** *m* güneş şemsiyesi; **~seite** *f* güneş alan taraf; *mec.* bşin hoş tarafı; **~stich** *m Tıp* güneş çarpması; *e-n ~stich haben* b-ni güneş çarpmış olmak; **~strahl** *m* güneş ışını
Sonnenuntergang *m* güneşin batması; *bei ~* günbatımında, F güneş batarken
sonnig *sıf.* güneşli; *mec.* neşeli, insana neşe ve sıcaklık veren
Sonntag *m* pazar; *(am) ~* pazar (günü)
Sonntagsfahrer *m Oto. hkr.* acemi şoför
sonst *bel. außerdem:* ayrıca, başka; *andernfalls:* yoksa, aksi takdirde; *normalerweise:* genel olarak, her zaman; **~ nichts** başka bir şey yok, hepsi bu kadar; *alles wie ~* her şey alışıldığı/ eskisi gibi; *nichts ist wie ~* hiçbir şey eskisi gibi değil; → *noch;* **~ig** *sıf.* başka(ca)
Sopran *m* (-s; -e) *Müz.* soprano; **~istin** *f* (-; -nen) soprano sesli sanatçı

Sorge f (-; -n) merak, kaygı; *Kummer*: dert, endişe; *Ärger*: sıkıntı; *Für*2: bakım; **sich ~n machen (um)** -i merak etmek; **keine ~!** merak etme(yin)!
sorgen (h) **1.** v/i: **~ für** b-ne bakmak; bşi sağlamaya çalışmak; → *dafür* 2. **2.** v/refl: **sich ~ um** ... için endişelenmek
Sorg|falt f (-) titizlik, özen, dikkat; 2**fältig** sıf. özenli, dikkatli; 2**los** sıf. tasasız, kaygısız, dertsiz; *nachlässig*: dikkatsiz, kayıtsız; **~losigkeit** f (-) dikkatsizlik, umursamazlık; özensizlik; aldırmazlık
Sort|e f (-; -n) tür, cins, çeşit; *Ekon. Marke*: az. marka; *Qualität*: kalite; 2**ieren** v/t ayırmak, seçmek, ayıklamak (*nach* bşe göre); *ordnen*: düzenlemek; **~iment** n (-s; -e) ... çeşitleri
SoSe kıs. = *Sommersemester* n yaz yarıyılı
Soße f (-; -n) sos
Soundkarte f (-; -n) ses kartı
souverän sıf. *Pol.* egemen, bağımsız; *mec.* üstün; soğukkanlı; 2**ität** f (-) egemenlik; *mec.* üstünlük, soğukkanlılık
so|viel bağl. -diği kadar(ıyla); → **so**; **~weit** bağl. -diği kadar(ıyla); → **so**; **~wie** bağl. ve ayrıca (da); *zeitlich*: -diği anda; **~wieso** bel. zaten, esasen, nasıl olsa
Sowjet m (-s; -s), 2**isch** sıf. *Trh.* Sovyet
sowohl bağl.: **~ Lehrer als (auch) Schüler** hem öğretmen hem (de) öğrenci
sozial sıf. sosyal; 2**abgaben** pl sosyal kesintiler; 2**arbeiter(in** f) m sosyal hizmet uzmanı; **~demokratisch** sıf. sosyal demokrat; 2**hilfe** f sosyal yardım; **von der** 2**hilfe leben** sosyal yardımla geçinmek; 2**ismus** m (-) sosyalizm; 2**ist** m (-en; -en), **~istisch** sıf. sosyalist; 2**klima** n sosyal ortam; 2**produkt** n milli hasıla; 2**staat** m sosyal devlet
Soziolog|e m (-n; -n) toplumbilimci, sosyolog; **~ie** f (-) toplumbilim, sosyoloji; **~in** f (-; -nen) sosyolog (kadın); 2**isch** sıf. sosyolojik, sosyolojik

sozusagen bel. deyim yerindeyse
Spalt m (-s; -e) *Riss*: yarık, çatlak; *Öffnung*: aralık, boşuk, gedik
Spalte f (-; -n) → *Spalt*; *Math.* sütun
spalten (h) **1.** v/t yarmak; ayırmak (*az. mec. Haare*); *Staat vs.* bölmek; **2.** v/refl ayrılmak, bölünmek
Spaltung f (-; -en) yar(ıl)ma; *Fiz.* bölünüm, yarılma, fizyon; *mec.* ayrılma, bozuşma; *Staat vs.*: böl(ün)me
Span m (-s; *e) yonga; *Tek. pl* talaş
Spange f (-; -n) toka, kopça; → *Haarspange*
Span|ien n İspanya; **~ier** m (-s; -), **~ierin** f (-; -nen) İspanyol; 2**isch** sıf. İspanya ...; İspanyol; **~isch** n İspanyolca
Spann m (-s; -e) ağım, ayağın üst kısmı; **~e** f (-; -n) karış; *Ekon.* marj, aralık; 2**en** (h) **1.** v/t germek, sıkıştırmak; *Leine vs.* çekmek; *Gewehr* horozunu çekmek; *Bogen* germek, çekmek; **2.** v/i sıkmak, (çok) dar gelmek; 2**end** sıf. heyecan verici, soluk kesici, insanı bağlayan; **~ung** f (-; -en) gerilim (*az. Tek., Pol., Psi.*); *El.* voltaj; *mec.* gerginlik, heyecan
Spar|buch n tasarruf cüzdanı; **~büchse** f (para) kumbara(sı); 2**en** (h) **1.** v/t tasarruf etmek,; **2.** v/i tutumlu olmak; *sich einschränken*: iktisatlı olmak; 2**en für** (*od.* **auf** A) için biriktirmek; **~er** m (-s; -) tasarruf sahibi, para biriktiren
Spargel m (-s; -) *Bot.* kuşkonmaz
Spar|kasse f tasarruf sandığı/bankası; **~konto** n tasarruf hesabı
spärlich sıf. az, seyrek, kıt; *Lohn, Wissen vs.*: yetersiz, az; *Besuch vs.*: ender, seyrek
sparsam 1. sıf. tutumlu, idareli (*mit* -de); **2.** bel.: **~ leben** tutumlu/idareli yaşamak; **~ umgehen mit** bşi idareli kullanmak; 2**keit** f (-) tutumluluk, idare
Spar|schwein n (domuz şeklinde) kumbara; **~zins** m *Ekon.* tasarruf/mevduat faizi
Spaß m (-es; *e) zevk, eğlence; *Scherz*: şaka; *aus* (*nur zum*) **~** şaka olsun diye; **es macht viel (keinen) ~** çok (hiç) zevk ver(mi)yor; **j-m den ~ verderben** b-nin neşesini kaçırmak/

spaßen

bozmak; *er macht nur (keinen)* ~ o sadece (hiç de) şaka yap(m)ıyor; *keinen ~ verstehen* şakadan anlamamak; ⁀en *v/i* (h) b-ne şaka yapmak, b-yle alay etmek; ⁀ig *sıf.* güldürücü, eğlendirici, zevkli
Spasti|ker *m* (-s; -) *Tıp* spastik; ⁀sch *sıf.* spastik
spät *sıf. ve bel.* geç; *am ~en Nachmittag* akşamüzeri; *wie ~ ist es?* saat kaç?; *von früh bis ~* sabahtan akşama kadar; F gün doğdu gün battı; *(fünf Minuten) zu ~ kommen* (beş dakika) gecikmek (*veya* geç gelmek/kalmak); *bis ~er!* (sonra) görüşürüz; → *früher*[2]
Spaten *m* (-s; -) kürek, bel küreği
spätestens *bel.* en geç
Spatz *m* (-en, -es; -en) *Zoo.* serçe
spazieren: ~ *fahren* (sn) arabayla gezmek/dolaşmak; (h) b-ni (arabayla) gezdirmek/dolaştırmak; *Baby* dışarı çıkarmak, gezdirmek; ~ *gehen* gezmek, dolaşmak
Spazier|fahrt *f* araba *vs.* gezintisi; ⁀gang *m* gezinti, dolaşma; *e-n ⁀gang machen* gezinti yapmak; ⁀gänger *m* (-s; -) gezinti yapan, dolaşan (kişi); ⁀weg *m* gezinti yolu
Specht *m* (-s; -e) *Zoo.* ağaçkakan
Speck *m* (-s; -e) (derialtı iç) yağı(ı); *Frühstücks*⁀: jambon; ⁀ig *sıf. schmierig:* yağlı
Spedit|eur *m* (-s; -e) nakliyeci; *Möbel*⁀: taşımacı; ⁀ion *f* (-; -en) nakliyat firması; taşıma firması
Speiche *f* (-; -n) bisiklet/jant teli, tekerlek parmağı
Speichel *m* (-s) *Fizy.* tükürük, salya
Speicher *m* (-s; -) ambar, ardiye; *Wasser*⁀: depo, tank, hazne; *Dachboden:* tavanarası; *Cmp.* bellek; ⁀chip *m Cmp.* bellek yongası; ⁀kapazität *f Cmp.* bellek sığası/kapasitesi; ⁀n *v/t* (h) depolamak; *Cmp.* belleğe almak
Speise *f* (-; -n) yiyecek, besin; *Gericht:* yemek; ⁀eis *n* dondurma; ⁀kammer *f* kiler; ⁀karte *f* yemek listesi
speisen (h) **1.** *v/i* yemek yemek; **2.** *v/t* beslemek (*az. El. vs.*)
Speise|röhre *f Anat.* yemek borusu; ⁀saal *m* yemek salonu; ⁀wagen *m Demiryol.* yemekli vagon

Spekul|ant *m* (-en; -en) vurguncu, spekülatör; ⁀ation *f* (-; -en) spekülasyon, vurgun; *Ekon. az.* riske girme; ⁀ieren *v/i* (h) borsada oynamak (*auf A* bşe, *mit* ile)
Spende *f* (-; -n) bağış(lama), hibe; *Beitrag:* yardım, katkı
spenden *v/t* (h) *Geld vs.* vermek (*az. Schatten vs.*), bağışlamak (*az. Blut vs.*)
Spendenkonto *n* bağış hesabı
Spender *m* (-s; -), ⁀in *f* (-; -nen) bağışçı; *Blut*⁀: (kan) verici
spendieren *v/t* (h): *j-m et.* ~ b-ne bş ısmarlamak
Spengler *m* (-s; -) (sıhhi) tesisatçı
Sperre *f* (-; -n) *Schranke:* bariyer, engel; *Straßen*⁀: kapatma; yolu kapatan mania; *Barrikade:* barikat; *Tek.* kilit(leme); *Ekon.* ambargo, yasak; *Psi.* zihin karışıklığı
sperren *v/t* (h) *Straße* kapamak, *amtlich:* kapatmak (*für den Verkehr* trafiğe); *Gas, Telefon vs.* kesmek; *Konto* bloke etmek; *Scheck* durdurmak; ~ *in (A)* bye atmak, bye kilitlemek, bye kapatmak
Sperr|holz *n* (-es) kontrplak; ⁀konto *n* bloke hesap; ⁀müll *m* havaleli çöp
Spesen *pl* harcamalar; yol masrafları; ⁀konto *n* masraf hesabı
Spezial|ausbildung *f* özel eğitim; ⁀gebiet *n* uzmanlık alanı; ⁀geschäft *n* sadece belirli malları satan mağaza; ⁀isieren *v/refl* (h) uzmanlaşmak (*auf A* bşde); ⁀ist *m* (-en; -en), ⁀istin *f* (-; -nen) uzman; ⁀ität *f* (-; -en) spesiyalite; ⁀itätenrestaurant *n* spesiyal restoran
speziell *sıf.* özel, ayrı, belirli
Spiegel *m* (-s; -) ayna (*az. mec.*); ⁀bild *n* yansıyan resim, görüntü; *mec.* kopya, suret, yansıma; ⁀ei *n Gastr.* sahanda yumurta; ⁀glatt *sıf. Wasser vs.:* ayna gibi dümdüz; *Straße:* buzlu, buz kaplı; ⁀n (h) **1.** *v/i blenden:* (ayna gibi) parlamak, parıldamak; **2.** *v/t* yansıtmak (*az. mec.*); **3.** *v/refl* yansımak (*az. mec.*); ⁀ung *f* (-; -en) yansıma; *in der Luft:* ılgım, serap
Spiel *n* (-s; -e) oyun (*az. mec.*); *Wett*⁀: maç, karşılaşma; *das ~en, ~weise:* oynama (*az. Tiy. vs.*); *Glücks*⁀: kumar; *mec.* kumar, risk; *auf dem ~ stehen* tehlikede olmak; *aufs ~ setzen* ortaya

koymak, tehlikeye atmak; **~bank** f (-; -en) (kumar) gazino(su); **૨en** v/i ve v/t (h) oynamak (**um** bşe); darstellen: az. canlandırmak; **Klavier** vs. ૨en piyano vs. çalmak; **૨end** bel. mec. kolayca; **~er** m (-s; -) oyuncu; Glücksspiel: kumarbaz

Spiel|film m (öykülü) film; **~halle** f eğlence salonu; **~kamerad** m oyun arkadaşı; **~karte** f oyun kâğıdı; **~kasino** n (kumar) gazino(su); **~marke** f marka, jeton; **~plan** m Tiy. vs. program; **~platz** m oyun alanı; **~raum** m mec. hareket özgürlüğü; **~regel** f oyunun kuralı; **~sachen** pl oyuncaklar; **~schuld** f kumar borcu; **~stand** m (belli bir andaki) skor; **~verderber** m (-s; -) oyunbozan, F mızıkçı; **~waren** pl oyuncaklar; **~zeit** f Tiy., Sport: sezon; Dauer. oyun süresi; Film: filmin süresi; **~zeug** n oyuncak; **~zeugpistole** f oyuncak tabanca

Spieß m (-es; -e) Brat૨: şiş; Fleisch૨: kargı, kebap şişi; **~er** m (-s; -) hkr. dar kafalı, dargörüşlü, küçük burjuva; ૨**ig** sıf. hkr. küçük burjuva, dargörüşlü, darkafalı, kültürsüz

Spinat m (-s; -e) ıspanak

Spind m, n (-s; -e) dolap, asker dolabı

Spinn|e f (-; -n) örümcek; **૨en** (spann, gesponnen, h) **1.** v/t örmek, eğirmek; mec. kurmak; **2.** v/i F mec. çıldırmış olmak; Unsinn reden: saçmalamak; **~er** m (-s; -) F mec. çatlak, kaçık; **~webe** f (-; -n) örümcek ağı

Spion m (-s; -e) casus, ajan; **~age** f (-) casusluk, ajanlık; **~agering** m casus şebekesi; ૨**ieren** v/i (h) casusluk yapmak; F schnüffeln: gizlice gözetlemek/dinlemek

Spiral|e f (-; -n) spiral, sarmal, helezon; ૨**förmig** sıf. helezoni, sarmal

Spirituosen pl alkollü/ispirtolu içkiler

Spiritus m (-; -se) ispi, alkol

spitz sıf. sivri (uçlu); mec. iğneli, alaylı, anlamlı; Winkel: dar; **~e Zunge** sivri dil; **૨bogen** m sivri kemer

Spitze f (-; -n) sivri uç, uç noktası; Baum૨, Berg૨, Turm૨: tepe; Pfeil૨: baş; Unternehmens૨: yönetici kadro; Gewebe: dantel; F **~ sein** süper, mükemmel

Spitzel m (-s; -) muhbir, jurnalci, casus, ajan

spitzen v/t (h) Bleistift açmak; Lippen uzatmak; Ohren dikmek, kabartmak

Spitzen... Höchst..., Best... vs. en iyi/yüksek ...

Spitzer m (-s; -) kalemtıraş

Spitzname m takma ad, lakap

Splitter m (-s; -) kıymık; ૨**n** v/i (h) parçalanmak, ufalanmak; ૨**nackt** sıf. F çırılçıplak, anadan doğma

spons|ern v/t (h) bşi desteklemek, -e sponsorluk etmek; ૨**or** m (-s; -en) destekleyici, hami, koruyucu, sponsor

spontan sıf. kendiliğinden, kendi isteğiyle; birdenbire

Sport m (-s) spor; **~ treiben** spor yapmak; **~geschäft** n spor mağazası; **~kleidung** f spor giysi; **~ler** m (-s; -) sporcu, sportmen; **~lerin** f (-; -nen) sporcu kadın; ૨**lich** sıf. Aussehen: atletik; Kleidung: gündelik, spor; sehr ૨**lich sein** çok sportif olmak; **~platz** m spor alanı; **~verein** m spor kulübü; **~wagen** m Oto. spor araba; Kinderwagen: açılır kapanır çocuk arabası

Spott m (-s) alay; verächtlicher. hor görme; ૨**billig** sıf. F sudan ucuz; ૨**en** v/i (h) alay etmek (**über** A ile); sich lustig machen: F dalga geçmek, zevklenmek

Spött|ler m (-s; -) alaycı; ૨**isch** sıf. alaylı, iğneli; verächtlich: alaycı

Spottpreis m: **für e-n ~** yok pahasına

Sprach|e f (-; -n) dil (az. mec.); das Sprechen, Sprechweise: konuşma; **zur ~e bringen** (**kommen**) dile getir(il)mek; **~enschule** f dil okulu; **~fehler** m Tıp dil/konuşma arızası; **~kurs** m dil kursu; ૨**los** sıf. dili tutulmuş, dilsiz; **~reise** f dil (öğrenme) gezisi; **~unterricht** m dil dersi; **türkischer ~unterricht** Türkçe dil dersi

Spray m, n (-s) sprey

sprech|en v/i ve v/t (sprach, gesprochen, h) konuşmak; reden, sich unterhalten: söyleşmek (**mit** ile; **über** A, **von** hakkında); **nicht zu ~en sein** meşgul olmak; ૨**er** m (-s; -) konuşmacı; Ansager. anonsçu, spiker; Wortführer: sözcü (G -in); ૨**stunde** f görüşme saatleri pl; Ämter. mesai saatleri *pl; Tıp* muayene saatleri *pl;* **Sstundenhilfe** *f* doktor yardımcısı; *Empfang:* resepsiyonist; **Szimmer** *n* muayene odası

spreizen *v/t* (h) yaymak, ayırmak, açmak

spreng|en *v/t* (h) (*in die Luft* havaya) uçurmak; *Fels* parçalamak; *Wasser* serpmek; *Rasen* sulamak; *Versammlung* zorla dağıtmak; **Skopf** *m Ask.* savaş başlığı; **Sstoff** *m* patlayıcı madde; **Sung** *f* (-; -en) patlatma, havaya uçurma

Sprich|wort *n* (-s; ⁎er) atasözü; **Swörtlich** *sıf.* atasözü gibi bilinen; *az. mec.* herkesin dilinde

sprießen *v/i* (spross, gesprossen, sn) topraktan çıkmak, bitmek, fışkırmak

Spring|brunnen *m* fıskıye; **Sen** *v/i* (sprang, gesprungen, sn) sıçramak, atlamak; *Ball vs.:* zıplamak; *Glas vs.:* çatlamak; *zerspringen:* kırılmak; *platzen:* patlamak; *in die Höhe* (*zur Seite*) **Sen** yukarıya (yana, yan tarafa) sıçramak/atlamak; **⁎er** *m* (-s; -) *Schach:* at; **⁎flut** *f* deniz baskını, deniz kabarması

Sprit *m* (-s; -e) F *Benzin:* benzin

Spritz|e *f* (-; -n) *Tıp* iğne; *Gerät:* iğne, şırınga; **Sen 1.** *v/t* (h) *versprühen:* püskürtmek; *Auto vs.* boyamak; *Rasen vs.* sulamak; *j-m et.* **Sen** b-ne bş iğnesi yapmak; *j-n nass* **Sen** b-ni ıslatmak; **2.** *v/i* (h, *bei Richtungsangabe:* sn) *Wasser, Fett:* sıçramak; *Blut:* püskürmek, *stärker:* fışkırmak (*aus* -den); **⁎er** *m* (-s; -) çamur *vs.* lekesi; *Schuss:* (bir) sıkım(lık içecek); **⁎pistole** *f Tek.* püskürtme tabancası; **⁎tour** *f Oto.* F: *e-e* **⁎tour machen** kısa bir tur atmak

Sprosse *f* (-; -n) (portatif) merdiven basmağı, basamak

Spruch *m* (-s; ⁎e) (öz)deyiş; *Entscheidung:* karar; **⁎band** *n* (-s; ⁎er) pankart

Sprüh|dose *f* sprey kutusu; **Sen** (h) **1.** *v/t* sıkmak, püskürtmek; **2.** *v/i Funken:* saçılmak, uçuşmak (*bei Richtungsangabe:* sn); **Sen vor** (*D*) *Augen:* -den parıldamak; **⁎regen** *m* çisenti

Sprung *m* (-s; ⁎e) sıçrama, atlama; *Riss:* çatlak, yarık

Spucke *f* (-) F tükürük; **Sn** (h) **1.** *v/i* tükürmek; F *sich übergeben:* kusmak; **2.** *v/t Blut vs.* tükürmek, kusmak

Spuk (-s; -e) hayalet, hortlak; *mec.* kâbus, karabasan; **Sen** *v/i* (h) (*in D* byde) hortlaklar dolaşmak; *hier spukt es* burası tekin değil

Spule *f* (-; -n) makara, masura; *El.* bobin

spülen *v/t* ve *v/i* (h) *aus⁎:* çalka(la)mak; *Toilette:* sifonu çekmek; (*Geschirr* bulaşık) yıkamak

Spülmaschine *f* bulaşık makinesi

Spur *f* (-; -en) iz; *Fahr⁎:* şerit; *Tonband⁎:* (ses) yol(u); *mec.* kalıntı, eser; *j-m auf der ⁎ sein* b-nin peşinde olmak

spüren *v/t* (h) *gnl.* hissetmek, duymak; *instinktiv: az.* sezmek, sezimlemek; *wahrnehmen:* bşin ayrımına/farkına varmak, bşi algılamak

spurlos *bel.* (ardında hiçbir) iz bırakmadan

St. *kıs.* = *Sankt* Sen, Aziz; *Stück* tane

Staat *m* (-s; -en) devlet; *Regierung:* hükümet; **⁎enbund** *m* devletler birliği, konfederasyon; **Senlos** *sıf.* vatansız, tabiyetsiz; **Slich 1.** *sıf.* devlet(çe) ...; *Einrichtung:* kamu ..., resmi, milli; **2.** *bel.:* **Slich geprüft** yeminli, kayıtlı, vasıflı

Staats|angehörige *m, f* vatandaş, yurttaş; **⁎angehörigkeit** *f* (-; -en) uyruk, tabiyet, vatandaşlık; **⁎anwalt** *m Huk.* savcı; **⁎besuch** *m* resmi ziyaret; **⁎bürger** *m* yurttaş, vatandaş; **⁎dienst** *m* devlet hizmeti; **Seigen** *sıf.* devlete ait, devlet ..., kamu ...; **⁎feiertag** *m* ulusal bayram; **⁎feind** *m* ülke/halk düşmanı; **Sfeindlich** *sıf.* devleti çökertmeye/yıkmaya yönelik; **⁎haushalt** *m* devlet bütçesi, hazine; **⁎kasse** *f* hazine, F devlet kasası; **⁎mann** *m* devlet adamı; **⁎oberhaupt** *n* devlet başkanı; **⁎sekretär** *m* (bakanlık) müsteşar(ı); **⁎streich** *m* hükümet darbesi; **⁎vertrag** *m* devletlerarası antlaşma

Stab *m* (-s; ⁎e) *mec.* kadro, personel, kurmay ...; *Metall⁎, Holz⁎:* değnek, sırık; *Staffel⁎* bayrak çubuğu; *Dirigenten⁎:* çubuk, baton

Stäbchen *pl Eß⁎* çubuk *sg*

stabil *sıf.* istikrarlı (*az. Ekon., Pol.*);

robust: sağlam, dayanıklı; *gesund*: zinde, sağlıklı; ~**isieren** *v/t* (h) sağlamlaştırmak, stabilize etmek
Stabilität *f* (-) istikrar
Stachel *m* (-s; -n) *Bot., Zoo.* diken; *Insekt*: iğne; *Igel*: ok; ~**beere** *f Bot.* bektaşiüzümü; ~**draht** *m* dikenli tel; ♀*ig süf.* dikenli, iğneli; *gnl.* batan
Stadion *n* (-s; -dien) stadyum
Stadium *n* (-s; -dien) evre, aşama, basamak
Stadt *f* (-; ⸚e) şehir; kent; *die* ~ *Berlin* Berlin şehri; *in der* ~ şehirde; *in die* ~ *gehen* (*od. fahren*) şehre inmek (*veya* gitmek); ~**autobahn** *f* sehiriçi otoyol; ~**bild** *n* şehrin manzarası, kentin görüntüsü; ~**bummel** *m* şehir gezintisi; *e-n* ~**bummel machen** şehirde bir gezinti yapmak, şehri dolaşmak
Städte|bau *m* (-s) şehircilik; kentleştir(il)me; ~**partnerschaft** *f* şehir kardeşliği
Städter *m* (-s; -) kentli, şehirli
Stadt|gebiet *n* belediye sınırları içi; ~**gespräch** *n* (telefon) görüşme(si); *mec.* şehrin gündemindeki konu
städtisch *sıf.* kentsel, şehirli/kentli gibi, şehir/kent ....; *Pol.* belediye ...
Stadt|mitte *f* → **Innenstadt**; ~**plan** *m* şehir planı/haritası; ~**rand** *m* şehrin/kentin dış mahalleleri *pl*; ~**rat** *m* belediye meclisi; *Person*: belediye meclisi üyesi; ~**rundfahrt** *f* şehir turu; ~**teil** *m* semt; ~**viertel** *n* mahalle; ~**zentrum** *n* → **Innenstadt**
Staffel *f* (-; -n) bayrak koşusu (*veya* takımı); *Hava. Ask.* uçak bölüğü; ♀*n v/t* (h) *Steuern vs.* kademelendirmek; *Arbeitszeit vs.* (işi) posta posta yaptırmak
Stagn|ation *f* (-; -en) (ekonomik) durgunluk; ♀**ieren** *v/i* (h) durgunlaşmak
Stahl *m* (-s; ⸚e) çelik; ~**kammer** *f* çelik kasa dairesi; ~**rohrmöbel** *pl* çelikli mobilya *sg*
Stall *m* (-s; ⸚e) ahır; *Hühner*♀: kümes
Stamm *m* (-s; ⸚e) *Baum*♀: gövde, *gefällt*: tomruk; *Volks*♀: boy, oymak; *Geschlecht*: soy; *mec. Kern e-r Firma, Mannschaft vs.*: çekirdek; ~**aktie** *f Ekon.* adi hisse senedi; ~**aktionär** *m Ekon.* adi hissedar; ~**baum** *m* soy ağacı; *Zoo.* şecere, soy kütüğü
stammeln *v/t* (h) kekelemek; F kemküm etmek
stammen *v/i* (h): ~ *aus* (*von*) *gnl.* *-den* gelmek; *zeitlich*: *-den* kalmak; ~ *von Künstler vs.*: b-nin olmak
Stamm|gast *m* müdavim müşteri; ~**haus** *n Ekon.* ana şirket; ~**kapital** *n Ekon.* ana sermaye; ~**kneipe** *f* b-nin her zaman gittiği meyhane; ~**kunde** *m* devamlı müşteri; ~**lokal** *n* → **Stammkneipe**
Stand *m* (-s; ⸚e) *Halt*: duruş, durma; ~**platz**: durak; *Verkaufs*♀: satış tezgâhı/standı; *Astr.* konum; *Wasser*♀ *vs.*: yükseklik, seviye; (termometrenin *vs.* gösterdiği) değer; *mec. Niveau, Höhe*: düzey; *soziale Stellung*: konum, mevki; *Klasse*: sınıf, zümre; *Beruf*: meslek; *Sport*: skor, *End*♀: sonuç; *Lage*: durum; *aus dem* ~ durup dururken, durduk yerden; hız almadan; *auf den neuesten* ~ *bringen* en son duruma getirmek, güncelleştirmek; *e-n schweren* ~ *haben* b-nin durumu/işi çok zor olmak; → *imstande, instand, zustande*
Standard *m* (-s; -s) standart
Standbild *n* heykel; *Video*: görüntü durdurma
Ständer *m* (-s; -) *Kleider*♀ *vs.*: portmanto; *Zeitungs*♀ *vs.*: gazetelik
Standes|amt *n* nüfus/evlendirme dairesi; ♀**amtlich** *sıf.*: ♀*amtliche Trauung* medeni nikâh; ~**beamte** *m* evlendirme memuru
Standfoto *n* çalışma fotoğrafı
standhaft *sıf.* dayanıklı, metin, güçlü; ~ *bleiben* *-e* dayanmak; ♀**igkeit** *f* (-) dayanıklılık, metanet; sağlamlık
ständig *sıf.* devamlı, değişmez; *Adresse vs.*: daimi; *fest*: sabit
Stand|licht *n Oto.* park lambası; ~**ort** *m* b-nin bulunduğu yer; *Betrieb vs.*: mekân, yer, konum; *Ihr* ~*ort* bulunduğunuz yer; ~**ortfaktor** *m* mekân/konum faktörü; ~**platz** *m* stand; ~**punkt** *m mec.* görüş, (bakış) açı(sı); ~**spur** *f Oto.* durma şeridi; ~**uhr** *f* boy saati, dolaplı/kuyruklu saat
Stange *f* (-; -n) sırık, direk; *Fahnen*♀: *az.* gönder; *Metall*♀: çubuk, sopa, değnek; *Zigaretten*: karton
Stängel *m* (-s; -) *Bot.* sap, sapçık

Stanniol *n* (-s; -e) levha kalay; alüminyum folyo

Stapel *m* (-s; -) istif, küme; *Haufen*: yığın; *vom ~ lassen Gemi.* kızaktan denize indirmek; *mec.* indirmek, patlatmak; *vom ~ laufen Gemi.* kızaktan indirilmek; **~lauf** *m Gemi.* (kızaktan) denize in(dir)me

stapeln *v/t* (h) istiflemek, yığmak

stapfen *v/i* (sn) ağır adımlarla (*veya* güçlükle) yürümek

Star¹ *m* (-s; -e) *Zoo.* sığırcık (kuşu); *grauer ~ Tıp* katarakt; F aksu, perde

Star² *m* (-s; -s) *Film vs.:* yıldız, star

stark 1. *sıf.* kuvvetli; sert (*az. mec. Kaffee, Bier, Tabak vs.*); *mächtig, kraftvoll: az.* güçlü; *Raucher.* azılı; *Regen, Erkältung:* şiddetli; *Verkehr vs.:* yoğun, ağır; F *toll:* süper, şahane; **2.** *bel.:* **~ beeindruckt** çok (*veya* bayağı) etkilenmiş; **~ beschädigt** fena halde (*veya* oldukça) hasarlı

Stärke *f* (-; -n) güç, kuvvet; *Intensität.* şiddet, yoğunluk; *Maß:* derece; *Kim.* kola, nişasta; **2n** (h) **1.** *v/t* güçlendirmek, kuvvetlendirmek (*az. mec.*); *Wäsche vs.* kolalamak; **2.** *v/refl* bş yiyip/içip güçlenmek

Starkstrom *m* (-s) yüksek gerilim, yüksek voltaj

Stärkung *f* (-; -en) güçlendirme; *Imbiss:* hafif yiyecek/içecek; **~smittel** *n* kuvvet ilacı, tonik

starr *sıf.* kaskatı, gergin; *unbeweglich:* hareketsiz, katı, sert (*az. Tek.*); *Gesicht vs.: az.* donmuş; *Augen:* donuk; **~er Blick** sabit bakış; **~ vor Kälte (Entsetzen)** soğuktan (korkudan) donup kalmak *veya* kaskatı kesilmek; **~en** *v/i* (h) **(auf** *A* -e) -e dik dik bakmak, b-nin gözleri -e takılıp kalmak; **~köpfig** *sıf.* inatçı, direngen; F dikkafalı; **2sinn** *m* (-s) inatçılık, direngenlik, F dikkafalılık

Start *m* (-s; -s) çıkış, başlangıç, start (*az. mec.*); *Hava. ve Rakete:* kalkış; havalanma; **~automatik** *f Oto.* otomatik jikle; **~bahn** *f Hava.* uçuş pisti; **2bereit** *sıf.* kalkışa hazır; *Hava.* havalanmaya hazır; **2en 1.** *v/i* (sn) yola çıkmak, çıkış yapmak, kalkmak (*az. F mec.*); *Hava. ve Raumfahrt:* havalanmak; **2.** *v/t* (h) başlatmak, harekete geçirmek (*az. F mec.*); *e-e Rakete* havalandırmak, kaldırmak (*az. mec. Unternehmen vs.*); **~hilfe** *f: j-m ~hilfe geben* b-ne başlama yardımı etmek; **~hilfekabel** *n Oto.* akü takviye kablosu; F ara kablo; **~kapital** *n* başlangıç sermayesi

Station *f* (-; -en) istasyon, durak; *Kranken*2: koğuş, bölüm; **2är** *sıf. Tıp:* **2äre Behandlung** yatak tedavisi; **2ärer Patient** hastanede yatan hasta; **2ieren** *v/t* (h) *Ask.* bye yerleştirmek; *Raketen* konuşlandırmak

Statist *m* (-en; -en) *Tiy., Film:* figüran; **~ik** *f* (-; -en) istatistik, sayımlama; **~iker** *m* (-s; -) istatistikçi, sayımlamacı; **2isch** *sıf.* sayı(m)sal, istatistik

Stativ *n* (-s; -e) sehpa

statt *ilg. -in* yerine; *~ et. zu tun* bş(i) yapmak yerine, bş(i) yapmaktansa; **~dessen** bunun yerine

Stätte *f* (-; -n) yer, mahal; *e-s Unglücks vs.: -e* sahne olan yer

statt|finden *v/i* (krldş., *ayr.*, -ge-, h, → *finden*) meydana gelmek; *geschehen:* olmak; **~lich** *sıf.* endamlı, yakışıklı; *Summe vs.:* önemli, hatırı sayılır

Statue *f* (-; -n) (boy) heykel(i)

Statur *f* (-; -en) (vücut) yapı(sı), bünye; boy, endam (*az. mec.*); F boy pos

Status *m* (-; -) *sozialer.* konum, mevki, statü; **~symbol** *n* statü sembolü

Statut *n* (-s; -en) tüzük, yönetmelik

Stau *m* (-s; -s, -e) *Oto.* trafik tıkanıklığı, trafiğin durması; *Rück*2: kuyruk

Staub *m* (-s; -e, ᵘe) toz; **~ saugen** (elektrik süpürgesiyle) toz almak; *Boden* elektrik süpürgesiyle byi süpürmek; **~ wischen** toz almak; → **aufwirbeln**

Staubecken *n* su toplama bölgesi, su haznesi

staub|en *v/i* (h) toz yapmak/çıkarmak; **2fänger** *m* (-s; -) toz kapan (süs) eşya(sı); **~ig** *sıf.* tozlu, tozla kaplı; **2sauger** *m* (-s; -) elektrik süpürgesi; **2tuch** *n* (-s; ᵘer) toz bezi

Staudamm *m* bent, barajın set kısmı

stauen (h) **1.** *v/t Fluss vs.:* biriktirmek, toplamak; **2.** *v/refl Verkehr.* tıkanmak

staunen *v/i* (h) şaşmak (*über A* -e), hayret etmek

Staunen *n* (-s) şaş(ır)ma, hayret
Stausee *m* baraj gölü
Steak *n* (-s; -s) *Gastr.* biftek
stech|en 1. *v/i, v/t* (stach, gestochen, h) sokmak, delmek, bat(ır)mak (*in den Finger* -in parmağına); *Biene vs.*: sokmak; *Mücke vs.*: ısırmak; *mit Messer vs.*: bıçaklamak, bıçakla yaralamak, sokmak; *mit et. ~en in* (*A*) bşi -e saplamak/sokmak; **2.** *v/refl* **sich** (*mit e-r Nadel*) **~** k-ne (iğne) batırmak; → *See²*; **~end** *sıf.* *Blick*: delici; *Schmerz*: iğneli, keskin; ♀**karte** *f* kontrol saati kartı; ♀**mücke** *f* → *Mücke*; ♀**uhr** *f* kontrol saati
Steckbrief *m* *Huk.* gıyabi tutuklama müzekkeresi; ♀**lich** *bel. Huk.*: *er wird* ♀**lich gesucht** gıyabi tutuklama kararıyla aranıyor
Steckdose *f El.* priz
stecken (h) **1.** *v/t* sokmak; *wohin tun*: koymak; *özl. Tek.* takmak (*in A* bye); *an~*: iliştirmek (*an A* -e); **2.** *v/i sich befinden*: kalmak, olmak; *festsitzen*: sıkışıp kalmak; *tief in Schulden ~* (gırtlağına kadar) borca batmak; *~ bleiben* takılıp kalmak (*az. mec.*)
Steck|enpferd *n* *mec.* hobi, merak; *~er* *m* (-s; -) *El.* fiş; *~nadel* *f* topluiğne
Steg *m* (-s; -e) yaya köprüsü; *Brett*: (enli) tahta
Stegreif *m*: *aus dem ~* hazırlanmadan, doğaçtan; *aus dem ~ spielen vs.* doğaçlama çalmak *vs.*
stehen (stand, gestanden, h) **1.** *v/i* durmak; *sich befinden*, *sein*: bulunmak, olmak; *aufrecht ~*: dik *veya* ayakta durmak; *~ bleiben* durmak, durup kalmak; *özl. Tek., Entwicklung vs.*: durmak, tökezlemek; *~ lassen* bırakmak (*Essen vs.* dokunmadan); *Schirm vs.* unutmak; *alles ~ und liegen lassen* herşeyi bırakıp gitmek; *sich e-n Bart ~ lassen* sakal bırakmak; *es steht ihr ~* (çok) yakışıyor/uyuyor; *wie (viel) steht es?* durum kaç kaç?; *hier steht, dass* burada şöyle yazılı; *wo steht das?* kim demiş onu?; *wie steht es mit ...?* ... (yap)maya ne dersin(iz)?, ... (yap)alım mı?; *für* (*A*) *-in* meraklısı olmak, *stärker*: bşin içine düşmek; **2.** *v/r* → *Modell vs.*

Stehlampe *f* ayaklı lamba
stehlen (stahl, gestohlen, h) *v/t* çalmak; *v/i* hırsızlık etmek
Stehplatz *m* *Tiy. vs.* ayakta durma bileti; *pl* ayakta duracak yer *sg*
steif *sıf.* sert, katı (*az. mec.*)
steigen (stieg, gestiegen, sn) **1.** *v/i sich begeben*: girmek; *klettern*: tırman-mak, çıkmak; *hoch~, zuneh-men*: yükselmek (*az. Hava.*): *~ in, auf* (*A*) *Fahrzeug*: -e binmek; *~ aus* (*od. von*) *-den* inmek; **2.** *v/t. Treppen ~* merdivenden çıkmak
steiger|n (h) **1.** *v/t* çoğaltmak, arttırmak; *verstärken*: yükseltmek; *verbessern*: düzeltmek; **2.** *v/refl Person*: düzelmek, iyileşmek; ♀**ung** *f* (-; -en) çoğal(t)ma, art(tırıl)ma; yüksel(t)me; düzel(t)me
Steigung *f* (-; -en) eğim, meyil; *Hang*: yokuş, rampa, bayır
steil *sıf.* sarp, dik (*az. mec.*); ♀**hang** *m* dik yamaç, rampa; ♀**küste** *f* falez, yar; ♀**wandzelt** *n* bungalo çadırı
Stein *m* (-s; -e) taş (*az. Tıp*); *Bot.* çekirdek; *Edel*♀: (değerli) taş, cevher; *Brettspiel*: taş, *Backgammon*: pul; *~bruch* *m* taş ocağı; ♀**ern** *sıf.* taştan, taş ...; *mec.* taş gibi; *~gut* *n* (-s; -e) çini, toprak işi; ♀**ig** *sıf.* taşlı, çakıllı; *~kohle* *f* taşkömürü; *~metz* *m* (-en; -en) taş ustası, mermerci; *~pilz* *m* *Bot.* kuzumantarı; ♀**reich** *sıf.* F altın babası, acayip zengin; *~schlag* *m* gevşek şev; F taş düşmesi
Stelle *f* (-; -n) yer; *Punkt*: nokta; *Arbeits*♀: işyeri; *Behörde*: makam, daire; *auf der ~* derhal; *zur ~* hazır; *an erster ~ stehen* (*kommen*) ilk sırada olmak (gelmek); *an j-s ~* b-nin yerin(d)e; *ich an deiner ~* (senin) yerinde olsam; → *frei 1*
stellen (h) **1.** *v/t gnl.* koymak; *Uhr, Falle vs.* kurmak; *ein, aus, leiser vs.*: çevirmek; *Frage* yöneltmek, sormak; *zur Verfügung ~* sağlamak, bulmak; *Verbrecher vs.* (köşeye) kıstırmak; *s-e Uhr ~ nach* saatini -e göre ayarlamak; **2.** *v/refl -e* teslim olmak; *sich ~ gegen A mec. -e* karşı çıkmak/gelmek; *sich ~ hinter A mec. -i* desteklemek, *-in* ardında olmak; *sich schlafend vs. ~* k-ni uyuyormuş vs.

gibi göstermek; **stell dich dorthin!** şurada dur
Stellen|angebot n işyeri teklifleri pl; **ich habe ein ~angebot** bir iş(yeri) teklifi aldım; **~gesuch** n iş için başvuru dilekçesi; **~suche** f. **ich bin auf ~suche** iş aramaktayım; **~vermittlung** f iş bulma (bürosu); ²**weise** bel. yer yer, kısmen
Stellung f (-; -en) Lage: durum; sozial: konum, mevki; Arbeitsplatz: iş, pozisyon; **~ nehmen zu** bir konuda görüş bildirmek; **~nahme** f (-; -n) görüş, fikir (**zu** bşde); ²**slos** sıf. işsiz, açıkta
stell(vert). kıs. = **stellvertretend**
stellvertrete|nd sıf. amtlich: vekil, yardımcı, temsilci; ²**r** m (-s; -) temsilci; amtlich: vekil, yardımcı
stemmen (h) **1.** v/t Gewicht: kaldırmak **2.** v/refl: **sich ~ gegen** bşe karşı koymak/durmak; mec. bşe direnmek
Stempel m (-s; -) damga; Post²: posta damgası; auf Silber vs.: ayar damgası; **~kissen** n ıstampa; ²**n** v/t (h) damgalamak az. entwerten; Gold, Silber. ayar damgası vurmak; **~uhr** f kontrol saati
Stengel m → **Stängel**
Steno|gramm n (-s; -e) stenogram, stenografik notlar pl; **~grafie** f (-; -n) steno(grafi); ²**grafieren** (h) **1.** v/i steno(grafi) yazmak; **2.** v/t steno(grafi) ile yazmak; **~typistin** f (-; -nen) stenodaktilograf
Steppdecke f yorgan
sterb|en v/i (starb, gestorben, sn) ölmek (**an** D -den); **im** ²**en liegen** ölüm halinde olmak, F can çekişmek; **~lich** sıf. ölümlü, fani
Stereoanlage f stereo seti
steril sıf. steril; kısır; verimsiz; ²**isation** f (-; -en) sterilizasyon; kısırlaştırma; **~isieren** v/t (h) sterilize etmek; kısırlaştırmak
Stern m (-s; -e) yıldız (az. mec.); **~bild** n Astr. takımyıldız; des Tierkreises: burç; **~enbanner** n yıldızlı-şeritli ABD bayrağı; **~(en)himmel** m (yıldızlı) gökkubbe; ²**klar** sıf. berrak, açık; **~schnuppe** f (-; -n) akanyıldız
stets bel. daima, her zaman
Steuer[1] n (-s; -) Oto. direksiyon (simidi); Gemi. dümen, yeke; Hava. kumanda

Steuer[2] f (-; -n) vergi; **~aufkommen** n (-s; -) vergi gelirleri pl; **~befreiung** f vergi muafiyeti; **~berater** m vergi danışmanı; **~erhöhung** f vergi art(tırıl)ışı; **~erklärung** f vergi beyanı/beyannamesi; **~ermäßigung** f vergi indirimi; **~flucht** f vergiden kaç(ın)ma; ²**frei** sıf. vergiden muaf; **Waren**: gümrüksüz; **~freibetrag** m vergiden muaf meblağ; **~gelder** pl vergiler; **~hinterziehung** f (-; -en) vergi kaçırma/kaçakçılığı; **~karte** f vergi kartı/karnesi; **~klasse** f vergi sınıfı
Steuerknüppel m Hava. kumanda kolu, levye
steuern v/t (h) yönetmek, kullanmak, sürmek; Gemi. dümende olmak, dümeni kullanmak; Oto. sürmek, idare etmek; Tek. kumanda etmek, yönetmek; mec. yöneltmek, doğrultmak
Steuer|oase f, **~paradies** n vergi cenneti; ²**pflichtig** sıf. vergiye tabi; **Waren**: gümrüğe tabi, gümrüklük
Steuerrad n Gemi. dümen yekesi, Oto. direksiyon simidi
Steuer|rückzahlung f vergi iadesi; **~senkung** f vergi indirimi
Steuerung f (-; -en) dümen/direksiyon tertibatı; El., Tek. kumanda (az. mec.)
Steuer|vorauszahlung f götürü vergi ödemesi; **~zahler** m (-s; -) vergi mükellefi/yükümlüsü, F vergi ödeyen
Steward m (-s; -s) Hava. kabin görevlisi; Gemi. kamarot; **~ess** f (-; -en) Hava. hostes
Stich m (-s; -e) Nadel²: batma; Bienen² vs.: sokma; Mücken²: ısırma; Messer²: darbe; Nähen: dikme, dikiş; Kartenspiel: el alma, kâğıt vurma; Kupfer² vs.: gravür; **im ~ lassen** ortada (veya yarı yolda) bırakmak; verlassen: terk etmek, bırakıp kaçmak
Stichel|ei f (-; -en) taş atma(lar pl), iğneleme(ler pl), kırıcı söz(ler pl); ²**n** v/i (h) iğneleyici sözlerle tahrik etmek (**gegen** b-ni)
Stich|flamme f birdenbire parlayan alev, alev dili; ²**haltig** sıf. inandırıcı, geçerli; unwiderlegbar. (temeli) sağlam; **nicht** ²**haltig sein** F inandırıcı

olmamak, -*in* temeli sağlam olmamak; **~probe** *f* örnekleme; rasgele kontrol; *Waren:* rasgele örnek alma; **e-e ~probe machen** rasgele kontrol etmek, rasgele örnek almak; **~tag** *m* tespit edilen gün; son gün; **~wahl** *f* ikisi arasında (*veya* ikili) seçim

Stichwort *n* (-s) (*pl* -e) *Tiy.* replikte son söz; **~e** *pl Notizen:* notlar *pl*; **das Wichtigste in ~en** önemli gelişmelerden haber başlıkları; (*pl.* ⁼er) *im Lexikon vs.:* maddebaşı sözcük, madde

Stichwunde *f* bıçak yarası

Stief... *Mutter vs.:* üvey ...

Stiefel *m* (-s; -) çizme

Stiel *m* (-s; -e) sap

Stier *m* (-s; -e) *Zoo.* boğa; **~kampf** *m* boğa güreşi

Stift *m* (-s; -e) kalem; *Blei*⁀: kurşunkalem; *Kugelschreiber.* tükenmez kalem; *Farb*⁀: *az.* boyama kalemi; renkli kalem; *Tek.* pim; *Holz*⁀: ağaç çivi, kama

stift|en *v/t* (h) *spenden:* bağışlamak, hibe etmek; *verursachen:* çıkarmak, -*e* neden olmak; **~ung** *f* (-; -en) bağış; *Institution:* vakıf

Stil *m* (-s; -e) stil, üslup, biçem, tarz (*az. mec.*): **in großem ~** büyük tarzda; *mec.* geniş ölçüde

still *sıf.* sessiz, sakin, suskun; *özl. unbewegt:* hareketsiz, durgun; **sei(d) ~!** sus(un)!; **sich ~ verhalten** sakin davranmak (*körperlich:* tek durmak); **~er Teilhaber** *Ekon.* komanditer ortak; **♀e** *f* (-) sessizlik, sükûnet; suskunluk; *in aller* ♀*e* sessizce; *heimlich:* gizlice, kimseye görünmeksiz

Stilleben *n* → **Stillleben**

stillegen *v/t* → **stilllegen**

stillen *v/t* (h) *Baby* emzirmek; *Schmerz* kesmek; *Blutung* dindirmek; *Durst, Hunger, Neugier vs.* gidermek

stillhalten *v/i* (*krldş., ayr.*, -ge-, h, → **halten**) kımıldamamak, hareket etmemek

Stillleben *n Malerei:* natürmort

stilllegen *v/t* (*ayr.*, -ge-, h) *Betrieb* kapamak; *Fahrzeug* kapatmak; *Maschine vs.* durdurmak; *Tıp* hareketsizleştirmek, kımıldamaz hale getirmek

stillos *sıf.* zevksiz, çirkin

still|schweigend *sıf. mec.* açıkça söylenmemiş/yazılmamış, zımni; ♀**stand** *m* (-s) dur(akla)ma; *mec. az.* durgunluk, kesatlık (*az. Ekon.*); *von Verhandlungen:* tıkanıklık, çıkmaz; **~stehen** *v/i* (*krldş., ayr.*, -ge-, h, → **stehen**) durmak, duraklamak, çıkmaza girmek

Stil|möbel *pl* belli bir üsluba ait mobilya, stil möble sg; ♀**voll** *sıf.* zevkli, uyumlu, zarif, şık

Stimm|band *n* (-s; ⁼er) ses teli; ♀**berechtigt** *sıf.* oy verme hakkına sahip

Stimme *f* (-; -n) ses; *Wahl:* oy; → **enthalten** 2; **♀n** (h) **1.** *v/i* doğru (*veya* gerçek) olmak; *Wahl:* oy kullanmak (**für** -in lehine; **gegen** -in aleyhine); **es stimmt et. nicht** (**damit, mit ihm**) (burada/onda) bir yanlışlık var; **2.** *v/t Müz.* akort etmek, ayarlamak; *mec. j-n traurig vs.:* (keder)lendirmek

Stimm|enthaltung *f* çekimser oy (kullanma); **~recht** *n* oy hakkı

Stimmung *f* (-; -en) *mec.* ruh hali; *Atmosphäre:* hava; *allgemeine:* duygular; **alle waren in ~** herkes havasındaydı, herkes eğleniyordu; ♀**svoll** *sıf.* duygu yüklü, etkileyici

Stimmzettel *m* oy pusulası

stinken *v/i* (stank, gestunken, h) (pis) kokmak (**nach** bş, *az. mec.*): F **das** (**er** *vs.*) **stinkt mir** bundan (ondan *vs.*) bıktım artık

Stipendi|at *m* (-en; -en) bursiyer; **~um** *n* (-s; -dien) burs

Stirn *f* (-; -en) alın; → **runzeln**; **~runzeln** *n* (-s) kaşlarını çatmak

stöbern *v/i* (h) F ortalığı karıştırıp aramak (**nach** bşi)

stochern *v/i* (h): **im Essen ~** yemeği iştahsızca karıştırmak; **in den Zähnen ~** dişlerini karıştırmak

Stock *m* (-s; ⁼e) sopa; **~werk**: kat; **im ersten ~** birinci katta; ♀**dunkel** *sıf.* F zifiri karanlık

stocken *v/i* (h) dur(ala)mak; *unsicher werden:* tereddüte düşmek; *Verkehr.* durmak, tıkanmak; **~d 1.** *sıf. Stimme vs.:* tutuk; **2.** *bel.:* **~d lesen** (*od.* **sprechen**) tutuk (*veya* dura dura) okumak (konuşmak)

stockfinster *sıf.* F zifiri karanlık

Stockwerk *n* kat; **im ersten ~** birinci katta

Stoff *m* (-s; -e) madde, malzeme; *mec.* mal, nane; *Gewebe*: dokuma; *Tuch*: kumaş; bez; *Kim., Fiz. vs.*: madde; *mec. Thema*: konu; **~sammeln** malzeme toplamak; **~tier** *n* bezden oyuncak hayvan; **~wechsel** *m* Fizy. metabolizma

stöhnen *v/i* (h) inlemek (*vor D* -den); *mec.* yakınmak (*über A* -den)

Stollen *m* (-s; -) *Bergbau*: yeraltı yolu, tünel, galeri

stolpern *v/i* (sn) sendelemek, tökezlemek; **~ über** (*A*) -e takılıp düşmek; *mec.* takılmak, yıkılmak

stolz *sıf.* gururlu (*auf A* -den dolayı)

Stolz *m* (-es) gurur, onur (*auf A* -den)

stopfen *v/t* (h) *Socken, Loch* örmek, yamamak; *pressen, füllen*: tıkamak, doldurmak (*in A* -e)

Stopp *m* (-s; -s) dur(dur)ma; *Lohn*♀, *Preis*♀: dondur(ul)ma

Stoppel *f* (-; -n) ekin anızı; **~bart** *m* iki günlük sakal; **♀ig** *sıf.* tıraş olmamış, sakallı, tıraşsız

stopp|en *v/i* (h) durmak; *v/t* durdurmak; (*az. mec.*) *mit der Uhr. -in* zamanını (kronometreyle) ölçmek; **♀licht** *n Oto.* fren lambası; **♀schild** *n Oto.* dur işareti/levhası; **♀uhr** *f* kronometre

Stöpsel *m* (-s; -) *Waschbecken vs.*: tapa, tıkaç

Storch *m* (-s; ⁺e) leylek

stören (h) **1.** *v/t* bozmak; *belästigen*: rahatsız etmek; *beeinträchtigen*: etkilemek; *Versammlung vs.* aksatmak; *lassen Sie sich nicht* **~** rahatsız olmayın; *darf ich Sie kurz* **~?** sizi bir saniye rahatsız edebilir miyim?; *stört es Sie, wenn ich rauche?* sigara içersem rahatsız olur musunuz?; **2.** *v/i im Weg sein*: -e engel olmak; *lästig sein*: sataşmak, bela olmak; *unangenehm sein*: cansıkıcı/nahoş olmak; *störe ich?* rahatsız ediyor muyum?; **3.** *v/refl*: *sich* **~ an** (*D*) -den rahatsız olmak

storn|ieren *v/t* (h) iptal etmek; *Buchung*: iptal ettirmek; **♀ierung** *f* (-; -en) iptal; **♀ierungsgebühr** *f* iptal ücreti; **♀o** *n* (-s; -ni) iptal

störrisch *sıf.* inatçı, dikkafalı, F söz dinlemez

Störung *f* (-; -en) rahatsızlık; bozukluk; aksaklık, kesilme; *Tıp* bozukluk; *Tek.* hasar, kusur, noksan; *Betriebs*♀: arıza, bozulma

Stoß *m* (-es; ⁺e) itiş; *Fuß*♀: tekme; *Ruck*: darbe; *Erschütterung*: sarsıntı, sars(ıl)ma; *Stapel*: yığın; **~dämpfer** *m* (-s; -) *Oto.* amortisör; **♀en** (stieß, gestoßen) **1.** *v/t* (h) itmek; *mit dem Fuß*: tekmelemek; **2.** *v/refl* (h) çarpışmak, tokuşmak; *sich* **♀en an** (*D*) bye vurmak/çarpmak; *mec.* bşde kusur bulmak, bşden rahatsız olmak; **3.** *v/i* (sn): *mit dem Kopf* **♀en an** (*A*) *od. gegen* başını bye çarpmak; **♀en auf** (*A*) *entdecken*: birdenbire bşe rastlamak; *Schwierigkeiten vs.*: ile karşılaşmak; *Öl vs.*: bulmak, keşfetmek; **~stange** *f Oto.* tampon; **~verkehr** *m* yoğun trafik; **~zeit** *f* yoğun iş zamanı; *Verkehr*: yoğun trafik zamanı

stottern *v/i* (h) kekelemek; *v/t* kekeleyerek söylemek

Str. *kıs.* = *Straße f* cadde (Cad.)

Straf|anstalt *f* cezaevi; **♀bar** *sıf.* cezayı gerektirir, cezalandırılır; *sich* **♀bar machen** suç işlemek

Strafe *f* (-; -n) ceza *az. Huk.*; *Geld*♀: para cezası, cereme; *20 Mark* **~** *zahlen müssen* 20 Mark ceza ödemek zorunda kalmak; *zur* **~** ceza olarak

strafen *v/t* (h) cezalandırmak

straff *sıf.* gergin, dar; *mec.* sıkı, katı

straf|frei *bel.*: **~frei ausgehen** cezasız kalmak; **♀gefangene** *m, f* mahkûm, hükümlü; **♀gesetz** *n* ceza yasası/kanunu

sträf|lich 1. *sıf. unverzeihlich*: affedilmez; **2.** *bel.*: **~lich vernachlässigen** sorumsuzca ihmal etmek; **♀ling** *m* (-s; -e) mahkûm, hükümlü, mahpus

Straf|mandat *n* ceza müzekkeresi; **~prozess** *m* ceza davası; **~tat** *f* suç, cezai fiil; *schwere*: cürüm; **~zettel** *m* ceza pusulası, F ceza kâğıdı

Strahl *m* (-s; -en) ışın (*az. mec., Licht*♀, *Funk*♀ *vs.*); *Blitz*♀ *vs.*: şimşek; *Wasser*♀ *vs.*: fışkırtı; **♀en** *v/i* (h) ışın yaymak; *Sonne*: parlamak; *mec.* b-nin gözleri/yüzü parlamak (*vor D* -den); **~en...** *Fiz. Schutz vs.*: ışın(dan) ...; **~ung** *f* (-; -en) ışınım, radyasyon

Strähne *f* (-; -n) saç lülesi, perçem

stramm *sıf.* gergin, sıkı

Strand m (-s; ⁓e) deniz kıyısı, sahil; **am ⁓** sahilde; **⁓bad** n plaj; **2en** v/i (sn) *Gemi*. karaya oturmak; **⁓korb** m tenteli hasır koltuk; **⁓nähe** f: **in ⁓nähe** denize yakın; **⁓promenade** f (-; -n) plaj gezinti yeri

Strang m (-s; ⁓e) ip, kement; *özl. Anat*. kiriş, kordon

Strapaz|e f (-; -n) (büyük) zorluk, meşakkat; **2ieren** v/t (h) *j-n*, *Augen vs*. zorlamak; *ermüden*: yormak; *Nerven vs*. yıpratmak; **2ierfähig** *sıf*. dayanıklı; **2iös** *sıf*. yorucu, meşakkatli; *nervlich*: yıpratıcı

Straße f (-; -n) (şehirlerarası) yol, karayolu; *e-r Stadt vs*.: cadde, *kleiner*. sokak; *Meerenge*: boğaz; **auf der ⁓** yolda, sokakta

Straßen|arbeiten pl yol çalışmaları; **⁓bahn** f tramvay; **⁓bahnhaltestelle** f tramvay durağı; **⁓benutzungsgebühr** f yol harcı; **⁓café** n kaldırım kahvesi; **⁓karte** f karayolları haritası; **⁓kreuzung** f kavşak, F dörtyol ağzı; **⁓lage** f (arabanın) yol durumu; **e-e gute ⁓lage haben** yol durumu iyi olmak, iyi yol tutmak; **⁓rand** m yol kenarı; **am ⁓rand** yol kenarında; **⁓sperre** f yol engeli, barikat; **⁓verhältnisse** pl yol koşulları; **⁓verkehrsordnung** f karayolları trafik yönetmeliği

strategisch *sıf*. stratejik

sträuben v/refl (h): **sich ⁓ gegen** -e karşı koymak, direnmek

Strauch m (-s; ⁓er) çalı(lık)

Strauß¹ m (-es; ⁓e) *Blumen*: demet, buket

Strauß² m (-es; -e) *Zoo*. devekuşu

streben v/i (h): **⁓ nach** bş için uğraşmak, bş için çaba göstermek

Strecke f (-; -n) uzaklık, yol; *Route*: güzergâh; *Demiryol*. hat; *Renn2*: etap; *Abschnitt, Fläche*: bölüm, parça; **2n** (h) **1.** v/t uzatmak; **2.** v/refl uzanmak

Streich m (-s; -e) oyun, numara, muziplik; **j-m e-n ⁓ spielen** b-ne bir numara/muziplik etmek

streicheln v/t (h) okşamak

streichen (strich, gestrichen, h) **1.** v/t *an⁓*: boyamak; *schmieren*: sürmek (*auf A* -e); *aus⁓*: silmek, -*in* üstüne çizmek; *Auftrag vs*.: iptal etmek; **2.** v/i: **mit der Hand ⁓ über** (A) elini -*in* üzerinde dolaştırmak

Streichholz n kibrit

Streichinstrument n *Müz*. yaylı çalgı/saz; **die ⁓e** pl yaylı çalgılar

Streichung f (-; -en) iptal etme; iptal edilme

Streichorchester n yaylı çalgılar orkestrası

Streife f (-; -n) devriye (*az. Mannschaft*): **⁓ gehen** devriye gezmek

streifen v/t (h) *berühren*: -e değmek, -e hafifçe dokunmak; *Auto* sıyırıp geçmek, -e sürtmek; *Kugel* sıyırmak; *Ring* sıyırıp çıkarmak (**von** -den); *Thema* -e (kısaca) değinmek

Streif|en m (-s; -) çizgi, çubuk; *Papier2 vs*.: şerit; **⁓enwagen** m devriye arabası; **⁓schuss** m sıyrık, kurşun yarası

Streik m (-s; -s) *Ekon*. grev; **in den ⁓ treten** greve gitmek/girmek; **wilder ⁓** yasadışı/kanunsuz grev; **⁓brecher** m (-s; -) grev kırıcı; **2en** v/i (h) grev yapmak; **⁓ende** m, f (-n; -n) grevci, grev yapan; **⁓posten** m grev gözcüsü; **⁓recht** n (-s) grev hakkı

Streit m (-s; -e) kavga, çekişme (*über A* hakkında, *um* ile ilgili); *handgreiflicher*. dövüş, dalaşma; *Pol. vs*. tartışma; **⁓ anfangen** dövüş/kavga çıkarmak; **⁓ suchen** kavga çıkarmaya çalışmak; **2en** v/i (stritt, gestritten, h) (*az. sich 2en*) kavga etmek, tartışmak, çekişmek (*über A* konusunda); *handgreiflich*: dövüşmek; *darüber lässt sich ⁓en* bu konuda tartışılır, bu tartışmaya açık bir konu; **2ig** *sıf*.: **j-m et. 2ig machen** b-nin hakkını reddetmek, b-ne karşı hak iddia etmek; **⁓kräfte** pl *Ask*. silahlı kuvvetler; **2süchtig** *sıf*. kavgacı, F dalaşkan

streng 1. *sıf*. sert, sıkı; *Kälte*: şiddetli, haşin; *Strafe vs*.: ağır; *unnachgiebig*: katı, acımasız; **2.** *bel*.: **⁓ genommen** aslına bakılırsa; **⁓ verboten** (*vertraulich*) kesinlikle yasak (gizli); **2e** f (-) sertlik, katılık, sıkılık

Stress m (-es; *ender* -e) zorlanma/ stres; *im ⁓* stres altında; **2en** v/t (h) çok zorlamak, strese sokmak; **2ig** *sıf*. stresli

streuen v/t (h) dağıtmak, yaymak (*az. Fiz*.); *Sand vs*. atmak, saçmak, serp-

mek; *Salz az.* ekmek; *Gehweg vs.* -e kum atmak; -e tuz serpmek
streunend *sıf.* (başıboş) dolaşan
Strich *m* (-s; -e) *Linie*: çizgi, çizik; *Skalen♀*: kerte; F **auf den ~ gehen** sokakta fahişelik yapmak; **♀weise** *bel.* yer yer (**Regen** yağmur)
Strick *m* (-s; -e) sicim; *dicker*: halat; **~...** *Nadel vs.*: örme ...; **♀en** *v/t* (h) örmek; *v/i* örgü örmek; **~jacke** *f* hırka; **~leiter** *f* ip merdiven; **~waren** *pl* örme eşyalar, trikotaj *sg*; **~zeug** *n* örgü işi
strittig *sıf.* tartışmalı; **~er Punkt** tartışmalı nokta
Stroh *n* (-s) saman; *Dach♀*: saz, dam otu; **~dach** *n* saz dam; **~halm** *m* saman çöpü; *Getränke*: kamış, pipet; **~hut** *m* hasır şapka; **~witwe**(**r** *m*) *f* F eşi seyahatte (olan kişi), F (geçici) bekâr
Strom *m* (-s; ⁻e) ırmak; *Strömung*, *El.*: akım; *ein ~ von* bir ... akımı/seli (*az. mec.*); → *gießen* 2, *regnen*; **♀ab** (**-wärts**) *bel.* akış aşağı; **♀auf** (**-wärts**) *bel.* akış yukarı; **~ausfall** *m El.* elektrik kesilmesi
strömen *v/i* (sn) akmak (*az. mec.*); *Regen*: bardaktan boşanırcasına yağmak; *mec. Menschen vs.*; akın akın gelmek
Strom|kreis *m El.* elektrik devresi; **♀linienförmig** *sıf.* akış çizgili; **~schnelle** *f* (-; -n) ivinti yeri; F şiddetli (nehir) akıntı(sı); **~stärke** *f El.* akım şiddeti
Strömung *f* (-; -en) akıntı; *mec. az.* akım, eğilim
Strom|versorgung *f El.* elektrik verme/alma, elektrik temini; **~zähler** *m* elektrik sayacı, F elektrik saati
Strophe *f* (-; -n) dörtlük, kıta
strotzen *v/i* (h): **~ von** *od.* **vor** (*D*) ile dolup taşmak; kaynamak; *Gesundheit vs.*: sağlık fışkırmak
Struktur *f* (-; -en) yapı; biçim
Strumpf *m* (-s; ⁻e) çorap; **~hose** *f* külotlu çorap
Stube *f* (-; -n) oda
Stück *n* (-s; -e) *gnl.* parça; *Teil: az.* kısım; *Zucker*: tane; *Brot vs.*: dilim; *Tiy.* oyun; **2 Mark das ~** tanesi 2 Mark; **im** (*od.* **am**) **~** *Käse vs.*: tek parça halinde; → *reißen¹ vs.*; **♀wei-se** *bel.* parça parça, tane tane (*az. mec.*); *Ekon.* parça başı; **~werk** *n* (-s) *mec.* uydurma iş
Student *m* (-en; -en) (üniversite *vs.*) öğrenci(si); F üniversiteli; **~enausweis** *m* öğrenci kimliği
Studie *f* (-; -n) inceleme (**über** *A* hakkında); **~nabbrecher** *m* (-s; -) öğrenimini yarıda bırakan, üniversiteyi *vs.* bırakan; **~nabschluss** *m* bitirme/mezuniyet sınavları *pl*; **~naufenthalt** *m* öğrenim amaçlı ziyaret (**in** *D* -i); **~nplatz** *m* öğrenim yeri; **~nreise** *f* araştırma gezisi
studieren *v/t* (h) ... öğrenimi görmek; F okumak; *v/i. az.* öğrenim görmek, üniversitede okumak, üniversiteye gitmek
Studium *n* (-s; -dien) öğrenim
Stufe *f* (-; -n) basamak; *Niveau*: düzey; *Stadium*: aşama; *Raketen♀*: kat
Stuhl *m* (-s; ⁻e) sandalye; *Fizy.* büyük aptes; → *Stuhlgang*; **~gang** *m* (-s): **~gang haben** büyük aptes bozmak
stülpen *v/t* (h) koymak (**auf** *A* -e); geçirmek (**über** *A* üzerine)
stumm *sıf.* dilsiz; *still*: sessiz (*az. mec.*)
Stummel *m* (-s; -) *Zahn♀*: kırık dişin kökü; *Zigarren♀ vs.*: izmarit; *Kerzen♀ vs.*: mum artığı
Stummfilm *m* sessiz film
Stümper *m* (-s; -) sakar, acemi çaylak
Stumpf *m* (-s; ⁻e) kütük, kesilen bşin bedendeki kısmı
stumpf *sıf.* kör; **~sinnig** *sıf.* anlayışsız; F kalın kafalı; *Arbeit*: tekdüze
Stunde *f* (-; -n) saat; *Unterrichts♀*: ders
stunden *v/t* (h): **j-m et. ~** b-ne bşi ertelemek
Stunden|kilometer *pl* saatteki kilometre hızı *sg*; **♀lang 1.** *sıf.*: **nach ♀langem Warten** saatler süren bekleyişten sonra; **2.** *bel.* saatlerce; **~lohn** *m* saat ücreti; **~plan** *m* (haftalık) ders programı; **♀weise** *sıf. ve bel.* saat hesabı(yla); **~zeiger** *m* akrep
stündlich 1. *sıf.* saat başı; **2.** *bel.* her saat
Stundung *f* (-; -en) borç erteleme
stur *sıf.* F dikkafalı
Sturm *m* (-s; ⁻e) fırtına, kasırga; akın

symptomatisch

(*az. mec.*): ~ **auf** (*A*) *Ekon.* -e hücum, saldırı

stürm|en 1. *v/t* (h) -e saldırmak, -e hücum etmek; **2.** *v/i* (h): *es stürmt* fırtına var, hava fırtınalı; ⁓**er** *m* (-s; -) *Sport.* forvet; *özl. Fußball*: hücum oyuncusu; ⁓**isch** *sıf.* fırtınalı, kasırgalı; *mec.* heyecanlı, ateşli, haşin, çılgın

Sturmwarnung *f* fırtına/kasırga uyarısı

Sturz *m* (-es; ≟e) düşme (*az. mec.*); *e-r Regierung vs.*: düşürülme, devrilme

stürzen 1. *v/i* (sn) düşmek; *rennen*: koşmak, atılmak; **2.** *v/t* (h) düşürmek; *Regierung vs.* devirmek; *j-n ins Unglück* ~ b-ni felakete düşürmek, mahvetmek; **3.** *v/refl* (h): *sich* ~ *aus* kendini -den düşürmek; *sich* ~ *auf A* bşin üstüne atılmak, çullanmak

Sturzhelm *m* koruma kaskı

Stütze *f* (-; -n) destek (*az. mec.*), daya(na)k; ⁓**n** (h) **1.** *v/t* desteklemek (*az. mec.*); **2.** *v/refl*: *sich* ⁓**n** *auf* (*A*) bşe dayanmak (*az. mec.*)

stutzig *sıf.*: *j-n* ~ *machen* b-ni işkillendirmek, kuşkulandırmak

Stütz|pfeiler *m* *Mimar.* payanda, destek; ⁓**punkt** *m* *Ask.* üs; *mec.* dayanak

Styropor *n* (-s) *TM* marley; *Verpackung*: ambalaj süngeri

s. u. *kıs.* = *siehe unten* aşağıya bakınız (*aş. bkz.*)

subjektiv *sıf.* öznel, kişisel; ⁓**ität** *f* (-) öznellik

Substanz *f* (-; -en) cevher; madde; varlık (*az. mec.*)

Subunternehmer *m* taşeron

Subvention *f* (-; -en) sübvansiyon, para yardımı; teşvik primi; ⁓**ieren** *v/t* (h) sübvansiyonla desteklemek

Suche *f* (-) arama, arayış (*nach* -i); *auf der* ~ *nach* -*i* arama

suchen (h) *v/t* (*ve v/i* ~ *nach*) gnl. aramak; *stärker*: araştırmak; *gesucht: ... ...* aranıyor; *was hat er hier zu* ~*?* o burada ne arıyor?; *er hat hier nichts zu* ~ onun burada hiçbir işi yok

Sucher *m* (-s; -) *Fot.* vizör

Sucht *f* (-; ≟e) bağımlılık, düşkünlük (*nach* -e); *Besessenheit*: tutku, cinnet

süchtig *sıf.*: ~ *machen* bağımlı kılmak; ~ *sein* bağımlı olmak (*nach* -e); ⁓**e** *m, f* (-n; -n) bağımlı, müptela

Süden *m* (-s) güney; *nach* ~ güneye (doğru)

Süd|früchte *pl* tropikal (*veya* Akdeniz) meyveleri; ⁓**lich 1.** *sıf.* güney(li); **2.** *bel.*: ⁓ *von* -*in* güneyinde; ⁓**osten** *m* güneydoğu; ⁓**pol** *m* (-s, *pl yok*) Güney Kutbu; ⁓**wärts** *bel.* güneye doğru; ⁓**westen** *m* güneybatı

Summe *f* (-; -n) tutar, meblağ

summen *v/i ve v/t* (h) vızıldamak, mırıldamak (*az. Lied vs.*)

summieren *v/refl* (h) artmak, çoğalmak (*auf A*, *zu* -e)

Sumpf *m* (-s; ≟e) batak(lık); ⁓**ig** *sıf.* bataklık

Sünde *f* (-; -n) günah (*az. mec.*)

Sündenbock *m* (-s; ≟e) günah keçisi, F şamar oğlanı

super *sıf. ve ünl.* F süper

Super *n* (-s) *Oto.* F süper; ⁓**benzin** *n* *Oto.* süper benzin; ⁓**markt** *m* süpermarket

Suppe *f* (-; -n) çorba

Suppen|löffel *m* çorba kaşığı; ⁓**schüssel** *f* çorba servis kâsesi; ⁓**teller** *m* çorba tabağı/kâsesi

Surf|brett *n* sörf tahtası; ⁓**en** *v/i* (h) sörf yapmak (*az. im Internet*); ⁓**er** *m* (-s; -), ⁓**erin** *f* (-; -nen) sörfçü

süß *sıf.* tatlı (*az. mec.*); ⁓**en** *v/t* (h) tatlandırmak; ⁓**igkeiten** *pl* tatlılar, şekerlemeler; ⁓**lich** *sıf.* tatlımsı; *mec.* itici derecede tatlı; ⁓**sauer** *sıf.* mayhoş; ⁓**stoff** *m* tatlandırıcı; ⁓**wasser** *n* (-s) tatlısu

SW *kıs.* = *Südwesten* *m* güneybatı

Swimmingpool *m* (-s; -s) yüzme havuzu

Symbol *n* (-s; -e) simge, sembol (*G, für* -in); ⁓**isch** *sıf.* -*e* simge olarak, sembolik (*für* için)

Sympath|ie *f* (-; -n) sempati (*für* -e); *Mitgefühl*: dert ortaklığı; ⁓**streik** *m* *Ekon.* destekleme grevi; ⁓**isant** *m* (-en; -en) sempatizan; ⁓**isch** *sıf.* sempatik, sevimli; *er ist mir* ⁓*isch* ben onu severim

Symphonie *f* (-; -n) *Müz.* senfoni; ⁓**orchester** *n* senfoni orkestrası

Symptom *n* (-s; -e) belirti, semptom; ⁓**atisch** *sıf.* tipik (*für* için)

Synagoge

Synagoge *f* (-; -n) havra
synchron *sıf.* senkron, eşzamanlı; **~isieren** *v/t* (h) senkronize etmek; *Film az.* seslendirmek, filmin dublajını yapmak
synthetisch *sıf.* sentetik
Syr|er *m* (-s; -), **~erin** *f* (-; -nen) Suriyeli; **~ien** *n* Suriye; **²isch** *sıf.* Suriye(li)
System *n* (-s; -e) sistem, dizge; **²atisch** *sıf.* sistematik, düzenli
Szene *f* (-; -n) sahne (*az. mec.*): **(j-m) e-e ~ machen** b-ne çıkışmak
tägl. *kıs.* = → **täglich** her gün

T

Tabak *m* (-s; -e) tütün; **~laden** *m* sigara dükkânı
tabellarisch *sıf.* çizelge biçiminde
Tabelle *f* (-; -n) çizelge
Tablett *n* (-s; -s, -e) tabla, tepsi; **~e** *f* (-; -n) tablet, hap
Tabu *n* (-s; -s) tabu
tabu *sıf.* tabu; **~frei** *sıf.* hoşgörü
Tacho *m* (-s; -s) F, **~meter** *m, az. n* (-s; -) *Oto.* takometre
Tadel *m* (-s; -) suç, kusur; *förmlich:* azar(lama), paylama; **²los** *sıf.* noksansız, kusursuz; *Leben vs.:* masum; *ausgezeichnet:* mükemmel; *Sitz, Funktionieren vs.:* tam, şahane
tadeln *v/t* (h) eleştirmek, -de kusur bulmak; *förmlich:* kınamak, azarlamak, paylamak; ikaz etmek (**wegen** -den dolayı)
Tadschikistan *n* Tacikistan
Tafel *f* (-; -n) *Schule vs.:* (kara) tahta; *Anschlag² vs.:* (duyuru/ilan) tahtası; *Schild:* levha; *Gedenk² vs.:* plaket, anı levhası; *Schokoladen²:* kalıp
täfel|n *v/t* (h) tahtayla kaplamak; **²ung** *f* (-; -en) tahta kaplama
Tafelwein *m* sofra şarabı
Tag *m* (-s; -e) gün; **am** (*od.* **bei**) **~** gündüz vakti; **welchen ~ haben wir heute?** bugün (günlerden) ne?; **alle zwei** (**paar**) **~e** her iki günde bir; **heute** (**morgen**) **in 14 ~en** iki hafta sonra bugün (yarın); **e-s ~es** bir gün, günün birinde; **den ganzen ~** bütün gün; **~ und Nacht** gece gündüz; **am helllichten ~ güngündüz; guten ~!** günaydın!, iyi günler!; *beim Vorstellen:* merhaba!; F **sie hat ihre ~e**

onun reglesi var; *unter* **~e** *Bergbau:* yer altında; → *zutage*
Tage|buch *n* günce; **~buch führen** günce tutmak; **²lang** *bel.* günlerce
tagen *v/i* (h) toplanmak; *Huk., Parl.* oturumda olmak
Tages|anbruch *m:* **bei ~anbruch** gün doğarken; **~fahrt** *f* günlük gezi; **~gespräch** *n* günün konusu; **~karte** *f* günlük bilet; *Gastr.* günün menüsü; **~kurs** *m Devisen:* günlük döviz kuru; **~licht** *n* (-s) gün ışığı; **bei ~licht** gün ışığında; **~ordnung** *f* gündem; **auf der ~ordnung stehen** gündemde olmak; **~presse** *f* günlük basın; **~rückfahrkarte** *f* günlük gidiş-geliş bileti; **~tour** *f* günlük tur; **~zeit** *f* günün saati; **zu jeder ~zeit** her saat(te); **~zeitung** *f* günlük gazete
tageweise *sıf. ve bel.* gün hesabıyla
täglich 1. *sıf.* günlük, her günkü; **2.** *bel.* her gün
Tagschicht *f* gündüz vardiyası; **~ haben** gündüz vardiyasında olmak, gündüz çalışmak
tagsüber *bel.* gündüzün, gündüzleri
Tagung *f* (-; -en) toplantı; oturum
Tagungsort *m* toplantı yeri
Taill|e *f* (-; -n) bel; *am Kleid: az.* bel genişliği; **²iert** *sıf.* beli oyuk
Takt *m* (-s; -e) *Müz.* usul, ölçü; *einzelner.* mezür; *Oto.* zaman; *Feingefühl:* incelik; **den ~ halten** *Müz.* usule uymak; **~ik** *f* (-; -en) *mec.* taktik; **~iker** *m* (-s -) taktik uzmanı; **²isch** *sıf.* taktik bakımından; **²los** *sıf.* densiz, düşüncesiz; **~stock** *m Müz.* şef

taugen

değneği; ~**strich** *m Müz.* bar; ♀**voll** *sıf.* nazik, ince düşünceli

Tal *n* (-s; ⁓er) vadi

Talent *n* (-s; -e) yetenek, Allah vergisi; *Person*: yetenekli/ hünerli (kişi); ~*e pl* yetenekler; ♀**iert** *sıf.* yetenekli, hünerli

Talisman *m* (-s; -e) tılsım, muska

Talk|master *m* (-s; -) konuşma programı sunucusu; ~**show** *f* konuşma programı

Talsperre *f* bent, su seddi, baraj

Tang *m* (-s; -e) *Bot.* deniz yosunu

Tank *m* (-s; -s) (metal) sarnıç, depo; ♀**en** *v/i* (h) benzin *vs.* almak; ~**er** *m* (-s; -) *Gemi.* tanker; ~**stelle** *f* akaryakıt istasyonu, F benzin istasyonu, F benzinlik; ~**wart** *m* (-s; -e) benzinci

Tanne *f* (-; -n) çam (ağacı); ~**nzapfen** *m* çam kozalağı

Tante *f* (-; -n) teyze; hala; ~**-Emma-Laden** *m* küçük bakkal dükkânı

Tantiemen *pl* kâr ikramiyesi *sg*; telif hakkı ücreti *sg*

Tanz *m* (-es; ⁓e) dans; ♀**en** *v/i (ve v/t)* (h) dans etmek, oynamak

Tänzer *m* (-s; -) dansçı; ~**in** *f* (-; -nen) dansöz

Tanz|fläche *f* dans pisti; ~**lokal** *n* dans lokali; ~**musik** *f* dans müziği

Tape|te *f* (-; -n) duvar kâğıdı; ♀**zieren** *v/t* (h) kâğıt kaplamak; ♀**zierer** *m* (-s; -) kâğıt kaplamacı

tapfer *sıf.* cesur; *mutig*: yürekli, korkusuz; ♀**keit** *f* (-) cesaret; yüreklilik

Tara *f* (-; -ren) *Ekon.* dara, ambalaj ağırlığı

Tarif *m* (-s; -e) tarife; *Lohn*♀: ücret tarifesi; ~**autonomie** *f* (-; -n) toplu sözleşme özgürlüğü; ~**erhöhung** *f* standart ücretlerde artış, F ücret artışı; ~**konflikt** *m* toplu sözleşme anlaşmazlığı; ~**lohn** *m* standart ücret; ~**partner** *m* toplu sözleşme tarafları *pl*; işçiler ve işverenler *pl*; ~**verhandlungen** *pl* toplu görüşmeler

Tasche *f* (-; -n) *Einkaufs*♀ *vs.*: çanta, torba; *Hand*♀: el çantası; *Hosen*♀ *vs.*: cep

Taschen|buch *n* cep kitabı; ~**dieb** *m* yankesici; ~**geld** *n* cep harçlığı; ~**lampe** *f* el lambası/feneri; ~**messer** *n* çakı; ~**rechner** *m* cep hesap makinesi; ~**schirm** *m* katlanır şemsiye; ~**tuch** *n* mendil

Tasse *f* (-; -n) fincan

Tastatur *f* (-; -en) klavye, tuşlar *pl*

Tast|e *f* (-; -n) tuş; *Tek. Druck*♀: *az.* düğme; ~**entelefon** *n* tuşlu telefon; ~**sinn** *m* (-s) dokunma duyusu

Tat *f* (-; -en) hareket, iş; *Handeln*: eylem, etkinlik; *Straf*♀: (cezai fiil); *j-n auf frischer ~ ertappen* b-ni suç üstü yakalamak; ♀**enlos** *sıf.* hareketsiz, seyirci kalarak

Täter *m* (-s; -) fail, işi yapan; *Huk.* suçlu, mücrim

tätig *sıf.* etkin (*az. Vulkan*); *geschäftig*: meşgul; ~ *sein bei* byde çalışmak; ~ *werden* harekete geçmek

Tätigkeit *f* (-; -en) etkinlik; *Arbeit*: iş, çalışma; *Beruf, Beschäftigung*: iş, meslek; *in ~* etkin, faal

Tat|kraft *f* (-) azim, enerji; ♀**kräftig** *sıf.* enerjik, azimli

tätlich *sıf.*: ~ *werden* şiddete/sertliğe başvurmak; ~ *werden gegen* b-ne saldırmak; ♀**keiten** *pl* şiddet *sg*, saldırı *sg*

Tat|ort *m Huk.* olay yeri; ~**sache** folgu; *vollendete ~sache* oldubitti, emrivaki; ♀**sächlich 1.** *sıf.* gerçek, hakiki; **2.** *bel.* gerçekten, hakikaten

Tau¹ *n* (-s; -e) halat

Tau² *m* (-s) çiy, şebnem

taub *sıf.* sağır (*auf einem Ohr* bir kulağı; *mec. gegen*, *für* -e, karşı); *Finger vs.*: hissiz, duyugusuz; uyuşuk

Taube *f* (-; -n) *Zoo.* güvercin; *Pol.* beyaz güvercin

Taub|heit *f* (-) sağırlık; hissizlik; ♀**stumm** *sıf.* sağır ve dilsiz; ~**stumme** *m*, *f* (-n; -n) sağır ve dilsiz (kişi)

tauchen 1. *v/i* (sn) dalmak (*nach* -e); *Spo.* dalgıç yapmak; **2.** *v/t* (h) *ein~*: daldırmak, batırmak (*in A* bye)

Taucher *m* (-s; -) *Spo.* dalgıç; ~**ausrüstung** *f* dalgıç malzemeleri *pl*; ~**brille** *f* dalgıç gözlüğü

tauen *v/i* (sn) erimek, çözülmek; (h): *es taut* çiy yağıyor

Taufe *f* (-; -n) vaftiz; ♀**n** *v/t* (h) vaftiz etmek; ♀**n auf den Namen Michael** Michael adını vermek

Tauf|pate *m* vaftiz babası; ~**patin** *f* (-; -nen) vaftiz annesi; ~**schein** *m* vaftiz belgesi

taug|en *v/i* (h): *nicht ~en zu* (*od. für*) bir işe yaramamak, elverişli/uygun olmamak; **nichts ~en** hiçbir şeye yaramamak; **~lich** *sıf.* elverişli, yararlı (**für, zu** bşe); *Ask.* askerliğe uygun

taumeln *v/i* (sn) sallanmak, sendelemek

Tausch *m* (-es; -e) değiştirme, F takas, değiştokuş; **im ~ gegen** -*e* karşılık takas olarak

tauschen (h) **1.** *v/t* değiştirmek, F takas etmek (**gegen** -e karşı); *Rollen, Plätze vs.* değişmek; *wechseln*: değiştirmek; *Geld* bozdurmak; **2.** *v/i*: **ich möchte nicht mit ihm ~** onun yerinde olmak istemezdim

täuschen (h) **1.** *v/t* aldatmak; **sich ~ lassen** b-ne aldanmak, aldatılmak (**von** tarafından); **2.** *v/i* aldatmak, aldatıcı olmak; **3.** *v/refl* yanılmak; **sich in j-m ~** birisi tarafından hayal/düş kırıklığına uğratılmak; **~d** *sıf. Ähnlichkeit*: şaşırtıcı

Tauschgeschäft *n* takaslı işlem, değiştokuş, F trampa, takas

Täuschung *f* (-; -en) yanıltma, aldatma; *Huk.* aldatma, dolandırma; *Irrtum*: yanılma; *Selbst&*: yanılsama

tausend *sıf.* bin

Tau|wetter *n* ılık hava; yumuşama havası (*az. mec. Pol.*); **~ziehen** *n* (-s) halat çekme yarışı (*az. mec.*: **um** için)

Taxameter *n, m* (-s; -) taksimetre

Taxi *n* (-s; -s) taksi; **~fahrer** *m* taksi şoförü; **~stand** *m* taksi durağı

Technik *f* (-; -en) *Wissenschaft*: teknoloji; *angewandte*: gnl. mühendislik; *Verfahren*: teknik (*az. Kunst vs.*); *e-r Maschine vs.*: mekanik; **~er** *m* (-s; -) teknisyen, tekniker; *Spezialist*: teknikçi, uygulayımcı

technisch *sıf.* teknik (*az. Gründe, Zeichnen vs.*); **~wissenschaftlich**: teknolojik (*az. Fortschritt vs.*): **~e Hochschule** teknik yüksek okul

Technologie *f* (-; -en) teknoloji; **~park** *m* teknopark; **~transfer** *m* teknoloji transferi

technologisch *sıf.* teknolojik

Tee *m* (-s; -s) çay; **~beutel** *m* çay poşeti; **~kanne** *f* çaydanlık; **~löffel** *m* çay kaşığı

Teer *m* (-s; -e) katran

teeren *v/t* (h) katranlamak

Tee|service *n* çay takımı/seti; **~sieb** *n* çay süzgeci; **~tasse** *f* çay fincanı

Teich *m* (-s; -e) havuz; gölcük

Teig *m* (-s; -e) hamur; **&ig** hamurumsu, hamurlu; **~waren** *pl* hamur işleri

Teil *m, n* (-s; -e) bölüm, kısım; *An&*: pay, hisse; *Bestand&*: parça, öğe; **zum ~** kısmen; **&bar** *sıf.* bölünür, bölünebilir; **~betrag** *m* ara toplam; *Rate*: taksit; **~chen** *n* (-s; -) parçacık (*az. Fiz.*); **&en** *v/t* (h) bölmek (**in** *A* -e; *Mat.* **durch** -e); *j-s Ansicht, Schicksal vs.* paylaşmak; **~erfolg** *m* kısmi başarı; **~haber** *m* (-s; -) *Ekon.* ortak, hissedar; **~kaskoversicherung** *f Oto.* kısmi kasko sigorta; **~lieferung** *f* kısmen teslim

Teilnahm|e *f* (-) katılım (**an** *D* -e); *mec.* katılma; ilgi; **&slos** *sıf.* kayıtsız, ilgisiz; *özl. Tıp* hissiz, duygusuz; **~slosigkeit** *f* (-) kayıtsızlık, ilgisizlik; duygusuzluk, apati

teilnehm|en *v/i* (*krldş., ayr.*, -ge-, h, → *nehmen*): **~en an** (*D*) -e katılmak; **&er** *m* (-s; -), **&erin** *f* (-; -nen) katılımcı, iştirakçi; *Spo. vs.*: yarışmacı

teils *bel.* kısmen

Teil|strecke *f Reise, Rennen*: etap; **~ung** *f* (-; -en) böl(ün)me; **&weise** *bel.* kısmen; **~zahlung** *f* kısmi ödeme; *Rate*: , taksitle ödeme; *Ratenzahlung*: → **Abzahlung**

Teint *m* (-s; -s) ten, F beniz

Tel. *kıs.* = **Telefon**

Telefax *n* (-) faks

Telefon *n* (-s; -e) telefon; **~anschluss** *m* telefon bağlantısı; **~apparat** *m* telefon (cihazı); **~at** *n* (-s; -e) telefon konuşması; *Anruf*: telefon görüşmesi; **~buch** *n* telefon rehberi; **~gebühr** *f* telefon ücreti; **~gespräch** *n* → **Telefonat**

telefonieren *v/i* (h) telefon etmek; *gerade*: telefonda olmak; **mit j-m ~** b-yle telefon görüşmesi yapmak; **miteinander** telefonlaşmak

telefonisch 1. *sıf.* telefonla ilgili, telefon ...; **2.** *bel.* telefonla

Telefon|karte *f* telefon kartı; **~nummer** *f* telefon numarası; **~zelle** *f* telefon kulübesi; **~zentrale** *f e-r Firma vs.*: telefon santral(ı)

Telegramm *n* (-s; -e) telgraf, F tel

Telekommunikation *f* telekomünikasyon, uziletişim; **~sdienst** *m* telekomünikasyon hizmeti

Teleobjektiv *n* teleobjektif
Teller *m* (-s; -) tabak
Tempel *m* (-s; -) tapınak, mabet
Temperament *n* (-s; -e) yaradılış, mizaç, huy; *Schwung*: şevk, canlılık; **♀voll** *sıf.* canlı, sıcakkanlı, atılgan
Temperatur *f* (-; -en) ısı; *j-s ~ messen* b-nin ateşini ölçmek
Tempo *n* (-s; -s, -pi) sürat, hız; *Müz.* tempo; *mit ~ ...* saatte ... km hızla; **~limit** *n* (-s; -s, -e) *Oto.* sürat tahditi/ kısıtlaması
Tendenz *f* (-; -en) yönelme (*zu* -e), eğilim (*az. Ekon.*); **♀iös** *sıf.* taraf tutan, yanlı; eğilimli
tendieren *v/i* (h) eğilim göstermek (*zu* -e; *dazu*, ... bş. yapmaya)
Tennis *n* (-) tenis; **~ball** *m* tenis topu; **~platz** *m* tenis kortu; **~schläger** *m* tenis raketi; **~spieler** *m* tenis oyuncusu, tenisçi
Tenor *m* (-s; ⁻e) *Müz.* tenor
Teppich *m* (-s; -e) halı; **~boden** *m* kaplama halı, F duvardan duvara halı; **~fliese** *f* halıfleks
Termin *m* (-s; -e) *Geschäfts♀ vs.*: iş (randevusu); *vereinbarter Tag*: tarih; *letzter ~*: son (teslim) tarih(i); **~kalender** *m* randevu takvimi
Terrasse *f* (-; -n) teras; **~ntür** *f* teras/ balkon kapısı
Territorium *n* (-s; -rien) devlet toprakları *pl*; alan, saha, bölge
Terror *m* (-s) terör; **♀isieren** *v/t* (h) terörize etmek, (korkutup) yıldırmak; **~ismus** *m* (-) terörizm; **~ist** *m* (-en; -en) terörist
Terzett *n* (-s; -e) *Müz.* üçlü (grup), trio
Test *m* (-s; -s, -e) test
Testament *n* (-s; -e) vasiyet, *Huk.* vasiyetname; *Din.* Ahit; *sein ~ machen* vasiyetnamesini yapmak; **♀arisch** *sıf.* vasiyet gereği, vasiyetle ilgili; **~seröffnung** *f* vasiyetnamenin açılması; **~svollstrecker** *m* (-s; -) vasiyetnameyi icra eden
Testbild *n TV* deneme görüntüsü
testen *v/t* test etmek, denemek
teuer *sıf.* pahalı, değerli; *wie ~ ist es?* (fiyatı) ne kadar?; **♀ung** *f* (-; -en) pahalılaşma; **♀ungsrate** *f* pahalılık oranı
Teufel *m* (-s; -) şeytan (*az. mec.*): *wer (wo, was) zum ~ ...?* Allah aşkına kim (nerede, ne) ...?
Teufels|kerl *m* F yaman herif; **~kreis** *m* kısır döngü, F ümitsiz durum
teuflisch *sıf.* şeytani, şeytanca, şeytan gibi
Text *m* (-s; -e) metin; *unter Bild vs.*: manşet, başlık; *Lied♀*: şarkı sözü, güfte *sg*; *Tiy.* rol, replik; **~er** *m* (-s; -) *Schlager*: şarkı sözü yazarı, güfteci
Textilien *pl* dokuma *sg*, tekstil *sg*
Textverarbeitung *f* (-; -en) metin-işlem(e); **~sprogramm** *n* metin-işlem yazılımı/programı
tgl. → *täglich*
TH *kıs.* = *Technische Hochschule f* yüksek teknik okul
Thailand *n* Tayland
Theater *n* (-s; -) tiyatro; F *mec.* *~ machen (um)* bşi çok büyütmek; **~aufführung** *f* (tiyatro) seans(ı); **~besucher** *m* tiyatro seyircisi; **~karte** *f* tiyatro bileti; **~kasse** *f* tiyatro gişesi; **~stück** *n* (tiyatro) oyun(u)
theatralisch *sıf.* gösterişli, tiyatroluk; *mec.* yapmacık, sahte
Thema *n* (-s; -men) konu; *özl. Leitgedanke, Müz.*: temel düşünce; *das ~ wechseln* konuyu değiştirmek
Theolog|e *m* (-n; -n) teolog, ilahiyatçı; **~ie** *f* (-; -n) teoloji, ilahiyat; **♀isch** *sıf.* teolojik
Theo|retiker *m* (-s; -) kuramcı, teorisyen; **♀retisch** *sıf.* kuramsal; **~rie** *f* (-; -n) kuram, teori; *in der ~rie* teoride
Thera|peut *m* (-en; -en) tedavi uzmanı; **♀peutisch** *sıf.* tedaviyle ilgili; **~pie** *f* (-; -n) tedavi, terapi
Thermometer *n* (-s; -) ısıölçer, termometre
These *f* (-; -n) tez, sav, iddia
Thrombose *f* (-; -n) *Tıp* tromboz, pıhtı (oluşumu)
Thron *m* (-s; -e) taht; **~folger** *m* (-s; -) veliaht
Thunfisch *m* ton(balığı)
ticken *v/i* (h) tiklemek, tik tak etmek
Ticket *n* (-s; -s) bilet
tief 1. *sıf.* derin (*az. mec. ve Ausschnitt*); *niedrig*: alçak; **2.** *bel.*: *~ schlafen* derin uyumak; → *Atem, Luft*
Tief *n* (-s; -s) *Meteor.* alçak basınç bölgesi; *Psi.* çöküntü, depresyon;

Tiefdruckgebiet

durgunluk (*az. Ekon.*); **~druckgebiet** *n Meteor.* alçak basınç bölgesi; **~e** *f* (-; -n) derinlik (*az. mec.*); **~ebene** *f* ova; **~flug** *m* alçak uçuş; **~garage** *f* bina-altı garajı; **♀gekühlt** derin dondurulmuş; **~kühlfach** *n* derin dondurucu gözü; **~kühlschrank** *m* derin dondurucu buzdolabı; **~kühltruhe** *f* derin dondurucu dolap; dipfriz; **~stand** *m* (-s) en düşük düzey/durum, düşük seviye
Tier *n* (-s; -e) hayvan; F *großes (od. hohes)* ~ kodaman; **~arzt** *m* veteriner (hekim); **~handlung** *f* ev hayvanları dükkânı; **~heim** *n* hayvan bakım yurdu; **♀isch** *sıf.* hayvanla ilgili; *mec.* hayvani, gaddar; **~klinik** *f* hayvan hastanesi; **~kreis** *m* (-es) *Astr.* burçlar kuşağı, zodyak; **~kreiszeichen** *n* burç; **♀lieb** *sıf.* hayvan seven; **~medizin** *f* (-) hayvan hekimliği, F veterinerlik; **~park** *m* hayvanat bahçesi; **~quälerei** *f* (-; -en) hayvanlara eziyet verme; **~reich** *n* (-s) hayvanlar âlemi; **~schutzverein** *m* hayvanları koruma derneği; **~versuch** *m* *Tıp* hayvanlar üzerinde deney
tilg|en *v/t* (h) *Ekon. Schuld* geri ödemek; *Anleihe vs.* rehinden kurtarmak, bşin borcunu ödemek; **♀ung** *f* (-; -en) geri ödeme; itfa; **♀ungsfonds** *m* itfa fonu
Tinte *f* (-; -n) mürekkep; **~nfisch** *m* mürekkepbalığı
Tipp *m* (-s; -s) ipucu; *Rat:* öğüt, akıl; *Andeutung:* ima; *özl. Wett♀:* tahmin; *an Polizei:* ihbar
tipp|en (h) *v/i* F lotto kuponunu doldurmak, *Toto:* toto oynamak; kolonu doldurmak; F *schreiben:* daktilo etmek (*az.* v/t); **~en an** (*A*) bye hafifçe vurmak; **~en auf** (*A*) tahminde bulunmak; **♀fehler** *m* F daktilo hatası; **♀schein** *m* lotto/toto kuponu
Tisch *m* (-es; -e) masa; *am* ~ *sitzen* masada oturmak; *bei* ~ yemekte; → **decken** 1; **~decke** *f* masa örtüsü
Tischler *m* (-s; -) marangoz
Tisch|platte *f* masa üstü (tahtası), **~rede** *f* yemekteki konuşma; **~tennis** *n* masa tenisi
Titel *m* (-s; -) ünvan, ad; başlık; **~bild** *n* kapak resmi; **~blatt** *n* kapak sayfası; **~geschichte** *f* kapak konusu;

~rolle *f Tiy. vs.* başrol
Toast *m* (-s; -e. -s) tost; **♀en** *v/t* (h) *Brot* kızartmak
Tochter *f* (-; ⁎) kız (evlat); **~gesellschaft** *f Ekon.* (bir şirkete) bağlı şirket
Tod *m* (-es; -e) ölüm, vefat
Todes|ängste *pl:* **~ängste ausstehen** ölüm korkusu çekmek; **~anzeige** *f* ölüm/vefat ilanı; **~fall** *m* ölüm; **~opfer** *n* ölü, ölen kişi; **~strafe** *f Huk.* ölüm cezası; **~ursache** *f* ölüm nedeni
Tod|feind *m* can düşmanı; **♀krank** *sıf.* ölümcül hasta, ciddi hasta
tödlich 1. *sıf. Unfall vs.:* ölümle sonuçlanan; *Dosis, Gift vs.:* öldürücü; **2.** *bel.:* ~ **verunglücken** kazada ölmek
Todsünde *f* büyük günah
Toilette *f* (-; -n) tuvalet; *öffentliche:* umumi hela; **~nfrau** *f* tuvalete bakan kadın; **~npapier** *n* tuvalet kâğıdı
toler|ant *sıf.* hoşgörülü (*gegen* -e karşı); **♀anz** *f* (-) hoşgörü; *Tek.* tolerans; **~ieren** *v/t* (h) hoşgörmek
toll *sıf.* F enfes, korkunç, mükemmel; **♀wut** *f* kuduz; **♀wütig** *sıf.* kuduz, kudurmuş
Tomate *f* (-; -n) domates
Tomatenmark *n* domates salçası
Tombola *f* (-; -s) tombola
Ton¹ *m* (-s; -e) *Jeo.* kil, balçık
Ton² *m* (-s; ⁎e) ton (*az. mec., Müz., Stimme*); *Klang, Geräusch:* ses, seda (*az. TV, Film*); *Note:* nota; *Betonung:* vurgu; *Farb♀: az.* ton farkı; **~arm** *m* pikap kolu; **~art** *f Müz.* anahtar, makam; **~band** *n* (-s; ⁎er) ses alma bandı; **~bandgerät** *n* ses alma cihazı, teyp
tönen *v/t* (h) hafifçe boyamak; *dunkler:* koyulaştırmak
Ton|fall *m* (-s) tonlama; **~film** *m* sesli film; **~lage** *f* ses perdesi; **~leiter** *f Müz.* ses dizisi, gam
Tonne *f* (-; -n) *Regen♀:* yağmur suyu (biriktirme) bidonu; *Müll♀:* çöp bidonu; *Gewichtseinheit:* ton
Tontechniker *m* ses mühendisi
Tönung *f* (-; -en) tonlama, nüanslama
Topf *m* (-s; ⁎e) tencere; *Blumen♀* saksı
Tor *n* (-s; -e) kapı; *Fußball vs.:* gol
Torf *m* (-s) turba; **~mull** *m* kurutulmuş turba

Transitreisende

torkeln *v/i* (sn) sendelemek, yalpalamak
torpedieren *v/t* (h) torpillemek; *mec.* engellemek, baltalamak
Torpedo *m* (-s; -s) torpido, torpil
Torschütze *m Spo.* golcü, gol atan
Torte *f* (-; -n) *Sahne⩛*: kremalı turta; *Obst⩛*: meyvalı pasta
Torwart *m* (-s; -e) kaleci
tosend *sıf.*: **~er Applaus** alkış tufanı
tot *sıf.* ölmüş, ölü (*az. mec.*): **~ umfallen** düşüp ölmek
total *sıf.* (büs)bütün, komple, tam, genel; **⩛ausverkauf** *m* temizlik satışları *pl*; *wegen Geschäftsaufgabe*: az. dükkân kapatma satışları *pl*
totalitär *sıf. Pol.* totaliter
Totalschaden *m Oto.* tam hasar
totarbeiten *v/refl* (*ayr.*, -ge-, h) ölesiye çalışmak
Tote *m, f* (-n; -n) ölü adam (*veya* kadın); *Leiche*: ceset; **die ~n** *pl* ölüler
töten *v/t* (h) öldürmek
toten|blass *sıf.*, **~bleich** *sıf.* beti benzi atmış, (ölü gibi) sapsarı; **⩛kopf** *m Giftzeichen vs.*: kurukafa; **⩛schein** *m* ölüm ilmuhaberi/belgesi; **~still** *sıf.* ölü gibi sessiz
totlachen *v/refl* (*ayr.*, -ge-, h) F gülmekten kırılmak/katılmak
Toto *n, az. m* (-s; -s) spor toto; **(im) ~ spielen** spor toto oynamak; **~schein** *m* spor toto kuponu
Tot|schlag *m* (-s) *Huk.* adam öldürme; **⩛schweigen** *v/t* (*krldş.*, *ayr.*, -ge-, h, → *schweigen*) örtbas etmek, susarak/sessizce geçiştirmek
Tötung *f* (-; -en) adam öldürme; *Huk.* cinayet
Toup|et *n* (-s, -s) takma saç demeti, küçük peruka; **⩛ieren** *v/t* (h) (saçları) kabartmak
Tour *f* (-; -en) tur; *Ausflug*: gezi, gezinti; *Tek.* dönme, devir; *auf ~en kommen Oto.* hızlanmak; *krumme ~en* çarpık/ters işler; **~en...** *Rad vs.*: tur ...
Tourismus *m* (-) turizm
Tourist *m* (-en; -en) turist; **~enklasse** *f Hava.* turistik mevki; **~in** *f* (-; -nen) turist; **⩛isch** *sıf.* turist(ik)
Tournee *f* (-; -s, -n) turne; *auf ~ gehen* turneye çıkmak
Trabantenstadt *f* uydukent

Tracht *f* (-; -en) geneleksel (*veya* ulusal) giysi; *Schwestern⩛ vs.*: üniform, resmi giysi; **~enanzug** *m* geleneksel erkek giysisi/takımı
trächtig *sıf. Zoo.* yüklü, gebe
Tradition *f* (-; -en) gelenek
traditionell *sıf.* geleneksel
Trage *f* (-; -n) sedye
träge *sıf.* tembel, üşengeç; *Fiz.* süreduran, hareketsiz
tragen (trug, getragen, h) **1.** *v/t* taşımak (*az. Waffe vs.*): *Kleidung* giymiş olmak; *Schmuck, Brille vs.* takmak; *er~* çekmek, *Last az.* taşımak, kaldırmak; *Verantwortung* yüklenmek; **2.** *v/i* meyve vermek; *tragfähig sein*: taşımak, çekmek, kaldırmak
tragend *sıf. Mimar.* taşıyan, destek olan; *Tiy.* başrol oynayan
Träger *m* (-s; -) taşıyıcı; *Gepäck⩛*: hamal; *am Kleid*: askı; *Tek.* destek; *Mimar.* putrel; *mec. e-s Namens vs.*: taşıyan; **⩛los** *sıf. Kleid vs.*: askısız
Tragetasche *f* taşıma çantası; *für Babys*: taşıma sepeti
Trag|fähigkeit *f* (-) taşıma kapasitesi, dayanıklılık; **~fläche** *f Hava.* (taşıyıcı) kanat
Trägheit *f* (-) tembellik, üşengeçlik; *Fiz.* süredurum
Trag|ik *f* (-) acıklı durum, tradjedi; **⩛isch** *sıf.* trajik; **~ödie** *f* (-; -n) *Tiy.* trajedi (*az. mec.*)
Train|er *m* (-s; -) antrenör; **⩛ieren** (h) **1.** *v/i* antrenman yapmak; **2.** *v/t gnl.* çalıştırmak; *(j-n b-ne, e-e Mannschaft)* bir takımı antrenörlük yapmak; **~ing** *n* (-s; -s) antrenman; **~ingsanzug** *m* eşofman
Traktor *m* (-s; -en) *Tek.* traktör
trampen *v/i* (sn) otostop yapmak
Tramper *m* (-s; -), **~in** *f* (-; -nen) otostopçu
Träne *f* (-; -n) gözyaşı; → *ausbrechen*; **~ngas** *n* gözyaşı gazı
Trans|aktion *f* (-; -en) işlem, faaliyet; **~fer** *m* (-s; -s) transfer; **~formator** *m* (-s; -en) transformatör, dönüştürücü; **~fusion** *f* (-; -en) *Tıp* kan aktarımı
Transistor *m* (-s; -en) *El.* transistör; **~radio** *n* transistörlü radyo
Transit *m* (-s; -e) transit; **~halle** *f Hava.* transit hali; **~passagier** *m*, **~reisende** *m, f* transit yolcu;

~strecke f transit yolu; **~visum** n transit vize
Transparent n (-s; -e) pankart
Transplant|ation f (-; -en) *Tıp* organ nakli; **≎ieren** v/t (h) bşi b-ne nakletmek
Transport m (-s; -e) nakliyat, taşımacılık; **≎fähig** *sıf.* nakledilir, taşınır; *Kranker.* nakledilebilir, nakledilir durumda; **≎ieren** v/t (h) nakletmek; *tragen*: taşımak; *Kranken vs.* götürmek; **~kosten** *pl* taşıma masrafları; *Speditionskosten*: gönderi/sevkiyat ücretleri; **~mittel** n taşıma aracı; **~unternehmen** n taşımacılık/ nakliyat şirketi; **~unternehmer** m taşımacı, nakliyatçı; **~wesen** n (-s) taşımacılık, nakliyat
Traube f (-; -n) üzüm salkımı; *Beere*: üzüm (tanesi); *mec.* küme, yığın
Trauben|saft m üzüm suyu; **~sirup** m pekmez; **~zucker** m glükoz, nişasta şekeri
trauen (h) **1.** v/t evlendirmek, b-nin nikâhını kıymak; *sich ~ lassen* nikâh kıydırmak; **2.** v/i güvenmek, inanmak (*j-m* b-ne); *ich traute meinen Ohren (Augen) nicht* kulaklarıma (gözlerime) inanamadım; **3.** v/refl: *sich ~, et. zu tun* bş yapmaya kalkışmak/cesaret etmek
Trauer f (-) yas, matem (*um* bşin); *um j-n*: b-nin yası; *in ~* yas içinde (*az. Kleidung*); **~fall** m (ailede) ölüm; **~feier** f cenaze töreni; **~marsch** m cenaze marşı; **≎n** v/i (h) yasını tutmak (*um* -in); *geniş anl. -in* üzüntüsünü çekmek; **~zug** m cenaze alayı
Traum m (-s; ~e) rüya, düş (*az. mec.*)
träumen 1. v/i düş/rüya görmek; **2.** v/t (h) rüyasında/düşünde görmek (*von* -i); *mec. -in* düşünü/rüyasını görmek
traurig *sıf.* acıklı, kederli, üzgün (*über A, wegen* bşe); **≎keit** f (-) üzüntü, keder, hüzün
Trau|ring m alyans, nikâh yüzüğü; **~schein** m evlenme belgesi; **~ung** f (-; -en) evlenme töreni, nikâh; **~zeuge** m nikâh şahidi
Travellerscheck m → *Reisescheck*
treffen (traf, getroffen, h) **1.** v/t vurmak (*j-n am Arm* b-ni kolundan); *j-m begegnen*: b-yle karşılaşmak, b-ne rastlamak; *betreffen*: ilgilendirmek, *nachteilig*: etkilemek; *kränken*: incitmek, üzmek, kırmak; *Maßnahmen vs.* almak; *nicht ~* ıskalamak, isabet ettirememek; **2.** v/i isabet etmek; **3.** v/refl: *sich mit j-m ~* b-yle buluşmak
Treffen n (-s; -) buluşma, görüşme
treffend *sıf. Bemerkung vs.*: uygun, isabetli, yerinde
Treff|er m (-s; -) isabet (*az. mec.*); *Tor*: gol; *Gewinn*: ikramiye
Treffpunkt m buluşma yeri
Treibeis n yüzer buz (kütlesi)
treiben (trieb, getrieben) **1.** v/t (h) sür(ükle)mek, harekete geçirmek, yürütmek (*az. mec.*); *Tek.* çalıştırmak, işletmek; *j-n an~*: teşvik etmek; (*Blüten* çiçek) vermek; F *gnl. machen, tun*: yapmak, F halt karıştırmak; → *Sport*; **~de Kraft** itici güç; **2.** v/i (sn) *im Wasser*: yüzerek sürüklenmek; *Schnee, Rauch*: yığılmak, birikmek; *sich ~ lassen* sürüklenip gitmek (*az. mec.*)
Treiben n (-s) *Tun*: çalışma; işler *pl*; *Vorgänge*: olaylar *pl*; *geschäftiges ~* faaliyet, koşuşma, telaş
Treib|haus n sera; **~hauseffekt** m (-s) sera etkisi; **~holz** n suların sürüklediği ağaç/tahta parçaları; **~sand** m bataklık kumu; **~stoff** m yakıt
Trend m (-s; -s) eğilim, yönelme (*zu* -e); **~wende** f eğilimde dönüş
trenn|en (h) **1.** v/t ayırmak (*az. Kim., Müll, Kämpfende*); *teilen*: bölmek; *getrennt halten*: ayrı tutmak; *Tel.* kesmek; → *getrennt*; **2.** v/refl birbirinden ayrılmak; *Ehepartner*. ayrılmak (*von* -den); *sich* **≎en** *von et.*: bşe kıymak; **≎schärfe** f *Radio*: ayırma kuvveti, selektivite; **≎ung** f (-; -en) ayrılma; böl(ün)me; ayırım; *seit ihrer* **≎ung** ayrılmalarından beri; **≎wand** f ayırma/bölme duvarı
Treppe f (-; -n) merdiven; *vor dem Haus vs.*: basamak
Treppen|absatz m merdiven sahanlığı; **~geländer** n trabzan; **~haus** n merdiven boşluğu; *Flur*: merdiven dairesi
Tresor m (-s; -e) çelik kasa; *Bank*:

kasa dairesi; ~**fach** *n* çelik kasa kutusu; ~**raum** *m* kasa dairesi

treten (trat, getreten) **1.** *v/i* (sn) *gnl.* (adımlayarak) gitmek (*zur Seite* kenara); *ins Zimmer* ~ odaya girmek; → *Ufer*; (h *od.* sn); ~ *auf* (*A*) *-e* basmak; ~ *in* (*A*) bye girmek/gitmek; (h): *nach j-m* ~ b-ne tekme atmak; **2.** *v/t* (h) tekmelemek

treu *sıf.* vefakâr; *gesinnt*: sadık; *ergeben*: (içten) bağlı (*D* -e); ℈e *f* (-) vefa, *eheliche*: *az.* sadakat; bağlılık; ℈**händer** *m* (-s; -) tröst, yediemin; ~**händerisch** *bel.*: *et.* ~ *händerisch verwalten* bşi yediemin olarak yönetmek; ℈**handgesellschaft** *f* tröst şirketi; ~**herzig** *sıf.* temiz yürekli, içten bağlı

Tribüne *f* (-; -n) *Redner*℈: kürsü; *Zuschauer*℈: tribün

Trick *m* (-s; -s) hüner, hile; ~**betrüger** *m* dolandırıcı

Triebwerk *n Hava. vs.* motor takımı; ~**schaden** *m* motor takımında bozukluk

triefen *v/i* (h) damlamak, yavaş yavaş akmak (*von* -den); *Augen, Nase*: akmak; → *nass*

triftig *sıf.* önemli; *Grund*: *az.* inandırıcı

Trikot *n* (-s; -s) *Spo.* forma; *Tanz*℈ *vs.*: (dansçı) mayo(su)

Trimm|-dich-Pfad *m* (aletli) koşu yolu; ℈**en** *v/refl* (h) spor yapmak

trink|bar *sıf.* içilir, içilebilir; ~**en** *v/t* ve *v/i* (trank, getrunken, h) içmek (*auf A* -e); *et. zu* ~*en* içecek (bir şey); → *Gesundheit*; ℈**er** *m* (-s; -) içkici, ayyaş; ℈**geld** *n* bahşiş; *j-m ein* (*e-Mark*) ℈**geld geben** b-ne bir bahşiş (bir Mark bahşiş) vermek; ~**wasser** *n* (-s) içme suyu

Trio *n* (-s; -s) *Müz.* üçlü (*az.* F *mec.*)

Tritt *m* (-s; -e) *Fuß*℈: tekme

Triumph *m* (-s; -e) büyük başarı, zafer; ℈**al** *sıf.* mükemmel, fevkalade; ℈**ieren** *v/i* (h) üstün/galip gelmek (*über A* -e)

trocken *sıf.* kuru (*az. mec.*); *Boden*: *kurak*; *Wein*: sek; ℈**haube** *f* (saç) kurutma başlığı; ℈**heit** *f* (-) kuruluk (*az. mec.*); *Dürre*: kuraklık; ~**legen** *v/t* (*ayr.*, -ge-, h) *Land vs.* kurutmak, akaçlamak; *Baby* altını değiştirmek/temizlemek; ℈**milch** *f* süt tozu

trockn|en 1. *v/t* (h) kurutmak, kurulamak; **2.** *v/i* kurumak; ℈**er** *m* (-s; -) kurutucu, kurutma makinası

Tröd|el *m* (-s) eski püskü eşya, ~**elmarkt** *m* bitpazarı; ℈**eln** *v/i* (h) oyalanmak, hımbıllık etmek; ~**ler** *m* (-s; -) eskici, hurdacı; *Bummler*. haylaz, avare, hımbıl

Trommel *f* (-; -n) davul, trampet; *Tek.* silindir, kazan; ~**fell** *n Anat.* kulak zarı

Trompete *f* (-; -n) trompet, boru

Tropen *pl* tropikal bölgeler; ~**....** tropikal ...

Tropf *m* (-s; -e) *Tıp* (serum) damlatıcı(sı); *am* ~ *hängen* damardan (*veya* serumla) beslenmek

Tröpf|chen *n* (-s; -) damlacık; ℈**eln** *v/i* (h): *es tröpfelt* hafiften yağıyor

tropfen *v/i* (h) *Wasserhahn vs.*: damlamak

Tropfen *m* (-s; -) damla (*az. mec.*); *Schweiß*℈: boncuk; *ein* ~ *auf den heißen Stein* devede kulak

Trophäe *f* (-; -n) zafer/av andacı

tropisch *sıf.* tropikal

Trost *m* (-s) avuntu, teselli; *ein schwacher* ~ soğuk teselli

tröst|en (h) **1.** *v/t* avutmak, teselli etmek; **2.** *v/refl* k-ni teselli etmek (*veya* avutmak) (*mit* ile); ~**lich** *sıf.* avutucu, teselli edici

trost|los *sıf. Situation vs.*: umutsuz; *Aussichten vs.*: iç açıcı olmayan; *Gegend vs.*: kasvetli, ıssız, perişan; ℈**preis** *m* teselli ödülü

Trottel *m* (-s; -) F aptal, eşekbaşı

trotz *ilg.* -e karşın/rağmen; ~**dem** *bel.* buna karşın/rağmen

trüb *sıf.*, ~**e** *sıf.* bulutlu; *Wasser*. bulanık; *Licht vs.*: sönük, loş; *Himmel, Farben*: kapalı, donuk; *Stimmung, Tag vs.*: kasvetli, hüzünlük

Trubel *m* (-s) kargaşa, F hengâme

trüben *v/t* (h) *Glück, Freude vs.* bozmak, mahvetmek, F *-in* içine etmek

trübsinnig *sıf.* kasvetli, iç karartıcı

Trugschluss *m* yanlış çıkarım, yanıltmaca, F safsata

Truhe *f* (-; -n) sandık

Trümmer *pl* enkaz *sg*, yıkıntı *sg*, harabe *sg*; *Schutt*: döküntü *sg*; *Stücke*: parçalar

Trumpf *m* (-s; ⁓e) koz (kâğıdı, *az.*

Trunkenheit

mec.): **~ sein** koz olmak; *mec.* **s-n ~ ausspielen** kozunu oynamak
Trunkenheit *f* (-) *özl. Huk.* sarhoşluk durumu; **~ am Steuer** içkili araba kullanma
Trupp *m* (-s; -s) grup, takım; *Such*♀ *vs.*: ekip; *Ask.* müfreze, birlik
Truppe *f* (-; -n) *Ask. Einheit*: birlik, kıta; *Tiy.* topluluk; **~n** *pl Ask.* birlikler, kuvvetler
Trust *m* (-s; -s) *Ekon.* tröst
Truthahn *m* hindi
Tscheche *m* (-n; -n), **~in** *f* (-; -nen) Çek; ♀**isch** *sıf.* Çek; ♀**ische Republik** Çek Cumhuriyeti; **~isch** *n* Çekçe
tschüs *ünl.* F hoşça kal, F eyvallah
T-Shirt *n* (-s; -s) tişört
TU *kıs.* = *Technische Universität f* teknik üniversite
Tube *f* (-; -n) tüp
Tuberkulose *f* (-; -n) *Tıp* tüberküloz
Tuch *n* (-s; ⸚er) *gnl.* kumaş, bez; *Hals*♀, *Kopf*♀: eşarp; *Staub*♀: toz bezi
tüchtig *sıf.* hamarat; *geschickt*: hünerli, becerikli; *leistungsfähig*: çalışkan, verimli; F *mec. ordentlich*: adamakıllı; ♀**keit** *f* (-, *pl yok*) *Können*: yetenek, beceri, hüner, marifet; *Fleiß*: çalışkanlık, verim
tückisch *sıf.* sinsi, kötü niyetli; *Krankheit vs.*: habis, kötü huylu; *gefährlich*: hain, kalleş
Tugend *f* (-; -en) erdem
Tulpe *f* (-; -n) *Bot.* lale
Tumor *m* (-s; -en) *Tıp* tümör, ur
Tümpel *m* (-s; -) çamur birikintisi, (çamurlu) gölet
Tumult *m* (-s; -e) gürültü, karışıklık; *Randale*: şamata, curcuna; *Aufstand*: ayaklanma
tun *v/t ve v/i* (tat, getan, h) yapmak; *Schritt* atmak; F *legen vs.*: ~e koymak; F **j-m et.** ⸚ b-ne bş yapmak; **zu ~ haben** işi olmak; *beschäftigt sein*: meşgul olmak; **ich weiß (nicht)**, **was ich ~ soll** (*od. muss*) ne yapacağımı bilmiyorum; **so ~, als ob** (ol)muş *vs.* gibi yapmak
Tünche *f* (-; -n) (kireç) badana; ♀**n** *v/t* (h) badanalamak, kireçlemek
Tunfisch *m* → **Thunfisch**
Tunke *f* (-; -n) sos, salça; ♀**n** *v/t* (h) batırmak, banmak (*in A* -e)
Tunnel *m* (-s; -) tünel
Tupfer *m* (-s; -) *Tıp* tampon, F pamuk tıkaç
Tür *f* (-; -en) kapı; F **vor die ~ setzen** kovmak, kapının önüne koymak; *mec.* **vor der ~ stehen** kapıya dayanmak
Turbine *f* (-; -n) *Tek.* türbin
Türgriff *m* kapı kolu; *Knopf*: kapı tokmağı/topuzu
Türke *m* (-n; -n) Türk; **~ei** *f* Türkiye; **~in** *f* (-; -nen) Türk (kadın); ♀**isch** *sıf.* Türk(iye) ...; **~isch** *n* Türkçe
Türklinke *f* kapı mandalı
Turkmene *m* (-n; -n) Türkmen; **~in** *f* Türkmen (kadın); ♀**isch** Türkmen(istan) ...; **~isch** *n* Türkmence; **~istan** *n* Türkmenistan
Turm *m* (-s; ⸚e) kule; *Schach*: kale
türmen **1.** *v/refl* (h) üst üste yığılmak, toplanmak, birikmek; **2.** *v/i* (sn) F tüymek, sıvışmak, kirişi kırmak
Turm|spitze *f* kule ucu/külahı; **~uhr** *f* kule saati
turnen *v/i* (h) beden eğitimi (*veya* jimnastik) yapmak
Turn|en *n* (-s) jimnastik, beden eğitimi; **~er** *m* (-s; -) jimnastikçi; **~halle** *f* jimnastik hali; **~hose** *f* jimnastik şortu
Turnier *n* (-s; -e) turnuva
Turnschuh *m* spor ayakkabısı
Tür|öffner *m* kapı (açma) otomatiği; **~pfosten** *m* kapı direği; **~rahmen** *m* kapı kasası; **~schild** *n* kapı(daki isim) levhası
Tusche *f* (-; -n) çini mürekkebi; *Wimpern*♀: maskara
Tüte *f* (-; -n) (kâğıt *veya* plastik) torba; *Eis*♀ *vs.*: külah
TÜV *m* (-) teknik muayene; **nicht durch den ~ kommen** teknik muayeneye takılmak; **~-Plakette** *f* teknik muayene plaketi
Typ *m* (-s; -en) tip (*az. Person*), biçim; *Tek. az.* model; F *Mann*: adam; **~e** *f* (-; -n) (daktilo) harf(i)
Typhus *m* (-) *Tıp* tifüs
typisch *sıf.* tipik (**für** için)
Tyrann *m* (-en; -en) zorba, zalim; ♀**isch** *sıf.* zalimce; ♀**isieren** *v/t* (h) -e zulmetmek, -i ezmek; *mec. az.* b-ne kabadayılık (*veya* zorbalık) etmek

U

u. *kıs.* = **und** ve
u. a. *kıs.* = **unter anderem/anderen** ezcümle, bunlar arasında; **und andere(s)** ve diğerleri (vd.)
U-Bahn *f* metro, *Istanbuler:* tünel; **~hof** *m* metro durağı; **~-Netz** *n* metro sistemi
übel *sıf.* fena; *mir ist (wird)* **~** rahatsızım (fenalaşıyorum); **~ nehmen** b-ne küsmek, gücenmek, darılmak; → **Nachrede**
Übel *n* (-s; -) *notwendiges, kleineres vs.:* kötülük; **~keit** *f* (-) bulantı
üben (h) **1.** *v/t* alıştırma yapmak; **2.** *v/t* **Klavier** *vs.* ~ piyano *vs.* çalışmak
über 1. *ilg.* (D) *Lage, Standort:* -*in* üstünde, *az. Reihenfolge:* yukarısında; (A) *Richtung:* üstüne; *quer* ~: (üstünden/üzerinden) diklemesine; ~ **München nach Rom** Münih üzerinden Roma'ya; → **froh, nachdenken, Scheck** *vs.*; **2.** *bel.:* ~ **und ~** büsbütün, tamamen
überall *bel.* her yerde; **~ in** (D) -*in* her yerinde
Überangebot *n* Ekon. aşırı arz (**an** D -de)
über|anstrengen (*ayrılmaz,* h) **1.** *v/t* aşırı yormak/zorlamak; **2.** *v/refl* aşırı yorulmak/zorlanmak; **~arbeiten** (*ayrılmaz,* h) **1.** *v/t* **Buch** *vs.* gözden geçirmek; **2.** *v/refl* çok çalışıp takatsiz kalmak, sürmenaj olmak
überaus *bel.* son derece, gayet
über|belichten *v/t* (überbelichtet, h) *Fot.* aşırı pozlandırmak; **~bieten** *v/t* (*kırldş., ayrılmaz,* h, → **bieten**) *özl. Auktion:* daha fazla teklif vermek (*um* oranında); *mec.* bşi geçmek; (*j-n* b-ne) üstün gelmek; **⁀bleibsel** *n* (-s; -) artık, arta kalan (*mec. aus e-r Zeit:* geriye kalan, *pl az.* kalıntılar *pl*; *e-r Mahlzeit:* artıklar *pl*
Überblick *m mec.* genel bakış (**über** A bşe); **⁀en** *v/t* (*ayrılmaz,* h) her yönüyle görmek; *mec. Folgen, Risiko vs.* bir bakışta kavramak, anlamak
über|bringen *v/t* (*kırldş., ayrılmaz,* h, → **bringen**) teslim etmek, getirmek (*j-m et.* b-ne bşi); **~brücken** *v/t* (*ayrılmaz,* h) atlatmak, aşmak (*az. mec.*); **~dacht** *sıf.* çatıyla örtülü, üstü kapalı, örtük; **~dauern** *v/t* (*ayrılmaz,* h) -*den* daha fazla sürmek, -*den* daha uzun ömürlü olmak; **~denken** *v/t* (*kırldş., ayrılmaz,* h, → **denken**) bşi etraflıca düşünmek, F hesap kitap etmek; **⁀dosis** *f* Tıp aşırı doz; **⁀druck** *m* (-s; ⁀e) *Fiz., Tek.* aşırı basınç; **~drüssig** *sıf.:* **e-r Sache ~drüssig sein** bşden bıkmış olmak; **~durchschnittlich** *sıf.* vasat üstü, olağanüstü; **~eifrig** *sıf.* aşırı hırslı, fazla gayretli
übereilen *v/t* (*ayrılmaz,* h) bşi aceleye getirmek; *nichts* ~ aceleye getirmemek
übereilt *sıf.* düşünmeden, aceleyle
übereinander *bel.* üst üste; *sprechen vs.:* birbiri üzerine, birbiri hakkında; ~ *schlagen Beine:* bacak bacak üstüne atmak
Übereinkunft *f* (-; ⁀e) uzlaşma, anlaşma
übereinstimm|en *v/i* (*ayr.,* -ge-, h) *Angaben vs.:* birbirine uymak, birbiriyle bağdaşmak; *Farben vs.:* uymak; *mit j-m* **~en** b-yle aynı görüşte olmak (*in* D hakkında); **⁀ung** *f* (-; -en) görüş birliği, bağdaşma; *in* **⁀ung mit** b-yle aynı görüşte, bşe uygun olarak
überfahren *v/t* (*kırldş., ayrılmaz,* h, → **fahren**) b-ni (arabayla) ezmek; *Ampel* (kırmızıda) geçmek
Überfahrt *f Gemi.* karşı tarafa geçiş
Überfall *m* (-s; ⁀e) baskın (*auf* A -e); *Straßenraub:* saldırı soyma; *Raub:* soygun (*az. Ask.*), yol kesme; *Ask. Invasion:* saldırı, istila; **⁀en** *v/t* (*kırldş., ayrılmaz,* h, → **fallen**) *-e* saldırmak, b-ni basmak; *-e* soymak; *-e* akın etmek, *-in* yolunu kesmek
überfällig *sıf.* (ödeme) vadesi dolmuş
über|fliegen *v/t* (*kırldş., ayrılmaz,* h, → **fliegen**) *-in* üzerinden uçmak; *mec.* *-e* göz gezdirmek, F *-i* üstünkörü okumak; **~fließen** *v/i* (*kırldş., ayr.,* -ge-, sn, → **fließen**) taşmak; **~flügeln** *v/t* (*ayrılmaz,* h) *-i* geçmek, *-i* geride bırakmak; **⁀fluss** *m* (-es) bol-

überflüssig

luk (*an D*); *im* ⚬**fluss haben** b-nde bol olmak; **~flüssig** *sıf.* fazla, yersiz; *unnötig*: gereksiz; **~fluten** *v/t (ayrılmaz,* h) sel/su basmak *(az. mec.)*; **~fordern** *v/t (ayrılmaz,* h) *Kräfte, Geduld vs.* -e aşırı yüklenmek, *-i* aşırı zorlamak; *(j-n* b-nden) çok şey beklemek
überfragt *sıf.*: F *da bin ich ~* buna yanıt/cevap veremeyeceğim; bilmiyorum
überführ|en *v/t (ayrılmaz,* h) *Huk.* b-nin suçunu ispatlamak *(G* -de); ⚬**ung** *f* (-; -en) *Huk.* suçun ispatı; *Oto.* nakil; *für Fußgänger*: üstgeçit
überfüllt *sıf.* tıka basa dolu
Übergang *m* (-s; ᵘe) geçme; *mec.* geçiş; **~slösung** *f* geçici çözüm; **~sregierung** *f* geçiş hükümeti; **~stadium** *n* geçiş evresi
übergeben *(krldş., ayrılmaz,* h, → *geben*) **1.** *v/t* b-nin eline vermek, teslim etmek *(j-m et.* b-ne bşi); *Ask.* bırakmak; **2.** *v/refl* yediklerini çıkarmak, F kusmak
übergehen¹ *v/i (krldş., ayr.,* -ge-, sn, → *gehen*): *~ auf (A) Nachfolger vs.*: b-ne geçmek; *~ in (A) j-s Besitz*: b-nin üzerine/mülkiyetine geçmek; *~ zu* -e geçmek
übergehen² *v/t (krldş., ayrılmaz,* h, → *gehen*) bşi geçmek; *ignorieren*: bşe boş vermek, bşe aldırmamak; *nicht berücksichtigen*: b-ni atlamak, b-ni geçiştirmek
Übergepäck *n Hava.* bagaj fazlası
Übergewicht *n* (-s) kilo fazlası; *mec.* ağırlık, üstünlük; *~* **haben** *-in* kilosu fazla olmak *(az. Gepäck, Brief vs.)*
überglücklich *sıf.* çok mutlu
über|greifen *v/i (krldş., ayr.,* -ge-, n, → *greifen*) *mec.*: sıçramak, yayılmak *(auf A* -e); ⚬**griff** *m* (-s; -e) tecavüz, saldırı *(auf A* -e)
Übergröße *f* çok büyük boy/numara
überhand *bel.*: *~ nehmen* aşırı boyutlara varmak
überhäufen *v/t (ayrılmaz,* h): *~ mit Arbeit vs.*: b-ni bşe boğmak; *Geschenken vs.*: b-ne bş yağdırmak
überhaupt *bel.* hiç *(nachgestellt)*, *sowieso, eigentlich*: zaten, aslında; *~ nicht(s)* hiç(bir şey) değil
überheblich *sıf.* kibirli, kendini beğenmiş; ⚬**keit** *f* (-) kibir, kendini beğenmişlik, küstahlık
über|hitzen *v/t (ayrılmaz,* h) aşırı kızdırmak/ısıtmak *(az. mec.)*; **~höht** *sıf.* aşırı, fazla
überhol|en *v/t (ayrılmaz,* h) *-e* yetişmek, *-i* yakalamak *(az. mec.)*, *-i* geçmek; *Tek. -i* elden geçirmek; ⚬**spur** *f Oto.* sollama şeridi
überholt *sıf.* eski(miş), köhne
überhören *v/t (ayrılmaz,* h) işitmemek, duymamak; *absichtlich*: duymazlıktan gelmek
überirdisch *sıf.* doğaüstü
überkochen *v/i (ayr.,* -ge-, sn) (pişerken veya kaynarken) taşmak
überladen *v/t (krldş., ayrılmaz,* h, → *laden*) bşe aşırı yük sarmak; *El. az.* fazla doldurmak/yüklemek
Überlandbus *m* şehirlerarası otobüs
überlassen *v/t (krldş., ayrılmaz,* h, → *lassen*): *j-m et. ~* bşi b-ne bırakmak *(az. mec.)*; *j-n sich selbst (s-m Schicksal) ~* b-ni kendi başına (kaderiyle başbaşa) bırakmak; **~lasten** *v/t (ayrılmaz,* h) aşırı yüklemek *(az. El., Tek.)*; *mec.* aşırı zorlamak
überlaufen¹ *v/i (krldş., ayr.,* -ge-, sn, → *laufen*) taşmak; *Pol.* ayrılmak, kaçmak *(zu* -e); *Ask. -in* tarafına geçmek
überlaufen² *v/i (krldş., ayrılmaz,* h, → *laufen*): *es überlief mich heiß und kalt* tüylerim diken diken oldu
überlaufen³ *sıf.* çok kalabalık
Überläufer *m Pol.* karşı tarafa kaçan; *Ask.* kaçak
überleben *(ayrılmaz,* h) **1.** *v/i* sağ/hayatta kalmak *(az. mec.)*; **2.** *v/t -den* daha fazla yaşamak; *mec.* bşden sağ olarak kurtulmak; ⚬**de** *m, f* (-n; -n) kurtulan, sağ kalan
überlebensgroß *sıf.* normalden daha büyük
überlegen¹ *v/t ve v/i (ayrılmaz,* h) (bş hakkında) düşünmek, (bşi) ölçüp biçmek; *erwägen*: az. bşi göz önünde tutmak; *lassen Sie mich ~* bir düşüneyim; *ich habe es mir (anders) überlegt* fikrimi değiştirdim
überleg|en² *sıf.* üstün *(D* -e; *an D* -de); ⚬**enheit** *f* (-) üstünlük; **~t** *sıf.* iyi düşünülmüş; ⚬**ung** *f* (-; -en) düşünme, düşünce, düşünüp taşınma

überleit|en *v/i* (*ayr.*, -ge-, h) geçmek (**zu** -e); ⌂**ung** *f* (-; -en) geçme, geçiş
überliefer|n *v/t* (*ayrılmaz*, h) nakletmek, anlatmak; ⌂**t** *sıf.* geleneksel, söylenegelmiş; ⌂**ung** *f* (-; -en) gelenek, rivayet
überlisten *v/t* (*ayrılmaz*, h) aldatmak, F faka bastırmak
Über|macht *f* (-) üstünlük, ezici güç; *in der ~macht sein* sayıca üstün olmak; ⌂**mächtig** *sıf.* karşı konulamaz, üstün; *mec. Gefühl vs.:* zaptolunamaz
Über|maß *n* (-es) aşırılık, fazlalık (*an* D -de); ⌂**mäßig** *sıf.* aşırı, ölçüsüz
übermenschlich *sıf.* insanüstü
übermitt|eln *v/t* (*ayrılmaz*, h) iletmek (*D* -e); ⌂**ung** *f* (-; -en) gönderme, iletme
übermorgen *bel.* yarından sonra
übermüd|et *sıf.* bitkin, son derece yorgun; ⌂**ung** *f* (-; -en) bitkinlik, aşırı yorgunluk
Über|mut *m* (-s) taşkınlık, coşkunluk; ⌂**mütig** *sıf.* coşkun, taşkın; ⌂**mütig sein** coşmak
übernächst *sıf.* öbür; **~e Woche** ikinci hafta değil öbür hafta
übernacht|en *v/i* (*ayrılmaz*, h) gecelemek (*bei j-m* b-nde), geceyi *-de* geçirmek; ⌂**ung** *f* (-; -en) geceleme; *e-e* ⌂**ung** bir gecelik kalış; ⌂**ung und Frühstück** yatak ve kahvaltı
Übernahme *f* (-; -n) kabul, üzerine alma/geçirme; *Ekon.* devralma, yükümlenme; *Pol.* yönetimi ele alma/geçirme; **~angebot** *n Ekon.* ele geçirme teklifi
über|national *sıf.* uluslarüstü; **~natürlich** *sıf.* doğaüstü
übernehmen *v/t* (*krldş.*, *ayrılmaz*, h, → **nehmen**) devralmak; *Idee, Brauch, Namen vs.:* benimsemek; *Führung, Risiko, Verantwortung:* almak, üstlenmek; *erledigen:* bşle ilgilenmek
Überproduktion *f Ekon.* aşırı üretim
überprüf|en *v/t* (*ayrılmaz*, h) gözden geçirmek, kontrol etmek, incelemek; *Aussage vs.* doğrulamak; *özl. Pol.* araştırmak; ⌂**ung** *f* (-; -en) kontrol, inceleme; doğrulama; yoklama, araştırma
überqueren *v/t* (*ayrılmaz*, h) aşmak, *-in* karşı tarafına geçmek

überragen *v/t* (*ayrılmaz*, h) *-den* daha yüksek olmak (*az. mec.*); **~d** *sıf.* üstün, göze çarpan, göz alıcı
überrasch|en *v/t* (*ayrılmaz*, h) şaşırtmak, b-ne sürpriz yapmak; *j-n bei et. ~en* b-ni bş yaparken yakalamak; ⌂**ung** *f* (-; -en) şaşırtı, sürpriz
überreagieren *v/i* (*ayrılmaz*, h) *-e* aşırı tepki göstermek
überred|en *v/t* (*ayrılmaz*, h) b-ni bşe inandırmak; (*j-n zu et. ~* b-ni bş yapmaya) ikna etmek; ⌂**ung** *f* (-) ikna, inan(dır)ma
überregional *sıf. Presse vs.:* ulusal, bölgelerüstü
überreich|en *v/t* (*ayrılmaz*, h) sunmak, takdim etmek (*j-m et.* b-ne bşi); ⌂**ung** *f* (-) takdim, sun(ul)ma
überreizt *sıf.* aşırı heyecanlı; *nervös:* çok sinirli, gergin
Überrest *m* artık, kalıntı; **~e** *pl e-r Mahlzeit.* yemek artıkları
Überrollbügel *m Oto.* (takla) koruma kafesi, rol bar
über|rumpeln *v/t* (*ayrılmaz*, h) gafil avlamak; **~sättigen** *v/t* (*ayrılmaz*, h) *Ekon. Markt* aşırı doyurmak
Überschall... ses hızını aşan, süpersonik ...; **~knall** *m* ses duvarını aşan bir uçağın çıkardığı süpersonik ses patlaması
über|schatten *v/t* (*ayrılmaz*, h) *mec.* bşe gölge düşürmek; **~schätzen** *v/t* (*ayrılmaz*, h) bşe fazla değer vermek, bşi (gözüne) fazla büyütmek, fazla önemsemek; **~schnappen** *v/i* (*ayr.*, -ge-, sn) F çıldırmak, keçileri kaçırmak; **~schneiden** *v/refl* (*krldş.*, *ayrılmaz*, h, → **schneiden**) çakışmak, üst üste gelmek (*az. mec.*); *Linien:* kesişmek; **~schreiben** *v/t* (*krldş.*, *ayrılmaz*, h, → **schreiben**) *Besitz* temlik etmek, devretmek (*D* -e); **~schreiten** *v/t* (*krldş.*, *ayrılmaz*, h, → **schreiten**) byden geçmek; *mec. -i* aşmak
Überschrift *f* başlık; *Schlagzeile:* manşet
Über|schuss *m* (-es; **~e**) fazlalık (*an* D -de); ⌂**schüssig** *sıf.* arta kalan, kullanılmamış; **~schussproduktion** *f Ekon.* üretim fazlası
überschütten *v/t* (*ayrılmaz*, h): **~ mit** *Geschenken*: b-ni (hediye)lere boğ-

mak; *Lob vs.*: b-ne (övgüler *vs.*) yağdırmak

überschwänglich *stf.* aşırı coşkulu, taşkın

überschwemm|en *v/t (ayrılmaz,* h) su basmak; *Ekon.* (piyası) bşe boğmak; ~**ung** *f* (-; -en) sel felaketi; *Ekon.* aşırı arz, bşe boğulma; *Hochwasser*: su baskını, taşkın

überschwenglich *stf.* → **überschwänglich**

Übersee: *in (nach)* ~ denizaşırı ülkelerde (ülkelere); ~**handel** *m* denizaşırı ticaret; ~**isch** *stf.* denizaşırı ...

übersehen *v/t (krldş., ayrılmaz,* h, → *sehen)* gözden kaçırmak; *absichtlich*: -e göz yummak

übersetzen¹ *(ayr.,* -ge-) **1.** *v/i* (h od. sn) ırmağın *vs.* karşı kıyısına geçmek; **2.** *v/t* (h) -*i* karşı kıyıya/tarafa geçirmek

übersetz|en² *v/t ve v/i (ayrılmaz,* h) tercüme etmek, çevirmek *(aus* -den; *in A* -e); ~**er** *m* (-s; -), ~**erin** *f* (-; -nen) çevirmen, tercüman; ~**ung** *f* (-; -en) çeviri, tercüme; *Tek.* aktarma oranı, iletme, vites

Übersicht *f* (-; -en) → **Überblick**; ~**lich** *stf.* açık, belirgin, derli toplu; ~**skarte** *f* genel harita

übersied|eln *v/i (ayrılmaz,* sn) göçmek, yerleşmek *(nach* bye); ~**(e)lung** *f* (-; -en) göçme, taşınma; ~**ler** *m* (-s; -) göçmen

übersinnlich *stf.* doğaüstü, deneyüstü

über|spielen *v/t (ayrılmaz,* h) kayıt etmek, kasete çekmek; *(auf Band:* banda) çekmek; *mec.* sezdirmemek, gizlemek; ~**spitzt** *stf.* abartılı, abartılmış; ~**springen** *v/t (krldş., ayrılmaz,* h, → *springen)* atlamak; *auslassen*: geçmek, bırakmak

überstehen¹ *v/t (krldş., ayrılmaz,* h, → *stehen)* geçmek, atlatmak; *überleben*: sağ kurtulmak

überstehen² *v/i (krldş., ayr.,* -ge-, h, → *stehen)* çıkıntı yapmak, bye çıkmak, bye uza(n)mak

über|steigen *v/t (krldş., ayrılmaz,* h, → *steigen)* bşi aşmak; ~**stimmen** *v/t (ayrılmaz,* h) oy çokluğu ile yenmek; *mec.* susturmak

überstreifen *v/t (ayr.,* -ge-, h) (aceleyle) üzerine geçirmek

Überstunden *pl* fazla mesai *sg*: ~ *machen* fazla mesai yapmak; ~**zuschlag** *m* fazla mesai zammı

überstürzen *(ayrılmaz,* h) **1.** *v/t* → *übereilen*; **2.** *v/refl Ereignisse*: birbirini kovalamak/izlemek

überstürzt *stf.* → *übereilt*

über|teuert *stf.* aşırı pahalı; ~**tönen** *v/t (ayrılmaz,* h) sesiyle bastırmak

Übertrag *m* (-s; ⁻e) *Ekon.* aktarma/aktarılacak miktar

übertragbar *stf.* devredilebilir *(auf A* -e); *Tıp* bulaşıcı, *durch Berührung*: bulaşkan

übertragen¹ *stf. Bedeutung*: mecazi

übertrag|en² *v/t (krldş., ayrılmaz,* h, → *tragen)* senden: uzatmak, übersetzen, *az.* Tek. Kraft aktarmak *(aus* -den, *in A* -e); *Krankheit* bulaştırmak; *Blut, Organ* nakletmek; *Huk., Ekon., Zeichnung vs.*: devretmek, geçirmek *(auf A* -e);*Huk.* intikal ettirmek, devir ve temlik etmek; ~**ung** *f* (-; -en) *Rundfunk, TV*: yayın; aktarma; kan nakli, organ nakli; nakil; devir; bulaş(tır)ma

übertreffen *v/t (krldş., ayrılmaz,* h, → *treffen)* b-ni bşde aşmak, b-ne bşde üstün gelmek; *Sache* geçmek, geride bırakmak *(an D, in D* -de); *Erwartungen* aşmak

übertreib|en *v/t (krldş., ayrılmaz,* h, → *treiben)* abartmak, büyütmek *(az. v/i)*; *Tätigkeit* aşırıya kaçmak; ~**ung** *f* (-; -en) abartma, büyütme

übertreten¹ *v/i (krldş., ayr.,* -ge-, sn, → *treten)* *Pol. vs.* karşı tarafa geçmek; *Din.* ... dinine geçme *(zu* -e)

übertret|en² *v/t (krldş., ayrılmaz,* h, → *treten)* *Gesetz vs.* -e karşı gelmek, ihlal etmek; ~**ung** *f* (-; -en) ihlal, çiğneme; *absolut*: kusur, kabahat, suç

Übertritt *m* (-s; -e) *Pol. vs.* karşı tarafa geçme; *Din.* din değiştirme; ~ *zum Islam* İslam'a geçiş

übervölkert *stf.* yoğun nüfuslu

überwach|en *v/t (ayrılmaz,* h) gözetip denetlemek; *leiten*: yönetmek; *polizeilich*: gözetim altında tutmak; *Tıp vs.* gözlem altında tutmak; ~**ung** *f* (-; -en) gözetim; denetim; yönetim; gözlem

überwältig|en *v/t (ayrılmaz,* h)

yenmek, bastırmak; ~t sein mec. -den çok etkilenmek
überweis|en v/t (krdlş., ayrılmaz, h, → **weisen**) Geld göndermek (**auf ein Konto** -e; **j-m**, **an j-n** b-ne, b-nin hesabına); postalisch: havale etmek (**j-m**, **an j-n** b-ne); Fall, Patienten vs. sevketmek (**an** A -e); Ωung f (-; -en) gönderi, havale; sevk; Ωungsformular n havale formu; Ωungsschein m Tıp sevk kâğıdı/belgesi
überwiegen v/i (krdlş., ayrılmaz, → **wiegen**) bşe oranla ağır basmak; ~d sıf. ağır basan; Mehrheit: büyük, çoklukla
überwinden (krdlş., ayrılmaz, h, → **winden**) 1. v/t Angst, Krankheit vs. yenmek; 2. v/refl duygularını bastırmak, k-ni zorlamak; **sich ~**, **et. zu tun** bş yapmak için k-ni zorlamak
Überzahl f (-): **in der ~ sein** çoğunlukta olmak, sayıca üstün olmak
überzeug|en (ayrılmaz, h) 1. v/t ikna etmek, inandırmak (**j-n von** b-ni bşe); 2. v/refl: **sich ~en von** (, **dass**) (olduğundan) emin olmak; **sich selbst ~en** -i bizzat görüp -e kanaat getirmek; ~t sıf. kani, ikna olmuş, emin; ~t sein az. emin olmak; Ωung f (-; -en) inanç; emin olma
überziehen[1] v/t (krdlş., ayr., -ge-, h, → **ziehen**) -in üzerine geçirmek
überzieh|en[2] v/t (krdlş., ayrılmaz, h) Konto açığa/eksiye çekmek; Ωung f (-; -en) açığa/eksiye çekme; Ωungskredit m açık kredi
üblich sıf. alışılmış, alışılagelen; **es ist ~ Brauch**: âdet böyledir; **wie ~** alışılageldiği üzere; F her zamanki gibi
U-Boot n denizaltı (gemisi)
übrig sıf. geri kalan; **die** Ωen pl ötekiler, diğerleri, gerisi sg; **~ sein** geri kalmak, artmak; **~ haben** elinde ... olmak; **~ lassen** (arta) kalmak; **es bleibt mir nichts anderes ~ (als zu)** bana (yapmaktan) başka bir şey kalmıyor; **~ lassen** artık bırakmak, hepsini tüketmemek; ~ens bel. ayrıca, bundan başka; sırası/aklıma gelmişken
Übung f (-; -en) alıştırma; **das Üben**, Erfahrung: deneyim; **in ~** formunda; **aus der ~** formsuz, formdan düşmüş
Ufer n (-s; -) su kenarı, sahil; FlussΩ:

kıyı; **ans ~** kıyıya, sahile; **über die ~ treten** (yatağından) taşmak; **~promenade** f ırmak (veya göl) kıyısında gezinti; **am Meer**. sahilde gezinti; **~straße** f ırmak (veya göl) kıyısı yolu; Küstenstraße: sahil yolu
Uhr f (-; -en) saat (az. ArmbandΩ vs.) **nach meiner ~** benim saatime göre; **wie viel ~ ist es?** saat kaç?; **um vier ~** saat dörtte; **~armband** n saat kayışı; **~macher** m saatçi; **~werk** n saat mekanizması; **~zeiger** m saat göstergesi/ibresi
Uhrzeigersinn m: **im ~** saat göstergesi yönünde, F sağa doğru; **entgegen dem ~** saat göstergesinin tersi yönünde; F sola doğru
Uhrzeit f saat (ayarı)
Ukrain|e f Ukrayna; **~er** m (-s; -) Ukraynalı; Ωisch sıf. Ukrayna(lı) ...
UKW Ultra Kısa Dalga, az. FM; **auf ~** UKD'de, az. FM'de
Ultimatum n (-s; -ten) ultimatom; **j-m ein ~ stellen** b-ne bir ultimatom vermek
um 1. ilg. räumlich: çevresinde, etrafında; ungefähr: aşağı yukarı; zeitlich: **~ fünf** (saat) beşte; vorbei: geçmiş, bitmiş; **die Zeit ist ~** süre doldu; → **bitten**, **kürzen**, **spielen**, **Uhr** vs.; **2.** bağl.: **~ zu** (yap)mak için; **3.** bel. etwa: tahminen
umarm|en v/t (ayrılmaz, h) b-ni kucaklamak, b-ne sarılmak; **sich ~** kucaklaşmak, birbirlerine sarılmak; Ωung f (-; -en) kucaklaşma, sarılma
Umbau m (-s; -e, -ten) binanın/sahnenin değiştirilmesi; Ωen v/t (ayr., -ge-, h) (binada, sahnede, dekorda vs.) değişiklik yapmak
um|blättern v/i (ayr., ge-,h) sayfayı çevirmek; **~bringen** (krdlş., ayr., -ge-, h, → **bringen**) **1.** v/t öldürmek; **2.** v/refl canına kıymak, k-ni öldürmek
umbuch|en (ayr., -ge-, h) v/t ve v/i (uçuş tarihini, rezervasyonu vs.) değiştirmek; Ωung f (-; -en) kaydı/rezervasyonu değiştirme
um|denken v/i (krdlş., ayr., -ge-, h, → **denken**) düşünce tarzını değiştirmek; **~disponieren** v/i (ayr., h) planı değiştirmek
umdrehen (ayr., -ge-, h) **1.** v/t çevir-

Umdrehung 534

mek, döndürmek; **2.** *v/refl* dönmek; **sich nach j-m ~** dönüp b-ne bakmak

Umdrehung *f* (-; -en) dönme; *Fiz., Tek.* devir

umfahren¹ *v/t* (*krldş.*, *ayr.*, -ge-, h, → *fahren*) arabayla devirmek (*veya* çiğnemek)

umfahren² *v/t* (*krldş.*, *ayrılmaz*, h, → *fahren*) *Ort vs.* byin etrafında bir tur atmak

umfallen *v/i* (*krldş.*, *sep* -ge-, sn, → *fallen*) yere düşmek, yere yuvarlanmak; *zusammenbrechen:* çökmek, yıkılmak; → *tot*

Umfang *m* (-s; ⁻e) çevre, çember; *Buch vs.:* büyüklük; *Ausmaß:* ölçü, boyut, kapsam; *in großem ~* büyük ölçüde; **2reich** *sıf.* geniş, kapsamlı; *massig:* hacimli

umfassen *v/t* (*ayrılmaz*, h) *mec.* kapsamak; *enthalten:* içermek; **~d** *sıf.* geniş, kapsamlı; *vollständig:* tam

Umfrage *f* (-; -n) *Meinungs2:* anket, soruşturma

Umgang *m* (-s) ilişki; **~ haben mit** ile görüşmek; *beim ~ mit* bşi kullanırken

umgänglich *sıf.* geçimli, cana yakın

Umgangs|formen *pl* görgü kuralları; **~sprache** *f* konuşma dili; *die türkische ~sprache* Türkçe konuşma dili

umgeb|en *sıf.* çevrili (*von* ile); **2ung** *f* (-; -en) çevre *pl*; *Milieu:* ortam, muhit

umgehen¹ *v/i* (*krldş.*, *ayr.*, -ge-, sn, → *gehen*): *gut ~ können mit* bşin nasıl kullanılacağını iyi bilmek

umgehen² *v/t* (*krldş.*, *ayrılmaz*, h, → *gehen*) *mec.* bşden kaçınmak/sakınmak, F bşe yan çizmek

umgehend *sıf.* derhal, hemen

Umgehungsstraße *f* çevre yolu

umgekehrt 1. *sıf.:* *in ~er Reihenfolge* sondan başa doğru; **2.** *bel.* tersine, -e aykırı/karşı olarak

umkehr|en (*ayr.*, -ge-) **1.** *v/i* (sn) geri dönmek; **2.** *v/t* (h) *Reihenfolge vs.* ters çevirmek; **2ung** *f* (-; -en) tersine çevirme

umkippen (*ayr.*, -ge-) **1.** *v/t* (h) yıkmak; *umstoßen:* devirmek; **2.** *v/i* (sn) devrilmek; *umfallen:* yere düşmek; F *ohnmächtig werden:* bayılmak; *Gewässer:* ölmek

umkommen *v/i* (*krldş.*, *ayr.*, -ge-, sn, → *kommen*) ölmek, hayatını kaybetmek (*bei* -de); F *~ vor* (*D*) *-den* ölüyor olmak

Umkreis *m* (-es): *im ~ von* çapında

umkreisen *v/t* (*ayrılmaz*, h) *Astr.* bşin çevresinde dönmek

Umland *n* (-s) -e yakın bölge

Umlauf *m* (-s; ⁻e) dönme, dolaşım; *Fiz., Tek.* devir; *Schreiben:* genelge; *im ~ sein* tedavülde/dolaşımda olmak; *in ~ bringen* tedavüle/dolaşıma çıkarmak; **~bahn** *f* yörünge

umlegen *v/t* (*ayr.*, -ge-, h) *Kosten* dağıtmak, bölmek (*auf A* arasında); *Hebel* değiştirmek; P *töten:* gebertmek

umleit|en *v/t* (*ayr.*, -ge-, h) çevirmek, aktarmak; **2ung** *f* (-; -en) aktarma (yolu), varyant; **2ungsschild** *n* aktarma levhası

umliegend *sıf.* çevredeki, etraftaki

umrechn|en *v/t* (*ayr.*, -ge-, h) değiştirmek, dönüştürmek (*in A* -e); **2ung** *f* (-; -en) değiştirme, dönüştürme, tahvil; **2ungskurs** *m* döviz/kambiyo kuru

um|reißen *v/t* (*krldş.*, *ayr.*, -ge-, h, → *reißen*) devirmek, yere sermek; **~ringen** *v/t* (*ayrılmaz*, h) ortaya almak

Umriss *m* (-es; -e) çevre çizgisi, kontur; *mec.* taslak

um|rühren *v/t* (*ayr.*, -ge-, h) karıştırmak; **~rüsten** *v/t* (*ayr.*, -ge-, h) *Tek.* yeniden donatmak (*auf A* -e)

Umsatz *m* (-es; ⁻e) *Ekon.* sermaye devri, iş hacmi; *Absatz:* az. satışlar *pl*; **~beteiligung** *f* satış komisyonu; **~rückgang** *m* satışlarda gerileme/azalma; **~steigerung** *f* satışları arttırma; Steuer miktarında artış; **~steuer** *f* satış vergisi, ciro vergisi

umschalten *v/t ve v/i* (*ayr.*, -ge-, h) şalteri/vitesi değiştirmek (*auf A* -e); *mec.* yeni bir duruma uymak/alışmak

Umschlag *m* (-s; ⁻e) *Brief2:* zarf; *Hülle:* kılıf; *Buch2:* ceket, şömiz; *an der Hose:* (paça) kıvrım(ı); *Tıp* kompres; *Ekon.* aktarma, *mec.* (ani) değişim, dönme (*G* -de)

umschlagen (*krldş., ayr.*, -ge-, → *schlagen*) **1.** *v/t* (h) *Baum* kesip devirmek; *Ärmel, Kragen* kıvırmak; *Ekon.* aktarmak; **2.** *v/i* (sn) *Boot vs.*: ters dönmek, alabora olmak; *mec.* aniden değişmek/dönmek

Umschlagplatz *m* aktarma yeri

um|schulden *v/t* (*ayr.*, -ge-, h) (borcu) tahvil etmek; *Firma vs. -in* borcunu yenilemek; **~schulen** *v/t* (*ayr.*, -ge-, h) *beruflich*: yeni meslek edindirmek; **~schütten** *v/t* (*ayr.*, -ge-, h) *verschütten*: dökmek, boşaltmak

Umschwung *m* (-s; ⁻e) ani değişiklik, dönüm noktası; *özl. Pol., az. Meinungs*⁻: kayma, akma

umsehen *v/refl* (*krldş., ayr.*, -ge-, h, → *sehen*) bakınmak (*in e-m Laden* bir dükkânda; *nach* bş); *zurückblicken*: arkaya/arkasına bakmak (*nach* -e); *sich ~ nach suchen*: bş aramak

umsein → **um**

umsetzen *v/t* (*ayr.*, -ge-, h) *Ware* satmak; *Geld(wert)* ciro etmek, dönmek; *in die Tat ~* gerçekleştirmek

umsonst *bel.* ücretsiz, parasız; F bedava; *vergebens*: boşuna, boş yere

Umstand *m* (-s; ⁻e) durum; koşullar *pl*, şartlar *pl*; *Tatsache*: olgu; *Einzelheit*: ayrıntı; *unter diesen (keinen) Umständen* bu koşullar (hiçbir koşul) altında; *unter Umständen* belki, gerekirse; *keine Umstände machen j-m*: b-ne zahmet vermemek; *sich*: zahmet etmemek; *in anderen Umständen sein* bebek beklemek, hamile olmak

umständlich *sıf. ungeschickt*: sakar, hantal; *kompliziert*: karışık, zahmetli; *Stil vs.*: dolaşık, çok ayrıntılı; *das ist (mir) viel zu ~* bu (benim için) çok fazla karışık

Umstandskleid *n* hamile elbisesi

Umstehenden *pl* seyirci duranlar

umsteigen *v/i* (*krldş., ayr.*, -ge-, sn, → *steigen*) aktarma yapmak (*nach* -e); *Demiryol. az.* tren değiştirmek

umstellen¹ *v/t* (*ayrılmaz*, h) *Haus vs.* kuşatmak, çember içine almak

umstellen² *v/t* (*ayr.*, -ge-, h) *gnl.* bşi değiştirmek (*auf A* -e), -de değişiklik yapmak; *özl. Tek. az.* -e çevirmek; *anpassen*: -e ayarlamak; *neu ordnen*: yerini değiştirmek, düzenlemek (*az. Möbel*), yeniden örgütlemek/yapılandırmak; *Uhr* ayarlamak; **2.** *v/refl*: *sich ~ auf (A)* k-ni bşe alıştırmak; *anpassen*: -e alışmak; bşe ayak uydurmak

Umstellung *f* (-; -en) değişiklik, değişim; ayarlama; dönüşüm; ayar; yeniden düzenleme, yeniden yapıl(an)ma

umstimmen *v/t* (*ayr.*, -ge-, h) (*j-n ~* b-nin) görüşünü/fikrini değiştirmek

umstoßen *v/t* (*krldş., ayr.*, -ge-, h, → *stoßen*) çarpıp devirmek; *mec. Plan vs.* temelden değiştirmek

umstritten *sıf.* tartışmalı, çekişmeli

umstrukturier|en *v/t* (*ayr.*, -ge-, h) -in yapısını değiştirmek; **2ung** *f* (-; -en) yapı değişikliği

Umsturz *m* (-es; ⁻e) devirme, darbe

Umtausch *m* (-s; -e) değiştirme, döviz bozdurma; **2en** *v/t* (*ayr.*, -ge-, h) bozdurmak (*gegen* ... karşılığı); **~kurs** *m* kambiyo kuru

umwälz|end *sıf. mec.* devrimci; **2ung** *f* (-; -en) *mec.* devrim; köklü değişiklikler *pl*

umwand|eln *v/t* (*ayr.*, -ge-, h) *gnl.* değiştirmek (*in A* -e), -e çevirmek; *özl. Kim., El., Fiz.* -e dönüştürmek; **2ler** *m* (-s; -) dönüştürücü, çevirgeç, konverter; **2lung** *f* (-; -en) dönüşüm, dönüştürme, çevirme, değiştirme

Umweg *m* (-s; -e) dolambaç; *e-n ~ machen* dolambaçlı yoldan gitmek; *mec. auf ~en* dolambaçlı/dolaylı olarak

Umwelt *f* (-) çevre; **2bedingt** *sıf.* çevresel; **~belastung** *f* çevre kirlenmesi; **2bewusst** *sıf.* çevreci; **~bewusstsein** *n* çevre bilinci; **2freundlich** *sıf.* çevre dostu; **~schäden** *pl* çevreye (verilen) zararlar; **2schädlich** *sıf.* çevre için tehlikeli, kirletici; **~schutz** *m* çevre koruma; **~schützer** *m* (-s; -) çevre korumacısı, F çevreci; **~verschmutzer** *m* (-s; -) çevreyi kirleten; **~verschmutzung** *f* (-; -en) çevre kirlenmesi

um|werfen *v/t* (*krldş., ayr.*, -ge-, h, → *werfen*) → *umstoßen*; **~ziehen** (*krldş., ayr.*, -ge-, → *ziehen*) **1.** *v/i* (sn) taşınmak (*nach* bye); **2.** *v/refl*

(h) kıyafet değiştirmek, F üstünü değiş(tir)mek
Umzug *m* (-s; ~e) taşınma (*nach* bye); *Festzug*: tören alayı
unabhängig *sıf.* bağımsız (*von* -den); **~ davon, ob** -e bağlı olmaksızın; **℆keit** *f* (-) bağımsızlık
unabsichtlich 1. *sıf.* kasıtsız, istemeyerek; **2.** *bel.*: **et. ~ tun** bşi kazara yapmak
unan|genehm *sıf.* cansıkıcı; *peinlich*: nahoş; **~nehmbar** *sıf.* kabul edilemez; **℆nehmlichkeiten** *pl* rahatsızlık *sg*, güçlük *sg*, zorluk *sg*; **~sehnlich** *sıf.* göze hoş gelmeyen, çirkin; **~ständig** *sıf.* yakışıksız, *stärker*: edepsiz, müstehcen
unappetitlich *sıf.* tatsız, yavan; *mec. az.* tiksindirici, mide bulandırıcı
Unart *f* (-; -en) kötü alışkanlık, yakışıksız davranış; **℆ig** *sıf.* arsız, yaramaz
unauf|dringlich *sıf.* çekingen, alçakgönüllü; **~fällig** *sıf.* önemsiz, gösterişsiz, göze çarpmayan; **~findbar** *sıf.* bulunamaz, yitik; **~gefordert** *bel.* çağırılmadan; talep edilmeden; **~merksam** *sıf.* dikkatsiz; *gedankenlos*: düşüncesiz, dalgın; **~richtig** *sıf.* iki yüzlü, dürüst/içten olmayan
unausstehlich *sıf.* çekilmez, katlanıl(a)maz, dayanıl(a)maz
unbe|absichtigt *sıf.* yanlışlıkla, istemeyerek; **~achtet** *sıf.* hesaba katılmayan; **~achtet lassen** dikkate almamak; **~baut** *sıf. Gelände*: işlenmemiş; *Grundstück*: boş; **~denklich** *sıf.* sakıncasız, güvenilir; **~deutend** *sıf.* önemsiz, değersiz; *geringfügig*: az; **~dingt 1.** *sıf.* mutlak, kesin; **2.** *bel.* kesinlikle, mutlaka; *brauchen*: muhakkak; → **erforderlich**; **~fahrbar** *sıf.* geçilmez, aşılmaz, geçit vermez; **~fangen** *sıf. unparteiisch*: tarafsız, önyargısız; *ohne Hemmung*: serbest, tutuk olmayan; **~friedigend** *sıf.* yetersiz, tatmin etmeyen; **~friedigt** *sıf.* düş kırıklığına uğramış, hoşnut/memnun olmayan; **~gabt** *sıf.* yeteneksiz, kabiliyetsiz; **~greiflich** *sıf.* anlaşılmaz, akla sığmaz; **~grenzt** *sıf.* sınırsız; **~gründet** *sıf.* asılsız, temelsiz
unbehaglich *sıf.*: **sich ~ fühlen** k-ni huzursuz hissetmek

unbe|helligt *sıf.* rahatsız edilmeyen; **~herrscht** *sıf. Äußerung vs.*: kontrolsüz; *Person*: kendine hakim olmayan; **~holfen** *sıf.* sakar, beceriksiz, hantal; **~lehrbar** *sıf.* söz dinlemez, dikbaşlı
unbeliebt *sıf.* sevilmeyen (*bei* tarafından); *er ist überall ~* onu hiç kimse sevmez
unbe|mannt *sıf.* insansız; **~merkt** *sıf.* fark edilmeyen; **~nutzt** *sıf.* (henüz/hiç) kullanılmamış; **~quem** *sıf.* rahatsız; *lästig*: cansıkıcı; **~rechenbar** *sıf.* önceden bilinemez/söylenemez; **~rechtigt** *sıf.* yetkisiz; *ungerechtfertigt*: haksız, sebepsiz; **~schädigt** *sıf.* bozulmamış; **~scheiden** *sıf.* küstah, saygısız, aşırı; **~schränkt** *sıf.* sınırsız, sonsuz; *Macht vs.*: *az.* mutlak, kesin; **~schreiblich** *sıf.* sözle anlatılamaz; **~siegbar** *sıf.* yenilmez, mağlup olmaz; **~ständig** *sıf.* kararsız, istikrarsız; *Wetter*: çabuk değişen; **~stätigt** *sıf.* doğrulanmamış, onaylanmamış; **~stechlich** *sıf.* rüşvet almaz/yemez, dürüst; *mec.* şaşmaz, yanılmaz; **~stimmt** *sıf. unsicher*: belirsiz, kesin olmayan; *Gefühl vs.*: bulanık
unbe|teiligt *sıf. nicht verwickelt*: karışmamış (*an D* -e); *gleichgültig*: bşe ilgisi olmayan; **~wacht** *sıf.* koruyucusuz, korumasız; *mec.* dikkat edilmeyen; **~waffnet** *sıf.* silahsız; **~weglich** *sıf.* taşınmaz; *bewegungslos*: hareketsiz; **~wohnbar** *sıf.* (içinde) oturulamaz; **~wohnt** *sıf.* ıssız, tenha; *Gebäude*: *az.* boş (duran); **~wusst** *sıf.* bilinçsiz, bilmeden; **~zahlbar** *sıf.* fiyatı ödenemez; *mec.* paha biçilemez
un|blutig 1. *sıf.* kansız; **2.** *bel.* kan ak(ıtıl)madan/dök(ül)meden; **~brauchbar** *sıf.* kullanışsız; F işe yaramaz
und *bağl.* ve; ile; ... de; F *na ~?* n'olmuş yani?
undankbar *sıf.* nankör (*gegen* -e karşı); *Aufgabe*: takdir edilmeyen; **℆keit** *f* (-) nankörlük, değerbilmezlik
un|denkbar *sıf.* düşünülemez; **~dicht** *sıf.* sızıntılı, su/hava kaçıran
undurch|führbar *sıf.* uygulanması olanaksız; **~lässig** *sıf.* (su, hava *vs.*)

ungerade

geçirmez/sızdırmaz (*für*); ~**sichtig** *sıf.* saydam olmayan; *mec.* akıl ermez

uneben *sıf.* engebeli, düz olmayan; 2**heit** *f* (-; -en) pürüz, engebe; *Stelle: az.* tümsek, şiş(lik)

un|echt *sıf.* sahte; *künstlich*: yapma, takma; *imitiert:* taklit; F *hkr. vorgetäuscht:* yapmacık; ~**ehelich** *sıf.* evlilik dışı; ~**ehrlich** *sıf.* namussuz, şerefsiz; yalancı; ~**eigennützig** *sıf.* cömert, kendi çıkarını düşünmeyen; ~**einig** *sıf.*: (*sich*) ~**einig sein** kararsız olmak (*über A* -de); aynı fikirde olmamak; ~**empfänglich** *sıf.* kolay etkilenmez, çabuk duygulanmaz (*für* karşısında); ~**empfindlich** *sıf.* duyarsız (*gegen* -e karşı); *haltbar:* dayanıklı; ~**endlich** *sıf.* sonsuz, sınırsız; *endlos:* bitmez, tükenmez, bitmek bilmeyen; ~**entgeltlich** *sıf.* ücretsiz, karşılıksız

unentschieden *sıf.* karara bağlanmamış, kesinleşmemiş; ~ **enden** *Spo.* berabere bitmek

Unentschieden *n* (-s; -) beraberlik

uner|fahren *sıf.* deneyimsiz, acemi; ~**freulich** *sıf.* cansıkıcı; ~**füllt** *sıf.* yerine getirilmemiş; ~**heblich** *sıf.* konu dışı (*für* için); *geringfügig:* önemsiz; ~**kannt** *sıf.* tanınmayan; ~**klärlich** *sıf.* açıklanamaz; ~**lässlich** *sıf.* vazgeçilmez, zorunlu; ~**laubt** *sıf. unbefugt:* izinsiz, yetkisiz; *ungesetzlich:* yasadışı; ~**ledigt** *sıf.* bitirilmemiş; *Post:* cevaplanmamış; *Aufträge vs.:* yerine getirilmemiş

unerschwinglich *sıf. Preise:* fahiş, el yakan; ateş pahası; *für j-n* ~ *sein -in* fiyatı ... için çok yüksek olmak

uner|setzlich *sıf.* yeri doldurulmaz; *Schaden vs.:* onarılamaz, giderilemez; *Verlust:* geri getirilemez; ~**träglich** *sıf.* çekilmez, dayanılmaz; ~**wartet** *sıf.* beklenmedik; ~**wünscht** *sıf.* istenmeyen

unfähig *sıf.* yeteneksiz (*zu tun* yapmaya), (yapmaktan) âciz; *untauglich:* yetersiz; 2**keit** *f* (-) yeteneksizlik (*zu tun* yapmaya); yetersizlik, acz

Unfall *m* (-s; ⁀e) kaza; ~**flucht** *f* → **Fahrerflucht**; ~**station** *f* ilkyardım istasyonu; *Krankenhaus:* acil servis; ~**stelle** *f* kaza yeri; ~**versicherung** *f* kaza sigortası

un|frankiert *sıf.* pulsuz; ~**frei** *sıf.* alındığında ödemeli; *Post:* ücreti ödenmemiş; ~**freiwillig** *sıf.* istemeden, gönülsüz; *Humor:* bilinçsiz; ~**freundlich** *sıf.* sevimsiz, kaba (*zu* -e); *Zimmer, Tag:* kasvetli, sıkıntılı

unfruchtbar *sıf.* kısır; *mec.* verimsiz; 2**keit** *f* (-) kısırlık; *mec.* verimsizlik

Unfug *m* (-s) zarar; yaramazlık; *Unsinn:* saçmalık, zırvalık; ~ **treiben** zırvalık yapmak

Ungar *m* (-n; -n), ~**in** *f* (-; -nen) Macar; 2**isch** *sıf.* Macar(istan); ~**isch** *n* Macarca

Ungarn *n* Macaristan

unge|achtet *ilg. -e* bakmaksızın; *trotz: -e* karşın/rağmen; ~**beten** *sıf.* davetsiz; ~**bildet** *sıf.* bilgisiz, cahil; ~**boren** *sıf.* doğmamış; ~**bräuchlich** *sıf.* kullanılmayan, alışılmış olmayan; ~**deckt** *sıf. Scheck vs.:* karşılıksız

Ungeduld *f* (-) sabırsızlık; 2**ig** *sıf.* sabırsız

unge|eignet *sıf.* uygun olmayan, elverişsiz (*zu* -e); *Person:* işe yaramaz; ~**fähr 1.** *sıf.* yaklaşık; *Vorstellung vs.: az.* kaba; **2.** *bel.* yaklaşık olarak, kabaca, aşağı yukarı; ~**fährlich** *sıf.* tehlikesiz; *sicher:* güvenir, emin

Ungeheuer *n* (-s; -) canavar

ungeheuer 1. *sıf.* olağanüstü, muazzam; F harika, müthiş; **2.** *bel.:* ~ *reich vs.* aşırı zengin *vs.*

ungehorsam *sıf.* itaat etmeyen, başkaldıran, asi

Ungehorsam *m* (-s) itaatsizlik, başkaldırı

ungekündigt *sıf.:* **in ~er Stellung** iş sözleşmesi feshedilmemiş bir konumda

ungekürzt *sıf. Buch vs.:* kısaltılmamış

ungelegen *sıf.* uygunsuz; *j-m ~ kommen* b-ne zamansız gelmek

ungelernt *sıf. Arbeiter:* vasıfsız

ungemütlich *sıf.* rahatsız, kaba (*az. mec.*); F ~ **werden** kabalaşmak

ungenau *sıf.* yanlış, kusurlu; *mec.* kesin olmayan, belirsiz; 2**igkeit** *f* (-; -en) yanlışlık, eksiklik

ungeniert *sıf.* utanmaz, sıkılmaz

unge|nießbar *sıf.* yenmez, bozulmuş; *Getränk:* içilmez; F *Person:* çekilmez; ~**pflegt** *sıf.* bakımsız; *Person:* pasaklı; ~**rade** *sıf. Zahl:* tek

ungerecht *sıf.* haksız, adaletsiz; **♀igkeit** *f* (-; -en) haksızlık, adaletsizlik
ungern *bel. widerwillig*: istemeden, zorla
ungeschehen *sıf.*: **~ machen** telafi etmek, bşi geri döndürmek
unge|schickt *sıf.* beceriksiz, hantal; **~schminkt** *sıf.* makyajsız; *mec.* boyasız, süslemesiz; **~setzlich** *sıf.* yasal olmayan, yasadışı; **~stört** *sıf.* rahatsız edilmeyen, kesintisiz; **~straft** *sıf.* cezasız (**davonkommen** kurtulmak); **~sund** *sıf.* sağlıksız, sağlıklı olmayan (*az. mec.*); **~wöhnlich** *sıf.* alışılmamış, garip, tuhaf; **~wohnt** *sıf.* yabancı, yadırganan; *neu*: yeni (*für* için); *unüblich*: kullanılmayan
Ungeziefer *n* (-s) haşarat, böcekler *pl*
ungezwungen *sıf.* doğal, resmiyetten uzak
unglaub|lich *sıf.* inanılmaz, görülmedik; **~würdig** *sıf. Person*: güvenilmez; *özl. Pol.*: inandırıcı olmayan; *Geschichte, Entschuldigung*: makul olmayan
ungleich 1. *sıf. unähnlich*: benzer olmayan, farklı; *Chancen vs.*: eşit olmayan; **2.** *bel.* çok, çok fazla; **~mäßig** *sıf. Verteilung*: eşit olmayan; *unregelmäßig*: düzensiz
Unglück *n* (-s; -e) talihsizlik, şanssızlık; *Unfall*: kaza; *stärker*. felaket; *Elend*: sefalet; → *stürzen* 2; **♀lich** *sıf.* mutsuz; *bedauernswert*: talihsiz (*az. Umstände vs.*); **♀licherweise** *bel.* ne yazık ki, maalesef
ungültig *sıf.* geçersiz; **für ~ erklären** bşi geçersiz/hükümsüz saymak, iptal etmek
ungünstig *sıf.* elverişsiz; *nachteilig*: zararlı
ungut *sıf.* kötü, nahoş; **~es Gefühl** nahoş duygu (*bei* -de); **nichts für ~!** ama gücenme(yin)!
un|haltbar *sıf. Argument vs.*: savunulamaz; *Zustände*: hoşgörülemez, sürdürülemez; **~handlich** *sıf.* taşınması zor, hantal; **~heilbar** *sıf.* çaresiz, tedavi edilemez
unheimlich 1. *sıf.* esrarengiz, tekin olmayan, garip, acayip, tuhaf; F *mec.* şahane, fantastik; **2.** *bel.* F: **~ viel(e)** pek çok; **~ gut** müthiş iyi

unhöflich *sıf.* nazik olmayan; *stärker*. kaba, terbiyesiz; **♀keit** *f* (-) kabalık, terbiyesizlik
unhygienisch *sıf.* temiz olmayan, sağlığa zararlı
Uni *f* (-; -s) F üniversite
Uniform *f* (-; -en) üniforma
uninteressant *sıf.* ilginç olmayan, cansıkıcı
universal *sıf.* evrensel; genel; **♀erbe** *m* tek mirasçı, tek vâris
universell *sıf.* evrensel
Universität *f* (-; -en) üniversite; **die ~ besuchen** üniversitede okumak
Universum *n* (-s) evren, kâinat
unkennt|lich *sıf.* tanınmaz halde; **♀nis** *f* (-s) bilmezlik; **in ♀nis** (*G*) -*i* bilmeden
un|klar *sıf.* net/berrak olmayan; *ungewiss*: belirsiz; *verworren*: karışık, karanlık; **im ♀klaren lassen** b-ni aydınlatmamak (**über** *A* -de); **~klug** *sıf.* ihtiyatsız, düşüncesiz, akılsız
Unkosten *pl* harcamalar, masraflar
Unkraut *n* (-s; ⁓er) yabani ot; *topl.* zararlı otlar *pl*
unkündbar *sıf. Stellung*: sürekli; *Vertrag*: feshedilemez; **er ist ~** ona çıkış verilemez
un|leserlich *sıf.* okunaksız; **~logisch** *sıf.* mantıksız; **~lösbar** *sıf.* çözülemez, *mec.* içinden çıkılamaz; **~männlich** *sıf.* erkekliğe yakışmayan, kadınsı; **~mäßig** *sıf.* ölçüsüz, aşırı; **♀menge** *f* (-; -n) çok büyük miktar/sayı
Unmensch *m* gaddar, canavar, vahşi; **♀lich** *sıf.* insanlık dışı, vahşi; **~lichkeit** *f* (-) insanlık dışı olma, vahşilik, barbarlık
un|merklich *sıf.* fark edilmez, hissedilmez; **~missverständlich** *sıf.* yanlış anlamaya meydan vermeyen, açık
unmittelbar 1. *sıf.* dolaysız; **2.** *bel.*: **~ nach** (*hinter D*) bşin hemen sonrasında (arkasında/akabinde)
un|möbliert *sıf.* mobilyasız; **~modern** *sıf.* modası geçmiş, eski moda; *nicht modisch*: moda olmayan
unmöglich 1. *sıf.* olanaksız, imkânsız; **2.** *bel.*: **ich kann es ~ tun** yapmam mümkün değil (*veya* olanaksız)

un|moralisch *sıf.* ahlaka aykırı; **~mündig** *sıf.* ergin/reşit olmayan; *politisch vs.:* olgun ve yetkin olmayan; **~musikalisch** *sıf.* müzikten anlamaz; **~nachahmlich** *sıf.* taklit edilemez, eşsiz; **~nachgiebig** *sıf.* boyun eğmez, sert, dik başlı; **~natürlich** *sıf.* doğal olmayan (*az. mec.*); *geziert*: yapmacık; **~nötig** *sıf.* gereksiz, lüzumsuz; **~nütz** *sıf.* yararsız

unord|entlich *sıf.* düzensiz, pasaklı, tertipsiz; *Zimmer vs.:* dağınık; **♀nung** *f* (-) dağınıklık, karışıklık

un|parteiisch *sıf.* partisiz, tarafsız, yansız; **~passend** *sıf.* uygunsuz; *unschicklich*: yakışıksız; *unangebracht*: yersiz; **~passierbar** *sıf.* geçilmez, geçit vermez

unpässlich *sıf.*: **~ sein, sich ~ fühlen** rahatsız/keyifsiz olmak, k-ni rahatsız/keyifsiz hissetmek; **sie ist ~** reglesi var

un|persönlich *sıf.* kişisel olmayan, kişilik dışı; **~politisch** *sıf.* siyasi olmayan; **~praktisch** *sıf.* kullanışsız; *Person*: beceriksiz; **~pünktlich** *sıf.* geç (kalan/kalmış); *generell*: dakik olmayan

unrecht *sıf.* yanlış; **~ tun** haksızlık yapmak

Unrecht *n* (-s) haksızlık; **zu ~** haksız yere; **~ haben** haksız olmak; **♀mäßig** *sıf.* kanunsuz, yasal olmayan

unregelmäßig *sıf.* düzensiz, kuraldışı

unreif *sıf.* ham, olmamış; *mec.* toy, gelişmemiş; **♀e** *f* (-) *mec.* gelişmemişlik, toyluk

un|rentabel *sıf.* kârsız, verimsiz; **~richtig** *sıf.* yanlış, doğru olmayan

Unruh|e *f* (-; -n) hareket, huzursuzluk, kargaşa; *Besorgnis*: endişe, kaygı; **~en** *pl Pol.* ayaklanma *sg,* kargaşalık *sg*; **♀ig** *sıf.* hareketli, *innerlich*: huzursuz; *besorgt*: endişeli, kaygılı; *See:* dalgalı, çalkantılı

uns 1. *kişi zam.* bizi, bize; *einander*: birbirimizi, birbirimize; *ein Freund von ~* bizden bir arkadaş; **2.** *dönüş. zam.* kendimizi, kendimize

un|sachgemäß *sıf.* amacına uygun olmayan, acemice; **~sachlich** *sıf.* tarafsız/yansız/nesnel olmayan; **~sauber** *sıf.* kirli, pis; *mec. Geschäfte, Methoden*: pis, el altından, yasadışı

unschädlich *sıf.* zararsız; **~ machen** *mec.* b-ni etkisiz hale getirmek

unscharf *sıf. Fot.* net olmayan, flu

unschätzbar *sıf.* paha biçilmez; *von ~em Wert* çok değerli

unscheinbar *sıf.* göze çarpmayan; *einfach*: sade

unschlüssig *sıf.*: **ich bin mir noch ~** daha kararımı vermedim, daha kararsızım (*über A* -de)

unschön *sıf.* çirkin; *mec.* nahoş

Unschuld *f* (-) masumiyet, suçsuzluk; **♀ig** *sıf.* suçsuz, masum (**an** *D* -de)

unselbstständig *sıf.* başkalarına bağımlı; *Einkünfte aus ~er Arbeit* bağımlı işten elde edilen gelirler; **♀keit** *f* (-) bağımlılık

unser *iyelik zam.* bizim; **~er, ~e, ~(e)s** bizimki

unsicher *sıf. gefährlich*: güvenilir olmayan, tehlikeli; *gefährdet*: tehlike altında; *gehemmt*: mahcup, sıkılgan; *ungewiss*: belli olmayan; **♀heit** *f* (-) güvenli olmama, tehlike; mahcubiyet, sıkılganlık; belirsizlik

unsichtbar *sıf.* görülmez, görünmez (**für** -e)

Unsinn *m* (-s) saçmalık; **~ machen** saçmalamak; **♀ig** *sıf.* aptal; anlamsız; *absurd*: saçma, gülünç

Unsitt|e *f* kötü alışkanlık; *Missstand*: kötü durum, bela; **♀lich** *sıf.* ahlaksız, ahlak dışı; *stärker*: edepsiz

un|sozial *sıf.* sosyal olmayan; *Verhalten*: (toplumsal ilişkileri) engelleyici; **~sportlich** *sıf.* sportmenliğe aykırı; *Mensch*: atletik/sporcu olmayan

unsterblich 1. *sıf.* ölümsüz (*az. mec.*); **2.** *bel.* F müthiş; **~ verliebt** delicesine âşık (*in A* b-ne); **♀keit** *f* (-) ölümsüzlük

Unstimmigkeiten *pl* görüş ayrılığı *sg*

unsympathisch *sıf.* sevimsiz, nahoş; **er (es) ist mir ~** bana çok sevimsiz geliyor

untätig *sıf.* hareketsiz; *müßig*: tembel; **♀keit** *f* (-) hareketsizlik; tembellik

untauglich *sıf.* uygun olmayan (**für, zu** için, -e); *Person*: yetersiz, ehliyetsiz; *Ask.*: çürük, askerlik yapamaz

unten *bel.* aşağı; *an Gegenstand*: -in aşağısında (*az. mec. Stellung*), *-in* dibinde; *im Haus*: alt katta; **da ~** şurada aşağıda; **nach ~** aşağıya, *im Haus*: alt

kata; **links ~** solda aşağıda; **siehe ~** aşağıya bakınız; → **oben**
unter *ilg.* (*D*) *Lage, Standort vs.*: -*in* altında; *örtlich, rangmäßig.* -*in* aşağısında; *zwischen*: -*in* arasında; (*A*) *Richtung, Ziel vs.*: -*in* altına; *niedriger als*: -*in* aşağısına; *zwischen*: -*in* arasına; **~ anderem** bunlar arasında, örneğin; **~ uns (gesagt)** aramızda (kalsın); **~ sich haben** b-nin emri/ sorumluluğu altında
Unterarm *m* önkol
unterbelichtet *sıf. Fot.* az pozlandırılmış
Unterbewusstsein *n* (-s) bilinçaltı; *im* **~** bilinçaltında
unter|bieten *v/t* (*krldş., ayrılmaz,* h, → **bieten**) *Angebot* fiyat kırmak; *Preis* düşük fiyat vermek; *Konkurrenz* -*den* ucuza satmak; *Rekord* kırmak (*um* ile); **~binden** *v/t* (*krldş., ayrılmaz,* h, → **binden**) durdurmak; *verhindern*: önlemek, engellemek
unterbrech|en *v/t* (*krldş., ayrılmaz,* h, → **brechen**) -*e* ara vermek *az. Reise; Tel.* kesmek; **Ձung** *f* (-; -en) durdurma, ara verme
unterbring|en *v/t* (*krldş., ayr., -ge-*, h, → **bringen**) *beherbergen*: otele *vs.* yerleştirmek; *j-n* **~en** b-ni konaklamak; b-ni işe koymak (*in D, bei -de*); **Ձung** *f* (-; -en) (otele *vs.*) yerleş(tir)me
unterdrück|en *v/t* (*ayrılmaz,* h) *Gefühl, Aufstand vs.* bastırmak; *Volk vs.* ezmek, baskı altında tutmak; **Ձer** *m* (-s; -) zalim; **Ձung** *f* (-; -en) baskı, zulüm
untere *sıf.* daha aşağı/alçak (*az. mec.*)
unterentwickelt *sıf. az* gelişmiş
unterernährt *sıf.* yetersiz/az beslenmiş; **Ձung** *f* (-) yetersiz beslenme, kötü beslenme
Unterführung *f* (-; -en) altgeçit
Unter|gang *m* (-s; ⁓e) *Astr.* batış, batma; *Gemi.* batış; *mec. e-s Reichs vs.*: batış, yıkılış; *e-r Kultur vs.*: çöküş; **Ձgehen** *v/i* (*krldş., ayr., -ge-*, sn, → **gehen**) *Astr., Gemi.* batmak; *mec. Reich vs.*: çökmek, batmak; *Kultur vs.*: bitmek, yok olmak
unterge|ordnet *sıf.* bağlı (*D -e*); *zweitrangig.* ikinci derecede olan; **Ձschoss** *n, österr.* **Ձschoß** *n* alt kat,

giriş katı; **Ձwicht** *n* (-s) zayıflık, kilo eksikliği; **Ձwicht haben** zayıf olmak
untergraben *v/t* (*krldş., ayrılmaz,* h, → **graben**) *mec.* -*e* (sinsice) zarar vermek, -*in* altını oymak
Untergrund *m* (-s; ⁓e) toprak altı; *Pol. vs.* yeraltı; *in den* **~ gehen** yeraltına inmek; **~bahn** *f* → *U-Bahn*
unterhalb *ilg.* -*in* aşağısında, -*in* aşağı taraf(lar)ında
Unterhalt *m* (-s) geçim, nafaka; → *Lebensunterhalt:* **~ zahlen** *Huk.* nafaka ödemek
unterhalt|en (*krldş., ayrılmaz,* h, → **halten**) **1.** *v/t Publikum vs.* eğlendirmek; *Familie vs.* geçindirmek; *Beziehungen* sürdürmek; **2.** *v/refl* sohbet etmek, konuşmak (*mit* ile; *über A* hakkında); *sich gut* **~en** iyi eğlenmek; **~sam** *sıf.* eğlendirici, eğlenceli
Unterhalts|anspruch *m* nafaka hakkı; **~beihilfe** *f* nafaka ek yardımı; **Ձberechtigt** *sıf.* nafaka hakkı sahibi; **~kosten** *pl* geçim masrafları
Unterhaltung *f* (-; -en) konuşma, söyleşi; *Vergnügen*: eğlence (*az. TV vs.*)
Unter|händler *m* (-s; -) görüşmeci, delege, aracı; **~haus** *n britisches*: Avam Kamarası; **~hemd** *n* fanila, iç gömleği; **~hose** *f* külot; **Ձirdisch** *sıf.* yer altı ...; **~kiefer** *m* altçene; **~kleid** *n* kombinezon
unterkommen *v/i* (*krldş., ayr., -ge-*, sn, → **kommen**) yatacak/kalacak yer bulmak (*in D -de*), -*e* yerleşmek; *Arbeit finden*: iş bulmak (*bei* -*in* yanında)
Unterkunft *f* (-; ⁓e) yatacak yer, konaklama; **~ und Verpflegung** yemek ve konaklama
Unterlage *f* (-; -n) *Tek.* alt destek, temel; *SchreibՁ*: altlık, sumen; **~n** *pl* belgeler; *Angaben*: veriler
unterlass|en *v/t* (*krldş., ayrılmaz,* h, → **lassen**) ihmal etmek, yapmamak; *aufhören mit*: bşi durdurmak; **Ձung** *f* (-; -en) ihmal
unterlegen¹ *v/t* (*ayr., -ge-*, h) bşi bşin altına koymak
unterlegen² *sıf.* aşağı, düşük (*D -den*); **Ձe** *m, f* (-n; -n) yenik, mağlup; *Schwächere*: zayıf; **Ձheit** *f* (-) aşağılık, zayıflık

Unterteil

Unter|leib *m* karın altı; **⁀liegen** *v/i* (*krldş., ayrılmaz,* sn, → *liegen*) yenilmek, mağlup olmak (*j-m* b-ne), kaybetmek; *mec.* bağlı olmak (*D* -e); **⁀lippe** *f* altdudak; **⁀mieter** *m* kiracının kiracısı

unternehmen *v/t* (*krldş., ayrılmaz,* h, → *nehmen*) *Reise vs.* yapmak; *et. ~* bir şey yapmak (***gegen*** bşe karşı), girişimde bulunmak (b-ne karşı)

Unternehm|en *n* (-s; -) firma, şirket, işletme; *Vorhaben:* girişim; *Ask.* tatbikat; **⁀ensberater** *m* işletmecilik danışmanı; **⁀ensberatung** *f* işletme/firma danışma hizmeti; **⁀ensführung** *f* (-) şirket yönetimi; **⁀er** *m* (-s; -) işadamı, girişimci; *Arbeitgeber:* işveren; *Industrieller:* sanayici; **⁀erin** *f* (-; -nen) iş kadını; **⁀ungslustig** *sıf.* girişken; *aktiv:* faal, etkin

unterordnen *v/refl* (*ayr., -ge-, h):* **sich** *j-m ~* b-nin buyruğuna girmek, b-ne bağlı olmak; → ***untergeordnet***

Unterredung *f* (-; -en) görüşme, konuşma

Unterricht *m* (-s) ders; *Stunden:* ders saatleri *pl; Ped. az.* dersler *pl:* **~ *geben*** ders vermek

unterrichten (*ayrılmaz,* h) **1.** *v/t j-n* b-ne ders vermek; *et.* ... dersi vermek; *informieren:* bilgi vermek (***von***, ***über*** *A* -den, hakkında); **2.** *v/i* ders vermek, öğretmenlik yapmak; **3.** *v/refl* bilgi edinmek (***über*** *A* hakkında)

Unterrock *m* jüpon

untersagen *v/t* (*ayrılmaz,* h) yasaklamak; *j-m ~, et. zu tun* b-ne bş yapmayı yasaklamak

Untersatz *m* (-es; ⁀e) *für Gläser:* bardak altlığı, cay tabağı; *für Blumentöpfe:* saksı altlığı

unterschätzen *v/t* (*ayrılmaz,* h) bşe değerinden az değer biçmek; *Können vs.* küçümsemek

unterscheid|en (*krldş., ayrılmaz,* h, → *scheiden*) **1.** *v/t* ayırt etmek (***zwischen*** *D* arasında); **2.** *v/refl* ayrılmak, farklı olmak (***von*** -den; ***dadurch, dass*** -mekle); **⁀ung** *f* (-; -en) ayırt etme, farklı olma

Unterschied *m* (-s; -e) ayrım, fark; *im ~ zu* -den farklı/ayrı olarak; **⁀lich** *sıf.* farklı; *schwankend:* değişik(lik gösteren)

unterschlag|en *v/t* (*krldş., ayrılmaz,* h, → *schlagen*) *Geld* zimmetine geçirmek; *Testament vs.* yok etmek; *mec. Fakten vs.* gizlemek; **⁀ung** *f* (-; -en) zimmete para geçirme, yolsuzluk; gizleme

unterschreiben *v/t ve v/i* (*krldş., ayrılmaz,* h, → *schreiben*) imzalamak

Unterschrift *f* (-; -en) imza; *Bild⁀:* altyazı; **⁀enmappe** *f* imza dosyası

Unterseeboot *n* denizaltı gemisi

untersetzt *sıf.* tıknaz, bodur

unterstehen (*krldş., ayrılmaz,* h, → *stehen*) **1.** *v/i -in* emrinde bulunmak; **2.** *v/refl:* **sich *~, et. zu tun*** bş yapmaya kalkışmak; ***untersteh dich!*** haddini bil!

unterstellen¹ (*ayr., -ge-,* h) **1.** *v/t unter et.: -i -in* emrine vermek; *unterbringen:* yerleştirmek (***in*** *D* -e); *dalassen:* bırakmak (***bei*** -de); *lagern:* depoya koymak; **2.** *v/refl* sığınmak (***vor*** *D* -den)

unterstell|en² *v/t* (*ayrılmaz,* h) *vorläufig annehmen:* farz etmek, var saymak; *j-m et. ~en* (haksız yere) bşi b-nin üstüne atmak; *j-m ~en, dass er ...* b-nin (yap-)tığını iddia etmek; **⁀ung** *f* (-; -en) iddia, haksız suçlama

unterstütz|en *v/t* (*ayrılmaz,* h) desteklemek; *özl. ideell: az.* b-ne arka çıkmak; **⁀ung** *f* (-; -en) destek(leme); *soziale, staatliche:* yardım

untersuch|en *v/t* (*ayrılmaz,* h) araştırmak; *Tıp* muayene etmek; soruşturmak, tahkik etmek (*az. Huk.*); *Gepäck vs.* aramak; *Kim.* analiz etmek, çözümlemek; **⁀ung** *f* (-; -en) araştırma; *Tıp* muayene; soruşturma, tahkikat (*az. Huk.*); *Kim.* analiz, çözümleme

Untersuchungs|gefangene *m, f* soruşturma/tahkikat tutuklusu; **⁀gefängnis** *n* tutukevi; **⁀haft** *f* soruşturma/tahkikat tutukluluğu; *in ~haft sein* soruşturma/tahkikat hapsinde olmak, tutuklu olmak; **⁀richter** *m* soruşturma yargıcı/hakimi

Untertasse *f* tabak, fincan tabağı

untertauchen *v/i* (*ayr., -ge-,* sn) dalmak; *mec.* ortadan kaybolmak; *özl. Pol.* gizlenmek, saklanmak

Unterteil *n, m* alt kısım, alt parça

unterteilen 542

unterteil|en v/t (ayrılmaz, h) böl(üştür)mek (*in A* -e); ⚑ung f (-; -en) böl(üştür)me, bölümleme
Untertitel m alt başlık; *Film*: altyazı
Unterton m alçak ses tonu; *mec.* sez(dir)ilen duygu
untertreib|en v/t ve v/i (krldş., ayrılmaz, h, → *treiben*) bşi olduğundan eksik/hafif göstermek; ⚑ung f (-; -en) küçültme, küçük gösterme
unter|vermieten v/t (untervermietet) kiralanan şeyi kiraya vermek; **~wandern** v/t (ayrılmaz, h) bir örgütün içine sızmak; ⚑wäsche f (-) iç çamaşırı; ⚑wasser... sualtı ...; **~wegs** bel. yolda, gelirken/giderken (*nach* -e); *viel ~wegs sein* sık sık seyahate çıkmak, F hep yollarda olmak; ⚑welt f (-) yeraltı dünyası (*az. mec.*)
unterzeichn|en v/t ve v/i (ayrılmaz, h) imzalamak; ⚑ete m, f imzalayan, imza sahibi; ⚑ung f (-; -en) imzalama
unterziehen¹ v/t (krldş., ayr., -ge-, h, → *ziehen*) bşi bşin altına giymek
unterziehen² (krldş., ayrılmaz, h, → *ziehen*) **1.** v/t tabi tutmak (*D* -e); **2.** v/refl: *sich e-r Operation ~* ameliyat masasına yatmak, ameliyat olmak; *sich e-r Prüfung ~* sınava girmek
untreu sıf. sadakatsiz (*D* -e), vefasız
Untugend f kötü alışkanlık; *Laster*: kötü huy
unüber|legt sıf. uluorta, düşünmeden; **~sichtlich** sıf. *Kurve vs.*: sonu görünmeyen; *verworren*: karışık; **~windlich** sıf. mec. başa çıkılmaz
unumgänglich sıf. kaçınılmaz; *notwendig*: zorunlu
ununterbrochen sıf. aralıksız, kesintisiz; *ständig*: hiç durmadan, sürekli
unver|änderlich sıf. değişmez; **~antwortlich** sıf. sorumsuz; **~besserlich** sıf. akıllanmaz, düzelmez; **~bindlich** sıf. özl. Ekon. bağlayıcı olmayan; *Art vs.*: tarafsız, yansız; **~bleit** kurşunsuz; **~dient** sıf. haksız, hak edilmemiş; **~einbar** sıf. bağdaşmaz, uyuşmaz (*mit* ile); **~fänglich** sıf. sinsi olmayan, tehlikesiz; **~gänglich** sıf. ölümsüz, ebedi; **~gesslich** sıf. unutulmaz; **~gleichlich** sıf. eşsiz, karşılaştırılamaz

unverhältnismäßig bel. oran(tı)sız; *~ hoch* aşırı yüksek
unver|heiratet sıf. evlenmemiş, bekâr; **~hofft** sıf. umulmayan; *unerwartet*: beklenmeyen, beklenmedik; **~hohlen** sıf. açıktan açığa, açık açık; **~käuflich** sıf. satılık olmayan/değil; *nicht gefragt*: satılmaz; **~kennbar** sıf. aşikâr, açık, belli; **~letzt** sıf. yaralanmamış; **~meidlich** sıf. kaçınılmaz, çaresiz; **~mindert** sıf. hiç azalmayan; **~mittelt** sıf. birdenbire, ani
Unvermögen n (-s) yeteneksizlik; ⚑d sıf. yoksul, parasız
unver|mutet sıf. ani, umulmadık; **~nünftig** sıf. akılsız, makul olmayan; *töricht*: ahmak, budala; **~richtet** sıf.: *~richteter Dinge* bel. amaçlanan şeyler yapılmadan
unverschämt sıf. utanmaz, küstah, arsız, edepsiz; *Preis vs.*: korkunç fazla, fahiş; ⚑heit f (-; -en) küstahlık, arsızlık, edepsizlik; *Bemerkung*: küstah (*veya* terbiyesiz) söz; *die* ⚑*heit haben zu* -mek küstahlığını göstermek
unver|schuldet sıf. ve bel. suçsuz, kendi suçu olmadan; **~sehens** bel. beklenmedik bir anda; **~sehrt** sıf. yarasız, yaralanmamış; *Sache*: sağlam; **~ständlich** sıf. undeutlich: anlaşılmaz; *gedanklich*: akıl almaz; *es ist mir ~ständlich, warum vs.* niçin vs. (ol-)duğuna aklım ermiyor; **~sucht** sıf.: *nichts ~sucht lassen* her şeyi denemek; **~zeihlich** sıf. affedil(e)mez, bağışlan(a)maz; **~züglich 1.** sıf. acil, çabuk; **2.** bel. derhal, zaman geçirmeden
unvollendet sıf. bit(iril)memiş, tamamlanmamış
unvollkommen sıf. noksan, kusurlu; ⚑heit f (-) kusur, noksanlık
unvollständig sıf. tam olmayan, eksik
unvorbereitet sıf. hazırlıksız
unvorsichtig sıf. dikkatsiz, tedbirsiz; ⚑keit f (-) dikkatsizlik, tedbirsizlik
unvor|stellbar sıf. akıl almaz, anlaşılmaz; *undenkbar*: düşünülemez; **~teilhaft** sıf. kazanç getirmez, yararsız; *Kleid vs.*: uygun olmayan, yakışık almayan, yakışmayan
unwahr sıf. yanlış, yalan, gerçekdışı;

Ϩheit f (-; -en) yalan, gerçekdışı (söz); **~scheinlich** sıf. olası değil, ihtimal dışı; F **toll:** şahane, müthiş
un|wegsam sıf. *Gelände*: yolu bozuk, ulaşılması zor, engebeli; **~weigerlich** *bel.* kaçınılmaz, kesin; **~weit** *ilg.* -*in* yakınında; **~wesentlich** sıf. konudışı, ilgisiz (*şey*); **geringfügig:** önemsiz; **Ϩwetter** n (-s; -) fırtına, kasırga; **~wichtig** sıf. önemsiz
unwider|ruflich sıf. geri alınamaz, geri dönülemez; **~stehlich** sıf. karşı konulmaz, dayanılmaz, çok çekici, büyüleyici
Unwill|e m (-ns) kızgınlık, öfke; **Ϩig** sıf. kızgın, öfkeli (**über** A -e); *widerwillig:* istemeyerek, gönülsüz; **~kürlich** sıf. bilinçsiz; b-nin elinde olmayan; istemeyerek olan
unwirk|lich sıf. gerçek olmayan, hayali; **~sam** sıf. etkisiz; *Huk. vs.* geçersiz, batıl
un|wirsch sıf. haşin, sevimsiz; katı, kaba; **~wirtschaftlich** sıf. ekonomik olmayan
unwissen|d sıf. bilgisiz, cahil; **Ϩheit** f (-) bilgisizlik, cehalet
un|wohl sıf. rahatsız, hasta; *unbehaglich:* keyifsiz, endişeli; **~würdig** sıf. layık olmayan, yaraşmayan (*G* -e); **~zählig** sıf. sayısız, çok sayıda; **~zeitgemäß** sıf. zamana uymayan, çağdışı
unzer|brechlich sıf. kırılmaz; **~trennlich** sıf. ayrılmaz, bölünemez
Unzucht f (-) *Huk.*: *gewerbsmäßige* **~** fuhuş; **~ mit Kindern** çocuklarla fuhuş
unzüchtig sıf. ahlaksız; *Literatur vs.*: müstehcen, muzır
unzufrieden sıf. memnun/hoşnut olmayan (*mit* -den); **Ϩheit** f (-) hoşnutsuzluk
unzu|gänglich sıf. erişilmez, ulaşılmaz; **~lässig** sıf. kabul olun(a)maz, uygun görülmez; yasak; **~mutbar** sıf. kabul edilemez, beklenemez
unzurechnungsfähig sıf. *Huk.* cezai ehliyeti/sorumluluğu olmayan; **Ϩkeit** f (-) cezai ehliyeti/sorumluluğu olmama (durumu)
unzutreffend sıf. isabetsiz, uygun olmayan; **Ϩes bitte streichen!** uymayanları çiziniz

unzuverlässig sıf. güvenilmez, F *Person:* ipiyle kuyuya inilmez
üppig sıf. *Vegetation vs.*: bereketli, çok bol; *Mahlzeit vs.*: çok zengin; *Formen*: dolgun
Ur|abstimmung f *Ekon.* grev oylaması; **Ϩalt** sıf. çok yaşlı/eski (*az. mec. alay*)
Uran n (-s) *Kim.* uranyum
Ur|aufführung f *Tiy.* ilk temsil, *az. Film*: ilk gösterim; **~bevölkerung** f, **~einwohner** pl (asıl/ilk) yerliler pl; **~enkel** m torunun oğlu; **~enkelin** f torunun kızı; **~groß...** *Eltern, Mutter, Vater*. büyük babayla büyük annenin ...
Urheberrecht n patent/telif hakkı (*an* D -in); **Ϩlich** *bel.*: **Ϩlich geschützt** patent/telif hakları mahfuz
Urin m (-s; -e) idrar; **Ϩieren** v/i (h) işemek; **~probe** f idrar örneği
Urkunde f (-; -n) belge; *Zeugnis*, *Ehren*Ϩ: diploma; **~nfälschung** f evrakta sahtekârlık/sahteciliği
Urlaub m (-s; -e) tatil, izin; *im* **~** tatilde/izinde; *in* **~ gehen** tatile çıkmak, izne ayrılmak; *e-n Tag* (*ein paar Tage*) **~ nehmen** bir gün (birkaç gün) izin almak; **~er** m (-s; -) tatilci; **~erstrom** m tatilci akını
Urlaubs|anschrift f tatil adresi; **~geld** n izin parası; **~ort** m tatil yeri; **~reise** f tatil yolculuğu; **~vertretung** f *Person:* izin vekili; **~zeit** f izin zamanı/süresi
Urne f (-; -n) kap, ayaklı vazo, kavanoz; *Wahl*Ϩ: seçim sandığı
Ursache f (-; -n) neden, sebep (*G*, *für* -e); *Grund*: gerekçe; *keine* **~!** bir şey değil!
Ur|sprung m (-s; ⁻e) kaynak, köken; *germanischen ~sprungs* Cermen kökenli; **Ϩsprünglich** sıf. orijinal, asıl; *bel.* esasen; **~sprungsland** n *Ekon.* kaynak ülke, F -*in* geldiği ülke
Urteil n (-s; -e) yargı; *Huk. Strafmaß*: karar, hüküm; *sich ein ~ bilden* bir yargıya varmak (*über A* hakkında); **Ϩen** v/i (h) hüküm vermek (*über j-n, et.* hakkında; *nach* -e göre)
Urwald m vahşi orman, balta girmemiş orman; *Dschungel*: cangıl

Usbek|e *m* (-n; -n), **~in** *f* (-; -nen) Özbek; **≈isch** Özbek(istan) ...; **~isch** *n* Özbekçe; **~istan** *n* Özbekistan

usw. kıs. = *und so weiter* ve saire (vs.)
Utensilien *pl* alet edevat; malzeme *sg*
utopisch *sıf.* ütopik, hayali

V

v. *kıs.* = *von* -den
vage *sıf.* belirsiz, şüpheli
vakuumverpackt *sıf.* vakumlanıp paketlenmiş
Valuta *f* (-; -ten) *Ekon.* yabancı para; döviz
Vampir *m* (-s; -e) vampir
Vanille *f* (-) vanilya
Variante *f* (-; -n) çeşit(leme), varyasyon (*zu* -in)
Varieté *n* (-s; -s) varyete tiyatrosu, vodvil tiyatrosu
variieren *v/i* (h) değişmek, değişiklik göstermek; *v/t* değiştirmek
Vase *f* (-; -n) vazo
Vater *m* (-s; ⸚) baba; **~land** *n* (-s; ⸚er) anayurt, anavatan; **~landsliebe** *f* yurtseverlik, yurt sevgisi
väterlich *sıf.* baba gibi, babadan kalma
väterlicherseits *bel.* baba tarafından; **Onkel ~** amca; **Tante ~** hala
Vaterunser *n* (-s; -) *Din.* (Hz. İsanın öğrettiği) Rabbimiz Duası
V-Ausschnitt *m* V yaka
v. Chr. *kıs.* = *vor Christus* Milattan/İsadan Önce (MÖ/İÖ)
Veganer *m* (-s; -) (süt ve yumurtayı da reddeden) vejetaryen
Veget|arier *m* (-s; -) vejetaryen, F etyemez; **≈arisch** *sıf.* etsiz (yiyecek); **~ation** *f* (-; -en) bitki örtüsü, bitey; **≈ieren** *v/i* (h) *mec.* amaçsızca (sefalet içinde) yaşamak
Veilchen *n* (-s; -) *Bot.* menekşe; F *mec.* morartı, morgözlü
Ventil *n* (-s; -e) valf, supap, kapakçık; *mec.* çıkış, çıkış deliği; **~ation** *f* (-; -en) havalandırma; **~ator** *m* (-s; -en) havalandırıcı, vantilatör, yelleç
verabred|en (h) **1.** *v/t* bşde anlaşmak; *Ort, Zeit* kararlaştırmak; **2.** *v/refl* sözleşmek, randevulaşmak, kararlaştırmak (*özl. geschäftlich*: iş randevusu; *mit* ile); **≈ung** *f* (-; -en) sözleşme, randevulaşma; *özl. private*: buluşma

verabschied|en (h) **1.** *v/t* (ayrılanı) esenlemek; *am Bahnhof vs.*: geçirmek, uğurlamak; *entlassen*: işten çıkarmak, kovmak; *Gesetz*: çıkarmak; **2.** *v/refl* veda etmek (**von** -e), voneinander: vedalaşmak; **≈ung** *f* (-; -en) çıkarma; *Abschied*: geçirme, uğurlama

ver|achten *v/t* (h) hiçe saymak, dikkate almamak; **~ächtlich** *sıf.* aşağılayıcı; aşağılık; **≈achtung** *f* (-) aşağılama, küçümseme; **~allgemeinern** *v/t* (h) genelleştirmek; **~altet** *sıf.* eskimiş, modası geçmiş

Veranda *f* (-; -den) veranda, camlı taraça

veränder|lich *sıf.* değişken (*az. Wetter*); **~n** (h) **1.** *v/refl* değişmek; **2.** *v/t* değiştirmek; **≈ung** *f* (-; -en) değiş(tir)me, değişim

verängstigt *sıf.* (gözü) korkmuş, yılmış

veranlagen *v/t* (h) *steuerlich*: vergile(ndir)mek

veranlagt *sıf.* hünerli, becerikli (**zu**, **für** -de); **künstlerisch ~ sein** sanatçı yetenekleri olmak

Veranlagung *f* (-; -en) *charakterliche*: yaradılış, huy; *Neigung*: eğilim; *Talent*: yetenek, Allah vergisi; *steuerliche*: vergile(ndir)me

veranlass|en *v/t* (h) *et.*: bşe sebep/neden olmak; bşi yaptırmak; *j-n zu et.* **~en** b-ni bş yapmaya yönlendirmek; **≈ung** *f* (-; -en) neden, sebep (**zu** için)

veranschlagen *v/t* (h) *Ekon.* tahmin etmek, değer biçmek (*auf A* olarak);

zu hoch (niedrig) ~ çok yüksek (düşük) değer biçmek

veranstalt|en *v/t* (h) düzenlemek, tertip etmek; **2er** *m* (-s; -) düzenleyen; *Spo.* organizatör; **2ung** *f* (-; -en) organizasyon; *konkret:* toplantı, şenlik *vs.*; *kulturell:* etkinlik; *Sport: az.* karşılaşma; **2ungskalender** *m* (etkinlikler) program(ı)

verantwort|en *v/t* (h) bşin sorumluluğunu üzerine almak; **~lich** *sıf.* sorumlu; *j-n* **~lich machen für** b-ni bşden sorumlu tutmak

Verantwortung *f* (-) sorumluluk; *auf eigene* ~ sorumluluk b-ne ait olmak üzere; *zur* ~ *ziehen* b-nden hesap sormak; **~sbewusstsein** *n*, **~sgefühl** *n* (-s) sorumluluk duygusu; **2slos** *sıf.* sorumsuz

verarbeiten *v/t* (h) işlemek; *mec.* sindirmek, benimsemek; *et.* ~ *zu* işleyerek üretmek/imal etmek

ver|ärgern *v/t* (h) b-ni kızdırmak; **~armt** *sıf.* yoksullaşmış; **~arzten** *v/t* (h) F b-ni tedavi etmek; **~ausgaben** *v/refl* (h) bütün parasını harcamak, F sıfırı tüketmek; *mec.* bitkin düşmek

Verb *n* (-s; -en) *Gr.* fiil, eylem

Verband *m* (-s; ⁓e) *Tıp* sargı, pansuman; *Vereinigung:* birlik; **~(s)kasten** *m* ilkyardım kutusu; **~(s)zeug** *n* sargı malzemesi

verbergen (*krldş.*, h, → *bergen*) **1.** *v/t* gizlemek, saklamak (*vor D* -den); **2.** *v/refl* gizlenmek, saklanmak (*vor D* -den)

verbesser|n (h) **1.** *v/t* düzeltmek; *berichtigen:* tashih etmek; **2.** *v/refl* yanlışını doğrultmak; *beim Sprechen:* sözünü düzeltmek; **2ung** *f* (-; -en) düzeltme, tashih

verbeug|en *v/refl* (h) eğilmek (*vor D* b-nin önünde); **2ung** *f* (-; -en) eğilme, reverans; *e-e* **2ung machen** → *verbeugen*

ver|biegen *v/t* (*krldş.*, h, → *biegen*) eğriltmek, bükmek; **~bieten** (*krldş.*, h, → *bieten*) yasak etmek (*j-m et.* b-ne bşi); *amtlich:* yasaklamak (*et.* bşi; *j-m et.* b-ne bş yapmayı)

verbilligen *v/t* (h) ucuzlatmak
verbilligt *sıf.* ucuzlatılmış
verbind|en *v/t* (*krldş.*, h, → *binden*) *Tıp Wunde* sarmak; *j-n* b-nin bir yerini sarmak; *mit et., az. Tek.*: bşle bağlamak; *Tel.* b-ni b-ne bağlamak; *kombinieren:* bağlantı kurmak, kombine etmek, birleştirmek (*az. Kim.*, *v/refl*); *vereinen:* kaynaştırmak; *Vorstellung vs.* b-ne bşi anıtsatmak; *j-m die Augen* **~en** b-nin gözlerini bağlamak; *mit e-r Tätigkeit vs.* **verbunden sein** bir işe *vs.* gönülden bağlı olmak; *falsch verbunden!* maalesef, yanlış numara; **~lich** *sıf.* bağlayıcı, zorunlu (*für* için); *gefällig:* nazik, iyiliksever; **2lichkeiten** *pl Ekon.* borçlar, yükümlülükler

Verbindung *f* (-; -en) *gnl.* bağlantı; *Kombination:* kombinasyon; *Kim.* bileşim; *sich in* ~ *setzen mit* b-yle ilişkiye/temasa geçmek; *in* ~ *stehen (bleiben)* ilişki/temas halinde olmak

verbitten *v/t* (*krldş.*, h, → *bitten*): *sich et.* ~ bşe müsaade etmemek, bşe izin vermemek; *das verbitte ich mir!* buna müsaade etmem!

verbittert *sıf.* küskün
Verbitterung *f* (-) acı; dargınlık

verblassen *v/i* (sn) sararmak, solmak (*az. mec.*)

Verbleib *m* (-s) -in kaldığı yer; **2en** *v/i* (*krldş.*, sn, → *bleiben*): *wir sind so verblieben, dass* biz aramızda şöyle kararlaştırdık/anlaştık ...

verbleit *sıf. Oto.* kurşunlu
verblüff|en *v/t* (h) hayrete düşürmek, şaşırtmak, yanıltmak, F afallatmak; **2ung** *f* (-) hayret, şaşkınlık; *zu meiner* **2ung** hayretime karşın

verblühen *v/i* (sn) solmak (*az. mec.*)
verbluten *v/i* (sn) kan kaybından ölmek

verborgen *sıf.* gizli, saklı; *im* **2en** gizlice, saklıca

Verbot *n* (-s; -e) yasak; **2en** *sıf.*: *Rauchen* **2en!** sigara içmek yasak(tır)!; **~sschild** *n* yasak levhası

Verbrauch *m* (-s) tüketim (*an D* -in); **2en** *v/t* (h) tüketmek, harcamak, sarfetmek; **~er** *m* (-s; -) tüketici; **~ermarkt** *m* tüketim malları mağazası; **~erschutz** *m* tüketiciyi koruma (merkezi); **~sgüter** *pl* tüketim malları; **~ssteuer** *f* tüketim vergisi

Verbrech|en *n* (-s; -) cürüm, ağır suç;

Verbrecher

~er *m* (-s; -) mücrim, cani; **2erisch** *sıf.* canice, cani gibi

verbreit|en (h) **1.** *v/t Neuigkeit vs.* yaymak; *Licht, Geruch vs.* çıkar(t)mak; **2.** *v/refl* yayılmak; **2ung** *f* (-) yay(ıl)ım, dağıt(ıl)ma

verbrenn|en (*krlds.*, → *brennen*) **1.** *v/t* (h) yakmak *az. Müll*; **2.** *v/i* (sn) yanmak; **2ung** *f* (-; -en) yak(ıl)ma; *Tek.* yanma; *Wunde:* yanık (*an D* -de)

verbringen *v/t* (*krlds.*, h, → *bringen*) *Zeit* geçirmek

verbuchen *v/t* (h) (deftere) geçirmek; (hesaba) kaydetmek; *mec. Erfolg vs.:* elde etmek, kaydetmek

verbünde|n *v/refl* birleşmek, ittifak kurmak (*mit* ile); **2te** *m, f* (-n; -n) müttefik, bağlaşık (*az. mec.*)

verbürgen *v/refl* (h): *sich ~ für* garanti etmek, güvence vermek

verbüßen *v/t* (h): *e-e Strafe ~* cezasını çekmek

verchromt *sıf.* kromajlı

Verdacht *m* (-s; -e, ⸚e) kuşku, şüphe, *Huk.* zan; **~ schöpfen** kuşkulanmak, şüphelenmek; *im ~ stehen, et. zu tun (getan zu haben)* yapmakla (yapmış olmakla) suçlanmak

verdächtig *sıf.* kuşku uyandıran, şüpheli; **2e** *m, f* (-n; -n) sanık, zanlı; **~en** *v/t* (h) şüphelenmek (*G* b-nden), suçlamak (*G* b-ni); **2ung** *f* (-; -en) suçlama, itham; *Unterstellung:* isnat, iftira

verdammt F **1.** *sıf.* kahrolası, lanetli, kör olası; **2.** *bel.* çok, son derece; **3.** *ünl.* kahrolası, (Allah) kahretsin!

verdampfen *v/i* (sn) buharlaşmak

verdanken *v/t* (h): *j-m (e-m Umstand vs.) et. ~* bşi b-ne (bir duruma *vs.*) borçlu olmak

verdau|en *v/t* (h) sindirmek (*az. mec.*); **2ung** *f* (-) sindirim; **2ungsstörungen** *pl* sindirim güçlüğü *sg*; *Verstopfung:* kabızlık *sg*, peklik *sg*

Verdeck *n* (-s; -e) *Oto.* arabanın üstü/tavanı; **2en** *v/t* (h) örtmek, kapatmak, *az. Tek.* gizlemek

verdenken *v/t* (*krlds.*, h, → *denken*): *ich kann es ihm nicht ~* ona gücenemem (*dass* -mış olmasına; *wenn* olursa)

verderben (verdarb, verdorben) **1.** *v/i* (sn) *Lebensmittel:* bozulmak; *Fleisch, Milchprodukte: az.* kokmak, ekşimek; **2.** *v/t* (h) bozmak (*az. mec.*): *sich die Augen (den Magen) ~* gözünü (midesini) bozmak; *j-m die Freude ~* b-nin neşesini bozmak/kaçırmak

verderblich *sıf.:* **~e Waren** kısa ömürlü mallar

Verdickungsmittel *n* (-s; -) kıvam artırıcı (madde)

verdiene|n (h) **1.** *v/t Geld* kazanmak; *Lob, Strafe vs.* hak etmek; **2.** *v/i: gut ~n* iyi kazanmak; **2r** *m* (-s; -) para kazanan, evin geçimini sağlayan; *Ekon.* kazanç sahibi

Verdienst[1] *m* (-es; -e) kazanç; *Lohn:* ücret; *Gehalt:* aylık

Verdienst[2] *n* (-es; -e) yararlık, hizmet; *es ist sein ~, dass* bu onun bir hizmetidir ki

Verdienstausfall *m* (-s; ⸚e) kazanç kaybı

verdient *sıf. Strafe vs.:* hak edilmiş, layık olunan

verdoppeln (h) **1.** *v/t* iki katına çıkarmak; **2.** *v/refl* iki katına çıkmak

verdorben *sıf.* bozuk (*az. mec.*); *Lebensmittel:* bozulmuş, *Fleisch, Milchprodukte: yükl. az.* kokmuş; *Magen:* bozuk

verdrängen *v/t* (h) F b-nin ayağını kaydırmak (*aus e-m Amt* byden); *ersetzen:* bşi yenilemek, bşi yenisiyle değiştirmek; *Fiz.* bşin yerini değiştirmek; *Psi.* bastırmak; *bewusst:* unutmaya çalışmak

verdrehen *v/t* (h) (yanlış *veya* çok fazla) çevirmek; *mec. az.* çarpıtmak; *Augen* döndürmek; *j-m den Kopf ~* b-nin aklını başından almak

verdreifachen (h) **1.** *v/t* üçe katlamak; **2.** *v/refl* üçe katlanmak

Verdruss *m* (-es) cansıkıntısı; *Ärger.* öfke

Verdunk(e)lungsgefahr *f* (-) *Huk.* suç izlerini yok etme tehlikesi

verdünnen *v/t* (h) sulandırmak, seyreltmek; *Farben vs.* inceltmek

verdunsten *v/i* (sn) buharlaşmak

verdursten *v/i* (sn) susuzluktan ölmek

verdutzt *sıf.* şaşırmış, F afallamış

verehr|en *v/t* (h) *bewundern:* -e saygı duymak, -e hayran olmak; *anbeten,*

verfügen

az. mec.: *-e* tapmak; **2er** *m* (-s; -), **2erin** *f* (-; -nen) hayran; **2ung** *f* (-) saygı, hürmet, hayranlık; tap(ın)ma
vereidigen *v/t* (h) b-ne yemin ettirmek; *Huk. Zeugen* yemin altına almak
Verein *m* (-s; -e) dernek; *eingetragener* ~ tescilli dernek
vereinbar *sıf.* uyuşabilir, uzlaşabilir (*mit* ile); ~**en** *v/t* (h) bşde uzlaşmak, anlaşmak; sözleşmek; **2ung** *f* (-; -en) uzlaşma, sözleşme, anlaşma
vereinen *v/t ve v/refl* (h) → *vereinigen*
vereinfach|en *v/t* (h) basitleştirmek, kolaylaştırmak; **2ung** *f* (-; -en) basitleştirme, kolaylaştırma
vereinheitlich|en *v/t* (h) standartlaştırmak; **2ung** *f* (-; -en) standartlaştırma
vereinig|en 1. *v/t* (h) birleştirmek (*zu* -e); *verbinden*: bağlamak; **2.** *v/refl* birleşmek; bağlanmak; **2ung** *f* (-; -en) birleşme, birlik; *Bündnis*: ittifak
vereinzelt 1. *sıf.* dağınık, tek tük; **2.** *bel.*: ~ *Regen* ara sıra yağmur
vereiteln *v/t* (h) önlemek; *Plan vs.* boşa çıkarmak, F suya düşürmek
verenden *v/i* (sn) telef olmak, ölmek
vererb|en (h) **1.** *v/t*: *j-m et.* ~**en** b-ne bşi miras bırakmak; **2.** *v/refl* geçmek (*auf A* b-ne, *az. Tıp ve az.*); **2ung** *f* (-) *Biyo.* kalıtım, soyaçekim
verewigen *v/t* (h) ölümsüzleştirmek, sonsuzlaştırmak
verfahren (*krldş.*, → *fahren*) **1.** *v/i* (sn) hareket etmek, yol/yöntem izlemek; ~ *mit* ile muamele etmek; **2.** *v/refl* (h) yolu şaşırmak, yolunu kaybetmek
Verfahren *n* (-s; -) tutum, davranış; *özl. Tek. az.* usul, teknik, yöntem, işlem; *Huk.* yargılama (yöntemi), dava (*gegen* b-nin aleyhinde)
Verfall *m* (-s) çürüme, bozulma (*az. mec.*); *e-s Hauses vs.*: *az.* harap olma; *Niedergang*: çökme; *Ekon. vs.* süresi dolma, tahakkuk; **2en** *v/i* (*krldş.*, sn, → *fallen*) çürümek, bozulmak; *özl. mec.* çökmek; *Haus vs.*: harap olmak; *ablaufen*: süresi dolmak; *Kranker*: eriyip gitmek; *e-m Laster vs.*: bşe bağımlı olmak, bşin düşkünü olmak; **2en auf** (*A*) aklına gelmek; ~**s-**

datum *n* son kullanma tarihi
ver|fälschen *v/t* (h) bşin sahtesini yapmak; *Bericht vs. az.* çarpıtmak, saptırmak; *Speisen vs. -in* içine yabancı madde karıştırmak; ~**fänglich** *sıf.* şüpheli, tehlikeli; *peinlich*: yakışık olmayan, talihsiz, ayıp; ~**färben** *v/refl* (h) renk atmak; *az. Person*: beti benzi solmak
verfassen *v/t* (h) kaleme almak, yazmak
Verfasser *m* (-s; -), ~**in** *f* (-; -nen) yazar
Verfassung *f* (-; -en) durum, *gesundheitlich*: sağlık durumu; *seelisch*: ruhsal durum; *Pol.* anayasa; **2smäßig** *sıf.* anayasal; **2swidrig** *sıf.* anayasaya aykırı
verfaulen *v/i* (sn) çürümek, bozulmak
verfehl|en *v/t* (h) bşi kaçırmak (*um* farkıyla); **2ung** *f* (-; -en) kusur, kabahat
verfeindet *sıf.* araları bozuk, düşman
verfeinern (h) **1.** *v/t* bşe incelik vermek, bşi inceltmek, bşi geliştirmek; **2.** *v/refl* incelmek, gelişmek
verfilm|en *v/t* (h) filme almak, sinemaya uyarlamak; **2ung** *f* (-; -en) filme al(ın)ma; *Film*: (romanın *vs.*) filmi
verflossen *sıf. Zeit*: geçmiş; F *mein* ~**er Mann** eski eşim/kocam
verfluchen *v/t* (h) *-e* lanet etmek
verflucht *sıf.* → *verdammt*
verfolg|en *v/t* (h) izlemek, takip etmek (*az. mec.*); *jagen, az. mec.*: *-in* izini sürmek, kovalamak, *-in* peşine düşmek; *Pol., Din.* rahat bırakmamak, b-ne zulmetmek; *Spuren*: takip etmek; *Gedanken, Traum*: takip etmek, b-nin aklından çıkmamak; *gerichtlich* ~**en** kovuşturmak, b-nin hakkında takibat açmak; **2er** *m* (-s; -) izleyen, takip eden, sürdüren; takipçi; **2ung** *f* (-; -en) izleme, takip; kovalama; *gerichtliche* **2ung** mahkeme soruşturması; **2ungswahn** *m Tıp* izlenme (*veya* takip edilme) korkusu
ver|frachten *v/t* (h) taşımak, yüklemek, *Gemi.* mal yüklemek; ~**früht** *sıf.* zamansız, erken
verfüg|bar *sıf.* elde var olan, mevcut, hazır (bulunan); ~**en** (h) **1.** *v/t* em-

Verfügung

retmek, karara bağlamak; **2.** *v/i*: ~**en über** (*A*) bşe tasarruf etmek; *haben*: bşi elinde bulundurmak; *j-n*: b-ni istediği gibi kullanmak; 2**ung** *f* (-; -en) kararname, emir; *j-m zur* 2**ung stehen** b-nin emrinde olmak; *zur* 2**ung stellen** -*i* b-nin emrine vermek

verführ|en *v/t* (h) baştan çıkarmak, F ayartmak (*et. zu tun* bş yapmak için); 2**er** *m* (-s; -) baştan çıkaran, kandıran; 2**erin** *f* (-; -nen) ayartıcı kadın; ~**erisch** *sıf.* ayartıcı; *verlockend*: cazip, çekici; 2**ung** *f* (-; -en) ayartma, baştan çıkarma

vergangen *sıf.* geçmiş, geçen; *im* ~**en Jahr** geçen yıl; 2**heit** *f* (-) geçmiş (zaman), mazi

vergänglich *sıf.* geçici, ölümlü, fani

Vergaser *m* (-s; -) *Oto.* karbüratör

vergeb|en (*krldş.*, h, → *geben*) **1.** *v/t* vermek (*e-n Preis* ödül); *j-m et.* ~**en** b-ne bşi bağışlamak, bşi affetmek; **2.** *v/i*: *j-m* ~**en** b-ni bağışlamak, b-ni affetmek; ~**ens** *bel.* boşuna, boş yere; ~**lich 1.** *sıf.* yararsız, boş; **2.** *bel.* boş yere

vergehen (*krldş.*, → *gehen*) **1.** *v/i* (sn) *Zeit vs.*: geçmek; *nachlassen*; geçmek, yok olmak: ~ *vor* (*D*) -den eriyip gitmek; *wie die Zeit vergeht!* zaman ne çabuk akıyor!; **2.** *v/refl* (h): *sich* ~ *an* (*D*) b-ne tecavüz etmek; *vergewaltigen*: b-nin ırzına geçmek

Vergehen *n* (-s; -) *Huk.* suç, cürüm

Vergeltung *f* (-) misilleme; *als* ~ *für* -*e* misilleme olarak; ~ *üben an* (*D*) -*e* misillemede bulunmak; ~**smaßnahme** *f* misilleme önlemi

vergessen *v/t* (vergaß, vergessen, h) unutmak (*az. liegen lassen*); 2**heit** *f* (-): *in* 2**heit geraten** unutulmak

vergesslich *sıf.* unutkan

vergeud|en *v/t* (h) israf etmek, saçıp savurmak; 2**ung** *f* (-; -en) israf, savurganlık

vergewaltig|en *v/t* (h) iğfal etmek, ırzına geçmek; 2**ung** *f* (-; -en) iğfal, ırza geçme

ver|gewissern *v/refl* (h) emin olmak (*e-r Sache* bşden; *ob* olup olmadığından; *dass* olduğundan); ~**gießen** *v/t* (*krldş.*, h, → *gießen*) *Blut, Tränen*: akıtmak; *verschütten*: dökmek

vergift|en *v/t* (h) zehirlemek (*az. mec.*

ve Umwelt); 2**ung** *f* (-; -en) zehirleme

Vergleich *m* (-s; -e) karşılaştırma; *Huk.* uzlaşma; 2**bar** *sıf.* karşılaştırılabilir (*mit* ile); 2**en** (*krldş.*, h, → *gleichen*) **1.** *v/t* karşılaştırmak (*mit* ile); *ist nicht zu* 2**en mit** ile karşılaştırılamaz; *verglichen mit* ile karşılaştırıldığında; **2.** *v/refl*-*sich einigen*: uzlaşmak; *sich* 2**en mit** k-ni ile karşılaştırmak; ~**sverfahren** *n Huk.* (iflasta) adli tasfiye, uzlaşma davası; 2**sweise** *bel.* oldukça, nispeten

Vergnügen *n* (-s; -) sevinç, keyif; *Spaß*: eğlence, zevk; *mit* ~ seve seve, zevkle; *viel* ~*!* iyi eğlenceler!, zevkli dakikalar!

vergnüg|en *v/refl* (h) eğlenmek (*mit et.* bşle); ~**t** *sıf.* neşeli, şen, keyifli

Vergnügung *f* (-; -en) hoşça vakit geçirme, eğlenme; ~**spark** *m* eğlence parkı, lunapark; ~**sviertel** *n* gece kulüpleri semti

ver|goldet *sıf.* yaldızlı; ~**graben** *v/t* (*krldş.*, h, → *graben*) gömmek; ~**greifen** *v/refl* (*krldş.*, h, → *greifen*): *sich* ~**greifen an** (*D*) b-ne el atmak; ~**griffen** *sıf. Buch*: tükendi

vergrößer|n (h) **1.** *v/t* büyütmek (*az. Fot.*); *vermehren*: çoğalmak; *Optik*: büyültmek; **2.** *v/refl* büyümek, çoğaltmak; 2**ung** *f* (-; -en) büyü(t)me, *Fot. az.* büyütme; *Optik* büyültme; 2**ungsglas** *n* büyüteç

Vergünstigung *f* (-; -en) imtiyaz, öncelik; *steuerliche*: vergi indirimi

vergüt|en *v/t* (h): *j-m et.* ~**en** b-ne (harcadığı parayı) ödemek; 2**ung** *f* (-; -en) ödeme; *Gehalt*: ücret

verh. *kıs.* = *verheiratet* evli

verhaft|en *v/t* (h) tutuklamak; 2**ung** *f* (-; -en) tutuklama

verhalten *v/refl* (*krldş.*, h, → *halten*) davranmak; *sich ruhig* ~ sakin davranmak

Verhalten *n* (-s) davranış, tutum, tavır; 2**sgestört** *sıf.* davranış bozukluğu gösteren, uyumsuz

Verhältnis *n* (-ses; -se) *Beziehung, az. Pol. vs.*: ilişkiler *pl* (*zu* ile); *Einstellung*: yaklaşım (bşe); *zahlenmäßig vs.*: oran, bağıntı; F *Liebes*2: aşk ilişkisi; ~**se** *pl* durum sg; koşullar (*az. sosyale*); *über s-e* ~**se leben** ayağını yorganına göre uzatmamak; 2**mäßig**

bel. diğerlerine oranla, nispeten; **~wahl** *f Parl.* nispi seçim; **~wahlrecht** *n* (-s) nispi seçim hakkı
verhand|eln (h) **1.** *v/i* görüşmek (*über et.* bş hakkında); **2.** *v/t Huk. Fall -e* bakmak, *-i* görüşmek; **Ձlung** *f* (-; -en) görüşme, tartışma; *Huk.* oturum, duruşma; *Strafrecht:* yargılama; **Ձlungsbasis** *f* (... DM) üzerinden pazarlık
verhäng|en *v/t* (h) örtmek (*mit* ile); *e-e Strafe* **~en** cezaya çarptırmak (*über A* b-ni); **Ձnis** *n* (-ses; -se) kötü kader, mukadderat; *Unheil:* felaket; **~nisvoll** *sıf.* feci, vahim
verharmlosen *v/t* (h) bşi zararsız göstermeye çalışmak
verhasst *sıf.* sevilmeyen, nefret edilen; *Sache: az.* hoşa gitmeyen
verheerend *sıf.* feci, korkunç
ver|hehlen *v/t* (h) → **verheimlichen**; **~heilen** *v/i* (sn) iyileşmek, F geçmek; **~heimlichen** *v/t* (h) gizlemek, saklamak (*D* -den)
verheiraten (h) **1.** *v/t* b-ni evlendirmek (*mit* b-yle); **2.** *v/refl* evlenmek
verheiratet *sıf.* evli
verheißungsvoll *sıf.* umut verici, (geleceği) parlak
verhelfen *v/i* (krldş., h., → **helfen**): *j-m zu et.* **~** b-ne bş elde etmesi için yardım etmek, b-ne bşi kazandırmak
verhindern *v/t* (h) önlemek, engellemek (*dass j-d et. tut* b-nin bşi yapmasını)
verhindert *sıf.* gelmesi olanaksız, F gelemiyor; *ein* **~er Künstler** yetenekleri geliştirilmemiş bir sanatçı; sanatçı olma heveslisi
Verhinderung *f* (-; -en) engelle(n)me, önle(n)me
verhöhn|en *v/t* (h) alaya almak, küçümsemek; **Ձung** *f* (-; -en) alay, küçümseme
Verhör *n* (-s; -e) *Huk.* sorgula(n)ma; **Ձen** (h) **1.** *v/t* sorguya çekmek, sorgulamak; **2.** *v/refl* yanlış duymak
verhungern *v/i* (sn) açlıktan ölmek
verhüt|en *v/t* (h) bşden korumak; **Ձungsmittel** *n Tıp* gebelik önleyici madde (*özl.* doğum kontrol hapı *vs.*)
verirren *v/refl* (h) kaybolmak, yolunu kaybetmek
verjagen *v/t* (h) kovmak, sürüp atmak

verjähren *v/i* (sn) *Huk.* zamanaşımına uğramak
verjährt *sıf.* zamanaşımına uğramış
Verjährungsfrist *f* zamanaşımı süresi
verkabeln *v/t* (h) *TV* kablolu televizyona bağlamak
Verkauf *m* (-s; **~**e) satış
verkaufen (h) **1.** *v/t* satmak; *zu* **~** satılık; **2.** *v/refl:* *sich gut* **~** iyi satılmak, F iyi gitmek
Verkäuf|er *m* (-s; -), **~erin** *f* (-; -nen) satıcı; *im Laden:* tezgâhtar, satış elemanı
verkäuflich *sıf.* satılık; **leicht** (*schwer*) **~** kolay (zor) satılır
Verkaufs|leiter *m* satış müdürü; **~preis** *m* satış fiyatı
Verkehr *m* (-s) trafik; *öffentlicher:* ulaşım, ulaştırma; *Umgang:* görüşme, temas; *Geschäfts*Ձ: işlem(ler *pl*); *Geschlechts*Ձ: cinsel ilişki; *aus dem* **~** *ziehen Geld* dolaşımdan/tedavülden kaldırmak
verkehren (h) **1.** *v/i* (*az.* sn) *Bus vs.:* işlemek; **~** *in e-m Lokal vs.:* bye sık sık gitmek; **~** *mit* b-yle sık görüşmek, b-yle ilişkisi olmak; **2.** *v/t:* *ins Gegenteil* **~** tersine çevirmek
Verkehrs|ader *f* anayol; **~ampel** *f* trafik lambası; **~aufkommen** *n* (-s) trafik yoğunluğu
verkehrsberuhigt *sıf.:* **~e Zone** trafiği yavaşlatılmış bölge
Verkehrs|chaos *n* trafik keşmekeşi; **~flugzeug** *n* yolcu uçağı; **~funk** *m* (-s) trafik haberleri; **~insel** *f* yön adası; **~kontrolle** *f* trafik kontrolü; **~meldung** *f* trafik duyurusu; trafik haberi; **~mittel** *n* taşıt, taşıma aracı; → *öffentlich* 1; **~opfer** *n* trafik kurbanı; **~polizei** *f* trafik polisi; **~polizist** *m* trafik polisi; **~regel** *f* trafik kuralı; **Ձschier** *pl Oto.* trafiğe çıkar, **~sicherheit** *f* trafik emniyeti; *e-s Autos vs.:* yol emniyeti; **~stau** *m* trafik tıkanıklığı; **~sünder** *m* trafik suçlusu; **~teilnehmer** *m* trafiğe katılan; **~unfall** *m* trafik kazası; **~verbindung** *f* trafik bağlantısı; **~zeichen** *n* trafik işareti
verkehrt *sıf. ve bel. falsch:* ters, yanlış; **~** (*herum*) tepetaklak, başaşağı; *Pulli vs.:* tersyüz, *Vorderteil nach hinten:* arkası önünde

verkennen *v/t* (*krldş.*, h, → *kennen*) yanlış anlamak, değerlendirememek

Verkettung *f* (-; -en): ~ *unglücklicher Umstände* olayların talihsizce ardarda gelmesi

verklagen *v/t* (h) *Huk.* b-ni dava etmek, b-ne dava açmak (*auf A*, *wegen* nedeniyle)

verkleid|en (h) **1.** *v/t Tek.* kaplamak; *außen:* kılıflamak; örtmek; *innen:* doldurmak; *vertäfeln:* tahtayla kaplamak; **2.** *v/refl* giyinmek, kıyafet değiştirmek (*als* olarak); maske takmak; **2ung** *f* (-; -en) kıyafet; (tahta) kaplama; örtme; kılıflama

verkleiner|n *v/t* (h) küçültmek, daraltmak; **2ung** *f* (-; -en) daraltma

Verknappung *f* (-; -en) kıtlaşma, azalma

verkühlen *v/refl* (h) üşütmek

verkünd|en *v/t* (h) bildirmek; *özl. öffentlich:* duyurmak, ilan etmek; (*Urteil* kararı) okumak; **2ung** *f* (-; -en) bildiri, duyuru

verkürzen *v/t* (h) kısaltmak (*um*); (*Arbeits)Zeit:* azalt(ıl)mak

verladen *v/t* (*krldş.*, h, → *laden*) yüklemek (*auf A* bşin üzerine; *in A* bşin içine)

Verlag *m* (-s; -e) yayınevi

verlagern (h) **1.** *v/i* kaydırmak (*auf A* bye, *az. mec.*); **2.** *v/refl* kaymak (*az. mec.*)

verlangen *v/t* (h) istemek *az. Preis*; *fordern:* talep etmek; *beanspruchen:* hak talep etmek; *erfordern:* gerektirmek

Verlangen *n* (-s) istek (*nach* -e); *Sehnen:* bşe özlem; *auf* ~ istek üzerine (*az. Ekon.*)

verlänger|n *v/t* (h) uzatmak (*az. mec. ve Leben*); genişletmek (*az. Ekon.*); **2ung** *f* (-; -en) uzatma, genişle(t)me

verlangsamen *v/refl* (h) yavaşlamak

Verlass *m: auf ihn ist* ~ ona güvenilir; *auf ihn ist kein* ~ ona güvenilmez

verlassen (*krldş.*, h, → *lassen*) **1.** *v/t* terk etmek, *-den* ayrılmak; *im Stich lassen: az.* yarı yolda bırakmak, bırakıp kaçmak; **2.** *v/refl*: *sich* ~ *auf* (*A*) b-ne güvenmek, b-ne bağlı olmak

verlässlich *sıf.* güvenil(ebil)ir

Verlauf *m* (-s; ⁻e) gidiş, akış, gelişme (*az. mec.*): *im* ~ *von* (*od. G*) bşin akışı içinde; **2en** (*krldş.*, → *laufen*) **1.** *v/i* (sn) geçmek; *ablaufen:* gitmek; *enden:* sona ermek; **2.** *v/refl* (h) yolunu kaybetmek, kaybolmak

verlauten *v/i* (sn): ~ *lassen* b-ne bşi sızdırmak; *wie verlautet* bildirildiğine göre

verleben *v/t* (h) geçirmek *Zeit vs.*

verlegen[1] *v/t* (h) *Ort vs. -in* yerini değiştirmek; *Brille vs.* (yanlış) bir yere koymak; *Tek.* döşemek; *zeitlich:* ertelemek, tehir etmek; *Buch* yayımlamak

verlegen[2] *sıf.* sıkılgan, utangaç; **2heit** *f* (-) sıkılganlık, utangaçlık; *Lage:* sıkıntı, kötü durum

Verleger *m* (-s; -), ~*in* *f* (-; -nen) yayımcı

Verleih *m* (-s; -e) kiralama; *Firma:* dağıtımevi; **2en** *v/t* (*krldş.*, h, → *leihen*) ödünç vermek; *gegen Miete:* kiraya vermek, kiralamak; *Titel vs.* tevcih etmek, paye/unvan vermek (*D* b-ne); *Preis vs.* b-ne ödül vermek; ~*ung* *f* (-; -en) ödül, unvan *vs.* ver(il)me

verlernen *v/t* (h) (öğrendiklerini) unutmak

verlesen (*krldş.*, h, → *lesen*) **1.** *v/t* (yüksek sesle) okumak; **2.** *v/refl* yanlış okumak

verletz|en (h) **1.** *v/t* yaralamak; *kränken:* incitmek, gücendirmek; *Gesetz vs.* ihlal etmek; *Vorschrift vs.* -e karşı gelmek; **2.** *v/refl* yaralanmak, yara almak; ~*end* *sıf.* tahrik edici; **2te** *m, f* (-n; -n) yaralı; *die* **2ten** *pl* yaralılar *pl;* **2ung** *f* (-; -en) yaralanma; *mec.* ihlal (etme)

verleumd|en *v/t* (h) *Huk.* b-ne iftira etmek; ~*erisch* *sıf.* iftira niteliğinde; **2ung** *f* (-; -en) iftira

verlieben *v/refl* (h) âşık olmak (*in A* b-ne)

verliebt *sıf.* âşık (*in A* b-ne); *Blick vs.*: tutkun, sevdalı

verlieren (verlor, verloren, h) *v/t* kaybetmek; *v/i* mağlup olmak, yenilmek (*gegen* -e karşı)

Verlierer *m* (-s; -), ~*in* *f* (-; -nen) mağlup, yenilen

verlob|en *v/refl* (h) nişanlanmak (*mit* b-yle); **2te** *m, f* (-n; -n) nişanlı; **2ung**

Verpächter

f (-; -en) nişan(lanma); **ungsring** *m* nişan yüzüğü

verlockend *sıf.* çekici, cazip

verlogen *sıf.* yalan, *Person*: yalancı; *Moral vs.*: ikiyüzlü; **heit** *f* (-) yalancılık, kalleşlik

verloren *sıf.* yitik, kayıp; *Zeit vs.*: az. gereksiz, boş; ~ **gehen** kaybolmak, yitmek

verlos|en *v/t* (h) kura ile çekmek, çekiliş/piyangoya koymak; **ung** *f* (-; -en) piyango, çekiliş

Verlust *m* (-s; -e) kayıp, zarar (*az. mec.*); **e** *pl zol. Ask.* şehit ve yaralılar

vermachen *v/t* (h) bşi b-ne miras bırakmak

Vermächtnis *n* (-ses; -se) vasiyet

vermarkt|en *v/t* (h) piyasaya sürmek; *mec.* pazarlamak; **ung** *f* (-; -en) pazarlama, ticarileştirme

vermehr|en (h) **1.** *v/t* çoğaltmak, arttırmak (**um** kadar); **2.** *v/refl* çoğalmak, artmak (**um** kadar); *Biyo. ve Zoo.* üremek; **ung** *f* (-; -en) artış, çoğalma (*G* in); *Biyo.* üreme

vermeidbar *sıf.* kaçınılabilir

vermeiden *v/t* (*krldş.*, h, → *meiden*) kaçınmak, çekinmek; **es** ~, **et. zu tun** bş yapmaktan kaçınmak

Vermerk *m* (-s; -e) kayıt, not, şart; **en** *v/t* (h) bye kayıt düşmek

vermessen[1] *v/t* (*krldş.*, h, → *messen*) bşi ölçmek; *Land* byin yüzölçümünü almak, byi ölçmek

vermessen[2] *sıf.* cüretli; **heit** *f* (-) cüret, cesaret

vermiet|en *v/t* (h) kiraya vermek; *Sachen* kiralamak; **zu ~en** *Haus vs.*: kiralık; **er** *m* (-s; -) kiralayan, ev sahibi; **erin** *f* (-; -nen) ev sahibesi; **ung** *f* (-; -en) kiralama, kiraya verme

vermisch|en (h) **1.** *v/t* karıştırmak (**mit** ile); **2.** *v/refl* karışmak **t** *sıf.* karış(tırıl)mış; **tes** *Überschrift*: muhtelif; **-den** derlemeler

vermissen *v/t* (h) *-in* yokluğunu fark etmek

vermisst *sıf.* kayıp; **j-n als ~ melden** b-nin kayıp olduğunu bildirmek

vermitt|eln (h) **1.** *v/t* bşin olmasını sağlamak, F bşi ayarlamak; *Eindruck vs.* bırakmak; **j-m et. ~eln** b-ne bşi bulmak (*veya* sağlamak); **2.** *v/i* aracı olmak (**zwischen** *D* arasında); **ler** *m* (-s; -) aracı, arabulucu; *Ekon.* aracı, komisyoncu; **lung** *f* (-; -en) aracılık; *Herbeiführung*: sağlama, tedarik; *Stelle*: acenta, büro; *Tel.* santral; *Person*: santral memuru

Vermögen *n* (-s; -) varlık (*az.* F *mec.*); *Besitz*: mal, mülk; *Ekon.* servet

vermögend *sıf.* varlıklı, F hali vakti yerinde

Vermögens|beratung *f* yatırım danışmanı; **bildung** *f Bank*: servet biriktirimi, *Ekon.* sermaye oluşturma; **steuer** *f* varlık vergisi; **verhältnisse** *pl* mali durum *sg*; **werte** *pl* varlıklar

vermummen *v/refl* (h) maskelenmek; *sich verkleiden*: kılık değiştirmek; *bei Demonstration*: maske taşımak

vermut|en *v/t* (h) beklemek, tahmin etmek; **lich** *bel.* tahminen; **ung** *f* (-; -en) beklenti, tahmin; *bloße*: kurgu, vehamet

vernachlässig|en *v/t* (h) ihmal etmek, savsaklamak, boşlamak; **ung** *f* (-; -en) ihmal, savsaklama

vernehm|en *v/t* (*krldş.*, h, → *nehmen*) duymak, işitmek; *Huk.* dinlemek, b-nin ifadesini almak; **ung** *f* (-; -en) dinleme, sorgu(lama), ifade alma

verneinen (h) **1.** *v/t* reddetmek; **2.** *v/i* hayır demek, olumsuz yanıt vermek

vernicht|en *v/t* (h) yok etmek, ortadan kaldırmak; *özl. Ask. az.* imha etmek; *ausrotten*: -in kökünü kazımak; **end** *sıf. Kritik*: yıkıcı; *Niederlage vs.*: ezici; *Blick*: öldürücü; **ung** *f* (-; -en) yıkım, yok etme/olma, imha

Vernunft *f* (-) akıl, us; **~ annehmen** aklını başına devşirmek; **j-n zur ~ bringen** b-nin aklını başına getirmek

vernünftig *sıf.* akıllı, anlayışlı, mantıklı; makul (*az. Preis vs.*); F *ordentlich*: aklı başında, düzenli

veröffentlich|en *v/t* (h) yayımlamak; **ung** *f* (-; -en) yayın

verordn|en *v/t* (h) *Tıp* (ilaç) yazmak (**j-m** b-ne); *gesetzlich*: emretmek; **ung** *f* (-; -en) kararname, emir

ver|pachten *v/t* (h) icar vermek (*D*, **an** *A* b-ne); **pächter** *m* (-s; -) kiraya/icara veren

verpack|en *v/t* (h) paket etmek; *Tek.* paketlemek; *einwickeln*: kâğıda sarmak; **2ung** *f* (-; -en) ambalaj(lama); *Papier*2: paket, ambalaj kâğıdı; **2ungsmaterial** ambalaj malzemesi

ver|passen *v/t* (h) kaçırmak; **~patzen** *v/t* (h) F berbat etmek, bozmak; **~pfänden** *v/t* (h) rehne koymak

verpflanz|en *v/t* (h) *Tıp* nakletmek; **2ung** *f* (-; -en) organ (*veya* doku) nakli

verpfleg|en *v/t* (h) beslemek, F yedirip içirmek; **2ung** *f* (-; -en) bakım, besleme, F yedirip içirme

verpflichten (h) **1.** *v/t* Band vs. tutmak; *Schauspieler* angaje etmek; *j-n zu et.* **~** b-ni bşe bağlamak, *vertraglich*: sözleşme altına almak; **2.** *v/refl*: *sich* **~**, *et. zu tun* bşi yapmayı üstlenmek (*veya* üzerine almak)

verpflichtet *sıf*.: **~ sein** (*sich* **~ fühlen**), *et. zu tun* bşi yapmaya borçlu olmak (hissetmek)

Verpflichtung *f* (-; -en) zorunluluk, yükümlülük; *Pflicht*: görev; *Ekon.*, *Huk.* kefalet; *übernommene*: yüküm, taahhüt

ver|pfuschen *v/t* (h) F berbat etmek, bozmak; **~prügeln** *v/t* (h) dövmek, F pataklamak

Verrat *m* (-s) ihanet (*an D* -e); *Landes*2: vatana ihanet; **2en** (*krldş.*, h, → **raten**) **1.** *v/t* b-ne ihanet etmek, b-ni ele vermek (*beide az. mec.*); **2.** *v/refl* k-ni açığa çıkarmak

Verräter *m* (-s; -) hain, gammaz; **2isch** *sıf*. hain, kalleş; *mec.* (belli bir durumu) belli eden (söz), (başkalarının sırlarını) açığa vuran (kimse)

verrechn|en (h) **1.** *v/t* hesaba geçirmek, mahsup etmek (*mit* ... karşılığında); **2.** *v/refl* yanlış hesap etmek (*um* kadar), yanılmak (*az. mec.*); *sich um e-e Mark verrechnet haben* hesapta 1 Mark şaşırmış olmak; **2ung** *f* (-; -en) takas, mahsup; *nur zur* **2ung** *Scheckvermerk*: sadece hesaba geçirilecek; **2ungsscheck** *m* (hesaba geçirilmek üzere düzenlenen) çizgili çek

verregnet *sıf*. yağmurlu

verreisen *v/i* (sn) seyahate çıkmak (*geschäftlich* iş nedeniyle); **verreist** *sıf*. seyahatte; *geschäftlich* **~** iş seyahatinde

verrenk|en *v/t* (h): *sich et.* **~en** *Tıp* bir yerini burkmak; *sich den Hals* **~en** başını uzatmak (*nach* bşi bir an görebilmek için); **2ung** *f* (-; -en) *Tıp* burk(ul)ma

verrichten *v/t* (h) yapmak, yerine getirmek

verriegeln *v/t* (h) sürgülemek

verringer|n (h) **1.** *v/t* azaltmak, eksiltmek, düşürmek; **2.** *v/refl* azalmak, eksilmek, düşmek; **2ung** *f* (-; -en) azal(tıl)ma, eksil(til)me, düş(ürül)me

verrosten *v/i* (sn) paslanmak, pas tutmak

verrücken *v/t* (h) yerini değiştirmek, kaydırmak

verrückt *sıf*. deli, çılgın; **~ nach ...** delisi; *wie* **~** deli gibi; **~ werden** delirmek, çıldırmak; *j-n* **~ machen** b-ni delirtmek; **2e** *m*, *f* (-n; -n) deli, çılgın, kaçık; **2heit** *f* (-; -en) delilik, çılgınlık; *Tat*: çılgınca/delice bir şey

Verruf *m*: *in* **~ bringen** itibardan düşürmek; *in* **~ kommen** itibarını kaybetmek; **2en** *sıf*. adı kötüye çıkmış

verrutschen *v/i* (sn) kaymak, yerinden oynamak

Vers *m* (-es; -e) dize; *Zeile*: *az.* satır

versagen *v/i* (h) *gnl.* beklenen başarıyı/etkiyi gösterememek; *Tek. az.* çalışmamak, işlememek; *Waffe*: tutukluk yapmak

Versagen *n* (-s) çalışmama, hata; *menschliches* **~** insan hatası

Versager *m* (-s; -s) başarısız (kişi)

versalzen *v/t* (*krldş.*, h, → *salzen*) (fazla) tuzlamak

versamm|eln (h) **1.** *v/t* toplamak, çağırmak, birleştirmek; **2.** *v/refl* toplanmak, buluşmak; **2ung** *f* (-; -en) toplantı, kurul, görüşme; (bir araya gelen) topluluk

Versand *m* (-s) gönderme, sevk(iyat); *Transport*: gönderi, gönderilen mal; *Abteilung*: sevkiyat bölümü; **~haus** *n* postayla sipariş alan mağaza; **~hauskatalog** *m* postayla sipariş kataloğu; **~kosten** *pl* sevk masrafları; postalama giderleri; **~schein** *m* sevk belgesi, irsal pusulası

verschaffen *v/t* (h): *j-m et.* **~** b-ne bşi sağlamak/bulmak; *sich et.* **~** elde etmek, edinmek, ele geçirmek

ver|schämt *sıf.* utangaç, sıkılgan; **~scheuchen** (h) **1.** *v/t verschlimmern*: kötüleştirmek, zorlaştırmak; *Kontrollen vs.* sıkılaştırmak; *erhöhen*: artırmak; **2.** *v/refl schlimmer werden*: kötüleşmek, zorlaşmak; **~schenken** *v/t* (h) hediye etmek (*az. mec.*); **~scheuchen** *v/t* (h) ürkütmek, kaçırmak (*az. mec.*); **~schicken** *v/t* (h) yollamak, göndermek
verschieb|en (*krldş.*, ge-, h, → *schieben*) **1.** *v/t* bşin yerini değiştirmek, bşi kaydırmak; *zeitlich*: ertelemek (*auf A* -e, -e kadar); **2.** *v/refl* bşin yeri değişmek; *verrutschen*: kaymak; *Termin*: ertelenmek (*auf A* -e, -e kadar); ℒ**ung** *f* (-; -en) ertele(n)me
verschieden *sıf.* farklı, ayrı (*von* -den); **~e** *pl mehrere*: birkaç, bazı, kimi; **~artig** *sıf.* çeşitli; *mannigfaltig*: türlü, değişik; ℒ**heit** *f* (-; -en) fark(lılık)
verschiff|en *v/t* (h) gemiyle taşımak/ göndermek; ℒ**ung** *f* (-; -en) gemiyle taşıma/nakil
verschimmeln *v/i* (sn) küflenmek, küf tutmak
verschlafen[1] (*krldş.*, h, → *schlafen*) **1.** *v/i* uyuyup kalmak; **2.** *v/t* uyuyup kaçırmak
verschlafen[2] *sıf.* uykulu; *mec.* uyuşuk, mahmur
Verschlag *m* (-s; ⁻e) küçük (tahta) kulübe
verschlagen[1] *v/t* (*krldş.*, h, → *schlagen*): *j-m den Atem ~* b-nin soluğu kesilmek; *j-m die Sprache ~* b-nin dili tutulmak; *es hat ihn nach ... ~ ...* yolu *-e* düştü; ... *-e* getirildi
verschlagen[2] *sıf.* kurnaz, açıkgöz, cin gibi
verschlechter|n (h) **1.** *v/refl* kötüleşmek, bozulmak; **2.** *v/t* bozmak, kötüleştirmek; ℒ**ung** *f* (-; -en) kötüleş(tiril)me, boz(ul)ma; *e-s Zustands*: *az.* fenalaşma
Verschleiß *m* (-es) aşınma ve yıpranma; ℒ**en** (verschliss, verschlissen, h) **1.** *v/i* ve *v/refl* aşınmak, yıpranmak; **2.** *v/t* yıpratmak; **~teil** *n* aşınmış *od.* aşınan kısım
ver|schleppen *v/t* (h) *in die Länge ziehen*: uzatmak, geciktirmek; *Krankheit* ihmal etmek; **~schleudern** *v/t* (h) *Vermögen vs.* israf etmek, F çarçur etmek; *Ekon.* maliyetin altında (F ucuza) satmak; **~schließen** *v/t* (*krldş.*, h, → *schließen*) kapamak (*az. mec. die Augen*: *vor D*-e); *absperren*: kilitlemek; **~schlimmern** *v/t* ve *v/refl* (h) → *verschlechtern*; **~schlingen** *v/t*(*krldş.*, h, → *schlingen*) yutmak (*az. mec. Buch vs.*); *mec. Geld* yemek; **~schlucken** (h) **1.** *v/t* yutmak ; **2.** *v/refl* genzine kaçırmak (*an D* bşi)
Verschluss *m* (-es; ⁻e) bağlayıcı (şey); *aus Metall*: *az.* toka; *Schloss*: kilit; *Deckel*: kapak; *Fot.* örtücü, obtüratör; *unter ~* mühürlü ve kilitli
ver|schlüsseln *v/t* (h) şifrelemek, kodlamak; **~schmähen** *v/t* (h) *-e* hor bakmak, *-i* küçümsemek, reddetmek; **~schmerzen** *v/t* (h) bşi unutabilmek
verschmutz|en (ge- *yok*) **1.** *v/t* (h) pisletmek; *Umwelt* kirletmek; **2.** *v/i* (sn) pislenmek, kirlenmek; ℒ**ung** *f* (-; -en) pisletme/pislenme; kirlenme/ kirletilme; *konkret*: kirlilik
verschneit *sıf.* karlı, karla kaplı
verschnupft *sıf.*: *~ sein Tıp* b-nin nezlesi olmak; F *mec.* b-ne gücenik (*veya* dargın, kırılmış) olmak
ver|schnüren *v/t* (h) (iple/sicimle) bağlamak; **~schollen** *sıf.* kayıp; *Huk.* öldüğü sanılan (kişi)
verschonen *v/t* (h) *-e* kıyamamak; *j-n mit et. ~* b-ni bşden kurtarmak, b-ni bşle rahatsız etmemek
verschränken *v/t* (h) *die Arme ~* kollarını kavuşturmak; *die Beine ~* bacak bacak üstüne atmak
verschreib|en (*krldş.*, h, → *schreiben*) **1.** *v/t* *Tıp* ilaç yazmak (*j-m* b-ne; *gegen* bşe karşı); **2.** *v/refl* yanlış yazmak; **~ungspflichtig** *sıf. Tıp* reçeteyle satılır
verschrotten *v/t* (h) hurdaya çıkarmak
Verschulden *n* (-s): *ohne mein ~* kusurum olmaksızın
verschuld|en (h) **1.** *v/t* bşe neden olmak, bşe yol açmak, bşden sorumlu olmak; **2.** *v/refl* borçlanmak; **~et** *sıf.* borçlu; ℒ**ung** *f* (-; -en) borçlanma, borçlar *pl*; *öffentliche* ℒ**ung** *f* kamu borçları

ver|schütten *v/t* (h) *Flüssigkeit* dökmek; *Person* canlı canlı yıkıntı altında bırakmak; **~schwägert** *sıf.* hısım; **~schweigen** *v/t* (*krldş.*, h, → *schweigen*) gizlemek, saklamak (*D* b-nden), belli etmemek (*D* b-ne)
verschwend|en *v/t* (h) israf etmek (*an A* -de); **2er** *m* (-s; -) savurgan, müsrif; **~erisch** *sıf.* savurgan, müsrif; *üppig*: bol; **2ung** *f* (-; -en) savurganlık, israf
verschwiegen *sıf.* sır saklayan, F ağzı sıkı; *verborgen*: saklı, gizli; **2heit** *f* (-) sır saklama, gizlilik
verschwinden *v/i* (*krldş.*, sn,→ *schwinden*) yok olmak, gözden/ ortadan kaybolmak; F **verschwinde!** def ol!
Verschwinden *n* (-s) kaybolma, yok olma
verschwommen *sıf.* bulanık (*az. Fot.*); *mec. Begriff vs.*: belirsiz; *Erinnerung*: sisli
verschwör|en *v/refl* (*krldş.*, h, → *schwören*) komplo kurmak, entrika hazırlamak (*gegen* b-ne karşı); **2er** *m* (-s; -) komplocu; **2ung** *f* (-; -en) komplo, entrika
verschwunden *sıf.* kayıp
versehen (*krldş.*, h, → *sehen*) **1.** *v/t Haushalt vs.* yönetmek, bşe bakmak; **~ mit** bşle donatmak; **2.** *v/refl* yanlış görmek
Versehen *n* (-s; -) yanlışlık, hata; *aus ~ →* **versehentlich**; **2tlich** *bel.* yanlışlıkla, istemeyerek
Versehrte *m,f* (-n; -n) sakat, malul
ver|senden *v/t* (*gnl. krldş.*, h, → *senden*) → *verschicken*; **~senken** *v/t* (h) batırmak
versessen *sıf.*: **~ auf** (*A*) bşe aşırı düşkün, bş delisi/tutkunu
versetzen (h) **1.** *v/t* bşin yerini değiştirmek, bşi başka bye koymak; *dienstlich*: atamak (*in A, auf A, nach* bye); *Schüler* (sınıf) geçirmek; *Schlag vs.* indirmek, atmak; *verpfänden*: rehin vermek; F *j-n* **~** atlatmak; *in die Lage* **~ *zu*** b-ni bşi yapacak duruma getirmek; **2.** *v/refl*: *sich in j-s Lage* **~** k-ni b-nin yerine koymak; **2ung** *f* (-, -en) atama; *Schule*: sınıf geç(ir)me
verseuch|en *v/t* (h) bulaştırmak
Versetzung *f* (-; -en) bulaşma

Versicher|er *m* (-s; -) sigortacı; **2n** (h) **1.** *v/t Ekon.* sigortalamak (*bei* -de; *gegen* -e karşı); *behaupten*: temin etmek (*j-m et.* b-ne bşi); **2.** *v/refl* k-ni sigorta ettirmek; *sicher gehen*: emin olmak (*dass* -diğinden); **~te** *m, f* (-n; -n) sigortalı; **~ung** *f* (-; -en) sigorta; *Gesellschaft*: sigorta şirketi; güvence, teyit
Versicherungs|agent *m* sigorta acentesi; **~gesellschaft** *f* sigorta şirketi; **~karte** *f*: → *grün*; **~nehmer** *m* (-s; -) sigortalı, sigortalanan; **~police** *f*, **~schein** *m* sigorta poliçesi
Version *f* (-; -en) *Fassung*: biçim, şekil; *Auslegung*: yorum, anlatış; *Modell*: tarz; *Cmp.* versiyon
versöhn|en *v/refl* (h) barışmak, uzlaşmak (*mit* ile); **~lich** *sıf.* uzlaştırıcı, barıştırıcı; **2ung** *f* (-; -en) uzlaşma, barış(ma)
versorg|en *v/t* (h) sağlamak, temin/ tedarik etmek (*mit* b-ne bşi); *sich kümmern um*: ile ilgilenmek, *Familie, Wunde* -e bakmak; **2ung** *f* (-) sağlama, temin, tedarik; *Unterhalt*: bakma, bakım; *Betreuung*: ilgilenme
Versorgungs|engpass *m* arz (*veya* iaşe) darboğazı; **~lücke** *f* mal arzı boşluğu; **~schwierigkeiten** *pl* arz (*veya* iaşe) sorunları
verspät|en *v/refl* (h) geç kalmak; **~et** *sıf.* geç, gecikmeli; *Gratulation*: gecikmiş; **2ung** *f* (-; -en) *Verzögerung*: gecikme; *20 Minuten* **2ung haben** 20 dakika gecikmeli olmak
ver|speisen *v/t* (h) yemek, tüketmek; **~sperren** (h): *j-m die Sicht* (*den Weg*) **~sperren** b-nin görüşünü (yolunu) kapamak; **~spielen** *v/t* (h) *Geld vs.* (kumarda) kaybetmek; **~spotten** *v/t* (h) b-yle alay etmek, b-yle eğlenmek
versprechen (*krldş.*, h, → *sprechen*) **1.** *v/t* söz vermek; *mec.* temin etmek; *sich zu viel* **~** (*von* -den) çok şey beklemek; **2.** *v/refl* yanlış söylemek
Versprechen *n* (-s; -) söz, vaat
Versprecher *m* (-s; -) dil sürçmesi
verstaatlich|en *v/t* (h) devletleştirmek; **2ung** *f* (-; -en) devletleştirme
Verstädterung *f* (-; -en) kentleşme
Verstand *m* (-s) zihin, bellek, idrak;

Vernunft: akıl, us; *Intelligenz*: zekâ; **nicht bei ~** akıl başında olmayan; **den ~ verlieren** aklını kaçırmak
verstandesmäßig *sıf.* akılcı
verständig *sıf.* akla uygun; *Person*: anlayışlı; **~en (h) 1.** *v/t* b-ne bilgi vermek (**von** -den), b-ni haberdar etmek; *Arzt, Polizei* çağırmak; **2.** *v/refl* haberleşmek; *sich einigen*: anlaşmak (**über** *A* bşde); ♀**ung** *f* (-) haberleşme (*az. Tel.*); *Einigung*: anlaşma
verständlich *sıf.* kavranabilir; *begreiflich*: az. anlaşılabilir; *Verhalten*: anlaşılır; *hörbar*: (iyice) duyulabilir; **schwer (leicht) ~** anlaması zor (kolay); *j-m et.* **~ machen** b-ne bşi anlatmak *veya* açıklamak; *sich ~ machen* derdini/meramını anlatmak
Verständnis *n* (-ses) anlayış, kavrayış (*az. menschliches*); *Mitgefühl*: az. halden anlama; (**viel**) **~ haben** (çok) anlayış göstermek; **~ haben für** -e karşı anlayışlı *veya* duyarlı olmak; *Kunst vs.*: -*in* değerini bilmek
verständnis|los *sıf.* duyarsız; *Blick vs.*: boş, anlamsız; **~voll** sıf. hoşgörülü, duyarlı; *Blick vs.*: anlayışlı
verstärk|en *v/t* (h) sağlamlaştırmak (*az. Tek.*); *zahlenmäßig*: güçlendirmek (*az. Tek.*); *Radio, Fiz.*: gücünü artırmak; *steigern*: çoğaltmak; ♀**er** *m* (-s; -) yükselteç; ♀**ung** *f* (-; -en) sağlamlaştırma; pekiştirme; güçlendirme; yükseltme; çoğaltma
verstauben *v/i* (sn) tozlanmak
verstauch|en *v/t* (h): *sich et.* **~en** *Tıp* bir yerini burkmak; ♀**ung** *f* (-; -en) burk(ul)ma
verstauen *v/t* (h) istiflemek
Versteck *n* (-s; -e) saklanılan *veya* saklanacak yer; *von Verbrechern*: az. yatak; ♀**en** (h) **1.** *v/t* saklamak (**vor** *D* -den); **2.** *v/refl* saklanmak (**vor** *D* -den)
verstehen (*krlds., h,* → *stehen*) *v/t ve v/i* anlamak, F bşden çakmak; *v/refl* anlaşmak; *akustisch*: az. anlayabilmek, duyabilmek; *einsehen*: görmek, anlamak; *sich im Klaren sein*: bşi anlamış (*od.* farkına varmış) olmak; *es* **~ zu** (yapmasını) bilmek; *zu* **~ geben** bşe sezdirmek, bşi ima etmek; **~ Sie(?)** *erklärend*: anlıyorsunuz (değil mi?); *fragend*: anlıyor musunuz?; **ich verstehe!** anlıyorum!; *was ~ Sie unter* (*D*) **...?** -*den* ne anlıyorsunuz?; *sich* (**gut**) **~** (iyi) anlaşmak (**mit** ile); *es versteht sich von selbst* bu kendiliğinden anlaşılır, bunu açıklamaya gerek yok
versteiger|n *v/t* (h) artırma ile satmak; ♀**ung** *f* (-; -en) artırma, müzayede
verstell|bar *sıf.* ayar edilebilir; **~en** (h) **1.** *v/t versperren*: kapatmak; *umstellen*: yerini değiştirmek, başka yere koymak; *falsch einstellen*: bşin ayarını bozmak, bşi yanlış ayarlamak; *Tek.* ayar etmek, ayarlamak; *Stimme vs.* değiştirmek; **2.** *v/refl mec.* rol yapmak; *s-e Gefühle verbergen*: duygularını gizlemek; ♀**ung** *f* (-) *mec.* rol (yapma)
versteuern *v/t* (h) bşin vergisini ödemek; *zu* **~de Einkünfte** vergiye tabi gelirler
verstimm|en *v/t* (h) *verärgern*: kızdırmak, b-nin canını sıkmak; **~t** *sıf. Müz.* arkortsuz; *Magen*: bozuk; *verärgert*: kızgın, canı sıkkın; ♀**ung** *f* (-; -en) bozukluk; cansıkıntısı
verstohlen *sıf.* gizli, kaçamak
verstopf|en *v/t* (h) *Abfluss vs.* tıkamak; *Straße* kapamak; **~t** *sıf. Nase*: tıkalı; *Abfluss vs.: az.* tıkanık; *Straße*: kapalı; ♀**ung** *f* (-; -en) tıkanıklık; *Tıp* peklik, F kabızlık
verstorben *sıf.* merhum, F ölü; ♀**e** *m,* *f* (-n; -n) merhum, rahmetli; *die* ♀**en** *pl* ölüler
Verstoß *m* (-es; ≈e) karşı gelme (**gegen** bşe), ihlal (**gegen** bşi); ♀**en** (*krlds.,* h, → *stoßen*) **1.** *v/t* kovmak (**aus** -den); **2.** *v/i:* ♀**en gegen** bşe karşı gelmek, bşi ihlal etmek, bşi çiğnemek
ver|streichen (*krlds.,* → *streichen*) **1.** *v/i* (sn) *Zeit*: geçmek; *Frist*: dolmak; **2.** *v/t* (h) sürmek; **~streuen** *v/t* (h) saçmak, serpmek, dağıtmak
verstümmel|n *v/t* (h) sakatlamak; *Text* yanlış bir şekilde anlatmak; ♀**ung** *f* (-; -en) sakatlama
verstummen *v/i* (sn) susmak, *-in* sesi kesilmek; *Geräusch vs.*: kesilmek, *langsam*: son ermek; *Gerücht*: durmak, *langsam*: yavaş yavaş tükenmek
Versuch *m* (-s; -e) deneme; *Probe*:

versuchen 556

prova, test; *Fiz. vs.* deney; *mit et. (j-m) e-n ~ machen* bşle (b-yle) bir deney/deneme yapmak; **₂en** *v/t* (h) denemek; *kosten:* bşin tadına bakmak; *es ₂en* bşi denemek; *es mit et. ₂en* (yapmayı) bşle denemek

Versuchs|kaninchen *n mec.* kobay, deneme tahtası; **~stadium** *n:* deneme aşaması; **~tier** *n* deney hayvanı; **₂weise** *bel.* denemek amacıyla; *auf Probe:* denemek üzere

versunken *sıf.: mec. ~ in (A)* bşe dalmış

vertag|en (h) **1.** *v/t* ertelemek (*auf A* -e); **2.** *v/refl* başka bir güne ertelenmek; **₂ung** *f* (-) ertele(n)me, sonraya bırak(ıl)ma

vertauschen *v/t* (h) değiş tokuş etmek (*gegen, mit* bşi bşle); *irrtümlich:* karıştırmak

verteidig|en (h) **1.** *v/t gnl.* savunmak; **2.** *v/refl* k-ni savunmak; **₂er** *m* (-s; -) savunmacı, savunucu; *Huk.* savunma avukatı; **₂ung** *f* (-; -en) savunma

Verteidigungs|minister *m* savunma bakanı; *TR* Milli Savunma Bakanı; **~ministerium** *n* (*TR* Milli) savunma bakanlığı; **~waffe** *f* savunma silahı

verteil|en *v/t* (h) paylaştırmak (*unter A* -e); *austeilen:* dağıtmak; **₂er** *m* (-s; -) *gnl.* distribütör; **₂ung** *f* (-; -en) dağıtım

vertikal *sıf.* dikey, düşey

vertilg|en *v/t* (h) yok etmek, imha etmek; F *mec. Essen* silip süpürmek; **₂ung** *f* (-) yok etme, imha

vertonen *v/t* (h) *Müz.* bestelemek

Vertrag *m* (-s; -̈e) sözleşme; *Pol.* anlaşma; **₂en** (*krldş.*, h, → *tragen*) **1.** *v/t* bşe dayanmak, bşi kaldırmak; *ich kann ... nicht* **₂en** *Essen, Alkohol vs.:* -i kaldıramıyorum; *j-n, Lärm vs.* -e dayanabilmek, -e katlanabilmek; *er kann viel* **₂en** o epey (*Spaß:* şaka) kaldırır; *Alkohol* o bu içkiye dayanıklıdır; F *ich könnte ...* **₂en** bir (*kahveye vs.*) hayır demem; **2.** *v/refl sich (gut)* **₂en** (iyi) gitmek (*mit* ile); *sich wieder* **₂en** b-yle barışmak; **₂lich** *bel.* sözleşme uyarınca

verträglich *sıf.* geçimli, uysal; *Essen:* sindirimi kolay

Vertrags|händler *m* yetkili bayi, dağıtımcı, distribütör; **~werkstatt** *f* yetkili (tamir) servis(i)

vertrauen *v/i* (h) inanmak, güvenmek (*auf A* -e)

Vertrauen *n* (-s) güven, inanç (*auf A* -e); *im ~ (gesagt)* aramızda kalsın

vertrauenerweckend *sıf.* güven veren; (*wenig*) *~ aussehen* (pek) güven verici görün(me)mek

Vertrauensarzt *m* (sağlık sigortasının) anlaşmalı doktor(u)

Vertrauensfrage *f: die ~ stellen* güvenoyu istemek

Vertrauens|sache *f:* **~** güven sorunu, itimat meselesi; **~stellung** *f* güvenilir kişilere verilen iş; **₂voll** *sıf.* güvenilir; güven dolu; **~votum** *n* güvenoyu; **₂würdig** *sıf.* güven verici, güvene layık

vertraulich *sıf.* gizli; *plump-~:* samimi, teklifsiz, senli benli; **₂keit** *f* (-; -en) gizlilik; samimiyet, teklifsizlik

vertraut *sıf.* alışık, yatkın (*D* -e; *mit* -e); **₂heit** *f* (-) alışıklık, yatkınlık

vertreib|en *v/t* (*krldş.*, h, → *treiben*) sürmek, kovmak; *Zeit* geçirmek; *Ekon.* satmak, dağıtmak; (*aus* byden) sürüp çıkarmak; **₂ung** *f* (-; -en) kov(ul)ma (*aus* byden)

vertreten *v/t* (*krldş.*, h, → *treten*) temsil etmek; *Huk. j-n:* b-ne vekâlet etmek; *die Ansicht ~, dass ...* görüşünü savunmak; *sich den Fuß ~* ayağını burkmak; F *sich die Beine ~* şöyle bir yürümek

Vertret|er *m* (-s; -), **~erin** *f* (-; -nen) temsilci, *özl. Pol.* vekil; *Ekon.* acenta, (ticari) mümessil; *Handels-:* ticari mümessil; **~ung** *f* (-; -en) vekâlet, vekillik; *Person:* vekil; *Ekon.* temsilcilik; *Pol.* temsil

Vertrieb *m* (-s) *Ekon.* satış, pazarlama; *Abteilung:* satış/pazarlama bölümü

Vertriebene *m, f* (-n; -n) (yurdundan) sürülen

Vertriebs|abteilung *f* satış/pazarlama bölümü; **~leiter** *m* satış/pazarlama müdürü

ver|trocknen *v/i* (sn) kurumak; **~trödeln** *v/t* (h) F oyalanmak, vaktini boşa harcamak; **~trösten** *v/t* (h) b-ne söz vermek (*auf A* bş için), b-ne beklemesini söylemek (*auf A* -i); **~tuschen** *v/t* (h) örtbas etmek;

~übeln v/t (h): **j-m et. ~übeln** b-ne bşden dolayı kızmak; b-nin bir şeyini fenaya çekmek; **~üben** v/t (h) (suikast vs.) işlemek, yapmak

verunglücken v/i (sn) kaza geçirmek; → **tödlich** 2

veruntreu|en v/t (h) bşi zimmetine geçirmek; ung f (-; -en) yolsuzluk, zimmetine para geçirme

verursachen v/t (h) bşe neden olmak, bşe yol açmak

verurteil|en v/t (h) yargılamak (az. mec.); mahkûm etmek (**zu** -e), suçlu bulmak; ung f (-; -en) mahkûmiyet, mec. yargılama, kınama

verw. kıs. = **verwitwet** dul

verwackelt sıf. Fot. titrek, bulanık

verwahren (h) **1.** v/t saklamak, muhafaza etmek; **2.** v/refl: **sich ~ gegen** -e direnmek, -e itiraz etmek

verwahrlost sıf. bakımsız, sefil

verwaist sıf. yetim, öksüz; mec. terk edilmiş, boş, tenha

verwalt|en v/t (h) Firma vs. yönetmek; Nachlass vs. idare etmek; er m (-s; -) yönetici; müdür; ung f (-; -en) yönetim; idare (az. öffentliche); ungskosten pl idare masrafları

verwand|eln (h) **1.** v/t değiştirmek (**in** A -e); umwandeln: (evirmek, dönüştürmek (**in** A -e); **2.** v/refl dönüşmek (**in** A -e); ung f (-; -en) değişme, dönüşme; başkalaş(tır)ma

verwandt sıf. akraba, hısım (**mit** ile); e m, f (-n; -n) akraba, hısım; **der nächste** e en yakın akraba; schaft f (-; -en) akrabalık; Verwandte: akrabalar pl, yakınlar pl

verwarn|en v/t (h) uyarmak; polizeilich: ikaz etmek; ung f (-; -en) uyarı; ikaz

verwechs|eln v/t (h) yanlışlıkla bşi bşle değiştirmek; karıştırmak (**mit** ile), b-ni b-ne benzetmek, b-ni bir başkası sanmak; (e)lung f (-; -en) yanlışlıkla değiştirme; von Personen: karıştırma

verweiger|n v/t (h) reddetme; Befehl: -e uymamak, -e itaat etmemek; ung f (-; -en) red(detme)

Verweis m (-es; -e) işaret, gönderme (**auf** A bşe); en (-; → **weisen**) **1.** v/t işaret etmek (**an** A, **auf** A bye); hinauswerfen: kovmak, sınırdışı etmek (G byden); **2.** v/i: en **auf** (A) bye gönderme yapmak

verwelken v/i (sn) sararmak; mec. solmak

verwend|en v/t (gnl. krldş., h, → **wenden**) kullanmak; Zeit vs. harcamak (**auf** A bşe); ung f (-; -en) kullanım; **ich habe dafür keine** ung buna benim ihtiyacım yok

ver|werfen v/t (krldş., h, → **werfen**) reddetmek, geri çevirmek; **~werten** v/t (h) değerlendirmek, kullanmak

verwes|en v/i (sn) çürümek; ung f (-) çürüme

verwick|eln v/t (h) karıştırmak (**in** A -e); **~elt** sıf. çapraşık, karmaşık; **~elt sein in** (A) bşe karışmış olmak; **~elt werden in** (A) bşe karışmak; ung f (-; -en) karışma, karışıklık; karmaşıklık

verwirklich|en (h) **1.** v/t gerçekleştirmek; **2.** v/refl gerçekleşmek; ung f (-; -en) gerçekleşme

verwirr|en v/t (h) j-n: b-nin aklını karıştırmak; ung f (-; -en) kafa karışıklığı, karışıklık

verwischen v/t (h) silerek bozmak; Spuren silmek

verwittern v/i (sn) (hava etkisiyle) aşınmak, dağılmak, ufalanmak

verwittert sıf. havadan aşınmış; Gesicht: yanık ve kırış kırış

verwitwet sıf. dul (kalmış)

verwöhnen v/t (h) şımartmak

verwöhnt sıf. şımarık, şımartılmış

verworren sıf. (karma)karışık

verwunden v/t (h) yaralamak

verwunder|lich sıf. şaşılacak, şaşırtıcı; ung f (-) şaşkınlık, hayret; **zu meiner** ung hayret ederek (öğrendim vs. ki)

Verwundung f (-; -en) yarala(n)ma; mec. incinme, gücenme

verwünsch|en v/t (h) beddua etmek, lanet etmek (**j-n** b-ne); ung f (-; -en) beddua, lanet(leme)

verwüst|en v/t (h) byi kırıp geçirmek, byi harap etmek; ung f (-; -en) kırıp geçirme, harap etme

ver|zählen v/refl (h) yanlış saymak; **~zaubern** v/t (h) büyülemek; mec. az. etkilemek; **~zaubern in** (A) büyüyle -in biçimine sokmak; **~zehren** v/t (h) yiyip içmek, tüketmek (az. mec.)

verzeichnen

verzeichn|en *v/t* (h) kaydetmek, listelemek; *mec. erzielen*: elde etmek; *erleiden*: çekmek; **⁓is** *n* (-ses; -se) liste, çizelge; *amtliches*: kayıt; *Register* dizin

verzeih|en (verzieh, verziehen, h) **1.** *v/t* bağışlamak; *entschuldigen*: affetmek (*j-m et.* b-nin bir şeyini); **⁓en Sie bitte die Störung** rahatsız ediyorum, bağışlayın; **2.** *v/i:* **j-m ⁓en** b-nin bir şeyini affetmek; **⁓en Sie bitte, ...** bağışlayın ..., kusura bakmayın, ...; **⁓lich** *sıf.* bağışlanabilir, affedilir; **⁓ung** *f* (-): **j-n um ⁓ung bitten** b-nden özür dilemek; **⁓ung!** pardon!, özür dilerim!; *vor Bitten vs.*: affedersiniz

Verzicht *m* (-s; -e) *förmlich*: terk etme; *Huk. az.* feragat (**auf** *A* -den); *gnl.* vazgeçme, çekilme *vs.*; **⁓en** *v/i* (h): **⁓en auf** (*A*) bşden vazgeçmek; *aufgeben*: bşden çekilmek; *förmlich*: terk etmek; *Huk. az.* feragat etmek

verziehen (*krldş.*, → *ziehen*) **1.** *v/i* (sn) taşınmak (*nach* bye); **2.** *v/t* (h) *Kind*: şımartmak; **das Gesicht ⁓** suratını buruşturmak; **3.** *v/refl Holz*: eğrilmek, çarpılmak; *Gewitter vs.*: geçip gitmek; F *verschwinden*: sıvışmak

verzier|en *v/t* (h) süslemek; **⁓ung** *f* (-; -en) süs(leme), dekor

verzins|en (h) **1.** *v/t* faiz ödemek; **2.** *v/refl* faiz vermek/getirmek; **⁓ung** *f* (-; -en) faiz, getiri; *Zinssatz*: faiz oranı

verzöger|n (h) **1.** *v/t* sürüncemede bırakmak, yavaşlatmak; **2.** *v/refl* gecikmek, yavaşlamak; **⁓ung** *f* (-; -en) gecik(tir)me, yavaşla(t)ma, engelle(n)me

verzollen *v/t* (h) bşin gümrüğünü ödemek; **haben Sie et. zu ⁓?** gümrüklük (*veya* gümrüğe tabi) bir şeyiniz var mı?

Verzug *m* (-s) gecikme; *im ⁓ sein* geç kalmak; *in ⁓ geraten* gecikmek; *mit Zahlungen*: vaktinde ödememek

verzweifel|n *v/i* (sn) umutsuz olmak (*an D* -den); **⁓elt** *sıf.* umutsuzluğa kapılmak; **⁓ung** *f* (-) umutsuzluk, çaresizlik; **j-n zur ⁓ung bringen** b-ni çileden çıkarmak

Veterinär *m* (-s; -e) → *Tierarzt*

Veto *n* (-s; -s): *sein ⁓ einlegen* veto hakkını kullanmak; *sein ⁓ einlegen gegen* bşi veto etmek; **⁓recht** *n* (-s) veto hakkı

Vetter *m* (-s; -n) amca (*veya* dayı, hala, teyze) oğlu, kuzen; **⁓nwirtschaft** *f* (-) akraba kayırıcılığı

vgl. *kıs.* = *vergleiche* karşılaştır(ınız) (krş.)

v. H. *kıs.* = *vom Hundert* yüzde

Vibr|ation *f* (-; -en) titreşim; **⁓ieren** *v/i* (h) titreşmek

Video *n* (-s; -s) video; *auf ⁓* videoda; *aufnehmen*: videoya; **⁓film** *m* video filmi; **⁓gerät** *n* video (cihazı); **⁓kassette** *f* video kaseti; **⁓rekorder** *m* (kasetli) video (kayıt ve gösteri cihazı); **⁓spiel** *n* video oyunu; **⁓thek** *f* (-; -en) videotek

Vieh *n* (-s) (kocabaş) hayvan, *Klein⁓* davar; **20 Stück ⁓** 20 baş hayvan/davar; **⁓zucht** *f* hayvancılık

viel *sıf. ve bel.* çok, F birsürü; **⁓e** *pl* birçok, F birsürü; **das ⁓e Geld** bütün bu para; **⁓ besser** çok daha iyi; **⁓ teurer** çok daha pahalı; **⁓ zu viel** çok çok fazla; **⁓ zu wenig** çok çok az; **⁓ lieber** daha seve seve; **⁓ beschäftigt** çok meşgul; **⁓ sagend** anlamlı, düşündürücü; **⁓ versprechend** (çok) umut verici; → *ziemlich* 2

viel|deutig *sıf.* çok anlamlı; **⁓erlei** *sıf.* çok çeşitli, türlü türlü; **⁓fach 1.** *sıf.* katmerli; *auf ⁓fachen Wunsch* yoğun istek üzerine; **2.** *bel.* çoğukez, sık sık; **⁓falt** *f* (-) çeşitlilik (*G*, *von* -in); **⁓farbig** *sıf.* çok renkli; **⁓leicht** *bel.* belki; *⁓leicht ist er ...* belki de o ...; **⁓mals** *bel.*: (*ich*) *danke* (*Ihnen*) **⁓mals** size çok çok teşekkür ederim; *entschuldigen Sie ⁓mals* çok özür dilerim; **⁓mehr** *bağl.* daha ziyade, doğrusu; **⁓seitig** *sıf.* çok yönlü; **⁓seitigkeit** *f* (-) çok yönlülük; **⁓völkerstaat** *m* çokuluslu devlet

vier *sıf.* dört; *zu ⁓t sein* dört kişi olmak; *auf allen ⁓en* dört ayak üzerinde; *unter ⁓ Augen* baş başa, yüz yüze, özel; **⁓eck** *n* (-s; -e) dörtgen; *Rechteck*: dikdörtgen; *Quadrat*: kare; **⁓eckig** *sıf.* dörtköşeli; *rechteckig*: dikdörtgen (şeklinde); *quadratisch*: kare (şeklinde); **⁓fach** *sıf.* dört kat/misli; **⁓fache Ausfertigung** dört nüsha; **⁓händig** *sıf. ve bel. Müz.* dört elle; ~ling *m* (-s; -e) dördüz; ~mal *bel*. dört kez/kere/defa; ~spurig *sıf*. *Straße*: dört şeritli; ℒtaktmotor *m Oto*. dört zamanlı motor; ~te *sıf*. dördüncü

Viertel *n* (-s; -) çeyrek; *Stadt*ℒ: semt, mahalle; ~ *vor* -e çeyrek var; ~ *nach* -i çeyrek geçiyor; ~jahr *n* çeyrek yıl, F üç ay; ℒjährlich 1. *sıf*. üç aylık; 2. *bel*. üç ayda bir; ℒn *v/t* (h) dörde (*veya* dört parçaya) ayırmak; ~stunde *f* çeyrek saat, F on beş dakika

viertens *bel*. dördüncü olarak, dördüncüsü

vierzehn *sıf*. on dört; ~ *Tage pl* iki hafta *sg*; ~te *sıf*. on dördüncü

vierzig *sıf*. kırk; ~ste *sıf*. kırkıncı

Villa *f* (-; -len) villa

violett *sıf*. mor

Violine *f* (-; -n) *Müz*. keman

virtuell *sıf*. sanal

Virus *n, m* (-; -ren) *Tıp* virüs (*az. Cmp*.); ~infektion *f Tıp* virüs enfeksiyonu

Visite *f* (-; -n) *Tıp* vizite; ~ *machen* viziteye çıkmak; ~nkarte *f* vizite kartı; *Geschäftskarte*: kartvizit

Visum *n* (-s; -sa, -sen) vize

Vitamin *n* (-s; -e) vitamin; ℒarm *sıf*. az vitaminli, vitamini düşük; ℒreich *sıf*. bol vitaminli, vitamini bol

Vitrine *f* (-; -n) vitrin; *Schaukasten*: camekân

Vize... *Präsident vs*.: yardımcı ..., vekil...

Vogel *m* (-s; ⸚) kuş (*az*. F *Flugzeug*); F *e-n* ~ *haben* bir tahtası eksik olmak; ~futter *n* kuş yemi

vögeln (h) V 1. *v/t* düzmek; 2. *v/i* düzüşmek

Vogelnest *n* kuş yuvası

Vogelperspektive *f* (-): ... *aus der* ~ kuşbakışıyla

Volk *n* (-s; ⸚er) halk; *Leute*: ahali, insanlar *pl*

Völkerrecht *n* (-s) devletler hukuku; ℒlich *sıf*. ve *bel*. devletler hukukuna göre

Volks|abstimmung *f* referandum; ~fest *n* halk şenliği; ~hochschule *f* halk yüksek okulu, TR: halk eğitim; ~lied *n* halk türküsü; ~musik *f* halk müziği; ℒtümlich *sıf*. halka özgü; popüler; *herkömmlich*: geleneksel; *Preise*: her keseye uygun; ~wirt(schaftler) *m* iktisatçı, ekonomist; ~wirtschaft *f* ulusal ekonomi; *Lehre*: ekonomi bilimi; ~zählung *f* nüfus sayımı

voll 1. *sıf*. dolu (*az. mec*.); *besetzt*: meşgul; F *satt*: tok; F *betrunken*: sarhoş, F fitil gibi; *Haar*: gür, sık; ~er bş (ile) dolu; *Schmutz, Flecken vs*.: *az*. (ile) kaplı; **2.** *bel*. bütünüyle; *völlig*: tamamen; *zahlen vs*.: tamı tamamına, tam fiyat; F *direkt, genau*: tam, (dos)doğru: ~ *und ganz* baştan aşağı, büsbütün; (*nicht*) *für* ~ *nehmen* tam ciddiye al(ma)mak; ~ *füllen* tamamen doldurmak; ~ *tanken* (depoyu) tam doldurmak; *bitte* ~ *tanken !* lütfen (depoyu) tam doldurun!

voll|automatisch *sıf*. tam otomatik; ℒbart *m* çember sakal, top sakal; ℒbeschäftigung *f* tam istihdam; ~bringen *v/t* (*krldş*., *ayrılmaz*, *-ge-yok*, h, → *bringen*) başarmak, becermek; *Wunder* yaratmak; ~enden *v/t* (*ayrılmaz*, *-ge yok-*, h) bitirmek, tamamlamak; ℒendung *f* (-) tamamlanma, bitirme; ~führen *v/t* (*ayrılmaz*, *-ge- yok*, h) sahnelemek, sergilemek, gerçekleştirmek

Vollgas *n Oto*.: *mit* ~ tam gaz(la); ~ *geben* gaz vermek, F gazlamak

völlig 1. *sıf*. tam(amıyla), büsbütün, F toptan; *Unsinn vs*.: baştan aşağı; **2.** *bel*. tamamen; ~ *unmöglich* kesinlikle olanaksız

volljährig *sıf*.: ~ *sein* rüştünü ispat etmiş olmak; ~ *werden* rüştünü ispat etmek; ℒkeit *f* (-) rüşt; *Huk*. reşitlik, erginlik

Vollkaskoversicherung *f Oto*. tam kasko sigorta

vollkommen 1. *sıf*. mükemmel, kusursuz; **2.** *bel*. → *völlig* 2; ℒheit *f* (-) mükemmellik, kusursuzluk

Voll|kornbrot *n* kepekli ekmek; ~macht *f* (-; -en) tam yetki; *Huk*. vekâlet(name); ~macht haben (tam) yetkili olmak; ~milch *f* tam yağlı süt; ~mond *m* (-s) dolunay; ~pension *f* tam pansiyon

voll|schlank *sıf*. etine dolgun, tombul; ~ständig 1. *sıf*. bütün, eksiksiz; *ganz*: tamamıyla, büsbütün; **2.** *bel*. →

vollstrecken

völlig 2; **~strecken** v/t (ayrılmaz, h) icra etmek; *Huk.* infaz etmek; **⁀streckung** f (-; -en) icra; *Huk.* infaz; **⁀versammlung** f genel kurul; **~wertig** sıf. tam (değerli); **~zählig** sıf. eksiksiz, tam (sayıda); **wir sind ~zählig** herkes burada; **~ziehen** (krldş., ayrılmaz, h, → **ziehen**) **1.** v/t yürütmek, yerine getirmek; *Huk.* icra etmek; (*Trauung* nikâh) kıymak; **2.** v/refl meydana gelmek
Volontär m (-s; -e) gönüllü stajyer
Volt n (-, -s; -) *El.* volt
Volumen n (-s; -, -mina) hacim, oylum; *Inhalt*: az. kapasite
von *ilg. räumlich, zeitlich*: *-den*; *für Genitiv*: *-in*; *beim Passiv*: *-in* tarafından; *über j-n od. et.*: hakkında; **~ Hamburg** Hamburg'tan; **ein Freund ~ mir** benim bir arkadaşım, arkadaşlarımdan biri(si); **die Freunde ~ Ayşe** Ayşe'nin dostları; **ein Brief (Geschenk) ~ Ali** Ali'den bir mektup (hediye); **ein Buch (Bild) ~ Orwell (Picasso)** Orwell'in (Picasso'nun) bir kitabı (resmi); **der König (Bürgermeister** vs.**) ~** ... kıralı (belediye başkanı vs.); **ein Kind ~ 10 Jahren** on yaşlarında bir çocuk; **müde ~ der Arbeit** çalışmaktan/işten yorulmuş; → **aus** 2, **Geburt**, **jetzt**, **nett**, **selbst** 1, **südlich** 2, **weit** 2 vs.
vor 1. *ilg.* (*D*) *räumlich*: *-in* önünde; *weiter vorn*: *-in* ilerisinde; *außerhalb*: *-in* dışında; *zeitlich, Reihenfolge, in Gegenwart von*: *-den* önce; *aufgrund von*: *-den* (dolayı); **~ e-r Stunde** bir saat önce; **um 5 ~ 12** on ikiye beş kala; **es ist 5 ~ 12** (saat) on ikiye beş var; **~ allem** her şeyden önce, özellikle; → **kurz** 1, **schreien** vs.; (*A*) *-in* önüne, *-in* önünde; **~ sich hin** kendi halinde; **2.** *bel.*: **~ und zurück** ileri geri; **Freiwillige ~!** gönüllüler (bir adım) öne!
Vorabend m arife (az. mec.): **am ~** (*G*) *-in* arifesinde
Vorahnung f önsezi
voran *bel.*: **Kopf ~** başı önde, balıklama; **~gehen** v/i (krldş., ayr., -ge-, sn, → **gehen**) *-den* önde gitmek; *zeitlich*: önce gelmek (**e-r Sache** bşden); **~kommen** v/i (krldş., ayr.,

-ge-, sn, → **kommen**) (*gut*: iyi) gitmek, ilerlemek
Vor|anmeldung f ön kayıt; **~schlag** m (maliyet) tahmin(i); **~anzeige** f (önceden) duyuru (**für** -in); *Vorbesprechung*: kısa tanıtım; *Film*: fragman, tanıtma filmi
vorarbeite|n v/i (ayr., -ge-, h) önceden çalışmak; **⁀r** m ustabaşı
voraus *bel.*: **im ⁀** önceden, peşin (olarak)
voraus|gehen v/i (krldş., ayr., -ge-, sn, → **gehen**) önde (*veya* önden) gitmek; **~gesetzt** bağl. şu şartla (**dass** ki); **⁀kasse** f (-; -n) *Ekon.* peşin ödeme; **⁀sage** f (-; -n) tahmin; *Wetter*. hava tahmini; **~sagen** v/t (ayr., -ge-, h) tahmin etmek; **~sehen** v/t (krldş., ayr., -ge-, h, → **sehen**) önceden sezmek/kestirmek
voraussetz|en v/t (ayr., -ge-, h) şart koşmak; *selbstverständlich*: varsaymak, farz etmek; **⁀ung** f (-; -en) şart, koşul (**für** -in); **unter der ⁀ung, dass ...** şartıyla/koşuluyla; **die ⁀ungen erfüllen** koşulları/şartları yerine getirmek
Voraussicht f (-) öngörü, önsezi, tahmin; **aller ~ nach** büyük bir olasılıkla; **⁀lich 1.** *sıf.* beklenir, olası; **2.** *bel.* bir olasılık; **er kommt ⁀lich morgen** bir olasılık yarın gelecek
Vorauszahlung f avans, ön ödeme
Vorbedeutung f (-; -en) belirti, gösterge; **gute ~** hayra alamet, uğur; **schlimme ~** uğursuzluk
Vorbedingung f (-; -en) önkoşul
Vorbehalt m (-s; -e) çekince; **unter dem ~, dass** (olması) kaydıyla/koşuluyla; **⁀en** v/t (krldş., ayr., h, → **halten**): **sich** (**das Recht**) **⁀en zu** hakkını elinde tutmak; → **Irrtum**, *Preisänderung*, *Recht*; **⁀los 1.** *sıf.* koşulsuz, çekincesiz; **2.** *bel.* çekinceden, koşulsuzca
vorbei *bel. zeitlich*: bitti, bitmiş; *Winter, Woche* vs.: az. geçmiş; *aus, beendet*: dolmuş, bitirilmiş; *vergangen*: geçti; *räumlich*: yanından/önünden geçerek; **jetzt ist alles ~** şimdi her şey bitti; **~!** *daneben*: ıska, karavana!; **~fahren** v/i (krldş., ayr., -ge-, sn, → **fahren**) (arabayla geçip) gitmek (**an j-m** b-nin yanından/önünden)

~gehen v/i (krldş., ayr., -ge-, sn, → gehen) (yürüyerek) geçmek (an j-m b-nin yanından/önünden); mec. geçmek, geçip gitmek; nicht treffen: ıskalamak; ~kommen v/i (krldş., ayr., -ge-, sn, → kommen) geçmek (an et. bşin yanından/önünden); an e-m Hindernis: bşin yanından geçebilmek; F besuchen: uğramak (bei j-m b-ne); ~lassen v/t (krldş., ayr., -ge-, h, → lassen) b-ni geçirmek; b-nin geçmesine izin vermek; ~reden v/i (ayr., -ge-, h): aneinander ~reden birbirini anlamamak, anlaşamamak

Vorbemerkung f ön açıklama

vorbereit|en (ayr., h) **1.** v/t hazırlamak; **2.** v/refl hazırlanmak (auf A bşe); ℒung f (-; -en) hazırlık; ℒungen treffen hazırlık yapmak (für bşe)

vorbestell|en v/t (ayr., h) Waren önceden sipariş etmek; Tisch, Platz, Zimmer vs. az. ayırtmak; ℒung f (-; -en) ön sipariş; ayırtma, rezervasyon

vorbestraft sif.: ~ sein (savcılıkta/poliste) kaydının bulunmuş olmak

vorbeug|en (ayr., -ge-, h) **1.** v/i önüne geçmek (e-r Sache bşin); **2.** v/refl öne eğilmek; ~end sif. önleyici; Tıp az. koruyucu; ℒung f (-) önleme, koruma

Vorbild n (-s; -er) model, örnek; (j-m) ein ~ sein b-ne örnek olmak; sich j-n zum ~ nehmen b-ni örnek almak; ℒlich sif. örnek (niteliğinde); ~ung f (-) (b-nin almış olduğu) eğitim

vordatieren v/t (ayr., h) (üzerine) ileri bir tarih atmak

Vorder|... ön ...; ℒe sif. ön(deki); ~grund m (-s) ön plan; ~mann m: mein ~mann önümdeki kişi; ~seite f ön taraf; Münze: ön yüz

vordrängen v/refl (ayr., -ge-, h) ön tarafa geçmeye çalışmak; in Schlange: kuyruğa girmeye çalışmak

vordring|en v/i (krldş., ayr., -ge-, sn, → dringen) ilerlemek; ~en (bis) zu çalışıp bye (kadar) gelmek (az. mec.); ℒlich **1.** sif. (çok) ivedi; **2.** bel.: ℒlich behandeln bşi ivedilikle/öncelikle yapmak

Vordruck m (-s; -e) form(üler), form dilekçe

voreilig sif. aceleci, tez, atak; düşüncesiz; ~e Schlüsse ziehen düşünmeden sonuç çıkarmak

vor|eingenommen sif. ön yargılı, taraflı (beide: gegen -e karşı; für -den yana); ~enthalten v/t (krldş., ayr., h, → halten) gizlemek, gizli tutmak (j-m et. bşi b-nden); ~erst bel. şimdilik

Vorfahr m (-en; -en) ata, cet

Vorfahrt f (-) geçiş hakkı; ~ haben geçiş hakkı b-nin olmak; die ~ missachten geçiş hakkını çiğnemek (veya ihlal etmek); j-m die ~ nehmen b-ne geçiş hakkı tanımamak; (sich) die ~ erzwingen zorla geçmek; ~(s)schild n yol ver levhası; ~(s)straße f anayol

Vorfall m (-s; ⁀e) olay, oluşan durum; ℒen v/i (krldş., ayr., -ge-, sn, → fallen) olmak, meydana gelmek, ortaya çıkmak

vorfinden v/t (krldş., ayr., -ge-, h, → finden) ... olarak bulmak

Vorfreude f dört gözle bekleme

vorführ|en v/t (ayr., -ge-, h) göstermek; Kunststück vs. sunmak; Gerät vs. tanıtmak; Huk. çıkarmak (j-m -in huzuruna); ℒung f (-; -en) gösterme; sunma (az. Vorstellung); tanıtma; çıkarma, sergi(leme); ℒwagen m Oto. tanıtım arabası

Vor|gang m (-s; ⁀e) olay, oluşma, olayın seyri; Akte: dosya; Biyo., Tek. süreç; den ~gang schildern olayı anlatmak; ~gänger m (-s; -) öncel, selef; ~garten m ön bahçe; ~gebirge n burun

vorgehen v/i (krldş., ayr., -ge-, sn, → gehen) geschehen; olmak, vuku bulmak; wichtiger sein: daha önemli olmak, önce gelmek; F früher gehen: önden gitmek; handeln: davranmak, hareket etmek; gerichtlich: dava etmek (gegen j-n b-ni); verfahren: muamele etmek; meine Uhr geht (zwei Minuten) vor saatim (iki dakika) ileri gidiyor; was geht hier vor? burada neler oluyor?

Vorgehen n (-s) hareket, yöntem, usul

Vorge|schmack m (-s) ilk tat, ilk fikir (auf A -e, von -in); ~setzte m, f (-n; -n) b-nin üstü, amir, şef, müdür

vorgestern bel. önceki gün, F dün değil evvelsi gün

vorhaben *v/t (krldş., ayr.*, -ge-, h, → *haben*) bşi tasarlamak, bşe niyet etmek, bşi aklından geçirmek; *haben Sie heute Abend et. vor?* bu akşam için bir planınız/programınız var mı?; *was hat er jetzt wieder vor?* (onun) aklından gene neler geçiyor, aklından ne oyunlar kuruyor gene?

Vorhaben *n* (-s; -) plan, program; *Ekon., Tek.* proje, tasarı

Vorhalle *f* hal, giriş hali

vorhalt|en (*krldş., ayr.*, -ge-, h, → *halten*) **1.** *v/t: j-m et. ~en mec.* b-ne bşi (sitemle) anımsatmak, b-ni uyarmak; **2.** *v/i* sürmek, devam etmek; **~ungen** *pl* uyarılar, anımsatmalar *pl*: *j-m ~ungen machen* b-ne uyarılarda bulunmak (*wegen* -den dolayı)

vorhanden *sıf.* verfügbar: var, mevcut, (elde) hazır; **~ sein** *az.* var olmak, bulunmak; *es ist nichts mehr ~* artık hiçbir şey kalmadı; **~sein** *n* (-s) (var) oluş, hazır bulunma

Vor|hang *m* (-s; ~e) (kalın) perde; **~hängeschloss** *n* asma kilit

vorher *bel.* daha önce; *am Abend ~* bir akşam önceden

vorher|gehen *v/i (krldş., ayr.*, -ge-, sn, → *gehen*) olmak/gerçekleşmek (*e-r Sache* bşden önce); **~ig** *sıf.* önceki

Vorherr|schaft *f* (-) üstünlük, egemenlik; **~schen** *v/i (ayr.*, -ge-, h) -e üstün olmak/gelmek, -e egemen olmak; **~schend** *sıf.* üstün, egemen

Vorher|sage *f* (-; -en) → *Voraussage*; **~sagen** *v/t (ayr.*, -ge-, h) → *voraussagen*; **~sehen** *v/t (krldş., ayr.*, -ge-, h, → *sehen*) → *voraussehen*

vorhin *bel.* az önce, demin, henüz

vorig *sıf.* önceki; *~e Woche* geçen hafta

vorjährig *sıf.* önceki yıl, bir yıl önceki

Vorkaufsrecht *n* önalım/rüçhan hakkı

Vorkehrungen *pl*: *~ treffen* önlemler almak (*gegen* -e karşı)

Vorkenntnisse *pl* ön bilgi *sg* (*in D* konusunda)

vorkommen *v/i (krldş., ayr.*, -ge-, sn, → *kommen*) bulunmak; geschehen: olmak, meydana gelmek; *es kommt mir ... vor* bana ... gibi geliyor

Vorkomm|en *n* (-s; -) *Min.* maden yatağı, varlık; **~nis** *n* (-ses; -se) oluş, olay

Vorkriegs... savaş öncesi ...

vorlad|en *v/t (krldş., ayr.*, -ge-, h, → *laden*) *Huk.* (resmen duruşmaya) çağırmak; **~ung** *f* (-; -en) celp(name), çağrı

Vorlage *f* (-; -n) model; *Muster*: örnek; *Zeichen~ vs.*: kopya edilen model/örnek; *Unterbreitung*: arz, ibraz; *Parlament*: tasarı; *Fußball*: ileri pas

vorläufig 1. *sıf.* geçici; **2.** *bel.* geçici olarak; F şimdilik

Vorleben *n* (-s) b-nin geçmişi, daha önceki hayat

vorlegen (*ayr.*, -ge-, h) **1.** *v/t* sunmak; *Dokument vs.* arz/ibraz etmek; *zeigen*: göstermek; **2.** *v/refl* öne uzanmak

Vorleger *m* (-s; -) küçük halı, yaygı; *Matte*: paspas

vorles|en *v/t (krldş., ayr.*, -ge-, h, → *lesen*) yüksek sesle okumak; *j-m et. ~en* b-ne bş okumak; **~ung** *f* (-; -en) (üniversitede konferans türü) ders (*über A* üzerine; *vor D* -e); *e-e ~ung halten* bir ders vermek

vorletzte *sıf.* sondan ikinci; *~ Nacht* dün değil önceki gece; *~ Woche* iki hafta önce

vorlieb *bel.*: *~nehmen* mecburen yetinmek (*mit* bşle)

Vorliebe *f* (-; -n) özel eğilim, tutku (*für* -e)

vorliegen *v/i (krldş., ayr.*, -ge-, h, → *liegen*): *es liegen ... vor* bu konuda ... var/bulunuyor; *was liegt gegen ihn vor?* onun hakkındaki suçlama nedir?; *~d sıf.* elde bulunan, elinizdeki *vs.*, sözkonusu

vorm. *kıs.* = *vormittags* öğleden önceleri

Vormachtstellung *f* (-) egemenlik, öncülük, önderlik

vormerken *v/t (ayr.*, -ge-, h): (*sich*) *et. ~* bşi not etmek, kaydetmek; *j-n ~* b-nin adını kaydetmek/yazmak

Vormittag *m* (-s; -e) öğleden önce; *heute ~* bugün öğleden önce; **~s** *bel.* öğleden önceleri

Vormund *m* (-s; -e, ~er) vasi; **~schaft** *f* (-; -en) vesayet

vorn *bel.* önde; *nach ~* öne doğru;

von ~ önden (doğru); *zeitlich*: baştan, bşin başından; **j-n von ~(e) sehen** b-ne önden bakmak; **noch einmal von ~(e)** *(anfangen)* tekrar baştan (başlamak)

Vorname *m* ad, isim

vornehm *sıf.* seçkin; *edel, adlig*: soylu; F *fein, teuer vs.*: şık ve zarif, sıradışı, F lüks

vornehmen *v/t (krldş., ayr., -ge-, h, → nehmen)* uygulamak, yerine getirmek; *Änderungen vs.* yapmak; **sich et. ~** bş yapmaya karar vermek; *planen*: bşe niyet etmek, bşi tasarlamak, planlamak; **sich fest vorgenommen haben zu** yapmaya kesin kararlı olmak; **sich j-n ~** b-nden hesap sormak, b-ni azarlamak/paylamak **(wegen** -den dolayı)

vornherein *bel.*: **von ~** baştan beri/ itibaren

Vorort *m* (-s; -e) banliyö; *hkr.* varoş; **~(s)zug** *m* banliyö treni

Vorprogramm *n* ön program, fragmanlar *pl*; ℒ**ieren** *v/t (ayr., h)* programlamak; *mec.* **das war** ℒ**iert** bunun böyle olacağı belliydi

Vorrang *m* (-s): **~ haben vor** *(D)* -in -e önceliği olmak; **-den** önce gelmek

Vorrat *m* (-s; ⸚e) stok (miktarı), depo mevcudu **(an** *D*); *özl. Lebensmittel*: *az.* erzak, yiyecek; *özl. Rohstoffe vs.*: kaynaklar *pl*, rezervler *pl (az. Geld*ℒ*)*

vorrätig *sıf.* (elde) hazır ; *Ekon.* (depoda) mevcut; **nicht (mehr) ~** (artık) mevcudu kalmamış

Vor|recht *n* öncelik hakkı, imtiyaz; **~redner** *m* b-nden önceki konuşmacı; **~richtung** *f* (-; -en) *Tek.* düzenek, mekanizma; **~ruhestand** *m* erken emeklilik; **~saison** *f* sezon öncesi; **~satz** *m* (-es; ⸚e) karar; *Absicht*: niyet; *Huk*. kasıt, taammüt; ℒ**sätzlich** *sıf.* isteyerek, bilerek, kasden; *özl. Huk.* taammüden; **~schau** *f* (-; -en) ön duyuru **(auf** *A* -in); *Film*: fragmanlar *pl*, ön program

Vorschein *m* (-s): **zum ~ bringen** meydana çıkarmak; *mec.* ortaya çıkarmak; **zum ~ kommen** görünmek, ortaya çıkmak

vor|schieben *v/t (krldş., ayr., -ge-, h, → schieben)* bşi bahane etmek, bşi mazeret göstermek; **~schießen** *v/t* *(krldş., ayr., -ge-, h, → schießen)* b-ne ödünç *(veya* avans) olarak vermek

Vorschlag *m* (-s; ⸚e) öneri, teklif; **auf j-s ~** b-nin önerisi üzerine; ℒ**en** *v/t (krldş., ayr., -ge-, h, → schlagen)* önermek, teklif etmek; **~, et. zu tun** bş yapmayı önermek/teklif etmek

vorschnell *sıf.* acele, çabucak

vorschreiben *v/t (krldş., ayr., -ge-, h, → schreiben)* *mec.* ön görmek, emretmek; **ich lasse mir nichts ~** ben kimseden emir almam

Vorschrift *f* (-; -en) kural, yönetmelik, tüzük; *Anweisung*: emir, talimat; **Dienst nach ~ machen** yönetmeliğe uygun hizmet/görev; ℒ**smäßig** *sıf.* (yönetmeliğe/tüzüğe) uygun, doğru; ℒ**swidrig** *sıf. ve bel.* yönetmeliğe aykırı, usulsüz

Vor|schub *m*: **e-r Sache ~schub leisten** (olumsuz bşi) desteklemek, **~schuss** *m* (-es; ⸚e) avans, öndelik **(auf** *A* -den); ℒ**schützen** *v/t (ayr., -ge-, h)* bşi bahane *(veya* sözde nedeni) olarak göstermek

Vorsicht *f* (-) *Sorgfalt*: özen; *Wachsamkeit*: uyanıklık; **~!** dikkat (et)!, dikkatli ol!; **~, Glas!** dikkat, (kırılır) cam!; **~, Stufe!** basamağa dikkat!; ℒ**ig** *sıf.* dikkatli, özenli; ℒ**ig!** yavaş!; ℒ**shalber** *bel.* her duruma karşı; F ne olur ne olmaz

Vorsichtsmaßnahme *f* ihtiyat tedbiri; **~n treffen** önlem/tedbir almak

Vorsitz *m* (-es) başkanlık; **den ~ haben** başkanlık etmek; **den ~ übernehmen** başkanlığı devralmak **(bei** -de); **~ende** *m, f* (-n; -n) başkan

Vorsorg|e *f* (-; -en) tedbir, korunma; **~e treffen** (koruyucu) önlem almak; ℒ**en** *v/i (ayr., -ge-, h)* önceden önlem/tedbir almak **(für** için); **~e-untersuchung** *f Tıp* korunma muayenesi; ℒ**lich 1.** *sıf.* önleyici, ihtiyati; **2.** *bel.* her olasılığa karşı, ihtiyaten

Vor|spann *m* (-s; -e) *Film*: tanıtım bilgileri *pl*; jenerik; **~speise** *f* meze, ordövr; F açılış

Vorspiegelung *f* (-; -en): **(unter) ~ falscher Tatsachen** yanlış belgeler/ olgular öne sürerek

vor|sprechen *v/i (krldş., ayr., -ge-, h, → sprechen)* bş söylemek için

vorspringen 564

çıkmak (**bei** b-nin yanına); *Tiy.* küçük bir deneme rolü oynamak; **~springen** *v/i* (*krldş.*, *ayr.*, -ge-, sn, → **springen**) *Mimar. vs.* ileri çıkmak, çıkıntı oluşturmak

Vorsprung *m* (-s; ⁇e) *Mimar.* çıkma, çıkıntı, cumba; *Sport vs.*: önde bulunma, ara (farkı); **e-n ~ haben** önde bulunmak (**von**); *özl. mec.* önde olmak (**von 2 Jahren** iki yıl)

Vor|stadt *f* banliyö; *hkr.* varoş; **~stand** *m* (-s; ⁇e) *Ekon.* yönetim; *e-s Vereins vs.*: yönetim kurulu; *Person*: başkan; *e-r Gesellschaft*: müdür; **~standsetage** *f* yönetim katı

vorstell|en (*ayr.*, -ge-, h) **1.** *v/t* tanıtmak, takdim etmek (**j-n j-m** b-ni b-ne); *Uhr* ileri almak (**um** ... dakika *veya* saat); *bedeuten*: anlamını taşımak; **sich et.** (**j-n als ...**) **~en** bşi (b-ni) bş olarak hayal/tasavvur etmek; **so stelle ich mir ... vor** ... (olacağını) böyle düşünüyorum; **2.** *v/refl* k-ni tanıtmak, takdim etmek; **sich ~en bei** *e-r Firma vs.*: bir iş için bye başvurmak; **⁇ung** *f* (-; -en) *Tiy.* gösteri; *Kino vs.*: *az.* gösterim; *Gedanke vs.*: fikir, tasarı; *Erwartung*: beklenti; *von j-m od. et.*: tanıtma, takdim; **⁇ungsgespräch** *n* (işe alınma) görüşme(si)/mülakat(ı)

Vor|strafe *f* sabıka; **⁇strecken** *v/t* (*ayr.*, -ge-, h) *Geld* avans/öndelik vermek; **⁇stufe** *f* ilk basamak/kademe; **⁇täuschen** *v/t* (*ayr.*, -ge-, h) yalandan bş yapmak; yapar görünerek b-ni kandırmak

Vorteil *m* (-s; -e) avantaj (*az. Tennis*); *Nutzen* yarar, çıkar, kazanç; **die Vor- und Nachteile** bşin olumlu ve olumsuz yanları; yarar ve zararlar; **⁇haft** *sıf.* yararlı, kazançlı

Vortrag *m* (-s; ⁇e) konuşma; *Vorlesung*: konferans (**über** *A* üzerine); *Müz.*, *Gedicht⁇*: okuma; **e-n ~ halten** bir konuşma yapmak, konferans vermek (**vor** *D* -e); **⁇en** *v/t* (*krldş.*, *ayr.*, -ge-, h, → **tragen**) *äußern*: açıklamak, anlatmak, söylemek, bildirmek; *Müz. vs.* sunmak, oynamak; *Gedicht vs.* okumak

Vortritt *m* (-s) *fig.*: **j-m den ~ lassen** b-ne öncelik vermek; *mec.* önceliği b-ne bırakmak

vorüber *bel.* → **vorbei**; **~gehend** *sıf.* geçici, F şimdilik

Vorurteil *n* önyargı; **~e haben gegen** -e karşı önyargılı olmak/davranmak; **⁇slos** *sıf.* önyargısız, yansız, tarafsız

Vorverkauf *m* (-s) *Tiy. vs.* ön satış; **~sstelle** *f* ön satış gişesi

vor|verlegen *v/t* (*ayr.*, h) bşi (öne) almak (**auf** *A* -e; **um** ... gün *veya* ay); **⁇wahl** *f Tel.* alan kodu (**von** -in); **⁇wand** *m* (-s; ⁇e) bahane; *Ausrede*: mazeret, kaçamaklı söz

vorwärts *bel.* ileri (doğru); **~!** haydi!, yürüyün!; **~ kommen** ilerlemek; *mec. az.* ilerleme kaydetmek

vorwegnehmen *v/t* (*krldş.*, *ayr.*, -ge-, h, → **nehmen**) bşi *veya* bir işi öne almak

vorweisen *v/t* (*krldş.*, *ayr.*, -ge-, h, → **weisen**) ortaya koymak, göstermek; **et. ~ können** gösterecek bşi olmak

vorwerfen *v/t* (*krldş.*, *ayr.*, -ge-, h, → **werfen**): **j-m et. ~** b-ni bşden dolayı suçlamak, b-ne bşden dolayı sitem etmek

vorwiegend *bel.* özellikle, daha ziyade, esasen

Vorwort *n* (-s; -e) önsöz

Vorwurf *m* (-s; ⁇e) sitem, suçlama; **j-m Vorwürfe machen** b-ne sitem etmek, b-ne suçlamalarda bulunmak (**wegen** -den dolayı)

vorwurfsvoll *sıf.* sitemli, suçlayıcı

Vorzeichen *n mec.* alamet

vorzeigen *v/t* (*ayr.*, -ge-, h) göstermek; *Karte vs. az.* sunmak, ibraz etmek

vorzeitig *sıf.* (çok) erken, zamansız

vor|ziehen *v/t* (*krldş.*, *ayr.*, -ge-, h, → **ziehen**) *Vorhänge vs.* çekmek; *mec.* -e öncelik vermek; -i yeğlemek, -i tercih etmek (*D* -e); **⁇zimmer** *n* ön büro, sekreterlik; *Wartezimmer*: bekleme odası; **⁇zimmerdame** *f* resepsiyon memuresi; **⁇zug** *m* (-s; ⁇e) *Vorteil*: avantaj; *gute Eigenschaft*: üstünlük, meziyet; **den ⁇zug geben** (*D*) -e öncelik tanımak; **~züglich** *sıf.* olağanüstü güzel, mükemmel, üstün; **~zugsweise** *bel.* tercihen

Votum *n* (-s; -ten, -ta) oy (verme)

VP *kıs.* = **Vollpension** *f* tam pansiyon

wählerisch

vulgär *sıf.* kaba, bayağı, adi
Vulkan *m* (-s, -e) yanardağ, volkan; **~ausbruch** *m* yanardağ püskürmesi; **≈isch** *sıf.* volkanik

W

W *kıs.* = **Westen** *m* batı
Waag|e *f* (-; -n) tartı, terazi; *mec.* **sich die ~e halten** birbirine denk olmak; **≈erecht** *sıf.*, **≈recht** *sıf.* yatay; **~schale** *f* kefe, terazi gözü
wach *sıf.* uyanık; **~ werden** uyanmak
Wache *f* (-; -n) nöbet (*az. Ask.*); *Person*: nöbetçi; *Polizei-*: karakol; **~ haben** nöbeti olmak; **~ halten** nöbet tutmak
wach|en *v/i* (h) dikkat etmek (**über** *A* -e); **≈hund** *m* bekçi köpeği (*az. mec.*); **≈mann** *m* bekçi
Wacholder *m* (-s; -) *Bot.* ardıç
wach|rufen *v/t* (*krldş.*, *ayr.*, -ge-, h, → *rufen*) *mec.* uyandırmak; *Erinnerungen* canlandırmak; **~rütteln** *v/t* (*ayr.*, -ge-, h) ayıltmak, uyandırmak (*aus* -den) (*az. mec.*)
Wachs *n* (-es; -e) mum, balmumu
wachsam *sıf.* dikkatli, gözü açık; **~ sein** tetikte olmak; **≈keit** *f* (-) uyanıklık
wachsen¹ *v/i* (wuchs, gewachsen, sn) büyümek; *mec. az.* gelişmek, çoğalmak; → *Bart*
wachsen² *v/t* (h) balmumu cilası sürmek, cilalamak
Wachsfigurenkabinett *n* balmumu heykelleri sergisi
Wachstuch *n* muşamba
Wachstum *n* (-s) büyüme; *mec. az.* gelişme; **~srate** *f* büyüme oranı/hızı
Wächter *m* (-s; -) gardiyan; *Nacht≈*, *Parkplatz≈* vs.: bekçi
wackel|ig *sıf.* oynak, gevşek (*az. mec.*); *Zahn*: sallanan; **≈kontakt** *m* *El.* gevşek elektrik kontağı
wackeln *v/i* (h) sallanmak; *Tisch* vs.: sarsılmak; *az. Zahn*: oynamak; *Fot.* titremek; **~ mit** *özl. Körperteil*: -i oynatmak; **mit den Hüften ~** kalçasını sallamak/çalkalamak

Wade *f* (-; -n) baldır
Waffe *f* (-; -n) silah (*az. mec.*)
Waffel *f* (-; -n) gofret; *özl. Eis≈*: ince bisküvi
Waffengewalt *f*: **mit ~** silah gücüyle
Waffen|schein *m* silah ruhsatı; **~stillstand** *m* mütareke, ateşkes (*az. mec.*); *zeitweiliger*: ateşkes
wagen (h) **1.** *v/t* cüret etmek, cesaret etmek; *riskieren*: riske atmak; **es ~**, **et. zu tun** bşi yapmaya cüret/cesaret etmek; **2.** *v/refl*: **sich aus dem Haus** vs. **~** evden vs. dışarı çıkmaya cesaret etmek
Wagen *m* (-s; -) *Auto*: araba; *Demiryol.* vagon
wägen *v/t* (h) → *abwägen*
Wagen|heber *m* (-s; -) kriko; **~papiere** *pl* araba belgeleri
Waggon *m* (-s; -s) (demiryolu) vagon(u); *Güter≈*: yük vagonu
wag|halsig *sıf.* gözüpek, F deliduman; **≈nis** *n* (-ses; -se) tehlikeli iş/girişim, risk
Wahl *f* (-; -en) tercih; *andere*: seçenek; *Auslese*: seçme; *Pol.* seçim; *Abstimmung*: oylama; **die ~ haben** seçim yapma durumunda olmak; **s-e ~ treffen** seçimini yapmak; **keine (andere) ~ haben** (başka) hiçbir seçeneği olmamak
wahlberechtigt *sıf.* oy hakkına sahip
Wahlbeteiligung *f* seçime katılma (oranı); **hohe (niedrige) ~** yüksek (düşük) katılım
wählen 1. *v/t* (h) seçmek, *aus~*: *az.* seçip ayırmak; *j-n in ein Amt* vs.: b-ni bye seçmek; **2.** *v/i Pol.* oyunu kullanmak; *Tel.* numarayı çevirmek
Wähler *m* (-s; -) seçmen
Wahlergebnis *n* seçim sonucu
Wählerin *f* (-; nen) seçmen (kadın)
wählerisch *sıf.* titiz, zor beğenen

Wahl|fach *n Ped.* seçmeli ders; **~gang** *m* (oylama) tur(u); *im ersten ~gang* birinci turda; **~heimat** *f* ikinci yurt/memleket; **~kabine** *f* oy verme kabini; **~kampf** *m* seçim kampanyası; **~kreis** *m* seçim bölgesi; **~lokal** *n* oy verme yeri
wahllos *sıf.* gelişigüzel, rasgele
Wahl|programm *n* seçim programı/platformu; **~recht** *n* oy (verme) hakkı; **~rede** *f* seçim konuşması; **~spruch** *m* seçim sloganı; **~urne** *f* seçim sandığı; **~versammlung** *f* seçim mitingi; **~zettel** *m* oy pusulası
Wahn *m* (-s) vehim, kuruntu; *Besessenheit:* düşkünlük
Wahnsinn *m* (-s) delilik, çılgınlık (*az. mec.*), cinnet; **☿ig 1.** *sıf.* çılgın, delirmiş (*az. mec.*), cinnet getirmiş; F *mec. az.* kaçık; *Angst, Schmerz vs.:* korkunç, çıldırtan; **2.** *bel.* F *mec. sehr.* korkunç derecede; *verliebt:* delicesine; **~ige** *m, f* (-n; -n) deli, çıldırmış
Wahnvorstellung *f* kuruntu, sanrı
wahr *sıf.* doğru; *wirklich:* gerçek; *echt:* hakiki, öz
wahren *v/t* (h) *Interessen, Rechte* korumak; *den Schein ~* durumu idare etmek, zevahiri kurtarmak
während 1. *ilg.* esnasında, sırasında; **2.** *bağl.* (gel-)irken; *Gegensatz: az.* oysa
Wahrheit *f* (-; -en) gerçek, hakikat, doğru; **☿sgemäß** *sıf.* gerçeğe uygun/uyan
wahrnehm|bar *sıf.* algılanabilir, fark edilebilir; **~en** *v/t* (*krldş., ayr., -ge-,* h, → *nehmen*) algılamak, fark etmek; *Gelegenheit, Vorteil* değerlendirmek, kaçırmamak; *Interessen* korumak, gözetmek; **☿ung** *f* (-; -en) algılama
wahrscheinlich 1. *sıf.* olası, muhtemel; **2.** *bel.* belki, olasılıkla; **☿keit** *f* (-; -en) olasılık, ihtimal; *aller ☿keit nach* büyük bir olasılıkla
Währung *f* (-; -en) para (sistemi); **~seinheit** *f* para birimi; **~sreform** *f* para reformu; **~sschlange** *f* para yılanı; **~ssystem** *n* para sistemi
Wahrzeichen *n* simge, sembol; *e-r Stadt vs.:* simge, amblem
Waise *f* (-; -n) *mutterlos, elternlos:* öksüz, *vaterlos:* yetim; **~nhaus** *n* yetimhane, öksüzler yurdu
Wal *m* (-s; -e) balina
Wald *m* (-s; ⁻er) koru, fundalık; *großer.* orman; **~brand** *m* orman yangını; **☿reich** *sıf.* çok ormanlı; **~sterben** *n* (-s) ormanların ölmesi/yok olması
Walfang *m* (-s) balina avı
Walnuss *f* (-; ⁻e) ceviz
walten *v/i* (h): *~ lassen Gnade vs.* göstermek
Walze *f* (-; -n) merdane silindir (*az. Straßen☿*)
walzen *v/t* (h) silindir geçirmek
wälzen (h) **1.** *v/t* yuvarlamak; *Problem* düşünüp taşınmak; **2.** *v/refl* yuvarlanmak
Walzer *m* (-s; -) *Müz.* vals
Wand *f* (-; ⁻e) duvar; *mec. az.* engel, bariyer
Wandel *m* (-s) değişim, dönüşüm
wandeln *v/refl* (h) değişmek
Wander|er *m* (-s; -), **~in** *f* (-; -nen) seyyah, gezgin; **~karte** *f* gezinti haritası
wandern *v/i* (sn) gezmek, dolaşmak, yürüyüş yapmak; *umherstreifen:* dolanıp durmak; *mec. Blick, Gedanken:* dolaşmak
Wanderung *f* (-; -en) yürüyüş; *e-e ~ machen* yü-rüyüşe çıkmak
Wanderweg *m* yürüyüş yolu
Wand|gemälde *n* duvar resmi; **~kalender** *m* duvar takvimi; **~schrank** *m* gömme dolap; **~teppich** *m* duvar halısı; **~uhr** *f* duvar saati
Wange *f* (-; -n) yanak
wann *soru bel.* ne zaman; *seit ~?* ne zamandan beri?; *bis ~?* ne zamana kadar?
Wanne *f* (-; -n) tekne, leğen; *Bade☿:* küvet
Wanze *f* (-; -n) *Zoo.* tahtakurusu; F *Abhörgerät:* gizli dinleme cihazı
Wappen *n* (-s; -) arma
Ware *f* (-; -n) mal; *Artikel:* eşya; *Produkt:* ürün
Waren|angebot *n* mal çeşitleri *pl*; **~haus** *n* mağaza; **~lager** *n* mal deposu, ardiye; **~probe** *f* mal örneği; **~sendung** *f* mal gönderimi; *Post.* mal örneği (gönderimi); **~test** *m* ürün kontrolü; **~zeichen** *n* marka
warm *sıf.* ılık (*az. mec.*); *Essen:* sıcak;

Wasserzeichen

~ *halten* sıcak tutmak; ~ *stellen,* ~ *machen* ısıtmak
Wärm|e *f* (-) sıcaklık; *Fiz.* ısı; ⁓**en** *v/t* (h) ısıtmak; *sich die Füße* ⁓**en** ayaklarını ısıtmak; ⁓**flasche** *f* sıcak su torbası, termofor
Warm|front *f Meteor.* sıcak hava cephesi; ⁓**wasserversorgung** *f* sıcak su tesisatı
Warn|blinkanlage *f Oto.* uyarı/ikaz ışığı; ⁓**dreieck** *n Oto.* uyarı/ikaz üçgeni; ⁓**en** *v/t* (h) uyarmak, ikaz etmek (*vor D* -e karşı, hakkında); *j-n davor* ⁓**en, et. zu tun** b-ni bşi yapmaması için uyarmak; ⁓**schild** *n* ikaz/tehlike levhası/işareti; ⁓**signal** *n* uyarı/ikaz sinyali; ⁓**streik** *m Ekon.* uyarı grevi; ⁓**ung** *f* (-; -en) uyarı, ikaz, ihtar
Warteliste *f* yedekler listesi; *auf der* ~ *stehen* yedekler listesinde olmak
warten[1] *v/i* (h) beklemek (*auf A* -i); *darauf* ~, *dass j-d et. tut* b-nin bş yapmasını beklemek; *j-n* ~ *lassen* b-ni bekletmek
warten[2] *v/t Tek. -in* bakımını yapmak
Wärter *m* (-s; -) görevli, hizmetçi; *Wächter.* bekçi; *Gefängnis*⁓: gardiyan; *Tier*⁓: bakıcı
Warte|saal *m* bekleme salonu; ⁓**zimmer** *n* bekleme odası
Wartung *f* (-; -en) *Tek.* (teknik) bakım
warum *bel.* niçin, neden, niye
Warze *f* (-; -n) siğil
was 1. *soru zam.* ne; ⁓*? überrascht vs.*: niye?, F ne?; *wie bitte?* efendim?; ~ *machen Sie? gerade*: ne yapıyorsunuz?; *beruflich*: ne iş yapıyorsunuz?; → *für, geben* 2, *kosten*2, *sollen* 1, 2; **2.** *ilgi zam.: alles,* ~ *ich habe* (*brauche*) benim neyim varsa (bana ne lazımsa) hepsi; *ich weiß nicht,* ~ *ich tun* (*sagen*) *soll* ne yapacağımı (söyleyeceğimi) bilmiyorum; ..., *was mich ärgert* ..., beni de kızdıran bu oldu; **3.** F *blrsz zam.* → *etwas*
Wasch|anlage *f* oto yıkama (tesisi); *für Scheiben:* ön cam yıkayıcısı; ⁓**bar** *sıf.* yıkanabilir; ⁓**becken** *n* lavabo
Wäsche *f* (-;) yıkama, çamaşır(hane); *Bett*⁓: yatak çarşafı; *Tisch*⁓: masa örtüsü; *Unter*⁓: iç çamaşırı; *in der* ~ yıkamada; *mec.* **schmutzige** ~ **waschen** kirli çamaşırları yıkamak
waschecht *sıf. Farben:* solmaz; *mec.* gerçek, hakiki, öz(beöz), *Herkunft:* F doğma büyüme
Wäsche|klammer *f* çamaşır mandalı; ⁓**leine** *f* çamaşır ipi
waschen (wusch, gewaschen, h) **1.** *v/t* yıkamak (*sich die Haare* saçlarını); F *mec. Geld*: aklamak; **2.** *v/refl* yıkanmak
Wäscherei *f* (-; -en) çamaşırhane; → *Waschsalon*
Wasch|lappen *m* sil(in)me bezi, kese; ⁓**maschine** *f* çamaşır makinesi; ⁓**maschinenfest** *sıf.* makinede yıkanabilir; ⁓**mittel** *n*, ⁓**pulver** *n* çamaşır tozu, deterjan; ⁓**raum** *m* çamaşır yıkama odası; ⁓**salon** *m* çamaşır yıkama salonu, çamaşır evi; ⁓**straße** *f* oto yıkama yolu
Wasser *n* (-s; ⁓) su; ⁓**ball** *m* sutopu; *Sport:* su topu sporu; ⁓**dampf** *m* (su) buhar(ı); ⁓**dicht** *sıf.* su geçirmez; *Gemi., Tek. az.* su sızmaz/akmaz; ⁓**fall** *m* çağlayan, şelale; ⁓**farbe** *f* suluboya; ⁓**flugzeug** *n* deniz uçağı; ⁓**graben** *m* su hendeği; ⁓**hahn** *m* musluk
wässerig *sıf.* sulu; *j-m den Mund* ~ *machen* b-nin ağzını sulandırmak (*nach* ile)
Wasser|kessel *m* kazan; *Tek.* sıcak su deposu; ⁓**kraftwerk** *n* hidroelektrik santral; ⁓**leitung** *f* su borusu; ⁓**mangel** *m* (-s) su kıtlığı/azlığı; su yokluğu
wässern *v/t* (h) ıslatmak, suya koymak; *Felder vs.* sulamak
Wasser|rohr *n* su borusu; ⁓**scheu** *sıf.* sudan korkan; ⁓**spiegel** *m* su yüzü/yüzeyi; ⁓**sport** *m* su sporları *pl*; ⁓**stand** *m* su yüksekliği/seviyesi; ⁓**standsanzeiger** *m* (-s; -) su seviye göstergesi; ⁓**stoff** *m* (-s) *Kim.* hidrojen; ⁓**stoffbombe** *f* hidrojen bombası; ⁓**strahl** *m* fıskiye, fışkırma; ⁓**straße** *f* deniz yolu; ⁓**tier** *n* su hayvanı; ⁓**verschmutzung** *f* su kirlenmesi; ⁓**versorgung** *f* su temini; ⁓**waage** *f* su terazisi; ⁓**weg** *m* su yolu; *auf dem* ~**weg** nehirden, denizden; ⁓**werk** *n* su dağıtım tesisi; ⁓**zeichen** *n* filigran

waten v/i (sn) bata çıka (zorla) yürümek
Watt¹ n (-s; -) *El.* vat
Watt² n (-s; -en) *Coğr.* watt kıyıları pl
Watte f (-; -n) pamuk
weben v/t ve v/i (h) dokumak
Webstuhl m dokuma tezgâhı
Wechsel m (-s; -) değiştirme; *Geld*~: kambiyo; para bozma; *Bank*~: senet, poliçe; *Monats*~: aylık harçlık, nafaka; **~geld** n bozuk para; *verilen* paranın üstü; **2haft** *sıf.* değişken; **~kurs** m kambiyo kuru
wechseln (h) **1.** v/t *gnl.* değiştirmek; *austauschen*: bozdurmak, F takas etmek; → *Besitzer*; **2.** v/i değişmek; *verschieden sein*: *az.* değişiklik göstermek
wechselnd *sıf.* sırayla, nöbetleşe
wechselseitig *sıf.* karşılıklı
Wechsel|strom m *El.* dalgalı/alternatif akım; **~stube** f kambiyo bürosu; **~wirkung** f (karşılıklı) etkileşim
wecken v/t (h) uyandırmak; *mec. Erinnerungen vs.* canlandırmak
Wecker m (-s; -) çalar saat
wedeln v/i (h): *mit dem Schwanz* ~ *Hund*: kuyruğunu sallamak
weder *bağl.*: ~ ... *noch* ne ... ne (de)
Weg m (-s; -e) yol; *Straße*: cadde; *Pfad*: patika, keçiyolu; *Reise*~: seyahat yolu; *Fuß*~: yaya yolu; *auf friedlichem (legalem)* ~e barışçıl (yasal) yoldan; *j-m aus dem* ~ *gehen* b-nin yolundan çekilmek; *aus dem* ~ *räumen* ortadan kaldırmak; → *halb*
weg *bel.* yok, gitmiş, kaybolmuş (*uzaklaşmayı/uzakta bulunmayı, kaybolmuşluğu, ayrılmayı, kopmayı vs. bildirir*); *weit* ~ çok uzak(ta); *Finger* ~! çek elini!, dokunma(yın)!; ~ *(hier)!* git/gidin (buradan)!; F defol!; **~bleiben** v/i (*krldş., ayr., -ge-, sn, → bleiben*) uzak durmak, yaklaşmamak; **~bringen** v/t (*ayr., -ge-, h, → bringen*) götürmek
wegen *ilg.* -*den* dolayı; *um ... willen*: -*in* yüzünden; *infolge*: -*in* sonucu
weg|fahren (*krldş., ayr., -ge-, → fahren*) **1.** v/i (sn) gitmek, ayrılmak (*az. verreisen*); arabayla gitmek; **2.** v/t (h) b-ni arabayla bye götürmek;

~fallen v/i (*krldş., ayr., -ge-, sn, → fallen*) kaldırılmak, (artık) yapılmamak; *aufhören*: durmak, durdurulmak; **2gang** m (-s) ayrılış, gidiş; **~gehen** v/i (*krldş., ayr., -ge-, sn, → gehen*) gitmek, ayrılmak; çıkmak (*az.* Fleck *vs.*); *Ware*: satılmak; **~jagen** v/t (*ayr., -ge-, h*) kov(ala)mak
wegkommen v/i (*krldş., ayr., -ge-, sn, → kommen*) F kaçmak, sıvışmak; *verloren gehen*: kaybolmak; *gut* ~ iyi kurtulmak, *stärker*: paçayı iyi kurtarmak; *mach, dass du wegkommst!* çek git başımdan!, P yıkıl karşımdan!
weg|lassen v/t (*krldş., ayr., -ge-, h, → lassen*) b-ni bırakmak/salmak; bşi bırakmak, F atlamak; **~laufen** v/i (*krldş., ayr., -ge-, sn, → laufen*) (koşarak) kaçmak (*j-m, vor j-m* b-nden, *az. mec.*); **~legen** v/t (*ayr., -ge-, h*) bir kenara bırakmak; **~müssen** v/i (*krldş., ayr., -ge-, h, → müssen*) F gitmek zorunda olmak; *ich muss jetzt* ~ şimdi gitmem gerek, şimdi gitmek zorundayım
wegnehmen v/t (*krldş., ayr., -ge-, h, → nehmen*) bşi almak (*von* b-nin elinden); *Platz, Zeit* almak; *stehlen*: çalmak; *j-m et.* ~ bşi b-nden zorla almak
weg|räumen v/t (*ayr., -ge-, h*) toparlayıp (*veya* ortadan) kaldırmak; **~schaffen** v/t (*ayr., -ge-, h*) alıp götürmek, çıkarmak; **~schicken** v/t (*ayr., -ge-, h*) göndermek; baştan savmak; **~sehen** v/i (*krldş., ayr., -ge-, h, → sehen*) görmezlikten gelmek; **~tun** v/t (*krldş., ayr., -ge-, h, → tun*) F ortadan kaldırmak
Wegweiser m (-s; -s) yol işareti
wegwerf|en v/t (*krldş., ayr., -ge-, h, → werfen*) kaldırıp atmak, ziyan etmek; **2flasche** f tek yönlü şişe, F kullanılıp atılan şişe; **2gesellschaft** f israf toplumu, F çarçur toplumu
weg|wischen v/t (*ayr., -ge-, h*) silip temizlemek; *mec. Einwand vs.* yok etmek, göz ardı etmek; **~ziehen** (*krldş., ayr., -ge-, → ziehen*) **1.** v/i (sn) byden ayrılmak, başka yere taşınmak; **2.** v/t (h) bir kenara çekmek
weh *sıf.* ağrıyan, acı veren; → *wehtun*
Wehen pl *Tıp* sancılar

wehen v/i (h) esmek; *Fahne*: dalgalanmak
weh|leidig sıf. her şeyden yakınan, mızmız, çıtkırıldım; *Stimme*: ağlamaklı; **⁄mut** f (-) hüzün, keder; **~mütig** sıf. *Gefühl*: hüzünlü, kederli; *Lächeln vs.*: acı
Wehr¹ n (-s; -e) savak, su bendi
Wehr² f: *sich zur* **~ setzen** → *wehren*; **~dienst** m (-s) askerlik hizmeti/görevi; **~dienstverweigerer** m (-s; -) askerlik görevini reddeden (kişi); **⁄en** v/refl (h) savunmak (*gegen* -e karşı); *mec.* *sich gegen et.* **⁄en** bşe karşı koymak; **~los** sıf. savunmasız; *mec.* çaresiz; **~pflicht** f (-) zorunlu askerlik hizmeti; **⁄pflichtig** sıf. askerlik yükümlüsü; **~pflichtige** m (-n; -n) askerlik yükümlüsü kişi
wehtun v/t (*krldş., ayr., -ge-, h, → tun*) yaralamak, incitmek (*j-m* b-ni; *mec. az.* b-nin duygularını); *Kopf vs.*: ağrımak; **sich ~** yaralanmak, incinmek
Weib|chen n (-s; -) *Zoo.* dişi; **⁄lich** sıf. kadın; *Gr.* dişi; *Art, Stimme vs.*: kadınlara özgü, kadınsı
weich sıf. yumuşak (*az. mec.*); *zart*: nazik, duyarlı, ince; *gar.* iyi pişmiş; *Ei*: rafadan; **~ werden** yumuşamak; *mec.* bşe razı olmak
Weiche f (-; -n) *Demiryol.* (demiryolu) makası(ı)
weichen v/i (*wich, gewichen, sn*) yol vermek (*D* -e), bşi b-ne bırakmak; *verschwinden*: bırakıp gitmek, F çekip gitmek
weiger|n v/refl (h) reddetmek; **⁄ung** f (-; -en) red(detme), istememe
Weiher m (-s; -) küçük göl, gölet
Weihnachten n (-; -) Noel; *zu* **~** Noelde; *fröhliche (od. frohe)* **~!** hayırlı (*veya* mutlu) Noeller!; *auf Karten*: Noel Bayramınız kutlu olsun!
Weihnachts|abend m Noel Gecesi; **~baum** m Noel ağacı; **~ferien** pl Noel Tatili sg; **~geld** n Noel parası; **~geschenk** n Noel hediyesi; **~lied** n Noel ilahisi/şarkısı; **~mann** m Noel baba; **~markt** m Noel pazarı; **~tag** m Noel günü; *zweiter* **~tag** ikinci Noel günü, 26 Aralık
Weih|rauch m (-s) günlük, buhur, tütsü; **~wasser** n (-s) kutsal su

weil bağl. -diği için; *da*: -diğinden dolayı
Weil|chen n (-s): *ein* **~chen** birazcık; **~e** f (-): *e-e* **~e** bir süre
Wein m (-s; -e) şarap; **~bau** m (-s) bağcılık; **~beere** f üzüm tanesi; **~berg** m bağ; **~brand** m (-s; ⁄e) konyak, konyak
weine|n v/i (h) ağlamak (*vor D* -den, *özl. nach* -e, *wegen* -den dolayı); **~rlich** sıf. ağlayan *özl. Stimme*: ağlamaklı
Wein|essig m üzüm sirkesi; **~fass** n şarap fıçısı; **~flasche** f şarap şişesi; **~gegend** f bağlık arazi; **~karte** f şarap listesi; **~keller** m şarap mahzeni, şaraphane; **~kenner** m şarap erbabı; **~lese** f (-; -n) bağbozumu; **~probe** f şarap deneme toplantısı, degüstasyon; **⁄rot** sıf. şarap kırmızısı; **~traube** f → *Traube*
weise sıf. bilge
Weise f (-; -n): *auf diese (die gleiche)* **~** bu (aynı) şekilde; *auf meine* **~** kendi yöntemimle; *Art und* **~** biçim, tarz
weisen v/t (*wies, gewiesen, h*); *von sich* **~** kabul etmemek, tanımamak; *Verdacht vs.* **~** reddetmek
Weisheit f (-; -en) bilgelik; *mit s-r am Ende* cevherini tüketmiş olmak, artık bilememek; **~szahn** m yirmi yaş dişi, F yirmilik diş
weismachen v/t (*ayr., -ge-, h*): *j-m* **~**, *dass* b-ne -diğini inandırmak, F b-ne bşi yutturmak
weiß sıf. beyaz, ak; **⁄brot** n beyaz ekmek
Weiße m, f (-n; -n) beyaz adam (kadın); *die* **~n** pl beyazlar
Weiß|kohl m, **~kraut** n (beyaz) lahana
weißlich sıf. beyazımsı, beyazımtırak
Weißruss|e m (-n; -n) Beyaz Rus; **⁄isch** sıf. Beyaz Rus(ya) ...; **~land** n Beyaz Rusya
Weißwein m beyaz şarap
Weisung f (-; -en) emir, talimat, yönerge
weit 1. sıf. geniş; *Kleidung*: *az.* bol; *Reise, Weg*: uzun; **2.** *bel.* uzak (*az. zeitlich*); **~ weg** çok uzakta (*von* -den); *von* **~em** çok uzaktan; *und breit* görünürde, ortalıkta; **~ besser** çok daha iyi; *zu* **~ gehen** fazla ileri

weitaus 570

gitmek; *es* ~ *bringen -de* çok başarılı olmak, F ilerlemek; *wir haben es* ~ *gebracht* epey yol katettik; ~ *reichend* çok şeyi/kişiyi etkileyici; ~ *verbreitet* çok yaygın; → *bei*
weitaus *bel.* çok daha (fazla)
weiter *bel.*: *und so* ~ ve saire; *nichts* ~ hepsi bu kadar; ~**arbeiten** *v/i* (*ayr.*, -ge-, h) çalışmaya devam etmek; ~**bilden** *v/refl* (*ayr.*, -ge-, h) kendini geliştirmek; *schulisch*, *beruflich*: bilgisini geliştirmek; ℒ**bildung** *f* (-) bilgi geliştirme
weitere *sıf.* başka, öteki, diğer, sair; *alles* ℒ gerisi; *bis auf* ~**s** şimdilik, ikinci bir emre kadar; *ohne* ~**s** kolaylıkla
weiter|geben *v/t* (*krldş.*, *ayr.*, -ge-, h, → *geben*) başkasına iletmek (*D*, *an A* -e, *az. mec.*); ~**gehen** *v/i* (*krldş.*, *ayr.*, -ge-, sn, → *gehen*) yola devam etmek, ilerlemek; *mec.* devam etmek, sürmek; ~**hin** *bel. ferner.* ayrıca, bundan başka; *et.* ~**hin tun** bşi eskisi (*veya* eskiden olduğu) gibi yapmayı sürdürmek; ~**kommen** *v/i* (*krldş.*, *ayr.*, -ge-, sn, → *kommen*) ilerlemek (*mec.* hayatta); ~**leben** *v/i* (*ayr.*, -ge-, h) yaşamaya devam etmek; hayatta kalmak *mec. az.* yaşamak; ~**machen** *v/t ve v/i* (*ayr.*, -ge-, h) bşe devam etmek; ℒ**verkauf** *m* (-s) yeniden satmak
weit|gehend 1. *sıf.* geniş kapsamlı; **2.** *bel.* geniş ölçüde; ~**sichtig** *sıf. Tıp* hipermetrop, *mec.* ileri görüşlü; ℒ**sprung** *m* (-s) uzun atlama
Weizen *m* (-s; ~**s 1.** *soru zam.* ne gibi bir, *auswählend*: hangi; *welcher?* hangisi?; *welcher von beiden?* (bu) ikisinden hangisi?; **2.** *ilgi zam.* ki, o; **3.** *blrsz zam.* F biraz
welk *sıf.* soluk, solgun; *Haut*: gevşek, sarkık; ~**en** *v/i* (sn) solmak, kurumak
Wellblech *n* oluklu teneke/saç
Welle *f* (-; -n) dalga (*az. Fiz.*, *mec.*); *Tek.* mil, dingil
wellen *v/t* (saçları) perma yaptırmak; *v/refl* (h) dalgalanmak
Wellen|bereich *m El.* dalga alanı/bölümü; ~**länge** *f El.* dalga boyu;

~**linie** *f* dalgalı çizgi; ~**sittich** *m* (-s; -e) *Zoo.* muhabbet kuşu
wellig *sıf.* dalgalı
Welt *f* (-; -en) dünya, evren; *die ganze* ~ bütün dünya; *auf der ganzen* ~ dünyanın her yerinde; *das beste vs. ... der* ~ dünyanın en iyi *vs.* ...si; *zur* ~ *kommen* dünyaya gelmek, doğmak; *zur* ~ *bringen* dünyaya getirmek, doğurmak
Welt|all *n* (-s) kâinat, evren; ~**anschauung** *f* dünya görüşü; ~**ausstellung** *f* dünya fuarı; ~**bank** *f* (-) Dünya Bankası; ℒ**berühmt** *sıf.* dünyaca ünlü; ℒ**fremd** *sıf.* gerçek dışı; *Gelehrter vs.*: dünyadan haberi olmayan, fildişi kulesinde yaşayan; ~**handel** *m* dünya ticareti; ~**krieg** *m* dünya savaşı; *der Zweite* ~**krieg** İkinci Dünya Savaşı; ~**kugel** *f* yerküre, yer yuvarlağı; ~**lage** *f* (-) uluslararası durum; ℒ**lich** *sıf.* dünyevi, (bu) dünya ile ilgili; ~**literatur** *f* (-) dünya yazını/edebiyatı
Welt|macht *f* büyük/süper güç; ~**markt** *m* dünya piyasası; ~**meer** *n* okyanus; ~**meister** *m* dünya şampiyonu; ~**meisterschaft** *f* dünya şampiyonası; *özl. Fußball*: dünya kupası; ~**raum** *m* (-s) uzay; ~**raum**... → *Raum...*; ~**reich** *n* imparatorluk; ~**reise** *f* dünya gezisi/turu; ~**rekord** *m* dünya rekoru; ~**sprache** *f* dünya dili, evrensel dil; ~**stadt** *f* metropol; ~**untergang** *m* dünyanın sonu; ℒ**weit** *sıf.* dünya çapında, evrensel; ~**wirtschaft** *f* (-) dünya ekonomisi; ~**wirtschaftskrise** *f* dünya ekonomik krizi
Wende *f* (-; -n) *Änderung*: dönüşüm; *e-s Jahres, Jahrhunderts*: son; ~**kreis** *m Coğr.* dönence; *Oto.* dönüş dairesi
Wendeltreppe *f* sarmal merdiven
wenden[1] (h) **1.** *v/t* çevirmek *az. Braten vs.*; *Auto*: döndürmek; **2.** *v/i Oto.* geri dönmek, U dönüşü yapmak; *bitte* ~ lütfen sayfayı çeviriniz
wende|n[2] *v/refl* (*gnl.* wandte, gewandt, h): *sich an j-n* ~ b-ne başvurmak (*um Auskunft*, *Erlaubnis* için), b-ne danışmak (*um Hilfe*, *Rat* için); ℒ**punkt** *m* dönüm noktası (*az. mec.*)
wendig *sıf. Fahrzeug*: kullanılışlı, ko-

Wetterlage

lay sürülür; *Person*: becerikli; *geistig*: uyanık, F açıkgöz

wenig *blrsz zam. ve bel.* az; **~(e)** *pl* birkaç; **nur ~e** sadece birkaçı; *ein paar.* sadece biraz; **(in) ~er als** *-den* daha az; **am ~sten** en az; **er spricht ~** az konuşur; **(nur) ein (klein) ~** (sadece) (küçük) bir parça; **~stens** *bel.* en azından

wenn *bağl.* eğer, şayet; *falls*: -mesi durumunda; **~ ... nicht** eğer ... değilse/ olmazsa; **~ auch** her ne kadar ... ise de; **wie** (*od.* **als**) **~** (yap-)ıyor gibi, (yap-)mış gibi; **~ ich nur ... wäre!** keşke ... olsaydım!; **und ~ nun ...?** (peki) ya ... ise?

wer 1. *soru zam.* kim, *auswählend*: hangisi; **~ von euch?** hanginiz?; 2. *ilgi zam.* her kim ki; **~ auch (immer)** (her) kim olursa olsun; 3. *blrsz zam.* biri(si); *fragend*: kimse; *verneinend*: hiçbiri(si), hiç kimse

Werbe|abteilung *f* reklam servisi; **~agentur** *f* reklam ajansı; **~fernsehen** *n* televizyon reklamları *pl*; **~film** *m* reklam filmi; tanıtıcı film; **~funk** *m* radyo reklamları *pl*; **~geschenk** *n* eşantiyon; **~kampagne** *f* reklam kampanyası; **2n** (warb, geworben, h) 1. *v/i*: **2n für** bşin reklamını yapmak; 2. *v/t Mitglieder vs.* b-ni üye kaydetmek; *Kunden, Stimmen* toplamak; *j-n* **2n für** b-ni bşe kazanmak; **~slogan** *m* (-s; -s) reklam sloganı; **~spot** *m* (-s; -s) (kısa) reklam

Werbung *f* (-) reklamcılık, promosyon, tanıtım; **~ machen für** → **werben** 1; **~skosten** *pl Steuer.* mesleki giderler

Werde|gang *m* (-s) *beruflicher.* mesleki kariyer; **2n** (wurde, geworden, sn) 1. *v/i* olmak; → **alt, rot, schlecht** *vs.*; 2. *yardımcı eylem* (worden): **ich werde fahren** gideceğim; **es wird gleich regnen** hemen yağmur yağacak; **geliebt 2n** sevilmek

werfen (warf, geworfen, h) 1. *v/t* atmak (**nach** -e); *Schatten* vermek, düşürmek; 2. *v/i*: **mit et. (nach j-m) ~** (b-ne) bş atmak; **mit Geld um sich ~** para(ları) saçıp savurmak

Werft *f* (-; -en) tersane

Werk *n* (-s; -e) yapıt, eser; *gutes*: hayır(lı iş); *Tek.* düzenek, mekanizma; *Fabrik*: işletme, atölye; **~bank** *f* (-; ⁓e) *Tek.* çalışma tezgâhı; **~statt** *f* (-; ⁓en) atölye, işlik; *Oto.*: tamir(hane); **~tag** *m* iş/mesai günü; **2tags** *bel.* iş/mesai günlerinde; **2tätig** *sıf.* çalışan; **~zeug** *n* (-s; -e) alet (*az. mec.*); *topl.* aletler *pl*; *feines*: enstrüman, araç; **~zeugmacher** *m* alet yapımcısı

wert *sıf.* değer (*az. sehens~ vs.*: görülmeye *vs.*); **die Mühe (e-n Versuch) ~** zahmete (denemeye) değer; *mec.* **nichts ~** değersiz, F para etmez

Wert *m* (-s; -e) *gnl.* değer; *Sinn, Nutzen*: önem, yarar; **~e** *pl Daten*: veriler, sayılar; **... im ~e (e-r) von e-r Mark** bir Mark değerinde ...; **großen/wenig ~ legen auf** (A) bşe büyük/az önem vermek; **keinen (nicht viel) ~ legen auf** A hiç (çok) önem vermemek; **2en** *v/t* (h) değer biçmek; *beurteilen*: değerlendirmek; **~gegenstand** *m* değerli eşyalar; **2los** *sıf.* değersiz; **~papiere** *pl Ekon.* kıymetli evraklar, menkul değerler; **~sachen** *pl* ziynet eşyaları; **~ung** *f* (-; -en) değer biçme, değerlendirme; **2voll** *sıf.* değerli

Wesen *n* (-s; -) *Lebe2*: canlı, yaratık; **~skern**: öz, cevher; *Natur*: natura, doğa, karakter

wesentlich *sıf.* temel, başlıca; *beträchtlich*: önemli, esaslı; **im 2en** özünde, aslında

weshalb *soru bel.* niçin

Wespe *f* (-; -n) sarıcaarı

West|en *m* (-s) batı; **nach ~en** batıya (doğru); **2lich** 1. *sıf.* batı(lı); 2. *bel.*: **2lich von** byin batısında

Wett|bewerb *m* (-s; -e) rekabet (*az. Ekon.*), yarışma; **~büro** *n* bahis bürosu; **~e** *f* (-; -n) bahis; **e-e ~e schließen** bahse gir(iş)mek, bahis; **2eifern** *v/i* (*ayrılmaz, ge-, h*) yarışmak, boy ölçüşmek (**mit** ile, **um** için); **2en** *v/i ve v/t* (h) bahis tutuşmak (**mit j-m um 10 Mark** b-yle 10 Marka); **~en auf** (A) bir şeyine bahse girmek

Wetter¹ *m* (-s; -) hayisçi

Wetter² *n* (-s; -) hava; **~bericht** *m* hava raporu; **2fest** *sıf.* hava etkilerine dayanıklı; **2fühlig** *sıf.* hava değişimlerine duyarlı; **~karte** *f* meteoroloji haritası; **~lage** *f* hava durumu;

Wetterleuchten 572

~**leuchten** *n* (-s) ufukta şimşek çakması; ~**vorhersage** *f* hava tahmini
Wett|kampf *m* yarışma; **machen** *v/t* (*ayr.*, -ge-, h) gidermek, telafi etmek; ~**rüsten** *n* (-s) silahlanma yarışı
WEZ *kıs.* = *Westeuropäische Zeit* Batı Avrupa Saati (itibarıyla)
wichtig *sıf.* önemli; *et.* ~ **nehmen** bşi ciddiye almak; **keit** *f* (-) önemli; **tuer** *m* (-s; -) gösteriş meraklısı, hava atan
Wickel *m* (-s; -) *Tıp* sargı, kompres; **n** (h) **1.** *v/t Baby* -*in* bezini değiştirmek, kundaklamak; **n in** (**um**) (*A*) bşe (bşi) sarmak; **2.** *v/refl* dolanmak (*um* -e)
Widder *m* (-s; -) koç
wider *ilg.*: ~ **Willen** b-nin istemine karşı; ~ **Erwarten** beklentilerin aksine; **haken** *m* kancalı uç; ~**legen** *v/t* (*ayrılmaz*, h) çürütmek, bşin aksini kanıtlamak; ~**lich** *sıf.* iğrenç, tiksindirici; ~**rechtlich** *sıf.* yasalara aykırı, hukuk dışı; **rede** *f* itiraz; *keine* **rede!** itiraz yok!; **ruf** *m* geri alma/çekme, iptal; ~**rufen** *v/t* (*krldş.*, *ayrılmaz*, h, → *rufen*) *Anordnung*, *Erlaubnis vs.* iptal etmek; *Aussage*, *Geständnis vs.* geri almak/çekmek; ~**setzen** *v/refl* (*ayrılmaz*, h) karşı koymak, direnmek (*e-r Sache* bşe); ~**sinnig** *sıf.* anlamsız, tutarsız; ~**spenstig** *sıf.* inatçı (*az. Haar vs.*), dikkafalı, söz dinlemez; ~**spiegeln** (*ayr.*, -ge-, h) **1.** *v/t* yansıtmak (*az. mec.*); **2.** *v/refl* yansımak (*in D* -de)
widersprechen *v/i* (*krldş.*, *ayrılmaz*, h, → *sprechen*) itiraz etmek, karşı gelmek (*j-m* b-ne); *sich* ~ k-yle çelişmek
Widerspruch *m* itiraz; çelişki; *im* ~ **stehen zu** bşle çelişki içinde bulunmak
wider|sprüchlich *sıf.* çelişkili; ~**spruchslos** *bel.* itirazsız
Widerstand *m* (-s; e) direnme, direniş (*gegen* -e); *El.* direnç; ~ **leisten** direnmek (*D* -e); **sfähig** *sıf.* dirençli, dayanıklı (*gegen* -e, -*e* karşı), sağlam, gürbüz
wider|stehen *v/i* (*krldş.*, *ayrılmaz*, h, → *stehen*) dayanmak; ~**streben** *v/i* (*ayrılmaz*, h): *es widerstrebt mir*, *dies zu tun* bunu yapmaktan hoşlanmıyorum; ~**strebend** *bel.* istemeyerek, gönülsüzce; ~**wärtig** *sıf.* iğrenç, tiksinti verici; *Ekel*: iğrenme, tiksinti; ~**wille** *m* hoşlanmama (*gegen* -den), sevmeme (*gegen* -i); *Ekel*: iğrenme, tiksinti; ~**willig** *sıf.* isteksiz, gönülsüz
widm|en *v/t* (h) ithaf etmek, adamak (*D* -e); **ung** *f* (-; -en) ithaf
widrig *sıf.* ters, aksi, elverişsiz
wie 1. *soru bel.* nasıl?; ~ *ist er?* o nasıl?; ~ *ist das Wetter?* hava nasıl?; ~ *nennt man ...?* -*e* ne denir?; ~ *wäre* (*oder ist*, *steht*) *es mit ...?* -*e* ne dersin/dersiniz?; → *gehen* **2.** *ne*-*Ben*; **2.** *bağl.* gibi; ~ *neu* (*verrückt*) yeni (deli) gibi; ~ (*zum Beispiel*) (örneğin) -*de* olduğu gibi; *ich sage* (*sage*) *dir*, ~ (*...*) nasıl (*...*) sana göstereyim (söyleyeyim); ~ *viel* ne kadar; ~ *viel kostet das?* *az.* bu kaça?; ~ *viel Uhr?* saat kaç?; ~ *viele pl* kaç; → *doppelt*, *so* 1, *üblich*
wieder *bel.* yine, gene, tekrar; ⇒ *immer*; ~ *aufbauen* yeniden yapılandırmak/kurmak; ~ *aufbereiten* geri kazanmak/döndürmek; *özl. Kerntechnik*: tekrar işlemek; ~ *aufnehmen* bşe yeniden başlamak; ~ *beleben* dirilmek, yeniden canlandırmak (*az. mec.*); ~ *einführen* yeniden yürürlüğe koymak; *Brauch vs.* yaşama geçirmek; *Ekon.* yeniden/geri ithal etmek; ~ *entdecken* yeniden keşfetmek/bulmak; ~ *erkennen* yeniden tanımak (*an D* -den); ~ *finden* yeniden bulmak; *mec.* yeniden kazanmak; ~ *gutmachen* zararı/kötülüğü karşılamak, düzeltmek, tazmin etmek; ~ *sehen* tekrar görmek; *sich* ~ *sehen* tekrar görüşmek; ~ *vereinigen* yeniden birleşmek; ~ *verwenden* yeniden kullanmak; ~ *verwerten* yeniden değerlendirmek; ~ *wählen* yeniden seçmek; **aufbau** *m* (-s) yeniden yapılan(dır)ma/inşa; *Ekon.* yeniden yapılma; **aufbereitung** *f* (-; -en) geri kazanma/döndürme; tekrar işleme; **aufbereitungsanlage** *f* geri kazanma tesisi; tekrar işleme tesisi; **aufleben** *n* (-s) yeniden canlanma; **aufnahme** *f* (-) yeniden başla(t)ma
wieder|bekommen *v/t* (*krldş.*, *ayr.*, h, → *kommen*) geri almak; **belebungsversuch** *m* yaşama döndür-

me çabaları pl; ~bringen v/t (krldş., ayr., -ge-, h, → bringen) geri getirmek; zurückgeben: geri vermek; ℒeinführung f (-) yeniden yürürlüğe koyma; yaşama geçirme; Ekon. reimport; ℒentdeckung f yeniden keşif/bulma; ℒergreifung f (-) yeniden yakala(n)ma, yeniden ele geçir(il)me
Wieder|gabe f (-) yeniden oluşturma, röprodüksiyon; Tonband: yeniden dinle(t)me; ~geben v/t (krldş., ayr., -ge-, h, → geben) yeniden oluşturmak; zurückgeben: geri vermek, iade etmek (D -e); schildern: anlatmak; ~herstellen v/t (ayr., -ge-, h) yeniden kurmak, onarmak, restore etmek
wiederhol|en (ayrılmaz, h) **1.** v/t yinelemek, tekrar etmek; **2.** v/refl tekrara düşmek, az. mec. Geschichte vs.: tekerrür/tekrar etmek; ~t bel. birçok kez, tekrar tekrar; ℒung f(-; -en) tekrar(lama); Rundfunk, TV, Sport: tekrar
Wiederhören n: auf ~! Tel. görüşürüz
Wiederkehr f (-) dönme, dönüş; yeniden olma; ~en v/i (ayr., -ge-, sn) geri dönmek; sich wiederholen: tekrarlamak
wiederkommen v/i (krldş., ayr., -ge-, sn, → kommen) yine gelmek, dönmek
Wiedersehen n (-s; -) yeniden bir araya gelme; auf ~! Allahaısmarladık
Wiederver|einigung f yeniden birleşme; özl. Pol. az. yeniden birleştir(il)me; ~wendung f(-; -en) yeniden kullanım; ~wertung f (-; -en) yeniden değerlendirme, geri kazanım
Wiederwahl f(-) yeniden seç(il)me
wiegen¹ (wog, gewogen, h) **1.** v/t tartmak; v/i ... ağırlığında olmak, ... kilo gelmek; **2.** v/refl tartılmak
wiegen² v/t ve v/refl (h): j-n (sich) in Sicherheit ~ b-ne (k-ne) sahte bir güven duygusu vermek; ℒlied n ninni
Wiese f(-; -n) çayır, çimen
wieso soru bel. niye
wievielte sıf.: den ℒn haben wir heute? bugün ayın kaçı?
wild sıf. vahşi, yabani (az. mec.), delice tutkun (F auf A bşe); heftig: şiddetli, zorlu; → Streik

Wild n (-s) av hayvanı; Braten: gnl. geyik eti; ~leder n güderi, süet; ~nis f (-; -se) ıssız bölge, tenha yerler pl; ~schwein n yabandomuzu; ~westfilm m kovboy filmi
Wille m (-ns) irade, istenç; Absicht: az. istek, arzu; s-n ~n durchsetzen b-ne istediğini kabul ettirmek; j-m s-n ~n lassen b-ni hareketinde serbest bırakmak
willen ilg.: um (G) ... ~ ... uğruna/aşkına
willenlos sıf. iradesiz, zayıf
Willens|freiheit f(-) irade özgürlüğü; ~kraft f (-) irade gücü; ℒstark sıf. iradesi güçlü
willig sıf. uysal, itaatli
willkommen sıf. sevilen (D, in D -de); ~! hoş geldiniz!; ~ heißen b-ne hoşgeldin demek, b-ni selamlamak
willkürlich sıf. keyfi; Auswahl vs.: az. rasgele
wimmeln v/i (h): ~ von kayna(ş)mak; es wimmelt von Menschen insan kaynıyor
wimmern v/i (h) inlemek, sızlamak
Wimper f(-; -n) kirpik
Wimperntusche f rimel, maskara
Wind m (-s; -e) rüzgâr, yel
Windel f(-; -n) kundak (bezi)
winden v/refl (wand, gewunden, h) kıvranmak (vor D -den)
Windhund m Zoo. tazı
windig sıf. rüzgârlı
Wind|mühle f yeldeğirmeni; ~pocken pl Tıp su çiçeği, F çiçek sg; ~richtung f rüzgâr yönü; ~schutzscheibe f Oto. ön cam; ~stärke f rüzgâr hızı; ℒstill sıf. sakin, durgun; ~stille f durgunluk, dinginlik; ~stoß m ani rüzgâr esmesi
Wink m (-s; -e) el (veya göz, baş) işareti; mec. ima, üstü kapalı söz
Winkel m (-s; -) Mat. açı; Ecke: köşe
winken v/i (h) sallamak (mit et. ~ bş, j-m ~ b-ne); Zeichen geben: b-ne işaret vermek; j-n her~: b-ni işaretle çağırmak; e-m Taxi ~ bir taksi çağırmak (veya durdurmak)
Winter m (-s; -) kış; im ~ kışın; ~anfang m kış baş(langıc)ı; ~fahrplan m kış tarifesi, kış seferleri; ℒlich sıf. kışlık, kışla ilgili; ~reifen m Oto. kışlık lastik; ~schlussverkauf m kış

sonu satışları pl; ~sport m kış sporu; ~urlaub m kış tatili
Winzer m (-s; -) bağcı, üzüm üreticisi
winzig sıf. minicik, ufacık
Wipfel m (-s; -) ağaç tepesi
wir kişi zam. biz; ~ **drei** biz üçümüz; F **wir sinds!** biziz!
Wirbel m (-s; -) Anat. omur; mec. telaş; ~**säule** f Anat. omurga, belkemiği; ~**sturm** m kasırga, siklon
wirken v/i çalışmak, faaliyet göstermek; aussehen: görünmek; an**regend** vs. ~ uyarıcı vs. etkisi olmak (auf A -e)
wirklich sıf. doğru, gerçek; echt: hakiki, öz; 2**keit** f (-) gerçeklik, hakikat; **in** 2**keit** gerçekte
wirksam sıf. etkili; geçerli
Wirkung f (-; -en) etki, sonuç; 2**slos** sıf. etkisiz, sonuçsuz; 2**svoll** sıf. tam etkili
wirr sıf. (kafası) karışık; Haar: dağınık; 2**en** pl karışıklık(lar) pl; 2-**warr** m (-s) karmakarışıklık, keşmekeş
Wirt m (-s; -e) lokantacı; ev sahibi; ~**in** f (-; -nen) ev sahibesi
Wirtschaft f (-; -en) Ekon. Pol. iktisat, ekonomi; Geschäftswelt: iş dünyası; Wirtshaus: birahane; lokanta; ~**erin** f (-; -nen) ev işlerine bakan (kâhya) kadın; ~**ler** m (-s; -) ekonomi uzmanı; 2**lich** sıf. iktisadi, ekonomik; sparsam: iktisatlı, ekonomik
Wirtschafts|abkommen n ekonomik/iktisadi anlaşma; ~**aufschwung** m ekonomik canlanma; ~**beziehungen** pl ekonomik/ticari ilişkiler; ~**flüchtling** m ekonomik nedenlerden iltica eden, ekonomik sığınmacı; ~**gipfel** m ekonomik zirve toplantısı; ~**krise** f ekonomik bunalım; ~**politik** f ekonomi politikası; ~**teil** m Zeitung: ekonomi sayfaları pl; ~- **und Währungsunion** f ekonomi ve para birliği; ~**wachstum** n ekonomik büyüme/kalkınma; ~**wunder** n ekonomi mucizesi
Wirtshaus n birahane, meyhane
wischen v/t ve v/i silmek; → **Staub**
Wischer m (-s; -) Oto. silecek; ~**blatt** n silecek lastiği
WiSe kıs. = **Wintersemester** m kış yarıyılı
wispern v/t ve v/i (h) fısıldamak

wissbegierig sıf. (öğrenmeye) meraklı
wissen v/t ve v/i (wusste, gewusst, h) bilmek; bilgisi/haberi olmak (von -den); **ich möchte** ~ bilmek isterdim; **soviel ich weiß** bildiğim kadarıyla; **weißt du** biliyor musun?; **weißt du noch?** hatırlıyor musun?; **woher weißt du das?** bunu nereden biliyorsun?; **man kann nie** ~ bilemezsin; **ich will davon** (von ihm) **nichts** ~ artık onun adını bile anmak istemiyorum
Wissen n (-s) bilgi; praktisches: az. teknik ustalık/beceri; **meines** ~**s** bildiğime göre
Wissenschaft f (-; -en) bilim; ~**ler** (-s; -), ~**lerin** f (-; -nen) bilimci; 2**lich** sıf. bilimsel
Wissensgebiet n bilim alanı
Wissenslücke f bilgi eksikliği
wissenswert sıf. öğren(il)meye değer; 2**es** yararlı bilgiler pl; **alles** 2**e** (**über** A) (hakkında/ile ilgili) bilinmesi gerekli bütün bilgiler
Witterung f (-; -en) hava (durumu); ~**sverhältnisse** pl hava koşulları
Witwe f (-; -n) dul (kadın); ~**nrente** f dul maaşı; 2**r** m (-s; -) dul (erkek)
Witz m (-es; -e) şaka, espri; ~**e reißen** espriler yapmak; 2**ig** sıf. güldürücü; geistreich: esprili
wo soru bel. ve ilgi bel. nerede; **von** ~? nereden?
wobei 1. soru bel.: ~ **bist du gerade?** şimdi ne yapmaktasın?; 2. ilgi bel.: ~ **mir einfällt** bu arada aklıma geldi
Woche f (-; -n) hafta
Wochen|arbeitszeit f haftalık çalışma süresi; ~**ende** n hafta sonu; **am** ~**ende** hafta sonunda; ~**karte** f haftalık paso; 2**lang** 1. sıf.: 2**langes Warten** haftalar süren bekleyiş; 2. bel. haftalarca; ~**lohn** m haftalık (ücret); ~**markt** m haftalık pazar; ~**tag** m haftanın günü
wöchentlich 1. sıf. haftalık; 2. bel. her hafta; **einmal** ~ haftada bir (kez)
wodurch 1. soru bel. ne şekilde; 2. soru bel. ki bu şekilde
wofür 1. soru bel. ne için, neye; 2. ilgi bel. ki bunun için
Woge f (-; -n) (büyük) dalga, mec. az. kabarma

woher *soru bel. ve ilgi bel.* nereden; → *wissen*
wohin *soru bel. ve ilgi bel.* nereye
wohl *bel.* iyi; **sich ~ fühlen** k-ni iyi hissetmek; *wie zu Hause:* k-ni evinde/ yurdunda hissetmek; **sich bei j-m ~ fühlen** k-ni b-nin yanında iyi hissetmek; *ich fühle mich nicht ~* kendimi iyi hissetmiyorum; **~ od. übel** ister istemez; **~ kaum** güçbela, hemen hemen; **~ tun** -e iyi gelmek
Wohl *n* (-s) *~befinden:* iyilik, sağlık; **auf j-s ~ trinken** b-nin sağlığına içmek; **zum ~!** şerefe!, F yarasın!; **~fahrtsstaat** *m* sosyal devlet; **℧gemerkt** *bel.* özellikle unutulmasın ki; **℧gesinnt** *sıf.:* **℧gesinnt sein** b-ne iyi niyetli davranmak; **℧habend** *sıf.* varlıklı, F hali vakti yerinde; **℧ig** *sıf.* rahat, hoş, huzurlu; **~stand** *m* (-s) refah, varlık, zenginlik; **~standsgesellschaft** *f* refah toplumu; **~tat** *f mec.* hayırlı iş, iyilik; *Erleichterung:* ferahlama, ferahlık, hoşluk; *Segen:* nimet
wohltätig *sıf.* yardımsever, hayırsever; **für ~e Zwecke** hayırlı amaçlar için; **℧keitskonzert** *n* (... yararına) yardım konseri
wohl|verdient *sıf.* b-nin layık olduğu, b-nin hak ettiği; **~wollend** *sıf.* iyiliksever, cömert
wohn|en *v/i* (h) oturmak (*in D* byde; **bei j-m** b-nin yanında, b-yle); *vorübergehend:* (b-nin yanında, b-yle) kalmak; **℧gebiet** *n* mesken bölgesi, F mahalle
Wohngemeinschaft *f:* **in e-r ~ leben** byde birlikte oturmak (*mit* ile)
wohn|lich *sıf.* rahat, konforlu; **℧mobil** *n* (-s; -e) (yataklı) kamp arabası; **℧sitz** *m* ikametgâh; **ohne festen ℧sitz** sabit adresi olmayan; **℧ung** *f* (-; -en) konut/mesken, (apartman) daire(si); *meine* **℧ung** *az.* evim, meskenim
Wohnungs|amt *n* konut (bulma) dairesi; **~bau** *m* (-s) konut yapımı; **~not** *f* (-) konut sıkıntısı
Wohn|wagen *m* karavan; **~zimmer** *n* oturma odası, salon
Wolf *m* (-s; ⸚e) *Zoo.* kurt
Wolke *f* (-; -n) bulut; **~enbruch** *m* sağanak, eli gibi yağmur; **~enkrat-**
zer *m* (-s; -) gökdelen; **℧enlos** *sıf.* bulutsuz, açık; **℧ig** *sıf.* bulutlu, kapalı
Wolldecke *f* battaniye
Wolle *f* (-; -n) yün
wollen[1] (wollte, h) **1.** *yardımcı eylem:* (wollen): **et. tun ~** bş yapmak istemek; *beabsichtigen:* -meye niyet etmek, -meyi arzu etmek; **ich will lieber ausgehen** ben dışarı çıkmayı istiyorum; **2.** *v/t ve v/i* (gewollt) istemek; *lieber ~* yeğlemek, tercih etmek; **wann (ob) du willst** ne zaman (eğer) istersen; **sie will, dass ich komme** gelmemi istiyor; **was ~ Sie (von mir)?** (benden) ne istiyorsunuz?
wollen[2] *sıf.* yünden
womit 1. *soru bel.* ne ile; **2.** *ilgi bel.* bununla
woran 1. *soru bel.:* **~ denkst du?** ne(yi) düşünüyorsun?; **~ liegt es, dass ...?** ... neden ileri geliyor?; **~ sieht man, welche (ob) ...?** hangisinin ... olduğu (... olup olmadığı) nereden belli?; **2.** *ilgi bel.:* **~ man merkte, dass ...** olduğu da anlaşıldı; **das, ~ ich dachte** benim ne düşündüğüm
worauf 1. *soru bel.:* **~ wartest du (noch)?** (daha) ne bekliyorsun?; **2.** *ilgi bel. zeitlich:* bunun üzerine; *örtlich:* bundan sonra
Wort *n* (-s; ⸚er, *Äußerung vs.:* -e) sözcük/kelime; söz/laf; **mit anderen ~en** başka bir deyişle; **sein ~ geben** söz vermek; **sein ~ halten** sözünü tutmak, sözünde durmak; **sein ~ brechen** sözünden dönmek, sözünü tutmamak; **j-n beim ~ nehmen** b-nin sözüne inanmak; **ein gutes ~ einlegen für** b-nden yana bir konuşma yapmak; **j-m ins ~ fallen** b-nin sözünü kesmek
Wörterbuch *n* sözlük
Wortführer *m* sözcü
wortkarg *sıf.* az konuşan, F sözü kıt
wörtlich *sıf.* sözlü, sözel; kelime kelimesine
Wortschatz *m* söz dağarcığı/varlığı, kelime hazinesi
Wortspiel *n* sözcük/kelime oyunu
worüber 1. *soru bel.:* **~ lachen Sie?** neye gülüyorsunuz?; **2.** *ilgi bel. mec.* bu konuda
worum 1. *soru bel.:* **~ handelt es**

sich? sözkonusu (olan şey) nedir?; **2.** *ilgi bel.* onun hakkında

wovon 1. *soru bel.*: **~ redest du?** neden bahsediyorsun?; **2.** *ilgi bel.* onun hakkında

wovor 1. *soru bel.*: **~ hast du Angst?** neden korkuyorsun?; **2.** *ilgi bel.* ondan

wozu 1. *soru bel.* niye; *warum*: niçin; **2.** *ilgi bel.* onun için, o amaçla

Wrack *n* (-s; -s) (batık) enkaz (*az. mec.*)

Wucher *m* (-s) tefecilik, vurgunculuk; **~er** *m* (-s; -) tefeci, vurguncu; **~miete** *f* fahiş kira

wuchern *v/i* (h *ve* sn) *Bot.* hızla büyümek, dal budak salmak

Wucherpreis *m* fahiş fiyat

Wucherzinsen *pl* fahiş faiz *sg*

Wuchs *m* (-es) büyüme, gelişme; *Gestalt*: biçim, cüsse

Wucht *f* (-) güç, kuvvet, ağırlık; *e-s Aufpralls vs.*: etki, şiddet; **2ig** *sıf.* heybetli, ağır; *kraftvoll*: güçlü, kuvvetli

wühlen *v/i* (h): **~ in** (*D*) byi karıştırmak, byi eşelemek

wund *sıf.* yaralı, bereli; **~e Stelle** yara (olan yer); *mec.* **~er Punkt** hassas nokta

Wunde *f* (-; -n) yara

Wunder *n* (-s; -) mucize; *mec. az.* harika (*an D gen*); **(es ist) kein ~, dass du müde bist** yorulduğuna şaşmamak gerek; **2bar** *sıf.* şahane, harika; *wie ein Wunder*: mucizevi, olağanüstü; **~kind** *n* harika çocuk; **2lich** *sıf.* garip, şaşılacak, acayip, tuhaf

wundern *v/refl* (h) şaşırmak, hayret etmek (*über A* -e)

wunder|schön *sıf.* olağanüstü güzel; **~voll** *sıf.* muhteşem, harikulade; **2werk** *n* olağanüstü bir iş, şaheser

Wundstarrkrampf *m* (-s) *Tıp* tetanos, F kazıklı humma

Wunsch *m* (-s; ⇌e) arzu, istek; *Glück2* tebrik; *Bitte*: rica; **auf j-s** (*eigenen*) **~** b-nin (k-nin) isteği üzerine; *nach* **~** isteğe göre; → *fromm*; **~denken** *n* (-s) hüsnükuruntu

wünschen (h) **1.** *v/t* istemek, arzu etmek; **sich et. ~** k-ne bş istemek (*zu* için); *das habe ich mir* (*schon immer*) *gewünscht* bu (hep) isteyip durduğum bir şeydi; *alles, was man sich nur ~ kann* arzu edilebilen her şey; *ich wünschte, ich wäre* (*hätte*) isterdim (*veya* arzu ederdim) ki ... (olayım); **2.** *v/i*: *Sie ~?* arzunuz nedir?; *wie Sie ~* nasıl arzu ederseniz; **~swert** *sıf.* arzu edilen

Wunsch|kind *n* isteyerek yapılan (*veya* yapılmış) çocuk; **~konzert** *n* dinleyici/seyirci istekleri programı; **2los** *bel.*: **2los glücklich** son derece mutlu

Würde *f* (-; -n) onur, heybet; **2los** *sıf.* onursuz, utanmaz; **~nträger** *m* rütbe/makam sahibi; **2voll** *sıf.* ağırbaşlı, onurlu, heybetli

würdig *sıf.* layık (*G* -a); *würdevoll*: ağırbaşlı; **~en** *v/t* (h) değerlendirmek, takdir etmek; *j-n keines Blickes* **~en** b-ne bakmaya bile tenezzül etmemek; **2ung** *f* (-; -en) takdir, değerlendirme

Wurf *m* (-s; ⇌e) atış; *Zoo.* bir defada doğan yavrular *pl*

Würfel *m* (-s; -) küp; *Spiel2*: zar; **2n** (h) **1.** *v/i* zar atmak (*um* bşe); *spielen*: zar oynamak; **2.** *v/t Kochgut* küp şeklinde doğramak; *e-e Sechs* **2n** altı atmak; **~zucker** *m* kesmeşeker

Wurf|geschoss *n*, *österr.* **~geschoß** *n* mermi

würgen (h) **1.** *v/t* (boğazının sıkarak) boğmaya çalışmak; **2.** *v/i* öğürmek; kusacak gibi olmak

Wurm *m* (-s; ⇌er) *Zoo.* solucan; **2en** *v/t* (h) F *-in* ağırına gitmek, gücenmek; **2stichig** *sıf.* kurt yemiş

Wurst *f* (-; ⇌e) sucuk

Würstchen *n* (-s; -) sosis; **~bude** *f*, **~stand** *m* sosis büfesi

Würze *f* (-; -n) baharat, tat (*az. mec.*), lezzet, çeşni

Wurzel *f* (-; -n) kök (*az. mec.*)

würz|en *v/t* (h) baharatlamak; **~ig** *sıf.* baharatlı

Wüste *f* (-; -n) çöl

Wut *f* (-) öfke, kızgınlık; *e-e ~ haben* öfkesi olmak (*auf A* -e); **~anfall** *m* öfke nöbeti

wütend *sıf.* öfkeli (*auf A* b-ne, *über A* bşe)

Wz. *kıs.* = *Warenzeichen* alameti farika, (tescilli) marka

X

X-Beine *pl* çarpık bacaklar; **x-beinig** *sıf.* çarpık bacaklı
x-beliebig *sıf.*: **jede(r, -s) ₂e ...** rasgele (biri), herhangi (biri)
x-mal *bel.* F defalarca, F bin kere
x-te *sıf.*: F **zum ₂n Male** kaçıncı defa

Y

Yacht *f* (-; -en) *Gemi.* yat
Yoga *m, n* (-) yoga
Yuppie *m* (-s; -s) yupi, hırslı ve paralı genç

Z

Z. *kıs.* = **Zeile** *f* satır
Zack|e *f* (-; -n) çentik; *Säge, Kamm, Briefmarke*: diş; **₂ig** *sıf.* çentikli; *gezahnt*: dişli; *Linie, Blitz*: zikzaklı; *Felsen*: sivri (uçlu)
zaghaft *sıf.* çekingen, ürkek, kararsız; **₂igkeit** *f* (-) çekingenlik, kararsızlık
zäh *sıf.* sert, sağlam (*az. mec.*); **~flüssig** *sıf.* yapışkan, ağır akan; *Verkehr*: ağır, yavaş; **₂igkeit** *f* (-) dayanıklılık, sağlamlık; *mec. az.* dayanma gücü
Zahl *f* (-; -en) sayı; *Ziffer*: rakam; **₂bar** *sıf.* öden(ebil)ir (**an** *A* -e, **bei** -de); → *Lieferung*
zählbar *sıf.* sayılabilir
zahlen *v/i* ve *v/t* (h) ödemek; **~, bitte!** hesap, lütfen
zählen *v/t* ve *v/i* (h) saymak (**bis** -e kadar, *mec.* **auf** *A* b-ne güvenmek); **~ zu den Besten** *vs.*: en iyilerinden *vs.* sayılmak
zahlenmäßig 1. *sıf.* sayısal; **2.** *bel.*: *j-m* **~ überlegen sein** b-ne sayıca üstün olmak
Zähler *m* (-s; -) *Gas*₂ *vs.*: sayaç

Zahl|grenze *f* bilet ücreti sınırı; **~karte** *f Post*: posta havalesi fişi; **₂los** *sıf.* sayısız, hesapsız; **₂reich 1.** *sıf.* pek çok; **2.** *bel.* çok sayıda; **~tag** *m* ödeme günü; **~ung** *f* (-; -en) ödeme
Zählung *f* (-; -en) sayma, sayım; *Volks*₂: nüfus sayımı
Zahlungs|anweisung *f* ödeme talimatı; *Überweisung*: para havalesi; **~aufforderung** *f* ödeme talebi, ödemeye çağırı; **~bedingungen** *pl* ödeme koşulları; **~befehl** *m* ödeme emri; **~bilanz** *f* ödemeler dengesi/bilançosu; **~bilanzdefizit** *n* ödemeler dengesi açığı; **~bilanzüberschuss** *m* ödemeler dengesi fazlalığı; **₂fähig** *sıf.* ödeme gücü olan, ödeyebilir; **~frist** *f* ödeme süresi/mühleti; **~mittel** *n* ödeme aracı, para; *gesetzliches* **~mittel** cari para, tedavülde olan para; **~schwierigkeiten** *pl* ödeme zorlukları; **~termin** *m* ödeme günü/tarihi; **₂unfähig** *sıf.* âciz, borcunu ödeyemez
Zählwerk *n Tek.* sayaç
zahm *sıf.* evcil, uysal (*az. mec.*)
zähm|en *v/t* (h) evcilleştirmek, uysal-

Zähmung 578

laştırmak (*az. mec.*); ~**ung** *f* (-) evcilleştirme, uysallaştırma (*az. mec.*)

Zahn *m* (-s; ⁼e) diş; *Tek. az.* çark dişi; →**putzen**; ~**arzt** *m* dişçi, *formell:* diş hekimi; ~**arzthelferin** *f* (-; -nen) dişçi yardımcısı; ~**ärztin** *f* →**Zahnarzt**; ~**behandlung** *f* diş tedavisi; ~**bürste** *f* diş fırçası; ~**creme** *f* diş macunu; ~**fleisch** *n* dişeti; ⁓**los** *sıf.* dişsiz, dişleri olmayan; ~**lücke** *f* diş boşluğu/aralığı; ~**medizin** *f* (-) diş hekimliği; ~**pasta** *f* (-; -sten), ~**paste** *f* diş macunu; ~**rad** *n Tek.* dişli çark; ~**radbahn** *f* dişli tren (hattı); ~**schmerzen** *pl* diş ağrısı *sg*; ~**spange** *f* diş teli; ~**stocher** *m* (-s; -) kürdan; ~**techniker** *m* teknisyen dişçi; ~**weh** *n* (-s) diş ağrısı

Zange *f* (-; -n) pense; *Kneif*⁓: kıskaç, kerpeten; *Greif*⁓, *Zucker*⁓ *vs.*: maşa

zanken *v/refl* (h) kavga etmek, dalaşmak (*um* için)

Zäpfchen *n* (-s; -) *Anat.* küçük dil; *Tıp* fitil, süpozituar

Zapfen *m* (-s; -) *Fasshahn:* fıçı musluğu; *Tek. Pflock:* kazık, mil; *Spund:* tıpa, tıkaç; *Verbindungs*⁓: yuva dili, erkek geçme parçası; *Dreh*⁓: eksen, mil; *Bot.* kozak, kozalak

zapf|en *v/t* (h) (fıçıdan) çekmek (bira); ⁓**hahn** *m* fıçı musluğu; ⁓**pistole** *f Oto.* yakıt musluğu/tabancası; ⁓**säule** *f Oto.* akaryakıt pompası

zappen *v/i* (h) F (tespih çeker gibi) program değiştirmek

zart *sıf. Fleisch vs.*: yumuşak; *Farben vs.*: hoş; *sanft*: hassas, nazik, ince

zärtlich *sıf.* yumuşak, sevecen, şefkatli; ⁓**keit** *f* (-; -en) yumuşaklık, sevecenlik; *Liebkosung:* okşama

Zauber *m* (-s) sihir (*az. mec.*), büyü; ~**ei** *f* (-) sihirbazlık, büyücülük; ~**er** *m* (-s; -) sihirbaz (*az. mec.*), büyücü; ⁓**formel** *f* büyü formülü; *mec.* sihirli söz; ⁓**haft** *sıf. mec.* büyüleyici; ~**in** *f* (-; -nen) büyücü kadın; ~**kraft** *f* sihirli kuvvet, büyü kuvveti; ~**künstler** *m* sihirbaz, hokkabaz; ~**kunststück** *n* hokkabazlık

zaubern *v/i* (h) büyü yapmak; *im Zirkus vs.*: sihirbazlık yapmak

Zauberspruch *m* sihirli söz, büyü ibaresi; ~**stab** *m* sihirli değnek, sihirbaz değneği; ~**wort** *n* (-s; -e) sihirli söz

zaudern *v/i* (h) çekinmek, tereddüt etmek

Zaum *m* (-s; ⁼e) at başlığı, dizgin ve gem; *im* ~ *halten* dizginlemek (*sich* kendini), denetlemek

zäumen *v/t* (h) dizginlemek

Zaumzeug *n* at başlığı

Zaun *m* (-s; ⁼e) çit, bahçe parmaklığı; ~**gast** *m* bedava seyirci, F beleşçi, *mec.* davetsiz seyirci

z.B. *kıs.* = *zum Beispiel* örneğin (örn.)

Zebrastreifen *m* zebra çizgileri *pl*

Zeche *f* (-; -n) içki masrafı, fatura; *Bergbau:* maden ocağı; *mec. die ~ bezahlen müssen* hesabı ödemek zorunda olmak

Zeh *m* (-s; -en), ~**e** *f* (-; -n) ayak parmağı; *große (kleine)* ~**e** büyük (küçük) ayak parmağı; ~**ennagel** *m* ayak tırnağı

Zehenspitze *f* ayak (parmakları) ucu; *auf* ~**n gehen** ayaklarının ucuna basarak yürümek

zehn *sıf.* on; ⁓**erkarte** *f* onluk bilet; ~**fach** *sıf.* on kat; ⁓**kampf** *m Leichtathletik:* dekatlon; ~**mal** *bel.* on kez; ~**te** *sıf.* onuncu; ⁓**tel** *n* (-s; -) onda bir; ~**tens** *bel.* onuncu olarak, onuncusu

Zeichen *n* (-s; -) işaret, im; *Merk*⁓: *az.* belirti; *Signal:* sinyal; *zum ~ (G) -in* işareti/simgesi olarak; ~**sprache** *f* işaret dili; ~**trickfilm** *m* çizgi film

zeichn|en *v/i* ve *v/t* (h) çizmek; *Scheck:* imza etmek; *Aktien* taahhüt etmek; *mec.* işaretlemek, işaret bırakmak; ⁓**ung** *f* (-; -en) resim, çizim; *Grafik:* grafik; *Zoo.* doğal renk/şekil

Zeigefinger *m* işaretparmağı

zeigen (h) **1.** *v/t* göstermek; *v/refl* görünmek, gözükmek; **2.** *v/i:* ~ *auf (A) (nach)* bş (bye) işaret etmek; (*mit dem Finger*) ~ *auf* (parmakla) -e işaret etmek

Zeiger *m* (-s; -) *Uhr*⁓: gösterge, *kleiner* ⁓: akrep, *großer* ⁓: yelkovan; *Tek.* gösterge, ibre, iğne

Zeile *f* (-; -n) satır (*az. TV*); *j-m ein paar* ~**n schreiben** b-ne birkaç satır birşeyler yazmak

Zeit *f* (-; -en) zaman, vakit; ~*alter. az.* çağ, dönem; *Gr.* zaman; *vor einiger* ~ bir süre önce; *in letzter* ~ son

zermahlen

zamanlarda; *in der* (*od.* *zur*) ~ (*G*) *-in* döneminde *-in* zamanında; *... aller ~en* bütün zamanların ...(s)i; *die ~ ist um* vakit tamam; *sich ~ lassen* acele etmemek; *es wird ~, dass ...* (yap)manın zamanı geliyor; *das waren noch ~en* (o günler) ne günlerdi; *e-e ~ lang* bir süre; → *zurzeit*
Zeit|abschnitt *m* süre, dönem, devir; **~alter** *n* çağ, dönem; **~arbeit** *f* geçici iş, süresi sınırlı iş; **~bombe** *f* saatli bomba (*az. mec.*); **~druck** *m* (-s): *unter ~druck stehen* zamanı çok dar olmak; **2gemäß** *sıf.* çağdaş, zamana uygun; **~genosse** *m* çağdaş; **2genössisch** *sıf.* çağdaş; **~geschichte** *f* (-) yakınçağ tarihi; **~gewinn** *m* (-s) zaman kazanma; **~karte** *f* abone kartı, paso; **2lebens** *bel.* yaşamı/hayatı boyunca; **2lich 1.** *sıf.* zaman ...; **2.** *bel.*: *et.* **2lich planen** (*od.* *abstimmen*) bşin zamanını ayarlamak (*veya* uydurmak); **2los** *sıf.* (belirli bir) zamana/çağa bağlı olmayan; ebedi; *az. Stil, Kleidung vs.*: klasik
Zeitlupe *f* (-) yavaş(latılmış) çekim; *in ~* yavaş(latılmış) çekimde
Zeitnot *f* (-): *in ~ sein* → *Zeitdruck*
Zeit|plan *m* tarife; program, planlanan zaman; **~punkt** *m* an; **2raubend** *sıf.* zaman alıcı; **~raum** *m* süre, zaman dilimi; **~schrift** *f* dergi; **2sparend** *sıf.* zamandan tasarruf eden/edici
Zeitung *f* (-; -en) gazete
Zeitungs|abonnement *n* gazete abonmanı; **~artikel** *m* gazete yazısı; **~ausschnitt** *m* (gazete) kupür(ü), kesik; **~bericht** *m* gazete haberi; **~junge** *m* gazete satan/dağıtan oğlan; **~kiosk** *m* gazete büfesi; **~notiz** *f* kısa gazete haberi; **~papier** *n* gazete kâğıdı; **~verkäufer** *m* gazete satıcısı
Zeit|unterschied *m* zaman farkı; **~verlust** *m* (-s) zaman kaybı; **~verschwendung** *f* zaman israfı; **~vertreib** *m* (-s; -e) zaman geçirme, oyalanma; *zum ~vertreib* zaman geçirmek için; **2weilig 1.** *sıf.* geçici; **2.** *bel.* → *zeitweise*; **2weise** *bel.* zaman zaman; *gelegentlich*: ara sıra, mizaman; **~wert** *m* *Ekon.* o/şu andaki değer; **~zeichen** *n* *Rundfunk*: saat (ayar) işareti; **~zünder** *m* zaman ayarlı ateşleyici
Zelle *f* (-; -n) *gnl.* hücre; *Tel.* kulübe, kabin
Zelt *n* (-s; -e) çadır; **2en** *v/i* (h) kamp yapmak; **~lager** *n* çadır kampı; **~platz** *m* kamp yeri
Zement *m* (-s; -e) çimento; **2ieren** *v/t* (h) çimentolamak, *mec.* dondurmak
zens|ieren *v/t* (h) sansürlemek; **2ur** *f* (-) sansür
Zent|imeter *m*, *az. n* (-s, -) santimetre; **~ner** *m* (-s; -) elli kilo
zentral *sıf.* merkezi; **2e** *f* (-; -n) merkez (şube); *Tel. in Firma*: santral; *Tek.* kontrol odası; **2bank** *f* (-; -en) merkez bankası; **2heizung** *f* merkezi ısıtma; **~isieren** *v/t* (h) merkezileştirmek; **2ismus** *m* (-s) *Pol.* merkeziyetçilik
Zentrum *n* (-s; -tren) merkez
zerbeißen *v/t* (*krldş.*, h, → *beißen*) ısırıp parçalamak
zerbrech|en (*krldş.*, → *brechen*) **1.** *v/t* (h) kırmak, kırıp parçalamak; → *Kopf*; **2.** *v/i* kırılmak; **~lich** *sıf.* kırılır, kırılabilir
zerdrücken *v/t* (h) ezip öldürmek; *Kartoffeln* ezmek, püre yapmak; *Kleidung* buruşturmak
Zeremonie *f* (-; -n) tören, merasim; **2iell** *sıf.* merasimle ilgili; **~iell** *n* (-s; -e) protokol, teşrifat
zer|fetzen *v/t* (h) parça parça etmek; **~gehen** *v/i* (*krldş.*, sn, → *gehen*) erimek, eriyip gitmek; **~hacken** *v/t* (h) parça parça kıymak; **~kauen** *v/t* (h) iyice çiğnemek; **~kleinern** *v/t* (h) küçük küçük parçalamak; *zermahlen*: öğütmek
zerknirsch|t *sıf.* pişman; **2ung** *f* (-) pişmanlık
zer|knittern (ge- *yok*) **1.** *v/t* (h) buruşturmak; **2.** *v/i* (sn) buruşmak; **~knüllen** *v/t* (h) (kâğıdı) buruşturmak; **~kratzen** *v/t* (h) tırmalamak; **~lassen** *v/t* (*krldş.*, h, → *lassen*) eritmek; **~legen** *v/t* (h) parçalara ayırmak; *Möbel, Maschine az.* sökmek, demonte etmek; *Fleisch* dilimlemek; *Kim. ve mec.* çöz(ümle)mek; **~lumpt** *sıf.* üstü başı perişan (*veya* lime lime, yırtık pırtık); **~mah-**

zermalmen 580

len *v/t* (*krldş.*, h, → *mahlen*) (değirmende) öğütmek; ~**malmen** *v/t* (h) ezip parçalamak, F *-in* pestilini çıkarmak; ~**mürben** *v/t* (h) yıpratmak, b-nin direnme gücünü kırmak; ~**platzen** *v/i* (sn) patlamak (*az. mec.: vor D* -den); ~**quetschen** *v/t* (h) çiğneyip ezmek; ~**reiben** *v/t* (*krldş.*, h, → *reiben*) ezmek, öğütmek

zerreißen (*krldş.*, → *reißen*) **1.** *v/t* (h) yırtıp ayırmak, parçalamak: *sich die Hose vs.* ~ pantolonunu yırtmak *vs.*; **2.** *v/i* (sn) yırtılmak; *Seil vs.*: kopmak

zerren (ge- *yok*, h) **1.** *v/t* çekmek, sürüklemek; *sich e-n Muskel* ~ *Tıp* bir adalesini koparmak; **2.** *v/i* çek(iştir)mek, sürüklemek (*an D* -i)

zerrinnen *v/i* (*krldş.*, sn, → *rinnen*) eriyip gitmek (*az. mec. Geld*); *Träume vs.*: yok olup gitmek

Zerrung *f* (-; -en) *Tıp* lif kopması

zerrüttet *sıf. Ehe*: geçimsizlikten bozulmuş; ~**e Verhältnisse** temelinden bozulmuş durum *sg* (*veya* ilişkiler *pl*)

zer|sägen *v/t* (h) testere ile kesip parçalamak; ~**schellen** *v/i* (sn) çarparak parçalanmak; ~**schlagen** (*krldş.*, h, → *schlagen*) **1.** *v/t* vurup parçalamak; *mec.* yok etmek, dağıtmak; **2.** *v/refl Pläne vs.*: suya düşmek, sonuçsuz kalmak; ~**schneiden** *v/t* (*krldş.*, h, → *schneiden*) kesmek, keserek parçalamak; ~**setzen 1.** *v/t* eritmek, ayrıştırmak, **2.** *v/refl* (h) *Kim.* ayrışmak, erimek; ~**splittern** (ge- *yok*) *v/i* (sn) *Glas*: tuz buz olmak; ~**springen** *v/i* (*krldş.*, sn, → *springen*) çatlamak, yarılmak; *völlig*: paramparça olmak

zerstäub|en *v/t* (h) püskürtmek, sıkmak; ♀**er** *m* (-s; -) püskürteç, *mec.* tabanca

zerstör|en *v/t* (h) tahrip etmek, yıkmak (*az. mec.*); ♀**er** *m* (-s, -) tahrip eden, yıkan (kişi); *Gemi.* muhrip; ~**erisch** *sıf.* yıkıcı, bozucu; ♀**ung** *f* (-; -en) yıkma, yıkım, tahrip

zerstreu|en 1. *v/t* dağıtmak, yaymak, **2.** *v/refl* (h) serpilmek, yayılmak; *Menge*: dağılmak; *mec.* eğlenmek, oyalanmak; ~**t** *sıf. mec.* dağınık, dalgın; ♀**theit** *f* (-) dağınıklık, dalgınlık; ♀**ung** *f* (-; -en) *mec.*

eğlence, oyalanma

zer|stückeln *v/t* (h) parçalamak, parça parça etmek; *Leiche* uzuvlarını kesmek; ~**teilen 1.** *v/t* bölmek, ayırmak; **2.** *v/refl* (h) bölünmek, ayrılmak (*in A* -e)

Zertifikat *n* (-s; -e) sertifika, belge

zer|treten *v/t* (*krldş.*, h, → *treten*) ayakla çiğneyip ezmek (*az. mec.*); ~**trümmern** *v/t* (h) harabe haline getirmek, paramparça etmek; ~**zaust** *sıf.* darmadağın, karmakarışık

Zettel *m* (-s; -) kâğıt parçası, pusula; *Nachricht*: not; *Klebe*♀: (yapışkan) etiket, çıkartma

Zeug *n* (-s) madde, şey (*az. mec. hkr.*); *Sachen*: eşya; *er hat das* ~ *dazu* bunun için (gerekli) her şeye sahip; *dummes* ~ saçmalık, saçma sapan şey(ler *pl*)

Zeug|e *m* (-n; -n) tanık, şahit; ♀**en** *v/i* (h): ♀**en** *von* bşin işareti/kanıtı olmak, bşi göstermek; ~**enaussage** *f Huk.* tanık/şahit ifadesi; ~**in** *f* (-; -nen) tanık bayan

Zeugnis *n* (-ses; -se) *Ped.* karne; *Prüfungs*♀: diploma; *vom Arbeitgeber*: bonservis; ~**se** *pl* belgeler

z. Hd. *kıs.* = *zu Händen* ... eline

Zi. *kıs.* = *Zimmer n* oda; *Ziffer f* sayı; rakam; *Huk.* fıkra

Ziege *f* (-; -n) *Zoo.* (dişi) keçi

Ziegel *m* (-s; -) tuğla; *Dach*♀: kiremit; ~**dach** *n* kiremit(li) çatı; ~**stein** tuğla taşı

Ziegenbock *m* (-s; ⁻e) teke, erkeç

ziehen (zog, gezogen) **1.** *v/t* (h) *gnl.* çekmek; *schleppen*: sürüklemek; *Blumen* yetiştirmek; *heraus*~: çekip çıkarmak/almak (*aus* -den); *j-n* ~ *an* (*D*) b-ni byden çekmek; *auf sich* ~ *Aufmerksamkeit, Augen*: üzerine çekmek; ~ *Erwägung, Länge*: **2.** *v/refl* (h) uzun sürmek; *dehnen*: uzamak; → *Länge*; **3.** *v/i* (h) çekmek (*an D* -den); (sn) *sich bewegen, um*~: taşınmak (*nach* bye); ~ *lassen Tee* demlemek; *es zieht* burada cereyan var, burası cereyan yapıyor

Ziehharmonika *f* (-; -s, -ken) körüklü armonika, akordeon

Ziehung *f* (-; -en) *Lotto vs.*: çekiliş

Ziel *n* (-s; -e) amaç, hedef; *mec. az.* gaye, maksat, erek; *Reise*♀: gidiş yeri;

Sport: varış; **sich ein ~ setzen** k-ne bir hedef koymak; **sein ~ erreichen** hedefine ulaşmak; **sich zum ~ gesetzt haben**, **et. zu tun** bş yapmayı amaç edinmek; ⇄en v/i (h) nişan almak (**auf** A -e); **~fernrohr** n nişan dürbünü; **~gruppe** f hedef grup; ⇄los sıf. amaçsız, gayesiz, hedefsiz; **~scheibe** f hedef (tahtası); mec. az. boy hedefi; ⇄strebig sıf. maksatlı, azimli, kararlı

ziemlich 1. sıf. bayağı, pek, bir hayli; **2.** bel. oldukça; **~ viel** oldukça çok; **~ viele** epey

zier|en v/refl (h) Frau: nazlanmak; Umstände machen: bşi sorun yapmak; **~lich**, sıf. zarif, nazik; Frau: az. ufak tefek, narin; ⇄pflanze f süs bitkisi

Ziffer f (-; -n) rakam; **~blatt** n (saat) kadran(ı), mine

zig sıf. F birsürü

Zigarette f (-; -n) sigara

Zigaretten|automat m sigara otomatı; **~stummel** m sigara izmariti

Zigarillo m (-s; -s) küçük/ince puro

Zigarre f (-; -n) yaprak sigarası, sigar

Zigeuner m (-s; -) neg.! çingene

Zimmer n (-s; -) oda; **~einrichtung** f mobilya; **~kellner** m oda garsonu; **~mädchen** n oda bakıcı (kız); **~mann** m (-s; -leute) marangoz; **~nachweis** m oda bulma bürosu; **~nummer** f oda numarası; **~pflanze** f ev bitkisi; **~service** n oda servisi; **~suche** f: **auf ~suche sein** oda aramak; **~vermittlung** f oda bulma servisi

Zimt m (-s; -e) tarçın

Zinke f (-; -n) Kamm: tarak dişi; Gabel: çatal ucu

Zinn n (-s) Kim. kalay; legiertes: kurşun-kalay alaşımı

Zins m (-es; -en) Ekon. faiz (az. **~en** pl); **3% ~en bringen** yüzde üç faiz getirmek; **~eszins** m bileşik faiz, F faizin faizi; ⇄günstig sıf. uygun faizli, F düşük faizli; ⇄los sıf. faizsiz; **~satz** m faiz oranı

Zipfel m (-s; -) Tuch vs.: köşe; Wurst: uç; **~mütze** f püsküllü takke

zirka bel. aşağı yukarı, yaklaşık (olarak)

Zirkul|ation f (-) dolaşım, dolanım; ⇄ieren v/i (sn) dolaşmak, tedavülde olmak; piyasada bulunmak

Zirkus m (-; -se) sirk

zischen 1. v/i (h) ıslıklamak; Fett: cızırdamak; Sprudel: fışırdamak; (sn) **durch die Luft**: vınlamak; **2.** v/t (h) Worte tınlamak

Zitat n (-s; -e) alıntı, iktibas

zitieren v/t ve v/i (h) iktibas etmek, alıntılamak (**et.** -i, **aus** -den)

Zitrone f (-; -n) limon

Zitronenlimonade f limonata

zitterig sıf. titrek

zittern v/i (h) titremek (**vor** D -den)

zivil sıf. sivil; Preis: makul

Zivil n (-s) sivil kıyafet (veya giysiler pl); **Polizist in ~** sivil giysili polis; **~bevölkerung** f sivil halk, siviller pl; **~dienst** m → **Ersatzdienst**; **~isation** f (-; -en) uygarlık, medeniyet; ⇄isieren v/t (h) uygarlaştırmak; **~ist** m (-en; -en) sivil (kişi); **~recht** n (-s) medeni hukuk; **~schutz** m sivil savunma

zögern v/i (h) çekinmek, tereddüt etmek

Zögern n (-s) duraksama, tereddüt, ikircik

Zoll¹ m (-s; -) inç

Zoll² m (-s; ⁻e) Behörde: gümrük; Abgabe: gümrük (resmi); **~abfertigung** f gümrük işlemi; **~beamter** m gümrük memuru; **~erklärung** f gümrük beyannamesi; ⇄frei sıf. gümrüksüz; **~kontrolle** f gümrük muayenesi, F gümrük kontrolü

Zöllner m (-s; -) gümrükçü, gümrük memuru

zoll|pflichtig sıf. gümrük resmine tabi, F gümrüğe tabi; ⇄schranke f gümrük engeli; ⇄stock m (çubuk/ tahta) metre; ⇄union f gümrük birliği

Zone f (-; -n) bölge, alan

Zoo m (-s; -s) hayvanat bahçesi; **~handlung** f ev hayvanları sat(ıl)an dükkân

Zopf m (-s; ⁻e) (saç) örgü(sü); özl. Kind: az. atkuyruğu

Zorn m (-s) öfke, hiddet, gazap (**auf** A -e); ⇄ig sıf. öfkeli, kızgın (**auf** j-n: b-ne, **et.**: bşe)

z. T. kıs. = **zum Teil** kısmen

zu 1. ilg. Richtung: -ye; Ort, Zeit: byde, -de; Zweck, Anlass: (yap)maya, (yap)mak için; → **dritte**, **Fuß**,

Haus, Weihnachten vs.; **2.** *bel.* çok fazla; F *geschlossen:* kapalı; *Tür ~!* kapıyı kapayın!; *ein ~ heißer Tag* aşırı sıcak bir gün; *vier ~ zwei Spo.* dört iki; *wir sind ~ dritt* üç kişiyiz; **3.** *bağl.* (yap)ılabilir; *es ist ~ erwarten* beklenebilir; *~ viel* çok fazla; *vor pl:* pek çok; *einer ~ viel* birisi fazla; *~ wenig* çok az; *vor pl:* pek az; *einer ~ wenig* birisi az

Zubehör *n* (-s; -e) aksesuar, ek parçalar *pl*

zubereit|en *v/t* (*ayr.*, h) hazırlamak, *Essen: az.* pişirmek; **Զung** *f* (-; -en) hazırlama, pişirme

zu|binden *v/t* (*krldş.*, *ayr.*, -ge-, h, → *binden*) (bağlayıp) kapamak; **~bleiben** *v/i* (*krldş.*, *ayr.*, -ge-, sn, → *bleiben*) kapalı kalmak; **~blinzeln** *v/i* (*ayr.*, -ge-, h) b-ne göz kırpmak

Zubringer *m* (-s; -) → *Zubringerbus*, *Zubringerstraße*; **~bus** *m* bağlantı otobüsü; **~straße** *f* (otoyola) bağlantı yolu

Zucchini *f* (-; -) (dolmalık) kabak

Zucht *f* (-; -en) *Zoo.*, *Bot.* yetiştirme; *Bot. az.* toprağı işleme, tarım; *Rasse:* soy, ırk, cins, çeşit

züchtjen *v/t* (h) *Zoo.*, *Bot.* yetiştirmek; **Զer** *m* (-s; -) yetiştirici

Zuchtperle *f* yetiştirilmiş inci

zucken *v/i* (h) seğirmek; *vor Schmerz:* titremek; oynamak; (sn) *Blitz:* çakmak; → *Achsel*

zücken *v/t* (h) *Waffe* çekmek; F *Brieftasche vs.* çıkarmak

Zucker *m* (-s; -) şeker; *mit ~* şekerli; **~dose** *f* şekerlik, şeker kutusu; **~guss** *m* pasta üzerine sürülen şeker şerbeti; **Զkrank** *sıf.* şeker hastası; **~kranke** *m, f* (-n; -n) şeker hastası; **~krankheit** *f* şeker hastalığı; **Զn** *v/t* (h) -*e* şeker koymak/serpmek; **~rohr** *n Bot.* şekerkamışı; **~watte** *f* pamuk helva

Zuckung *f* (-; -en) seğirme, *az. e-s Muskels:* tik; *krampfhafte:* çırpınma, kıvranma

zudecken *v/t* (*ayr.*, -ge-, h) örtmek, örtüp kapamak

zudrehen *v/t* (*ayr.*, -ge-, h) (çevirip) kapamak; *j-m den Rücken ~* b-ne sırt çevirmek

zudringlich *sıf.* rahatsız edici, göze batan, F sırnaşık; *~ werden gegenüber e-r Frau:* -*e* laf atmak, sarkıntılık yapmak

zudrücken *v/t* (*ayr.*, -ge-, h) (sıkıp) bastırmak; → *Auge*

zuerst *bel.* ilk önce; *anfangs:* ilkin; *zunächst:* her şeyden önce, ilk olarak

Zufahrt *f* (-) *zum Haus:* giriş; **~straße** *f* giriş yolu

Zufall *m* (-s; ⁼e) rastlantı, tesadüf; *durch ~* rastlantı sonucu, tesadüfen; **Զen** *v/i* (*krldş.*, *ayr.*, -ge-, sn, → *fallen*) *Tür vs.*: (çarpıp kendiliğinden) kapanmak; *mir fallen die Augen zu* gözlerim kapanıyor

zufällig 1. *sıf.* rastlantısal, tesadüfi; **2.** *bel.* rastlantı sonucu, tesadüfen; *~ et. tun* rasgele birşeyler yapmak

Zuflucht *f* (-; -en): *~ suchen* (*od. finden*) -*e* sığınmak (*vor D* -den, *bei* -e); (*s-e*) *~ nehmen zu* -*e* başvurmak, -*den* çare aramak

zufolge *ilg.* ... gereğince, -*e* göre

zufrieden *sıf.* hoşnut, memnun (*mit* -den); *~ geben* yetinmek (*mit* bşle); *~ lassen* b-ni rahat/yalnız bırakmak; *~ stellen* hoşnut etmek; *~ stellend* memnun edici; **Զheit** *f* (-) hoşnutluk, memnuniyet

zufrieren *v/i* (*krldş.*, *ayr.*, -ge-, sn, → *frieren*) (tamamen) donup kapanmak

Zufuhr *f* (-; -en) sağlama, temin, ikmal

Zug *m* (-s; ⁼e) *Demiryol.* tren; *Menschen, Wagen:* (geçit) alay(ı), kortej; *Fest²:* tören alayı; *Gesichts²:* yüz hattı; *Charakter²:* özellik; *Hang:* eğilim; *Schwimm²:* kulaç; *Schach:* hamle (*az. mec.*); *Ziehen:* çekme, çekiş; *Griff vs.:* sap; *Rauchen:* nefes, çekim; *Schluck:* yudum, F fırt; *~luft:* cereyan; *im ~e* (*G*) ... çerçevesi içinde; *in e-m ~* bir defada; *~ um ~* adım adım; *in groben Zügen* kaba/ana hatlarıyla

Zugabe *f* (-; -n) ek; *Tiy.* program dışı (tekrarlanan) parça; *Zuruf:* isteriz!

Zugabteil *n* tren kompartımanı

Zu|gang *m* (-s; ⁼e) giriş (*zu* -*e*, *az. mec.*); **Զgänglich** *sıf.* ulaşılabilir; faydalanılabilir (*für* için, *az. mec.*)

Zug|anschluss *m* bağlantı (treni); **~begleiter** *m* kondüktör, kılavuz

zugeben *v/t* (*krldş.*, *ayr.*, -ge-, h, → *geben*) ilave etmek, eklemek; *mec.* itiraf etmek

Zuname

zugehen (krldş., ayr., -ge-, sn, → **gehen**) v/i Tür vs.: kapanmak; **~ auf** (A) b-ne yaklaşmak, b-ne doğru adım atmak (az. mec.); *es geht auf 8 zu* saat sekize geliyor; *es ging lustig zu* çok neşeli oldu

Zugehörigkeit f (-) ait olma, üyelik (**zu** -e)

zügeln v/t (h) mec. -i dizginlemek, -e gem vurmak, -i engellemek

Zuge|ständnis n (-ses; -se) ödün, taviz; **ʠstehen** v/t (krldş., ayr., zugestanden, h, → **stehen**) -i itiraf/teslim etmek

Zugführer m tren şefi

zugig sıf. cereyanlı, esintili

Zugkraft f Tek. çekim gücü; mec. çekicilik, cazibe

zugkräftig sıf. çekici, cazip

zugleich bel. aynı zamanda

Zug|luft f (-) hava esintisi, cereyan; **~maschine** f Oto. çekici araç; **~personal** n tren personeli

zugreifen v/i (krldş., ayr., -ge-, h, → **greifen**) kapmak; mec. kaçırmamak; *greifen Sie zu! bei Tisch*: buyurun yemek alın!; *Werbung*: fırsatı kaçırmayın!

zugrunde bel.: **~ gehen** mahvolmak, yok olmak (**an** D -den); *e-r Sache et.* **~ legen** b-şe dayandırmak; **~ richten** harap etmek

Zug|schaffner m tren biletçisi, kondüktör; **~telefon** n tren telefonu

zugunsten ilg. -in yararına, Ekon. -in lehine

zugute bel.: **j-m et. ~ halten** bşi b-nin hesabına katmak, bşi b-nin lehine görmek; **~ kommen** yaramak (D -e)

Zugverbindung f tren bağlantısı

Zugvogel m göçmen kuş

zuhalten v/t (krldş., ayr., -ge-, h, → **halten**) kapalı tutmak; *sich die Ohren* (**Augen**) **~** (elleriyle) kulaklarını (gözlerini) kapamak; *sich die Nase* **~** burnunu kapamak

Zuhälter m (-s; -) F pezevenk

Zuhause n (-s) ev, yurt, baba ocağı, sıla

zuhör|en v/i (ayr., -ge-, h) dinlemek (D -i); **ʠer** m (-s; -), **ʠerin** f (-; -nen) dinleyici

zu|jubeln v/i (ayr., -ge-, h) j-m: b-ni alkışlamak; **~kleben** v/t (ayr., -ge-, h) Umschlag: (yapıştırarak) kapamak; **~knallen** v/t (ayr., -ge-, h) güm diye kapamak; **~knöpfen** v/t (ayr., -ge-, h) düğmelemek

zukommen v/i (krldş., ayr., -ge-, sn, → **kommen**): **~ auf** (A) b-ne yaklaşmak; mec. b-nin hissesine düşmek; *die Dinge auf sich* **~** *lassen* bekleyip görmek

Zukunft f (-) gelecek, istikbal; *in* **~** gelecekte, ilerde

zukünftig 1. sıf. gelecek(teki), müstakbel; **2.** bel. gelecekte

zu|lächeln v/i (ayr., -ge-, h) j-m: b-ne gülümsemek; **ʠlage** f (-; -n) zam, ikramiye; **~lassen** v/t (krldş., ayr., -ge-, h, → **lassen**) bşi kapalı bırakmak; *erlauben*: b-ne izin vermek; *beruflich*, *Oto.*: b-ne ... ruhsatı vermek; *j-n zu et.* **~lassen** b-nin bş yapmasına izin vermek; **~lässig** sıf. izin verilmiş, uygun; *Huk.* meşru; **ʠlassung** f (-; -en) izin, müsaade; *Oto.* ruhsat, tescil; **~legen** v/t (ayr., -ge-, h) F: *sich* **~legen** bş edinmek, satın almak; *Namen* benimsemek

zuleide bel.: **j-m et. ~ tun** b-ne kötülük etmek (od. b-ne bir zararı olmak)

zuletzt bel. sonuncu olarak, sonunda; *kommen vs.*: en son; *schließlich*: nihayet; *wann hast du ihn* **~** *gesehen?* onu en son ne zaman gördün?

zuliebe bel..: **j-m ~** b-nin hatırı için, b-nin uğruna

zumachen (ayr., -ge-, h) **1.** v/t kapatmak; *zuknöpfen*: düğmelemek; **2.** v/i Geschäft: kapanmak; *für immer*: kapatmak, kapanmak

zumut|bar sıf. beklenebilir, istenebilir, makul; **ʠe** bel.: *mir ist ...* **ʠe** kendimi ... hissediyorum; **~en** v/t (ayr., -ge-, h): *j-m et.* **~en** b-nden bş beklemek; *sich zu viel* **~en** k-ne aşırı yüklenmek, k-ne çok güvenmek; **ʠung** f (-; -en): *das ist e-e* **ʠung** bu aşırı bir beklenti, bu küstahça bir talep

zunächst bel. → **zuerst**

zu|nageln v/t (ayr., -ge-, h) çiviyelerek kapamak; **~nähen** v/t (ayr., -ge-, h) dikmek; **ʠnahme** f (-; -n) artış (G, **an** D in); **ʠname** m → **Familienname**

zünden

zünd|en (h) **1.** *v/t Tek.* ateşlemek, *Oto. az.* çalıştırmak; **2.** *v/i Feuer fangen:* ateş almak; *Holz:* tutuşmak; **~end** *sıf. mec.* ateşleyici, coşturucu; **2er** *m* (-s; -) *Tek.* ateşleme tertibatı
Zünd|holz *n* kibrit; **~kerze** *f Oto.* buji; **~schlüssel** *m Oto.* kontak anahtarı; **~schnur** *f* ateşleme fitili
Zündung *f* (-; -en) *Oto.* ateşleme
zunehmen (*krldş., ayr.,* -ge-, h, → **nehmen**) **1.** *v/i* artmak, artış göstermek (**an** *D* -de); *Person:* kilo almak; *Mond:* büyümek; *Tage:* uzamak; **2.** *v/t:* **ich habe 10 Pfund zugenommen** beş kilo şişmanladım (*veya* aldım)
zuneig|en *v/refl* (*ayr.,* -ge-, h): **sich dem Ende ~en** sonuna yaklaşmak; **2ung** *f* (-;-en) eğilim, sempati, hoşlanma
Zunge *f* (-; -n) dil; **es liegt mir auf der ~** dilimin ucunda; **~nbrecher** *m* (-s; -) yanıltmaç, söylemesi zor (söz); **~nspitze** *f* dil ucu
zunutze *bel.:* **sich et. ~ machen** bşi kullanmak; *ausnutzen:* bşden yararlanmak
zurechnungsfähig *sıf. Huk.* cezai ehliyeti olan, F sorumlu; **2keit** *f* (-) *Huk.* cezai ehliyet, F sorumluluk
zurecht|finden *v/refl* (*krldş., ayr.,* -ge-, h, → **finden**) yolunu bulmak; *mec.* bşin üstesinden gelmek; **~kommen** *v/i* (*krldş., ayr.,* -ge-, sn, → **kommen**) anlaşmak (**mit j-m** b-yle); başa çıkmak (**mit et.** bşle); **~machen** *v/refl* (*ayr.,* -ge-, h) hazırlanmak; *Frau:* makyaj yapmak, süslenmek; **~rücken** *v/t* (*ayr.,* -ge-, h) bşi düzeltmek; **~weisen** *v/t* (*ayr.,* -ge-, h, → **weisen**) b-ni azarlamak/ paylamak; b-ne haddini bildirmek; **2weisung** *f* (-; -en) azar(lama), paylama
zureden *v/i* (*ayr.,* -ge-, h): **j-m** (*gut*) **~** b-ni yüreklendirmek, b-ni cesaretlendirmek
zurichten *v/t* (*ayr.,* -ge-, h): **übel ~** *j-n:* b-nin ağzını burnunu dağıtmak; *et.:* bşi darmadağın etmek; bşi alt üst etmek
zurück *bel.* geriye; *hinten:* arkada, arkaya (*az. mec.*); **~behalten** *v/t* (*krldş., ayr.,* h, → **halten**) alıkoymak, geri vermemek; **~bekommen** *v/t* (*krldş., ayr.,* h, → **kommen**) geri almak; **~bleiben** *v/i* (*krldş., ayr.,* -ge-, sn, → **bleiben**) geri kalmak; *nicht mithalten:* arkada kalmak; **~blicken** *v/i* (*ayr.,* -ge-, h) dönüp bakmak (**auf** *A* -e; *mec.* bşe); **~bringen** *v/t* (*ayr.,* -ge-, h, → **bringen**) geri getirmek; **~datieren** *v/t* (*ayr.,* h) geçmiş/eski tarih koymak (**auf** *A* -e); **~erstatten** *v/t* (*ayr.,* h) geri ödemek, iade etmek; **~erwarten** *v/t* (*ayr.,* h) b-nin dönmesini beklemek; **~fahren** *v/i* (*krldş., ayr.,* -ge-, sn, → **fahren**) geri gitmek, geri dönmek; **~fallen** *v/i* (*krldş., ayr.,* -ge-, sn, → **fallen**) *mec.* geri kalmak/ düşmek; **~finden** *v/i* (*krldş., ayr.,* -ge-, h, → **finden**) (dönüş) yolunu yeniden bulmak (**nach**, **zu** bye); *mec.* -e geri dönmek; **~fordern** *v/t* (*ayr.,* -ge-, h) geri istemek, bşin iadesini talep etmek; **~führen** *v/t* (*ayr.,* -ge-, h) geri getirmek; *mec.* -e dayandırmak, bağlamak (**auf** *A* -e)
zurück|geben *v/t* (*krldş., ayr.,* -ge-, h, → **geben**) geri vermek, iade etmek; **~geblieben** *sıf. mec.* geri kalmış; *geistig:* zihin özürlü, F geri zekâlı; **~gehen** *v/i* (*krldş., ayr.,* -ge-, sn, → **gehen**) geri gitmek/dönmek; *mec.* azalmak; *fallen: az.* düşmek; **~gezogen** *sıf.* münzevi, kaçınık; **~greifen** *v/i* (*krldş., ayr.,* -ge-, h, → **greifen**) başvurmak, gene gelmek (**auf** *A* -e)
zurückhalt|en (*krldş., ayr.,* -ge-, h, → **halten**) **1.** *v/t* alıkoymak, tutmak; **2.** *v/refl* sakınmak, ihtiyatlı davranmak; *im Essen, Reden vs.:* dikkatli olmak; **~end** *sıf.* çekingen, ihtiyatlı, F ağzı sıkı; **2ung** *f* (-) çekingenlik, suskunluk
zurück|kehren *v/i* (*ayr.,* -ge-, sn) (geri) dönmek; **~kommen** *v/i* (*krldş., ayr.,* -ge-, sn, → **kommen**) geri gelmek, dönmek (*mec.* **auf** *A* -e); **~lassen** *v/t* (*krldş., ayr.,* -ge-, h, → **lassen**) (geride) bırakmak; **~legen** *v/t* (*ayr.,* -ge-, h) geriye koymak; *Geld:* bir kenara koymak, biriktirmek; *Strecke:* yürümek, katetmek; **~nehmen** *v/t* (*krldş., ayr.,* -ge-, h, → **nehmen**) geri almak (*az. mec.* **Worte**

Zusammensetzung

vs.); ~rufen (krldş., ayr., -ge-, h, → rufen) 1. v/t geri çağırmak; Tel. bir daha (telefonla) aramak; et. ins Gedächtnis ~rufen bşi anımsamak; 2. v/i Tel. yeniden aramak; ~schlagen (krldş., ayr.,-ge-, h, → schlagen) 1. v/t Angriff vs. (geri) püskürtmek, defetmek; Decke, Verdeck vs. bşin üstünü açmak; 2. v/i geri vurmak; Ask. misilleme yapmak
zurückschrecken v/i (ayr., -ge-, sn): ~ vor (D) bşden korkmak/çekinmek; vor nichts ~ hiçbir şeyden korkmamak/çekinmemek
zurück|stellen v/t (ayr., -ge-, h) eski yerine koymak; Uhr. (saati) geri almak; mec. ertelemek, sonraya bırakmak; ~strahlen v/t (ayr., -ge-, h) yansıtmak; ~treten v/i (krldş., ayr., -ge-, sn, → treten) geri durmak, gerilemek; istifa etmek, (geri) çekilmek (von e-m Amt görevinden); Ekon. Huk. vazgeçmek, çekilmek (von -den); ~weisen v/t (krldş., ayr., -ge-, h, → weisen) geri çevirmek, reddetmek; Huk. (davayı) reddetmek; ~zahlen v/t (ayr., -ge-, h) geri ödemek; mec. b-ne bşi ödetmek, b-ne misilleme yapmak; ~ziehen (krldş., ayr., -ge-, h, → ziehen) 1. v/t geri çekmek; mec. bşi geri çekmek/almak; 2. v/refl bir köşeye çekilmek, geri çekilmek (az. Ask.)
zurufen v/t (krldş., ayr., -ge-, h, → rufen): j-m et. ~ b-ne bşi bağırarak söylemek, seslenmek
zurzeit bel. şu sıra, halen
Zusage f (-; -n) söz (verme), vaat; Einwilligung: kabul, onay; 2n v/i (ayr., -ge-, h) (bir daveti) kabul etmek; einwilligen: bşi onaylamak; j-m ~n passen: b-ne uygun gelmek; gefallen: b-nin hoşuna gitmek
zusammen bel. birlikte, beraber; alles ~ hepsi bir arada; das macht ~ tamamı/hepsi ... ediyor
Zusammenarbeit f (-;) işbirliği; in ~ mit -in işbirliği ile; 2en v/i (ayr., -ge-, h) işbirliği yapmak, birlikte çalışmak (mit ile)
zusammenbeißen v/t (krldş., ayr., -ge-, h, → beißen): die Zähne ~ diş(ler)ini sıkmak
zusammen|brechen v/i (krldş., ayr., -ge-, sn, → brechen) çökmek, yıkılmak (az. mec.); 2bruch m (-s; ⸚e) çökme, yıkılma; ~fallen v/i (krldş., ayr., -ge-, sn, → fallen) yıkılmak, çökmek; zeitlich: çatışmak, aynı zamana rastlamak; ~falten v/t (ayr., -ge-, h) katlamak; ~fassen v/t (ayr., -ge-, h) özetlemek; 2fassung f (-; -en) özet; ~halten v/i (krldş., ayr., -ge-, h, → halten) mec. birbirine bağlı olmak (F yapışmak)
Zusammen|hang m (-s; ⸚e) Beziehung: ilişki, bağlantı; e-s Textes vs.: bağlam; im ~hang stehen (mit) (ile) ilişkisi/bağlantısı olmak; 2hängen v/i (krldş., ayr., -ge-, h, → hängen) birbirine bağlı olmak, birbiriyle ilişkisi olmak; 2hängend sıf. tutarlı, mantıklı; 2hang(s)los sıf. tutarsız, mantıksız; ilgisiz
zusammen|kommen v/i (krldş., ayr., -ge-, sn, → kommen) buluşmak, F bir araya gelmek; 2kunft f (-; ⸚e) görüşme, buluşma; ~legen (ayr., -ge-, h) 1. v/t bir araya getirmek, vereinigen: birleştirmek; falten: katlamak; 2. v/i para biriktirmek, F denkleştirmek; ~nehmen (krldş., ayr., -ge-, h, → nehmen) 1. v/t Mut, Kraft toplamak; 2. v/refl k-ni toplamak; ~packen v/t (ayr., -ge-, h) toparlamak; ~passen v/i (ayr., -ge-, h) gnl. uyum göstermek; Dinge, Farben: az. birbirine uymak, denk gelmek; ~rechnen v/t (ayr., -ge-, h) (sayıları vs.) toplamak; ~reißen v/refl (krldş., ayr., -ge-, h, → reißen) k-ne hakim olmak, k-ni toplamak; ~rücken (ayr., -ge-) 1. v/t (h) birbirine yaklaştırmak, sıkıştırmak; 2. v/i (sn) sıkışmak, yanaşmak; ~schlagen v/t (krldş., ayr., -ge-, h, → schlagen) j-n: b-ni acımasızca dövmek; et.: bşi mahvetmek, darmağın etmek; ~schließen v/refl (krldş., ayr., -ge-, h, → schließen) birleşmek; Ekon. kartelleşmek; 2schluss m (-es; ⸚e) birlik; Ekon. birlik, ortaklık
zusammensetz|en (ayr., -ge-, h) 1. v/t bir araya getirmek; Tek. monte etmek; 2. v/refl: sich ~en aus -den oluşmak; 2ung f (-; -en) birleşim; Kim. bileşim; Tek. montaj

zusammenstellen *v/t* (*ayr.*, -ge-, h) bir araya koymak, birleştirmek; *anordnen*: yerleştirmek

Zusammenstoß *m* (-es; ⁻e) çarpışma (*az. mec.*), çarpma; *Aufprall*: vuruş, *mec.* çatışma, çarpışma; 2en *v/i* (*krldş.*, *ayr.*, -ge-, sn, → *stoßen*) çarpışmak (*az. mec.*); *mec.* dövüşmek; 2en *mit* bşle çarpışmak (*od.* bşe bindirmek); *mec.* b-yle çatışmak

zusammen|stürzen *v/i* (*ayr.*, -ge-, sn) çökmek, yıkılmak; **~tragen** *v/t* (*krldş.*, *ayr.*, -ge-, h, → *tragen*) toplamak; **~treffen** *v/i* (*krldş.*, *ayr.*, -ge-, sn, → *treffen*) buluşmak, karşılaşmak; *zeitlich*: çakışmak, aynı zamana denk gelmek; 2treffen *n* (-s) buluşma; çakışma, rastlantı; *besonderes*: karşılaşma, karşı karşıya gelme; **~treten** *v/i* (*krldş.*, *ayr.*, -ge-, sn, → *treten*) toplanmak, birleşmek; **~tun** *v/refl* (*krldş.*, *ayr.*, -ge-, h, → *tun*) bir araya gelmek, birleşmek, F el birliği yapmak; **~zählen** *v/t* (*ayr.*, -ge-, h) (sayıları) toplamak; **~ziehen** (*krldş.*, *ayr.*, -ge-, h, → *ziehen*) **1.** *v/t* kısaltmak, daraltmak; **2.** *v/refl* kısalmak, daralmak; **~zucken** *v/i* (*ayr.*, -ge-, sn) (acıyla) irkilmek, (korkuyla) sıçramak

Zusatz *m* (-es; ⁻e) ilave, ek; *chemischer vs.*: katkı maddesi; **~** *gnl.* ek ..., ilave; *Hilfs...*: yardımcı ...

zusätzlich *sıf.* ilaveten, ek olarak, fazladan

zuschauen *v/i* (*ayr.*, -ge-, h) bakmak (*wie* nasıl); *j-m* **~** b-ni seyretmek/izlemek (*bei et.* bş yaparken)

Zuschauer *m* (-s; -), **~in** *f* (-; -nen) seyirci, izleyici *az.* TV; **~raum** *m* *Tiy.* seyirci salonu

Zuschlag *m* (-s; ⁻e) zam, ek ücret; *Demiryol. vs.* bilet zammı; *Gehalts*2: ikramiye, prim; *Auktion*: en yüksek peyin kabulü

zuschlagen *v/t* (*krldş.*, *ayr.*, -ge-, h, → *schlagen*) *Tür vs.* vurarak kapamak; *j-m et.* **~** bşi b-ne ihale etmek

zu|schließen *v/t* (*krldş.*, *ayr.*, -ge-, h, → *schließen*) kilitlemek; **~schnappen** *v/i* (*ayr.*, -ge-) (h) *Hund*: (ağzıyla) kapmak; *Tür vs.*: (şiddetle) kapanmak; **~schnüren** *v/t* (*ayr.*, -ge-, h) iple (*Schuhe* bağcığını) bağlamak; **~schrauben** *v/t* (*ayr.*, -ge-, h) vidayla kapamak, vidalamak; **~schreiben** *v/t* (*krldş.*, *ayr.*, -ge-, h, → *schreiben*) atfetmek, yüklemek (*D* -e)

Zuschrift *f* (-; -en) mektup

zuschulden *bel.*: *sich et.* (*nichts*) **~** *kommen lassen* kusur yap(ma)mak, *-de* kabahati ol(ma)mak

Zuschuss *m* (-es; ⁻e) (ek) ödenek; *staatlich*: teşvik, sübvansiyon; **~betrieb** *m* sübvansiyonlu işletme

zusehen *v/i* (*krldş.*, *ayr.*, -ge-, h, → *sehen*) → *zuschauen*: **~**, *dass* (yap)tığını seyretmek; **~ds** *bel.* gözle görülür derecede; *schnell*: hızla

zusetzen (*ayr.*, -ge-, h) **1.** *v/t* ilave etmek (*D* -e); *Geld* (yatırımda) kaybetmek; **2.** *v/i*: *j-m* **~** b-ni sıkıştırmak, b-ni zorlamak

zusicher|n *v/t* (*ayr.*, -ge-, h) söz/güvence vermek; 2ung *f* (-; -en) güvence, teminat

zu|spitzen *v/refl* (*ayr.*, -ge-, h) *Lage*: kritik olmaya başlamak; 2spruch *m* (-s) cesaretlendirme; *Trost*: teselli, avutma; 2stand *m* (-s; ⁻e) durum, konum

zustande *bel.*: **~** *bringen* gerçekleştirmek, yapmak; **~** *kommen* gerçekleşmek, ortaya çıkmak; *es kam nicht* **~** başarılamadı

zuständig *sıf.* yetkili (*für* bşe), ilgili (*für* b-yle)

zu|stehen *v/i* (*krldş.*, *ayr.*, -ge-, h, → *stehen*): *j-m steht et.* (*zu tun*) *zu* bş yapmaya b-nin hakkı(dır); **~steigen** *v/i* (*krldş.*, *ayr.*, -ge-, sn, → *steigen*) (trene *vs.*) binmek

zustell|en *v/t* (*krldş.*, *ayr.*, -ge-, h) teslim etmek; 2ung *f* (-; -en) teslim; tebliğ

zustimm|en *v/i* (*ayr.*, -ge-, h) aynı fikirde olmak (*D* bşde, b-yle); *billigen*: uygun bulmak, onaylamak; 2ung *f* (-) sözleşme, anlaşma; *j-s* 2ung *finden* b-nin rızasını/olurunu almak

zustoßen *v/i* (*krldş.*, *ayr.*, -ge-, sn, → *stoßen*): *j-m* **~** b-nin başına bir şey gelmek

zutage *bel.*: **~** *bringen* meydana çıkarmak/koymak; **~** *kommen* ortaya çıkmak, meydana gelmek

Zutaten *pl* malzemeler

zweisprachig

zutragen (krldş., ayr., -ge-, h, → **tragen**) **1.** v/r: **j-m et. ~** b-ne bşi (gizlice) bildirmek; **2.** v/refl olmak, olup bitmek

zutrauen v/t (ayr., -ge-, h): **j-m et. ~** b-nden (bir davranışı) beklemek; **sich zu viel ~** k-ne fazla güvenmek

Zutrau|en n (-s) güven (**zu** -e); **≳lich** sıf. cana yakın; Tier: sokulgan

zutreffen v/i (krldş., ayr., -ge-, h, → **treffen**) doğru/uygun olmak; **~ auf** (A) -e uygun olmak; **~d** sıf. doğru, uygun; **≳des bitte ankreuzen** uygun olana lütfen çarpı koyunuz

zutrinken v/i (krldş., ayr., -ge-, h, → **trinken**): **j-m ~** b-nin sağlığına içmek

Zutritt m (-s) girme; Zugang: giriş; **~ verboten!** giriş yasaktır!

zuverlässig sıf. güvenilir, inanılır; sicher: emniyetli, sağlam; **≳keit** f (-) güvenilirlik, doğruluk

Zuversicht f (-) sağlam umut, geleceğe güven, iyimserlik; **≳lich** sıf. iyimser, umutlu

zuviel → **zu**

zuvor bel. daha önce, evvelce; **am Tag ~** bir gün önce, önceki gün

zuvorkommen v/i (krldş., ayr., -ge-, sn, → **kommen**) -den önce davranmak; verhindern: önlemek; **j-m ~** az. F b-nden önce kapmak; **~d** sıf. yardımsever; höflich: nazik

Zuwachs m (-es) artış, özl. Ekon. büyüme (**an D** -de)

zuwenig → **zu**

zuwerfen v/t (krldş., ayr., -ge-, h, → **werfen**) çarpmak (**die Tür** kapıyı); **j-m e-n Blick ~** b-ne bir bakış atmak

zuwider sıf.: **... ist mir ~** -den hiç hoşlanmam, -den tiksinirim; **~handeln** v/i (ayr., -ge-, h) e-r Sache: bşe karşı çıkmak, bşi ihlal etmek; Vorschriften vs.: -e aykırı davranmak

zu|winken v/i (ayr., -ge-, h) j-m: b-ne (el, mendil vs.) sallamak, b-ne işaret etmek; **~zahlen** v/t (ayr., -ge-, h) fazladan (veya ek olarak) ödemek; **~ziehen** (krldş., ayr., -ge-, → **ziehen**) **1.** v/t (h) Vorhänge örtmek, çekmek; Schlinge vs. (düğümü) sık(ıştır)mak; Arzt vs. -e danışmak; **sich ... ~ziehen** Tıp (hastalık) kap-

mak; **2.** v/i (sn) (taşınıp) bye yerleşmek; **~züglich** ilg. artı, ... ilavesiyle

zw. kıs. = **zwischen** arasına, arasında

Zwang m (-s; ⁻e) zorunluluk, sıkıntı (az. innerer), sınırlama; sozialer: baskı; Nötigung, Unterdrückung: zorlama; Gewalt: zor, cebir

zwängen v/t (h) sıkıştırmak, tepmek (**in** A bye)

zwanglos sıf. teklifsiz, senlibenli; Kleidung: günlük

Zwangs|arbeit f (-) zorla çalıştırma, angarya; **≳ernähren** v/t (zwangsernährt, h) zorla besleme; **~jacke** f deli gömleği (az. mec.); **~lage** f sıkıntılı/zor durum; **≳läufig** bel. kaçınılmaz olarak; **~maßnahme** f zorlayıcı önlem; Pol. yaptırım; **~versteigerung** f zorunlu arttırma; **~vollstreckung** f zorunlu/cebri icra; **~vorstellung** f Psi. takıntı, saplantı; **≳weise** bel. zorla

zwanzig sıf. yirmi; **~ste** sıf. yirminci

zwar bel.: **ich kenne ihn ~, aber ...** gerçi onu tanıyorum, ama ...; **und ~** şöyle ki

Zweck m (-s; -e) amaç, erek; **s-n ~ erfüllen** iş görmek, ihtiyacı karşılamak; **es hat keinen ~** (**zu warten** vs. beklemenin vs.) bir yararı yok; **≳los** sıf. faydasız, boş, anlamsız; **≳mäßig** sıf. elverişli, kullanışlı; angebracht: yerinde; Tek., Mimar. işlevsel, yararlı; **≳s** ilg. ... amacıyla

zwei sıf. iki; **≳bettzimmer** n iki kişilik/yataklı oda; **~deutig** sıf. ikianlamlı, belirsiz; Witz: açık-saçık; **~erlei** sıf. iki ayrı türlü; **~fach** sıf. iki defa, çift

Zweifel m (-s; -) kuşku, şüphe (**an** D -e, **wegen** -den dolayı); **≳haft** sıf. kuşkulu, şüpheli, güven vermeyen, kuşku uyandıran; **≳los** bel. kuşkusuz, şüphesiz; **≳n** v/i (h): **≳n an** (D) -e kuşku duymak, -den kuşkulu olmak

Zweig m (-s; -e) dal (az. mec.); **~stelle** f şube, kol; **~stellenleiter** m şube müdürü

zwei|mal bel. iki kez/defa/kere; **~motorig** sıf. Hava. iki/çift motorlu; **~seitig** sıf. iki kenarlı; Brief vs.: iki sayfalı; Vertrag vs.: iki taraflı; **≳sitzer** m (-s; -) iki koltuklu (araba); **~spra-**

chig *sıf.* ikidilli; **~stündig** *sıf.* iki saatlik
zweitbeste *sıf.* ikinci en iyi, en iyiden sonraki iyi
zweite *sıf.* ikinci; *ein ~r* ikinci bir, bir başka; *jede(r, -s) ~ ...* her iki ...-den biri(si); *wir sind zu zweit* biz iki kişiyiz; → *Hand*
zweiteilig *sıf.* iki parçalı
zweitens *bel.* ikinci olarak, ikincisi
Zwerchfell *n Anat.* diyafram
Zwerg *m* (-s; -e) cüce (*az. Figur*); *Fabelwesen*: beberuhi; *Mensch*: bodur, cüce; **~...** cüce ... *az. Zoo., Bot.*
Zwetsch(g)e *f* (-; -n) mürdüm(eriği)
zwick|en *v/t ve v/i* (h) çimdiklemek; **♀mühle** *f mec.* umutsuz durum, açmaz
Zwieback *m* (-s; -e) peksimet
Zwiebel *f* (-; -n) soğan; *Blumen♀*: (kök)soğan
Zwie|licht *n* (-s) alacakaranlık; **~spalt** *m* uyuşmazlık, anlaşmazlık; **♀spältig** *sıf.* çelişkili
Zwilling *m* (-s; -e) ikiz; **~sbruder** *m* ikiz erkek kardeş; **~sschwester** *f* ikiz kız kardeş
zwinge|n *v/t* (zwang, gezwungen, h) zorlamak, mecbur etmek; **~nd** *sıf.* inandırıcı, ikna edici; zorlayıcı
Zwinger *m* (-s; -) *Hunde♀*: köpek yetiştirilen yer
zwinkern *v/i* (h) göz kırpmak; *als Zeichen*: göz kırparak işaret vermek
Zwirn *m* (-s; -e) iplik, *Baumwoll~*: tire; *Nähseide*: ibrişim; *Bindfaden*: sicim
zwischen *ilg.* (*A*) arasına; (*D*) arasında; *unter*: aralarında

Zwischen|aufenthalt *m* mola süresi; **~deck** *n Gemi.* ara güverte; **♀durch** *bel.* arada, arada bir; **~ergebnis** *n* geçici sonuç; **~fall** *m* olay; **~händler** *m Ekon.* komisyoncu, toptancı; **~landung** *f Hava.* ara iniş
zwischenmenschlich *sıf.* insanlar arası; **~e Beziehungen** insani ilişkiler
Zwischen|raum *m* ara(lık), açıklık, mesafe; **~ruf** *m* (toplantıyı) kesen söz/bağırış; **~rufe** *pl* sözlü sataşma *sg*, protestocu/onaylayıcı bağırışmalar; **~rufer** *m* (-s; -) (toplantıda *vs.*) bağıran; **~station** *f* mola; **~station machen** mola vermek (*in D* byde); **~stecker** *m El.* adaptör; **~stufe** *f* orta aşama/evre; **~wand** *f* bölme, ara duvarı; **~zeit** *f*: *in der ~zeit* bu arada
Zwist *m* (-s; -e) bozuşma, nifak; **~igkeiten** *pl* sorunlar, geçimsizlik *sg*
zwitschern *v/i* (h) cıvıl cıvıl ötmek
Zwitter *m* (-s; -) *Biyo.* er-dişi, erselik, hermafrodit
zwölf *sıf.* on iki; *um ~* (*Uhr*) (saat) on ikide; *mittags*: *az.* öğleyin; *nachts*: *az.* geceyarısı; **~te** *sıf.* on ikinci
Zyankali *n* (-s) *Kim.* potasyum siyanür
Zyklus *m* (-; -klen) döngü, devir; *Reihe*: seri, dizi
Zylind|er *m* (-s; -) silindir şapka; *Tek.* silindir; **♀risch** *sıf.* silindir şeklinde
Zyni|ker *m* (-s; -) başkalarıyla alay geçen; **♀sch** *sıf.* alaycı; **~smus** *m* (-; -men) alaycılık
zzgl. *kıs.* = *zuzüglich* artı
zzt. *kıs.* = *zurzeit* halen

Kurzer Überblick über die türkische Grammatik

Allgemeines

Die Vokale der Suffixe (grammatische Endungen und Wortbildungselemente) werden im Rahmen einer Vokalharmonie durch den Stammvokal des Wortes bestimmt.

Es werden weite und enge Vokale nach folgendem Schema unterschieden:

	ungerundet		gerundet	
weite Vokale	a	e	o	ö
enge Vokale	ı	i	u	ü

Zum Beispiel haben Dativ, Lokativ, Ablativ und der Plural nur die weiten Vokale **a** oder **e**, der Akkusativ die engen Vokale **ı**, **i**, **u** oder **ü**.

N	el	*(die) Hand*	baş	*(der) Kopf*
D	el**e**	*der Hand*	baş**a**	*dem Kopf*
A	el**i**	*die Hand*	baş**ı**	*den Kopf*
Lok.	el**de**	*in der Hand*	baş**ta**	*in dem Kopf*
Abl.	el**den**	*aus der Hand*	baş**tan**	*aus dem Kopf*

Deklination

Allgemeine Regeln für den Auslaut

a) Konsonantischer Auslaut unveränderlich:

	ev	*(das) Haus*	baş	*(der) Kopf*
A	ev**i**		baş**ı**	

b) Konsonantischer Auslaut veränderlich:

di**p** *Grund, Tiefe*	ağa**ç** *Baum*	ekme**k** *Brot*	ta**t** *Geschmack*
di**b**i	ağa**c**ı	ekme**ğ**i	ta**d**ı

c) Vokalischer Auslaut
 Zwischen Wortstamm und Suffix tritt ein Bindekonsonant:

N	gece	*Nacht*	oda	*Zimmer*
G	gece**n**in	*der Nacht*	oda**n**ın	*des Zimmers*
A	gece**y**i	*die Nacht*	oda**y**ı	*das Zimmer*

d) Personalsuffixe der dritten Person:

ev *Haus*		**baş** *Kopf*		
ev**i** *sein, ihr Haus*		baş**ı** *sein, ihr Kopf*		

dip *Grund, Tiefe*	**ağaç** *Baum*	**gece** *Nacht*	**oda** *Zimmer*
di**b**i	ağa**c**ı	gece**s**i	oda**s**ı

kapı *Tür*	**bitki** *Pflanze*	**köprü** *Brücke*	**büro** *Büro*	**duygu** *Gefühl*
kapı**sı**	bitki**si**	köprü**sü**	büro**su**	duygu**su**

e) Ausfall des letzten Vokals vor Antritt einer Endung (Elision):

ağız *Mund*	isim *Name*	oğul *Sohn*	gönül *Herz, Seele*
ağzı	**ismi**	**oğlu**	**gönlü**

Die Deklinationsendungen (Kasussuffixe)

N	ev	(*das*) *Haus*	baş	iş	kız	söz	yol
G	ev**in**	*des Hauses*	baş**ın**	iş**in**	kız**ın**	söz**ün**	yol**un**
D	ev**e**	*dem Haus*	baş**a**	iş**e**	kız**a**	söz**e**	yol**a**
A	ev**i**	*das Haus*	baş**ı**	iş**i**	kız**ı**	söz**ü**	yol**u**
Lok.	ev**de**	*in dem Haus*	baş**ta**	iş**te**	kız**da**	söz**de**	yol**da**
Abl.	ev**den**	*aus dem Haus*	baş**tan**	iş**ten**	kız**dan**	söz**den**	yol**dan**

N	gün	mum	gece	oda	ekmek
G	gün**ün**	mum**un**	gece**nin**	oda**nın**	ekme**ğin**
D	gün**e**	mum**a**	gece**ye**	oda**ya**	ekme**ğe**
A	gün**ü**	mum**u**	gece**yi**	oda**yı**	ekme**ği**
Lok.	gün**de**	mum**da**	gece**de**	oda**da**	ekmek**te**
Abl.	gün**den**	mum**dan**	gece**den**	oda**dan**	ekmek**ten**

Ausnahme: su *Wasser* – su**yun**, su**ya**, su**yu**, su**da**, su**dan**

Pluralbildung

Pluralsuffix: **-ler, -lar**

	(*die*) *Häuser*	(*die*) *Köpfe*	(*die*) *Arbeiten*	(*die*) *Mädchen*
N	ev**ler**	baş**lar**	iş**ler**	kız**lar**
G	ev**ler**in	baş**lar**ın	iş**ler**in	kız**lar**ın
D	ev**ler**e	baş**lar**a	iş**ler**e	kız**lar**a
A	ev**ler**i	baş**lar**ı	iş**ler**i	kız**lar**ı
Lok.	ev**ler**de	baş**lar**da	iş**ler**de	kız**lar**da
Abl.	ev**ler**den	baş**lar**dan	iş**ler**den	kız**lar**dan

Possessivsuffixe

-im	ev**im**	*mein Haus*	baş**ım**	*mein Kopf*
-in	ev**in**	*dein Haus*	baş**ın**	*dein Kopf*
-i	ev**i**	*sein, ihr Haus*	baş**ı**	*sein, ihr Kopf*
-imiz	ev**imiz**	*unser Haus*	baş**ımız**	*unser Kopf*
-iniz	ev**iniz**	*euer, Ihr Haus*	baş**ınız**	*euer, Ihr Kopf*
-leri	ev**leri**	*ihr Haus*	baş**ları**	*ihr Kopf*

Bei vokalischem Auslaut:

-m	oda**m**	*mein Zimmer*
-n	oda**n**	*dein Zimmer*
-si	oda**sı**	*sein, ihr Zimmer*
-miz	oda**mız**	*unser Zimmer*
-niz	oda**nız**	*euer, Ihr Zimmer*
-leri	oda**ları**	*ihr Zimmer*

Possessivsuffixe mit Kasusendungen

N	evim	mein Haus	başım	mein Kopf
G	evimin	meines Hauses	başımın	meines Kopfes
D	evime	meinem Haus	başıma	meinem Kopf
A	evimi	mein Haus	başımı	meinen Kopf
Lok.	evimde	in meinem Haus	başımda	in meinem Kopf
Abl.	evimden	aus meinem Haus	başımdan	aus meinem Kopf

	dein Haus	sein, ihr Haus	unser Haus	euer, Ihr Haus	ihr Haus
N	evin	evi	evimiz	eviniz	evleri
G	evinin	evinin	evimizin	evinizin	evlerinin
D	evine	evine	evimize	evinize	evlerine
A	evini	evini	evimizi	evinizi	evlerini
Lok.	evinde	evinde	evimizde	evinizde	evlerinde
Abl.	evinden	evinden	evimizden	evinizden	evlerinden

Plural mit Possessivsuffixen und Kasussuffixen

	meine Häuser	deine Häuser	seine, ihre Häuser
N	evlerim	evlerin	evleri
G	evlerimin	evlerinin	evlerinin
D	evlerime	evlerine	evlerine
A	evlerimi	evlerini	evlerini
Lok.	evlerimde	evlerinde	evlerinde
Abl.	evlerimden	evlerinden	evlerinden

	unsere Häuser	eure, Ihre Häuser	ihre Häuser
N	evlerimiz	evleriniz	evleri
G	evlerimizin	evlerinizin	evlerinin
D	evlerimize	evlerinize	evlerine
A	evlerimizi	evlerinizi	evlerini
Lok.	evlerimizde	evlerinizde	evlerinde
Abl.	evlerimizden	evlerinizden	evlerinden

Konjugation

Suffixverb *sein*

Präsens	bestimmte Vergangenheit oder di-Vergangenheit

ich bin usw.	ich war usw.
(-y-)im, -üm, -ım, -um	-dim, -düm, -dım, -dum
-sin, -sün, -sın, -sun	-din, -dün, -dın, -dun
-dir, -dür, -dır, -dur	-di, -dü, -dı, -du
-(-y-)iz, -üz, -ız, -uz	-dik, -dük, -dık, -duk
-siniz, -sünüz, -sınız, -sunuz	-diniz, -dünüz, -dınız, -dunuz
-dirler, -dürler, -dırlar, -durlar	-diler, -düler, -dılar, -dular

subjektive Vergangenheit *oder* miş-Vergangenheit	Bedingungsform	
ich war wohl, ich bin wohl gewesen	*wenn ich bin*	*wenn ich war*
imiş**im** imiş**sin** imiş imiş**iz** imiş**siniz** imiş**ler**	is**em** is**en** is**e** is**ek** is**eniz** is**eler**	idi**ysem** idi**ysen** idi**yse** idi**ysek** idi**yseniz** idi**yseler**
Die Suffixe haben die engen Vokale: -mişim, -müşüm, -müşsün, -müş, -müşüz, -müşsünüz, -müşler *usw.*	Die Suffixe haben die weiten Vokale: **-sem, -sam; -diysem, -düysem;** **-dıysam, -duysam** *usw.*	

Präsens

verneint
ich bin nicht
değilim

fragend
bin ich?
...miyim?, ...müyüm?,
...mıyım?, ...muyum?

fragend verneint
bin ich nicht?
değil miyim?

Vollverben auf *-mek (-mak)*

Stamm + Infinitivsuffix, z. B. **gel** + **mek** = **gelmek** *kommen*

al**mak**	bil**mek**	çık**mak**	gör**mek**	boz**mak**	gül**mek**	bul**mak**
nehmen	*wissen*	*hinausgehen*	*sehen*	*zerstören*	*lachen*	*finden*

Im Wörterbuch ist hinter einsilbigen Verben das Suffix des r-Präsens (Aoristsuffix) in Klammern angegeben:

gel**ir**, al**ır**, bil**ir**, çık**ar**, gör**ür**, boz**ar**, gül**er**, bul**ur**.

bestimmtes Präsens yor-Präsens	**unbestimmtes Präsens ir-Präsens**	**Optativ**	**Imperativ**
ich komme (jetzt)	*ich komme, ich käme*	*ich möchte kommen*	
gel**iyorum** **iyorsun** **iyor** **iyoruz** **iyorsunuz** **iyorlar**	gel**irim** **irsin** **ir** **iriz** **irsiniz** **irler**	gel**eyim** **esin** **e** **elim** **esiniz** **eler**	**gel!** *komm!* gel**sin** *er soll kommen* gel**in(iz)!** *kommt!,* *kommen Sie!* gel**sinler** *sie sollen* *kommen*
ich nehme al**ıyorum** al**ırım**	*ich weiß* bil**iyorum** bil**irim**	*ich gehe hinaus* çık**ıyorum** çık**arım**	*ich sehe* gör**üyorum** gör**ürüm**
ich zerstöre boz**uyorum** boz**arım**	*ich lache* gül**üyorum** gül**erim**	*ich finde* bul**uyorum** bul**urum**	

Konditional I

real		irreal
wenn ich gerade komme	wenn ich gewöhnlich komme	wenn ich käme
geliyor**sam** **san** **sa** **sak** **sanız** **larsa**	gelir**sem** **sen** **se** **sek** **seniz** **lerse (-seler)**	gel**sem** **sen** **se** **sek** **seniz** **seler**

I. Vergangenheit (Imperfekt und Perfekt)

objektiv   **subjektiv**

ich kam, ich bin gekommen	*ich kam wohl, ich bin wohl gekommen*	
gel**dim** **din** **di** **dik** **diniz** **diler**	gel**miş**im **miş**sin **miş** **miş**iz **miş**siniz **miş**ler	gel**miştir** *er ist gekommen*

ich kam, war im Begriff zu kommen	*ich käme, wäre gekommen, kam, pflegte zu kommen*	*ich kam (komme) wohl gerade*	*ich würde wohl kommen ich pflegte (pflege) zu kommen*
geliyor**dum** **dun**	gelir**dim** **din**	geliyor**muşum** **sun**	gelir**mişim** **sin**
	usw.		

Optativ der I. Vergangenheit

wäre ich (doch) gekommen

gel**eydim**   gel**eymişim**
gel**eydin**   gel**eymişsin**
usw.   *usw.*

Konditional II *oder* Konditional der I. Vergangenheit

wenn ich kam, wenn ich gekommen bin	*wenn ich wohl kam, gekommen bin*	*wenn ich käme, gekommen wäre*
gel**diy**sem, gel**dim**se gel**diy**sen, gel**din**se *usw.*	gel**miş**sem gel**miş**sen *usw.*	gel**seydim** gel**seydin** *usw.*

wenn ich wohl käme,
wenn ich wohl gekommen wäre

gel**sey**mişim
gel**sey**mişsin
usw.

II. Vergangenheit (Plusquamperfekt)

ich war gekommen (seltene Form)		ich war gekommen (übliche Form)
gel**diy**dim geldimdi		gel**miş**tim
gel**diy**din geldindi		gel**miş**tin
gel**diy**di geldiydi		gel**miş**ti
gel**diy**dik geldikti		gel**miş**tik
gel**diy**diniz geldinizdi		gel**miş**tiniz
gel**diy**diler geldilerdi		gel**miş**lerdi (-miştiler)

Irreale Bedingungsform im Plusquamperfekt:

gelmiş ol**saydım** wenn ich gekommen wäre	gelmiş ol**saydık**
gelmiş ol**saydın**	gelmiş ol**saydınız**
gelmiş ol**saydı**	gelmiş ol**saydılar**

Futur

Futur I	Futur II *oder* Futur der Vergangenheit	
ich werde kommen, ich soll, muss kommen	*ich werde gekommen sein; ich wäre gekommen, wollte (sollte) gerade kommen*	*ich werde wohl gekommen sein, ich werde wohl kommen*
gel**eceğ**im	gel**ecek**tim	gel**ecek**mişim
gel**ecek**sin	gel**ecek**tin	gel**ecek**mişsin
gel**ecek**	gel**ecek**ti	gel**ecek**miş
gel**eceğ**iz	gel**ecek**tik	gel**ecek**mişik
gel**ecek**siniz	gel**ecek**tiniz	gel**ecek**mişsiniz
gel**ecek**ler	gel**ecek**lerdi (-ecektiler)	gel**ecek**lermiş (-ecekmişler)

Bedingungform:

I. Futur (real)	II. Futur (irreal)	
wenn ich kommen werde (will, soll)	*wenn ich gekommen wäre, wenn ich hätte kommen wollen (sollen)*	
gel**ecek**sem	gel**ecek**tiy**sem** *oder*	gel**ecek**tim**se**
gel**ecek**sen	gel**ecek**tiy**sen**	gel**ecek**tin**se**
gel**ecek**se	gel**ecek**tiy**se**	gel**ecek**tiy**se**
gel**ecek**sek	gel**ecek**tiy**sek**	gel**ecek**tik**se**
gel**ecek**seniz	gel**ecek**tiy**seniz**	gel**ecek**tiniz**se**
gel**ecek**lerse	gel**ecek**tiy**seler**	gel**ecek**lerdiy**se**

modales Futur:

ich will gerade kommen, ich bin im Begriff zu kommen	*ich wollte gerade kommen, ich war im Begriff zu kommen*	*wenn ich nun komme*
gel**ecek** oluyorum oluyorsun *usw.*	gel**ecek** oldum oldun *usw.*	gel**ecek** olursam olursan *usw.*

konzessives Futur: *selbst wenn ich kommen sollte* gel**ecek** ol**sam** bile
                                                                 ol**san** bile

Verallgemeinernde Funktion:
z. B. **nereye** dön**ecek ol**sam *wohin ich mich auch wende (wandte)* ...

Nezessitativ (Notwendigkeitsform)

Präsens	Imperfekt – Perfekt	
ich muss kommen	*ich musste kommen, ich habe (hätte) kommen müssen*	*ich musste wohl kommen, hätte wohl kommen müssen*
gel**meli**yim	gel**meli**ydim	gel**meli**ymişim
melisin	**meli**ydin	**meli**ymişsin
meli	**meli**ydi	**meli**ymiş
meliyiz	**meli**ydik	**meli**ymişiz
melisiniz	**meli**ydiniz	**meli**ymişsiniz
meliler	**meli**ydiler	**meli**ymişler
	(-**meli**lerdi)	(-**meli**lermiş)

Bedingungsform des Nezessitativs:

wenn ich kommen müsste, wenn ich kommen muss

Im Präsens keine Form mit **-meli.** gelmem
Stattdessen wird der substantivierte   n   **gerekse** (*auch*
Infinitiv auf **-me** + **gerekse**   si   **gerekirse,**
gebraucht.   miz   **gerekiyorsa**) *od.*
                                           niz   **lazımsa**
                                           leri

Bedingungsform der Vergangenheit des Nezessitativs:

wenn ich kommen musste, habe (hätte) kommen müssen

gel**meli**   idiy**sem**   *oder* gel**meli**diy**sem**
               sen   **sen**
               se   **se**
               sek   **sek**
               seniz   **seniz**
               seler   **seler**
               (-**meli**ler idiy**se**)

Möglichkeitsform

gel**ebil**mek	*kommen können*	yaz**abil**mek	*schreiben können*
gör**ebil**mek	*sehen können*	oku**yabil**mek	*lesen können*
gel**eme**mek	*nicht kommen können*	yaz**ama**mak	*nicht schreiben können*
gör**eme**mek	*nicht sehen können*	oku**yama**mak	*nicht lesen können*

ich kann kommen	kann ich kommen?	ich kann nicht kommen	kann ich nicht kommen
gel**ebil**irim **ebil**irsin **ebil**ir **ebil**iriz **ebil**irsiniz **ebil**irler	gel**ebil**ir **miyim?** **misin?** **mi?** **miyiz?** **misiniz?** gel**ebil**irler **mi?**	gel**eme**m **emez**sin **emez** **eme**yiz **emez**sinz **emez**ler	gel**emez miyim?** **misin?** **mi?** **miyiz?** **misiniz?** gel**emez**ler **mi?**

Verneinte Verbformen

'gel**me**mek *nicht kommen*   'yaz**ma**mak *nicht schreiben*

Die yor-Formen haben -miyor, -müyor, -mıyor, -muyor:

'gel**mıyor**	*er kommt nicht*	'gör**müyor**	*er sieht nicht*
'yap**mıyor**	*er macht nicht*	o'ku**muyor**	*er liest nicht*

An den verneinten Stamm treten die Suffixe der bejahten Form:

bejahend

gel	'gelme	*kommt nicht!*
gelin(iz)	'gelmeyin(iz)	*komm nicht!, kommen Sie nicht!*
geleyim	'gelmeyeyim	*ich möchte nicht kommen*
gelsem	'gelmesem	*wenn ich nicht käme*
geldim	'gelmedim	*ich kam nicht, ich bin nicht gekommen*
gelmişim	'gelmemişim	*ich kam wohl nicht*
geleydim	'gelmeyeydim	*wäre ich doch nicht gekommen*
geldiysem	'gelmediysem	*wenn ich nicht kam,*
geldimse	'gelmedimse	*nicht gekommen bin*
gelseydim	'gelmeseydim	*wenn ich nicht käme, nicht gekommen wäre*
gelmiştim	'gelmemiştim	*ich war nicht gekommen*
gelmiş olsaydım	'gelmemiş olsaydım	*wenn ich nicht gekommen wäre*
geleceğim	'gelmeyeceğim	*ich werde nicht kommen, soll (muss) nicht kommen*
gelecektim	'gelmeyecektim	*ich würde (wollte) nicht kommen*
gelmeliyim	'gelmemeliyim	*ich soll (darf) nicht kommen*
gelmeliydim	'gelmemeliydim	*ich sollte (durfte) nicht kommen*

ir-Formen verneint:

Präsens	-di-Vergangenheit	-miş-Vergangenheit
ich komme nicht, käme nicht	*ich pflegte nicht zu kommen*	*ich pflege, wie man sagt, nicht zu kommen, ich soll gewöhnlich nicht gekommen sein*
gel'**me**m '**mez**sin '**mez** '**me**yiz '**mez**siniz '**mez**'ler	gel**mez**dim '**mez**din '**mez**di '**mez**dik '**mez**diniz '**mez**diler *auch:* **mez**'lerdi	gel'**mezmiş**im '**mezmiş**sin '**mezmiş** '**mezmiş**iz '**mezmiş**siniz '**mezmiş**ler *auch:* **mez**'lermiş

Passiv

Passivsuffixe:
1. Stamm auf Konsonant (außer 1) + **il, ül, ıl, ul**
2. Stamm auf Vokal + **n**
3. Stamm auf **l** + **in, ün, ın, un**

Beispiele:
1. yaz**ıl**mak — *geschrieben werden*
2. oku**n**mak — *gelesen werden*
3. al**ın**mak — *genommen werden*

An den Passivstamm treten die Suffixe des Aktivs:

Präsens	yazılır, yazılıyor	es wird geschrieben
Vergangenheit	yazıldı, yazılmış	es wurde geschrieben, ist geschrieben worden
Futur	yazılacak	es wird geschrieben werden usw.

Partizipien

Präsens
adjektivisch (**-en, -an**)

aktivisch	gel**en**	*kommend, ... der kommt*
	yaz**an**	*schreibend, der schreibt*
passivisch	yaz**ıl**an	*geschrieben, .. der geschrieben worden ist*
	oku**n**an	*gelesen, ... der gelesen worden ist*
	gör**ül**en	*gesehen, ... der gesehen worden ist*

Perfekt

unbestimmt: **-miş** (**-müş, -mış, -muş**)	gel**miş**	*gekommen, ein Gekommener*
	al**mış**	*genommen*
bestimmt: **-miş olan**	**gelmiş olan**	*gekommen; der Gekommene*
	almış olan	*genommen; der genommen hat*
passivisch	yaz**ıl**mış	*geschrieben, ein Geschriebener*
	yaz**ıl**mış olan	*geschrieben, der Geschriebene*

Futur

aktivisch ungestimmt: **-ecek (-acak)**	gel**ecek**	*kommend, ... einer, der kommen wird*
	yaz**acak**	*schreibend, ... einer, der schreiben wird*
passivische Funktion (Gerundivum)	oku**n**acak kitap	*ein zu lesendes Buch*
aktivisch bestimmt	gel**ecek** **olan** uçak	*das Flugzeug, das gleich eintreffen wird*
passivisch	gör**ül**ecek	*(einer, der) gesehen (wird)*
	yaz**ıl**acak	*(einer, der) geschrieben (wird)*

Possessivpartizipien
(mit denen auch deutsche Relativsätze wiedergegeben werden):

-diğ- (-düğ-, -dığ-, -duğ-)	okuduğum kitap okudukları kitap	das Buch, das ich gelesen habe das Buch, das sie lesen, gelesen haben
-miş olduğ-	okumuş olduğum kitap	das Buch, das ich las, das ich gelesen habe
-eceğ- (-acağ-)	okuyacağım kitap	das Buch, das ich lesen werde (muss, soll)

Verbaladverbien

-ip (-üp, -ıp, -up)	und	Çocuk bir kaşık çorba alıp içer. *Das Kind nimmt einen Löffel Suppe und isst.*
-erek (-arak)	und; während (indem); indem; nachdem; dadurch dass	Birinci adam elini ağzına koyarak; „Sus" der. *Der erste Mann legt seine Hand an den Mund und sagt: „Schweig!"* *Während der erste Mann seine Hand an den Mund legt, ...* *Indem (Während) der erste Mann ...*
-ince (-ünce, -ınca, -unca)	als; wenn; und; nachdem	Hoca çocuğun yaşlı gözlerini görünce: – Oğlum, niçin ağlıyorsun? diye sorar. *Als der Hodscha die tränenden Augen seines Kindes sah, fragt er. „Mein Sohn, warum weinst du?"*
-e ... -e (-a ... -a)	indem; wenn ... viel: dadurch dass ... viel	Damlaya damlaya göl olur. *Durch vieles Tropfen entsteht ein See.* Güle güle! (= *lachend lachend*) *Auf Wiedersehen!, Alles Gute!*
-iken, -ken -irken (-ürken, -ırken, -urken)	als ... (ist); wenn ... (ist); während; aber; obgleich	Çocuk iken (od. Çocukken) hepimiz biraz şairizdir. *Als Kinder (wenn wir Kinder sind), sind wir alle ein wenig Poeten.* Ben söylerken siz dinliyorsunuz. *Während ich spreche, hören Sie zu.*

Wortbildungssuffixe

-a (-e)	bildet Verben aus Substantiven: yaş (*Lebens-*)*Alter*; yaş**a**mak *leben*
'-a [-a:]	arabisches Zeichen des unbestimmten Akkusativs, bildet Adverbien; → '-an, '-en: daim**a** *immer, ständig*
-aç (-eç)	oft in der Bedeutung „Vorrichtung": say-mak *zählen*; say**aç** *Zähler*; kaldır-mak *heben*; kaldır**aç** *Hebel*
-ak (-ek)	bildet Adjektive und Substantive verschiedener Bedeutung, oft den Ort bezeichnet: dur-mak *halten*; dur**ak** *Haltestelle*; uç-mak *fliegen*; uç**ak** *Flugzeug*
-al (-el)	dient zur Bildung von Adjektiven: ulus *Nation*; ulus**al** *national*; doğ-a *Natur*, doğ**al** *natürlich*
'-an	arabisches Akkusativzeichen, bildet Adverbien: nazar**an** *im Vergleich zu*
-ane	persisches Suffix: yek *ein*; yeg**âne** *einzig, alleinig*
-at	arabisches Pluralsuffix, verleiht dem Wort im Türkischen oft eine konkrete Bedeutung: teşkil *Bildung*; teşkil**at** *Organisation(en)*
-ca (-ce)	bildet Adverbien: kı'sa**ca** *kurz (gesagt)*; bezeichnet eine Sprache: Al'man**ca** *das Deutsche*
-cağız (-ceğiz)	Diminutivsuffix, gewisses Mitgefühl ausdrückend: adam**cağız** *der Ärmste*
-ce	→ -ca; 'böyle**ce** *auf diese Weise*; 'Çin**ce** *das Chinesische*
-ceğiz	→ -cağız; kedi *Katze*; kedi**ceğiz** *Kätzchen*
-cı	→ -ci; eczacı *Apotheker*
-cık	→ -cik; 'ufa**cık** *winzig*; az *wenig*, azı**cık** *ein bisschen*
-cılık	→ -cilik; fırın**cılık** *Bäckerhandwerk*
-ci (-cü, -cı, -cu)	bezeichnet eine Person, einen Besitzer, Berufsausübenden u. a.: gazete**ci** *Journalist*
-cik (-cük, -cık, -cuk)	Diminutivsuffix: 'ev**cik** *Häuschen*
-cilik (-cülük, -cılık, -culuk)	bildet Abstrakta und bezeichnet die Beschäftigung, den Beruf: kütüphane**cilik** *Bibliothekarsdienst*
-cu	→ -ci; demiryol**cu** *Eisenbahner*
-cuk	→ -cik; maymun**cuk** *Äffchen*
-culuk	→ -cilik; koyun**culuk** *Schafzucht*
-cü	→ -ci; büyü**cü** *Zauberei*; gol**cü** *Torjäger*
-cük	→ -cik; göl**cük** *Teich, Tümpel*
-cülük	→ -cilik; öncü**lük** *Führungskraft, führende Rolle*
-ç	zur Bildung von Substantiven: kazan-mak *verdienen*; kazan**ç** *Gewinn*; bilin-mek *gewusst werden*; bilin**ç** *Bewusstsein*; → a. -inç
-ça (-çe)	→ -ca; 'hoş**ça** *recht angenehm*; A'rap**ça** *das Arabische*

-çağız (-çeğiz)	→ -cağız; çocuk**çağız** *armes Kind*
-çe	→ -ca; ko'mik**çe** *komisch*; 'Türk**çe** *das Türkische*
-çeğiz	→ -cağız
-çı	→ -ci; balık**çı** *Fischer*
-çık	→ -cik; ağaç**çık** *Bäumchen*
-çılık	→ -cilik; inşaat**çılık** *Bauwesen*
-çi	→ -ci; iş**çi** *Arbeiter*, diş**çi** *Zahnarzt*
-çik (-çük, -çık, -çuk)	→ -cik; dip**çik** *Gewehrkolben*
-çilik	→ -cilik; bek**çilik** *Wachdienst*
-çu	→ -ci; muslukçu *Klempner*
-çuk	→ -cik; kurt**çuk** *Larve, Raupe*
-çuluk	→ -cilik; tavuk**çuluk** *Hühnerzucht*
-çü	→ -ci; gözlük**çü** *Optiker*
-çük	→ -cik; küçük**çük** *ganz klein, niedlich*
-çülük	→ -cilik; Atatürk**çülük** *Kemalismus*
-dar	persisch, wörtl. „habend", bezeichnet den Täter: hüküm *Urteil; Macht;* hüküm**dar** *Herrscher*
-daş	bezeichnet Personen, die etwas Gemeinsames verbindet, oder Neubildungen: arka**daş** (arka *Rücken* + daş) *Kollege, Kollegin*; yol**daş** *Reisegefährte, Reisegefährtin*
-e	→ -a; tür *Entwicklung der Art(en)*; tür**e**mek *sich verbreiten*
-eç	→ -aç; büyült-mek *vergrößern*; büyült**eç** *Vergrößerungsapparat*
-ek	→ -ak; ürk-mek *erschrecken*; ürk**ek** *furchtsam*; dön-mek *sich drehen*; dön**ek** *unbeständig*
-el	→ -al; kültür *Kultur*, kültür**el** *kulturell*
'-en	→ '-an, -al; 'kısm**en** *teilweise*; 'nakl**en** (*Rundfunk*): *in einer Direktübertragung, live*
-ga (-ge)	bildet Substantive mit konkreter Bedeutung: kavur-mak *rösten*, kavur**ga** *gerösteter Mais od. Weizen*
-gaç (-geç)	bildet Substantive und Adjektive: bur-mak *drehen, winden*; bur**gaç** *Strudel*; utan-mak *sich schämen, sich genieren*; utan**gaç** *schüchtern, verlegen*
-gan (-kan)	kudur-mak *aufbrausen*; kudur**gan** *jähzornig*
-ge	→ -ga; süpür-mek *ausfegen*; süpür**ge** *Besen*
-geç	→ -gaç; yüz-mek *schwimmen*; yüz**geç** *Flosse*; süz-mek *filtern*; süz**geç** *Filter*
-gen	edil-mek *gemacht werden*; edil**gen** *passiv*
-gı	→ -gi; say**gı** *Achtung, Respekt*; çal-mak *spielen*; çal**gı** *Musikinstrument*
-gı	bildet Substantive und Adjektive, → -giç: başlan-mak *begonnen werden*; başlan**gıç** *Anfang*
-gın	→ -gin; yan-mak *brennen*; yan**gın** *Brand*

-gi (-gü, -gı, -gu)	bildet Substantive, die oft Instrumente, aber auch Abstrakta bezeichnen: sev-mek *lieben*; sev**gi** *Liebe*; ver-mek *geben*; ver**gi** *Steuer*
-giç	→ -gıç; bil-mek *wissen*; bil**giç** *Besserwisser*
-gin (-gün, -gın, -gun)	bildet Adjektive und in einzelnen Fällen auch Substantive: bil-mek *wissen*; bil**gin** *Wissenschaftler*, ger-mek *spannen*; ger**gin** *gespannt*
-gu	→ -gi; duy-mak *fühlen*; duy**gu** *Gefühl*; vur**gu** *Akzent*
-gun	→ -gin; ol-mak *werden*; ol**gun** *reif*
-gü	→ -gi; gör-mek *sehen*; *erfahren*; gör**gü** *gute Erziehung, gutes Benehmen*
-gün	→ -gin; sür-mek *(ver)treiben*; sür**gün** *Verbannung*
-(h)ane	persisch „Haus", „Gebäude": hasta**hane**, meist hast**ane** *Krankenhaus*; kütüp**hane** *Bibliothek*; post**ane** *Postamt*
-ı	→ -i; yap-mak *machen*; yap**ı** *Bau, Struktur*
-ıcı	→ -ici; yarat-mak *schaffen*; yarat**ıcı** *schöpferisch, kreativ*; al-mak *nehmen*; *kaufen*; al**ıcı** *Käufer*
-ık	→ -ik; alış-mak *sich gewöhnen*; alış**ık** *gewöhnt*
-ılı	→ -ili; yaz-mak *schreiben*; yaz**ılı** *beschrieben, beschriftet*
-ım	→ -im; bak-mak *schauen, (hin)sehen*; bak**ım** *Pflege, Wartung*; say-mak *zählen*; say**ım** *Zählung*
-'ın	→ -'in; akmak *fließen*; ak**ın** *Einfall; Angriff; Andrang*
'-ın	→ -'in; yaz *Sommer*; 'yaz**ın** *im Sommer*
-ınç	→ -inç; bas-mak *drücken, treten*; bas**ınç** *Druck*
-ış	→ -iş; bak-mak *hinsehen*; bak**ış** *Blick*
-ıt	→ -t; yap-mak *machen*; yap**ıt** *Werk, Produkt*
-i (-ü, -ı, -u)	bildet meist Substantive verschiedener Bedeutung: diz-mek *aufstellen*; diz**i** *Reihe; Ordnung*; başar-mak *zustande bringen*; başar**ı** *Erfolg*
-i	persisch, zur Bildung von Adjektiven der Farbe: kırmız**ı** *rot*; kurşun *Blei*; kurşun**i** *bleifarben, hellgrau*
-i̱	arabisch, bildet Adjektive aus Substantiven: hayat *Leben*; hayat**i** *lebenswichtig*; asker *Soldat*; asker**i** *militärisch*
-ici (-ücü, -ıcı, -ucu)	bildet Substantive und Adjektive; es bezeichnet meist eine dauernde Tätigkeit oder Eigenschaft: belirt-mek *erklären*; belirt**ici** *kennzeichnend*; *Kennzeichen*
-ik (-ük, -ık, -uk)	Mit diesem Suffix werden weit mehr Adjektive als Substantive gebildet: bitiş**ik** *aneinander stoßend; Nachbarschaft*; değiş**ik** *veränderlich; verschieden*
-ili (-ülü, -ılı, -ulu)	bildet Adjektive mit passivischer Bedeutung: dik-mek *pflanzen*; *nähen*; dik**ili** *gepflanzt; genäht*
-im (-üm, -ım, -um, -m)	bildet Substantive, die a) den Vorgang oder das Ergebnis einer Handlung bezeichnen: dil**im** *Schnitte; Sektor* b) die dadurch erzielte Menge: ek-mek *säen*; ek**im** *Aussaat; Oktober*, iç-mek *trinken*; iç**im** *Trinken; Schluck*

-ʿin (-ün, -ın, -un)	bildet Substantive und Adjektive: ek-mek *säen*; ek**in** *Saat*
ʾ-in (-ün, -ın, -un)	bildet Zeitadverbien; ʾilk**in** *zunächst; zuerst*
-inç (-ünç, -ınç, -unç)	bildet Substantive und Adjektiv: bil**inç** *Bewusstsein*; ilg**inç** *interessant*
-istan	persisch, bildet Länder- und Gebietsnamen: Bulgar *Bulgare*; Bulgar**istan** *Bulgarien*
-iş (-üş, -ış, -uş)	1. bildet substantivierte Infinitive, bezeichnet die Art der Handlung: git-mek *gehen*; gid**iş** *Gehen; Fortgehen*; 2. bildet reziproke, Wechselseitigkeit ausdrückende Formen: döv- *od.* döğ-mek *schlagen*; döv**üş**mek *miteinander kämpfen*
-it (-ıt)	→ -t, dient zur Bildung von Substantiven: geç-mek *gehen*; geç**it** *Durchgang, Pass*
-iyat	arabisch, weibliche Pluralendung, hat die Bedeutung von -kunde, -logie, -wissenschaften: Türk**iyat** *Turkologie*
-iye	arabisch, weibliche Endung arabischer abgeleiteter Adjektive auf -i: hariç *draußen*; harici *äußer-; Außen-*; haric**iye** *äußere Erkrankungen*
-iyet	arabisch, Endung weiblicher abstrakter Substantive memnun *zufrieden*; memnun**iyet** *Zufriedenheit*
-k	bildet Substantive und Adjektive durch Anfügung an eine vokalisch auslautende Verbwurzel: dile-mek *wünschen*; dile**k** *Wunsch*; parla-mak *glänzen*; parla**k** *glänzend*
-kaç (-keç)	bildet Substantive und Adjektive: kıs-mak *vermindern; kneifen*; kıs**kaç** *Kneifzange*
-kan (-gan)	bildet Adjektive und Substantive: çalış-mak *arbeiten; sich bemühen*; çalış**kan** *fleißig*; baş *Kopf*; baş**kan** *Präsident*
-kâr	persisch, wörtl. „machend": hizmet *Dienst*; hizmet**kâr** *Dienstbote*
-keç	→ -kaç
-ken	→ -kan; et-mek *tun, machen*; et**ken** *aktiv*
-kı	→ -ki; -gi; as-mak *hängen*; as**kı** *Kleiderbügel* bas-mak *drücken, treten*; bas**kı** *Druck, Auflage*
-kın	→ -kin; bık-mak *überdrüssig sein*; bık**kın** *überdrüssig*
-ki¹ (-kü)	bildet Adjektive des Ortes und der Zeit: yukarı**ki** *obig*; akşam**ki** *abendlich*
-ki² (-kü, -kı, -ku)	→ -gi; tep-mek *treten*; tep**ki** *Reaktion*
-kin (-kün, -kın, -kun)	bildet Adjektive: seç-mek *wählen*; seç**kin** *ausgewählt*
-ku	→ -ki; uyu-mak *schlafen*; uy**ku** *Schlaf*
-kun	→ -kin; coş-mak *stürmischer werden*; coş**kun** *stürmisch*
-kü¹	→ -ki¹; dün**kü** *gestrig*
-kü²	→ -ki²
-kün	→ -kin; düş-mek *fallen*; düş**kün** *verfallen, hingegeben*; küs-mek *böse sein*; küs**kün** *eingeschnappt*
-l	bildet Adjektive und Substantive: önce *vorher*, önce**l** *Vorgänger(in)*

-la (-le)	bildet Verben aus Substantiven und Adjektiven: baş *Kopf*; baş**la**mak *anfangen*; imza *Unterschrift*; imza**la**mak *unterschreiben*
-lan (-len)	kuru *trocken*; kuru**lan**mak *sich abtrocknen*
-laş (-leş)	karşı *gegenüberliegend*; karşı**laş**mak *sich begegnen*; *miteinander kämpfen*
-lat (-let)	an**lat**mak *erklären*
-le	→ -la; temiz *sauber*; temiz**le**mek *reinigen*
-len	→ -lan; ses *Stimme*; ses**len**mek *rufen*
-leş	→ -laş; iyi *gut*; iyi**leş**mek *sich bessern*
-let	→ -lat; bek**let**mek *warten lassen*
'-leyin	bildet Zeitadverbien: akşam *Abend*; ak'şam**leyin** *abends*
-lı	→ -li; dalga *Welle*; dalga**lı** *wogend, wellenförmig*
-lık	→ -lik; taş *Stein*; taş**lık** *steinig*; boya *Farbe*; boyacı**lık** *Malerhandwerk*
-li (-lü, -lı, -lu)	bildet Substantive und Adjektive: Berlin *Berlin*; Berlin**li** *Berliner*; çeşit *Art*; çeşit**li** *verschiedenartig*
-lik (-lük, -lık, -luk)	bildet Substantive und Adjektive: güzel *schön*; güzel**lik** *Schönheit*
-lu	→ -li; İstanbul *Istanbul*; İstanbul**lu** *Istanbuler(in)*
-luk	→ -lik; dost *Freund(in)*; dost**luk** *Freundschaft*
-lü	→ -li; büyü *Zauber*; büyü**lü** *Zauber-*
-lük	→ -lik; göz *Auge*; göz**lük** *Brille*
-m	→ -im; tritt an vokalisch auslautende Verbwurzeln: yemek *essen*; ye**m** *Futter*; anla-mak *verstehen*; anla**m** *Bedeutung*
-ma (-me)	bildet den substantivierten Infinitiv: al-mak *nehmen*; al**ma** *das Nehmen*
-maklık (-meklik)	bildet den substantivierten Infinitiv: al**maklık** *das Nehmen*
-man (-men)	bezeichnet den Täter; bei Adjektiven eine Form der Steigerung: say-mak *zählen, rechnen*; say**man** *Buchhalter(in)*; şiş *geschwollen*, şiş**man** *dick, fett*
-mazlık (-mezlik)	bildet Verbalsubstantive: bak-mak *hinsehen*; bak**mazlık** *das Nicht-Hinsehen*
-me	→ -ma; git-mek *gehen*; git**me** *das Gehen*
-meklik	→ -maklık; git**meklik** *das Gehen*
-men	→ -man; öğret-mek *lehren*; öğret**men** *Lehrer(in)*
-(ı)msa (-mse)	az *wenig*; azı**msa**-mak *für (zu) wenig halten*
-mse	→ -(ı)msa; kötü *schlecht*; kötü**mse**mek *für schlecht halten*
-ra (-re)	bezeichnet den Ort: 'bu**ra**da „*an diesem Ort*" = *hier*; 'ne**re**de „*an welchem Ort*" = *wo*
-sal (-sel)	bildet Adjektive: kut *Glück*; kut**sal** *heilig*
-sel	→ -sal; bilim *Wissenschaft*; bilim**sel** *wissenschaftlich*

-sız	→ -siz; taraf *Seite*; taraf**sız** *neutral*
-sızlık	→ -sizlik; rahat *Ruhe*; rahat**sızlık** *Unruhe*
-siz (-süz, -sız, -suz)	dient zur Bildung von Adjektiven mit negativer Bedeutung: ses *Stimme*; ses**siz** *stumm*; *Konsonant*
-sizlik (-süzlük, -sızlık, -suzluk)	aus -siz + lik, dient zur Bildung von Substantiven mit negativer Bedeutung: önem *Wichtigkeit*; önem**sizlik** *Unwichtigkeit*; iş**sizlik** *Arbeitslosigkeit*
-stan	→ -istan; tritt an vokalisch auslautende Wörter: Ermeni *Armenier(in)*; Ermeni**stan** *Armenien*
-suz	→ -siz; çocuk *Kind*; çocuk**suz** *kinderlos*
-suzluk	→ -sizlik; suç *Schuld*; suç**suzluk** *Unschuld*
-süz	→ -siz; özür**süz** *einwandfrei; unentschuldigt*
-süzlük	→ -sizlik; ök**süzlük** *Elternlosigkeit*
-ş	→ -iş; zu 2.: anla**ş**mak *sich od. einander verstehen*
-t (-it, -üt, -ıt, -ut)	wieder belebtes Suffix zur Bildung von Substantiven: kon-mak *sich niederlassen*; kon**ut** *Wohnung*
-tar	→ -dar; bayrak *Fahne*; bayrak**tar** *Fahnenträger*
-taş	→ -daş; yurt *Vaterland*; yurt**taş** *Landsmann*
'-ten	arabisch, → -an; tritt an Substantive, die im Arabischen weiblich sind: madde *Stoff, Materie*; madde**ten** *materiell; faktisch*
-tı	→ -ti; kazı-n-mak *sich abschaben*; kazın**tı** *Abfälle, Späne*
-ti (-tü, -tı, -tu)	dient zur Bildung von Substantiven von passiven oder reflexiven Verbstämmen: söylen-mek *gesagt werden*; söylen**ti** *Gerücht*
-tu	→ -ti; boğu-l-mak *ersticken*; boğun**tu** *Erstickung*
-tü	→ -ti; gör-ün-mek *erscheinen*; görün**tü** *Erscheinung*
-u	→ -i; doğ-mak *geboren werden*; doğ**u** *Osten*
-ucu	→ -ici; boğ-mak *erwürgen*; boğ**ucu** *erstickend*
-uk	→ -ik; sol-mak *verwelken*; sol**uk** *verwelkt*
-ulu	→ -ili; kur-mak *gründen, bilden*; kur**ulu** *... ist zusammengesetzt*
-um	→ -im; dur-mak *halten, bleiben*; dur**um** *Lage, Fall, Kasus*; otur-mak *sitzen*; otur**um** *Sitzung*
-unç	→ -inç; kork-mak *sich fürchten*; kork**unç** *fürchterlich*
-uş	→ -iş; uç-mak *fliegen*; uç**uş** *Flug*
-ut	→ -t; kon-mak *sich niederlassen*; kon**ut** *Wohnung*; um-mak *hoffen*; um**ut** *Hoffnung*
-ü	→ -i; öl-mek *sterben*; öl**ü** *tot*; *Tote(r)*
-ücü	→ -ici; güldür-mek *j-n zum Lachen bringen*; güldür**ücü** *erheiternd*
-ük	→ -ik; böl-mek *teilen*; böl**ük** *Teil*; *Gruppe, Kompanie*; düş-mek *fallen*; düş**ük** *niedrig*
-ülü	→ -ili; bük-mek *winden, drehen*; bük**ülü** *gekrümmt; gedreht*
-üm	→ -im; bük-mek *falten*; bük**üm** *Falz*

-'ün	→ -'in; tüt-mek *rauchen*; tüt**ün** *Tabak*
'-ün	→ '-in; güz *Herbst*; 'güz**ün** *im Herbst*
-ünç	→ -inç; gül-mek *lachen*; gül**ünç** *lächerlich*; *komisch*
-üş	→ -iş; görmek *sehen*; gör**üş** *Ansicht*
-üt	→ -t; gül-mek *lachen*; gül**üt** *Gag*, *Ulk*; *Komik*
-ye	arabisch, → -iye; mülki *zivil*; mülki**ye** *Verwaltungs-*
-yen	arabisch, → -an; tritt an ein arabisches Adjektiv auf -i: mütemadi *dauernd*; mütemadi**yen** Adv. *dauernd*
-yıcı	→ -yici; tara-mak *(durch)suchen*, *(durch)kämmen*; tara**yıcı** *Scanner*
-yış	→ -yiş; oyna-mak *spielen*; oyna**yış** *Spielen*
-yici (-yücü, -yıcı, -yucu)	→ -ici; dinle-mek *hören*; dinle**yici** *Hörer*
-yin	→ -'in; öğle *Mittag*, öğ'le**yin** *mittags*
-yiş (-yüş, -yış, -yuş)	→ -iş; söyle-mek *sagen*; söyle**yiş** *Aussprache*
-yucu	→ -ici; oku-mak *lesen*; oku**yucu** *Leser(in)*
-yuş	→ -iş; duy-mak *wahrnehmen*; du**yuş** *Eindruck*
-yücü	→ -ici
-yüş	→ -iş; yürü-mek *gehen*; yürü**yüş** *Gang*, *Marsch*

Almanca Çekim Kuralları

Ad

Almanca ad çekimleri, (kuvvetli, zayıf ve karışık) denilen üç gruba ayrılırsa da, daha basit bir çekim sistemi göstermek mümkündür. Aşağıda yazılan kuralların uygulanmasıyla Almanca adların büyük çoğunluğu doğru olarak çekimlenebilir.

Genel Kural

1. Çoğulda datif (-e hali) çoğunlukla -n ile biter. Bir sözcüğün nominatif (yalın hal)inde -n varsa, datif'te ikinci bir -n eklenmez. Örneğin: **den Gärten:** der Garten'in çoğul datifi'dir. Asıl sözcüğün ünlüsü çoğulda Umlaut (¨) denilen incelmeye uğrarsa, **a, au, o, u** ünlüleri **ä, äu, ö, ü** şekillerini alır.

Dişillik

2. Dişil adların şekli, tekilde değişmez. Eğer
   a) çoğulda **-en** eki varsa,
   b) tekilde **-e** (veya **-in**) ile biten bir sözcük çoğulda **-n** (veya **-nen**) ekini alırsa, sözlükte çoğul şekli gösterilmez.

Örnekler:

die Frau	die Frauen	die Maschine	die Maschinen
der Frau	der Frauen	der Maschine	der Maschinen
der Frau	den Frauen	der Maschine	den Maschinen
die Frau	die Frauen	die Maschine	die Maschinen

die Lehrerin	die Lehrerinnen
der Lehrerin	der Lehrerinnen
der Lehrerin	den Lehrerinnen
die Lehrerin	die Lehrerinnen

Dişil adların bu kurala uymayan çekimleri sözlükte şöyle gösterilir:

(-n)   **Steuer** *f* (-; -n) : die Steuer, (der Steuer), die Steuern
(¨)   **Tochter** *f* (-; ¨) : die Töchter, (der Tochter), die Töchter
(¨e)   **Hand** *f* (-; ¨e) : die Hand, (der Hand), die Hände.

Erillik

3. Sözlükte (-en) veya (-n) takılarıyla gösterilen eril adlar şöyle çekimlenir:

der Student	die Studenten	der Bote	die Boten
des Studenten	der Studenten	des Boten	der Boten
dem Studenten	den Studenten	dem Boten	den Boten
den Studenten	die Studenten	den Boten	die Boten

Erillik ve Tarafsız Olma (Üçüncü Cins)

4. Aşağıdaki örneklere göre çekimlenen eril veya tarafsız adlar için sözlükte ayrı bir açıklama yoktur:

der Lehrer	die Lehrer	das Fenster	die Fenster
des Lehrer**s**	der Lehrer	des Fenster**s**	der Fenster
dem Lehrer	den Lehrer**n**	dem Fenster	den Fenster**n**
den Lehrer	die Lehrer	das Fenster	die Fenster

5. Bu şemaya uymayan sözcüklerin çekimi, madde-başı sözcüğün yanındaki parantez içinde gösterilir. Oradaki noktalı virgül önündeki ek, genitif (-in hali) ekine, arkasındaki ise çoğul ekine aittir.

-[e]s takısı, genitif'in **-s** veya **-es** ekleriyle yapıldığını belirtir:

Mann *m* (-[e]s; ⸚er) = der Mann, des Mannes *veya* des Manns; die Männer.
Geschenk *n* (-[e]s; -e) = das Geschenk, des Geschenkes *veya* des Geschenks, die Geschenke.

Tek heceli ve özellikle **-ld, -lg, -nd** ile biten adlarda **-es** eki tercih edilir:
der Wald, des Waldes; das (der) Balg, des Balges; das Rind, des Rindes.
Genitif'in tek bir şekli varsa, madde yanında şu açıklamalar bulunur:

-es : **Gast** *m* (-es; ⸚e) = der Gast, des Gastes; die Gäste
-ens : **Herz** *n* (-ens; -en) = das Herz, des Herzens; die Herzen

6. Tekil genitif'inde **-(e)s** ekini ve çoğulda **-e, -er** veya **-en** eklerini alan eril ve tarafsız adlar, tekil datif'inde **-e** alabilirler. Bu ekin kullanılıp kullanılmaması günümüzde kişilerin seçimine bırakılmıştır.
am Tage gibi şekli değişmez bazı deyimlerde **-e** eki daima kullanılır.

7. Bir ad, genitif'te veya çoğulda ek almadığı takdirde, sözlükte (-) işareti kullanılır:
Kaktus *m* (-; -teen) = der Kaktus, des Kaktus; die Kakteen
Messer *n* (-s; -) = das Messer, des Messers; die Messer

Sıfat

Addan önce kullanılan sıfatın üç şekli vardır:

1. Belirli cinsiyet göstergesi (Artikel) ile birlikte kullanılan sıfatın çekimi şöyledir:

der groß**e** Mann		die junge Frau		das kleine Kind		
des ⁀**en**	⁀**es**	der ⁀**en**	⁀	des ⁀**en**	⁀**es**	
dem ⁀**en**	⁀(e)	der ⁀**en**	⁀	dem ⁀**en**	⁀(e)	
den ⁀**en**	⁀	die ⁀**e**	⁀	das ⁀**e**	⁀	
die ⁀**en**	⁀er	die ⁀**en**	⁀**en**	die ⁀**en**	⁀er	
der ⁀**en**	⁀er	der ⁀**en**	⁀**en**	der ⁀**en**	⁀er	
den ⁀**en**	⁀ern	den ⁀**en**	⁀**en**	den ⁀**en**	⁀ern	
die ⁀**en**	⁀er	die ⁀**en**	⁀**en**	die ⁀**en**	⁀er	

Not: Bu kural, cinsiyet göstergesi yerine geçebilen şu sözcükleri de kapsar: (tekil ve çoğulda) **dieser, jener, welcher, mancher, solcher;** (yalnız çoğulda) **alle, keine; meine, deine, seine, ihre, unsere, euere, ihre; irgendwelche, sämtliche.**

2. Belirsiz cinsiyet göstergesi ile birlikte kullanılan sıfatın çekimi şöyledir:

ein großer Mann	eine junge Frau
eines ~en ~es	einer ~en ~
einem ~en ~	einer ~en ~
einen ~en ~	eine ~e ~

ein kleines Kind
eines ~en ~es
einem ~en ~
ein ~es ~

Not: Bu kural, cinsiyet göstergesi yerine geçebilen şu sözcükleri de kapsar: **kein, mein, dein, sein, ihr, unser, euer, ihr, folgend-.**

3. Cinsiyet göstergesi olmaksızın kullanılan sıfatın çekimi şöyledir:

alter Wein		lange Zeit		frisches Brot	
~en	~es	~er	~	~en	~es
~em	~	~er	~	~em	~
~en	~	~e	~	~es	~
~e	~e	böse ~en		~e	~e
~er	~e	~er	~en	~er	~e
~en	~en	~en	~en	~en	~en
~e	~e	~e	~en	~e	~e

a) Hem tekil hem de çoğulda bizzat kendisi çekimsiz kalan **manch-, solch-, welch-** sözcüklerinden sonra

b) Çoğulda **andere, einige, etliche, mehrere, verschiedene, viele, wenige, folgende** sözcüklerinden sonra sıfat aynı şekilde çekimlenir.

Not: Çoğul genitif'inde (3b) maddesinde sözü geçen sözcüklerden sonra, sıfat (**-er** eki yerine) arasıra da **-en** ekini alır.

4. Sıfatların Derecelendirilmesi:

a) İncelebilecek ünlü (a, o, u) içeren sıfatlar genel olarak Karşılaştırma (Komparativ) ve Üstünlük (Superlativ) Derecelerinde bu seslerini inceltmezler. İncelme olayı, tek heceli çok az sayıda sıfatta görülür:

**alt – älter – älteste
groß – größer – größte
klug – klüger – klügste**

Aynı şekilde: **arg, arm, hart, kalt, lang, scharf, schwarz, stark.**
Kimi sıfatlar hem inceltmeli hem de inceltmesiz olarak kullanılır:

**gesund – gesünder – gesündeste
gesunder – gesundeste**

Aynı şekilde: **blass, glatt, karg, nass, schmal, fromm, rot**
hoch ile *nahe* sıfatlarında ünlünün yanı sıra sonsesteki ünsüz de değişir.

**hoch – höher – höchste
nahe – näher – nächste**

b) Sonu *-el* ile biten sıfatlarda Karşılaştırma Derecesi'nde **e** sesi düşer:

dunkel – das dunk**le**re Zimmer (ama Üstünlük Derecesinde hiç düşmez: das dunkelste Zimmer)

Sonu *-en* veya *-er* biten sıfatlarda da bu **e** sesi düşebilir. Çift-ünlüden sonra bu kural kesindir:

bescheiden – ein bescheid(e)nerer Mensch
heiter – heit(e)reres Wetter
teuer – die teu**re**ren Geräte

c) Bileşik sıfatlarda genellikle sıfatın ikinci öğesi derecelendirilir:

hochfliegendere (= ehrgeizigere) Pläne
die **altmodischsten** Hüte

Dikkat: Kendi öz anlamını nispeten korumuşsa, bileşik sıfatların ilk öğesi derecelenebilir. Bu durumda ikinci öğe çoğuzaman bir ortaç olur ve ayrı yazılır:

leicht fasslich – eine leichter fassliche Aufgabe
dicht bevölkert – eine dichter bevölkerte Stadt
　　　　　　　　die dichtest bevölkerte / die am dichtesten bevölkerte Stadt

Adıllar

A) Kişi Adılları

Tekil

					Kişisi olmayan veya genel „*es*"	
N	ich	du, Sie	er	sie	es	es
G	meiner	deiner, Ihrer	seiner	ihrer	seiner	dessen, es
D	mir	dir, Ihnen	ihm	ihr	ihm	–
A	mich	dich, Sie	ihn	sie	es	es

Çoğul

N	wir	ihr, Sie	sie
G	unser	euer, Ihrer	ihrer
D	uns	euch, Ihnen	ihnen
A	uns	euch, Sie	sie

Not: Konuşulan dilde vurgulu olan *er*, *sie* sözcükleri yerlerine sık sık **der**, **die** kulanılır.

B) Berlirli Cinsiyet Göstergesi ve İşaret Adılları (veya Sıfatları)

Tekil					
m	N	der	dieser	jener	solcher
	G	des	dieses	jenes	solches
	D	dem	diesem	jenem	solchem
	A	den	diesen	jenen	solchen
f	N	die	diese	jene	solche
	G	der	dieser	jener	solcher
	D	der	dieser	jener	solcher
	A	die	diese	jene	solche
n	N	das	dies(es)	jenes	solches
	G	des	dieses	jenes	solches
	D	dem	diesem	jenem	solchem
	A	das	dies(es)	jenes	solches
Çoğul	N	die	diese	jene	solche
m, f	G	der	dieser	jener	solcher
n	D	den	diesen	jenen	solchen
	A	die	diese	jene	solche

Belirli cinsiyet göstergesi, işaret adılı (veya sıfatı) olarak da kullanılabilir. O zaman vurguludur ve çoğunlukla bir ilgi tümcesi (cümlesi) önünde bulunur. Genitif şekilleri şunlardır:

	m	f	n	pl
	dessen	derer	(dessen)	derer; deren

Çoğul datif'i şudur: denen

Konuşulan kişi veya şeyler yeniden anılırsa, **deren, dessen** vs. sözcükleri kullanılır.

Örnekler:

Ich erinnere mich **derer,** die an der Konferenz teilnahmen, noch gut; es waren **deren** sieben. Sagen Sie es allen **denen,** die nicht dabei waren.

Belirli cinsiyet göstergesinin ve **dieser, jener, solcher** sözcüklerinin çekimi aynıdır. *dieser, jener, solcher* sözcüklerinde tarafsız cinsin nominatif ve akuzatif'leri şunlardır:

Tekil dieses *veya* dies; jenes; solches
Çoğul diese, jene, solche *vs.*

C) Berlirsiz Cinsiyet Göstergesi ve İyelik Adılları (veya Sıfatları)

Tekil

	m	f	n
N	ein	eine	ein
G	eines	einer	eines
D	einem	einer	einem
A	einen	eine	ein

mein, dein, sein, unser, euer, ihr ile *ein*'in olumsuz şekli olan **kein** aynı şekilde çekilir.

unser ve *euer* sözcüklerindeki **-e-** harfi, takı eklendiği zaman, kimizaman kaldırılır: *uns(e)res, uns(e)rem vs.* gibi.

Çoğulda bütün cinsler için ekler şunlardır:

-e (*die*); **-er** (*der*); **-en** (*den*); **-e** (*die*)

İyelik adılları ve **der eine** sayı sıfatı, tanım edatı alarak **der, die Reisende** gibi çekilir:

    der dein**e** die dein**e** die dein**en**
    der ein**e**   die ein**e**   die ein**en**

Bu sözcükler cinsiyet göstergesi olmaksızın kullanılırsa, belirli cinsiyet göstergesinin çekim eklerini alır:

m: **Tekil** *N* einer, meiner, deiner *vs.*
        A einen, meinen, deinen
  Çoğul —   meine,   deine *vs.*

Genitif şekilleri kullanılmaz.

D) İlgi Adılı

N	der Mann, der ...	die Frau, die ...	das Kind, das ...
G	der Mann, dessen	die Frau, deren	das Kind, dessen
D	der Mann, dem	die Frau, der	das Kind, dem
A	der Mann, den	die Frau, die	das Kind, das
N	die Männer, Frauen, Kinder, die ...		
G	deren		
D	denen		
A	die		

En çok kullanılan *der, die, das* ilgi adılının yerine **welcher, welche, welches** ilgi adılı da geçebilir. Genitif'te ise yalnız *dessen, deren, dessen; deren* (arasıra da *derer*) sözcükleri kullanılır.

E) Dönüşlü Adıl

Akuzatif   *Datif*

ich freue **mich**	ich kaufe **mir**
du freust **dich**	du kaufst **dir**
er freut **sich**	er kauft **sich**
sie freut **sich**	sie kauft **sich**
es freut **sich**	es kauft **sich**
wir freuen **uns**	wir kaufen **uns**
ihr freut **euch**	ihr kauft **euch**
Sie freuen **sich**	Sie kaufen **sich**
sie freuen **sich**	sie kaufen **sich**

} (et. *A, bş-i*)

F) Soru Adılı (veya Sıfatı)

Adıl: **Sıfat:**

Kişiler *Nesneler* *m*   *f*   *n*   *pl*
wer? was?   welcher? welche? welches? welche?
wessen? wessen? *Çekim ekleri, belirli cinsiyet göstergesininki gibidir.*
wem? —
wen? was?

G) Belirsiz Adıllar (veya Sıfatlar)

jemand	niemand
-es	-es
-(em)	-(em)
-(en)	-(en)
etwas	**nichts**
çekim eki yoktur.	

Sıfat veya adıl:

        jeder   **jede**   **jedes**

Belirli cinsiyet göstergesinin çekim eklerini alır.

Belirsiz adılın genitif'i az kullanılır. Belirli sıfatın genitif'i çoğukez *jeden*'dir.

Eylem (Fiil)

1. Almancada bütün eylemlerin mastarları **-en** veya **-n** ile biter.

        sag**en**, handel**n**.

2. Kurallı eylemlerin çekimi şöyledir:

Bildirme Kipi ve Sanı Kipi

ETKEN EYLEM	EDİLGEN EYLEM

Şimdiki Zaman Mastarı

    loben   **ge**lobt werden

Şimdiki Zaman Kipi

ich lob**e**	ich werde
du lob**st**	du wirst
er, sie, es lob**t**	er, sie, es wird
wir lob**en**	wir werden } gelobt
ihr lob**t**	ihr werdet
sie, Sie lob**en**	sie, Sie werden

Birinci Geçmiş Zaman Kipi (Imperfekt)

ich lob**te**	ich wurde
du lob**test**	du wurdest
er, sie, es lob**te**	er, sie, es wurde
wir lob**ten**	wir wurden } gelobt
ihr lob**tet**	ihr wurdet
sie, Sie lob**ten**	sie, Sie wurden

İkinci (Bileşik) Geçmiş Zaman Mastarı

    gelobt haben   gelobt worden sein

İkinci (Bileşik) Geçmiş Zaman Kipi (Perfekt)

ich habe	ich bin
du hast	du bist
er, sie, es hat } gelobt	er, sie, es ist } gelobt worden
wir haben	wir sind
ihr habt	ihr seid
sie, Sie haben	sie, Sie sind

Bir işin yapılmakta olduğunu anlatan edilgen fiilden başka o işin sonucunu gösteren edilgen ikinci bir fiil de vardır ki yalnız şimdiki zamanda ve birinci geçmiş zamanda kullanılır:

ich bin		ich war	
du bist		du warst	
er, sie, es ist	vergessen	er, sie, es war	vergessen
wir sind		wir waren	
ihr seid		ihr wart	
sie, Sie sind		sie, Sie waren	

Die Tür wird geschlossen. Kapı kapanıyor (kapanmaktadır). (Eylem bitmemiştir).
Die Tür ist geschlossen. Kapı kapalıdır (kapanmış bulunuyor). (Eylem bitmiştir).
Not: Son cümlede *geschlossen* sözcüğü eylem niteliğini kaybederek sıfat olmuştur.

Üçüncü Geçmiş Zaman Kipi (Plusquamperfekt)

ich hatte gelobt
du hattest gelobt
vs.

ich war gelobt worden
du warst gelobt worden
vs.

Birinci Gelecek Zaman Kipi

ich werde loben
du wirst loben
vs.

ich werde gelobt werden
du wirst gelobt werden
vs.

İkinci Gelecek Zaman Kipi

ich werde gelobt haben
du wirst gelobt haben
vs.

ich werde gelobt worden sein
du wirst gelobt worden sein
vs.

Birinci Sanı Kipi

ich würde loben
vs.

ich würde gelobt werden
vs.

İkinci Sanı Kipi

ich würde gelobt haben
vs.

ich würde gelobt worden sein
vs.

Emir Kipi

tekil lobe!
loben Sie!

sei (werde) gelobt!
seien Sie gelobt!

çoğul lobt!, lobet!
loben Sie!

seid (werdet) gelobt!
seien Sie gelobt!

-en'li ortaç (Partizip Präsens)

lob**end**

-miş'li ortaç (Partizip Perfekt)

ge**lobt**

3. Tasarlama kipi (Konjunktif'in) üçüncü kişisi tekilde daima *-e* ile biter. Diğer kişilerde tasarlama ve bildirme kipi çekim ekleri aynıdır. Şimdiki Zaman'da tekil ve çoğul ikinci kişi biçimleri **-st** ve **-t** eklerinden önce genellikle bir **-e-** alır.

Etken fiilde Birinci Geçmiş Zaman (Imperfekt) tasarlama ve bildirme kipleri arasında fark yoktur.

ETKEN EYLEM	EDİLGEN EYLEM

Şimdiki Zaman Kipi (Präsens)

ich lobe	ich werde
du lobest	du werdest
er, sie, es lobe	er, sie, es werde
wir loben	wir werden } gelobt
ihr lobet	ihr werdet
sie, Sie loben	sie, Sie werden

Birinci Geçmiş Zaman Kipi (Imperfekt)

Bildirme Kipine bakınız   ich würde gelobt
    vs.

İkinci Geçmiş Zaman Kipi (Perfekt)

ich habe gelobt   ich sei gelobt worden
vs.   vs.

Üçüncü Geçmiş Zaman Kipi (Plusquamperfekt)

ich hätte gelobt   ich wäre gelobt worden
vs.   vs.

Birinci Gelecek Zaman Kipi

ich werde loben   ich werde gelobt werden
du werdest loben   du werdest gelobt werden
vs.   vs.

İkinci Gelecek Zaman Kipi

ich werde gelobt haben   ich werde gelobt worden sein
vs.   vs.

4. Ses Özellikleri:

Gövdesi **d** veya **t** ile sona eren eylemlerde takıdan önce araya **e** sesi girmesi: du *find-e-st*, ihr *hielt-e-t*. Aynı durum (lm, ln, rm, rn dışında) gövdesi **m** veya **n** ile biten eylemler için de geçerlidir: du *atm-e-st*, sie *rechn-e-t* (ama: *lern-st*, du *qualm-st*).

Gövdesi **s**, **ß**, **ss**, **x** veya **z** ile biten eylemlerde **s** sesinin düşmesi: reisen – du *reist*, mixen – du *mixt*, reizen – du *reizt*. Eylemin gövdesi **sch** sesiyle sona eriyorsa **s** sesi korunur: du *wäschst*, du *herrschst*.

Şimdiki Zaman'ın 1'inci ve 3'üncü çoğul kişilerinde sonu **-eln** ve **-ern** ile biten eylemlerde **e** sesinin düşmesi: handeln – wir *handeln*, sie *handeln*, ändern – wir *ändern*, sie *ändern*; sonu **-eln** ile biten eylemlerde Şimdiki Zaman'ın 1'inci tekil kişisi ile tekil Emir Kipi'nde de bu **e** sesi genellikle düşer: ich *handle*, ich *lächle*; *handle!*, *lächle!*; **-ern** ile biten eylemlerde bu **e** sesi genellikle korunur: ich *ändere*, ich *wandere*; *ändere!*, *wandere!*

Çoğu kuraldışı eylemlerde Şimdiki Zaman'ın 2'nci ve 3'üncü tekil kişilerinde **a**, **au** veya **o** gövde ünlülerinin incelmesi (Umlaut): tragen – du *trägst*, er *trägt*, laufen – du *läufst*, er *läuft*, stoßen – du *stößt*, er *stößt*.

Bir dizi kuraldışı eylemlerin Şimdiki Zaman'ın 2'nci ve 3'üncü tekil kişilerinde ve tekil Emir Kipinde **e/i** değişimi: geben – du *gibst*, er *gibt*; *gib!*, nehmen – du *nimmst*, er *nimmt*; *nimm!*, sehen – du *siehst*, er *sieht*; *sieh!*

5. a) Kuraldışı (veya „kuvvetli" de denilen) eylemlerin çekim ekleri – üç kipi dışında – kurallı eylemlerin çekim ekleriyle aynıdır; b) ve c) maddelerine bakınız. Bunlar sözlükte *krldş* kısaltmasıyla gösterildi.

b) Birinci Geçmiş Zaman'da tekil 1'inci ve 3'üncü kişilerde çekim eki yoktur.

ich lobte	**ama**	ich gab
er, sie, es lobte		er, sie, es gab

c) -miş'li ortaç **-en** ile biter. Eylemin gövde ünlüsü çoğunlukla değişir:

    ich habe get**ru**nk**en**,   *mastar:*   trinken.

d) Kuraldışı eylemlerin Birinci Geçmiş Zamanı **-t-** eklenmesiyle değil, gövde ünlüsünün değiştirilmesiyle yapılır.

e) Şimdiki Zaman'ın 2'nci ve 3'üncü kişilerinde de eylemin gövde ünlüsü çoğukez değişir.

    ich fahre   wir fahren
    du f**äh**rst   ihr fahrt
    er, sie, es f**äh**rt   sie, Sie fahren

f) Birinci Geçmiş Zaman'ın tasarlama kipinde gövde ünlüsü çoğukez incelir (Umlaut alır).

    bildirme kipi   ich fuhr
    tasarlama kipi   ich f**ü**hre

g) Karışık gruba giren eylemlerin şu özelliği vardır: Birinci Geçmiş Zaman'da ve -miş'li ortaçlarda, eylemin gövde ünlüsü değişmekle birlikte, bu eylemler kurallı eylemlerin karakteristik takısı olan **-t-** ekini de alır.
brennen – gebrann**t**

h) Aşağıdaki çekim örneğine bakınız.

Çekim örneği

fahren *v/t geçişli* ve *v/i geçişsiz*

ETKEN EYLEM	EDİLGEN EYLEM
Şimdiki Zaman Kipi	
ich fahre	ich werde gefahren
du fährst	du wirst gefahren
er, sie, es fährt	*vs.*
wir fahren	
ihr fahrt	
sie, Sie fahren	

Birinci Geçmiş Zaman Kipi (Imperfekt)

ich fuhr	ich wurde gefahren
du fuhrst	du wurdest gefahren
er, sie, es fuhr	vs.
wir fuhren	
ihr fuhrt	
sie, Sie fuhren	

İkinci Geçmiş Zaman Kipi (Perfekt)

v/t ich habe gefahren	ich bin gefahren worden
v/i ich bin gefahren	vs.

Üçüncü Geçmiş Zaman Kipi (Plusquamperfekt)

v/t ich hatte gefahren	ich war gefahren worden
v/i ich war gefahren	vs.

Birinci Gelecek Zaman Kipi

ich werde fahren	ich werde gefahren werden
vs.	vs.

İkinci Gelecek Zaman Kipi

v/t ich werde gefahren haben	ich werde gefahren worden sein
v/i ich werde gefahren sein	vs.
vs.	

Birinci Sanı Kipi

ich würde fahren	ich würde gefahren werden
vs.	vs.

İkinci Sanı Kipi

v/t ich würde gefahren haben	ich würde gefahren worden sein
v/i ich würde gefahren sein	vs.
vs.	

Emir Kipi

tekil:	fahr(e)!, fahren Sie!	*) aşağıya bakınız
çoğul:	fahrt!, fahren Sie!	

-en'li ortaç   fahrend
-miş'li ortaç   gefahren

---

* Edilgen eylemin Emir Kipi biçimleri yalnız bazı eylemler için kullanılır.

Şimdiki Zamanın Tasarlama Kipi/(Dolaylı) Anlatma Kipi

    ich fahre   *loben* gibi; (3) numaraya bakınız
    du fahrest *vs.*

Birinci Geçmiş Zamanın Tasarlama Kipi

    ich führe   ich würde gefahren
    du führest   *vs.*
    er, sie, es führe
    wir führen
    ihr führet
    sie, Sie führen

Etken ve edilgen eylemlerin öteki bütün kipleri için *loben* çekim örneğine bakınız.

6. Etken eylemin İkinci ve Üçüncü Geçmiş Zaman biçimlerinde yardımcı eylem olarak kullanılan *haben* veya *sein* şöyle gösterilmiştir:

    gehen *v/i* (ging, gegangen, sn) = ich **bin** gegangen (*fahren* çekim örneğine bkz.)
    schreiben *v/t* ve *v/i* (schrieb, geschrieben, h) = ich **habe** geschrieben

7. Bileşik eylemlerin öntakısı vurgulu ise eylem çekimlenirken bu takı gövdeden ayrılır. Çeşitli parçalardan oluşan bir öntakının vurgulu kısmı doğrudan doğruya eylemin önünde bulunursa çekimde bu da ayrılır. Örneğin:

    abfahren *v/i* (*krldş.*, *ayr.*, -ge-, sn, → fahren) = ich fahre ab, ich fuhr ab, ich bin **abgefahren**, ich war abgefahren, *vs.*

    einbrechen *v/i* (*krldş.*, *ayr.*, -ge-, sn, → brechen) = ich breche ein, ich brach ein, ich bin eingebrochen, ich war **eingebrochen**, *vs.*

8. be-, ge-, ent-, (emp-), er-, miss-, ver-, zer- ile kurulan eylemlerin bu öntakıları hiçbir zaman ayrılmaz.

Zahlwörter – Sayı Sıfatları
Grundzahlen – Asıl Sayılar

- 0 *null* sıfır
- 1 *eins* bir
- 2 *zwei* iki
- 3 *drei* üç
- 4 *vier* dört
- 5 *fünf* beş
- 6 *sechs* altı
- 7 *sieben* yedi
- 8 *acht* sekiz
- 9 *neun* dokuz
- 10 *zehn* on
- 11 *elf* on bir
- 12 *zwölf* on iki
- 13 *dreizehn* on üç
- 14 *vierzehn* on dört
- 15 *fünfzehn* on beş
- 16 *sechzehn* on altı
- 17 *siebzehn* on yedi
- 18 *achtzehn* on sekiz
- 19 *neunzehn* on dokuz
- 20 *zwanzig* yirmi
- 21 *einundzwanzig* yirmi bir
- 22 *zweiundzwanzig* yirmi iki
- 23 *dreiundzwanzig* yirmi üç
- 30 *dreißig* otuz
- 31 *einunddreißig* otuz bir
- 40 *vierzig* kırk
- 41 *einundvierzig* kırk bir
- 50 *fünfzig* elli
- 51 *einundfünfzig* elli bir
- 60 *sechzig* altmış
- 61 *einundsechzig* altmış bir
- 70 *siebzig* yetmiş
- 71 *einundsiebzig* yetmiş bir
- 80 *achtzig* seksen
- 81 *einundachtzig* seksen bir
- 90 *neunzig* doksan
- 91 *einundneunzig* doksan bir
- 100 *hundert* yüz
- 101 *hunderteins* yüz bir
- 200 *zweihundert* iki yüz
- 300 *dreihundert* üç yüz
- 572 *fünfhundertzweiundsiebzig* beş yüz yetmiş iki
- 1000 *tausend* bin
- 1966 *tausendneunhundertsechsundsechzig (neunzehnhundertsechsundsechzig)* bin dokuz yüz altmış altı
- 2000 *zweitausend* iki bin
- 1 000 000 *eine Million* bir milyon
- 2 000 000 *zwei Millionen* iki milyon
- 1 000 000 000 *eine Milliarde* bir milyar, bir bilyon
- 10^{12} *eine Billion* bir trilyon
- 10^{15} *eine Billiarde* bir katrilyon

Ordnungszahlen – Sıra Sayıları

- 1. *erste* birinci, ilk
- 2. *zweite* ikinci
- 3. *dritte* üçüncü
- 4. *vierte* dördüncü
- 5. *fünfte* beşinci
- 6. *sechste* altıncı
- 7. *sieb(en)te* yedinci
- 8. *achte* sekizinci
- 9. *neunte* dokuzuncu
- 10. *zehnte* onuncu
- 11. *elfte* on birinci
- 12. *zwölfte* on ikinci
- 13. *dreizehnte* on üçüncü
- 14. *vierzehnte* on dördüncü
- 15. *fünfzehnte* on beşinci
- 16. *sechzehnte* on altıncı
- 17. *siebzehnte* on yedinci
- 18. *achtzehnte* on sekizinci
- 19. *neunzehnte* on dokuzuncu
- 20. *zwanzigste* yirminci
- 21. *einundzwanzigste* yirmi birinci
- 22. *zweiundzwanzigste* yirmi ikinci
- 23. *dreiundzwanzigste* yirmi üçüncü
- 30. *dreißigste* otuzuncu
- 31. *einunddreißigste* otuz birinci
- 40. *vierzigste* kırkıncı
- 41. *einundvierzigste* kırk birinci
- 50. *fünfzigste* ellinci
- 51. *einundfünfzigste* elli birinci
- 60. *sechzigste* altmışıncı
- 61. *einundsechzigste* altmış birinci
- 70. *siebzigste* yetmişinci
- 71. *einundsiebzigste* yetmiş birinci
- 80. *achtzigste* sekseninci
- 81. *einundachtzigste* seksen birinci
- 90. *neunzigste* doksanıncı

91. *einundneunzigste* doksan birinci
100. *hundertste* yüzüncü
101. *hundert(und)erste* yüz birinci
200. *zweihundertste* iki yüzüncü
300. *dreihundertste* üç yüzüncü
572. *fünfhundertzweiundsiebzigste* beş yüz yetmiş ikinci
1000. *tausendste* bininci
2000. *zweitausendste* iki bininci
100 000. *hunderttausendste* yüz bininci
1 000 000. *millionste* milyonuncu

Bruchzahlen – Kesirli Sayılar

$^1/_2$ *ein halb* yarım, buçuk
$1^1/_2$ *eineinhalb* bir buçuk
$^1/_3$ *ein Drittel* üçte bir
$^2/_3$ *zwei Drittel* üçte iki
$^1/_4$ *ein Viertel* dörtte bir, çeyrek

$^3/_4$ *drei Viertel* dörtte üç, üç çeyrek
$^1/_{10}$ *ein Zehntel* onda bir
$^9/_{10}$ *neun Zehntel* onda dokuz
$^1/_{100}$ *ein Hundertstel* yüzde bir
$^1/_{1000}$ *ein Tausendstel* binde bir

0,5 *Null Komma fünf* sıfır virgül beş, sıfır onda beş
2,8 *zwei Komma acht* iki virgül sekiz, iki onda sekiz

Andere Zahlen – Başka Sayılar

erstens ilk olarak, ilk önce, evvela
zweitens ikinci olarak
drittens üçüncü olarak

einfach tek
zweifach, doppelt iki misli, iki kat(lı), çift
dreifach üç misli, üç kat(lı)
vierfach dört misli, dört kat(lı) *vs.*

einmal bir defa, bir kere, bir kez
zweimal iki defa, iki kere, iki kez *vs.*

je ein(e, -er) birer
je zwei ikişer
je sechs altışar

Rechnungsarten:

$7 + 8 = 15$ *sieben und acht ist fünfzehn* yedi, sekiz daha on beş eder; *sieben plus acht gleich fünfzehn* yedi artı sekiz eşittir on beş

$10 - 3 = 7$ *zehn weniger drei ist sieben* ondan üç çıktı yedi kaldı; *zehn minus drei gleich sieben* on eksi üç eşittit yedi

$5 \times 10 = 50$ *fünf mal zehn ist (od. macht) fünfzig* beş kere on elli eder; *fünf mal zehn gleich fünfzig* beş çarpı on eşittir elli

$60 : 6 = 10$ *sechzig (geteilt) durch sechs ist zehn* altı mışta altı on kere var; *sechzig dividiert durch sechs gleich zehn* altmış bölü altı eşittir on

Die Provinzen der Türkei

01	Adana	35	İzmir
02	Adıyaman	46	Kahramanmaraş
03	Afyon(karahisar)	77	Karabük
04	Ağrı	70	Karaman
68	Aksaray	36	Kars
05	Amasya	37	Kastamonu
06	Ankara	38	Kayseri
07	Antalya	71	Kırıkkale
75	Ardahan	39	Kırklareli
08	Artvin	40	Kırşehir
09	Aydın	78	Kilis
10	Balıkesir	41	Kocaeli
74	Bartın	42	Konya
72	Batman	43	Kütahya
69	Bayburt	44	Malatya
11	Bilecik	45	Manisa
12	Bingöl	47	Mardin
13	Bitlis	48	Muğla
14	Bolu	49	Muş
15	Burdur	50	Nevşehir
16	Bursa	51	Niğde
17	Çanakkale	52	Ordu
18	Çankırı	80	Osmaniye
19	Çorum	53	Rize
20	Denizli	54	Sakarya
21	Diyarbakır	55	Samsun
81	Düzce	56	Siirt
22	Edirne	57	Sinop
23	Elazığ	58	Sivas
24	Erzincan	63	Şanlıurfa
25	Erzurum	73	Şırnak
26	Eskişehir	59	Tekirdağ
27	Gaziantep	60	Tokat
28	Giresun	61	Trabzon
29	Gümüşhane	62	Tunceli
30	Hakkâri	64	Uşak
31	Hatay	65	Van
76	Iğdır	79	Yalova
32	Isparta	66	Yozgat
33	İçel	67	Zonguldak
34	İstanbul		

In der Regel ist der Name der Provinzhauptstadt identisch mit dem Provinznamen. Ausnahmen: Hatay (Hauptstadt: Antakya), İçel (Hauptstadt: Mersin), Kocaeli (Hauptstadt: İzmit) und Sakarya (Hauptstadt: Adapazarı).
Die Kennziffer der Provinz erscheint in den beiden ersten Ziffern der türkischen Autonummern (z. B. 34 RA 007) sowie der fünfstelligen türkischen Postleitzahlen (z. B. 35750 Ödemiş).

Das türkische Buchstabieralphabet

A	Ankara ("Ankara'nın A'sı" usw.)	Ğ	„yumuşak g"	Ö	Ödemiş
B	Bursa	H	Hakkâri	P	Polatlı
C	Ceyhan	I	Ilgaz	R	Rize
Ç	Çanakkale	İ	İzmir	S	Sivas
D	Denizli	J	Japonya	Ş	Şile
E	Edirne	K	Kayseri	T	Trabzon
F	Fatih	L	Lüleburgaz	U	Uşak
G	Giresun	M	Malatya	Ü	Ürgüp
		N	Nevşehir	Y	Yozgat
		O	Ordu	Z	Zonguldak

Muster für einen türkischen Geschäftsbrief

Computürk
Bilgisayar Yazılım ve Donanım Ltd Şti.
Tuna Caddesi No: 7/12
06410 Kızılay – ANKARA
Tel.: 0312-344 472, Faks: 0312-344 474

Mektup Anteti [1]
Briefkopf

Sayın
Ahmet Öztürk
Bozdağ Muhasebecilik
Atatürk Mah.
Söğüt Sok. No: 83
35750 Ödemiş-İZMİR

Alıcı Adresi [2]
Anschrift
des Empfängers

Ankara, 31. 05. 1998

Tarih *Datum* [3]

Konu: Firmanıza özgü yazılım
İlgi: 27. 05. 1998 tarihli yazınız

Mektubun/
Yazının Özü ve İlgi [4]
Betreff; Bezug

Sayın Ahmet Öztürk,

Hitap *Anrede* [5]

İlgide belirtilen mektubunuzda sözünü ettiğiniz bilgisayar yazılımını hazırlayabilmemiz için kullandığınız veya kullanacağınız bilgisayarlar hakkında daha ayrıntılı bilgiye ihtiyacımız olduğundan size ne yazık ki kesin bir bilgi veremiyoruz. İlişikte gönderdiğimiz listedeki soruları yanıtlayıp bize geri gönderirseniz size daha somut bilgi verebiliriz.

Müessesemize gösterdiğiniz ilgi ve güven için teşekkür eder, ileride birlikte çalışacağımızı umarak işlerinizde başarılar dileriz.

Mektup Metni [6]
Text des Schreibens

Saygılarımla

Selamlama [7]
Grußformel

Firma a.
Hasan Demir
-Kısım Şefi-

Ek: Sorular Listesi

Mektuba/
Yazıya Ek(ler) [8]
Anlage(n)

Langenscheidts Praktisches Lehrbuch Türkisch

287 Seiten, Format 14,9× 21,3 cm, kart.-lam.

Das praktische Lehrbuch ist für alle geeignet, die sich intensiv mit dem Studium der türkischen Sprache beschäftigen möchten. Die Texte sind so ausgewählt, dass der grammatische Stoff in kleineren einprägsamen Abschnitten zugänglich gemacht wird. Die vielen Lese- und Übungsstücke vermitteln lebendiges gesprochenes Türkisch.
Ein zusätzlich erhältlicher „Schlüssel" mit den Lösungen der Übungsaufgaben und alphabetischem Wörterverzeichnis, sowie zwei Begleit-Kassetten erleichtern das Selbststudium.

Langenscheidts Sprachführer Türkisch

288 Seiten, Format 9,6× 15,1 cm, gebunden.

Im Sprachführer sind alle wichtigen Fragen, Redewendungen und nützlichen Wörter für Reise und Urlaub enthalten, übersichtlich nach Sachgebieten geordnet. Besonders benutzerfreundlich durch ein farbiges Leitsystem und Griffleisten zur schnellen Orientierung. Mit zahlreichen Farbfotos und Reisewörterbuch, außerdem viele Informationen über Land und Leute sowie Hinweise zur Grammatik.
Langenscheidts Sprachführer gibt es auch mit einer Begleit-Kassette bzw. einer Audio-CD als praktisches Reise-Set.

Langenscheidt ... weil Sprachen verbinden!

Großwörterbuch Deutsch als Fremdsprache

Das einsprachige Wörterbuch für alle, die Deutsch lernen!

- Rund 66.000 Stichwörter und Wendungen auf über 1.200 Seiten
- Hochaktueller Wortschatz aus allen Lebensbereichen
- Einfache und leicht verständliche Definitionen
- Einbettung der Stichwörter in den sprachlichen Kontext durch über 63.000 Beispielsätze und Kollokationen
- Wortschatzerweiterung durch mehr als 30.000 Zusammensetzungen
- Ausführliche Grammatikangaben mit mehr als 2.100 Hinweisen zum richtigen Sprachgebrauch

3-468-49026-7, Hardcover
3-468-96700-4, Broschiert
CD-ROM Version: 3-468-90870-9

www.langenscheidt.de

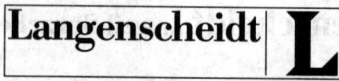

Postf. 40 11 20 · 80711 München · Tel. 89/360 96-333

Erläuterungen der Zeichen und Abkürzungen
Sözlükte Kullanılan Simge ve Kısaltmalar

A	Akkusativ; *belirtme durumu*	*b-yle, b-yle*	biri(si)yle; *mit jemandem*
alay	alay yollu; *ironisch*	*Cmp.*	Computer; *Bilgisayar*
allg.	allgemein; *genel olarak*	*Coğr.*	Coğrafya; *Geographie*
Anat.	Anatomi; *Anatomie*	*D*	Dativ; *yönelme durumu*
anl.	anlamıyla; *im (engeren/weiteren) Sinne, mit der Bedeutung*	*-de, -de*	-de hali, kalma durumu; *Lokativ*
Ark.	Arkeoloji; *Archäologie*	*Demiryol.*	Demiryolculuk; *Eisenbahn(wesen)*
Art.	Artikel; *cinsiyet göstergesi*	*-den, -den*	-den hali, çıkma durumu; *Ablativ*
Ask.	Askerlik; *militärischer Ausdruck*	*Dil.*	Dilbilim; *Sprachwissenschaft*
asl.	aslında; *ursprünglich*	*Din.*	Dinbilim terimi; *Religion*
Astr.	Gökbilim, Astronomi; *Astronomie*	*dönüş.*	dönüşlülük ...; *Reflexiv...*
ayr.	öntakısı ayrılır; *trennbares Verb*	*-e, -e*	-e hali, yönelme durumu; *Dativ, Direktiv*
ayrılmaz	öntakısı ayrılmaz; *untrennbares Verb*	*Ed.*	Edebiyat; *Literatur*
az.	aynı zamanda; *auch, gleichzeitig*	*edil.*	edilgen; *Passiv*
bağl.	bağlaç; *Konjunktion*	*e-e, e-e*	eine; *bir*
bel.	belirteç; *Adverb*	*Ekon.*	Ekonomi; *Wirtschaft*
Biyo.	Biyoloji; *Biologie*	*El.*	Elektrik; *Elektrizität, Elektrotechnik*
blrsz	belirsiz; *unbestimmt*	*e-m, e-m*	einem; *bir şeye*
b-nde, b-nde	biri(si)nde; *bei jemandem*	*e-n, e-n*	einen; *bir şeyi*
b-nden, b-nden	biri(si)nden; *von jemandem*	*e-r, e-r*	einer; *bir şeyin*
b-ne, b-ne	biri(si)ne; *jemandem (D)*	*e-s, e-s*	eines; *bir şeyin*
b-ni, b-ni	biri(si)ni; *jemanden (A)*	*et., et.*	etwas; *bir şey(i)*
b-nin, b-nin	biri(si)nin; *jemandes (G)*	F	familiärer Ausdruck, Umgangssprache; *teklifsiz/konuşma dili*
Bot.	Bitkibilim, Botanik; *Botanik*	*f*	Femininum, weiblich; *dişil*
bsd.	besonders; *özellikle*	*Fel.*	Felsefe; *Philosophie*
bş, bş	bir şey; *etwas (N)*	*Fiz.*	Fizik; *Physik*
bşde, bşde	bir şeyde; *bei etwas*	*Fizy.*	Fizyoloji; *Physiologie*
bşden, bşden	bir şeyden; *von etwas*	*Fot.*	Fotoğrafçılık; *Fotografie*
bşe, bşe	bir şeye; *etwas (D)*	*G*	Genitiv; *tamlayan durumu*
bşi, bşi	bir şeyi; *etwas (A)*	*Gemi.*	Gemicilik; *Schiffahrt*
bşin, bşin	bir şeyin; *von etwas, (G) einer Sache*	*Geom.*	Geometri; *Geometrie*
bşle, bşle	bir şeyle; *mit etwas*	*gnl.*	genel(likle); *allgemein, (meist)*
by, by	bir yer; *ein Ort (N)*	*Gr.*	Dilbilgisi, Gramer; *Grammatik*
byde, byde	bir yerde; *an einem Ort*	*Gzt.*	Gazetecilik; *Journalismus*
byden, byden	bir yerden; *von einem Ort*	*Hava.*	Havacılık; *Luftfahrt*
bye, bye	bir yere; *an einen Ort*	*hkr.*	hakaret yollu; *verächtlich*
byi, byi	bir yeri; *einen Ort (A)*	*Huk.*	Hukuk; *juristischer Ausdruck*
byin, byin	bir yerin; *eines Ortes*	*-i, -i*	-i hali, belirtme durumu; *Akkusativ*